中国矿业年鉴

2014～2015

《中国矿业年鉴》编辑部　编

地震出版社

ISBN 978-7-5028-4833-0

9 787502 848330 >

图书在版编目(CIP)数据

中国矿业年鉴. 2014～2015/ 中国矿业年鉴编辑部编. — 北京：地震出版社，2016. 12
ISBN 978-7-5028-4833-0

Ⅰ. ①中… Ⅱ. ①中… Ⅲ. ①矿业经济-中国-2014-2015-年鉴 Ⅳ. ①F426. 1-54
中国版本图书馆 CIP 数据核字（2017）第 009667 号

地震版 XM3729

中国矿业年鉴（2014～2015）
《中国矿业年鉴》编辑部 编
责任编辑：刘素剑　赵月华
责任校对：凌　樱

出版发行：地震出版社
北京市海淀区民族大学南路 9 号　邮编：100081
发行部：68423031　68467993　传真：88421706
门市部：68467991　传真：68467991
总编室：68462709　68423029　传真：68455221
专业图书部：68467982　68721991
http://www.dzpress.com.cn
经销：全国各地新华书店
印刷：河北省欣航测绘院印刷厂

版（印）次：2016 年 12 月第一版　2016 年 12 月第一次印刷
开本：787×1092　1/16
字数：1435 千字
印张：39.75
印数：0001～2000
书号：ISBN 978-7-5028-4833-0/F（5532）
定价：380.00 元

编 辑 说 明

一、《中国矿业年鉴》（2014～2015），以下简称《年鉴》合刊，主要分别反映2013年、2014年中国矿业基本情况以及我国矿业经济发展和运行情况。主要内容涉及我国矿产资源勘查、开发利用、行业生产、地方矿业等。本期《年鉴》为两年合刊，出版总期第13卷，收录资料时限原则上分别以2013年、2014年为主。

二、本期《年鉴》合刊，根据实际情况设大事记、概况、矿业管理、矿业行业、地方矿业、统计资料、附录等7个栏目。按内容分类编排，设栏目、类目、条目三个层次，有的栏目根据实际情况设四个层次。表述方式以条目为主，设有方便查阅的目录，另有文章、图、表等多种形式，图文并茂。全书含两年内容，具有可比性。

三、本期《年鉴》合刊分别记述了2013年、2014年中国矿业的概况、管理、行业、地方矿业等方面的发展变化等情况；收录了2013年、2014年国土资源部有关部门提供的全国性矿业统计资料，统计数据中均未包括香港特别行政区、澳门特别行政区和台湾省。

四、本期《年鉴》合刊，在附录中，分别收录了2013年和2014/2015年世界矿产资源勘查开发和矿产品供需形势。可读性强，有较高的参考价值。

五、稿件来源，除部分基层企事业单位外，多由国土资源部有关部门和省市、自治区国土资源厅（局）及行业协会等单位提供。为读者查阅方便，本期年鉴中的图、表序号，以类目为单位，单独列序。

六、本期《年鉴》合刊，16开本，精装，143万字左右，由中国矿业年鉴编辑部编辑，地震出版社出版，国内外公开发行。编辑部联系电话：010－88374940。E－mail：yearbook@chinamining.org.

本期《年鉴》合刊在组稿中因客观原因致使部分资料不尽全面，例如："地方矿业"只收录了部分省、市、自治区矿产资源及生产管理等情况。在内容编辑整理中也有一定难度，难免有些疏漏和错误，欢迎各级领导和读者批评指正。在此对所有关心和支持本书编辑工作的单位、领导、朋友们表示衷心的感谢！

中国矿业年鉴编辑部

2016年12月

目　录

2014

大 事 记

概　况

矿 业 管 理

矿业行业

地 方 矿 业

统 计 资 料

附 录

2015

大 事 记

概 况

矿　业　管　理

矿　业　行　业

地 方 矿 业

统 计 资 料

附　录

中国矿业年鉴

2014

大 事 记

2013 年中国矿业大事记

1 月

18 日 国土资源部办公厅发出通知《关于做好重要矿产资源"三率"调查评价实地核查工作》，要求做好全国重要矿产资源"三率"（开采回采率、选矿回收率、综合利用率）调查实地核查工作，保证"三率"调查数据真实可靠。

同日 在北京举行的 2012 年度国家科技奖励大会上，同煤集团"大同矿区复杂开采条件煤炭火灾防治关键技术"荣获国家科技进步二等奖。该技术自应用以来，共治理注销老火区 83 处，累计安全采出受火区影响煤炭 4.2425 亿吨，避免了矿井新火区的产生，取得了明显的经济效益和社会效益。其技术成果在大同、鹤岗等 8 个矿区 53 座煤矿推广应用，均取得成功，并对内蒙古、陕西、新疆等西部地区的新开发矿区和全国具有相近条件的其他矿区具有重要的指导意义。由北京矿冶研究总院负责、中国黄金集团公司等企业参与完成的"浮选机大型化关键技术研究及工业化应用"成果，获国家科学技术进步二等奖。业内人士指出，单槽容积 320 立方米浮选机实现大规模工业应用，标志着我国已经打破国外垄断，成为除美国、芬兰以外掌握大型浮选机关键技术的国家。

22 日 全球最大煤制烯烃项目神华包头煤化工分公司投资 170 亿煤制烯烃项目被叫停。

23 日 紫金矿业集团公司铜矿湿法厂取得了上杭县人民政府同意恢复生产的批复。2010 年 7 月 3 日汀江重大污染事故发生后，紫金矿业集团公司开始了全面推进整改工作。从 2010 年至 2012 年公司累计投入 8.3 亿元资金完成了 61 项整改内容，采用双层防渗和复合防渗相结合方式综合治理，用 HDPE 膜和 GCL－钠基膨润土垫多重保护方式进行工程修复改造。2013 年 1 月 9 ~ 11 日，中国有色工业协会组织专家组完成了对紫金山金铜矿整改方案建设工程竣工现场的考察和评估。

同日 《能源发展"十二五"规划》正式公布，提出 2015 年"全国能源消费总量 40 亿吨标准煤"控制目标。

28 日 国家发展和改革委员会、国家能源局联合印发了《矿井水利用发展规划》，要求以提高矿井水利用率为目标，以企业为主体，以市场为导向，以技术创新为动力，坚持统筹规划、因地制宜、统筹兼顾、有效利用的方针，促进矿井水净化处理工程建设，推动矿井水利用产业化发展。

29 日 国家安全生产监督管理总局正式公布并施行《煤矿矿长保护矿工生命安全七条规定》。

30 日 国务院常务会议研究部署控制能源消费总量。会议提出，要立足于转方式、调结构，发挥市场机制作用，优化产业结构和布局，推动能源生产和消费革命，加快形成能源消费强度和消费总量双控制的新机制。会议同意国家发展改革委提出的预期目标：2015 年，全国能源消费总量控制在 40 亿吨标准煤左右。

2 月

4 日 国家能源局等四部委发布《煤矿充填开采工作指导意见》，要求推进煤炭生产方式变革。

7 日 据中国黄金协会发布的数据显示，2013 年，我国的黄金产量达到了 403.047 吨，比 2012 年增加 42.09 吨，增幅为 11.66%。黄金产量首次突破 400 吨，连续 6 年位居世界第一位。

26 日 国家安全生产监督管理总局发布《2013 年煤矿安全工作要点》，将停止审批高瓦斯矿井。

28 日 国土资源部公布了第 3 批国家级绿色矿山试点单位名单，共确定北京昊华能源股份有限公司长沟峪煤矿等 242 家单位为第 3 批国家级绿色矿山试点单位。

3 月

8 日 由中国石油管道公司承建的世界最长、亚洲第一条长距离输煤管道——神渭管道，在陕西省延安市黄龙县打火开焊，标志着该输煤工程正式开工建设。神渭管道北起神木，南至渭南，全长80.56千米，直径为610毫米。

10日 国务院公布机构改革和职能转变方案，撤销电监会，重组国家能源局。

12日 贵州马场煤矿发生煤与瓦斯突出事故，共造成25人死亡。18日，贵州省六盘水市行政区域内所有煤与瓦斯突出矿井一律立即停产整顿，国家安监总局和煤矿安监局联合发布通报了近期重点煤矿事故，称煤企不许下达超能力指标。

22日 焦煤期货合约开始在大连商品交易所上市交易。

28日 贵州滇桂黔煤炭交易中心成立暨贵州区域商贸物流(黔西南)实验基地揭牌。

29日 在西藏自治区拉萨市墨竹工卡县境内发生大面积山体滑坡自然灾害，塌方长3千米，塌方量200余万立方米，塌方灾区位于中国黄金集团华泰龙公司甲玛矿区内，中国黄金集团甲玛矿区的83名工人被埋。事故发生后，中国黄金集团及当地政府展开有力救援，但最终因山体滑坡严重，83名工人无一生还。

4月

8日 国家发展和改革委员会发布了《中国资源综合利用年度报告(2012)》，从矿产资源等4个方面介绍了我国资源综合利用推进情况和取得的成效，这也是我国首次发布较为全面系统的资源综合利用年度报告。

10日 财政部发布《矿产资源节约与综合利用专项资金管理办法》的通知，明确提出重点支持低品位金矿及共伴生、尾矿资源的综合利用。据国土资源部透露，在矿产资源节约与综合利用专项的支持下，经过3年的努力，2013年我国金矿开采回采率已提高3%～19%，选矿回收率提高1%～5%，并由此新增资源储量4.13吨。

同日 国土资源部矿产资源储量司公布“矿产资源节约与综合利用先进适用技术推广应用示范矿山”评选结果，12家黄金企业入选。

11日 国家发展和改革委员会在其门户网站公布，发改委近日下发《关于实施第一批独立工矿区改造搬迁工程的通知》(发改东北〔2013〕680号)，第一批独立工矿区改造搬迁工程正式启动。该通知提出，力争用十年左右时间，完成全国独立工矿区改造搬迁任务，从根本上改善独立工矿区的基本发展条件和矿区群众的基本生活条件。

15日 财政部、国土资源部联合制定并印发了《矿山地质环境恢复治理专项资金管理办法》，明确专项资金支出范围包括矿山地质灾害治理支出、地形地貌景观治理支出、矿区地下含水层破坏治理支出、矿区土地复垦支出及其他相关支出。

20日 四川雅安地区发生7.0级地震，已造成当地以及周边地区煤矿全部停产。

22日 作为国土资源部第44个世界地球日主题宣传示范活动之一的《地海漫诗》海洋科普专题展在中国地质博物馆开展。此次展览上，由我国海洋科研人员发现、经国际矿物协会正式命名的“钓鱼岛石”首次在公众面前亮相。“钓鱼岛石”是1982年由中国科学院海洋研究所申顺喜等研究人员在我国钓鱼岛附近的海底表层沉积物中发现的一种新矿物。1985年11月国际矿物协会新矿物及矿物命名委员会根据其产地，命名该矿物为“钓鱼岛石”(diaoyudaoite)。

30日 山西省煤炭工业厅公布《山西省煤矿安全质量标准化考核评级办法》，年死亡2人以上煤矿将被停产整顿。

5月

6日 由晋煤集团联合河南省煤田地质局四队在该公司长平矿井施工的国内口径最大的煤层气直排井顺利完工。此井井深495米，直径1600毫米，安装套管直径为1056毫米，除去管壁厚28毫米，套管内径1000毫米，于2012年8月开工。

16日 国内首台国家级国际矿物宝石专业展会——中国(长沙)国际矿物宝石博览会开幕。全球50多个国家和地区的1200家参展商参展，这是迄今为止亚洲规模最大的矿物宝石博览会。博览会为期5天，共设1560余个国际标准展位，展览面积约5.8万平方米。其中，境外展商展位达800余个。博览会上，全球仅存的完整始祖鸟化石、“宝石中的宝石”欧珀、“海洋之心”原石坦桑石、世界最大的自然金等全球罕见珍品亮相。

17日 我国自主研制的第三代核电ACP1000锻造主管道在山东烟台通过了中国机械工业联合会和山东省科技厅组织的专家鉴定。该产品的试制成功，标志着我国自主掌握了ACP1000锻造主管道的全部技术。主管道是核电站八大关键设备之一，被称作核电站的“大动脉”。与二代核电站相比，三代核电站安全性更高，设计寿命也从40年提高到60年，其中最大的变化之一是加工工艺从铸造变为锻造。该主管道采用超低碳控氮不锈钢整体锻造技术，实现了多项突破：优化材料成分，通过独特的冶炼工艺，使材料性能更为优越，达到国际领先水平。

18日 陕煤化集团黄陵矿业煤化工公司30万吨

焦炉煤气制甲醇项目顺利产出合格的精甲醇。该项目于2011年6月开工建设，是黄陵矿业公司循环经济战略中关键的一环，是该公司的大型资源综合利用项目，也是陕西省十大循环经济园区建设中的龙头项目。设计日产甲醇800～900吨，年产甲醇30万吨，年产值可达7.35亿元。

20日 西北陆相侏罗系第一口页岩气探井开钻。设计井深为2800米的柴页1井5月20日正式开钻，这既是我国西北陆相侏罗系实施的第一口页岩气探井，也是由中国地调局油气资源调查中心负责实施的第一口页岩气探井，标志着该中心作为唯一一支国家公益性油气调查队伍的页岩气勘探与开发工作迈出了实质性步伐。

23日 中国（太原）煤炭交易中心启动公路煤炭上线交易，加上已上线的铁路运煤，山西煤炭全部告别传统交易。

29日 我国主要矿产资源对国民经济建设保障程度研究工作动员部署暨技术研讨会透露，国土资源部决定于2013～2015年底，开展新一轮矿产资源保障程度研究论证工作，系统论证我国石油、天然气、煤炭等46种主要矿产资源对未来20年我国经济社会可持续发展保障能力，建立矿产保障程度动态分析与决策支持系统。通过论证，将对我国矿产资源的全球地位进行重新定位。

同日 “中国岩金勘查第一深钻”在三山岛完工，终孔深度为4006.17米。两个相配套的3000米深钻也相继完工，终孔深度分别为2755.70米、2738.82米。4000米深钻的成功完成，刷新了国内岩金小口径钻探的最深孔记录，开创了我国金属矿产深部探矿工作的先河，也是“攻深探盲”理论的重要实践，填补了国内深部黄金勘查和成矿规律研究的空白，推动了我国深部找矿勘探理论和技术的发展，起到了探索、示范、引领作用，为我国今后金属矿产的勘探开发指明了方向，具有重大的科学意义、经济效益和社会效益。

31日 大同煤矿集团公司年设计能力1000万吨的同忻煤矿通过国家发展和改革委员会竣工验收，正式投入生产。这是该集团继塔山煤矿之后通过竣工验收的又一个1000万吨级矿井。

6月

18日 国家地理信息公共服务平台“天地图”2013版正式上线。新平台的整体服务性能较以前有了大幅提高，并开通了英文频道、综合信息服务频道、三维城市服务频道，数据源增至60TB，在线发布数据量增至3TB。

25日 国土资源部印发《安全生产大检查工作实施方案》，主要围绕查处无证勘查开采等内容开展大检查。该方案明确了国土资源部的工作内容。

一是以查处无证勘查开采为重点，配合开展矿山安全生产大检查。地方各级国土资源主管部门要结合2012年度矿产卫片执法和稀土专项排查工作，强化联合执法。积极配合安全监管、煤矿安监等部门开展大检查相关工作，严肃查处无证勘查开采等违法违规行为；对安全监管、煤矿安监部门决定实施停产整顿的矿山企业，要及时收回采矿许可证，对决定关闭的矿山企业，提请原采矿许可证发证机关按法定程序注销或吊销采矿许可证。二是以防火、防爆、防交通和生产事故为重点，组织开展直属单位安全隐患排查。三是切实加强汛期地灾防治。

27日 由中国地质调查局负责、中国地质调查局青岛海洋地质研究所牵头承担的“大陆架科学钻探项目”（CGS－CSDP）结束了南黄海陆架区科学钻孔CSDP－01孔的海上钻探作业。该钻孔终孔至300.1米，顺利实现钻穿海底第四纪地层的预定目标。

29日 全国人大常务委员会对《中华人民共和国煤炭法》进行了七项修改，决定取消煤炭生产许可证和煤炭经营许可证，释放出煤炭行业降低两大准入门槛的信号。此次修改《煤炭法》的目的在于借助市场手段，帮助煤炭行业回归理性，使煤价回归合理水平，摆脱产能过剩局面。

7月

3日 财政部网站消息，2013年中央对地方资源枯竭城市转移支付总规模为168亿元，比2012年增长5%。接受补助的地方政府可统筹安排此项资金，重点用于生态环境治理、城市基础设施建设、社会保障等领域。

4日 国土资源部发布《关于进一步规范矿产资源补偿费征收管理的通知》，提出要科学规范计征矿产资源补偿费，推进矿产资源补偿费征收与开采回采率系数挂钩。该通知指出，所有应考核开采回采率的矿山要严格按照规定公式，即“矿产资源补偿费征收金额＝矿产品销售收入×费率×开采回采率系数（核定开采回采率与实际开采回采率之比）”，运用开采回采率系数的实际结果计算征收金额，发挥开采回采率系数的引导和调节作用。

8日 《财富》杂志公布了2013年“世界500强”排行榜，中国五矿集团公司、中国铝业公司、中国冶金科工集团有限公司、山东魏桥创业集团有限公司、中国电力投资集团公司、江西铜业集团公司、中国有色矿业集团有限公司等中国有色企业入围。其中，江西铜业集团公司、中国有色矿业集团有限公司是本年度新入围的企业。江西铜业集团公司以营业收入278.796亿美元,列第414位。中国有色矿业集团有限公司以241.462亿美元的营业收入,排名第482位。

17日 中国核工业集团公司在江西抚州宣布,我国铀矿第一科学深钻以2818.88米的钻探刷新此前1200多米的纪录。据介绍,除了找矿深度刷新纪录外,此次深部找矿在装备上采用自主研发的钻探设备,其智能化、数字化水平填补了国内空白;在钻探工艺方面也取得首次发现铀铅锌铜多金属矿、首次创建岩芯矿化蚀变高光谱识别技术等成果。

18日 《煤炭生产许可证管理办法》被废止。

19日 国际海底管理局在牙买加首都金斯敦举行的第19届会议上,核准了中国大洋矿产资源研究开发协会于2012年提出的西太平洋富钴结壳矿区勘探申请。富钴结壳是位于海底山区岩石表面的富含钴、锰、镍、铜等元素的结壳状矿床,主要由铁锰氧化物构成,集中分布在水深800~4000米的海山斜坡和顶部。此次获得专属勘探权的富钴结壳区,位于目前所知的富钴结壳资源分布最为富集的西太平洋海山区域,面积为3000平方千米。

26日 西藏华泰龙矿业开发有限公司完成的西藏甲玛铜多金属矿铜钼分离关键技术工业试验及其应用项目,在拉萨通过了中国黄金协会组织的科技成果鉴定。鉴定认为,该技术整体达到国际先进水平,在高寒高海拔生态脆弱区的铜钼分离技术方面达到国际领先水平,对同类矿山具有示范作用。

28日 中缅天然气管道投产通气仪式在缅甸曼德勒举行。中缅天然气管道开始向国内供气。西起印度洋东岸、横贯缅甸、跨越中国滇黔桂3省区的中缅油气管道,是由中国石油实施的我国继东北(中俄)、西北(中亚)和海上(途经马六甲海峡)3条能源进口通道之后构筑的第4条能源进口战略通道,全长7676千米。原油管道设计年输原油2200万吨,天然气管道年输天然气120亿立方米。

30日 和谐矿区建设研讨会在北京召开。会议就《关于积极推进和谐矿区建设的指导意见》、《和谐矿区建设考核指标标准》及《矿业企业社会责任报告指南》3个讨论稿,专门征求各地国土资源部门、有关行业协会和矿业企业的意见。国土资源部矿产开发管理司在会上提出:"到'十二五'末,我国将树立100个和谐矿区的先进典型;到2020年,要基本建立重点矿区矿山企业社会责任报告制度和矿区矛盾化解机制,矿产开发利益分配机制进一步完善,矿区经济社会关系融洽,生态环境良好,矿区文化繁荣。"

同日 洛阳钼业正式对外公告,旗下全资子公司CMOC Mining Pty Limited将以8.2亿美元(约50亿元人民币)的价格收购力拓在澳大利亚的Northparkes铜金矿80%股权。公司在2012年4月开始介入这一收购项目,经过4个月的严密调研,随后获得澳大利亚外国投资委员会、中国国家发展和改革委员会、商务部反垄断局的批准,于2013年12月1日以8.2亿美元的总资金成功完成对力拓集团下属的北帕克斯铜金矿主要股权的收购。同时,这也是2013年中国企业最大境外矿业收购案。

8月

15日 由工信部、国土资源部、公安部、环保部、海关总署、国家税务总局、国家工商行政管理总局、国家安全生产监督管理总局联合开展的"打击稀土开采、生产、流通环节违法违规行为专项行动"从8月15日至11月15日在全国范围内全面展开。

26日 国家安全生产监督管理总局、国家发展和改革委员会、工业和信息化部、财政部、国土资源部、环境保护部、国务院南水北调工程建设委员会办公室联合发文,《全国尾矿库专项整治行动工作总结及下一步尾矿库综合治理行动重点工作安排》。提出了全国尾矿库专项整治行动下一步工作目标,要求各地研究制定本地区具体实施方案,全面摸底排查本地区尾矿库,摸清废弃库(无主库)、关闭库、"三边库"和"头顶库"等数量;基本完成中央资金支持的153个尾矿库隐患综合治理项目,加快实施790座无主尾矿库隐患综合治理项目;加强应急管理,提升尾矿库雨情监测能力,加快建立尾矿库应急救援联防联动机制等。

9月

2日 世界首台大采高易维护全直齿传动摇臂在神东煤炭集团大柳塔煤矿52305综采工作面正式投入使用。该设备首次采用五级直齿传动,不仅提高了减速机构的稳定性,还降低了摇臂使用故障率以及工人的劳动强度,属国内外煤炭技术装备首创。

9日 在第三届亚太地质公园研讨会上,联合国教科文组织世界地质公园网络执行局(GGN)的负责人尼古拉斯·邹若思宣布,湖北神农架、北京延庆等10家地质公园被GGN接纳为新成员。至此,湖北神农架地质公园和北京延庆地质公园正式成为我国29处世界地质公园中的新晋成员。

12日 由河南煤业化工集团与义马煤业集团重组而成的河南能源化工集团在郑州挂牌成立。这标志着一个总资产和营业收入分别超2000亿元、产量过亿吨的大型能源企业诞生。

16日 国家发展和改革委员会印发《关于油品质量升级价格政策有关意见的通知》,决定对油品质量升级实行优质优价政策。

同日 国务院发布《大气污染防治行动计划》，确定了10项大气污染防治具体措施，明确提出了加快调整能源结构、控制煤炭消费总量等措施。到2017年，煤炭占能源消费总量比重降至65%以下，原煤入选率达到70%以上，京津冀、长三角、珠三角等区域力争实现煤炭消费负增长。

17日 国内最大氯化钾生产供应商——青海盐湖工业股份有限公司发布公告，新建的百万吨氯化钾项目建成投料试车成功。这是国内第二套现代化百万吨级钾肥生产装置，由此，我国钾肥的自给能力将大大提高。新百万吨氯化钾项目建成后，盐湖股份公司将拥有两套百万吨级钾肥生产装置，加上现有50万吨级以下中小装置，其氯化钾产能将在现有约250万吨基础上增加到350万吨。

同日 重庆联顺页岩气创业投资基金正式挂牌成立。该基金首期2.5亿元已全部募集完毕，将成为全国首支专注于页岩气领域高科技创新投资的专业创投基金。

同日 招金矿业入选纽约证券交易所最新公布的黄金类股票指数（NYSE Arca Gold Miners Index - GDM）调整名单。经过此次调整，指数追踪的公司名单还新增了澳大利亚的纽克雷斯特、麦克尤恩等多家矿业公司。除了在美国市场上市的预托证券公司以外，这是黄金类股票指数首次覆盖非美国预托证券上市公司，从而将指数的覆盖范围扩展至全球黄金股份。

22日 国务院办公厅公开发布《关于进一步加快煤层气（煤矿瓦斯）抽采利用的意见》，提出将在6个方面加大工作力度，即加大财政资金支持力度、强化税费政策扶持、完善煤层气价格和发电上网政策、加强煤层气开发利用管理、推进科技创新以及加强组织领导，以加快煤层气（煤矿瓦斯）抽采利用。在此之前，国家能源局出台了《煤层气产业政策》，从发展目标、市场准入、产业布局、勘探开发生产、技术政策、煤层气与煤炭协调开发、安全节能环保、保障措施8个方面全面助推煤层气产业协调开发。

26日 动力煤期货在郑州商品交易所上市。

28日 全球单套装置规模最大的煤制油项目——神华宁煤400万吨/年煤炭间接液化示范项目在宁夏宁东能源化工基地开工，项目总投资预计550亿元，计划2016年建成投产。

30日 国土资源部发布通知，对《地质环境监测管理办法》（征求意见稿）向社会公开征求意见。该办法对地质环境监测的定义及适用范围、组织实施、地质环境监测网络和地质环境监测管理相关制度均做了明确规定。

10月

1日 由中冶北方工程技术有限公司主编，中冶长天国际工程有限责任公司、东北大学、中国科学院武汉岩土力学研究所、梅山冶金发展有限公司矿业分公司、鲁中冶金矿业有限公司和攀钢集团矿业有限公司等参与编写的国家标准《冶金矿山采矿设计规范GB50830-2013》正式实施。该规范其中一部分为强制性条文；为国家制定冶金矿山采矿设计方针、政策提供有力的技术支持。

2日 国务院办公厅下发《关于进一步加强煤矿安全生产工作的意见》。《意见》从加快落后小煤矿关闭退出、严格煤矿安全准入、深化煤矿瓦斯综合治理、全面普查煤矿隐蔽致灾因素、大力推进煤矿“四化”建设、强化煤矿矿长责任和劳动用工管理、提升煤矿安全监管和应急救援科学化水平7个方面提出了20条新规定。

9日 国土资源部宣布，即日起向社会提供地质资料公开服务，全国地质资料馆等单位开发了服务找矿突破战略行动专题产品，包括地质资料电子阅览服务系统、全国地质资料信息集群化共享服务平台、地学空间信息检索系统、全国整装勘查区地质资料目录、全国整装勘查区地质钻孔分布图及钻孔目录、地质工作参考标准规范目录等。按规定，需到地质资料馆借阅非涉密地质资料和产品的，凭本人居民身份证借阅利用；借阅涉密地质资料和产品的，凭本人居民身份证和本单位的《涉密地质资料借阅复制证书》借阅利用。

同日 国土资源部发布通知，针对《地质环境监测管理办法》（征求意见稿）向社会公开征求意见。该办法对地质环境监测的定义及适用范围、组织实施、地质环境监测网络和地质环境监测管理相关制度均做了明确规定。

11日 《煤矿安全规程》修订工作启动。

13日 洛阳双勇机器制造有限公司在河南洛阳召开“高压大型压球机科技成果鉴定获国际首创”新闻发布会暨压球机供货合同签订仪式，宣布研制成功我国第一台大型高压压球机。该机器的应用可以解决褐煤运输和易自燃问题，使国内一些由于解决不了运输和规模生产问题而停产的褐煤加工企业复产，为我国褐煤开发利用、可持续发展做出重要贡献。

15日 我国首台万米大陆科学钻探专用钻机“地壳一号”正式从四川启运，前往大庆地区执行“松辽盆地白垩纪大陆科学钻探”、“深部大陆科学钻探装备研制”等多项科学研究任务。这标志着我国地球深部探测“入地”计划取得阶段性重大进展。“地壳一号”是我国首台万米级别的科学钻机，也是亚洲探测能力最深的大陆科学钻探设备。

18日 全球首个实物交割的铁矿石期货正式在大连商品交易所挂牌交易,标志着铁矿石金融化迈出关键的一步。铁矿石期货上市后,钢铁产业链主要品种全部具备对应的期货品种,这为产业企业参与期货市场套期保值提供了更丰富、更有针对性的保值标的,尤其是为部分已经在国际市场进行铁矿石衍生品交易的企业提供了一个新的平台,同时也为中国企业争夺铁矿石定价话语权提供了平台和筹码。

20日 中缅天然气管道干线建成投产,并与西气东输及新疆、长庆和川渝气区连通。至此,我国油气管网格局初步形成,总里程达到10.6万千米,超出高速公路1万千米,覆盖我国除台湾省外31个省区市和特别行政区,使近10亿人口受益。

同日 以"在绿色和谐中改变发展方式"为主题的2013年中国矿业循环经济暨绿色矿山和谐矿区经验交流会在河南洛阳举行。会上,有关专家介绍了和谐矿区建设的总体思路,10余家经典企业介绍了其在深化改革、建设绿色矿业、构建和谐矿区方面的好做法、好经验。

26日 国务院参事室、中国有色金属工业协会在广州举办"2013中国稀土论坛"。

30日 国家能源局发布我国首个《页岩气产业政策》,其中明确将页岩气开发纳入国家战略性新兴产业,国家将加大对页岩气勘探开发等的财政扶持力度,同时鼓励各种投资主体进入页岩气销售市场,对页岩气出厂价格实行市场定价。

11月

2日 以"挑战、机遇、发展"为主题的2013中国国际矿业大会(第十五届)在天津召开,共有来自全球的近7000名代表参会。

12日 国土资源部制定下发《国土资源部关于认真落实党中央国务院部署积极做好化解产能严重过剩相关工作的通知》,严禁为钢铁、水泥、电解铝、平板玻璃、船舶等产能严重过剩行业新增产能项目提供用地空间或配置矿产资源。在矿业方面,该通知要求,要严格执行矿业权招标拍卖出让制度,控制和规范矿业权协议出让,进一步完善能源和矿产资源出让管理,清理并坚决废除产能严重过剩行业项目用地、用矿优惠政策,对存在非法低价出让国有建设用地使用权、降低土地投资税收门槛和定额标准、配送土地指标、压低矿业权出让价格等问题的,一律予以取缔。

18日 国务院办公厅发布《关于促进煤炭行业平稳运行的意见》,要求严格新建煤矿准入标准,停止核准新建低于30万吨/年的煤矿、低于90万吨/年的煤与瓦斯突出矿井。新建煤矿必须严格履行基本建设程序,严厉查处未批先建、批小建大等违规行为。要从完善安全生产管理入手,逐步淘汰9万吨/年及以下煤矿,重点关闭不具备安全生产条件的煤矿,加快关闭煤与瓦斯突出等灾害隐患严重的煤矿。

同日 煤炭开采国家工程技术研究院在淮南矿业集团成立。这是我国能源领域首家成立的国家级研究院,将为我国煤炭企业破解安全开采难题、实现煤炭工业可持续发展提供科技支撑。

26日 国家安全生产监督管理总局、国家煤矿安全监察局制定《50个煤矿安全重点县(市、区)遏制重特大事故攻坚战工作方案》,由国务院安委办印发。根据方案,到2015年底50个重点县(市、区)煤矿事故死亡人数比前5年(2008~2012年)平均死亡人数下降50%以上。

12月

3日 国务院印发了《全国资源型城市可持续发展规划(2013~2020年)》,首次界定了全国262个资源型城市,并要求到2020年基本解决资源枯竭城市的历史遗留问题,同时建立健全促进资源型城市可持续发展的长效机制。

11日 (秘鲁当地时间12月10日)中国海外最大铜矿项目——中铝秘鲁特罗莫克铜矿投产仪式在秘鲁首都利马举行。中铝秘鲁特罗莫克铜矿是全球同等规模铜矿项目中建设周期最短和装备水平最高的工程,是铜资源大国秘鲁最大的单体采矿项目,也是秘鲁近年来建成的规模最大的矿业项目。该铜矿拥有当量铜金属资源量约1200万吨,约占我国国内铜资源总量的1%,项目设计年产铜精矿含铜22万吨,约占我国国内自有产量的18%,进入全球前20名铜矿山行列,设计服务年限超过30年,将缓解我国铜资源和铜精矿供给短缺的局面。

12日 中国煤炭运销协会和中国(太原)煤炭交易中心等6家交易中心共同主办的2014中国煤炭市场高峰论坛暨煤炭交易会在太原举行。交易会合同签订量近10亿吨,成交规模创历史之最。

13日 国务院公布的《政府核准的投资项目目录(2013年本)》做出新规定:黄金采选矿项目由省级政府核准。这一新规定自发布之日起执行,《政府核准的投资项目目录(2004年本)》中有关黄金日采选矿石500吨及以上项目由国务院投资主管部门核准的规定同时废止。这表明,今后不论多大规模的黄金采选矿项目,都不再报送国家发展和改革委员会核准。

14日 嫦娥三号探测器在月球正面的虹湾以东地区着陆,标志我国已成为世界上第三个实现地外天体软着陆的国家。之后，“玉兔”号月球车驶离着陆器，将在月面进行3个月的月面巡视勘察、月表形貌与地质构造调查等一系列科学探测，着陆器则在着陆地点进行原地探测。

17日 国土资源部向媒体宣布，我国海洋地质科技人员在广东沿海珠江口盆地东部海域首次钻获高纯度天然气水合物（又称“可燃冰”）样品。此次钻获的天然气水合物，赋存于水深600～1100米的海底以下220米以内的两个矿层中，上层厚度15米，下层厚度30米，控制分布面积55平方千米，折算成天然气，控制储量为1000亿～1500亿立方米。

18日 中国首个煤制天然气示范项目大唐内蒙古克什克腾旗煤制天然气示范项目一系列装置投运成功。

20日 有色金属连续交易正式在上海期货交易所上线运行。上期所首日有色金属连续交易运转顺畅，市场成交平稳。自此，国内开展连续交易的期货品种从贵金属扩展到铜、铝、锌、铅4个有色金属品种。

25日 国土资源部副部长胡存智在资源环境承载力与国土开发基础座谈会上表示，拟于近期上报国务院的《全国国土规划纲要（2011～2030年）》已将矿山土地整治编入其中。此次编写的纲要突出尊重自然、顺应自然、保护自然的生态文明理念，坚持国土资源开发与资源环境承载能力相匹配的原则，根据资源禀赋、生态条件和环境容量，从地形气候、地质环境、水土资源、生态环境和海洋环境等方面，对不同区域资源环境的限制性和适宜性进行评价，识别国土开发的资源环境限制性要素及限制程度。

同日 2013年内最后一期环渤海动力煤价格指数出炉，5500大卡动力煤价格每吨再涨9元，综合平均价格报收于631元/吨。2013年初首期价格指数633元/吨。

28日 山东黄金发布公告：终止重组。公告称，鉴于目前国内资本市场发生了变化，为了保护公司及广大中小股东利益，交易各方经协商一致决定终止本次重大资产重组。山东黄金曾自2013年4月3日起停牌。2013年6月28日，该公司公布了发行股份购买资产并募集配套资金暨关联交易方案及相关议案，并与交易对方签署了附条件生效的发行股份购买资产框架协议。2013年7月1日，山东黄金复牌。

31日 中国石墨烯标准化委员会正式发布中国石墨烯第1号标准“石墨烯材料的名词术语与定义”，并于2014年1月1日起实施。该标准适用于石墨烯材料的生产、应用、检验、流通、科研等领域，作为统一技术用语的依据。标准对单层石墨烯、双层石墨烯、少层石墨烯，单层氧化石墨烯、单层还原氧化石墨烯、功能化石墨烯、石墨烯材料等均给出了定义。

（《中国矿业年鉴》编辑部　宋菲）

2015年中国矿业大事摘选①

【煤炭管理体制改革深化】 2015年1月发布的《中共山西省委山西省人民政府关于深化煤炭管理体制改革的意见》（下称《意见》）正式拉开了山西煤炭革命大幕。《意见》提出，2020年前山西省原则上不再新配置煤炭资源，除“关小上大、减量置换”外，不再审批建设新的煤矿项目（含露天矿）；严格执行控制煤炭产能增长的产业调整政策；停止审批年产500万吨以下井工改露天开采项目。

在市场“寒冬”和环境约束的双重压力下，中国正在踩下煤炭产量扩张的“急刹车”。2014年底，国家六部委联合印发的《重点地区煤炭消费减量替代管理暂行办法》明确规定，为防治大气污染，到2017年，仅京津冀鲁四地的煤炭消费量就要比2012年减少8300万吨。在市场和环境的双重压力下，控产和限产似乎已是煤炭行业迫不得已的选择。

【“蛟龙”号采集到海底高温热液流体】 2015年1月2日，中国载人潜水器“蛟龙”号在西南印度洋下潜，首次采集到海底高温热液区流体。下潜人员成功利用载人潜水器特性对海底活动热液区开展了探测活动，在两个热液喷口分别获取了150毫升的高温热液流体样品，并测量到一个热液喷口的温度为352摄氏度。

中国是世界上首个就3种主要国际海底矿产资源均拥有专属勘探矿区的国家。本次下潜发现的这个热液区烟囱分布密度大，活烟囱与死烟囱相间出现，热液喷口流体喷出量大，热液流体密度高，这对研究西南印度洋多金属硫化物勘探合同区的海底热液系统具有重要的科学意义。

【“大洋一号”海底钻探】 “大洋一号”在紧张的工作中度过了大年初二。东四区时间2015年2月20日上午8点30分，风平浪静，海况良好，“进取者”深海底中深钻开展作业，两小时后即顺利到达1726米深海底开展钻探。东四时区时间2月20日下午14点43分，“进取者”携带取得的海底岩芯顺利出水。这也是我国首次在西南印度洋断桥热液区开展钻探试验。

“进取者”取得的海底岩芯为玄武岩，局部含有黄铁矿，属于热液蚀变围岩，证明周边可能有硫化物矿体。本次钻探对于研究硫化物与围岩的关系有重要意义。根据中国大洋航次第三航段目标，“大洋一号”除了在典型矿化区开展中深钻取样，以求得到上述重点区域硫化物矿体浅表空间分布认识，还将在两个已知矿化区及矿化异常区开展加密调查，圈出矿化区。

【中国铁矿中长期发展规划定稿】 2015年3月27日，在中国联合钢铁网主办的“2015年冶金矿产品国际会议”上，中国冶金矿山企业协会主席团主席杨家声表示，经过将近一年的工作，关于中国铁矿中长期发展规划的所有专项课题和区域规划已经几易其稿，基本定型。这个规划编制由工信部、中国冶金矿山协会组织，鞍钢矿业公司牵头承担主体工作。

按照规划的初步设想，未来十年，国内矿山将通过新建扩建、兼并重组等途径，加快打造世界级矿山企业，提高产业集中度。随着进口矿价接连走低，原本成本较高的国产铁矿陷入微利甚至大幅亏损，如果再按照原来的传统观念制定这个规划，肯定不适应当下实际情况。

【煤炭行业全行业亏损】 中国煤炭运销协会秘书长董跃鹰称，截至2015年4月，全国煤炭国有和国有控股企业整体亏损；中煤协统计的90家大型煤企整体亏损4.4亿元，而去年同期，这项数据还是整体盈利217.7亿元。

告别“黄金十年”后，煤炭行业正在从“全行业盈利”快速跌入“全行业亏损”。董跃鹰提供的数据显示，2015年以来，受需求放缓、过剩产能难以消化、控制煤炭总量难度增加、国际能源价格下降等多重因素影响，煤炭产销量下降，库存居高不下，煤价持续下跌，企业经营困难加剧。

【山东钢铁收购非洲第二大铁矿全部股权】 2015年4月20日，山东钢铁集团宣布收购非洲矿业有限公司在非洲塞拉利昂唐克里里铁矿项目75%的股权。交易完成后，山东钢铁将获唐克里里铁矿及非洲港口铁路服务公司100%的股份。

【中国掌握“贪吃蛇”钻井测井技术】 2015年5月3日，我国自主研发的旋转导向系统和随钻测井系统联袂在渤海完成钻井作业，这两项技术可以引导钻头像“3D版贪吃蛇”一样在地下几千米坚硬的岩石里自由穿行，准确命中油藏。目前，全球超过40%的定向井采用旋转导向系统钻成，其优势在于能够实时控制井下钻进方向，实现类似于“3D版贪吃蛇”的钻具运行轨迹调整，从而一趟钻贯穿分布在“三维”区域内的目标地层，甚至可以让直径0.2米的钻头在0.7米的薄油层中横向或斜向稳定穿行，实现一趟钻“横向”移动1000米的长距离作业。

这两项技术代表着当今世界钻井、测井技术的最高水平，我国在这两个技术领域打破了国际垄断，成为全球第二个同时拥有这两项技术的国家，中国海洋石油总公司也成为全球第四、国内第一个同时拥有这两项技术的企业。

概　况

矿产资源概况

【概述】 2013年以来，世界经济形势错综复杂，发达国家经济复苏艰难，新兴市场国家经济增速放缓，中国经济下行压力加大。受此影响，世界矿业进入调整期。全球矿产资源供需矛盾正在缓解，发展中国家对大宗矿产新增需求的拉动力正在减弱，发展中国家参与全球金融化进程正在加快，必将推动全球矿业发展。但全球矿产资源高度集中、供应垄断、消费由西向东转移、价格偏离供需的格局仍未改变，制约全球矿业发展。中国政府坚持稳中求进，强力推进改革，调整结构，改善民生，保持了经济平稳运行。中国对铁矿石、铝等大宗矿产的需求仍保持较高水平，但增速放缓，对天然气等清洁能源以及稀土等新兴产业所需矿产的需求则呈不断增长态势。

2013年，全球和中国矿业进入调整期。能源与非能源矿产勘查投入分化，主要金属产品供应过剩，价格持续走低，企业并购减少。2013年全球能源公司在油气勘探及开采领域的投资为6820亿美元，比2012年增长14.6%；但非燃料固体矿产勘查投入为152亿美元，同比下降29%。中国油气勘查投入786亿元，同比下降0.1%；非油气矿产勘查投入460亿元，同比下降9.8%。2013年全球地质勘查活动指数持续下行，10月已接近2008年金融危机时最低值。全球钻探工作项目数创下近三年以来的新低。2013年全球铜市场供应过剩30多万吨，铝市供应过剩100多万吨。除原油及铁矿石价格保持稳定高位外，国际金属产品和能源产品价格延续了2012年下行态势。主要金属产品和能源产品价格基本相当于2005年前后的水平，仍处于相对高位。

随着全球经济不断复苏，全球矿业发展将进入新阶段，煤炭、铁矿石、铝土矿等大宗矿产品消费增幅减缓，以页岩气为代表的非常规能源勘探开发会被越来越多的国家所重视，中国、阿根廷等页岩气资源丰富的国家可能会取得重大突破。压裂用砂、石墨、硼、蓝晶石等与新能源新材料有关的矿产将会引起更多关注。

2011～2013年，煤炭、天然气、铁矿、锰矿、金矿、钨矿、钼矿和磷矿等重要矿产勘查新增查明资源储量增长明显，其中石油累计勘查新增地质储量超过39亿吨，天然气超过2万亿立方米，煤炭累计勘查新增查明资源储量超过2000亿吨，铁矿超过77多亿吨，钼矿超过1200万吨。全面完成煤炭等25个矿种的资源潜力评价，定量评价了各矿种500米以浅、1000米以浅和2000米以浅潜在资源量，基本摸清了找矿潜力及其空间分布。

【中国"找矿突破战略行动"成果】 1. 发现了一批重要矿产地，重要矿产查明资源储量增长明显。实施"找矿突破战略行动"三年来，全社会累计找矿投入超过3500亿元，超过八成资金源于社会。新发现大中型矿产地451个，主要矿产新增查明资源储量显著。煤炭勘查新增查明资源储量超过2000亿吨，石油勘查新增探明地质储量39.47亿吨，天然气2.30万亿立方米。与实施"找矿突破战略行动"前相比，45种主要矿产中有37种矿产查明资源储量增长。煤炭增长10.7%、天然气增长22.8%、铁矿增长9.8%、铜矿增长13.3%、铝土矿增长7.2%、金矿增长30.7%。

2. 形成一批资源基地雏形。鞍本、冀东和攀枝花铁矿，山西、河南、贵州铝土矿，胶东金矿、湘西铅锌矿等一批老基地资源基础进一步稳固，鄂尔多斯铀矿，新疆中部、南疆和青海祁漫塔格铁矿，滇西北、藏中、藏北铜矿，滇北、青海中部金矿，赣北钨矿，西南天山铅锌矿等一批资源基地雏形开始显现。

3. 绿色矿业建设进展明显。出台矿产资源节约与综合利用评价指标体系，发布实施煤等12个重要矿种的"三率"（开采回采率、选矿回收率、综合利用率）指标要求，基本查清和掌握中国主要矿种的"三率"和采选技术现状。推进绿色矿业发展，先后四批遴选出国家级绿色矿山试点单位660多家。和谐矿区参与面不断扩大，贵州、吉林、江西、西藏等11个省（区）在不同层面开展和谐矿区建设工作，推动实现矿产资源收益共享，成效明显。

4. 基础地质工作取得明显进展。在重点成矿带、重大地质问题区、重要经济区和重大工程建设区，开展区域地质调查和修测。全国累计完成1:5万区域地质调查283.6万平方千米，占陆域国土面积的29.5%；累计完成1:25万区域地质调查修测591万（实测161万，修测430万）平方千米，占陆域国土面积的61.6%。陆上油气基础地质调查在青藏地区、银额地区、鄂尔多斯新层系、准噶尔盆地、松辽西部外围等取得重大发现和进展，优选出10个油气远景区。重点成矿区带和78片整装勘查区工作程度进一步提高，圈定了物化探异常6456处、找矿靶区200余处，发现矿（化）点1000余处。

【矿产资源储量查明】 1. 查明资源储量变化。2011～2013年，中国45种主要矿产查明资源储量有37种增长，6种减少，2种基本没有变化。其中，能源矿产资源储量增长明显，煤炭查明资源储量增长10.7%，石油剩余技术可采储量增长6.3%，天然气增长22.8%；黑色金属矿产查明资源储量普遍增长，锰矿和钒矿增长明显；有色金属矿产多数增长，其中，铜矿、铅矿、锌矿、钨矿和钼矿增幅超过10.0%，钼矿增长幅度达到86.9%；贵金属矿产中，金矿增长30.7%，银矿增长29.7%；多数非金属矿产查明资源储量有所增长，其中芒硝、高岭土和晶质石墨增长明显，而菱镁矿和重晶石下降明显，为储量核查减少所致（表1）。

表1　中国45种主要矿产查明资源储量与变化

矿产名称	单位	2010年	2013年	增减变化%
煤 炭	亿吨	13411.9	14842.9	10.7
石 油	亿吨	31.7	33.7	6.3
天然气	亿立方米	37793.2	46428.8	22.8
铁 矿	矿石 亿吨	727.0	798.5	9.8
锰 矿	矿石 亿吨	8.86	10.3	16.3
铬铁矿	矿石 万吨	1114.4	1142.0	2.5
钒 矿	V_2O_5 万吨	4381.9	5713.4	30.4
钛 矿	TiO_2亿吨	7.2	7.6	5.6
铜 矿	金属 万吨	8040.7	9111.9	13.3
铝土矿	矿石 亿吨	37.5	40.2	7.2
铅 矿	金属 万吨	5509.1	6737.2	22.3
锌 矿	金属 万吨	11596.2	13737.7	18.5
镍 矿	金属 万吨	938.0	901.1	-3.9
钴 矿	金属 万吨	68.2	63.7	-6.6
钨 矿	WO_3万吨	591.0	701.4	18.7
锡 矿	金属 万吨	431.9	425.5	-1.5
钼 矿	金属 万吨	1401.8	2620.2	86.9
锑 矿	金属 万吨	255.0	262.9	3.1

续表1

矿产名称	单位	2010年	2013年	增减变化%
金 矿	金属 吨	6864.8	8974.7	30.7
银 矿	金属 万吨	17.2	22.3	29.7
铂族金属	金属 吨	334.6	372.4	11.3
锶 矿	天青石 万吨	4375.4	4566.5	4.4
菱镁矿	矿石 亿吨	36.4	28.9	-20.6
萤 石	矿物 亿吨	1.80	2.11	17.2
耐火黏土	矿石 亿吨	24.6	25.1	2.0
硫铁矿	矿石 亿吨	56.9	56.93	0.1
磷 矿	矿石 亿吨	186.3	205.7	10.4
钾 盐	KCl 亿吨	9.30	10.1	8.6
硼 矿	B_2O_3万吨	7309.2	7613.6	4.2
钠 盐	NaCl 亿吨	13337.7	13343.4	0.0
芒 硝	Na_2SO_4亿吨	934.2	1113.0	19.1
重晶石	矿石 亿吨	3.8	3.12	-17.9
水泥用灰岩	矿石 亿吨	1021.0	1198.8	17.4
玻璃硅质原料	矿石 亿吨	64.7	73.4	13.4
石 膏	矿石 亿吨	769.1	850.4	10.6
高岭土	矿石 亿吨	21.0	25.0	19.0
膨润土	矿石 亿吨	28.0	28.0	0.0
硅藻土	矿石 亿吨	4.3	4.7	9.3
饰面花岗岩	亿立方米	21.8	25.9	18.8
饰面大理岩	亿立方米	13.7	15.1	10.2
金刚石	矿物 千克	3702.1	3396.5	-8.3
晶质石墨	矿物 亿吨	1.85	2.2	18.9
石 棉	矿物 万吨	8975.3	9072.4	1.1
滑 石	矿石 亿吨	2.67	2.77	3.7
硅灰石	矿石 亿吨	1.55	1.60	3.2

注：石油、天然气为剩余技术可采储量。

2. 勘查新增查明资源储量。2011～2013年，煤炭勘查新增查明资源储量2038.2亿吨，石油勘查新增探明地质储量39.4亿吨，天然气22994.1亿立方米。主要金属和非金属矿产勘查新增查明资源储量均取得重要进展，其中，铁矿、锰矿、金矿、钨矿、钼矿和磷矿勘查新增查明资源储量较多，分别为77.7亿吨、31437.1万吨、2392.6吨、177.0万吨、1259.6万吨和30.4亿吨。

2013年主要矿产勘查新增查明资源储量有不同程度的增长，但是除了铝土矿和锌矿外，其他主要矿产增幅下降。能源矿产中，煤炭勘查新增查明资源储量672.9亿吨，石油勘查新增探明地质储量10.8亿吨，天然气6159.1亿立方米。金属和非金属矿产中，锰矿、锌矿、钼矿、金矿和银矿勘查新增查明资源储量较多，分别为1.1亿吨、1389.0万吨、461.4万吨、758.1吨和12660.0吨；磷矿勘查新增查明资源储量4.4亿吨（表2）。

表2　　中国主要矿产勘查新增查明资源储量

矿种	单位	2011年	2012年	2013年	合计
煤炭	亿吨	749.2	616.1	672.9	2038.2
石油	亿吨	13.4	15.2	10.8	39.4
天然气	亿立方米	7224.8	9610.2	6159.1	22994.1
铁矿	矿石 亿吨	11.4	39.8	26.5	77.7
锰矿	矿石 万吨	5303.9	15535.0	10598.2	31437.1
铜矿	铜 万吨	761.8	431.0	261.0	1453.8
铅矿	铅 万吨	403.6	447.4	446.1	1297.1
锌矿	锌 万吨	404.0	808.6	1389.0	2601.6
铝土矿	矿石 万吨	—	4856.0	24087.0	28943.0
金矿	金 吨	717.7	916.8	758.1	2392.6
银矿	银 吨	9440	26394	12660	48494
钨矿	WO_3万吨	55.1	101.6	20.3	177.0
锡矿	锡 万吨	28.5	31.9	13.0	73.4
钼矿	钼 万吨	580.4	217.8	461.4	1259.6
锑矿	锑 万吨	26.4	16.8	13.7	56.9
硫铁矿	矿石 万吨	8660.0	2427.0	7980.8	19067.8
磷矿	矿石 亿吨	13.4	12.6	4.4	30.4

注：石油、天然气为勘查新增探明地质储量；—表示无统计数据。

【矿产资源潜力】　1. *常规油气*。全国油气资源评价结果显示，截至2013年底，石油地质资源量1037亿吨，探明率33.8%，处于勘探中期。天然气地质资源量62万亿立方米，探明率18.4%，处于勘探早期。

2012年以来，开展了新疆地区油气资源评价工作，评价获得新疆地区石油地质资源量228亿吨，天然气地质资源量17.5万亿立方米。

2. *非常规油气*。煤层气地质资源量36.8万亿立方米，探明率1.5%，处于勘探初期，可采资源量11万亿立方米。初步评价页岩气地质资源量134万亿立方米，探明率0.08%，处于勘探初期。

3. *固体矿产*。固体矿产资源潜力评价工作于2013年结束，完成了煤炭、铀、铁、铜、铝等25种重要矿产的定量预测，基本摸清了25个矿种的资源家底，总体上已查明资源量占预测资源量的1/3，还有很大找矿潜力。圈定了5万个预测区，为未来找矿勘查布局提供了科学依据。开展成矿地质背景研究和成矿地质构造形成演化规律研究，编制完成《中国1:250万大地构造图及五要素专题底图》、《中国1:1000万10个断代大地构造图》和《中国东部陆缘弧盆系大地构造图》。提出了全国统一的成矿规律研究技术要求，对17个矿种(组)进行了深入研究，厘定出388个矿产预测类型。对中国陆域16个成矿省成矿规律进行了系统研究，实现了94个成矿区带国土面积的全覆盖。潜力评价的阶段性成果不断应用到地质找矿行动中，部分预测区经工程验证已实现找矿突破，系列综合研究图件编制成果已被广泛应用于国家和省级矿产资源规划、矿政管理等各个方面。

【矿业权】　1. *油气矿业权*。截至2013年底，全国共有油气探矿权1068个，面积413.11万平方千米；采矿权675个，面积13.54万平方千米。2013年，新立探矿权55个，面积16.34万平方千米。新立采矿权11个，面积1.28万平方千米。

2. *非油气矿业权*。截至2013年年底，全国非油气矿产探矿权3.2万个(表3)，较2012年下降2.2%；登记面积67.3万平方千米，下降3.3%。

表3　　2013年中国矿业权数量及变化

项目	数量(个)	同比增长(%)	登记面积(万平方千米)
探矿权	3.2万	-2.2	67.3
其中:新立	1329		4
采矿权	9.1万	-6.0	10.6
其中:新立	1962	6.2	0.1901

其中新立探矿权1329个，登记面积4万平方千米，分别增长28.7%和12.2%。非油气矿产采矿权9.1万个，下降6.0%；登记面积10.6万平方千米，设计生产规模147.3亿吨，分别增长3%和1.8%。新立采矿权1962个，增长6.2%，登记面积1901平方千米，下降26%。

【矿业权审批接受社会监督】　继续严格执行矿业权出让转让“六公开”制度，强化矿业权出让转让基本信息公示公开。2013年在矿业权市场网公示公开基本信息1.6万项(累计4.6万项)，自动公告非涉密矿业权登记结果信息逾6.2万项(累计18.8万项)，提供社会矿业权登记信息查验13.2万次(累计25.6万次)，同比增长60.3%，矿业权管理接受社会监督更加深入广泛。

【矿产品供应】　煤炭、粗钢、黄金、水泥等矿产品产量和消费量稳居世界首位，大宗矿产品进口持续增长。2013年，全国一次能源产量34.0亿吨标准煤，增长2.4%；消费总量37.5亿吨标准煤，增长3.7%；能源自给率90.7%，较2012年下降1.3个百分点。其中原煤产量36.8亿吨，增长0.8%；原油2.09亿吨，增长1.8%。粗钢7.8亿吨，增长7.6%。黄金428吨，增长

6.2%；消费量1176.4吨，增长41%，首次居世界第一。

2014年上半年，原煤产量18.16亿吨，同比下降1.8%；原油产量1.04亿吨，同比增长0.1%；天然气632亿立方米，增长7.5%；铁矿石7.11亿吨，增长9.9%；黄金211.1吨，增长9.5%；水泥11.4亿吨，增长3.6%。

2013年，中国矿产品贸易总额为1.03万亿美元，增长4.1%。进口煤炭3.27亿吨，增长13.4%。进口石油3.22亿吨，增长3.4%，对外依存度为58.3%。铁矿石进口量为7.44亿吨，增长8.4%，对外依存度为58.5%。2014年上半年矿产品进出口贸易额为5286.14亿美元，同比增长4.8%。进口煤炭1.60亿吨，同比下降0.9%；石油1.67亿吨，同比增长5.0%，净进口1.53亿吨，对外依存度为59.5%；进口铁矿石4.57亿吨，同比增长19.1%，对外依存度为63.7%。

（国土资源部信息中心）

矿产资源勘查

【概况】 2013年，地质找矿新机制进一步完善，市场主体作用得到充分发挥，社会资金成为矿产勘查投入的主要来源，基本形成了各类资金统筹部署、合理分工、有机衔接、规模投入的良好局面。地质勘查投入保持1200亿元的较高水平，煤、油气、铜等重要矿产勘查成果显著。鞍本、冀东和攀枝花铁矿，山西、河南、贵州铝土矿，胶东金矿、湘西铅锌矿等一批老基地资源基础进一步稳固，新疆中部和南疆铁矿、青海祁漫塔格铁矿有望形成一批新的资源基地。鄂尔多斯铀矿，滇西北、藏中、藏北铜矿，滇北、青海中部金矿，赣北钨矿，西南天山铅锌矿等一批资源基地雏形开始显现。

【地质勘查投入】 2013年，地质勘查投入1246亿元，同比下降3.9%（图1）。其中，财政投入214亿元，占17.2%；社会投资1032亿元，占82.8%。其中油气矿产地质勘查投入786亿元，同比下降0.1%，占全部勘查投资的63%；非油气矿产地质勘查投入460亿元，同比下降9.8%，占37%，为2004年以来首次下降（图2）。非油气矿产地质勘查投入中，财政投资占46.5%，占比较2012年增加4个百分点；社会投资占53.5%，占比下降4个百分点，显示社会投资热情下降。

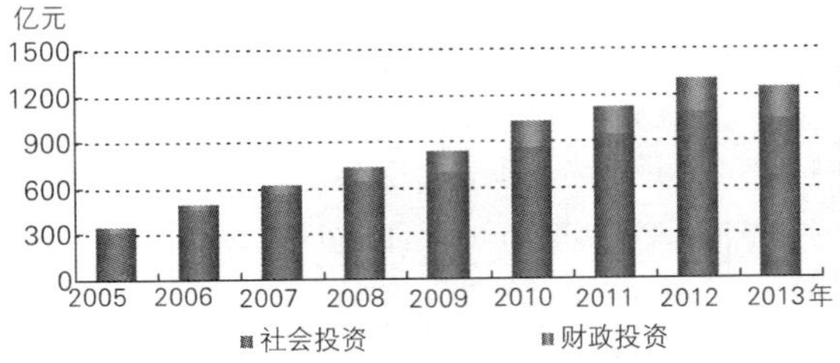

图1 地质勘查投入

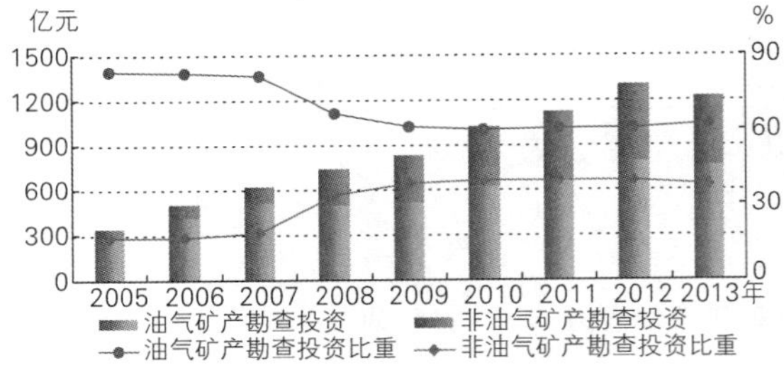

图2 油气矿产及非油气矿产地质勘查投入变化

2011～2013年，累计完成钻探工作量7356万米。其中，2013年完成钻探工作量2232万米，同比下降35%。

"找矿突破战略行动"第一阶段进展顺利，成效显著，这三年是新中国成立以来找矿成果最显著的三年（表1）。

表1 找矿突破战略行动第一阶段目标完成情况表

领域	任务	单位	目标	实际完成情况	完成比率(%)
矿产勘查	新发现大中型矿产地	处	300	451	150
	初步形成大型资源勘查开发基地	处	5～8	7	完成
基础地质调查与研究	整装勘查区基础地质调查	覆盖程度%	100	100	完成
	重要找矿远景区基础地质调查	覆盖程度%	75	77	完成
	新发现油气资源有利目标区	个	10～20	17	完成
	天然气水合物资源潜力评价	—	完成重点地区潜力评价	完成	完成
矿产资源节约与综合利用	建立矿产资源节约与综合利用示范基地	个	40	40	100

【能源矿产勘查】 1. 煤炭。2011～2013年，煤炭勘查新增大中型矿产地143处。勘查新增查明资源储量超过50亿吨的矿产地包括：新疆巴里坤哈萨克自治县三塘湖矿区汉水泉勘查区、新疆准东煤田奇台县大井矿

区三井田、陕西榆横矿区红石桥－魏家峁勘查区、内蒙古新巴尔虎右旗五一牧场勘查区、新疆准东煤田吉木萨尔县芦草沟勘查区、新疆哈密市沙尔湖煤田东部二区和新疆准东煤田奇台县黄草湖勘查区。其中,2013年新增大中矿产地67处,包括新疆准东煤田吉木萨尔县芦草沟勘查区等。

2. 油气。2011～2013年,新增探明地质储量大于1亿吨的油田为中石油的长庆姬塬油田、靖安油田和安塞油田,塔里木哈拉哈塘;中海油的天津蓬莱9－1;中石化华北红河油田等。其中,2013年新增探明地质储量大于1亿吨的为中石油长庆姬塬油田。

新增探明地质储量超过千亿立方米的气田为中石油西南安岳气田、塔里木克拉苏气田,长庆靖边和苏里格气田;中石化西南成都,以及中石化勘探南方公司元坝气田等。其中,2013年新增探明地质储量超过千亿立方米的有1处,为中石油西南安岳气田。

截至2013年底,全国已探明油气田934个,其中油田683个,天然气田251个,石油累计探明地质储量351亿吨,天然气11.4万亿立方米。其中2013年全国石油新增探明地质储量10.83亿吨,天然气新增探明储量6159.11亿立方米。完成二维地震11.29万千米,三维地震4.89万平方千米,完成探井3863口。

3. 非常规油气。①煤层气:截至2013年底,全国煤层气累计钻井超过1.3万口(其中2013年新增超过1603口),完成二维地震1858.4千米,三维地震564.5平方千米。

②页岩气:截至2013年底,页岩气累计勘探投入超过100亿元,完成二维地震1.5万千米,三维地震近900平方千米,钻井280余口,总进尺40多万米。其中,2013年全国钻探页岩气井200余口。截至2013年底,形成页岩气生产能力10亿立方米。

2012年以来,中石化在重庆涪陵区块探明地质储量1067亿立方米的整装页岩气田。焦石坝页岩气开发试验区新建产能5亿立方米。中石油在四川长宁、威远、昭通等区块均实现了页岩气勘查重大突破。

【金属与非金属矿产勘查】 根据铁矿、铜矿、铅矿、锌矿、铝土矿、钨矿、锡矿、钼矿、锑矿、金矿、银矿、硫铁矿、磷矿和钾盐14种矿产查明资源储量情况统计,2011～2013年新增大中型矿产地共338处,主要分布在新疆、云南、山西、内蒙古、河南、山东、贵州和吉林等省区(表2)。其中大型矿产地共111处,中型矿产地227处。

表2　2011～2013年金属与非金属矿产勘查重大成果

矿种	年份	矿产地名称	查明资源储量
铁矿	2011年	山东省兖州市翟村矿区	10.6亿吨
	2012年	辽宁鞍山市千山区陈台沟铁矿	10.8亿吨
铜矿	2011年	西藏自治区墨竹工卡县荣木错拉铜矿	201.4万吨
		黑龙江省嫩江县铜山铜矿Ⅰ、Ⅱ号矿体勘探	93.4万吨
		新疆哈密市土屋铜矿床	93.2万吨
		西藏墨竹工卡县邦铺矿区	71.4万吨
	2012年	云南迪庆普朗铜矿首采区	143.7万吨
	2013年	新疆哈巴河县阿舍勒铜锌矿	88.4万吨
钨矿	2011年	湖南黄沙坪铅锌矿	28.6万吨
	2012年	江西武宁县大湖塘北区钨矿	62.6万吨
		江西武宁县大湖塘南区钨矿	30.6万吨
钼矿	2011年	安徽金寨县沙坪沟钼矿	227.5万吨
	2013年	黑龙江省大兴安岭松岭区岔路口钼铅锌多金属矿	176.1万吨
		内蒙古兴和县曹四夭钼矿	132.8万吨
金矿	2011年	山东玲珑金矿田东风矿床171号脉金矿	114.2吨
	2012年	西藏拉萨墨竹工卡县甲玛矿区	83.1吨
		内蒙古乌拉特中旗浩尧尔忽洞金矿	75.9吨
	2013年	山东省莱州市西草坡－曲家矿区金矿	85.2吨
		甘肃省合作市早子沟金矿	74.3吨
磷矿	2011年	贵州开阳磷矿洋水矿区东翼深部勘查	5.8亿吨
		贵州瓮安县玉华乡老虎洞磷矿	3.3亿吨
	2012年	四川雷波县小沟磷矿区	3.8亿吨
	2013年	贵州开阳磷矿洋水矿区东翼深部勘查	2.9亿吨

注:已经评审备案。

西藏多龙发现2处大型、超大型铜金矿床,新增铜资源储量700万吨。贵州松桃发现道坨隐伏超大型锰矿,控制锰矿石资源量1.42亿吨。青海夏日哈木累计探获镍资源储量110万吨。西藏罗布沙新发现隐伏铬铁矿体,资源储量201万吨。四川甲基卡外围新发现大型锂辉石矿床,估算氧化锂资源量64万吨。柴达木盆地新增液体氯化钾资源储量1.22亿吨。

2012～2013年实施的118个老矿山找矿勘查类项目中,9个项目新增资源量达到大型矿床规模。至2013年底,老矿山找矿累计探获新增资源量:煤3.23亿吨、铁矿石3000万吨、铬铁矿44万吨、锰矿石3152万吨、金231吨、银2332吨、铜123万吨、铅锌243万吨、钨(WO_3)3.5万吨、锡2.9万吨、钼3.7万吨、锑7.8万吨。

【地下水资源勘查】 结合地方需求，实施探采结合孔和供水示范井147口，总进尺3.13万米，总出水量20.33万立方米/天。完成华北平原、珠三角、长三角、鄂尔多斯盆地等7个平原盆地地下水中砷氟分布图等系列图件编制第一阶段任务。建立了典型地区地下咸水开发利用与盐碱地改良关键技术方法示范研究试验基地。在宁东、准东、东胜、青海、冀中5个重要能源基地新确定具有供水前景的富水区段20多处，共完成探采结合孔39口，总出水量3.36万立方米/天，有效地解决了矿区缺水问题。

在调查区域水文地质条件的基础上，选择适宜地段进行地下水探采结合井方式，为青藏高原少数民族缺水地区提供饮用水安全供水井21口，解决了20个乡(镇)村4.6万余人的饮水问题，促进了民族团结。

在柴达木盆地圈定了12处可建设水源地，建成了53口探采结合井，为柴达木循环经济试验区规划建设提供了水资源依据。

在乌蒙山地区，采用水文地质调查分析与地球物理勘探相结合的手段确定探采结合井位，部署探采结合井位35口，施工钻井成井21口，总出水量1.28万立方米/秒，设施配套完善后，可解决当地5.65万人、1.57万头大牲畜和5500亩农田的灌溉用水问题，有效缓解了当地的旱情。

【中央地质勘查基金项目实施】 2013年，中央地质勘查基金项目的部署，围绕资源保障平台建设，深入落实找矿新机制，发挥地勘基金在找矿突破战略行动中的衔接拉动作用，助推“找矿突破战略行动”，优先安排47片国家级整装勘查区重要矿种的勘查，重点支持煤、铀、铁、铜、铝等国家能源和急需紧缺矿产勘查，优选一批近期有望突破的重大项目，集中资金，加大投入，快速突破，新发现一批大、中型矿床，取得了找矿重大突破，煤、铀、铁、镍、铝等矿种资源量有大幅度提高，为“找矿突破战略行动”三年目标的实现做出了重要贡献。2013年新发现矿产地15处，其中大型以上矿产地3处，中型5处。

(国土资源部信息中心)

矿产资源开发

【概况】 2013年，中国采矿业固定资产投资增势趋缓，占全国固定资产投资的比重下降。其中，煤炭开采和洗选业固定资产投资出现多年来的首次下降。中国重要矿产资源开发重心逐渐由东部向西部转移。矿产品生产持续增长，煤炭、铁矿石、粗钢、十种有色金属、黄金等多种矿产品产量均居世界首位。能源生产结构不断改善，天然气等清洁能源比重不断上升。矿产资源综合利用水平不断提高，全国重要矿产资源“三率”调查与评价工作取得明显成效，出台中国首个节约与综合利用评价指标体系，同时推进综合利用示范基地建设工作，为加快矿业发展方式转变发挥了积极作用。

【采矿业固定资产投资】 2013年，中国采矿业固定资产投资1.48万亿元，同比增长10.9%，增速为近10年以来最低值；采矿业固定资产投资占全国固定资产投资的比重为3.4%，较2012年的3.6%下降0.2个百分点。其中，煤炭开采和洗选业5263亿元，较2012年下降2.0%，这也是多年来的首次下降；石油与天然气开采业3805亿元，增长23.7%；黑色金属矿采选业1666亿元，增长10.4%；有色金属矿采选业1659亿元，增长19.7%；非金属矿采选业1833亿元，增长14.4%(图1)。

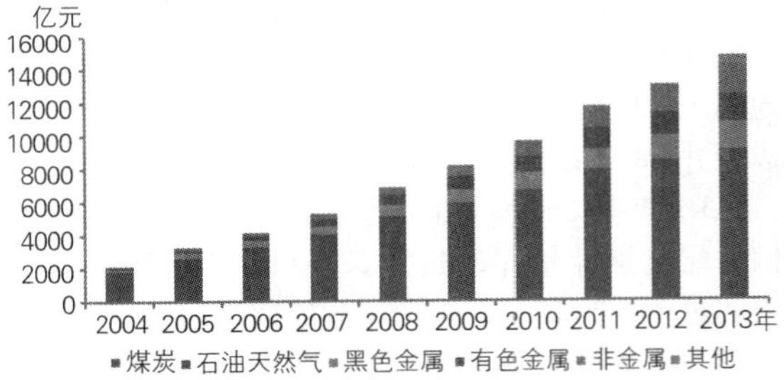

图1 采矿业固定资产投资分行业变化情况

【矿产品生产】 1. 能源结构不断改善。中国为世界上第一大能源生产国和消费国，2013年一次能源生产总量为34.0亿吨标准煤，较2012年增长2.4%(图2)；消费总量37.5亿吨标准煤，增长3.7%；能源自给率为90.7%。

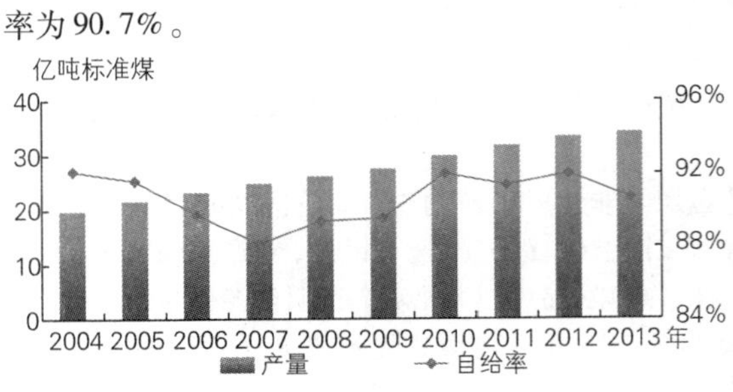

图2 一次能源生产情况

中国能源结构不断改善，天然气等清洁能源比重不断上升。2013年生产结构为：原煤占75.6%，原油占8.9%，天然气占4.6%，水电、核电、风电等占10.9%（图3）；消费结构为：煤炭占66.0%，石油占18.4%，天然气占5.8%，水电、核电、风电等占9.8%。

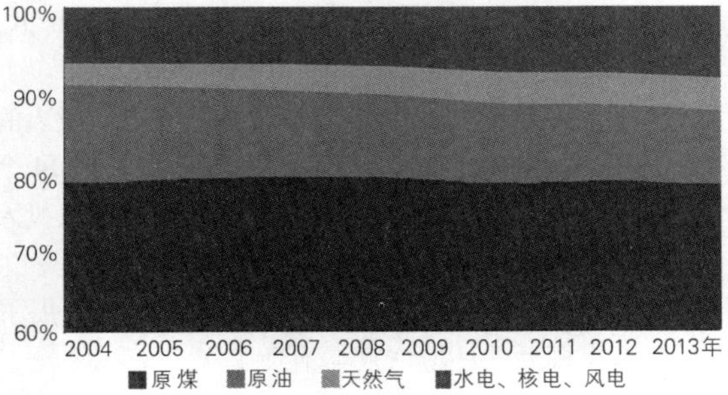

图3　能源生产结构图

2013年，原煤产量36.8亿吨，较2012年增长0.8%，连续多年居世界第一位。原油产量2.09亿吨，增长1.8%（图4），居世界第四位。天然气产量1170.5亿立方米，增长9.4%，居世界第六位。2014年上半年，原油产量1.04亿吨，同比增长0.1%；天然气632亿立方米，增长7.5%。

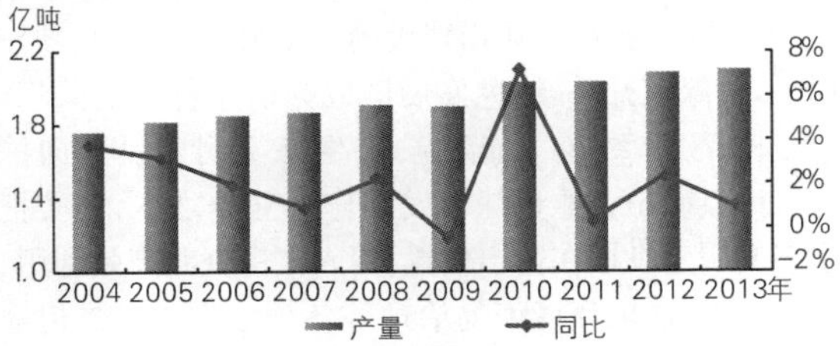

图4　原油产量及变化

2. *金属矿产品产量稳步上升*。2013年，生产铁矿石14.5亿吨，增长9.9%；粗钢7.8亿吨，增长7.6%，占世界粗钢产量的比重近50%（图5）。生产十种有色金属4054.9万吨，增长9.7%。黄金产量428.2吨，增长6.2%，连续7年居世界第一；消费量1176.4吨，同比增长41%，首次居世界第一。铁矿石、粗钢、十种有色金属、黄金产消费量均位居全球首位。2014年上半年生产铁矿石7.11亿吨，同比增长9.9%；十种有色金属2089.0万吨，增长5.4%；黄金211.1吨，增长9.5%。

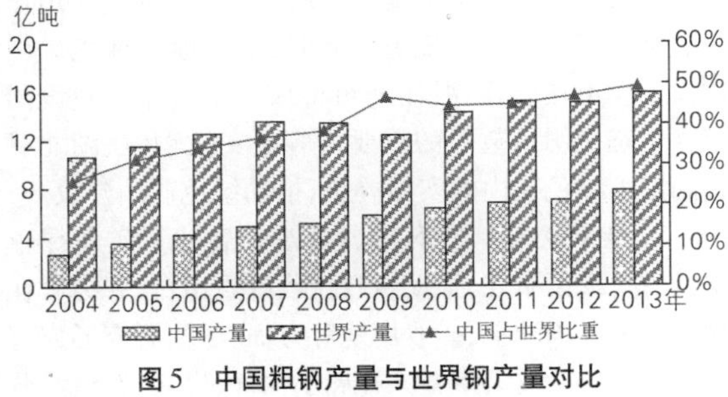

图5　中国粗钢产量与世界钢产量对比

3. *非金属矿产品产量持续增长*。2013年，全国水泥产量24.2亿吨，同比增长9.3%（图6）。平板玻璃产量7.8亿重量箱，增长11.2%。钾肥产量593.1万吨（折含K_2O 100%），增长16.3%。磷矿石产量10851.0万吨（折含P_2O_5 30%，下同），增长13.5%。2014年上半年，生产水泥11.4亿吨，同比增长3.6%；平板玻璃4.1亿重量箱，增长4.7%；磷矿石5774.3万吨，增长13.9%。

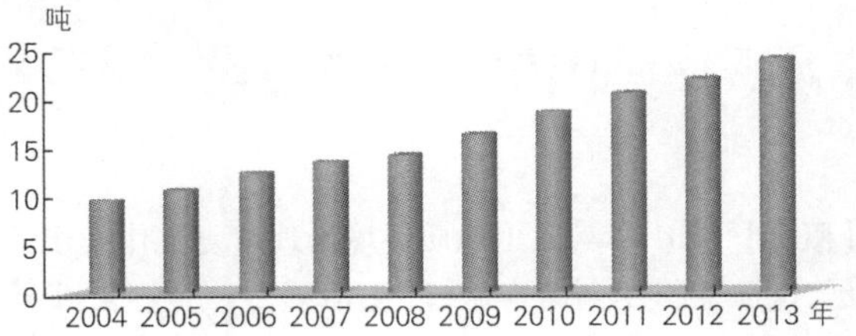

图6　水泥产量变化

【矿产资源综合利用】　1. *全国重要矿产资源"三率"调查与评价工作取得成效*。自2012年启动以来，全国各省（区、市）已完成油气、煤炭、铁、金、钾盐等22种重要矿产资源"三率"（开采回采率、选矿回收率、综合利用率）调查评价工作。对14000多座生产矿山的矿产资源开发利用情况开展调查，基本查清和掌握了中国主要矿种的"三率"和采选技术现状。

2. *构建重要矿产资源综合利用标准体系*。出台矿产资源节约与综合利用评价指标体系，包括开采回采率、选矿回收率、综合利用率、采选综合回收率、共伴生矿产综合利用率等5项指标，为全面评价资源节约与综合利用提供依据。已公告实施煤、铁、铜、铅、锌、金、磷、稀土、钾盐、萤石、高岭土、钒钛磁铁矿等重要矿种的"三率"指标要求，作为矿山企业开发利用矿产资源的最低标准。

3. *推进综合利用示范基地建设*。矿产资源综合利用示范基地建设两年多以来，中央财政累计投入补贴资金107.55亿元，拉动企业投入资金742亿元。建成一批133所院校参与的产学研平台，加速了技术、工艺和装备的革新和产业化应用。重点突破了低渗超低渗透油气、页岩气、油页岩、钒钛磁铁矿、固体钾盐、低品位胶磷矿等8大资源综合利用产业化技术；探索建立了充填开采、采矿用地、矿地和谐、井工厂、区域矿山建矿5大绿色开采模式；健全完善了煤基产业群发展模式、有色多金属资源综合利用、铁矿伴生资源综合开发、磷矿产业发展4大综合利用产业发展体系。

4. *推广先进适用技术*。自矿产资源节约与综合利用先进适用技术推广目录发布制度建立以来，国家先后发布了两批共99项先进适用技术（油气类15项、煤炭24项、金属类41项、非金属类19项)，其中第一批62项、第二批37项。并对推广应用先进适应技术取得显著成效的71家矿山企业予以通报表扬，通过国土资源部门户网站设立了矿产资源节约与综合利用先进技术推广平台，提高了先进适用技术转化率和普及率，促进矿业发展方式加快转变。

(国土资源部信息中心)

矿山生态环境建设

【概况】 2013年，矿山地质环境治理恢复工作稳步开展，保证金制度全面实施，环境治理专项资金逐步建立；绿色矿山建设工作有序推进，形成可复制推广的典型模式；和谐矿区试点工作取得阶段性成效，参与面不断扩大；生态文明先行示范区建设启动，探索多项创新性制度。

2013年，中央财政资金继续支持资源枯竭型城市矿山地质环境治理工程和矿山地质环境治理示范工程，下达项目预算36.56亿元。其中，资源枯竭型城市地质环境治理项目预算14.9亿元，示范项目预算20.6亿元，专项支持江西赣州稀土开发利用综合试点的矿山地质环境恢复治理资金1.06亿元。项目的实施有效地保障了当地百姓居民的生产和财产安全，改善了矿区生活条件。部分矿业开发破坏、废弃土地整治恢复形成建设用地、耕地、林地产生了良好的经济效益，促进了各地城市文明建设和生态建设。截至2013年底，28个示范工程项目共恢复建设用地约46平方千米，林草地约41平方千米，耕地约36平方千米。

【矿山地质环境治理恢复保证金制度实施】 全国31个省(自治区、直辖市)相继出台矿山地质环境治理恢复保证金管理办法，开展利用保证金督促和约束矿山企业进行矿山地质环境保护与治理恢复的各项工作，通过采取保证金缴存与采矿权审批、年检或矿山地质环境治理恢复方案挂钩等方法，总体上顺利地推进了保证金缴存工作。截至2013年，全国保证金应缴存993亿元，已缴存612亿元，返还32.54亿元，企业使用保证金26.70亿元，开展矿山地质环境治理恢复，因企业未履行治理义务而由地方政府使用开展治理的保证金共0.87亿元。全国应缴保证金的矿山数量为8.86万个，已缴存保证金的矿山数量为7.17万个，缴存矿山数量所占比例约为81%。矿山企业开展了矿山地质环境治理恢复工作。如，淮南矿业集团投资对淮南市区资源枯竭矿区进行矿山地质环境修复，2013年已完成约10.4平方千米，包括生态修复约7.2平方千米，开发利用约3.2平方千米，还增加了约2.2平方千米城市绿地。神木县苏家壕煤矿投资1.1亿元进行矿山地质环境治理，新增耕地约2500亩，林地约700亩，草地约2400亩。

26个省(自治区、直辖市)已建立由省级财政投入的矿山地质环境治理专项资金，累计资金92.8亿元；14个省(自治区、直辖市)的部分地、市建立了由市级财政投入的矿山地质环境治理专项资金，累计资金29.8亿元。

在新疆、宁夏、云南、山东、广西和浙江等地开展了7处化石发掘后的环境恢复与治理工作。

【绿色矿山建设】 绿色矿山建设在试点实践、制定规划、标准体系建设、政策研究和建立制度等各方面得到全面推进，已经成为转变矿业发展方式、提升矿业整体形象、促进矿业健康持续发展，以及改善民生、加强生态文明建设、促进社会和谐的重要平台和抓手。

1. *试点建设取得成效*。2011~2014年，661家矿山企业列入国家级绿色矿山建设试点。通过几年建设，树立了一批绿色矿山建设的典型模式，示范引领作用显著，绿色开采、绿色发展已成为矿业行业的共识。一是树立了“绿色立企”模式，生态文明建设推向深入。试点矿山企业把绿色发展作为立企之本，切实把生态文明建设摆在突出位置，深入推进资源高效利用、节能减排、矿山环境恢复治理等各项工作。二是树立了“科技兴绿”模式，科技创新能力明显增强。试点矿山企业依靠科技进步，坚持创新驱动，成功探索出了一条“科技兴绿”之路，有效提高了企业的核心竞争力。三是树立了“节约护绿”模式，资源节约与综合利用效率大幅提升。通过加强对低品位、难选冶、共伴生资源的综合利用，减少了储量动用，提高了资源供给能力，资源、环境和经济效益显著。

2. *绿色矿山创建工作*。各地结合实际情况，将资源高效利用、保护环境、节能减排、矿地和谐作为核心任务，有序推进省、市绿色矿山建设。浙江、河北、江西研究制定了绿色矿山管理办法和相关鼓励政策。内蒙古、贵州制定了建设绿色矿山的实施方案。广西、江西和北京编制了绿色矿山建设规划。福建将绿色矿山作为建设生态省的重点任务。同时，一些地市绿色矿山建设工作正在展开，浙江湖州将绿色矿山作为建设国家级生态文明示范区的重要内容。安徽铜陵、湖北黄石制定了绿色矿山的实施办法，推动绿色矿山建设。

3. *激励政策研究取得新进展*。启动了矿业绿色发展财税政策研究，推动财政税收政策出台，并力争在绿色矿山资源配置、矿业用地等方面，尽快研究形成有针对性的支持政策措施。开展了油气、煤炭、有色等分行业绿色矿山建设标准研究。起草了《国家级绿色矿业发展示范区建设工作方案》，拟在矿山分布相对集中的地区，开展绿色矿业发展示范区建设，由点到面全面推进绿色矿山建设。

【和谐矿区建设】 和谐矿区建设初步形成了国土资源管理部门、地方政府、行业协会、矿山企业协同推进的新局面，资源节约集约调节机制、环境治理恢复补偿机制、矿产开发利益共享机制、矿区矛盾纠纷协调化解机制有序推进，成效明显。

1. *试点工作取得阶段性成效*。内蒙古自治区建立了以移民搬迁补偿和矿区生态恢复补偿制度为核心、以矿区基层政府和群众入股矿山企业为补充的利益分配机制；探索建立了矛盾排查机构统筹等矛盾化解机制；完善了矿山环境治理与矿业权、矿业用地限批联动制度，矿山最低开采规模制度，矿产资源开发综合利用制度；在探索建立资源节约型、环境友好型、矿地和谐型矿区方面积累了宝贵经验。

2. *参与面不断扩大*。贵州、吉林、江西、西藏等11个省（区）在不同层面开展和谐矿区建设工作，推动实现矿产资源收益共享。和谐矿区建设工作辐射的非油气矿山数累计达到3.89万个，占全国非油气矿山总数的37.5%，其矿业产值达到1.09万亿元。

3. *部分地方出台相关政策*。青海省政府、陕西省榆林市政府出台相关指导意见和工作方案，推动当地矿山企业积极构建和谐矿区。

4. *行业协会助推和谐矿区建设*。中国矿业联合会、煤炭、黄金、化学、砂石等行业协会组织相关企业开展和谐矿区建设。2013年，有55家大型矿业企业发布社会责任报告。

5. *矿地关系和谐融洽*。试点单位把建设和谐矿区、构筑良好矿地关系融入到企业文化建设当中。庆安帝圣矿业有限公司安排矿区附近500多名下岗林业工人就业；金堆城钼业汝阳公司吸收当地劳动力354人，还建成若干个安置小区、学校、水库及供水设施等。

（国土资源部信息中心）

2015年中国矿业大事摘选②

【紫金矿业逆势并购海外两大矿山】 2015年5月26日，紫金矿业与艾芬豪和巴理克两大国际矿业巨头"握手"结成战略合作关系，联手开发世界级超大铜矿、金矿。据双方签订的协议约定，由紫金矿业分别以25.2亿元和18.2亿元的对价，取得艾芬豪旗下的世界级超大未开发铜矿刚果（金）卡莫阿铜矿的49.5%股权和巴理克旗下大型在产金矿巴新波格拉金矿50%的权益，两个矿山的铜资源和金资源储量分别为2416万吨、285吨。

在矿业低迷期的当口，紫金矿业却因不断动作而显得并不低调，去年国内多家黄金企业都陷入亏损泥潭，而紫金矿业不但逆势增长，而且海外扩张的新动作正在逐渐勾勒此前企业的国际化、资本证券化和项目大型化三头并进的设想。紫金矿业经过多年的跟踪和储备，在矿业低迷的当下成功收购巴里克和艾芬豪的大型金、铜矿山。

【我国获东太平洋海底矿区勘探权】 2015年7月20日，国际海底管理局理事会通过决议，核准了中国五矿集团公司提出的东太平洋海底多金属结核资源勘探矿区申请。中国五矿集团公司获得该国际海底矿区的专属勘探权和优先开采权。

海底蕴藏着种类繁多、储量巨大的各类矿产资源，其中金、银、钴等贵金属和战略资源储量多于陆地储量。部分人认为，海底采矿对环境的影响比陆地采矿小；也有声音认为，当前人们对海洋环境的了解并不充分，海底采矿作业需要等待时机成熟。

【纪念抗战胜利70周年地质矿产史料展】 2015年8月25日上午，由国土资源部和国务院参事室、中央文史研究馆联合主办的"纪念中国人民抗日战争暨世界反法西斯战争胜利70周年地质矿产史料展"在中国地质博物馆正式开展。展览分三方面内容：一是日本帝国主义对我国矿产资源的觊觎与掠夺，二是地质矿产调查支持全面抗战，三是地质大师精神永驻。

地质矿产领域的抗战是中国人民抗战的重要组成部分。矿产资源是国家安全与经济持续发展的重要保障，本次展览以"铭记历史、缅怀先烈、珍爱和平、开创未来"为主题，真实记录了日本帝国主义对我国矿产资源疯狂掠夺的野蛮行径,生动再现了地质先辈们为全面抗战胜利作出的重大贡献。

【2015 中国国际矿业大会】 2015 年 10 月 21 日,2015 中国国际矿业大会在天津举行。本次大会以"新常态、新机遇、新发展"为主题,围绕当前全球经济发展新形势和中国经济发展新常态,深入分析全球矿业发展新机遇。来自 55 个国家和地区的政府官员、专家学者和矿业企业、金融机构代表,共计 8000 多人参会参展。

在矿业寒冬的情势下,此次会议与其说是国际交流合作,不如说是一场信心喊话。当前全球经济复苏总体偏弱,未来走势面临诸多不确定性。在国际矿业需求不振,投资下降,市场波动加剧,下行压力持续加大的情势下,业内人士认为,反而需要更多地看到矿业的增长潜力、发展机遇和合作空间。

【中铝抚顺铝业全线停产】 2015 年 10 月 24 日,随着最后的 *P15A247802* 盘锭的下线,中国铝业旗下的抚顺铝业公司电解铝生产线全线停产。此前,中国铝业连城分公司 10 月 8 日宣布工厂全部电解槽退出运行。

由于金属价格低迷,且国内矿山的废原材料和精矿供应减少,中国铝业自动削减产量应对价格低迷困局。在中国经济增速放缓以及国企计划重组的背景下,即便是国有企业也面临着重重压力。不过,随着新建产能的不断释放,中铝此举对于目前的铝过剩影响不大。

【杏花煤矿发生重大火灾事故】 2015 年 11 月 20 日,黑龙江省龙煤集团鸡西矿业公司杏花煤矿发生重大火灾事故,造成 21 人遇难、1 人下落不明。杏花煤矿 1985 年建矿,核定生产能力 200 万吨/年。矿井采用立井多水平开拓,为高瓦斯矿井。事故发生在东一采区皮带道,皮带机型号 *DTC*120/50/3 × 400,皮带面宽 1.2 米、长度 1100 米,坡度 22 度。

今年以来煤矿安全生产形势持续稳定好转,但长期影响煤矿安全的深层次矛盾和问题仍然没有解决,形势依然严峻复杂。这次事故暴露出企业现场安全管理薄弱、隐患治理不落实、迟报事故情况,以及安全监管执法不到位等突出问题。国家安监总局要求,要深刻吸取事故教训,清醒认识煤炭市场持续低迷给煤矿安全带来的风险隐患,企业经营越是困难越要切实加强煤矿安全管理和监督。

【10 家铜企宣布联合减产 35 万吨】 2015 年 12 月 1 日,江西铜业、铜陵有色、云南铜业、金川集团、大冶有色、中条山有色、白银有色、烟台国润铜业、中国黄金集团、阳谷祥光铜业十大铜冶炼企业联合宣布,2016 年将减少精铜产量 35 万吨,约占 2015 年国内精铜产量的 2.5%。

各个行业都在喊减产,何时兑现是关键;减产更多的向市场释放信号,对铜价的支撑还很难说。受美元升值、新兴市场需求继续疲软等因素影响,大宗商品跌幅更加明显且复苏的可能性微乎其微,这促使许多矿商宣布停产减产,中国有色行业产能集中度较高,因此限产坚决而迅速。

【内蒙古发现超大型大鳞片石墨矿】 2015 年 12 月 2 日,内蒙古自治区国土资源厅发布消息称,地质勘探人员近期在内蒙古阿拉善盟境内发现一处超大型大鳞片石墨矿,目前已探明石墨资源总量 1.3 亿吨,约占全球可采储量的 7.3%,平均品位 5.45%。据介绍,这样高品位、超大规模的石墨矿藏在国内尚属罕见。

如此高比例的大鳞片石墨在全球也不多见,这将弥补我国大鳞片石墨资源的不足。同时,这处矿藏具有全球少数可以进行石墨全产业链深加工的石墨资源,又因矿石易选,可全部实现露天开采,开采技术条件要求较为简单,加上交通比较便利,开发价值巨大。

【五矿中冶战略重组】 2015 年 12 月 8 日,国务院国资委宣布,经国务院批准,中国冶金科工集团有限公司整体并入中国五矿集团公司,成为其全资子企业,中冶集团不再作为国资委直接监管的企业。

比起之前其他央企的兼并重组和整合,此次中冶和五矿的合并重组因具备了更多的市场元素而值得期待。中冶集团能放下世界 500 强企业的身段,成为五矿集团子公司,没有点勇气和毅力是办不到的。

矿业管理

地质矿产调查评价与地质资料服务

【概况】 2013年，地质矿产调查评价工作立足于国家基础性、公益性、战略性地质调查工作定位，坚持资源环境并重，基础地质调查扎实推进，工作程度持续提高，大批基础地学数据得到更新，地质资料信息服务集群化、产业化蓬勃发展。进一步加强重要成矿带矿产地质调查，加大能源与重要矿产资源调查评价力度。在整装勘查区调查评价、"三稀"金属资源战略调查、老矿山深部和外围找矿等重点工作中取得了重要进展。

全国已构建完成了以地质资料汇交监管平台、共享服务平台、电子阅览室、油气等地质资料委托保管管理平台、重要地质钻孔数据库、管理信息系统为内容的"五平台一支撑"建设格局，为找矿突破战略行动和社会公众提供服务（网址：http://dzzl.mlr.gov.cn）。2013年，各级地质资料馆藏机构的网站点击量达到185.73万次，共接待到馆服务3.96万人次，提供资料服务15.45万份次（244.33万件次）。相关地质资料公开版数据产品、数据公开化处理方案等成果，用户反响热烈，受到媒体广泛关注。

【基础地质调查】 1. 区域地质调查。2013年，完成1∶5万区域地质调查21.3万平方千米、累计完成283.6万平方千米，重点成矿区带工作程度提高到44%，占陆域国土面积的29.5%。完成1∶25万区域地质修测2.2万平方千米，实测和修测累计完成591万平方千米，占陆域国土面积的61.6%。海洋地质调查，完成1∶100万区域地质调查109万平方千米、1∶25万区域地质调查2万平方千米。

2. 区域地球物理调查。完成1∶5万航空磁测25万平方千米，重点成矿区带工作程度提高到50%。完成1∶5万磁法测量、区域重力测量、电法测量分别为5.1万、2.4万和0.4万平方千米。完成1∶25万区域重力24万平方千米，陆域工作程度提高到57%。

3. 区域地球化学调查。完成1∶5万区域化探24万平方千米，重点成矿区带工作程度提高到35%。完成1∶25万区域化探13万平方千米，陆域工作程度提高到66%。完成1∶25万土地生态地球化学调查6.4万平方米。

4. 遥感地质调查。完成1∶5万矿山遥感调查与监测68万平方千米，对重点地区矿产资源开发利用、矿山环境和资源规划执行等开展遥感调查与监测，提取了矿产疑似违法图斑，制作了执法检查和矿山复绿遥感本底数据，为矿产卫片执法检查、矿山复绿行动和矿政管理提供了技术支撑。

【油气资源调查评价】 油气基础地质调查工作围绕新区、新领域、新层系和新类型展开，获得一系列重要成果。陆上油气基础地质调查在青藏地区、银额地区，以及鄂尔多斯新层系、准噶尔盆地重油等方面取得重大发现和进展，优选出10个油气远景区。南黄海、南海北部陆坡深水区油气资源调查取得重要进展。

松辽盆地外围实现油气新突破，西部外围开展油气资源调查评价工作。突参1井钻获轻质原油，首次在东北地区中下侏罗统获得石油发现，开辟松辽西部外围油气勘探新领域。

【非油气矿产地质调查】 2013年，完成1∶5万矿产地质调查7万平方千米，重点成矿区带和78片整装勘查区工作程度分别提高到46%、78%。圈定物化探异常6456处，发现矿（化）点1000余处，圈定找矿靶区200余处。一批重要发现经后续勘查取得新突破，形成数十处大中型矿产地。

【地热资源调查评价】 初步查明全国除台湾省外31个省会城市浅层地温能潜力，开展了86个大中城市浅层地温能调查和青海、西藏高温地热资源调查。在沈阳、呼和浩特、杭州等10个城市建立了浅层地温能利用地质环境监测网络。制定了北京、天津、沈阳等10个城市的浅层地温能开发利用规划，并制定了省会级以上城市浅层地温能利用工程场地地质勘查规程。启动了山东、湖南等6省市地级城市及重点经济开发区浅层地温能调查评价。开展了青藏铁路沿线、珠江三角洲、青海、川西等地区重点地热区(田)地热资源勘查。

【水文地质调查评价】 完成水文地质调查1:5万水文地质调查4万平方千米、1:5万环境地质调查3万平方千米。

【服务找矿突破战略行动】 2013年,以服务找矿突破为重点,组织完成78个整装勘查区地质资料目录数据库并公告,免费提供给全社会查阅利用。公开发布地质资料服务找矿突破战略行动6种专题产品,社会公众可以上网或到地质资料馆藏机构借阅利用。

【地质资料信息服务集群化产业化成果】 2013年,研发了三维可视化地质资料信息服务和管理系统、地质资料信息空间检索服务系统以及地学文献移动服务平台等,开发了整装勘查区和重点成矿区带的地质资料信息集群化产品,初步构建了覆盖国家、区域、省三级地质资料信息服务集群体系。

【地质资料服务产品公开】 2013年,研制完成中比例尺区域地质调查及编图成果公开版数据产品,包括1:50万地质图、1:25万地质图及报告、1:20万地质图及报告、1:20万水文地质图及报告和矿产资源潜力评价成果中的1:25万建造构造图,编制形成全国地质钻孔分布一张图服务产品,提供社会使用。

【地质资料网络服务体系建设】 2013年,地质资料目录信息公开范围进一步扩大。通过建立全国地质资料目录信息网站之间的链接,形成国家级地质资料目录数据中心,实现目录信息互通共享,提供高效、便捷、全面的地质资料目录信息网络化服务。各省级国土资源主管部门建立本地区地质资料服务网站之间的链接,形成省级地质资料目录数据分中心。地质资料共享服务平台和油气地质资料委托保管服务系统为社会公众和专业用户提供多层次、多目标的地质资料信息服务。2013年,全国各省(区、市)地质资料馆藏机构完成地质资料数字化2万余种,累计完成成果地质资料数字化总量近33.19万种,全国成果地质资料数字化率达74.9%。

(国土资源部地质勘查司 国土资源部矿产资源储量司)

矿产资源管理与政策

【概况】 近年来,中国在简政放权,完善矿产资源法规政策,加强公开、透明等方面做了很多工作。对《中华人民共和国对外合作开采海洋石油资源条例》等9项能源及矿产资源法规条例进行了修改,取消了18项涉及地质矿产类的行政审批事项,下放和调整了8项与矿产资源有关的行政审批事项,实行了页岩气勘探开发鼓励政策。

【行政审批事项及变化】 按照《国务院关于取消和下放一批行政审批项目的决定》(国发〔2014〕5号)的要求,国土资源部向社会公开目前保留的行政审批事项中,涉及地质矿产类规定有29项。2013年初以来,国务院取消了17项涉及地质矿产类行政审批事项,职业资格许可和认定1项,主要涉及油气田开发、煤炭生产经营、整装勘查实施方案审批等,其中,以国土资源部为主的“审批及备案核准”取消了7项,下放一项,改为后置审批一项,取消“认证”一项(表1)。

表1

国务院取消涉及调整的地质矿产类行政审批及备案核准

序号	事项	原审批和认证部门	决定
1	国家出资从事区域性矿产地质调查的地区暂停受理新的探矿权备案核准申请	国土资源部	取消
2	地质调查备案核准	国土资源部	取消
3	整装勘查实施方案审批	国土资源部	取消
4	中外合作勘查、开采矿产资源前置性审查①	国土资源部	取消
5	矿业权投放计划审批	国土资源部	取消
6	煤炭矿业权审批管理改革试点省煤炭矿业权审批项目备案核准	国土资源部	取消
7	跨省、自治区、直辖市销售的矿泉水的注册登记	国土资源部	取消
8	矿业权评估师许可	国土资源部、人社部	取消
9	在国家地质公园遗迹保护区外的园区进行矿产资源勘查、开发和工程建设活动的部级审批	国土资源部	取消国土资源部审批,保留地方政府审批
10	煤炭开采审批②	国土资源部或省级国土资源行政主管部门	改为后置审批

注:①取消的内容是:中外合作勘查/开采矿产资源,中方合作者应当在签订合同前,将合作的勘查区块、矿种/矿区范围/开采矿种/开发利用方案等有关文件资料报原发证机关复核并签署意见;在签订合同后,向原发证机关备案。②原来煤炭开采审批程序分三步:第一步,到省级国土资源管理部门办理“采矿许可证”。第二步,到国家发展和改革委员会或省级煤炭管理部门取得“煤炭生产许可证”。现在取消了“煤炭生产许可证”,改成如下步骤。第三步,煤炭企业取得采矿许可证、煤炭生产许可证后向省级工商行政管理部门申请登记注册。

与此同时，国务院还下放了6项地质矿产类行政审批权，主要涉及钾磷肥、煤矿、稀土等开发项目的核准等。

【行政法规部分废除和修改】 1. 2013年5月31日，国务院第639号令通过《国务院关于废止和修改部分行政法规的决定》，其中与矿产资源管理有关的内容如下：

①将《中华人民共和国对外合作开采海洋石油资源条例》第七条修改为："中国海洋石油总公司就对外合作开采石油的海区、面积、区块，通过组织招标，确定合作开采海洋石油资源的外国企业，签订合作开采石油合同或者其他合作合同，并向中华人民共和国商务部报送合同有关情况。"第八条修改为："中方石油公司在国务院批准的对外合作开采陆上石油资源的区域内，按划分的合作区块，通过招标或者谈判，确定合作开采陆上石油资源的外国企业，签订合作开采石油合同或者其他合作合同，并向中华人民共和国商务部报送合同有关情况。"

②将《乡镇煤矿管理条例》、《煤矿安全监察条例》中的"煤炭生产许可证"修改为"安全生产许可证"。取消《安全生产许可条例》及《国务院关于预防煤矿生产安全事故的特别规定》中的"煤炭生产许可证"有关规定。

2. 2014年7月9日，国务院第653号令通过《国务院关于修改部分行政法规的决定》，其中与矿产资源管理有关的内容如下：

①对《矿产资源勘查区块登记管理办法》的修改：删去第十三条第一款中的"经评估确认的"。第十三条第二款修改为："国家出资勘查形成的探矿权价款，由具有矿业权评估资质的评估机构进行评估；评估报告报登记管理机关备案"。第三十八条修改为："中外合作勘查矿产资源的，中方合作者应当在签订合同后，将合同向原发证机关备案"。删去第四十条。

②对《矿产资源开采登记管理办法》的修改：删去《矿产资源开采登记管理办法》第十条第一款中的"经评估确认的"。第十条第二款修改为："国家出资勘查形成的采矿权价款，由具有矿业权评估资质的评估机构进行评估；评估报告报登记管理机关备案。"第二十九条修改为："中外合作开采矿产资源的，中方合作者应当在签订合同后，将合同向原发证机关备案。"

③对《探矿权采矿权转让管理办法》的修改，将第九条第二款修改为："国家出资勘查形成的探矿权、采矿权价款，由具有矿业权评估资质的评估机构进行评估；评估报告报探矿权、采矿权登记管理机关备案。"

【行政法规部分发布实施新办法】 发布实施《国土资源行政处罚办法》（国土资源部令（部门规章）第60号）和《地质环境监测管理办法》（国土资源部令第59号）。明确加强国土资源违法案件审理的内部监督；对执法程序作了规范；完善了国土资源行政处罚结案标准；健全了行政处罚的监督制度等。

为了促进和规范境外投资，提高境外投资便利化水平，中华人民共和国商务部颁布《境外投资管理办法》（商务部2014年第3号令），自2014年10月6日起实行，对中国企业境外投资的备案或核准，企业的国家责任、法律责任、社会责任、诚信责任、环境和劳工保护义务及报告制度等做出了明确规定。

【页岩气勘查开发政策出台】 2013年10月30日，国家能源局发布公告《页岩气产业政策》（2013年第5号），鼓励包括民营企业在内的多元投资主体投资页岩气勘探开发；鼓励企业在基础设施缺乏地区投资建设天然气输送管道、压缩天然气（CNG）与小型液化天然气（LNG）等基础设施；鼓励各种投资主体进入页岩气销售市场。鼓励对外"技术合作"、"勘探开发区内的合作"。"鼓励页岩气资源地所属地方企业"投资页岩气。确认"页岩气出厂价格实行市场定价"。依据《页岩气开发利用补贴政策》，按页岩气开发利用量，对页岩气生产企业直接进行补贴。并鼓励地方财政另行补贴。第30条规定将页岩气纳入国家战略性新兴产业。明确"对页岩气开采企业减免矿产资源补偿费、矿权使用费"。

【矿产资源有偿使用】 1. *完善矿产资源有偿使用制度*。国务院决定不再征收矿产资源补偿费，开始实施矿产资源权利金制度，这是贯彻节约资源基本国策、落实节约优先战略的重要措施，是完善资源有偿使用制度的重要经济手段。2013年7月4日，国土资源部下发《关于进一步规范矿产资源补偿费征收管理的通知》（国土资发〔2013〕77号），要求科学规范计征矿产资源补偿费，促进矿山企业合理开发利用资源。

2013年，全国矿产资源补偿费征收入库额为215.43亿元，同比增长7.6%。其中，中央分成收入102.04亿元。2014年上半年征收入库额为100.89亿元，比2012年同期减少1.9%。

2. *矿业权价款和使用费*。2013年，全国征收矿业权价款790.02亿元，中央分成收入103.84亿元；征收矿业权使用费19.08亿元，中央收入12.99亿元。

《国务院批准发展改革委关于2013年深化经济体制改革重点工作意见的通知》（国发〔2013〕20号）要求国土资源部会同财政部牵头形成矿产资源有偿使用改革试点方案。

3. 金属、非金属和煤炭资源税从价计征改革。2013 年,全国资源税收入总额 1005.65 亿元,其中,地方收入 960.31 亿元,占地方税收总额的 1.78%(表2)。

2010 年,在西部地区开展了原油和天然气资源税从价定率征收的改革试点,于 2011 年 11 月 1 日在全国范围内推开。2013 年 11 月 28 日,中国政府网公布《国务院办公厅关于促进煤炭行业平稳运行的意见》,要求加快“推进煤炭资源税从价计征”改革。

表 2　　中国资源税征收额及其占国家总税收比例变化

项目＼年份	2009	2010	2011	2012	2013
资源税收入(亿元)	338.2	417.6	595.9	904	1005.65
资源税收入同比增长率(%)	12.1	23.5	42.7	59.7	11.2
税收总收入(亿元)	59521.6	73210.8	89738.4	100601	110530.7
税收总收入同比增长率(%)	9.8	23.0	22.6	12.1	9.9
资源税占税收总收入的比重(%)	0.57	0.57	0.66	0.90	0.9

【矿产资源规划】 1. 第二轮矿产资源规划实施进展总体良好、成效显著。规划实施情况评估结果表明,《全国矿产资源规划(2008~2015 年)》确定的勘查、开发、保护、合理利用与管理改革等 5 类 29 项指标中,近 70%已完成或超额完成,实施进展总体良好。一是重要矿产查明资源储量增幅超过 20%,资源保障能力有所提高增强;二是重要矿产开采量增幅超过 40%,增强了国内资源供应能力,支撑了经济社会持续较快发展;三是矿产资源开发利用布局结构进一步优化,形成一批矿产勘查开发基地,大中型矿山比例由 7.82%提高到 9.13%,小矿比重下降 2.6%,矿业集中度进一步提高,矿山布局更加合理,开发秩序总体向好;四是绿色矿业加快发展,资源合理利用和矿山环境保护得到加强;五是矿业国际合作实现新跨越,“引进来”和“走出去”呈现新局面;六是矿产资源管理改革不断深化,规划在总量调控、布局优化、资源配置和结构调整等方面发挥了重要的作用。

2. 部署启动第三轮矿产资源规划编制工作。经国务院同意,由国土资源部会同国家发展和改革委员会、财政部、工信部、环保部、商务部等有关部门共同开展新一轮矿产资源规划编制。2014 年 4 月,正式启动第三轮矿产资源规划编制工作。新一轮规划将按照“尽职尽责保护国土资源、节约集约利用国土资源、尽心尽力维护群众权益”的国土资源工作新定位,重点聚焦 3 大目标任务:一是谋划全面建成小康社会资源安全保障应对之策;二是研究提出加快转变资源利用方式和管理方式的重大举措;三是积极引导与推动矿产资源管理改革发展。

【储量与矿业权管理】 1. 加强储量评审和备案管理工作。储量评审和矿业权价款评估等服务工作效率提升,促进市场健康发展(表3)。

表 3　　2013 年矿产资源储量报告评审备案数量表

项目	数量(份)	比 2012 年增加(份)	占总数比例%
储量报告评审备案	4296	265	
其中:部级评审	526		12
省级评审	3770		88
矿业权价款评审备案	8700		

2013 年,国土资源部办理建设项目压覆重要矿产资源批复 17 件,主要压覆矿种为煤,批准压覆 55.13 亿吨,主要集中在内蒙古、山西、陕西等省(区)。

2. 矿业权设置方案并入矿产资源规划。继续推行矿业权设置方案制度。截至 2014 年 5 月底,编制矿业权设置方案总矿区数为 1179 个(表 4)。

表 4

截至 2014 年 5 月底中国编制矿业权设置方案及拟设矿业权

	数量(片)	面积(万平方千米)	上图入库数
编制矿业权设置方案总矿区数	1179(含砂石土类 609 片)		687
其中:拟新设探矿权(万个)	1	27.7	
拟新设采矿权(万个)	2.2	2.3	
整装勘查区	78		78
其中:已设置探矿权(个)	257		
拟新设采矿权(个)			

矿业权设置方案及矿业权备案管理实现了信息化管理。自 2014 年以后,编制矿业权设置方案工作并入矿产资源规划编制工作。

3. 调整锑等矿产管理政策。不再暂停锑矿的勘查、开发登记;2014 年不再下达锑矿开采总量控制指标,将钨矿综合利用指标调整为指导性指标;不再暂停受理新设煤炭探矿权申请。

【地质勘查管理】 截至2013年底，全国各类各级地质勘查资质6724个。按资质类别分，区域地质调查369个，海洋地质调查13个，石油天然气矿产勘查5个，液体矿产勘查567个，气体矿产勘查246个，固体矿产勘查1842个，水文地质、工程地质、环境地质调查936个，地球物理勘查686个，地球化学勘查313个，航空地质勘查5个，遥感地质调查77个，地质钻（坑）探1242个，地质实验测试423个（图1）。

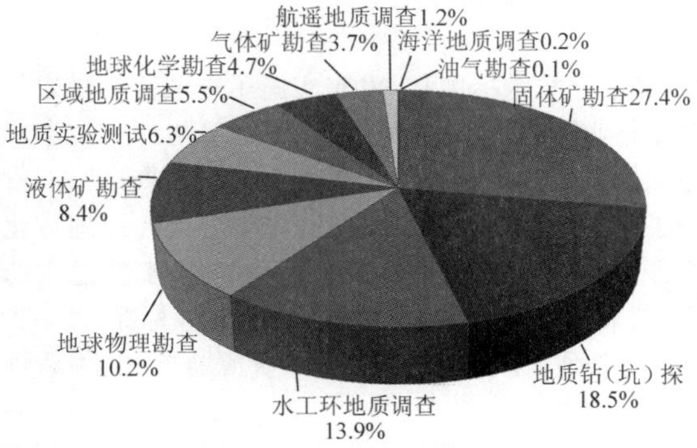

图1 全国地质勘查单位资质类别构成

全国具有地质勘查资质证书的单位共计2430个，构成情况如下：具有最高等级甲级资质的单位1067个，具有最高等级为乙级资质的单位673个，只具有丙级资质的单位690个。

【国土资源部保留的地质矿产类行政审批事项】 勘查矿产资源审批；开采矿产资源审批；地质勘查资质审批；地质资料延期汇交审批；地质资料保护登记；地质灾害防治单位甲级资质审批；重点保护古生物化石发掘审批；收藏单位之间转让、交换、赠与其收藏的重点保护古生物化石审批；重点保护古生物化石进出境审批；矿产资源规划审批；矿产资源综合利用示范基地确定和矿产资源综合利用示范基地建设总体规划审查批准；整装勘查区设置审批；探矿权、采矿权协议出让申请审批；调整矿产勘查风险分类审批；矿业权设置方案审批或备案核准；设立、变更或者撤销国家规划矿区、对国民经济具有重要价值的矿区审批；保护性开采的特定矿种审核；矿业权价款评估备案核准；矿产资源储量评审备案与储量登记核准；矿产地储备区域矿产资源开发利用审批；县级以上人民政府有关部门查阅保护期内的地质资料审查；省、自治区、直辖市矿山地质环境保护规划审核；国家地质公园规划审批；国家地质公园命名审批；国家矿山公园审批；直辖市人民政府申报的中国温泉之乡（城、都）的发展建设总体规划审查；重点保护古生物化石产地名录审批；国土资源部质量监督检测中心认定；国土资源部科技平台建设审批。

【矿业权设置方案管理信息化实施】 加强备案工作信息化监管，已备案26个省（区、市）的404份矿业权设置方案，为做好矿业权投放奠定基础；前两批78片整装勘查区的矿业权设置方案全部通过审查，实现信息化管理。国家规划矿区矿业权设置方案制度得到严格执行。9片煤炭国家规划矿区的矿业权设置方案进行了修编并已批复实施，68片国家规划矿区以外的煤炭矿区完成备案工作，77片完成“上图入库”；11片稀土国家规划矿区矿业权设置方案编制完成并批复，拟设12个调查评价区，15个探矿权，原有81个采矿权整合为35个。

（国土资源部地质勘查司 国土资源部矿产资源储量司）

科技创新与国际合作

【概况】 2013年，矿产资源科技创新与国际合作取得积极进展。新发现超高压新矿物——青松矿、氟钙烧绿石和氟钠烧绿石。自主研发了“地壳一号”万米大陆科学钻探钻机等系列重要深部探测仪器装备，首套无人机航空物探（磁/放）综合测量系统，首台自主知识产权的轻便自动化岩芯钻机。发布实施了页岩气储量行业标准。成功召开第五届亚太经合组织矿业部长会议等矿业国际会议，深化地质与矿产资源领域的双边、多边国际合作与交流。

【地质矿产理论研究】 1. *新矿物发现*。在西藏发现超高压新矿物——青松矿。2013年8月出版的国际《矿物学杂志》（Mineralogical Magazine，第77卷）公布了国际矿物学会2013年新批准新矿物，中国地质科学院大陆构造与动力学国家重点实验室地幔研究中心与国外研究人员合作发现的氮化硼（BN）矿物获批准，命名为青松矿（Qingsongite）（批准号：IMA No. 2013－30）。此外，新发现氟钙烧绿石和氟钠烧绿石两种矿物已经获得国际矿物学会新矿物及矿物分类命名委员会（IMA－CNMNC）批准。

2. *地层年代和构造带形成研究*。前寒武纪地层研究将长城系底界年龄由18亿年修正为16.5亿年，华北中元古代、南方新元古代地层划分发生了重大调整，华北克拉通条带状铁建造及相关地层年代主要属于新太古代。编制了华南中部奥陶纪岩相古地理图。厘定了燕山构造带早中生代构造变形及其形成时代，界定了嫩江—黑河构造带边界。厘定了祁漫塔格地区中酸性侵入岩的时空分布，发现贺根山以北二连－东乌旗构造带晚古生代花岗岩为后造山——板内伸展A型花岗岩的地球化学特征。建立了阿尔泰跨境成矿带构造演化模型。厘定了中下扬子中新生代重大断裂构造的属性。建立了环扬子地区岩浆岩、矿床和地球化学综合数据库。

3. *开展国家重大科技项目研究*。“南海天然气水合物富集规律和开采基础研究”973项目为2013年南海新一轮水合物钻探、我国海域天然气水合物资源勘探评价及试开采提供了重要的基础理论指导。“海洋天然气水合物勘查技术”863项目在综合找矿预测技术等方面取得重大突破，获得4项计算机软件著作权。“我国陆块海相成钾规律及预测研究”973项目建立了裂谷成钾理论，提出了“两阶段三过程”成钾模式，指导江陵凹陷钾盐资源评价工作。“航空地球物理勘查技术与装备”863项目正式启动，实现了无人机航磁测量系统集成与试验飞行。多项国家级科技项目的实施取得了突破性成果，为矿业勘查开发理论与技术进一步发展奠定了夯实的基础。

4. *深部探测技术实验研究*。累计完成6160千米的深地震反射剖面，获得了海量全国地球化学基础数据，建立起适应中国大陆复杂地球结构的立体探测体系。初步形成了具有不同层次、不同尺度、不同精度探测空间组合的深部探测技术方法体系。开展了岩石圈三维结构与地球动力学数值模拟。自主研发了“地壳一号”万米大陆科学钻探钻机等系列重要深部探测仪器装备。项目成果在欧洲地球科学联盟（EGU）2013年会、美国地质学会2013年会、2013中国国际矿业大会（天津）、大陆岩石圈前寒武纪演化和深部探测国际会议（北京）等国内外学术会议上进行了展示，并在美国《科学》杂志上进行了相关报道。

5. *汶川地震带科学钻探工程*。建立了汶川科钻井测井物性剖面，取得四口钻井的测井物性统计数据，建立汶川科探井岩性识别的数学模型，提出了主断裂带的物性参数。

【矿产资源勘查开发技术】 航空遥感研究方面：国产彩虹3无人机平台上成功集成航磁和航放测量设备，创新了高精度地形跟随飞控技术，突破了无人机航空物探超低空飞行测量的技术瓶颈，自主研发了首套无人机航空物探（磁/放）综合测量系统。勘查地球化学技术研究方面：研制高温高压流体探测装置（含新型高温高压化学传感器）样机一套，研制带窗口的高温高压反应釜样机一台。遥感地质调查技术方面：开展高山区灾害应急监测实时数据回传链路通讯研究，研制了低空无人机中继系统。地质钻探技术方面：完善了中国首台具有全部自主知识产权的轻便自动化岩芯钻机，研制了自动化控制系统相关软件。

地质分析测试技术方面：初步建立钨、铌钽、稀土、铍矿石、钒矿石的部分ICP-AES、ICP-MS分析方法，建立电感耦合等离子体发射光谱测定Si等17种元素，电感耦合等离子体质谱测定Cr、Ni、Cu、W、Pb、Li、Co、REE等元素的成套方法体系。开展了钨、钼、萤石回收实验室选矿新工艺研究。开展了磷灰石和黑云母纯矿物浮选行为、表面电位测试等研究。综合利用技术方面：研究了粗粒干磁抛尾—溜槽抛尾—中性条件下浮的蓝晶石综合利用分选工艺。

【地质矿产技术标准】 发布实施了中国首部页岩气储量行业标准《页岩气资源/储量计算与评价技术规范》，为页岩气产业的发展提供了技术支撑。此外，发布了《海上石油天然气储量计算规范》、《生态地球化学评价动植物样品分析方法》之硒量的测定、总汞的测定、氟量的测定等推荐性地质矿产行业标准，进一步提升了地质矿产技术标准对矿产资源勘查、开发、管理的支撑能力。

对全国国土资源标准化技术委员会下设的区域地质矿产地质等7个分技术委员会的委员进行了调整，为提高地质矿产标准研制水平与质量，加快地质矿产领域标准化工作发展奠定了坚实的基础。

【国际合作】 1. *召开亚太经合组织第五届矿业部长会议*。2014年亚太经合组织第五届矿业部长会议在北京召开。会议围绕“密切矿业合作，促进转型与增长”主题，就构建更加紧密的亚太矿业合作关系、以创新驱动增长、社会责任与共同发展等议题进行了深入讨论，通过了《亚太经合组织第五届矿业部长会议联合声明》，形成了广泛共识。会议认为，亚太地区是全球经济增长的引擎，也是重要的矿产品产出和消费地区，当前产业结构调整和新技术进步正在加快推进。会议重申支持区域经济一体化和多边贸易体制，鼓励和支持矿业科技创新，并提出履行企业社会责任对推动矿业可持续发展和包容与和谐发展具有重要意义。

2. *推进矿产资源领域的国际交流与合作*。召开2013中国国际矿业大会，来自50多个国家和地区的7000余名代表参会参展，11个国家（地区）矿业部部长、副部长出席了大会，搭建国际矿业重要合作平台。成功举办了2013年中国—东盟矿业合作论坛，促进了与东盟国家在矿业领域的务实合作。召开首届中国（长沙）国际矿物宝石博览会。以澳大利亚、加拿大、南非、智利、秘鲁、阿根廷、玻利维亚、越南、哈萨克斯坦、乌兹别克斯坦、蒙古、格陵兰等国家（地区）为重点，开展了部际高层互访和具体项目合作。国土资源部与越南、乌拉圭、加拿大、澳大利亚、蒙古等国矿业主管部门签订多项部级间合作协议，推进国家间交流与合作。

深化与联合国教科文组织、国际地质科学联合会、东南亚地学计划协调委员会的合作。联合国教科文组织于2013年底通过决议，同意在中国建立“全球尺度地球化学国际研究中心”，将为中国在全球资源环境领域的国际合作搭建重要平台。积极参与东亚东南亚地学计划协调委员会(CCOP)活动。

3. 加强出国培训与人员交流。在国土资源部与国外相关机构双边合作协议框架下，不断深化与澳大利亚、加拿大、美国、俄罗斯、德国、瑞典等国开展矿产资源管理、可持续利用、油气资源管理等领域的培训合作。组织实施了多项引进国外技术、管理人才项目，多次聘请国外专家，开展了航空重力梯度仪系统研究等多领域的交流合作。

(国土资源部地质勘查司 国土资源部矿产资源储量司)

国土资源部：取消探矿权、采矿权协议出让申请审批

2015年9月，国土资源部发布《关于严格控制和规范矿业权协议出让管理有关问题的通知》（下称《通知》），明确协议出让探矿权、采矿权，应符合矿产资源规划及国家相关产业政策，符合协议出让条件的，按照探矿权、采矿权审批登记权限。由登记管理机关审批登记颁发勘查许可证、采矿许可证，不再单独进行协议出让申请审批。

根据《通知》，在勘查、开采项目出资人已确定并经矿业权登记管理机关集体会审的情况下，有五种情形准许以协议方式出让探矿权、采矿权：一是国务院批准的重点矿产资源开发项目和为国务院批准的重点建设项目提供配套资源的矿产地；二是省级人民政府批准的储量规模为大中型的矿产资源开发项目；三是为列入国家专项的老矿山（危机矿山）寻找接替资源的找矿项目；四是已设采矿权需要整合或利用原有生产系统扩大勘查开采范围的毗邻区域；五是已设探矿权需要整合或因整体勘查扩大勘查范围涉及周边零星资源的。

《通知》规定，严格规范协议出让。国务院批准的重点矿产资源开发项目和为国务院批准的重点建设项目提供配套资源的矿产地，应由项目出资人或采矿权人持有关批准文件提出申请；列入国家专项的老矿山（危机矿山）寻找接替资源的找矿项目，由采矿权人凭财政部下达的项目预算通知或国土资源部下达的项目计划通知提出申请；异地实施危机矿山接替资源找矿项目的，采矿权人还应提交项目所在地省级人民政府出具的批准文件或书面意见。省级人民政府批准的储量规模为大中型的矿产资源开发项目，属国土资源部发证权限的，由申请人持省级人民政府向国土资源部提出协议出让申请的文件，向国土资源部提出申请；不属于国土资源部发证权限的，由申请人持省级人民政府同意协议出让的书面意见或相关批准文件，向登记管理机关提出申请。

据了解，此次印发《通知》是国土资源部按照《国务院关于取消非行政许可审批事项的决定》关于取消“探矿权、采矿权协议出让申请审批”的相关要求，对2012年5月15日印发的《国土资源部关于严格控制和规范矿业权协议出让管理有关问题的通知》进行修改后重新发布的。

矿业行业

煤炭

【煤炭经济发展概况】 2013年全国煤炭市场继续呈现总量宽松、结构性过剩态势。煤炭市场价格持续走低,9月以来出现了小幅回升,但在市场需求增幅回落、产能建设超前、进口煤影响范围扩大和煤炭企业税费负担与历史包袱较重等多重因素叠加影响下,煤炭行业经济效益大幅下降、企业亏损面扩大,多数老矿区煤炭企业经营困难的问题十分突出。

1. 产量增幅较小。据国家统计局统计,2013年全国煤炭产量完成36.8亿吨,比2012年增加1.6亿吨。煤炭产量增速由前10年的年均增加2亿吨,减少了约4000万吨。

2. 消费增幅回落。初步测算,2013年全国煤炭消费量36.1亿吨左右。煤炭消费增幅由前10年年均增长9%左右下降到2.6%左右。

3. 发运量回升。2013年全国煤炭铁路发运量自6月份以来出现正增长。全年铁路发运煤炭23.2亿吨,同比增加5810万吨,增长2.6%。

4. 库存仍处高位。2013年12月底,煤炭企业存煤约8400万吨,同比增加70万吨,比2012年同期增加约3000万吨;重点发电企业存煤8159万吨,同比增加46万吨,增长0.6%,平均可用19天。

5. 净进口继续增加。2013年,全国进口煤炭3.27亿吨,出口751万吨,净进口量3.2亿吨左右,比2012年增加4000万吨左右。

6. 市场价格下降。全国煤炭价格经历了大幅下滑后、10月后的小幅回调的过程。从中国煤炭价格指数(全国综合指数)变化看,价格指数由年初的170.7下降到9月底的157.8(年内低点),10月上旬以来略有回升,12月27日,达到161.8,比9月末(年内低点)累计上升4点,比年初仍下降8.9点,比2012年高点下降41.2点。

①动力煤价格。5500大卡市场动力煤,年末山西北部大同地区上站价440~455元/吨,比年初下降60元/吨;秦皇岛港平仓价630~640元/吨,与年初基本持平;环渤海下水动力煤全年平均价格指数为591元/吨;广州港提货价为715~725元/吨,比年初上涨10~15元/吨。

②炼焦煤。价格在4~6月出现连续下调后,8月以来部分地区价格小幅上升,幅度为60~90元/吨,但比年初下降约160元/吨。10月中旬以来基本保持平稳。

7. 投资低速增长。2013年,全国煤炭全年累计固定资产投资5262.76亿元,同比减少2%,增速明显回落。

8. 企业盈利能力大幅下降,经营困难增加。据协会统计快报,2013年全国规模以上企业实现利润总额2369.87亿元,下降33.66%。全国大型煤炭企业实现利润总额1112.99亿元,下降36.19%。90家大型煤炭企业中亏损企业31家,亏损面31.11%,比2012年扩大13.3%。

2013年,标志着煤炭行业盈利能力的成本费用利润率大幅下降:全国规模以上煤炭企业从2012年的12.06%下降为7.8%,降低了4.25个百分点;全国大型煤炭企业从2012年的6.68%下降为3.68%,降低了3个百分点。

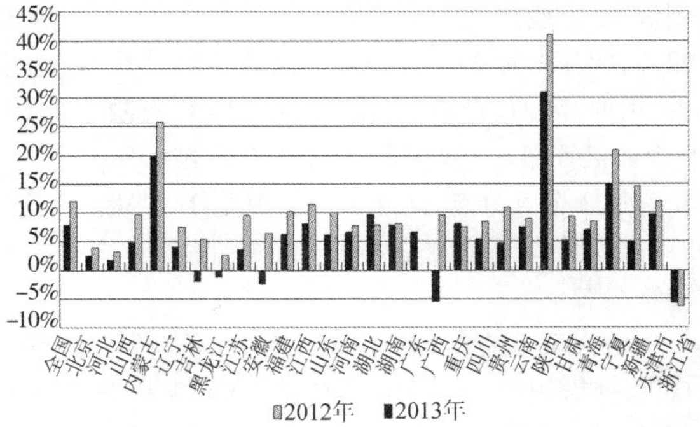

2013年全国各省市区规模以上煤炭工业盈利能力比较图（成本费用利润%）

煤炭企业负债率提高,应收账款增长。2013年底,规模以上煤炭企业资产负债率64.03%,同比上升3.92个百分点。大型煤炭企业资产负债率66.96%,同比上升1.86个百分点。企业偿债能力下降,经营风险增大。全国规模以上煤炭企业应收账款3256.71亿元,同比增长11.08%,应收账款占流动资产比率达17.7%,比2012年提高2个百分点;全国大型煤炭企业应收账款2349.27亿元,同比增长达到27.10%,应收账款占流动资产比率达15%,比2012年提高1个百分点。

9. 与其他行业比较,全行业利润降幅最大。据协会统计快报,2013年全国各类规模以上工业企业实现利润62831亿元,比2012年增长12.2%。在41个工业大类行业中,35个行业利润比2012年增加,6个行业下降。利润明显下降的行业主要有:煤炭开采和洗选业利润总额2369.9亿元,比2012年下降33.6%;石油和天然气开采业利润总额3657.8亿元,下降10.5%;有色金属矿采选业利润总额628亿元,下降17.2%。煤炭行业在全国各行业中的利润份额已由2012年的6%下降为2%。从盈利能力排名来看,规模以上煤炭企业成本费用利润率7.8%,在41个工业大类行业中排名第15位。

【煤炭工业结构调整】 1. 生产结构不断优化。2013年全国煤矿数量1.2万处,比2005年减少1.3万处。其中,年产120万吨以上的大型煤矿850多处,比2005年增加560处,产量占全国总产量的比重由35.7%提高到65%(其中年产千万吨级煤矿50处,产量占全国的17%左右);年产30万吨以下的小型煤矿9800多处(其中9万吨以下的煤矿7500处),数量比2005年减少了1万多处,产量占全国的比重由近30%下降到16%以下。建成安全高效矿井(露天)406处,产量占全国的1/3左右。

2. 大型基地建设稳步推进。初步预计,14个大型煤炭基地产量34亿吨左右,占全国总产量的92%,同比增加2个百分点。据协会统计快报,内蒙古、山西、陕西、贵州、河南、山东、新疆、安徽、云南等9个省区产量超亿吨,占全国总产量的83%左右,同比增加2个百分点;河北、宁夏、黑龙江、湖南、辽宁等5个省区原煤产量超过5000万吨,占全国总产量的10%左右。

3. 大型煤炭企业继续保持较快发展。据协会统计快报,神华、中煤、同煤、山东能源、冀中能源、陕西煤业化工、河南能源、山西焦煤等8家企业原煤产量超过亿吨,总产量占全国的37%左右;开滦、潞安、兖矿、华能、阳泉、中电投、淮南、晋城等11家企业超过5000万吨,总产量占全国的19%左右;52家煤炭企业产量超过1000万吨,总产量占全国的70%左右;17家中央企业开办的煤矿324处,产量9.8亿吨,占全国的26.5%。

4. 生产集中度不断提高。前4家煤炭企业产量占总产量的25%左右,同比增加2.5个百分点左右;前10家煤炭企业产量占全国总产量的40%左右,同比增加6个百分点。

5. 企业兼并重组取得积极进展。2013年,河南煤化集团与义马集团重组而成的河南能源化工集团,进入亿吨级煤炭企业行列;山西煤运集团和山西国际电力合并成立晋能公司,打造山西综合能源基地的企业航母;山西焦煤重组山西省焦炭集团,进一步增强抵御市场风险的能力。2013年,全国整顿关闭煤矿770余处,技改提升小煤矿490多处,兼并重组小煤矿610处,累计淘汰落后产能2亿多吨。

6. 产业融合发展步伐加快。初步分析预计全国煤炭企业参股、控股电厂权益装机容量约占全国的11%左右,占火电装机容量的15%左右;全国煤制油总产量147万吨左右;形成煤制气装置产能27亿立方米;煤制烯烃总产能168万吨左右;煤制乙二醇总产能90万吨左右,全年转化煤量约3200万吨。开滦集团物流信息商务智能系统正式投入运行,“两港”储配煤基地建设稳步推进;淮南矿业创新物资供应模式,构建现代大物流格局,实现了由企业物流向物流企业的转型,建成了安徽省最大的物流企业;鄂尔多斯依托煤炭资源优势,以现代物流业为切入点,打造“服务内蒙古、联动晋陕宁的现代化区域性中心城市”。

【煤炭行业改革】 2013年是深化市场化改革的重要一年。国务院办公厅“关于深化电煤市场化改革的指导意见”全面实施,取消了重点合同,实现了电煤价格并轨;国家行政审批制度改革,取消了煤炭生产许可证和煤炭经营许可证,降低了煤炭生产经营门槛,激发了市场活力。煤炭行业认真贯彻落实国务院文件精神,煤炭市场交易体系建设取得重要进展。

“6+1”煤炭市场合作机制更加完善“6+1”煤炭市场合作机制是指:由中国煤炭运销协会与中国太原、东北亚、陕西、秦皇岛、徐州、内蒙古等煤炭交易中心形成的煤炭市场合作机制。搭建了有利于煤炭供需企业自主交易的平台,节约了交易成本;发布了《煤炭交易市场交易规则》,组织了《煤炭购销合同示范文本》研究。

完成了2013年度煤炭产运需衔接合同签订和执行汇总工作,开展了2014年度煤炭产运需衔接合同签订和执行情况汇总工作。

全国已经建成了31家区域性煤炭市场交易中心。

焦煤和动力煤期货合约分别在大连商品交易所和郑州商品交易所成功上市交易。

全国煤炭市场交易机制不断创新。2013年在贯彻落实国务院办公厅57号文件精神的基础上,煤炭行业按照充分发挥市场配置资源的决定性作用，形成了“6+1”煤炭市场交易机制，并成功举办了夏季东北亚和年度中国太原煤炭市场交易会。交易会按照搭建平台，提供服务，去行政化的思路进行。

① 搭建有利于煤炭供需企业自主交易的平台，节约交易成本；

② 促进区域交易中心发展，推动全国煤炭交易市场体系建设；

③ 推动诚信体系建设，会上发布了《煤炭市场交易规则》，开展了《煤炭购销合同示范文本》研讨，以树立倡导“规则意识”“契约精神”，推动“阳光交易”。

在会议组织上，坚持“四不”和开门办会，即：不干预订货数量、订货价格，不收取会议费，不开大会，同时邀请新闻媒体参加，自觉接受社会监督。严格执行中央八项规定，不搞招待会、不搞相互宴请，营造务实、高效、节俭的会风。

交易会期间，召开了市场高峰论坛、多场产业发展战略圆桌会，举办了49场交易洽谈会，2000多户交易商和神华、中煤、大同煤矿等84家煤炭企业，华能、大唐等90家发电企业，鞍钢、宝钢等40家钢铁企业和冀东水泥、湖北宜化等50家大型建材、化工企业，以及北京、太原、郑州3家铁路局和秦皇岛、曹妃甸等10家港口企业，中国工商银行、大连、郑州商品交易所等23家金融期货公司，7万余人参加，签订煤炭购销合同9.55亿吨，占全国煤炭消费的26.5%。

【科技创新】 1. 科技创新体系逐步完善。以企业为主体、市场为导向、产学研相结合的技术创新体系不断完善，科技协同创新平台建设深入开展。2013年，全行业新增国家工程实验室1个、国家能源重点实验室1个。截至2013年底，全行业建成国家重点实验室13个，国家工程实验室7个，国家工程研究中心6个，国家能源研发中心3个，国家能源重点实验室4个，国家级企业技术中心19个。国家安全生产技术支撑中心国家级实验室10个。

2. 科技创新取得新的成果。2013年煤炭行业获得国家科技进步二等奖5项。“煤与瓦斯突出矿井深部动力灾害一体化预测与防治关键技术”建立了煤与瓦斯突出、冲击地压发生统一失稳理论，提出了深部动力灾害一体化预测与防治技术，推动了煤矿动力灾害预测与防治水平的提高；“煤矿岩巷全断面高效掘进关键技术与装备”在岩巷掘进爆破理论与技术研究方面取得原创性成果，具有自主知识产权的液压钻车与破装运喷一体机实现了岩巷施工装备的跨越式发展；“0.6~1.3米复杂薄煤层自动化综采成套技术与装备”发展和完善了我国煤炭综合机械开采技术体系，解决了薄煤层开采相关技术瓶颈；“多流态梯级强化浮选技术开发及应用”提出了多流态梯级强化浮选理论及其过程设计方法，初步形成了多流态梯级强化浮选技术体系；“面向数字化采矿的软件关键技术及应用”提出了系列数字化采矿专业模型和算法，研发了相应软件，结束了采矿软件长期依赖国外核心技术的历史。同时，获国家能源局能源科技一等奖6项、二等奖17项、三等奖35项；评出中国煤炭工业协会科学技术奖313项，其中一等奖30项、二等奖132项、三等奖151项。

3. 重大科技工程示范取得新进展。千万吨级智能化综采成套装备进入工业化生产。神华宁煤400万吨/年煤炭间接液化示范工程开工建设，神华百万吨煤炭直接液化示范工程实现长周期平稳运行，煤制烯烃成套工业化技术开发和应用取得显著进步。大唐克旗13亿立方米/年、新疆庆华13.7亿立方米/年煤制气示范工程投入运营，并向输气管网正式送气。

4. 行业标准工作扎实推进。2013年，煤矿安全生产标准体系进一步健全完善，《商品煤质量评价与控制技术指南》等节能减排与清洁生产领域国家标准研究稳步推进。煤炭行业申报标准制修订计划项目107项，完成标准制修订109项，经主管部门批准发布国家标准15项。

5. 知识产权工作成效显著。2013年，兖矿集团进入第一批“国家级知识产权示范企业”，神华能源、中煤第一建设公司、山西兰花、煤科总院爆破技术研究所、宁夏天地奔牛集团5家企业进入第一批“国家级知识产权优势企业”。全行业获中国专利金奖1项，专利优秀奖5项，外观设计优秀奖1项；煤炭行业百强企业授权专利拥有量为10757项，其中授权发明专利1584项。

【行业“两化”融合】 1. 企业系统整合与业务协同能力增强。神华集团ERP、SRM系统项目全面上线，集团人、财、物、销协同资源整合平台全面建成；山东能源集团实现了总部及所属单位的财务、物资、营销等核心业务“纵向贯通、横向集成、数据共享”；晋煤集团全业务覆盖的一体化ERP系统建设全面启动；阳煤集团一站式综合信息平台投入试运行。

2. 信息化建设稳步推进。开滦集团投资8900万元，推进49个两化融合项目建设，推进传统煤炭产业向高端、高质、高效迈进；山西焦煤集团积极推进两化深度融合“三大基地”建设（研发、制造、示范基地）；安徽四大国有煤炭企业启动了智慧矿山建设，走安全高效生产、清洁高效利用发展之路。

3. 电子商务快速发展。神华集团电子商务平台7个月实现交易9000万吨，山东能源中国矿用物资网实现在线交易额超过30亿元,淮北矿业集团实现煤炭网上销售。

2013年,7家煤炭企业入选国家级两化深度融合示范企业,13个煤炭行业项目入选国家级电子商务集成创新试点工程。淮南矿业集团获得国家"两化"深度融合专项资金支持。

【煤炭循环经济产业发展】 据统计,2013年,原煤入选能力23.5亿吨,入选量22.14亿吨,原煤入选率59.8%,同比提高3.8个百分点。煤矸石发电总装机容量突破3000万千瓦;利用煤矸石4.9亿吨,折合5600万吨标准煤;全年煤层气(煤矿瓦斯)抽采量155亿立方米,其中,井下瓦斯抽采量125亿立方米,地面煤层气产量30亿立方米。

【煤炭行业文化建设】 提出了《关于推进煤炭行业文化建设的指导意见》,全面推动煤炭行业文化大发展大繁荣。举办了第四届中国煤矿艺术节美术、摄影展,开展了多种形式的"乌金杯""乌金奖"赛事,推动矿区全民健身活动。煤矿代表团出征第十二届全运会,参加了摔跤、柔道、跆拳道三个大项比赛,获得了体育道德风尚奖。开展煤炭企业文化品牌矿和文化示范矿建设活动。召开了全国煤炭行业"五四"表彰大会,开展了"寻找最美青工"活动,展示了行业青年风采。全国煤炭工业劳模事迹报告团,深入基层,弘扬了劳模精神。评出AAA级、AA级信用企业69家,32家企业发布了社会责任报告。加强了煤炭文献委工作,启动了煤炭行业史志编纂工作。

【煤矿安全生产】 煤炭行业牢固树立"安全第一、生命至上"的理念,通过开展安全生产大检查,深化"打非治违"和依法治理,贯彻实施"双七条",强化煤矿技术标准管理,推动煤矿安全攻坚治本。2013年,全国煤矿共发生各类事故604起、死亡1067人,同比分别下降22.5%和22.9%。煤矿百万吨死亡率降到0.288,同比下降23%,首次降到0.3以内。

(中国煤炭工业协会)

油 气

·综 述·

2013年,我国油气资源勘查开采继续保持快速发展势头,石油新增探明地质储量10.83亿吨,天然气新增探明地质储量6159.11亿立方米,原油产量继续保持2亿吨水平,天然气产量连续三年超过1000亿立方米。

*1. 勘查开采投入继续呈高位态势,油气储量保持较快增长。*全年完成油气勘查投资785.56亿元,采集二维地震11.29万千米、三维地震4.89万平方千米,探井3863口。全年完成油气开采投资2875.52亿元,开发井29764口,其中油井26267口,气井3497口。

全国石油新增探明地质储量10.83亿吨,连续7年超过10亿吨。其中,大于1亿吨的盆地2个,分别是鄂尔多斯盆地和渤海湾盆地,合计新增探明地质储量6.42亿吨;大于1亿吨的油田1个,为鄂尔多斯盆地姬塬油田。截至2013年底,全国石油累计探明地质储量350.68亿吨,剩余技术可采储量33.67亿吨,储采比16.1。

全国天然气新增探明地质储量6159.11亿立方米,连续11年超过5000亿立方米。其中,大于1000亿立方米的盆地1个,为四川盆地,新增探明地质储量4949.98亿立方米;大于千亿立方米的气田1个,为四川盆地安岳气田。截至2013年底,全国累计探明天然气地质储量11.43万亿立方米,剩余技术可采储量4.64万亿立方米,储采比39.8。

*2. 原油产量连续四年保持两亿吨水平,天然气产量连续三年超过千亿立方米。*全年生产原油2.09亿吨,再创历史新高。其中,产量大于1000万吨的盆地有渤海湾、松辽、鄂尔多斯、塔里木、准噶尔和珠江口盆地,合计1.94亿吨。截至2013年底,全国原油累计产出60.0亿吨。

全年生产天然气1166.21亿立方米,第三次超过千亿立方米。其中,产量大于30亿立方米的盆地有鄂尔多斯、四川、塔里木、柴达木、松辽、莺歌海和准噶尔盆地,合计1053.17亿立方米。截至2013年底,全国天然气累计产出1.44万亿立方米。

*3. 理论方法取得重要进展,科技支撑能力不断加强。*勘查技术理论促进了大气田的发现。中国石油创新天然气地质理论认识和技术,支撑、指导了高石梯－磨溪大气田发现和阿尔金山前天然气勘探突破,推进了克拉苏气区勘探开发进程;中国石化在塔里木盆地沙漠地区应用碳酸盐岩缝洞型储层预测技术获重大突破;中国海油在莺歌海盆地高温高压天然气勘探理论和技术取得突破,莺歌海整个东方区高温超压中深层领域探明储量突破千亿立方米;延长石油发展了特低渗成藏理论。

开采技术理论保障了油气储量产量稳步增长。中国石油三元复合驱油技术进一步完善,为大庆油田4000万吨原油稳产做出重要贡献;攻克水平井大规模体积压裂技术,有力支撑了长庆油田5000万吨产能建设;巨型碳酸盐岩油田整体优化部署和注水开发等技术的研发,推进了伊拉克艾哈代布、哈法亚和鲁迈拉油田的产能建设。中国石化在页岩气开发方面获一系列突破，探索了页岩气工厂化作业模式，形成了页岩气优快钻井技术和钻井液重复利用技术，水平井分段压裂技术逐渐配套；胜利油田稠油化学强化冷采技术逐渐成熟；大幅度提高采收率技术进入技术攻关和工业化推广应用并重阶段。中国海油渤海特稠油多元热流体热采探井测试取得突破；渤海稠油聚合物驱油技术成功应用；海上一体化压裂技术研发成果应用效果良好。

4. 海外石油布局积极推进，境外油气合作频获突破。2013 年，我国海外油气勘查开采取得丰硕成果，全年海外投资 1824 亿元，共获得份额油 11735 万吨，分别比 2012 年增加了 210 亿元和 2962 万吨。

中国石油海外完成油气勘查投资 87.8 亿元，油气开发投资 422.6 亿元，油气权益产量当量 5920 万吨。西非、中亚等主力地区和天然气勘探成果丰硕，东非莫桑比克 4 区块、阿姆河右岸项目获重大突破，尼日尔 Agadem 项目发现更大场面。中缅天然气管道全线贯通。

中国石化海外完成油气勘查投资 8.0 亿元，油气开发投资 898.4 亿元，权益油产量 3871.4 万吨。全年新签约项目 5 个，成功开发阿帕奇在埃及资产 1/3 权益、美国切萨皮克油气资产 50% 的权益、安哥拉 31 区块 10% 权益、加拿大 Tumbleweed 等新项目。

中国海油海外勘探投资 60.3 亿元、开发投资 308 亿元，共获得份额油 1480 万吨。成功收购尼克森公司。

5. 油气基础地质调查取得新进展，资源动态评价成果丰硕。陆上油气基础地质调查在青藏地区、银额盆地、鄂尔多斯新层系、准噶尔盆地重油等取得了重要发现和进展，优选出 10 个油气远景区和 4 个油页岩远景区。南黄海、南海北部陆坡深水区油气资源调查取得重要进展。

全国油气资源动态评价项目主要完成了新疆地区常规和非常规油气资源评价，并对 2030 年前全国油气储量产量增长趋势进行了预测。

6. 页岩气开发试验取得突破，其他非常规油气勘查稳步推进。2013 年，全国页岩气勘查开采投入 47.7 亿元，采集三维地震 855.7 平方千米，施工各类钻井 82 口，建成页岩气生产能力 10 亿立方米，生产页岩气 2 亿立方米。

2013 年，全国煤层气勘查开采投入 59.4 亿元，采集二维地震 1858.4 千米、三维地震 564.5 平方千米，钻井 1603 口，地面煤层气产量 29.27 亿立方米；油页岩油产量近 90 万吨；海域天然气水合物资源勘查取得新突破，首次在南海珠江口盆地东部海域钻获高纯度、新类型天然气水合物实物样品。

7. 油气管道总里程突破 10 万千米，中缅天然气管道建成投产。2013 年，我国新增油气管道 8365 千米，其中原油管道 1520 千米，天然气管道 5795 千米，成品油管道 1050 千米。截至 2013 年底，中国油气管道总里程为 10.72 万千米，其中天然气管道总里程为 6.08 万千米，原油管道总里程为 2.38 万千米，成品油管道总里程 2.26 万千米。

中缅天然气管道正式建成投产，打通了我国西南天然气进口通道。此外，兰州—成都、西气东输三段霍尔果斯—连木沁段等油气管道相继建成，唐山 LNG 一期工程、珠海 LNG 投产。

8. 油气资源管理规范有序，管理方式不断创新。截至 2013 年 12 月底，全国共有石油天然气（含煤层气、页岩气）探矿权 1068 个，面积 413.1 万平方千米；采矿权 675 个，面积 13.5 万平方千米。其中，对外合作区块 72 个，包括勘查区块 39 个，开采区块 33 个。

竞争性出让油气探矿权。不断创新常规油气探矿权配置方式，引入竞争机制，优化矿业权配置；以页岩气独立矿种为契机，调动社会各类投资主体、勘查单位和资源所在地的积极性，积极稳步推进我国页岩气等非常规油气勘查开采。国土资源部对塔里木、银额和南黄海三个盆地 17 个区块 79685 平方千米空白区进行了油气探矿权竞争出让。

鼓励油气综合勘查页岩气等非常规资源。在常规油气矿权内，鼓励石油企业综合勘探页岩气、煤层气等非常规油气资源，促进资源综合利用，降低企业勘查成本。全年增列页岩气探矿权区块 26 个，面积 10.6 万平方千米。

加大油气勘查区块退出力度，依法退出未完成勘查投入的油气探矿权。2013 年，注销核减投入不足油气探矿权面积 6.53 万平方千米，这一举措有力地促进了公司科学部署工作、优化矿业权配置、加快勘探进程。国土资源部对 2012 年度油气矿业权开展了年检工作，除免检区块外，其余 799 个探矿权和 662 个采矿权全部参加年检。其中 187 个勘查区块未完成最低勘查投入，占年检探矿权数的 23.4%。

国土资源部地质勘查司组织开展了山西、山东、河南、湖北、湖南、云南等省的油气督查工作。共督察油气（含煤层气、页岩气）探矿权 54 块，采矿权36 块。

国土资源部地质勘查司组织有关单位，开展了塔里木、四川、鄂尔多斯盆地、辽河油田以及近海海域等油气资源勘探开发调研工作，深入了解了我国主要含油气盆地的油气勘探开发情况，共同探讨了进一步促进油气勘探开发的政策措施。

全年共核定油气矿业权使用费 20.7 亿元，依法减免 8.3 亿元，实际缴纳 12.4 亿元。

·油气资源勘查开采·

【概况】 2013 年,我国石油天然气勘查开采投资和主要实物工作量同比稳中有降。全国新增石油探明地质储量 10.83 亿吨①,新增探明地质储量大于 1 亿吨的油田 1 个,为鄂尔多斯盆地姬塬油田。新增天然气探明地质储量 6159.11 亿立方米②,新增探明地质储量大于千亿立方米的气田 1 个,为四川盆地安岳气田。新增煤层气探明地质储量 238.77 亿立方米。石油产量连续四年保持 2 亿吨以上水平,全年生产 2.09 亿吨。天然气产量连续三年保持千亿立方米以上水平,全年生产 1166.21 亿立方米。

【油气资源勘查】 1. 勘查投资。①全国勘查投资:2013 年,全国石油天然气勘查投资 785.56 亿元③,较 2012 年的 786.61 亿元减少了 1.05 亿元,同比下降 0.1%(图 1)。

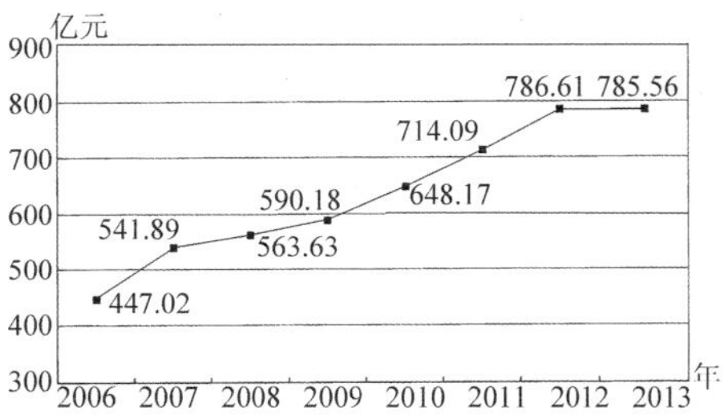

图 1 2006~2013 年全国油气勘查投入统计图

从勘查投资的比例看,中国地质调查局占 2.2%,中国石油天然气集团公司(以下简称为中国石油)占 44.8%,中国石油化工集团公司(以下简称为中国石化)占 24.3%,中国海洋石油总公司(以下简称为中国海油)占 22.1%,陕西延长石油(集团)有限责任公司(以下简称为延长石油)占 5.7%,中联煤层气有限责任公司(以下简称为中联公司)占 1.0%(图 2)。

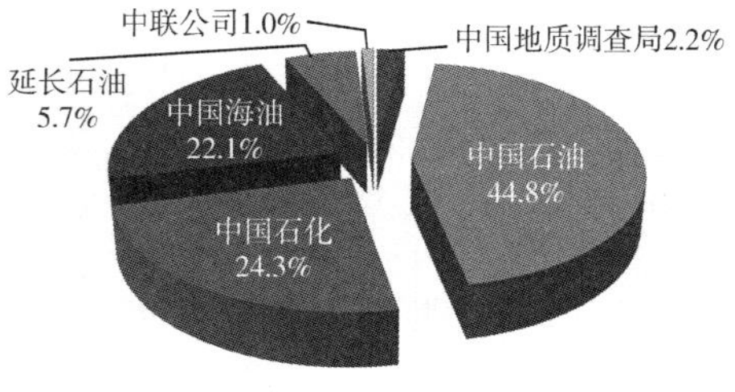

图 2 2013 年度全国油气勘查投入比例图

②各单位勘查投资:中国地质调查局:2013 年勘查投入 17.35 亿元,较 2012 年的 10.06 亿元增加 7.29 亿元,同比增加 72.465%。其中,油气基础调查投入 7.57 亿元,天然气水合物资源勘查投入 9.775 亿元。

中国石油:2013 年勘查投资 351.66 亿元,较 2012 年的 355.94 亿元减少 4.28 亿元,同比下降 1.2%(图 3)。

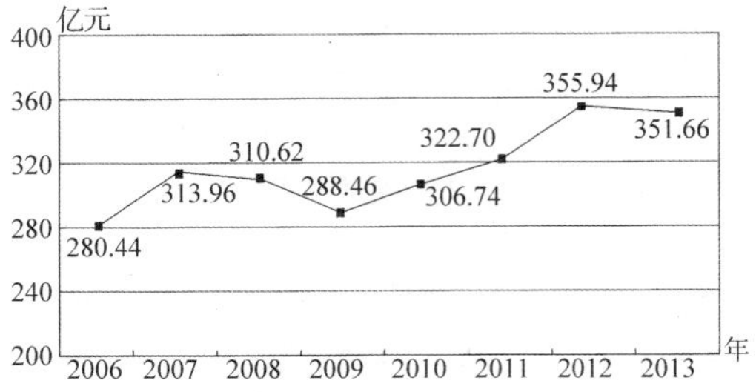

图 3 2006~2013 年中国石油勘查投入统计图

中国石化:2013 年勘查投资 190.64 亿元,较 2012 年的 224.60 亿元减少 33.96 亿元,同比下降 15.1%(图 4)。

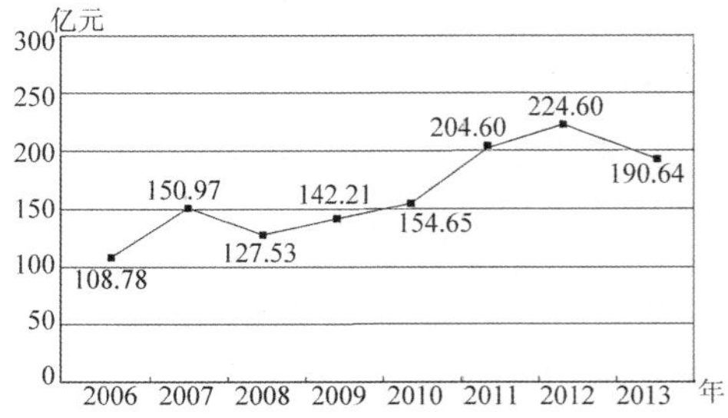

图 4 2006~2013 年中国石化勘查投入统计图

中国海油:2013 年勘查投资 173.78 亿元,较 2012 年的 147.84 亿元增加 25.94 亿元,同比增长 17.5%,主要因为海上勘查成本增加(图 5)。

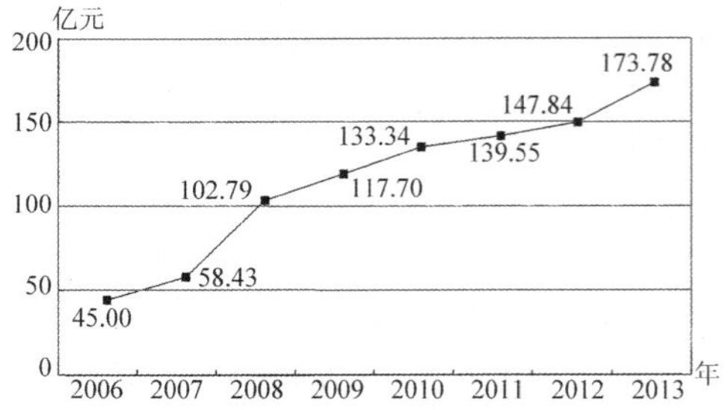

图 5 2006~2013 年中国海油勘查投入统计图

延长石油:2013 年勘查投资 44.66 亿元,较 2012 年的 41.52 亿元增加 3.14 亿元,同比增长 7.6%(图 6)。

中联公司:2013 年勘查投资 7.47 亿元,较 2012 年的 6.65 亿元增加 0.82 亿元,同比增长 12.3%(图 7)。

---

① 不含老油气田复算(核算)减少 1.10 亿吨。

② 不含老油气田复算(核算)增加 81.01 亿立方米。

③ 包括各石油公司自营勘查投资、对内和对外合作勘查投资、油气勘查研究费用。

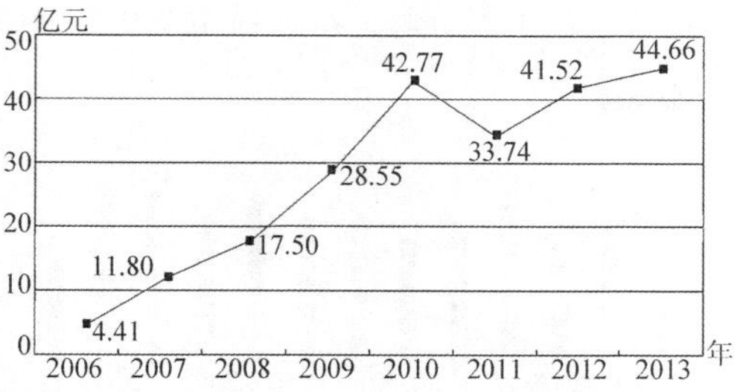

图6　2006～2013 年延长石油勘查投入统计图

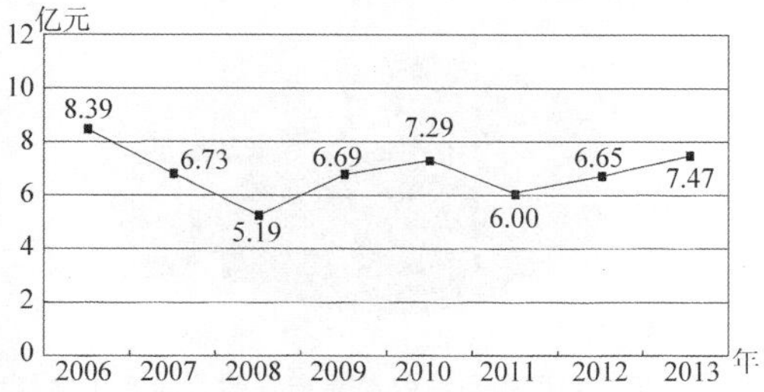

图7　2006～2013 年中联公司勘查投入统计图

2. 主要实物工作量。①探井:2013 年全国钻探井 3863 口,比 2012 年的 4329 口减少 466 口,同比下降 10.8%(图 8)。其中,中国地质调查局 15 口,占 0.4%;中国石油 1746 口,占 45.2%;中国石化 702 口,占 18.2%;中国海油 100 口,占 2.6%;延长石油 1177 口,占 30.5%;中联公司 123 口,占 3.2%(图 9)。

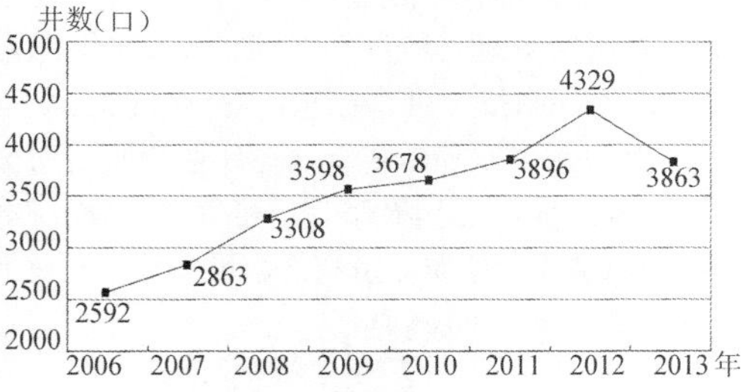

图8　2006～2013 年全国油气探井口数统计图

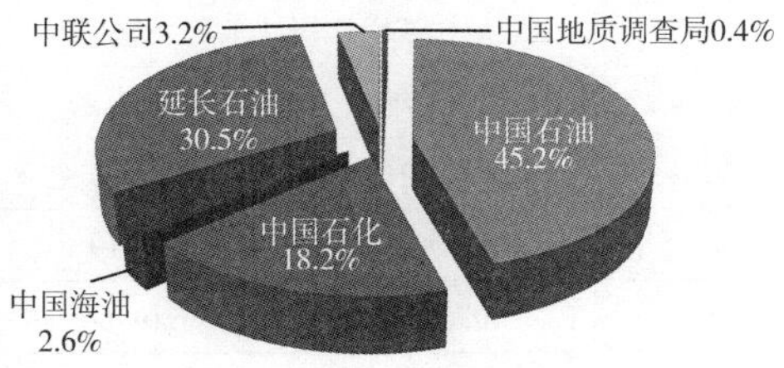

图9　2013 年度全国油气探井口数比例图

2013 年,全国钻探井总进尺 951.65 万米,比 2012 年的 1019.14 万米减少了 67.50 万米,同比下降 6.6%(图 10)。其中,中国地质调查局 1.22 万米,占 0.1%;中国石油 485.82 万米,占 51.1%;中国石化 187.46 万米,占 19.7%;中国海油 26.52 万米,占 2.8%;延长石油 238.17 万米,占 25.0%;中联公司 12.46 万米,占 1.3%(图 11)。

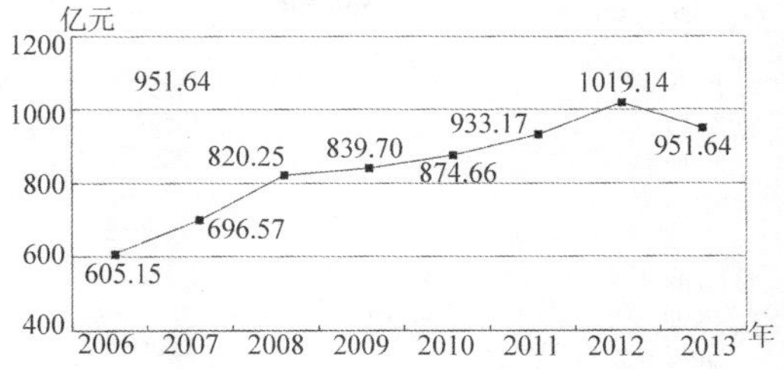

图10　2006～2013 年全国油气探井进尺统计图

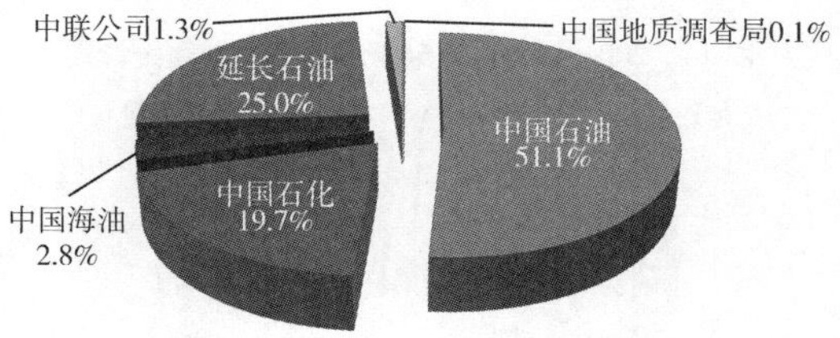

图11　2013 年度全国油气探井进尺比例图

②二维地震:2013 年全国完成二维地震 112854 千米(图 12),比 2012 年的 69127 千米增加了 43727 千米,同比增长 63.3%。其中,中国地质调查局 40862 千米,占 36.2%;中国石油 27089 千米,占 24.0%;中国石化 14654 千米,占 13.0%;中国海油 27779 千米,占 24.6%;延长石油 1638 千米,占 1.5%;中联公司 832 千米,占 0.7%(图 13)。

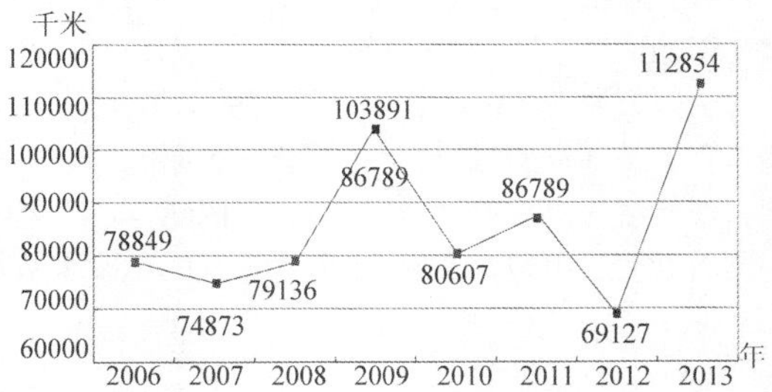

图12　2006～2013 年全国油气二维地震统计图

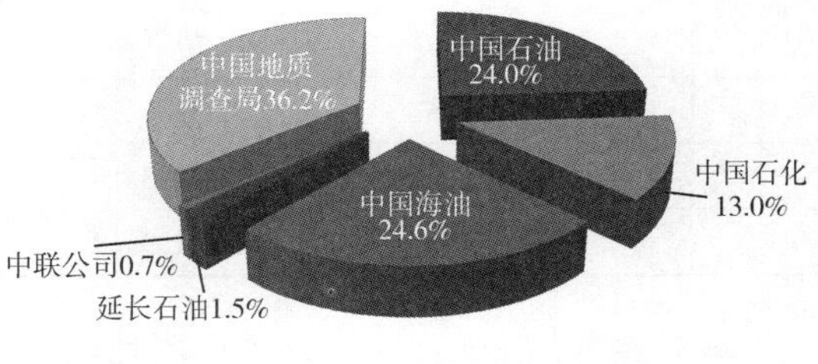

图13　2013 年度全国油气二维地震比例图

③三维地震:2013 年完成三维地震 48926 平方千米(图 14),比 2012 年的 54970 平方千米减少了 6044 平方千米,同比下降 11.0%。其中,中国石油 12227 平方千米,占 25.0%;中国石化 11533 平方千米,占

23.6%；中国海油 24792 平方千米，占 50.7%；延长石油 116 平方千米，占 0.2%；中联公司 258 平方千米，占 0.5%（图 15）。

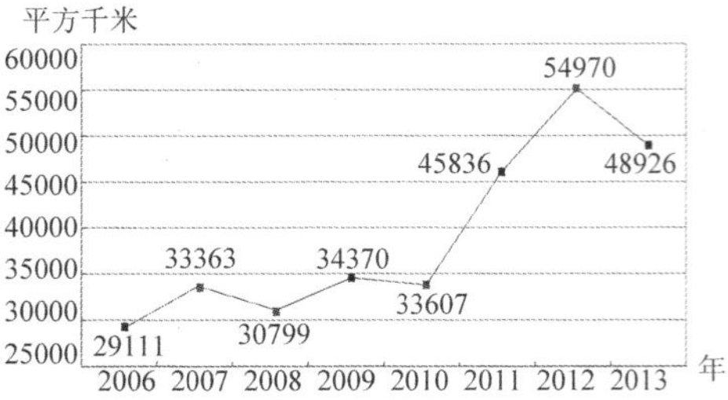

图 14　2006～2013 年全国油气三维地震统计图

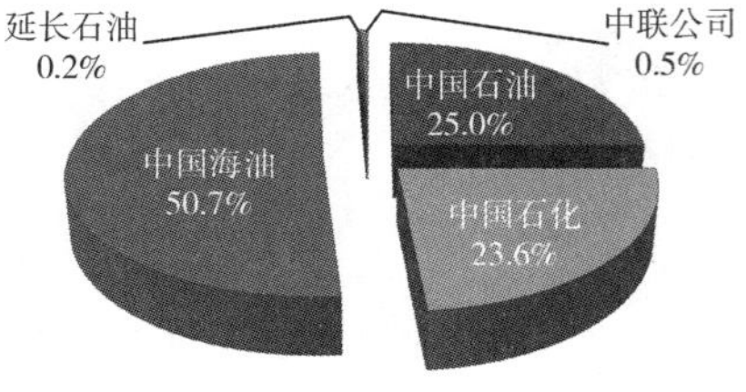

图 15　2013 年度全国油气三维地震比例图

3. 储量增长。①石油：2013 年全国石油新增探明地质储量 10.82 亿吨①（包括原油、凝析油），较 2012 年减少了 4.39 亿吨，同比下降 28.8%，是连续第 7 次超过 10 亿吨的年份（图 16）。其中，中国石油新增探明地质储量 6.70 亿吨，占 61.9%；中国石化新增 0.89 亿吨，占 8.3%；中国海油新增 3.00 亿吨，占 27.7%；延长石油新增 0.23 亿吨，占 2.1%（图 17）。

全国石油新增探明技术可采储量 2.02 亿吨②，较 2012 年减少了 0.68 亿吨，同比下降 25.1%。其中，中国石油新增探明技术可采储量 1.32 亿吨，占 65.7%；中国石化新增0.15亿吨，占7.6%；中国海油新增 0.50 亿吨，占 25.0%；延长石油新增 0.03 亿吨，占 1.7%。

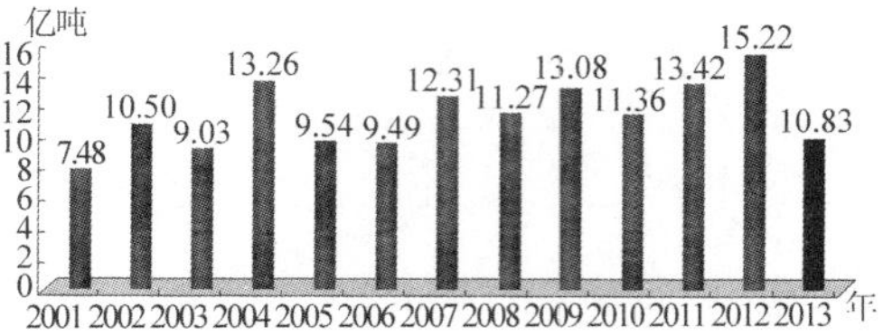

图 16　2001～2013 年全国新增探明石油地质储量柱状图

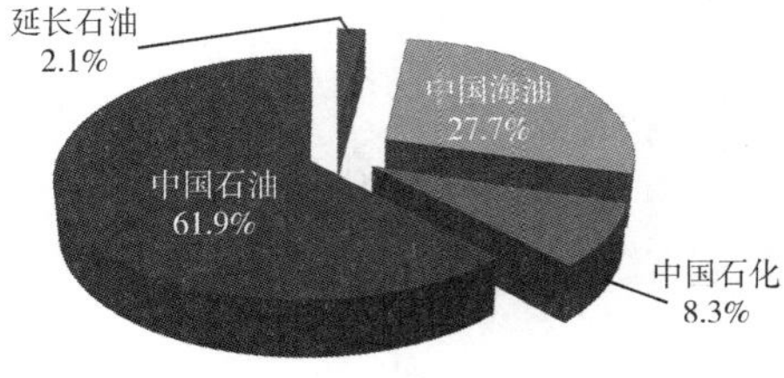

图 17　2013 年度各石油公司新增探明石油地质储量比例图

截至 2013 年底，全国石油累计探明地质储量 350.68 亿吨，累计探明技术可采储量 93.67 亿吨，累计探明经济可采储量 85.52 亿吨；剩余技术可采储量 33.67 亿吨，储采比 16.1；剩余经济可采储量 25.52 亿吨，储采比 12.2。

2013 年，全国石油新增探明地质储量大于 1 亿吨的盆地有 2 个，分别是鄂尔多斯盆地和渤海湾盆地海域，合计新增探明地质储量 6.42 亿吨，占全国总量的 59.3%；新增探明技术可采储量 1.09 亿吨，占全国总量的 54.1%。其中，鄂尔多斯盆地新增探明地质储量和技术可采储量同比下降 25.7% 和 28.1%，渤海湾盆地的海域新增探明地质储量和技术可采储量同比下降 19.4% 和 22.3%（表 1）。

表 1　2013 年度全国石油新增探明地质储量大于 1 亿吨的盆地统计表　单位：万吨

序号	盆地	新增探明地质储量		新增探明技术可采储量	
		2013 年	2012 年	2013 年	2012 年
1	鄂尔多斯	38986.12	52462.26	6924.16	9645.01
2	渤海湾盆地海域	25213.16	31266.40	3980.26	5119.18
合计		64199.28	83728.66	10904.42	14764.19

②天然气：全国天然气新增探明地质储量 6159.11 亿立方米③，较 2012 年减少了 3451.12 亿立方米，同比下降 35.9%（图 18）。其中，中国石油新增探明地质储量 4923.52 亿立方米，占 85.9%；中国石化新增 554.04 亿立方米，占 10.0%；中国海油新增 139.84 亿立方米，占 4.1%；地方石油企业新增 2.63 亿立方米，占 0.04%（图 19）。

① 不含老油田复算（核算）减少 1.10 亿吨。

② 不含老油田复算（核算）减少 0.15 亿吨。

③ 不含老油田复算（核算）增加 81.01 亿立方米。

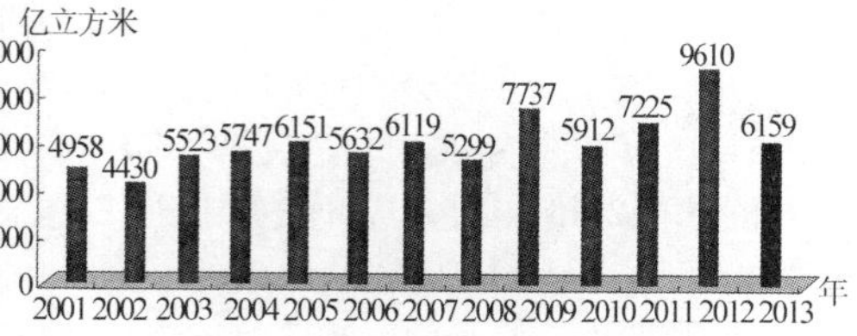

图18　2001～2013 年全国新增探明天然气地质储量柱状图

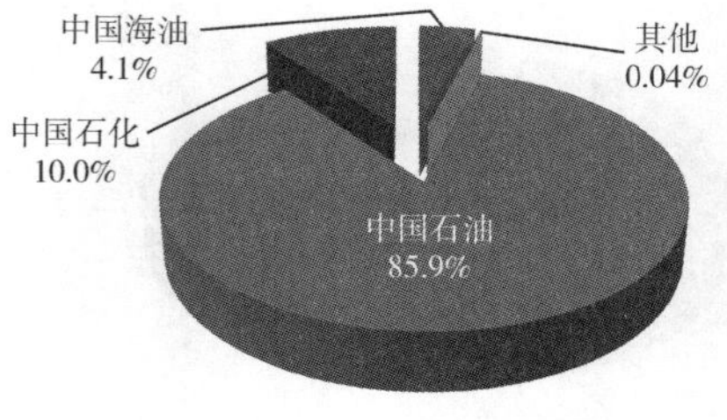

图19　2013 年度各石油公司新增探明天然气地质储量比例图

全国天然气新增探明技术可采储量 3815.95 亿立方米①，较 2012 年减少了 1191.66 亿立方米，同比下降 23.8%（表 2）。其中，中国石油新增探明技术可采储量 3455.53 亿立方米，占 90.6%；中国石化新增 258.78 亿立方米，占 6.8%；中国海油新增 101.3 亿立方米，占 2.6%；地方石油企业新增 0.34 亿立方米，占 0.01%。

截至 2013 年底，全国天然气累计探明地质储量 114329.11 亿立方米，累计探明技术可采储量 60869.66 亿立方米，累计探明经济可采储量 48213.33 亿立方米；剩余技术可采储量46428.84亿立方米，储采比 39.8；剩余经济可采储量 33772.51 亿立方米，储采比 29.0。

2013 年，全国气层气新增探明地质储量大于 1000 亿立方米的盆地 1 个，为四川盆地（表 2），新增探明地质储量 4949.98 亿立方米，占全国总量的 88.1%；新增探明技术可采储量 3328.45 亿立方米，占全国总量的 89.7%。与 2012 年相比，四川盆地天然气新增探明地质储量和技术可采储量分别增长 128.9% 和 315.1%。

表 2　　2013 年度全国天然气新增探明地质储量大于 1000 亿立方米的盆地统计表　　单位：亿立方米

序号	盆地	新增探明地质储量		新增探明技术可采储量	
		2013 年	2012 年	2013 年	2012 年
四川		4949.98	3440.74	3328.45	1667.78

③煤层气：2013 年，全国勘查新增煤层气探明地质储量 235.77 亿立方米，同比下降 81.5%；新增探明技术可采储量 117.89 亿立方米，同比下降 81.8%（表 3）。其中，中国石化新增探明地质储量 102.39 亿立方米，占 43.3%；中联公司新增 133.38 亿立方米，占 56.7%。

截至2013年底，全国累计探明地质储量5664.42 亿立方米，累计探明技术可采储量 2848.93 亿立方米。剩余技术可采储量 2795.04 亿立方米，剩余经济可采储量 2282.20 亿立方米。

2013 年，全国新增煤层气探明储量的盆地有 2 个，分别是鄂尔多斯和南华北盆地。其中，鄂尔多斯盆地新增 204.19 亿立方米，南华北盆地新增 31.58 亿立方米。

表 3　　2013 年度全国煤层气新增探明地质储量的盆地统计表　　单位：亿立方米

序号	盆地	新增探明地质储量		新增探明技术可采储量	
		2013 年	2012 年	2013 年	2012 年
1	鄂尔多斯	204.19	371.10	102.1	189.31
2	南华北	31.58	0	15.79	0
全国合计		235.77	1273.52	117.89	646.06

【油气资源开采】　1. 开采投资。2013 年，全年油气开采投资累计为 2875.52 亿元，较 2012 年的 2583.17 亿元增加了 292.35 亿元，增幅为 11.3%（图 20）。

从各石油公司开采投资投入来看，中国石油 1558.5 亿元，占 54.20%，同比减少 0.87%；中国石化 668.78 亿元，占 23.26%，同比增长 13.58%；中国海油 513.25 亿元，占 17.85%，同比增长 63.32%；延长石油 124.59 亿元，占 4.33%，同比增长 34.63%；中联公司 10.4 亿元，占 0.36%，同比减少 32.34%（图 20、图 21）。

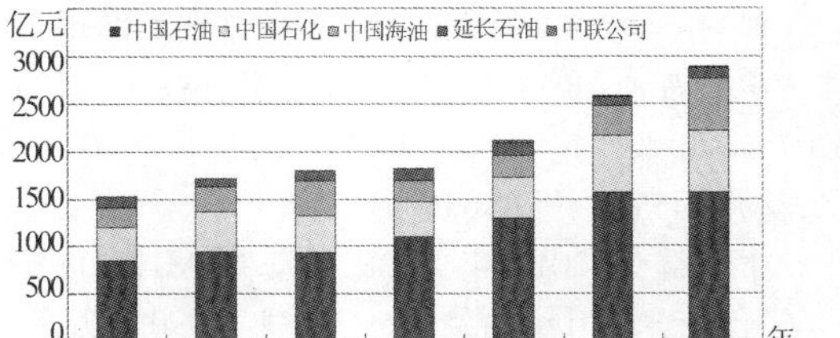

图20　2007～2013 年全国及各石油公司开采投入柱状图

① 不含老油田复算（核算）增加 77.96 亿立方米。

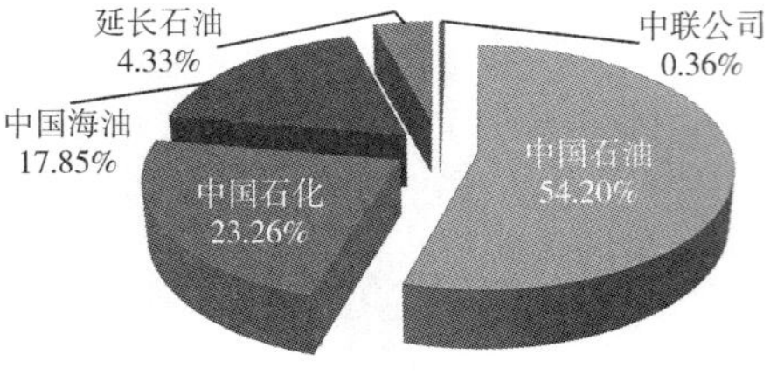

图 21　2013 年各石油公司开采投入比例图

2. 开发钻井。2013 年，全国完成开发井 29764 口，同比减少 8.85%；总进尺 5666.84 万米，同比减少 10.83%。其中油井 26267 口，进尺 4750.84 万米；气井 3497 口，进尺 916.0 万米(图 22、图 23、图 24)。

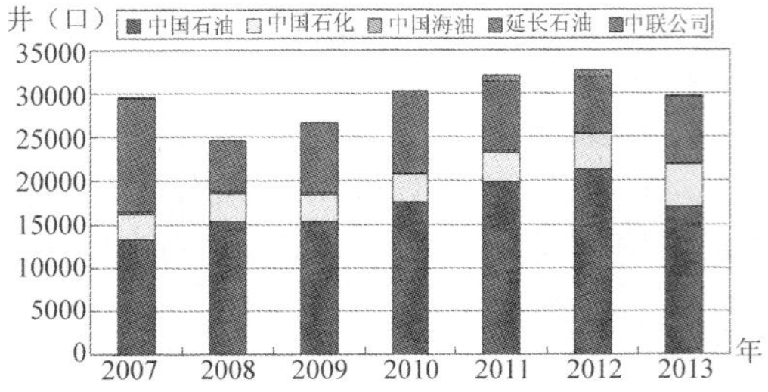

图 22　2007 ~ 2013 年全国及各石油公司完成开发井柱状图

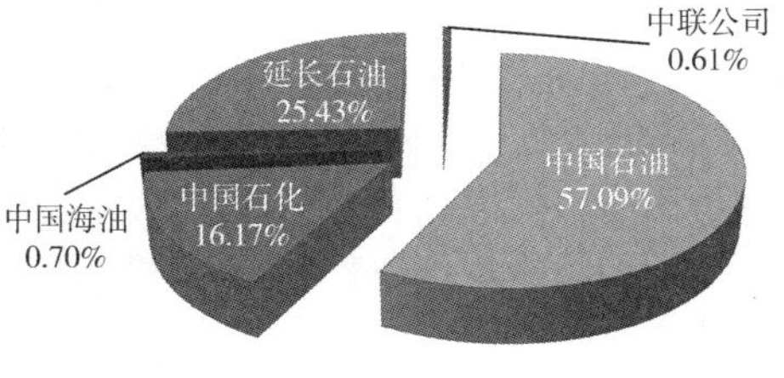

图 23　2013 年各石油公司完成开发井数比例图

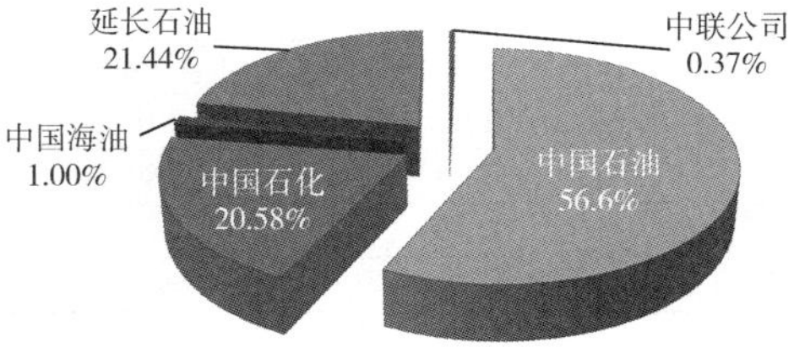

图 24　2013 年各石油公司完成开发井进尺比例图

中国石油：2013 年，完成开发井 16992 口，进尺 3207.56 万米。其中油井 14537 口，进尺 2551.13 万米；气井 2455 口，进尺 656.43 万米。

中国石化：2013 年，完成开发井 4812 口，进尺 1166.48 万米。其中油井 4158 口，进尺 990.4 万米；气井 654 口，进尺 176.08 万米。

中国海油：2013 年，完成开发井 208 口，进尺 56.78 万米。其中油井 203 口，进尺 54.36 万米；气井 5 口，进尺 2.42 万米。

延长石油：2013 年，完成开发井 7569 口，进尺 1215.11 万米，其中油井 7369 口(其中注水井 1342 口)，进尺 1154.95 万米；气井 200 口，进尺 60.16 万米。

中联公司：2013 年共完成开发井 183 口(包括水平井 12 口)，总进尺 20.91 万米。

3. 油气产量。①石油。2013 年全国石油产量 2.09 亿吨，较 2012 年增加了 396 万吨，同比增长 2.0%(图 25)。其中，中国石油生产 11260.06 万吨，占全国的 53.9%；中国石化生产 4374.80 万吨①，占 20.9%；中国海油生产 3913.64 万吨②，占 18.7%；延长石油生产 1262.71 万吨，占 6.1%；地方其他石油企业 90.48 万吨，占 0.4%(图 26)。与 2012 年相比，中国石油同比增长 2.1%，中国石化同比增长 1.4%，中国海油同比增长 2.1%，延长石油同比增长 0.4%。至 2013 年底，全国石油累计产出 60.00 亿吨。

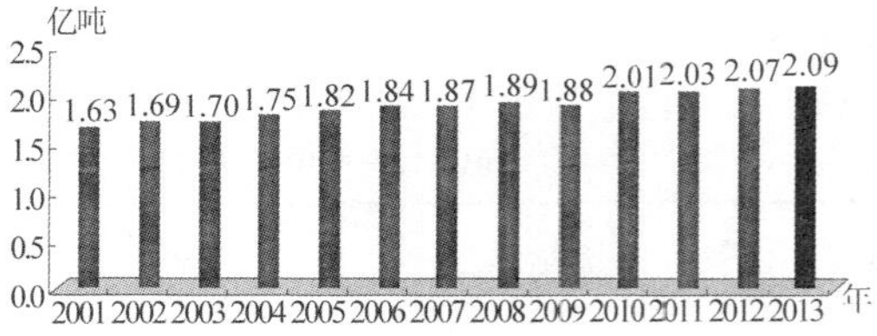

图 25　2001 ~ 2013 年全国石油年产量柱状图

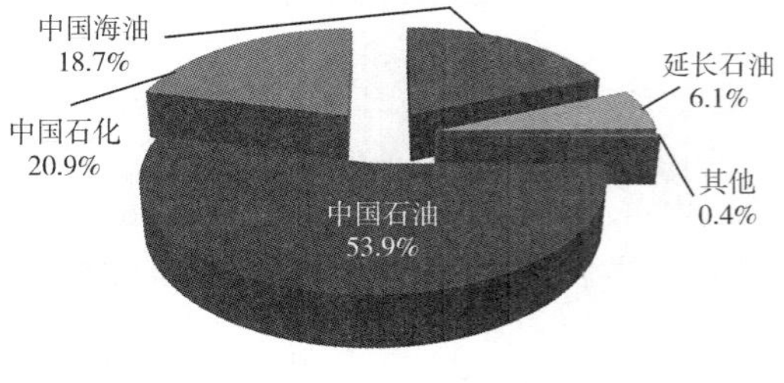

图 26　2013 年度各石油公司石油年产量比例图

2013 年，全国石油产量大于 1000 万吨的盆地有渤海湾、松辽、鄂尔多斯、塔里木、准噶尔和珠江口盆地(表 4)，合计产量 19374.55 万吨，占全国总量的 92.7%，高于 2012 年的 92.6%。渤海湾盆地的陆上与海域以及松辽盆地石油产量较 2012 年有所降低，其余盆地均有不同程度上升。其中，珠江口盆地增长幅度最大，同比增长 9.3%，准噶尔盆地增长 8.8%，鄂尔多斯盆地增长 3.7%，塔里木盆地增长 0.9%。渤海湾盆地海域原油产量下降幅度较大，同比下降 1.7%，松辽盆地下降 1.0%，渤海湾盆地陆上下降 0.4%。

① 中国石化上海与中国海油上海填报的凝析油产量重复 3.00 万吨，与地方上海市石油产量重复 0.21 万吨，从中国石化总量中予以扣除。

② 中国海油上报数据为 3944 万吨。

表 4　2013 年度全国主要盆地原油产量统计表

单位:万吨

序号	盆地		2013 年产量	2012 年产量	同比增长(%)
1	渤海湾	陆上	4901.85	4921.94	-0.4
2		海域	2574.16	2619.79	-1.7
3	松辽		4487.29	4532.50	-1.0
4	鄂尔多斯		3680.43	3561.36	3.7
5	塔里木		1327.45	1315.17	0.9
6	准噶尔		1293.61	1192.88	8.8
7	珠江口		1109.76	1018.05	9.3
合计			19374.55	19161.69	1.1

②天然气。2013 年,全国天然气产量 1166.21 亿立方米[①],较 2012 年增加了 95.37 亿立方米,同比增长 8.9%(图 27)。其中,中国石油生产天然气 879.72 亿立方米,占全国的 75.4%;中国石化生产 183.72 亿立方米[②],占 15.8%;中国海油生产 95.39 亿立方米[③],占 8.2%;地方企业生产 7.38 亿立方米,占 0.6%(图 28)。除中国海油天然气产量同比下降 4.4%,其他公司的天然气产量均有明显增长,其中中国石油同比增长 11.0%,中国石化同比增长 10.4%。至 2013 年底,全国天然气累计产出 14440.82 亿立方米。

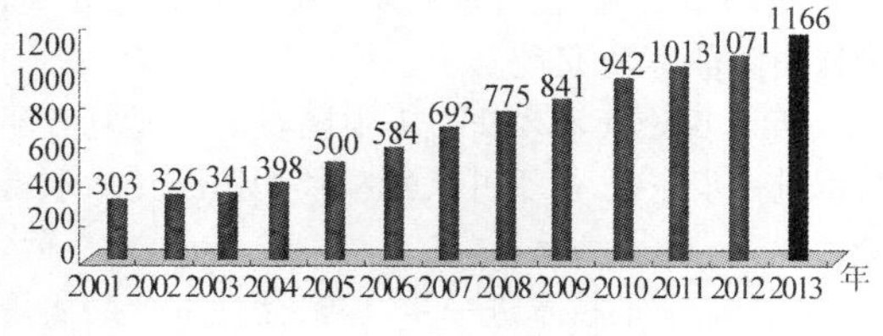

图 27　2001～2013 年度全国天然气年产量柱状图

2013 年,全国天然气产量大于 30 亿立方米的盆地有鄂尔多斯、四川、塔里木、柴达木、松辽、莺歌海和准噶尔盆地,合计产量达 1053.17 亿立方米,占全国总量的 90.3%,高于 2012 年的 88.7%。其中,鄂尔多斯盆地天然气产量增长幅度最大,同比增长 23.1%;其次为塔里木盆地,同比增长 15.9%;柴达木盆地的增幅位居第三,同比增长 7.1%;松辽盆地增长 6.0%,四川盆地增长 1.0%。而莺歌海和准噶尔盆地的天然气产量同比下降了 3.2%和 1.5%(表 5)。

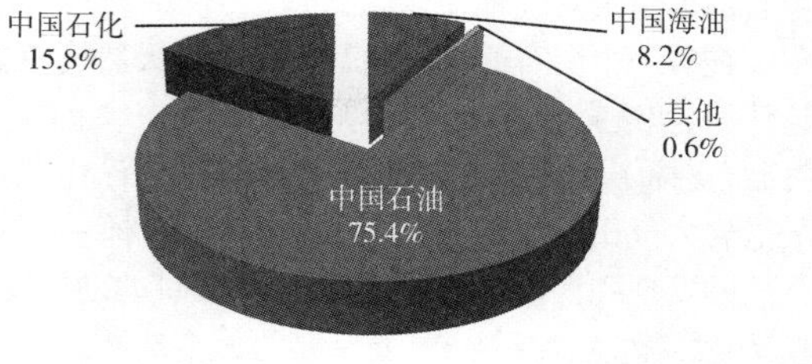

图 28　2013 年度各石油公司天然气年产量比例图

表 5　2013 年度全国主要盆地天然气产量统计表

单位:亿立方米

序号	盆地	2013 年产量	2012 年产量	同比增长(%)
1	鄂尔多斯	382.67	317.57	23.1
2	塔里木	239.20	209.59	15.9
3	四川	240.85	238.23	1.1
4	柴达木	68.10	63.50	7.1
5	松辽	58.46	55.47	6.0
6	莺歌海	33.42	34.63	-3.2
7	准噶尔	30.47	31.01	-1.5
合计		1053.17	950.00	11.6

③煤层气[④]。2013 年,全国煤层气(含煤矿瓦斯)抽采量 138.14 亿立方米,利用量 59.46 亿立方米,同比分别增加 9.6%和 8.7%。其中,地面煤层气产量 29.27 亿立方米,利用量 23.27 亿立方米,同比增加 13.8%和 15.3%;井下瓦斯抽采量 108.87 亿立方米,利用量 36.46 亿立方米,同比增加 8.5%和 12.6%。

④页岩气。2013 年,全国页岩气产量为 2 亿立方米。中国石化涪陵焦石坝新建页岩气产能 5 亿立方米,产量 1.42 亿立方米;中国石油生产页岩气 5684 万立方米。截至 2013 年底,全国建成页岩气生产能力 10 亿立方米,累计生产页岩气 2.5 亿立方米。

【油气理论技术方法】　1. 勘查理论技术方法。①中

① 注:不包括延长石油上报天然气产量 5.09 亿立方米(《2013 年全国油气矿产储量通报》中延长石油天然气产量为 0)。

② 中国石化上海与中国海油上海填报的气层气产量重复 2.78 亿立方米,与地方上海市石油产量重复 0.27 亿立方米,从中国石化总量中予以扣除。

③ 中国海油上报数据为 106.6 亿立方米。

④ 井下瓦斯抽采量采用煤监局数据,地面开发煤层气产量采用中联公司统计办上报煤监局数据。

国石油创新天然气地质理论认识，实现了天然气勘探重大突破。中国石油不断创新发展深层天然气地质理论认识，实现勘探深度和巨厚盐层工程技术上的重要突破，支撑了克拉苏气区勘探开发的进展；深化古老碳酸盐岩大气田成藏理论认识，指导了高石梯－磨溪大气田的发现和评价，促进了古隆起斜坡带的勘探发现；在柴达木盆地盆缘斜坡构造－地层复合成藏规律方面取得新认识，指导了阿尔金山前天然气勘探，发现千亿方天然气储量。

②中国石化在沙漠地区应用碳酸盐岩缝洞型储层预测技术获重大突破。塔里木盆地塔中北坡碳酸盐岩储层空间类型主要有孔洞和裂缝型。因大沙漠区信噪比低、储层缝洞体规模小等地表地质特点，地震识别模式与其他地区有明显差别，为此开展了针对性的储层识别模式研究。在储层地震波场研究、储层敏感性分析及储层平面属性预测研究成果的基础上，深入开展属性体、频谱分析、叠前弹性参数反演、谱分解、分频混相、叠后阻抗反演、三维可视化、高精度相干属性体、蚂蚁体追踪属性体、构造曲率体、趋势面分析、体融合等技术序列的适用性、有效性组合，建立了不同类型储层的地震识别模式，从而实现地震信息到储层信息到油气信息的解读。在一间房组－鹰山组上段、鹰山组下段、蓬莱坝组三个层系识别发现 17 个岩溶缝洞型圈闭，落实提交了 9 个圈闭，部署顺南 4、顺南 5 井获得重大突破，并为进一步展开勘探提供了有力技术支持。

③中国海油在莺歌海盆地高温高压天然气勘探理论和技术取得突破，东方区拓展勘探，探明天然气达千亿立方米。中国海油在莺歌海盆地高温高压天然气勘探领域取得一系列突破。在天然气成藏机理研究方面，创建了新生代盆地地层临界温压环境下水溶相天然气脱溶成藏理论模型和“动态生气－耦合成藏－近源聚集”的天然气生烃－成藏理论。在储层识别与分布预测技术方面，通过高精度层序地层学，物源分析方法，地震反演及多属性分析等技术，构建伸展－走滑型盆地重力流沉积模式，找到了横向连片、纵向叠置、多期发育的大型重力流沉积优质储集体。在地震勘探技术方面，研发了以高温高压岩石地球物理实验为基础，以射线追踪和波场照明分析为手段、多域去噪为重点的海上地震勘探技术，大幅缩小了底辟模糊区的范围，改善了海底崎岖地貌区地震成像效果。在高温高压钻完井技术方面，创建了三维地层压力预测模型，研发了具有自主知识产权 VSP 处理和速度反演技术，确保作业安全；采用“一开双眼”、“双管齐下”等技术和流程，缩短表层建井周期；优化钻头选型，优化泥浆体系，提高钻速，节省费用。2013 年，在莺歌海盆地东方区进行挖潜，整个东方区高温超压中深层领域探明储量突破千亿立方米，成为中国近海首个高温超压千亿立方米大气田。

④中国海油渤海特稠油多元热流体热采探井测试取得突破。渤海特稠油储量丰富，截至 2012 年底，特稠油三级储量高达 2.32 亿吨，但由于冷采方式无法取得储层流体及油田产能，严重制约了油田储量评价及后续开发方案的制定。2013 年，在总结以往海上多元热流体热采技术成果的基础上，通过技术创新，成功实施降压增注、均匀注汽（配注阀）、海水淡化、腐蚀在线监测等技术，保障了旅大 5－2N 油田、旅大 16－1 油田特稠油多元热流体热采测试的高效实施。其中，LD5－2N－2 井自喷生产 8 天，自喷期间最高日产油 110 立方米/天，平均日产油 96.6 立方米，累产油 773 立方米，圆满完成了探井测试任务。

⑤海上一体化压裂技术研发成果，应用效果良好。中国海油研究开发了海上一体化压裂技术并取得成功。通过将压裂施工设备、材料工具等放置在海上平台，利用气井生产管柱不动管柱压裂施工，形成了平台综合利用、不动管柱压裂施工、压裂优化设计、效果评价等配套工艺，取得了显著效益。该技术业已推广至东海低渗油气田勘探与评价中，累计应用 10 余井次，天然气增产显著，取得良好效果。

⑥延长石油发展了特低渗成藏理论，提出了复杂油水层逐步识别模式，实现了石油勘探的重大突破。2004 年起，延长石油组织高层次研发团队经过 9 年的艰苦攻关，发展了特低渗成藏理论，提出了复杂油水层逐步识别模式，创新了低压、高含泥、强非均质性致密油藏钻完井储层保护及压裂技术，获得了鄂尔多斯盆地中部下组合石油勘探的重大历史性突破，石油资源量扩大到 25.5 亿吨，已发现三级地质储量 8.31 亿吨，其中探明储量 2.75 亿吨。

2. *开采理论技术方法*。①中国石油三元复合驱油技术进一步完善，水平井大规模体积压裂技术取得突破。

三元复合驱油技术进一步完善，活性剂产品实现系列化和多元化，为大庆油田 4000 万吨原油稳产做出重要贡献。攻克水平井大规模体积压裂技术，初步形成超低渗油气田开发技术系列，为长庆油田 5000 万吨产能建设提供了有力支撑。巨型碳酸盐岩油田整体优化部署和注水开发等技术的研发，推进了伊拉克艾哈代布、哈法亚和鲁迈拉油田的产能建设。

②中国石化在页岩气开发方面获得一系列突破。探索了页岩气工厂化作业模式。页岩气井工厂设计技术基本形成，按照井工厂的模式，完成一个平台 4 口水平井和一个平台 6 口井的井组方案部署；基本形成了钻井、井身结构、压裂、平台化井场等一体化统一设计

与优化模式。

形成了页岩气优快钻井技术系列。形成了三开完井的设计模式,形成了空气钻、泡沫钻、清水钻、PDC螺杆复合钻、国产油基泥浆+PDC水平段一趟钻的钻井技术系列,基本满足了焦石坝页岩气开发需求。17口开发试验井平均完钻工期降到了84天,钻完井周期显著缩短。

形成了钻井液重复利用技术。自主研制的PMC油基钻井液满足了页岩气水平井安全钻井的要求,实现了油基钻井液国产化。在焦石坝地区建立了油基钻井液回收中转站,实现了区块油基钻井液的完全回收、重复利用和无害化处理。

水平井分段压裂技术逐渐配套。采用大液量、高排量、低砂比,组合加砂、混合压裂模式,基本形成了长水平段可钻式桥塞多级体积压裂配套技术。已完成压裂9口井,累计压裂水平段长10653米,总压裂段数135段,总入井液量23.73万立方米,总砂量7508立方米,累计获得无阻流量419万立方米/天,平均单井无阻流量60万立方米/天。

③胜利油田稠油化学强化冷采技术逐渐成熟。稠油在胜利油田分布广泛,随着近几年稠油层勘探不断实践,对稠油降黏冷采技术日趋成熟。稠油冷采的机理主要是:为了降低原油黏度,降低油水流度比,提高生产效果,向油层挤降黏体系溶液,该体系可将稠油聚集体解聚,降低稠油黏度,可以长时间保持稠油在油藏条件下黏度降低。2013年,油田这种化学冷采降黏体系主要使用自扩散体系和微乳液降黏剂。

2013年,稠油化学强化冷采实施了沾化凹陷罗322井沙四段,原油密度1.0746克/立方厘米,黏度22375mPa·s,凝点33%,含硫10.4%,属高含硫超重原油,表皮系数5.05,井壁附近存在污染,近井地带存在堵塞。为了降低原油黏度、油水流度比、解除近井地带的胶质、沥青质等有机物质堵塞,改善试油效果,对该井采用化学强化冷采工艺技术。焖井后先采用油嘴放喷排液,后采用环空泵电缆加热泵抽排液,获稳定日产油5.77吨。落实了该地区沙四段稠油油藏的产能液性资料,工艺效果明显。

④大幅度提高采收率技术,进入技术攻关和工业化推广应用并重阶段。胜利孤岛油田聚驱后非均相复合驱、河南双河油田高含水后期三元复合驱先导试验采收率分别达63%、68%,孤岛中二北稠油热化学蒸汽驱、永三复杂断块立体开发先导试验采收率分别达53.4%、52.1%,实现了"突破50%、挑战60%"目标,已在孤岛、孤东、东辛等油田推广应用,覆盖储量1.2亿吨。西北塔河缝洞型油藏注气提高采收率先导试验取得突破并推广应用,年增油9.7万吨。化学驱工业化应用领域不断拓展,年增油163万吨,连续11年保持稳定。

⑤中国海油渤海稠油聚合物驱油技术成功应用。中国海油通过重点攻关海上稠油聚合物驱关键技术,初步形成稠油聚合物驱技术体系和早期注聚理论认识。含聚采出液处理的原油破乳剂和污水处理剂成功开展平台处理流程试验,完成稠油活化水驱技术先导试验方案研究,加工出聚合物强制拉伸水渗速溶样机并陆地试验,建立聚驱潜力评价方法,改进和完善了聚驱油藏数模软件。聚合物驱油技术正在渤海3个油田39口井开展试验和应用,动用地质储量1.4亿立方米,截至2013年底,累计增油345万立方米,其中2013年增油93万立方米。

3. 重大工程技术和装备。①中国石油工程技术领域频获突破。在物探方面,GeoEast处理解释一体化软件持续升级规模推广;完全自主知识产权的宽方位、宽频带、高密度地震勘探配套技术实现商业化应用;G3i地震采集系统功能进一步完善,系统带道能力超过10万道;新一代地震采集工程软件系统KLSeisⅡ实现升级换代。

在测井方面,公司研制的地层元素测井仪样机为非常规油气评价提供了重要技术手段;应用测井数字岩芯技术实现了油气层测井评价的准确、高效和一体化;非均质碳酸盐岩有效储层测井识别技术在塔里木、长庆等油气田应用效果显著。

在钻完井方面,工厂化钻完井与储层改造作业技术试验成功;深井超深井优快钻完井技术进一步完善,保障了库车山前和安岳等地区的钻井提速和提效;氮气欠平衡和油钻杆完井技术取得突破,保护和发挥油气藏效果显著,促进了在塔里木盆地迪北等区块的勘探工作。

②中国石化水平井优快钻完井技术和高效储层改造等配套工程技术进一步成熟。

"五核心、五配套"水平井优快钻完井技术体系逐步完善,工程技术提速成效显著,机械钻速不断提高,钻井周期不断缩短。

五核心:一是6″水平段井眼井身结构,二是"PDC+螺杆+MWD"钻井技术,三是井眼轨迹设计与控制技术,四是储层保护技术,五是压力节点、压稳防漏固井技术。

五配套:一是钻头选型及钻井参数优化技术,二是直井段防斜打直技术,三是水平段降摩减扭技术,四是技术水平井井眼净化技术,五是水平井裸眼预制管柱完井技术。

"四关键、四配套"水平井分段压裂技术体系日趋成熟,确保单井产能有效提高。

关键技术:一是低伤害压裂液优化技术,二是三维立体压裂设计优化技术,三是分段同步破胶技术,四是裸眼封隔器分段压裂技术。

配套技术:一是不停泵连续投球送球技术,二是放喷捕球工艺技术,三是防压窜工艺技术,四是现场实时控制技术。

工程技术的成熟完善,保证了2013年产能建设井100%的钻井成功率。DPT-53(钻井周期24.29天)、DPH-99(钻井周期29.88天)分别刷新大牛地气田无导眼和有导眼水平井最短周期。储层改造成功率98.2%,平均无阻流量9.47万立方米/天。

③中国海油海上油田超大型平台浮托技术取得突破。浮托安装是在开敞海域,利用海洋潮汐力量和调载技术,在隙宽比极为苛刻的作业条件下,实现进船,在风浪流和潮差联合作用下完成"万吨到三万吨"级平台与导管架精准对接。该技术已在渤海油气田开发和南海深水荔湾3-1气田建设中成功应用。

4. 勘探开发科技成果(表6)。

表6　2013年油气资源勘探开发重大科技奖励统计表

第一完成单位	获奖项目名称	授奖等级
中国石油	中国石油科技创新体系建设工程	国家科技进步二等奖
	超大型复杂油气地质目标地震资料处理解释系统及重大成效	国家科技进步二等奖
中国石化	油藏地球物理技术突破及老油田高效开发应用	国家科技进步二等奖
中国海油	海上油田超大型平台浮托技术创建及应用	国家科技进步二等奖
延长石油	鄂尔多斯盆地中部延长组下组合找油突破的勘探理论与关键技术	国家科技进步二等奖

【油气国际合作】 1. 对外合作。2013年,全国油气(含煤层气、页岩气)对外合作区块共72个,面积9.04万平方千米。其中,合作勘查区块39个,面积8.60万平方千米;合作开采区块33个,面积4428平方千米。油气对外合作区块主要分布在渤海湾盆地、珠江口盆地、松辽盆地、沁水盆地、鄂尔多斯盆地、准噶尔盆地、清江盆地、南华北盆地以及贵州青山地区、云南罗平-恩洪地区等。

①石油天然气。对外合作勘查区块:全国石油天然气合作勘查区块13个,面积6.34万平方千米,主要分布在中国海域。中方矿权人是中国海油,外方合作公司有洛克石油(渤海)公司、超准能源中国有限公司、科麦奇中国石油有限公司、雪佛龙德士古中国能源公司、新田石油中国勘探有限公司、埃尼中国公司、奔腾海洋中国公司、BP中国勘探及生产有限公司等。

对外合作开采区块:全国石油天然气合作开采区块25个,面积4185平方千米,主要分布在松辽、鄂尔多斯、渤海湾、珠江口和琼东南盆地。中方矿权人是中国石油和中国海油,其中中国石油10个区块,合作开采面积2144平方千米,外方合作公司有壳牌勘探(中国)有限公司、美国阿帕契(中国)有限公司、加拿大泛华有限公司、加拿大泛华能源有限公司、中亚石油有限公司、皇朝能源有限公司、香港亿阳实业有限公司、美国MI能源公司、天时集团能源有限公司等;中国海油有15个区块,合作开采面积2041平方千米,外方合作公司有雪佛龙德士古中国能源公司、科麦奇中国石油有限公司、新田石油中国有限公司、康菲石油中国有限公司、超准石油公司、埃尼中国公司、哈斯基石油中国有限公司、科佩克(中国)有限公司、洛克石油(中国)公司、澳大利亚石油有限公司等。

中国石油长北天然气项目。长北项目位于鄂尔多斯盆地,合作区块面积1691平方千米,与壳牌合作开发,由壳牌担任作业者。2013年,长北项目生产天然气36.2亿立方米,商品气量连续4年保持在33亿立方米以上。双分支水平井配套技术趋于成熟,已测试的39口水平井中有23口初期日产量超过百万立方米。长北项目二期已经启动,评价井钻井等工作顺利推进。

中国石油苏里格南天然气项目。苏里格南项目位于鄂尔多斯盆地,合作区块面积2392平方千米,与道达尔合作开发,由中国石油担任作业者。2013年,苏里格南项目应用丛式布井和工厂化批量钻完井技术,平均钻井周期明显缩短,单井试采获较高产量。

中国石油赵东油田项目。赵东项目位于渤海湾盆地滩海地区,合作区块面积77平方千米,与澳大利亚洛克石油(渤海)公司合作开发,由洛克公司担任作业者。2013年,赵东项目生产原油95.3万吨、天然气5400万立方米,油气当量产量继续保持百万吨以上。

②煤层气。全国煤层气合作勘查区块26个,面积22560平方千米,主要分布在沁水盆地和鄂尔多斯东缘。中方矿权人是中国石油和中联公司。其中,中国石油11个区块,合作勘查面积9592平方千米,外方合作公司有远东能源(百慕大)有限公司、奥瑞安能源国际有限公司、亚加能源有限公司、雪佛龙中国能源公司、中澳煤层气能源有限公司、壳牌中国勘探与生产有限公司、维罗纳开发有限公司、瑞弗莱克油气有限责任

公司、亚美大陆煤层气有限公司、龙门汇成投资有限公司、特拉维斯特能源公司等；中联公司有15个区块，合作勘查面积12968平方千米，外方合作公司有格瑞克能源（国际）公司、雪佛龙中国能源公司、中澳煤层气能源有限公司、远东能源（百慕大）有限公司、康菲石油中国有限公司、富地柳林燃气有限公司、美中能源有限公司、加拿大英发能源有限公司、中加能源公司等。

全国煤层气合作开采区块2个，面积193平方千米，中方矿权人是中联公司，外方合作公司有格瑞克能源（国际）公司和美中能源有限公司等。

中联公司山西晋城潘庄煤层气开发对外合作项目。山西晋城潘庄区块面积141.835平方千米。2013年，该区块共获得煤层气探明储量299.23亿立方米。潘庄区块外方合同者和作业者为美中能源有限公司。截至2013年底，该项目已投入133.306万元，实施勘探直井13口，水平井生产井49组，丛式井2组5口，排采水平井47口，建成产能3.3亿立方米/年，累计产气5.27亿立方米，售气4亿立方米。

中联公司山西柳林煤层气勘查对外合作项目。山西柳林区块面积183.824平方千米，目前该区块共获得煤层气探明储量217.84亿立方米。柳林区块外方合同者和作业者是富地柳林燃气有限公司。截至2013年底，已完成32口直井，7组多分支水平井，累计投入约39611万元。

中联公司山西寿阳煤层气勘查对外合作项目。山西寿阳区块面积1957.532平方千米（含对外合作和自营），现对外合作面积为1201.319平方千米，2012年寿阳对外合作项目获得煤层气探明储量134.87亿立方米。寿阳区块外方合同者和作业者是远东能源（百慕大）有限公司。截至2013年底，寿阳对外合作项目共钻井173口，其中水平井7口，压裂排采135口，累计投入111559万元。

中联公司云南老厂煤层气勘查对外合作项目。云南老厂合同区总面积482.943平方千米，现外方合同者和作业者是远东能源（百慕大）有限公司。截至2013年底，老厂对外合作项目和原来的恩洪对外合作项目共完成二维地震10.24千米，钻井13口，压裂6口，排采6口，累计投入11353万元。

中联公司山西临兴煤层气勘查对外合作项目。临兴区块面积2530.091平方千米，产品分成合同区面积1874平方千米。临兴区块现外方合同者和作业者是中澳煤层气能源有限公司。截至2013年底，该项目累计完成二维地震1359千米，完成钻井41口，压裂试气近30层，总投资约为54954万元。2013年，新增探明地质储量101.8亿立方米。

中联公司安徽宿州煤层气勘查对外合作项目。宿州区块面积856.094平方千米，现对外合作面积567.843平方千米。宿州区块现外方合同者和作业者是英发能源有限公司。截至2013年底，该区块共完成钻井20口，排采9口，总投入为6656万元。2013年，新增探明地质储量31.58亿立方米。

③页岩气。中国石油富顺—永川项目。富顺－永川项目位于四川盆地，合作区块面积3503平方千米，由壳牌担任作业者。2013年，勘探评价工作取得重要进展，完钻12口井，4口井试采，生产页岩气近4200万立方米。

中国石化华东与雪佛龙合作龙里区块。已完成500千米的二维地震采集、处理与解释；完成龙页1井、龙页2井、龙页3井的钻探。其中龙页1井钻遇九门冲，组页岩厚度20米，龙页2井钻遇页岩，厚度5米，厚度薄，未测试；龙页3井钻遇九门冲组，页岩段37米，平均有效孔隙度3%，黏土含量43%，TOC平均3.6%，直井压裂后，未获页岩气流。

中国石化江汉与壳牌合作湘鄂西区块。完成238千米二维地震采集、处理；部署了龙马溪组－五峰组为目的层的利页1井，7月20日完钻，井深2886.06米，层位庙坡组－牯牛潭组。9月11日对龙马溪组2782—2830.5米进行压裂试气，总液量1001立方米，加砂26.3立方米，压裂未见页岩气流。针对寒武系目的层，又部署了恩页1井设计，设计井深4200米。8月30日开钻，11月29日完钻，完钻井深4013.66米，层位为震旦系灯影组。

中国石化南方与康菲合作綦江区块。正实施601.9千米/27条二维地震采集，确定了第一口探井—綦页1井（直井）井位，綦页1井设计井深4900米。2013年进行地质设计、工程设计、环评、钻井及其他合同审查。

中国石化华东与道达尔合作宣城区块。已完成联合研究协议签署，拟新采集二维地震640千米，钻探井3口。2013年二维地震现场施工。

2. 海外勘查开采。2013年，我国海外油气勘查开采取得丰硕成果，全年海外投资1824亿元，其中勘探投资171亿元、开发投资1653亿元，共获得份额油11735万吨，分别比2012年增加了210亿元和2962万吨。

①中国石油。截至2013年底，中国石油在全球30多个国家运营82个油气合作项目。2013年完成油气勘查投资87.8亿元，油气开发投资422.6亿元，油气权益产量当量5920万吨，其中原油权益产量4721万吨、天然气权益产量150.5亿立方米。

2013年初，海外油气业务便面临南苏丹项目复产滞后、叙利亚政局动荡、伊拉克鲁迈拉项目上产难度加大等一系列困难。中国石油积极应对,通过实施注水、水平井和提高采收率三大工程,努力实现老油田硬稳定、新油田快发展,油气作业产量再创历史新高。其中,尼罗河公司充分准备复产上产物资、反复演练复产方案,确保了南苏丹3.7区及1.2.4区一次复产成功,全年完成产量当量1335万吨;伊拉克公司落实安保措施、优化油田生产、推动产能建设、强化投资回收,全年完成原油作业产量4072万吨;哈萨克斯坦公司克服老油田递减、经营环境日益复杂的困难,油气生产积极主动,年油气产量当量连续第二年稳定在3000万吨以上;拉美公司全年生产原油1317万吨,再创历史最高水平;阿姆河天然气公司开发高产高效,生产安全平稳,全年生产天然气59.8亿立方米。

2013年,西非、中亚等主力地区和天然气勘探多点开花。乍得项目Bongor盆地五大潜山先后发现厚油层,获得高产油气流;尼日尔Agadem项目发现更大场面,为中国石油增加在西非的油气产量夯实了资源基础;东非莫桑比克4区块勘探获得重大突破;阿姆河右岸项目东、西部开展勘探均获重大突破,为阿姆河项目产能建设提供了新的资源基础;卡塔尔海域发现首个高产前二叠系碎屑岩天然气气藏,开辟了油气勘探新领域;苏丹、PK、安第斯等项目滚动勘探获得显著进展。同时,新项目开发持续发力,重点地区、重点领域业务拓展取得重大突破。

2013年9月30日,中缅天然气管道全线贯通,开始输气。中缅油气管道是继中亚油气管道、中俄原油管道、海上通道之后的第四大能源进口通道,减缓了马六甲海峡的油气运输压力。

②中国石化。2013年,中国石化海外上游完成投资898.4亿元人民币,其中勘探投资8.0亿元人民币、开发投资890.4亿人民币,获得权益油3871.4万吨,同比增长33.3%。全年勘探新增权益石油可采储量(2P+2C)3230万吨、新增权益天然气储量150亿立方米。

2013年,中国石化海外上游获得"一项重大突破、十项新发现、十项重要进展"的好成绩。伊朗雅达油田增储获突破,巴西Sap、Lula油田提前投产,安哥拉18区块产量创历史新高,Addax西非主战场捷报频传,喀麦隆Iroko区块成功获得20年开发许可,阿根廷、哈萨克斯坦CIR等项目补充地层亏空,俄罗斯UDM项目降低综合递减,安第斯项目释放产能成效明显。其中Addax尼日利亚KTM油田新建产能183万吨,作为我方任作业者第一个独立建设投产的海上油田,实现中国石化海外海上油田建设零的突破。

2013年,中国石化成功开发阿帕奇在埃及资产1/3权益、美国切萨皮克油气资产50%的权益、安哥拉31区块10%权益、加拿大Tumbleweed等新项目,不仅成功首次进入北非埃及油气富集区,丰富了资源战略选区,而且增加了安哥拉、美国、加拿大资产规模。

③中国海油。2013年,中国海油在境外上游投资368.4亿元①,其中勘探投资60.3亿元、开发投资308.1亿元,共获得份额油1480万吨油当量。此外,尼克森(NEXEN)公司②油气产量1847万吨油当量。

勘探工作量:中国海油在亚洲、非洲、美洲和大洋洲等15个国家拥有28个境外油气勘探区块,勘探面积近11万平方千米(不含阿根廷Bridas项目)。其中,中国海油担任作业者的区块为13个,区块面积66989平方千米。2013年,中国海油海外勘探共完成二维地震采集3156千米,三维地震采集353平方千米,完成探井28口,钻井进尺45873米。此外,2013年尼克森公司共购买二维地震资料69397千米,购买三维地震资料10204平方千米,钻探6口井,其中预探井4口,评价井2口。

主要勘探成果:2013年,海外勘探在刚果、印尼、阿尔及利亚和乌干达获得油气发现9个(刚果象,印尼MBF,阿尔及利亚RDA、SAB,乌干达Jobi east新断块、Mypo油田两个新断块、Gunya油田两个新断块),新增油气探明权益可采储量1400万吨油当量。此外,尼克森公司2013年的勘探成果包括2个新发现(North Uist和Vicksburg A)和1个成功评价(Sparrowhawk)。

海外开采:2013年,中国海油在全球5大洲(亚洲、非洲、大洋洲、北美洲和南美洲)的9个国家和地区(印度尼西亚、澳大利亚、伊拉克、乌干达、尼日利亚、加拿大、美国、特立尼达和多巴哥、阿根廷)有开发和生产作业,共涉及各类权益海外油气田104个。2013年完成石油液体产量1558万吨、天然气60.6亿立方米,合计2164万吨油当量。此外,NEXEN公司有17个生产12区块分布在英国、尼日利亚、哥伦比亚、也门、加拿大、美国等6个国家。2013年完成石油液体产量1489.9万吨、天然气35.71亿立方米,合计1847万吨油当量。

④延长石油。2013年,延长石油在海外勘探投资10.64亿元,在泰国、中非等国家和地区取得了一些进展。

吉尔吉斯斯坦项目完成二维地震采集267千米,完钻评价井7口,试油气7井,930区块2口井分别获日产2.99万、3.18万立方米天然高产气流;泰国项目完

① 不包括尼克森公司的上游投资。

② 2013年2月,中国海油151亿美元完成收购加拿大尼克森公司的交易。

钻3口探井，均钻遇碳酸盐储层，YPT3井二叠系碳酸岩储层钻遇全烃值大于15%的气测异常段共5层6.34米，随钻点火可燃，证实该区块有较好的勘探前景；中非项目完成地震资料处理解释综合地质研究，落实层构造圈闭114个，层圈闭面积922.7平方千米，估算圈闭资源量2.7亿吨，优选落实了3口预探井井位。

2013年9月，延长石油国际有限公司以现金作价约港币17.2亿元收购加拿大Novus公司。Novus拥有200万吨油当量的探明储量，探明加概算储量为315万吨油当量。

⑤中化石油。截至2013年底，公司在美国、巴西、哥伦比亚、秘鲁、叙利亚、也门、阿联酋、突尼斯、厄瓜多尔、印度尼西亚和我国渤海湾地区等11个国家和地区拥有34个区块，其中14个在产区块，5个开发区块，15个勘探和待开发区块。公司拥有权益内油气剩余可采储量5.94亿桶，2013年权益内油气产量达2513万桶油当量（约合359万吨）。

2013年，中化石油海外石油勘探投资38328万元人民币，钻探井4口，进尺18067米，份额储量127万吨。开发总投资213925万元人民币，钻开发井44口，进尺139575米，重点设施投入19617万元人民币，份额油359万吨。

中化石油获巴西A类作业资质，与Ecopetrol开展合作，哥伦比亚获得3个勘探新区。老区滚动勘探挖潜获得突破，成功发现哥伦比亚VS油田。

2013年1月，中化集团以约17亿美元收购Pioneer公司美国Wolfcamp项目40%权益，并于2013年5月完成项目交割，项目预计6年内可在北美地区建成年产240万吨的油田基地。

⑥中信股份。中信股份在海外的合作油田为哈萨克斯坦KBM油田和印尼SERAM油田。哈萨克斯坦KBM油田：中信持有KBM油田50%开采权益，与哈萨克斯坦国家石油公司（KMG EP）通过合资企业方式管理及经营油田开发，石油开采合同截至2020年。KBM油田位于哈萨克斯坦境内里海沿岸，油层平均埋深500米，所产原油主要供应到欧洲，小部分在当地销售。2013年，油田产量205万吨，开发投入1.33亿美元（8.24亿元人民币）。

印尼SERAM油田：Seram Non-Bula区块位于印度尼西亚seram岛。2006年11月，中信完成向KUFPEC收购51%分成权益，成为营运商，石油开采合同截至2019年。2013年，公司钻3口开发井，投入3400万美元（2.11亿元人民币），2口在2013年完成，1口在2014年初完成，总进尺6948米。2013年上半年日产原油1160桶（5.8万吨/年）。

【油气基础性地质工作】 1.全国油气基础地质调查。

①陆域油气资源调查。中国地质调查局统筹“调查评价”与“战略选区”两个专项，设立地质调查实施计划项目8项、战略选区实施计划项目8项。工作部署以新区、新层系、新领域、新类型为重点，兼顾主要含油气盆地综合研究与整体评价。新区主要部署在青藏地区、松辽外围盆地、塔里木盆地柯坪冲断带、楚雄盆地、南华北盆地等；新层系主要部署在天山－兴蒙－吉黑构造带上古生界、华北地台中新元古界、柴达木盆地古生界等；新领域主要部署在四川盆地碳酸盐岩油气藏、松辽盆地深层火山岩气藏等综合研究；新类型主要部署在页岩油气和致密油气等。2013年完成的主要实物工作量见表7。

表7　2013年全国陆域油气资源调查主要实物工作量统计表

内容	主要工作量
1:5万～1:10万石油地质调查	1600平方千米
1:1000～1:1万实测石油地质剖面	600千米
重、磁、电法剖面测量	4400千米
土壤油气化探测量	3550平方千米
地球化学填图	25000平方千米
二维地震采集	1100千米
二维地震数据处理与解释	8500千米
调查井进尺	12233米

在青藏地区、银额盆地、鄂尔多斯新层系、准噶尔盆地重油等取得了重要发现和进展。

首次在柴达木盆地钻获3套良好的页岩气层段，开拓了我国陆相页岩气勘探新领域。在柴北缘鱼卡地区实施的柴页1井钻获146.58米泥页岩岩芯，系统获得了中侏罗统大煤沟组页岩气地质参数，通过气测录井和页岩现场解析实验，划分出3套页岩气富气层段（含气量达2～4立方米/吨）。

首次在青海祁连山地区钻探发现石油和天然气，开辟了油气勘探新区。在南祁连盆地木里坳陷DK9井取心获得侏罗系厚达8米油砂（362.79～370.58米）；DK10井52.9米深处侏罗系砂岩层发现浅层天然气，点火火焰高达3～4米，连续燃烧两天，压力不减。此外，DK9井还在188.20～209.45米深处发现单层厚度大于20米的天然气水合物矿层。

首次在准噶尔盆地南缘山前构造带钻获重油，突破了山前构造带找油“禁区”。在博格达山北麓实施的JZK1井在二叠系芦草沟组（180～230米、280～300米层段）发现了重油。

在银额盆地石炭－二叠系发现油气，展示了良好的页岩油气勘探前景。额探2井钻获厚达245米的暗色泥岩段(483～728米),并且普遍见气测异常,解析气含量为4.1m^3/t。周缘多口钻井泥岩段微孔隙或微裂缝含油,展示了石炭—二叠系良好的页岩油气资源前景。

在羌塘盆地发现了天然气泄漏形成的活动泥火山,揭示了深层存在油气藏。在羌塘盆地唢呐湖地区发现了现代天然气泄漏形成的活动泥火山群。泥浆中吸附烃类气体以甲烷为主,其含量达459～2279微升/千克,而背景值甲烷的含量仅为0.17～2.88微升/千克,碳同位素分析显示,这些甲烷的碳同位素为－47.2～－45.0‰,显示热解成因气的特征。

首次在鄂尔多斯盆地三叠系延长组长9层组发现页岩气富气层段,开拓了页岩气勘探新层系。在鄂尔多斯盆地南部实施的黄探1井获得完整页岩气地质参数和长达111.4米泥页岩、砂岩岩芯,通过气测录井和页岩现场解析实验,发现过去不被重视的长9层组李家畔页岩含气量达到3m^3/t,含气情况要好于长7层组张家滩页岩。

优选出10个油气远景区和4个油页岩远景区。通过调查优选出银额盆地居延海凹陷、柴达木盆地德令哈凹陷、中上扬子恩施－利川、武隆－道真、羌塘盆地托纳木地区、松辽外围突泉盆地等10个油气远景区。准噶尔盆地东部南缘山前、松辽盆地北部实施了以油页岩为目标的钻探验证井4口,均发现了含油率较高的油页岩矿,并圈定了4个油页岩远景区。

发挥了良好的技术支撑作用,社会化服务体系逐步建立与完善。在银额盆地、松辽外围盆地等多个地区进行的基础地质调查,取得了重要成果和认识,为进行商业性勘查提供了良好的技术支撑;与中国石化南方勘探公司等多家油气企业合作,共同部署和实施油气勘查工作,推动伦坡拉盆地等勘查风险较大的地区进行油气勘查;在青藏高原等复杂地区进行地震等勘查技术试验攻关;开展油气资源调查数据库建设、搭建油气资源管理支撑与信息服务体系框架,对国内外页岩油气勘查开发动态与技术进行跟踪,初步建立了页岩气信息技术共享平台,为管理部门和企业提供技术支撑服务。

②海域油气资源调查。重点开展南黄海、南海北部陆坡深水区油气资源普查及油气调查技术应用研究和油气地质特征与赋存规律研究。

南黄海海域油气资源普查。主要开展二维多道地震8262测线千米和相应的重力、磁力、水深测量资料处理和解释,油气地球化学200个站位样品的分析测试,以及地震资料的攻关处理、海底地震仪(OBS)测量试验。同时,针对南黄海中、古生界陆相地层进行了地震资料攻关处理和精细解释,在南黄海南部坳陷北部发现构造圈闭。在跨越千里岩隆起、北部坳陷和中部隆起等三个二级构造单元上,完成了40个站位的OBS资料采集试验。通过南黄海北部坳陷各类地球化学指标的异常分布特征研究,发现酸解烃类气体异常主要集中在西部,热释烃甲烷异常主要分布在东部且面积较大,顶空气甲烷异常主要分布在东南部。

南海北部陆坡深水区油气资源普查。主要开展二维多道地震5012测线千米及相应的重力、磁力和水深测量资料处理和解释,油气地球化学300个站位样品的测试分析,以及综合研究工作。通过综合研究认为,调查区新生代地层发育,双峰南海域始新统－第四系厚度为400～1800米,最厚可达3800米;西沙海槽盆地始新统－第四系厚度一般在5000米以上,中部厚,南北薄,最厚超过8000米;台湾海峡西部古新统一第四系厚度为200～6000米,最大沉积中心位于九龙江凹陷,厚度超过6000米。识别出地震反射界面8个,并厘定了相应的地质属性,建立了地震层序,分析了盆地沉积充填特征。珠江口盆地、西沙海槽盆地、双峰盆地北部坳陷为陆缘张裂盆地,双峰盆地中部坳陷为晚渐新世扩张的洋盆区。双峰盆地北部坳陷、西沙海槽盆地中央坳陷及北部断阶带、九龙江凹陷中南部和晋江凹陷西南部油气成藏要素时空配置关系良好,具备油气成藏的良好条件,是下一步勘探的有利区域。首次在西沙海槽盆地采用海底地震仪(OBS)和油气地球化学联合勘探方法,发现了油气有利富集带3个,并具有良好的油气资源前景。

③海上石油合作勘探。实施了第8口探井的钻探工程,完钻井深3833米,在上侏罗统见有27层56.52米油气显示,对上侏罗统见油气显示较好的2个层段进行了包括压裂在内的油气测试,但由于储层致密、物性差,地层压力偏低,原油油性黏稠、不易流动等原因,未能获得油流。钻探获取了大量的钻井、测井、录井、岩芯、岩屑、地层液性、压力和温度等资料,开辟了盆地油气勘探新区,为下一步钻探部署提供了重要依据。

2. 全国油气资源动态评价。2012年,国土资源部组织中石油新疆塔里木油田、新疆油田、吐哈油田、中石化西北分公司、新疆地矿局、新疆煤田地质局等单位开展了新疆地区常规和非常规油气资源评价,并对2030年前油气储量产量增长趋势进行了预测。

2014年1月8日,国土资源部召开了《新疆油气资源评价成果暨2012年全国油气资源动态评价》新闻发布会,社会各界反响积极。

①评价结果。新疆地区石油地质资源量228亿吨,可采资源量53亿吨,较“新一轮”分别增加77亿吨和12亿吨,增长51%和28%。其中塔里木盆地石油地质资源量121亿吨,可采资源量28亿吨,分别增加

40亿吨和4亿吨;准噶尔盆地石油地质资源量87亿吨,可采资源量21亿吨,分别增加34亿吨和8亿吨。

新疆地区天然气地质资源量17.5万亿立方米,可采资源量10.2万亿立方米,较"新一轮"分别增加7.6万亿立方米和3.7万亿立方米,增长77%和57%。其中塔里木盆地天然气地质资源量14.8万亿立方米,可采资源量9万亿立方米,分别增加5.9万亿立方米和3.2万亿立方米;准噶尔盆地天然气地质资源量2.3万亿立方米,可采资源量1万亿立方米,分别增加1.7万亿立方米和0.5万亿立方米。

致密油评价准噶尔盆地和三塘湖盆地。准噶尔东部吉木萨尔、大井一帐北地区致密油地质资源量45.74亿吨,三塘湖盆地致密油地质资源量26.97亿吨。准噶尔盆地油砂油地质资源量2.24亿吨。吐哈盆地致密气地质资源量0.43万亿立方米,可采资源量0.16万亿立方米。新疆地区煤层气地质资源量8.99万亿立方米、可采资源量3.19万亿立方米。新疆地区油页岩资源量659亿吨、油页岩油地质资源量61亿吨、可回油页岩油17亿吨。

汇总新疆地区和渤海湾盆地胜利探区资源评价结果,获得最新全国油气资源潜力数据。截至2013年底,全国石油地质资源量1037亿吨,较"新一轮"的765亿吨增加了35.5%;石油可采资源量264亿吨,较"新一轮"的212亿吨增加了24.5%。全国天然气地质资源量62万亿立方米,较"新一轮"的35万亿立方米增加了77%;天然气可采资源量37万亿立方米,较"新一轮"的22万亿立方米增加了68%。

②储量产量趋势预测。预计2030年之前,新疆地区每年可探明石油地质储量2.5亿吨,累计新增探明储量45亿吨;石油产量呈稳步上升态势,2015年可达到3000万吨,2020年3300万吨,2030年4000万吨,如果致密油、油页岩油开发技术取得新的突破,石油产量还有增长空间。预计2030年之前,新疆地区天然气探明地质储量保持较高水平,年均探明1600亿立方米,累计探明2.8万亿立方米;天然气产量持续增长,预计2015年达到350亿立方米、2020年超过500亿立方米、2030年接近700亿立方米。

预计2030年之前,全国石油储量产量继续稳定增长,累计可探明储量220亿吨,年产量保持2亿吨以上,峰值可达2.5亿吨。全国天然气储量产量快速增长,累计可探明储量12万亿立方米,产量年均增长100亿立方米,2030年产量3000亿立方米。加上非常规油气产量的贡献,石油、天然气产量分别可达3亿吨、4500亿立方米,油气当量接近7亿吨。

【非常规油气资源】 1. *煤层气*。2013年,全国煤层气勘查开采投入59.4亿元[①],采集二维地震1858.4千米,三维地震564.5平方千米,钻井1603口。

①主要实物工作量。中国石油:勘探开发投资32.9亿元,采集二维地震661千米、三维地震441平方千米,完钻评价井63口、开发井932口(含水平井5口)。截至2013年底,累计完钻煤层气井5532口(含水平井146口)。

中联公司:勘探开发投资17.87亿元,采集二维地震832.4千米,三维地震123.5平方千米,勘探开发钻井306口,总进尺33.71万米。

中国石化:勘探开发投资8.58亿元,其中勘探投资0.85亿元,开发投资7.73亿元。采集二维地震365千米,钻井302口(延川南探井2口、开发井300口),总进尺41.6万米。完成压裂245口井,投产203口井。

②勘探开发进展。中国石油:立足沁水、鄂东两大产业基地,新建产能6.7亿立方米,实现商品气量8.7亿立方米。沁水樊庄区块日产气160万立方米,已呈稳定生产状态;郑庄、韩城、保德区块优化排采制度及连续排水降压,日产气分别上升到25万立方米、30万立方米、57万立方米,呈持续上升态势。

中联公司:完成勘探钻井123口(包括水平井1口),新增煤层气探明储量133.38亿立方米。完成煤层气开发钻井183口(包括水平井12口),新增煤层气产能1.33亿立方米,全年煤层气产量5.79亿立方米。

中国石化:截至2013年底,延川南有199口煤层气井投入排采,见气井104口,日产气5.8万立方米,计划在2014年建成产能5亿立方米。

2. *页岩气*。2013年,全国页岩气勘查开采投入47.7亿元。其中,中国石油10.9亿元,中国石化26.5亿元,中国海油0.49亿元,延长石油2.0亿元,其他单位7.8亿元。

2013年,全国采集三维地震855.7平方千米,施工各类钻井82口,页岩气产量2亿立方米。

截至2013年底,全国累计采集二维地震1.5万千米,三维地震近900平方千米,施工各类钻井280余口,包括地质井100余口,预探井和评价井180余口,总进尺40多万米,其中日产超过10万立方米的钻井27口(包括直井6口、水平井21口),形成页岩气生产能力10亿立方米,累计生产页岩气2.5亿立方米。

①主要实物工作量。中国石油:投资10.9亿元,采集三维地震195平方千米,完钻直井8口,水平井10口,其中水平井压裂2口(威204H、威205H),威204H井测试产量16.5万立方米/天。截至2013年底,中国

① 未包括山西晋煤集团等。

石油共投资近40亿元，累计采集二维地震4411千米、三维地震359平方千米，完钻地质资料井26口、评价井39口（其中水平井26口）。

中国石化：投资26.5亿元，其中勘探6.98亿元，开发19.52亿元，采集三维地震594.5平方千米，勘探完成钻井6口、正钻井4口，进尺2.66万米，探井压裂试气7口。完钻开发井22口，完成3口探井侧钻水平段，完成进尺10.24万米；压裂12口井，投产13口井。

中国海油：勘探投资4862万元，在安徽芜湖页岩气区块完成二维宽线地震66.18千米的采集处理和解释。

延长石油：勘探开发投资2.04亿元，页岩气勘探完井16口，进尺3.84万米，完成试气压裂15井层，完成勘查投资2.04亿元。

其他页岩气勘探开发企业：第一轮、第二轮页岩气招标共有17家企业获得20个区块，面积2.2万平方千米。勘查投入7亿元，采集二维地震4837千米，钻探地质井12口，进尺1.94万米。

中国地质调查局：勘查投入0.8亿元，调查井8口。

②勘探开发进展。中国石油：2013年，页岩气产量5684万立方米，其中自营2906万立方米，对外合作2778万立方米。立足长宁—威远和昭通两个国家级页岩气示范区，新投入试采3口井。富顺—永川项目勘探评价工作取得重要进展，完钻12口井，4口井试采。

中国石化：焦石坝页岩气开发试验取得重大进展，新建产能5亿立方米，2013年生产页岩气1.42亿立方米。川东南海相页岩气勘探整体评价取得积极进展。

中国海油：已完成2012年钻井岩芯的分析化验，初步研究成果表明芜湖页岩气区块具有一定的页岩气勘探潜力，勘探开发难度较高。通过综合研究评选出潜在的较有利勘探区2080平方千米，其中Ⅰ类有利区445平方千米，提出页岩气钻探目标1口，计划2014年钻探。

延长石油：围绕国家级示范基地和示范区建设，落实有利目标区和资源潜力，页岩气勘探成果不断扩大。

3. *油页岩*。2013年，我国油页岩油产量近90万吨，同比增长10%，连续多年位居世界第一；油页岩发电量大幅增长，抚顺、龙口等主要的油页岩发电厂建成投产后，发电量超越爱沙尼亚，成为世界第一。

其中，抚顺矿区以煤炭生产为主，抚顺煤炭与油页岩为共伴生资源，油页岩赋存于煤层顶板之上，油页岩平均厚度94米，平均含油率7.26%，资源储量35亿吨，是中国油页岩储量最丰富的地区之一。抚顺矿区现有2个矿生产油页岩，即西露天矿和东露天矿。西露天矿已累计生产油页岩5.3亿吨，2013年可采储量仅250万吨。东露天矿于2009年建成投产，煤炭设计生产能力90万吨/年，油页岩1200万吨/年，目前的可采储量为7.8亿吨。2013年生产油页岩油约40万吨。抚矿集团从2013年开始建设2300兆瓦油页岩热电厂，并配套建设热网工程，预计年发电量可达33亿千瓦时。

山东能源龙矿集团龙口矿区油页岩储量为2.8亿吨，主力矿井为梁家、北皂矿井，2013年油页岩产能为330万吨，产量为240万吨，生产油页岩油12万吨；桦甸矿区油页岩储量为4430亿吨，2013年油页岩油产量6万吨。

4. *天然气水合物*。继续开展了海域、陆域天然气水合物资源勘查以及天然气水合物成藏机理、钻探技术研发、开采试验等配套综合研究工作。完成海域高分辨率多道地震测量34742千米，准三维多道地震测量5020千米，浅层剖面测量11729千米，多波束测量20444千米，海底地震仪测量（OBS）投放30台、回收27台，深潜器（ROV）调查5个站位，海底地质取样1055个站位，海域水合物钻探23口，总进尺4061米；完成陆域冻土区地球物理调查781.3千米，地质钻探5口，总进尺2742.34米。

①海域天然气水合物资源勘查取得新突破。在南海北部陆坡新发现天然气水合物有利成矿带8个，并首次在南海珠江口盆地东部海域钻获高纯度、新类型天然气水合物实物样品，样品主要赋存于水深600～1100米的海底以下220米以内的两个矿层中，上层厚度15米、下层厚度30多米，自然产状呈层状、块状、结核状、瘤状、脉状等多种类型。岩芯中天然气水合物含矿率平均为45%～55%，其中天然气水合物样品中甲烷含量最高达99%，具有埋藏浅、厚度大、类型多、含矿率高、甲烷纯度高等五大特点，在国际上罕见。钻探控制的天然气水合物分布面积55平方千米，折算成天然气控制储量1000亿～1500亿立方米。这是继2007在我国南海神狐海域钻获分散状天然气水合物实物样品之后再次取得的重大突破，为下一步锁定试开采目标区，早日实现天然气水合物开发利用奠定了坚实基础。

②陆域天然气水合物资源勘查取得新进展。在陆域祁连山天峻县木里镇DK－9井，钻获单层厚度超过20米的天然气水合物实物样品，样品赋存于地面以下188.20～209.45米的细砂岩、泥岩、油页岩等裂隙中，进一步扩大了祁连山冻土区天然气水合物资源远景区。在地面以下362.79～370.58米处，还发现7米多厚的含油显示层，表明该区同时具有良好的油气勘探前景。在羌塘盆地唢呐湖地区，首次发现天然气泄漏形成的现代活动泥火山群，指出该区是寻找天然气水合物资源的有利区。在东北大兴安岭MK－2井钻孔深2303.03米，发现多层气体异常。

③研制出多套天然气水合物资源勘查关键设备。研制了海洋可控源电磁探测系统工艺样机，优化完善了海洋电磁数据处理软件，初步确定了天然气水合物海底“羽状流”探测声学频率的响应关系，推断了目标

区天然气水合物电性异常分布位置。研制了陆域天然气水合物钻探现场岩芯气体的采集方法，有8项实用新型专利已获得国家知识产权局的批准。

【油气管道建设】 截至2013年底，中国油气管道总里程为10.72万千米。其中，天然气管道总里程为6.08万千米，原油管道总里程为2.38万千米，成品油管道总里程2.26万千米。2013年，我国新增油气管道8365千米，其中原油管道1520千米，天然气管道5795千米，成品油管道1050千米。

1. *原油管道*。2013年，我国新增原油管道1520千米，总里程达2.38万千米。

兰州—成都原油管道起于西部原油管道兰州末站，途经甘肃、陕西，止于四川彭州，全长约878千米，设计输量1000万吨/年。2013年11月投产，为川渝地区炼油企业输送原油。

日照—东明原油管道起于日照岚山港，止于山东东明县东明石化，全长445.9千米，2013年1月投产。

在建原油管道主要有：日照—仪征原油管道、仪征—长岭原油管道复线仪征至九江段工程、东辛复线等。

2. *天然气管道*。2013年，我国新增天然气管道里程约为5795千米，连续第四年超过5000千米。

西气东输三线霍尔果斯—连木沁段建成投产。西气东输三线全长7378千米，西起新疆霍尔果斯，东至福建福州，干线全长5220千米，设计输气能力300亿立方米/年。2013年5月，东段干线工程吉安—福州段工程开工建设，管线里程817千米，预计2014年建成投产。12月，西段干线工程霍尔果斯—连木沁段建成投产，管线里程875千米，开始供应乌鲁木齐及沿线地区的天然气市场。

中卫—贵阳天然气联络线北起宁夏中卫、南至贵州贵阳，途经甘肃、陕西、四川和重庆等省市，由1条干线和3条支线组成。管线全长1613千米，设计输气能力150亿立方米/年。2013年11月投入商业运行，连通了西气东输管网和西南地区天然气管网，实现了来自中亚管道、中缅管道以及西气东输管网天然气资源的灵活调度和配置。

广东天然气管网广州—肇庆干线，起自从化市鳌头镇，终于肇庆（大旺）高新开发区，管线全长107千米，设计输气能力160亿立方米/年。

3. *LNG工程*。2013年12月，唐山LNG项目一期工程投入运营，通过永唐秦输气管道和LNG车辆向华北地区输送天然气，外输能力最大可达87亿立方米/年。

珠海LNG接收站位于珠海高栏岛，2013年10月接收首船LNG，开始生产调试，LNG接收能力300万吨/年。

在建LNG工程及其配套管道主要有：广西LNG工程、山东LNG工程、深圳LNG项目（400万吨/年）、粤东LNG项目（200万吨/年）、天津LNG项目（220万吨/年）等。

4. *成品油管道*。2013年，成品油管道新增1050千米，总里程达到2.26万千米。

兰州—郑州—长沙成品油管道西起甘肃兰州，途经陕西、河南、湖北，止于湖南长沙。干线全长2080千米，设计最大输量1500万吨/年，2013年11月，兰郑长成品油管道干线全线建成投产。

驻马店—信阳成品油管道，起于驻马店，止于信阳，干线全长177千米，设计最大输量225万吨/年。

靖边—榆林成品油复线管道，起于靖边县，止于榆林市，干线全长134千米，设计最大输量120万吨/年。

表8　2013年新增主要管线数据表

输送介质	管线名称	起点	终点	长度（千米）	输油气能力（万吨/年、亿立方米/年）	完成情况
原油	兰州—成都原油管道	兰州	彭州	878	1000	建成
	日照—东明原油管道	日照岚山港	东明县	446		建成
	油坊庄—东仁沟原油管道	油坊庄	东仁沟	12.7	100	建成
	直罗—富县原油管道	直罗镇	富县	90	40	建成
	日照—仪征原油管道增输改造工程	日照	仪征	390	4000	在建
	仪征—长岭原油管道复线仪征至九江段工程	仪征	长岭	560	2000	在建

续表 8

输送介质	管线名称	起点	终点	长度（千米）	输油气能力（万吨/年、亿立方米/年）	完成情况
天然气	西气东输三线霍尔果斯—连木沁段	霍尔果斯	连木沁	875	100	建成
	中卫—贵阳天然气联络线	中卫	贵阳	1613	150	建成
	伊宁—霍尔果斯煤制气管道	伊宁	霍尔果斯	64	50	建成
	中江—罗江	德阳市中江县南华镇	德阳罗江线金山镇	46		建成
	川孝 246—齐福	德阳市旌阳区孝全镇	德阳市旌阳区齐福镇	10		建成
	八屋—四平	吉林省公主岭市八屋镇	吉林四平市	70		建成
	广东天然气管网广州—肇庆干线	从化市鳌头镇	肇庆	107	160	建成
	胶州—莱西	胶州	莱西	98.5		在建
	吉安—福州	吉安	福州	817	150	在建
LNG 工程	唐山 LNG 项目一期工程				87	完成
	珠海 LNG 接收站	珠海高栏岛		300		完成
	山东 LNG 工程					在建
	1 LNG 接收站—泊里—胶州	董家口	胶州	120	40	
	2 胶州—莱西	胶州市分输站	莱西分输站	99		
	3 日照—临沂	日照分输站	临沂分输站	137		
	广西 LNG 工程					在建
	1 主干线	北海市	河池市	680	24	
	深圳 LNG 项目	深圳大鹏湾			400	在建
	粤东 LNG 项目				200	在建
	天津 LNG 项目				220	在建
成品油	兰州—郑州—长沙	兰州	长沙	2080	1500	建成
	驻马店—信阳	驻马店	信阳	177	225	建成
	靖边—榆林成品油复线管道	靖边县	榆林市	134	120	建成

【油气资源管理】 1. 油气资源政策。①竞争性出让油气探矿权。不断创新常规油气探矿权配置方式，引入竞争机制，优化矿业权配置，加快油气勘查开采进程。国土资源部对塔里木、银额和南黄海三个盆地 17 个区块 79685 平方千米空白区进行了油气探矿权竞争出让。本次竞争出让的探矿权实行合同管理，国土资源部将按照合同约定的勘查投入和实物工作量进行监督管理。

以页岩气独立矿种为契机，充分调动社会各类投资主体、勘查单位和资源所在地的积极性，积极稳步推进我国页岩气等非常规油气勘查开采。

②鼓励油气综合勘查页岩气等非常规资源。在常规油气矿权内，鼓励石油企业综合勘探页岩气、煤层气等非常规油气资源，促进资源综合利用，降低企业勘查成本。全年增列页岩气探矿权区块 26 个，面积 10.6 万平方千米。

③开展塔里木盆地等油气资源勘探开发调研工作。2013 年，国土资源部地质勘查司组织相关单位对塔里木、四川、鄂尔多斯盆地、辽河油田以及近海海域等油气勘探开发情况进行调研，通过查看现场、走访企业、召开座谈会、听取工作汇报等方式，深入了解我国主要含油气盆地的油气勘探开发情况，共同探讨进一步促进油气勘探开发的政策措施。

④全面完成油气政务大厅建设。按照国土资源部信息化工作要求，全面清理油气矿业权数据库，先后与石油企业、有关司局等召开了 5 次培训对接会，明确报件要求、审批节点和流程，并在门户网站发布公告，

2013 年已正式上线运转，基本实现接办分离、提高时效、流程监控。

2. 油气矿业权审批管理。截至 2013 年 12 月底，全国共受理油气（含煤层气、页岩气）矿业权申请 528 个，其中探矿权申请 507 个，采矿权申请 21 个。经部会审批准颁发油气勘查、采矿许可证（包括新立、变更、延续）599 个，其中，探矿权 581 个，勘查面积 240.38 万平方千米（新立探矿权 55 个，面积 16.34 万平方千米）；采矿权 18 个，开采面积 2.16 万平方千米（新立采矿权 11 个，面积 1.28 万平方千米）。批准注销核减探矿权 65 个，面积 6.53 万平方千米。

截至 2013 年 12 月底，全国共有石油天然气（含煤层气、页岩气）勘查许可证 1068 个，勘查面积 413.11 万平方千米，其中，对外合作勘查许可证 39 个，面积 8.60 万平方千米；采矿许可证 675 个，开采面积 13.54 万平方千米，其中，对外合作采矿许可证 33 个，开采面积 4427.64 平方千米。

其中，中国石油探矿权 409 个，面积 160.14 万平方千米，采矿权 396 个，面积 10.58 万平方千米；中国石化探矿权 293 个，面积 98.37 万平方千米，采矿权 195 个，面积 2.26 万平方千米；中国海油探矿权 247 个，面积 141.98 万平方千米，采矿权 68 个，面积 0.58 万平方千米；延长石油探矿权 39 个，面积 7.99 万平方千米，采矿权 5 个，面积 0.04 万平方千米；中联公司探矿权 24 个，面积 1.80 万平方千米，采矿权 2 个，面积 0.02 万平方千米；其他公司探矿权 56 个，面积 2.81 万平方千米，采矿权 9 个，面积 0.06 万平方千米（图 29、图 30、表 9）。

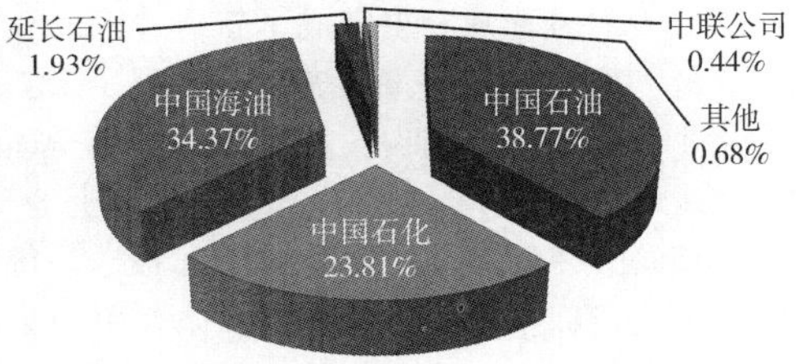

图 29　2013 年各石油公司探矿权登记面积状况图

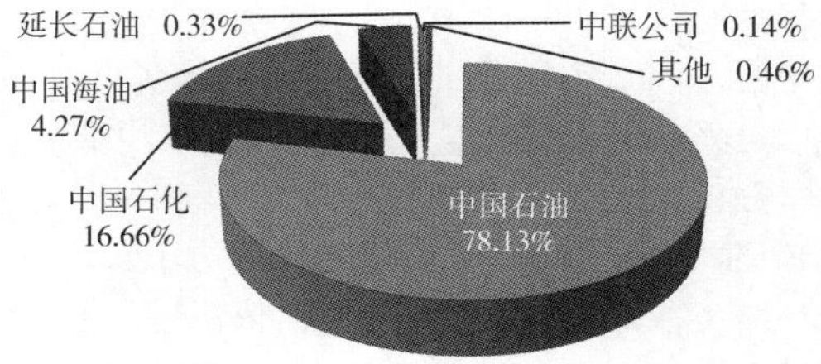

图 30　2013 年各石油公司采矿权登记面积状况图

表 9　2013 年油气有效矿业权统计表

序号	盆地	探矿权		采矿权	
		项目数（个）	面积（平方千米）	项目数（个）	面积（平方千米）
中国石油	自营	398	1591903.98	386	103662.94
	对外合作	11	9591.91	10	2143.78
	小计	409	1601495.89	396	105806.72
中国石化	自营	293	983680.86	195	22563.24
	对外合作	0	0	0	0
	小计	293	983680.86	195	22563.24
中国海油	自营	234	1356389.65	47	3697.63
	对外合作	13	63427.47	21	2090.56
	小计	247	1419817.12	68	5788.19
延长石油	自营	39	79926.742	5	443.97
	对外合作	0	0	0	0
	小计	39	79926.742	5	443.97
中联公司	自营	9	5050.64	0	0
	对外合作	15	12967.98	2	193.29
	小计	24	18018.62	2	193.29

续表 9

序号	盆地	探矿权		采矿权	
		项目数(个)	面积(平方千米)	项目数(个)	面积(平方千米)
其他	自营	56	28151.646	9	627.25
	对外合作	0	0	0	0
	小计	56	28151.646	9	627.25
合计	自营	1029	4045103.52	642	130995.02
	对外合作	39	85987.36	33	4427.63
	小计	1068	4131090.88	675	135422.65

3. 油气矿业权监督及秩序维护。①加强油气资源督察工作。2013 年,国土资源部组织油气督察员开展山西、山东、河南、湖北、湖南、云南等省石油、天然气、煤层气、页岩气勘查开采督查工作。共督察油气(含煤层气、页岩气)探矿权 54 块,面积 84957 万平方千米;油气采矿权 36 块,面积 1209 平方千米。

加大油气勘查区块退出力度,依法退出未完成勘查投入的油气探矿权。2013 年,注销核减油气探矿权面积 6.53 万平方千米,其中,中国石油 3.74 万平方千米、中国石化 1.76 万平方千米、中国海油 100.93 平方千米、延长石油 1.01 万平方千米。这一举措有力地促进了公司科学部署工作、优化矿业权配置、加快勘探进程。

②不断加强油气年检工作。2013 年,国土资源部对 2012 年度油气矿业权开展了年检工作。2012 年度,按规定深海或特殊海域的 221 个勘查区块不检、新立不到半年的 20 个勘查和 9 个开采区块免检,其他 1461 个矿业权中的 799 个探矿权和 662 个采矿权全部参加年检。799 个参检油气勘查区块,总面积 264 万平方千米,勘查投入 771 亿元,平均每平方千米投入接近 3 万元。612 个勘查区块达到最低勘查投入,占 799 个参检探矿权数的 76.6%,面积 194.7 万平方千米,占总面积的 73.7%。187 个勘查区块未完成最低勘查投入,占年检矿权数的 23.4%,面积 69.4 万平方千米。

③完善油气使用费征缴工作。开展油气使用费改革政策调研,建立减免使用费的用途去向及监督机制,切实推进海域、非常规油气勘探进程。依法归类使用费减免事项,简化收费程序,全年共核定油气探矿权、采矿权使用费 20.7 亿元,对西部、东北、海域、芦山地震灾区以及页岩气、煤层气依法减免 8.3 亿元,实际征缴 12.4 亿元,已全部缴入国土资源部中央财政专户,做到应缴尽缴。

4. 油气科技管理。①完成了新疆地区油气资源动态评价。2012 年,国土资源部组织开展了新疆地区常规和非常规油气资源评价,并对 2030 年前全国油气储量产量增长趋势进行了预测。2013 年 11 月 8 日,国土资源部向中央办公厅、国务院办公厅报送评价成果(《国土资源部简报》第 7 期)。该项工作引起了中央媒体和社会各界的广泛关注,国务院副总理张高丽做出重要批示。

②我国海域天然气水合物勘探取得重要进展。我国珠江口盆地东部海域首次探获了高纯度新类型天然气水合物样品,并通过钻探获得可观的控制储量。国土资源部将按照国家规划部署要求,全面组织实施我国海域、陆域天然气水合物资源勘查评价,扎扎实实做好三项主要工作,一是加快天然气水合物勘查评价和重点靶区钻探取芯工作;二是开展天然气水合物成藏机理和富集规律等理论研究;三是加大天然气水合物试开采及环境评价等关键技术攻关力度,力争早日实现天然气水合物开发利用。

·油气资源勘查成果·

【概况】 2013 年,全国油气勘探取得一批油气战略突破、增储主要进展及重要发现和苗头。其中,中国石油在主要探区油气勘探取得了 24 项重要成果,包括 5 项战略突破和 19 个整装规模储量区块;中国石化取得了 6 个油气重大发现,10 个油气新发现,9 个好苗头和 7 个商业发现勘探成果;中国海油国内自营勘探共预探 44 个构造,获得 12 个商业发现,12 个潜在商业发现,成功评价 16 个含油气构造,合作勘探获得 2 个潜在商业发现;延长石油在陕西省内油气勘探获得新进展;石油公司和中国地质调查局在非常规油气资源勘查也获得突破和进展(表 1 ~ 表 3)。

表 1 **2013 年全国油气资源勘查主要成果**

盆地	类型	成果名称	公司
松辽	储量增长	大庆长垣扶余油层致密油勘探取得新进展,落实亿吨级可动用储量	中国石油
		盆地南部中浅层致密油勘探取得新进展,新增控制地质储量 2125 万吨、预测地质储量 2329×10^4 吨	
	新发现	松南梨树断陷金山古潜山取得新发现,在基岩潜山获得工业气流	中国石化
		松南彰武断陷新层系取得新发现,发现沙海组油层	
渤海湾	战略突破	辽河坳陷东部凹陷茨榆坨潜山石油勘探取得新进展,新增控制地质储量 3096×10^4 吨	
	储量增长	辽河坳陷西部凹陷岩性勘探取得新进展,新增预测石油地质储量 5118×10^4 吨	中国石油
		冀中坳陷饶阳中部石油勘探取得新进展,新增控制地质储量 1749 万吨、预测地质储量 3682×10^4 吨	
		黄骅坳陷沧东凹陷南皮斜坡勘探取得新进展,新增控制地质储量 2704×10^4 吨,预测地质储量 1624×10^4 吨	
	新发现	济阳坳陷新层系取得新发现,发现馆下段、东营组新油层	中国石化
	大规模商业发现	济阳坳陷石油勘探获得商业发现,可新增控制地质储量 5078×10^4 吨	
	重大突破	海域锦州 23-2 构造新近系勘探获得重大突破	中国海油
		LD5-2N-2 井特稠油测试获得了重大突破	
		海域莱州湾南部勘探获得领域性突破,KL10-4-1 井获高产	
	商业发现	海域渤中 34-9、渤中 8-4、渤中 23-3	
	储量增长	海域垦利 9-5、垦利 9-6 新增探明地质储量 4875.77×10^4 吨;蓬莱 9-1 新增探明地质储量 4868.35×10^4 吨;秦皇岛 29-2 新增探明地质储量 4371×10^4 吨	
	成功评价	海域垦利 2-1、蓬莱 15-2、秦皇岛 29-2E、渤中 8-4	
	潜在商业发现	海域曹妃甸 12-6	
鄂尔多斯	储量增长	姬塬地区石油勘探取得新进展,新增探明地质储量 2.13×10^8 吨、预测地质储量 3.1×10^8 吨	中国石油
		陇东地区石油勘探取得新进展,新增探明地质储量 1.13×10^8 吨、预测地质储量 0.27×10^8 吨	
		长 7 致密油勘探取得新进展,新增控制石油地质储量 3.8×10^8 吨	
		苏里格天然气勘探获新进展,新增探明天然气地质储量 2659×10^8 立方米、基本探明地质储量 4209×10^8 立方米	
		东部天然气勘探取得重要进展,新增控制天然气地质储量 2222×10^8 立方米、预测 3247×10^8 立方米	
	大规模商业发现	鄂南旬邑宜君石油勘探获得商业发现,可新增控制地质储量 1×10^8 吨	中国石化
		杭锦旗天然气勘探获得商业发现,可新增控制地质储量 1256×10^8 立方米	
	储量增长	在鄂尔多斯盆地实现石油储量稳步增长,全年新增石油探明地质储量 11742×10^4 吨	延长石油
		天然气勘探取得新进展	

续表 1－1

盆地	类型	成果名称	公司
四川	战略突破	磨溪—高石梯构造天然气勘探取得重大进展，新增探明地质储量 4403 亿立方米、控制地质储量 2043×10^8 立方米、预测地质储量 2381×10^8 立方米	中国石油
		川中古隆起南斜坡荷包场构造荷深 1 井震旦系风险勘探获新发现	
		川西前陆斜坡中台山构造中台 1 井须家河组风险勘探获新发现	
	新发现	川东南涪陵地区长兴组台内礁滩相获新发现，获得工业气流突破	中国石化
		川西梓潼凹陷取得新发现，上三叠统须家河组获得工业气流	
		川西南海相上组合取得新发现，嘉陵江组试获工业气流	
		成都凹陷崇州—郫县区带取得新发现，在侏罗系沙溪庙组获工业气流	
		川东北元坝东取得新发现，上三叠统须家河组四段获得工业气流	
	大规模商业发现	川西凹陷新场须 5 勘探获得商业发现，可新增控制地质储量 1207×10^8 立方米	
		元坝中浅层天然气勘探获得商业发现，可新增控制地质储量 1061×10^8 立方米	
塔里木	战略突破	库车坳陷阿瓦特构造阿瓦 3 井风险勘探取得重要发现，实现了库车山前带油气勘探整体突破	中国石油
	储量增长	塔里木盆地塔北碳酸盐岩油气勘探取得新进展，新增石油三级储量 1.49×10^8 吨	
	重大发现	塔中北坡奥陶系勘探取得重大发现，在奥陶系鹰山组、蓬莱坝组获得高产气流	中国石化
		塔里木顺北跃进地区奥陶系石油勘探取得重大发现，初步落实了 20×10^4 吨产能建设阵地	
	新发现	塔河外围于奇东取得勘探新发现，奥陶系—间房组获得工业气流	
	大规模商业发现	塔河地区奥陶系勘探获得商业发现，预计新增控制地质储量 5608×10^4 吨	
准噶尔	战略突破	西北缘玛湖南斜坡玛湖 1 井三叠系风险勘探获重要发现	中国石油
	重大发现	准噶尔车排子多层系勘探取得重大发现，正在向探明 2 亿吨级油田迈进	中国石化
		准噶尔哈山地区深层获新突破，呈现亿吨级场面	
	储量增长	西北缘玛北斜坡区百口泉组石油勘探取得新进展，新增控制石油地质储量 9655×10^4 吨	中国石油
		西北缘中拐凸起石油勘探取得新进展，新增探明石油地质储量 6981×10^4 吨、预测 8106×10^4 吨	
	大规模商业发现	准西缘石油勘探获得商业发现，可新增控制地质储量 4000×10^4 吨	中国石化
柴达木	储量增长	柴达木盆地扎哈泉致密油取得新进展，新增控制石油地质储量 4201×10^4 吨、预测 7246×10^4 吨	中国石油
		柴达木盆地阿尔金山前天然气勘探取得新进展，新增探明地质储量 519×10^8 立方米、控制地质储量 218×10^8 立方米	
吐哈	储量增长	吐哈盆地鲁克沁稠油勘探取得新进展，新增探明地质储量 1182 万吨、控制地质储量 2877×10^4 吨、预测地质储量 2673×10^4 吨	
三塘湖	储量增长	三塘湖盆地条湖组致密油勘探取得新进展	
苏北	新发现	苏北盆地溱潼凹陷取得新发现，落实草合—俞垛—北汉庄和祝庄—华庄—兴旺含油气系统两大含油气系统	中国石化

续表 1－2

盆地	类型	成果名称	公司
珠江口	重要发现	开平凹陷勘探首获发现，打开开平凹陷勘探新领域	中国海油
	商业发现	荔湾 3－2	
	潜在商业发现	开平 11－1、惠州 21－1W、流花 23－1、流花 19－3；番禺 25－2、陆丰 7－4(合作)	
北部湾	重大发现	北部湾盆地徐闻地区石油勘探取得重大发现，在流沙港、涠洲组两个层系突破工业油气流	中国石化
	商业发现	滚动勘探，涠西南涠 12－11 小断块变成中型油田	中国海油
	潜在商业发现	乌石 22－7、乌石 1－6、涠洲 10－3 南	
	成功评价	涠洲 12－2、涠洲 11－10、乌石 17－2	
莺歌海	商业发现	东方 1－4	
	成功评价	东方 13－1、东方 13－2	
琼东南	重要发现	陵水凹陷北坡岩性圈闭首获发现	
东海	重要发现	东海宁波 22－1 获得历史性突破	中国海油 中国石化
	商业发现	天台 12－1	
	潜在商业发现	宁波 14－6	

表 2　　2013 年全国煤层气资源勘查主要成果

盆地	成果名称	公司
沁水	山西省沁水盆地寿阳地区取得重大进展	中联公司
鄂尔多斯	鄂尔多斯盆地勘探取得重大进展	
	临兴区块杨家坡区获得煤层气探明地质储量 101.8×10^8 立方米	
	延川南煤层气 5×10^8 立方米产能建设稳步推进	中国石化
南华北	安徽宿州区块新增探明地质储量 31.58×10^8 立方米	中联公司

表 3　　2013 年全国页岩气资源勘查主要成果

盆地	成果名称	公司
四川	焦石坝页岩气开发试验取得重大进展，新建产能 5×10^8 立方米	中国石化
	川东南海相页岩气勘探整体评价取得积极进展	
	长宁—威远和昭通国家级页岩气示范区	中国石油
鄂尔多斯	页岩气勘探成果不断扩大	延长石油

【石油天然气】 1. *松辽盆地*。2013 年，松辽盆地新增石油探明地质储量 9274.11×10^4 吨；新增天然气探明地质储量 25.41×10^8 立方米。

①盆地北部大庆长垣扶余油层致密油勘探取得新进展，落实亿吨级可动用储量。松辽盆地北部致密油主要分布在长垣隆起、齐家—古龙地区、三肇凹陷及其周边的扶余油层和高台子油层，有利勘探面积 2×10^4 平方千米。2012 年以前提交的探明储量主要为常规油，剩余石油资源主要分布在致密储层中，石油资源量 16×10^8 吨。2012 年以来，垣平 1 井、葡平 1 井、高 26H、齐平 2 等致密油水平井获高产，试采产量稳定。

2013年，继续加大致密油的勘探力度，预探评价一体化，设立3个试验区，预探部署水平井8口，完钻7口，新获工业油流井5口；试验区部署水平井30口，完钻22口；油层钻遇率为83%，效果较好。2013年，扶余油层完钻的葡平2、龙平1、敖平1等3口水平井新获工业油流，累计6口水平井获高产。在高台子、葡萄花油田落实扶余油层含油面积68.27平方千米，新增石油探明地质储量2664×10^4吨；在榆东、龙西和朝阳沟地区扶余油层落实含油面积分别为52.3平方千米、304.3平方千米、26.7平方千米，新增石油控制地质储量分别为1244×10^4吨、6055×10^4吨、723×10^4吨；在长垣南部扶余油层落实含油面积627平方千米，新增石油预测地质储量10671×10^4吨。高台子油层完钻水平井2口，均获工业油流，齐平2井试采产量达4943吨，稳定日产油16.4立方米；齐平3井日产油18.6立方米。松辽盆地北部致密油储量有望得到有效动用。

②盆地南部中浅层致密油勘探取得新进展，新增石油控制地质储量2125×10^4吨、预测地质储量2329×10^4吨。松辽盆地南部致密油主要分布于扶余油层，有利勘探面积5000平方千米，石油资源量10×10^8吨。截至2012年底，致密油探明储量2.2×10^8吨。2012年7口水平井获高产，致密油勘探初步见到好效果。2013年分别针对斜坡区和凹陷区优选2个水平井提产试验区，部署水平井5口，完试5口，新获工业油流井3口。查平1井水平段压后日产油30立方米，让平2井水平段压后日产油22立方米，让平4井水平段压后日产油50立方米。2013年，在凹陷区的大遐字井区让53区块落实含油面积45平方千米，新增石油控制地质储量2125×10^4吨；在斜坡区的鳞字井区落实含油面积66.6平方千米，新增石油预测地质储量2329×10^4吨。松辽盆地南部中浅层致密油勘探初见成效，有望实现规模储量升级，打开勘探新局面。

③松南地区梨树断陷金山区块天然气勘探获新发现。控制天然气地质储量102×10^8立方米。2012年至2013年，在梨树断陷南部供烃条件有利、构造相对稳定、保存条件较好的陡坡带部署金1、梨601、梨602、金古1等探井，在登娄库组、营城组、沙河子组、火石岭组和基底钻遇良好气显示。金1井钻遇沙河子组和火石岭组两套厚层优质烃源岩，于沙河子组压裂后日产气2.5×10^4立方米；梨601井于火石岭组压裂后日产气7902立方米；梨602井于沙河子组压裂后日产气$1.4\sim4.1\times10^4$立方米；金古1井在基岩潜山发现气层111.6米/16层，差气层155.4米/11层，对基岩潜山压裂后获日产气0.53×10^4立方米。

金山气田平面上跨斜坡带、陡坡带、深洼带和潜山带4个构造带，发育泉头组、登娄库组、营城组、沙河子组、火石岭组和基底6个含气层，整体上具有一定储量规模。初步估算金古1井区潜山可控制天然气面积20.1平方千米，控制天然气地质储量102.12×10^8立方米。

2. *渤海湾盆地*。2013年，渤海湾盆地新增石油探明地质储量31472.29×10^4吨，其中陆域新增6250.99×10^4吨，海域新增25221.3×10^4吨，新增探明地质储量5000万级油田是中国海油天津的旅大5－2北油田（5816.5×10^4吨）；新增天然气探明地质储量145.26×10^8立方米，其中陆域新增25.9×10^8立方米，海域新增119.36×10^8立方米。

①辽河坳陷东部凹陷茨榆坨潜山勘探取得新进展。新增石油控制地质储量3096×10^4吨。

茨榆坨构造带位于辽河坳陷东部凹陷西北部，面积约340平方千米。截至2012年底，潜山仅探明石油地质储量34×10^4吨，茨榆坨潜山获预测石油地质储量6046×10^4吨。潜山内幕裂缝与沟通油源断裂发育，成藏条件好，勘探潜力大。

2013年，整体控制茨110块、预探潜山北部、甩开潜山南部，部署探井9口，完钻7口，正试3口，新获工业油气流2口。其中，茨111井在太古界2981.9～3047.0米井段，压后连续气举阀氮气气举排液，日产油17.3立方米；茨113井在太古界3474.0～3500.0米井段，压后水力泵排液，日产油7.12立方米。2013年，茨110块控制含油面积26.6平方千米，新增石油控制地质储量3096×10^4吨；通过茨113井钻探，成果不断向北扩大，预计控制储量规模5000×10^4吨以上。

②辽河坳陷面部凹陷岩性勘探取得新进展，新增石油预测地质储量5118×10^4吨。

西部凹陷岩性包括雷家沙四段致密油与坡洼带、陡坡带沙一、沙二段岩性勘探领域，面积2560平方千米，石油资源量23.3×10^8吨，截至2012年底，沙一、沙二段累计探明石油地质储量16.3×10^8吨。

2013年，部署探井13口，完钻7口，新获工业油流6口。其中，在坡洼带、陡坡带锦325、冷189、冷190等3口井新获工业油气流，分别日产油133立方米、29.02立方米、32.6立方米。坡洼带、陡坡带沙一、沙二段岩性勘探有望形成规模储量。在雷家地区沙四段致密油勘探，雷平2、雷84、雷88等3口井新获工业油流，分别日产油100.64立方米、18.8立方米、25.1立方米。2013年，雷家地区云质岩致密油新增含油面积47.2平方千米，新增预测地质储量5118×10^4吨。目前，雷家地区致密油落实杜家台油层优势岩性分布面积165平方千米，高升油层优势岩性分布面积150平方千米，预计资源规模可达2.58×10^4吨。

③冀中坳陷饶阳中部勘探取得新进展，新增石油控制地质储量 1749×10^4 吨、预测地质储量 3682×10^4 吨饶阳凹陷位于渤海湾盆地冀中坳陷，中部地区主要包括河间洼槽及周边地区，面积约1000平方千米，石油剩余资源量 3.5×10^8 吨。近几年在肃宁—大王庄地区获工业油气流井11口，控制石油地质储量近 3000×10^4 吨。

2013年，针对洼槽斜坡低部位构造－岩性圈闭部署探井9口，截至2013年底，完钻9口，完试6口，新获工业油气流井5口。其中，宁90x井Ed3获日产油96.93立方米，宁78x井Es1上获日产油50.67立方米，宁79x井Es1上获日产油17.83立方米，宁85x井Ed3获日产油7.52立方米，宁86x井Ed3获日产油5.12立方米。2013年，饶阳中部大王庄、肃宁地区新增控制石油地质储量 1749×10^4 吨、预测石油地质储量 3682×10^4 吨。肃宁构造带落实圈闭面积68平方千米，环河间一窝北洼槽落实有利圈闭16个，老区精细勘探仍具潜力。

④黄骅坳陷沧东凹陷南皮斜坡勘探取得新进展。新增石油控制地质储量 2704×10^4 吨。预测地质储量 1624×10^4 吨。

南皮斜坡位于黄骅坳陷南部的沧东凹陷，以孔店组为主要目的层，孔二段残留面积1500平方千米。以往立足构造油藏，发现叶三拨等油田，探明石油地质储量 5007×10^4 吨，但单井产量低。

2013年，按照孔二段、孔一下两套含油层系进行立体勘探与致密油勘探思路，针对斜坡区孔店组优质烃源岩发育区整体研究、整体勘探，部署探井13口，目前完钻8口，完试6口，新获工业油气流4口。其中，孔南17井孔二段获日产油9.82立方米，官东4井孔一段获日产油9.2立方米，官东5井孔二段获日产油6.7立方米，官东1x1井孔二段获日产油8.1立方米。2013年，孔南17等4口井获工业油流，新增控制石油地质储量 2704×10^4 吨，预测石油地质储量 1624×10^4 吨，实现了西带整体控制孔二段含油规模，突破东带，落实资源规模。2013年，南皮斜坡落实圈闭资源量 1.1×10^8 吨，是规模增储的有利区。

⑤济阳坳陷沾化凹陷陈家庄凸起北坡三合村洼陷地层超覆油藏勘探获得新发现。研究认为该地区具有形成多层系地层油藏的条件。2013年部署钻探的2口探井都在不同层系获得工业油流。罗322井在沙三段、中生界均见到大套油气显示，对沙三段进行稠油冷采，日产油5.77吨，产能稳定，原油密度1.0746克/立方厘米，黏度22375mPa.s。垦119井对沙三段采用注蒸汽热采试油，日产油10.92立方米，密度1.05726克/立方厘米，黏度16966mPa.s。这两口井的成功，新增沙三段石油预测地质储量 2462.69×10^4 吨。标志着该地区沙三段地层稠油油藏突破工业油流关，是下步增储上产的重要阵地。

⑥渤海辽东凸起北段锦州23－2构造新近系勘探获重大突破。

中国海油在辽东湾的勘探历经20余年，曾三上辽东凸起北段及围区，自营与合作共钻探11个构造13口探井，没有获得突破。经过最近3年的潜心研究，创新认识，转变勘探思路，由中深层油气勘探转向浅层油气勘探。

2013年，在渤海辽东湾锦州23－2构造先后钻探JZ23－2N－1井和JZ23－2－1井，均获得良好的油气发现。锦州23－2N圈闭的JZ23－2N－1井获油层28.4米/8层；锦州23－2圈闭的JZ23－2－1井获油层77.7米/32层。两井区储量规模可达 5000×10^4 吨。锦州23－2构造中、北、南块均有潜力，资源量规模合计 1.6×10^8 吨，整体具有形成大中型油田潜力。

⑦渤海辽西低凸起LD5－2N－2井特稠油测试获得了重大突破。

旅大5－2北构造位于渤海辽东湾辽西低凸起中段，东侧紧邻绥中36－1油田。2013年，运用钻研井筒作业技术，在旅大5－2北钻探LD5－2N－2井，连续钻井取芯创纪录，特稠油热采测试取得巨大成功。该井在新近系明下段和馆陶组获油层112米/12层，DST1测试馆陶组，获日产油97.04～134.53立方米。经热采自喷8天，累计产油640立方米，平均日产油80立方米。原油比重1.006（20℃），黏度36518 mpa.s（50℃）。初步计算三级储量约 8000×10^4 吨，其中探明储量约 5816.50×10^4 吨。旅大5－2N评价获得成功，是渤海勘探史上具有里程碑意义的突破，将解放一大批稠油资产。

⑧渤海南部莱州湾获领域性突破。KL10－4－1井获高产油流。

中国海油早些年曾在渤海南部的莱州湾钻探3个构造均告失利，表明莱州湾斜坡带成藏具有复杂性。2013年在莱州湾垦利10－4构造钻探KL10－4－1井，发现油层47.4米，差油层0.8米，经DST1测试，获日产油399立方米，是莱州湾凹陷最高单层测试产能。垦利10－4已发现三级石油地质储量 1580×10^4 吨，其中探明储量 1129×10^4 吨。在其周边未钻构造及深层资源潜力近亿吨。KL10－4－1井给渤海南部莱州湾带来勘探领域性突破。

⑨深化走滑转换带控藏机理研究，莱西构造带垦利9－5/6再获大中型油田发现。

莱西构造带处于黄河三角洲自然保护区附近，紧邻胜利油田矿区边界。通过研究，创新建立了走滑转换带“控圈、控砂、控藏”油气成藏模式，指导莱西走滑带油气勘探。2013 年,在新近系油气勘探获得重大突破,实现了垦利 9 - 5/6 油田当年预探、当年评价成功,新增石油探明地质储量 4875.77 × 10^4 吨,成为渤海南部又一个亿吨油气田区。

KL9.5 - 1 井明上段油层 27.7 米/11 层;明下段油层 27.6 米/13 层、差油层 9.6 米/8 层。测试明下段 2 层:DST1,明下段日产油 18.69 立方米;DST2,明下段日产油 28.56 立方米,原油密度 0.9750 克/立方厘米。KL9 - 6 - 2 井明上段油层 55.1 米/20 层、差油层 1.6 米/1 层;明下段油层 59.5 米/19 层、差油层 4.9 米/3 层。测试 2 层:DST1,明下段折合日产液 42.03 ~ 68.81 立方米;DST2,明上段平均日产油 32.4 立方米,原油密度 0.9720 克/立方厘米。

3. 鄂尔多斯盆地。2013 年,鄂尔多斯盆地新增石油探明地质储量 38986.12 × 10^4 吨,新增探明储量亿吨级油田是中国石油长庆姬塬油田(21396.97 × 10^4 吨);新增天然气探明地质储量 211.06 × 10^8 立方米。

①姬塬地区勘探取得新进展。新增石油探明地质储量 2.13 × 10^8 吨、预测地质储量 3.1 × 10^8 吨。

姬塬地区位于鄂尔多斯盆地西北部,有利勘探面积 14600 平方千米,石油资源量 32.5 × 10^8 吨;2012 年底,累计探明石油地质储量 9.09 × 10^8 吨。

2013 年加大勘探力度,部署探井、评价井 200 口,新获工业油流井 145 口,长 4 + 5、延安组、长 8 含油规模不断扩大。其中,长 4 + 5 新获工业油流井 30 口,新增含油面积 433 平方千米,新增探明石油地质储量 1.73 × 10^8 吨。延安组新增含油面积 86.9 平方千米,新增探明石油地质储量 0.4 × 10^8 吨。长 8 新获工业油流井 16 口,新增预测含油面积 563 平方千米,新增预测石油地质储量 3.1 × 10^8 吨。姬塬地区在多层系复合成藏,实现了长 4 + 5、长 6、延安组、长 8 等油层勘探的重大突破,累计探明储量达 11 × 10^8 吨,三级储量达 18 × 10^8 吨,为姬塬地区建设成为千万吨级的大油田奠定了资源基础。

②陇东地区石油勘探取得新进展。新增探明地质储量 1.13 × 10^8 吨、预测地质储量 0.27 × 10^8 吨陇东地区位于鄂尔多斯盆地西部,有利勘探面积 7100:千米。,石油资源量 20.6 × 10^8 吨,主要目的层为长 3、长 4 + 5、长 6、延安组、长 8。截至 2012 年底,累计石油探明地质储量 1.33 × 10^8 吨,剩余石油控制地质储量 0.52 × 10^8 吨、预测地质储量 1.60 × 10^8 吨。

2013 年,继续加大陇东地区石油勘探,部署探井 40 口、评价井 48 口,获工业油流井 70 口,新增石油探明、预测地质储量 1.4 × 10^8 吨。长 3、长 6 及延安组等油层落实含油面积 261 平方千米,新增石油探明地质储量 1.13 × 10^8 吨、预测地质储量 0.27 × 10^8 吨。长 8 及长 4 + 5 油层,共有 60 余口井新获工业油流,落实 12 个含油富集区,累计面积达 1200 平方千米,预计储量规模 5.5 × 10^8 吨。截至 2013 年底,陇东地区累计石油探明地质储量 4.97 × 10^8 吨,三级储量已达 10 × 10^8 吨,年产油 580 × 10^4 吨。

③长 7 致密油勘探取得新进展。新增石油控制地质储量 3.8 × 10^8 吨。

鄂尔多斯盆地长 7 致密油有利勘探面积 8545 平方千米,石油资源量 20 × 10^8 吨。截至 2012 年底,石油控制地质储量 5132 × 10^4 吨、预测地质储量 6913 × 10^4 吨。

2013 年,长 7 致密油勘探开发一体化,继续加大开展水平井试验力度,以"水平井 + 体积压裂"提高储量动用率,成效显著,89 口(水平井 3 口)井新获工业油流,落实 12 个富集区,面积 1400 平方千米,预计石油储量规模 10 × 10^8 吨以上。安 83 井区、西 233 井区、庄 183 井区等 3 个水平井实验区累计完钻水平井 128 口,投产水平井 82 口,平均单井日产油 11.9 吨,已建产能 39 × 10^4 吨。其中西 233 井区长 7 油层 46 口井获工业油流,平均日产 11.23 吨,2013 年落实控制含油面积 490 平方千米,新增石油控制地质储量 3.8 × 10^8 吨。

④苏里格天然勘探获新进展.新增探明天然气地质储量 2659 × 10^8 立方米、基本探明地质储量 4209 × 10^8 立方米。

苏里格地区位于鄂尔多斯盆地中西部,天然气勘探面积 6 × 10^4 平方千米,天然气总资源量 6 × 10^{12} 立方米。自 2007 年以来,已连续 6 年新增探明 + 基本探明储量 5000 × 10^8 立方米。截至 2012 年底,苏里格地区已有探明、基本探明天然气地质储量 3.5 × 10^{12} 立方米。

2013 年,加大苏里格西区、南区的勘探力度,落实储量规模。部署探井 70 口,完试探井 63 口,获工业气流井 25 口。其中西一区苏 47 井区完钻探井 7 口,均钻遇盒 8、山 1 气层,累计完钻开发井 360 口,落实含气面积 3962 平方千米,新增探明天然气地质储量 2659 × 10^8 立方米。南一区 16 口井新获工业气流,累计 72 口井获工业气流,落实含气面积 3640 平方千米,天然气新增基本探明地质储量 4209 × 10^8 立方米。南二区 8 口井新获工业气流,累计 71 口井获工业气流,落实含气面积 2500 平方千米,预计储量规模 3000 × 10^8 立方米。截至 2013 年底,苏里格天然气已探明、基本探明地质储量 3.9 × 10^{12} 立方米,年产气 213 × 10^8 吨。

⑤东部天然气勘探取得重要进展。新增控制天然气地质储量 2222 × 10^8 立方米、预测 3247 × 10^8 立方米。

鄂尔多斯盆地东部勘探面积 2×10^4 平方千米，古生界天然气资源量 3.2×10^{12} 立方米，截至2012年底，累计探明天然气地质储量 24415×10^8 立方米。

2013年继续加大下古天然气的勘探力度，持续开展多层系压裂技术攻关，实现单层增产、多层动用的目的。神木地区继续坚持勘探开发一体化，部署完钻探井18口，完试16口，10口井日产气大于 1×10^4 立方米，累计53口井获工业气流，新增控制含气面积3257平方千米，新增天然气控制地质储量 2222×10^8 立方米，绥德地区完钻探井21口，完试19口，6口井日产气大于 1×10^4 立方米，累计43口井获工业气流，新增预测含气面积4039平方千米，新增天然气预测地质储量 3247×10^8 立方米。截至2013年底，盆地东部天然气探明地质储量 2445×10^8 立方米，剩余天然气控制地质储量 3788×10^8 立方米、预测地质储量 4452×10^8 立方米，三级储量达 1×10^8 立方米。

⑥定北区块柳杨堡区带天然气勘探获新发现，盒1段预测天然气地质储量 631×10^8 立方米。

位于定北区块西部的柳杨堡区带面积530平方千米，圈闭资源量 1360×10^8 立方米，主要目的层为盒1段、太2段。定北17井钻遇盒1段气层10米，日产天然气34622立方米；定北18井钻遇盒1段气层8米，与山2段合试日产天然气30197立方米。展示了柳杨堡区带盒1段良好的勘探前景，开辟了柳杨堡气田增储上产新层系。

⑦延长在鄂尔多斯盆地实现石油储量稳步增长，全年新增石油探明地质储量 11742×10^4 吨。

一是加大石油地质综合研究力度，注重成藏主控因素分析，探索油藏分布规律，明确增储领域勘探潜力，在吴起、永宁、杏子川、下寺湾等采油厂新发现39个含油气区块，新增含油面积815.55平方千米，预测石油地质储量 1.95101×10^8 吨，规模效益储量区不断显现，为延长油田后备储量奠定了坚实的基础（表4）。

表4　　2013年规模发现成果表

探区	采油厂	区块	完钻探井（口）	试油（口）		含油面积（平方千米）	估算储量（$\times10^4$ 吨）
				试油	工业油流		
西部探区	定边	姬塬（后调整）	4			130	2000
		东仁沟—韩渠	20	9	8	115	2300
		郑寨子	4	1	1	50	750
	定边—吴起	吴仓堡—新安边	24	12	10	145	2900
	吴起	王洼子	1	1	1	25	500
		吴仓堡Ⅳ				20	2000
	西区—永宁	义正—河川	7	6	5	200	4000
	靖边	中山涧	9	5	1	40	800
	杏子川	化子坪北—王家湾	6	3	3	100	2000
南部探区	下寺湾	雨岔	4			47	500
	富县	张家湾	7	5	4	177	800
		姜家川	1	2	0	104	600
	黄陵	上畛子	6	1	1	20	500
合计			93	45	34	1173	19650

二是下组合勘探取得新突破。截至2013年底，下组合已累计获石油探明地质储量 1.387×10^8 吨。随着下组合勘探的不断加快，南部探区下组合长7、长8、长9油层获得重大突破，并呈现出进一步扩大连片的趋势。在湖盆中心，多口探井获高产工业油流。其中柳评172井在下组合长81层获自喷，初日产液198立方米，日产油103吨，日产液84立方米，日产油30吨，累计产油6348.37吨；柳评187井于长82油层1471、1477米井段试油自喷，初日产油7.5吨、目前累计产油28.6吨，展示下组合在南部探区的巨大勘探潜力。

三是滚动扩边勘探成果丰富。在定边采油厂的东仁沟区、杏子川采油厂的王家湾区、南泥湾采油厂的松树林区、子长采油厂的余家坪区实施滚动扩边勘探，扩展含油面 393.5 平方千米、估算新增石油地质储量 0.79×10^8 吨。

四是老井复查效果明显。2013 年在七里村、蟠龙、南泥湾等采油厂实施老井复查 72 口,41 口获工业油流。新增含油面积 56 平方千米,新增石油地质储量 150×10^4 吨,取得了良好效果。

⑧延长天然气勘探取得新进展。一是在延 109 - 延 183、延 205、延 142、延 145 等井区评价勘探取得预期成果,探明地质储量 1180×10^8 立方米(待审)。

二是志丹—甘泉区域预探与评价相结合,获得天然气控制地质储量 1295×10^8 立方米,为完成 2014 年探明储量任务奠定了基础。

三是外围新区资源扩展得重要进展,在安塞地区本溪组获得高产;同时下古生界也取得重要发现,在吴起地区马家沟组中深层发现新的含气组合。

四是水平井在盒 8、山 1 获得高产,实现了低产低效层的有效动用。

4. 四川盆地。2013 年,四川盆地新增天然气探明地质储量 4949.98×10^8 立方米,新增储量千亿立方米级气田是中国石油西南安岳气田(4403.83×10^8 立方米),新增储量 300 亿立方米级气田是中国石化西南成都气田(327.19×10^8 立方米)。

①川中古隆起磨溪—高石梯构造勘探取得重大进展,新增天然气探明地质储量 4403×10^8 立方米、控制地质储量 2043×10^8 立方米、预测地质储量 2381×10^8 立方米。

磨溪—高石梯构造位于四川盆地中部川中古隆起区,有利勘探面积约 6.3×10^4 平方千米。自 20 世纪 50 年代四川盆地开展油气勘探以来,到 1964 年 9 月在威远构造发现了震旦系灯影组气藏,1967 年探明天然气地质储量 400×10^8 立方米,随后多年坚持探索未获突破。2011 年 7 月风险探井高石 1 井震旦系灯二段获测试日产气 102×10^4 立方米,古隆起勘探取得重大突破;2012 年 9 月磨溪 8 井寒武系龙王庙组获测试日产气 107×10^4 立方米,取得了四川盆地寒武系勘探的历史性突破。

2013 年,按照"整体探明龙王庙组,整体控制震旦系,甩开斜坡区"三个层次,整体部署探井 47 口。针对磨溪构造龙王庙组部署探井 20 口均完钻,新获工业气流井 16 口,磨溪 8、10、11、12、201、204、13 等 10 口井日产百万方以上,气层平均厚度 36 米,横向分布稳定;气藏压力高,压力系数达 1.65;天然气品位好,甲烷含量 96% 以上。圈定含气面积 805 平方千米,落实新增探明储量 4403×10^8 立方米。至 2013 年底,8 口井试采生产情况稳定,日产气基本在 50×10^4 立方米以上。这是我国发现的单体规模最大的整装气藏。

针对磨溪—高石梯构造震旦系坚持集中评价与甩开预探相结合,预探下古—震旦系探井 27 口,累计完试 15 口井,均获工业气流,高石 6、9、磨溪 22 等 4 口井日产百万方以上。高石梯构造震旦系灯影组灯四上新增含气面积 576.8 平方千米,天然气控制地质储量 2043×10^8 立方米;磨溪地区灯四上新增含气面积 763.5 平方千米,天然气预测地质储量 2381×10^8 立方米。通过进一步勘探,高石梯—磨溪—龙女寺地区具有形成万亿方整装大气田的潜力。

②川中古隆起南斜坡荷包场构造荷深 1 井震旦系风险勘探获新发现。

荷包场构造位于川中古隆起南斜坡。有利圈闭面积 630 平方千米,估算圈闭资源量达 3000×10^8 立方米。研究认为荷包场构造与高石梯构造同属于古隆起区现今构造的缓坡带,勘探潜力大。

2013 年,为探索古隆起下斜坡区下古生界—震旦系储层的含油气性,扩大油气勘探领域,部署风险探井荷深 1 井。荷深 1 井于震旦系灯影组灯二段 5401 ~ 5440 米测井解释气层 33.9 米/1 层,经酸压后,采用 16 米米孔板,获日产气 12.91×10^4 立方米。初步预测含气面积 74.3 平方千米。荷深 1 井的突破,开拓了古隆起南部斜坡勘探新领域,对推动古隆起下斜坡区呈区域性分布的震旦系—下古生界进一步勘探突破具有重要意义。

③川西前陆斜坡中合山构造中合 1 井须家河组风险勘探获新发现。

中台山构造位于川中—川西过渡带,南靠八角场构造,在宽缓的构造背景上发育多个小规模潜高(闭合高度小于 100 米),2012 年部署风险探井中台 1 井,探索须一、三、五段砂体含气,寻找有利接替区块。

中台 1 井于 2012 年 11 月 15 日完钻,完钻井深 4207 米,层位为雷口坡组。须一段测井解释气层 1 层 3.5 米米,差气层 2 层 21.1 米,测试 3999.5 ~ 4006.5 米井段,经酸化后,日产气 18.26×10^4 立方米。须二段测井解释气层 3 层 30.4 米,差气层 2 层 5.5 米,对 3664 ~ 3732 米井段射孔测试,日产气 43.33×10^4 立方米。目前,中台 1 井试采效果好,平均日产气 16×10^4 立方米、凝析油 1.29 吨,为开发建产提供优质储量区块。中台 1 井的突破,再次证实了逼近烃源灶的致密储层具备富集高产的条件,同时也展示了川中—川西过渡带须一段、须三段中的生烃层夹砂体具有广阔的勘探前景,坚定了川西地区寻找高效规模储量的信心。

④川西坳陷东坡沙溪庙组天然气勘探获新发现。自 2005 年在川西坳陷中江发现侏罗系沙溪庙组气藏以来,由于直井普遍产量较低,工业气井较少,该区储量长期得不到升级和动用。2013 年,由于水平井分段

压裂技术的突破，攻克了该区油气低产瓶颈，多口井获得工业气流，为沙溪庙组气藏勘探开发提供了技术保障。中江16H井对沙溪庙组水平段11段28米加砂压裂后，获日产气10.69×10^4立方米；中江19H井获日产气7.50×10^4立方米；高庙32井获日产气6.88×10^4立方米；高庙33井获日产气4.47×10^4立方米。该区块主体块提交天然气探明地质储量219×10^8立方米，预测地质储量1482×10^8立方米。

⑤川东北地区元坝东部区带须四段天然气勘探获得新发现。

2013年对元坝东部区带中浅层天然气甩开勘探。元陆17井距元坝1井东偏南76千米，在雷口坡组、须四段、珍珠冲段、大安寨段和千佛崖组均钻遇了良好油气显示，测井解释各类储层共89.98米/33层。对须四段测试，7毫米油嘴，30毫米孔板求产，稳定油压23MPa，获日产天然气22.63×10^4立方米，取得勘探新突破。评价认为须四段有利区面积775.27平方千米，资源量1678.46×10^8立方米；珍珠冲段有利区面积1030.3平方千米，区带资源量717.7×10^8立方米。具有叠合连片、局部富集高产等特点。预计可新增控制地质储量1061×10^8立方米。

5. 塔里木盆地。2013年，塔里木盆地新增石油探明地质储量9708.51×10^4吨，新增探明储量5000万吨级油田是中国石油塔里木的哈拉哈塘油田（5704.65×10^4吨）；新增天然气探明地质储量157.26×10^8立方米。

①库车坳陷完深勘探取得重要进展。新增天然气三级地质储量4062×10^8立方米。

克深地区位于塔里木盆地北部库车坳陷克拉苏冲断带克深区带，面积2.8×10^4平方千米，天然气资源量3.15×10^{12}立方米，2012年底累计天然气探明地质储量7454×10^8立方米，天然气三级储量规模1.5×10^{12}立方米。

2013年，积极甩开预探，精细评价克深区块，部署二维地震1950千米，三维地震1300平方千米，探井11口。目前完钻9口，8口井获工业气流。其中，克深9构造的克深9井获日产气45.6×10^4立方米，新增预测含气面积77.7平方千米，天然气预测地质储量1569×10^8立方米；克深8构造克深802、克深8003两口井获工业气流，新增基本探明含气面积67.77平方千米，天然气基本探明地质储量1470×10^8立方米；克深5气藏的克深501获日产气66.21×10^4立方米，新增控制含气面积73平方千米，天然气控制地质储量1022×10^8立方米。2013年，克深天然气新增三级储量4062×10^8平方米，累计提交天然气三级储量6471×10^8立方米，剩余圈闭资源量7200×10^8立方米，克深地区有望形成万亿立方米大气区。

②塔北碳酸盐岩油气勘探取得新进展。新增石油三级地质储量1.49×10^8吨。

塔北地区位于塔里木盆地塔北隆起，有利勘探面积5000平方千米，石油资源量18.16×10^8吨，天然气资源量8203×10^8立方米。2012年底探明石油地质储量1.08×10^8吨。

2013年重点评价新垦—热瓦普，预探金跃、其格，部署探井15口，评价井10口，15口井新获工业油气流，新增石油三级储量1.49×10^8吨。其中，金跃－其格地区9口井获高产工业油气流，新增预测含油面积421平方千米，新增石油预测地质储量4073×10^4吨；新垦4－热普3井区新增探明含油面积442平方千米，新增石油探明地质储量5670×10^4吨；热普5－新垦6井区新增控制含油面积108平方千米，新增石油控制地质储量1979×10^4吨；哈得逊区块碳酸盐岩目前完钻5口均获工业油气流，新增含油面积310平方千米，控制石油地质储量3132×10^4吨。目前，塔北哈拉哈塘—哈得逊已提交石油三级储量3.47×10^8吨，斜坡区埋深小于7500米勘探面积5000平方千米，5亿吨大油区有望形成。

③库车坳陷阿瓦特构造阿瓦3井风险勘探取得重要发现。实现了库车山前带油气勘探整体突破阿瓦特构造位于新疆维吾尔自治区阿克苏地区温宿县境内，区域构造上位于塔里木盆地库车坳陷克拉苏构造带克深区带，初步落实7个圈闭累计面积227平方千米。2012年优选埋深适中、保存条件好的阿瓦3圈闭，部署实施风险探井阿瓦3井。

阿瓦3井在上盘白垩系巴什基奇克组测井解释气层、差气层12层69米，对3518～3556米井段测试，6毫米油嘴放喷求产，获日产气15.7×10^4立方米、日产油2.66立方米。阿瓦3井的成功，在克深区带新发现一个含气区带，实现了库车山前带勘探整体突破。阿瓦3构造上盘初步计算出圈闭天然气资源量约147×10^8立方米，含凝析油。目前，克深区带阿瓦特段从南至北共落实7个圈闭，圈闭总资源量达1375×10^8立方米，坚定了克深区带天然气加快上产的信心。

④塔中北坡奥陶系勘探取得重大发现。顺南4井是部署在塔里木盆地塔中北坡顺南三维工区东部断裂带的一口预探井，以奥陶系中下统为主要目的层，主要探索顺南区块东部奥陶系中、下统鹰山组储层（“串珠状”反射异常体）发育特征及含油气性。2013年7月1日对鹰山组测试获高产气流。油嘴7毫米，孔板95.25毫米，油压60MPa，折日产气25.8×10^4立方米，不含水。

顺南5井是部署在古城墟隆起西倾斜坡区的一口探井，主要探索顺南区块东南部奥陶系下统蓬莱坝组储层("串珠状"反射异常体)发育特征及含油气性。钻井过程中在奥陶系一间房组和蓬莱坝组均见到较好油气显示。蓬莱坝组发生溢流,放喷点火火焰最高15~20米,估算天然气日产量27.2×10^4~72.3×10^4立方米。

顺南4井奥陶系鹰山组下段、顺南5井在蓬莱坝组获得高产气流,标志着中石化在塔中十多年来坚持不懈勘探的重大突破。

塔中北坡上述圈闭类型目标多、可拓展潜力大,其天然气资源潜力为建设新的规模储量接替阵地奠定了物质基础。

⑤跃进地区奥陶系石油勘探取得重大发现。2013年部署的跃进3井位于塔里木盆地跃进地区中部平台区。跃进3井是为探索顺北断垒带奥陶系储层含油气性部署的探井。完钻井深7207.66米,完钻层位奥陶系一间房组,于7198.00~7203.88米发生放空、井漏现象。常规完井后,在奥陶系下统鹰山组7141.88~7207.66米井段测试,油嘴3毫米,油压44.3~43.5MPa,套压14.5~16.2MPa,日产油57立方米,比重0.796~0.798,不含水,日产气22200~22248立方米。2013年,该区块提交控制含油面积88.27平方千米,石油控制地质储量3830×10^4吨,证实跃参—顺北地区奥陶系具有较大的勘探潜力。2013年,20×10^4吨的产能建设阵地已基本形成。

6. 准噶尔盆地。2013年,准噶尔盆地新增石油探明地质储量9157.84×10^4吨;新增天然气探明地质储量10.45×10^8立方米。

①西北缘玛北斜坡区百口泉组石油勘探取得新进展,新增控制石油地质储量9655×10^4吨。

玛湖北斜坡位于准噶尔盆地玛湖凹陷北部,面积1200平方千米。环玛湖凹陷斜坡带石油资源量4.7×10^8吨、天然气资源量1566×10^8立方米,截至2012年底累计石油探明地质储量1.6×10^8吨。

2013年,按照"直井控面、水平井提产"的勘探思路,部署探井9口,其中水平井3口。2013年全年共完钻探井9口,新获工业油流9口。其中,玛132_H井采用大型体积压裂(共12级),3.5毫米油嘴退液试产,日产油12.94~38.72吨,试油近一个月,油压稳定,日产油稳步上升,油藏能量充足,为一个高效整装规模油藏。2013年,包括玛132_H井在内的三口水平井均获稳产或高产油流,落实了玛湖北斜坡百口泉组含油面积140.6平方千米,玛131井区块新增控制石油地质储量9655×10^4吨,展现出良好的勘探形势。

②面北缘中拐凸起石油勘探取得新进展。新增石油探明地质储量6981×10^4吨、预测8106×10^4吨中拐凸起构造位置处于玛湖凹陷、盆1井西凹陷和沙湾凹陷之间,为近北西—南东向展布的继承性正向二级构造单元,面积约1500平方千米。截至2012年底,石油探明地质储量1780×10^4吨,控制地质储量2000×10^4吨。

2013年,针对中拐凸起石炭系进行了整体部署,先后部署预探井4口、评价井2口,均已完钻,新获工业油流4口,日产油10~20吨。金龙10井区石炭系新增含油面积46.8平方千米,石油预测地质储量8106×10^4吨;评价勘探金龙2井区二叠系新增探明石油地质储量6981×10^4吨,已形成亿吨级规模的油田。金龙10、金龙11井的发现,进一步证实了中拐凸起石炭系油藏为构造背景下的火山岩断块油藏,落实了中拐凸起南部金龙10井区的储量规模。

③西北缘玛湖南斜坡玛湖1井三叠系风险勘探获重要发现。玛南斜坡区位于准噶尔盆地玛湖凹陷西南部。环玛湖凹陷斜坡带面积8650平方千米,石油资源量4.7×10^8吨、天然气资源量1566×10^8立方米,截至2012年底累计探明石油1.6×10^8吨。环玛湖坡折带发育4个百口泉组扇体群,其中夏子街扇体群已获发现。

2013年,为整体探索其他3个扇体群的三叠系百口泉组、二叠系岩性油气藏的含油气性,相继部署风险探井玛湖1、盐北1和玛西1井。其中,玛湖1井在三叠系百口泉组测井解释油层11层33.4米,对3284-3310米井段试油,获日产48.3立方米高产油流。玛湖1井是玛湖斜坡区近20年来第一口高产工业油流井,开辟了玛南斜坡岩性油气藏勘探新领域。

环玛湖凹陷斜坡带大型鼻状隆起上发育二叠—三叠系地层超削带,有利于形成岩性地层油气藏。目前,已初步控制玛北、玛西、玛南有利勘探面积2400平方千米,资源量4.7×10^8吨,有望成为新疆油田新的储量接替区。

④车排子地区持续推进石炭系、侏罗系、自墨系、古近系立体勘探,多层系勘探取得重大发现。

2013年,车排子地区积极预探侏罗系、白垩系、古近系,落实了亿吨级规模储量;同时评价勘探石炭系,发现了5000万吨级储量。石炭系进一步加大勘探力度,完钻探井5口。其中排663井中途测试,12毫米油嘴,获日产81.67立方米高产工业油流,原油密度0.9599克/立方厘米;排665井中途测试,12毫米油嘴,获日产52.45米。高产工业油流,原油密度0.96克/立方厘米。新增石油控制地质储量1929×10^4吨,证实车排子地区石炭系具有叠合连片,大面积含油的特点。

在高品质地震资料的基础上,围绕白垩系、古近系各砂组地层尖灭线寻找地层超覆、地层剥蚀及地层岩性和地层断层复合油气藏，完钻探井16口，13口井钻遇油层，发现一个6000万吨级的储量阵地，为春光油田持续发展奠定了基础。

⑤哈山地区深层勘探获新突破，呈现亿吨级储量规模。哈山地区位于准噶尔盆地西北缘。近期，针对哈山地区构造特点，精细刻画了主要断裂，明确了三个有利勘探区带，即前缘冲断带、准原地叠加系统、外来推覆系统。部署一批风险探井对深层进行探索，取得突破性发现。

哈深斜1井对二叠系佳木河组含油斑凝灰岩储层进行压裂改造，日产油10.56立方米，日产水6.95立方米。原油密度0.8932克/立方厘米（20℃），黏度14.3mPa.s（50℃）；哈深2井在二叠系推覆体见油斑凝灰岩、火山角砾岩、荧光火山角砾岩，中途测试获得日产油10.08立方米。2013年，在哈山中深层发现圈闭12个，面积310平方千米，共完钻探井23口，发现春晖油田和阿拉德油田。春晖油田侏罗系八道湾组石油控制地质储量3261.1×10^4吨，石油预测地质储量2071.45×10^4吨，推覆体石炭系石油预测地质储量5054.19×10^4吨；阿拉德油田侏罗系西山窑组石油控制地质储量2592.75×10^4吨。

7. 柴达木盆地。2013年，柴达木盆地新增天然气探明地质储量519.41×10^8立方米，新增储量500亿立方米级气田是中国石油青海东坪气田（519.41×10^8立方米）。

①阿尔金山前勘探取得新进展，新增天然气探明地质储量519×10^8立方米、控制地质储量218×10^8立方米。

阿尔金山前带勘探面积5000平方千米，天然气资源量9360×10^8立方米。2011年和2012年相继在东坪地区和牛东地区获新发现，新增天然气控制、预测地质储量1101×10^8立方米。

2013年，按照"主攻东坪，扩展牛东"的勘探思路，部署三维地震300立方千米，探井9口，评价井2口。全年共完成三维地震291平方千米，完钻16口，完试18口，12口井新获工业气流。全年在东坪地区9口井新获工业气流，落实探明含气面积27.6平方千米，新增天然气探明地质储量519×10^8立方米。16口井投入试采，日产气180×10^4立方米，累产气1.6×10^8立方米。在牛东鼻隆带牛101、牛1-2-10、牛1-2-12等3口井分别获日产天然气1.23×10^4立方米、12.4×10^4立方米、5.2×10^4立方米的工业气流，牛1井区新增控制含气面积6.3平方千米，新增天然气控制地质储量218×10^8立方米。

②扎哈泉致密油取得新进展。新增控制石油地质储量4201×10^4吨、预测7246×10^4吨。

扎哈泉—乌南地区勘探面积1000平方千米，以往多口井在N1见显示，2012年为探索致密油，实施扎2、扎3井，在N1下获高产油流。

2013年，按照"搞清资源、准备技术、突破重点、稳步推进"的致密油勘探思路，开始探索绿草滩区块，部署风险探井扎探1井。同时评价扎哈泉地区，部署预探井和评价井6口。全年完钻6口，5口井获工业油流。其中，扎哈泉地区4口井获工业油流，已累计工业油流井6口，2口井解释有厚油层，N1新增控制含油面积35.3平方千米，新增控制地质储量4201×10^4吨。绿草滩区带部署的扎探1井在N1解释油层13层59.4米，在低部位部署的扎7井获高产油流。同时，开展老井复查，5口井解释有油层，新增预测含油面积85.6平方千米，新增石油预测地质储量7246×10^4吨。扎哈泉致密油的突破证明了该地区N1致密油大面积分布，有望形成新的勘探接替区。

8. 吐哈盆地、三塘湖盆地。2013年，吐哈盆地新增石油探明地质储量1356.82×10^4吨，新增天然气探明地质储量3.42×10^8立方米。

①鲁克沁稠油勘探取得新进展。新增探明地质储量1182×10^4吨、控制地质储量2877×10^4吨、预测地质储量2673×10^4吨。

鲁克沁稠油富集带勘探面积900平方千米，石油总资源量5.2×10^8吨。截至2012年底，西区、中区T2k油藏三级储量达到了12387×10^4吨，其中探明储量9867×10^4吨，英也尔J3q和P3w控制+预测褚浪8044×10^4吨，三级储量达到2.1×10^8吨。

2013年，按照"整体探明克拉玛依组、预探梧桐沟组"的勘探思路，部署三维地震190平方千米，探井10口、评价井9口，全年已完钻10口，获工业油流井7口，累计工业油流井34口。2013年，鲁克沁稠油新增三级地质储量6732×10^4吨。其中，北一、中西区新增石油探明地质储量1182×10^4吨、控制地质储量1834×10^4吨、预测地质储量2673×10^4吨，北二区新增石油控制地质储量1043×10^4吨。截至2013年底，累计石油三级地质储量2.68×10^8吨。

②三塘湖盆地条湖组致密油勘探取得新进展。三塘湖盆地条湖组有利面积490平方千米；石油资源量4.2×10^8吨。2012年之前已发现条湖组油藏，认为只有火山岩风化壳类型，影响了油气勘探继续突破；2012年针对芦草沟组钻探芦1井在条湖组发现油气层，马55井在条湖组沉凝灰岩中获得高产，但稳产差。

2013年以致密油勘探的思路，部署探井6口，目前完钻5口，正试1口，获工业油流4口，累计7口。水平井马57H、马58H获高产稳产工业油流，初步控制含油面积 37.6 平方千米，储量 4440×10^4 吨，条湖组致密油勘探取得新进展。

9. 二连盆地。2013 年，二连盆地新增石油探明地质储量 1537.38×10^4 吨；新增天然气探明地质储量 2.18×10^8 立方米。

①宏博油田及赛汉乌力吉油田新增石油探明地质储量 1132.35×10^4 吨。

宏博油田位于二连盆地东北部的乌尼特西勘查区块，2013 年新增探明含油面积 6.13 平方千米，新增石油探明地质储量 869.33×10^4 吨。

赛汉乌力吉油田哈 1 区块位于二连盆地中南部的赛汉乌力吉勘查区块，2013 年新增探明含油面积 1.85 平方千米，新增石油探明地质储量 263.02×10^4 吨。

② 沙那凹陷有 2 口井突破油流关。

沙那凹陷位于内蒙古二连盆地马尼特凹陷 2 区块油气勘查区，该凹陷完成非地震物化探 200 平方千米，钻井 16 口，试油 4 口，2 口井突破油流关，其中 DZG－08－1 井自然求产累计产油 43.88 立方米。

③何日斯太凹陷腾 2 区块突破工业油流。何日斯太凹陷腾 2 区块完钻探井 28 口，19 口井钻遇不同程度油气显示，部分井突破工业油流，以腾 2－3－1 井、腾 2－7－10 井及腾 2 井 3 个井组为开发试验区进行生产，截至 2013 年 10 月底，生产原油 2781.62 吨。

10. 苏北盆地。2013 年，苏北盆地新增石油探明地质储量 588.04×10^4 吨；新增天然气探明地质储量 0.91×10^8 立方米。

溱潼凹陷持续推进两大含油气系统勘探取得新发现。位于苏北盆地东台坳陷南部的溱潼凹陷划分为草合—俞垛—北汉庄和祝庄—华庄—兴旺两大含油气系统。

2013 年，草合—俞垛—北汉庄含油气系统在帅垛构造部署了帅 4 井，于阜三段上砂组压裂后获日产油 4.3 吨；帅 5 井于阜三段上砂组压裂后日产油 24.8 吨。帅垛构造新增阜三段含油面积 7.34 平方千米，石油预测地质储量 618.73×10^4 吨。

祝庄—华庄—兴旺含油气系统在叶甸断层下降盘的曹桥断块部署了曹 1 井，阜三段储层物性较好，压裂后获日产 10.91 吨工业油流；曹 2 井阜三段压裂后日产油 7.45 吨。落实石油探明地质储量 650×10^4 吨。

11. 北部湾盆地。2013 年，北部湾盆地新增石油探明地质储量 1925.5×10^4 吨；新增天然气探明地质储量 18.23×10^8 立方米。

①滚动勘探。涠西南涠 12－11 小断块变成中型油田。

北部湾盆地通过对老油区实施滚动勘探，在涠西南凹陷新发现涠洲 12－11 中型轻质油田，并首次在涠西南凹陷东南斜坡古近系流沙港组流三段获得商业性油流，展示了浅埋藏的流三段具有良好油气产能潜力。该构造已钻井除 WZ12－11－5 井外，均有油气发现，WZ12－11－2 井在流二段有油层 21 层 34.7 米，流三段有含油水层 2 层 0.8 米。涠洲 12－11 构造获石油探明地质储量 1528×10^4 立方米。（L2＋L3），三级地质储量 2912×10^8 立方米。

②徐闻区块徐闻 6 井油气勘探取得新发现。

中石化江苏油田在北部湾盆地陆域部分的徐闻区块，是多年来久攻不克的勘探新区，2012 年以来，通过强化沉积相、构造特征及成藏研究，在迈陈凹陷北斜坡迈 12 构造部署徐闻 x6 井，于流沙港组压裂后获日产油 5.2 立方米，日产气 883 立方米；涠洲组抽汲日产油 8.33立方米、日产气 2253 立方米。徐闻 x6 井在古近系流沙港组、涠洲组两个层系获得工业油气流，取得了新区油气勘探的新发现，新增石油预测地质储量 1496×10^4 吨。

通过构造高带和众多有利圈闭的落实，总体评价成藏条件好，资源潜力大，有望取得更多新发现。

12. 琼东南盆地。2013 年，琼东南盆地新增石油探明地质储量 2.98×10^4 吨；新增天然气探明地质储量 5.06×10^8 立方米。

陵水凹陷北坡岩性圈闭首获发现，揭示该带天然气勘探潜力。

位于琼东南盆地陵水凹陷北坡的陵水 13－2 构造，2013 年钻探 LS13－2－1 井首获发现，获得天然气三级储量 54×10^8 立方米，石油三级储量 237×10^4 立方米。研究认为其属于近源纵向富集、岩性圈闭成藏，预测约有 2500×10^8 立方米的潜力。

13. 珠江口盆地。2013 年，珠江口盆地新增石油探明地质储量 2920.14×10^4 吨，新增天然气探明地质储量 54.38×10^8 立方米。

开平凹陷勘探首获发现。2013 年在珠二坳陷开平凹陷开平 11－1 构造钻探 KP11－1－1 井取得突破，在古近系珠海组和恩平组共钻遇油层 5 层，总净厚度 21.68 米。恩平组螺杆泵测试求产，日产油 26 立方米。计算石油探明＋控制地质储量 1152.14×10^4 立方米（1088.95×10^4 吨），打开了开平凹陷勘探新领域。

14. 东海盆地。2013 年，东海盆地没有新增石油探明地质储量和新增天然气探明地质储量。

天合 12－1 获商业发现。

TT12－1－1 井于花港组钻遇油层 8 层 23.9 米，气层 15 层 38.7 米，平湖组气层 4 层 12.2 米。测试 2 层：DST1，平二段自喷日产气 8.6×10^4 立方米，日产油 28 立方米，原油密度 0.7889 克/立方厘米；DST2，花四段平均日产油9.6立方米，原油密度0.8293克/立方厘米。

【煤层气】 1. 鄂尔多斯盆地。2013年，鄂尔多斯盆地新增煤层气探明地质储量204.19×10^8立方米。

①鄂尔多斯盆地勘探取得重大进展。鄂尔多斯盆地东缘的临兴区块中、西区煤层总厚10～32米。神府区块中南部煤层总厚20～42米。主要可采煤层为4+5#、8+9#煤，埋深分别为300～2100米、450～2100米。临兴自营区块砂岩储层整体以西部和北部发育最好，神府区块整体以西南部发育最好，具有含气层组多、纵向叠置、横向叠置连片分布的特点。

SM米-02试验井区位于神府区块西南部，山西组压裂后稳定日产气8199立方米，太原组上段压裂后稳定日产气12815立方米，太原组下段未压裂平均日产气1144立方米。SM-02井三层试气合计日产气22158立方米。

LX-6试验井区位于临兴区块中部，井下石盒子组压裂后稳定日产气8880立方米，上石盒子组压裂后稳定日产气20880立方米，石千峰组压裂后稳定日产气6532立方米。LX-6井三层试气合计日产气36292立方米。

LX-1试验井区位于临兴区块南部，太原组压裂后稳定日产气26730立方米。

鄂尔多斯盆地西缘的横山堡区块内共落实10个圈闭，以半背斜、断块为主，构造走向NNB。根据烃源条件、储层发育情况及储盖配置，优先勘探杨家台子和丁家梁构造。丁家梁构造在区内圈闭面积11.7平方千米，预测资源量12.76×10^8立方米。杨家台子构造在区内圈闭面积4.9平方千米，预测资源量10.75×10^8立方米。储量丰度中等，单井产能5×10^4～27×10^4立方米，埋深浅-中，可形成小型气田。

②临兴区块杨家坡区获得煤层气探明地质储量101.8×10^8立方米。

临兴区块处于鄂尔多斯盆地东缘，构造整体形态表现为向东抬升的单斜，地层埋藏浅。石炭系及二叠系早期以海陆交互相沉积为主，沉积有灰岩及煤系地层，二叠系中、晚期以河流相沉积为主，砂岩发育，砂岩平面的展布方向主要为南北向，不同沉积时期河流迁移摆动。山西组4+5号煤层、太原组8+9号煤层，两套煤层全区广泛分布、单层沉积厚度较大。以煤储层为主的临兴煤层气田杨家坡区煤层厚度大，平面分布稳定，埋藏浅。

杨家坡区位于临兴区块北部，新增探明储量区内完成煤田钻孔29口，煤层气钻井13口；煤层气井压裂6口井，6层煤层（4+5号煤层压裂2层，8+9号煤层压裂4层）；测井11口；参数井目的层4+5号煤层和8+9号煤层全部取芯；试井9口；排采6口井。杨家坡区4+5号煤单层和8+9号煤单层叠合含气面116.46平方千米，新增煤层气探明地质储量101.8×10^8立方米。

③延川南煤层气5×10^8立方米。产能建设稳步推进。延川南区块区域构造位于鄂尔多斯盆地东南缘，晋西挠褶带、渭北隆起和陕北斜坡过渡地区。2013年新增煤层气探明地质储量102.39×10^8立方米，区块累计煤层气探明地质储量208.03×10^8立方米。开发层系为二叠系山西组2号煤，煤层埋深800-1500米之间（方案区普遍大于1200米），且自东向西逐渐加深。2013年，在延1、延3、延5试验区开展不同井网、井距和井型的试验取得成效基础上，新编制的开发方案：部署142个平台、新钻808口钻井，总进尺102.082×10^4米；动用含气面积131.8平方千米，动用地质储量136.3×10^8立方米；加上利用前期探井、试验井100口，单井控制储量0.15×10^8立方米，到2014年建成产能5×10^8立方米。截至2013年12月底，已完成钻井300口，完成进尺41.16×10^4米。已有199口煤层气井投入排采，见气井104口，日产气5.8×10^4立方米。

2. 沁水盆地。山面省沁水盆地寿阳地区取得重大进展。位于沁水盆地东北缘的寿阳煤层气勘探区块位于山西省中部、沁水煤田的北端，区块面积1957平方千米，已探明区域99.8平方千米。

寿阳区块主要含煤地层为太原组和山西组，其中3、9、15号煤层是主力煤层，煤层含气量较高。压力梯度低于正常静水压力，属于欠压状态。煤层渗透率总体来说变化范围较大，显示了煤层的非均质性和煤层渗透率的复杂多变性，属于中等渗透区。解吸压力较低，见气周期较长。由于测试结果出来的数据较少，还有待进一步研究。

寿阳勘探项目投产73口，45口见气，2口日产气量超过1000立方米。钻井井网密度达到了储量提交控制要求，实现产气突破的探井控制面积大于整个勘探区的$\frac{1}{2}$。

3. 南华北盆地。

2013年，南华北盆地新增煤层气探明地质储量31.58×10^8立方米。

安徽宿州区块新增探明地质储量31.58×10^8立方米。

宿州区块位于南华北盆地。宿州区块芦岭新增探明储量区位于安徽宿州市东南芦岭、朱仙庄镇。在区域构造的控制下，宿东向斜总体呈不对称的向斜构造，向斜的东北翼，因受北东方向主压应力的影响（即F4

逆断层的推压牵引作用），两端地层倾角大，中段地区煤系地层被剥蚀，呈单斜构造，西南翼倾角较缓，一般在10°～25°。向斜在朱仙庄矿北部处变窄，在芦岭矿变宽，呈弧形向西南凸出，成为宿东向斜的最宽缓处。向斜的两端及最宽缓部位发育有短轴褶曲。煤层倾角变化大，平均在16°左右，8号及10号煤层在区内发育稳定－较稳定，厚度变化较大。

新增探明储量区内有以往完成煤田钻孔163口，煤层气钻井17口；测井17口；参数井8号、10号煤层取芯；试井3口；煤层气井压裂13口，21层煤层（8号煤层压裂13口，10号煤层压裂8口）；排采13口井。

安徽宿州煤层气田新增探明地质储量范围内，8号煤和10号煤叠合含气面积23.686平方千米，探明总地质储量为31.58×10^{8}立方米。

【页岩气】 1. 四川盆地。①焦石坝页岩气开发试验取得进展，新建产能5×10^{8}立方米。在焦页1井获得商业发现后，立即优选28.7平方千米页岩气有利区部署开发试验井组进行产能评价，评价不同水平井长度（1000米、1500米）和方位、不同压裂段数、规模对单井产能的影响，通过开发试验确定合理单井产能。部署钻井平台10个，新钻井17口，利用探井4口，单井产能7×10^{4}立方米/天，2013年新建产能5.0×10^{8}立方米/年。

焦石坝开发试验区已试气井均获得较高产能，单井无阻流量15.3×10^{4}～155.8×10^{4}立方米/天（平均单井无阻流量60×10^{4}立方米/天），单井配产可达到6×10^{4}～15×10^{4}立方米/天，超过试验井组方案单井日产7×10^{4}立方米的设计水平，至11月20日投入试采10口，日产量已超过150×10^{4}立方米，已达年产气5×10^{8}立方米能力。

②川东南海相页岩气勘探整体评价取得进展。以川东南、川西南地区海相页岩气层系为重点目标，通过页岩气目标优选评价系统统一评价排队，以及综合专家意见，论证部署了6口探井，并在丁山地区和南川地区志留系龙马溪组钻遇优质页岩层。

一是丁页2HF井水平段见良好页岩气显示。丁页2HF井是焦石坝外围地区第一口深层页岩气水平井。该井于7月9日开钻，9月2日完钻，完钻井深5700米，水平段长1034.23米。共见13层1101米不同级别的油气显示，全烃显示3.38%～89.56%，一般在30%左右。该井分12段压裂，已完成6段压裂。

二是南川地区南页1井下志留统龙马溪组钻遇较好油气显示。南页1井2013年10月16日完钻，完钻井深4465米，完钻层位上奥陶统宝塔组。该井钻遇黑色页岩145米，其中TOC大于2%的优质页岩厚度29米，泥浆比重1.55，全烃1.32%～5.34%，优质页岩段含气量与焦页1井相当，含气量大于3立方米/吨，最大4.38立方米/吨。岩芯分析表明有机质孔隙发育，孔隙度2.3%～5.3%，平均3.42%。该井已通过南页1HF井侧钻水平井方案。

③长宁—威运和昭通国家级页岩乏示范区。2013年立足长宁—威远和昭通两个国家级页岩气示范区，以寻找新的富集高产区和探索“工厂化”作业平台建设为重点，共完成钻井16口（其中水平井10口），5口井获气，8口井待试。

长宁H2、长宁H3两个水平井平台已完钻井6口，平均钻井周期由148天降为65天。初步实现页岩气商业化开采，2013年新投入试采3口井，累计8口页岩气井投入试采，累计生产销售商品气8000万立方米。

威204H井多段压裂设计、装备、材料及施工全部国产化，分11段改造获初产16×10^{4}立方米/天，证实具有商业开发潜力。

2. 鄂尔多斯盆地。延长页岩气勘探成果不断扩大。围绕国家级示范基地和示范区建设，落实有利目标区和资源潜力，页岩气勘探成果不断扩大。

一是探明含气面积进一步扩大。在下寺湾延页12井区新增探明含气面积84.34平方千米，落实探明地质储量194.31×10^{8}立方米。

二是在直罗—张家湾区中生界页岩气富集有利区进一步明朗，初步圈定有利区面积近2100平方千米。

三是发现云岩—延川及下寺湾区上古生界山西组页岩具有较好的含气性，展示出上古生界良好的勘探潜力。

四是成功完钻国内陆上最大偏移距丛式三维水平井，水平井段长度达1200米，偏移距达600米；形成页岩气水平井组，“井工厂”作业模式取得良好效果。

·油气资源开采成果·

【概况】 截至2013年底，全国共有油田683个，气田251个，煤层气田12个。2013年，全国新投产油田13个，新建原油产能1733.78×10^{4}吨；新投产气田3个，新建天然气产能227.02×10^{8}立方米。其中，中国石油新投产油田5个，新建原油产能1401.78×10^{4}吨/年，新投产气田2个，新建天然气产能201.29×10^{8}立方米/年；中国石化新投产气田1个，新建天然气产能24.4×10^{8}立方米/年；中国海油新投产油田8个，新建原油产能152×10^{4}吨/年；延长石油新建原油产能180×10^{4}吨/年；中联公司新建煤层气产能1.33×10^{8}立方米/年（表1）。

表1　　2013 年全国新投产油气田和新建产能表

公司	新投产油田(分公司)	新增原油产能(10^4 吨/年)	新投产气田(分公司)	天然气产能(10^8 立方米/年)
中国石油	南贝尔油田(大庆)、黄陵油田(长庆)、长春岭油田(吉林)、酒东油田(玉门)、哈拉哈塘油田(塔里木)	1401.78	盐湖气田和马西气田(青海)	201.29
中国石化			塔河 9 区气田(西北)	24.4
中国海油	岐口 18 - 1 调整项目、绥中 36 - 1 二期调整、秦皇岛 32 - 6 调整项目(天津)、涠洲 6 - 12、涠洲 12 - 8W、文昌 19 - 1N、文昌 8 - 3E(湛江)、流花 19 - 5(深圳)	152		
延长石油		180		
中联公司				1.33

【石油开采】 2013 年,全国实现了原油产量持续稳定增长。各石油公司在原油生产中努力把地震、洪水等自然灾害的影响降到最低;油田开发突出开发效益和质量,加大新区产能建设和滚动勘探开发新建产能工程,推进低渗透油藏和稠油油藏上产工程;老油田开发狠抓以精细注水为核心的基础工作,油田保持低水平递减、稳产。

1. *松辽盆地*。2013 年,松辽盆地产原油 4487.29×10^4 吨。

盆地北部的大庆油田,在“双高”(高采收率、高含水)的情况下,生产原油 4000 万吨,是自 2008 年实施 4000 万吨稳产规划以来,连续第 6 个年头保持稳产。水驱是原油开发的主力技术,在大庆油田生产的现阶段仍然发挥重要作用。2013 年,油田以“控递减、控含水”为核心,不断丰富调整挖潜手段、改进相应做法,不仅实现水驱调整注水方案 8596 口井,而且完善了长垣水驱细分注水量化标准,并在外围油田建立相关标准,在地质意义上实现了全油田精细注水,全年水驱产油 2577 万吨,占油田原油产量的 64.4%。大庆三元区已具备工业化推广条件。

盆地南部的吉林油田,资源品位不高,剩余石油资源主要为薄层油藏和致密油藏,占总储量的 93%。油田以水平井压裂技术助推低品位资源高效开发,开展直径 117.5 毫米小井眼水平井钻完井技术攻关,形成钻具组合优化、钻井液防塌技术和润滑防卡等配套技术,有效减少钻井材料费用,降低钻井成本。2013 年,吉林油田实现了连续 10 年稳产原油 500 万吨。

2. *渤海湾盆地*。2013 年,渤海湾盆地产原油 7476.01×10^4 吨。其中陆上产原油 4901.85×10^4 吨,海上产原油 2574.16×10^4 吨。

① 辽河兴隆台潜山油田。兴隆台潜山位于辽宁省盘锦市兴隆台区,由兴古、马古、陈古 3 个潜山构成。整体被多期断裂切割,形成中间高、南北低、高差起伏大的地貌,紧贴生油凹陷,由两条断层夹持,是典型的“洼中之隆”,成藏条件良好。兴隆台潜山是以太古界变质岩、中生界砂砾岩及角砾岩为主的块状裂缝性潜山,为具有统一压力系统的新生古储潜山油藏,具有埋藏深,构造复杂,岩性多样,含油井段长(2000 米),储层非均质性强的特点。油层以兴古潜山最发育,油藏埋深 2335 ~ 4680 米,含油幅度高达 2345 米。截至 2013 年底,兴隆台潜山总体完钻开发井 107 口,累产油 413.6×10^4 吨。2013 年,兴隆台潜山完钻新井 14 口,其中水平井 3 口,新建产能 9.9×10^4 吨。

②冀东南堡油田。南堡油田区域构造隶属渤海湾盆地黄骅坳陷北部的南堡凹陷,位于南堡凹陷的西、南部海域部分。主要发育南堡 1 号、南堡 2 号、南堡 3 号、南堡 4 号、南堡 5 号 5 个有利构造,勘探面积 1000 平方千米,主要是中、古生界潜山基础上发育起来的背斜构造和断鼻构造带。主要发育明馆浅层、东一段、奥陶系 3 套主力含油层系。2013 年,南堡油田探明储量全部位于南堡 1 号、2 号构造。南堡油田 1、2 号构造已上报探明石油地质储量 44510.17×10^4 吨。其中南堡 1 号构造探明石油地质储量 28645.44×10^4 吨,南堡 2 号构造探明石油地质储量 15864.73×10^4 吨。纵向上探明储量全部为 NmⅢ ~ Ed1 油藏。截至 2013 年底,累积动用地质储量 11432×10^4 吨,可采储量 2255×10^4 吨。2013 年,南堡油田新钻开发井 41 口,进尺 15.87×10^4 米,新建产能 20.06×10^4 吨,年产油 109×10^4 吨。

③胜利油田。胜利油田克服开发难度增大、老油田递减加快、投资成本紧缩、全年产量任务等困难和巨大压力,以科技进步为支撑,做好“加快海上、加大低渗、优化稠油、提升三采、深化水驱”五方面工作,全年生产原油 2776.2×10^4 吨,比 2012 年增产 21.2×10^4 吨,连续 18 年原油产量稳定在 2700×10^4 吨以上。

滚动勘探与油藏评价落实了产建新阵地,在 118 个区块发现和落实商业开发储量 6945×10^4 吨,当年动用率 61%,有力支撑了高效建产。

实施注水提质提效和基层管理提升两项工程,巩固稳产基础。推进整装油藏矢量井网开发技术、断块油藏的立体开发技术、低渗透油藏的差异化开发技术，稀油油藏自然递减率持续稳定在11.6%的较低水平，连续6年持续下降；稠油稳产工程针对浅层稠油优化热采工艺和参数，在单83－014、排601等区块实施转蒸汽驱，配套汽窜井治理工艺，推广温敏凝胶、热固型堵剂等堵调技术，配套亚临界锅炉及超临界锅炉、汽水分离器等装备，稠油热采产量保持稳定。

④渤海油田。精耕细作，确保油田基础产量可持续稳产在渤海海域，充分挖掘在生产油气田潜力，在管理和技术上下功夫，使油田保持低水平递减、稳产。强化采油井管理，有力地保证了油井生产"高时率"。设备设施完整性管理进入实质性工作阶段并初见成效。采取"专项负责、重点布控"的模式，预防事件发生，确保安全生产，使设施保持高运行时效。

绥中36－Ⅲ期调整C平台调整井措施按计划实施，增加油产量；锦州25－1南油田为避免资源闲置（气井预计2018年投产），4口气井变更为油井和注水井，2013年计划外原油贡献4.66×10^4吨产量。

积极应对埕北储罐破裂突发事件，采用外输油轮替代储罐临时复产，贡献产量约8.4×10^4立方米。

3. 鄂尔多斯盆地。2013年，鄂尔多斯盆地产原油13754.64×10^4吨。其中，中石油长庆产原油2431.93×10^4吨，延长石油产原油1262.71×10^4吨，中石化华北分公司产油60.0×10^4吨。

①姬塬油田。姬塬油田位于陕西定边县、吴旗县，甘肃省环县、华池县与宁夏自治区盐池县境内，鄂尔多斯盆地陕北斜坡中西部，区域构造为一西倾单斜，主要含油层三叠系长8、长6、长4＋5、长2、长1和侏罗系延10、延9等油层组。属三角洲平原分流河道沉积，油藏埋深1950～2426米，有效厚度6.5～12.4米，孔隙度10.4%～16.5%，渗透率0.27～1.42mD，原始地层压力15.4～16.6兆帕，油藏类型为构造—岩性油藏。截至2013年底，累计动用地质储量85179.13×10^4吨，年产油762×10^4吨。2013年，姬塬油田共完钻开发井2097口，完成进尺516.79×10^4米，建成原油产能105.2×10^4吨。

②华庆（超低渗）油田。华庆油田位于陕西省吴起县和甘肃省华池县境内，鄂尔多斯盆地陕北斜坡西南部，区域构造为一西倾单斜。主力油层为延长组长4＋5～长8油层组，油藏埋深1950～2180米，孔隙度9.3%～12.5%，渗透率0.57～1.22mD。超低渗透油藏资源主要分布在白239、元284、白255、山139四条砂带上。截至2013年底，累计动用地质储量2.72×10^8吨，年产油103×10^4吨。2013年超低渗产建区完钻井400口，完成进尺93.29×10^4米，建成原油产能27.4×10^4吨。

③鄂南致密油藏认识得到深化提升。对鄂南油田致密油藏不断深化认识，积极开展攻关试验，优化控制实施节奏，择优新建产能37×10^4吨；地震反射结构识别和描述河道、"近烃源、占河道、穿裂缝"井位部署优化、不同储层条件的分段压裂水平井钻完井及压裂改造、黄土高原地区"三化"地面建设等配套开发技术初步形成了系列，注水、注气补充能量的开发试验全面展开，推进了致密油藏有效开发技术发展。

④延长石油各油田。第一，油田开发加强精细油藏分析，科学部署新井，规范实施程序，建成产能180×10^4吨，全年投产新井5836口，与2012年相比，单井初周月产油上升2.7吨。

第二，油田水平井由探索阶段向整体部署应用阶段转变，配套工艺日趋成熟，2013年共部署水平井60口，其中，延长组部署42口，延安组水平井部署18口，累计产油1.7×10^4吨，投产井初周月平均日产油11.95吨，是同区域常规井的3～4倍，展现了良好的开发效果。

第三，油田注水开发规模持续增大，全年建成注水站151座，新增注水能力9020立方米/天，注水控制面积和水驱控制储量分别达到31.75平方千米和170261×10^4吨，注水控制面积比2012年增加612平方千米，增长23.9%，水驱控制储量比2012年增加37846×10^4吨，增长28.6%。注水能力上升到目前的235630立方米/天，比去年增加8700立方米/天，增长3.8%，注水区自然递减率比全油田平均自然递减率低1.8个百分点。

第四，油田表面活性剂驱油技术应用成效显著，2013年延长油田继续扩大YC－3驱油应用规模，已在11个采油厂(38个注水区块实施了YC－3表面活性剂驱油，注剂层位主要有长2、长6、长9、长4＋5等，总面积为524.21平方千米，地质储量4.04×10^8吨，注剂水井总计1899口，对应受益油井6105口，月均注YC－3驱油剂1945吨，累积注剂33489吨，月均增油2814吨，累积增油5.37×10^4吨。

4. 塔里木盆地。2013年，塔里木盆地产原油1327.45×10^4吨。

①哈拉哈塘油田。哈拉哈塘主力区块哈6井区位于塔里木盆地塔北隆起轮南低凸起中西部，是一个大型复合型潜山油藏。主要产层为奥陶系一间房组－鹰山组一段，在全区分布稳定。奥陶系油藏是受岩溶缝洞储层控制的大型碳酸盐岩准层状未饱和油藏。储集空间类型主要为裂缝—孔洞型占53%、孔洞型占24%、洞穴型占15%、裂缝型占7%，由于缝洞发育、储层非均质性强，造成钻井成功率低、高效井比例低、产量递减大等问题，勘探开发难度大。2009～2013年期间先后勘探、评价、开发哈6、新垦、热瓦普、金跃区块，

累计上交三级地质储量 3.05×10^8 吨，其中探明 1.65×10^8 吨，控制 0.99×10^8 吨，预测 0.41×10^8 吨。截至2013年底，哈拉哈塘地区累积动用地质储量 3905×10^4 吨，2013年产油 90×10^4 吨，2013年产能建设完钻井48口，新建原油产能 33×10^4 吨。

②塔河奥陶系小型缝洞体评价技术取得突破。

塔河控递减工程继续扩大缝洞油藏注水补充能量技术应用，稳步扩大注气试验规模，自然递减整体控制到20%以下。

5. 准噶尔盆地。2013年，准噶尔盆地产原油 1293.61×10^4 吨。

①新疆风城油田。风城油田主要含油层系为侏罗系八道湾组、齐古组。油藏埋深150～600米，油层厚度5～35米，孔隙度27%～30%，渗透率792～1700mD，50℃原油黏度0.2～718万厘泊。落实地质储量 3.51×10^8 吨。风城侏罗系超稠油发现于20世纪50年代，勘探始于80年代初，到2006年，累积探明石油地质储量 3942×10^4 吨。2007～2010年开展注蒸汽热采工业化试验和SAGD攻关试验，获得了较好的初步效果。2010年在整体油藏评价和前期试验的基础上，编制完成开发规划方案。规划方案部署开发井6995口，建产能 1251.8×10^4 吨，2015年年产油 400×10^4 吨，稳产17年，全生命周期累积产泪 19986×10^4 吨，最终采收率36%。2011年，完成产能 50.2×10^4 吨，年产油 88.6×10^4 吨。2013年建产能 125×10^4 吨，生产原油 1201.9×10^4 吨，基本踏上了规划步伐。

②准西油田滚动评价和规模产能建设。河南油田在准西春光地区通过精细研究、精细滚动、精细评价，基本落实了建成百万吨生产能力的产能阵地。

胜利、河南油田在准噶尔西缘科学组织、加快建设，北扩南增、稠稀并举，新建产能 40×10^4 吨，原油产量突破百万吨，上产幅度达到45.9%。

6. 柴达木盆地。2013年，柴达木盆地产原油 214.5×10^4 吨。

青海昆北油田。昆北断阶带位于柴达木盆地西部祁漫塔格山北缘，目前昆北断阶带发现切6、切16一切4和切12区3个整装油藏，切6、切12区2011年上报石油探明地质储量 6209.36×10^4 吨，切16和切4区上报石油控制地质储量 5343×10^4 吨，探明+控制石油地质储量达 11552.6×10^4 吨，形成亿吨级储量场面。2012年产能建设完钻井95口，完成进尺 19.5×10^4 米，建成原油产能 13.68×10^4 吨。截至2013年底昆北油田累积动用地质储量 4548×10^4 吨，2013年产淮 129×10^4 吨。

7. 吐哈盆地。2013年，吐哈盆地产原油 158.89×10^4 吨。

吐哈鲁克沁油田。鲁克沁稠油油田位于吐哈盆地南部，行政隶属鄯善县鲁克沁乡。鲁克沁稠油聚集带包括鲁克沁构造带和玉北—连木沁构造带，横向上分为东、中、西、北四个区，主力油层T2k2Ⅱ，油层厚度30～80米，埋深2200～3700米。已探明含油面积18.74平方千米，石油探明地质储量 8487×10^4 吨。鲁克沁油田于1997年投入试采，2000年8月优选储层物性好、单井产能高的鲁2块投入开发，衰竭开发两年半后于2003年6月在鲁3－7井开展了常规注冷水试验，在矿场试验成功的基础上，于2005年10月该块全面投入注水开发。在鲁2块注水开发试验成功基础上，玉东区块2008年整体投入注水开发。截至2013年鲁克沁油田动用石油地质储量 8712×10^4 米，年产油 58×10^4 米。2013年完钻井181口，完成进尺 63.54×10^4 米，建成原油产能 36.69×10^4 米。

8. 苏北盆地。2013年，苏北盆地产原油 206.52×10^4 米。

溱潼凹陷滚动评价成果取得新的突破。华东分公司积极落实"数块块"的要求，断块油藏滚动建产实现了持续上产，产量增幅连续两年保持在30%左右，创华东分公司历史新高。

9. 江汉盆地。2013年，江汉盆地产原油 80.00×10^4 米。

滚动勘探评价落实了新产能。江汉油田针对盐湖盆地特征，应用叠前密度反演技术，精细刻画砂体展布形态及岩性圈闭，在潜北地区发现广531优质岩性油藏，落实商业开发储量 124×10^4 米，当年新建产能 1.8×10^4 米。

10. 珠江口盆地。2013年，珠江口盆地产原油 1109.76×10^4 米。

目标跟踪，及时调整优化作业措施，加快开发新井实施进度。文昌8－3E油田主动协调，加快进度，油田比计划提前投产2个半月，比年初计划多贡献 5.27×10^4 米原油；番禺4－2/5－1油田综合调整项目，优化钻井顺序，加快实施进度，比年初计划多投产10口开发井，为完成该项目2013年保产增产做出贡献；文昌19－1N/8－3E油田随钻研究增加井数，利用剩余井槽按调整井继续实施。调整井措施按计划实施，增加油产量。

常规措施和技术增产依旧保持较高水平。2013年油井措施、注聚、热采等技术手段增产达 196.4×10^4 米。

11. 北部湾盆地。2013年，北部湾盆地产原油 244.17×10^4 米。积极推进计划外新井投产，多方协作解决突发事件早复产。

涠洲6－12油田开发井实施兼探，北块新增探明储量约 285×10^4 立方米；随钻调整新增5口开发井，2013年计划外原油贡献 8.76×10^4 米产量。

涠洲11－1海管外腐蚀泄漏，提前诊断，快速抢修，节省了事后备件采办和调配资源约一个月的时间。

【天然气开采】 2013年，各石油公司天然气开采主要以加大新区和重点气区产能建设规模为龙头，钻采工程技术进步在钻井提速、水平井规模应用、增产改造技术等方面又取得新进展，为复杂气藏有效开发、为天然气的快速上产和规模上产提供了重要技术保障，全国天然气开采保持快速发展。

1. 松辽盆地。2013年，松辽盆地产天然气58.46×10^8立方米。

松南气田登娄库组1×10^8立方米产能建设顺利完成。松南气田登娄库组原开发方案部署开发井36口，经过气藏精细描述工作，优化完善了开发方案，新方案部署开发水平井9口，建产能2×10^8立方米。2013年实施5口开发井，建产能1×10^8立方米。通过构造精细解释与小断层识别，保证了实钻深度与构造解释储层顶面深度基本吻合；利用多种物探属性融合方法进行储层预测与含气性检测，强化水平井随钻跟踪研究，提前预判及时调整，5口开发井全部完钻，平均气层钻遇率70%，平均单井日产5.8×10^4立方米，新建产能1×10^8立方米，产能建设顺利完成。

2. 鄂尔多斯盆地。2013年，鄂尔多斯盆地产天然气382.67×10^8立方米。

① 长庆苏里格气田。主要目的层为P1s、P2h、O1米。勘探面积约33000平方千米，气层埋深平均3500米，地温梯度3.06℃/100米，平均孔隙度8.9%，渗透率平均0.7mD。截至2013年底累计探明、基本探明储量3.49×10^{12}立方米，其中探明储量12727.10×10^8立方米。2013年动用储量392.55×10^8立方米，可采储量264.68×10^8立方米，完钻开发井941口，建成产能77.1×10^8立方米（其中：自营区完钻471口，建成产能42.6×10^8立方米；风险作业区完钻390口，建成产能26.86×10^8立方米；苏南国际合作区完钻80口，建成产能7.65×10^8立方米）。截至2013年底，累计动用地质储量10575.54×10^8立方米，技术可采储量5591.65×10^8立方米，年末总生产能力240×10^8立方米，成为国内最大气田。2013年12月，累计投产气井7130口，日均开井6604口，日产水平6801×10^4立方米，平均单井日产量1.03×10^4立方米，年产气212.9×10^8立方米，累计采气780.1×10^8立方米。

② 大牛地气田9×10^8立方米产能建设效果良好。

在优质储量已基本动用，Ⅱ、Ⅲ类储层剩余未动用储量较大，以及利用直井难以开发的背景下，大牛地气田连续两年利用水平井大规模建产。2013年部署开发井110口，建产能9×10^8立方米。已全部完钻并完成试气，日配产275×10^4立方米，平均单井配产2.5×10^4立方米/日，顺利完成产能建设任务。

③延长店油各气田。一是精心组织、及时评价，天然气开发快速发展，建成天然气产能8×10^8立方米，已完钻开发井平均单井产能达到1.38×10^4立方米/天，高出方案设计值0.16×10^4立方米/天。

二是完成了《延长气田延145井区开发方案》编制，为加快天然气开发奠定了基础。延145井区位于延安市延川县境内，含气面积668.49平方千米，探明地质储量460.20×10^8立方米，是一规模较大的整装气田，该方案部署开发井110口，建成年生产能力3×10^8立方米。

3. 四川盆地。2013年，四川盆地产天然气240.85×10^8立方米。

①西南磨溪龙王庙组气藏。2013年上交探明天然气地质储量4403.83×10^8立方米，可采储量3082.68×10^8立方米。开发方案动用地质储量3218.36×10^8立方米，总井数74口，其中利用探井12口，开发井45口（其中4口备用井），污水回注井11口，观察井3口，新部署评价井3口。建成天然气产能规模110×10^8立方米，产量规模90×10^8立方米。

2013年，寒武系龙王庙组300×10^4立方米试采工程地面工程已经投产。全年实际开钻开发井8口，进尺2.76×10^4米，其中完钻3口，进尺1.14×10^4米，正钻5口，进尺1.62×10^4米，利用探井新建产能17.66×10^8立方米；地面净化厂建设进展顺利，300×10^4立方米试采净化厂2013年11月投产；1200×10^4立方米净化厂预计2014年9月投产，预计2014年9月底，供气能力可达30×10^8立方米左右。2013年12月，投产8口，开井8口，日产气水平498×10^4立方米，当年产气4.88×10^8立方米，累计产气4.94×10^8立方米。

②元坝海相34×10^8立方米产能建设工程顺利推进。元坝产能建设工程项目整体按统筹网络计划顺利推进。一是元坝17×10^8立方米试采工程加快推进。9口开发井全部开钻，7口完钻井储层的钻遇率达到59.1%。试气投产扎实推进，已有6口井进行了试气求产，平均无阻流量490×10^4立方米/天，日配产30×10^4～60×10^4立方米，达到方案设计水平。地面集输工程和系统配套工程全面展开。

二是滚动区17×10^8立方米产能建设方案全部落实，产建工作全面展开。通过加快3口勘探评价井和3口开发评价井实施，进一步刻画了礁滩相储层富集规律和气水分布规律，针对滚动区部分区域见水储量减少的实际情况，重新优化井位部署方案，该方案动用储量641×10^8立方米，开发井23口，新钻开发井10口，利用老井13口，采气速度3.1%，稳产期6年，税后内部收益率13.4%。与此同时，钻井工作已经全面展开。

③川西中浅层产能建设工程积极稳妥推进。针对

川西中浅层油气富集区相对分散、单井产量不高的挑战，积极优化开发方案：通过增加新场老区钻井11口，建成产能1×10^8立方米；加大什邡－广金新区新层钻井，增加产能0.5×10^8立方米，全面完成了跨年3.5×10^8立方米的产能建设任务。在高庙沙溪庙组高32井取得勘探突破后，及时调整部署开发评价井，高庙沙溪庙组气藏实现了当年发现、当年评价、当年建产，开发钻井18口，建产能1×10^8立方米。同时开展须五气藏评价工作。通过新区新层系的优化调整和探井转采，基本落实了当年4.5×10^8立方米建产阵地，当年建成3.5×10^8立方米生产能力。

4. 塔里木盆地。2013年，塔里木盆地产天然气239.20×10^8立方米。

①塔里木克深气田。克深2区块含气面积64.02平方千米，累计上交探明天然气地质储量1542.93×10^8立方米，可采储量925.76×10^8立方米。开发方案动用地质储量3002×10^8立方米，总井数73口，其中生产井63口（建设期58口，稳产期5口），产能备用井6口，污水回注井1口，观察井3口，建成天然气产能规模60×10^8立方米。

2013年，克深气田建设全面启动，全年实际开钻井29口，进尺17.13×10^4米，其中完钻12口，进尺8.47×10^4米，正钻17口，进尺8.66×10^4米，新建产能20.96×10^8立方米，累计配套产能12.2×10^8立方米，预计正钻井全部完钻后，产能规模可达32×10^8立方米。2013年12月，投产21口，开井19口，日产气水平943×10^4立方米，当年产气16.44×10^8立方米，累计产气17.01×10^8立方米。

②塔里木大北气田。截至2013年，累计上交探明天然气地质储量1093.19×10^8立方米，可采储量692.49×10^8立方米。开发方案设计动用地质储量1144.5×10^8立方米，总井数35口，其中需新钻井26口，老井利用9口，建成天然气产能规模30×10^8立方米。2013年底，累计动用地质储量338.46×10^8立方米，可采储量220×10^8立方米。2013年，大北气田加快产能建设，全年开钻13口，进尺7.36×10^4米，实际完钻井5口（跨年1口），进尺2.91×10^8立方米，正钻8口，进尺4.45×10^4米。新增配套产能2.48×10^8立方米。累计新建产能12.2×10^8立方米。预计正钻井全部完钻后，产能规模可达21.3×10^8立方米。地面工程根据目前施工进展，预计2014年7月试运投产，至2013年12月，试采工程实际投产气井7口，开井4口，日产气水平177×10^4立方米，平均单井日产气44.2×10^4立方米，当年产气6.03×10^8立方米，累计产气14.48×10^8立方米。

③塔里木迪那2气田。含气面积125.31平方千米，探明天然气地质储量1752.18×10^8立方米，可采储量1138.92×10^8立方米，气藏埋深4200～6000米，地温梯度2.259℃，压力系数为2.06～2.29，为常温超高压凝析气田。方案设计总井数33口（其中新钻井29口），天然气产能规模40×10^8立方米。2013年开钻井4口，进尺1.59×10^4米，实际完钻3口（跨年1口）。

至2013年底，累计动用地质储量1752.18×10^8立方米，可采储量1138.92×10^8立方米，累计完钻24口，建成产能40×10^8立方米。2013年12月，投产23口，开井22口，日产气水平2111×10^4立方米，平均单井日产气72.87×10^4立方米，当年产气68.11×10^8立方米，累计产气202.93×10^8立方米。年产凝析油44.56×10^4吨，累计产凝析油167.17×10^4吨。

④塔里木塔中1号气田。含气面积741.91平方千米，探明天然气地质储量3534.79×10^8立方米、可采储量2163.97×10^8立方米。主要开发层系为奥陶系良里塔格组及鹰山组，主力区块原始地层压力58.31～64.98兆帕。

2013年完钻新井25口，进尺23.11×10^4米，新建产能2.01×10^8立方米。至2013年底，累计动用地质储量329.1×10^8立方米，可采储量196.64×10^8立方米，总投产井数139口，建成试采能力9.5×10^8立方米。2013年12月开井82口，井口日产油水平为150^4吨，平均单井井口日产水平为18.34吨，日产气水平为291.2×10^4立方米，平均单井日产气水平为3.56×10^4立方米。2013年年产气9.33×10^8立方米，累计产气35.29×10^8立方米。年产凝析油43.41×10^4吨，累计产凝析油186.33×10^4吨。

⑤塔河9区奥陶系凝析气藏产能建设效果显著。塔河9区2004年提交探明含气面积65.39平方千米，气层气探明地质储量183.98×10^8立方米。凝析油探明地质储量319.10×10^4吨。由于含硫化氢而无法动用，资源长期闲置。为了尽快将资源优势转化为经济效益，先期实施了4口老井试采试验和新钻6口井进行滚动建产，取得了很好效果。为此，将塔河9区奥陶系凝析气藏产能建设由滚动建产调整为规模建产，编制了3.3×10^8立方米产能建设方案，脱硫处理厂规模也由50×10^4立方米/天扩建到100×10^4立方米/天，使塔河9区多年未动用储量得到了有效开发。

2013年，部署新井10口（7口产建井，3口勘探评价井），恢复老井1口（DK25井）。截至年底，新井完钻投产9口，正钻井1口，老井恢复1口。10口投产井日产气能力50.4×10^4立方米，平均单井日产量5×10^4立方米/天，日产油196.4吨，当年新建天然气产能1.58×10^8立方米。

5. 琼东南盆地。2013年，琼东南盆地产天然气15.10×10^8立方米。

科学应对，多方协作解决突发事件，早复产。对于重大抢修事件，采取垂直管理、横向协调、统筹规划，快速恢复生产，将事件影响降到最低。崖城 13－1 海管外力损伤抢修，比预期提前 1 个月恢复向香港供气，挽回产量损失达 7.4×10^4 立方米油当量。

【煤层气开采】 2013 年，我国煤层气开发继续稳步推进。

1. 沁水盆地。①沁南直井示范工程项目（柿庄南）。山西沁水盆地南部煤层气直井开发示范工程（又称沁水煤层气田柿庄南区块东区开发项目）针对柿庄南区块东区开展。该区位于沁水盆地南部太行山西麓，行政区划隶属于山西省晋城市沁水县的柿庄乡管辖，距省会太原约 400 千米，东南距晋城 70 千米。中联公司已获得柿庄南区块东区 3 号煤层新增煤层气探明地质储量为 228.29×10^8 立方米，技术可采储量 124.53×10^8 立方米；15 号煤层新增煤层气探明地质储量为 167.85×10^8 立方米，技术可采储量 85.50×10^8 立方米。

2013 年，该项目完成 56 口直井、2 组水平井钻井。累计完成直井 1298 口，水平井 8 组，投产直井 633 口，水平井 5 组。2013 年，煤层气产量达 0.51×10^8 立方米，销量 0.07×10^8 立方米，目前处于单井稳定上产阶段，是我国目前投入商业开发的又一重点区块。

②沁南潘庄煤层气开发项目。山西晋城潘庄区块是我国煤层气开发试验最早的地区之一。潘庄区块构造为简单的单斜，煤层发育、区域稳定、厚度大（3#煤和 15#煤总厚 7～12 米），煤体主要为原生结构煤，煤层埋藏浅（300～1000 米），煤层顶板为泥岩、泥岩夹粉砂质泥岩等，封闭性能好），煤层气含量高（10～30 立方米/吨），含气饱和度高于 80%，煤层渗透性一般高于 1md，是一个得天独厚的煤层气开发有利区。潘庄区块煤层气探明储量 299.23×10^8 立方米，待申报储量约 50×10^8 立方米。

2013 年，该项目完成 5 口直井、12 组水平井钻井，累计完成直井 229 口，水平井 45 组，全部投入排采生产，2013 年煤层气产量达 4.15×10^8 立方米，销量 3.7×10^8 立方米，直井单井平均产量达 3500 立方米/天，是我国目前投入商业开发中单井产量最高的区块之一。

③沁水樊庄、郑庄区块。沁水樊庄区块日产气 160×10^4 立方米，已呈稳定生产状态；郑庄区块日产气上升到 25×10^4 立方米。

2. 鄂尔多斯盆地。韩城、保德区块优化排采制度及连续排水降压，日产气分别上升到 30×10^4、57×10^4 立方米，呈持续上升态势。

（选自 2013 年度《全国石油天然气资源勘查开采通报》）

冶　金

【概况】 2013 年，在宏观经济复杂多变、钢铁产能严重过剩、行业发展形势趋紧等困难和压力下，冶金矿山行业广大干部和职工自强不息，攻坚克难，确保了行业的平稳健康发展。

据统计，2013 年全国规模以上铁矿企业生产铁矿石 145101 万吨，同比增长 9.9%；实现主营业务收入 9828 亿元，比 2012 年增长 11.8%；实现利润总额 1050 亿元，比 2012 年增长 1.8%，其中主营活动利润 1104 亿元；全年固定资产投资累计完成 1666 亿元，同比增长 10.4%。

2013 年，全国生铁、粗钢、钢材产量分别为 70897 万吨、77904 万吨和 106762 万吨，同比增长 6.2%、7.5% 和 11.4%；我国铁矿石原矿产量累计达到 145101 万吨。

2013 年，全国规模以上铁矿企业生产铁矿石 145101 万吨，与 2012 年同期相比增加 14137 万吨，累计同比增长 9.9%，增速比 2012 年下降 4.6 个百分点，产能利用率达到 82.6%。其中河北、四川、辽宁、山西、内蒙古五省区合计产量达 11.04 亿吨，占全国总量的 76% 以上。

从区域来看：西南、中南和西北地区的产量同比增幅均超过 14%，其中西北地区增幅达 21.26%，西南地区次之达 17.45%。

华北地区 2013 年原矿产量为 77610.2 万吨，与 2012 年同期相比，增加 7094.0 万吨，增幅 10.06%。该地区产量占全国铁矿石产量的比重为 53.49%。

东北地区 2013 年原矿产量为 18239.9 万吨，与 2012 年同期相比，增加 521.9 万吨，增幅 2.95%，占全国铁矿石产量的比重为 12.57%。

华东地区 2013 年原矿产量为 10695.5 万吨，较 2012 年同期增加 836.3 万吨，增幅 8.48%，占全国铁矿石产量的比重为 7.37%。

西南地区 2013 年铁矿石原矿产量为 22440.7 万吨，较 2012 年同期增加 3334.4 万吨，同比增长 17.45%，该地区产量占全国铁矿石产量的比重为 15.47%。

中南地区 2013 年铁矿石原矿产量为 9121.0 万吨，较 2012 年同期增加 1124.5 万吨，同比增幅为 14.06%，该地区产量占全国铁矿石产量的比重为 6.29%。

西北地区为产量最少的地区，2013 年铁矿石原矿产量为 6993.8 万吨，较 2012 年同期增加 1226.3 万吨，同比增幅 21.26%，该地区产量占全国铁矿石产量的比重为 4.82% 见表 1。

表1 **2013年全国铁矿石产量** 单位:万吨

地区	2013年	2012年	各区占全国总量比重(%)		与2012年同期比	
			2013年	2012年	增量	%
合 计	145101.12	130963.70	100.00	100.00	14137.42	10.79
华北地区	77610.20	70516.20	53.49	53.84	7094.00	10.06
北 京	2116.00	1980.50	1.46	1.51	135.50	6.84
河 北	56930.50	52357.00	39.24	39.98	4573.50	8.74
山 西	9830.10	8130.10	6.77	6.21	1700.00	20.91
内蒙古	8733.60	8048.60	6.02	6.15	685.00	8.51
东北地区	18239.90	17718.00	12.57	13.53	521.90	2.95
辽 宁	15845.50	15483.10	10.92	11.82	362.40	2.34
吉 林	1808.50	1762.40	1.25	1.35	46.10	2.62
黑龙江	585.90	472.50	0.40	0.36	113.40	24.00
华东地区	10695.50	9859.20	7.37	7.53	836.30	8.48
江 苏	216.60	207.40	0.15	0.16	9.20	4.44
浙 江	156.70	157.70	0.11	0.12	-1.00	-0.63
安 徽	5080.50	4199.10	3.50	3.21	881.40	20.99
福 建	1188.60	1221.90	0.82	0.93	-33.30	-2.73
江 西	1899.80	1916.90	1.31	1.46	-17.10	-0.89
山 东	2153.30	2156.20	1.48	1.65	-2.90	-0.13
中南地区	9121.00	7996.50	6.29	6.11	1124.50	14.06
河 南	2024.90	1502.80	1.40	1.15	522.10	34.74
湖 北	2805.10	2289.80	1.93	1.75	515.30	22.50
湖 南	1058.20	997.30	0.73	0.76	60.90	6.11
广 东	1955.30	2227.30	1.35	1.70	-272.00	-12.21
广 西	674.00	392.10	0.46	0.30	281.90	71.89
海 南	603.50	587.20	0.42	0.45	16.30	2.78
西南地区	22440.72	19106.30	15.47	14.59	3334.42	17.45
重 庆	4.10	2.00	0.00	0.00	2.10	105.00
四 川	19067.40	16283.00	13.14	12.43	2784.40	17.10
贵 州	161.00	92.30	0.11	0.07	68.70	74.43
云 南	3169.70	2621.90	2.18	2.00	547.80	20.89
西 藏	38.52	107.10	0.03	0.08	-68.58	-64.03
西北地区	6993.80	5767.50	4.82	4.40	1226.30	21.26
陕 西	1498.80	1329.50	1.03	1.02	169.30	12.73
甘 肃	1763.00	1214.20	1.22	0.93	548.80	45.20
青 海	366.70	220.60	0.25	0.17	146.10	66.23
新 疆	3365.30	3003.20	2.32	2.29	362.10	12.06

【铁矿石市场】 2013年,中国铁矿石价格指数从2月中旬的年内高点511.26点下探到6月底的低点424.47点,跌幅为20.4%。7月,随着国内市场钢材价格回升,推动铁矿石价格触底反弹。12月,中国铁矿石价格指数达到476.98点,较年内低点上涨12.4%。其中,国产铁矿石价格指数最高383.74点,最低为338.14点。

全年国产66%铁精粉平均价格为921元/吨,同比下降6.1%(表2)。

表 2　　2013 年 CIOPI 中国铁矿石价格指数变化情况表

项　目	1 月末	12 月末	环比升降	升降幅(%)
CIOPI 中国铁矿石价格指数	465. 37	423. 38	41. 99	9. 92
1. 国产铁矿石价格指数	367. 71	345. 99	21. 72	6. 28
2. 进口铁矿石价格指数	518. 66	465. 61	53. 05	11. 39
CIOPI 中国铁矿石价格指数	496. 66	465. 37	31. 29	6. 72
1. 国产铁矿石价格指数	383. 74	367. 71	16. 03	4. 36
2. 进口铁矿石价格指数	558. 27	518. 66	39. 61	7. 64
项　目	3 月末	2 月末	环比升降	升降幅(%)
CIOPI 中国铁矿石价格指数	474. 69	496. 66	-21. 97	-4. 42
1. 国产铁矿石价格指数	364. 14	383. 74	-19. 60	-5. 11
2. 进口铁矿石价格指数	519. 62	558. 27	-38. 65	-6. 92
项　目	4 月末	3 月末	环比升降	升降幅(%)
CIOPI 中国铁矿石价格指数	476. 76	474. 69	2. 07	0. 44
1. 国产铁矿石价格指数	364. 12	364. 14	-0. 02	-0. 01
2. 进口铁矿石价格指数	522. 55	519. 62	2. 93	0. 56
项　目	5 月末	4 月末	环比升降	升降幅(%)
CIOPI 中国铁矿石价格指数	452. 41	476. 76	24. 35	-5. 11
1. 国产铁矿石价格指数	343. 90	364. 12	-20. 22	-5. 55
2. 进口铁矿石价格指数	496. 52	522. 55	-26. 03	-4. 98
项　目	6 月末	5 月末	环比升降	升降幅(%)
CIOPI 中国铁矿石价格指数	424. 47	452. 41	-27. 94	-6. 18
1. 国产铁矿石价格指数	341. 23	343. 90	-2. 67	-0. 78
2. 进口铁矿石价格指数	458. 31	496. 52	-38. 21	-7. 70
项　目	7 月末	6 月末	环比升降	升降幅(%)
CIOPI 中国铁矿石价格指数	433. 97	424. 47	9. 50	2. 24
1. 国产铁矿石价格指数	349. 41	341. 23	8. 18	2. 40
2. 进口铁矿石价格指数	468. 34	458. 31	10. 03	2. 19
项　目	8 月末	7 月末	环比升降	升降幅(%)
CIOPI 中国铁矿石价格指数	460. 02	433. 97	26. 05	6. 00
1. 国产铁矿石价格指数	357. 47	349. 41	8. 06	2. 31
2. 进口铁矿石价格指数	501. 70	468. 34	33. 36	7. 12

续表 2-2

项　目	9 月末	8 月末	环比升降	升降幅(%)
CIOPI 中国铁矿石价格指数	446.56	460.02	-13.46	-2.93
1. 国产铁矿石价格指数	353.36	357.47	-4.11	-1.15
2. 进口铁矿石价格指数	484.45	501.70	-17.25	-3.44
项　目	10 月末	9 月末	环比升降	升降幅(%)
CIOPI 中国铁矿石价格指数	468.23	446.56	21.67	4.85
1. 国产铁矿石价格指数	346.71	353.36	-6.65	-1.88
2. 进口铁矿石价格指数	517.62	484.45	33.17	6.85
项　目	11 月末	10 月末	环比升降	升降幅(%)
CIOPI 中国铁矿石价格指数	461.34	468.23	-6.89	-1.47
1. 国产铁矿石价格指数	359.40	346.71	12.69	3.66
2. 进口铁矿石价格指数	502.78	517.62	-14.84	-2.87
项　目	12 月末	11 月末	环比升降	升降幅(%)
CIOPI 中国铁矿石价格指数	472.15	461.34	10.81	2.34
1. 国产铁矿石价格指数	359.73	359.40	0.33	0.09
2. 进口铁矿石价格指数	517.85	502.78	15.07	3.00

【铁矿石进口量】 2013 年,我国累计进口铁矿石 81941.36 万吨,比 2012 年增加 7586.10 万吨,同比增长 10.2%;累计进口额为 1057.28 亿美元,比 2012 年增加 101.23 亿美元,同比增长 10.4%。进口矿平均到岸价格 129.03 美元/吨,同比上涨 0.45 美元/吨。截至 12 月底,我国主要港口铁矿石库存量为 8372 万吨,同比增加 67 万吨,与 2012 年基本持平(表 3~5)。

表 3　　**2013 年铁矿石进口情况(国别)**　　单位:万吨

国别	2013 年进口量	2012 年进口量	各国占进口量比重(%)		与 2012 年同期比	
			2013 年	2012 年	增量	%
合计	81941.36	74355.27	100.00	100.00	7586.10	10.20
澳大利亚	41691.61	35146.46	50.88	47.27	6545.15	18.66
巴西	15509.49	16422.32	18.93	22.09	-912.83	-5.54
南非	4302.64	4063.31	5.25	5.46	239.34	5.90
印度尼西亚	1756.80	1023.50	2.14	1.38	733.30	72.50
伊朗	2243.03	1733.75	2.74	2.33	509.28	29.39
加拿大	1433.35	1609.06	1.75	2.16	-175.70	-10.89
印度	1165.44	3305.56	1.42	4.45	-2140.12	-64.87
秘鲁	1073.50	919.76	1.31	1.24	153.74	16.77
马来西亚	1157.65	807.28	1.41	1.09	350.37	43.43

续表 3

国别	2013 年进口量	2012 年进口量	各国占进口量比重(%)		与 2012 年同期比	
			2013 年	2012 年	增量	%
塞拉利昂	1198.80	395.14	1.46	0.53	803.66	203.38
乌克兰	1563.13	1624.72	1.91	2.19	-61.59	-3.76
哈萨克斯坦	721.23	601.83	0.88	0.81	119.40	19.84
俄罗斯联邦	1069.26	1325.67	1.30	1.78	-256.41	-19.34
智利	961.30	892.69	1.17	1.20	68.60	5.83
毛里塔尼亚	914.84	677.83	1.12	0.91	237.01	34.98
墨西哥	880.55	337.07	1.07	0.45	543.48	161.26
蒙古	738.72	632.96	0.90	0.85	105.76	16.71
越南	450.20	174.86	0.55	0.24	275.34	157.47
朝鲜	305.71	241.09	0.37	0.32	64.62	26.82
美国	405.25	473.20	0.49	0.64	-67.95	-14.35
缅甸	252.50	159.31	0.31	0.21	93.19	58.50
洪都拉斯	171.48	133.99	0.21	0.18	37.49	27.95
塞尔维亚	151.94	42.79	0.19	0.06	109.15	255.05
罗马尼亚	48.79		0.06	0.00	48.79	801.22
阿联酋	98.23	39.92	0.12	0.05	58.30	146.03
斯威士兰	107.74	95.03	0.13	0.13	12.71	13.41
芬兰	113.79	99.67	0.14	0.1341	14.11	14.36
委内瑞拉	378.89	451.11	0.46	0.61	-72.22	-15.99
土耳其	74.04	32.92	0.09	0.04	41.12	125.07
菲律宾	147.98	157.36	0.18	0.21	-9.37	-5.95
老挝	44.14		0.05	0.00	44.14	622.70
新西兰	165.52	111.72	0.20	0.15	53.81	48.16
瑞典	153.64	99.59	0.19	0.13	54.05	54.27
巴林	61.36	69.01	0.07	0.09	-7.64	-11.08
利比里亚	107.49	141.06	0.13	0.19	-33.57	-26.87
其他	321.32	313.74	0.39	0.42	7.58	2.41

表 4 **2013 年铁矿石进口情况(国别)** 单位:万美元

国别	2013 年进口金额	2012 年进口金额	各国占进口量比重(%)		与 2012 年同期比	
			2013 年	2012 年	增量	%
合计	10572807.14	9560535.17	100.00	100.00	1012271.97	10.59
澳大利亚	5493598.20	4490549.83	51.96	46.97	1003048.37	22.13
巴西	2142350.25	2263065.59	20.26	23.67	-120715.34	-5.57
南非	602424.65	552832.61	5.70	5.78	49592.04	8.58
印度尼西亚	116699.92	79568.07	1.10	0.83	37131.85	46.95

续表 4

国别	2013 年进口金额	2012 年进口金额	各国占进口量比重(%)		与 2012 年同期比	
			2013 年	2012 年	增量	%
伊朗	237730.67	181504.79	2.25	1.90	56225.88	30.96
加拿大	210381.18	240280.81	1.99	2.51	-29899.63	-12.24
印度	146871.77	368144.71	1.39	3.85	-221272.94	-60.05
秘鲁	131293.74	120744.47	1.24	1.26	10549.26	9.57
马来西亚	98203.79	73351.37	0.93	0.77	24852.42	34.00
塞拉利昂	138707.98	46240.45	1.31	0.48	92467.54	199.91
乌克兰	232907.26	238296.67	2.20	2.49	-5389.41	-2.26
哈萨克斯坦	81128.31	75362.58	0.77	0.79	5765.74	7.65
俄罗斯联邦	141345.17	177383.74	1.34	1.86	-36038.57	-20.36
智利	135209.88	129900.52	1.28	1.36	5309.36	4.03
毛里塔尼亚	116129.25	83516.66	1.10	0.87	32612.59	39.14
墨西哥	100498.46	36517.31	0.95	0.38	63981.15	175.90
蒙古	62132.32	61402.87	0.59	0.64	729.45	1.17
越南	38155.42	16042.20	0.36	0.17	22113.22	137.84
朝鲜	29843.07	24910.92	0.28	0.26	4932.15	19.59
美国	58554.89	65746.33	0.55	0.69	-7191.44	-11.06
缅甸	9582.64	6204.16	0.09	0.06	3378.47	54.45
洪都拉斯	18805.84	16486.04	0.18	0.17	2319.80	14.09
塞尔维亚	13584.68	4282.32	0.13	0.04	9302.36	217.23
罗马尼亚	4362.01		0.04	0.00	4362.01	548.38
阿联酋	10467.45	5215.23	0.10	0.05	5252.22	100.71
斯威士兰	11492.21	9913.60	0.11	0.10	1578.61	15.40
芬兰	14676.75	13194.62	0.14	0.14	1482.13	11.55
委内瑞拉	51513.46	64770.79	0.49	0.68	-13257.33	-20.43
土耳其	9171.29	3729.37	0.09	0.04	5441.92	145.88
菲律宾	14131.21	17090.27	0.13	0.18	-2959.06	-17.61
老挝	5501.95		0.05	0.00	5501.95	591.43
新西兰	15716.54	9889.40	0.15	0.10	5827.14	58.89
瑞典	22720.50	15648.50	0.21	0.16	7072.00	41.48
巴林	10478.29	12691.70	0.10	0.13	-2213.41	-17.44
利比里亚	12705.99	17431.18	0.12	0.18	-4725.19	-28.64
其他	33730.14	38625.49	0.32	0.40	-4895.35	-12.67

表 5　　**2013 年进口铁矿分品种情况**

产品	2013 年进口量(万吨)	占总进口量比重(%)	2013 年进口额(万美元)	占总进口额比重(%)
铁矿进口总量	81941.36	100.00	10572807.14	100.00
1. 未烧结矿	79323.93	96.81	10164081.56	96.13
① 烧结用铁粉矿	55537.84	67.78	7084862.30	67.01
② 铁块矿	16193.66	19.76	2066750.95	19.55
③ 铁精粉	7592.43	9.27	1012468.31	9.58
2. 已烧结矿	2604.25	3.18	407598.38	3.86
铁矿合计	81941.36	100.00	10572807.14	100.00
1. 澳、巴、南、伊朗	63746.78	77.80	8476103.77	80.17
① 澳大利亚	41691.61	50.88	5493598.20	51.96
② 巴西	15509.49	18.93	2142350.25	20.26
③ 南非	4302.64	5.25	602424.65	5.70
④ 伊朗	2243.03	2.74	237730.67	2.25
2. 其他国家合计	18194.59	22.20	2096703.37	19.83
烧结用铁粉矿	55537.84	100.00	7084862.30	100.00
1. 澳、巴、南、伊朗	49079.44	88.37	6415365.41	90.55
① 澳大利亚	32592.99	58.69	4205973.66	59.37
② 巴西	13066.44	23.53	1783395.22	25.17
③ 南非	2172.47	3.91	296044.40	4.18
④ 伊朗	1247.53	2.25	129952.14	1.83
2. 其他国家合计	6458.41	11.63	669496.89	9.45
铁块矿	16193.66	100.00	2066750.95	100.00
1. 澳、巴、南、伊朗	12227.05	75.51	1709717.68	82.72
① 澳大利亚	8615.33	53.20	1221976.63	59.13
② 巴西	1585.03	9.79	234861.92	11.36
③ 南非	1064.89	6.58	148972.71	7.21
④ 伊朗	961.80	5.94	103906.41	5.03
2. 其他国家合计	3966.61	24.49	357033.27	17.28
铁精粉	7592.43	100.00	1012468.31	100.00
1. 加、乌、巴、俄	3734.12	49.18	524820.82	51.84
① 加拿大	1095.88	14.43	160317.66	15.83
② 乌克兰	963.24	12.69	137101.33	13.54
③ 巴西	874.04	11.51	124597.23	12.31

续表 5

产品	2013 年进口量(万吨)	占总进口量比重(%)	2013 年进口额(万美元)	占总进口额比重(%)
④ 俄罗斯	800.96	10.55	102804.60	10.15
2. 其他国家合计	3858.31	50.82	487647.50	48.16
已烧结铁矿	2604.25	100.00	407598.38	100.00
1. 乌、巴、哈、俄	1723.23	66.17	268100.98	65.78
① 乌克兰	597.79	22.95	95575.60	23.45
② 巴西	504.13	19.36	85385.09	20.95
③ 哈萨克斯坦	370.83	14.24	50971.62	12.51
④ 俄罗斯	250.49	9.62	36168.67	8.87
2. 其他国家合计	881.02	33.83	139497.40	34.22

【市场体系建设】 铁矿石期货成功上市，铁矿石价格指数按日发布，铁矿石市场形成了长协供应、现货平台交易、期货市场交易等多种交易方式，国产矿、权益矿、进口矿等供应渠道不断拓宽，中国铁矿石价格指数逐渐得到行业认可。

【冶金矿山行业固定资产投资】 1. 新探明储量持续增长。铁矿勘查新增查明资源储量较 2012 年大幅增长，新探明大中型铁矿产地 13 处，新增铁矿资源储量 41.3 亿吨。

2. 固定资产投资继续保持增长。全年采选业累计完成固定资产投资 1666 亿元，同比增长 10.4%。其中民间投资完成 1408 亿元，同比增长 11.3%，占全部投资额的 84.5%。

从全年投资情况看走势逐步增加，一季度 5.4%、上半年 7.8%、前三季度 11.5%、全年 10.4%(表6)。

表 6　**2013 年黑色冶金矿山固定资产投资**

	1~2月	3月	4月	5月	6月	7月	8月	9月	10月	11月	12月	合计
投资额(亿元)	56.51	99.46	114.81	162.66	245.50	174.85	194.21	215.00	171.00	117.00	115.00	1666.00
增长率(%)	12.20	1.93	13.34	-10.59	23.48	16.36	15.78	16.58	27.46	-5.23	-17.04	10.40

【大型铁矿基地、大型铁矿企业集团建设】 大型铁矿基地、大型铁矿企业集团建设渐成雏形，一批大型特大型矿山开工建设或建成投产。如亚洲最大的袁家村铁矿投产运营；国内最大的地下铁矿安徽开发矿业正式投产；鞍钢老矿山接替项目按计划推进，西鞍山等后续项目前期准备工作全面开展；河钢矿业老矿挖潜改造取得新成果，研山铁矿建成投产，田兴、大贾庄、常峪、马城等项目建设全面推进；世界上最大的单体铁矿本溪大台沟铁矿进入基建期。

【科技创新】 2013 年，坚持科技强企战略，加大科技投入，加强技术研究攻关，积极推广先进适用技术与装备。行业承担的 6 项国家科技计划项目全面推进；重点统计企业全年完成科研项目 220 多项，获得省部级科技进步奖 60 多项，申请各类专利 980 件，修订和制定各类标准、规范 15 项，全年累计实现科技创效近 20 亿元。

【资源综合利用和绿色矿山建设】 1. 资源综合利用方面。示范基地建设取得阶段性成果，钒钛磁铁矿综合利用关键技术取得新突破，钒、钛资源的回收率大幅提升；白云鄂博稀土、铁、铌、萤石、硫等资源实现产业化综合回收；硼、铁等多金属复合矿石资源高效分离技术逐渐成熟，生产技术指标不断改善；冀东低品位矿综合利用等 4 个示范工程项目全面建设；马鞍山低品位矿综合利用和边、难、残、小矿体回收利用示范建设稳步推进。河北省提出建设 5 个尾矿开发综合利用示范基地，其中承德市已完成《尾矿综合利用千亿元产业规划》，2013 年开工建设 52 个尾矿综合利用项目。重点统计企业在开采品位下降、开采深度加大的情况下，开采回采率较 2012 年提高 0.3 个百分点；在入选矿石品位下降、选矿难度加大的情况下，选矿回收率较

2012年提高0.24个百分点。

2. 绿色矿山建设。坚持绿色发展理念，严格执行《矿山生态环境保护与恢复治理方案》、《矿山土地复垦方案》和环境保护“三同时”制度，矿山绿化覆盖率、土地复垦率、“三废”排放达标率等指标不断改善，近100家冶金矿山被评为国家级绿色矿山试点单位。

【行业面临的形势及发展趋势】 1. 面临的国内外市场环境。①国际环境。从积极的方面来看，2014年美国经济持续复苏的势头较为稳健，将带动全球经济整体恢复；欧洲经济最坏阶段已经过去，部分国家经济已经开始触底反弹；日本经济基本告别了持续20年的低增长局面。2014年全球经济仍将延续缓慢复苏态势，并且有望好于2013年。但从不利的方面来看，美国开始退出量化宽松政策，新兴市场国家增速减缓，贸易保护主义升温，中国周边国际形势不稳定，如钓鱼岛事件、南海争端、朝鲜问题，乃至乌克兰事件，都将对经济增长产生不利影响。

②国内环境。工业化、信息化、城镇化、农业现代化的深入推进，为扩大内需、发展实体经济提供了广阔的市场空间；十八届三中全会全面深化改革将更加充分发挥市场在资源配置中的决定性作用，政府职能将加快转变，民营经济和中小企业发展环境持续优化；加快转方式调结构促升级已形成全社会共识，创新驱动发展战略继续深入推进。这些有利条件和积极因素，将进一步激发经济发展活力，增强经济发展后劲，2014年国内经济总体上将保持稳定增长态势，在“稳中求进”的总基调下，对实现7.5%左右的增长目标充满信心。同时也要看到，国内经济稳中向好的基础还不稳固，多年积累的深层次问题与结构调整投入不足的矛盾更加凸显，保持经济平稳健康发展还要付出巨大努力。

③钢铁行业。2014年继续实施积极的财政政策和稳健的货币政策，保持适度的固定资产投资增速，稳步推进城镇化建设，积极促进区域经济协调发展，加快结构调整和转型升级，不仅为钢铁需求提供了增长空间，也为钢铁工业发展带来了新的机遇。2014年，我国钢铁生产需求仍将保持增长，中国钢铁工业协会预测2014年粗钢产量8.1亿吨，表观消费量7.5亿吨，增长3.1%左右。同时，钢铁行业化解产能过剩、节能减排压力巨大，供需基本面难以有效改善，出口形势不乐观，总体仍将维持微利状态，生产经营形势依然严峻。

④矿山产业。需求方面，受宏观经济形势和钢铁工业发展的影响，对铁矿石的需求由高速增长转为低速增长，增幅3%～4%左右可能需要维持较长时间；供给方面，2003年以来，全球铁矿采选业快速增长的投资，新增产能在近几年进入释放高峰期，铁矿石供应出现阶段性、周期性过剩压力；从发展趋势来看，全球铁矿快速发展的势头有所放缓，勘查开发投资下降，市场价格出现波动调整，企业经营成本不断提高，盈利空间受到挤压。

着眼未来，困难是暂时的。随着世界经济逐步复苏，特别是美、欧、中国等主要经济体经过一系列结构性优化调整之后，经济增长将更加健康、可持续，同时巴西、印度、非洲等新兴经济体有望成为新的经济增长点，对铁矿石的需求会产生重大影响，铁矿石市场长期需求指标依然强劲，新一轮的繁荣是可以预期的。

2. 关注宏观政策变化对行业发展的影响。党的十八届三中全会对全面深化改革提出了明确要求，对行业运行和发展都将带来深刻的影响。

① 正确把握市场化改革方向。十八届三中全会提出，使市场在资源配置中起决定性作用，这是各领域全面深化改革的主线和方向，是更好地解决政府与市场的关系，依据市场规则、市场价格、市场竞争，努力实现资源配置效率最大化和效益最大化，而政府的职能主要体现在宏观调控、市场监管、公共服务、社会管理、保护环境等方面。这就要求冶金矿山在深化改革中必须把握市场化改革的总要求，也只有积极推进市场化改革，才能解放生产力，行业才会有活力，才能够大有可为。

② 全面理解生态文明建设的内在要求。十八届三中全会提出，加快生态文明制度建设，健全国土空间开发、资源节约利用、生态环境保护的体制机制，这是人和自然和谐发展的必然要求，是正确处理利用自然资源和改造自然环境的关系。通过健全自然资源资产产权制度和用途管理制度，划定生态保护红线，实行资源有偿使用制度和生态补偿制度，改革生态环境保护管理体制，用制度保护生态环境。毋庸置疑，建设生态文明，发展绿色矿山是理顺资源资产管理体制，推动发展方式转变，调整结构布局，做大做强优势企业，实现行业可持续发展的必然选择。

③ 积极探索国有矿山企业改革。十八届三中全会给出了国企改革路径，积极发展混合所有制是国企改革的指导思想，完善国有资源管理体制和分行业有进有退是国企改革的主要方向，完善现代企业制度是国企改革的重要内容，完善产权保护制度是国企改革的基础保障。大多数国有冶金矿山企业隶属于钢铁集团公司，市场主体地位与市场经济发展不相适应，必须积极探索建立现代企业制度，实施股权结构多元

化改造，促进国有民营矿山企业融合发展，推进产业市场化整合重组，才能激发企业创造力，增强企业活力，提高企业效率，不断提升产业的控制力、影响力和竞争力。

④ 密切关注金融和财税体制改革对行业的影响。十八届三中全会提出完善人民币汇率市场化形成机制，加快推进利率市场化，多渠道推动股权融资，提高直接融资比重。这些方面的改革对冶金矿山行业的影响是很大的，应当引起我们的高度关注，并认真学习和研究，以便顺势利导，趋利避害，降低风险，降低融资成本。改进预算管理制度，实施全面规范、公平透明的预算制度，对冶金矿山企业同样具有十分重要的现实指导意义。完善税收制度，深化税收制度改革，加快资源税改革，推动环境保护费改税，清理规范税收优惠政策，逐步取消竞争性领域专项和地方资金配套，这些改革有利于冶金矿山公平税负、公平竞争，加快优势企业的成长与落后企业的淘汰和重组改造。

⑤ 认识构建开放型经济新体制对行业发展的重要意义。适应经济和矿业全球化，促进对内对外开放相互促进、引进来和走出去更好结合，对冶金矿山来说更加需要，更加迫切。我国作为世界铁矿资源生产消费贸易大国，为全球铁矿业的繁荣发展做出了积极贡献，但是资源禀赋差，资源总量不足，勘查开发利用成本高，发展相对滞后，进口量大幅攀升，对外依存度居高不下，“走出去”困难重重。如何利用我们的经验、技术、管理模式和资金、人才优势，探索“走出去”的最优路径与运营模式，积极参与国际铁矿资源合作开发，增强配置国际铁矿资源的能力和效率，实现全球化布局，构建资源保障体系；同样，国内市场对外资进入的限制将逐步淡化，国内市场国际化竞争特征将更加明显，这些都需要我们深入思考，积极应对，促进互利共赢发展，培育竞争新优势。

（中国冶金矿山企业协会　揭香萍）

黄　金

【黄金生产经营概况】 1. 黄金首饰加工企业用金。2013 年 12 月，全国重点黄金首饰加工企业用金 52709.59 千克，与 2012 年 12 月相比增长 10.47%。1～12月累计完成加工 572393.00 千克，与 2012 年同期相比增加 163565.66 千克，增长 40.01%。其中，梦金园珠宝、翠绿珠宝、同晖珠宝分别增长 87.32%、72.80%、54.56%。

2. 重点企业销售黄金首饰。2013 年 12 月，全国重点企业销售黄金首饰 18930.67 千克，与 2012 年 12 月相比增长 45.24%。1～12 月累计完成销售 214960.37 千克，与 2012 年同期相比增加 64216.86 千克，增长 42.60%。其中，北京工美集团、招金银楼、中金珠宝分别增长 80.14%、74.01%、60.68%。

3. 重点精炼厂生产黄金。2013 年 12 月，全国重点精炼厂生产黄金 47126.800 千克，与 2012 年 12 月相比下降 19.06%。1～12 月累计完成生产 561870.503 千克，与 2012 年同期相比下降 10430.907 千克，下降 1.82%。其中，辰州矿业、西安秦金、焦家精炼厂分别增长 47.43%、18.43%、17.03%。

4. 重点企业销售金条。2013 年 12 月，全国重点企业销售金条 21738.69 千克，与 2012 年 12 月相比下降 14.48%。1～12 月累计完成销售 319374.03 千克，与 2012 年同期相比增加 73980.63 千克，增长 30.15%。其中，民生银行、工商银行、上海老凤祥分别增长 82.34%、72.75%、58.16%（表 1）。

表 1　　2013 年 12 月黄金生产统计

项目	本月完成（千克）	2012 年本月完成（千克）	本月增减变化		本月止累计完成（千克）	2012 年同期累计完成（千克）	本月止增减变化	
			增减量（千克）	幅度（%）			增减量（千克）	幅度（%）
首饰加工	52709.59	47714.70	4994.89	10.47	572393.00	408827.34	163565.66	40.01
首饰销售	18930.67	13033.81	5896.86	45.24	214960.37	150743.51	64216.86	42.60
精炼厂加工	47126.800	58227.672	－11100.873	－19.06	561870.503	572301.409	－10430.907	－1.82
金条销售	21738.69	25419.66	－3680.97	－14.48	319374.03	245393.40	73980.63	30.15

2013 年 1～12 月大型黄金企业（集团）黄金生产情况见表 2～6。

表2 2013年1~12月各省

排名	单位	本月止累计完成							成品金合计
		矿山产金累计完成				冶炼厂产金累计完成			
		合计	比2012年同期(%)	其中		合计	其中		
				成品金	含量金		有色冶炼厂	黄金冶炼厂	
—	——	1=3+4	2	3	4	5=6+7	6	7	8=3+5
—	全国合计	350959.020	2.68	187333.609	163625.411	240829.444	89478.063	151351.380	428163.053
1	山东省	66256.000	−2.45	17316.980	48939.020	105566.577	5994.010	99572.567	122883.557
2	河南省	37997.280	2.85	14548.700	23448.580	41236.360	4350.000	36886.360	55785.060
3	江西省	3165.900	−12.50	750.940	2414.960	34592.130	31804.140	2787.990	35343.070
4	内蒙古区	23493.500	16.92	23493.500	0.000	0.000	——	——	23493.500
5	云南省	21170.924	8.18	17939.040	3231.884	5374.213	5374.213	——	23313.253
6	湖南省	20097.580	23.66	17248.200	2849.380	4558.070	1827.800	2730.270	21806.270
7	甘肃省	11741.792	−0.56	9224.000	2517.792	10057.148	10057.148	——	19281.148
8	福建省	11025.820	−34.30	9617.360	1408.460	8901.080	5166.210	3734.870	18518.440
9	湖北省	5321.248	0.66	3277.500	2043.748	14295.000	14295.000	——	17572.500
10	新疆区	18059.759	27.20	15224.524	2835.235	1903.266	——	1903.266	17127.790
11	安徽省	7659.140	5.16	2932.480	4726.660	13450.000	13450.000	——	16382.480
12	陕西省	18327.566	5.51	8233.686	10093.880	6443.420	——	6443.420	14677.106
13	辽宁省	9836.260	6.74	7876.240	1960.020	4484.080	537.000	3947.080	12360.320
14	贵州省	11843.775	9.73	11843.775	0.000	0.000	——	——	11843.775
15	浙江省	712.715	52.87	712.715	0.000	6896.000	6896.000	——	7608.715
16	吉林省	8417.472	−16.18	6842.506	1574.966	0.000	——	——	6842.506
17	河北省	8668.849	40.20	5939.012	2729.837	0.000	——	——	5939.012
18	青海省	5468.750	−1.69	3742.750	1726.000	0.000	——	——	3742.750
19	四川省	3550.000	−8.03	3550.000	0.000	0.000	——	——	3550.000
20	黑龙江省	3050.000	1.33	3050.000	0.000	0.000	——	——	3050.000
21	广西区	1718.150	−16.15	1667.060	51.090	0.000	——	——	1667.060
22	海南省	971.125	−3.21	971.125	0.000	0.000	——	——	971.125
23	广东省	675.069	−9.84	671.516	3.553	0.000	——	——	671.516
24	山西省	2310.000	6.94	660.000	1650.000	0.000	——	——	660.000
25	宁夏区	0.000	——	0.000	0.000	195.000	195.000	——	195.000
26	上海市	——	——	——	——	131.543	131.543	——	131.543
27	西藏区	534.750	−23.19	0.000	534.750	0.000	——	——	0.000
28	北京市	0.000	——	0.000	0.000	0.000	——	——	0.000
29	天津市	0.000	——	0.000	0.000	0.000	——	——	0.000
30	江苏省	0.000	——	0.000	0.000	0.000	——	——	0.000
—	其他	48885.596	0.02	0.000	48885.596	−17254.443	−10600.000	−6654.443	−17254.443

成品金产量情况表

单位：千克

比2012年同期(%)	2012年同期累计完成						
	矿山产金累计完成			冶炼厂产金累计完成			成品金合计
	合计	其中		合计	其中		
		成品金	含量金		有色冶炼厂	黄金冶炼厂	
9	10=11+12	11	12	13=14+15	14	15	16=11+13
6.23	341785.982	197127.629	144658.353	205919.033	72052.596	133866.437	403046.661
1.17	67916.890	30713.200	37203.690	90745.176	3533.980	87211.196	121458.376
19.24	36943.220	13121.880	23821.340	33660.710	2200.000	31460.710	46782.590
3.67	3617.980	1143.000	2474.980	32950.360	30928.950	2021.410	34093.360
16.92	20093.900	20093.900	0.000	0.000	——	——	20093.900
−6.77	19570.072	17435.233	2134.839	7571.501	7571.501	——	25006.734
24.56	16251.700	14138.470	2113.230	3367.860	1063.600	2304.260	17506.330
−0.75	11808.319	9623.000	2185.319	9803.100	9803.100	——	19426.100
5.48	16781.290	15542.350	1238.940	2014.700	——	2014.700	17557.050
61.09	5286.288	3154.400	2131.888	7754.000	7754.000	——	10908.400
24.72	14197.400	12106.294	2091.106	1626.866	——	1626.866	13733.160
14.41	7283.180	3094.070	4189.110	11225.000	11225.000	——	14319.070
−14.34	17370.239	9883.839	7486.400	7250.280	——	7250.280	17134.119
2.23	9214.900	7008.900	2206.000	5082.280	1210.000	3872.280	12091.180
9.73	10793.780	10793.780	0.000	0.000	——	——	10793.780
16.86	466.230	466.230	0.000	6044.549	6044.549	——	6510.779
−11.05	10042.443	7692.741	2349.702	0.000	——	——	7692.741
−1.20	6183.238	6010.857	172.381	0.000	——	——	6010.857
−4.53	5562.658	3920.430	1642.228	0.000	——	——	3920.430
−8.03	3860.000	3860.000	0.000	0.000	——	——	3860.000
1.33	3010.000	3010.000	0.000	0.000	——	——	3010.000
−16.18	2049.080	1988.770	60.310	0.000	——	——	1988.770
−3.21	1003.370	1003.370	0.000	0.000	——	——	1003.370
−9.61	748.715	742.915	5.800	0.000	——	——	742.915
13.79	2160.000	580.000	1580.000	0.000	——	——	580.000
−2.50	0.000	0.000	0.000	200.000	200.000	——	200.000
−46.58	——	——	——	246.260	246.260	——	246.260
——	696.200	0.000	696.200	0.000	——	——	0.000
——	0.000	0.000	0.000	0.000	——	——	0.000
——	0.000	0.000	0.000	0.000	——	——	0.000
——	0.000	0.000	0.000	0.000	——	——	0.000
26.65	48874.890	0.000	48874.890	−13623.609	−9728.344	−3895.265	−13623.609

表 3　　　　2013 年 1~12 月

序号	单 位	本月实际完成			本月止		
		合 计	其中		合 计	比 2012 年同期 (%)	
			成品金	含量金			成品金
—	——	1=2+3	2	3	4=6+8	5	6
—	全国合计	13387.259	7478.837	5908.422	368363.977	4.96	166008.747
1	北京市	0.000	0.000	0.000	0.000	——	0.000
2	天津市	0.000	0.000	0.000	0.000	——	0.000
3	河北省	714.699	726.836	−12.137	8586.264	−0.95	5575.404
4	山西省	80.000	40.000	40.000	2440.000	5.63	690.000
5	内蒙古区	2938.400	2938.400	0.000	23366.600	−0.54	23366.600
6	辽宁省	1244.485	843.395	401.090	6128.545	−37.69	4412.325
7	吉林省	801.670	546.740	254.930	9002.610	6.95	6938.520
8	黑龙江省	70.000	70.000	0.000	3075.000	0.82	3075.000
9	江苏省	0.000	0.000	0.000	0.000	——	0.000
10	浙江省	93.665	93.665	0.000	260.332	−63.47	260.332
11	安徽省	1189.630	561.860	627.770	8296.640	8.32	2737.070
12	福建省	831.330	631.820	199.510	11105.250	0.72	9293.110
13	江西省	181.970	21.110	160.860	2494.210	−21.22	294.290
14	山东省	5421.293	1447.346	3973.947	65254.529	−1.51	16911.811
15	河南省	3831.400	1267.490	2563.910	39920.620	5.06	14024.790
16	湖北省	422.254	237.000	185.254	4247.838	−20.17	2346.000
17	湖南省	−7235.060	−6448.220	−786.840	8430.710	10.33	6236.820
18	广东省	94.878	94.458	0.420	699.951	3.69	698.666
19	广西区	125.332	121.530	3.802	1489.672	−13.30	1448.330
20	海南省	97.870	97.870	0.000	1044.960	7.60	1044.960
21	四川省	295.000	295.000	0.000	3901.000	9.89	3901.000
22	贵州省	−2202.758	−2288.118	85.360	9977.192	−15.76	9556.572
23	云南省	3580.350	2987.946	592.404	19649.913	−7.18	16519.213
24	西藏区	66.850	0.000	66.850	535.950	——	0.000
25	陕西省	3476.908	612.808	2864.100	21192.898	15.63	7037.158
26	甘肃省	2126.517	1739.096	387.421	15285.517	30.18	9671.000
27	青海省	507.680	302.220	205.460	6711.360	22.72	4073.900
28	宁夏区	0.000	0.000	0.000	0.000	——	0.000
29	新疆区	1651.507	538.585	1112.922	18701.206	3.55	15895.876
—	其他	−7018.611	0.000	−7018.611	76565.210	24.82	0.000

注：1. 1~12 月湖南省报送矿产金产量含“湖南辰州矿业股份有限公司”冶炼金 8256.950 千克，从本表移至“黄金冶炼企业产金完成情况表”单独列示。2012 年同期亦作同样调整。

2. 1~12 月湖南省报送矿产金产量含“永兴县众小有色冶炼厂”冶炼金 4570.000 千克，从本表移至“有色冶炼企业产金完成情况表”单独列示。2012 年同期亦作同样调整。

3. 部分小矿山生产的含量金直接销售给冶炼厂，未计入分省（区、市）产量为 76565.210 千克。

4. 山东黄金集团“三山岛金矿”“焦家金矿”“玲珑金矿”“新城金矿”所产含量金全部由“焦家冶炼厂”冶炼成成品金，这部分成品金产量从山东省“矿山产成品金”产量中单注：2. 独列出算作“焦家冶炼厂”冶炼金产量，不再由冶炼厂返还各矿算作“矿山产成品金”产量。相对应的“含量金”产量亦单独列出。

各省矿山产金完成情况表

单位：千克

累计完成			2012年同期累计完成		
其中			合计	其中	
比2012年同期(+%)	含量金	比2012年同期(%)		成品金	含量金
7	8	9	10=11+12	11	12
−5.48	202355.230	15.42	350959.020	175633.299	175325.721
———	0.000	———	0.000	0.000	0.000
———	0.000	———	0.000	0.000	0.000
−6.12	3010.860	10.29	8668.849	5939.012	2729.837
4.55	1750.000	6.06	2310.000	660.000	1650.000
−0.54	0.000	———	23493.500	23493.500	0.000
−43.98	1716.220	−12.44	9836.260	7876.240	1960.020
1.40	2064.090	31.06	8417.472	6842.506	1574.966
0.82	0.000	———	3050.000	3050.000	0.000
———	0.000	———	0.000	0.000	0.000
−63.47	0.000	———	712.715	712.715	0.000
−6.66	5559.570	17.62	7659.140	2932.480	4726.660
−3.37	1812.140	28.66	11025.820	9617.360	1408.460
−60.81	2199.920	−8.90	3165.900	750.940	2414.960
−2.34	48342.718	−1.22	66256.000	17316.980	48939.020
−3.60	25895.830	10.44	37997.280	14548.700	23448.580
−28.42	1901.838	−6.94	5321.248	3277.500	2043.748
12.42	2193.890	4.80	7641.390	5547.890	2093.500
4.04	1.285	−63.83	675.069	671.516	3.553
−13.12	41.342	−19.08	1718.150	1667.060	51.090
7.60	0.000	———	971.125	971.125	0.000
9.89	0.000	———	3550.000	3550.000	0.000
−19.31	420.620	———	11843.775	11843.775	0.000
−7.91	3130.700	−3.13	21170.924	17939.040	3231.884
———	535.950	0.22	534.750	0.000	534.750
−14.53	14155.740	40.24	18327.566	8233.686	10093.880
4.85	5614.517	122.99	11741.792	9224.000	2517.792
8.85	2637.460	52.81	5468.750	3742.750	1726.000
———	0.000	———	0.000	0.000	0.000
4.41	2805.330	−1.05	18059.759	15224.524	2835.235
———	76565.210	24.82	61341.786	0.000	61341.786

表 4

2013 年 1~12 月

序号	单 位	省 份	本 月 实 际 完 成			
			合 计	其 中		合 计
				黄金原料	有色原料	
—	———	——	1=2+3	2	3	4=6+8
—	黄金冶炼企业合计	——	6835.376	6835.376	0.000	151351.380
1	中国黄金集团公司	北京	2453.170	2453.170	0.000	24178.350
	其中：辽宁新都黄金有限责任公司	辽宁	251.310	251.310	0.000	2782.010
	辽宁天利金业有限公司	辽宁	127.640	127.640	0.000	1165.070
	江西三和金业有限公司	江西	153.040	153.040	0.000	2787.990
	河南中原黄金冶炼厂有限责任公司	河南	1005.210	1005.210	0.000	9961.040
	中金嵩县嵩原黄金冶炼有限责任公司	河南	366.120	366.120	0.000	1038.820
	潼关中金冶炼有限责任公司	陕西	549.850	549.850	0.000	6443.420
2	山东招金集团公司	山东	4340.673	4340.673	0.000	38420.283
	其中：山东招金集团冶炼厂	山东	4140.469	4140.469	0.000	36517.017
	新疆星塔矿业有限公司	新疆	200.204	200.204	0.000	1903.266
3	山东黄金集团	山东	1704.126	1704.126	0.000	23809.550
	其中：山东黄金集团（焦家冶炼厂）	山东	1445.375	1445.375	0.000	21137.840
	山东黄金西部冶炼厂	青海	114.641	114.641	0.000	835.900
	金创金银冶炼公司（山东黄金）	山东	144.110	144.110	0.000	1835.810
4	紫金矿业集团	福建	406.560	406.560	0.000	8366.040
	其中：福建金山黄金冶炼公司	福建	105.060	105.060	0.000	3734.870
	洛宁紫金冶炼公司	河南	301.500	301.500	0.000	4631.170
5	山东中矿集团有限公司	山东	75.680	75.680	0.000	10142.760
6	招远市河西金矿	山东	109.380	109.380	0.000	1104.280
7	莱州黄金冶炼厂	山东	0.000	0.000	0.000	0.000
8	烟台黄金冶炼厂	山东	429.020	429.020	0.000	3601.390
9	恒邦冶炼股份公司	山东	1927.000	1927.000	0.000	24233.000
10	龙口金鑫矿业公司	山东	0.000	0.000	0.000	164.570
11	金创金银冶炼公司	山东	0.000	0.000	0.000	0.000
12	灵宝黄金股份有限公司	河南	1504.000	1504.000	0.000	17655.000
13	河南豫光金铅集团有限责任公司	河南	320.330	320.330	0.000	3600.330
14	湖南中南黄金冶炼公司（湖南黄金集团）	湖南	219.880	219.880	0.000	2730.270
15	凤县鑫坤黄金冶炼厂	陕西	0.000	0.000	0.000	0.000
—	扣除进口原料产金	——	–6654.443	–6654.443	0.000	–6654.443

注：1. 山东招金集团冶炼厂产金量为“招金矿业股份公司”和“山东国大黄金股份公司”冶炼厂产金量之和。
2. 山东黄金集团“三山岛金矿”“焦家金矿”“玲珑金矿”“新城金矿”所产含量金全部由“焦家冶炼厂”冶炼成成品金，这部分成品金产量。

黄金冶炼企业产金完成情况表

单位：千克

本月止累计完成					2012年同期累计完成		
比2012年同期(+%)	其中				合计	其中	
	黄金原料	比2012年同期(%)	有色原料	比2012年同期(%)		黄金原料	有色原料
5	6	7	8	9	10=11+12	11	12
13.06	151351.380	13.06	0.000	——	133866.437	133866.437	0.000
10.57	24178.350	10.57	0.000	——	21867.620	21867.620	0.000
2.27	2782.010	2.27	0.000	——	2720.380	2720.380	0.000
1.14	1165.070	1.14	0.000	——	1151.900	1151.900	0.000
37.92	2787.990	37.92	0.000	——	2021.410	2021.410	0.000
22.82	9961.040	22.82	0.000	——	8110.200	8110.200	0.000
−20.91	1038.820	−20.91	0.000	——	1313.450	1313.450	0.000
−1.63	6443.420	−1.63	0.000	——	6550.280	6550.280	0.000
0.84	38420.283	0.84	0.000	0.000	38098.422	38098.422	0.000
0.12	36517.017	0.12	0.000	——	36471.556	36471.556	0.000
16.99	1903.266	16.99	0.000	——	1626.866	1626.866	0.000
163.72	23809.550	163.72	0.000	0.000	9028.260	9028.260	0.000
144.26	21137.840	144.26	0.000	——	8653.760	8653.760	0.000
——	835.900	——	0.000	——	0.000	0.000	0.000
390.20	1835.810	390.20	0.000	——	374.500	374.500	0.000
108.33	8366.040	108.33	0.000	0.000	4015.790	4015.790	0.000
85.38	3734.870	85.38	0.000	——	2014.700	2014.700	0.000
131.43	4631.170	131.43	0.000	——	2001.090	2001.090	0.000
4.97	10142.760	4.97	0.000	——	9662.430	9662.430	0.000
−12.53	1104.280	−12.53	0.000	——	1262.470	1262.470	0.000
−100.00	0.000	−100.00	0.000	——	1650.000	1650.000	0.000
−11.13	3601.390	−11.13	0.000	——	4052.360	4052.360	0.000
2.26	24233.000	2.26	0.000	——	23698.470	23698.470	0.000
82.15	164.570	82.15	0.000	——	90.350	90.350	0.000
−100.00	0.000	−100.00	0.000	——	1295.300	1295.300	0.000
7.86	17655.000	7.86	0.000	——	16368.000	16368.000	0.000
−1.84	3600.330	−1.84	0.000	——	3667.970	3667.970	0.000
18.49	2730.270	18.49	0.000	——	2304.260	2304.260	0.000
−100.00	0.000	−100.00	0.000	——	700.000	700.000	0.000
70.83	−6654.443	70.83	0.000	——	−3895.265	−3895.265	0.000

表 5

2013 年 1~12 月

序号	单位	省份	本月实际完成			
			合计	其中		合计
				黄金原料	有色原料	
—	——	——	1=2+3	2	3	4=6+8
—	有色冶炼企业合计	——	6660.497	482.376	6178.122	89478.063
1	上海鑫冶铜业有限公司	上海	18.720	0.000	18.720	131.543
2	芜湖恒鑫集团	安徽	0.000	0.000	0.000	0.000
3	铜陵有色金属集团控股有限公司稀贵金属分公司	安徽	1104.000	0.000	1104.000	13450.000
4	紫金铜业有限公司	福建	306.500	0.000	306.500	5166.210
5	江西铜业公司	江西	2515.930	438.350	2077.580	26129.400
6	江西和丰铜业公司	江西	647.360	0.000	647.360	5674.740
7	烟台鹏晖铜业有限公司	山东	89.427	0.000	89.427	667.010
8	阳谷铜冶炼厂	山东	−272.000	0.000	−272.000	4347.000
9	东营方圆有色金属有限公司	山东	980.000	0.000	980.000	980.000
10	大冶有色金属公司	湖北	4697.000	0.000	4697.000	14295.000
11	株洲冶炼集团	湖南	34.000	20.000	14.000	319.000
12	水口山公司	湖南	103.400	0.000	103.400	1508.800
13	云南铜业集团公司	云南	480.508	24.026	456.482	5374.213
14	白银有色金属公司	甘肃	215.000	0.000	215.000	2000.000
15	金川有色金属公司	甘肃	428.653	0.000	428.653	8057.148
16	宁夏天马冶化（集团）股份有限公司	宁夏	195.000	0.000	195.000	195.000
—	浙江省有色冶炼厂合计	浙江	830.000	0.000	830.000	6896.000
—	河南省有色冶炼厂合计	河南	4350.000	0.000	4350.000	4350.000
—	辽宁省有色冶炼厂合计	辽宁	537.000	0.000	537.000	537.000
—	扣除进口原料产金	——	−10600.000	0.000	−10600.000	−10600.000

有色冶炼企业产金完成情况表

单位：千克

本月止累计完成					2012年同期累计完成		
比2012年同期(+%)	其中				合计	其中	
	黄金原料	比2012年同期(%)	有色原料	比2012年同期(%)		黄金原料	有色原料
5	6	7	8	9	10=11+12	11	12
24.18	12274.031	13.73	77204.033	26.03	72052.596	10791.916	61260.680
−46.58	0.000	——	131.543	−46.58	246.260	0.000	246.260
——	0.000	——	0.000	−100.00	40.000	0.000	40.000
20.25	0.000	——	13450.000	20.25	11185.000	0.000	11185.000
——	0.000	——	5166.210	——	0.000	0.000	0.000
−0.01	11814.320	16.40	14315.080	−10.43	26131.000	10149.340	15981.660
18.27	0.000	——	5674.740	18.27	4797.950	0.000	4797.950
−7.55	0.000	——	667.010	−7.55	721.480	0.000	721.480
135.55	0.000	——	4347.000	135.55	1845.500	0.000	1845.500
1.34	0.000	——	980.000	1.34	967.000	0.000	967.000
84.36	0.000	——	14295.000	84.36	7754.00	0.00	7754.00
−27.50	191.000	−27.65	128.000	−27.27	440.000	264.000	176.000
141.95	0.000	——	1508.800	141.95	623.600	0.000	623.600
−29.02	268.711	−29.02	5105.502	−29.02	7571.501	378.576	7192.925
11.11	0.000	——	2000.000	11.11	1800.000	0.000	1800.000
0.68	0.000	——	8057.148	0.68	8003.100	0.000	8003.100
−2.50	0.000	——	195.000	−2.50	200.000	0.000	200.000
14.09	0.000	——	6896.000	14.09	6044.549	0.000	6044.549
97.73	0.000	——	4350.000	97.73	2200.000	0.000	2200.000
——	0.000	——	537.000	−55.62	1210.000	0.000	1210.000
8.96	0.000	——	−10600.000	8.96	−9728.344	0.000	−9728.344

表 6

2013 年 1~12 月大型

序号	单位	本月止累计完成					
		矿山产金				黄金冶炼厂产成品金	有色冶炼厂产成品金
		合计	比 2012 年同期 (%)	其中			
				成品金	含量金		
—	——	1=3+4	2	3	4	5	6
—	全国黄金产量合计	350959.020	2.68	187333.609	163625.411	151351.380	89478.063
—	十家大型企业黄金产量合计	160229.154	1.41	86067.896	74161.258	125302.253	5166.210
—	十家合计占全国产量比重 (%)	45.65	——	45.94	45.32	82.79	5.77
1	中国黄金集团公司	39429.620	10.75	26481.270	12948.350	24178.350	——
2	紫金矿业集团股份有限公司（国内）	23274.890	-27.44	14343.620	8931.270	8366.040	5166.210
3	山东黄金集团有限公司（国内）	35308.790	5.67	10175.380	25133.410	23809.550	——
4	山东招金集团有限公司	20764.364	11.05	1255.356	19509.008	38420.283	——
5	山东中矿集团股份有限公司	5313.000	0.00	5313.000	0.000	10142.760	——
6	灵宝黄金股份有限公司	3099.000	-19.36	930.000	2169.000	17655.000	——
7	灵宝金源矿业股份有限公司	2608.950	-20.28	966.650	1642.300	0.000	——
8	湖南黄金集团有限责任公司	11008.230	53.47	8371.850	2636.380	2730.270	——
9	云南黄金矿业集团股份有限公司	9039.190	-1.22	7847.650	1191.540	0.000	——
10	埃尔拉多黄金公司（中国）	10383.120	9.73	10383.120	0.000	0.000	——

注：1. 1~12 月山东黄金集团有限公司另有境外矿产成品金产量 1755.300 千克。
2. 1~12 月紫金矿业集团股份有限公司另有境外矿产金产量 6394.22 克，其中成品金 1517.50 千克，含量金 4876.72 千克。

紫金矿业集团股份有限公司（国内）	29.700	年报	31.70
山东黄金集团有限公司（国内）	37.100	股份年报	26.8

黄金企业（集团）黄金生产情况表

单位：千克

		2012 年同期累计完成					
矿山产成品金 + 冶炼厂产成品金合计	比 2012 年同期 (%)	矿山产金			黄金冶炼厂产成品金	有色冶炼厂产成品金	矿山产成品金 + 冶炼厂产成品金合计
		合计	其中				
			成品金	含量金			
7=3+5+6	8	9=10+11	10	11	12	13	14=10+12+13
428163.053	6.23	341785.982	197127.629	144658.353	133866.437	72052.596	403046.661
216536.359	9.33	158002.784	96707.744	61295.040	101344.782	——	198052.526
50.57	——	46.23	49.06	42.37	75.71	——	49.14
50659.620	17.61	35602.290	21205.240	14397.050	21867.620	——	43072.860
27875.870	9.92	32075.430	21343.600	10731.830	4015.790	——	25359.390
33984.930	9.45	33413.411	22022.740	11390.671	9028.260	——	31051.000
39675.639	2.74	18697.446	517.265	18180.181	38098.422	——	38615.687
15455.760	3.21	5313.000	5313.000	0.000	9662.430	——	14975.430
18585.000	0.16	3843.000	2188.000	1655.000	16368.000	——	18556.000
966.650	–27.52	3272.767	1333.659	1939.108	0.000	——	1333.659
11102.120	47.43	7172.960	5225.970	1946.990	2304.260	——	7530.230
7847.650	–3.07	9150.480	8096.270	1054.210	0.000	——	8096.270
10383.120	9.73	9462.000	9462.000	0.000	0.000	——	9462.000

（中国黄金协会）

有色金属

【有色金属工业生产概况】 2013年,规模以上有色金属企业工业增加值增长13.3%,增幅比2012年回落0.4个百分点,但比全国工业增加值的增幅高3.6个百分点。2013年,规模以上有色金属企业工业增加值一季度增长12.2%;上半年增长12.0%,比一季度回落增幅回落0.2个百分点;前三个季度增长12.8%,比上半年增幅回升0.8个百分点;全年增长13.3%,比三个季度增幅回升0.5个百分点。2013年,中国十种有色金属产量首次超过4000万吨,达到4154万吨,比2012年增长12.4%。其中,精炼铜产量666.7万吨,增长13.4%;原铝产量2215.5万吨,增长14.3%;铅产量493.5万吨,增长7.5%;锌产量528.0万吨,增长8.2%。6种精矿金属含量991.2万吨,比2012年增长6.1%。氧化铝产量4337.9万吨,比2012年增长15.1%。铜材产量1365.0万吨,比2012年增长23.9%;铝材产量3348.6万吨,比2012年增长29.4%。

《2013年中国有色金属工业概况》见表1,《2013年中国有色金属矿山作业量》见表2,《2013年中国各省、市、自治区常用有色金属精矿含量》见表3,《2013年中国有色金属采矿业主要技术经济指标》见表4。

【固定资产投资】 2013年,有色金属工业(不包括独立黄金企业)完成固定资产投资额6657.2亿元,比2012年增长20.9%,增幅比2012年回升1.4个百分点。其中,有色金属矿采选完成固定资产投资1207.6亿元,增长14.8%,占18.1%;有色金属冶炼完成固定资产投资2192.1亿元,增长11.9%,占32.9%;有色金属压延加工完成固定资产投资3257.4亿元,增长30.6%,占48.9%。其中,民间投资所占比重达80%,民间项目投资主要集中在东中部地区的深加工项目。2013年,有色金属工业投资特点是加工项目投资大幅度上升,矿山项目投资增幅平稳,有色金属冶炼投资热缓解,投资结构有所优化。

【有色金属市场价格走势】 1. 伦敦金属交易所有色金属价格低于2012年价格。2013年伦敦金属交易所,三月期铜收盘价格7360美元/吨,比2012年收盘价回落7.2%;三月期铜年平均价格7352美元/吨,比2012年平均价下降7.5%。三月期铝收盘价格1800美元/吨,比2012年末收盘价回落12.7%;三月期铝年平均价格1888美元/吨,比2012年平均价下降7.9%。三月期铅收盘价格2219美元,比2012年末收盘价回落5.0%;三月期铅年平均价格2158美元/吨,比2012年平均价增长4.0%。三月期锌收盘价2055美元/吨,比2012年末收盘价回落1.1%;三月期锌年平均价格1940美元/吨,比2012年平均价下降1.3%。

2. 上海有色金属交易所有色金属年末价格低于2012年末价格。2013年上海有色金属交易所,三月期铜收盘价格52280元/吨,比2012年末收盘价回落9.5%;三月期铝收盘价格14035元/吨,比2012年末收盘价下降了8.7%;三月期铅收盘价格14315元/吨,比2012年末收盘价回落了7.0%;三月期锌收盘价格15195元/吨,比2012年末收盘价回落了2.1%。

3. 国内市场铜现货价格震荡下行。2013年,国内市场铜现货平均价为53382元/吨,同比下降6.9%。其中,一季度为57423元/吨,环比回升0.5%;二季度为52696元/吨,环比回落8.2%;三季度为51770/吨,环比回落1.8%;四季度为51631元/吨,环比回升0.3%。

4. 国内市场铝现货价格持续下降。2013年,国内市场铝现货平均价为14556元/吨,同比下降7.1%。其中,一季度为14783元/吨,环比回落2.7%;二季度为14619元/吨,环比回落1.1%;三季度为14430元/吨,环比回落1.3%;四季度为14393元/吨,环比回落0.4%。2012年以来铝价始终低于国内的平均成本线。

5. 国内市场铅现货价格震荡回落。2013年,国内市场铅现货平均价为14249元/吨,同比下降7.4%。其中,一季度为14792元/吨,环比回落2.2%;二季度为13935元/吨,环比回落5.8%;三季度为14151元/吨,环比回升1.6%;四季度为14119元。

6. 国内市场锌现货价格微幅下调。2013年,国内市场锌现货平均价为15178元/吨,同比下降0.5%。其中,一季度为15418元/吨,环比回落1.1%;二季度为14832元/吨,环比回落3.8%;三季度为15166元/吨,环比回升2.3%;四季度为15297元/吨,环比回升0.9%。

【有色金属进出口贸易】 2013年,中国有色金属进出口贸易总额1580.7亿美元,同比增长1.1%。其中:进口额1033.2亿美元,同比下降3.3%;出口额547.5亿美元,同比增长10.7%;进出口贸易逆差563.5亿美元,同比下降15.3%。值得关注的是扣除黄金首饰及零件出口额274.3亿美元后,主要有色金属出口额仅为273.2亿美元,同比下降1.0%。2013年有色金属贸易额扣除黄金首饰及零件贸易额后,进口额、出口额均呈下降态势。

2013年有色金属进出口贸易总额，一季度为407.4亿美元；二季度为382.7亿美元，环比下降6.2%；三季度为372.5亿美元，环比下降2.2%；四季度为417.6，环比增长12.1%。

1. 进口铜精矿增加、精炼铜减少。2013年，中国铜产品进口额为688.3亿美元，同比下降2.2%，占有色金属产品进口额的比重为66.6%；出口额为64.5亿美元，同比下降1.0%；铜产品贸易逆差623.8亿美元，同比下降1.5%。

2013年，进口未锻轧铜326.2万吨，同比下降5.6%，其中：进口精炼钢320.6万吨，同比下降5.8%；进口铜精矿实物量1007.4万吨，同比增长28.7%；进口粗铜62.9万吨，同比增长20.3%；进口铜材65.0万吨，同比下降2.8%；进口铜废碎料实物量437.3万吨，同比下降10.0%。出口未锻轧铜29.3万吨，同比增长7.1%；出口铜材48.9万吨，同比下降0.8%。2013年，净进口未锻轧铜296.9万吨，同比下降6.7%；净进口铜材16.1万吨，同比下降8.5%。

2. 进口铝土矿大幅度增加。2013年，中国铝产品进口额为131.9亿美元，同比增长4.2%；出口额为118.9亿美元，同比增长4.3%。2013年，进口未锻轧铝48.1万吨，同比下降24.8%；进口铝材48.2万吨，同比下降9.3%；进口铝土矿7070.3万吨，同比增长78.5%；进口铝废料实物量250.4万吨，同比下降3.4%；进口氧化铝383.1万吨，同比下降23.7%。出口未锻轧铝57.2万吨，同比下降9.3%；出口铝材306.5吨，同比增长8.3%。2013年，净出口未锻轧铝9.1万吨，2012年净进口0.9万吨；2013年，净出口铝材258.3万吨，同比增长12.4%。

3. 进口铅精矿减少。2013年，中国铅产品进口额为21.8亿美元，同比下降33.3%；出口额为1.5亿美元，同比增长1.7倍。2013年，进口来锻轧铅3.2万吨，同比下降37.4%；进口铅精矿实物量149.3万吨，同比下降17.8%；出口未锻轧铅2.3万吨，同比增长3.9倍；净进口未锻轧铅0.9吨，同比下降81.6%。

4. 进口未锻轧锌增加。2013年，中国锌产品进口额为30.3亿美元，同比增长11 1%；出口额为1.0亿美元，同比下降79%，2013年，进口未锻轧锌75.2万吨，同比增长16 3%；进口锌精矿实物量199.4万吨，同比增长2.8%；出口未锻轧锌0.5万吨，同比下降32.0%；出口立德粉2.6万吨，同比下降17.9%；出口氧化锌1.0吨，同比下降16.9%；净进口未锻轧锌74.6 5吨，同比增长16.7%。

5. 稀土产品出口量增额降。2013年，中国稀土产品进口额为4.5亿美元，同比下降28.7%；出口额为18.7亿美元，同比下降25.6%：进出口贸易顺差为14.2亿美元，同比下降24.9%。2013年，出口稀土金属钕273吨，同比下降8.4%；出口稀土合金1054吨，同比增长61.5%；出口稀土氧化物17490吨，同比增长43.5%；出口碳酸稀土1426吨，同比增长86.3%；出口稀土永磁体18 826吨，同比增长15.2%。

【有色金属工业实现利润总额】 1. 全年实现利润总额转为正增长。2013年，8649家规模以上有色金属工业企业（不包括独立黄金企业，下同）实现主营业务收入48170.7亿元，同比增长12.7%，主营业务成本44347.9亿元，同比增长14.7%，比主营业务收入增幅高2个百分点；实现利税2932.5亿元，同比增长4.6%；实现利润总额1713.7亿元，同比增长2.4%，增幅比全国规模以上工业企业的增幅低9.8个百分点；主营活动利润为1704.9亿元，同比下降16.8%。

2013年，规模以上有色金属工业企业利润总额，一季度为292.4亿元；二季度为288.4亿元，环比下降1.4%；三季度为366.6亿元，环比增长27.1%，四季度为766.3亿元，环比增长109.0%。

2. 亏损企业户数及亏损企业亏损额比2012年略有扩大。2013年，8649家规模以上有色金属工业企业中亏损企业为1469家，比2012年增加30家，亏损面为17.0%；亏损企业亏损额322.7亿元，同比增长0.5%。

3. 费用与2012年持平。2013年，规模以上有色金属工业企业财务费用为590.0亿元，与2012年持平，其中利息支出534.9亿元，同比下降0.1%；企业管理费用928.9亿元，同比增长6.4%；企业营业费用412.5亿元，同比增长12.8%。

4. 应收账款增加，产成品库存货款减少。2013年末，规模以上有色金属工业企业应收账款2504.0亿元，同比增长15.0%；企业产成品库存货款1491.4亿元，同比下降4.8%。

5. 资产负债率略有上升。2013年末，规模以上有色金属工业企业资产总额为33658.8亿元，比2012年增长13.4%；负债合计21075.8亿元，比2012年增长14.1%，增幅比资产总额增幅高0.8个百分点；资产负债率为62.6%，比2012年上升0.4个百分点。

【科技成果】 2013年，自主创新开发的"铜管高效短流程技术装备研发及产业化"成果，引领中国铜管加工生产技术整体处于世界领先水平；研制成功的航空用高性能铝合金材料、航天用超强耐蚀无磁铝合金、现代交通用铝合金绿色节能产品、锡基球形焊锡粉、高性能钼合金材料、纳米集成电路设备用高端硅单晶材料、二硼化镁线带材超导材料、铂族金属均相催化材料等一批高新技术产品和高端材料，为扩大有色金属材料的新应用，满足国防和高技术领域重大需求，扭转大量依赖进口的局面，打破了国外的长期封锁提供了技术支撑。

铝电解新型阴极结构技术、低温低电压节能工艺和高效节能控制技术与装备广泛推广应用，为节能减排做出了显著贡献。氧气底吹/侧吹炼铜、液态高铅渣底吹/侧吹直接还原一系列节能环保技术以及氧气顶吹熔炼和闪速熔炼先进技术在铜、镍、铅、锡等行业得到广泛推广应用，有力推动了行业技术进步和产业升级。2013 年，中国铝锭综合交流电耗下降到 13740 千瓦时/吨，同比下降 104 千瓦时/吨，节电 22.9 亿千瓦时；铜冶炼综合能耗下降到 314.4 千克标准煤/吨，同比下降 0.5%；铅冶炼综合能耗为 469.3 千克标准煤/吨，同比增长 1.7%：电解锌冶炼综合能耗下降到 909.3 千克标准煤/吨，同比下降 0.1%。

【有色金属矿产勘查】 1. *从业人员概况*。2013 年末，全国有色地勘单位从业人数近 3.96 万人，其中正式职工 3.34 万人，工程技术人员 1.65 万人，地质技术人员 1.08 万人。2013 年末，有色地勘单位退休人员 4.65 万人，离休人员 527 人。

2. *产业经济*。据不完全统计，2013 年全国有色地勘单位完成经济总收入 309.57 亿元，同比增长 8.77%；实现利润 18.11 亿元，同比下降 17.15%。2013 年，全国有色地勘单位预算内地质工作收入 56.76 亿元，同比增长 37.49%。其中地质勘探事业费拨款 34.85 亿元，同比增长 59.98%；大调查项目费用 4.86 亿元，同比增长 159.89%；财政补助项目费用 13.56 亿元，同比增长 89.12%。2013 年，全国有色地勘单位多种经营（包括社会地质工作）收入为 252.81 亿元，同比增长 14.69%。其中社会地质工作 2013 年实现收入为 42.81 亿元，同比增长 55% ~89%；采掘业实现收入为 23.46 亿元，同比增长 293.62%；建筑工业完成收入 90.29 亿元，同比增长 27.73%；制造业完成收入 12.01 亿元，同比增长 44.18%；其他产业收入 84.24 亿元，同比下降 38.48%。

3. *产业结构*。2013 年，在全球矿业市场低迷和中国经济增长放缓的严峻形势下，有色金属地矿工作以党的十八大、十八届二中、三中全会精神为指导，积极推进地勘单位分类改革，因地制宜探索适应自我发展的路子。在大力发展地质矿产业的基础上，走勘查开发一体化的道路，不断拓展新领域，全力推进产业升级，实现了生产经营平稳发展。① 地质勘查业。地质勘查是有色地质勘查单位的主业，也是优势产业。2013 年，全国有色地勘单位预算内地质工作收入和社会地质勘查工作收入总计为 99.57 亿元，占全国有色地勘单位经济总收入的 32.16%。② 矿业开发。主要是指采掘业等。2013 年采掘业实现收入为 23.46 亿元，占全国有色地勘单位经济总收入的 7.58%。③ 工程施工。主要是指工程勘察、测绘、道路桥梁建设、工民建、市政建设、水利疏浚、岩土施工等建设施工业。2013 年工程施工业完成收入 90.29 亿元，占全国有色地勘单位经济总收入的 29.17%。④工业生产。主要是指制造业，如机械制造、高新材料、金刚石工具、玻璃机械等制造加工业。2013 年，制造业完成收入 12.01 亿元，占全国有色地勘单位经济总收入的 3.88%。

【地质项目与储量】 1. *地质项目基本情况*。据不完全统计，2013 年共安排地质项目 3431 项。其中，新上项目 1873 项，续作项目 1558 项。包括基础地质项目 351 项，普查项目 1112 项，详查项目 406 项，勘探项目 66 项，其他项目 1496 项。

2013 年，共提交地质报告 1723 份，其中普查报告 278 份，详查报告 108 份，勘探报告 26 份，其他报告 1311 份。

2013 年，完成钻探工作量 233.98 万米，坑探工作量 12.58 万米，槽探工作量 155.31 万立方米，井探工作量 3.01 万米。

2. *新增固体矿产资源/储量*。据不完全统计，2013 年，全国有色地勘单位新增矿产资源/储量（金属量）：铜 205.11 万吨，铅锌 461.16 万吨，钨 49.93 万吨，钼 51.78 万吨，镍 10.05 万吨，锑 3.62 万吨，锡 7.39 万吨，金 184.02 吨，银 2 481.33 吨，铝土矿（矿石量）2.2 亿吨。

【科技教育与人才培养】 1. *科技创新*。2013 年，有色地勘单位的科技创新工作主要是围绕地质找矿突破战略行动，加强综合研究工作，积极开展在“新能源、新领域、新方法”方面的科技攻关，对重点矿区、重点矿种、重点成矿区带等方面进行系统性研究，以创新为动力，推进科研与勘查开发工作的深度融合，科技创新工作取得了优异的成果：

一是获得中国有色金属工业科学技术奖一等奖 3 项、二等奖 10 项、三等奖 7 项。其中，陕西省洛南县陈耳金矿接替资源勘查等 3 个项目获中国有色金属工业科学技术奖一等奖；青海赛什塘铜多金属矿床成矿规律与成矿预测等 10 个项目获中国有色金属工业科学技术奖二等奖；内蒙古自治区根河市三道桥铅锌矿床地质勘探等 7 个项目获中国有色金属工业科学技术奖三等奖。

二是获得中国国土资源科学技术奖二等奖 3 项。

包括，辽宁省凤城市白云金矿深部及外围找矿的重大突破、矿产资源勘查信息化创新研究——“智慧勘探”系统工程建设及应用和全国主要金属矿床模型研究（天津华北地质勘查局参与）。

2. 人才培训和培养。①有色金属矿产地质调查中心：成立中心研究生会，召开两届研究生学术交流会，促进了研究生（博士后）之间的学术交流。研究生基地现有研究生44名，跟随导师在项目实践学习；博士后工作站现有10名博士后在站从事研究，已有1名博士后完成研究工作出站。

进一步推进人事管理改革，规范岗位设置，落实和完善岗位聘任制。加强紧缺人才培养引进力度，制定科学的人才评价和使用标准，最大限度激发人的创造活力，鼓励创新型人才脱颖而出，鼓励发表高水平的学术论文。从管理与业务两个层面，为员工构建多个发展通道，为中心事业体系的发展提供人才支撑。

②辽宁省有色地质局：辽宁地质工程职业学院紧紧围绕“保持职业办学特色，稳步发展职业教育”的工作要求，以创建省示范高职院校为目标，以党的十八大精神为统领，围绕“赢在责任、赢在自己”的主题，继续深挖潜力和大力推进软实力、硬实力两大工程建设，创新和强化党群工作为融合凝聚平台，凝心聚力，求真务实，推动学院“实施书香校园工程、构建德育特色学院”活动纵深发展，实现了教学、科研、学生管理、新校区建设、函授成人教育等各项工作协调有序、全面快速发展。

③西北有色地质勘查局：围绕全局重点工作任务，根据国家和省政策调整政策，立足提高关键技求和管理岗位人员技能培训，有针对性地开展各类培训，先后举行了Mircormine地质软件培训班提高Micromine使用率和使用水平；举办赴青海工作人员的强化培训班，满足高原地区地质工作需要；组织OA系统操作培训，大幅提升企业管理的执行力和员工的工作效率和质量；举办财务人员营改增业务培训，提高财会人员业务水平；举办黄金套期保值理论与实践培训班，积极应对黄金价格暴跌带来的挑战。

陕西省博士后科研创新基地获得陕西省人社厅批准，在西北有色地质勘查局正式建站运行。

④甘肃省有色金属地质勘查局：2013年，围绕全局中心工作，开展各类培训工作。一是配合探矿工程勘查管理处，委托中国地质科学院勘探技术研究所对基层单位负责钻探业务的技术负责人、专业技术人员进行钻探新装备、新技术、新方法和新理论的培训；二是组织甘肃省有色地勘局所属各院技术人员参加由国土资源部举办的页岩气勘查开发政策及技术方法学习；三是组织甘肃省有色地勘局所属各院技术人员参加由国土资源部举办的全国重要地质钻孔数据库建设学习培训；四是组织甘肃省有色地勘局所属各院技术人员参加由国土资源部举办的地质找矿突破理论技术方法培训班。

⑤贵州省有色金属和核工业地质勘查局：根据地质勘查工作发展的需要，制定专业技术人员培训计划，采取走出去参加中国地质调查局等组织的学习，请知名专家到贵阳短期培训，到各总队办培训班的方式，分层次、分方向组织地质人员专业培训11次，共196人次。组织完成全局15名技术工人参加职业道德培训以及90名技术工人参加技工考工培训。培训内容涉及成矿规律、项目实施、方案编写、深部找矿、综合研究、物化探勘查及地勘工作管理等方面。

⑥河南省有色金属地质矿产局：一是举办管理类、技术类人员培训22期；二是按照省人力资源和社会保障厅要求为全局1500余名专业技术人员更换新版河南省专业技术人员继续教育证书，进一步做好局属各单位专业技术人员统计登记、造册、填写、盖章等工作；三是辅助中共河南省委组织部、河南省公务员局做好全省厅级干部党的群众路线教育实践活动学习报告会、河南省公务员网络学院两项培训工作。

⑦江西有色地质勘查局：2013年，全局共招聘大中专毕业生166人，充实了各单位地质勘查队伍；利用各种渠道对青年人进行业务培训，提高业务素质。

⑧湖南省有色地质勘查局：引进专业人才，加强业务培训。组织了地质工作会议和两次立项申报汇总会审工作，相继组织了局系统青年技术骨干赴湖南省重要典型金矿考察、参加页岩气勘探开发技术培训班和地勘成果统计培训等，并通过野外质量检查和项目报告评比等多种方式对项目工作人员进行具体指导培训。

【国际合作】 2013年全国有色地勘单位在全球矿业市场低迷和我国暂缓海外地勘风险勘查基金项目申报的背景下，有关地勘单位克服国外政局不稳、治安混乱、疾病多发等重重困难，纷纷走出国门，到国外去勘查矿产资源。

1. 有色金属矿产地质调查中心：抢抓国际矿业市场持续低迷的机遇，并购和整合海外项目，优化资源结构，不断丰富“低价进入—勘查升值—高价变现”“矿权资产注入上市公司”“分拆上市公司，实现价值最大化”等矿权资产证券化赢利模式，探索低成本资源扩张。

NNX公司完成700万加元市场融资，以增发200万股普通股的对价，收购华源公司持有的加拿大安大略省 Nairn 铜镍矿项目，实现了海外镍矿资源整合：完成银狐与 GSH 两个上市公司的合并，新获 3 个优质金矿项目；ENU 公司以 50 万澳元现金加 800 万股股票的方式，低成本收购 EMX 公司 18.5% 股权，成为其单一最大股东；ENT 公司获西澳政府年度勘查激励计划 45 万澳元钻探资助基金，完成 101 万澳元融资；TIG 公司融资 120 万加元，继续支持其在埃塞俄比亚北部的勘查业务。Canaco 完成拆分 EAM、收购苏丹 shark 公司的交易，新增 2 个优质探矿权，面积为 1.56 万平方千米，成功进入苏丹。至 2013 年底，以投资、分拆、合并等方式，控制了在加拿大多伦多上市的 7 家境外上市的初级资源公司，并通过 ENU 间接成为 EMX 公司（ASX：EMX）第一大股东。共拥有 3 万多平方千米的海外优质矿权，海外经营团队初具规模。

2. *天津华北地质勘查局*：继续贯彻实施“走出去”战略，不断加大对各企业“走出去”政策和资金的支持力度，在巩固原有成果的基础上，不断拓宽境外市场和经营领域。在国外 31 个国家和地区，开展地质勘查、矿业开发、地质工程施工、水井施工、援外项目和进出口贸易等业务。一是老挝帕奔项目提交的详查报告年初通过国土资源部矿产资源储量评审中心审查，认定（332 + 333）金金属量 11762 吨。二是墨西哥圣胡安地区金铜矿普查。2013 年重点对Ⅱ号矿化蚀变破碎带进行控制，初步估算（$333+334_1$）金金属量1.43 吨。

3. *西北有色地质勘查局*：继续贯彻实施好“走出去”战略，境外项目主要在澳大利亚开展，拥有矿权面积约 1722 平方千米，开展了盈地金矿、雷纳德谢尔夫铅锌矿以及格林威尔斯金矿 3 个项目。2013 年度各项目进展情况良好，圆满完成勘查任务，项目资源量和资源级别继续提升。两个金矿金金属总量超过 25 吨，实现了新的突破；铅锌矿石总资源量突破 2000 万吨，开发潜力巨大，有望成为世界级超大型铅锌矿。

4. *云南省有色地质局*：2013 年继续在印度尼西亚、老挝、缅甸、澳大利亚 4 个国家开展风险地质勘查、矿业开发工作。一是与印度尼西亚富域公司合作，共同开发马布里、苏巴印和北科纳威 3 个红土型镍矿。二是与加拿大亚洲现代资源有限公司合作的鹤庆北衙外围铅多金属矿项目完成部分矿段的勘探工作，编制了勘查报告，进入采矿证申请准备阶段。三是在缅甸掸邦孟洋铁矿勘查效果好，正在申请采矿权，在缅甸蒙育瓦铜矿等地区实施的钻探工程进展顺利，效益良好。

5. *河南省有色金属地质矿产局*：2013 年，实施的境外风险勘查项目共计 42 项，部分项目取得了明显进展。一是智利第四大区铜矿项目，经工程验证具有斑岩型铜矿化特征，预估可达到中—大型矿床；二是赞比亚西北省选区评价项目，预估赤铁矿远景资源量 3.84 亿吨；三是利比里亚大巴萨州金矿普查项目，根据已发现的金矿体情况，预期找矿潜力很大。

6. *湖南省有色金属地质勘查局*：2013 年，在巴西获取探矿权 15 个，面积 1392.6 平方千米。截至 12 月 31 日止，在澳大利亚和巴西两地累计取得自主探矿权 47 个，勘查面积共 5232.86 平方千米。其中澳大利亚 18 个，面积 3442 平方千米；巴西 29 个，面积 1790.86 平方千米。合作矿权 21 个，勘查面积达 5000 多平方千米。本年度新增（333）资源量：铁 7000 万吨、金 3.90 吨、铜 1.74 万吨。

7. *广东省有色金属地质局*：2013 年，塞拉利昂铁金矿的地质项目通过探槽揭露和深部采矿斜井推断金的资源量可达超大型规模，具有较好的找矿前景。赞比亚中央省塞伦杰金矿和加拿大卑诗省铜钼多金属矿的靶区优选与评价项目分别成功通过了国家海外矿产资源风险勘查项目办公室的成果验收，实现了预期目标。

8. *甘肃省有色金属地质勘查局*：澳大利亚项目进展情况：一是完成了境外独资公司——甘肃有色澳大利亚有限公司的注册工作。二是完成南澳 Torrens 测区（5 个探矿权）原住居民土地权使用协议的商讨、签署工作；喀麦隆项目进展情况：完成喀麦隆曼甘（Mvangan）地区 262 铁矿区 1∶5 万地球化学测量及数据处理，共圈出 484 个单元素异常，7 个综合异常区，找矿前景较好。

表 1　　2013 年中国有色金属工业概况

项目	单位	1990 年	1995 年	2000 年	2005 年	2010 年	2011 年	2012 年	2013 年
一、主要产品产量									
1. 十种有色金属合计	万吨	239.32	496.62	783.81	1639.02	3136.02	3438.86	3697.04	4154.17
（1）精炼铜	万吨	56.16	107.97	137.11	260.04	454.03	516.31	587.91	666.71
（2）原铝（电解铝）	万吨	84.71	167.61	279.41	780.60	1624.41	1813.47	2025.10	2315.54

续表 1-1

项目	单位	1990 年	1995 年	2000 年	2005 年	2010 年	2011 年	2012 年	2013 年
(3)铅	万吨	29.65	60.79	109.99	239.15	415.75	460.36	459.09	493.51
(4)锌	万吨	55.18	107.67	195.70	277.61	520.89	521.22	488.12	527.96
(5)镍	万吨	2.75	3.89	5.09	9.51	15.86	17.47	19.68	22.7
(6)锡	万吨	3.58	6.77	11.24	12.18	14.90	5.55	14.79	15.96
(7)锑	万吨	6.00	12.95	11.33	13.83	19.26	20.04	24.20	26.31
(8)汞	吨	930	779	203	1094	1585	1493	1347	1822
(9)镁	万吨	0.54	9.36	14.21	45.08	65.08	67.49	69.82	77.04
(10)钛	吨	1913	1723	1905	9161	56848	68026	82120	82619
2. 有色金属矿产品									
(1)铜精矿含铜量	万吨	29.59	44.52	59.26	76.16	115.58	127.19	155.15	168.13
(2)铅精矿含铅量	万吨	36.39	51.98	65.95	114.20	198.13	240.57	261.32	269.65
(3)锌精矿含锌量	万吨	76.3	101.07	178.03	254.78	384.22	405.00	485.91	518.77
(4)镍精矿含镍量	万吨	3.32	4.18	5.03	7.27	7.98	8.98	9.33	9.32
(5)锡精矿含锡量	万吨	4.22	6.19	9.94	12.56	9.14	9.41	9.10	10.12
(6)锑精矿含锑量	万吨	5.48	12.50	9.93	15.15	12.27	12.39	13.56	15.21
(7)钨精矿(折三氧化钨65%)	万吨	6.28	5.33	4.55	9.94	9.95	11.99	12.03	12.59
(8)钼精矿(折纯钼45%)	万吨	3.29	7.33	6.39	8.84	21.47	22.96	26.86	27.17
(9)钴精矿含钴量	吨	249	981	91	2104	6382	6843	7498	8580
(10)铋精矿含铋量	吨	1055	739	1122	1886	1589	1544	2494	1393
3. 中间产品									
(1)粗铜(矿产)	万吨	35.85	53.80	101.39	175.15	282.56	303.67	360.14	422.89
(2)粗铅(矿产)	万吨	26.42	35.99	82.96	178.58	279.57	311.70	312.14	326.93
(3)氧化铝	万吨	146.40	219.94	432.81	853.57	2906.49	3407.76	3769.63	4337.87
(4)高冰镍(含量)	万吨	3.34	4.26	5.70	8.36	13.89	16.60	15.29	15.68
4. 有色金属加工材									
(1)铜材	万吨	45.18	157.19	159.66	502.48	985.13	1037.30	1101.37	1365.00
(2)铝材	万吨	39.38	174.23	217.15	647.86	1990.59	2351.90	2594.11	3348.64
(3)铅材	万吨	0.70	3.70	0.31	2.24	0.97	1.01	0.97	9.61
(4)锌材	万吨	4.34	12.54	0.59	5.00	1.68	1.47	1.40	3.23
(5)镍材	吨	912	1008	403	4885	6314	4542	4853	6571
(6)锡材	吨	556	5502	458	15908	38578	39719	39241	45691
(7)镁材	吨	28	11773	9		59	87	112	192
(8)铜盘条	万吨	15.06	29.26	36.47	104.76	181.17	211.57	230.53	305.52
(9)铝盘条	万吨	2.26	4.10	9.36	15.45	90.68	127.79	119.18	139.86
5. 其他常用有色金属									

续表 1－2

项目	单位	1990 年	1995 年	2000 年	2005 年	2010 年	2011 年	2012 年	2013 年
(1)镉	吨	1129	1471	2368	4077	7363	6672	7265	7496
(2)铋	吨	1058	803	768	10605	13898	14967	15078	15447
(3)钴	吨	325	238	411	7148	4123	5425	6420	5621
(4)硅	万吨	6. 12	6. 74	4. 17	41. 32	114. 27	135. 53	113. 68	145. 21
6. 辅助材料及其他									
(1)碳素制品(有色企业)	万吨	42. 80	65. 46	83. 80	224. 36	585. 55	683. 49	724. 64	762. 18
(2)氟化盐	万吨	6. 05	9. 38	9. 93	25. 85	48. 88	45. 57	47. 46	54. 74
(3)选矿药剂	万吨	2. 34	2. 84	2. 92	3. 01	4. 73	4. 69	4. 63	20. 44
(4)琉精矿	万吨	347. 70	406. 73	290. 81	499. 50	672. 10	694. 97	724. 08	765. 35
(5)硫酸(有色企业)	万吨	189. 20	240. 35	557. 79	831. 86	2167. 03	2502. 26	2636. 46	2660. 48
(6)商品硫酸铜	万吨	1. 07	1. 07	1. 31	4. 55	4. 79	5. 03	6. 82	6. 66
(7)商品硫酸锌	万吨	2. 45	2. 77	2. 54	3. 55	2. 32	1. 65	1. 17	0. 88
(8)商品硫酸镍	万吨	0. 17	0. 49	0. 16	2. 40	4. 07	7. 01	7. 55	7. 76
(9)发电量(有色企业)	亿千瓦时	11. 54	17. 72	26. 27	168. 80	518. 64	571. 66	667. 23	670. 95
(10)水泥(有色企业)	万吨	169. 00	199. 91	265. 19	174. 63	540. 15	556. 45	611. 14	931. 87
二、能源消耗									
电	亿千瓦时	254. 60	426. 62	595. 57	1419. 02	3263. 04	3658. 19	3909. 11	4415. 48
煤	万吨	736. 00	1032. 85	1210. 12	2190. 74	7313. 23	7736. 72	7520. 18	9084. 83
焦炭	万吨	100. 80	147. 49	155. 18	171. 11	553. 95	475. 47	428. 94	394. 06
燃料油	万吨	53. 40	58. 26	48. 90	51. 34	96. 83	78. 77	63. 82	54. 79
三、固定资产投资	亿元		142. 10	175	880. 17	3639. 16	4606. 34	5506. 22	6657. 20
四、实现利税	亿元		95. 53	169. 66	897. 50	2817. 73	3533. 88	3272. 62	2932. 45
其中利润	亿元		43. 14	66. 3	559. 98	1843. 95	2380. 88	1999. 99	1713. 65

表 2　**2013 年中国有色金属矿山作业量**

系统	采掘剥离总量(吨)	采矿量				剥离量		掘进量		其他(吨)	出矿量(原矿量)(吨)
		合计(吨)	坑下(吨)	露天(吨)	露采中砂矿	合计(吨)	其中砂矿	掘进(吨)	掘进(米)		
全国合计	1047618281	411811245	169297677	242513568	15212025	573224478	31237037	59984838	36994255	2597721	399126026
铜系统	460074629	189391073	61332926	128058147		247505872	28775037	22409017	34530067	768667	185760076
铝系统	174378578	50656633	1264656	49391977	14578929	112500147		11203798	25307	18000	50339383
铅锌系统	147046903	60091091	53347266	6743825		77846513	42000	9075963	1028663	33336	53060298
镍系统	12990220	10010352	9462710	546642		165801	2810412	97393	3655	10976893	
锡系统	77557755	14246017	12365197	1880820	427257	56549315		5155450	356011	1606973	14782558
锑系统	8285723	6351980	6351980				1806194	189133	127549	5970471	
钨系统	23325724	12997429	10272753	2724676		6388862	120000	3916730	411558	22703	12575948
钼系统	121895315	54352577	8846790	45505787		66338661	2300000	1203077	120879	1000	54010931
金银系统	9640343	6870153	4770153	2100000		928263		1826089	179781	15838	5117686
稀有稀土系统	1112526	912526	400000	512526			200000	20000		912526	
其他系统	11310566	5931414	882246	5049168	205839	5001044		378108	35463		5619256

表 3　　2013 年中国各省、市、自治区常用有色金属精矿含量

省份	六种精矿产量						钨精矿含量（折三氧化钨 65%）	钼精矿含量（折纯钼 45%）	钴精矿含量	铋精矿含量
	合计	镁	铅	锌	镍	锡	锑			
全国合计	9912030	1681254	2696538	5187747	93151	101236	152104	125850	271727	8580	1393
北京											
天津											
河北	77012	7133	5637	64242				22665			
山西											
内蒙古	2375866	279263	767822	1322504		6277		1801	35543		
辽宁	96864	10887	39669	46308				24594			
吉林	62777	12105	20658	24885	5129			8583			
黑龙江	47844	27433	6407	14004				2157			
上海											
江苏	13529	317	5223	7989							
浙江	97083	7253	37942	51888				11384			
安徽	230172	195474	17765	16933			1008				
福建	424030	34213	136437	252369		1011		3006	5429		
江西	364865	279491	32363	47279		5732		52579	7719		158
山东	5166	5166							1121	18151	95478
河南	124543	15892	80124	27406			1121	1851	95478		
湖北	101349	78711	6327	13358			2953	421	1822		
湖南	1099010	13341	362056	578495		26373	118745	35899	2310		1235
广东	239666	14127	72906	149898		220	2515	2951	332		
广西	907641	10938	313231	552779		21885	8808	3404			
海南						39					
重庆											
四川	891150	96156	345971	449023				1491	48		
贵州	23363		3267	20096							
云南	1071414	234831	175611	609254	963	39738	11017	4950	203		
西藏	97617	16778	55515	22323			3001				
陕西	537836	18847	93360	420676	2014		2939		51762		
甘肃	568126	130905	53081	307114	76021		1005	1680	129	8532	
青海	210592	59015	49359	102218							
宁夏											
新疆	205850	94313	15807	86706	9025						
各省区未包括的规模以下产量											

表4　2013年中国有色金属采矿业主要技术经济指标

主要技术经济指标	计算单位	指标
一、铜系统		
1. 铜坑采		
铜坑采出矿品位	%	0.76
铜采矿损失率	%	14.28
铜矿石贫化率	%	16.92
铜掘采比	米/万吨	163.96
铜采矿掌子面工班效率	吨/工班	53.01
铜掘进掌子面工班效率	米/工班	0.87
铜原矿综合能源消耗	千克标准煤/吨	2.87
铜工人实物劳动生产率	吨/人·年	1282.83
2. 铜露采		
铜露采出矿品位	%	0.45
铜采矿损失率	%	0.45
铜矿石贫化率	%	20.55
铜掘采率	吨/吨	2.74
铜采出矿综合能源消耗	千克标准煤/吨	0.43
铜工人实物劳动生产率	吨/人·年	42510.84
3. 铜选矿		
铜原矿品位	%	0.53
铜精矿品位	%	21.51
铜尾矿品位	%	0.08
铜选矿实际回收率	%	84.99
铜磨矿机作业率	%	75.27
铜选矿工人实物劳动生产率	吨/人·年	7598.26
铜选矿综合能源消耗	千克标准煤/吨	3.37
铜选矿用新水单耗	立方米/吨	0.90
二、铝系统		
铝露采		
铝露采出矿品位	%	56.09
铝矿石贫化率	%	4.98
铝剥采率	吨/吨	5.65
铝露采采出矿综合能源消耗	千克/吨	8.60
铝工人实物劳动生产率	吨/人·年	
三、铅锌系统		
1. 铅锌坑采		
铅出矿品位	%	2.80

续表4－1

主要技术经济指标	计算单位	指标
锌出矿品位	%	5.23
铅锌坑采采矿损失率	%	8.39
铅锌坑采矿石贫化率	%	11.79
铅锌坑采掘采比	米/万吨	258.64
铅锌坑采采矿掌子面工班效率	吨/工班	15.00
铅锌坑采掘进掌子面工班效率	米/工班	1.00
铅锌坑采原矿综合能源消耗	千克标准煤/吨	5.69
铅锌坑采工人实物劳动生产率	吨/人·年	908.40
2. 铅锌露采		
锌出矿品位	%	4.40
铅锌采矿损失率	%	5.50
铅锌矿石贫化率	%	4.92
铅锌剥采比	吨/吨	13.83
铅锌采出矿综合能源消耗	千克标准煤/吨	0.51
铅锌露采工人实物劳动生产率	吨/人·年	18457.31
3. 铅锌选矿		
铅原矿品位	%	2.65
锌原矿品位	%	4.92
铅精矿品位	%	62.07
锌精矿品位	%	49.76
铅尾矿品位	%	0.22
锌尾矿品位	%	0.47
铅选矿实际回收率	%	85.18
锌选矿实际回收率	%	89.76
铅锌磨矿机作业率	%	83.50
铅锌选矿工人实物劳动生产率	吨/人·年	1974.05
铅锌选矿综合能源消耗	千克标准煤/吨	6.710
铅锌选矿用新水单耗	立方米/吨	2.39
四、镍系统		
1. 镍坑采		
镍出矿品位	%	1.00
镍采矿损失率	%	7.76
镍矿石贫化率	%	4.42
镍掘采比	米/万吨	84.06
镍采矿掌子面工班效率	吨/工班	11.10
镍掘进掌子面工班效率	米/工班	0.48

续表 4－2

主要技术经济指标	计算单位	指标
镍原矿综合能源消耗	千克标准煤/吨	5.22
镍坑采工人实物劳动生产率	吨/人·年	2340.93
2. 镍露采		
镍出矿品位	%	0.95
镍剥采比	吨/吨	0.59
镍露采采出矿综合能源消耗	千克/吨	1.52
镍露采工人实物劳动生产率	吨/人·年	7046.91
3. 镍选矿		
镍矿处理原矿品位	%	1.02
镍精矿品位	%	6 78
镍尾矿品位	%	0.19
镍选矿实际回收率	%	83.54
镍磨矿机作业率	%	73.34
镍选矿工人实物劳动生产率	吨/人·年	5724.96
镍选矿综合能源消耗	千克标准煤/吨	8.07
镍选矿用新水单耗	立方米/吨	1.23
五、锡系统		
1. 锡坑采		
锡出矿品位	%	0.47
锡采矿损失率	%	11.77
锡矿石贫化率	%	12.08
锡掘采比	米/万吨	192.94
锡采矿掌子面工班效率	吨/工班	14.90
锡掘进掌子面工班效率	米/工班	0.43
锡原矿综合能源消耗	千克标准煤/吨	1.72
锡工人实物劳动生产率	吨/人·年	1075.35
2. 锡露采		
锡露采出矿品位	%	0.51
锡采矿损失率	%	5.70
锡矿石贫化率	%	6.00
锡露采剥采比	吨/吨	5.03
锡露采采出矿综合能源消耗	千克标准煤/吨	0.24
锡露采工人实物劳动生产率	吨/人·年	7756.07
3. 锡选矿		
锡矿处理原矿品位	%	0.46
锡选矿精矿品位	%	46.08

续表 4－3

主要技术经济指标	计算单位	指标
锡选矿尾矿品位	%	0.22
锡选矿实际回收率	%	66.70
锡磨矿机作业率	%	82.77
锡选矿工人实物劳动生产率	吨/人·年	1634.01
锡选矿综合能源消耗	千克标准煤/吨	6.58
锡选矿用新水单耗	立方米/吨	1.49
六、锑系统		
1. 锑坑采		
锑坑采出矿品位	%	1.02
锑坑采采矿损失率	%	7.88
锑坑采采矿贫化率	%	19.04
锑坑采掘采比	米/万吨	662.78
锑坑采采矿掌子面工班效率	吨/工班	8.80
锑坑采掘进掌子面工班效率	米/工班	0.39
锑坑采原矿综合能源消耗	千克标准煤/吨	81.43
锑坑采工人实物劳动生产率	吨/人·年	578.08
2. 锑选矿		
锑矿处理原矿品位	%	0.08
锑选矿精矿品位	%	26.83
锑选矿尾矿品位	%	o.14
锑选矿实际回收率	%	84.76
锑磨矿机作业率	%	73.00
锑选矿工人实物劳动生产率	吨/人·年	558.97
锑选矿综合能源消耗	千克标准煤/吨	25.25
锑选矿用新水单耗	立方米/吨	4.10
七、钨系统		
1. 钨坑采		
钨出矿品位	%	0.29
钨采矿损失率	%	
钨矿石贫化率	%	
钨掘采比	米/万吨	
钨采矿掌子面工班效率	吨/工班	
钨掘进掌子面工班效率	米/工班	
钨原矿综合能源消耗	千克标准煤/吨	
钨工人实物劳动生产率	吨/人·年	
2. 钨露采		

续表 4－4

主要技术经济指标	计算单位	指标
钨露采出矿品位	%	
钨露采采矿损失率	%	
钨露采矿石贫化率	%	
钨剥采比	吨/吨	
钨露采采出矿综合能源消耗	千克标准煤/吨	
钨露采工人实物劳动生产率	吨/人·年	
3. 钨选矿		
钨原矿品位	%	0.27
钨精矿品位	%	56.16
钨尾矿品位	%	0.03
钨选矿实际回收率	%	74.97
钨磨矿机作业率	%	62.34
钨工人实物劳动生产率	吨/人·年	4085.23
钨综合能源消耗	千克标准煤/吨	2.83
钨选矿用新水单耗	立方米/吨	2.23
八、钼系统		
1. 钼坑采		
钼出矿品位	%	0.11
钼采矿损失率	%	10.87
钼矿石贫化率	%	1.88

续表 4－5

主要技术经济指标	计算单位	指标
铝坑采掘采比	米/万吨	439.09
2. 钼露采		
钼出矿品位	%	0.12
钼采矿损失率	%	2.15
钼矿石贫化率	%	1.98
钼剥采比	吨/吨	0.19
钼采出矿综合能源消耗	千克/吨	0.19
钼工人实物劳动生产率	吨/人·年	20969.71
3. 钼选矿		
钼原矿品位	%	0.11
钼精矿品位	%	52.32
钼尾矿品位	%	0.02
钼实际回收率	%	85.43
钼磨矿机作业率	%	96.03
钼工人实物劳动生产率	吨/人·年	3555.77
钼选矿综合能源消耗	千克/吨	3.04
钼选矿用新水单耗	立方米/吨	0.98

（选自 2014 年《中国有色金属工业年鉴》）

地 方 矿 业

内蒙古自治区

·综述·

【概况】 2013年,全区国土资源工作认真贯彻落实自治区党委“8337”发展思路,在地质矿产勘查开发及资源管理工作中坚持稳中求进、稳中有为,“保发展、保资源、保权益”并重,呈现了“保障有力、运转高效、服务优质、创新发展”的新格局。地勘部门积极推进“358”地质找矿突破战略行动并取得重大进展,不仅为区能源、化工和冶金等特色产业提供了资源保障,也为国家建设战略资源接替奠定了良好的基础。全区矿政管理工作成效显著,矿业开发管理全面推行“3+2”模式,围绕矿业开发集约、集聚产业链的发展,使矿业开发水平不断提升。

截至2013年底,全区已发现143种矿产,查明资源储量的有91种;列入《内蒙古自治区矿产资源储量表》的矿产为102(亚)种,矿产地1782处,其中大中型矿产地588处;全年新增大中型矿产地33处。2013年,全区有83种矿产的保有资源储量居全国前十位,其中居前三位的有38种,煤、铅、锌、银、铌、锆、稀土、锗、钌、普通萤石、冶金用砂岩、砷、电气石、玛瑙、砖瓦用黏土、建筑用橄榄岩、水泥配料用板岩共17种矿产的保有资源储量居全国第一位。与2012年相比,煤炭、油页岩、铁矿、钒矿、铜矿、铅矿、锌矿、钴矿、钨矿、锡矿、铋矿、钼矿、锑矿、金矿、银矿、钽矿、铍矿、镓矿、铟矿、镉矿、硒矿、普通萤石、电石用灰岩、制碱用灰岩、砷矿、石墨、高岭土、饰面用花岗岩共28种矿产的保有资源储量有所增加。

2013年,全区已实施的非油气地质矿产勘查和基础地质调查共3393项,资金总投入500457万元,同比减少11.35%。其中:社会资金投入316269万元,同比下降22.56%,占总投入的63.2%,主要投向商业性矿产资源勘查。中央财政投入51193万元,同比增加28.72%,占总投入的10.0%;自治区财政投入132995万元,同比年增长14.30%,占总投入的26.8%;中央和自治区财政主要投向基础地质调查和矿产资源勘查。

2013年,全区开展并形成一定工作量的矿产勘查项目3226个,完成钻探276.85万米、坑探6.84万米,主要勘查矿种为煤、铁、铜、铅锌、钼和金银。年度新发现矿产地66个,其中大型5个、中型7个,16个矿区已查明资源储量并取得重要勘查成果。

2013年,全区共有非油气矿山企业4870家,从业人员28.9万人,开发利用122种矿产,年产矿量10.41亿吨。全年矿业总产值1910.40亿元、矿产品销售收入1806.48亿元、利润总额248.60亿元,分别同比减少18.17%、14.65%和54.22%。

2013年,完成矿产资源储量评审备案225项,完成矿产资源压覆批复件384份,提交了“全区矿产资源利用现状调查”、“全区矿产资源潜力评价遥感专题”项目的成果报告并获得“优秀”。矿业权评估组织10次公开摇号,涉及47个评估项目,备案矿业权价款项目215个,金额达57.05亿元;矿产资源补偿费征收入库21.75亿元。

2013年,全区地质环境治理工作取得新进展,生产矿山首期治理1417家,投入资金16.12亿元,完成治理面积约365.84平方千米。与自治区气象局合作发布3级地质灾害气象预报26次,成功预报2次。全区批准建立地质公园18处,总面积达4887平方千米,克什克腾、阿拉善沙漠世界地质公园通过了联合国教科文组织的中期评估。

2013年,全区国土资源信息化建设实施了“金土工程”二期项目并取得重大进展。全区地质资料社会化服务良好,全年接受汇交地质资料709档,接待借阅823人次,提供档案3910档。

【矿产资源概况】 1. 矿产种类。截至2013年底,内蒙古自治区已发现143种矿产(161个亚矿种),占全国发现矿种的83.14%。包括石油、天然气、铀矿在内,全区具有查明资源储量的矿产为91种(106个亚矿种),占全国查明资源储量矿种的62.11%。除石油、天然气、铀矿由国家相关部门统一管理统计外,全区列入《内蒙古自治区矿产瓷源储量表》的矿产为87种(102个亚矿种)。

2013年度,全区已发现和具有查明资源储量的各类矿产及与往年的有关情况对比,见表1和图1、图2、

图3。

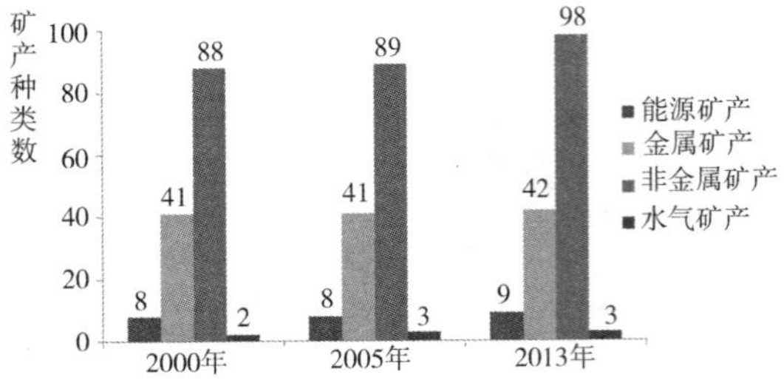

图1　2000年、2005年与2013年全区发现各类矿产对比

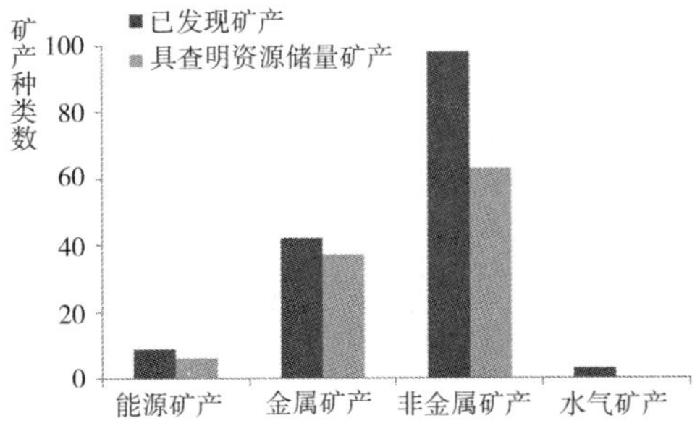

图2　2013年全区发现和具查明资源储量矿产种类对比

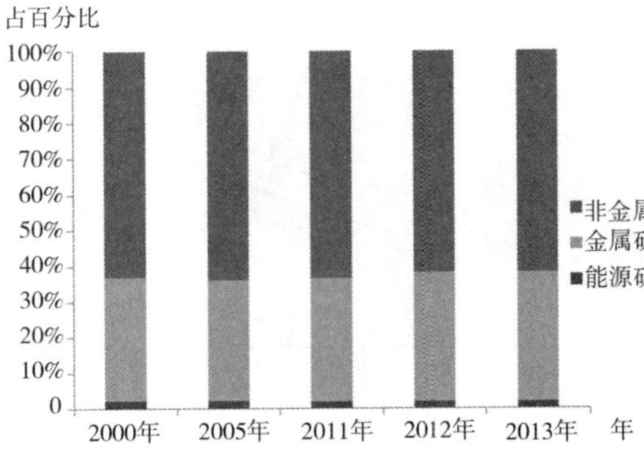

图3　2000年、2005年、2011年、2012年、2013年全区上表矿产情况对比

2. 查明矿产地。2013年列入《内蒙古自治区矿产资源储量表》的上表矿产地(矿区)1782处(不包括共伴生上表单元),比2012年增加77处,增长4.52%。其中,能源矿产地441处,比2012年增加1处;金属矿产地995处,比2012年增加65处,增长6.99%;非金属矿产地346处,比2012年增加11处,增长3.28%。相关情况详见图4。

表1　　**内蒙古自治区已发现矿产一览表**

矿类＼矿产	具有查明资源储量矿产		已发现尚无查明资源储量矿产	
	种数	矿种(亚矿种)名称	种数	矿种(亚矿种)名称
能源矿产	6	煤、石油、天然气、油页岩、铀、地热	3	煤层气、天然沥青、钍
金属矿产	37	铁、锰、铬、钛、钒;铜、铅、锌、镍、钴、钨、锡、铋、钼、锑;金、银、铂族金属(铂、钯、铱、铑、锇、钌);铌、钽、锂、铍、锆、铷、铯、稀土(钇等10种元素)、锗、镓、铟、镉、硒、碲	5	镁、汞、铝土矿、锶、铼
非金属矿产	48(63)	石墨、硫铁矿、蓝晶石、红柱石、长石、云母、石榴子石、电气石、蛭石、沸石、芒硝、石膏、天然碱、方解石、冰洲石、玛瑙、萤石(普通萤石)、玉石(巴林石)、石灰岩(熔剂用灰岩、电石用灰岩、制碱用灰岩、水泥用灰岩、制灰用灰岩)、白云岩(冶金用白云岩、化工用白云岩)、石英岩(冶金用石英岩、玻璃用石英岩)、砂岩(铸型用砂岩、玻璃用砂岩、冶金用砂岩、水泥配料用砂岩)、天然石英砂(铸型用砂、玻璃用砂、建筑用砂)、脉石英(玻璃用脉石英、冶金用脉石英)、硅藻土、页岩(水泥配料用页岩)、高岭土、陶瓷土、耐火黏土、膨润土、铁矾土、其他黏土(砖瓦用黏土、水泥配料用黏土)、橄榄岩(建筑用橄榄岩)、蛇纹岩(化肥用蛇纹岩)、辉石岩(饰面用辉石岩)、玄武岩(饰面用玄武岩)、辉绿岩(饰面用辉绿岩)、闪长岩(饰面用闪长岩)、花岗岩(建筑用花岗岩、饰面用花岗岩)、珍珠岩、大理岩(饰面用大理岩、水泥用大理岩)、板岩(水泥配料用板岩)、泥炭、盐矿、溴矿、砷矿、硼矿、磷矿	32(35)	自然硫、水晶(压电水晶、熔炼水晶、工艺水晶)、硅灰石刚玉、滑石、石棉、蓝石棉、叶蜡石、透辉石、透闪石、重晶石、明矾石、菱镁矿、宝石、泥灰岩、粉石英、含钾岩石、凹凸棒石黏土、伊利石黏土、累托石黏土、黑耀岩、松脂岩、浮石、凝灰岩(水泥用凝灰岩、建筑用凝灰岩)、辉长岩、粗面岩、火山灰、火山渣、片麻岩、钾盐、麦饭石、磨刀石
水气矿产			3	地下水、矿泉水、二氧化碳气
合计	91(106)		43(46)	
	全区发现矿种为134种(其中10种稀土元素按1种统计),统计到亚矿种为152种;将10种稀土元素分别统计,则全区发现矿种为143种,统计到亚矿种为161种。			

注:1. 石油、天然气、铀矿由国家统一管理和统计,其中煤层气、铝土矿、钾盐、菱镁矿、明矾石、重晶石、矿泉水、地下水、二氧化碳气等矿产虽然查明有一定的潜在资源,但均未列入《内蒙古自治区矿产资源储量表》中。

2. 本表"非金属矿产"及"合计"栏目括号"( )"内为亚矿种或统计到亚矿种的数量。

2013 年，全区上表矿产地数量变化有三个方面原因，一是全区矿产资源利用现状核查成果衔接后有 3 处闭坑矿区被注销；二是依据全区矿产资源储量评审备案证明，重新划分矿区单元后减少 9 处；三是依据年度新提交勘查成果，新增查明上表矿产地 89 处，其中大型矿产地 13 处、中型 20 处、小型 56 处，按矿类为能源矿产地 11 处、金属矿产地 70 处、非金属矿产地 8 处。

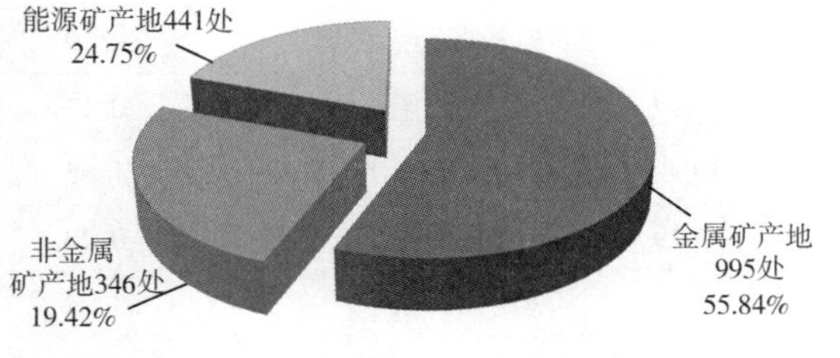

图 4　2013 年全区各类矿产上表矿产地统计情况

2005～2009 年全区新增矿产地 621 处，年均增幅 10%；2009～2011 年由于开展矿产资源现状调查，对原有上表矿区进行了重新划分，使全区上表矿产地数量有所减少。2011～2013 年受全球矿业市场影响，自治区地勘投入减少，新增矿区速度放缓，年均增幅为 5% 左右。自治区历年来新增矿区总体呈平稳上升趋势，有关变化情况见图 5。

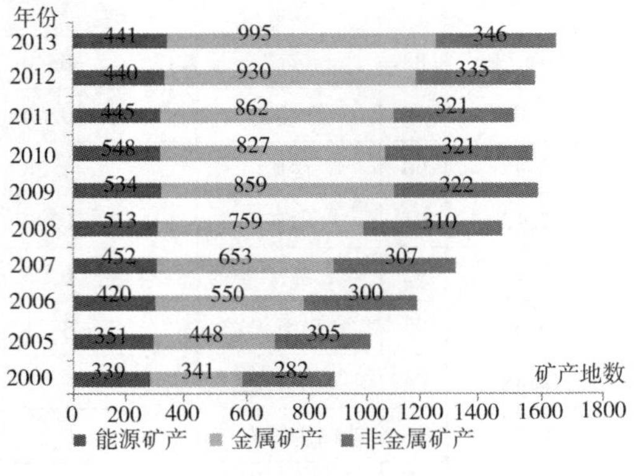

图 5　2000～2013 年全区上表矿产地数量对比

2013 年全区 1782 处上表矿产地中，查明资源储量规模达到大、中型的矿产地为 588 处，占全区上表矿产地的 33%。其中，大型矿产地为 265 处，占全区上表矿产地的 14.87%；中型矿产地为 323 处，占全区上表矿产地的 18.13%。相关情况见图 2～7。

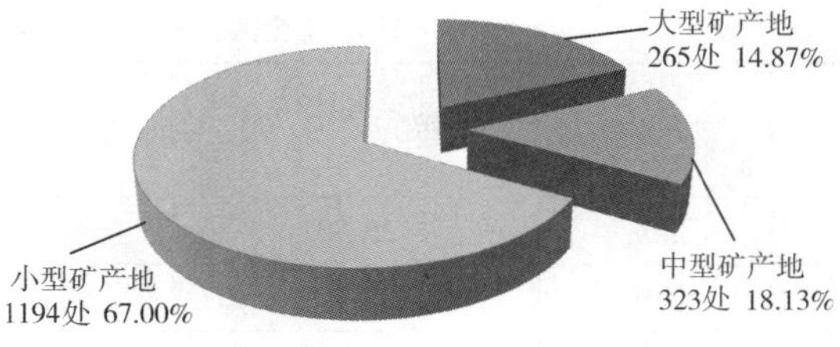

图 6　2013 年全区上表矿产地分规模统计对比

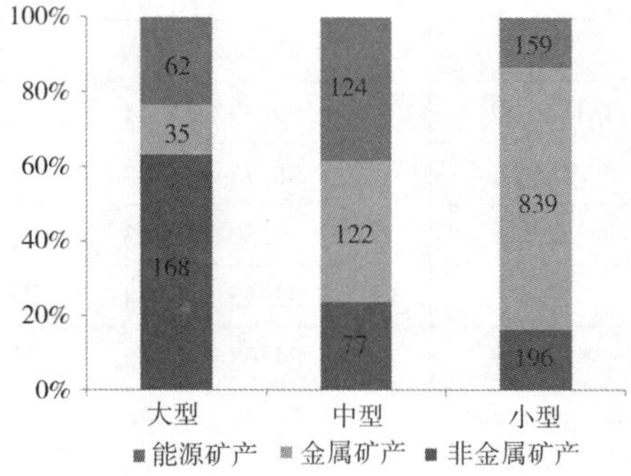

图 7　2013 年全区各类上表矿产地按规模统计对比

【资源储量】　1. 居全国位次。内蒙古自治区是全国矿种配套较为齐全的省区，许多矿产的保有资源储量居全国前列。据国土资源部《2013 年全国矿产资源储量通报》数据统计，2013 年自治区有 83 种矿产的保有资源储量居全国前十位，占全区查明资源储量矿产的 79.81%；其中居前三位的矿产有 38 种，占全区查明资源储量矿产的 36.54%；居首位的矿产有 17 种，占 16.35%。由于新增查明储量矿产地，钌矿由原来全国排位第五升至第一；钼矿和铑矿排位由第四升至第二；铱矿和锇矿由原来排位第六、铟矿第五、镉矿第四，均上升为全国第三。全区主要矿产保有资源储量占全国总量 10% 以上的有 35 种，包括煤炭、天然气、铅矿、锌矿、银矿、铌矿、锆矿、稀土矿、锗矿、钌矿、普通萤石、冶金用砂岩、砷矿、电气石、玛瑙、砖瓦用黏土、建筑用橄榄岩、水泥配料用板岩、铋矿、钼矿、铑矿、芒硝、电石用灰岩、饰面用花岗岩、水泥用大理岩、铬矿、钽矿、铍矿、铟矿、锡矿、钯矿、蛭石、铸型用砂岩、饰面用辉石岩和饰面用玄武岩。具体详见表 2、图 8。

2. 资源储量及变化。2013 年内蒙古自治区上表的 102 种矿产中有 49 种因矿产勘查新增矿产地以及矿山开采消耗和储量核查保有资源储量发生变化，占全区上表矿产的 48.04%。其中，煤炭、油页岩、铁矿、钒矿、铜矿、铅矿、锌矿、钴矿、钨矿、锡矿、铋矿、钼矿、锑矿、金矿、银矿、钽矿、铍矿、镓矿、铟矿、镉矿、硒矿、普通萤石、电石用灰岩、制碱用灰岩、砷矿、石墨、高岭土、饰面用花岗岩共 28 种矿产的保有资源储量有所增加；锰矿、镍矿、铌矿、稀土矿、锗矿、熔剂用灰岩、冶金用白云岩、铸型用砂、硫铁矿、芒硝、天然碱、盐矿、石膏、玉石、水泥用灰岩、玻璃用砂、膨润土、砖瓦用黏土、水泥配料用黏土、珍珠岩、水泥用大理岩共 21 种矿产的保有咨源储量有所减少。相关情况见表 3、图 9。

表 2　　2013 年全区各矿产保有资源储量居全国位次及所占比例一览表

序号	矿产名称	位次	占全国比例（%）	序号	矿产名称	位次	占全国比例（%）	序号	矿产名称	位次	占全国比例（%）
1	煤炭	1	25.98	36	沸石	3	8.73	71	溴矿	7	0.06
2	铅矿	1	20.322	37	石膏	3	4.28	72	水泥用灰岩	7	5.07
3	锌矿	1	19.66	38	膨润土	3	8.43	73	饰面用闪长岩	7	1.93
4	银矿	1	24.54	39	铜矿	4	7.93	74	锑矿	8	2.26
5	铌矿	1	57.61	40	锡矿	4	11.54	75	冶金用石英岩	8	0.19
6	锆矿（Z_rO_2）	1	99.83	41	铂矿	4	4.97	76	化肥用蛇纹岩	8	0.17
7	稀土矿	1	98.77	42	钯矿	4	13.85	77	建筑用砂	8	1.35
8	锗矿	1	40.30	43	金矿	4	7.19	78	高岭土	8	0.20
9	钌矿	1	53.55	44	耐火黏土	4	9.21	79	钴矿	9	3.74
10	普通萤石	1	84.08	45	铁矾土	4	5.12	80	玉石	9	0.19
11	冶金用砂岩	1	29.49	46	泥炭	4	9.53	81	钛矿（钛铁矿）	10	0.15
12	砷矿	1	23.42	47	云母	4	2.17	82	钒矿	10	2.25
13	电气石	1	86.45	48	蛭石	4	12.61	83	方解石	10	0.22
14	玛瑙	1	99.95	49	饰面用玄武岩	4	11.11	84	石油	11	2.48
15	砖瓦用黏土	1	25.60	50	油页岩	5	1.70	85	钨矿（原生矿）	11	2.74
16	建筑用橄榄岩	1	100.00	51	铁矿	5	6.65	86	磷矿（矿石）	11	1.31
17	水泥用板岩	1	80.0	52	蓝晶石	5	0.00	87	镍矿	12	1.06
18	铋矿	2	12.93	53	铸型用砂岩	5	10.73	88	镓矿	12	0.40
19	钼矿	2	16.83	54	硫铁矿	5	7.06	89	红柱石	12	0.00
20	铑矿	2	29.37	55	化工用白云岩	5	3.42	90	锰矿	13	1.28
21	铸型用砂	2	7.65	56	石墨（晶质）	5	7.13	91	硒矿	13	0.49
22	芒硝	2	13.56	57	石榴子石	5	1.72	92	碲矿	13	0.03
23	天然碱	2	9.60	58	水泥配料黏土	5	6.62	93	熔剂用灰岩	14	3.21
24	电石用灰岩	2	12.08	59	饰面用辉绿岩	5	2.88	94	玻璃用石英岩	14	0.19
25	饰面用花岗岩	2	17.30	60	珍珠岩	5	8.21	95	玻璃用脉石英	14	0.28
26	水泥用大理岩	2	10.23	61	冶金用脉石英	6		96	陶瓷土	14	1.34
27	饰面用辉石岩	2	35.45	62	制碱用灰岩	6	6.94	97	制灰用石灰岩	15	0.06
28	铬矿	3	13.95	63	硼矿（液体）	6	2.63	98	盐矿（NaCl）	16	0.01
29	铱矿	3	9.40	64	玻璃用砂	6	2.87	99	水泥配料砂岩	20	0.95
30	锇矿	3	6.05	65	硅藻土	6	2.85	100	水泥配料页岩	20	0.14
31	钽矿	3	16.42	66	建筑用花岗岩	6	2.55	101	玻璃用砂岩	21	0.17
32	铍矿	3	11.72	67	冶金用脉石英	6	3.89	102	饰面用大理岩	22	0.52
33	铟矿	3	11.50	68	锂矿	7	1.40	103	长石	23	0.00
34	镉矿	3	8.05	69	铯矿	7	0.73	104	冰洲石	—	—
35	天然气	3	17.32	70	冶金用白云岩	7	4.99				

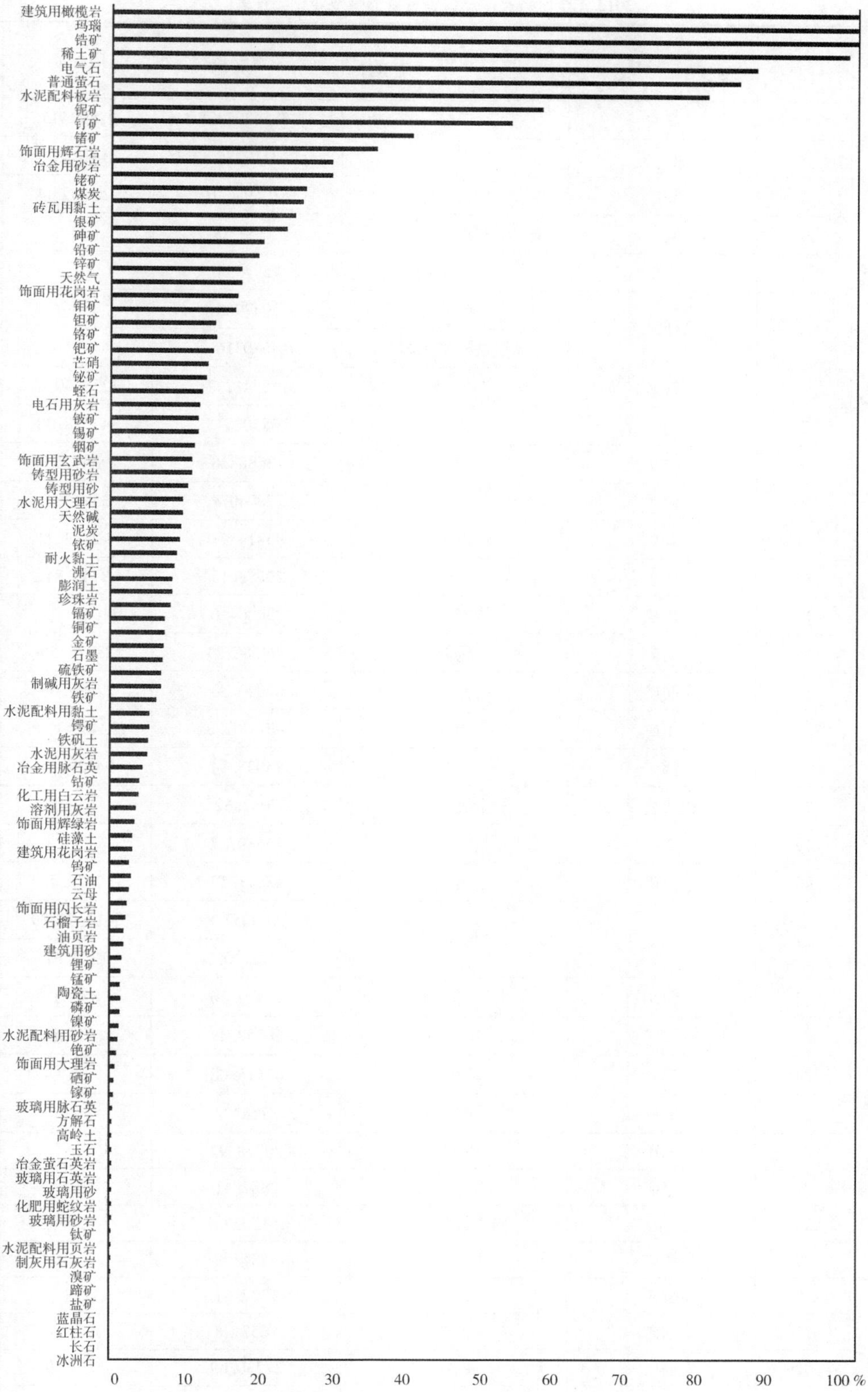

图 8　2013 年全区各矿产保有资源储量占全国比例对比

表 3　**2013 年全区各类矿产保有资源储量及变化统计表**

矿类	序号	矿产名称	单位	资源储量	增减量	增减百分率%
能源矿产	1	煤炭	千吨	385679532	12599445	3. 38
	2	油页岩	千吨	2119986	1418100	202. 04
黑色金属矿产	3	铁矿	矿石千吨	5106986. 6	920436. 44	21. 99
	4	锰矿	矿石千吨	13255. 39	－1. 38	0. 01
	5	铬矿	矿石千吨	1593. 34	—	—
	6	钛矿	钛铁矿 TiO_2 吨	1042965	—	—
			钛铁矿矿物吨	4680316	4680316	
	7	钒矿	V_2O_5 吨	1287412. 7	1275650. 6	10845. 43
有色金属矿产	8	铜矿	铜吨	7385025. 5	844578. 38	12. 91
	9	铅矿	铅吨	13688828	1969426. 9	16. 80
	10	锌矿	锌吨	27004074	3594683	15. 36
	11	镍矿	镍吨	95814. 91	－2333. 11	－2. 38
	12	钴矿	钴吨	23788. 15	8703. 81	57. 70
	13	钨矿	WO_3 吨	230004. 6	110491. 01	92. 45
	14	锡矿	锡吨	394688. 34	28976. 56	7. 92
	15	铋矿	铋吨	65043. 83	27395. 68	72. 77
	16	钼矿	钼吨	4409707. 3	2248051. 9	104. 0
	17	锑矿	锑吨	95035. 44	94128. 44	10378. 0
贵重金属矿产	18	铂族金属	金属千克	2052. 62	—	—
	19	金矿	金千克	556897. 7	77183. 1	16. 09
	20	银矿	银吨	45011. 55	10178. 48	29. 22
稀有稀土金属矿产	21	铌矿	Nb_2O_5 吨	1960057. 8	－12003. 99	－0. 61
				1871716. 2	1273. 67	0. 07
	22	钽矿	Ta_2O_5 吨	21439. 16	87. 68	0. 41
	23	铍矿	BeO 吨	66750. 48	601. 48	0. 91
	24	锂矿	Li_2O 吨	41415. 08	—	—
	25	锆矿	ZrO_2 吨	3718792	—	—
	26	铷矿	Rb_2O 吨	20778. 94	—	—
	27	铯矿	Cs_2O 吨	2882. 41	—	—
	28	稀土矿	稀土氧化物吨	151705261	－954402	0. 63
	29	锗矿	锗吨	2834. 59	－48	－1. 67
	30	镓矿	镓吨	1307. 61	12. 18	0. 94
	31	铟矿	铟吨	1657. 28	398. 03	31. 61
	32	镉矿	镉吨	27238. 69	7959. 49	41. 29
	33	硒矿	硒吨	78	66	550. 0
	34	碲矿	碲吨	2	—	—

续表 3-1

矿类	序号	矿产名称	单位	资源储量	增减量	增减百分率%
冶金辅助原料非金属矿	35	蓝晶石	蓝晶石吨	155.94	—	—
	36	红柱石	红柱石吨	490	—	—
	37	普通萤石	萤石或 CaF_2 千吨	193.91	193.91	
			矿石千吨	24573.0	380.8	1.57
	38	熔剂用灰岩	矿石千吨	434424.3	2507.9	-0.57
	39	冶金用白云岩	矿石千吨	611798.09	-1378.36	-0.22
	40	冶金用石英岩	矿石千吨	39796.55	—	—
	41	冶金用砂岩	矿石千吨	88666.7	—	—
	42	铸型用砂岩	矿石千吨	8833	—	—
	43	铸型用砂	矿石千吨	70652.98	-210.32	-0.30
	44	冶金用脉石英	矿石千吨	4661	—	—
	45	耐火黏土	矿石千吨	231290	—	—
	46	铁矾土	矿石千吨	10626	—	—
化工原料非金属矿	47	硫铁矿	矿石千吨	402161.55	8129.14	-1.98
			硫千吨	28815.4	8460.3	-22.70
	48	芒硝	矿石千吨	3501980.5	-1152.98	-0.03
	49	天然碱	$Na_2CO_3+NaHCO_3$ 千吨	13787.84	1739.5	-11.20
	50	电石用灰岩	矿石千吨	769428.8	39873.4	5.47
	51	制碱用灰岩	矿石千吨	78374.02	20059.52	34.40
	52	化工用白云岩	矿石千吨	6127	—	—
	53	化肥用蛇纹岩	矿石千吨	149700	—	—
	54	泥炭	矿石千吨	34103	—	—
	55	盐矿	NaCl 千吨	154738.62	-1835.53	-1.17
	56	溴矿	溴吨	2491	—	—
	57	砷矿	雄(雌)黄矿物吨	28410.4	-1699.9	-5.65
			砷吨	574174.15	32550.18	6.01
	58	硼矿	B_2O_3 千吨	7.56	—	—
	59	磷矿	矿石千吨	270086.67	—	—

续表 3－2

矿类	序号	矿产名称	单位	资源储量	增减量	增减百分率%
建材和其他非金属矿产	60	石墨	晶质石墨千吨	15711.32	7465.98	90.55
			隐晶质石墨千吨	14160.29	－38.9	－0.27
	61	云母	工业原料云母吨	10034.32	—	—
	62	长石	矿石千吨	36.65	—	—
	63	电气石	电气石千克	426000000	—	—
	64	石榴子石	矿石千吨	6047	—	—
	65	蛭石	矿石千吨	4371.09	—	—
	66	沸石	矿石千吨	211798.06	—	—
	67	石膏	矿石千吨	3640824.9	－230	－0.01
	68	方解石	矿石千吨	2070	—	—
	69	玉石	矿石吨	11254	－200	－1.75
	70	玛瑙	矿石吨	166286	—	—
	71	水泥用灰岩	矿石千吨	6081767.3	－26778.97	－0.44
	72	制灰用石灰岩	矿石千吨	1183	—	—
	73	玻璃用石英岩	矿石千吨	6130.72	—	—
	74	玻璃用砂岩	矿石千吨	1610	—	—
	75	水泥配料用砂岩	矿石千吨	21142.6	—	—
	76	玻璃用砂	矿石千吨	76902.67	－142.3	－0.18
	77	建筑用砂	矿石千立方米	10180	—	—
	78	玻璃用脉石英	矿石千吨	205	—	—
	79	硅藻土	矿石千吨	13074	—	—
	80	水泥配料用页岩	矿石千吨	1686.69	—	—
	81	高岭土	矿石千吨	86341.35	59423.1	220.75
	82	陶瓷土	矿石千吨	16904	—	—
	83	膨润土	矿石千吨	235752.47	－24.7	0.01
	84	砖瓦用黏土	矿石千立方米	49941.84	－20	0.04
	85	水泥配料用黏土	矿石千吨	153831.04	－100	0.06
	86	建筑用橄榄岩	矿石千立方米	2855.7	—	—
	87	饰面用辉石岩	矿石千立方米	500	—	—
	88	饰面用玄武岩	矿石千立方米	2771.3	—	—
	89	饰面用辉绿岩	矿石千立方米	990	—	—
	90	饰面用闪长岩	矿石千立方米	553.94	—	—
	91	建筑用花岗岩	矿石千立方米	26390	—	—
	92	饰面用花岗岩	矿石千立方米	447470.7	22531.5	5.30
	93	珍珠岩	矿石千吨	31172.83	3.37	－0.01
	94	饰面用大理岩	矿石千立方米	7810	—	—
	95	水泥用大理岩	矿石千吨	416134.55	－759	－0.18
	96	水泥配料用板岩	矿石千吨	91534	—	—

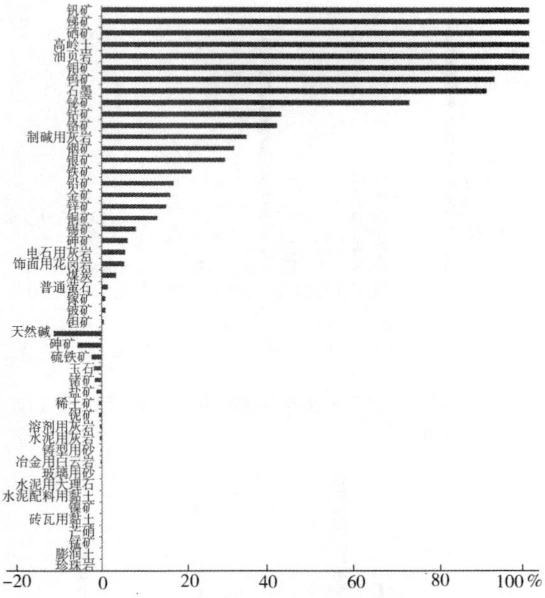

图 9　2013 年度全区重要矿产资源储量增减百分率对比

3. 分布特征。内蒙古自治区能源矿产资源遍布全区 12 个盟市，但主要集中分布在三大聚集盆地（群），即鄂尔多斯盆地、二连盆地（群）、海拉尔盆地（群）。

金属矿产资源主要分布在六个聚集区，即：北山 - 阿拉善北部铜、铁、钼、金、镍、锑、铂族金属元素聚集区，狼山 - 白云鄂博裂谷带贵金属、铜、铅、锌、硫多金属、稀土、稀有金属矿产聚集区，华北地台北缘内蒙地轴金矿资源聚集区，大兴安岭中南段银、富铅锌、铜、锡、多金属矿聚集区，锡盟东乌旗 - 呼盟梨子山银、铜、锌、铁、稀有、稀散元素聚集区，得尔布干贵金属、多金属矿产资源聚集区。总体上体现为中西部富集铜、铅锌、铁、稀土，中南部富集金，东部富集银、铅锌、铜、锡、稀有、稀散金属元素等特点。截至 2013 年底，全区主要矿产的大、中型矿产地保有资源储量及所占全区的比例，详见表 4；年度全区各类矿产资源在各盟市的保有资源储量分布情况，见图 10 ~ 17。

表 4　　2013 年度全区主要矿产大中型矿区资源储量统计表

序号	矿产名称	单位	矿区数（个）	保有资源储量	占全区比例（%）
1	煤炭	千吨	243	371258393.60	96.26%
2	铁矿	矿石千吨	39	3750913.95	73.45%
3	铜矿	非伴生矿/铜吨	16	6000698.08	81.25%
4	铅矿	铅吨	27	9385067.51	68.56%
5	锌矿	锌吨	42	20848953.92	77.21%
6	钨矿	原生矿/WO_3 吨	4	201892.44	87.78%
7	锡矿	原生矿/锡吨	7	370247.16	93.81%
8	钼矿	钼吨	23	4257802.92	96.56%
9	金矿	金千克	23	335743.60	60.29%
10	银矿	银吨	11	33286.61	73.95%
11	稀土矿	稀土氧化物吨	4	151705260.80	100.00%
12	普通萤石	萤石或 CaF_2 千吨	10	22971.44	95.20%
13	硫铁矿	矿石千吨	4	394870.59	98.19%
14	芒硝	矿石/矿石千吨	7	3466063.65	98.97%
15	天然碱	$Na_2CO_3 + NaHCO_3$ 千吨	2	10948.84	79.41%
16	盐矿	NaCl 千吨	2	121373.32	78.44%
17	石墨	晶质石墨千吨	9	12598.22	80.19%
18	石膏	矿石千吨	7	3631376.50	99.74%
19	水泥用灰岩	矿石千吨	33	5827205.82	95.81%
20	高岭土	矿石千吨	7	85172.10	98.65%
21	水泥用大理岩	矿石千吨	9	315837.55	75.90%

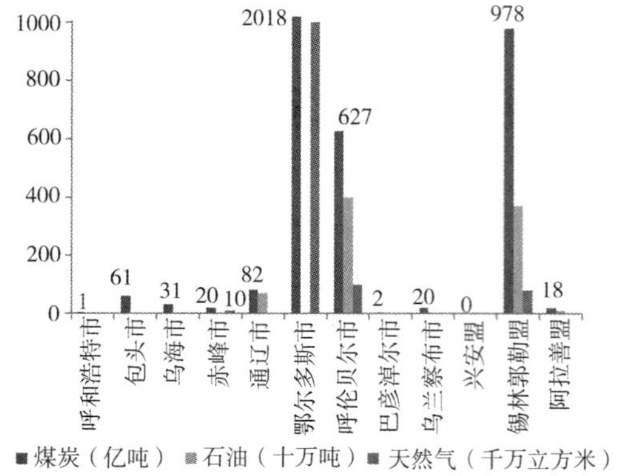

图 10　2013 年全区各盟市能源矿产保有资源储量对比

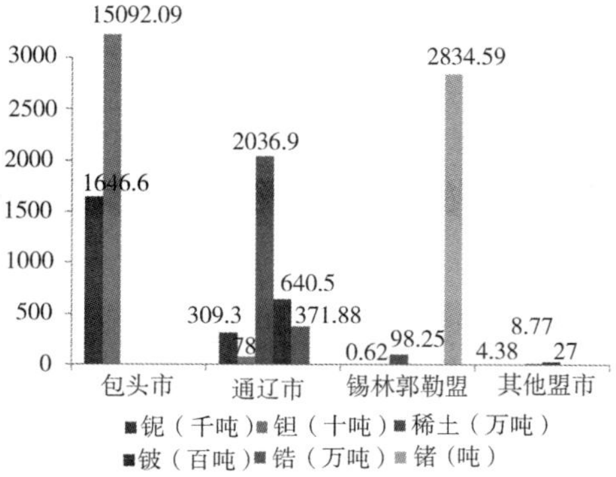

图 11　2013 年全区各盟市稀有稀土及分散元素矿产保有资源储量对比

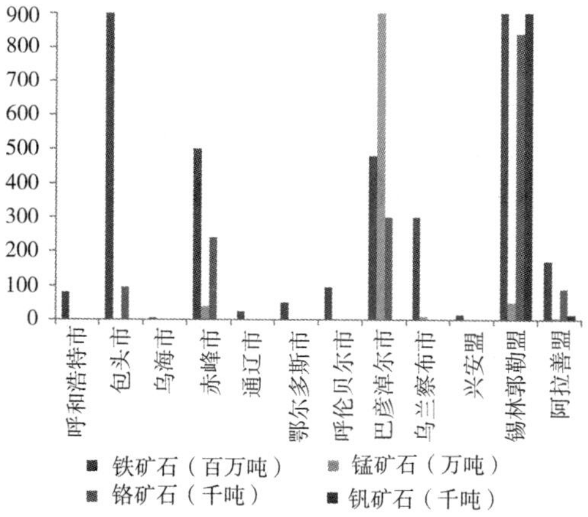

图 12　2013 年全区各盟市黑色金属矿产保有资源储量对比

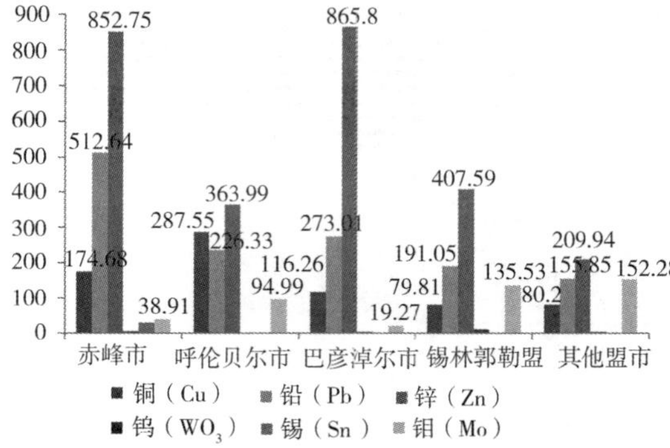

图 13　2013 年全区各盟市主要有色金属矿产保有资源储量对比

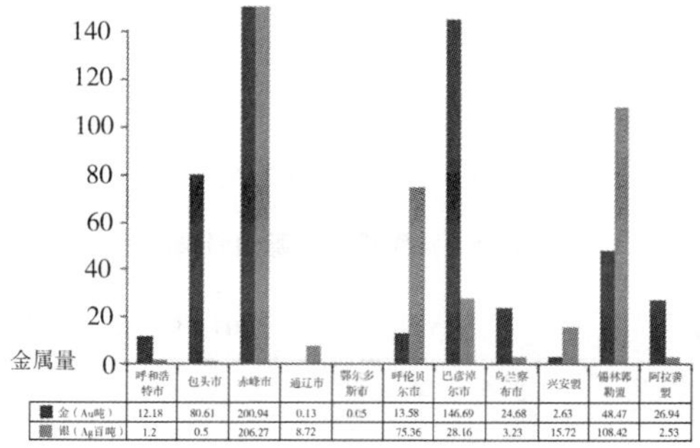

图 14　2013 年全区各盟市主要贵金属矿产保有资源储量对比

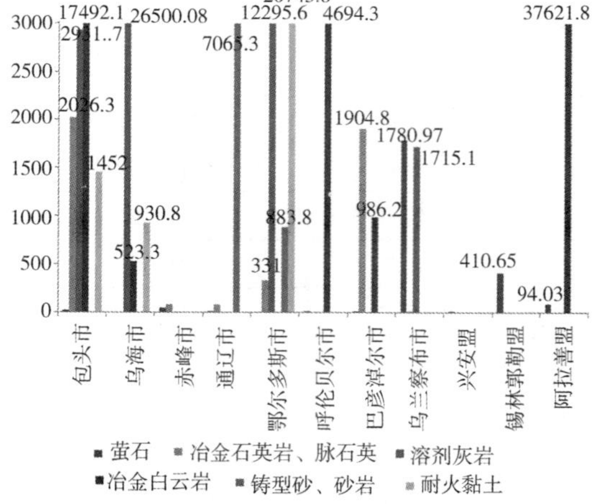

图 15　2013 年全区各盟市冶金辅助原料非金属矿产保有资源储量对比

【煤炭资源储量】　煤炭是区最主要的优势矿产资源。截至 2013 年底，全区共有煤炭上表单元 436 个，除了 1 个锗矿共生上表单元外，煤炭为单一矿产的上表单元 435 个。

全区煤炭勘查累计估算资源总量为 8249.65 亿吨，其中查明的资源储量为 3950.41 亿吨，预测的资源量(334)为 4299.24 亿吨。在查明资源储量中，基础储量 536.97 亿吨、资源量 3413.44 亿吨，基础储量和资源量分别占查明资源储量的 13.6% 和 86.4%。

截至 2013 年底，全区煤炭保有资源储量为 3856.80 亿吨，占全国总量的 25.98%，居全国第一位。其中基础储量 460.10 亿吨、资源量 3396.69 亿吨，基础储量和资源量分别占全区保有资源储量的 11.9%

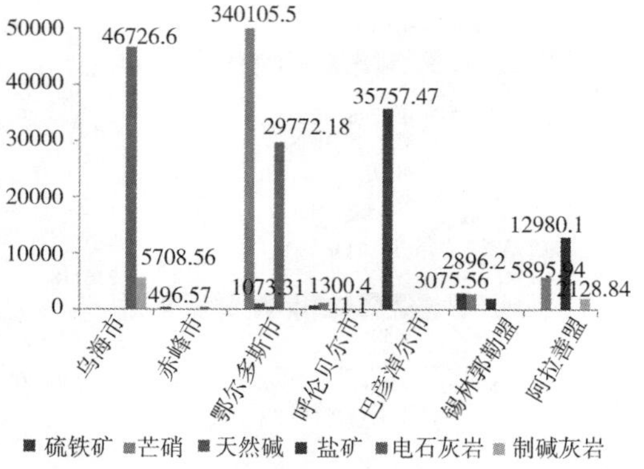

图 16　2013 年全区各盟市主要化工原料非金属矿产保有资源储量对比

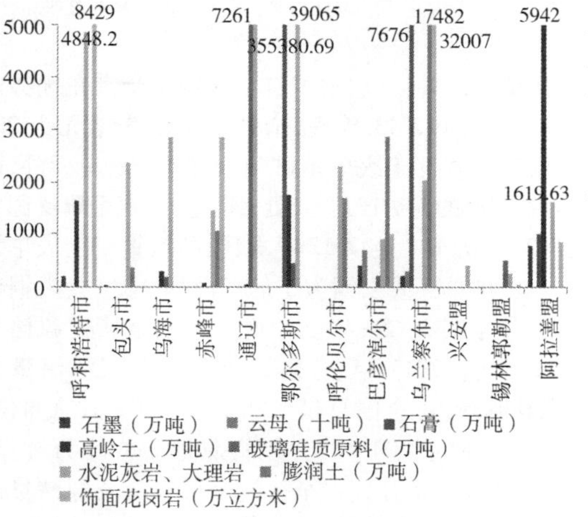

图 17　2013 年全区各盟市主要建材非金属矿产保有资源储量对比

和 88.1%。与 2012 年相比，全区煤炭保有资源储量净增 125.99 亿吨，增长 3.38%。

2013 年，全区煤炭勘查新增查明资源储量位居前列的矿区有：东胜煤田新胜勘查区（24.29 亿吨）；东胜煤田红庆河勘查区（23.13 亿吨）；东胜煤田大营勘查区煤炭普查（18.52 亿吨）；东胜煤田锡尼布拉格勘查区煤炭普查（10.67 亿吨）；东胜煤田小霍洛勘查区煤炭普查（9.65 亿吨）。

全区 12 个盟市均有查明煤炭资源储量分布，但主要集中在鄂尔多斯市、锡林郭勒盟和呼伦贝尔市，三个盟市占全区煤炭保有资源储量的 93.9%。其中，鄂尔多斯市（主要为东胜煤田、准格尔煤田等）保有资源储量为 2017.51 亿吨，占全区的 52.3%；锡林郭勒盟（主要为胜利煤田、白音华煤田等），保有资源储量为 978.46 亿吨，占全区的 25.4%；呼伦贝尔市（主要为陈巴尔虎煤田、伊敏煤田、大雁煤田等）保有资源储量 626.57 亿吨，占全区的 16.3%。有关各盟市煤炭保有资源储量情况见图 18。

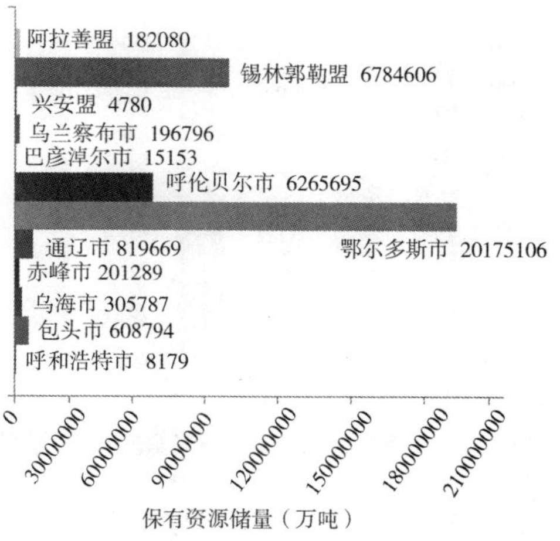

图 18　2013 年各盟市煤炭保有资源储量对比

2013 年，全区煤炭矿山已占用登记的煤炭保有资源储量 713.4 亿吨，占全区可利用保有资源储量的 19.32%。矿山年度开采消耗上表煤炭资源储量为 9.60 亿吨，其中开采量为 8.66 亿吨、损失量为 0.94 亿吨。

【石油、天然气资源储量】　内蒙古自治区石油、天然气资源具有潜力，现已在二连盆地群、海拉尔盆地群、鄂尔多斯盆地、开鲁盆地、松辽盆地及银根盆地均有探明资源储量。

根据国土资源部《2013 年度全国油气资源通报》，内蒙古自治区累计探明的石油（原油）地质储量 62003.07 万吨，技术可采储量 11539.27 万吨。截至 2013 年底，全区石油剩余技术可采储量 8339.35 万吨，剩余经济可采储量 5913.96 万吨，居全国第十一位。

2013 年，内蒙古自治区累计探明天然气（气层气和溶解气）地质储量 17544.22 亿立方米，技术可采储量 9103 亿立方米。截至 2013 年底，全区天然气剩余技术可采储量 8042.54 亿立方米，剩余经济可采储量 4940.13 亿立方米，位居全国第三。历年全区石油、天然气剩余技术可采储量变化情况详见图 19。

2013 年，在内蒙古自治区境内共有中石油、中石化及地方延长三大石油公司进行石油、天然气的勘探和开采。2013 年，三大石油公司在区内的石油产量为 166.89 万吨，比 2012 年增长 4.48%；天然气当年产量为 245.77 亿立方米，比 2012 年增长 25.21%。截至 2013 年底，累计生产石油（原油）3199.92 万吨、天然气 1060.46 亿立方米。

【铁矿资源储量】　内蒙古自治区铁矿资源具有潜力，全区 12 个盟市均有分布。2013 年，全区共有单一或以铁为主的矿产地 470 处，另有共（伴）生铁矿 19 处，

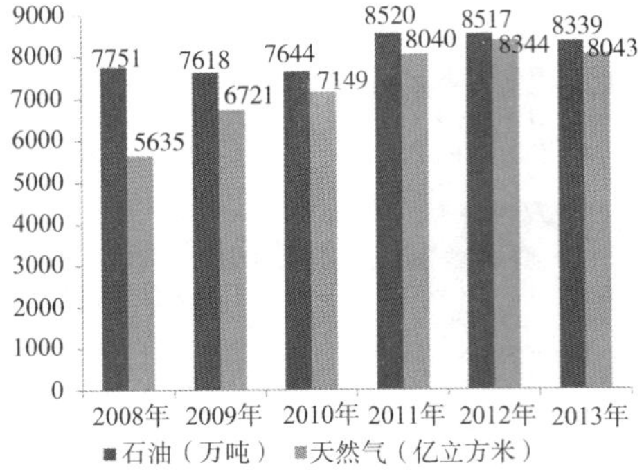

图 19　2013 年各盟市石油、天然气剩余技术可采储量对比

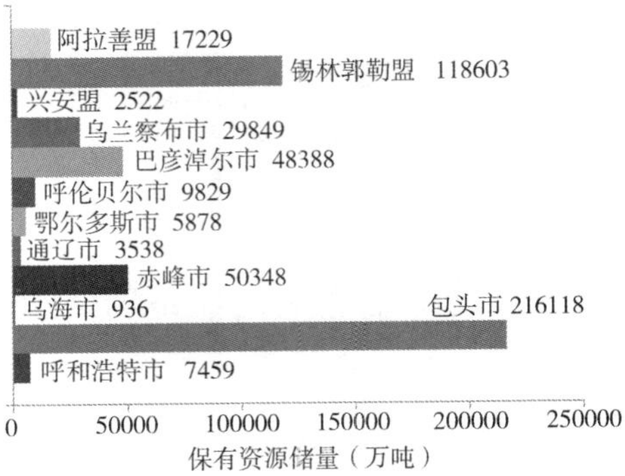

图 20　2013 年各盟市铁矿保有资源储量对比

累计查明资源储量 56.61 亿吨。与 2012 年相比，新增铁矿产地 17 处，新增查明资源储量 9.43 亿吨。

至 2013 年底，全区铁矿保有资源储量为 51.07 亿吨（将其中包含的超贫磁铁矿折算为 mFe 20% 工业品位的标矿后，达一般工业指标品位的铁矿保有资源储量为 40.48 亿吨），占全国保有资源总量的 6.65%，居全国第五位。其中保有基础储量 20.99 亿吨、资源量 30.08 亿吨，基础储量和资源量分别占全区保有资源储量的 41.1% 和 58.9%。与 2012 年相比，保有资源储量净增 9.20 亿吨，增长 22.0%。

2013 年，全区已查明的铁矿资源集中在包头市、锡林郭勒盟、赤峰市和巴彦淖尔市，4 个盟市的铁矿保有资源储量占全区保有资源储量的 84.9%。

包头市铁矿保有资源储量达 21.61 亿吨，占全区保有资源储量的 42.3%；主要有白云鄂博主东矿、西矿 2 个大型铁铌稀土矿和达茂旗翁公山大型超贫磁铁矿，以及三合明、公义明、黑脑包、高腰海等 10 个中型铁矿。锡林郭勒盟铁矿保有资源储量为 11.86 亿吨，占全区保有资源储量的 23.2%；主要有西乌珠穆沁旗扎布其铜矿超贫磁铁矿、苏尼特右旗温都尔庙白云敖包铁矿、哈尔哈达铁矿、东乌珠穆沁旗朝不楞铁多金属矿、查干敖包铁锌矿 5 个大中型矿床；其中西乌珠穆沁旗扎布其铜矿超贫磁铁矿（7.97 亿吨）为 2013 年全区铁矿勘查主要新增查明资源储量的矿区。赤峰市铁矿保有资源储量为 5.03 亿吨，占全区保有资源储量的 9.9%；主要有克什克腾旗黄岗中型铁锡矿和宁城县五官营子等 4 个中型超贫磁铁矿。巴彦淖尔市铁矿保有资源储量为 4.84 亿吨，占全区保有资源储量的 9.5%；主要有乌拉特前旗东五分子铁矿、书记沟铁矿、赛忽洞铁矿和乌拉特后旗双利铁矿、霍各乞三号矿铁矿 5 个中型矿床。

各盟市铁矿保有资源量有关情况，见图 20。

2013 年，全区矿山已进行占用登记的铁矿保有资源储量为 28.69 亿吨，占全区铁矿保有资源储量的 56.32%。矿山年度开采消耗上表的铁矿资源储量 5824 万吨，其中开采量为 5510 万吨、损失量为 314 万吨。

【铜矿资源储量】　内蒙古自治区铜矿是潜在优势矿产资源。截至 2013 年底，全区铜矿上表单元为 205 个，除 72 个共生上表单元和 69 个伴生上表单元外，以铜为主矿产的铜矿产地 64 处，累计查明铜金属资源储量 807.05 万吨。与 2012 年相比，新增铜矿上表单元 36 处，其中单一或以铜为主的矿产地 9 处，共生铜矿 12 处、伴生铜 15 处；年度新增查明铜金属资源储量 64.19 万吨。2013 年，全区铜金属保有资源储量为 738.50 万吨，占全国总量的 7.93%，居全国第四位。其中，基础储量 400.27 万吨、资源量 338.23 万吨，基础储量和资源量分别占全区铜金属保有资源储量的 54.2% 和 45.8%。与 2012 年相比，全区铜金属保有资源储量净增 84.46 万吨，增长 12.9%。

2013 年，全区铜矿勘查新增查明资源储量位居前列的矿区有赤峰市松山区唐房营子铜钼矿（19.38 万吨）；西乌珠穆沁旗大乌兰林场铜矿（12.12 万吨）；克什克腾旗老盘道背后锡铜矿（10.79 万吨）；鄂伦春自治旗兴阿铜钼矿（10.44 万吨）。就分布而言，全区铜矿资源主要集中在呼伦贝尔市、赤峰市、巴彦淖尔市、锡林郭勒盟和乌兰察布市，5 个盟市铜金属资源储量合计占全区铜金属保有资源储量的 94.7%。

呼伦贝尔市（主要有乌努格吐山大型铜钼矿等）铜金属保有资源储量 287.55 万吨，占全区的 38.9%；巴彦淖尔市（主要有霍各乞铜多金属一号大型矿等）铜金属保有资源储量 116.26 万吨，占全区的 15.7%；赤峰市铜金属保有资源储量 174.68 万吨，占全区的 23.7%；锡林郭勒盟（主要有道伦达坝中型铜多金属矿等）铜金属保有资源储量 79.81 万吨，占全区的 10.8%；乌兰察布市（主要有白乃庙中型铜矿等）铜金属保有资源储量 40.87 万吨，占全区的 5.5%。其他盟市铜矿保有资源储量情况见图 21。

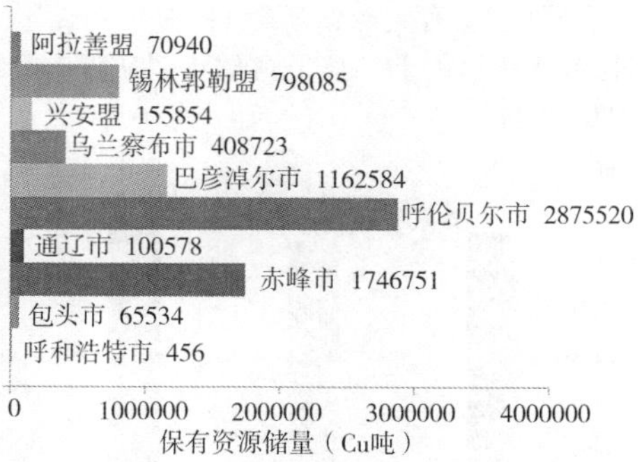

图21　2013年各盟市铜矿保有资源储量对比

2013年,全区矿山已进行占用登记的铜矿保有资源储量为566.44万吨,占全区总量的76.70%。矿山年度开采消耗上表铜资源储量为13.52万吨,其中开采量12.81万吨、损失量0.71万吨。

【铅锌矿资源储量】　铅、锌矿产是内蒙古自治区的优势矿产资源。2013年,全区上表单元铅206处、锌217处;其中,有铅矿产地(铅为主矿产)49处、锌矿产地(锌为主矿产)115处,共生上表单元铅134个、锌81个,伴生上表单元铅23个、锌21个。累计查明资源储量铅金属1482.58万吨、锌金属2964.54万吨。与2012年相比,2013年新增铅矿上表单元32个,新增查明铅金属资源储量155.70万吨;新增锌矿上表单元30个,新增查明锌金属资源储量297.88万吨。

截至2013年底,全区保有铅金属资源储量1368.88万吨、锌金属资源储量2700.41万吨,分别占全国保有资源总量的20.32%和19.66%,均居全国第一位。其中,基础储量铅金属508.01万吨、锌金属962.32万吨,分别占全区保有资源储量的37.1%和35.6%;资源量铅金属860.87万吨、锌金属1738.09万吨,分别占全区保有资源储量的62.9%和64.4%。

与2012年度相比,净增保有资源储量为:铅金属196.94万吨、锌金属359.47万吨,分别增长16.8%和15.4%。

2013年,全区勘查新增查明资源储量位居前列的铅矿区2个:西乌珠穆沁旗白音查干东山铜铅锡银锌矿(12.9万吨),额济纳旗三个井铅金多金属矿(11.5万吨)。锌矿8个:西乌珠穆沁旗白音查干东山铜铅锡银锌矿(47.9万吨),巴林左旗红光牧场铜铅银锌矿(21.5万吨),东乌珠穆沁旗布彦阿林银铅锌矿(20.8万吨),克什克腾旗油房西铜铅锌银矿(16.9万吨),东乌珠穆沁旗勒马戈山银铅锌矿(16.5万吨),东乌珠穆沁旗滚呼都根沟银铅锌矿(13.7万吨),东乌珠穆沁旗都格尔林银铅锌矿(13.6万吨),翁牛特旗长汉卜罗银铅锌矿(10.4万吨)。

自治区铅锌矿资源主要集中在赤峰市、巴彦淖尔市、呼伦贝尔市、锡林郭勒盟,4个盟市合计铅、锌资源储量分别占全区铅、锌保有资源储量的88.6%和92.2%。

巴彦淖尔市(主要有东升庙多金属矿、霍各气铜多金属矿、炭窑口多金属矿、甲生盘铅锌硫矿等)保有铅、锌金属资源储量分别为273.01万吨和865.80万吨,占全区的19.9%和32.1%;赤峰市(主要有白音诺尔铅锌矿、浩布高多金属矿、拜仁达坝锌多金属矿、维拉斯托锌多金属矿等)铅、锌金属保有资源储量分别为512.64万吨和852.75万吨,分别占全区的37.5%和31.6%;呼伦贝尔市(主要有甲乌拉银铅锌矿、三河铅锌矿等)保有铅金属资源储量236.33万吨、锌金属资源储量363.99万吨,分别占全区的17.3%和13.5%;锡林郭勒盟(主要有花敖包特矿区银铅锌矿、阿尔哈达银铅锌矿等)保有铅、锌金属资源储量分别为191.05万吨和407.59万吨,分别占全区的14.0%和15.1%。铅、锌矿产各盟市保有资源储量有关情况,见图22。

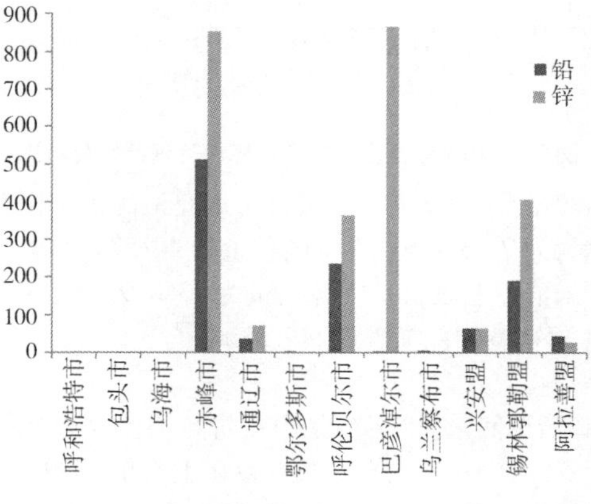

图22　2013年各盟市铅锌矿保有资源储量对比

2013年全区矿山已进行占用登记的保有资源储量分别为铅888.80万吨、锌1752.93万吨,分别占全区保有资源储量的64.93%和64.91%。

矿山年度开采消耗的上表铅矿资源储量为11.09万吨,其中开采量9.51万吨、损失量1.58万吨;开采消耗的上表锌矿资源储量为34.97万吨,其中开采量31.03万吨、损失量3.94万吨。

【钨矿资源储量】　2013年,全区共有钨矿上表单元28个,其中以钨为主矿产(或单一矿产)的上表单元12个、共生钨上表单元7个、伴生钨上表单元9个;累计查明资源储量(WO_3)24.28万吨,其中基础储量10.14万吨、资源量14.14万吨,基础储量和资源量分别占全区查明资源总量的41.8%和58.2%。与2012相比,2013

年新增查明钨(WO_3)资源储量 11.19 万吨。

截至 2013 年底,全区钨矿保有资源储量(WO_3)23.00 万吨,占全国保有资源总量的 2.74%,位居全国第十一位。其中,保有基础储量 9.09 万吨、资源量 13.91 万吨,基础储量和资源量分别占全区保有资源储量的 39.5% 和 60.5%。与 2012 年相比,全区钨矿保有资源储量净增 11.05 万吨,增加 92.4%。

2013 年,全区钨矿勘查新增查明资源储量的主要矿区为苏尼特左旗乌日尼图铅锌铜钨钼矿(9.56 万吨)。全区钨矿资源主要分布在锡林郭勒盟和赤峰市,2 个盟市保有资源储量占全区的 86.9%。各盟市钨矿保有资源储量情况见图 23。

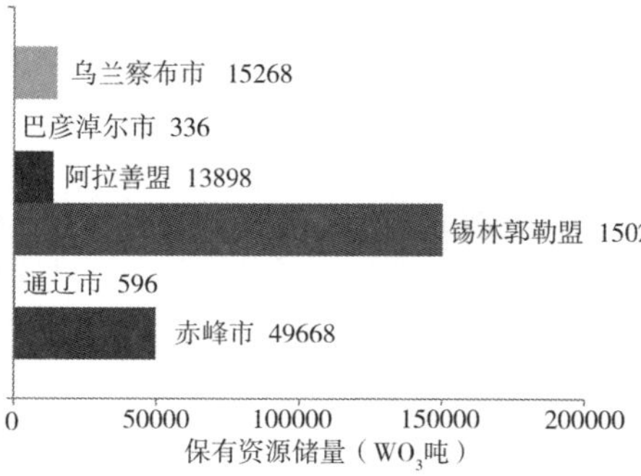

图 23　2013 年全区各盟市钨矿保有资源储量对比

2013 年,全区矿山已进行占用登记的钨矿保有资源储量为 9.33 万吨,占全区总量的 40.57%。矿山年度开采消耗上表钨矿资源储量为 1360.97 吨,其中开采量 1241.64 吨、损失量 119.33 吨。

【锡矿资源储量】　锡矿是内蒙古自治区比较优势的矿产资源。2013 年,全区共有锡矿上表单元 22 个,其中以锡为主矿产(或单一矿产)的上表单元 3 个,共生锡上表单元 12 个,伴生锡上表单元 7 个。全区累计查明锡金属资源储量 44.55 万吨。与 2012 年相比,2013 年新增锡矿上表单元 3 个,新增查明锡矿资源储量 3.93 万吨。

截至 2013 年,全区锡金属保有资源储量 39.47 万吨,占全国保有资源总量的 11.54%,居全国第四位。其中基础储量 30.82 万吨、资源量 8.65 万吨,基础储量和资源量分别占全区保有资源储量的 78.1% 和 21.9%。与 2012 年相比,保有资源储量年度增加 2.90 万吨,增加了 7.9%。

2013 年,全区锡矿勘查新增查明资源储量的主要矿区为克什克腾旗老盘道背后锡铜矿(2.96 万吨)。全区查明的锡矿资源仅分布在赤峰市和锡林郭勒盟,但主要集中在赤峰市。赤峰市(主要有黄岗铁锡矿等)保有资源储量达 35.11 万吨,占全区的 88.9%;锡林郭勒盟(主要有毛登锡矿等)保有资源储量为 4.36 万吨,仅占全区的 11.1%。各盟市锡矿保有资源储量情况见图 24。

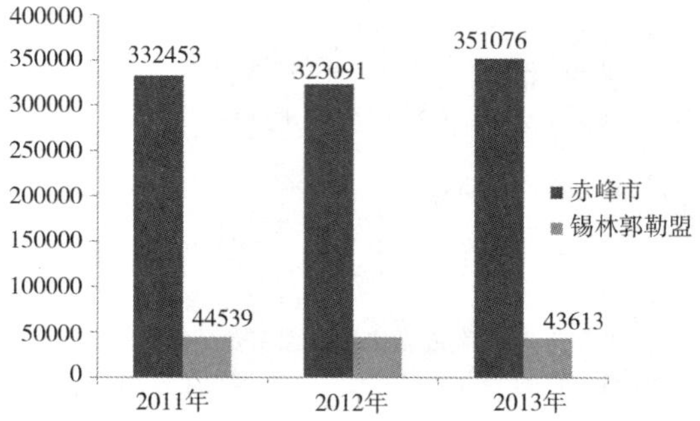

图 24　2011～2013 年各盟市锡矿保有资源储量对比

2013 年全区矿山已进行占用登记的锡矿保有资源储量为 34.45 万吨,占全区总量的 87.28%。矿山年度开采消耗上表锡矿资源储量为 1.03 万吨,其中开采量 0.93 万吨、损失量 0.10 万吨。

【钼矿资源储量】　近年来,内蒙古自治区钼矿找矿已有重大突破,成为全区比较优势矿产资源。2013 年,全区共有钼矿上表单元 77 个,其中以钼为主矿产(或单一矿产)的上表单元有 39 处,共生钼上表单元 19 个,伴生钼上表单元 19 个。

全区累计查明资源储量钼金属 445.14 万吨。与 2012 年相比,2013 年新增钼矿上表单元 15 个,新增查明钼矿资源储量 204.08 万吨。

截至 2013 年底,全区保有资源储量钼金属 440.97 万吨,占全国保有资源总量的 16.85%,居全国第二位。其中基础储量 270.04 万吨、资源量 170.93 万吨,基础储量和资源量分别占全区保有资源储量的 61.2% 和 38.8%。与上年相比,保有资源储量大幅增长,年度净增钼金属 224.81 万吨,增长 104.0%。

2013 年,全区钼矿勘查新增查明资源储量的主要矿区有 5 个:兴和县曹四夭钼矿(132.76 万吨),乌拉特后旗查干花铜钼矿(18.7 万吨),苏尼特左旗乌日尼图铅锌铜钨钼矿(12.63 万吨),鄂伦春自治旗兴阿铜钼矿(9.87 万吨),赤峰市松山区唐房营子铜钼矿(8.2 万吨)。全区钼矿资源主要分布在乌兰察布市、锡林郭勒盟、呼伦贝尔市和赤峰市,4 个盟市保有钼金属资源储量占到全区的 93.1%。

乌兰察布市(主要有兴和县曹四夭钼矿等)保有资源储量钼金属达 141.30 万吨,占全区的 32.0%;锡林郭勒盟(主要有阿巴嘎旗必鲁甘干矿区 32—56 线钼矿、苏尼特左旗准苏吉花矿区铜钼矿等)保有资源储量钼金属达 135.53 万吨,占全区的 30.7%;呼伦贝尔市(主要有乌奴格吐山铜钼矿、太平沟钼铜矿等)保有资源储量钼金属达 94.99 万吨,占全区的 21.5%;赤峰市(主要有松山区车户沟矿区三区铜钼矿、阿鲁科尔沁旗敖仑花矿区铜钼矿、林西县曹家屯钼矿等)保有资源储量钼金属达 38.91 万吨,占全区的 8.8%。有关各盟市钼矿保有资源储量情况见图 25。

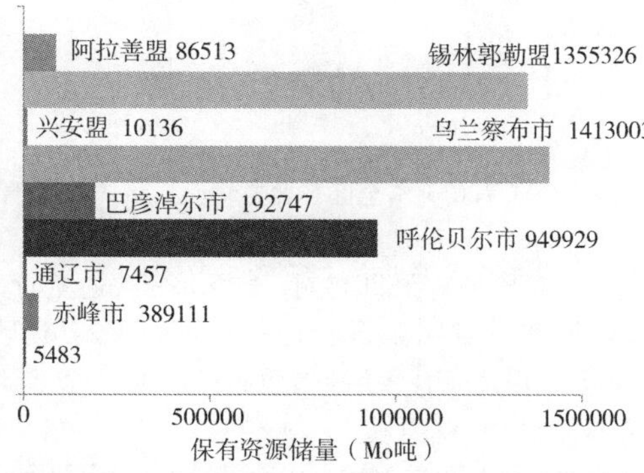

图 25　2013 年全区各盟市钼矿保有资源储量对比

2013 年,全区矿山已进行占用登记的保有资源储量 M_0 146.82 万吨,占全区总量的 33.3%。矿山年度开采消耗上表钼矿资源储量 0.86 万吨,其中开采量 0.85 万吨、损失量 0.01 万吨。

【金矿资源储量】　内蒙古自治区金矿分布广泛并具有潜力。2013 年,全区金矿上表单元共 233 个,其中以金为主矿产(或单一矿产)的上表单元 181 个,共生金上表单元 15 个,伴生金上表单元 37 个;全区累计查明的资源储量为金 755.41 吨。与 2012 年相比,2013 年新增金矿上表单元 20 个,新增查明金资源储量 78.75 吨。

截至 2013 年底,全区金矿保有资源储量金 556.90 吨,占全国保有资源总量的 7.19%,居全国第四位。其中,基础储量 217.86 吨、资源量 339.04 吨,基础储量和资源量分别占全区保有资源储量的 39.1%、60.9%。

与 2012 年相比,金矿保有资源储量增加金 77.18 吨,增加 16.1%。全区 233 个上表单元中,有岩金矿产地 156 处和共生岩金上表单元 15 个,保有资源储量金 502.86 吨,占全区金矿保有资源总量的 90.3%;有砂金矿产地 25 处,保有资源储量金 7.89 吨,占全区保有资源总量的 1.4%;有伴生金 37 处,保有资源储量 46.15 吨,占全区保有资源总量的 8.3%。

2013 年,全区金矿勘查新增查明资源储量位居前列的矿区 2 个:固阳县长胜渠金矿(23.53 吨),包头市哈达门沟矿区柳坝沟 313、314 号脉岩金矿(13.79 吨)。全区 11 个盟市(除乌海市)均有查明的金矿资源储量分布。其中岩金主要分布在赤峰市、巴彦淖尔市、锡林郭勒盟和包头市,4 个盟市保有资源储量占全区岩金保有资源储量的 90.4%;伴生金主要分布在乌兰察布市、呼伦贝尔市、赤峰市和锡林郭勒盟,4 个盟市占全区伴生金保有资源储量的 87.9%;砂金主要分布在呼伦贝尔市,占全区砂金保有资源储量的 99.4%。各盟市金矿保有资源储量情况,见图 26。

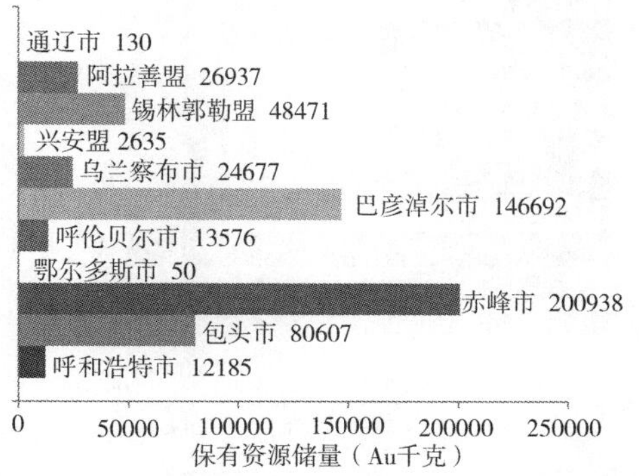

图 26　2013 年全区各盟市金矿保有资源储量对比

2013 年,全区矿山已进行占用登记的金矿保有资源储量 319.38 吨,占全区总量的 57.35%。矿山年度开采消耗上表的金矿资源储量 17.01 吨,其中开采量 16.12 吨、损失量 0.89 吨。

【银矿资源储量】　银矿是内蒙古自治区的优势矿产资源。2013 年,全区共有银矿上表单元 314 个,其中以银为主矿产(或单一矿产)的上表单元 28 处、共生银上表单元 90 个、伴生银上表单元 196 个;全区累计查明银矿资源储量银 50310 吨。与 2012 年相比,2013 年新增银矿上表单元 57 个,新增查明银资源储量 8925.03 吨。

截至 2013 年底,全区银矿保有资源储量银 45011 吨,占全国保有资源储量的 24.54%,居全国第一位。其中,保有基础储量 12095 吨、资源量 32916 吨,基础储量和资源量分别占全区保有资源总量的 26.9% 和 73.1%。

与 2012 年相比,全区银矿保有资源储量增加 10178.48 吨,增加 29.2%。

2013 年,全区银矿勘查新增查明资源储量位居前列的矿区 6 个:巴林左旗红光牧场铜铅银锌矿(1467 吨),西乌珠穆沁旗白音查干东山铜铅锡银锌矿(809 吨),林西县边家大院铅锌银矿(620 吨),克什克腾旗油房西铜铅锌银矿(433 吨),克什克腾旗老盘道背后锡铜矿(305 吨),林西县西石匠山铅锌银矿(265 吨)。就其分布,除乌海市和鄂尔多斯市外全区 10 个盟市均有查明银矿资源储量,但主要集中在赤峰市、呼伦贝尔市和锡林郭勒盟,三个盟市银矿保有资源储量占全区的 86.7%。其中赤峰市(主要有拜仁达坝大型银多金属矿、白音诺尔铅锌共生银矿等）占全区的45.8%，呼伦贝尔市（主要有额仁陶勒盖银矿、查干布拉根银铅锌矿等）占全区的16.7%，锡林郭勒盟（主要有花敖包特银铅锌矿和吉林宝力格银矿等）占全区的24.1%。各盟市银矿保有资源储量情况见图27。

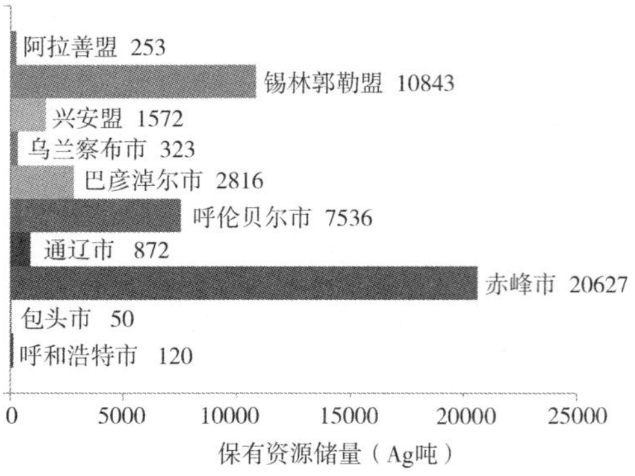

图27　2013年全区各盟市银矿保有资源储量对比

2013年，全区矿山已进行占用登记的银矿保有资源储量为29617.87吨，占全区总量的65.80%。矿山年度开采消耗上表的银矿资源储量为332吨，其中开采量309吨、损失量23吨。

【稀土矿资源储量】　稀土矿是内蒙古自治区极优势矿产资源。2013年，稀土矿上表单元6个，其中包括以稀土为主矿产的上表单元1处、共生稀土上表单元3个、伴生稀土上表单元2个；累计查明的稀土氧化物资源储量17543.64万吨。

截至2013年底，全区保有稀土氧化物资源储量为15170.53万吨，占全国保有资源总量的98.77%，居全国第一位。其中，保有基础储量1452.86万吨、资源量13717.67万吨，基础储量和资源量分别占全区保有资源总量的9.6%和90.4%。与2012年相比，稀土氧化物保有资源储量减少95.44万吨，减少0.63%。

内蒙古自治区查明稀土资源仅在包头市、通辽市和乌兰察布市有分布，但保有资源储量集中分布在包头市白云鄂博矿区和通辽市扎鲁特旗八〇一稀土矿区，两处保有稀土资源储量分别占全区总量的99.48%和0.52%。

具体有关情况见图28。

2013年，全区矿山已进行占用登记的稀土氧化物保有资源储量为10935.33万吨，占全区总量的72.08%。矿山年度开采消耗上表的稀土矿资源储量为95.44万吨，其中开采量94.36万吨、损失量1.08万吨。

【普通萤石矿资源储量】　内蒙古自治区普通萤石矿

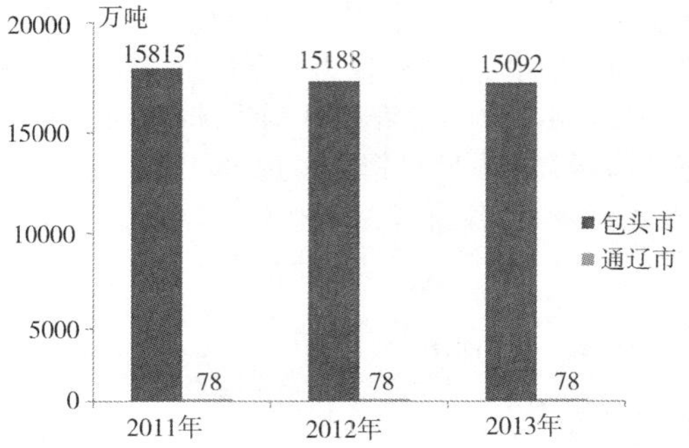

图28　2011～2013年全区各盟市稀土矿保有资源储量对比

属优势矿产资源。至2013年，全区共有普通萤石矿产地28处，累计查明萤石矿石资源储量2725.4万吨。与2012年相比，2013年新增萤石矿产地1处，新增查明资源储量19.39万吨。

截至2013年底，全区保有普通萤石矿石资源储量为2457.30万吨，占全国保有资源总量的84.08%，居全国第一位。其中，保有基础储量262.00万吨、资源量2195.30万吨，基础储量和资源量分别占全区保有资源总量的10.7%和89.3%。与2012年相比，普通萤石矿石保有资源储量38.08万吨，增长1.57%。

内蒙古自治区普通萤石矿产除呼和浩特市、乌海市和鄂尔多斯市至2013年底尚无查明资源外，其他9个盟市均有萤石资源分布，且主要分布在乌兰察布市，主要有四子王旗苏莫查干敖包萤石矿、北敖包吐萤石矿等大型矿床，其保有资源储量占全区的72.5%。各盟市有关情况见图29。

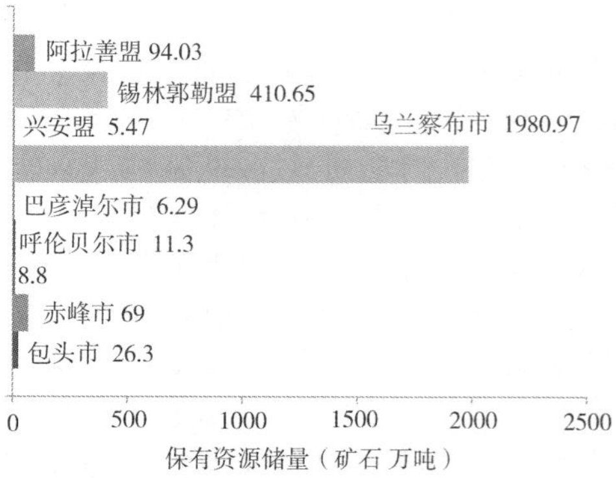

图29　2013年全区各盟市普通萤石矿保有资源储量对比

2013年，全区矿山已进行占用登记的普通萤石矿石保有资源储量为1572.11万吨，占全区总量的63.98%。矿山年度开采消耗上表的萤石矿石资源储量为15.5万吨，其中开采量13.9万吨、损失量1.6万吨。

【硫铁矿资源储量】 2013 年，全区硫铁矿上表单元51 个，其中以硫铁矿为主矿产（或单一矿产）的上表单元7 个、共生硫铁矿上表单元8 个、伴生硫上表单元36个。全区累计查明硫铁矿矿石（含伴生硫铁矿）资源储量 161912. 3 万吨。2013 年，新增硫铁矿上表单元 5个，新增查明硫铁矿资源储量 112 万吨。

截至 2013 年底，全区硫铁矿石保有资源储量159899. 9 万吨（其中单一或硫铁矿为主的矿石保有资源储量 40216. 2 万吨，伴生硫矿石 119683. 7 万吨），占全国保有资源总量的 7. 06%，居全国第五位。其中，硫铁矿石基础储量为 16458. 2 万吨、资源量 143441. 7万吨，基础储量和资源量分别占保有资源储量的10. 3% 和 89. 7%。根据年度储量核实报告，与 2012 年相比，非伴生硫铁矿石保有资源储量减少 812. 91 万吨，减少 1. 98%；伴生硫铁矿石保有资源储量减少846. 1 万吨，减少 23. 0%。

全区硫铁矿集中分布在巴彦淖尔市和锡林郭勒盟，特别是巴彦淖尔市主要有东升庙、炭窑口、甲生盘、山片沟、对门山等大中型硫铁矿多金属矿区，保有资源储量占全区的 88. 9%。各盟市保有资源储量情况见图 30。

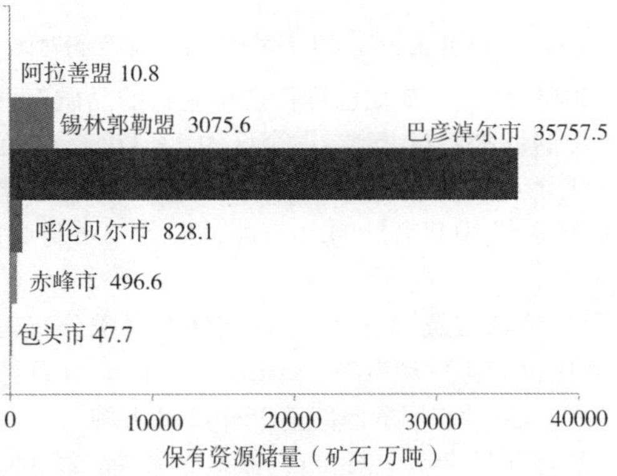

图 30 2013 年全区各盟市硫铁矿保有资源储量对比

2013 年，全区矿山已进行占用登记的硫铁矿石（含伴生硫）保有资源储量 61475. 17 万吨，占全区总量的 38. 45%。矿山年度开采消耗的上表硫铁矿（含伴生硫）矿石资源储量 119. 4 万吨，其中开采量 103. 5 万吨、损失量 15. 9 万吨。

【芒硝矿资源储量】 芒硝矿为内蒙古自治区比较优势的矿产资源，而且分布较为集中。2013 年，全区芒硝矿上表单元 21 个，其中芒硝为单一矿产的上表单元 17个，为共生矿产的上表单元 4 个；累计查明芒硝矿石资源储量 392632. 9 万吨。与 2012 年比，2013 年新增芒硝矿上表单元 1 个，新增查明资源储量 55. 14 万吨。

截至 2013 年底，全区保有芒硝矿石资源储量389153. 0 万吨，占全国保有资源总量的 13. 56%，居全国第二位。其中，保有基础储量 40155. 7 万吨、资源量348997. 3 万吨，基础储量和资源量分别占全区保有资源总量的 10. 3% 和 89. 7%。与 2012 年度相比，芒硝保有资源储量增加 38839. 7 万吨，增加 11. 1%。

2013 年，全区芒硝矿勘查新增查明资源储量的主要矿区为土默特右旗双龙芒硝矿 38955. 0 万吨。就分布而言，全区芒硝矿资源分布在包头市、鄂尔多斯市、呼伦贝尔市、锡林郭勒盟和阿拉善盟，但集中在鄂尔多斯市（主要有达拉特旗芒硝矿等），其保有资源储量占全区总量的 87. 4%。各盟市保有资源储量情况见图 31。

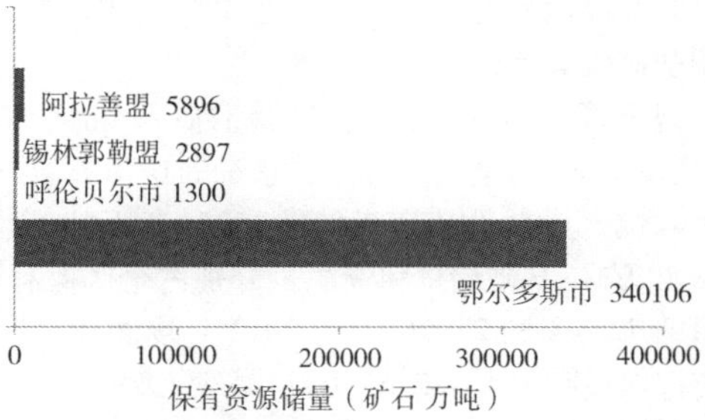

图 31 2013 年全区各盟市芒硝矿保有资源储量对比

2013 年，全区矿山已进行占用登记的芒硝矿保有资源储量为 8968. 5 万吨，仅占全区总量的 2. 30%。矿山年度开采消耗上表的芒硝矿石资源储量为 170. 44万吨，其中开采量 141. 12 万吨、损失量 29. 32 万吨。

【天然碱矿资源储量】 内蒙古自治区天然碱矿属比较优势矿产资源。2013 年，全区共有天然碱矿产地 8处、共生天然碱 1 处，累计查明的天然碱资源储量（$Na_2CO_3 + NaHCO_3$）3126. 2 万吨。

截至 2013 年底，全区天然碱保有资源储量（$Na_2CO_3 + NaHCO_3$）1378. 8 万吨，占全国保有资源总量的 9. 6%，居全国第二位。其中，保有基础储量1119. 4 万吨、资源量 259. 4 万吨，基础储量和资源量分别占全区保有资源储量的 81. 2%，18. 8%。与 2012 年度相比，天然碱保有资源储量减少 173. 95 万吨，减少11. 2%。

全区查明的天然碱资源仅分布在鄂尔多斯市、锡林郭勒盟和呼伦贝尔市，且鄂尔多斯市集中分布了全区 77. 8% 的天然碱资源储量。各盟市保有天然碱资源储量情况见图 32。

2013 年，全区矿山已进行占用登记的天然碱保有资源储量为 1316. 28 万吨，占全区总量的 95. 47%。矿山开采实际消耗的上表天然碱资源储量为 26. 15 万吨，其中开采量 23. 85 万吨、损失量 2. 30 万吨。

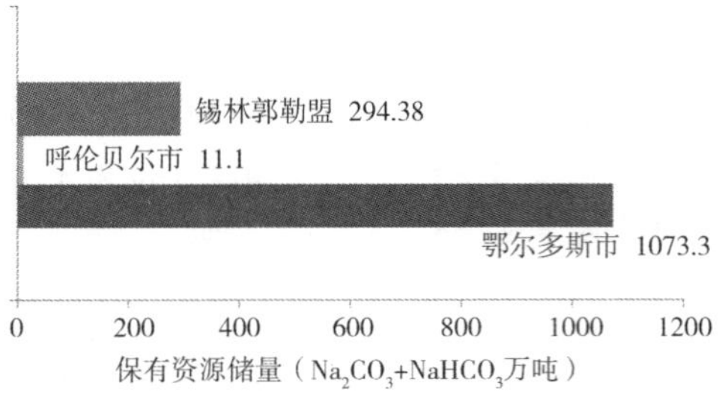

图 32　2013 年全区各盟市天然碱矿保有资源储量对比

【**盐矿资源储量**】　内蒙古自治区查明的盐矿资源均为小型池盐矿，但岩盐找矿具有较大潜力。2013 年，全区共有以盐为主的矿产地 5 处、共生盐矿 3 处，累计查明盐矿资源储量(NaCl)20282.3 万吨。

截至 2013 年底，全区盐矿保有资源储量(NaCl)15473.9 万吨，占全国保有资源总量的 0.01%，居全国第十六位。其中，保有基础储量 11225.3 万吨、资源量 4248.6 万吨，基础储量和资源量分别占全区保有资源储量的 72.5% 和 27.5%。与 2012 年度相比，盐矿保有资源储量减少了 183.55 万吨，减少 1.2%。

截至 2013 年底，全区查明的盐矿产地仅分布在阿拉善盟、鄂尔多斯市和锡林郭勒盟，其中阿拉善盟查明有吉兰太盐矿、雅布赖盐矿等，保有资源储量占全区总量的 83.9%。各盟市保有资源储量情况见图 33。

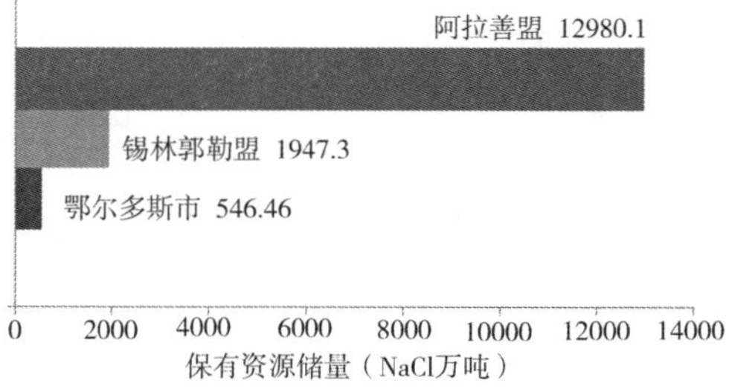

图 33　2013 年全区各盟市盐矿保有资源储量对比

2013 年，全区矿山已进行占用登记的盐矿保有资源储量(NaCl)为 14776.96 万吨，占全区总量的 95.50%。年度矿山开采消耗上表的盐矿矿石资源储量 183.55 万吨，其中开采量 170.70 万吨、损失量 12.80 万吨。

【**石墨矿资源储量**】　内蒙古自治区石墨矿属于优势矿产资源。至 2013 年底全区共有石墨矿产地 13 处，其中晶质石墨矿产地 10 处，隐晶质石墨矿产地 3 处。累计查明资源储量为晶质石墨 1661.3 万吨、隐晶质石墨 1449.8 万吨。

截至 2013 年底，全区晶质石墨保有资源储量 1571.2 万吨，占全国保有资源总量的 7.13%，居全国第五位。其中基础储量 880.2 万吨、资源量 691.0 万吨，基础储量和资源量分别占全区晶质石墨保有资源储量的 56.0% 和 44.0%。与 2012 年度相比，晶质石墨保有资源储量增加了 746.60 万吨，增加 90.6%。隐晶质石墨保有资源储量为 1416.0 万吨。

2013 年，全区石墨矿勘查新增查明资源储量的矿区为阿拉善左旗闰地拉图石墨高岭土铁矿(晶质石墨 747.8 万吨)。全区石墨资源分布在呼和浩特市、包头市、通辽市、乌兰察布市、巴彦淖尔市和阿拉善盟。

其中，晶质石墨主要分布在阿拉善盟、乌兰察布市、巴彦淖尔市和呼和浩特市，4 个盟市保有晶质石墨资源储量占全区的 97.4%；隐晶质石墨仅分布在通辽市扎鲁特旗。各盟市保有石墨资源储量情况见图 34。

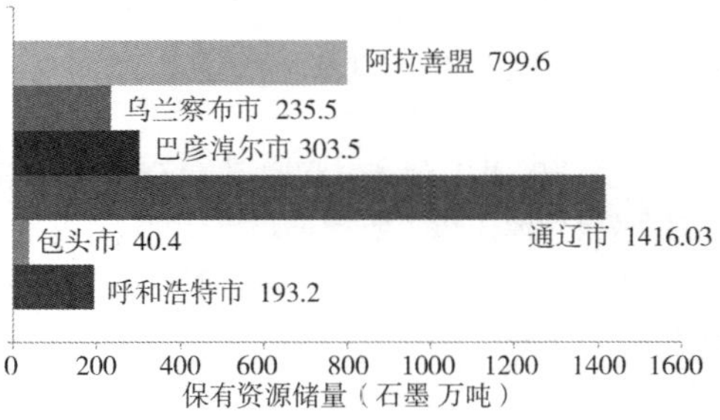

图 34　2013 年全区各盟市石墨矿保有资源储量对比

2013 年，全区矿山已进行占用登记的晶质石墨保有资源储量 367.24 万吨，占全区的 23.37%。年度矿山开采消耗上表的晶质、隐晶质石墨矿石资源储量 37.0 万吨，其中开采量 34.4 万吨、损失量 2.6 万吨。

【**石膏矿资源储量**】　内蒙古自治区石膏矿分布较集中，属比较优势矿产资源。2013 年，全区共有石膏矿产地 9 处，累计查明资源储量 364913.8 万吨。

截至 2013 年底，全区石膏保有资源储量 364082.5 万吨，占全国保有资源总量的 4.28%，居全国第三位。其中，保有基础储量 21661.3 万吨、资源量 342421.2 万吨，基础储量和资源量分别占全区保有资源总量的 5.9% 和 94.1%。与 2012 年相比，石膏保有资源储量减少 23.0 万吨，减少 0.01%。

全区已查明的石膏矿产地仅分布于鄂尔多斯市、乌兰察布市和阿拉善盟，并集中分布在鄂尔多斯市(主要有苏级石膏矿、代庆召石膏矿等)，保有资源储量占全区的 97.6%。各盟市保有石膏资源储量情况见图 35。

2013 年，全区矿山已进行占用登记的石膏矿保有资源储量 10411.79 万吨，仅占全区总量的 2.86%。矿山年度开采消耗上表的石膏资源储量为 23 万吨，其中开采量 18.4 万吨、损失量 4.6 万吨。

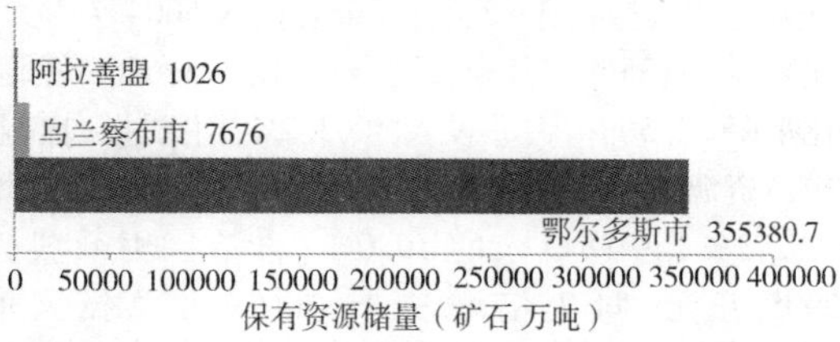

图35　2013 年全区各盟市石膏矿保有资源储量对比

【水泥用灰岩资源储量】　内蒙古自治区水泥用灰岩分布较广并具有潜力。2013 年底，全区水泥用灰岩上表单元 64 个，其中水泥用灰岩为单一矿产的上表单元 58 个，为共生矿产的上表单元 6 个；累计查明（333）以上资源储量 620139.5 万吨。与 2012 年相比，2013 年新增水泥用灰岩矿上表单元 3 个，新增查明矿石资源储量 2720.67 万吨。

截至 2013 年底，全区水泥用灰岩保有资源储量 608176.7 万吨，占全国保有资源总量的 5.07%，居全国第七位。其中，保有基础储量 269534.7 万吨、资源量 338642.0 万吨，基础储量和资源量分别占全区保有资源储量的 44.3% 和 55.7%。与 2012 年相比，保有资源储量减少 2677.9 万吨，减少 0.44%。

2013 年，全区水泥用灰岩勘查新增（334）？预测的矿区为阿尔山市苏和格勒水泥用石灰岩矿（4.0 亿吨）。全区 12 个盟市均有查明水泥用灰岩矿产地分布，并且主要集中在鄂尔多斯市，其保有资源储量占全区总量的 64.2%。各盟市保有资源储量情况见图 36。

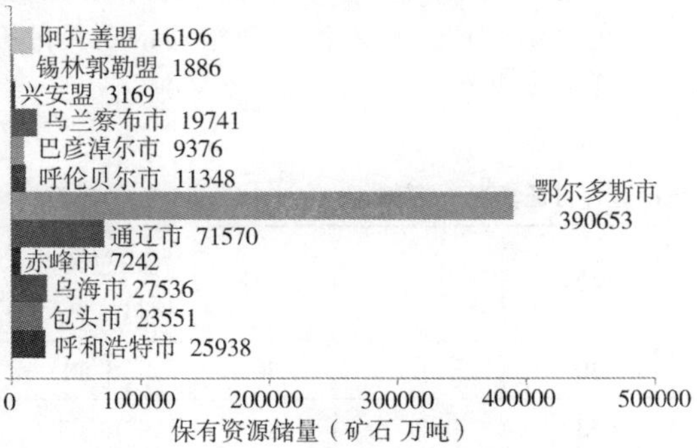

图36　2013 年全区各盟市水泥用灰岩保有资源储量对比

2013 年，全区矿山已进行占用登记的水泥用灰岩保有资源储量为 178492.96 万吨，占全区总量的 29.35%。矿山年度开采消耗上表的水泥用灰岩资源储量 1557.3 万吨，其中开采量 1366.08 万吨、损失量 191.22 万吨。

【水泥用大理岩资源储量】　内蒙古自治区水泥用大理岩分布较为集中，属比较优势矿产资源。2013 年，全区水泥用大理岩上表单元 13 个，其中水泥用大理岩为单一矿产的上表单元 12 处，为共生矿产的上表单元 1 个；累计查明资源储量 44799.5 万吨。

截至 2013 年底，水泥用大理岩保有资源储量 41613.5 万吨，占全国保有资源总量的 10.23%，居全国第二位。其中，基础储量 24506.8 万吨、资源量 17106.6 万吨，基础储量和资源量分别占全区保有资源储量的 59.0% 和 41.0%。与 2012 年相比，保有资源储量减少 75.9 万吨，减少 0.18%。

全区已查明的水泥用大理岩仅分布在呼和浩特市、赤峰市、呼伦贝尔市和乌兰察布市，其中又以呼和浩特市和呼伦贝尔市分布资源较多，两市保有资源储量占全区总量的 81.5%。各盟市保有资源储量情况见图 37。

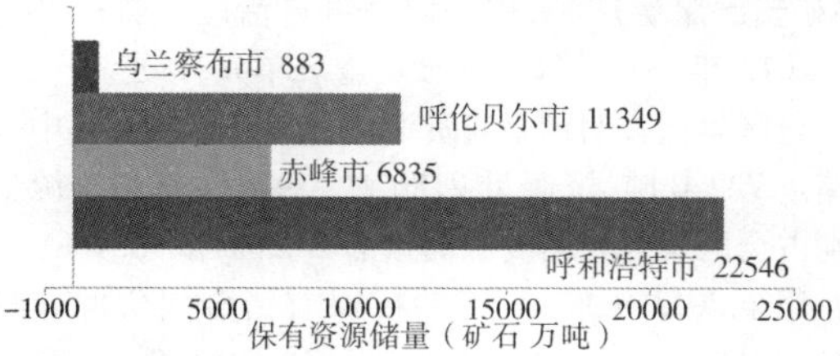

图37　2013 年全区各盟市水泥用大理岩保有资源储量对比

2013 年，全区矿山已进行占用登记的水泥用大理岩保有资源储量为 13452.1 万吨，占全区总量的 32.33%。矿山年度开采消耗上表的水泥用大理岩资源储量 137.29 万吨，其中开采量 130.05 万吨、损失量 7.24 万吨。

【高岭土矿资源储量】　内蒙古自治区高岭土矿具有潜力。2013 年，全区高岭土矿产地（上表单元）11 处，其中为单一矿产的上表单元 10 个，为共生矿产的上表单元 1 个；累计查明资源储量 8654.7 万吨。与 2012 年相比，2013 年新增高岭土矿上表单元 1 个，新增查明矿石资源储量 5942.31 万吨。

截至 2013 年底，全区高岭土保有资源储量 8634.1 万吨，占全国保有资源总量的 0.20%，居全国第八位。其中，保有起初储量 4814.7 万吨、资源量 3819.4 万吨，基础储量和资源量分别占全区保有资源储量的 55.8% 和 44.2%。与 2012 年相比，保有资源储量增加 5942.31 万吨，增长 220.8%。

2013 年，全区高岭土矿勘查新增查明资源储量的矿区为阿拉善左旗闫地拉图石墨高岭土铁矿（高岭土 5942.3 万吨）。全区已查明的高岭土矿分布在阿拉善盟、呼和浩特市、乌海市、赤峰市、通辽市和鄂尔多斯市，其中以阿拉善盟、呼和浩特市和鄂尔多斯市分布资源最多，三盟市保有资源储量占全区总量的 96.1%。各盟市保有资源储量情况见图 38。

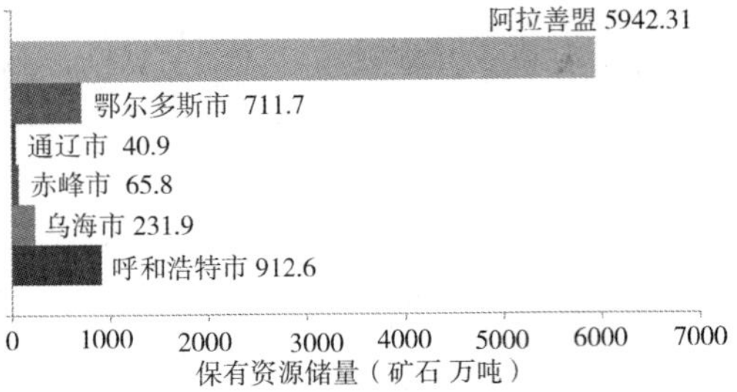

图 38　2013 年全区各盟市高岭土矿保有资源储量对比

2013 年,全区矿山已进行占用登记的高岭土保有资源储量为 412.63 万吨,占全区总量的 4.78%。年度无高岭土的开发与利用。

【锗矿资源储量】　锗矿是内蒙古自治区优势矿产资源。2013 年,全区锗矿矿产地(上表单元)2 处。

全区累计查明锗金属资源储量 2902.0 吨,其中基础储量 722.0 吨、资源量 2180 吨,基础储量和资源量分别占全区累计查明资源储量的 24.9% 和 75.1%。

截至 2013 年底,全区锗矿保有锗金属资源储量 2834.59 吨,占全国保有资源总量的 40.30%,居全国第一位。其中,保有基础储量 722.11 吨、资源量 2112.48 吨,基础储量和资源量分别占全区保有资源储量的 25.5% 和 74.5%。

全区已查明的锗矿主要集中分布在锡林郭勒盟,即胜利煤田乌兰图嘎锗矿,并已经全部占用。矿山年度开采消耗上表的锗资源储量为 48 吨,其中开采量 46 吨、损失量 2 吨。

·基础地质和矿产勘查·

【概况】　2013 年全区已实施的非油气地质矿产勘查和基础地质调查共 3393 项,资金总投入 500457 万元,同比减少 11.35%。其中:社会资金投入 316269 万元,同比下降 22.56%,占总投入的 63.2%,主要投向商业性矿产资源勘查。中央财政投入 51193 万元,同比增加 28.72%,占总投入的 10.0%;自治区财政投入 132995 万元,同比年增长 14.30%,占总投入的 26.8%;中央和自治区财政主要投向基础地质调查和矿产资源勘查。

【矿产勘查项目】　1. *矿产勘查项目登记概况*。据《内蒙古自治区探矿权管理信息系统》数据统计,截至 2013 年底,除石油、天然气、煤层气及放射性等矿产,自治区境内有效期内地质勘查项目 4050 个,勘查面积 13.90 万平方千米,占自治区总面积的 11.78%。其中,国土资源部登记勘查项目 311 个,勘查项目总面积为 4.86 万平方千米,占全区勘查项目总面积的 34.96%;国土资源厅登记勘查项目 3739 个,勘查项目总面积为 9.05 万平方千米,占全区勘查项目总面积的 65.11%。

2013 年,由自治区国土资源厅办理勘查登记的项目为 2106 个,以变更项目为主,共 1209 个,占登记项目总数的 57.41%;延续勘查项目 546 个,占发证总数的 25.93%;新立勘查项目 217 个,占发证总数的 10.30%;保留勘查项目 91 个,注销勘查项目 43 个。其中,变更、延续登记项目以有色金属、贵金属矿产勘查居多,分别为 922 个、370 个,分别占总勘查项目的 43.78%、17.57%;保留项目主要为能源和黑色金属矿产。具体各类勘查登记项目的有关情况详见表 1。

表 1　2013 年度自治区国土资源厅办理登记勘查许可证情况一览表　（单位:个）

矿产类型 \ 勘查登记类型	新立	变更	延续	保留	注销	合计	占总勘查项目比例(%)
能源矿产	3	21	20	30	6	80	3.80
黑色金属	41	244	76	33	8	402	19.09
有色金属	105	614	308	7	10	1044	49.57
贵金属	37	256	114	9	10	426	20.23
稀有稀土	7	7	1	1		9	0.43
非金属矿产	31	67	26	11	9	144	6.84
水汽矿产	—	—	1	—	—	1	0.05
合计	224	1209	546	91	43	2106	100
占总勘查项目比例(%)	10.30	57.41	25.93	4.32	2.04	100	

表 2　　**2013 年度全区在期有效各矿类勘查项目一览表**

矿产类型	项目总数（个）	占总矿产勘查项目比例（%）	各工作程度项目数（个）				查面积（平方千米）
			预查	普查	详查	勘探	
能源矿产	418	10.32	32	97	107	182	50416.61
黑色金属	614	15.16	43	186	355	30	11002.30
有色金属	1979	48.86	219	634	880	246	52072.99
贵金属	806	19.90	78	254	376	98	21356.99
稀有稀土	11	0.27	0	5	2	4	189.45
非金属矿产	210	5.19	6	110	73	21	3669.82
水气矿产	12	0.30	0	5	3	4	341.76
合计	4050	100	378	1291	1796	585	139049.92

全区在期各类矿产勘查项目以有色金属勘查为主，占全区矿产勘查项目总数的 48.86%；其次为贵金属矿产项目，占矿产勘查项目总数的 19.90%。勘查登记项目工作程度以详查项目为主，占整个在期项目的 44.32%；其次为普查项目，占在期项目的 31.88%。勘查登记面积主要以有色金属矿产和能源矿产为主，分别占在期项目总勘查面积的 37.45% 和 36.26%。各类矿产勘查项目的有关情况详见表 2 和图 1、图 2。

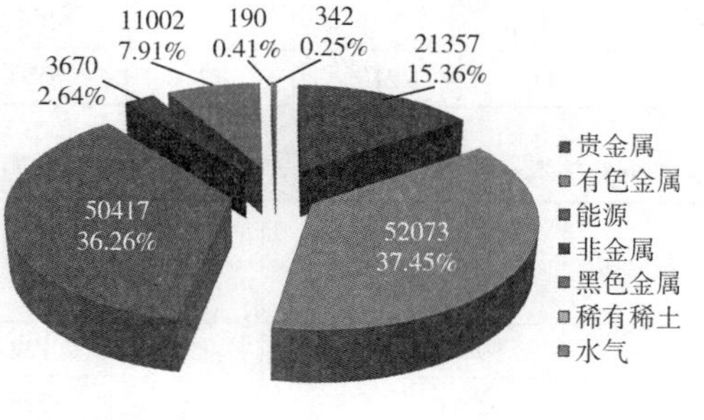

图 1　2013 年全区在期项目各类矿产勘查面积（平方千米）对比图

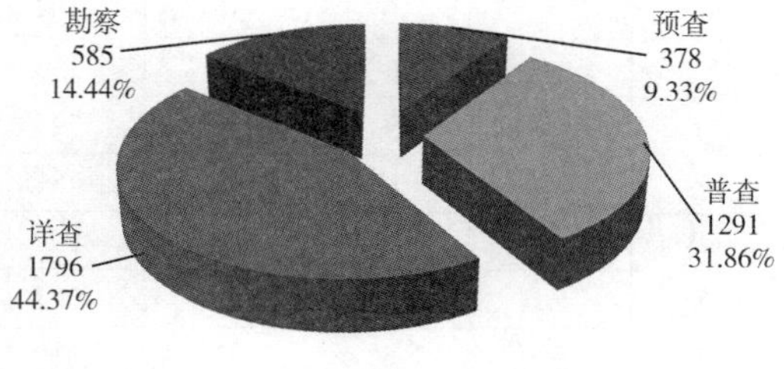

图 2　2013 年全区有效地质勘查项目按勘查阶段数量（个）对比图

近几年，内蒙古自治区矿产勘查项目逐年减少，并且 2013 年在项目数量和勘查面积比往年均有减少，但就其详查和勘探项目所占的比例却逐年增加，反映了区地质勘查工作的深入程度逐年提高。有关近五年来矿产勘查项目及各勘查阶段的对比情况见图 3。

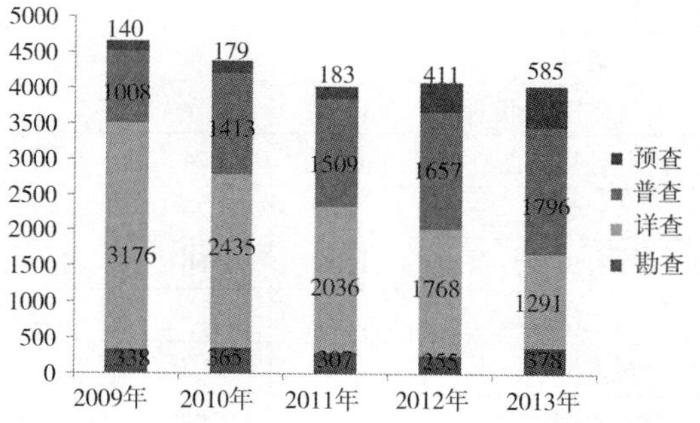

图 3　2009～2013 年全区矿产勘查项目按勘查阶段数量（个）对比图

2. *矿产勘查项目地区分布*。近年来，内蒙古自治区矿产勘查项目在各盟市的分布很不均衡，与其成矿地质条件关系密切，同时也受矿山的内外部建设条件以及地方经济发展情况等因素制约。

2013 年，赤峰市有效勘查登记项目数量居全区各盟市之首，其次为呼伦贝尔市、锡林郭勒盟，三盟市登记有效勘查项目共计 2231 个，占全区登记有效勘查项目总数的 55.09%；勘查矿类以有色金属、贵金属矿产勘查项目为主，占全区有色金属、贵金属矿产勘查项目总数的 65.96%，占三盟市勘查项目总数的 82.34%。能源矿产登记有效勘查项目主要分布在锡林郭勒盟、鄂尔多斯市，共计 236 个，占全区能源矿产勘查项目总数的 56.46%，占两盟市勘查项目总数的 28.26%。黑色金属矿产登记有效勘查项目主要分布在巴彦淖尔市、阿拉善盟、包头市及乌兰察布市，共计 389 个，占全区黑色金属矿产勘查项目总数的 63.36%，占四盟市勘查项目总数的 31.17%。详情见表 3、表 4、图 4。

2013 年，全区登记有效勘查项目涉及的主要矿产有煤、铁、铜、铅、锌及多金属、金、银等，按主要矿种统计全区各盟市分布情况详见表 4。

煤炭勘查项目主要集中在锡林郭勒盟和鄂尔多斯市;铁矿勘查项目主要集中在巴彦淖尔市、包头市和阿拉善盟;铜、铅、锌及多金属矿勘查项目煤炭勘查项目主要集中在锡林郭勒盟和鄂尔多斯市;铁矿勘查项目主要集中在巴彦淖尔市、包头市和阿拉善盟;铜、铅、锌及多金属矿勘查项目主要集中在赤峰市、锡林郭勒盟和呼伦贝尔市;金矿勘查项目分布比较均匀,除乌海市和鄂尔多斯市以外,其他盟市均有金矿勘查登记项目;银矿勘查项目主要集中在锡林郭勒盟、赤峰市和呼伦贝尔市。2009～2013 年度在期地质勘查项目在各盟市分布情况见图 5。

表 3　2013 年盟市有效勘查项目分布情况一览表　（单位:个）

矿类 / 盟市	能源矿产	黑色金属	有色金属	贵金属	稀有稀土	水气矿产	非金属	合计
呼和浩特市	3	37	4	42	1	36	1	124
包头市	15	95	37	54	—	24	—	225
乌海市	10	2	1		—	—	—	13
赤峰市	17	66	558	154	1	14	2	812
通辽市	4	5	74	10	1	10	—	104
鄂尔多斯市	117	5	1	—	—	11	2	136
呼伦贝尔市	64	24	468	153	4	6	1	720
兴安盟	7	20	126	35	—	5	1	194
锡林郭勒盟	119	66	364	140	2	4	4	699
乌兰察布市	19	85	73	77	1	51	1	307
巴彦淖尔市	7	110	116	58	—	19	—	310
阿拉善盟	36	99	157	83	1	30	—	406
总计	418	614	1979	806	11	210	12	4050

表 4　2013 年盟市有效勘查项目主要矿种分布情况一览表　（单位:个）

矿种 / 盟市	煤	铁	铜	铅锌	多金属	金	银	其他	合计
呼和浩特市	3	37	4	—	—	39	3	38	124
包头市	14	92	18	1	14	53	—	33	225
乌海市	10	2	—	1	—	—	—	—	13
赤峰市	16	64	153	282	99	80	71	44	812
通辽市	2	5	34	18	20	4	6	15	104
鄂尔多斯市	115	4	—	—	1	—	—	16	136
呼伦贝尔市	57	20	113	190	131	94	59	56	720
兴安盟	6	20	50	39	34	10	25	10	191
锡林郭勒盟	117	59	121	82	140	63	77	40	699
乌兰察布市	19	78	30	12	26	70	7	65	307
巴彦淖尔市	4	106	52	9	39	52	6	42	310
阿拉善盟	36	84	63	6	73	79	4	61	406
总计	399	571	638	640	577	544	261	420	4050

3. *矿产勘查项目的种类*。据全区矿产勘查项目年检报告统计,2013 年全区开展矿产地质勘查并形成一定工作量的项目为 3226 个,比上年增加 16 个项目。按矿产种类划分,共涉及 7 类 70 种矿产。其中能源矿产 3 种 171 个项目,黑色金属矿产 5 种 554 个项目,有色金属矿产 9 种 1723 个项目,贵金属矿产 4 种 634 个项目,稀有矿产 4 种 12 个项目,化工建材及其他非金属矿产 42 种 121 个项目,水气矿产 3 种 11 个项目。

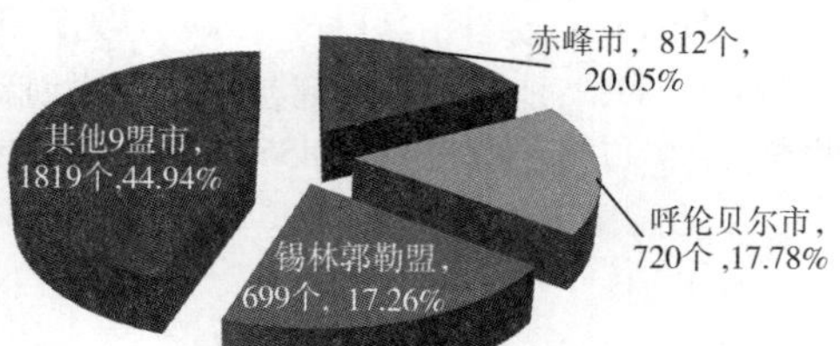

图4　2013 年全区四盟市矿产勘查项目分布比重对比图

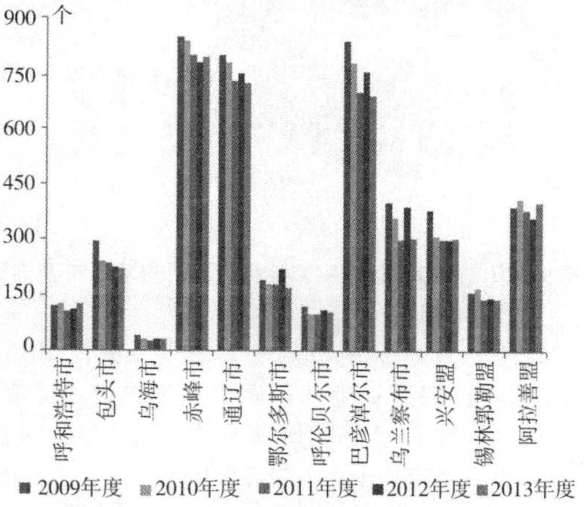

图5　全区 2009 ~ 2013 年度在期地质勘查项目在各盟市分布对比

矿产勘查项目所占比重以有色金属、贵金属和黑色金属矿产较高，分别占全区矿产勘查项目的 53.41%、19.65% 和 17.17%。近年来已实施的全区各类矿产勘查项目相关情况见图 6。

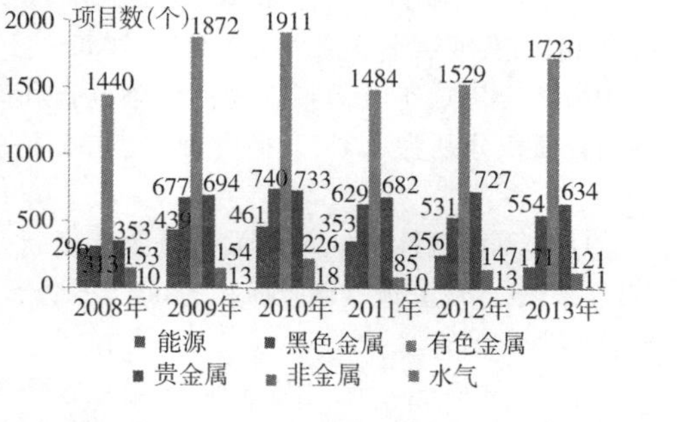

图6　2009 ~ 2013 年度矿产勘查分类项目数量对比

【矿产勘查及地质调查投入和实施】　1. *矿产勘查*。矿产勘查资金投入和完成工作量：2013 年开展矿产勘查并形成一定工作量的项目 3226 个，矿产勘查的资金总投入 401498 万元，比 2012 年减少 9.52%，相关情况详见图 7。

2013 年度全区完成钻探 2768528 米，坑探 68432 米，槽探 146.38 万立方米，浅井 3844 米。其中：

能源矿产：实施煤炭、油页岩、地热等矿产勘查项目 171 个，投入资金 71268 万元。其中，地方财政投入

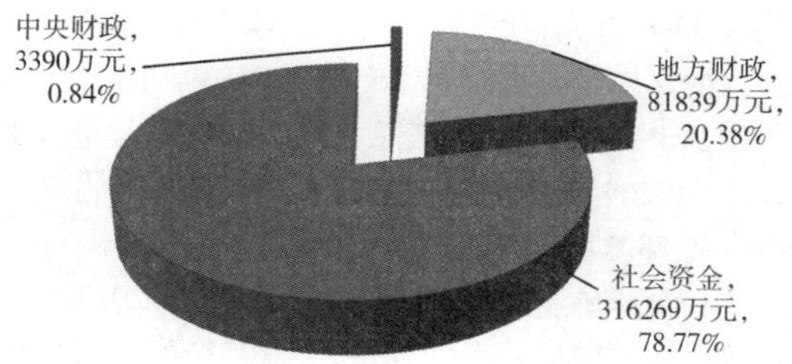

图7　2013 年度全区已实施勘查项目资金实际投入比重

47058 万元，社会资金投入 24210 万元。完成钻探 738121 米、槽探 0.28 万立方米等主要实物工作量。

黑色金属矿产：实施铁、锰、铬、钒、钛等矿产勘查项目 554 个，投入资金总额 64646 万元。其中，中央财政投入 885 万元，地方财政投入 6814 万元，社会资金投入 57947 万元。完成钻探 280623 米、坑探 9663 米、槽探 41.96 万立方米、浅井 2126 米等主要实物工作量。

有色金属矿产：实施铜、铅、锌、镍、钴、钨、锡、钼、锑等 9 种矿产勘查项目 1723 个，投入资金总额 176790 万元。其中，地方财政投入 13799 万元，社会资金投入 162991 万元。完成钻探 1209954 米、坑探 37006 米、槽探 59.56 万立方米、浅井 996 米等主要实物工作量。

贵金属矿产：实施岩金、砂金、银等 4 种矿产勘查项目 634 个，投入资金 74706 万元。其中，中央财政投入 2437 万元，地方财政投入 13226 万元，社会资金投入 59043 万元。完成钻探 460158 米、坑探 20678 米、槽探 39.72 万立方米、浅井 548 米等主要实物工作量。

稀有金属矿产：实施铌钽矿、稀土等 4 种矿产勘查项目 12 个，投入资金总额 1482 万元。其中，地方财政投入 757 万元，社会资金投入 725 万元。完成钻探 9624 米、槽探 0.82 万立方米的主要实物工作量。

化工建材及其他非金属矿产：实施普通萤石、冶金用白云岩、冶金用石英岩、硫铁矿、磷矿、芒硝、重晶石、电石用石灰岩、制碱用灰岩、化肥用蛇纹岩、泥岩、玛瑙、硅灰石、长石、高岭土、玻璃用石英岩、水泥用灰岩、膨润土、建筑用玄武岩、建筑用花岗岩等 42 种矿产勘查项目 121 个，投入资金 10306 万元。其中，中央资金投入 68 万元，地方财政投入 185 万元，社会资金投入 10053 万元。完成钻探 52048 米、坑探 1085 米、槽探 4.04 万立方米、浅井 160 米等主要实物工作量。

水气矿产：实施矿泉水、地下水和二氧化碳气 3 种矿产勘查项目 11 个，投入社会资金 1300 万元，完成钻探 18000 米的主要实物工作量。

2. *勘查资金投入结构及方向*。①勘查资金投入主体结构及变化。

2013 年，全区矿产勘查资金总投入 401498 万元，比上年(443756 万元)减少 9.52%。其中：中央财政投

入为 3390 万元，比 2012 年减少 54. 34%，仅占全区总投入的 0. 84%；自治区财政投入 81839 万元，比 2012 年增加 194. 72%，占全区总投入 20. 38%；社会商业性投入 316269 万元，比 2012 年减少 22. 56%，占全区总投入的 78. 77%。

在全球矿业市场持续走低的形势下，2013 年自治区政财大幅增加矿产勘查投入，对社会资金投向矿产勘查市场夯实了基础并增强了投资信心。

②资金投入的方向及变化。2013 年中央财政资金的主要投向是贵金属矿产地质勘查 2437 万元，占其总投入的 71. 8%。

2013 年，自治区财政资金全部投向矿产地质专项勘查，其中煤炭（47058 万元）占其总投入的 57. 50%，以铜铅锌为主的有色金属（13799 万元）占 16. 86%，以金银为主的贵金属（13226 万元）占 16. 16%，以铁为主的黑色金属（6814 万元）占 8. 33%。

2013 年，社会商业性地勘资金投入方向主要为市场需求较大的矿产，其中以铜铅锌为主的有色金属（162991 万元）占其总投入的 51. 54%，金银（59043 万元）占 18. 67%，以铁为主的黑色金属（57947 万元）占 18. 32%。

【基础性地质调查资金投入及完成工作量】 1. 资金投入结构及方向。2013 年，全区基础地质调查项目共 128 个，资金总投入 82362 万元，比 2012 年减少 23. 24%。其中中央财政投入 46210 万元，同比增长 51. 31%；地方财政投入 36152 万元，同比减少 52. 90%，详见图 3 ~ 8。

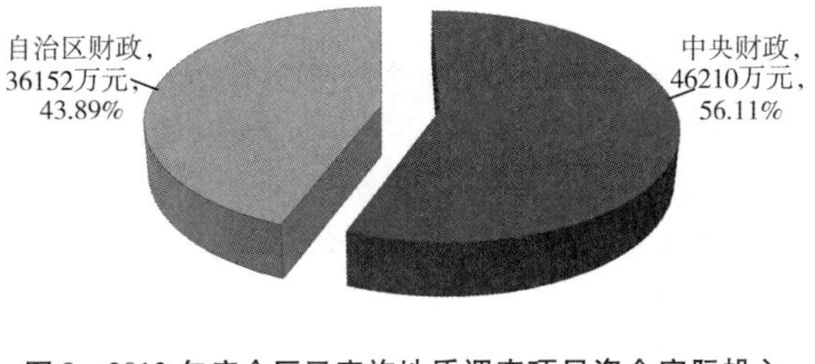

图 8　2013 年度全区已实施地质调查项目资金实际投入比重

2013 年，全区已实施的基础地质调查项目涉及 6 个专业类别。其中区域地质调查投入资金为 7090 万元（均为中央财政投入），比 2012 年减少 48. 08%；区域地球物理调查投入资金 8887 万元（中央财政 580 万元、自治区财政 8307 万元），比 2012 年增加 78. 17%；区域地球化学调查投入 1870 万元（均为中央财政），比 2012 年增加 59. 97%；航空遥感地质调查投入资金 370 万元（均为中央财政投入），比 2012 年增加 131. 25%；区域地质矿产调查投入资金 56548 万元（中央财政 31540 万元，自治区财政 25008 万元），比 2012 年减少 24. 89%；地质科学研究与技术方法创新等投入资金 7397 万元（中央财政 4560 万元，自治区财政 2837 万元），比 2012 年减少 38. 56%。相关其他情况见图 9。

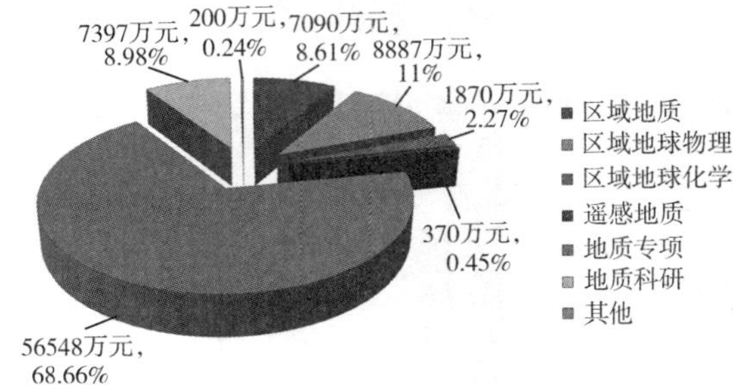

图 9　2013 年度全区已实施各类地质调查项目资金实际投入比重

2. 完成基础性地质调查工作量。截至 2013 年底，全区累计完成基础性地质调查工作量详见表 5。当年全区实施并已完成的地质调查实物工作量如下：

①2013 年完成 1∶5 万、1∶25 万区域地质调查面积分别为 0. 34 万平方千米、0. 55 万平方千米；与 2012 年相比，其覆盖率分别增加 5. 1%、12. 6%。

②2013 年完成 1∶25 万区域重力调查面积 3. 0 万平方千米，1∶5 万区域航磁调查面积 9. 38 万平方千米。

③2013 年完成 1∶25 万和 1∶5 万区域地球化学调查面积分别为 2. 56 万平方千米、0. 35 万平方千米；与 2012 年相比，其覆盖率分别增加 2. 16%、3. 56%。

④2013 年完成 1∶5 万矿产地质专项调查和矿产远景调查面积分别为 2. 73 万平方千米、7. 36 万平方千米。

⑤1∶25 万多目标地地球化学调查为年度新开项目，截至 2013 年底完成其调查面积 3. 60 万平方千米，其覆盖率为 3. 05%。

多年来，国家、自治区对基础性、公益性地质工作的投入，提高了基础地质资料的可靠程度，降低了矿业投资的风险。由于受地质工作条件等因素的影响，一些地区的基础性地质调查成果覆盖面还是较小，在一定程度上制约了自治区后续矿产勘查工作的安排。

【地环调查资金投入及完成工作量】 2013 年，全区开展的水文地质、环境地质和地质灾害调查评价项目共计 39 个，与 2012 年相比减少 22 个。投入资金 16597 万，比 2012 年增加 3122 万元；其中，中央财政投入 1593 万元，地方财政投入 15004 万元。

相关情况见图 10。

表 5　　全区基础性地质调查完成情况统计表

项目名称	截止时间	累计完成图幅(幅)	累计完成面积(万平方千米)	覆盖率(%)
1:5 万区域地质调查	2007 年底	276	10. 27	8. 68
	2010 年底	377	13. 61	11. 53
	2011 年底	436	15. 95	13. 50
	2012 年底	530	19. 52	16. 50
	2013 年底	746	25. 49	21. 60
1:20 万区域地质调查	2007 ~ 2013 年底	226	104. 50	88. 60
1:25 万区域地质调查	2007 年底	21	25	21. 13
	2010 年底	25	37. 25	31. 6
	2011 年底	29	46. 79	39. 65
	2012 年底	33	50. 64	42. 70
	2013 年底	73	65. 34	55. 30
1:20 万区域重力调查	2007 年底	140	56. 6	48. 0
	2010 年底	160	69. 73	59. 1
	2013 年底	162	71. 6	60. 5
1:25 万区域重力调查	2013 年底	13	9. 38	7. 95
1:100 万区域重力调查	2007 ~ 2013 年底	14	118	100
1:100 万区域航磁调查	2007 ~ 2013 年底	1	43. 7	39
1:40 万区域航磁调查	2007 ~ 2013 年底	1	1	1
1:20 万区域航磁调查	2007 ~ 2013 年底	51	30. 8	28
1:10 万区域航磁调查	2007 ~ 2013 年底	122	18. 3	17
1:5 万航空物探综合站测量	2008 年底		16. 5	13. 95
	2010 年底		44. 0	37. 3
	2011 年底		54. 83	46. 5
	2013 年底		63. 7	54. 0
1:2. 5 万区域航磁调查	2007 ~ 2013 年底		10. 2	8. 6
1:5 万区域航磁调查	2013 年底		73. 08	
1:10 万区域航磁调查	2007 ~ 2013 年底	122	18. 30	17
1:20 万区域航磁调查	2007 ~ 2013 年底	51	30. 80	28
1:50 万区域航磁调查	2007 ~ 2013 年底	1	1	1
1:100 万区域航磁调查	2007 ~ 2013 年底	1	43. 70	39
1:25 万区域地球化学调查	2007 ~ 2012 年底	18	10. 67	9. 04
	2013 年底	21	13. 23	U. 20
1:20 万区域地球化学调查	2007 年底	168	66. 3	56. 0
	2008 年底	173	67. 6	57. 0
	2010 年底	177	71. 81	60. 0
	2013 年底	181	77. 56	65. 6

续表 5

项目名称	截止时间	累计完成图幅（幅）	累计完成面积（万平方千米）	覆盖率（%）
1∶5 万区域地球化学调查	2007 年底	30	1.05	0.89
	2010 年底	34	1.2	1.02
	2011 年底	241	4.2	3.55
	2013 年底	275	5.4	4.58
1∶5 万农业化探调查	2007～2013 年底	105	3.2	24.0
i∶5 万矿产远景调查	2010 年底	72	2.9	2.45
	2011 年底	79	3.0	2.54
	2012 年底	84	3.18	2.70
	2013 年底	1195	41.98	35.60
1∶5 万矿产地质专项调查	2009 年底	760	28.09	23.75
	2010 年底	789	28.31	23.99
	2011 年底	812	29.14	24.7
	2012 年底	904	31.62	37.2
	2013 年底	1035	34.35	29.10

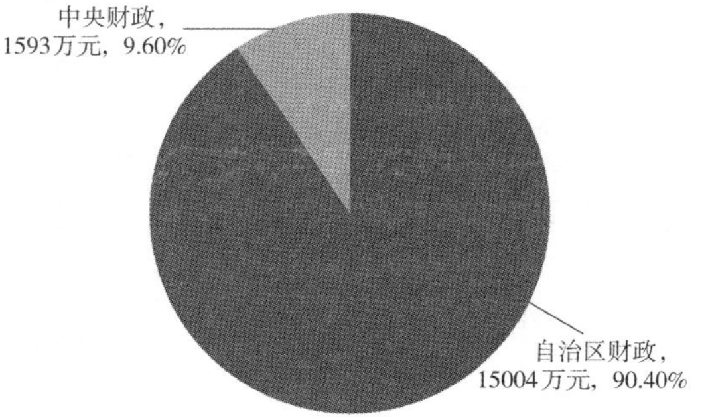

图 10　2013 年度全区已实施水工环地质调查项目资金实际投入比重

2013 年，全区 1∶10 万水文地质勘查共计 22 个项目，投入资金 11141 万元（全部为自治区财政资金），当年完成面积 7.21 万平方千米。开展 1∶5 供水水文地质调查共计 3 个项目，投入资金 582 万元，中央财政投入 300 万元，自治区财政投入 282 万元，当年完成面积 0.11 万平方千米。严重缺水地区找水项目共计 2 个，投入资金 619 万元（全部为自治区财政资金），当年完成面积 0.07 万平方千米。地热普查项目共计 1 个，当年投入资金 150 万元（全部为中央财政资金）。相关其他情况见表 6。

表 6　2013 年全区水工环地质调查评价完成情况统计表

项目名称	累计完成面积（万平方千米）	项目名称	累计完成面积（万平方千米）
1∶10 万水文地质调查	7.21	1∶25 万地下水污染调查评价	0.30
1∶5 供水水文地质勘查	4.58	1∶5 万矿山环境调查与评估	0.85
严重缺水地区找水	2.47	1∶5 万突发性环境地质灾害调查	1.46
1∶5 万地下水污染调查评价	0.05	1∶50 万地热资源调查评价	118

【地质矿产勘查成果】 1. *矿产勘查成果评审备案情况*。2013 年，自治区国土资源厅完成矿产资源储量评审备案的勘查成果 212 项。其中国土资源部评审备案 25 项，国土资源厅完成评审备案 187 项。详见表 7。

2013 年，自治区国土资源厅评审备案的以详查报告为主，占其备案总量的 48.57%；其次为核实报告，占其备案总量的 24.53%。国土资源部备案的是以普查报告为主，占其备案总量的 44.90%；其次为核实报告，占其备案总量的 36.0%。国土资源厅备案的勘查成果在全区 12 个盟市均有分布，其中以赤峰市最多，其次为鄂尔多斯市和锡林郭勒盟，分别占全区的 27.27%、14.44%、12.83%。赤峰市以详查报告为主，占全区详查报告的 34.34%；鄂尔多斯市以核实报告为主，占全区核实报告的 44.19%。具体详见表 8。

表7 **2013年度全区矿产资源储量评审备案完成情况统计表** (单位:项)

备案报告评审机构	预查	普查	详查	勘探	生产勘查	核实	闭坑	合计
国土资源部备案报告	11	3	2	—	9	—	25	
国土厅备案报告	—	15	99	30	—	43	—	187
评审备案合计	—	26	102	32	—	52	—	212
比例(%)	—	12.26	48.57	15.09	—	24.53	—	100

表8 **2013年(各盟市)自治区国土厅储量评审备案统计表**

盟市	项目(项)							
	预查	普查	详查	勘探	生产勘探	核实	闭坑	合计
呼和浩特市	—	—	3	—	—	—	—	3
包头市	—	2	13	2	—	1	—	18
乌海市	—	—	2	—	—	5	—	7
赤峰市	—	2	34	7	—	8	—	51
通辽市	—	—	—	—	—	2	—	2
鄂尔多斯市	—	2	2	3	—	19	—	26
呼伦贝尔市	—	1	4	2	—	3	—	10
兴安盟	—	2	3	—	—	—	—	5
锡林郭勒盟	—	2	10	10	—	2	—	24
乌兰察布市	—	3	9	2	—	2	—	16
巴彦淖尔市	—	1	10	2	—	—	—	13
阿拉善盟	—	—	8	2	—	1	—	11
评审备案合计	—	15	99	30	—	43	—	187

2013年全区已评审备案的212项勘查成果报告涉及到的矿产有煤、油页岩、铁、铜、铅、锌、钼、钨、金、银、铌、铍、砷、钛铁矿、普通萤石、芒硝、水泥用灰岩、饰面用花岗岩、矿泉水、地热水20个矿种,其中煤矿65项,占30.66%;铁矿42项,占19.81%;铜、铅、锌、钨、钼矿59项,占27.83%;金矿、银矿29项,占13.68%;建筑材料及其他非金属矿产9项,占4.25%。具体详情见表9。

表9 **2013年通过评审备案主矿产地新增资源储量情况一览表**

矿产名称	矿产地数量及矿床规模(个)			单位	资源储量增加量
	大型	中型	小型		
煤炭	25	15	25	万吨	1557529.23
油页岩		1		矿石万吨	141810
铁矿	2	5	35	矿石万吨	57990.8
钛铁矿	1			矿物量吨	4680316
铜矿		1	10	金属吨	455205.83
铅矿	1	3	5	金属吨	1913418.33
锌矿	1	12	11	金属吨	3316473.6
钨矿		1		氧化物吨	111851.98

续表 9

矿产名称	矿产地数量及矿床规模(个)			单位	资源储量增加量
	大型	中型	小型		
钼矿	6	7	1	金属吨	2324190.69
金矿	3	5	17	金属千克	12314.87
银矿		3	1	金属吨	4040.53
铌矿			1	氧化物吨	3858.43
铍矿			1	氧化物吨	582.37
普通萤石	1		1	氟化物吨	193677.99
芒硝	1			矿石万吨	38955.04
砷矿			1	金属吨	10087.81
水泥用灰岩	2	2	1	矿石万吨	16089.06
饰面用花岗岩	1			矿石万立方米	516.27
矿泉水		1		万立方米/天	109.56
地热水			2	万立方米/天	842.4
合计	44	56	112		

2. *矿产勘查新增矿产地及资源储量*。据2013年度全区矿产勘查数据统计:2013年度全区矿产勘查完成阶段性勘查的矿产地184个。按规模分,为大型24个,中型52个,小型108个;按工作程度分,普查13个,详查131个,勘探40个。年度新发现矿产地66个,包括大型5个、中型7个、小型54个。按矿类划分:能源新发现矿产地1处,完成阶段性勘查的矿产地44处;黑色金属新发现矿产地18处,完成阶段性勘查的矿产地42处;有色金属新发现矿产地26处,完成阶段性勘查的矿产地57处;贵金属新发现矿产地11处,完成阶段性勘查的矿产地29处;稀有金属新发现矿产地1处,完成阶段性勘查的矿产地2处;非金属新发现矿产地9处,完成阶段性勘查的矿产地10处。上述年度新增查明矿产资源储量及新发现矿产地共涉及31种矿产,新增上表单元216个,其相关的矿产资源情况详见表10。

表 10　　2013年主要矿种新增查明资源储量和矿产地一览表

矿种	矿产地数量及规模(个)			单位	333及以上新增查明资源储量
	大型	中型	小型		
煤炭	5	1	4	亿吨	94.96
油页岩	0	1	0	亿吨	14.18
铁	2	1	17	矿石亿吨	9.17
铜	2	10	14	金属万吨	72.11
铅	0	12	17	金属万吨	124.6
锌	0	12	15	金属万吨	236.8
钼	2	5	6	金属万吨	184.8
钨	1	1	0	WO_3 万吨	9.59
锡	0	2	2	金属万吨	3.22
锑	0	1	0	金属万吨	9.41
铋	0	1	0	金属万吨	2.74
钛	1	0	0	TiO_2 万吨	468

续表 10

矿种	矿产地数量及规模(个)			单位	333 及以上新增查明资源储量
	大型	中型	小型		
钒	1	0	0	V_2O_5 万吨	127.6
金	1	4	15	金属吨	44.03
银	0	13	22	金属吨	5526
铌	0	0	1	Nb_2O_5 吨	80
钽	0	0	1	Ta_2O_5 吨	88
铍	0	0	1	BeO 吨	601
镓	0	0	1	镓吨	17
镉	0	1	1	镉吨	4116
铟	0	1	0	铟吨	508
硫铁矿	0	2	3	硫万吨	112
砷	0	0	2	砷万吨	4.15
芒硝	1	0	0	Na_2SO_4 万吨	12840
普通萤石	0	0	1	CaF_2 万吨	19.4
制碱用灰岩	0	1	1	矿石万吨	2129
水泥用灰岩	0	0	3	矿石万吨	2721
电石用灰岩	0	1	0	金属吨	4317
石墨	1	0	0	石墨万吨	747.8
高岭土	1	0	0	矿石万吨	5942
饰面花岗岩	1	0	0	矿石万立方米	2254
合计	19	70	127		

3. *地质矿产勘查重大成果*。2013 年，全区矿产资源勘查取得重要成果 16 项，其中金属矿产 14 项、非金属矿产 2 项。规模为大型的有 6 个，分别为乌拉特后旗嘎查铜钼多金属矿普查、内蒙古自治区兴和县曹四夭钼矿详查(政府出资)、乌拉特后旗查干德尔斯铜多金属矿普查、乌拉特中旗石哈河铁矿详查、乌拉特前旗脑包沟金矿普查、内蒙古阿拉善盟乱井苏木库井沟石墨、铁地质勘探；规模为中型有 9 个，分别为内蒙古自治区鄂托克旗三北羊场煤炭普查、东胜煤田纳林希里扩区煤炭普查、额济纳旗月牙山—麻黄沟一带铜金矿详查、内蒙古新巴尔虎右旗哈拉胜格拉陶勒盖铅锌矿详查、鄂伦春自治旗新福村北铅锌矿、鄂伦春自治旗旗兴阿铜钼矿、乌拉特后旗达布逊铁多金属矿地质普查、内蒙古新右旗额仁陶勒盖 3－7 矿段周围地区银矿详查、内蒙古四子王旗苏莫查干敖包萤石矿地质详查。兴和县曹四夭钼矿详查(政府出资)、乌拉特后旗查干德尔斯铜多金属矿普查、东胜煤田纳林希里扩区煤炭普查、鄂托克旗三北羊场煤炭普查，其四项成果最为重要。具体情况详见表 11。

表 11　2013 年全区矿产勘查重大成果统计表

项目名称	规模	矿种	新增资源储量		
			单位	333 及以上	334
内蒙古自治区鄂托克旗三北羊场煤炭普查	中	煤	亿吨	3.43	8.69
东胜煤田纳林希里扩区煤炭普查	中	煤	亿吨	4.04	3.05

续表 11

项目名称	规模	矿种	新增资源储量		
			单位	333 及以上	334
乌拉特后旗嘎查铜钼多金属矿普查	小	铜	万吨	1.32	
	大	钼	万吨	18.7	
	小	钨	吨	1247	
额济纳旗月牙山－麻黄沟一带铜金矿详查	中	铅锌	万吨	45	
新巴尔虎右旗哈拉胜格拉陶勒盖铅锌矿详查	中	铅锌	万吨	40.76	
鄂伦春自治旗新福村北铅锌矿	中	锌	万吨	47.7	
兴和县曹四夭钼矿详查（政府出资）	大	钼	万吨	132.76	
乌拉特后旗查干德尔斯铜多金属矿普查	大	钼	万吨	34.5	
鄂伦春自治旗旗兴阿铜钼矿	中	钼	万吨	9.869	
		铜		10.443	
乌拉特后旗达布逊铁多金属矿地质普查	中	镍	万吨	8.3	
	小	钴		0.1289	
乌拉特前旗脑包沟金矿普查	大	金	吨	29.29	
乌拉特中旗石哈河铁矿详查	大	砂金	吨	17.2	
内蒙古新右旗额仁陶勒盖 3－7 矿段周围地区银矿详查	中	银	吨	788	
四子王旗苏莫查干敖包萤石矿地质详查	中	萤石	万吨	545.94	
阿拉善盟乱井苏木库井沟石墨、铁地质勘探	大	石墨	万吨	252.78	

·矿产资源开发利用·

【概况】 2013 年，全区矿业管理积极推进“3＋2”模式，紧紧围绕矿业开发的集约、集聚产业链的发展，促进了矿产资源的优化，矿山企业的技术水平和生产能力平稳提高。管理上通过市场优化配置矿产资源，规范矿业开发秩序，完善行政监管制度，为自治区经济稳增长、转方式、调结构、扩内需、促发展提供了有力的保障。

【矿产资源开发登记】 1. *采矿权登记*。截至 2013 年底，除由国土资源部登记和管理的石油、天然气、煤层气和放射性矿产外，全区非油气类矿产采矿登记在期有效项目共有 4694 个。其中，部和厅登记在期有效项目 1465 个，各盟市登记项目 3229 个。与 2012 年相比，全区非油气类矿产在期登记有效项目有所减少，减少 0.55%；部和厅登记的在期有效项目增加 76 个，增长 5.47%；盟、市级登记的在期有效项目减少 3.26%。

2. *按分类登记情况*。按矿产大类统计，2013 年全区非油气类 4694 个。登记在期有效采矿权项目以非金属矿产为主，共有 3267 个，占全区采矿登记项目总数的 69.60%。在部和厅两级办理的非油气类 1465 个。采矿登记在期有效项目中，以能源矿产和黑色金属矿产采矿登记项目居多，分别为 586 个和 392 个，占部和厅两级登记在期项目总数的 40.03% 和 26.78%。全区 2013 年有关采矿登记在期项目按矿类及矿产统计情况详见图 1～4。

3. *按地区登记情况*。按盟市统计，2013 年全区采矿登记在期项目以赤峰市和鄂尔多斯市最多，分别为 917 和 911 个，占全区采矿登记项目总数（4694 个）的 19.54% 和 19.41%。部和厅两级设置的采矿登记在期项目，也是以赤峰市和鄂尔多斯市居多，分别为 375 个和 354 个，占部和厅登记项目总数（1465 个）的 25.60% 和 24.16%。盟市登记的在期项目中，以鄂尔多斯市、赤峰市和锡林郭勒盟居多，分别为 557 个、542 个和 523 个，占盟市登记项目总数（3229 个）的 17.25%、16.79% 和 16.20%。有关各盟市在期采矿登记项目具体情况，详见表 1～3 和图 5～7。

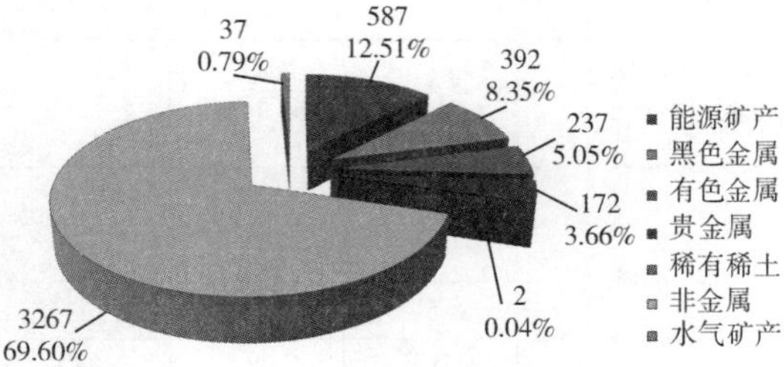

图 1　2013 年全区非油气类在期采矿登记项目按矿类统计情况

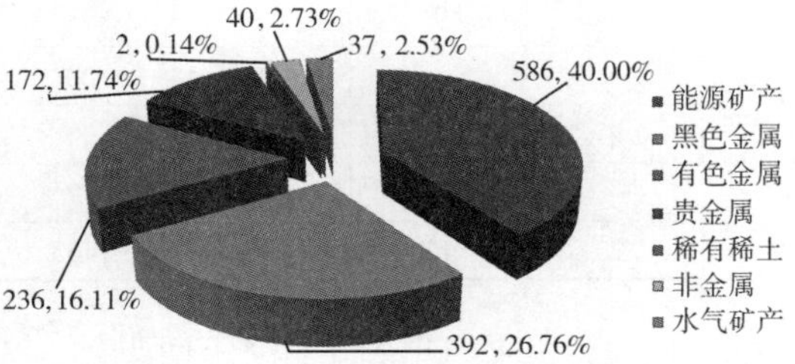

图 2　2013 年部和厅发采矿登记在期非油气类项目按矿类统计情况

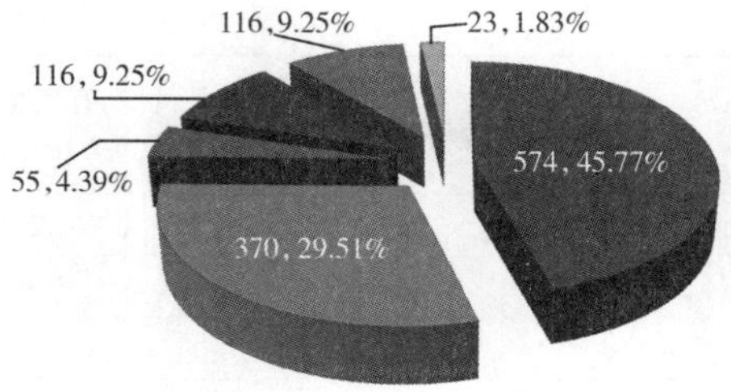

图 3　2013 年自治区采矿登记主要矿产在期项目及比例情况

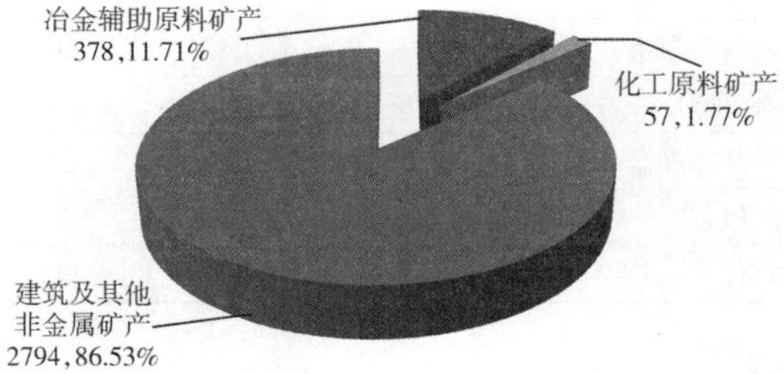

图 4　2013 年全区各盟市发采矿登记分矿类在期项目及比例情况

表 1　2013 年全区各盟市分矿类采矿登记在期项目统计表　(单位:个)

矿类 盟市	能源矿产	黑色金属矿产	有色金属矿产	贵金属矿产	稀有元素矿产	非金属矿产	水气矿产	合计
呼和浩特市	3	25	—	20	—	169	4	221
包头市	16	68	3	8	—	177	6	278
乌海市	58	10	2	—	—	77	—	147
赤峰市	44	65	139	106	—	542	5	917
通辽市	19	7	8	1	—	287	1	323
鄂尔多斯市	328	15	—	—	—	565	3	911
呼伦贝尔市	45	6	22	4	—	222	7	306
兴安盟	7	8	10	—	—	153	4	182
锡林郭勒盟	27	28	24	6	2	523	3	613
乌兰察布市	—	63	10	11	—	181	—	265
巴彦淖尔市	5	68	12	13	—	225	2	325
阿拉善盟	35	29	7	3	—	146	2	222
总计	587	392	237	172	2	3267	37	4694

表 2　2013 年全区各盟市分矿类按部和厅采矿登记在期项目统计表　(单位:个)

矿类 盟市	能源矿产	黑色金属矿产	有色金属矿产	贵金属矿产	稀有金属矿产	非金属矿产	水气矿产	合计
呼和浩特市	3	25	—	20	—	2	4	54
包头市	16	68	3	8	—	2	6	103

续表 2

矿类 / 盟市	能源矿产	黑色金属矿产	有色金属矿产	贵金属矿产	稀有金属矿产	非金属矿产	水气矿产	合计
乌海市	58	10	2	—	—	2	—	72
赤峰市	44	65	139	106	—	—	5	359
通辽市	19	7	8	1	—	5	1	41
鄂尔多斯市	328	15	—	—	—	8	3	354
呼伦贝尔市	45	6	22	4	—	2	7	86
巴彦淖尔市	5	68	12	13	—	6	2	106
乌兰察布市	—	63	10	11	—	9	—	93
兴安盟	6	8	10		—	—	4	28
锡林郭勒盟	27	28	23	6	2	1	3	90
阿拉善盟	35	29	7	3	—	3	2	79
总计	586	392	236	172	2	40	37	1465

表 3

2013 年全区各盟市采矿登记在期项目分矿类统计表

（单位:个）

矿类 / 盟市	冶金辅助原料矿产	化工原料矿产	建筑及其他非金属矿产	合计
呼和浩特市	1	3	163	167
包头市	10	—	165	175
乌海市	3	4	68	75
赤峰市	122	4	416	542
通辽市	29		253	282
鄂尔多斯市	15	14	528	557
呼伦贝尔市	13	1	206	220
兴安盟	4	—	150	154
锡林郭勒盟	113	10	400	523
乌兰察布市	18	1	153	172
巴彦淖尔市	24	—	195	219
阿拉善盟	26	20	97	143
总计	378	57	2794	3229

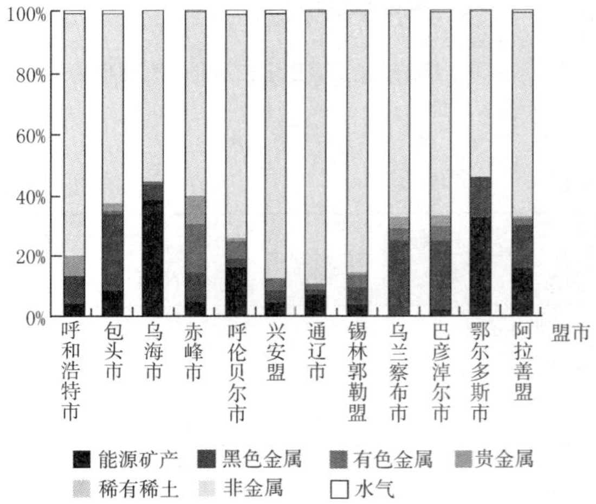

图 5　2013 年全区非油气采矿登记在期项目按矿类在盟市分布比重

【矿产资源开发利用】 1. 矿山企业数量。2013 年，全区共有非油气矿山企业 4870 家，比 2012 年增加 371 家，增长 8.25%。按企业规模统计，大型矿山企业增加 18 家，中型增加 54 家，小型增加 258 家，小矿增加 41 家。按经济类型统计：全区共有内资矿山企业 4846 家（其中中型及以上规模矿山企业 504 家，占内资矿山企业总数的 10.40%），占全区矿山企业总数的 99.51%；有港、澳、台商投资矿山企业 12 家（其中中型及以上规模矿山企业 3 家），占全区矿山企业总数的 0.25%；有外商投资矿山企业 12 家，其中中型及以上规模矿山 6 家，占外商投资企业总数的一半。有关情况见表 4 和图 8～12。

按盟市统计，2013 年全区采矿登记在期的矿山企业以鄂尔多斯市最多，为 900 家，占全区矿山企业总数的 18.48%；其中大、中矿型矿山企业多达 232 家，占全区同类型总数（459 家）的 50.54%，占其全市矿山企业数的 25.78%。全区排第二为赤峰市，共 834 家，占全区非油气类矿山企业总数的 17.13%，其矿山企业以小型、小矿为主，共 784 家，占全市矿山企业数的 94%。锡林郭勒盟矿山企业数量排全区第三，共有 649 家，占全区矿山企业总数的 13.33%，其也是以小型、小矿为主，有 612 家，占全盟矿山企业数的 94.30%。有关各盟市矿山企业的分布情况，见表 5 和图 13～14。

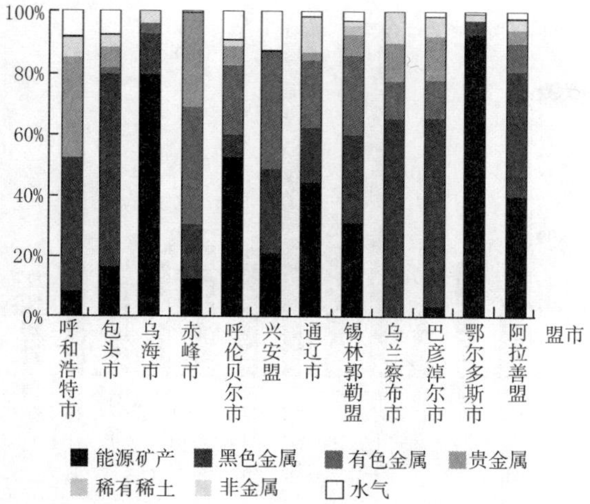

图 6　2013 年全区非油气部和厅采矿登记在期项目按矿类在各盟市分布比重

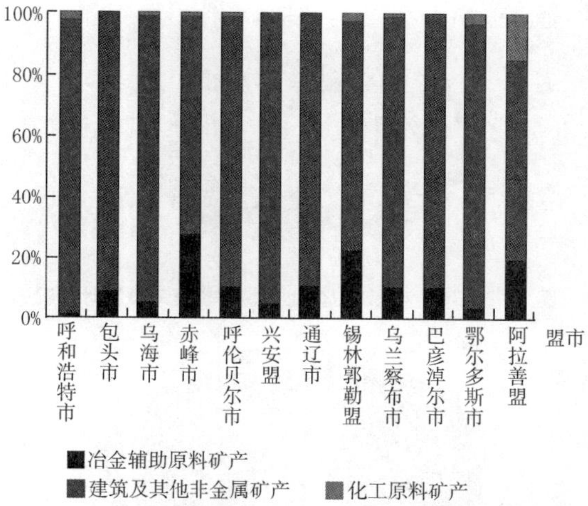

图 7　2013 年全区各盟市采矿登记在期项目按矿类统计情况

表 4　　2013 年全区矿山企业情况统计表

企业经济类型	矿山企业数量(个)				
	合计	大型	中型	小型	小矿
合计	4870	171	342	2358	1999
一、内资企业	4846	166	338	2345	1 997
国有企业	112	30	18	45	19
集体企业	197	1	3	86	107
股份合作企业	34	3	3	18	10
联营企业	15	—	2	9	4
有限责任公司	1821	86	206	946	583
股份有限公司	190	25	30	73	62
私营企业	2422	21	75	1146	1180
其他企业	55	1	22	32	
二、港、澳台商投资企业	12	—	3	9	—
三、外商投资企业	12	5	1	4	2

表 5　　2013 年各盟市矿山企业情况统计表

名称	矿山企业数(个)				
	合计	大型	中型	小型	小矿
合计	4870	117	342	2358	1999
呼和浩特市	215	2	5	124	84
包头市	311	7	14	158	132
乌海市	124	22	11	51	40
赤峰市	834	12	38	436	348
通辽市	389	3	13	236	137
鄂尔多斯市	900	77	155	459	209
呼伦贝尔市	304	16	19	130	139
巴彦淖尔市	351	9	27	218	97
乌兰察布市	308	6	13	103	186
兴安盟	263	1	6	37	219
锡林郭勒盟	649	13	24	262	350
阿拉善盟	222	3	17	144	58

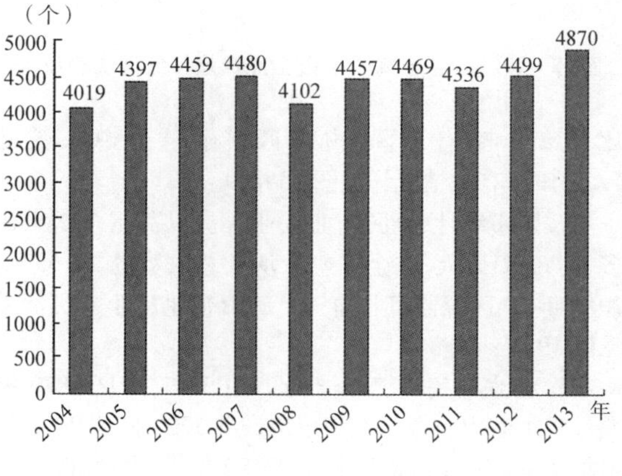

图 8　2004 ~ 2013 年全区矿山企业数量变化情况

2. *矿山企业从业人员*。2013 年，全区 4870 家非油气类矿山企业从业人员为 28.92 万人，与 2012 年持平。其中仍以能源矿产从业人员最多，为 14.39 万人，

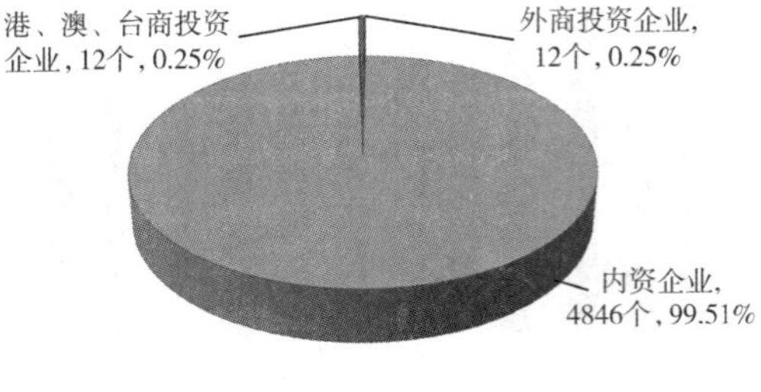

图9 2013年全区矿山企业数量按投资来源统计情况

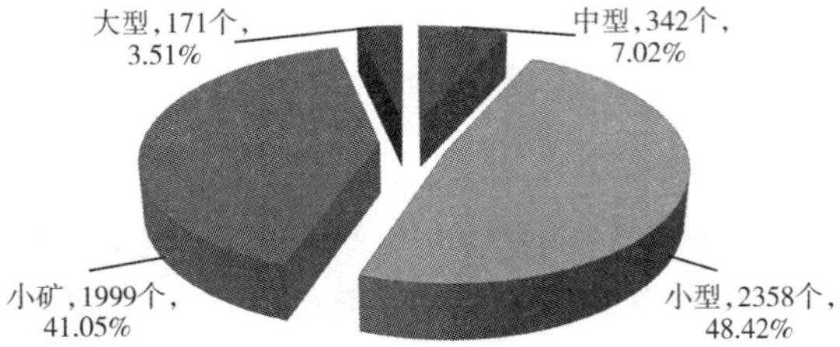

图10 2013年全区矿山企业数量按规模统计情况

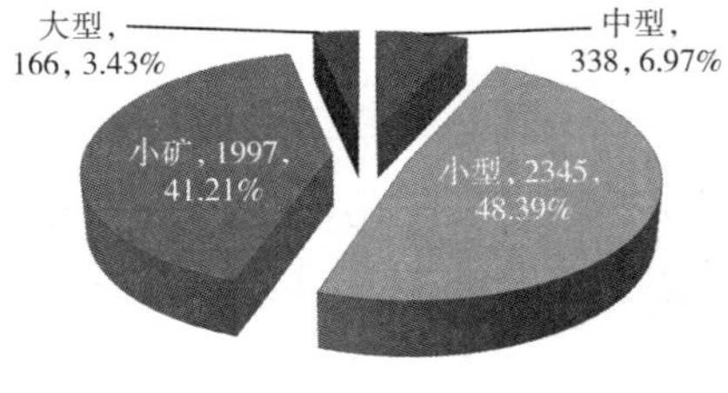

图11 2013年全区内资矿山企业数量按规模统计情况

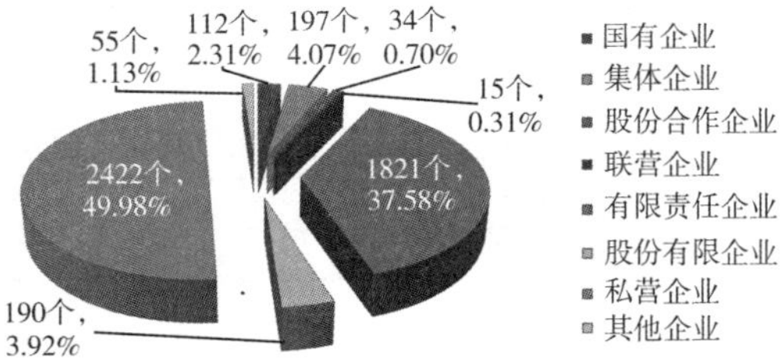

图12 2013年全区内资矿山企业数量按经济类型统计情况

比2012年略有下降，占全区矿业从业总人数的49.76%。有关情况详见图15～19。

按盟市统计，全区企业从业人员以鄂尔多斯市最多，为6.26万人，占全区矿业从业总人数的21.65%。2013年，全区各盟市非油气类矿山企业从业人员情况见图19。

3. *开发利用矿产及产地*。2013年，全区4870家非油气类矿山企业开发利用矿产共122种，比2012年增加8种，当年实际开发利用91种。其中：能源矿产涉及4种，当年开采3种，产地582家；黑色金属矿产涉及8种，当年开采2种，产地379家；有色金属矿产涉及8种，当年开采6种，产地205家；贵金属涉及2种，当年全部开采，产地139家；稀有元素矿产涉及1

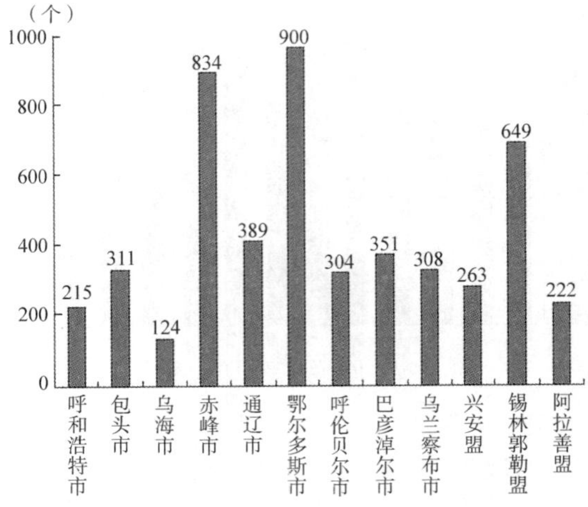

图13 2013年各盟市矿山企业数量对比情况

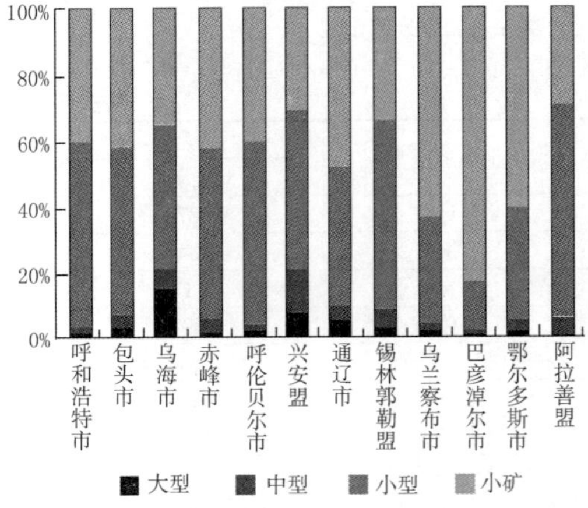

图14 2013年各盟市矿山企业按规模对比情况

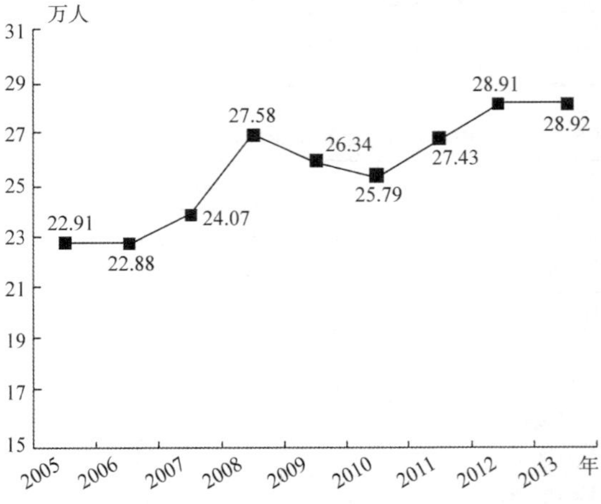

图15 2005～2013年全区非油气矿山企业从业人员变化情况

种，当年已开采，产地2家；冶金辅料非金属涉及10种，当年开采6种，产地529家；化工原料非金属涉及10种、当年开采8种，产地80家；建材及其他非金属涉及81种，当年开采61种，产地2924家；水气矿产涉

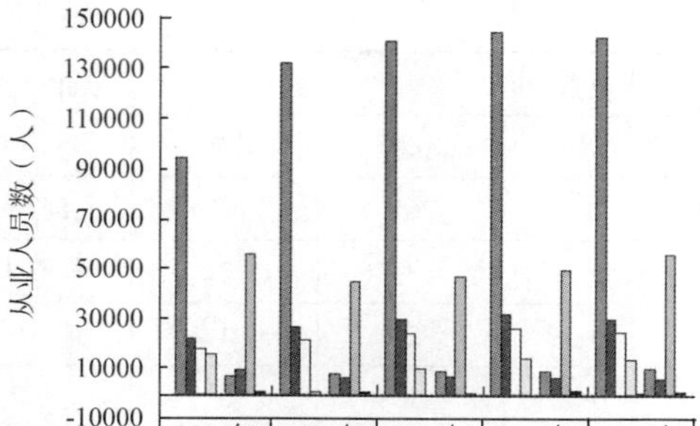

	2006年	2010年	2011年	2012年	2013年
能源矿产	95934	134101	143391	146719	144527
黑色金属	22744	27488	30678	32590	30331
有色金属	18427	22364	24635	26718	25124
贵金属	16566	11990	10264	14510	14387
稀有元素	32	248	248	140	496
冶金辅料非金属	7459	8547	9578	9520	10377
化工原料非金属	10020	7044	7437	7105	6464
建材及其他非金属	56611	45607	47676	50457	56711
水气矿产	1020	1214	617	1341	812

图16　2006～2013 年全区非油气矿山企业按矿类统计从业人员情况

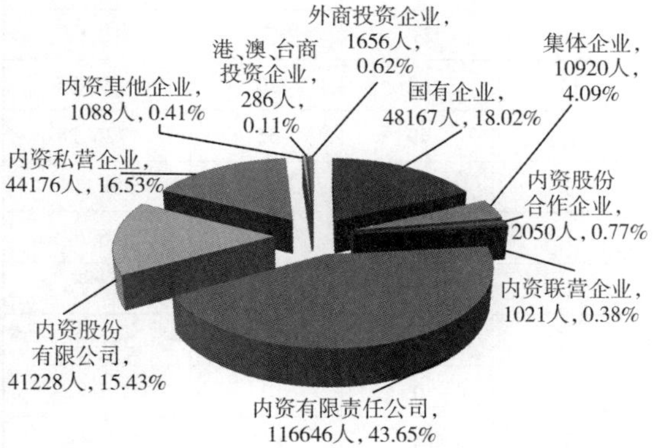

图17　2013 年全区非油气各经济类型矿山企业的从业人员及所占比例

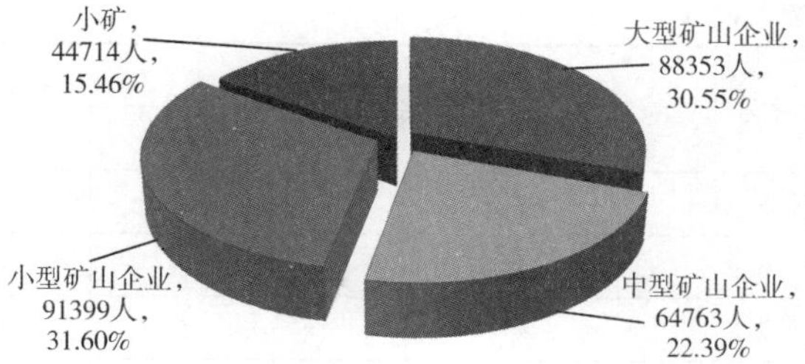

图18　2013 年全区非油气矿山企业按规模统计从业人员及所占比例

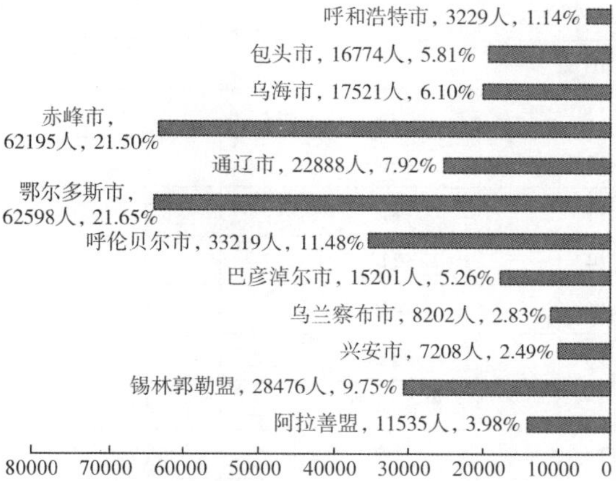

图19　2013 年各盟市非油气矿山企业从业人员及所占比例

及2种，当年开采2种，产地30家。有关全区非油气类各种矿产资源及矿山企业开发利用情况详见表6。

4. *矿山生产能力及产量*。2013年，全区4870家非油气类矿山企业实际采矿能力为10.79亿吨/年，基本与2012年持平；年产矿量为10.41亿吨，比2012年（10.75亿吨/年）减少0.34亿吨，减少3.16%；矿山企业比2012年增加371个，增长8.25%。

2013年，全区煤炭矿山企业为574家，年产矿量8.36亿吨，占全区年产矿总量的80.31%；黑色金属矿产的铁矿企业370家，年产矿量为0.57亿吨，占全区年产总量的5.45%；有色金属矿产的铜、铅、锌、钼

表6　　2013年内蒙古自治区矿产资源开发利用情况统计表（按矿种分列）

序号	矿种	矿山企业数（个）					年产矿量（万吨）
		合计	大型	中型	小型	小矿	
合计	涉及122－开采91	4870	171	342	2358	1999	104075.88
	能源矿产（4）	582	114	173	250	45	83614.4
1	煤炭	574	114	172	246	42	83583.83
2	油页岩	2	0	0	1	1	2
3	油砂	4	0	0	3	1	0
4	地下热水	2	0	1	0	1	28.57
	黑色金属（4）	379	8	24	267	80	5676.47

续表 6－1

序号	矿种	矿山企业数(个)					年产矿量（万吨）
		合计	大型	中型	小型	小矿	
5	铁矿	370	8	24	261	77	5676. 32
6	锰矿	5	0	0	3	2	0. 15
7	铬矿	3	0	0	2	1	0
8	钒矿	1	0	0	1	0	0
	有色金属(8)	205	9	40	121	35	4566. 42
9	铜矿	55	3	8	37	7	3386. 84
10	铅矿	83	0	10	61	12	204. 29
11	锌矿	33	1	15	15	2	561. 14
12	镁矿	1	0	0	0	1	0
13	镍矿	7	0	2	2	3	0. 93
14	钨矿	2	0	0	2	0	0. 58
15	锡矿	4	0	0	1	3	0
16	钼矿	20	5	5	3	7	412. 64
	贵金属(2)	139	3	14	62	60	1924. 85
17	金矿	116	1	11	49	55	1726. 28
18	银矿	23	2	3	13	5	198. 57
	稀有元素(1－1)	2	0	1	0	1	386. 64
19	锗矿	2	0	1	0	1	386. 64
	冶金辅料(10－6)	529	2	8	265	254	591. 38
20	红柱石	1	0	1	0	0	0
21	普通萤石	291	1	3	142	145	45. 65
22	熔剂用灰岩	7	1	0	3	3	251. 8
23	冶金用白云岩	15	0	0	5	10	147. 14
24	冶金用石英岩	120	0	3	69	48	79. 67
25	铸型用砂岩	3	0	0	0	3	0
26	铸型用砂	41	0	1	26	14	54. 35
27	冶金用脉石英	47	0	0	20	27	12. 77
28	耐火黏土	3	0	0	0	3	0
29	耐火用橄榄岩	1	0	0	0	1	0
	化工原料(10－8)	80	7	2	51	20	809. 97
30	硫铁矿	3	2	0	1	0	76. 43
31	芒硝	25	1	]	19	4	109. 92
32	天然碱	10	1	0	6	3	99. 1
33	电石用灰岩	9	1	0	4	4	202. 17
34	制碱用灰岩	10	0	0	5	5	125. 5

续表 6－2

序号	矿种	矿山企业数(个)					年产矿量（万吨）
		合计	大型	中型	小型	小矿	
35	化肥用灰岩	1	0	0	1	0	0
36	化工用白云岩	3	0	0	3	0	4
37	泥炭	9	0	0	6	3	6. 5
38	盐矿	9	2	1	5	1	186. 35
39	砷矿	1	0	0	1	0	0
	建材及其他(81－61)	2924	28	78	1322	1496	6462. 09
40	金刚石	1	0	0	1	0	0
41	石墨	40	6	7	16	11	62. 75
42	熔炼水晶	1	0	0	0	1	0
43	工艺水晶	2	0	0	1	1	0. 03
44	硅灰石	25	0	0	3	22	0. 1
45	滑石	2	0	0	1	1	4. 13
46	云母	4	0	0	3	1	0
47	长石	14	0	0	5	9	0. 03
48	电气石	3	0	0	2	1	0
49	石榴子石	6	0	0	2	4	0. 57
50	叶蜡石	18	0	0	14	4	10. 7
51	蛭石	1	0	0	0	1	0
52	沸石	11	0	0	4	7	6. 1
53	透闪石	1	0	0	0	1	0. 25
54	石膏	41	0	5	33	3	48. 72
55	方解石	3	0	0	0	3	0
56	光学萤石	1	0	0	0	1	0. 4
57	玛瑙	4	0	0	0	4	0. 01
58	水泥用灰岩	147	12	13	50	72	2106. 22
59	建筑石料用灰岩	189	1	11	85	92	267. 73
60	制灰用石灰岩	133	3	1	104	25	740. 09
61	玻璃用白云岩	3	0	0	1	2	0
62	建筑用白云岩	7	0	2	2	3	14. 17
63	玻璃用石英岩	22	0	1	18	3	18. 4
64	玻璃用砂岩	1	0	0	0	1	3. 75
65	水泥配料用砂岩	2	0	0	2	0	0
66	砖瓦用砂岩	0	0	1	4	3	
67	陶瓷用砂岩	1	0	0	1	0	8
68	建筑用砂岩	12	0	0	3	9	5. 45

续表 6－3

序号	矿种	矿山企业数(个)					年产矿量（万吨）
		合计	大型	中型	小型	小矿	
69	玻璃用砂	8	0	2	5	1	59.14
70	建筑用砂	361	0	5	123	233	554.07
71	水泥配料用砂	1	0	0	0	1	0.33
72	砖瓦用砂	8	n	0	3	5	8.51
73	玻璃用脉石英	3	0	0	3	0	0.22
74	水泥配料用脉石英	2	0	0	0	2	2
75	粉石英	2	0	1	0	1	0.25
76	硅藻土	3	0	0	1	2	0
77	砖瓦用页岩	9	0	0	0	9	10.16
78	水泥配料用页岩	1	0	0	1	0	0
79	建筑用页岩	1	0	0	1	0	0
80	高岭土	26	0	3	12	11	19.05
81	陶瓷土	6	0	0	0	6	0.39
82	累托石黏土	3	0	0	1	2	0.48
83	膨润土	28	2	3	12	11	8.06
84	砖瓦用黏土	677	0	2	254	421	920.62
85	陶粒用黏土	37	0	0	32	5	17.75
86	水泥配料用黏土	3	0	0	2	1	23.21
87	水泥配料用红土	1	0	0	0	1	0
88	建筑用橄榄岩	3	0	0	3	0	7.45
89	饰面用蛇纹岩	1	0	0	0	1	0
90	铸石用玄武岩	5	0	0	4	1	5.13
91	岩棉用玄武岩	1	0	0	0	1	0
92	饰面用玄武岩	47	0	0	27	20	8.7
93	水泥混合材玄武岩	1	0	0	0	1	0
94	建筑用玄武岩	48	0	0	18	30	54.94
95	饰面用角闪岩	1	0	0	0	1	0
96	建筑用角闪岩	3	0	0	2	1	0.3
97	铸石用辉绿岩	1	0	0	0	1	0
98	饰面用辉绿岩	29	0	0	8	21	4.7
99	建筑用辉绿岩	6	0	0	3	3	8
100	饰面用辉长岩	1	0	0	1	0	0
101	饰面用安山岩	2	0	0	2	0	0.16
102	建筑用安山岩	63	0	0	50	13	123.68
103	建筑用闪长岩	70	0	0	13	57	154.74

续表 6-4

序号	矿种	矿山企业数(个)					年产矿量(万吨)
		合计	大型	中型	小型	小矿	
104	饰面用闪长岩	4	0	0	2	2	4.94
105	建筑用花岗岩	179	2	3	70	104	242.13
106	饰面用花岗岩	136	0	3	45	88	65.82
107	麦饭石	4	0	0	2	2	0.21
108	珍珠岩	34	0	0	91	13	2.83
109	浮石	5	0	0	3	2	4.49
110	铸石用粗面岩	10	0	0	7	3	5.45
111	水泥用凝灰岩	9	0	1	5	3	13.14
112	建筑用凝灰岩	229	0	2	143	84	383.57
113	火山渣	5	0	0	4	1	2.38
114	饰面用大理岩	5	0	0	3	2	6.4
115	建筑用大理岩	5	0	0	3	2	2.67
116	水泥用大理岩	13	1	1	10	1	304.75
117	饰面用板岩	2	0	0	2	0	0
118	水泥配料用板岩	2	0	0	1	1	0
119	片麻岩	119	1	12	67	39	130.67
120	千枚岩	1	0	0	1	0	0
	水气矿产(2-2)	30	0	2	20	8	43.69
121	矿泉水	29	0	2	19	8	33.69
122	地下水	1	0	0	1	0	10
合计	涉及122种、当年已开采91种	4870	171	342	2358	1999	104075.88

矿山企业191家，年产矿量0.46亿吨，占全区年产矿量的4.39%；贵金属矿产金、银矿山企业139家，年产矿量0.19亿吨，占全区金属矿产年产矿量(1.26亿吨)的15.33%。另外，非金属矿产涉及103种，当年开采的77种，虽种类齐全、数量较多，而且矿山企业多达3500多家，但年产矿石量不及全区年产矿量的10%。

2011年前，全区实际采矿能力和年产矿量平均每年以25%的速度快速增长，2012年增长仅为5.06%；2013年全区实际采矿能力匀速平稳，但产矿量开始下降。全区矿山企业数量在4400家左右，其小型、小矿企业数量呈递减趋势，大中型矿山企业数量逐年增加，2013年达到新高为459家。具体相关情况见图20。

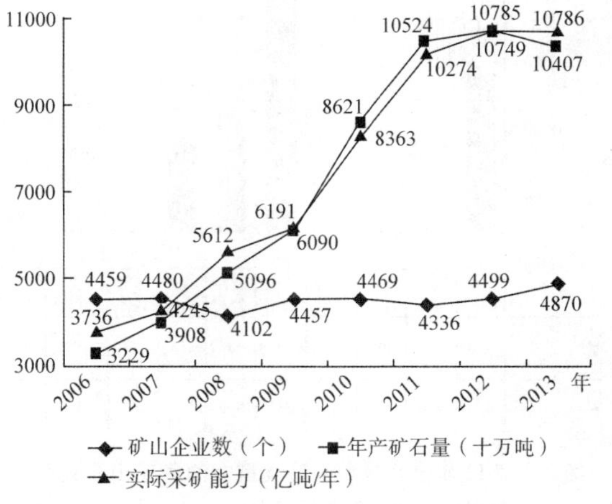

图20　2006~2013年全区非油气类矿山企业相关情况及其变化趋势

近年来，自治区矿产资源开发的集约化、规模化水平明显提高，矿业秩序日渐成熟，矿业生产运行良好。2013年，全区各矿类、各种经济类型、各种企业规模以及各盟市实际采矿能力和年产矿量等情况，见图21~27。

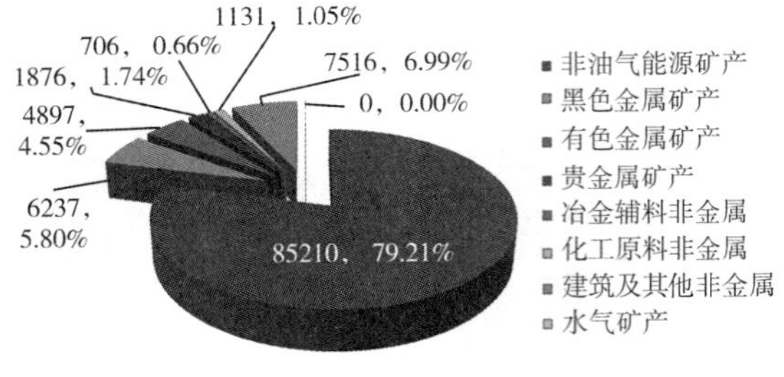

图21　2013 年全区各类矿产矿山企业实际采矿能力(万吨)及所占比例

【矿业产值及经济效益】 2013 年,全区非油气类矿山企业工业总产值为 1910.40 亿元,比 2012 年减少 18.17%;矿产品销售收入 1806.48 亿元,比 2012 年减少 14.65%;利润总额 248.60 亿元,比 2012 年减少 54.22%;仅有综合利用产值为 161.27 亿元,比 2012 年增加 71.89%。2006～2013 年全区有关矿业产值、利润等变化情况,可参见图 28。

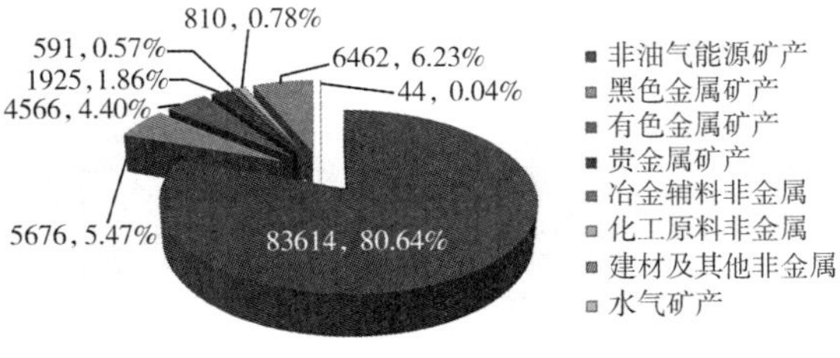

图22　2013 年全区各类矿产矿山企业年产矿量(万吨)及所占比例

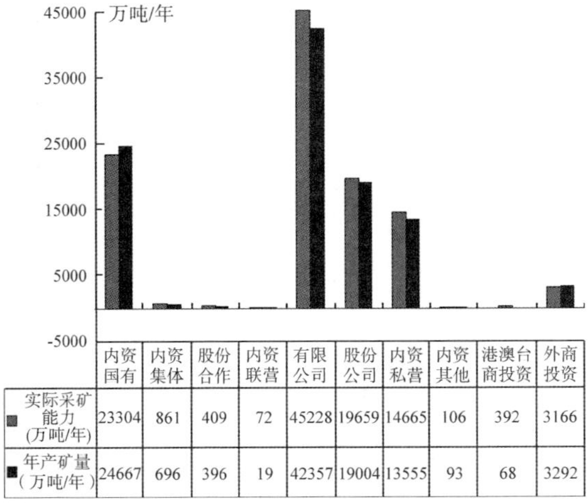

	内资国有	内资集体	股份合作	内资联营	有限公司	股份公司	内资私营	内资其他	港澳台商投资	外商投资
实际采矿能力(万吨/年)	23304	861	409	72	45228	19659	14665	106	392	3166
年产矿量(万吨/年)	24667	696	396	19	42357	19004	13555	93	68	3292

图23　2013 年全区各种经济类型非油气矿山企业实际采矿能力和年产矿量情况

2013 年,鄂尔多斯市的各项经济指标居全区之首,工业总产值为 1094.45 亿元,占全区的 57.29%;综合利用产值为 110.06 亿元,占全区的 68.28%;矿产品销售收入为 1032.72 亿元,占全区的 57.17%;利润总额达 132.07 亿元,占全区的 53.13%。不同经济类型的矿山企业各项经济指标差异较大,内资企业的有限责任公司位居各类企业榜首,其综合利用产值、矿产品销售收入、利润总额分别为 98.37 亿元、378.71 亿元、96.99 亿元,占全区总值分别为 61.0%、20.96%、39.01%。按矿产划分,煤炭位居第一,其工业总产值、综合利用产值、矿产品销售收入、利润总额分别占全区总值的 82.38%、74.05%、82.96%、78.83%。以企业

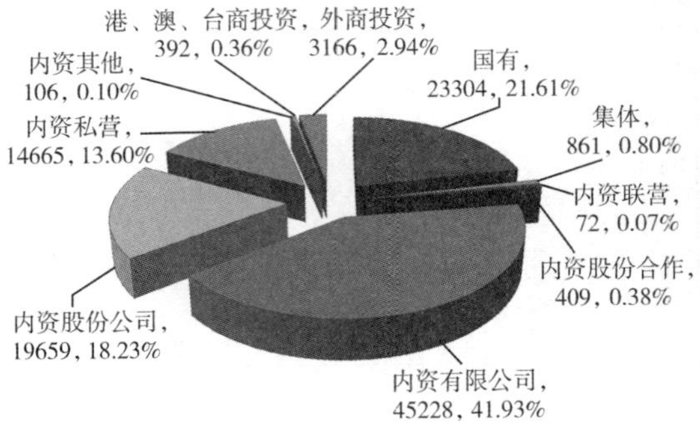

图24　2013 年全区各种经济类型非油气矿山企业实际采矿能力所占比例

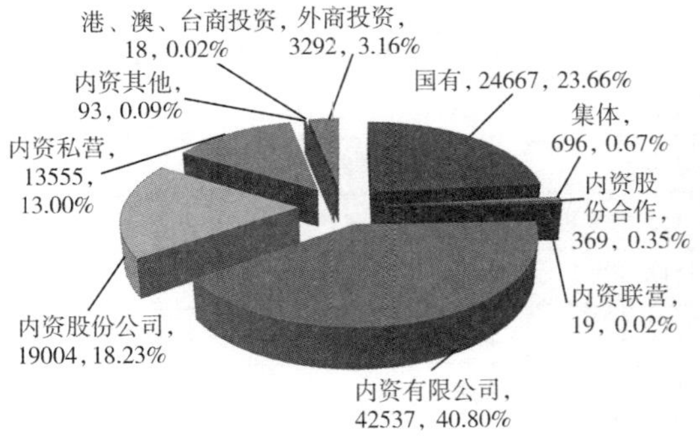

图25　2013 年全区各种经济类型非油气矿山企业年产矿量所占比例

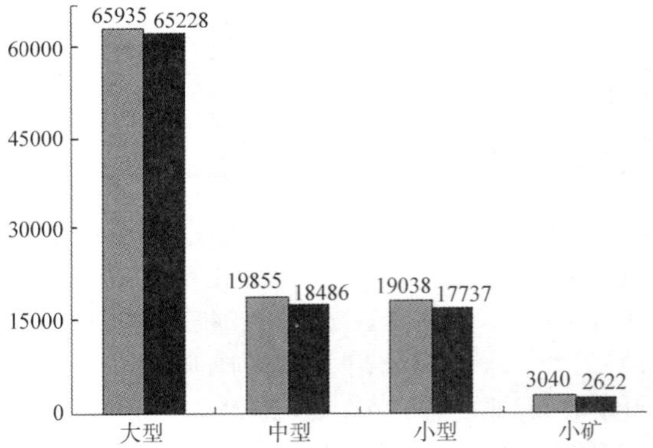

图26　2013 年全区非油气各类规模矿山企业实际采矿能力和年产矿量及所占比例

规模的大小而言，大型企业占绝对优势，其工业总产值、矿产品销售收入、利润总额分别占全区总值的58.66%、59.07%、62.63%。有关其他的各盟市、不同类型矿产及企业的经济指标的统计情况，见表7～10和图29～35。

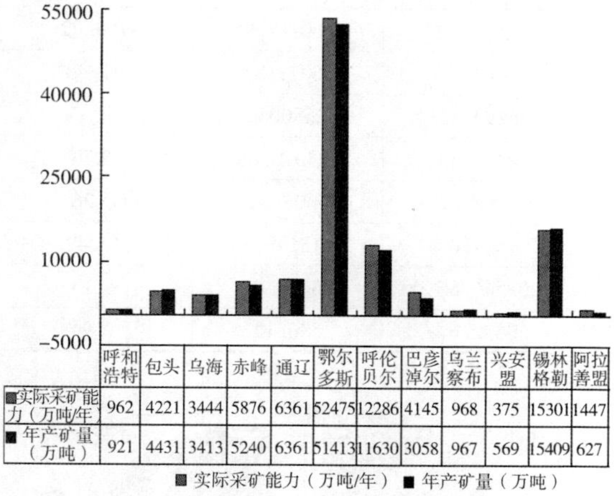

图27 2013年各盟市非油气矿山企业实际采矿能力和年产矿量情况

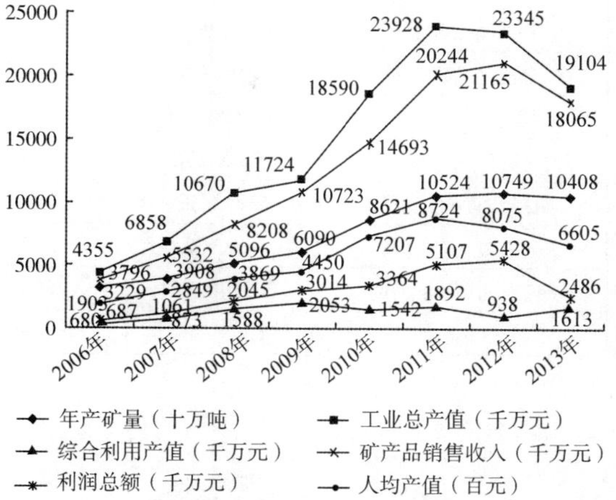

图28 2006～2013年全区非油气矿业产值和利润等变化情况

表7 **2013年全区各经济类型非油气矿山企业工业产值等情况统计表**

矿山企业经济类型	工业总产值（万元）	综合利用产值（万元）	矿产品销售收入（万元）	利润总额（万元）	人均产值（万元）
国有	3896855.94	69646.38	3704165.34	415629.42	80.90
集体	136801.46	13815	134982.5	6596.59	12.53
内资股份合作	134536.53	36	134457.64	-4301.6	65.63
内资联营	10615.19	22	9818.52	957.3	10.40
内资有限公司	7980626.87	331515.36	7463685.28	969891.38	68.42
内资股份公司	3931361.0	213618.3	2205132.06	681100.8	95.36
内资私营	2353074.47	213618.3	2205132.06	291926.47	35.56
内资其他企业	12766.71	264.2	12573.26	232.86	11.73
港、澳、台商投资	3995.1	0	3553.9	112	13.97
外商投资	643383.44	100	609554.74	123828.38	388.52

表8 **2013年全区各种规模非油气矿山企业工业产值等情况统计表**

企业规模	工业总产值（万元）	综合利用产值（万元）	矿产品销售收入（万元）	利润总额（万元）	人均产值（万元）
总计	19104016.71	1612688.96	18064773.05	2486023.61	66.05
大型	11206166.45	1063190.38	10670236.04	1546281.76	126.8
中型	4539015.73	360768.17	4313349.04	538347.54	70.09
小型	3129594.56	172910	2863715.31	386033.63	34.24
小矿	229239.97	15820.41	217472.66	15360.68	5.13

表 9　　**2013 年全区各类矿产非油气矿山企业工业产值等情况统计表**

矿产大类	工业总产值（万元）	综合利用产值（万元）	矿产品销售收入（万元）	利润总额（万元）	人均产值（万元）
非油气能源矿产	15741849. 84	1194185. 11	149911i35. 24	1960112. 96	108. 92
黑色金属矿产	1133684. 99	108313. 26	1027550. 28	66071. 87	37. 38
有色金属矿产	1009284. 01	121846. 1	936193. 34	225800. 01	40. 17
贵金属矿产	658052. 76	140313. 5	610476. 45	203610. 08	45. 74
冶金辅料非金属	64942. 35	1723. 1	57455. 82	5305. 02	6. 26
化工原料非金属	106166. 22	28275. 7	101507. 08	－13348. 63	16. 42
建材和其他非金属	347748. 26	18032. 19	299546. 86	36693. 08	6. 13
水气矿产	6449. 56	0	5069. 26	386. 14	7. 94

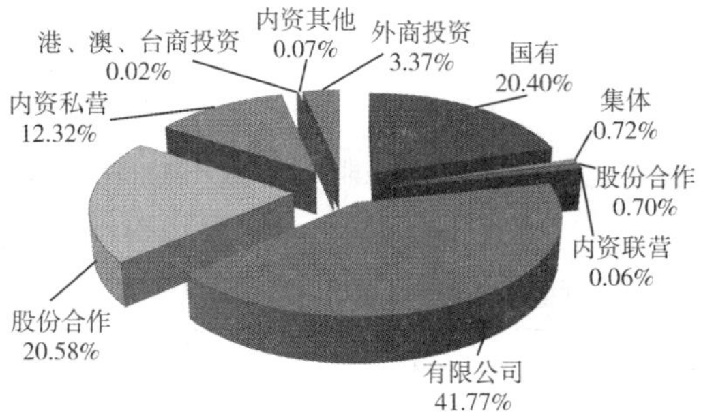

图 29　**2013 年全区非油气类各种经济类型矿山企业工业总产值所占比例**

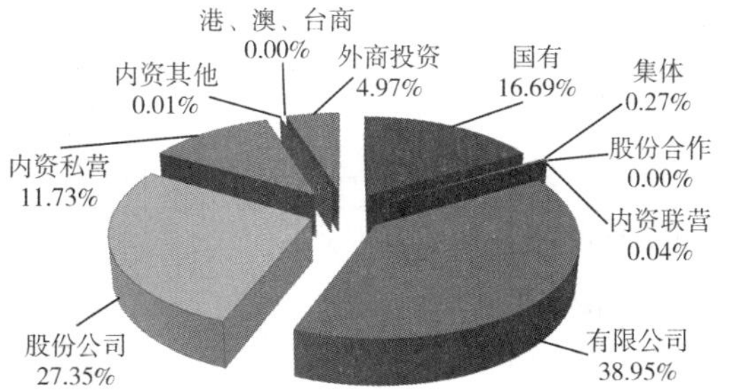

图 30　**2013 年全区非油气类各种经济类型矿山企业利润总额所占比例**

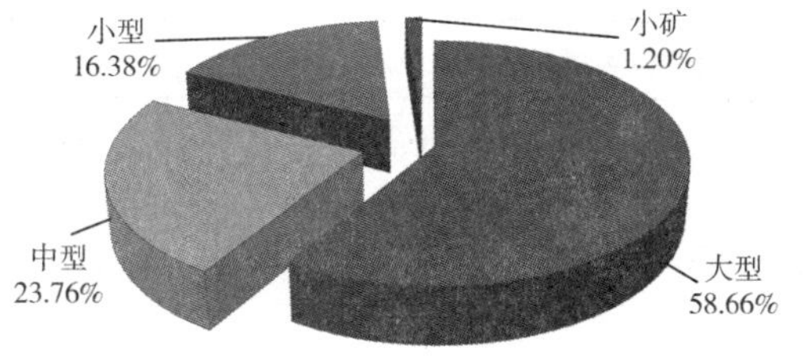

图 31　**2013 年全区非油气类各种规模矿山企业工业总产值所占比例**

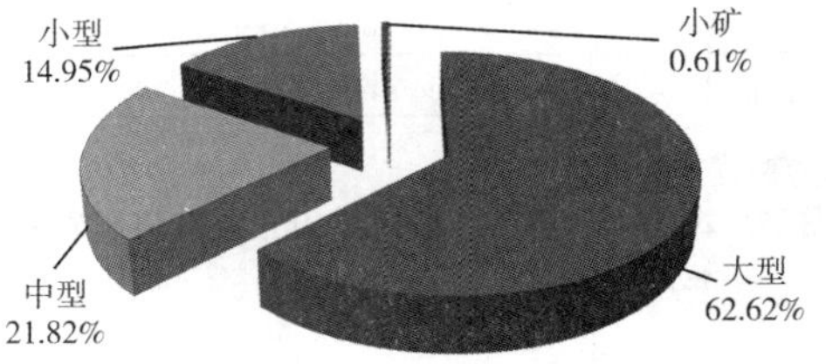

图 32　**2013 年全区非油气类各种规模矿山企业工业总利润所占比例**

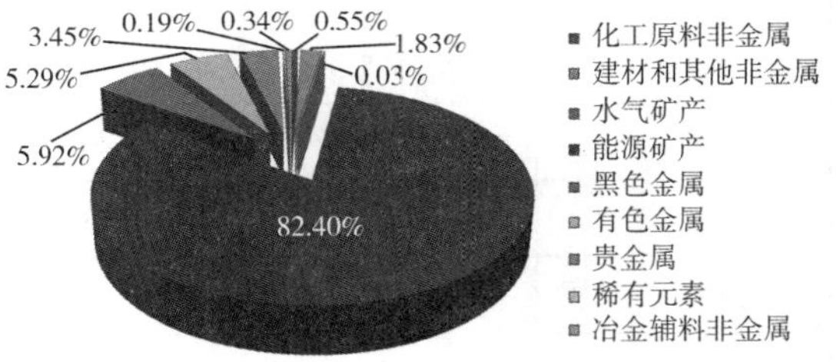

图 33　**2013 年全区各类矿产工业总产值所占比例**

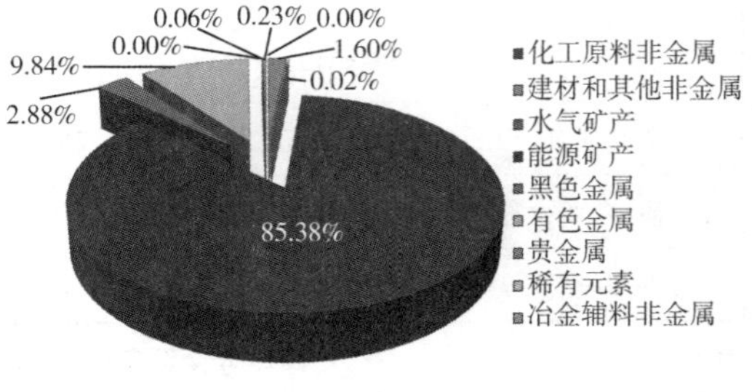

图 34　**2013 年全区各类矿产利润总额所占比例**

【资源性产品及矿产品进出口贸易】　1. 资源性产品产量。据《内蒙古统计年鉴(2013)》和自治区 2013 年国民经济和社会发展统计公报数据显示,2013 年全区工业主要资源性产品有 23 种,其产量详见表 11。从资源性产品产量来看,2013 年有铝、铁合金、精炼铜、电石等 13 种主要资源性产品产量较 2012 年有不同程度增加,其中电石产量涨幅达 45. 45%;原油、纯碱、化肥、原盐、硫铁矿石原矿等 10 种主要资源性产品产量较 2012 年有所减少,其中纯碱产量降幅达 17. 74%。

表 10 **2013 年各盟市非油气矿山企业工业产值等情况统计表**

行政区名称	矿业总产值（万元）	综合利用产值（万元）	矿产品销售收入（万元）	利润总额（万元）	人均产值（万元）
呼和浩特市	184120.79	477.42	183538.19	45188.31	56.72
包头市	746212.69	1898	651184.87	4592.06	39.01
乌海市	564510.71	0	556154.42	-18333.18	30.52
赤峰市	1229847.88	265927.21	1161584.04	225741.73	20.29
通辽市	800890.47	0	749989.02	120092.76	36.07
鄂尔多斯市	10944494.13	1100622.45	10327182.95	1320721.14	174.87
呼伦贝尔市	1611546.27	35014	1554530.36	378429.46	51.43
巴彦淖尔市	555566.35	70439.7	538713.26	144074.26	42.64
乌兰察布市	78367.95	598.16	71992.62	8686.45	9.40
兴安盟	82823.83	5211.9	77321.83	15263.19	16.41
锡林郭勒盟	2121824.22	112665.6	2014517.63	216505.27	74.47
阿拉善盟	183811.42	19834.52	178063.88	25062.16	11.0

表 11 **2012～2013 年全区主要资源性产品产量一览表**

序号	产品名称	单位	2012 年产量	2013 年产量	较 2012 年增减比例(%)
1	原煤	亿吨	10.66	10.30	-3.38
2	天然气	亿立方米	249.07	270.63	8.66
3	原油	万吨	202.97	192.68	-5.07
4	焦炭	万吨	2569.06	3114.93	21.25
5	硫酸	万吨	242.27	276.39	14.08
6	烧碱(氢氧化钠)	万吨	163.62	196.77	20.26
7	纯碱(碳酸钠)	万吨	71.89	59.14	-17.74
8	化肥	万吨	123.03	112.40	-8.64
9	氮肥	万吨	104.11	95.59	-8.18
10	磷肥	万吨	18.92	16.81	-11.16
11	合成氨	万吨	135.72	128.75	-5.14
12	铝	万吨	179.40	208.85	16.42
13	生铁	万吨	1326.43	1367.23	3.08
14	钢	万吨	1734.14	1797.74	3.67
15	成品钢材	万吨	1661.82	1797.74	8.18
16	铁合金	万吨	358.69	430.06	19.90
17	电石(碳化钙)	万吨	495.10	720.12	45.45
18	精炼铜	万吨	18.78	24.54	30.88
19	原盐	万吨	253.46	243.03	-4.12
20	铁矿石原矿量	万吨	8048.64	8733.56	8.51
21	硫铁矿石	万吨	75.32	62.98	-16.38
22	水泥	万吨	5872.06	6395.72	8.92
23	平板玻璃	万吨	549.07	521.65	-4.99

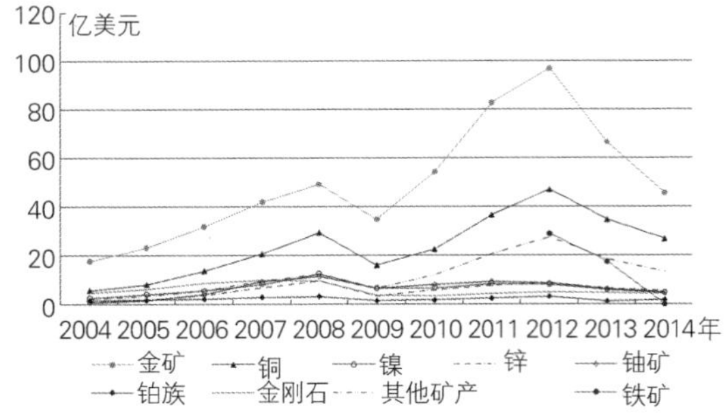

图 35　2013 年各盟市非油气类矿山企业工业总产值、销售收入、利润总额对比

2. *矿产品进出口贸易*。据自治区统计局数据，2013 年，全区矿产品进出口贸易总额为 392491 万美元，比 2012 年增加 5.54%。其中，矿产品出口贸易总额为 24182 万美元，比 2012 年增加 198.88%，近年来矿产品出口贸易总额变化情况详见图 36。

全区矿产品进口贸易总额为 368310 万美元，比 2012 年增加 1.24%。近年来矿产品进口贸易总额变化情况详见图 37。自治区矿产品进出口贸易为逆差，贸易额之比由 2012 年的 45∶1 上升至 15∶1。

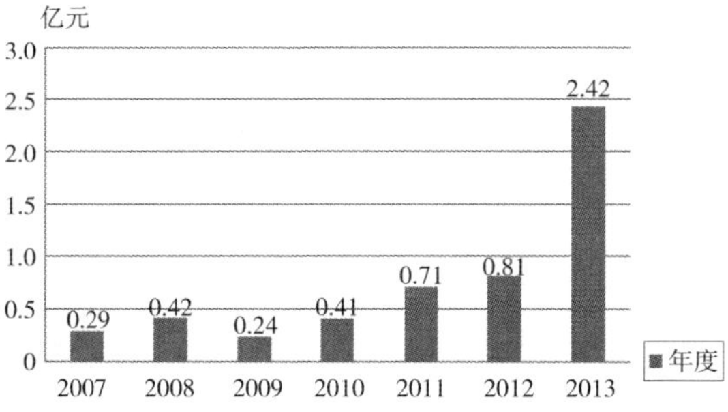

图 36　2007～2013 年全区矿产品出口贸易总额比较

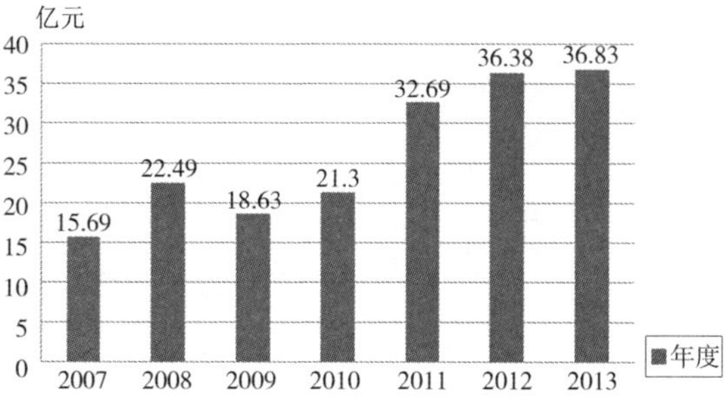

图 37　2007～2013 年全区矿产品进口贸易总额比较

2013 年，全区大宗主要资源性产品进口贸易总额为 303281 万美元，比 2012 年（328385 万美元）减少 7.64%，详见表 12。全区大宗主要资源性产品出口贸易总额为 114641 万美元，比 2012 年（89794 万美元）增加 27.67%，详见表 13。全年矿产品进出口贸易总额有所上升，特别是矿产品出口贸易总额上升幅度较大，虽然近年来全球矿业市场疲软，国际矿产品价格波动，自治区的矿业发展和矿产品出口前景乐观。

表 12　2013 年全区主要资源性产品进口贸易一览表

产品名称	单位	2012 年贸易额	2013 年贸易额	较上年增减比例（%）
铜矿砂	万美元	53828	72069	33.89
煤炭	万美元	175403	130871	-25.39
铁矿砂	万美元	82641	85139	3.02
石油制品	万美元	16513	15202	-7.94
合计	万美元	328385	303281	-7.64

表 13　2013 年全区主要资源性产品出口贸易一览表

产品名称	单位	2012 年贸易额	2013 年贸易额	较 2012 年增减比例（%）
铁合金	万美元	19458	15999	-17.78
钢铁制品	万美元	54320	84614	55.77
稀土	万美元	7872	5884	25.25
贵金属及制品	万美元	8144	8144	0
合计	万美元	89794	114641	27.67

·矿产资源行政管理·

【概况】　2013 年，在自治区党委、政府和国土资源部的正确领导下，全区国土资源系统认真贯彻党的十八大和十八届三中全会精神，落实"8337"，发展思路，坚持"保发展、保资源、保权益"并重，坚持严守资源和环境生命线的理念，以构建和推进资源资产资本一体化发展机制、强化地质找矿机制、矿产资源引导集中机制为核心，深度解放思想，探索创新，全面提升行政效能，构建符合内蒙古实际，运转高效，保障有力、服务优质的国土资源管理新格局。

资源资产资本一体化运作取得重大进展，优化整合三大地勘单位，组建内蒙古矿业集团公司，实施资源产业化与资源资本化运作并举战略。公司落实产业发展授信贷款额 550 亿元，推动了超过 1000 亿元的重大投资项目。

启动了兴安盟投资近 400 亿元的油气联产项目；与伊泰集团合作建设一期年产 200 万吨煤制油项目已全面开工建设；霍林郭勒市 300 万吨煤电铝深加工项目一期已陆续投产，二期已开工建设。

三大地勘单位完成收入 102.8 亿元，税后利润 5.45 亿元。全区资源资产资本一体化运作开始提速，将对自治区资源产业结构调整和发展方式转变发挥重要的促进作用。

国土资源担保质押潜能得到有效释放，全年新办理采矿权抵押备案 138 宗，抵押金额达到 342.9 亿元，同比增长 34%。

强化矿产资源支撑经济发展功能，围绕“五大基地”建设，推进资源整合，调整矿产经济结构，促进优势特色产业发展，当年完成资源整合 5 处，整合矿业权 18 个。为 43 家企业配置煤炭资源 180 亿吨，重点支持能源延伸加工和高新技术产业。创新煤炭垫资勘查模式，及时调整资源价款征收标准，实行转化项目和非转化项目差别化价款。严格资源和矿业重叠地区勘查、开采管理，推动建立会商制度、资料汇交制度，着力解决油气与煤重叠矿业权引发的矛盾。全区优先转化加工项目配置和获取资源的制度体系基本形成，推动了一批特色鲜明、布局合理、具有较强竞争力矿业基地的发展。

2013 年是地质找矿突破战略行动实施的第三年，即“358”目标第一阶段的实现年。自治区为推动勘查机制创新，加大市场投资步伐，推出了“四个一批”市场化措施，建立投资主体的合同约束机制。2013 年度共投资地勘资金 90 亿元，超额完成当年勘查任务。

【矿业市场依法规范管理】 全区资源储量报告评审备案工作进展顺利，截至 2013 年完成全区资源储量报告评审备案 225 项，资源储量报告备案 187 个。矿业权评估全年 10 次公开摇号，47 个评估项目公开公平选择了评估机构；网上公示 43 次、评估报告 65 个。完成备案矿业权价款项目 215 个，价款 570546 万元。

全年矿产资源补偿费征收入库 217528 万元。其中入中央财政 87042 万元，入自治区财政 32710 万元，入盟市旗县财政 97776 万元。

核实建设用地压覆矿产资源工作全年完成压覆批复件 384 份，其中未压覆批件 335 份，压覆批件 49 份。

【矿产资源基础工作】 国土资源部统一部署的“全区矿产资源利用现状调查”项目以“优秀”通过部评审验收。

由国土资源部总体部署的“全区重要矿产资源“三率”调查评价”、“全国岩矿型稀土矿产资源‘三率’指标研究”、“全区矿业权实地核查成果开发与应用”三个项目均已按时完成工作报告编制，并提交成果。

【信息化建设】 2013 年，自治区国土资源数据中心硬件采购、安装均已完成，并进行了数据整合入库工作；电子政务升级改造系统于 2013 年 8 月底完成搭建，并已部署到厅内网试运行；国土资源“一张图”系统也于 8 月底搭建完成，并进行有关数据整合；国土资源综合监管及辅助决策系统开发完成，2014 年 1 月开始试运行；网站群主站于 2013 年 9 月 10 日正式上线运行，盟市国土资源局子站于 2013 年 12 月中旬上线运行。另外还制定了《内蒙古自治区国土资源信息化数据汇交管理办法》，为全区各级国土资源管理部门进行各类数据的集中统一管理和维护提供了依据。

【矿山地质环境治理】 强化矿山地质环境恢复治理，按照矿业开发与生态文明建设统筹规划、同步落实的主导思想，进一步完善矿山地质环境保护和治理机制，积极推动集中治理项目。呼伦贝尔市政府和有关企业投资 4000 万元及时进行了“天坑”的恢复治理。呼和浩特市大青山前坡地质环境治理工作中，自治区安排 1 亿元在重点治理区捆绑使用，治理取得良好进展。

截至 2013 年 12 月底，全区 4795 个矿山企业编制了矿山地质环境治理方案，方案编制率为 95.82%；已缴存保证金的矿山 4875 家，占矿山企业总数的 97.42%；实际缴存保证金 23.37 亿元。生产矿山已完成首期治理任务的有 1417 家，共投入资金约 16.12 亿元，完成治理面积约 365.84 平方千米。

2013 年，完成地质灾害调查 63 个旗县，建立了以预防为主的地质灾害监测、预报预警体系，布设 2365 处群测群防网点，形成了较为完善的地质灾害群测群防网络。与自治区气象局合作共发布 3 级地质灾害气象预报 26 次，成功预报 2 次。

地质遗迹保护工作取得重大进展，截至 2013 年底，全区批准建立地质公园 18 处，其中世界级地质公园 2 处，国家级地质公园 5 处，自治区级地质公园 11 处，总面积 4886.86 平方千米。建立国家级矿山公园 4 处，总面积 413.58 平方千米。克什克腾、阿拉善沙漠世界地质公园顺利通过联合国教科文组织的中期评估检查，其中阿拉善沙漠世界地质公园被评为全国最美地质公园第一名。

【地质资料服务】 地质资料管理工作取得新进展，全年接收汇交各类纸质地质资料 709 档，验收汇交电子文档 738 档，完成馆藏资料涉密鉴定和标注 709 档，向国家地质资料馆汇交各类地质成果资料 278 档。全年电子阅览室接待借阅者 823 人次，提供档案份数 3910 档，借阅档案资料 450314 件次，为全区资源开发和经济建设提供了科学依据和优质服务。

全区地质资料集群化产业化工作不断推进，完成全区地质资料共享服务平台和网络服务体系的软硬件搭建，同时进行了白云鄂博矿区、哈达门沟金矿整装勘查区的地质资料集群化试点工作。

全区重要地质钻孔数据库建设项目进展顺利，完成并上报全区重要地质钻孔数据库建设工作实施方案，提交8300个重要地质钻孔基本信息的图片库工作，完成工作量居全国各省区前茅。

（内蒙古自治区国土资源厅）

浙江省

【矿产资源概况】 2013年，全省各级国土资源部门根据干好“一三五”，实现“四翻番”的总要求，保发展、保资源、保权益，进一步转变作风、转变观念、转变职能，以深化改革为动力，以采矿权设置方案为抓手，以加强批后监管为重点，以矿业权有形市场为平台，统筹矿产资源保障与环境保护，为浙江省经济社会发展提供强有力的资源保障和环境保护。

2013年，全省开发利用矿产59种，包括能源矿产1种，金属矿产10种，非金属矿产46种（其中，普通建筑用石、砂、土矿产14种），水气矿产2种。与2012年度相比只减少了玻璃用脉石英1种矿产，增加了冶金用石英岩、饰面用板岩、片麻岩和地下水4种矿产。

【矿产资源开发利用】 2013年，全省共有持证矿山1427个，从业人员41777人，矿石采掘量53839.44万吨，实现矿业总产值136.64亿元，利润98596.78万元，税金127743.62万元。与2012年相比，矿山数减少7.88%，从业人员减少17.01%，矿石采掘量减少6.99%，矿业总产值减少2.80%，利润增加16.75%，税金增加2.07%（图1，表1，图2）。

表1　　2013年各市主要矿业指标对比表

行政区	矿石产量（万吨）	工业总产值（百万元）	工业增加值（十万元）	年利润总额（十万元）	年税金总额（十万元）
杭州市	7410.1	1571.98	6186.44	2141.92	1867.88
宁波市	9306.01	1632.64	4397.93	2040.67	1372.54
温州市	6524.54	1128.48	2937.2	603.61	429.12
嘉兴市	981.18	406.3	1895.88	112.88	520.53
湖州市	9834.94	3031.38	9072.25	2125.38	4591.65
绍兴市	1877.3	555.15	2201.21	248.42	590.64
金华市	1772.27	799.01	2533.96	618.03	674.65
衢州市	2779.11	626.54	1072.32	817.68	451.88
舟山市	7202.76	2092.51	9588.7	381.97	883.93
台州市	5818.37	1079.44	2130.59	760.27	416.87
丽水市	332.87	740.88	2494.2	8.84	974.68

全省矿业劳动生产率基本保持稳定，人均矿业产值逐年上升。2013年，人均矿石采掘量、人均矿业产值和人均利税均有上涨。较2012年，人均矿石采掘量增长12.17%，人均矿业产值增长17.16%，人均利税达5.42万元/人·年，增长30.29%（表2）。

表2　2009～2013年全省矿业人均生产指标变化情况表

年份	人均矿石采掘量（万吨/人·年）	人均矿业产值（万元/人·年）	人均利税总额（万元/人·年）
2009年	0.68	13.04	2.01
2010年	0.87	18.48	3.24
2011年	1.20	25.84	4.25
2012年	1.15	27.92	4.16
2013年	1.29	32.71	5.42

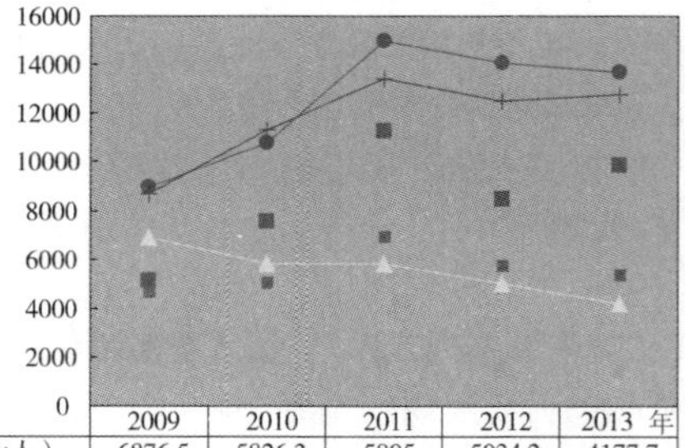

	2009	2010	2011	2012	2013 年
从业人员（十人）	6876.5	5826.3	5805	5034.2	4177.7
矿山数（个）	2393	1900	1709	1549	1427
矿石采掘量（十万吨）	4669.75	5059.55	6951.18	5788.79	5383.94
矿业总产值（百万元）	8968.67	10764.77	15000.34	14057.44	13664.32
利润总额（十万元）	5134.90	7553.44	11277.20	8444.87	9859.68
税金总额（十万元）	8678.39	11299.12	13419.88	12515.79	12774.36

图1　2009～2013年全省主要矿业指标变化对比图

1. *矿业结构*。①按矿业结构分析。2013年的矿业结构与2012年基本一致，即普通建筑用石、砂、土无论产量还是产值均居主导地位，其他非金属矿产次之，金属矿产再次之，能源矿产和水气矿产所占比重很小。与2012年相比，普通建筑用石、砂、土矿产产值占矿业总产值的比重有小幅上升，而其他非金属矿产产值占矿业总产值的比重有小幅下降；能源矿产的矿山数比

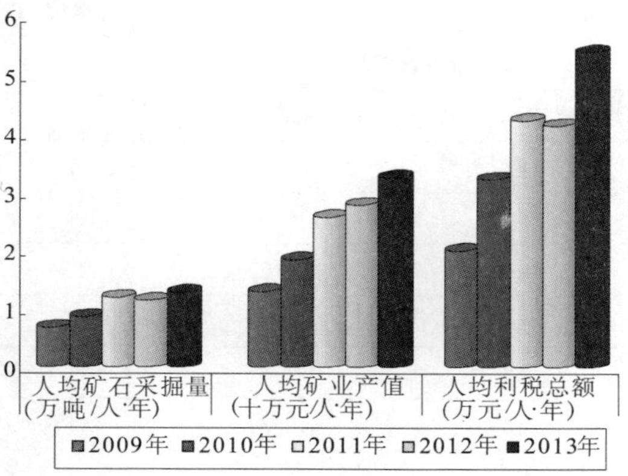

图 2　2009～2013 年全省矿业人均生产指标变化对比图

2012 年增加了 1 个，金属矿产数量不变，其他矿类矿山数皆有所减少（表 3～4、图 3～8）。

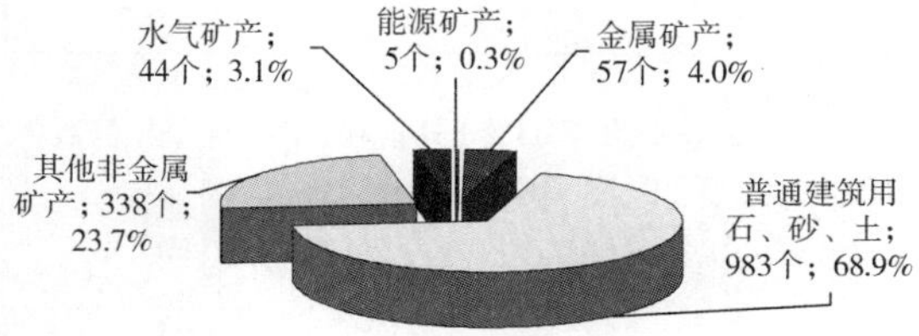

图 3　2013 年全省各类矿产矿山数量构成图

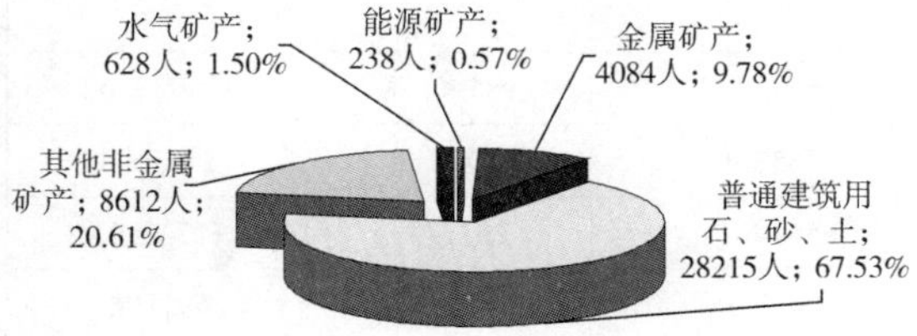

图 4　2013 年全省各类矿产从业人员构成图

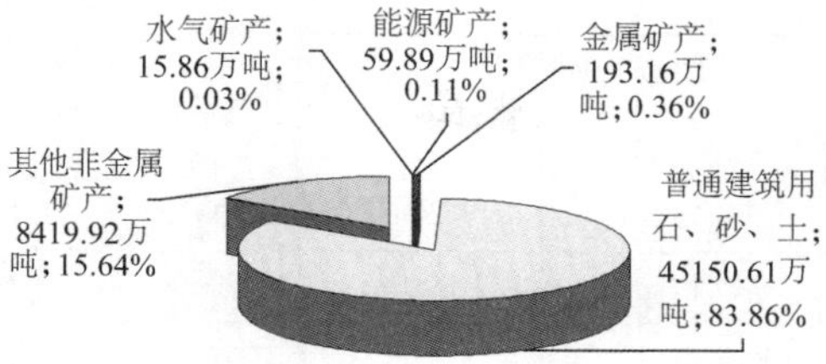

图 5　2013 年全省各类矿产矿石采掘量构成图

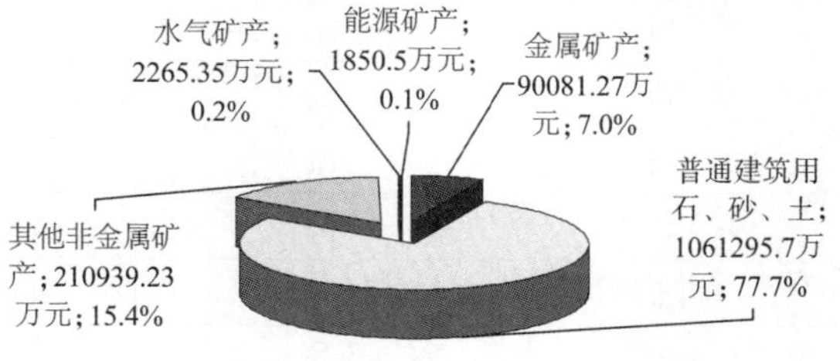

图 6　2013 年全省各类矿产矿业总产值构成图

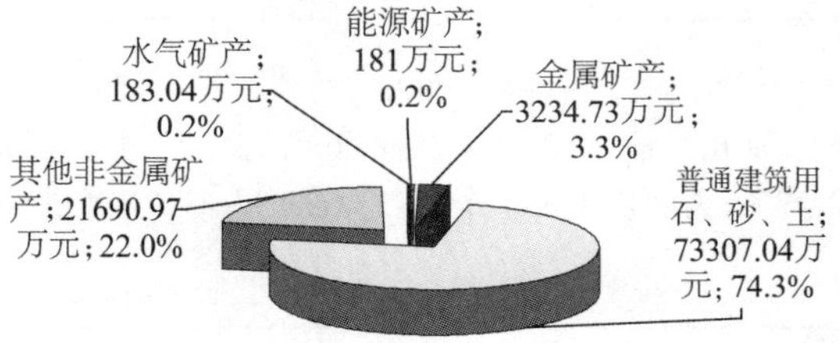

图 7　2013 年全省各类矿产利润总额构成图

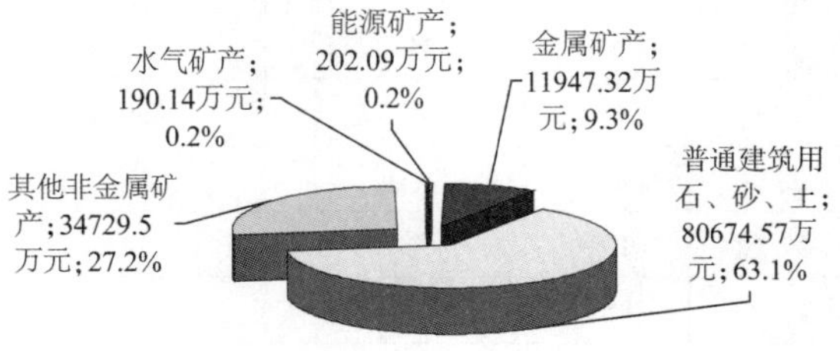

图 8　2013 年全省各类矿产税金总额构成图

表 3　　2013 年全省矿业结构统计表

矿产分类	矿山数（个）	从业人员（人）	矿石采掘量（万吨）	矿业总产值（万元）	利润总额（万元）	税金总额（万元）
合计	1427	41777	53839. 44	1366432	98596. 78	127743. 6
能源矿产	5	238	59. 89	1850. 5	181	202. 09
金属矿产	57	4084	193. 16	90081. 27	3234. 73	11947. 32
非金属矿产	1321	36827	53570. 53	1272234. 9	94998. 01	115404. 07
其中普通建筑用石、砂、土	983	28215	45150. 61	1061295. 7	73307. 04	80674. 57
其他非金属矿产	338	8612	8419. 92	210939. 23	21690. 97	34729. 5
水气矿产	44	628	15. 86	2265. 35	183. 04	190. 14

表4　　2013年各市矿业结构统计表　　（单位：个）

矿种类型 行政区	合计	能源矿产	金属矿产	非金属矿产		水气矿产
				普通建筑用石、砂、土	其他非金属矿产	
杭州市	179	0	16	84	75	4
宁波市	154	1	0	145	0	8
温州市	162	0	0	124	23	15
嘉兴市	15	0	0	15	0	0
湖州市	116	0	0	69	42	5
绍兴市	106	1	12	58	31	4
金华市	190	3	1	151	33	2
衢州市	186	0	6	106	72	2
舟山市	62	0	0	62	0	0
台州市	145	0	1	129	13	2
丽水市	112	0	21	40	49	2

②按生产状态分析。2013年，全省生产矿山886个，占矿山总数的62.09%；停产矿山251个，占总数的17.59%；关闭矿山174个，占总数的12.19%；筹建矿山101个，占总数的7.08%；其他矿山15个，占总数的1.05%（表5、图9、图10）。

表5　　2013年全省矿山生产状态表

矿山生产状态	矿山数（个）	从业人员（人）	矿石采掘量（万吨）	矿业总产值（万元）	利润总额（万元）	税金总额（万元）
合 计	1427	41777	53839.44	1366432.05	98596.78	127743.62
生 产	886	35178	49914.25	1276530.16	95081.77	114530.43
关 闭	174	0	3302.07	65444.14	2672.99	11745.95
筹 建	101	2370	123.57	5587.94	150.32	591.96
停 产	251	3800	260.84	15357.27	670.90	861.54
其 他	15	429	238.71	3512.54	20.80	13.74

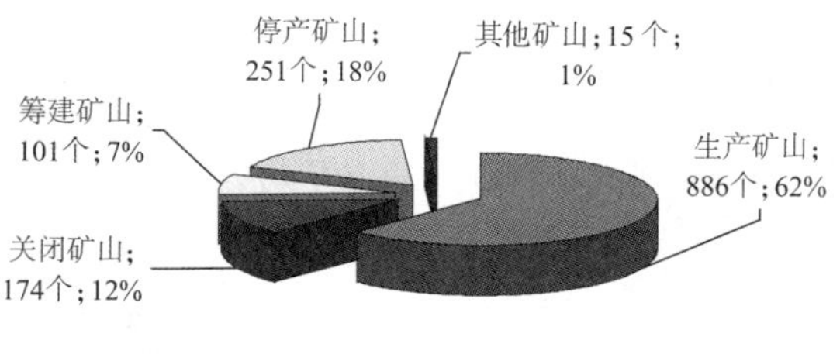

图9　2013年浙江省矿山生产状态——矿山数量构成图

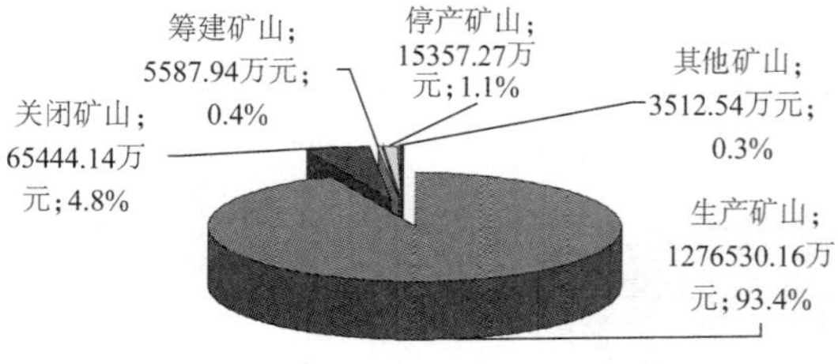

图10　2013年浙江省矿山生产状态——矿业总产值构成图

2.地区分布。全省矿产开发区域分布不平衡，湖州市、舟山市、宁波市、杭州市开发强度大，其矿业总产值分别占全省的22.18%、15.31%、11.95%、11.50%。矿山数金华市最多，达190个；嘉兴市最少，仅15个。（表6）从业人员杭州市最多，达6005人；嘉兴市最少，为706人。矿石采掘量湖州市最高，达9834.94万吨；丽水市最低，仅332.87万吨。与2012年相比，除杭州市、金华市、舟山市外，其余各市利润均有增加，利润杭州市最高达2.14亿元；丽水市最低，仅88.44万元。税金湖州市最高，达4.59亿元；台州市最低，仅4168.66万元。人均采掘量湖州市和宁波市最高，均达到2.66吨/人·年,丽水市最低,仅为0.09万吨/人·年;人均产值湖州市最高,达81.97万元/人·年,金华市最低,为14.03万元/人·年(表7、图11~14)。

表6　2013年各市矿山生产状态构成图　单位:个

行政区	生产状态				
	筹建	关闭	其他	生产	停产
杭州市	16	17	10	97	39
湖州市	4	32	0	63	17
嘉兴市	0	2	0	6	7
金华市	10	8	0	135	37
丽水市	21	3	1	61	26
宁波市	6	26	2	105	15
衢州市	10	0	0	145	31
绍兴市	9	28	0	53	16
台州市	7	17	2	87	32
温州市	13	38	0	90	21
舟山市	5	3	0	44	10

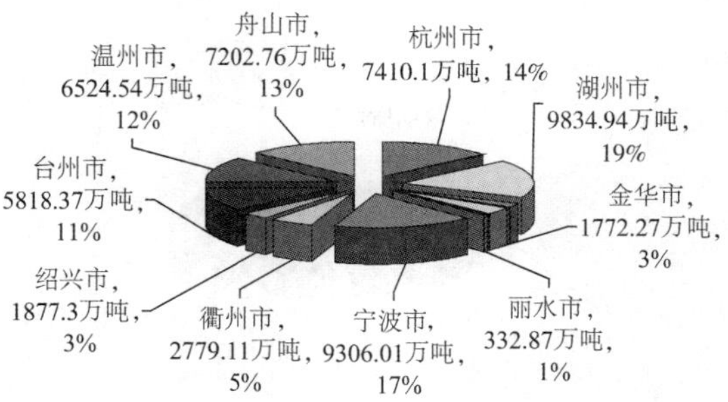

图11　2013年各市矿山企业采掘量构成图

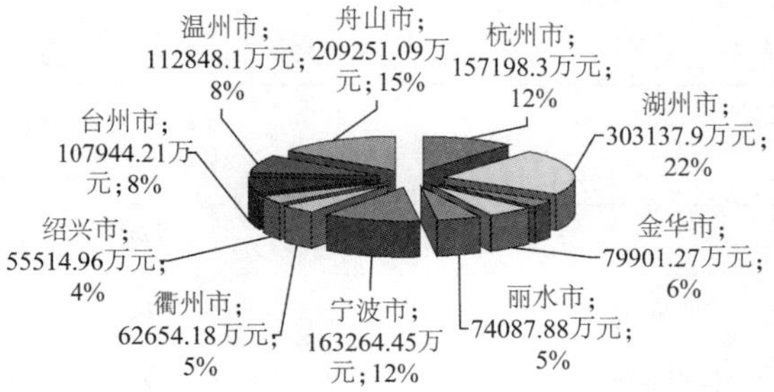

图12　2013年各市矿山企业矿业总产值构成图

表7　2013年各市矿产资源开发利用情况表

行政区	矿山数(个)	从业人员(人)	矿石采掘量(万吨)	矿业总产值(万元)	利润总额(万元)	税金总额(万元)	人均采掘量(万吨/人·年)	人均产值(万元/人·年)
合 计	1427	41777	53834.42	1366432.05	98596.78	127743.62	1.29	32.71
杭州市	179	6005	7410.10	157198.30	21419.23	18678.79	1.23	26.18
宁波市	154	3498	9306.01	163264.45	20406.73	13725.41	2.66	46.67
温州市	162	4103	6524.54	112848.10	6036.10	4291.17	1.59	27.50
嘉兴市	15	706	981.18	40629.71	1128.75	5205.26	1.39	57.55
湖州市	116	3698	9834.94	303137.90	21253.84	45916.51	2.66	81.97
绍兴市	106	3006	1877.30	55514.96	2484.19	5906.44	0.62	18.47
金华市	190	5697	1772.27	79901.27	6180.28	6746.49	0.31	14.03
衢州市	186	3445	2779.11	62654.18	8176.82	4518.75	0.81	18.19
舟山市	62	3023	7202.76	209251.09	3819.74	8839.30	2.38	69.22
台州市	145	4736	5818.37	107944.21	7602.66	4168.66	1.23	22.79
丽水市	112	3860	332.87	74087.88	88.44	9746.84	0.09	19.19

3. *矿山经济类型*。浙江省矿山经济类型以私营企业和有限责任公司为主,上述两类矿山企业的矿山数、从业人员、总产值分别占全省总数的79.18%、70.67%、74.87%。而国有企业的矿山数、从业人员、总产值分别仅占全省总数的4.84%、13.51%、12.84%,较2012年均有所下降。外商投资企业各项指标均较低。上述数据表明浙江省矿业资本主要为民营资本和集体资本,产业外向度低,国有资本持有率低,这与浙江省整体经济面貌基本一致(表8~9,图15~17)。

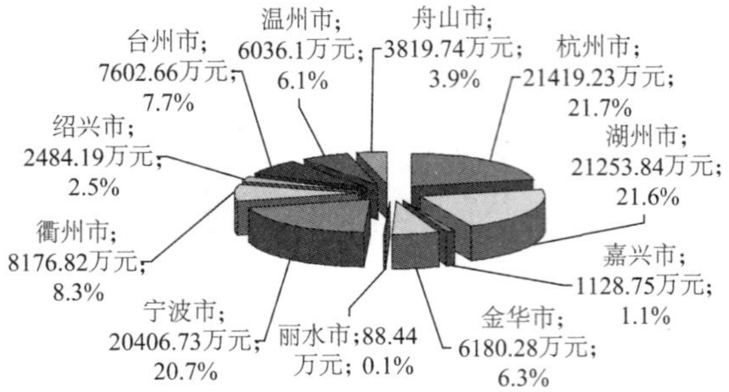

图 13　2013 年各市矿山企业利润总额构成图

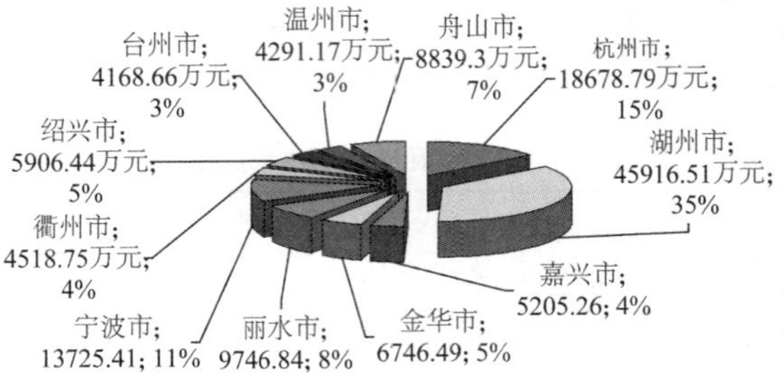

图 14　2013 年各市矿山企业税金总额构成图

表 8　　**2013 年全省不同经济类型矿山企业开发利用情况表**

企业经济类型	矿山数（个）	从业人员（人）	矿石采掘量（万吨）	矿业总产值（万元）	利润总额（万元）	税金总额（万元）
合　计	1427	41777	53839. 44	1366432. 05	98596. 78	127743. 62
一、内资企业	1412	41218	52621. 19	1319307. 62	94691. 38	123295. 22
国有企业	69	5646	6413. 31	175510. 49	6746. 80	16273. 14
集体企业	63	1387	1356. 77	30353. 39	2985. 06	3987. 37
股份合作企业	35	589	210. 22	7469. 73	390. 86	538. 54
联营企业	2	150	29. 40	677. 56	0. 00	0. 00
有限责任公司	403	14205	26508. 85	632698. 71	38668. 37	59805. 78
股份有限公司	54	1984	1941. 96	40700. 13	5442. 53	4551. 74
私营企业	727	15320	14915. 91	390380. 79	36866. 29	35965. 44
其他企业	59	1937	1244. 78	41516. 83	3591. 47	2173. 21
二、港、澳、台商投资企业	5	169	122. 31	4080. 35	85. 00	577. 00
港、澳、台商投资企业	5	169	122. 31	4080. 35	85. 00	577. 00
三、外商投资企业	10	390	1095. 94	43044. 08	3820. 40	3871. 40
外商投资企业	10	390	1095. 94	43044. 08	3820. 40	3871. 40

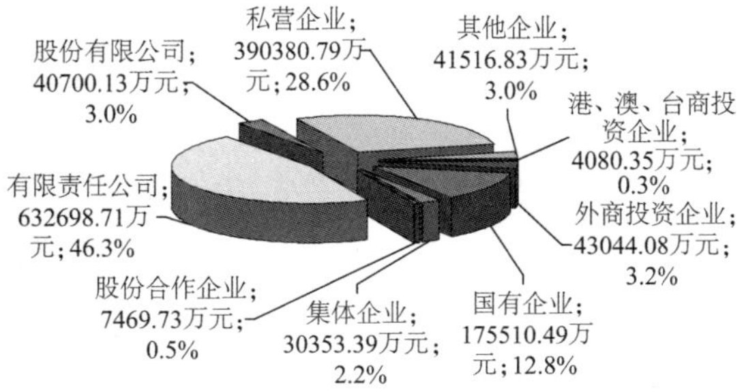

图 15　2013 年全省不同经济类型矿山企业矿业总产值构成图

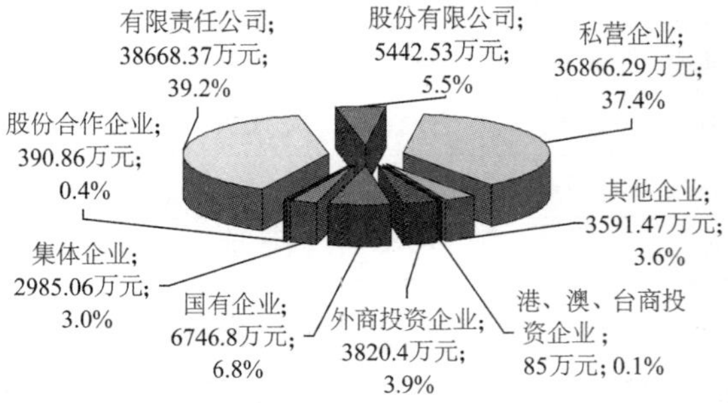

图 16　2013 年全省不同经济类型矿山企业利润总额构成图

表 9　　2013 年各市不同经济类型矿山企业矿业总产值统计表

行政区	工业总产值(万元)									
	国有企业	集体企业	股份合作企业	联营企业	有限责任公司	股份有限公司	私营企业	其他企业	港、澳、台商投资企业	外商投资企业
杭州市	8313.73	2623.37	7720.36		88524.87		50015.97			
宁波市	5346.08	4773.63	697.00	167.56	56071.17	1195.50	80586.51	14427.00		
温州市	24732.04	2325.98	2138.00		49866.36	2843.70	30911.02			31.00
嘉兴市			58.60		30230.53		10340.58			
湖州市	22790.29	14591.57			128557.84	3330.41	90906.28		4050.35	38911.16
绍兴市	21112.15				7175.95	1802.75	25394.11		30.00	
金华市		4042.00	190.00		25270.57	336.50	31859.15	18203.05		
衢州市	1119.60	1525.14			7487.22	9602.67	42539.77	379.78		
舟山市	59338.00	0.00	953.70		144164.72		3994.67	800.00		
台州市	9391.00	50.00	2380.00	510.00	63235.21	8343.39	12225.69	7707.00		4101.92
丽水市	23367.60	421.70	1052.43		32114.27	5524.85	11607.04			

4. *矿山企业规模*。2013 年，全省矿山规模化、集约化水平有了明显提高。全省有大型矿山 768 个(其中建筑石料矿山 753 个)，中型矿山 161 个，小型矿山 453 个，小矿 45 个。大、中型矿山矿石采掘量达 49743.01 万吨，占总量的 92.39%；矿业总产值 1152160.26 万元，占总量的 84.32%；利润 84285.22 万元，占总量的 85.48%；税金 102764.96 万元，占总量的 80.45%（表 10、图 17、表 11、图 18）。

表 10　　2013 年不全省同规模矿山企业开发利用情况表

矿产分类	矿山数（个）	从业人员（人）	矿石采掘量（万吨）	矿业总产值（万元）	利润总额（万元）	税金总额（万元）
合 计	1427	41777	53839.44	1366432.05	98596.78	127743.62
大 型	768	24544	48292.7	1078045.12	80719.86	98349.35
中 型	161	4290	1450.31	74115.14	3565.36	4415.61
小 型	453	11997	4067.93	209119.98	13733.62	24446.68
小 矿	45	946	28.5	5151.8	577.94	531.98

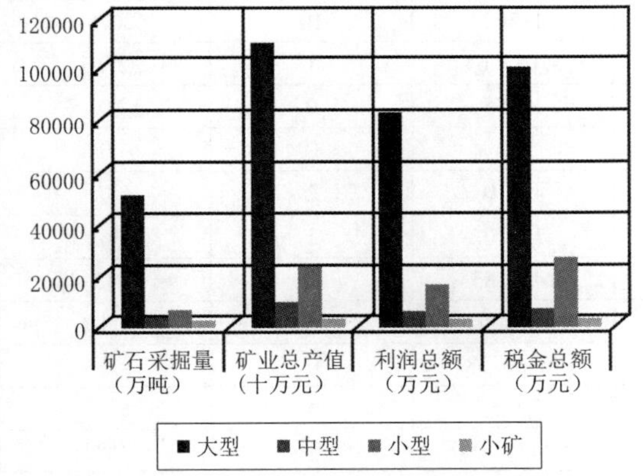

图 17　2013 年全省不同规模矿山企业主要矿业指标对比图

表 11　　2013 年各市矿山企业规模数量构成表　　单位:个

行政区	总计	大型	中型	小型	小矿
杭州市	179	68	32	68	11
宁波市	154	144	0	9	1
温州市	162	112	8	39	3
嘉兴市	15	14	0	1	0
湖州市	116	71	7	37	1
绍兴市	106	53	8	38	7
金华市	190	58	17	114	1
衢州市	186	33	64	78	11
舟山市	62	62	0	0	0
台州市	145	118	4	22	1
丽水市	112	35	21	47	9

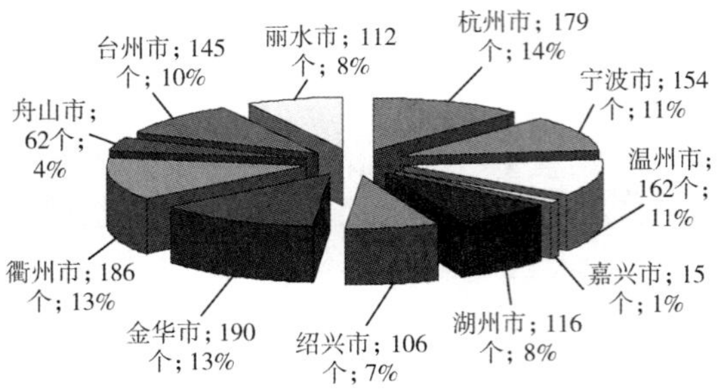

图18　2013年各市矿山企业数量构成图

由于大型矿山管理规范，生产集约化，技术先进，劳动生产率和资源利用水平较高，其人均采掘量、人均产值、人均利润和人均税金都远高于中、小型矿山和小矿（表12，图19）。

表12　2013年全省不同规模矿山企业人员效率情况表

矿山规模	人均采掘量（万吨/人·年）	人均产值（万元/人·年）	人均利润（万元/人·年）	人均税金（万元/人·年）
合 计	1.29	32.71	2.36	3.06
大 型	1.97	43.92	3.29	4.01
中 型	0.34	17.28	0.83	1.03
小 型	0.34	17.43	1.14	2.04
小 矿	0.03	5.45	0.61	0.56

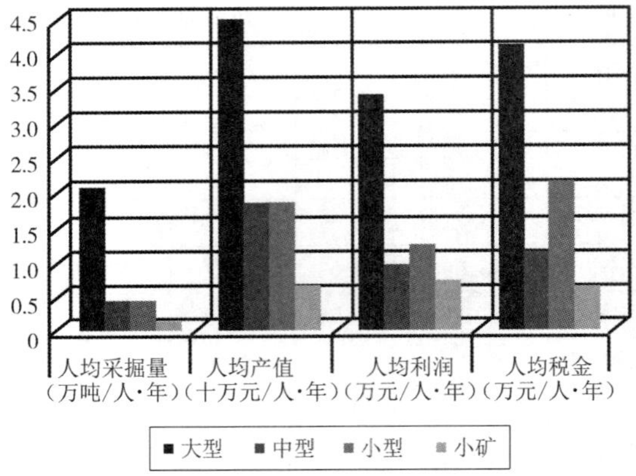

图19　2013年全省不同规模矿山企业人员效率图

5. *矿业权交易*。2013年，浙江省矿业权有形市建设取得新进展，组织开发了浙江省矿业权网上交易系统，省矿业权交易中心和杭州市矿业权交易中心已于2014年1月1日正式实施网上交易，矿业权交易更加开放、透明，为最大程度地实现矿业权交易的公开、公平、公正和矿产资源的市场化配置奠定了基础。

2013年，省矿业权交易中心办结交易项目63个，交易总金额约31.85亿元，其中挂牌出让16个，交易金额163156.72万元；协议出让14个，交易金额90813.43万元；转让33个，交易金额65056.1万元。各市级交易中心共完成交易项目80个，交易总金额100884.578万元，其中挂牌出让58个，交易金额96796.89万元；协议出让18个，交易金额2598.88万元；转让4个，交易金额760万元（图20、表13）

表13　　2013年全省各市采矿权交易情况表

行政区	交易情况					
	协议出让		竞争性出让		转让	
	个数	金额（万元）	个数	金额（万元）	个数	金额（万元）
杭州市	0	0	5	11362	10	42075.8
宁波市	9	13748.64	8	32083.64	1	27.5
温州市	3	15241.72	7	19055	0	0
嘉兴市	0	0	0	0	0	0
湖州市	3	52255.34	6	40710	2	0
绍兴市	3	323.69	3	15610	2	362
金华市	4	671.28	20	1421.83	7	1045.8
衢州市	0	0	2	788.56	4	9908
舟山市	4	7227.16	6	96630.58	0	0
台州市	4	2834.59	8	7725	3	5700
丽水市	0	0	4	1121	4	3633

【普通建筑用石、砂、土矿产开发利用】　2013年，浙江省开发利用的普通建筑用石、砂、土矿产（以下简称乙类矿产）共14种；其中建筑用石料矿产10种，建筑用砂、砖瓦用砂岩、砖瓦用页岩、砖瓦用黏土各1种，与

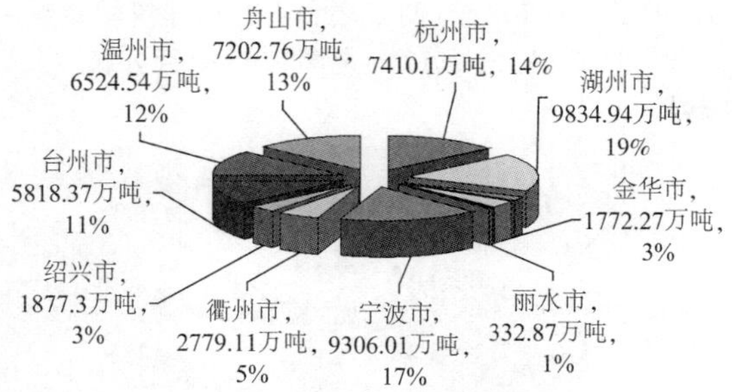

图20　2013年全省矿业权交易数量、金额构成对比图

2012年相比增加了建筑用闪长岩1种建筑用石料矿产。2013年，浙江省乙类矿产有矿山983个，从业人员28215人，矿石采掘量45150.61万吨，实现矿业总产值1061295.7万元，利润总额73307.04万元，其矿山数量、从业人员、税金均占总量的60%以上，矿业总产值和利润占总量的70%以上，矿石采掘量更是占到80%以上，在浙江省矿业中的主导地位十分显著。与2012年相比，乙类矿产矿山数减少11.68%、从业人员减少20.11%、矿石采掘量减少8.50%、工业总产值下降0.09%，利润总额却增长15.22%。

1. 普通建筑用石料。2013年度开发的普通建筑用石料有凝灰岩、安山岩、灰岩、砂岩、花岗岩、玄武岩、大理岩、白云岩、辉绿岩、闪长岩10个矿种，有矿山753个，从业人员20752人，矿石采掘量42952.67万吨，实现矿业总产值935098.54万元，利润总额67028.49万元，其矿山数占乙类矿产的76.60%、从业人数占乙类矿产的73.55%、产量占乙类矿产的95.13%、产值占乙类矿产的88.11%、利润占乙类矿产的91.44%，占绝对主导地位。与2012年相比，矿山数减少了9.93%、从业人数减少了19.66%、矿石采掘量减少了7.26%、工业总产值增长了3.67%和利润总额增长了20.66%（表14，图21）。

表14　2009~2013年全省普通建筑用石料主要指标变化情况

年　份	矿山数（个）	从业人员（人）	矿石采掘量（万吨）	矿业总产值（万元）	利润总额（万元）
2009年	1169	30103	36007.58	542280.16	30160.85
2010年	979	28365	36921.22	617452.44	37522.08
2011年	911	29578	53605.53	949799.39	67950.06
2012年	836	25831	46315.23	901957.14	55552.30
2013年	753	20752	42952.67	935098.54	67028.49

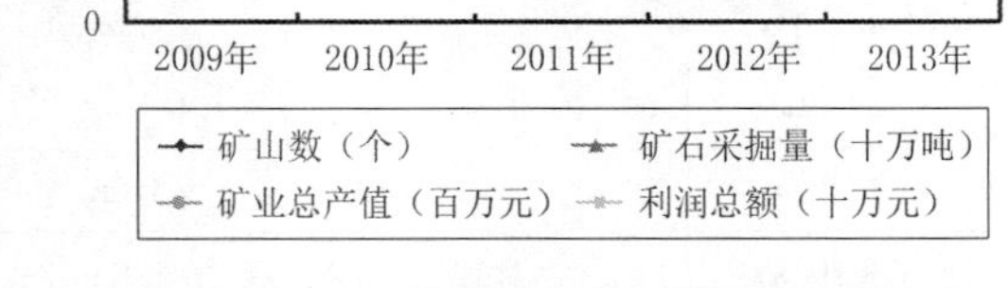

图21　2009~2013年普通建筑用石料主要指标变化对比图

普通建筑用石料资源分布具有普遍性，是基础建设的基本原料，受基础建设影响，其开发地域性明显，宁波、湖州、台州、杭州、舟山等经济发展水平高、交通便利地区的建筑石料开发程度较高，宁波市矿石采掘量居全省首位，占全省的21.60%；湖州市矿业总产值和利税总额均居全省首位，分别占全省的24.79%和35.32%，矿业总产值比例较2012年有所下降，利税总额比例较去年基本持平（表15、表16，图22~25）。

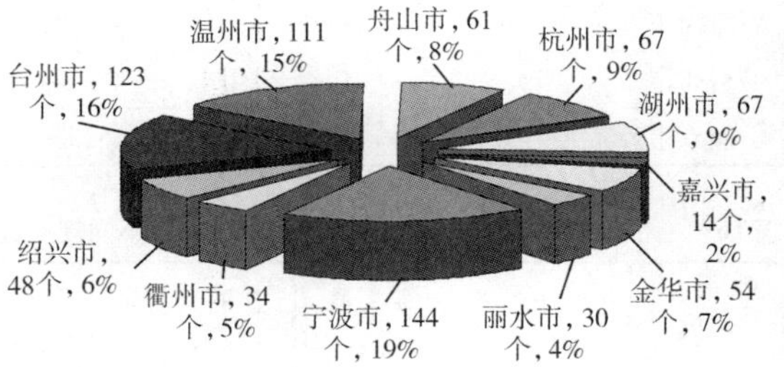

图22　2013年各市普通建筑用石料矿山企业数量构成图

通过矿产资源规划的实施和近几年的矿产开发整合，浙江省已形成湖州、杭州外围、宁绍平原南缘、温台沿海平原内侧、金衢盆地边缘等大型石料开发基地，矿山布局渐趋合理，矿山企业规模化、集约化程度不断提高。2013年，全省建筑石料有大型矿山364个，占全省建筑石料矿山总数的48.34%，其产量、产值分别占总量的82.58%和81.91%。大型矿山无论从资源储量、矿石质量、生产技术、资源利用率、环保和安全生产

诸多方面都具有较大优势。全省建筑用石料矿山平均实际生产规模为55.40万吨,比2012年有小幅下降;年产矿石量100万吨以上的矿山有115个,50万~100万吨的矿山有100个,两者之和占普通建筑用石料矿总数的25.71%,较2012年提高0.46个百分点。

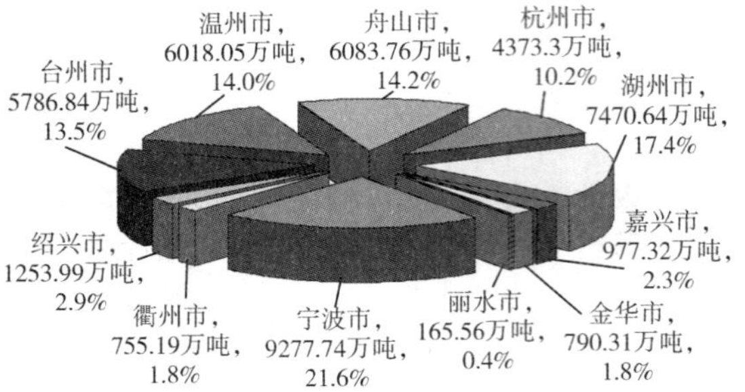

图23　2013年各市普通建筑用石料矿山企业矿石采掘量构成图

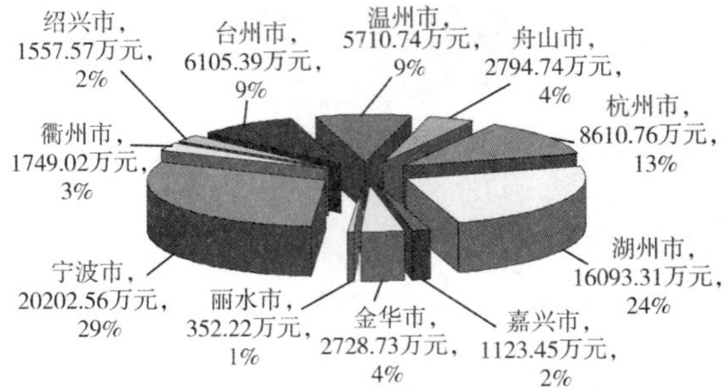

图24　2013年各市普通建筑用石料矿山企业利润总额构成图

表15　　2013年各市普通建筑用石料开发利用情况表

行政区	矿山数（个）	从业人员（人）	矿石采掘量（万吨）	矿业总产值（万元）	利润总额（万元）	税金总额（万元）
合　计	753	20752	42952.67	935098.54	67028.49	71114.10
杭州市	67	2530	4373.30	79369.88	8610.76	7305.90
宁波市	144	3315	9277.74	160751.45	20202.56	13483.55
温州市	111	1825	6018.05	91142.36	5710.74	2028.93
嘉兴市	14	696	977.32	40571.11	1123.45	5152.56
湖州市	67	2510	7470.64	231798.88	16093.31	32696.04
绍兴市	48	990	1253.99	25778.64	1557.57	1608.58
金华市	54	713	790.31	19683.37	2728.73	857.62
衢州市	34	455	755.19	12662.21	1749.02	1007.24
舟山市	61	2975	6083.76	173443.09	2794.74	3994.30
台州市	123	4072	5786.84	94241.53	6105.39	2574.09
丽水市	30	671	165.56	5656.02	352.22	405.30

表16　　2013年全省不同规模普通建筑用石料开发利用情况表

规模	矿山数（个）	从业人员（人）	矿石采掘量（万吨）	矿业总产值（万元）	利润总额（万元）	人均采矿量（万吨/人·年）	人均产值（万元/人·年）
合 计	753	20752	42952.67	935098.54	67028.49	2.07	45.06
大 型	684	19347	40992.41	888649.41	63079.87	2.12	45.93
中 型	47	994	1785.6	42721.83	3892.62	1.80	42.98
小 型	22	411	174.66	3727.29	56	0.42	9.07

建筑石料矿山按其产品流向和用途可分以下三类:

外销型矿山:宁波、湖州、嘉兴、舟山等地的部分石料开采基地凭借水陆交通之便利,矿产品销往上海、苏南等经济发达地区。矿山开采较规范、规模大、产量高。除了一般的碎石产品做建筑石料用外,部分品质优良的精品碎石产品可用于高等级公路路面和铁路路基道碴等,矿产品价格较高,经济效益较好。

自用型矿山:满足本区域基础设施或当地基本建设、道路及房地产业的需求,矿山布局、规模、服务年限

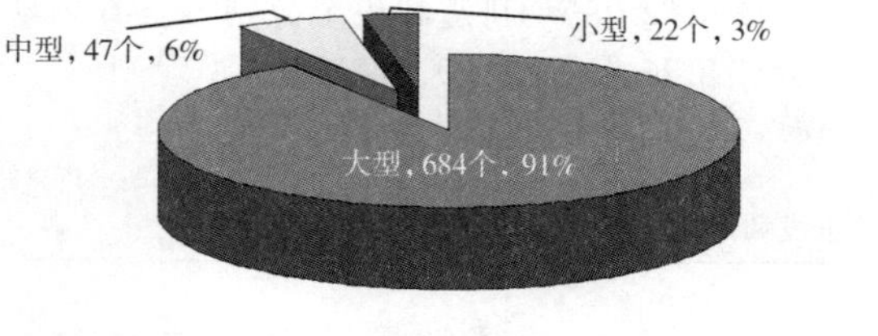

图25　2013 年全省不同规模普通建筑用石料矿山数量构成图

受地域和经济发展形势限制。

工程性矿山:全省 2013 年有工程性矿山 53 个(生态环境修复性治理类矿山亦归入此类)。工程性矿山主要为沿海及海岛围垦造地、国家大型储油基地、船坞、码头、输气管线、公路交通等重大工程建设项目提供矿产资源保障,重点分布于温州、舟山、台州等地。工程性矿山具有开采期限短、采掘量大的特点。工程性矿山省内大型基础设施建设提供了矿产资源保障,保障了重点工程建设项目顺利推进。

2. *砖瓦用黏土、砂页岩*。2013 年,全省砖瓦用黏土和砂页岩矿山数、从业人员、矿石采掘量、矿业总产值、利润继续下降,与 2012 年相比分别下降 17.00%、21.04%、8.39%、5.55% 和 25.28%,税金也下降 6.85%(表 17)。

表 17　　2013 年全省砖瓦用黏土、砂页岩矿开发利用情况表

矿种名称	矿山数（个）	从业人员（人）	矿石采掘量（万吨）	实际生产能力（万吨/年）	矿业总产值（万元）	利润总额（万元）	税金总额（万元）
合 计	210	6884	528.62	636.3	74260.60	4908.10	3723.62
砖瓦用砂岩	6	233	12.87	24.49	5084.15	276.13	420.02
砖瓦用页岩	171	6025	438.30	530.34	59845.32	3595.47	2790.40
砖瓦用黏土	33	626	77.45	81.47	9331.13	1036.50	513.20

①砖瓦用黏土。2013 年,全省有砖瓦用黏土矿山 33 个,其中有 5 个矿山处于停产或关闭状态;从业人员 626 人,矿石采掘量 77.45 万吨,实现矿业总产值 9331.13 万元,利润总额 1036.5 万元,税金总额 513.20 万元,上述 5 个指标分别较 2012 年都有所下降。从业人员下降 57.85%、矿石采掘量下降 25.27%、矿业总产值下降 30.97%、利润总额下降 42.69%、税金总额下降 25.98%(表 18,图 26)。

表 18　　2009～2013 年全省砖瓦用黏土主要指标变化情况表

年　份	矿山数（个）	从业人员（人）	矿石采掘量（万吨）	矿业总产值（万元）	利润总额（万元）	税金总额（万元）
2009 年	336	10815	543.32	44690.88	5835.04	5835.04
2010 年	153	3781	330.75	24904.4	2391.86	921.83
2011 年	97	2227	231.00	23070.68	2926.40	877.32
2012 年	55	1485	103.64	13518.20	1808.70	693.30
2013 年	33	626	77.45	9331.13	1036.50	513.20

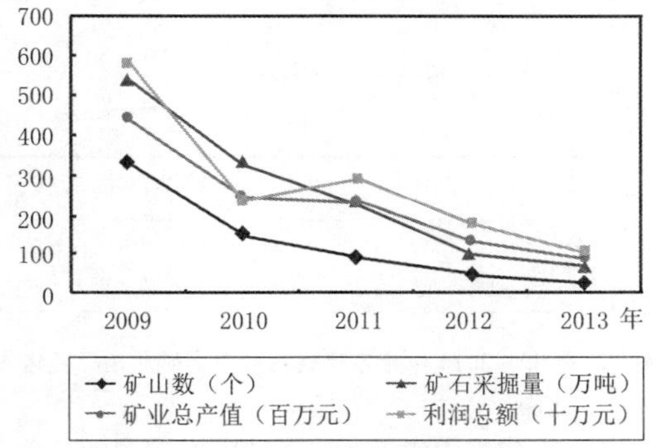

图26　2009～2013 年全省砖瓦用黏土主要指标变化对比图

2013 年,全省 33 个砖瓦用黏土矿分布于温州、嘉兴、绍兴、衢州、丽水 5 个市。衢州市砖瓦用黏土产量、产值分别占全省的 90.91% 和 94.60%。与 2012 年相比,除了嘉兴市其他各市的矿山个数和矿石采掘量都在下降(表 19)。

②砖瓦用砂、页岩。砖瓦用砂页岩包括砖瓦用砂岩、砖瓦用页岩两个矿种,以开发砖瓦用页岩占主导。2013 年,全省有砖瓦用砂、页岩矿山 177 个,从业人员 6258 人,矿石采掘量 451.17 万吨,实现矿业总产值 64929.47 万元,利润总额 3871.60 万元,税金总额 3210.42 万元。2013 年,砖瓦用砂页岩矿山数较 2012 年减少 21 个,矿石采掘量、矿业总产值、利润总额比

2012年分别减少4.70%、0.28%、18.67%。

砖瓦用砂页岩开发利用主要集中分布在金华和衢州两个市，两市的产量和产值分别占全省总量的73.30%和82.28%、利润和税金分别占全省总量的87.75%和76.41%（表20，图27）。

表19　　2013年各市砖瓦用黏土开发利用情况表

行政区	矿山数（个）	从业人员（人）	矿石采掘量（万吨）	矿业总产值（万元）	利润总额	税金总额
合　计	32	626	77.45	9331.13	1036.50	513.20
嘉兴市	1	10	3.86	58.60	5.30	52.70
绍兴市	3	50	1.28	225.05	32.00	8.00
衢州市	27	538	70.41	8827.48	985.20	449.50
丽水市	1	28	1.90	220.00	14.00	3.00

表20　　2013年各市砖瓦用砂、页岩开发利用情况表

行政区	矿山数（个）	从业人员（人）	矿石采掘量（万吨）	矿业总产值（万元）	利润总额（万元）	税金总额（万元）
合　计	177	6258	451.17	64929.47	3871.60	3210.42
杭州市	15	460	60.01	3232.38	22.04	171.66
湖州市	2	25	18.62	387.93	11.00	30.80
绍兴市	6	94	11.86	1136.00	65.00	49.00
金华市	96	4156	231.41	39085.09	2089.55	1576.48
衢州市	45	1068	99.31	14337.77	1307.88	876.71
台州市	5	250	18.89	4535.40	323.50	365.85
丽水市	8	205	11.07	2214.90	52.63	139.92

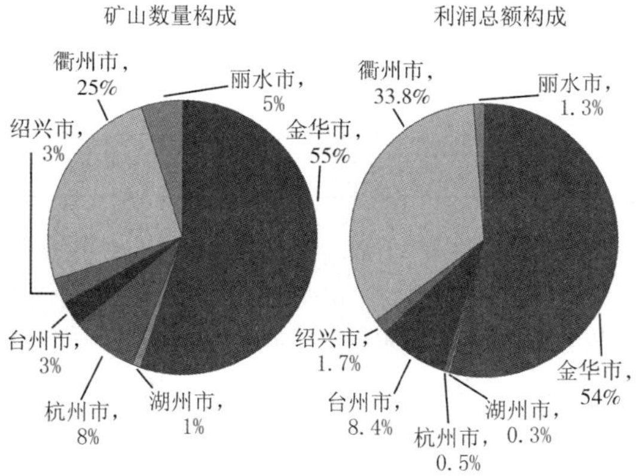

图27　2013年各市砖瓦用砂、页岩矿山数量及利润总额构成对比图

3. 建筑用砂。2013年，浙江省有建筑用砂矿山20个，从业人员579人，矿石采掘量1669.32万吨，实现矿业总产值51936.55万元，利润总额1370.45万元，税金总额5836.85万元。与2012年相比，矿山数减少4个，从业人员下降24.81%，矿石采掘量和矿业总产值分下降31.86%和36.37%，利润总额和税金总额分别下降8.66%和24.04%（表21，图28）。

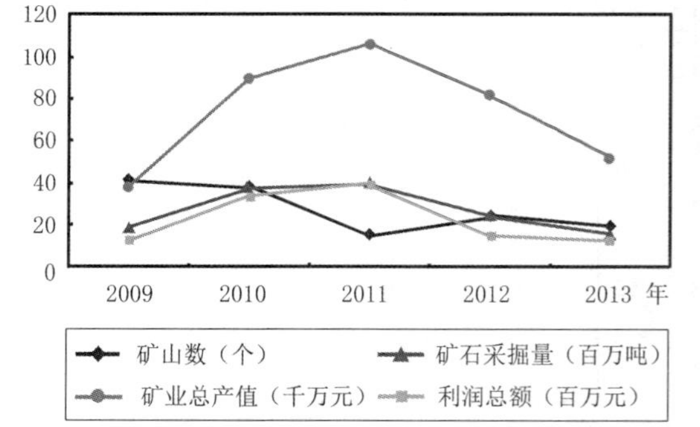

图28　2009～2013年全省建筑用砂主要矿业指标变化对比图

浙江省建筑用砂主要以海砂为主，但海砂的过度开采对海洋生态环境、航行及港口安全、渔业资源等带来严重影响和危害，宁波海域已全面禁止开采海砂。为此，自20世纪90年代起，浙江省就大规模推广使用机制砂，积极推进机制砂开发以解决海砂全面禁采后的资源保障问题则是建筑用砂的发展方向。因此，虽然建筑用砂的各项矿业指标近年来持续走低，但是对生态环境，特别是海洋生态环境的破坏也在不断减少，对人类资源环境的可持续发展是有利的（表22、表23）。

表21　2009～2013年全省建筑用砂主要矿业指标变化表

年　份	矿山数（个）	从业人员（人）	矿石采掘量（万吨）	矿业总产值（万元）	利润总额（万元）	税金总额（万元）
2009年	41	1642	1886.17	38126.85	1311.14	4225.66
2010年	38	1647	3701.09	89533.97	3471.90	13489.82
2011年	15	1189	4028.20	106395.80	3922.80	16703.79
2012年	24	770	2449.96	81627.20	1500.39	7684.48
2013年	20	579	1669.32	51936.55	1370.45	5836.85

表22　2013年各市建筑用砂开发利用情况表

行政区	矿山数（个）	从业人员（人）	矿石采掘量（万吨）	矿业总产值（万元）	利润总额（万元）	税金总额（万元）
合 计	20	579	1669.32	51936.55	1370.45	5836.85
杭州市	2	65	29.70	1279.80	80.00	45.50
宁波市	1	10	10.62	180.00	17.00	7.60
温州市	12	408	454.60	12712.15	235.95	929.25
绍兴市	1	18	7.40	66.60	5.00	5.00
金华市	1	15	46.00	1840.00	0.00	0.00
舟山市	1	48	1119.00	35808.00	1025.00	4845.00
台州市	1	8	2.00	50.00	7.50	4.50
丽水市	1	7	0.00	0.00	0.00	0.00

表23　2013年各市河砂开发利用情况表

行政区	矿山数（个）	从业人员（人）	矿石采掘量（万吨）	矿业总产值（万元）	利润总额（万元）	税金总额（万元）
合计	18	496	513.42	15511.79	285.29	935.94
杭州市	2	65	29.7	1279.8	80	45.5
宁波市	1	10	10.62	180	17	7.6
温州市	11	373	417.70	12095.39	175.79	873.34
绍兴市	1	18	7.4	66.6	5	5
金华市	1	15	46	1840	0	0
台州市	1	8	2	50	7.5	4.5
丽水市	1	7	0	0	0	0

【其他非金属矿产开发利用】　浙江省非金属矿产资源较丰富，叶蜡石、明矾石、萤石、伊利石、硅藻土、沸石、水泥用灰岩、膨润土、高岭土、珍珠岩、硅灰石、玻璃用石英岩保有资源储量居全国前列；其中除萤石、水泥用灰岩

外，总体开发程度较低。2013年，浙江省开发的其他非金属矿产（不包括普通建筑用石、砂、土）有32种，矿山338个，从业人员8612人，矿石采掘量8419.92万吨，实现矿业总产值210939.23万元，利润总额21690.97万元，税金34729.50万元；其矿山数量占总量的23.69%、从业人员占总量的20.61%、矿石采掘量占总量的15.64%、矿业总产值占总量的15.44%、利润和税金分别占总量的22.00%和27.19%。与2012年相比，非金属矿产从业人员、工业总产值分别减少11.67%、11.98%，矿山数、矿石采掘量、利润和税金分别增长2.42%、1.99%、25.89%和10.30%。

1. *石灰石*。浙江省石灰石主要分布在浙赣与沪杭铁路西北侧的杭州市所辖的富阳、建德、桐庐，湖州市所辖的长兴、安吉，金华市所辖的兰溪和衢州市所辖的常山、江山等县（市、区）；浙江东部绍兴、诸暨等地也有分布。主要赋矿层位为奥陶系上统三衢山组、石炭系中统黄龙组与上统船山组、三叠系下统青龙组；绍兴—诸暨一带主要利用寒武系灰岩。全省石灰岩资源储量在250亿吨以上。

2013年，浙江省石灰岩主要应用于水泥、建筑石料、饰面板材、制灰、冶金、脱硫及碳酸钙等领域（表24）。

表24　　2013年全省石灰岩矿山统计表

矿种名称	矿山数（个）	从业人员（人）	矿石采掘量（万吨）	矿业总产值（万元）	利润总额（万元）	税金总额（万元）
合　计	142	4020	9891.89	202100.26	19955.33	29345.73
建筑石料用灰岩	38	1252	2519.08	62902.42	4230.22	6039.07
熔剂用灰岩	3	330	388.30	23428.28	1130.00	2838.60
饰面用灰岩	1	6	0.47	37.36	0.00	0.33
水泥用灰岩	88	2239	6431.70	108427.82	14190.19	19351.63
制灰用石灰岩	12	193	552.34	7304.38	404.92	1116.10

水泥用灰岩是浙江省重要的优势矿产资源，开发强度一直很大，2013年矿石采掘量和矿业总产值都位居各矿种的第二位。2013年，全省有水泥用灰岩矿山88个，从业人员2239人，矿石采掘量6431.70万吨，矿业总产值108427.82万元，利润14190.19万元。与2012年相比，矿山数、从业人员和矿石采掘量分别下降3.30%、11.04%和24.26%，矿业总产值和利润总额却分别增长1.91%和89.98%（表25）。

水泥用灰岩区域开发利用情况与资源分布一致，杭州、湖州两市矿石采掘量、工业总产值分别占全省总量的63.25%和72.70%。与2012年相比，金华市和绍兴市水泥矿山经济效益均扭亏为盈，此为矿山规模化、集约化水平得到了提升（表25，图29）。

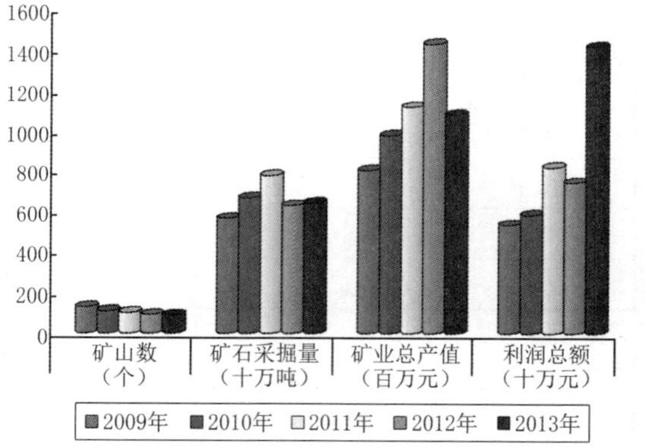

图29　2009～2013年水泥用灰岩主要矿业指标变化对比图

表25　　2009～2013年全省水泥用灰岩主要矿业指标变化表

年　份	矿山数（个）	从业人员（人）	矿石采掘量（万吨）	矿业总产值（万元）	利润总额（万元）
2009年	128	3415	5668.56	80716.49	5341.10
2010年	108	3021	6692.52	97810.95	5834.55
2011年	101	2883	7818.88	112235.39	8218.88
2012年	91	2517	6310.88	143163.19	7469.23
2013年	88	2239	6431.70	108427.82	14190.19

水泥用灰岩开发利用主要集中分布在杭州和湖州两市，两市的矿石采掘量和矿业总产值分别占全省总量的63.2%和72.7%、利润和税金分别占全省总量的78.2%和78.4%（表26）。

与2012年相比，2013年全省年产50万吨以上的水泥用灰岩矿山数38个，在总量中的比重由42.86%上升至43.18%；年产100万吨以上矿山的人均产值由81.37万元/人·年下降到56.22万元/人·年，降幅为30.91%（表27）。

表26　　2013年各市水泥用灰岩开发利用情况表

行政区	矿山数（个）	从业人员（人）	矿石采掘量（万吨）	矿业总产值（万元）	利润总额（万元）	税金总额（万元）
合 计	88	2239	6431.70	108427.82	14190.19	19351.64
杭州市	24	840	2102.13	33424.63	7076.29	5464.72
湖州市	24	653	1965.93	45407.50	4019.30	9701.58
绍兴市	14	174	430.60	4728.75	399.18	399.18
金华市	11	290	620.35	11454.76	165.00	2958.30
衢州市	15	282	1312.69	13412.18	2530.42	827.86

表27　　2013年全省水泥用灰岩矿山生产规模及劳动生产率统计表

矿山规模（万吨/年）	矿山数（个）	从业人员（个）	年产矿量（万吨）	矿业总产值（万元）	利润总额（万元）	人均产值（万元/人·年）
大于100.0	20	1309	4613.05	73590.97	11876.99	56.22
50.0～100.0	18	386	1221.49	25439.09	2055.85	65.90
5.0～50.0	21	353	597.15	9397.76	257.35	26.62
小于5.0	29	191	0.00	0.00	0.00	0.00
合计	88	2239	6431.70	108427.82	14190.19	48.43

2. 普通萤石。萤石为浙江省传统优势矿产资源，累计查明资源储量名列全国前茅。主要分布在杭州、丽水、金华、绍兴、台州、衢州、湖州等7个市，其中丽水市分布最广，萤石开发利用产量、产值、利润等均具全省之首。金华和丽水两市的矿山数和矿石采掘量分别占总量的46.56% 和86.09%，矿业总产值和利润总额分别占总量的75.36%和88.59%。萤石矿山地区分布格局基本保持不变，与资源赋存条件一致（表28）。全省萤石粉精矿、块精矿市场流向主要集中于衢州、金华等地的氟化工、冶金企业，部分出口国外。省内氟化工大型企业有衢化集团、锟鹏集团、鹰鹏化工有限公司等。

表28　　2013年各市普通萤石开发利用情况表

行政区	矿山数（个）	从业人员（人）	矿石采掘量（万吨）	矿业总产值（万元）	利润总额（万元）	税金总额（万元）
合 计	90	2233	80.66	28510.96	3350.39	5769.71
杭州市	16	426	3.29	823.47	-55.01	46.09
湖州市	2	1	0.00	0.00	0.00	0.00
绍兴市	11	122	2.32	593.27	72.50	41.60
金华市	18	334	17.63	6853.30	1114.00	1291.00
衢州市	8	222	2.23	1109.14	-24.80	143.38
台州市	12	249	3.38	4499.28	389.52	559.22
丽水市	23	879	51.81	14632.50	1854.18	3688.42

2013 年，全省有萤石矿山 90 个，从业人员 2233 人，矿石采掘量 80.66 万吨，实现矿业总产值 28510.96 万元，利润总额 3350.39 万元，税金总额 5769.71 万元。与 2012 年相比，矿业总产值增加 5.77%，矿山数增加 5.88%，从业人数减少 3.79%，矿石采掘量增加 13.77%，利润和税金分别减少 23.01% 和 6.17%（表 29，图 30）。2013 年，萤石市场虽然持续向好，但是相较 2012 年，由于受到国际市场的影响，利润有所下降。

表 29　　2009～2013 年全省普通萤石主要矿业指标变化表

年　份	矿山数（个）	从业人员（人）	矿石采掘量（万吨）	矿业总产值（万元）	利润总额（万元）	税金总额（万元）
2009 年	95	1935	65.55	15035.91	448.98	1590.98
2010 年	92	1961	76.76	25030.31	2255.22	3473.08
2011 年	82	2058	69.66	35131.59	4090.01	4875.59
2012 年	85	2321	70.90	26947.94	4351.52	6149.05
2013 年	90	2233	80.66	28510.96	3350.39	5769.71

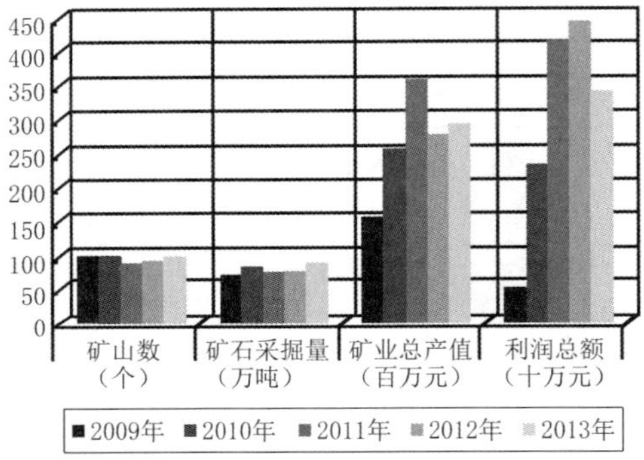

图 30　2009～2013 年全省普通萤石主要矿业指标变化对比图

浙江省萤石开采强度一直较大，但产业集中度较低，以小型矿为主。为保护优势资源，浙江省加强了对萤石采选的准入管理，对萤石矿山的资源储量、开采规模、生产条件、环境保护和技术设备等方面提出了限制性措施，对萤石资源开发进行了整合与规范，促使矿山企业进行技术改造，取得了明显成效。大型、中型萤石矿的矿山数虽然只占全省萤石矿总数的 10%，但矿业总产值、利润总额及税金总额分别占全省萤石矿的 36.00%、68.41%、56.0%。

近年来，萤石资源正逐步受到国家政策的保护，萤石运行态势良好，这将为浙江氟化工产业经济平稳较快地发展提供资源保障。今后，如何做好产品定、选择目标市场、提高产品质量、促进产品多元化发展以及研究更好的产品开发策略等，是做好萤石矿的合理开发利用的关键。

3. *明矾石*。明矾石是浙江省的优势矿产资源，查明资源储量占全国首位，产量也居全国第一，产品主要销往黑龙江、天津、山东、安徽、江苏、浙江、福建、广东、广西、甘肃等十余个省、市。主要应用于医药、食品、化工造纸、水产、纺织、玻璃制造、制革、油漆等行业。省内有全国唯一的明矾石中型矿山——温州矾矿，也是全省仅有的一家明矾石矿山。2013 年，全省明矾石矿从业人员 1202 人；矿石采掘量 12.39 万吨，较上年增加 275.45%；矿业总产值 6094.08 万元，较 2012 年下降 8.14%；利润转亏为盈，为 22 万元，较 2012 年有所好转；税金 840 万元，较 2012 年下降 18.92%（表 30）。

表 30　　2009～2013 年明矾石生产主要矿业指标变化情况

年　份	矿山数（个）	从业人员（人）	矿石采掘量（万吨）	矿业总产值（万元）	利润总额（万元）	税金总额（万元）
2009 年	1	1845	11.51	5930.00	－71.80	956.56
2010 年	1	1817	23.61	6478.00	2214.45	1145.38
2011 年	1	1622	11.88	6571.00	－242.00	921.00
2012 年	1	1765	3.30	6635.00	－197.00	1036.00
2013 年	1	1202	12.39	6094.80	22.00	840.00

温州矾矿是一家集采矿、冶炼于一体的国有中型企业，是世界上唯一生产天然绿色产品——钾明矾的厂家，素有"世界矾都"之称。但是由于目前仍沿用传统的水浸法工艺制矾，资源利用率与生产效率均较低，自2010年扭转了多年亏损的局面后，近两年又处于亏损状态。为改变这种被动局面，2012年矿山制订了《炼矾技术改造方案》，通过建设年处理10万吨明矾石原矿的机立窑生产线，将品位在45%以下、作为废石处理的粉状矿、细粒状明矾石矿矿石进行综合利用，将原矿的加工率由92%提高到99%以上；通过采用先进的机立窑煅烧技术和酸浸技术，提高明矾石矿的煅烧质量和产品回收率，缩短工艺流程，提高生产效率和劳动效率，降低生产成本，提高企业在市场中的竞争力等一系列举措，取得了显著成效，2013年，企业扭亏为盈。

4. *玻璃用石英岩*。2013年，浙江省有玻璃用石英岩矿山4个，全部分布在湖州市，从业人员101人，矿石采掘量62.14万吨，实现矿业总产值1615.64万元，利润总额20.00万元，税金总额240.00万元。与2012年相比，矿石采掘量下降54.45%，矿业总产值下降62.35%，利润总额和税金总额分别下降85.83%和65.03%（表31）。

表31　　2009～2013年全省玻璃用石英岩主要矿业指标变化表

年　份	矿山数（个）	从业人员（人）	矿石采掘量（万吨）	矿业总产值（万元）	利润总额（万元）	税金总额（万元）
2009年	9	350	173.03	5343.65	276.10	1019.49
2010年	8	450	166.89	14943.64	501.98	1848.28
2011年	7	426	317.41	8850.72	155.00	868.16
2012年	4	222	136.43	4290.90	141.10	686.30
2013年	4	101	62.14	1615.64	20.00	240.00

建材市场是玻璃及玻璃制品主要流入地，由于受国家对房地产行业调控的影响，2013年玻璃用石英岩的产量及利润均呈下降态势。

5. *叶蜡石*。浙江省叶蜡石矿产资源丰富，查明储量居全国之首，主要分布于在丽水，其次为温州、绍兴、衢州。2013年，全省有叶蜡石矿山26个，从业人员724人，矿石采掘量72.32万吨，实现矿业总产值5962.38万元，利润总额399.83万元，税金总额888.39万元。与2012年相比，从业人数和利润分别下降6.94%、33.64，产量、产值和税金则分别增长18.93%、20.83%和22.77%（表32、表33，图31）。

表32　　2009～2013年全省叶蜡石生产主要矿业指标变化表

年　份	矿山数（个）	从业人员（人）	矿石采掘量（万吨）	矿业总产值（万元）	利润总额（万元）	税金总额（万元）
2009年	22	743	61.69	3755.86	755.33	290.78
2010年	22	883	65.16	4043.10	1054.95	431.76
2011年	25	891	81.11	5951.58	765.49	775.38
2012年	26	778	60.81	4934.47	602.56	723.60
2013年	26	724	72.32	5962.38	399.83	888.39

丽水市叶蜡石矿居全省榜首，有14个；温州市虽然只有3个，但矿石采掘量及税金总额却位居全省第一。2013年，上述两市利润总额均降至历史最低，究其原因，叶蜡石主要用于陶瓷品、工艺雕刻市场，而受国家经济宏观调控，特别是受房地产市场调控影响，陶瓷品市场销量及价格均大打折扣。

表 33　　2013 年各市叶蜡石开发利用情况

行政区	矿山数（个）	从业人员（人）	矿石采掘量（万吨）	矿业总产值（万元）	利润总额（万元）	税金总额（万元）
合 计	26	724	72.32	5962.38	399.83	888.39
温州市	3	411	30.50	2101.37	0.88	446.30
绍兴市	2	51	3.85	317.79	135.00	41.00
衢州市	7	52	18.37	1101.00	263.00	84.00
丽水市	14	210	19.60	2442.22	0.95	317.09

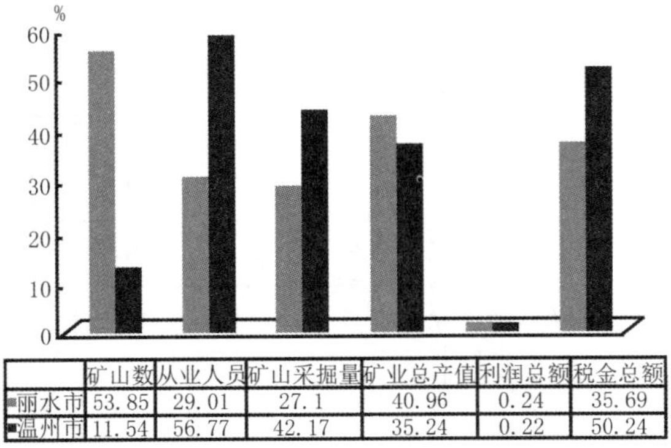

图 31　2013 年丽水市、温州市叶蜡石开发利用指标占全省比例对比图

浙江省叶蜡石矿石以叶蜡石型和石英叶蜡石型为主，次为绢云母叶蜡石型、高岭石叶蜡石型与地开石叶蜡石型。以上类型均可作为玻纤和陶瓷原料。石英叶蜡石型主要用于耐火材料，高岭石叶蜡石工业上无法利用，但可作为工艺雕刻材料。随着陶瓷工业工艺水平的提高，用于陶瓷行业的叶蜡石对 Al_2O_3 的含量已无硬性指标，工业部门对叶蜡石矿矿石可利用率大幅提高。

2013 年，浙江省叶蜡石产量、产值和产值均有所上升，但是利润却呈下降态势。究其原因，主要是近年来由于采用钢铁冶炼业推广连铸技术，使叶蜡石在耐火材料领域中的用量有所下降，而且全省叶蜡石应用领域处于较落后的状态，产品附加值低，叶蜡石产品出口层次低，绝大部分为加工度较浅、技术含量不高的初级产品，出口的低端产品与国际市场对高端产品的巨大需求形成很大反差。超细粉碎、表面改性和人造金刚石传压介质等方面研究程度不高，与发达国家叶蜡石开发利用还有相当大的差距。

6. *饰面用石材*。2013 年，全省饰面用石材开采矿种有灰岩、辉绿岩、闪长岩、花岗岩、大理岩、板岩 6 种，有矿山 35 个，从业人员 211 人，矿石采掘量 42.36 万吨，实现矿业总产值 3747.16 万元，利润总额 494.65 万元，税金总额 151.69 万元。与 2012 年相比，矿山数增加 7 个，产量增加 106.53%、产值增加 8.11%、利润和税金分别增加 77.93% 和 57.68%（表 34，图 33）。

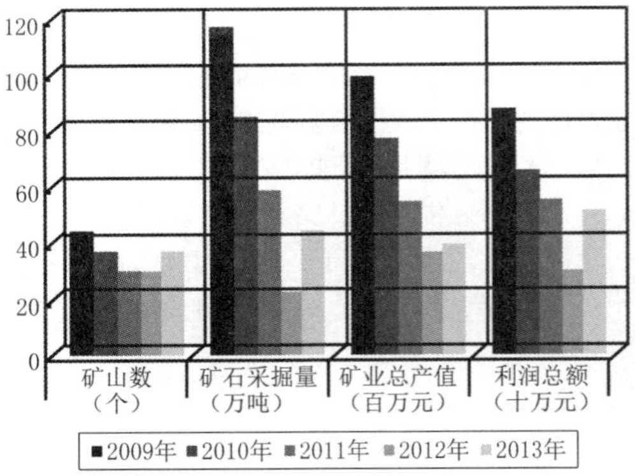

图 32　2009～2013 年全省饰面用石材主要矿业指标变化对比图

表 34　　2009～2013 年全省饰面用石材主要矿业指标变化表

年 份	矿山数（个）	从业人员（人）	矿石采掘量（万吨）	矿业总产值（万元）	利润总额（万元）	税金总额（万元）
2009 年	42	505	114.66	9697.49	856.70	187.03
2010 年	35	371	82.74	7497.94	618.75	133.86
2011 年	28	355	56.53	5247.65	531.28	201.63
2012 年	28	258	20.51	3466.01	278.00	96.20
2013 年	35	211	42.36	3747.16	494.65	151.69

开采的6个矿种中，饰面用辉绿岩的产量居首位，饰面用花岗岩产值居首位，饰面用板岩利润居首位（表35、表36）。

浙江省饰面用石材开采分布在衢州、金华、杭州等6市。衢州市的矿业总产值、利润和税金最高，矿山数占全省总量的28.57%，矿石采掘量占16.8%，产值、利润和税金分别占全省总量的44.05%、51.15%和40.96%，与2012年度相比，均有不同程度的下降。

石材产业处于建筑产业链的末端，浙江省的石材生产企业以中、小企业为多，管理水平低，科技力量弱，绝大多数无建筑装饰设计资质，难以适应新市场、新消费、新工艺的需求。面对石材市场需求的不断增加，浙江省石材生产企业迫切需要加强规范化管理，以科技为先导，建立正规的企业研发机构，走品牌战略之路，形成规模生产，从而提高浙江省石材产业在国内市场甚至国际市场中的竞争力。

表35　　2013年全省饰面用石材主要矿种开发利用情况

矿　种	矿山数（个）	从业人员（人）	矿石采掘量（万吨）	矿业总产值（万元）	利润总额（万元）	税金总额（万元）
合　计	35	211	42.36	3747.16	494.65	151.69
饰面用板岩	6	22	3.15	1007.2	135.00	32.00
饰面用大理岩	1	8	0.33	97	25.00	10.00
饰面用花岗岩	13	94	15.76	1530	276.72	63.30
饰面用灰岩	1	6	0.47	37.36	0.00	0.33
饰面用辉绿岩	10	57	19.97	651.6	29.60	33.60
饰面用闪长岩	4	24	2.69	424	28.33	12.46

表36　　2013年各市饰面用石材开发利用情况

年　份	矿山数（个）	从业人员（人）	矿石采掘量（万吨）	矿业总产值（万元）	利润总额（万元）	税金总额（万元）
合 计	35	211	42.36	3747.16	494.65	151.69
杭州市	5	46	4.43	616.00	133.72	23.50
温州市	16	54	2.94	484.00	31.93	14.06
绍兴市	1	15	8.14	405.00	50.00	20.00
金华市	2	27	19.72	591.60	26.00	32.00
衢州市	10	64	7.13	1650.56	253.00	62.13
丽水市	1	5	0.00	0.00	0.00	0.00

7. 高岭土。浙江省高岭土以地开石型为主，开采区集中于丽水的松阳、绍兴的诸暨等地。2013年，全省有高岭土矿山7个，从业人员182人，矿石产量18.88万吨，矿业总产值2201.05万元，利润总额291.40万元。与2012年相比，矿山数不变，从业人数、产量、产值和利润分别增加17.42%、23.16%、20.56%和37.30%（表37）。随着国土资源部《高岭土矿产资源合理开发利用"三率"指标要求（试行）》的发布，浙江省高岭土矿的开采回采率、选择矿回收率和综合利用率均有所提高，促进了矿山企业节约利用资源，提高了资源利用水平。

表 37　　2009～2013 年全省高岭土主要矿业指标变化表

年　份	矿山数（个）	从业人员（人）	矿石采掘量（万吨）	矿业总产值（万元）	利润总额（万元）
2009 年	18	184	29.53	2136.34	213.98
2010 年	15	141	23.03	3041.90	439.20
2011 年	10	83	6.74	2376.23	513.60
2012 年	7	155	15.33	1825.66	212.23
2013 年	7	182	18.88	2201.05	291.40

高岭土的可塑性、黏结性、一定的干燥强度、烧结性及烧后白度等特殊性能，使其成为陶瓷生产的主要原料；洁白、柔软、高度分散性、吸附性及化学随性等优良工艺性能，使其在造纸工业上得到广泛的应用。此外，高岭土在橡胶、塑料、耐火材料、石油精炼等工业部门以及农业和国防尖端技术领域亦有广泛用途。

8. *膨润土*。2013 年，全省有膨润土矿山 4 个，从业人员 24 人，矿石产量 9.29 万吨，矿业总产值 1525.48 万元，利润总额 358.75 万元。与 2012 年相比，矿山数减少 1 个，从业人员减少 4 人，产量下降 7.75%、产值和利润总额则分别增加 21.69% 和 17.83%（表 38）。

表 38　　2009～2013 年全省膨润土矿生产主要指标变化情况

年　份	矿山数（个）	从业人员（人）	矿石采掘量（万吨）	矿业总产值（万元）	利润总额（万元）
2009 年	7	71	15.65	2627.00	418.00
2010 年	6	84	10.75	1200.00	304.00
2011 年	5	44	17.48	1975.00	400.00
2012 年	5	28	10.07	1253.62	304.46
2013 年	4	24	9.29	1525.48	358.75

浙江省矿产总体分布较集中，主要分布在杭州市和湖州市，膨润土原矿均销往省内加工企业。近年来我国加大了膨润土产品的开发力度，新产品、新工艺不断产生，各领域对膨润土的需求将会日益增加，有利于浙江省膨润土矿山企业的发展。

9. *硫铁矿*。2013 年，全省有矿山 1 个，位于衢州市龙游县，为浙江巨化化工矿业有限公司灵山矿，从业人员 378 人，矿石采掘量 5.65 万吨，矿业总产值 1076.00 万元，利润 14.47 万元，税金 161.86 万元。与 2012 年相比，矿山数减少 1 个，矿石采掘量、矿业总产值分别增加 30.48%、150.61%。虽然从税金总额看是下降 47.02%，但是对比矿山数的缩减，单个矿山的利润额反而是有所提升。

表 39　　2009～2013 年全省硫铁矿主要矿业指标变化表

年　份	矿山数（个）	从业人员（人）	矿石采掘量（万吨）	矿业总产值（万元）	利润总额（万元）	税金总额（万元）
2009 年	3	477	3.75	193.95	－1692.00	499.00
2010 年	2	466	4.83	505.18	－1367.94	272.84
2011 年	3	957	4.67	725.67	50.00	81.45
2012 年	2	396	4.33	429.35	24.21	305.54
2013 年	1	378	5.65	1076.00	14.47	161.86

10. *其他优势非金属矿*。虽然浙江省伊利石黏土、硅藻土、沸石资源储量分别列全国第二、三、五位，

但是由于加工应用研究未取得突破性进展，开发日趋萎缩。硅藻土和伊利石黏土矿分别于2008年和2009年关闭；沸石仅有金华市婺城区和丽水市缙云有2个小型矿山，2013年产量为11.72万吨，产值为296.5万元，与2012年相比均有大幅上升。

【金属矿产开发利用】 浙江省金属矿产资源匮乏，以铁、铜、钼、铅锌、金、银为主，小型矿山和小矿山占全部金属矿山总数的92.98%，仅个别达到大中型规模，且矿石组成复杂，共伴生多种元素。2013年，全省有金属矿山57个，从业人员4084人，矿石采掘量188.14万吨，实现矿业总产值90081.27万元，利润总额3234.73万元。与2012年相比，金属矿产矿山数不变，矿石采掘量有所减少，矿业总产值减少6.89%、利润总额增加16.08%（表40）。2013年，我国经济增速放缓，GDP增长7.7%，受国际、国内市场价格影响，相对矿石产量下降的情况，利润总额有较大增幅（表40，图34）。

表40　　2009～2013年全省金属矿产主要矿业指标变化表

年　份	矿山数（个）	从业人员（人）	矿石采掘量（万吨）	矿业总产值（万元）	利润总额（万元）
2009年	61	4441	182.06	47155.22	3597.65
2010年	58	4452	211.79	73986.99	10262.52
2011年	60	4884	205.91	112811.04	14734.89
2012年	57	4319	201.12	96742.00	2786.58
2013年	57	4084	188.14	90081.27	3234.73

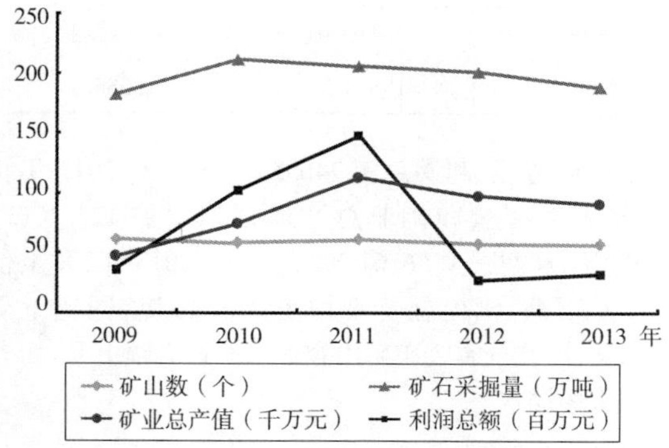

图33　2009～2013年全省金属矿产主要矿业指标变化对比图

1. 铜矿。2013年，浙江省有铜矿6个，从业人员1121人，矿石采掘量40.82万吨，实现矿业总产值27951.41万元，利润总额4742.30万元，税金总额5102.89万元。与2012年相比，矿石采掘量增加3.24%，产值、利润、税金分别下降23.72%、38.04%和20.21%。全省铜矿生产以杭州建铜集团有限公司和绍兴铜都矿业有限公司为主，两矿山合计矿石产量和矿业产值均占全省总量的85%以上（表41，图35）。

2013年，铜产量虽略有回升，但是，受国际市场铜供应过剩影响，铜价格总体上延续了2011年以来的下降趋势，国内铜价平均为5.33万元/吨，同比下降6.9%。浙江省铜矿企业经济效益有一定程度缩减。2013年，由于蒙古奥尤陶勒、秘鲁特罗莫克等一些世界级铜矿项目投产，预计2014年起，全球铜供应过剩的局面将加剧。2014年，铜矿企业经济效益不容乐观。

表41　　2009～2013年全省铜矿主要矿业指标对比表

年　份	矿山数（个）	从业人员（人）	矿石采掘量（万吨）	矿业总产值（万元）	利润总额（万元）	税金总额（万元）
2009年	6	1205	40.11	20665.13	5729.45	5164.20
2010年	6	1233	42.90	27055.81	10189.73	6900.16
2011年	6	1193	39.56	37033.00	12347.13	8301.35
2012年	6	1236	39.54	36641.23	7653.35	6395.07
2013年	6	1121	40.82	27951.41	4742.30	5102.89

浙江省铜矿资源虽较少，但是铜加工能力比较强，位居全国前列。2013年，主要利用的矿石类型为硫化铜矿，混合铜矿有少量开采。部分矿山开采中未对共伴生铜矿资源进行有效回收，流失到尾矿中。2013年，浙江省铜矿企业应首先立足提高现有资源开发利用水平，同时加强生产性勘探和从省外或国际市场采购矿产资源，增加资源储量。

2. 钼矿。2013年，全省有钼矿12个，集中分布于丽水市青田、松阳、景宁和莲都4县（区），从业人员569人，矿石采掘量7.17万吨，实现矿业总产值15664.76万元，利润总额-3585.16万元。与2012年相比，矿石采掘量和矿业总产值减少44.68%和23.25%（表42）。

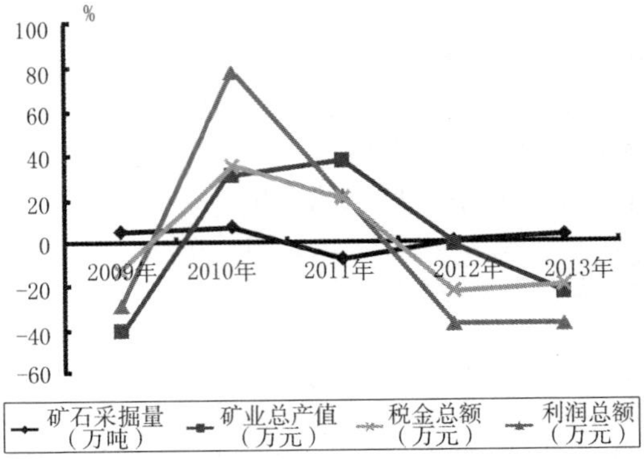

图34 2009～2013年全省铜矿主要矿业指标变化率图

表42 **2009～2013年全省钼矿生产主要矿业指标对比表**

年份	矿山数（个）	从业人员（人）	矿石采掘量（万吨）	矿业总产值（万元）	利润总额（万元）
2009年	10	816	7.77	5597.05	-3196.00
2010年	10	695	14.71	8721.20	-3938.00
2011年	11	778	21.74	24790.89	-2748.81
2012年	12	744	12.96	20410.91	-8152.14
2013年	12	569	7.17	15664.76	-3585.16

进入2013年以来，钼价延续2012年的态势，依然比较低迷。虽然全年钼价都维持在低位，导致全省钼矿企业出现严重亏损，但是相较2012年，钼矿价格有所上涨，缓解了亏损局面，亏损额减少达56%。

3. 金矿。2013年，全省有金矿矿山6个，从业人员702人，矿石采掘量3.71万吨，实现矿业总产值23539.90万元，利润总额746.53万元。与2012年相比，矿石采掘量和矿业总产值分别增加122.16%、24.62%，利润减少56.67%（表43）。2013年，黄金价格一路下跌，国内金价平均为283元/克，同比下降16.4%，因此全省金矿矿山企业采掘量大幅上升，而利润却大为缩水。

表43 **2009～2013年全省金矿主要矿业指标对比表**

年份	矿山数（个）	从业人员（人）	矿石采掘量（万吨）	矿业总产值（万元）	利润总额（万元）
2009年	7	894	3.41	9614.45	1018.47
2010年	7	868	2.76	9991.67	1382.00
2011年	8	1218	2.02	26296.18	1847.00
2012年	6	697	1.67	18888.93	1723.00
2013年	6	702	3.71	23539.90	746.53

浙江省金矿资源较少，集中产于丽水—宁波隆起带及其附近，主要分布于丽水、绍兴和金华三地，2013年仅有生产矿山2个，分别为浙江省遂昌金矿有限公司和浙江鑫盛黄金有限公司璜山金矿。浙江省遂昌金矿有限公司是浙江省规模最大的金矿，其矿业总产值和利润占全省总量的99%以上，历经数十年开采，保有资源储量日趋减少，矿山采取了限产、提高资源利用率、加快铅锌矿开发利用的工作，实现矿山由采选金银为主向采选铅锌为主的平稳过渡。由于遂昌治岭头金矿后备资源不足，其他小型金矿由于矿体形态复杂、品位变化大、影响环境等原因，暂难以规模开发，全省金矿开发形势较严峻，岩金资源短缺，砂金资源无前景，

急需投入更多地勘工作，寻找矿山接替资源和新的矿产地。

4. 铅锌矿。2013 年，全省有铅锌矿山 19 个，从业人员 715 人，矿石采掘量 9.59 万吨，实现矿业总产值 3632.54 万元，利润总额 264.52 万元，税金总额 546.06 万元。矿山企业经济数据与 2012 年相比，矿石采掘量下降 34.45%、矿业总产值下降 3.29%、利润和税金分别下降 46.54% 和 26.57%。（表 44、图 35）。

表 44　　2009～2013 年全省铅锌矿主要矿业指标变化对比表

年　份	矿山数（个）	从业人员（人）	矿石采掘量（万吨）	矿业总产值（万元）	利润总额（万元）	税金总额（万元）
2009 年	23	669	19.99	7544.82	388.53	1038.91
2010 年	22	821	18.53	11861.72	922.24	1717.53
2011 年	20	698	18.86	5939.70	939.45	947.97
2012 年	19	628	14.63	3756.17	494.80	743.61
2013 年	19	715	9.59	3632.54	264.52	546.06

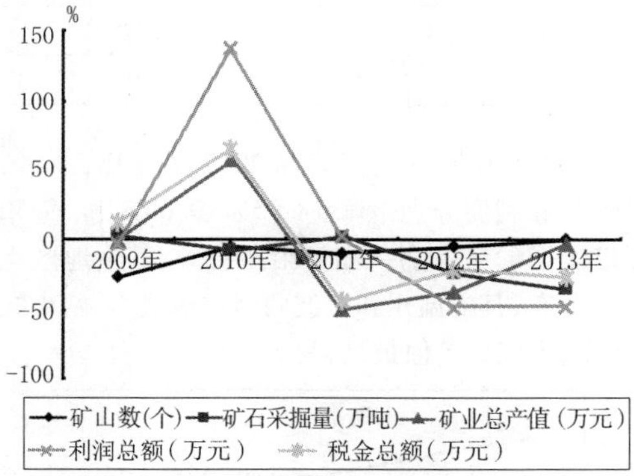

图 35　2009～2013 年全省铅锌矿主要矿业指标变化率图

浙江省铅锌有一定资源储量，易选，可利用性较好，但总体品位低，矿山开采技术力量薄弱，开采受到一定程度限制，加工业较发达，资源自给程度较低，故总体资源利用效率一般。铅锌矿规模较小，除 2 个小型矿山外，其余均为小矿，主要分布于绍兴、丽水、杭州；浙江佳和矿业集团有限公司龙泉铅锌矿、浙江诸暨七湾矿业有限公司铅锌矿和富阳金鑫矿业有限公司铜山铅锌矿，依然是 2013 年省内开采规模最大的铅锌矿山，三个矿山的矿石采掘量和矿业总产值分别占全省总量的 94.2% 和 93.0%，利润和税金分别占全省总量的 94.2% 和 97.26%，基本与 2012 年度持平。

2013 年是有色金属行业最困难的一年，基本金属价格整体下移，截至 2013 年年底，LME 铅价较年初下跌 7.4%，LME 锌价较年初下跌 3.8%。铅锌价格下跌是矿山企业经济效益缩水严重的主要因素，2014 年全球有色金属矿产品供应相对充足，而消费还将持续放缓，这将使 2014 年铅锌价格继续疲软，并充满着许多不确定性。

5. 铁矿。2013 年，全省有铁矿山 7 个，从业人员 651 人，矿石采掘量 120.78 万吨，实现矿业总产值 13181.24 万元，利润总额 282.54 万元。与 2012 年相比，矿石采掘量和矿业总产值分别下降 0.41%、1.80%、利润增加 1308.47%（表 45）。

表 45　　2009～2013 年全省铁矿主要矿业指标对比表

年　份	矿山数（个）	从业人员（人）	矿石采掘量（万吨）	矿业总产值（万元）	利润总额（万元）
2009 年	8	662	105.83	2730.73	−225.80
2010 年	8	662	128.12	13818.86	1098.55
2011 年	8	678	118.51	14776.87	1136.19
2012 年	8	668	121.28	13422.50	20.06
2013 年	7	651	120.78	13181.24	282.54

浙江省铁矿开采集中在绍兴、丽水、杭州 4 市，2013 年有生产矿山 4 个，停产矿山 1 个，另外 2 个为筹建矿山。浙江漓铁集团有限公司东西矿为全省第一大铁矿，其矿石采掘量占全省总量的 90.7%，产值占总量的 80.9%。

浙江省已探明的铁矿资源储量较为有限，且均为贫矿，在今后一段时间里铁矿石资源供应主要还是依赖省外和国际市场。主要利用的矿石类型为磁铁矿型，赤铁矿型和褐铁矿型以往有过开采，多作水泥配料使用，难以直接炼铁，2013 年均已停采。铁矿产品（铁精矿）主要销往省内冶炼企业，绝大部分销往杭州钢铁厂，少量销往衢州元立股份有限公司等企业，以往有少量地表氧化铁矿销往省内水泥厂作水泥配料使用。尽管铁矿矿业在全省经济社会发展中的地位有限，但对绍兴、景宁等地方经济发展具有一定影响，对杭州钢铁厂等后续加工企业具有较大的支撑保障作用。

【地热矿产开发利用】 2013 年，浙江省开发利用的能源矿产仅地热 1 种，有矿山 5 个。分布于金华、绍兴、宁波 3 地，从业人员 238 人，地下热水开采量 59.89 万立方米，年投资额 2108.00 万元，实现矿业总产值 1850.50 万元，比 2012 年减少 60.34%（表 46）。

表 46　**2009～2013 年全省地热主要矿业指标对比表**

年　份	矿山数（个）	从业人员（人）	地下热水开采量（万立方米）	矿业总产值（万元）
2009 年	2	205	5.82	978.85
2010 年	3	221	53.01	2026.00
2011 年	3	210	56.66	2506.00
2012 年	4	249	71.76	4666.00
2013 年	5	238	59.89	1850.50

在我国，地热资源储量的丰富程度令人惊讶，是世界上利用地热资源较早的国家之一，2013 年我国每年实际直接利用地热资源量已居世界第一位。地热资源是重要的可再生清洁型能源，与煤炭、石油和天然气等传统的化石能源相比，地热能具有清洁、环保、就地取用等优势。2013 年，地热在我国能源结构中占的比例还不足 0.5%，具有非常大的发展空间。浙江省具有得天独厚的经济社会环境、区位优势，为地热勘查和开发利用提供了良好的条件，近年来浙江省地热资源开发利用取得了较大突破。在能源矿产品严重紧缺的局面下，大力开发地热资源是实现能源消费多元化和保持区域经济可持续发展的有效途径，对于缓解全国乃至全省能源紧张的形势，实现节能减排的工作目标将起到积极的推进作用。

【水气矿产开发利用】 2013 年，浙江省开发利用的水气矿产有矿泉水和地下水，有矿山 43 个，从业人员 622人，产量13.86万吨，实现矿业总产值2240.85万元，利润总额 180.84 万元。与 2012 年相比，产量、矿业总产值和利润分别下降 18.95%、9.66% 和 39.12%（表 47，图 36）。除嘉兴和舟山两市外，其余地区均有矿泉水分布，其中温州和宁波两市数量最多，两市之和达 24 个；宁波市产值最高，为 833.00 万元。

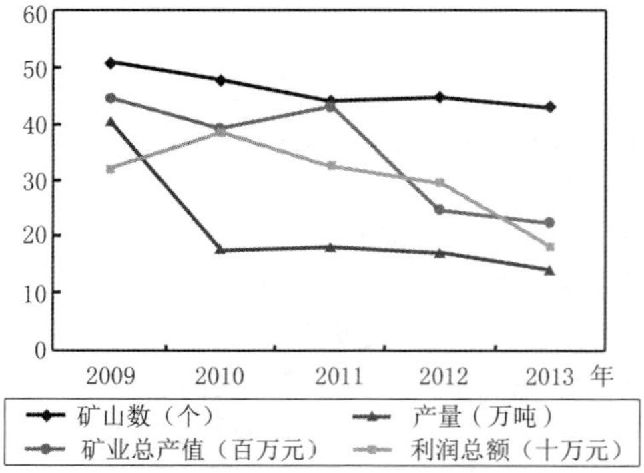

图 36　**2009～2013 年全省矿泉水主要矿业指标变化对比图**

表 47　**2009～2013 年全省矿泉水主要矿业指标对比表**

年　份	矿山数（个）	从业人员（人）	产量（万吨）	矿业总产值（万元）	利润总额（万元）
2009 年	51	780	40.28	4453.72	319.71
2010 年	48	761	17.64	3916.29	384.16
2011 年	44	790	18.06	4304.86	325.72
2012 年	45	703	17.1	2480.59	297.03
2013 年	43	622	13.86	2240.85	180.84

【矿产开发利用特点】 1. *矿山生产效率稳步提升*。多年来,受矿石性质、破碎设备性能及人工操作技术等因素的影响,浙江省的矿山生产效率不是很高。但是随着新一轮的矿产资源规划的深入实施,以及多年来矿业秩序治理整顿,浙江省矿产开发更加规范,矿山布局更趋合理,矿山结构进一步优化,矿山逐步走向规模化、集约化。2013 年,矿山生产效率在 2012 年的基础之上稳步提升。全省人均矿石采掘量基本稳定,矿山平均矿石采掘量比 2012 年增加 0.96%;矿山平均矿业总产值、人均矿业产值分别比 2012 年提高 5.51% 和 17.16%,两项指标再创历史新高(表 48,图 37)。

表 48　　2009～2013 年全省矿业生产规模和生产效率对比表

年　份	矿山数（个）	矿山平均矿石采掘量（万吨/矿・年）	矿山平均矿业总产值（万元/矿・年）	人均矿石采掘量（万吨/人・年）	人均矿业产值（万元/人・年）
2009 年	2393	19.51	374.79	0.68	13.04
2010 年	1900	26.63	566.57	0.87	18.48
2011 年	1709	40.67	877.73	1.20	25.84
2012 年	1549	37.37	907.52	1.15	27.92
2013 年	1427	37.73	957.56	1.29	32.71

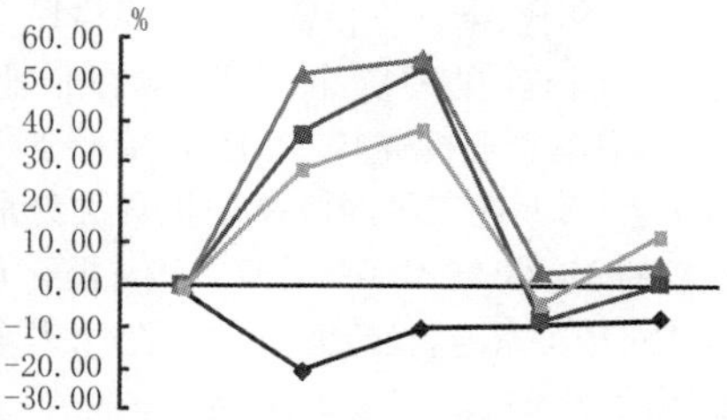

	2009年	2010年	2011年	2012年	2013年
矿山数	-0.19	-20.60	-10.05	-9.36	-7.88
矿山平均矿业总产值	0.13	36.49	52.72	-8.11	0.96
人均矿石采掘量	0.21	51.17	54.92	3.39	5.51
人均矿业产值	0.16	27.94	37.93	-4.17	12.17

图 37　2009～2013 全省矿业生产规模和生产效率变化率图

2. *矿业经济效益略有上升*。2013 年,国内经济增长速度虽然有所放缓,但仍保持 7% 以上,对矿产品的需求保持较高水平,因此矿产品生产保持增长态势,但矿产品价格受国际、国内市场影响起伏震荡等因素对浙江省矿业经济效益有不小的冲击。较 2012 年,2013 年全省矿业实现利润 9.86 亿元,增加 16.80%;上缴税金 12.77 亿元,增加 2.06%。全省有 44 个矿山企业出现亏损,累计亏损额为 6379.11 万元,亏损矿山数比 2012年少5个,亏损额减少53.58%;251个矿山停产,较 2012 年减少 33 个,停产矿山占矿山总数的比例较 2012 年降低 0.74%。

3. *矿产利用效率大幅提升*。为提高矿产品的开采回采率、选择矿回收率和综合利用率等指标,促进矿山企业节约与综合利用矿产资源,国土资源部在 2012 年底公告了金矿、磷矿、高岭土三个矿种的“三率”指标要求,在 2013 年开展了对铁、铜、铅、锌、稀土、萤石、钾盐 7 个矿种的“三率”指标研究工作。在国家对开发重点矿种矿山企业的节约与综合利用要求的带动下,浙江省各矿种利用效率均有明显提升。

矿产品利用效率的提升还反映在单位矿产品对经济总量的贡献上。随着政府对矿山生态环境治理要求的逐步提高,浙江省采取了许多措施高效配置资源,保障资源节约利用。2013 年,浙江省矿业在国民经济中的比重虽有所降低,全省矿业在国民经济中的比重从 2012 年的 0.41% 降为 0.36%,但矿业资源利用效率却得到大幅提高。2013 年,浙江省矿石采掘量下降明显,同时创造单位国民生产总值消耗的矿石量也明显减少,从 2012 年的 1.67 吨/万元降至 1.43 吨/万元。这些数据集中反映了浙江省矿产资源利用效率大幅提高(表 49,图 38)。

表 49　　2009～2013 年全省矿业生产指标与国民生产总值变化情况表

年　份	生产总值（亿元）	矿业总产值（亿元）	矿业总产值/生产总值(%)	矿石产量（万吨）	矿石产量/生产总值(吨/万元)
2009 年	22832	89.69	0.39	46697.51	2.05
2010 年	27227	109.35	0.40	50595.52	1.86
2011 年	32000	150.00	0.47	69511.79	2.17
2012 年	34606	140.57	0.41	57887.85	1.67
2013 年	37568	136.64	0.36	53839.44	1.43

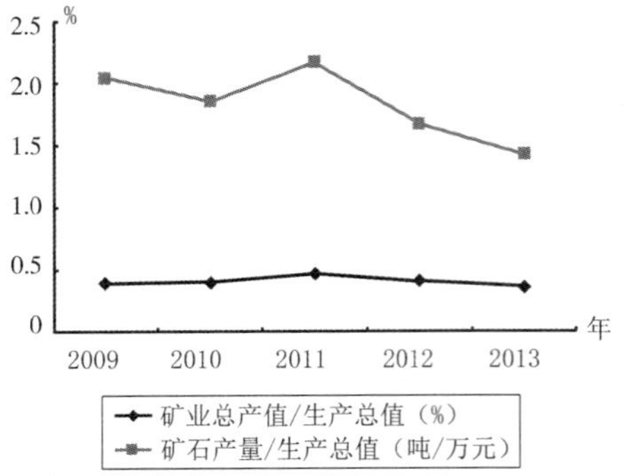

图 38　2009～2013 年全省矿业生产指标与国民生产总值变化图

4. *矿业投资大幅减少*。全球经济艰难复苏，进入低速增长期。全球经济的不景气影响全球矿业发展，矿业经济呈下滑态势，矿业投资均不同程度下降。2013 年，全省矿业投资 47.00 亿元，较 2012 年减少 13.12 亿元，降幅为 21.82%。除了台州市投资有较大增幅，宁波、嘉兴略有增幅外，其他各市均有不同程度的下降。降幅最大的为舟山市，减少 11.17 亿元，降幅达 59.4%（表 50，图 39）。

表 50　　2009～2013 年各市矿业投资对比表

行政区	投资额（亿元）				
	2009 年	2010 年	2011 年	2012 年	2013 年
合 计	23.00	35.95	44.10	60.12	47.00
杭州市	2.16	3.92	4.58	5.90	4.86
宁波市	2.09	4.64	4.10	2.29	2.61
温州市	1.61	1.41	2.15	1.69	1.24
嘉兴市	1.05	0.14	6.04	0.38	0.48
湖州市	4.44	6.97	5.79	9.81	8.23
绍兴市	0.69	1.08	1.19	1.40	1.23
金华市	2.15	1.90	2.12	2.70	2.01
衢州市	0.93	0.97	1.21	4.26	0.83
舟山市	2.57	8.92	8.58	18.79	7.62
台州市	3.94	3.67	6.49	9.34	15.14
丽水市	1.37	2.33	1.94	3.56	2.76

现在，全球矿业发展处于下行态势，进入重要调整期，去库存化、去产能化将主导全球矿业中期走势，而且这种调整将为下一次矿业繁荣积聚内力。矿业的周期性调整符合矿业发展规律，我国正处于工业化、城镇

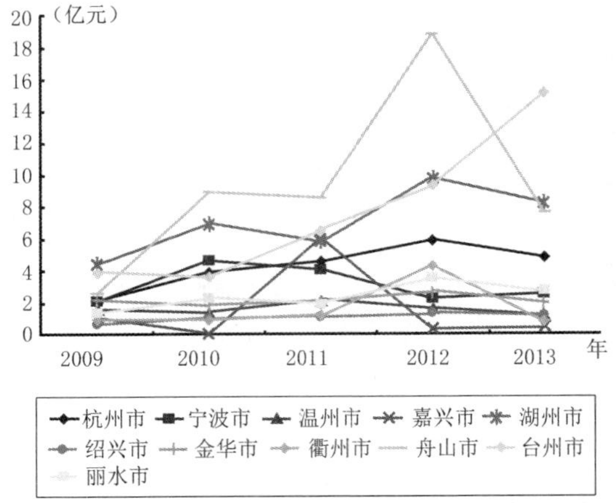

图 39　2009～2013 年各市矿业投资变化对比图

化发展中，对矿产资源的需求依然强劲，因此矿业投资总体前景比较乐观。

与 2012 年相比，浙江省投资资金来源格局有较大改变，主要为国有、民间资金，其中国有企业投资 14.946 亿元，私营企业投资 10.16 亿元，有限责任公司投资 17.65 亿元，上述三种经济类型投资额分别占全省投资总额的 31.78%、21.62%、37.55%；投资方向主要集中在建筑用凝灰岩，投资额 33.20 亿元，占全省矿业总投资额的 70.64%。

5. *矿山生态环境持续改善*。近年来，浙江省矿业开发已从开发与保护并重向保护优先条件下的开发逐步转变。在矿产资源开发过程中，严格执行《矿山地质环境保护与治理恢复方案》，严把矿山开采准入关，在矿山基建时，明确提出了矿产资源开发利用、矿山生态环境保护、绿色矿山建设等相关要求，通过提高日常监管的密度、频次，督促采矿权人按要求做好矿产资源开发利用、矿山生态环境保护、绿色矿山建设等工作，以实现矿山开采与环境保护相协调。此外，通过提高矿山开采方式的先进性，提高矿山企业采选“三率”指标，降低能耗，减少采矿过程的损失，保护矿区生态环境，减轻环境破坏程度。采用先进技术、工艺和设备，加强了矿产资源的综合利用。

绿色矿山是矿产开发与环境保护协调发展的矿山，它具有开采方式科学化、资源利用高效化、企业管理规范化、生产工艺环保化、矿山环境生态化、企业社区和谐化的特点。通过绿色矿山建设，全面提升资源利用与环境保护水平。绿色矿山建设活动对进一步提升浙江省矿产资源开发利用水平、改善矿山自然生态环境、促进浙江省矿业经济与生态环境和谐发展、推进生态省建设具有重要意义。2013 年，浙江省把绿色矿山建设贯穿于矿产资源开发的全过程，对于符合绿色矿山建设条件的，都要求必须建设绿色矿山，

做到应建必建；对未按要求开展绿色矿山建设的，矿产资源开发利用年度检查不予通过，并暂缓办理采矿权延续等采矿权登记事项。到2013年底，全省新建成绿色矿山50家，累计建成绿色矿山260家，建成率达44.07%，绍兴平铜（集团）有限公司（平水铜矿）等7家矿山企业被国土资源部确定为第三批国家级绿色矿山试点单位。2013年，浙江省已有17家国家级绿色矿山试点单位，已形成国家、省、市、县四级共建的新格局。

2013年，矿山开采区占有土地面积为22275.56公顷，实际使用土地面积16476.02公顷，开采区占有土地面积较2012年增加11.21%，实际使用土地面积较2012年增加15.43%，土地利用率与2012年基本持平，闲置土地面积比2012年减少2.18%。应治理矿山土地面积5649.37公顷，实际治理面积683.61公顷，为应治理面积的12.10%（表51，图40）。

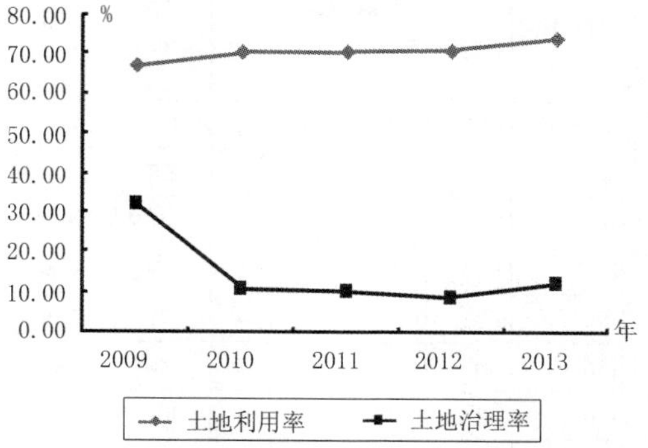

图40　2009～2013年度全省矿山土地使用率和治理率变化图

表51　2009～2013年度全省矿山土地使用和治理情况对比表

年　度	开采区占有土地面积（公顷）	开采区使用土地面积（公顷）	应治理面积（公顷）	已治理面积（公顷）	治理投资额（万元）
2009年	21932.29	14730.46	5756.06	1850.66	10990.02
2010年	18165.96	12778.41	5150.17	556.24	18819.65
2011年	19963.99	14080.23	5393.89	548.05	22579.02
2012年	20029.59	14274.07	5818.94	515.43	66649.20
2013年	22275.56	16476.02	5649.37	683.61	73626.39

2013年，全省有废石堆场161个，比2012年减少2个，累计存放量比2012年减少801.57万吨，当年排放量减少644.81万吨，当年处理量增加41.37万吨，较2012年增加28.81%；有尾矿库42个，累计存放量与2012年基本持平，当年排放量和处理量分别比2012年增加27.73%和29.38%，处理量占累计存放量的2.21%，矿山固体废弃物综合利用程度仍然偏低（表52）。

表52　2009～2013年度全省固体废弃物排放及处理情况对比表

年　度	废石堆（个）	累计存放量（万吨）	当年排放量（万吨）	当年处理量（万吨）	尾矿库（个）	累计存放量（万吨）	当年排放量（万吨）	当年处理量（万吨）
2009年	209	1657.42	198.32	192.08	82	4070.07	198.07	108.69
2010年	168	992.42	70.60	64.03	40	4219.98	197.02	103.39
2011年	176	967.23	69.29	115.67	39	4280.97	281.62	164.91
2012年	163	1293.02	803.89	143.60	41	4247.83	182.43	73.75
2013年	161	491.45	159.08	184.97	42	4309.83	233.01	95.42

附表 1 **2013 年度浙江省非油气矿产资源开发利用情况统计表**

统计指标		矿山企业数					从业人员（个）	年产矿量（万吨）	剥离、掘进岩石量（万吨）	实际采矿能力（万吨/年）	新增设计生产能力（万吨/年）	工业总产值（万元）		矿产品销售收入（万元）	利润总额（万元）
		合计	大型	中型	小型	小矿							综合利用产值（万元）		
总　计		1427	768	161	453	45	41777	53758.67	2436.54	56765.70	8150.25	1366432.05	48113.32	1085944.89	98596.78
矿产种类	地下热水	5	3	1	1	0	238	0	0	0	0	1850.50	0	1850.50	181
	铁矿	7	2	0	3	2	651	120.78	0	120.26	9.51	13181.24	0	13083.60	282.54
	铜矿	6	0	0	5	1	1121	40.82	0.36	41.93	2.2	27951.41	7580.60	24489.01	4742.30
	铅矿	8	0	0	4	4	371	7.19	2	9.49	0	2666.30	0	2666.29	136.42
	锌矿	11	0	0	4	7	344	2.41	0.96	8.13	0	966.26	0	966.25	128.1
	钨矿	2	0	0	1	1	104	1.21	0	3.2	0	1030.00	167	0	0
	锡矿	1	0	0	1	0	20	3.29	0.2	4.5	0	368	0	0	0
	钼矿	12	0	0	8	4	569	7.17	13.89	9.51	0	15664.76	2956.47	14604.79	-3585.16
	锑矿	1	0	0	0	1	16	0	0.01	0.51	0	0	0	0	0
	金矿	6	0	1	4	1	702	3.71	1.77	1.85	0	23539.90	0	10867.75	746.53
	银矿	3	0	0	3	0	186	6.58	1.2	7.16	0	4713.40	0	3290.40	784
	普通萤石	90	5	4	77	4	2233	80.65	10.24	109.97	21.72	28510.97	410	24445.16	3350.39
	熔剂用灰岩	3	2	0	1	0	330	388.31	30	388.31	41.36	23428.28	1826.00	23428.28	1130.00
	冶金用白云岩	2	0	0	2	0	33	26.28	0	26.28	0	945.14	0	945.14	3.83
	冶金用石英岩	1	0	0	1	0	1	0	0	0	0	0	0	0	0
	冶金用脉石英	1	0	0	1	0	12	0.41	0	0.41	0	28.49	0	28.49	0
	耐火黏土	2	0	0	1	1	12	24.63	0	0.54	0	48.75	0	48.75	3
	硫铁矿	1	0	1	0	0	378	5.65	0	5.65	0	1076.00	0	287.16	14.47
	明矾石	1	0	1	0	0	1202	12.39	0	12.39	9.09	6094.80	124.5	6038.53	22
	硅灰石	1	1	0	0	0	56	0	0	0	0	0	0	0	0
	叶蜡石	26	1	14	11	0	724	72.32	11.23	79.46	16.55	5962.38	555.64	5959.18	399.83
	沸石	2	0	0	2	0	15	11.72	0	11.72	0	296.5	0	234.49	16
	方解石	27	0	4	23	0	353	222.92	3.65	219.63	0	10342.82	377.42	10042.35	240.54
	水泥用灰岩	88	25	13	49	1	2239	6431.70	146.46	7284.44	286.51	108427.82	4291.40	102996.75	14190.19
	建筑石料用灰岩	38	768	161	453	45	1252	2519.08	84.83	2530.22	531.57	62902.42	6435.23	55316.08	4230.22
	饰面用灰岩	1	3	1	1	0	6	0.47	0	0.47	0	37.36	0	37.36	0
	制灰用石灰岩	12	2	0	3	2	193	552.34	0	438.07	0	7304.38	240.5	7303.94	404.92
	建筑用白云岩	2	0	0	4	2	12	17.59	0	21.44	0	546	0	546	55

续附表 1-1

统计指标		矿山企业数					从业人员（个）	年产矿量（万吨）	剥离、掘进岩石量（万吨）	实际采矿能力（万吨/年）	新增设计生产能力（万吨/年）	工业总产值（万元）		矿产品销售收入（万元）	利润总额（万元）
		合计	大型	中型	小型	小矿							综合利用产值（万元）		
矿产种类	玻璃用石英岩	4	0	0	2	6	101	62.14	0	62.14	0	1615.64	0	1615.64	20
	水泥配料用砂岩	5	0	0	0	11	45	69.93	0	66.57	0	2139.27	0	755.9	215.6
	砖瓦用砂岩	6	0	0	1	1	233	12.87	1	24.49	0	5084.15	0	5083.95	276.13
	建筑用砂岩	47	0	0	1	0	1222	2742.53	140.28	2774.56	493.88	52543.42	1392.94	51424.75	2077.82
	建筑用砂	20	0	0	7	5	579	1669.32	0.37	1744.62	85.75	51936.55	0	47401.00	1370.45
	砖瓦用页岩	171	0	0	0	1	6025	438.3	3.79	530.34	1.2	59845.32	121	55502.57	3595.47
	水泥配料用页岩	14	0	1	4	1	104	344.2	2.19	385.71	63.09	4726.85	0	4725.85	328.4
	高岭土	7	0	0	3	0	182	18.88	11.55	29.11	5.73	2201.05	0	1560.35	291.4
	陶瓷土	1	6	3	81	0	4	11.85	0	11.85	0	350	0	350	70
	膨润土	4	2	0	1	0	24	9.29	2.2	9.29	0	1525.48	205.63	1525.47	358.75
	砖瓦用黏土	33	0	0	2	0	626	77.45	0	81.47	0	9331.13	215.5	9080.13	1036.50
	水泥配料用黏土	2	0	0	1	0	80	29.92	0	29.92	0	1827.20	0	1827.20	120
	建筑用玄武岩	12	0	0	1	0	197	216.7	9.91	223.39	72.36	7730.79	0	7710.79	649.16
	饰面用辉绿岩	10	0	0	1	1	57	19.97	1.5	19.97	0	651.6	0	651.6	29.6
	建筑用辉绿岩	1	0	0	1	0	7	2.11	0	0.89	0	47.19	0	47.19	30
	建筑用安山岩	3	1	0	0	0	150	518.64	30	518.71	0	32492.41	6480.00	32492.41	5780.00
	建筑用闪长岩	2	1	0	0	0	140	32.06	0	32.06	2.61	2364.50	0	2364.50	292.59
	饰面用闪长岩	4	3	17	6	0	24	2.69	0	2.69	0	424	0	296	28.33
	建筑用花岗岩	47	0	0	2	0	1122	1750.86	80.77	1763.84	537.84	51390.36	1283.12	34819.99	1648.98
	饰面用花岗岩	13	5	6	16	0	94	15.76	1.03	17.62	0	1530.00	0	1485.02	276.72
	珍珠岩	4	27	14	47	0	27	2.06	0	2.06	0	189.15	30	79.15	9
	水泥用凝灰岩	1	2	4	32	0	0	0	0	0	0	0	0	0	0
	建筑用凝灰岩	598	0	0	1	0	16597	35149.05	1844.86	37088.37	5969.28	724953.42	13420.37	512823.76	52263.72
	饰面用大理岩	1	0	0	12	0	8	0.33	0	0.33	0	97	0	97	25
	建筑用大理岩	3	0	0	2	0	53	4.05	0	4.05	0	128.04	0	128.04	1
	水泥用大理岩	1	4	0	0	0	1	0	0	3	0	0	0	0	0
	玻璃用大理岩	2	0	4	1	0	24	0	0	0	0	0	0	0	0
	饰面用板岩	6	0	4	2	0	22	3.15	0.3	3.15	0	1007.20	0	1007.20	135
	片麻岩	1	35	9	3	0	28	0	0	0	0	151.12	0	151.12	8
	矿泉水	43	3	4	11	2	622	0	0	0	0	2240.85	0	1437.56	180.84
	地下水	1	2	66	103	0	6	0	0	0	0	24.5	0	24.5	2.2

续附表 1－2

统计指标		矿山企业数					从业人员（个）	年产矿量（万吨）	剥离、掘进岩石量（万吨）	实际采矿能力（万吨/年）	新增设计生产能力（万吨/年）	工业总产值（万元）		矿产品销售收入（万元）	利润总额（万元）
		合计	大型	中型	小型	小矿							综合利用产值（万元）		
经济类型	一、内资企业	1412	757	161	449	45	41218	52616.17		55466.14		1319307.62	43662.78	1034936.48	94691.38
	国有企业	69	54	2	12	1	5646	6408.33		7387.08		175510.49	5059.3	113275.48	6746.8
	集体企业	63	22	4	31	6	1387	1356.77		1411.33		30353.39	133.3	29251.11	2985.06
	股份合作企业	35	20	2	12	1	589	210.22		239.27		7469.73	0	7318.93	390.86
	联营企业	2	1	1	0	0	150	29.4		29.4		677.56	0	167.56	0
	有限责任公司	403	271	27	97	8	14205	26508.85		27064.35		632698.71	19990.13	461543.81	38668.37
	股份有限公司	54	26	8	19	1	1984	1941.92		1986.97		40700.13	508.53	37667.76	5442.53
	私营企业	727	334	112	253	28	15320	14915.91		16024.27		390380.79	16971.52	348100.75	36866.29
	其他企业	59	29	5	25	0	1937	1244.78		1323.46		41516.83	1000	37611.09	3591.47
	二、港、澳、台商投资企业	5	4		1		169	122.31		122.23		4080.35	275.24	4080.15	85
	港、澳、台商投资企业	5	4	0	1	0	169	122.31		122.23		4080.35	275.24	4080.15	85
	三、外商投资企业	10	7		3		390	1095.94		1177.33		43044.08	4175.3	43022.08	3820.4
	外商投资企业	10	7	0	3	0	390	1095.94		1177.33		43044.08	4175.3	43022.08	3820.4
行政区	杭州市	179	68	32	68	11	6005	7403.18	475.54	8329.21	1504.36	157198.30	12273.14	136709.52	21419.23
	宁波市	154	144	0	9	1	3498	9288.36	152.42	9558.50	228.89	163264.45	1868.00	130095.58	20406.73
	温州市	162	112	8	39	3	4103	6518.48	234.16	6519.16	1419.18	112848.10	133.14	68739.77	6036.10
	嘉兴市	15	14	0	1	0	706	981.18	0	981.18	431.55	40629.71	150	39386.92	1128.75
	湖州市	116	71	7	37	1	3698	9832.00	842.89	9850.70	2600.05	303137.90	24918.57	302134.86	21253.84
	绍兴市	106	53	8	38	7	3006	1876.79	33.72	2149.44	308.11	55514.96	3131.50	49354.99	2484.19
	金华市	190	58	17	114	1	5697	1727.28	83.74	1865.87	231.61	79901.27	0	71974.79	6180.28
	衢州市	186	33	64	78	11	3445	2778.21	2.81	2705.96	52.2	62654.18	1620.50	60811.43	8176.82
	舟山市	62	62	0	0	0	3023	7202.76	12.23	8531.09	706.71	209251.09	210	115849.17	3819.74
	台州市	145	118	4	22	1	4736	5817.71	536.94	5826.87	631.86	107944.21	20	52391.10	7602.66
	丽水市	112	35	21	47	9	3860	332.73	62.1	447.72	35.73	74087.88	3788.47	58496.77	88.44

（浙江省国土资源厅）

河南省

【矿产资源概况】 截至 2013 年底，全省已发现的矿种为 142 种（其中能源矿产 9 种，金属矿产 43 种，非金属矿产 88 种，水气矿产 2 种），查明资源储量的矿种为 106 种；已开发利用的为 93 种（其中能源矿产 6 种，金属矿产 23 种，非金属矿产 62 种，气矿产 2 种）。

2013 年，新查明铝土矿中型矿床规模以上矿产地 11 处，初步探明资源储量 4.05 亿吨；铁矿资源储量 7.14 亿吨；发现金矿多处，金属量 87.89 吨。叶舞凹陷和东濮凹陷发现了厚度几十米至 400 米厚的盐层，预获资源量相当于建国以来全省查明总储量的数十倍。全省重要矿产新查明资源储量大于开采消耗量的局面已经形成，总体改变了以往“寅吃卯粮”的状况。

【矿产资源勘查】 持续深化“嵩县模式”内涵，创建多元投资平台，构建地质找矿新机制，大力开展整装勘查和深部找矿，全面实施“6139”地质找矿行动计划，积极推进全省找矿突破战略行动,努力实现地质找矿“358”目标,地质找矿前三年目标多数大幅度超额完成。

截至2013年底,全省共有资质单位107家,其中中央管理的地勘单位3家,属地化管理的地勘单位104家。全省找矿共投入工作量:钻探627.05千米,坑探26.35千米,槽探14.39万立方米,浅井820米。新发现矿产地4个,其中大型2个、中型2个。

【矿业权管理】 截至2013年底,全省共有勘查许可证1128个,同比减少31.2%,其中新立7个,同比减少70.8%,注销595个,同比增长17倍;共有采矿许可证3285个,同比减少14.8%,其中新立42个,同比减少44.0%,注销606个,同比增加134.0%。

【矿产资源开发利用】 2013年,全省共有2941个各类经济性质的独立核算采矿单位从事矿业生产活动,其中大中型矿山企业445个,从事矿业生产人数达47万余人。全省固、液体矿石产量30471.68万吨,较上年增加12.0%。

【矿产资源执法监察】 2013年,全省各级国土资源部门共立案查处各类矿产违法案件数量同比增加20.6%,罚没款同比增加93.8%。

【地质环境】 1. 地质灾害。2013年4月26日,印发了《河南省国土资源厅关于做好2013年地质灾害防治工作的通知》(豫国土资发〔2013〕48号),要求各地按照全国汛期地质灾害防治工作视频会议要求,做好地质灾害防治工作,并对全年地质灾害防治工作做出了总体部署。省国土资源厅会同省政府有关部门,制定了《河南省2013年度地质灾害防治方案》,报省政府发布实施。

5月24日至9月30日,省国土资源厅和省气象局联合开展了全省汛期地质灾害气象预警预报工作,在省电视台发布预警信息40次。地质灾害易发区的15个省辖市、60个县(市、区)均采用电话、手机短信等形式发布地质灾害气象预警预报信息。

2. 区域地下水环境监测。2013年,全省设有区域地下水环境监测点160个(均为国家级,其中54个监测点安装自动传输监测仪),以监测平原、岗区浅层地下水为主,监测控制面积10.86万平方千米,占全省国土面积的65.0%。

【矿山地质环境治理】 2013年5月28日起,省厅组织五个督察组对2004年以来中央财政和省财政资金支持的矿山地质环境恢复治理项目进行全面检查。编制完成了《河南省“矿山复绿”行动实施方案》,已通过国土资源部评审,并发布实施。针对“三区两线”历史遗留的矿山地质环境问题,全年实施44个矿山地质环境治理项目,复绿面积3491公顷;并组织专家组,对2013年申报立项的矿山地质环境治理项目进行现场核查,筛选出32个项目进入省地质环境项目库。

【地质遗迹保护和地质公园】 截至2013年底,全省建立地质遗迹自然保护区1处,即“南阳恐龙蛋化石群国家级自然保护区”;批准建立的省级以上地质公园21个,其中世界地质公园4个、国家地质公园13个;批准建设矿山公园3个,其中南阳独山玉国家矿山公园已建成揭碑开园,新乡凤凰山、焦作缝山获得国家级矿山公园建设资格。

(河南省国土资源厅)

广东省

【矿产资源管理概况】 2013年,矿产资源补偿费入库总额15106万元,其中入中央库额7553万元,同比均减少3.17%。

全省共立案查处矿产违法案件274件,同比下降21.71%,罚没款共760.18万元。

1. 新立勘查许可证发证数情况。2013年,全省省、市发证有效勘查许可证为418个,同比减少2.4%。全省新立探矿权51个,同比减少1.92%。

2013年,全省有效采矿许可证为1805个,同比减少1.4%,主要原因是全省将地热、矿泉水采矿权审批权限调整到各地级以上市后,导致部分地级市存在数据统计误差。2013年,全省新立采矿许可证41个,同比减少12.8%,主要原因是部分地级以上市矿业权设置方案未完成备案,新立采矿权无法配号颁发采矿许可证。

2. 探矿权出让数情况。2013年,全省出让探矿权53宗,同比增加1.92%,出让价款2601万元,同比减少45.54%。其中,以行政审批方式出让探矿权37宗;以招拍挂方式出让探矿权14宗,价款2323万元;扩大勘查范围2宗,价款278万元。

2013年,全省出让采矿权48个,同比增加2.1%,价款30003.18万元,同比增加38.2%。其中,以探矿权转采矿权方式出让1个,以招拍挂方式出让47个,出让价款30003.18万元。价款增加原因:一是2013年以探矿权转采矿权方式出让仅有一个,比2012年(6个)明显减少;二是2013年全省采矿权出让网上交易工作得到有力推进,全省21个地级以上市有10个市全部实行了采矿权出让网上交易工作，另有3个市也部分实行了网上交易。在招拍挂出让中，网上出让采矿权23宗，价款为24985.04万元，网上出让宗数及金额均较去年有明显增加，分别占到全省出让总数的48.9%和83.3%。

【地质灾害发生数量和直接损失】 2013年，全省共发生地质灾害1502起，其中滑坡879起、崩塌586起、泥石流15起、地面塌陷17起、地裂缝3起、地面沉降2起，共造成34人死亡，11人受伤，直接经济损失19684.5万元。与2012年相比，2013年全省地质灾害发生的数量、造成死亡人数和直接经济损失均增加，分别增加了5.47倍、62%和2.74倍。2013年，全省成功预报133起地质灾害，避免人员伤亡6339人，避免直接经济损失7875.6万元，分别比2012年增加了10.1倍、3.1倍和3.5倍。

（选自《2013年度广东省国土资源综合统计报告》）

重庆市

【地质勘查】 2013年，全市地质勘查年度安排资金总额2.54亿元，其中，中央财政安排资金0.34亿元，占总额的13.4%，市级财政安排资金1.57亿元，占总额的61.8%，区县垫资和社会投入资金0.63亿元，占总额的24.8%，其中基础性、公益性地质调查投入0.32亿元，占总额的12.6%；矿产资源勘查投入1.91亿元，占总额的75.2%；水工环地质调查评价项目0.26亿元，占总额的10.2%；地质科研0.05亿元，占总额的2.0%（图1）。

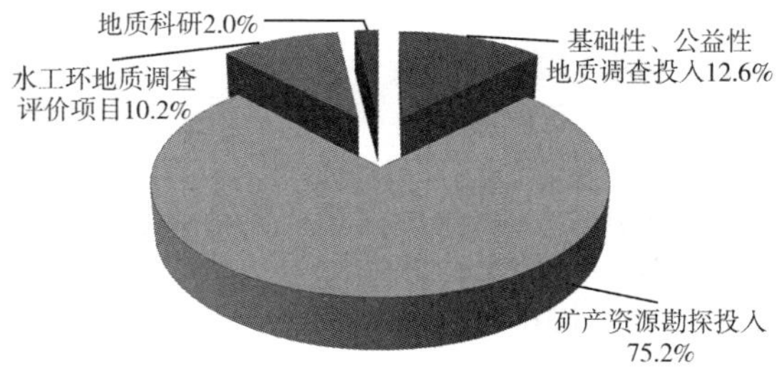

图1 2013年全市地质勘查安排资金总额来源情况

2013年，全市共实施矿产资源勘查项目198项（其中能源矿产111项，黑色金属27项，有色金属24项，化工建材及非金属36项），提交矿产地55处，其中大中型22处。

2013年，全市新增查明矿产资源储量主要有：煤炭4.56亿吨，其中333以上资源量2.76亿吨；硫铁矿1001万吨，其中333以上资源量486万吨；锰矿333以上资源量7952万吨；水泥用石灰岩33以上资源量3.13亿吨。新增地热水井4口，单井水温大于41度，水量大于1000立方米/天。

【矿业权证发放】 截至2013年底，市级有效勘查许可证和采矿权证共994个。市级有效勘查许可证138个。2013年，颁发勘查许可证84个，其中新立25个、延续46个、保留9个、变更4个。市级审批的有效采矿权许可证856个，其中新立10个、变更112个、延续367个。

【矿业权市场】 2013年，全市采矿权出让453宗，其中市级出让采矿权121宗，区县出让采矿权332宗；全市采矿权转让23宗，其中市级采矿权转让4宗，区县采矿权转让19宗。

【矿产资源专项收入征收】 2013年，市级采矿权出让综合价款合同金额5.68亿元，入库4.39亿元；全市征收矿产资源补偿费2.25亿元，其中市级征收矿产资源补偿费1.31亿元，区县征收矿产资源补偿费0.94亿元。

【矿产资源执法检查】 2013年，立案86件，按违法主体划分，个人违法40件，企事业单位违法46件。

本年共结案82件，结案率95.3%；其中处理2012年未结案2件，无证开采32件，越界开采44件，其他1件，无证勘查3件；罚没款361.3万元。

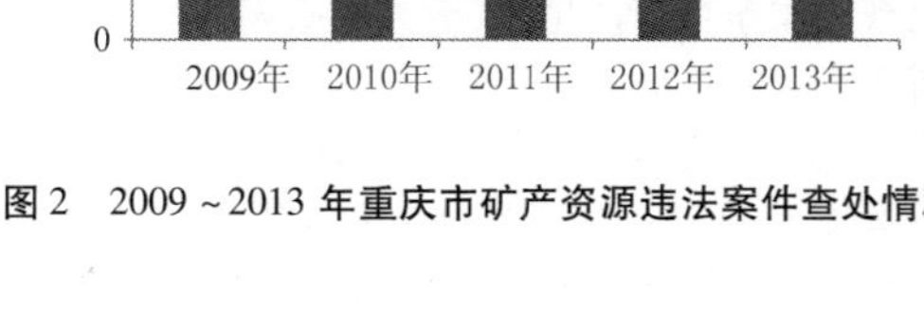

图2 2009～2013年重庆市矿产资源违法案件查处情况

【页岩气勘探开发管理】 2013年，统筹协调全市页岩气勘探开发，初步构建了页岩气资源管理、投资开发、技术研发、市场服务、金融基金等平台体系，为页岩气产业发展营造了良好环境。特别是建立全国首支页岩气创投基金，抓好全市页岩气资源调查评价，积极支持中石化、中石油和非油公司取得页岩气勘探开发的突破进展。

全市页岩气勘探开发整体走在全国前列。设立探矿权17个，境内面积4.47万平方千米，共有投资主体6家。截至2013年底，已完钻页岩气井45口，先行投产试采15口，共计日产气量约200万立方米。其中，中石化在涪陵获批建设国家级页岩气示范区，年产能建设5亿立方米，年产量突破1亿立方米；中石油在渝西开展页岩气勘探开发的对外合作，在永川获得阶段性进展，“来101井”完钻后投产输入管网；非油公司也正在市国土房管局的指导下，稳步推进市内中标页岩气区块内资源的前期勘探评价工作，效果良好。

【地质灾害防治】 2013年，通过开展地质灾害隐患点排查和销号工作，全市地质灾害隐患点由2012年的17546处减少至15510处。2013年，全市共发生地质灾害灾情347起，同比增长36.1%，其中滑坡268起，崩塌52起，泥石流2起，地面塌陷24起。地质灾害造成2人死亡、3人受伤，直接经济损失约6495万元，同比下降52.1%，详见图3。全年共成功预报地质灾害25起，紧急转移危险区群众4746人，避免人员伤亡520人，详见图4。

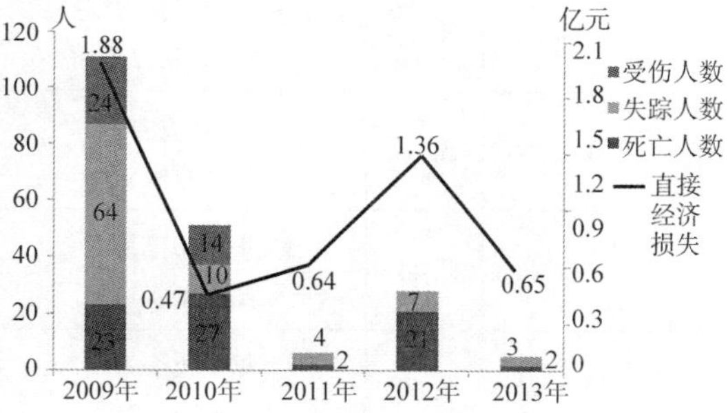

图3　2009~2013年全市地质灾害造成损失情况

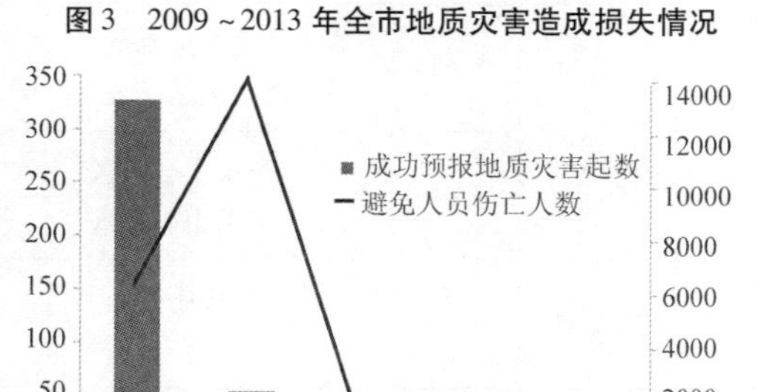

图4　2009~2013年全市成功避让地质灾害情况

2013年，市国土房管局会同市财政局向国土资源部和财政部申请到中央财政地质灾害防治专项资金1.57亿元(三峡库区除外)。

2013年，全市共完成地质灾害危险性评估1978个，其中规划类报告274个，建设类报告1704个(一级报告432个、二级报告534个、三级报告738个)。

2013年，全市继续实施地质灾害防治搬迁避让“金土工程”。2013年安排专项资金4421.4万元，对263个地质灾害隐患点内受威胁群众14488人进行了搬迁避让，既保障了受威胁群众生命财产安全，又改善了群众生活条件。

加强了地质灾害应急工作。组建了14支应急救援分队和地质灾害应急指挥中心。印制了《地质灾害应急工作手册》和《地质灾害应急工作挂图》，积极推进应急工作流程化、图表化。开展了市级地质灾害应急预案修订工作，修订后的应急预案经过专家评估和形式评估后已报市政府应急办审核。开展了“五步避险法”宣传活动和《重庆市突发事件应对条例》颁布实施一周年宣传活动。

加强了地质灾害危险性评估监督管理。组织编制了《重庆市地质灾害危险性评估报告编制技术要求》(试行)、《拟建工程对地质灾害治理工程安全影响论证技术要求》(试行)及《重庆市矿山地质环境保护与恢复治理方案编制及审查补充技术要求》，加强重点评估项目评估报告审查监管，进一步落实项目业主责任，实行了地质环境保护“承诺书”“协议书”制度和评估结果公告公示制度。

【矿山地质环境恢复治理】 2013年，市国土房管局会同市财政局出台了《重庆市矿山地质环境保护与治理恢复保证金管理办法》，进一步规范了保证金缴存与管理。截至2013年底，全市矿山企业共缴存矿山地质环境保护与恢复治理保证金约3.7亿元，缴存率已达到58.3%。

2013年，加快推进万盛经开区国家资源枯竭城市矿山环境治理恢复项目，水角井山坪塘恢复治理工程和茶林危岩治理工程已经通过验收。

万盛经开区采煤沉陷区受损农房治理项目进展顺利。集中搬迁房建设正有序推进。南川区正式启动采煤沉陷区治理项目。组织编制了《南川区矿山环境治理恢复规划和南平镇采煤沉陷区治理实施方案》。市能投资集团划转缴存的2800万保证金到南川区，正式启动南川区南平镇红岩煤矿受损农房治理工程。

2013年，全市共审查批准矿山地质环境保护与治理恢复方案624个，其中煤矿109个，锰矿3个，钡矿4个，石膏矿5个，地热水4个，重晶石矿15个，露天非煤矿山484个。

【地质环境监测和地质遗迹保护】 1.“红层找水”民心工程和岩溶找水示范工程。2013年，全市在19个区县(自治县)实施浅机井25351口，解决约12万余人的饮水困难。目前，全市已累计投入市级专项资金

2.23亿元，累计打井19.5万口，解决约100万人饮水困难。

2013年，全市在酉阳县龙潭、巫山县官渡、巫溪县红池坝、彭水县靛水、奉节大溪5个缺水地区开展找水打井示范工程，投入经费1550万元，设计钻孔43个，完成钻井43口，成井27口，经初步抽水试验水量共约4000立方米/日，预计可解决4万人饮水困难。

2. *地下水动态监测*。全市共设地下水动态监测点37个，其中国家级监测点14个，市级监测点23个。分布于南岸、沙坪坝、北碚、铜梁、巴南、九龙坡、渝北、合川、长寿、万州10个区县。

3. *地热资源*。全市已查明的温泉地热水达124处，其中天然温泉26处，坑道温泉16处，钻井温泉82处，为重庆市"世界温泉之都"提供了可靠的资源保障。

4. *矿泉水资源*。截至2013年底，全市年检合格的矿泉水由2012年的12处减少到10处，年总开采量约17万吨。这10处优质矿泉水分别是：锂、锶、溶解性总固体三项有益元素达到命名浓度的"小三峡"矿泉水；锶、偏硅酸二项有益元素达到命名浓度的"庆龙"矿泉水、"龙派（歌乐山）"矿泉水和"金刀峡"矿泉水；偏硅酸达到命名浓度的"中梁山"矿泉水、"人头山"矿泉水和"雅佳康"矿泉水，详见表1。

表1　　2013年度年检合格饮用天然矿泉水名单

序号	矿泉水品牌名称	矿泉水命名	达到国家标准的主要有益组分含量（毫克/升）					开发单位
		有益组分国家标准含量	偏硅酸	锶	锂	溶解性总固体	PH值	
			≥25	≥0.2	≥0.2	≥1000		
1	小三峡矿泉水	锂、锶优质饮用天然矿泉水	——	0.46	0.21	1096.07	7.28	重庆古泉食品饮料有限公司
2	庆龙矿泉水	锶、偏硅酸优质饮用天然矿泉水	43.69	2.37	——	411.40	8.07	重庆啤酒股份有限公司食品饮料分公司
3	龙派矿泉水	锶、偏硅酸优质饮用天然矿泉水	42.38	1.55	——	457.82	8.06	重庆安吉尔科技有限公司
4	巴岳山矿泉水	偏硅酸、锶饮用矿泉水	83.09	0.85	——	765.43	7.44	重庆市巴岳山天然矿泉水饮料厂
5	缙云山矿泉水	锶、偏硅酸优质饮用天然矿泉水	31.48	1.66	——	544.40	7.80	重庆市缙云山饮料食品厂
6	汇森矿泉水	偏硅酸饮用天然矿泉水	32.77	0.82	——	422.01	7.51	重庆市万州汇森天然矿泉水
7	金刀峡矿泉水	偏硅酸、锶饮用天然矿泉水	30.45	0.75	——	356.01	7.64	重庆市合川区华蓥山矿泉水
8	中梁山矿泉水	偏硅酸饮用天然矿泉水	73.10	——	——	296.63	8.15	重庆中梁山饮品有限公司
9	人头山矿泉水	偏硅酸饮用天然矿泉水	36.25	——	——	232.58	7.93	重庆新天泉实业有限公司
10	雅佳康矿泉水	偏硅酸饮用天然矿泉水	36.10	——	——	189.56	6.57	重庆程凯工贸有限公司雅佳康天然饮品分公司

【地质遗迹保护】　2013年，市国土房管局会同市财政局转发了《国土资源部财政部关于印发国家级地质遗迹保护专项资金管理办法的通知》。全市各国家地质公园对照《国家地质公园建设标准》逐项进行了自查和整改。开展了重庆市古生物化石资源及国内古生物化石管理机构情况的调研，并按照国土资源部要求成立了重庆市古生物化石专家委员会。

2013年，重庆綦江木化石——恐龙国家级地质遗迹保护项目申请到中央财政资金 3603 万元（其中 2013 年 1081 万元）。

2013 年，全市获得国土资源部批准的国家级地质公园共 7 个，其中重庆武隆岩溶国家地质公园、长江三峡（重庆）国家地质公园、重庆黔江小南海国家地质公园、重庆云阳龙缸国家地质公园已建成并揭碑开园；重庆万盛国家地质公园已建成并通过国土资源部验收和正式命名；重庆綦江国家地质公园基本建成，于 2013 年 3 月通过了国土资源部验收；重庆酉阳国家地质公园正在建设中，详见表 2。

表 2　　重庆市地质公园一览表

地质公园名称	级别	所在行政区划	面积（平方千米）	批准时间（年）	揭牌开园时间（年）
重庆武隆溶国家地质公园	国家级	武隆县	454.70	2004	2005
长江三峡（重庆）国家地质公园	国家级	奉节县、巫山县	12500.00	2004	2010
重庆黔江小南海国家地质公园	国家级	黔江区	197.00	2004	2005
重庆云阳龙缸国家地质公园	国家级	云阳县	296.00	2005	2007
重庆綦江国家地质公园	国家级	綦江区	173.02	2009	
重庆万盛国家地质公园	国家级	万盛经开区	101.36	2009	
重庆酉阳国家地质公园	国家级	酉阳县	113.50	2011	

（重庆市国土资源和房屋管理局）

四川省

【矿产资源概况】　截至 2013 年底，四川省具有查明资源储量的矿种有 82 种（亚矿种 166 种），有 29 种矿产排位进入全国同类矿产查明资源储量的前三位。作为四川优势矿产的天然气、钒、钛、键、轻稀土、芒硝、盐等 15 种矿产在全国查明资源储量中排第一位（表 1），铁、晶质石墨、石棉等 6 种矿产在全国查明资源储量中排第二位。

表 1　　2013 年底四川省主要矿严查明资源储量

矿种	单位	查明资源储量	矿种	单位	查明资源储量
钛矿	TiO_2 万吨	60797.53	煤炭	千吨	12350572.07
盐矿	矿石亿吨	175.48	铁矿	矿石千吨	9569815.33
芒硝	矿石亿吨	183.87	铜矿	铜吨	280226.37
锂矿	Li_2O 万吨	164.93	铅矿	铅吨	3725748.95
钒矿	V_2O_5	1730.80	锌矿	锌吨	6446932.15
天然气	亿立方米	8797.03	金矿	金千克	317253.10
硫铁矿	矿石千吨	958611.06	银矿	银吨	5333.82
磷矿	矿石千吨	2491696.62	铂族金属	金属千克	50714.66

【地质矿产勘查】　1. 基本情况。2013 年，四川省共实施省内各类基础地质、矿产勘查、水工环地质调查评价、科研等项目共计 1551 项，各种地勘经费投入 194598.84 万元，同比 2012 年（187036.63 万元）增长 4%（图 1、图 2、图 3）。

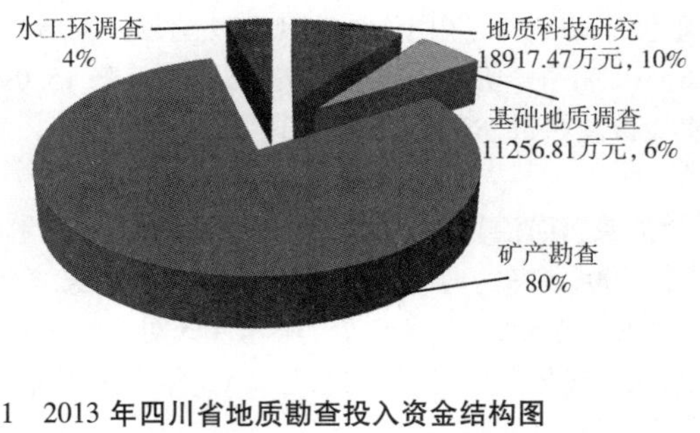

图 1　2013 年四川省地质勘查投入资金结构图

2013 年，完成阶段性勘查的矿产地 57 处，新发现矿产地 10 处，提高规模级别的矿产地 9 处，矿产勘查重要成果 10 项（表 2、表 3）。攀西钒钛磁铁矿整装勘查累计新增探明资源储量 48 亿吨，累计探明钛 2.18 亿吨，钒 847 万吨。川中天然气勘探取得重大突破，安岳气田已达特大型。四川省盆地油气找矿潜力巨大。

2. 找矿主要成果。2013 年,全省矿山总数为 7266 个。除大型矿山较 2012 年有新增长外,其余规模的矿山均较 2012 年个数有所下降。

2013 年,采矿业矿山生产工业总产值为 3481846 万元,较 2012 年的 3713793 万元下降了 6.25%。其中,铁矿采矿产业工业总产值 1313913 万元,煤矿采矿产业工业总产值 790707 万元,分别占全省采矿业工业总产值的 37.74% 和 22.71%,两者合计占全省采矿业工业总产值的 60.45%。

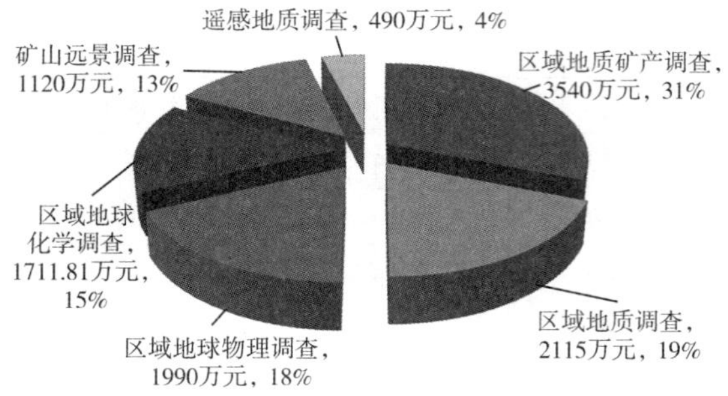

图 2　2013 年四川省基础地质调查经费按项目结构图

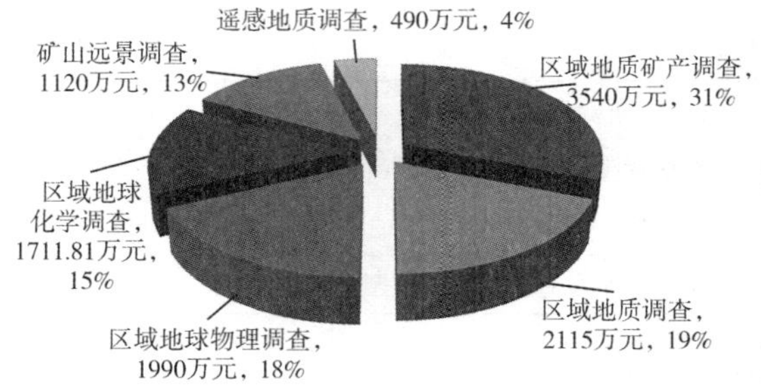

图 3　2013 年四川省矿产资源勘查资金来源结构图

表 2　四川省新增查明矿产资源储量表

矿种	单位	新增查明资源储量	矿种	单位	新增查明资源储量
煤	亿吨	2.77	铌	万吨	3259.90
铁	亿吨	41.58	钽	吨	1481.05
钛	万吨	23984.39	铍	吨	14884.00
钒	万吨	686.59	锂	万吨	56.64
锰	万吨	365.20	石膏	万吨	1994.61
铜	万吨	1.00	磷矿	万吨	13535.18
岩金	吨	18.56			

表 3　2013 年度四川省主要矿产品产量表(按矿种分列)

矿种	年产矿量(万吨)	矿种	年产矿量(万吨)
煤炭	2246.09	金矿	57.60
铁矿	7679.01	锂矿	10.40
铜矿	418.69	盐矿	964.96
铅矿	68.00	磷矿	639.71
锌矿	89.58		

【矿业权出让】 2013 年,招、拍、挂出让探矿权 13 个,同比下降 31%;出让价款 45700 万元,同比增长 287%。招拍挂出让采矿权 45 个,同比下降 15.09%;出让价款 6538.83 万元,同比下降 65.22%。

【地质灾害防治】 2013 年,全省发生地质灾害险情和灾情 5000 余处。其中各地累计上报地震灾害灾情 2758 处,包括滑坡 1853 处、崩塌 453 处、泥石流 443 处、地面塌陷 9 处,发生数量是 2000 年以来多年平均值的 1.89 倍(图 4)。

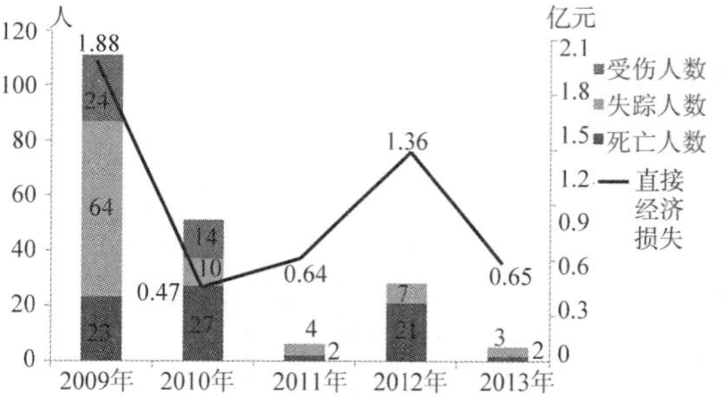

图 4　2009～2013 年四川省地质灾害灾情图

1. 地质灾害预防。"4·20"芦山强烈地震发生后,第一时间启动全省地质灾害应急防治 1 级响应,组织开展 2268 处受灾群众临时安置点和 514 所中小学校地质灾害危险性评估,组织专业力量排查 14322 处地质灾害隐患并逐一落实防灾措施。全省组织完成地质灾害避让搬迁 21350 户。全省通过主动避让撤离,避免近 2 万人因灾伤亡,汛期因灾死亡大幅降低,多地零伤亡,主动避险成效为历年之最(表 4)。

表 4　　2013 年四川省地质灾害及成功避险统计表

市(州)	灾害类型					主要灾情				主动避让及成功避险		
	滑坡(处)	崩塌(处)	泥石流(处)	地面塌陷(处)	小计(处)	死亡(人)	失踪(人)	受伤(人)	经济损失(万元)	成功避让(起)	避免伤亡(人)	避免经济损失(万元)
阿坝州	106	26	134	2	268	6	19	8	95828.49	25	12.357	15931
巴中市	28	7	0	0	35	0	0	0	1852.8	1	28	1000
成都市	305	27	45	0	377	48	116	0	8941.8	69	1516	1585
达州市	20	5	0	1	26	2	0	4	271	0	0	0
德阳市	460	124	97	1	682	0	0	0	20895.2	6	70	501
甘孜州	7	5	23	0	35	0	0	3	10573.4	7	1109	0
广安市	0	0	0	0	0	0	0	0	0	0	0	0
广元市	24	6	3	1	34	3	0	0	1398.68	219	537	
乐山市	12	10	0	0	22	1	0	0	42.3	4	19	143
凉山州	31	4	37	0	72	2	0	4	18090.03	45	72	1990
泸州市	21	10	4	0	35	4	0	7	72	2	4	25
眉山市	5	3	0	0	8	0	0	0	31.4	0	0	0
绵阳市	565	101	80	1	747	1	10	2	7270.1	16	997	1490
内江市	6	23	0	1	30	0	0	0	289.5	3	78	53
南充市	112	13	0	0	125	0	0	0	5816	2	139	590
攀枝花	10	0	2	0	12	0	0	0	78.3	0	0	0
遂宁市	53	20	1	0	74	0	0	0	4532.8	3	90	1630
雅安市	24	49	17	0	90	3	0	7	11924.8	14	385	638
宜宾市	33	4	0	0	37	6	1	6	817.9	6	164	256
资阳市	1	4	0	0	5	3	0	0	21.6	2	15	19
自贡市	30	12	0	2	44	0	0	0	138.9	0	0	0
总计	1853	453	443	9	2758	79	146	41	189586.9	213	17962	26388

2. 地质灾害治理。组织开展了芦山地震重灾区宝兴县城冷木沟、教场沟等地 240 处重大地质灾害治理工程,组织实施汶川“7·9”特大暴雨洪灾区 20 处重大地质灾害应急治理工程。此外,在全省完成重大地质灾害治理工程现场踏勘核实 785 处,立项实施 269 个重大地质灾害勘查项目。

【地下水环境】 2013 年,四川省共有地下水监测井点 65 个,分别担负平原、成都市和德阳市水位单测、水质单测和水位水质同测。监测结论:2013 年,成都平原地下水为无色、无味、无嗅、透明中性淡水,地下水水化学类型主要为 $HC0_3$ — Ca · Mg 及 $HC0_3S0_4$—Ca 型水。区内地下水化学成分相对稳定,主要污染指标为“三氮”、总铁、锰及化学耗氧量。成都平原地表水系发育,目前未出现由于地下水超采造成的地下水位降落漏斗及地面塌陷或沉降等环境地质问题。

【矿山地质环境管理】 推进叙永县落卜镇硫铁矿区矿山地质环境恢复治理示范工程项目的实施,结合废弃矿山集中连片整治模式,重点探索矿山区域内土地综合整治的新举措。一期工程已顺利通过了财政部、国土资源部组织专家开展的考核。启动实施了自贡大安区盐卤矿山等 4 处省级财政矿山地质环境恢复治理示范工程项目。

【地质公园建设】 2013 年,四川光雾山一诺水河国家地质公园顺利完成了国土资源部参加的揭碑开园工作,且被列为国土资源部重点支持的地质遗迹保护项目。四川兴文世界地质公园顺利通过联合国教科文组织的中评估并获“绿牌”。目前,全省有世界地质公园2处,国家地质公园14处和省级地质公园8处,地质公园数量保持全国第一。

【矿产资源合理开发与综合利用】 全面开展四川省煤炭、铁、铅、锌等19个矿种开采回采率、选矿回收率和综合利用率调查工作,全面了解了全省矿山企业的基本情况、矿山采选情况、资源利用情况及矿山“三率”指标情况,形成了《四川省重要矿种“三率”调查与评价报告》。

制定“攀西地区钒钛磁铁矿一般工业指标”,促进低晶位钒钛磁铁矿综合勘查开发利用,有序推进攀枝花钒钛磁铁矿综合利用示范基地建设,制定《攀西试验区战略资源开发管理机制》,积极推动攀西战隆资源创新开发试验区建设。

【科技成果】 2013年,《干热岩开发人工储流层建造模拟实验研究》等4个国家公益性项目已列入国土资源部科研计划;完成了《基于自主卫星的土地利用样本提取方法研究》、《基于GIS虚拟现实技术的土地整理规划方法研究》等7项理论与实践应用课题研究成果。受理省科技进步奖请奖成果49项,评出一等奖3项,二等奖3项,三等奖10项,报请国土资源部科技成果奖7项。其中,《边坡危岩体失稳模式及滚石运动特征研究》等4项成果荣获国土资源部科技成果奖二等奖。

【专业档案、地质档案社会化服务】 完成了专业楼案数字化444018楼(条),地质资料汇交、整理、借阅等业务流程实现了全程信息化。全年共完成19668种地质资料数据的加工转换和导入。截至2013年底,电子阅览室可供查询馆藏所有成果地质资料目录数据共计19830条,实现全文浏览的数字化成果地质资料共计19668种,上线数据量已达2.54万亿字节。全年馆借阅利用地质档案299人次、1478份次、36308件次,复制地质资料报告813份、文字35862页、图13685张;提供文书、土地、矿业权等档案346人次,2851件(宗、档)。

稳步推进全省实物地质资料管理工作。启动“四川省国土资源厅实物地质资料攀西分库”建设工作,2013年全面完成库房建设,面积约2000平方米。完成了全省境内81个地勘单位实物地质资料管理情况的摸底调查和数据上报,掌握了全省重要地质钻孔数、岩矿心长度等基础资料。

【信息化建设】 基本形成以国土资源“一张图”数据中心为基础,电子致务平台和综合监管平台为应用的“一个中心、两大平台”信息化框架体系。“一张图”核心数数据进一步充实,已完成全省基础地理、土地、矿产和地环相关行政区划、遥感影像、土地利用现状、矿产资源规划、矿产资源储量、地质灾害点分布等数据入库,并已在全卷建设用地业务审批中发挥着重要作用。全省已有8个市(州)完成国土资源“一张图”建设。

1. 综合监管平台。监管内容涉及土地资源、矿产资源和地质环境三大主要业务,以土地资源“批、供、征、用、补、查”和矿产资源“勘、采、储、用、查”为平台进行监管,为管理决策提供服务与支持。

2. 电子政务平台。基于四川省级国土资源电子政务平台建设的业务审批系统已经实现行政审批事项的网上并联审批,公文流转已经实现网上全运行。2013年共完成公文收、发文5700余件、各项审批业务2.3万余件,实现了非涉密公文无纸化行政办公。

(选自2013年《四川省国土资源公报》)

贵州省

【矿产资源概况】 贵州素有“沉积岩王国”之称,具有成矿地质条件好,矿产资源相对丰富、优势矿产突出,矿产分布相对集中、潜力较大,共生、伴生矿产较多等特点,煤矿、铝土矿、磷矿、重晶石等优势矿产在全国的地位显著。

全省已发现各类矿产136种,占全国172种的79.07%;查明有资源储量的矿产86种,占全国161种的53.42%;列入储量表78种,其中47种位居全国总量的前十位,22种排前三位,13种排第四至第五位。

全省查明矿产地3115处,其中能源矿产800处,占产地总数的25.68%;金属矿产1091处,占35.03%;非金属矿产1224处,占39.29%。

按储量规模分,大型237处,占7.61%;中型420处,占13.48%;小型2458处,占78.91%;按矿床勘查程度分,勘探334处,占10.72%;详查647处,占20.77%;普查及预查2134处,占68.51%。

按利用情况分,已利用资源储量产地1856处,占59.58%;未利用的产地1259处,占40.42%。已利用主要矿产地:煤炭543处、磷矿32处、铝土矿48处、金矿43处、锰矿29处、重晶石70处(表1)。

表1　　**2013年贵州省矿产资源储量情况表**

序号	矿种名称	资源储量单位	2012年保有矿产资源储量		2013年保有矿产资源储量					增减情况	全国排位
			产地数	资源储量	产地数	储量	基础储量	资源量	资源储量		
1	煤炭	亿吨	787	483.02	800	55.90	83.29	458.99	542.28	↑	5
2	铁矿	亿吨	185	111.28	187	0.09	0.13	11.70	11.83	↑	13
3	锰矿	万吨	52	15266.59	55	3200.29	4247.77	15755.63	20003.40	↑	2
4	钛矿	万吨	1	102.48	102.48	102.48	16				
5	钒矿	万吨	42	268.75	49	415.89	415.89	↑	3		
6	铜矿	万吨	29	13.52	34	0.19	0.28	14.50	15.28	↑	25
7	铅矿	万吨	129	78.71	135	3.95	5.73	85.25	90.98	↑	17
8	锌矿	万吨	172	336.21	183	50.08	71.21	322.24	393.45	↑	11
9	铝土矿	亿吨	92	6.09	104	0.93	1.32	6.08	7.40	↑	3
10	镁(炼镁白云岩)	万吨	14	11729.33	14	1357.77	1554.98	10174.35	11729.33		6
11	镍矿	吨	27	391962.25	30	61338.82	86397.18	488777.15	575175.15	↑	4
12	钴矿	吨			1			118	118	↑	24
13	钨矿	吨	3	7456.64	4			7965.64	7965.64	↑	17
14	锡矿	吨	2	7760.60	2			7760.60	7760.60		12
15	钼矿	吨	33	586729.01	37	106516.61	149022.80	699749.22	848772.02	↑	8
16	汞矿	万吨	54	3.01	54	0.63	1.01	2.02	3.03	↑	1
17	锑矿	万吨	27	30.09	33	3.17	5.05	25.53	30.58	↑	4
18	金矿(岩金)	吨	75	275.51	83	41.61	90.39	190.97	281.36	↑	8
	砂金	千克	1				99	99	99		23
19	银矿	吨	14	161.41	16	30.49	43.56	209.93	253.49	↑	27
20	铌钽矿	吨	1	146.00				146.00	146.00		7
21	锂矿 Li_2O	吨	2	94849.97	3			162576.97	162576.97	↑	4
22	稀土矿	万吨	2	86.01	2			86.01	86.01		2
23	锗矿	吨	3	1129.31	3			1129.31	1129.31		2
24	镓矿	吨	34	35901.70	45	4018.97	5758.07	41972.39	47730.46	↑	3
25	镉矿	吨	3	2317.62	4	349.53	515.32	4106.52	4621.84	↑	12
26	硒矿	吨	8	367.53	8			367.53	367.53		10
27	普通萤石(萤石)	万吨	33	312.20	34		7.70	303.88	311.58	↓	8
28	熔剂用灰岩	万吨	15	23216.28	15	10933.65	13652.01	9500.00	23152.01	↓	19
29	冶金用白云岩	万吨	7	9486.23	7	3006.33	3766.68	5674.50	9441.18	↓	24
30	冶金用砂岩	万吨	12	8512.80	13	4072.50	5597.50	3034.09	8631.59	↑	2
31	铸型用砂岩	万吨	2	1734.00	2	514.80	572.00	1162.00	1734.00		3
32	冶金用脉石英	万吨	6	191.33	6			191.33	191.33		10
33	耐火黏土	万吨	16	5617.83	19	836.84	1026.40	5398.61	6425.01	↑	10

续表 1－1

序号	矿种名称	资源储量单位	2012 年保有矿产资源储量		2013 年保有矿产资源储量					增减情况	全国排位
			产地数	资源储量	产地数	储量	基础储量	资源量	资源储量		
34	硫铁矿	亿吨	113	7.83	119	0.39	0.56	7.81	8.37	↑	2
	伴生硫铁矿	万吨	4	53.55	3	10.32	14.75	38.80	53.55		26
35	重晶石	万吨	75	9278.36	75	178.47	237.62	8973.32	9210.94	↓	1
36	电石用灰岩	万吨	9	8328.35	9	4335.10	4817.50	3510.85	8328.35		17
37	化工用白云岩	万吨	4	2417.00	4	418.50	760.00	1657.00	2417		4
38	化肥用砂岩	万吨	3	10596.70	3	145.80	183.30	10413.40	10596.70		1
39	含钾砂页岩	万吨	7	4829.50	7			4829.50	4829.50		8
40	含钾岩石	万吨	1	63.79	1			63.79	63.79		7
41	泥炭	万吨	4	203.45	4		133.92	69.53	203.45		17
42	碘矿	吨	11	50479.57	15	1861.85	2414.85	70701.26	72516.11	↑	2
43	砷矿［雄（雌）黄矿物］	吨	5			47979.31	5 47979.31	4797931		1	
	伴生砷矿	吨	2	15873.22	2	4747.16	6781.65	9091.57	15873.22	15	
44	磷矿	亿吨	63	31.68	64	4.20	6.05	28.07	34.12	↑	3
45	金刚石	克	1	755.00	1			755.00	755.00		5
46	压电水晶	千克	13	6201.00	13	155.00	291.00	5910.00	6201.00		8
47	熔炼水晶	吨	11	1110.00	11	89.00	160.00	950.00	1110.00		3
48	光学水晶	千克	3	175.00	3		3.00	172.00	175.00		1
49	石棉	万吨	2	0.90	2			0.90	0.90		16
50	石膏	万吨	9	9805.27	9	6.20	7.79	9797.48	9805.27		20
51	方解石	万吨	8	548.94	9			571.64	571.64	↑	9
52	玉石	吨			1			8086.82	8086.82	↑	10
53	玻璃用灰岩	万吨	1	38.70	1	27.00	30.00	8.70	38.70		2
54	水泥用灰岩	亿吨	103	18.31	106	9.01	10.86	8.16	19.02	↑	23
55	建筑石料用灰岩	万立方米	480	17543.24	274	787.38	935.23	8687.27	9622.51	↓	2
56	饰面用灰岩	万立方米	22	3704.70	23	945.30	1049.30	2745.60	3794.90	↑	3
57	制灰用石灰岩	万吨	6	4803.35	6	169.00	188.00	4610.93	4798.93	↓	8
58	玻璃用白云岩	万吨	2	280.00	2	215.00	238.00	42.00	280		10
59	建筑用白云岩	万立方米	61	3535.42	34	61.21	66.10	424.50	490.60	↓	5
60	玻璃用砂岩	万吨	7	5122.83	7	1954.47	2172.47	2950.36	5122.83		7
61	水泥配料用砂岩	万吨	21	9421.58	21	3542.0	0 4086.00	5333.40	9419.40	↓	10
62	砖瓦用砂岩	万立方米	6	1770.83	6	1223.00	1359.0	0 409.83	1768.83	↓	1
63	陶瓷用砂岩	万吨	2	1042.50	2	30.50	33.90	1008.60	1042.50		2
64	建筑用砂	万立方米	136	5754.85	80	77.18	480.13	3353.56	3833.69	↓	3
65	玻璃用脉石英	万吨	1	1.40	1	0.90	1.40		1.40		19

续表 1－2

序号	矿种名称	资源储量单位	2012 年保有矿产资源储量		2013 年保有矿产资源储量					增减情况	全国排位
			产地数	资源储量	产地数	储量	基础储量	资源量	资源储量		
66	砖瓦用页岩	万立方米	128	4709.96	79	366.61	395.31	3370.11	3765.42	↓	4
67	水泥配料用页岩	万吨	10	2676.62	10	900.80	1000.80	1675.82	2676.62		11
68	高岭土	万吨	24	663.86	24	10.40	16.05	648.28	664.33	↑	17
69	陶瓷土	万吨	16	1408.76	16	72.20	85.20	1323.56	1408.76		15
70	凹凸棒石黏土	万吨	1	9.92	1			9.92	9.92		5
71	砖瓦用黏土	万立方米	12	1639.67	12	870.50	970.40	669.27	1639.67		5
72	水泥配料用黏土	万吨	49	10779.14	50	5398.00	6020.20	4762.31	10782.51	↑	7
73	饰面用辉绿岩	万立方米	3	455.96	3	264.00	293.00	162.96	455.96		2
74	饰面用花岗岩	万立方米	2	352.00	2	14.00	16.00	336.00	352		22
75	饰面用大理岩	万立方米	4	53.00	6	9.90	41.80	50.22	92.02	↑	27

备注:铟矿、铼矿、碲矿等 3 种矿产已随主矿种采空。

【矿产资源开发利用】 矿产资源开发力度不断加大,编制完成矿业权设置方案,为"四个一体化"项目建设提供了资源保障。国家安排投放贵州省新设煤炭采矿权 33 个,划定矿区范围项目 45 个,是全国煤炭采矿权投放最多的省份(表 2～5、图 1～2)。

推进矿山整合,推广节约利用技术,矿产资源综合利用不断加强。

矿产资源供给能力进一步提升,以资源的持续供应促进经济社会可持续发展。

扎实推进"矿山复绿"行动,将矿山复绿整治范围从"三区两线"扩展到"5 个 100 工程"、矿群矛盾突出和地质环境问题连片集中连片的矿区,确定复绿矿山 169 个,治理面积 76035 亩,使用矿山环境治理恢复保证金 20 亿,生态环境得到良好恢复整治。

2013 年,部省级发有效采矿许可证 2856 个,其中部发证 19 个,按矿种分:能源矿种 2010 个、有色金属 367 个、贵金属 142 个、非金属 164 个,批准矿区登记面积 6507.43 平方千米;省级发证 2837 个,按矿种分:能源矿种 1998 个、黑色金属 130 个、有色金属 366 个、贵金属 140 个、非金属 163 个,批准矿区登记面积 6192.07 平方千米。

2013 年,省级矿业权转让 43 宗,交易合同金额 18.50 亿元。其中探矿权 31 宗,交易合同金额 14.70 亿元;采矿权 12 宗,交易合同金额 3.80 亿元。省级出让探矿权 4 宗,出让价款 220 万元。

表 2　　2013 年度贵州省矿产资源开发利用情况(按行政区分列)　　单位:个、人、万吨/年、万元

名称	矿山企业数					从业人员	年产矿量	实际采矿能力	矿业总产值	综合利用产值	矿产品销售收入	利润总额
	合计	大型	中型	小型	小矿							
合计称	7107	76	243	4362	2426	240324	32762.24	35733.26	7405802.84	1418557.83	6881397.77	1528500.25
贵阳市	392	10	34	253	95	15625	2537.08	2537.33	564272.71	59911.64	520509.30	66709.62
六盘水市	380	10	32	318	20	41300	3194.42	3191.23	1250838.56	78705.25	1116093.49	187077.59
遵义市	1042	5	26	804	207	29604	3967.66	4391.81	323681.82	33047.33	280839.80	39514.93
安顺市	579	7	7	335	230	16470	2429.75	2563.41	424451.43	126805.00	394097.68	93669.89
毕节市	1701	10	48	855	788	72319	10107.71	9889.12	3397434.52	796533、20	3309349.71	909947.02
铜仁市	8387	25	51	1	295	5752	2079.78	2119.84	106531.51	27167.42	71407.81	25982.87

续表 2

名称	矿山企业数					从业人员	年产矿量	实际采矿能力	矿业总产值	综合利用产值	矿产品销售收入	利润总额
	合计	大型	中型	小型	小矿							
黔南州	1017	13	29	635	340	18515	3944.97	6164.18	267982.06	69991.00	254737.96	55361.51
黔东南州	538	8	28	231	271	6093	1242.31	1572.89	52349.77	7972.80	37944.07	11532.48
黔西南州	620	6	14	420	180	34646	3258.56	3303.45	1018260.46	218424.19	896417.94	138704.33

备注：表内数据系 2013 年上报国土资源部数据。

表 3　　2013 年贵州省矿产资源开发利用情况（按经济类型分列）　　单位：个、人、万吨/年、万元

企业经济类型	矿山企业数					从业人员	年产矿量	实际采矿能力	矿业总产值	综合利用产值	矿产品销售收入	利润总额
	合计	大型	中型	小型	小矿							
贵州省	7107	76	243	4362	2426	240324	32762.24	35733.26	7405802.84	1418557.83	6881397.77	1528500.25
一、内资企业	7096	73	240	4358	2425	238602	32319.15	35286.56	7278022.37	1415335.68	6755451.90	1515976.54
国有企业	158	18	28	94	18	25985	3670.95	3744.91	1070915.98	204586.50	929996.92	127803.28
集体企业	92	1	5	58	28	2221	243.70	265.81	27339.28	9440.00	26651.58	2901.38
股份合作企业	64	4	1	47	12	3631	326.26	328.02	114700.78	16774.00	112761.70	37391.40
联营企业	36	1	19	16	774	93.27	90.38	46450.00	4515.80	46375.80	11239.00	
有限责任公司	486	16	56	309	105	33711	3768.29	4390.81	1088826.56	151869.27	1019193.77	197943.55
股份有限公司	197	11	22	124	40	17534	1695.22	1728.83	490579.92	60560.78	474035.87	100011.62
私营企业	5619	23	126	3522	1948	151076	20971.10	23081.42	4392254.75	958750.83	4101991.16	1023476.31
其他企业	444	1	185	258	3670	1550.36	1656.38	46955.10	8838.50	44445.10	15210.00	
二、港、澳台商投资	6	2	2	2		695	269.40	272.90	18912.57	304.00	17320.00	3733.71
三、外商投资企业	5	1	1	2	1	1027	173.69	173.80	108867.90	2918.15	108625.87	8790.00

备注：表内数据系 2013 年上报国土资源部数据。

表 4　　2013 年贵州省矿产资源开发利用情况（按矿种分列）　　单位：个、人、万吨/年、万元

序号	矿种	矿山企业数					从业人员	年产矿量	实际采矿能力	工业总产值	综合利用产值	矿产品销售收入	利润总额
		合计	大型	中型	小型	小矿							
合计		7107	76	243	4362	2426	240324	32762.24	35733.6	7405802.84	1418557.83	6881397.77	152850.05
1	煤炭	1718	16	84	1515	103	170406	13011.64	14240.51	5856525.30	1167390.26	5512509.96	1262896.01
2	地下热水	2	1	1			64	29.00	10.00		1000.00	1000.00	146.00
3	铁矿	53	1	37	15	909	7115	85.06	56964.00	10950.70	47129.50	5312.40	
4	锰矿	53	3	12	35	3	2813	123.16	123.15	42987.57	19178.52	27936.57	15765.66
5	钒矿	9	2	1	6		62		75.00	4200.00	2000.00		
6	铜矿	3			2	1	115	1.35	1.35	430.00		430.00	86.00
7	铅矿	29	1	1	17	10	328	13.62	29.92	9240.20	2025.00	9240.20	1726.04
8	锌矿	85	1	40		44	955	8.07	84.65	13018.00	1694.00	8312.30	1676.90
9	铝土矿	100	3	7	61	29	6658	231.03	296.39	50584.45	11221.21	47962.85	5041.90

续表 4 –1

序号	矿种	矿山企业数					从业人员	年产矿量	实际采矿能力	工业总产值	综合利用产值	矿产品销售收入	利润总额
		合计	大型	中型	小型	小矿							
10	钼矿	7			4	3	258	1.00	0.50	20.00	1.00		
11	汞矿	24			9	15	395	11.94	17.04	12732.32	175.00	6496.32	2716.60
12	锑矿	10			6	4	458	1.49	10.59	350.56		350.56	23.47
13	金矿	43	4	2	30	7	3622	199.51	238.64	171131.92	13722.49	171080.04	13526.55
14	普通萤石	37		1	34	2	800	15.40	16.28	13461.00	120.00	12358.00	1109.30
15	溶剂用灰岩	3		1	2		125	72.20	84.00	3326.51	2800.00	3326.5 1	228.21
16	冶金用石英岩	20			18	2	158	8.49	26.05	557.21	202.10	549.21	32.50
17	冶金用砂岩	15		1	12	2	105	3.50	8.50	145.00	8.00	132.50	63.00
18	硫铁矿	48			39	9	554	16.13	28.25	3100.00	141.00	979.17	210.70
19	重晶石	136	6	5	102	23	1511	102.13	131.30	29856.47	10665.60	20657.30	8192.40
20	电石用灰岩	1			1		20	7.00	7.00	210.00	20.00	210.00	10.00
21	泥炭	8			2	6	90	1.33	1.33	226.90	17.00	226.90	15.50
22	磷矿	49	6	12	29	2	6180	1739.11	1853.96	533768.04	49030.70	501043.59	86959.39
23	石膏	6			4	2	1 80	8.00	8.00	640.00	560.00	640.00	87.00
24	方解石	21			14	7	137	8.39	18.39	644.80	182.00	640.80	201.96
25	水泥用灰岩	108	16	22	48	22	3154	3304.76	3140.93	195141.29	53007.05	141330.89	35986.16
26	建筑石料用灰岩	2082	1	16	1029	1036	18209	6995.60	7715.32	192595.15	35745.81	181551.96	42324.01
27	饰面用灰岩	62	1	1	32	28	1060	51.46	97.54	9062.05	2349.00	8602.74	2154.96
28	制灰用石灰岩	17			8	9	164	44.52	43.30	1257.00	221.56	1228.00	128.74
29	建筑用白云岩	207	1	1	110	95	1622	696.34	695.21	18374.66	3810.50	17085.94	2881.75
30	玻璃用石英岩	3	1			2	56	11.70	11.70	23400	208.00	230.00	105.00
31	水泥配料用砂岩	10			8	2	134	20.92	36.00	586.07	150.00	486.07	147.40
32	瓦用砂岩	8			6	2	107	16.70	18.50	1080.00	2 00.00	1076.00	218.00
33	建筑用砂岩	436	1	7	279	149	3247	1509.83	1436.11	31088.06	1344.18	28223.69	7897.34
34	建筑用砂	1040	1	24	407	608	8035	3179.08	3487.57	77072.99	15039.15	62496.17	18288.68
35	水泥配料用砂	6	1		5		25	4.00	9.00	165.00	80.00	165.00	69.00
36	砖瓦用砂	89			3	86	516	13.80	78.00	9500.00	286.00	8788.00	473.00
37	粉石英	6		1	5		50	10.00	20.00	250.00	20.00	200.00	80.00
38	陶粒页岩	1			1		7	5.00	5.00	100.00		100.00	40.00
39	瓦用页岩	305		29	231	45	4045	747.50	870.47	35507.96	6738.00	34371.49	6041.18
40	水泥配料用页岩	6		1	4	1	49	27.17	47.27	405.00	405.00	405.00	133.00
41	建筑用页岩	124		8	93	23	1676	269.02	410.28	17082.68	5132.34	12337.23	2845.05
42	高岭土	20			18	2	182	0.10	9.07	42.60	2.16	42.60	2.30
43	陶瓷土	4			1	3	56	8.10	9.50	1220.00		840.00	100.00
44	瓦用黏土	4			1	3	49	3.80	3.40	320.00	45.00	220.00	110.00

续表 4－2

序号	矿种	矿山企业数					从业人员	年产矿量	实际采矿能力	工业总产值	综合利用产值	矿产品销售收入	利润总额
		合计	大型	中型	小型	小矿							
45	陶粒用黏土	9	1	1	6	1	171	59.48	59.48	3714.00	260.00	3033.84	1065.00
46	水泥配料用黄土	1			1		8	1.90	12.50	47.50	47.50	47.50	23.00
47	铸石用玄武岩	2			1	1	35	2.00	2.00	50.00		50.00	5.00
48	饰面用玄武岩	2	1		1		30	0.88	0.88	52.80		52.80	15.00
49	建筑用玄武岩	14	3		9	2	166	46.60	54.10	2097.30	202.80	2067.30	384.60
50	建筑用凝灰岩	14	1	1	4	8	103	22.26	32.64	1139.28	58.00	803.07	189.49
51	饰面用大理岩	13	1		8	4	136	4.16	2.36	1 125.20	1006.20	1025.20	270.30
52	饰面用板岩	17	2	2	12	1	197	15.10	23.45	859.00	6.00	811.00	164.80
53	矿泉水	1	1				25	1.82	1.82	273.00	10.00	273.00	120.00
54	其他矿产1	2		1		1	20	4.00	4.00	240.00	80.00	240.00	120.00
55	其他矿产2	15			11	4	87						

备注：1. 表内其他矿产2系钼、冶金用白云岩、砷矿、硅灰石、凹凸棒石黏土、伊利石黏土、建筑用大理石岩等，矿山企业当年停业无效益。
2. 表内数据系2013年上报国土资源部数据。

表5 **地质公园建设及地质灾害防治** **单位：个、平方千米、人、起、万元**

地区	地质公园建设							地质灾害防治														
	地质公园		地质公园面积		地质公园类别			成功预报	避免损失		地质灾害数					造成直接损失	造成人员伤亡		项目数	投入资金		
		国家级		国家级	地质构造、剖面和形迹	古生物化石	地质地貌景观		人口伤亡	直接经济损失	滑坡	崩塌	泥石流	地面塌陷	地裂缝		死亡	失踪			中央财政	省级财政
贵州省	13	10	2221.91	1825.38	3	7	9	16	1765	3433	63	21		9	5	7703.95	36	8	83	28944	12265	16679
贵阳市	2		210.53		1	1	1	2	228	110	6	1				7.50			4	781	478	303
六盘水市	1	1	341.19	341.19		1	1	2	50	1503	6	1		2	1	198.00			6	2307	600	1707
遵义市	2	2	453.17	453.17		1	2				7	2		2	1	771.60	1		19	10245	7547	2698
安顺市	1	1	26.00	26.00		1						2				201.00	2		1	365		365
毕节市	1	1	170.00	170.00		1	1				10	3		4	2	2870.50	14	3	3	1443	340	1103
铜仁市	2	2	202.39	202.39	1		1	8	622	1775	7	3				1488.20	11		24	5659		5659
黔南州	2	1	345.63	159.63	1		1				8	4			1	602.95	3		7	2054	800	1254
黔东南州	1	1	203.00	203.00		1	1	4	865	45	16	3				1464.20	5	5	16	5314	2500	2814
黔西南州	1	1	270.00	270.00		1	1				3	2		1		100.00			3	776		776

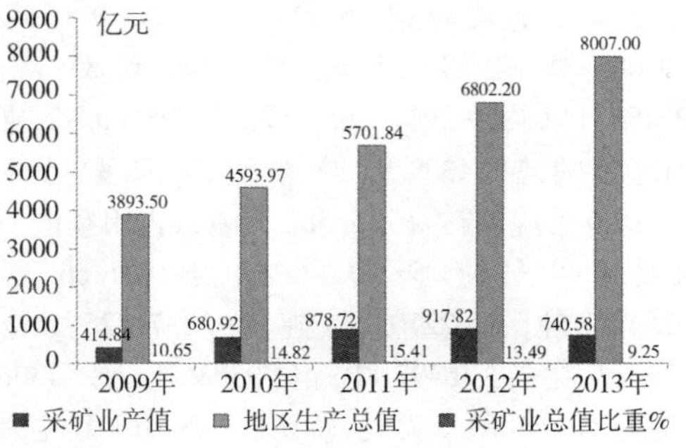

图 1　2009～2013 年采矿业产值占地区生产总值比重

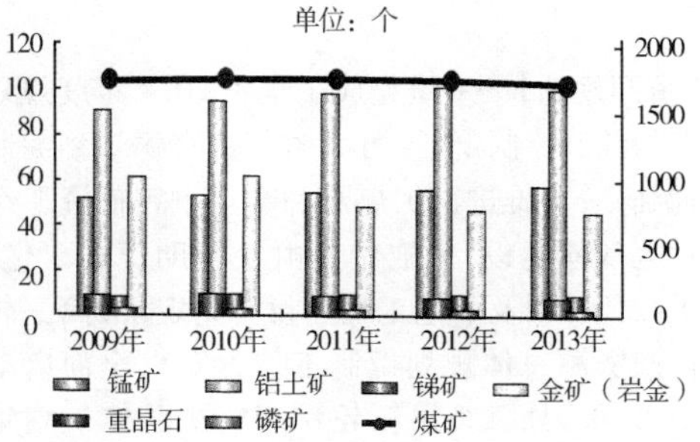

图 2　2009～2013 年优势矿种矿山企业变动趋势

【地质勘查】 地质勘查工作继续贯彻地质找矿新机制，实施优势矿产整装勘查工作，资金投入进一步加大，找矿取得新突破，地质勘查工作继续保持良好发展势头。

全省实现各类地质工作经费投入 208073.76 万元。其中，矿产资源勘查投入资金 161755.42 万元，同比增加 47765.89 万元，增幅达 41.9%；中央财政 10351.74 万元、地方财政 64221.15 万元、社会资金 87182.53 万元。其中财政资金与社会资金的比例为 1:1.17。

完成国家“358”、贵州省“246”地质找矿战略行动计划第一阶段目标。第一批 12 个整装勘查项目全面完成；第二批 30 个项目正在开展地质工作；第三批 14 个整装勘查项目按计划启动实施；超前谋划，组织实施 10 个找矿战略选区项目。第一批整装勘查共找到铝土矿特大型矿体 3 个、大型 8 个、中小型矿体多个，新增铝土矿资源量 7.1 亿吨；锰矿找到特大型矿体 1 个、大型 4 个、中型 6 个、小型矿体多个，新增锰矿资源量 3.4 亿吨；磷矿找到超大型矿体 2 个，新增磷矿资源量 30 亿吨；金矿找到大型金矿体 2 个、中小型矿体多个，新增金金属量 164 吨；另新增煤炭资源量 31 亿吨、地热水年开采资源量 4000 万立方米。

页岩气勘查取得重大突破，首次在贵州境内习水县成功实施深井水平压裂，获得高产工业气流（日均 5 万立方米）页岩气钻井。

基础地质调查与研究取得成效。完成 1:5 万区域地质调查 55 个标准图幅，覆盖 5 个国家级整装勘查区，1:5 万区域地质调查覆盖率增加到 47%。

优势矿种煤、磷、铝土、锰、金等重要优势矿种勘查成绩显著，金属矿产总体勘查成果较好。实施矿产资源勘查项目 233 项。其中能源矿产 77 项，黑色金属矿产 22 项，有色金属矿产 81 项，贵金属矿产 26 项，化工建材及其他非金属矿产 26 项。全省新增大中型矿产地 26 处，完成阶段性勘查的矿产地 41 处；经评审备案的新增矿产地 77 处。

查明主要矿产资源储量（333 及以上）如下。煤炭：3.13 亿吨；锰矿：2018.37 万吨；钒矿：12.38 万吨；锑矿：9080 吨；铝土矿：29181.94 万吨；钼矿：264.95 吨；金：26.59 吨；镓矿：1908.75 吨；硫铁矿：467.69 万吨；磷矿：39424 万吨；高岭土：274.21 万吨；建筑用白云岩：51.97 万立方米；建筑用砂岩：318 万立方米。

全省有效勘查许可证 1086 个，其中部发证 92 个。按矿种分：能源矿种 59 个、黑色金属 1 个、有色金属 21 个、贵金属 8 个、非金属 3 个，批准勘查登记面积 3654.22 平方千米；省级发证 994 个，按矿种分：能源矿种 189 个、黑色金属 1 36 个、有色金属 462 个、贵金属 135 个、非金属 72 个，批准勘查登记面积 15115.69 平方千米。

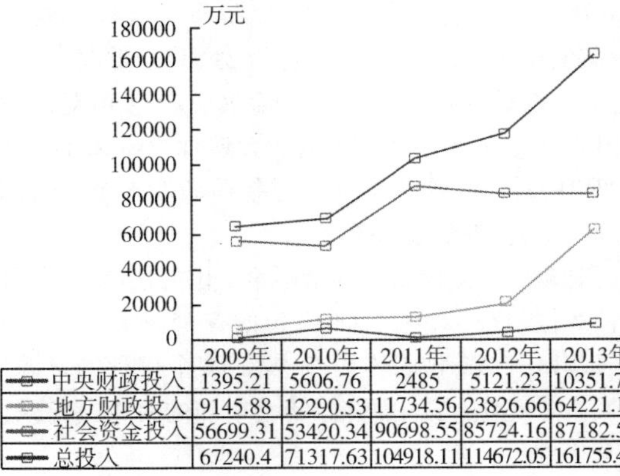

	2009年	2010年	2011年	2012年	2013年
中央财政投入	1395.21	5606.76	2485	5121.23	10351.74
地方财政投入	9145.88	12290.53	11734.56	23826.66	64221.15
社会资金投入	56699.31	53420.34	90698.55	85724.16	87182.53
总投入	67240.4	71317.63	104918.11	114672.05	161755.42

图 3　2009～2013 年矿产资源勘查经费投入情况

【地质环境与地质灾害防治】 贵州省地质地理条件复杂，地质环境脆弱，属于地质灾害易发、高发区域，具有“灾种齐全、灾害严重、隐患多广、发生频繁”的特点，是国家地质灾害防治规划的重点防治区域。全省基本查明地质灾害隐患点 10907 处，威胁 25 万户 133 万人。

完成 47 个县重点地区重大地质灾害隐患详细调查和地灾监测预警与决策支持系统建设，项目成果得到有效应用，成功对 16 起重大地质灾害实施预警避险,避免1765人伤亡和重大经济损失。

全省重点地灾隐患监测点信息数据入库,实现对20个重大地灾隐患点的动态监测。

建成地质灾害监测预警与决策支持系统和应急指挥中心,实现省市两级视频会商。

首次投入无人机参与凯里市龙场镇山体滑坡的抢险救灾。

扎实推进"矿山复绿"行动,实施织金县织河煤矿片区等矿山地质环境治理示范项目,生态环境得到良好恢复整治。

(选自2013年《贵州省国土资源公报》)

甘肃省

【矿产资源概况】 2013年底,全省已发现各类矿产119种,新发现了海泡石黏土矿。其中,已查明资源储量的75种,占全省已发现矿种的63%,未查明资源储量的44种,占全省已发现矿种的37%。已查明矿产资源以非金属矿产为主,其次是金属矿产和能源矿产。

截至2013年底,列入《甘肃省矿产资源储量表》的固体矿产96种、矿产地1357处(含共伴生矿产,下同),其中固体燃料矿产地215处,黑色金属矿产地151处,有色金属矿产地296处,贵重金属矿产地362处,稀有稀土分散元素矿产地38处,化工原料非金属矿产地85处,冶金辅助原料非金属矿产地46处,建材及其他非金属矿产地164处。大型规模矿床116个、中型213个、小型1028个。勘探阶段266个、详查阶段303个、普查阶段788个。

甘肃省资源储量名列全国第1位的矿产有11种,居前5位的有32种,居前10位的有65种。

2013年,96种固体矿产中有41个矿种的资源储量发生了变化。其中,资源储量增加的有14种,减少的有27种。

储量动态变化2014年完成94份地质勘查、储量核实报告评审备案,共涉及20个矿种。其中查明资源储量:金金属量115.71吨、银金属量11647吨、铜金属量12288吨、铅金属量479055.57吨、锌金属量220876.59吨、铁矿石9467.7万吨、锑金属量2791吨、铷矿石量973.83万吨、钨970吨、锰矿80.52万吨、铀矿1868吨、稀土矿124500吨、煤炭210369.58万吨、萤石矿20.17万吨、水泥灰岩908.81万吨、玉石36.07万吨、石棉矿45.59万吨、花岗石材8710万立方米、石榴子石矿物量116.04万吨、矿泉水694.51立方米/天。

储量登记统计2014年完成查明、占用储量登记86份。其中查明登记45份(煤炭28.79亿吨,银1200.685吨,金50.04吨,铅1249142.35吨,锌6090453.42吨,铁2961.365万吨,铜98160.92吨,镍94715.26吨,镉14399.91吨,硫铁矿554.89万吨,石棉105.49万吨,蓝晶石15.586万吨),占用登记41份(煤炭4.48亿吨,金30.13吨,银1421.66吨,铅1307545.7吨,锌6221092.3吨,铁2837.825万吨,锰2420.3万吨,钼36497吨,铜39383吨,镉14306.61吨,红柱石144865.8万吨,硫铁矿648.613万吨,冶金用石英岩503.79万吨,建筑用砂石3101.82万立方米,石棉105.49万吨)。

【矿产资源规划】 组织完成了全省2014年度规划实施方案的编制。制定了《甘肃省矿产资源规划编制实施管理细则》。推进窑街煤炭和金川铜镍矿资源综合利用示范基地建设,争取中央财政补助资金2亿元。开展了绿色矿山及示范工程建设。制定了《第三轮甘肃省矿产资源总体规划编制工作方案》,全面启动和部署了省、市、县三级第三轮矿产资源总体规划编制工作。

【矿产资源勘查】 全年开展基础调查项目51个,其中新开18个、续作33个。投资1.56亿元,其中中央财政出资1.02亿元,地方财政出资5390万元。开展矿产勘查项目535个,投入地勘资金21.77亿元,其中中央财政出资1.09亿元,地方财政出资3.16亿元(省级勘查基金1.8亿元,并带动地勘单位及企业投入7727万元),社会资金投入17.52亿元。全年完成钻探872056米,槽探1101413立方米,坑探46407米。

基础地质调查:开展1∶5万区域地质调查项目7个,投入资金1640万元;区域地球物理调查项目7个,投入资金3854万元;1∶25万区域地球化学调查项目2个,投入资金300万元,完成调查面积9000平方千米,涉及2个图幅;其他类地质调查项目3个,投入资金455万元;开展矿产远景调查项目32个,投入资金9350万元,其中中央财政投入3960万元、地方财政投入5390万元。

找矿突破全年新增查明矿产资源储量的矿种:主要有煤、铁、钨、金。其中新增煤炭资源量11.1亿吨,铁矿石资源量0.11亿吨,钨资源量0.9万吨,金资源量22.6吨。2014年度完成阶段性勘查的矿产地共17个,其中大型1个,中型10个,小型6个;新发现矿产地5个,其中大型1个,中型3个,小型1个;提高规模级别矿产地2个。

【矿产开发利用】 截至2013年底,全省共有各类非油气持证(采矿许可证)矿山3476个,其中大型55个、中型76个、小型1298个、小矿(生产规模低于小型矿山规模上限的1/10)2047个。全年开采矿石总量(原矿量)1.25亿吨,实现工业总产值309.59亿元,从业人数16.65万人。

2013年矿山总数比2012年增加27个,其中国土资源部发证采矿权总数增加1个、省级发证采矿权总数减少12个,市级发证采矿权总数增加15个,县级发证采矿权总数增加23个。矿山数变化较大的矿种为:建筑用凝灰岩矿增加28个,建筑用花岗岩矿增加13个,建筑用砂矿增加11个,建筑石料用灰岩矿减少16个,煤矿减少14个,建筑用砂岩矿减少13个。

开采矿石总量比2012年增加252.34万吨,开采矿石量变化较大的矿种为:铁矿产量增加178.49万吨(增幅17%,下同),煤矿增加132.79万吨(3%),水泥用灰岩矿增加124.32万吨(7%),建筑用花岗岩矿增加61.04万吨(36%),建筑用砂矿增加56.68万吨(12%),锌矿减少118.65万吨(降幅43%,下同),砖瓦用黏土矿减少101.87万吨(6%),建筑石料用灰岩矿减少37.37万吨(10%),镍矿减少26.58万吨(3%),金矿减少21.43万吨(11%)。

工业总产值比2012年减少28.7亿元,降幅为8.5%。其中,煤炭等能源矿产减少30.27亿元(降幅18%),金矿等贵重金属矿产减少9.36亿元(降幅16%),芒硝、盐矿等化工原料非金属矿产减少2.32亿元(降幅54%);锌、镍等有色金属矿产减少1.22亿元(降幅1%),冶金用石英岩等冶金辅助原料非金属矿产减少555万元(降幅2%);水泥用大理岩、建筑用花岗岩等建材和其他非金属矿产增加1.75亿元(增幅6%),铁、锰等黑色金属矿产增加6.68亿元(增幅27%)。

矿山数量、从业人员较多的市州为白银市、平凉市、庆阳市,合计占全省矿山总数的35%、占从业人员总数的46%。工业总产值中,平凉市、金昌市、白银市所占比重较大,合计占全省总量的62%。除嘉峪关市外,大中型矿山在其他市(州)均有分布。定西、陇南、平凉大中型矿山数量最多,占全省大中型矿山总数的43%。

截至2014年12月底,全省共设置探矿权1348个,其中国土资源部发证279个,省级发证1069个。

截至2013年底,全省设置非油气采矿权3476个,其中国土资源部发证21个,省级发证473个,市级发证576个,县级发证2406个。

【矿业权价款及补偿费】 2014年,探矿权、采矿权价款及使用费入库22.86亿元。矿产资源补偿费征收6.46亿元,省厅直接征收5.31亿元,各市州征收1.15亿元。兰州、金昌、酒泉、天水、张掖、武威、平凉、庆阳、临夏、甘南等市州征收入库额保持持续增长,其中金昌、张掖、平凉、庆阳、甘南征收额均超过1000万元。石油、煤炭、镍、铅、锌、金等矿种征收额居前列。

【地质灾害防治】 2014年,全省共发生地质灾害82起(其中达到统计标准32起),受灾人数2398人,直接经济损失3590.8万元。全年发布预警信息43次,其中二级8次、三级33次、四级2次。

2014年,地质灾害防治投入资金3.26亿元,其中中央财政2.26亿元,省财政配套资金1亿元。安排地质灾害治理项目22个。编制了《甘肃省重点地质灾害综合防治体系建设方案》(2014~2020),经财政部、国土资源部组织专家评定为第二名,获得国家7年专项资金重点支持的资格,第一批6.2亿元项目资金已经于2014年12月底下达。

舟曲"8·8"特大山洪泥石流灾害灾后重建26个地灾防治综合治理项目,除锁儿头滑坡治理工程正在施工收尾外,其他工程项目已全部完成竣工验收并移交地方;东乡族自治县县城特大滑坡灾害灾后恢复重建地质灾害综合治理项目已全面完成,组织完成了初验和专项审计;岷县"5·10"特大冰雹山洪泥石流灾害防治工程全部竣工并组织了验收;岷县、漳县6.6级地震灾后重建地质灾害治理工程已全面进入施工阶段,资金投入4.8亿元,安排治理项目37个。部分项目已竣工进入审计验收阶段。

开展了3个市(州)、15个县(区)的地质灾害详细调查(1:5万)和38个重点城镇地质灾害调查与风险区划(1:5000~1:10000)工作。完成了兰州市、平凉市等26个高标准"十有"县的建设任务,占全省应完成建设任务的20%。

【矿山地质环境保护】 全省3187家矿山企业建立了矿山地质环境恢复治理保证金,专户存储保证金2.65亿元,返还矿山企业保证金2451万元。

2014年争取国家投入1亿元用于白银市平川区资源枯竭城市煤矿塌陷区治理;投入8000万元用于玉门油田地质环境恢复治理。两个项目正在实施。

【地质遗迹保护】 截至2014年全省有地质公园32个,其中国家级10个,省级22个。2014年,临潭冶力关和宕昌官鹅沟升级为国家级地质公园。

2014年争取国家地质公园建设资金1440万元,用于平凉崆峒山地质公园建设。

省级财政安排地质遗迹保护经费2000万元,用于敦煌雅丹、张掖丹霞等7个地质公园的保护与建设。

【地下水勘查】 2014年地下水勘查省级财政投入资金2000万元。开展了全省地下水动态监测和矿泉水调查评价工作。对庆阳、平凉、天水、兰州、定西等地区进行了地下水勘查、城市供水现状调查及远景评价，对兰州新区进行了浅层地温能调查评价。

（甘肃省国土资源厅）

甘肃省矿业权评估管理办法

第一条 为规范探矿权、采矿权（以下称“矿业权”）评估管理，维护国家、社会公众和当事人合法权益，保障和促进矿业权评估行业健康发展，根据国家有关法律法规规定，结合我省实际，制定本办法。

第二条 本办法所称矿业权评估管理是指国土资源行政主管部门对矿业权评估市场的监督管理行为。

第三条 在本省行政区域内进行矿业权出让、转让或延续等涉及向国家缴纳探矿权、采矿权价款（以下简称“两权价款”）的评估管理适用本办法。法律法规和规章另有规定的，从其规定。

第四条 矿业权评估工作，按照矿业权审批发证权限进行组织与管理。

第五条 涉及应向国家缴纳两权价款的矿业权评估，由批准矿业权出让、转让、延续的国土资源行政主管部门委托。

第六条 矿业权评估应当采用公开公平方式选择具有矿业权评估资质的评估机构承担。

第七条 矿业权评估中介机构的选择按以下程序进行：

（一）发布项目委托评估招标公告。将拟委托评估项目的基本信息、对评估机构资质、专业条件等方面的要求在国土资源行政主管部门门户网站向社会公告。

（二）审查确定备选评估机构。公告发布后5个工作日内，公告发布机构接受符合条件的评估机构报名，确定经审查合格的评估机构，并将评估机构名单以及公开选择评估机构的时间、地点及程序予以公告。

（三）确定评估机构。备选评估机构名单公布5个工作日内，由委托机构组织，通过公开摇号等方式确定评估机构及候选矿业权评估机构，并及时公告选择结果。

第八条 委托人与承担评估的机构应当签订矿业权价款评估委托合同书。

第九条 被选定的评估机构无正当理由放弃承担评估项目的，应在公告后3日内书面告知委托人，放弃承担评估项目的被选定评估机构，应当承担相应的违约责任。情节严重的，由有关部门按照企业信用约束机制依法予以限制或禁入。

第十条 矿业权评估时委托人应向承担评估的机构提供完整的评估资料。具体包括：

（一）有效的勘查许可证、采矿许可证或矿业权出让管理机关划定矿区范围批复文件或评估范围委托文件；

（二）地质勘查单位按规范和规定编制的地质报告或矿产资源储量核实报告；

（三）经备案的矿产资源储量评审意见书；

（四）矿业权评估史。

第十一条 根据评估需要，探矿权价款评估应提供国土资源行政主管部门通过评审的勘查设计或实施方案；采矿权价款评估应提供经专家评审通过的《矿产资源开发利用方案》。

评估所需其他必要资料由承担评估的机构补充收集。

第十二条 评估机构的评估费用，按谁委托谁承担的原则，由委托人支付。评估费用支付标准由省级国土资源主管部门另行制定。

第十三条 评估机构应严格执行矿业权评估准则、矿业权评估执业自律管理规定，并按照合同约定，向国土资源行政主管部门提交两权价款评估报告。

第十四条 国土资源行政主管部门应对评估机构提交的两权价款评估报告，在国土资源行政主管部门门户网站予以告知性公示，公示期10天。以招标、拍卖、挂牌等公开竞争方式出让矿业权涉及评估项目底价保密的，不进行公示。法律法规和规章另有规定的，从其规定。

第十五条 经公示无异议的评估报告由国土资源行政主管部门向评估机构出具书面告知函。对公示报告有异议的，由国土资源行政主管部门将相关意见交由评估机构处理，评估机构对相关意见逐条进行研究并做出说明，直到公示无异议后出具书面告知函。

统 计 资 料

2013年全国省、市、县级国土资源管理机构数

表1 单位：个

	合　计	省　级	市(地)级	县(区)级
全国	**3139**	**32**	**440**	**2667**
北　京	17	1	16	
天　津	12	1	11	
河　北	177	1	11	165
山　西	144	1	11	132
内蒙古	129	1	14	114
辽　宁	78	1	14	63
吉　林	54	1	10	43
黑龙江	120	1	16	103
上　海	18	1	17	
江　苏	110	1	13	96
浙　江	106	1	11	94
安　徽	118	1	16	101
福　建	82	1	9	72
江　西	111	1	11	99
山　东	175	1	17	157
河　南	157	1	18	138
湖　北	113	1	17	95
湖　南	131	1	14	116
广　东	152	1	21	130
广　西	90	1	14	75
海　南	19	1	2	16
重　庆	39	1	38	
四　川	206	1	21	184
贵　州	111	1	9	101
云　南	156	1	16	139
西　藏	77	1	5	71
陕　西	123	1	11	111
甘　肃	99	1	15	83
青　海	51	1	8	42
宁　夏	23	1	5	17
新　疆	141	2	29	110

注：不包含部机关及直属事业单位。

2013年地质勘查投入和

表 2

地区	合计	中央财政拨款	地方财政拨款	地质勘查 企事业 小计	国内企事业
全国	**12109591.02**	**1042800.58**	**1239283.01**	**9827507.43**	**9334793.88**
北京	97330.87	6760.00	20764.52	69806.35	69164.35
天津	79546.50	2760.00	4148.00	72638.50	70693.50
河北	455572.42	13805.00	82717.80	359049.62	354950.32
山西	221418.68	7506.00	62045.96	151866.72	134223.03
内蒙古	707645.30	98641.00	132995.00	476009.30	457521.30
辽宁	238165.29	10882.00	15211.15	212072.14	211735.64
吉林	269343.97	9370.00	9781.10	250192.87	234717.81
黑龙江	330108.18	24990.00	69909.23	235208.95	233477.66
上海	106089.26	1500.00	1671.26	102918.00	102918.00
江苏	205701.18	19191.00	9086.95	177423.23	174594.64
浙江	48520.95	8043.00	11487.20	28990.75	28657.75
安徽	161967.60	8800.00	42998.72	110168.88	104564.82
福建	51617.99	16194.00	9878.96	25545.03	24421.73
江西	107403.77	22343.00	13917.33	71143.44	70985.24
山东	624695.98	9319.00	60008.89	555368.09	551184.97
河南	522453.49	10150.00	52631.97	459671.52	456452.95
湖北	211743.58	16455.00	11594.60	183693.98	182009.79
湖南	151784.59	23158.00	72903.17	55723.42	50905.81
广东	72293.88	18209.83	4243.53	49840.52	44310.60
广西	94156.10	14106.00	28199.25	51850.85	41303.86
海南	60616.29	3850.00	3945.12	52821.17	46819.14
重庆	101446.53	7755.00	41314.29	52377.24	52377.24
四川	927289.64	34212.00	52698.14	840379.50	837556.43
贵州	203902.87	16337.00	73800.75	113765.12	105823.49
云南	246602.44	27290.00	22776.62	196535.82	147124.03
西藏	108056.39	60284.54	10103.51	37668.34	35215.10
陕西	878943.46	24335.00	18958.62	835649.84	813309.33
甘肃	538093.14	20045.00	60894.52	457153.62	452340.40
青海	415126.55	111513.51	66585.95	237027.09	224948.48
宁夏	91565.60	5711.21	16123.74	69730.65	69730.65
新疆	2043787.15	83391.89	154421.35	1805973.91	1794164.85
其他	186268.38	182442.60	1465.81	2359.97	2359.97
海域	1550333.00	123450.00		1426883.00	1154231.00

新发现矿产地情况——按地区分列

经费（万元）			机械岩芯钻探工作量（米）	坑探工作量（米）	新发现矿产地（个）
资金					
港、澳、台商	外　商	其他投入			
1694.44	**295089.38**	**195929.73**	**28980156**	**821223**	**247**
		642.00	75960		
		1945.00	106483		
	1300.00	2799.30	991155	7304	27
	13572.71	4070.98	1049491	3306	19
		18488.00	2995203	35644	8
		336.50	648674	3618	9
	1034.26	14440.80	704505	22212	4
	532.41	1198.88	703986	80	2
			137		
		2828.59	162818	683	2
		333.00	165102	8796	3
	1390.86	4213.20	1471404	26904	3
		1123.30	355785	14426	7
130.20		28.00	715200	76271	5
		4183.12	1424601	9442	18
		3218.57	656542	22917	23
		1684.19	280471	5569	9
	320.21	4497.40	885011	31077	12
1015.92	775.43	3738.57	286542	14262	1
	94.34	10452.65	487400	35685	3
		6002.03	197943	10764	3
			200628	782	3
95.22	15.77	2712.08	800911	102473	11
		7941.63	1519387	7480	14
	400.00	49011.79	1369630	141195	18
		2453.24	228035	4713	2
		22340.51	3683189	102499	5
	2595.16	2218.06	1754149	59323	3
		12078.61	763832	13026	9
			417143		3
453.10	406.23	10949.73	3609781	60772	16
					9
	272652.00		269059		

表 3

2013 年地质勘查投入和

矿　种	地质勘查					
	合　计	中央财政拨款	地方财政拨款	企事业		
				小　计	国内企事业	港、澳、台商
总计	**12109591.02**	**1042800.58**	**1239283.01**	**9827507.43**	**9334793.88**	**1694.44**
煤炭	854819.33	25411.00	388978.20	440430.13	387393.65	
石油天然气	7142910.30	43780.00		7099130.30	6826479.30	
煤层气	123528.50	3146.00		120382.50	105112.12	
页岩气	143713.00	2840.00		140873.00	140873.00	
天然沥青	2348.83			2348.83	2348.83	
油页岩	8129.36	325.00	3404.37	4399.99	4399.99	
石煤	16381.24		7835.61	8545.63	8385.88	
地热	49249.02		10356.80	38892.22	32799.40	
铁矿	352275.78	21348.00	113005.77	217922.01	207319.88	
锰矿	41263.57	2842.00	10384.83	28036.74	23046.72	
铬矿	7580.66	1381.54	9.83	6189.29	6189.29	
钛矿	9990.39	3597.00	869.96	5523.43	4992.96	
钒矿	9742.61		1073.94	8668.67	7902.15	
铜矿	545534.98	35713.21	75966.28	433855.49	415576.01	
铝土矿	54692.59	2050.00	22083.13	30559.46	28714.78	
镁矿	554.24		395.24	159.00	159.00	
镍矿	26845.85	2715.00	3676.03	20454.82	20081.24	
钴矿	2035.57		1170.80	864.77	864.77	
钨矿	45698.26	4565.00	8712.44	32420.82	26578.47	
锡矿	18582.68	3044.00	3982.33	11556.35	11204.34	
铋矿	488.63		482.00	6.63	6.63	
钼矿	60119.92	4010.00	14149.82	41960.10	36659.36	
锑矿	20465.40	2149.00	5973.35	12343.05	12243.05	
汞矿	975.45	300.00	410.00	265.45	265.45	
铅锌矿	336019.68	19807.83	57957.76	258254.09	237082.30	
铂族金属	1164.27		4.20	1160.07	1160.07	
金矿	645611.47	37331.40	103223.09	505056.98	441778.56	453.10
银矿	74913.43	2471.00	19037.24	53405.19	50635.52	

新发现矿产地情况——按矿种分列

经费（万元）		机械岩芯钻探工作量（米）	坑探工作量（米）	新发现矿产地（个）
资金				
外　商	其他投入			
295089.38	**195929.73**	**28980156**	**821223**	**247**
776.23	52260.25	6439175	28093	35
272651.00		7580890		19
15270.38				
		36756		
			8027	
		47179		3
	159.75	146753		
	6092.82	592841		4
	10602.13	2252457	50531	27
45.00	4945.02	262193	13358	7
		40575	300	
	530.47	53142	1938	1
	766.52	65441	4550	4
	18279.48	2257253	118729	8
	1844.68	565637	2605	7
		2897		
	373.58	112969	1433	1
		5858		1
	5842.35	330057	26601	7
	352.01	81768	6274	1
		1074		
	5300.74	362941	23557	4
	100.00	96985	13941	2
		1819	243	
1511.37	19660.42	1758044	195776	12
		3909		
4420.57	58404.75	3810175	245081	28
399.06	2370.61	450620	33387	1

2013年地质勘查投入和

续表 3-1

矿　种	地质勘查					
	合　计	中央财政拨款	地方财政拨款	企事业		
				小　计	国内企事业	港、澳、台商
铌矿	12202.80	326.00	4219.21	7657.59	7498.98	
钽矿	738.06	326.00		412.06	412.06	
铍矿	3701.25		1316.00	2385.25	2165.34	
锂矿	5118.67	20.00	3051.07	2047.60	2047.60	
锆矿	328.00		328.00			
锶矿	1946.46		975.32	971.14	971.14	
铷矿	2127.26	44.00	1720.00	363.26	363.26	
铯矿	174.15			174.15	174.15	
稀土矿	15960.66	6407.00	5663.00	3890.66	3890.66	
锗矿	683.59		550.00	133.59	133.59	
铼矿	51.90			51.90	51.90	
蓝晶石	460.64			460.64	460.64	
红柱石	835.84			835.84	835.84	
菱镁矿	349.00		52.00	297.00	297.00	
普通萤石	15076.83	826.00	2194.01	12056.82	11682.21	
熔剂用灰岩	1389.45		299.72	1089.73	918.73	
冶金用白云岩	1047.39		257.77	789.62	647.62	
冶金用石英岩	1194.90		258.19	936.71	936.71	
冶金用脉石英	402.81			402.81	402.81	
耐火黏土	6.65			6.65	6.65	
硫矿	5135.31		404.62	4730.69	3970.59	
钠硝石	2008.00		413.00	1595.00	1595.00	
明矾石	110.20		24.00	86.20	86.20	
芒硝	850.00		217.00	633.00	633.00	
重晶石	2481.26		935.03	1546.23	1546.23	
毒重石	490.00		490.00			
天然碱	2272.50		1296.50	976.00		
灰岩	21826.20		6599.83	15226.37	14213.75	830.62
化工用白云岩	966.56		669.00	297.56	297.56	
含钾岩石	290.00		53.00	237.00	237.00	
泥炭	620.00			620.00	574.00	

新发现矿产地情况——按矿种分列

经费（万元）		机械岩芯钻探工作量（米）	坑探工作量（米）	新发现矿产地（个）
资金				
外商	其他投入			
	158.61	55303	660	
		1277		
	219.91	19192		1
		28098	1058	1
		280		
		11441		
		23037		1
		1125		
		56569	1700	
		3669		
		1490		
		5215		
		9742		
	374.61	115303	18236	3
	171.00	10334		
	142.00	1880		3
		4340		
		7150		
	760.10	34831	2208	
		2311	1330	
		827		
		3396		
		19379	4561	2
	976.00	2509		
	182.00			
		7157		
		608		
	46.00	2392		

2013年地质勘查投入和

续表 3-2

矿　种	地质勘查					
	合　计	中央财政拨款	地方财政拨款	企事业		
				小　计	国内企事业	港、澳、台商
盐矿（包括地下卤水）	15655.79	55.00	9742.15	5858.64	5858.64	
钾盐	12454.25	8858.00	2273.26	1322.99	1322.99	
砷矿	28.50			28.50	28.50	
磷矿	74924.89	60.00	11977.21	62887.68	62440.68	
硼矿	483.70			483.70	483.70	
金刚石	3403.86	1355.00	1944.99	103.87	103.87	
水晶	4332.07		1699.63	2632.44	2534.44	
云母	94.00			94.00	72.00	
电气石	86.80			86.80	86.80	
光学萤石	100.00			100.00		
石墨	11062.93	570.00	4419.39	6073.54	5310.54	
刚玉	36.81			36.81	36.81	
硅灰石	630.62		19.00	611.62	611.62	
滑石	942.35		336.51	605.84	605.84	
长石	2540.95		492.36	2048.59	1951.30	
石榴子石	412.92		218.90	194.02	194.02	
叶蜡石	1058.35	68.00	581.00	409.35	98.00	
沸石	58.00			58.00	58.00	
石膏	5959.18		1839.95	4119.23	3959.72	
方解石	959.80		90.00	869.80	869.80	
宝石	70.13		63.00	7.13	4.13	
玉石	1177.25		518.74	658.51	658.51	
玛瑙	206.42		157.42	49.00	49.00	
玻璃用灰岩	0.50		0.50			
建筑用灰岩	629.27		213.50	415.77	237.27	
饰面用灰岩	222.00		30.00	192.00	160.00	
玻璃用白云岩						
建筑用白云岩	137.50		0.50	137.00	137.00	
水泥砂	500.52		10.00	490.52	206.75	268.00
砖瓦用页岩	109.09		4.00	105.09	71.30	
砖瓦用砂岩						
陶瓷用砂岩	60.00		60.00			
建筑用砂岩	426.27		173.68	252.59	49.09	
建筑用砂	62.00		33.00	29.00	29.00	

新发现矿产地情况——按矿种分列

经费（万元）		机械岩芯钻探工作量（米）	坑探工作量（米）	新发现矿产地（个）
资金				
外 商	其他投入			
		39419		2
		22296	265	
		129		
	447.00	498785	11161	4
		9536		
		8889	85	
	98.00			
	22.00	203	150	
		575		
	100.00	2108		
	763.00	72169	300	3
		2514		
		6462		
		3331	500	1
	97.29	18672	727	2
		379		1
	311.35	3016	735	
		876	87	
	159.51	55735	821	2
		5816	59	
	3.00	151		
		3747	287	
		2263		
	178.50			
	32.00	1246		
		926		
15.77		3331		
	33.79	772		2
		68		
	203.50	2023		1
		325		

2013年地质勘查投入和

续表 3-3

矿种	地质勘查					
	合计	中央财政拨款	地方财政拨款	企事业		
				小计	国内企事业	港、澳、台商
硅藻土	178.00			178.00	178.00	
水泥配料用页岩	214.69		27.63	187.06	187.06	
建筑用页岩	65.04		0.50	64.54	64.54	
高岭土	2249.59		789.40	1460.19	1437.72	
陶瓷土	1025.46		410.42	615.04	495.63	
膨润土	1147.77		651.29	496.48	496.48	
砖瓦用黏土	2250.50		2246.50	4.00	4.00	
饰面用蛇纹岩	217.12			217.12	217.12	
铸石用玄武岩	38.17		7.17	31.00		
建筑用玄武岩	27.30			27.30	27.30	
饰面用辉长岩	49.00			49.00	49.00	
建筑用花岗岩	633.62		328.07	305.55	284.55	
饰面用花岗岩	5806.47		1973.98	3832.49	3832.49	
珍珠岩	53.07		53.07			
玻璃用凝灰岩	104.25		104.25			
水泥用凝灰岩	242.90			242.90	242.90	
建筑用凝灰岩	20.00			20.00		
饰面用大理岩	4583.44		2813.28	1770.16	1770.16	
建筑用大理岩	1095.87		608.63	487.24	487.24	
水泥用大理岩	339.66		230.00	109.66	109.66	
饰面用板岩	1441.27	650.00	791.27			
建筑用辉绿岩	16.00			16.00	16.00	
饰面用辉绿岩	135.00			135.00	135.00	
黏土	132.70		82.00	50.70	50.70	
水泥土	174.62		111.12	63.50	16.00	47.50
化肥用蛇纹岩	396.00			396.00	396.00	
矿泉水	2966.26		899.68	2066.58	2040.95	
地下水	7921.53	200.00	651.81	7069.72	4649.03	95.22
二氧化碳气	1190.00			1190.00	1190.00	
水工环科技及其他	1239567.65	804208.60	304474.96	130884.09	130884.09	

新发现矿产地情况——按矿种分列

经费（万元） 资金 外　商	其他投入	机械岩芯钻探工作量（米）	坑探工作量（米）	新发现矿产地（个）
		685		
		2796		
		197		
	22.47	21458		3
	119.41	8963		6
		10300		2
		3004		8
		1150		
	31.00			
		61		
		110		
	21.00	1959	320	
		24253		7
		993		
		18		
		3154		
	20.00			
		31394		3
		598		
				1
		1311	1269	2
		140		
		1689		
	25.63	8730		
	2325.47	108613		
		194555	280	13

2013 年勘查许可证发证及探矿权

表 4

经济类型	勘查许可证发证						
	许可证数			登记面积			探矿权使用费
	有效	新立	注销	有效	新立	注销	
合计	**34022**	**1587**	**1126**	**4816634.74**	**46051.48**	**13327.28**	**25849.41**
国有企业	9930	901	309	363836.92	33043.08	6205.92	9289.70
集体企业	150	4	28	1779.93	5.93	88.86	73.11
股份合作企业	276	10	25	4349.82	181.78	189.24	171.83
联营企业	86	5	6	1470.75	43.41	16.45	56.24
有限责任公司	20483	583	550	4400493.42	11749.18	5477.84	14395.19
股份有限公司	1036	26	83	19325.08	301.62	657.97	819.27
私营企业	1763	48	115	19626.66	615.99	625.06	785.59
其他企业	149	10	5	2089.57	110.49	26.11	80.21
合资经营企业（港、澳、台资）	16		1	438.17		25.25	21.91
合作经营企业（港、澳、台资）	6			261.18			13.06
港、澳、台商独资经营企业	10			653.17			32.25
港、澳、台商投资股份有限公司	6			146.91			7.22
中外合资经营企业	29		2	573.16		9.61	27.56
中外合作经营企业	61		2	906.89		4.97	44.38
外资企业	20			632.45			31.38
外商投资股份有限公司	1			50.66			0.51

出让、转让情况——按经济类型分列

（单位：宗、平方千米、万元、个）

探矿权出让							探矿权转让	
合计		申请在先	协议出让		“招、拍、挂”出让		宗数	转让金额
宗数	价款金额	宗数	宗数	价款金额	宗数	价款金额		
1587	**150682.97**	**1178**	**83**	**11622.76**	**326**	**139060.22**	**641**	**304651.55**
901	19776.02	864	10	875.92	27	18900.11	42	76403.45
4		4						
10	86.00	8			2	86.00	4	600.00
5	2460.00	4			1	2460.00	1	4200.00
583	118173.71	253	61	9495.60	269	108678.11	533	93949.39
26	5433.01	17	2	109.01	7	5324.00	27	127827.51
48	4611.34	21	8	1024.34	19	3587.00	30	1671.20
10	142.89	7	2	117.89	1	25.00	1	
							1	
							2	

2013 年勘查许可证发证及探矿权

表 5

地 区	勘查许可证发证						
	许可证数			登记面积			探矿权使用费
	有效	新立	注销	有效	新立	注销	
全 国	**34022**	**1587**	**1126**	**4816634.74**	**46051.48**	**13327.28**	**25849.41**
国土资源部	2580	49		4217439.65	2588.20		3444.27
北 京	12			26.43			0.89
天 津	55	19	12	56.66	18.94	12.01	0.65
河 北	564	5	21	2889.32	37.39	53.59	129.92
山 西	114	1	13	1095.03	9.50	53.87	46.34
内蒙古	3701	217	39	90297.12	7004.04	1232.99	3386.13
辽 宁	959	22	16	12210.20	415.79	89.41	378.85
吉 林	859	42		13522.32	1736.94		490.97
黑龙江	684	32	5	31742.28	787.14	172.04	1431.22
上 海							
江 苏	207	44	9	1139.88	324.90	45.53	29.48
浙 江	490	72	13	5772.91	1140.03	120.47	169.37
安 徽	1219	28	17	15687.44	1103.39	197.71	556.08
福 建	442	24	16	3858.36	260.06	101.44	152.94
江 西	1773	45	80	14255.95	538.73	677.14	604.64
山 东	1141	89	30	13512.66	2436.28	344.86	490.07
河 南	795	7	592	6991.14	124.55	5027.09	285.85
湖 北	376	62	29	2657.48	822.87	202.06	77.43
湖 南	714	111	37	7886.23	1719.87	413.77	227.26
广 东	428	53	19	5253.96	1131.38	95.55	153.57
广 西	1378	9	31	29783.35	63.51	622.84	1246.86
海 南	359		7	6729.78		83.96	285.36
重 庆	177	21	8	4139.87	643.75	43.99	90.88
四 川	1998	46	43	38050.03	1126.06	941.79	1185.38
贵 州	721	43	2	12165.45	656.44	61.13	495.33
云 南	2917	49	23	57505.83	879.74	305.47	2294.34
西 藏	694	19	17	26996.58	1097.87	504.70	1190.63
陕 西	854	20		21877.20	729.82		905.34
甘 肃	912	28	33	13940.56	1158.98	468.69	622.75
青 海	902	243	7	31006.28	10630.36	194.18	764.55
宁 夏	60	3	4	1193.17	11.24	103.51	53.25
新 疆	5937	184	3	126951.62	6853.71	1157.49	4658.81

出让、转让情况——按地区分列

（单位：宗、平方千米、万元、个）

探矿权出让							探矿权转让	
合计		申请在先	协议出让		“招、拍、挂”出让		宗数	转让金额
宗数	价款金额	宗数	宗数	价款金额	宗数	价款金额		
1587	**150682.98**	**1178**	**83**	**11622.76**	**326**	**139060.22**	**641**	**304651.55**
49	23.83	34	1	23.83	14		36	88902.00
19	1191.60		19	1191.60			1	43.27
5	69.00	3			2	69.00	18	32933.89
1	30.00				1	30.00	2	32691.58
217	12824.14	164	26	5794.14	27	7030.00	68	7758.83
22	9935.05	8	5	0.05	9	9935.00	24	3581.60
42	8859.16	26	3	737.56	13	8121.60	26	3779.82
32	1000.00	31	1	1000.00			16	669.47
44		44					1	2010.00
72	256.00	70			2	256.00	16	2240.00
28	1700.00	27			1	1700.00	7	5395.50
24	2508.78	16	3	30.00	5	2478.78	6	
45	4216.00				45	4216.00	45	484.00
89	145.62	88			1	145.62	43	10271.86
7	1650.00	3			4	1650.00	31	1095.85
62	685.00	60			2	685.00	7	
111	1120.00	107	1	316.00	3	804.00		
53	1168.00	39			14	1168.00	4	8566.75
9	1246.00	3			6	1246.00	47	39.27
21	2191.21	16			5	2191.21		
46	45200.08	29	2		15	45200.08	48	8627.00
43	4225.90	37	1	483.96	5	3741.94	18	2510.97
49	13652.00				49	13652.00	92	19634.96
19	280.01	18	1	280.01			28	68784.23
20	4805.64	5	1	7.14	14	4798.50	7	151.00
28	7522.48				28	7522.48	6	201.70
243	3286.39	225	9	552.38	9	2734.01	18	78.00
3	1235.00				3	1235.00	2	4200.00
184	19656.09	125	10	1206.09	49	18450.00	24	

2013 年勘查许可证发证及探矿权

表 6

矿种	勘查许可证发证						
	许可证数			登记面积			探矿权使用费
	有效	新立	注销	有效	新立	注销	
合计	**34022**	**1587**	**1126**	**4816634.74**	**46051.48**	**13327.28**	**25849.41**
煤	2276	30	57	125090.09	3056.98	2961.10	5104.57
石油天然气	973	14		4084920.61			
煤层气	95			46170.27			
油页岩	69	11	2	3967.93	384.10	32.56	153.54
石煤	6		2	106.00		17.40	4.98
油砂	10	5		342.07	225.85		6.32
天然沥青	5			27.50			0.85
地热	610	121	36	9119.68	2097.04	430.87	233.44
铁矿	3642	201	271	50631.91	6546.61	1772.61	1769.55
锰矿	669	41	17	9503.21	772.12	192.01	341.75
铬铁矿	61	1		1020.71	1.12		43.80
钛矿	87	4	5	1702.79	124.72	73.33	55.37
钒矿	198	1	10	3512.59	18.06	107.04	109.84
金红石	12		3	206.13		38.87	5.99
铜矿	6776	266	110	136479.13	9010.39	1237.51	5001.89
铅矿	3821	131	144	71669.77	3575.10	1158.84	2734.14
锌矿	472	6	11	6613.14	113.73	112.63	272.33
铝土矿	322	10	25	9675.55	194.79	150.51	379.47
镁矿	12	1		70.11	4.28		2.71
镍矿	195	18	3	4261.26	676.75	33.79	159.46
钴矿	18	2		286.01	35.41		10.68
钨矿	118	4	2	1065.91	72.95	25.18	48.74
锡矿	184	3	3	2182.13	30.56	18.70	91.22
铋矿	9			230.15			8.03
钼矿	696	15	26	10608.34	511.13	188.73	418.24
汞矿	9			170.01			6.78
锑矿	135	1	1	1329.90	2.61	2.25	60.89
多金属	1707	94	21	44856.91	3392.43	340.18	1581.90
铂矿	27			468.14			23.16
砂金	23		1	258.44		14.93	11.29

出让、转让情况——按矿种分列

（单位：宗、平方千米、万元、个）

探矿权出让							探矿权转让	
合计		申请在先	协议出让		“招、拍、挂”出让		宗数	转让金额
宗数	价款金额	宗数	宗数	价款金额	宗数	价款金额		
1587	**150682.98**	**1178**	**83**	**11622.76**	**326**	**139060.22**	**641**	**304651.55**
30	11950.00	21	8	350.00	1	11600.00	35	99297.76
14					14			
11	81.00	9			2	81.00	2	1078.00
5	906.09		5	906.09				
121	4089.47	84	19	1191.60	18	2897.87	5	179.27
201	46071.64	137	13	898.57	51	45173.07	92	17943.15
41	3038.00	26	4	500.00	11	2538.00	8	579.00
1		1					1	1900.00
4	2718.00	2			2	2718.00	2	200.00
1	575.00				1	575.00	3	
							1	2010.00
266	8923.12	206	6	0.01	54	8923.11	89	46211.80
131	13503.94	106	2		23	13503.94	87	50008.70
6	1123.83	4	1	23.83	1	1100.00	7	202.58
10	3530.00	8			2	3530.00	10	32696.64
1	1220.00				1	1220.00		
18	46.00	17			1	46.00		
2		2						
4		4					1	
3		3					3	300.00
15	559.84	10	2	395.84	3	164.00	9	
1		1						
94	7629.79	83	4	5089.79	7	2540.00	26	11116.73
							4	
							4	8321.01

2013 年勘查许可证发证及探矿权

续表 6-1

矿种	勘查许可证发证						
	许可证数			登记面积			探矿权使用费
	有效	新立	注销	有效	新立	注销	
金矿	7193	312	204	127331.42	9298.31	2585.73	4861.99
银矿	691	33	28	13878.35	1174.34	227.75	511.70
铌钽矿	94	8		1730.28	311.18		57.64
铌矿	13			202.36			8.24
钽矿	13			119.23			5.61
铍矿	37			499.94			14.64
锂矿	34	1	2	1295.04	35.52	17.55	40.82
锆矿	8	1		126.34	2.73		5.00
锶矿（天青石）	10			95.26			4.08
铷矿	9	2		182.62	39.82		4.37
铯矿	1			7.06			0.21
重稀土矿	3	1		125.83	43.64		4.55
钇矿	1			5.12			0.26
轻稀土矿	13	5		339.20	237.30		6.53
锗矿	4			51.44			1.77
铊矿	1			6.56			0.33
铼矿	5			60.90			1.12
蓝晶石	5		2	44.50		4.07	2.22
矽线石	3			16.06			0.80
红柱石	9			91.77			3.66
菱镁矿	7	1		80.22	11.76		2.43
萤石（普通）	354	22	14	2850.85	373.28	47.85	101.27
熔剂用石灰岩	16	1	1	96.91	2.07	7.11	2.90
冶金用白云岩	20		2	61.80		7.19	2.33
冶金用石英岩	12	1		64.25	1.13		1.98
冶金用脉石英	6	1		52.88	19.75		0.99
耐火黏土	7			62.00			3.10
其他黏土	4			124.45			6.22
耐火用橄榄岩	3			9.13			0.46
熔剂用蛇纹岩	1			1.55			0.08
自然硫	4			29.64			1.46
硫铁矿	196	9	15	2556.59	83.86	109.02	90.54
钠硝石	129			6468.91			322.38

出让、转让情况——按矿种分列

（单位：宗、平方千米、万元、个）

探矿权出让							探矿权转让	
合计		申请在先	协议出让		“招、拍、挂”出让		宗数	转让金额
宗数	价款金额	宗数	宗数	价款金额	宗数	价款金额		
312	12665.87	267	3	414.22	42	12251.65	175	26519.85
33	316.00	28	2		3	316.00	14	810.87
8	210.00	7			1	210.00	4	12.08
							1	
1		1						
1		1						
2		2						
1		1						
5		5					1	
1	280.01		1	280.01			2	
22	30.00	19	3	30.00			16	1809.70
1		1						
1		1						
1		1					1	30.00
							1	36.21
9	1198.50	3			6	1198.50	4	

2013 年勘查许可证发证及探矿权

续表 6-2

矿种	勘查许可证发证						探矿权使用费
	许可证数			登记面积			
	有效	新立	注销	有效	新立	注销	
明矾石	2			1.84			0.09
芒硝(含钙芒硝)	67	2	1	3371.82	17.34	9.68	164.53
重晶石	50	7	7	739.75	95.01	32.44	27.17
天然碱	3			142.62			5.75
电石用灰岩	9			48.85			1.24
制碱用灰岩	1			5.45			0.27
含钾岩石	16	2		114.38	8.35		5.31
化肥用橄榄岩	1			2.72			0.14
化肥用蛇纹岩	2			65.03			2.71
泥炭	9			168.51			7.24
盐矿	3			54.97			2.66
岩盐	56	4	10	1484.72	158.27	520.78	33.05
湖盐	5			129.64			4.23
镁盐	1			0.72			0.04
天然卤水	5	3		290.99	153.44		8.41
钾盐	77	8	1	7079.38	813.35	123.60	274.96
磷矿	220	21	10	2927.03	335.04	131.44	104.57
金刚石	25	9		751.48	297.56		21.02
石墨	64	7	1	786.95	76.82	4.98	31.42
水晶	1			7.72			0.08
刚玉	2			38.61			1.93
硅灰石	30	1		331.52	4.32		8.64
滑石	20	1	1	102.55	0.96		5.02
云母	14		1	98.83		4.87	3.51
长石	61	8	3	303.41	40.55	20.50	10.37
电气石	4			60.74			2.99
石榴子石	10	2		76.72	6.54		2.49
叶蜡石	11	1	1	69.30	26.82	0.76	1.83
透辉石	1			10.10			0.50
蛭石	1			2.60			0.10
沸石	8	3	1	133.67	71.30	5.69	3.31
石膏	74	5	4	659.41	87.75	69.43	25.36
方解石	35	1	3	184.71	10.85	16.08	6.38

出让、转让情况——按矿种分列

（单位：宗、平方千米、万元、个）

探矿权出让							探矿权转让	
合计		申请在先	协议出让		“招、拍、挂”出让		宗数	转让金额
宗数	价款金额	宗数	宗数	价款金额	宗数	价款金额		
2	59.00	1			1	59.00		
7	564.00	5			2	564.00	1	40.00
2	13.20				2	13.20		
4	450.00	3			1	450.00		
							1	
3		3						
8		8					1	
21	496.96	19	1	483.96	1	13.00	6	1638.20
9		9						
7	2192.60	2	2	1058.60	3	1134.00	1	12.00
1		1					1	16.00
1	52.00				1	52.00		
							2	80.00
8	9270.00	2			6	9270.00	4	15.00
							1	
2		2						
1		1						
3		3						
5	28.00	3			2	28.00		
1		1					2	

2013 年勘查许可证发证及探矿权

续表 6-3

矿种	勘查许可证发证						
	许可证数			登记面积			探矿权使用费
	有效	新立	注销	有效	新立	注销	
光学萤石	4	1		88.80	16.26		3.06
宝石	7			78.00			2.80
玉石	22	3	1	248.61	22.11	3.98	9.13
玛瑙	3			90.02			1.76
石灰岩	89	17	6	698.18	185.61	22.01	21.56
玻璃用石灰岩	144	16	23	900.69	55.19	115.78	22.73
水泥用石灰岩	2	1		9.59	3.68		0.15
建筑石料用灰岩	1			22.26			0.45
制灰用石灰岩	12	2		167.06	80.78		3.83
泥灰岩	2			19.17			0.63
白云岩	35	7	1	250.62	88.40	6.92	6.64
玻璃用白云岩	39	12	1	416.28	139.78	1.06	9.33
石英岩	4			10.31			0.49
冶金用石英岩	16		1	112.30		8.67	4.07
玻璃用石英岩	6			25.71			1.29
砂岩	73		1	573.50		2.18	24.27
玻璃用砂岩	10	2		20.36	4.70		0.58
水泥配料用砂岩	6			32.87			0.98
陶瓷砂岩	3			16.67			0.83
天然石英砂	4			29.97			1.50
玻璃用砂	1			4.36			0.22
脉石英	25	2		239.21	3.63		4.47
玻璃用脉石英	3			10.80			0.37
粉石英	3			13.20			0.46
硅藻土	11			46.16			2.03
页岩	2			75.70			1.51
陶粒页岩	6			18.35			0.69
砖瓦用页岩	1			2.13			0.11
高岭土	75	9	14	781.38	224.60	107.64	20.66
陶瓷土	25	4	1	106.32	13.89	2.00	2.80
凹凸棒石黏土	8		1	52.39		0.36	2.62
海泡石黏土	3	1		42.22	33.81		0.76
伊利石黏土	2			14.59			0.73

出让、转让情况——按矿种分列

（单位：宗、平方千米、万元、个）

探矿权出让							探矿权转让	
合计		申请在先	协议出让		“招、拍、挂”出让		宗数	转让金额
宗数	价款金额	宗数	宗数	价款金额	宗数	价款金额		
1		1						
3		3					1	
17	2652.54	6	4	0.04	7	2652.50	2	
16	5876.10	7	2	0.10	7	5876.00	1	787.00
1	103.00				1	103.00		
2	9.00	1			1	9.00		
7	125.40	3			4	125.40		
12	1551.00	5			7	1551.00		
2	1700.00	1			1	1700.00	1	600.00
2	15.65				2	15.65		
							1	
9	201.71	5			4	201.71	3	
4	24.00	1			3	24.00		
1		1						

2013 年勘查许可证发证及探矿权

续表 6-4

矿种	勘查许可证发证						
	许可证数			登记面积			探矿权使用费
	有效	新立	注销	有效	新立	注销	
累托石黏土	1			1.36			0.07
膨润土	28	1	1	410.34	3.68	16.21	10.49
陶粒用黏土	1			3.62			0.04
水泥配料用泥岩	1			0.86			0.04
橄榄岩	1			0.95			0.05
建筑用橄榄岩	1			5.09			0.25
饰面用蛇纹岩	10			73.57			1.61
蛇纹岩	1			6.89			0.34
玄武岩	2		1	11.95		10.79	0.60
铸石用玄武岩	1			5.05			0.10
辉绿岩	3			1.26			0.06
饰面用辉绿岩	2	1		8.45	0.75		0.42
建筑用闪长岩	1		1	24.87		7.80	0.25
花岗岩	21	3		115.20	31.80		2.64
建筑用花岗岩	3			11.10			0.38
饰面用花岗岩	73	23	1	745.61	312.03	3.07	12.44
麦饭石	1			0.71			0.04
珍珠岩	9	1		333.75	21.95		10.49
黑曜岩	1			25.74			0.26
松脂岩	1			2.85			0.14
霞石正长岩	2			11.09			0.55
凝灰岩	3	2		4.70	1.51		0.17
火山渣	2			6.87			0.34
大理岩	25	4		182.18	57.06		5.47
饰面用石料（大理石）	12	3		47.85	6.72		1.72
建筑用大理岩	1			8.28			0.41
水泥用大理石	14	2		59.38	14.36		1.89
饰面用板岩	2		1	8.63		2.12	0.09
角闪岩	1			28.62			0.86
硼矿	36	1	1	454.91	5.55	4.99	20.04
矿泉水	46	3	3	186.65	10.71	12.84	3.04
地下水	35	3	4	3121.48	27.23	143.30	138.46
二氧化碳气	3		1	45.51			2.22

出让、转让情况——按矿种分列

（单位：宗、平方千米、万元、个）

探矿权出让							探矿权转让	
合计		申请在先	协议出让		“招、拍、挂”出让		宗数	转让金额
宗数	价款金额	宗数	宗数	价款金额	宗数	价款金额		
1	611.00				1	611.00		
1		1						
3	650.62				3	650.62		
23	2337.00	10			13	2337.00	1	
1	88.00				1	88.00		
2		2						
							1	
4	201.00	2			2	201.00		
3	692.00				3	692.00		
2	0.10	1	1	0.1			1	
1		1						
3	53.00				3	53.00	1	200.00
3		3						

2013年采矿许可证发证及采矿权

表7

经济类型	采矿许可证发证						
	许可证数			登记面积			采矿权使用费
	有效	新立	注销	有效	新立	注销	
合计	**93782**	**2390**	**6465**	**243145.60**	**2689.81**	**1481.60**	**14292.95**
国有企业	2379	54	166	10454.47	66.01	59.07	1051.85
集体企业	5891	26	867	2186.11	24.03	141.97	438.35
股份合作企业	844	6	38	776.73	2.72	5.67	109.65
联营企业	2654	6	129	384.13	0.41	8.94	153.40
有限责任公司	33452	1381	998	204718.47	2335.92	470.57	8030.80
股份有限公司	1966	80	91	12809.43	114.52	21.79	1342.80
私营企业	44350	791	3733	10721.40	136.01	757.73	2963.80
其他企业	1830	36	426	139.32	3.44	10.66	95.40
合资经营企业（港、澳、台资）	70	1		267.04	0.97		28.55
合作经营企业（港、澳、台资）	6			5.30			0.70
港、澳、台商独资经营企业	85	4	2	163.17	1.08	0.08	18.65
港、澳、台商投资股份有限公司	17		1	12.36		1.00	1.60
中外合资经营企业	114	3	4	188.27	1.16	0.81	21.75
中外合作经营企业	37		2	187.44		1.59	19.80
外资企业	63	1	3	66.11	0.17	1.28	8.55
外商投资股份有限公司	24	1	5	65.85	3.37	0.44	7.30

出让、转让情况——按经济类型分列

（单位：宗、平方千米、万元、个）

采矿权出让							采矿权转让	
合计		探矿权转采矿权	协议出让		“招、拍、挂”出让		宗数	转让金额
宗数	价款金额	宗数	宗数	价款金额	宗数	价款金额		
2390	**663153.76**	**303**	**125**	**212436.75**	**1962**	**450717.01**	**1583**	**1509256.63**
54	10699.63	11	7	3655.64	36	7043.99	16	14685.76
26	2876.70	1	8	24.00	17	2852.70	7	53.00
6	297.54	2			4	297.54	6	322.96
6	192.02		1	44.21	5	147.81	9	211.52
1381	581248.55	264	85	189866.27	1032	391382.28	1054	1333218.44
80	9858.62	12	4	1952.87	64	7905.75	33	134037.90
791	50246.09	9	19	16754.30	763	33491.79	430	23109.99
36	694.23	2			34	694.23	24	1054.00
1	61.00				1	61.00	1	1776.00
4	6622.43				4	6622.43	2	75.26
3	332.46	1	1	139.46	1	193.00		
1	24.49				1	24.49	1	711.80
1		1						

2013年采矿许可证发证及采矿权

表8

地区	采矿许可证发证						
	许可证数			登记面积			采矿权使用费
	有效	新立	注销	有效	新立	注销	
全国	**93782**	**2390**	**6465**	**243154.60**	**2689.81**	**1481.60**	**14292.95**
国土资源部	1410	16		162449.98	348.34		2721.30
北京	163	1		187.06	0.33		23.30
天津	404	14	3	15.54		0.14	20.50
河北	3422	51	454	2607.22	18.22	84.23	374.00
山西	4566	33	215	9006.63	51.40	3.42	1073.90
内蒙古	4557	191	102	5415.87	194.46	32.21	696.45
辽宁	3058	32	182	1723.31	36.37	11.51	279.20
吉林	1741	73	61	696.35	30.11	1.46	141.00
黑龙江	2296	60	415	2285.89	11.12	12.89	315.00
上海	53			13.09			3.45
江苏	1201	41	145	377.76	3.87	5.11	90.75
浙江	1144	76	247	209.72	12.95	22.73	64.95
安徽	2505	8	218	986.08	6.77	21.59	200.25
福建	1619	39	786	1437.27	17.80	503.65	199.75
江西	5758	199	155	2280.71	42.07	5.23	453.20
山东	3274	74	265	3213.25	13.80	10.35	449.55
河南	2900	56	639	5343.56	168.46	246.41	628.85
湖北	3142	75	105	1722.97	30.57	9.66	288.80
湖南	5777	45	436	2673.29	28.80	27.80	498.45
广东	1674	50	56	437.11	8.61	3.76	107.45
广西	3833	77	152	1564.63	28.33	26.14	314.30
海南	203	44	89	254.76	9.89	5.55	32.35
重庆	2584	52	222	2547.15	9.00	97.47	351.40
四川	6963	71	397	4184.03	34.42	193.90	697.70
贵州	7953	122	149	7011.50	239.51	3.81	1008.70
云南	7889	266	177	4569.49	93.60	9.04	756.10
西藏	191	18		894.59	62.43		95.25
陕西	4955	67	433	6881.57	506.55	71.09	872.40
甘肃	3054	151	175	2594.98	92.48	37.26	382.85
青海	836	68	54	5831.62	391.19	8.65	615.05
宁夏	374	62	51	305.90	3.58	12.42	46.60
新疆	4283	258	82	3431.72	194.78	14.12	490.15

出让、转让情况——按地区分列

（单位：宗、平方千米、万元、个）

采矿权出让							采矿权转让	
合计		探矿权转采矿权	协议出让		“招、拍、挂”出让		宗数	转让金额
宗数	价款金额	宗数	宗数	价款金额	宗数	价款金额		
2390	**663153.76**	**303**	**125**	**212436.75**	**1962**	**450717.01**	**1583**	**1509256.63**
16	50479.62	14	2	50479.62			10	
1	6.00				1	6.00	2	
14	223.22	10	4	223.22			3	510.00
51	2813.58	11	4	1092.80	36	1720.78	131	10575.50
33	5540.61	13			20	5540.61	79	62371.79
191	14091.40	42	10	2850.97	139	11240.43	97	14898.00
32	9582.75	13	10	5978.58	9	3604.17	80	23508.93
73	7844.55	25			48	7844.55	25	702.17
60	6261.95	4	3	4883.95	53	1378.00	21	13573.89
41	29246.16				41	29246.16	4	22571.51
76	200473.36	10	22	18696.86	44	181776.50	24	
8	1101.00	5			3	1101.00	59	9662.30
39	3909.83	5	5	516.33	29	3393.50	5	300.00
199	12692.76	13			186	12692.76	86	17998.65
74	41923.26	3	10	421.81	61	41501.45	60	91819.90
56	3167.47	15	2	125.71	39	3041.76	56	1264.16
75	4874.61	8	3	47.34	64	4827.27	53	5647.24
45	14435.13	3			42	14435.13	89	4683.19
50	12134.29	3	2	2.00	45	12132.29	34	1941.00
77	8766.23	5			72	8766.23	34	1974.59
44	20545.42	1	1	120.00	42	20425.42	1	20.00
52	9752.66	2			50	9752.66	16	291.65
71	4067.58	16			55	4067.58	164	60386.12
122	44591.43	10	3	33538.40	109	11053.03	103	2503.38
266	16051.3	16	2	397.30	248	15654.00	173	299060.34
18	501.00	2	15	291.00	1	210.00	2	4200.00
67	32602.12	16	12	32183.99	39	418.13	29	2887.70
151	29116.95	7	3	5568.68	141	23548.27	67	20115.48
68	42932.39	3	2	38263.16	63	4669.23	16	5207.52
62	2452.77	1	1	858.26	60	1594.51	4	100.00
258	30972.36	27	9	15896.77	222	15075.59	56	830481.62

2013 年采矿许可证发证及采矿权

表 9

矿种	采矿许可证发证							
	许可证数			登记面积			生产规模[①]	
	有效	新立	注销	有效	新立	注销	登记	新立
合计	**93782**	**2390**	**6465**	**243145.60**	**2689.81**	**1481.60**	**1502703.62**	**64283.99**
煤炭	12084	40	526	59204.11	998.47	512.22	423722.75	5213
石油天然气	664			135229.37				
煤层气	11			193.29				
油页岩	23	5		92.07	30.26		2161.00	1415.00
石煤	198	4	3	262.23	11.99	0.77	1377.91	12.00
油砂	1			1.94			14.40	
天然沥青	5			12.73			6.40	
地热	877	24	28	899.67	4.89	1.62	22535.79	659.69
铁矿	3869	98	113	5547.32	188.23	33.00	105483.88	1906.50
锰矿	442	8	19	629.87	8.12	16.43	2107.50	42.00
铬铁矿	22	1		10.94	0.99		44.70	0.20
钛矿	102	4	6	136.47	12.47	2.08	5081.23	43.20
钒矿	112	5	2	359.47	24.78	2.96	2552.07	187.30
金红石	5			8.55			89.59	
铜矿	881	18	2	1222.67	34.15	1.35	20676.18	1833.50
铅矿	999	12	14	1642.63	43.75	1.47	6244.77	77.00
锌矿	412	9	8	717.76	25.88	2.96	3807.56	409.00
铝土矿	269	7	3	970.68	39.05	0.22	4738.40	262.00
镁矿	2		1	1.53			167.20	
镍矿	52	1		99.59	10.80		880.28	10.00
钴矿	4			5.26			177.00	
钨矿	151	5		424.49	12.70		2389.93	285.90
锡矿	120			302.32			1200.23	
铋矿	5	1		2.38	1.46		17.50	6.00
钼矿	188	8	1	480.37	74.02	0.18	13272.42	1401.00
汞矿	38		2	54.33		2.93	75.13	
锑矿	76	1	2	155.81	2.78	0.60	310.50	12.00

①生产规模单位：固体矿产按万吨/年，气体矿产按万立方米/年，地下水按立方米/天计。

出让、转让情况——按矿种分列

（单位：宗、平方千米、万元、个）

采矿权使用费	采矿权出让							采矿权转让	
	合计		探矿权转采矿权	协议出让		“招、拍、挂”出让		宗数	转让金额
	宗数	价款金额	宗数	宗数	价款金额	宗数	价款金额		
14292.95	**2390**	**663153.76**	**303**	**125**	**212436.75**	**1962**	**450717.01**	**1583**	**1509256.63**
6220.80	40	111718.00	25	14	106518.00	1	5200.00	140	584357.00
9.85	5	2.00	3	2	2.00				
31.85	4	225.00		4	225.00			10	1183.00
0.20									
1.45									
121.90	24	695.00	14	9	689.00	1	6.00	5	1094.00
660.35	98	4915.00	89	5	2130.00	4	2785.00	102	117689.00
74.75	8	6700.00	6			2	6700.00	11	1558.00
1.75	1	2.00		1	2.00				
16.65	4	56.00				4	56.00	2	193.00
38.35	5	1645.00	1	1	1000.00	3	645.00		
0.95									
145.00	18		18					22	95838.00
191.25	12	609.00	10	1	97.00	1	512.00	20	29584.00
82.20	9	5509.00	7	1	5000.00	1	509.00	4	8560.00
104.25	7	2857.00	5			2	2857.00		
0.20									
11.45	1	1.00		1	1.00			3	29952.00
0.65									
45.75	5	20486.00	1	1	16551.00	3	3935.00	2	178.00
33.30								1	2950.00
0.35	1		1					1	
52.85	8		8					2	175.00
6.45								3	33.00
17.70	1		1					2	1100.00

2013 年采矿许可证发证及采矿权

续表 9-1

矿种	采矿许可证发证							
	许可证数			登记面积			生产规模	
	有效	新立	注销	有效	新立	注销	登记	新立
多金属	2			2.61			180.00	
铂矿	7			9.29			125.00	
砂金	51	5	3	237.40	10.26	6.93	1424.62	59.75
金矿	1457	43	20	3209.43	95.82	14.23	15816.38	3937.50
银矿	114	5	1	206.64	16.12	2.59	1175.95	43.00
铌钽矿	11			21.14			168.30	
铌矿	4			2.84			33.80	
钽矿	4			15.49			80.00	
铍矿	3			3.94			12.50	
锂矿	16	2		314.04	3.88		423.76	106.00
锆矿	21		1	81.24		1.16	9084.83	
锶矿（天青石）	15	2		33.59	0.27		69.40	2.00
重稀土矿	21			30.79			211.70	
轻稀土矿	89			69.22			692.42	
锗矿	2			1.32			9.00	
碲矿	3			2.05			2.40	
蓝晶石	7			3.99			33.00	
矽线石	5			18.97			27.00	
红柱石	12			11.86			288.00	
菱镁矿	115	1	1	38.16	0.55	1.11	1927.15	110.00
萤石（普通）	1217	12	81	913.57	8.90	28.45	2101.86	39.10
熔剂用石灰岩	182	4	4	79.19	0.91	1.81	7040.51	185.00
冶金用白云岩	165	3	3	39.33	2.35	0.14	2383.60	68.00
冶金用石英岩	212	3	1	90.83	2.25	0.45	896.55	32.90
冶金用砂岩	25	1		17.63	0.43		62.20	5.00
铸型用砂岩	12			1.10			33.45	
铸型用砂	45			13.40			367.60	
冶金用脉石英	141	6	3	174.56	14.76	0.08	386.22	50.30
耐火黏土	207	5	23	132.29	3.40	2.56	710.65	13.10
铁钒土	14	1	3	5.90	0.05	0.17	34.88	4.00

出让、转让情况——按矿种分列

（单位：宗、平方千米、万元、个）

采矿权使用费	采矿权出让：合计		采矿权出让：探矿权转采矿权	采矿权出让：协议出让		采矿权出让：“招、拍、挂”出让		采矿权转让	
	宗数	价款金额		宗数	价款金额	宗数	价款金额	宗数	转让金额
0.30									
1.15									
24.85	5	1760.00				5	1760.00	1	130.00
358.45	43	2236.00	36	6	1833.00	1	403.00	55	27649.00
23.75	5		5					1	255.00
2.50									
0.45									
1.65									
0.45									
31.75	2	37740.00	1	1	37740.00				
8.60									
3.85	2	258.00				2	258.00		
3.45									
9.45								1	185.00
0.20									
0.30									
0.60									
2.00									
1.40									
7.75	1	2172.00		1	2172.00			4	9644.00
126.05	12	255.00	8	1	77.00	3	178.00	54	3048.00
13.90	4	1251.00	1			3	1251.00	7	2696.00
9.95	3	1265.00	1			2	1265.00	5	416.00
16.65	3	1963.00				3	1963.00	8	84.00
2.55	1	31.00				1	31.00	3	39.00
0.65								1	180.00
3.10								2	37.00
21.65	6	2947.00	1			5	2947.00	1	210.00
19.70	5	629.00	1			4	629.00	1	31.00
1.15	1	54.00				1	54.00		

2013 年采矿许可证发证及采矿权

续表 9-2

矿种	采矿许可证发证							
	许可证数			登记面积			生产规模	
	有效	新立	注销	有效	新立	注销	登记	新立
其他黏土	40		10	15.20		0.13	149.30	
铸型用黏土	1			2.26			3.00	
耐火用橄榄岩	2			2.09			30.00	
熔剂用蛇纹岩	3			0.54			75.00	
自然硫	1			10.16			3.80	
硫铁矿	255	1	6	356.09	1.30	2.24	3146.95	100.00
钠硝石	3			37.02			26.39	
明矾石	1			1.20			21.00	
芒硝(含钙芒硝)	77	1	2	586.11	231.99	2.25	4077.30	23.00
重晶石	465	4	8	556.20	1.08	3.12	1292.16	12.00
毒重石	33			27.12			94.20	
天然碱	12		5	57.79		2.10	345.40	
颜料黄土	1			0.35			0.50	
电石用灰岩	54	1	1	24.79	1.44	0.01	1667.23	262.00
制碱用灰岩	28	1	2	7.19	0.17	0.03	757.60	13.00
化肥用石灰岩	6		1	1.01		0.06	42.20	
化工用白云岩	6			0.76			29.70	
化肥用石英岩	11	2		4.02	0.74		61.50	20.00
化肥用砂岩	17			7.54			112.00	
含钾岩石	6			5.07			65.00	
含钾砂页岩			1			0.03		
化肥用蛇纹岩	5	1		2.75	0.88		26.00	5.00
泥炭	56	1	1	50.41	0.27	0.58	279.26	8.00
盐矿	15	2		139.28	38.71		464.63	105.83
岩盐	104	2	3	237.64	6.26	0.77	6605.71	160.00
湖盐	38	1		572.59	2.00		1442.39	6.59
镁盐	6	1		80.81	26.51		282.00	120.00
天然卤水	42		1	554.94		1.37	4066.76	
钾盐	21	1		11701.84	123.75		886.70	10.00
溴矿	57		1	67.45		0.19	14.78	

出让、转让情况——按矿种分列

（单位：宗、平方千米、万元、个）

采矿权使用费	采矿权出让							采矿权转让	
	合计		探矿权转采矿权	协议出让		“招、拍、挂”出让		宗数	转让金额
	宗数	价款金额		宗数	价款金额	宗数	价款金额		
3.15									
0.25									
0.30									
0.15									
1.05									
42.80	1		1					2	40.00
3.75									
0.15									
60.60	1	658.00				1	658.00		
68.70	4	114.00	1			3	114.00	25	1241.00
3.55									
6.10									
0.05									
4.35	1		1						
1.85	1	170.00				1	170.00	1	95.00
0.35									
0.30									
0.75	2	212.00				2	212.00		
1.25								4	196.00
0.70									
0.40	1	31.00				1	31.00		
6.65	1		1						
14.30	2	7707.00		2	7707.00				
26.25	2	10482.00				2	10482.00	1	1348.00
58.10	1	412.00		1	412.00				
8.25	1	523.00		1	523.00			2	151.00
56.50									
1170.70	1		1						
8.85								1	37.00

2013年采矿许可证发证及采矿权

续表 9-3

矿种	采矿许可证发证							
	许可证数			登记面积			生产规模	
	有效	新立	注销	有效	新立	注销	登记	新立
砷矿	5			5.81			3.36	
磷矿	354	6	8	848.42	51.39	2.27	13570.64	540.00
金刚石	4			1.32				
石墨	170	5	5	184.60	36.04	2.05	1380.43	81.00
水晶	6			1.28			0.07	
工艺水晶	2			0.65			0.01	
硅灰石	169	2	2	65.19	0.42	0.05	520.28	8.20
滑石	135	2	2	68.89	2.44	0.28	495.06	8.00
石棉(温石棉)	36		1	16.12		0.04	232.25	
云母	28		1	15.60		5.36	60.40	
长石	381	8	13	186.69	3.86	1.73	1276.66	22.70
电气石	4			9.00			2.99	
石榴子石	25	3		7.34	0.65		91.77	15.00
叶蜡石	71	3	7	31.12	0.23	0.38	1283.79	5.80
透辉石	37	1		6.11	0.05		211.30	10.00
蛭石	17			11.20			66.30	
沸石	53		4	9.64		0.12	180.95	
透闪石	7			1.20			61.10	
石膏	578	10	22	581.81	13.75	1.81	6962.16	521.00
方解石	725	15	33	209.16	9.03	4.48	3059.72	119.50
光学萤石	3			1.81			1.55	
宝石	6		1	7.20		1.22	10.38	
玉石	142	21		129.62	26.24		563.92	0.09
玛瑙	4			11.54			0.80	
石灰岩	5308	81	366	681.39	8.12	14.44	58952.61	1082.18
玻璃用石灰岩	3		1	0.33			4.50	
水泥用石灰岩	2180	55	132	997.21	37.55	33.40	150028.39	8654.00
建筑石料用灰岩	11229	256	839	1370.02	42.97	28.59	137321.21	5068.91
饰面用灰岩	149	25	1	55.04	15.99	0.07	787.44	145.54
制灰用石灰岩	389	4	19	64.11	0.50	0.82	5442.72	117.00

出让、转让情况——按矿种分列

（单位：宗、平方千米、万元、个）

采矿权使用费	采矿权出让							采矿权转让	
	合计		探矿权转采矿权	协议出让		“招、拍、挂”出让		宗数	转让金额
	宗数	价款金额		宗数	价款金额	宗数	价款金额		
0.70									
93.85	6	6564.00	4			2	6564.00	6	30670.00
0.25									
23.10	5	4659.00		1	4075.75	4	583.01	5	3375.00
0.35									
0.10									
12.45	2	104.00				2	104.00	6	252.00
11.00	2	203.00				2	203.00	5	1557.00
2.90									
2.20								1	60.00
30.90	8	778.00				8	778.00	10	3517.00
1.00									
1.55	3	154.00				3	154.00	1	
5.35	3	57.00	1			2	57.00	1	320.00
2.05	1	18.00		1	18.00			1	136.00
1.70									
2.90									
0.35									
75.00	10	4169.00	1	2	2740.00	7	1429.00	9	697.00
48.25	15	514.00	2	2	177.00	11	337.00	20	531.00
0.25									
0.90									
16.55	21	5767.00	1	2	129.00	18	5638.00	2	510.00
1.25									
298.35	81	6625.00	2	1	120.00	78	6505.00	111	6903.00
0.15									
172.65	55	71198.00	18	2	1400.00	35	69798.00	42	39268.00
636.30	256	35008.76				256	35011.00	211	20817.00
10.30	25	2853.00				25	2853.00		
22.65	4	545.00				4	545.00	10	759.00

2013 年采矿许可证发证及采矿权

续表 9-4

矿种	采矿许可证发证							
	许可证数			登记面积			生产规模	
	有效	新立	注销	有效	新立	注销	登记	新立
含钾灰石	5			0.85			49.00	
泥灰岩	45		1	6.09		0.01	205.55	
白垩	5			2.18			34.00	
白云岩	525	23	19	150.11	11.11	4.74	5002.18	175.15
玻璃用白云岩	15		1	8.44		0.03	173.00	
建筑用白云岩	921	34	97	89.68	1.74	4.81	15236.55	403.20
石英岩	719	22	28	318.78	23.03	4.84	3743.14	81.50
冶金用石英岩	64	1	5	18.89	0.14	0.60	254.40	50.00
玻璃用石英岩	188	1	7	61.24	0.12	0.57	3696.88	9.00
砂岩	1193	23	190	91.69	3.15	11.72	9172.99	223.01
玻璃用砂岩	84	2	1	15.88	0.21	0.01	1036.72	13.00
水泥配料用砂岩	221	5	10	83.41	2.99	0.31	3134.49	58.00
砖瓦用砂岩	281	12	10	16.35	0.32	0.21	1531.65	70.30
陶瓷用砂岩	66	3	1	21.45	0.20	0.37	339.76	20.00
建筑用砂岩	434	88	4	57.17	17.58	0.33	8556.76	2481.86
天然石英砂	139	4	10	129.13	1.20	6.59	1554.89	40.20
玻璃用砂	20			12.96			802.23	
海砂	5			1.85			360.85	
建筑用砂	4445	284	533	1071.36	46.02	74.46	47086.34	4553.89
水泥配料用砂	22		1	3.76		0.06	269.72	
水泥标准砂	3			1.51			6.80	
砖瓦用砂	33		4	3.40		0.29	85.98	
脉石英	222	12	11	99.33	7.09	2.86	510.66	47.80
玻璃用脉石英	78	2	3	39.16	5.04	0.34	313.55	8.50
粉石英	18	1	3	8.08	0.35	0.26	63.20	10.00
硅藻土	36	3		29.70	3.06		231.60	20.00
页岩	1472	38	48	83.95	1.33	2.63	10244.63	261.30
陶粒用页岩	33		2	7.06		0.07	559.50	
砖瓦用页岩	6194	202	260	270.70	23.98	5.55	28394.00	1711.66

出让、转让情况——按矿种分列

（单位：宗、平方千米、万元、个）

采矿权使用费	采矿权出让							采矿权转让	
	合计		探矿权转采矿权	协议出让		“招、拍、挂”出让		宗数	转让金额
	宗数	价款金额		宗数	价款金额	宗数	价款金额		
0.25									
2.60								6	75.00
0.35									
36.15	23	2676.00		2	80.00	21	2595.00	11	488.00
1.45									
48.55	34	1059.00		2	34.00	32	1025.00	24	2489.00
56.30	22	2422.00	1	1	80.00	20	2342.00	17	981.00
4.30	1	858.00		1	858.00			2	113.00
12.80	1	352.00				1	352.00	5	252.00
63.10	23	1074.00				23	1074.00	29	2260.00
4.75	2	64.00				2	64.00	4	189.00
16.40	5	283.00	1			4	283.00	4	278.00
14.50	12	129.00				12	129.00	2	79.00
4.60	3	124.00				3	124.00	2	35.00
24.35	88	42612.00		1	346.00	87	42267.00	10	1824.00
17.75	4	60.00				4	60.00	1	7.00
2.10								1	98.00
0.40									
291.15	284	13303.00		6	446.00	278	12853.00	64	437879.63
1.25								1	
0.25									
1.65								1	1.00
17.05	12	866.00				12	866.00	7	242.00
6.15	2	93.00				2	93.00	1	60.00
1.40	1	62.00				1	62.00		
4.00	3	512.00	1			2	512.00		
76.45	38	1820.00				38	1820.00	24	2449.00
1.95								1	5.00
316.10	202	7633.00				202	7633.00	97	4245.00

2013年采矿许可证发证及采矿权

续表 9-5

矿种	采矿许可证发证							
	许可证数			登记面积			生产规模	
	有效	新立	注销	有效	新立	注销	登记	新立
水泥配料用页岩	120	12	10	79.71	2.48	0.48	1562.28	87.70
高岭土	460	17	19	379.99	7.25	7.46	2745.58	117.50
陶瓷土	553	21	44	202.55	3.12	3.49	3236.40	112.85
凹凸棒石黏土	28	4		25.95	3.34		213.52	24.00
海泡石黏土	4			2.74			2.92	
伊利石黏土	51	1	4	39.87	1.47	0.13	344.85	200.00
累托石黏土	1			0.63			5.00	
膨润土	228	5	1	150.61	0.99	0.02	1192.97	31.28
砖瓦用黏土	13835	223	1355	1187.67	20.87	54.30	72886.56	1554.38
陶粒用黏土	67	1	1	207.67	0.02	0.06	227.17	7.40
水泥用黏土	137	3	16	48.25	0.71	1.85	1858.13	48.06
水泥配料用红土	13		2	2.45		0.05	111.04	
水泥配料用黄土	7			0.61			226.58	
水泥配料用泥岩	29	2	1	9.34	1.51	0.25	593.03	11.00
保温材料用黏土	8		1	3.47		0.25	29.83	
橄榄岩	9	1		30.48	2.40		95.08	5.00
建筑用橄榄岩	7	2		41.91	37.93		26.13	3.55
蛇纹岩	41			20.71			317.91	
饰面用蛇纹岩	16	1		5.43	1.12		25.02	0.30
玄武岩	455	13	66	76.81	4.55	5.27	5692.34	127.60
铸石用玄武岩	11		1	0.74		0.02	108.90	
岩棉用玄武岩	188	40	6	19.01	5.83	0.13	7.00	
建筑用玄武岩	133	6	9	44.98	1.27	1.73	4822.84	1182.35
辉绿岩	3			0.59			778.55	12.02
水泥用辉绿岩	2			0.05			35.80	
铸石用辉绿岩	170	4	4	40.70	0.17	0.04	8.00	
建筑用辉绿岩	63	2	29	14.50	0.63	1.51	1731.59	40.00
饰面用辉绿岩	106	1	14	7.18	0.01	0.16	244.40	6.00
安山岩	4		1	3.24		0.46	1940.33	26.00

出让、转让情况——按矿种分列

（单位：宗、平方千米、万元、个）

采矿权使用费	采矿权出让							采矿权转让	
	合计		探矿权转采矿权	协议出让		“招、拍、挂”出让		宗数	转让金额
	宗数	价款金额		宗数	价款金额	宗数	价款金额		
12.45	12	901.00		1	3.00	11	898.00	3	256.00
51.70	17	1594.00	4			13	1594.00	9	800.00
40.00	21	1614.00	4			17	1614.00	8	902.00
3.40	4	68.00				4	68.00		
0.35								1	50.00
5.45	1		1					4	161.00
0.10									
22.60	5	175.00	1	1	25.00	3	151.00	13	468.00
743.05	223	3446.00		1		222	3446.00	65	3274.00
23.05	1	60.00				1	60.00	3	197.00
9.50	3	326.00				3	326.00	2	515.00
0.70									
0.35									
1.85	2	19.00				2	19.00		
0.65									
3.30	1	51.00				1	51.00		
4.40	2	20.00		2	20.00				
3.50								2	67.00
1.05	1	280.00				1	280.00		
26.75	13	1156.00		2	30.00	11	1126.00	9	353.00
0.55									
9.80	40	2835.00				40	2835.00	4	159.00
9.45	6	761.00		2	28.00	4	734.00	2	681.00
0.15									
0.10									
10.35	4	223.00				4	223.00	3	150.00
3.65	2	61.00	1			1	61.00	1	50.00
5.40	1	21.00				1	21.00	1	20.00
0.50								1	170.00

2013年采矿许可证发证及采矿权

续表9-6

矿种	采矿许可证发证							
	许可证数			登记面积			生产规模	
	有效	新立	注销	有效	新立	注销	登记	新立
饰面用安山岩	399	9	44	20.29	0.22	0.57	22.10	
建筑用安山岩	1	1		0.04	0.04		7867.68	98.80
闪长岩	66	4	7	17.75	0.06	0.47	2206.93	25.73
建筑用闪长岩	269	7	10	18.20	0.89	1.09	3310.74	85.80
水泥混合材料用闪长玢岩	1			0.01			5.20	
花岗岩	742	11	82	243.84	10.62	228.32	7462.89	158.86
建筑用花岗岩	2680	155	412	213.43	18.08	13.81	63641.33	6060.88
饰面用花岗岩	1287	40	238	251.61	15.52	8.95	9077.94	477.86
麦饭石	9			10.02			18.63	
珍珠岩	67	9		18.06	1.71		340.05	29.00
黑曜岩	3			0.37			11.00	
浮石	18	1	1	2.39	0.01	0.50	37.12	3.20
粗面岩	18	1	1	2.44	0.02	0.99	168.36	13.57
铸石用粗面岩	1			0.11			19.00	
霞石正长岩	14			6.56			399.80	
凝灰岩	78	1	7	13.95	0.02	217.93	1143.10	14.06
水泥用凝灰岩	14	3		1.70	0.31		224.20	70.59
建筑用石料（凝灰岩）	1683	80	323	368.44	8.19	21.99	56374.23	6603.22
火山灰	3		1	0.60		0.02	19.50	
水泥用火山灰	2		1	0.09		0.01	8.00	
火山渣	12	1		3.48	0.80		88.70	6.00
大理岩	303	13	25	121.42	5.67	2.49	3584.66	202.28
饰面用石料（大理石）	437	20	14	197.22	11.47	2.77	6813.96	108.24
建筑用大理岩	401	9	16	89.51	0.61	8.91	4609.05	190.35
水泥用大理石	98		4	27.56		0.21	4587.03	
玻璃用大理石	3			0.72			17.28	
板岩	207	4	11	88.20	0.07	8.16	1563.23	21.42
饰面用板岩	81	1	4	35.82	0.03	0.74	289.25	0.63
水泥配料用板岩	10			4.74			68.25	
片麻岩	347	33	35	36.00	1.05	1.74	5175.57	549.86
角闪岩	33		3	8.96		0.15	421.68	
硼矿	62			362.13			572.20	
矿泉水	805	8	19	429.84	1.02	13.99	4114.22	53.00
地下水	12		1	28.34		0.01	1133.70	
二氧化碳气	1			28.74			8.00	
其他	3			1.72				

出让、转让情况——按矿种分列

（单位：宗、平方千米、万元、个）

采矿权使用费	采矿权出让							采矿权转让	
	合计		探矿权转采矿权	协议出让		“招、拍、挂”出让		宗数	转让金额
	宗数	价款金额		宗数	价款金额	宗数	价款金额		
20.15	9	185.00				9	185.00	3	114.00
0.05	1	901.00				1	901.00		
4.40	4	107.00				4	107.00		
14.05	7	145.00				7	145.00	1	100.00
0.05									
53.75	11	2278.00		2	5.00	9	2273.00	26	2739.00
138.85	155	42172.00	1	4	36.00	150	42136.00	48	2880.00
76.10	40	10070.00	3	8	204.00	29	9866.00	27	4466.00
1.35									
4.45	9	440.00				9	440.00	3	60.00
0.15									
0.90	1	4.00				1	4.00		
1.05	1	24.00				1	24.00		
0.05									
1.20								1	14.00
4.50	1	160.00				1	160.00		
0.70	3	96.00				3	96.00	1	23.00
108.80	80	135469.00		19	17918.00	61	117551.00	23	1587.00
0.15									
0.10									
0.75	1		1						
22.95	13	3322.00		4	968.00	9	2354.00	8	418.00
34.95	20	1182.00	3	1	13.00	16	1168.00	10	743.00
24.90	9	395.00				9	395.00	7	347.00
6.40								3	812.00
0.15									
17.25	4	6.00				4	6.00		
6.55	1	4.00				1	4.00	3	48.00
0.80									
18.65	33	8825.00				33	8825.00	5	161.00
2.05								1	130.00
38.00									
66.20	8	249.00	4	1	4.00	3	246.00	17	764.00
3.20									
2.90									
0.25									

2013年矿产资源勘查、

表 10

案件类型	合计	国家机关			
			省级	市级	县级
2012年未结案件	**591**	**1**			**1**
2013年立案	**6875**	**1**			**1**
勘查	291				
无证勘查	122				
越界勘查	22				
非法转让探矿权	9				
其他	138				
开采	6565				
无证开采	4398				
越界开采	1663				
非法转让采矿权	43				
破坏性开采	35				
其他	426				
不按规定缴纳矿产资源补偿费	18				
非法批准	1	1			1
违法发证					
勘查许可证					
采矿许可证					
其他	1	1			1
2013年结案	**6947**	**1**			**1**
处理2012年未结案	366				
勘查	249				
无证勘查	82				
越界勘查	20				
非法转让探矿权	9				
其他	138				
开采	6317				
无证开采	4228				
越界开采	1603				
非法转让采矿权	43				
破坏性开采	26				
其他	417				
不按规定缴纳矿产资源补偿费	14				
非法批准	1	1			1
违法发证					
勘查许可证					
采矿许可证					
其他	1	1			1
2013年未结案件	**519**	**1**			**1**

开采违法案件查处情况

（单位：件）

企事业单位		集体		个人
	外商		乡村	
96		**18**	**13**	**476**
2364	**11**	**140**	**26**	**4370**
176	2	1		114
24				98
20				2
7	2			2
125		1		12
2179	9	139	26	4247
848	5	80	18	3470
1079	4	51	6	533
20				23
5				30
227		8	2	191
9				9
2327	**11**	**156**	**39**	**4463**
32		17	13	317
170	2	1		78
20				62
18				2
7	2			2
125		1		12
2116	9	138	26	4063
819	5	80	18	3329
1053	4	50	6	500
20				23
4				22
220		8	2	189
9				5
				1
133		**2**		**383**

2013年矿产资源勘查、

表11

案件类型	合计	北京	天津	河北
2012年未结案件	**591**			**15**
2013年立案	**6875**	**56**	**26**	**423**
勘查	291			35
无证勘查	122			34
越界勘查	22			
非法转让探矿权	9			
其他	138			1
开采	6565	56	26	388
无证开采	4398	55	26	321
越界开采	1663			57
非法转让采矿权	43			
破坏性开采	35			
其他	426	1		10
不按规定缴纳矿产资源补偿费	18			
非法批准	1			
违法发证				
勘查许可证				
采矿许可证				
其他	1			
2013年结案	**6947**	**55**	**26**	**364**
处理2012年未结案	366			3
勘查	249			1
无证勘查	82			
越界勘查	20			
非法转让探矿权	9			
其他	138			1
开采	6317	55	26	360
无证开采	4228	54	26	305
越界开采	1603			45
非法转让采矿权	43			
破坏性开采	26			
其他	417	1		10
不按规定缴纳矿产资源补偿费	14			
非法批准	1			
违法发证				
勘查许可证				
采矿许可证				
其他	1			
2013年未结案件	**519**	1		**74**

开采违法案件查处情况——按地区分列

（单位：件）

山西	内蒙古	辽宁	吉林
5		**219**	**3**
199	**336**	**347**	**173**
21	23	2	2
17	2	2	
1			
3	21		2
178	313	345	171
125	232	275	134
45	62	65	33
8	19	5	4
202	**328**	**538**	**174**
3	1	196	3
21	23	2	2
17	2	2	
1			
3	21		2
178	304	340	169
125	224	271	133
45	61	64	32
8	19	5	4
2	**8**	**28**	**2**

2013年矿产资源勘查、

续表 11-1

案件类型	黑龙江	上海	江苏	浙江
2012年未结案件				**1**
2013年立案	**252**		**23**	**324**
勘查	3			2
无证勘查	2			2
越界勘查				
非法转让探矿权				
其他	1			
开采	249		23	322
无证开采	103		8	244
越界开采	110		14	74
非法转让采矿权	1			
破坏性开采				
其他	35		1	4
不按规定缴纳矿产资源补偿费				
非法批准				
违法发证				
勘查许可证				
采矿许可证				
其他				
2013年结案	**252**		**23**	**325**
处理2012年未结案				1
勘查	3			2
无证勘查	2			2
越界勘查				
非法转让探矿权				
其他	1			
开采	249		23	322
无证开采	103		8	244
越界开采	110		14	74
非法转让采矿权	1			
破坏性开采				
其他	35		1	4
不按规定缴纳矿产资源补偿费				
非法批准				
违法发证				
勘查许可证				
采矿许可证				
其他				
2013年未结案件				

开采违法案件查处情况——按地区分列

（单位：件）

安徽	福建	江西	山东
15	**49**	**27**	2
155	**372**	**190**	**125**
5	1	2	2
	1	1	
		1	
4			
1			2
150	370	186	123
55	304	113	103
93	48	38	20
		29	
2	18	6	
	1	2	
140	**409**	**164**	**126**
	44	1	2
5	1	2	2
	1	1	
		1	
4			
1			2
135	364	159	122
46	300	95	103
87	46	37	19
		21	
2	18	6	
		2	
30	**12**	**53**	**1**

2013年矿产资源勘查、

续表 11-2

案件类型	河南	湖北	湖南	广东
2012 年未结案件		**7**	**23**	**33**
2013 年立案	**129**	**42**	**383**	**274**
勘查	3	1	3	1
无证勘查			3	1
越界勘查				
非法转让探矿权	2			
其他	1	1		
开采	125	41	380	273
无证开采	87	14	184	251
越界开采	30	21	184	20
非法转让采矿权		1	2	
破坏性开采		1	1	
其他	8	4	9	2
不按规定缴纳矿产资源补偿费	1			
非法批准				
违法发证				
勘查许可证				
采矿许可证				
其他				
2013 年结案	**128**	**42**	**382**	**277**
处理 2012 年未结案		3	18	32
勘查	3	1	1	
无证勘查			1	
越界勘查				
非法转让探矿权	2			
其他	1	1		
开采	124	38	363	245
无证开采	86	12	177	232
越界开采	30	20	174	12
非法转让采矿权		1	2	
破坏性开采		1	1	
其他	8	4	9	1
不按规定缴纳矿产资源补偿费	1			
非法批准				
违法发证				
勘查许可证				
采矿许可证				
其他				
2013 年未结案件	**1**	**7**	**24**	**30**

开采违法案件查处情况——按地区分列

（单位：件）

广西	海南	重庆	四川
51	**24**	**3**	**34**
474	**86**	**86**	**134**
2	1	3	6
		3	2
1	1		2
1			2
472	85	83	128
344	60	38	57
67	25	44	55
61		1	16
470	**80**	**82**	**119**
15		2	
2		3	2
		3	
1			1
1			1
453	80	77	117
327	55	32	50
66	25	44	51
60		1	16
55	**30**	**7**	**49**

2013年矿产资源勘查、

续表 11-3

案件类型	贵州	云南	西藏	陕西
2012年未结案件	**26**	**8**		**28**
2013年立案	**432**	**467**	**28**	**219**
勘查	9	34	2	6
无证勘查	2	4		2
越界勘查	1	4	1	3
非法转让探矿权	3			
其他	3	26	1	1
开采	420	433	26	213
无证开采	149	172	21	159
越界开采	113	250	4	45
非法转让采矿权	39			
破坏性开采	2		1	
其他	117	11		9
不按规定缴纳矿产资源补偿费	3			
非法批准				
违法发证				
勘查许可证				
采矿许可证				
其他				
2013年结案	**408**	**469**	**28**	**245**
处理2012年未结案	6	8		28
勘查	9	34	2	6
无证勘查	1	4		2
越界勘查	1	4	1	3
非法转让探矿权	3			
其他	4	26	1	1
开采	393	427	26	211
无证开采	131	170	21	157
越界开采	109	246	4	45
非法转让采矿权	39			
破坏性开采	1		1	
其他	113	11		9
不按规定缴纳矿产资源补偿费				
非法批准				
违法发证				
勘查许可证				
采矿许可证				
其他				
2013年未结案件	**50**	**6**		**2**

开采违法案件查处情况——按地区分列

（单位：件）

甘肃	青海	宁夏	新疆
			18
111	**54**	**80**	**875**
8	1	1	112
2		1	41
4	1		2
2			69
103	53	79	751
86	28	54	596
12	25	23	86
1			
4		2	69
			11
			1
			1
106	**54**	**65**	**866**
8	1	1	112
2		1	41
4	1		2
2			69
98	53	64	742
83	28	40	590
10	25	23	85
1			
4		1	67
			11
			1
			1
5		**15**	**27**

2013年全国石油天然气

表12

地区	油气田总数（个）				从业人数（人）	油产量（万吨）
		大型	中型	小型		
总计	**934**	**107**	**220**	**607**	**714548**	**20901.69**
天津	23	3	7	13	29323	470.37
河北	62	1	17	44	50396	591.01
辽宁	40	4	8	28	44082	1001.01
吉林	44	4	13	27	27541	620.30
黑龙江	53	9	11	33	92127	4001.04
江苏	57		4	53	9209	201.46
山东	73	12	39	22	80301	2776.24
河南	52	3	12	37	52957	538.51
湖北	30	1	2	27	14588	98.18
浙江	3			3	283	5.06
广西	1			1	88	2.20
广东	4		1	3	150	26.53
四川	147	9	14	124	37656	22.36
陕西	62	13	19	30	187863	3701.61
甘肃	7	0	2	5	10538	51.26
青海	26	4	5	17	21755	214.50
新疆	90	19	23	48	47202	2658.47
渤海	60	13	18	29	4693	2574.16
南海	86	11	24	51	2545	1332.54
东海	14	1	1	12	1251	14.88

注： 1. 中国石油长庆、华北、大港和西南经济数据未按省分列，本汇总表将中国石油长庆全部计入陕西，中国石油华北全部计入河北，中国石油大港全部计入天津，中国石油西南全部计入四川。

2. 本表不包括煤层气。

开发利用情况——按地区分列

气产量（亿立方米）	工业总产值（万元）	销售收入（万元）	年利税总额（万元）	实缴补偿费（万元）
1166.21	**110313969.15**	**119182802.70**	**61936626.54**	**864701.03**
4.06	1993191.00	1999511.00	996852.00	15491.00
9.31	2864473.00	3099757.32	997111.13	29361.00
7.21	3691932.00	3501178.00	1077652.00	31370.00
24.34	2340931.00	2340199.00	1063505.00	19798.00
34.77	18827886.00	18939002.00	14264389.00	132342.00
0.51	937925.00	1068738.46	147796.00	7496.13
5.00	12032498.00	12464930.02	6754416.00	113494.16
39.37	5039472.00	5165141.54	1472863.56	24650.29
3.14	760078.00	763144.00	307966.00	5612.13
0.00	22803.26	22803.26	–30726.90	224.57
0.00	207924.00	408598.63	6569.17	76.95
1.69	146089.00	145507.00	58920.00	1356.00
243.43	2325840.00	3458659.00	55617.71	21454.00
346.81	23295102.00	32207834.40	11994647.50	164595.04
0.17	1212640.00	481720.00	201865.00	2466.00
68.10	2560790.91	2008936.00	1263707.75	5623.95
280.12	13396728.97	13868135.65	8486156.25	122012.81
23.39	10997932.00	10718913.00	8655251.00	167277.00
66.45	7484136.50	6353217.92	4240933.75	
8.34	175596.51	166876.50	–78865.37	

2013年全国石油天然气

表 13

	油气田总数（个）				从业人数（人）	油产量（万吨）
		大型	中型	小型		
总　计	**934**	**107**	**220**	**607**	**714548**	**20901.69**
国有企业	23		10	13	117015	1263.71
国有联营企业	1			1	88	2.20
股份有限公司	910	107	210	593	597445	19635.78

注：经济类型为公司在工商管理机关登记注册类型。

开发利用情况——按经济类型分列

气产量（亿立方米）	工业总产值（万元）	销售收入（万元）	年利税总额（万元）	实缴补偿费（万元）
1166.21	**110313969.15**	**119182802.70**	**61936626.54**	**864701.03**
	8936308.00	18652200.00	5262200.00	5974.12
	207924.00	408598.63	6569.17	76.95
1166.21	101169737.15	100122004.07	56667857.37	858649.96

2013年全国非油气矿产资源

表 14

地区	矿山企业数（个）					从业人员（人）
		大型	中型	小型	小矿	
全国	**99536**	**3908**	**5860**	**52719**	**37049**	**6344625**
北京	214	22	54	128	10	33441
天津	414	116	112	98	88	6504
河北	4290	118	207	2406	1559	297980
山西	4608	301	634	2397	1276	896705
内蒙古	4870	171	342	2358	1999	289229
辽宁	3627	94	132	2226	1175	253499
吉林	1791	177	270	1008	336	120556
黑龙江	3294	183	239	2041	831	283437
上海	78	2	1	75		3641
江苏	1304	166	225	913		127354
浙江	1427	768	161	453	45	41777
安徽	2767	164	142	915	1546	324285
福建	1982	280	228	1177	297	70922
江西	6058	41	156	3365	2496	233605
山东	3388	272	525	2512	79	521989
河南	2952	140	305	1443	1064	471154
湖北	3641	41	122	1587	1891	128498
湖南	7308	54	127	2452	4675	270377
广东	1786	81	169	1388	148	50367
广西	3689	42	73	1819	1755	101428
海南	267	81	18	158	10	11168
重庆	2792	77	168	2153	394	167967
四川	7266	94	319	4232	2621	340232
贵州	7106	76	242	4362	2426	240323
云南	8084	50	173	4785	3076	345751
西藏	99	7	15	56	21	5806
陕西	5100	135	249	2127	2589	282305
甘肃	3476	55	76	1298	2047	166451
青海	978	35	50	390	503	45937
宁夏	524	19	18	195	292	50865
新疆	4356	46	308	2202	1800	161072

开发利用情况——按地区分列

年产矿量（原矿，万吨）	工业总产值（万元）	综合利用产值（万元）	矿产品销售收入（万元）	利润总额（万元）
867935.52	**172445934.79**	**12486974.34**	**144884029.44**	**20534242.15**
2027.65	662537.21	60290.16	621885.07	85949.88
4400.40	64314.42	2335.00	47608.64	2767.71
45150.67	8134646.31	971389.94	6634291.78	1013737.80
87730.20	38022490.56	1853307.39	29013492.71	2866138.72
104075.87	19104016.71	1612688.96	18064773.05	2486023.61
34621.00	5832770.26	236936.49	4974185.07	630356.98
12116.57	2013789.85	96595.41	1552603.81	1282.01
15036.49	3162031.33	78427.48	3019866.68	145264.90
202.03	131093.65	1701.69	107792.73	11085.73
22938.60	2499251.79	171522.88	1993517.03	176783.92
53834.42	1366432.05	48113.32	1085944.89	98596.78
50832.05	10666104.21	927099.87	9739073.51	649171.94
16062.57	1665847.15	157454.94	1619823.15	337944.22
28464.19	3382963.74	288834.03	2797591.09	243781.83
47394.78	12896029.72	1031509.02	11270940.49	1583591.85
31283.00	9144428.65	653232.92	7253939.13	992708.35
17792.18	2676767.93	103199.35	1780332.39	274682.55
27968.66	3560438.15	100800.53	2756084.41	311201.27
23436.42	1678731.21	74322.86	1170856.82	219437.84
26268.15	1745455.82	153199.55	1276097.31	208058.17
5212.96	430649.34	36770.13	376838.09	112523.21
16514.71	2224390.79	172589.28	1845178.36	35820.33
26386.93	3481846.15	776515.22	2883754.97	306528.31
32762.24	7322376.04	1418557.83	6881397.77	1528500.25
27035.72	6033116.46	747760.78	4786581.36	494809.76
413.93	245996.77	1465.00	174715.66	43867.25
42750.55	11590027.18	61639.46	10477134.01	3794057.04
12453.17	3095913.62	110135.97	2917084.78	279212.06
9988.96	2342878.55	137230.18	1761842.77	455776.10
8129.12	2555701.54	1798.95	1469128.14	394257.24
34651.33	4712897.64	399549.75	4529673.74	750324.52

2013年全国非油气矿产资源

表 15

	矿山企业数（个）					从业人员（人）
		大型	中型	小型	小矿	
总 计	**99536**	**3908**	**5860**	**52719**	**37049**	**6344625**
一、内资企业	**98972**	**3750**	**5752**	**52469**	**37001**	**6272058**
国有企业	3325	620	593	1656	456	1579737
集体企业	7294	74	254	3693	3273	303936
股份合作企业	1229	57	89	651	432	89469
联营企业	388	9	28	200	151	22661
有限责任公司	16243	1299	1833	9103	4008	1597878
股份有限公司	4115	403	517	2234	961	985327
私营企业	62535	1193	2265	33317	25760	1629744
其他企业	3843	95	173	1615	1960	63306
二、港、澳、台商投资企业	**225**	**60**	**36**	**114**	**15**	**20568**
三、外商投资企业	**339**	**98**	**72**	**136**	**33**	**51999**

开发利用情况——按经济类型分列

年产矿量（原矿，万吨）	工业总产值（万元）	综合利用产值（万元）	矿产品销售收入（万元）	利润总额（万元）
867935.52	**172445934.79**	**12486974.34**	**144884029.44**	**20534242.15**
839825.94	**167002728.27**	**12357557.27**	**140505867.64**	**19721143.02**
177224.89	52069117.97	3172780.30	45663058.55	5528129.84
22188.36	2348000.02	176917.63	2096791.08	301614.89
11778.89	2529799.17	53365.97	2300178.20	292478.92
2394.13	521269.31	11533.20	444377.05	72981.30
237362.33	48804390.96	3241018.12	38383306.53	4301055.22
131180.73	37198070.31	3446661.22	31451777.23	6408094.40
243779.36	22796203.74	2235824.02	19729285.68	2783685.09
13917.27	735876.81	19456.80	437093.31	33103.36
11147.57	**1547059.26**	**39759.78**	**1387060.22**	**225635.75**
16962.01	**3896147.25**	**89657.29**	**2991101.58**	**587463.38**

2013年全国非油气矿产资源

表16

矿种	矿山企业数（个）					从业人员（人）
		大型	中型	小型	小矿	
总计	**99536**	**3908**	**5860**	**52719**	**37049**	**6344625**
煤炭	12488	730	1370	7369	3019	3695213
油页岩	23	2	7	9	5	5102
油砂	4			3	1	4
石煤	223		2	48	173	2144
天然沥青	6			1	5	50
地热	1037	255	225	484	73	46994
铁矿	4169	138	312	2501	1218	383855
锰矿	495	15	39	304	137	24862
铬矿	30		1	16	13	645
钛矿	105	5	3	68	29	2726
钒矿	116	9	22	61	24	4713
铜矿	900	30	67	508	295	137489
铅矿	926	8	39	529	350	53934
锌矿	706	10	50	411	235	51115
铝土矿	275	10	27	187	51	17174
镁矿	10	1		3	6	179
镍矿	67	3	14	35	15	12892
钴矿	4	1		3		45
钨矿	155	3	27	102	23	35488
锡矿	119	3	12	68	36	26990
铋矿	4			3	1	113
钼矿	209	22	31	102	54	32429
汞矿	37			16	21	1136
锑矿	87	2	2	46	37	11423
铂矿	6	2	1	3		230
金矿	1633	60	140	937	496	176135
银矿	113	9	9	67	28	13424

开发利用情况——按矿种分列

年产矿量（原矿，万吨）	工业总产值（万元）	综合利用产值（万元）	矿产品销售收入（万元）	利润总额（万元）
867935.52	**172445934.79**	**12486974.34**	**144884029.44**	**20534242.15**
306004.47	111672268.31	6409669.05	96287176.12	13096778.15
284.70	41247.64	38.00	22277.57	521.00
163.64	6894.00	51.00	6394.69	698.30
	130.00			
9970.35	328957.05		238048.36	–2167.00
72571.95	16418551.65	1741015.62	14248814.73	2072251.54
692.35	528459.78	29093.32	348430.08	–4288.54
10.51	15925.20		11941.47	2654.89
104.07	20553.62	802.80	13565.72	1684.29
76.86	58944.00	2000.00	6370.62	342.00
14931.13	3490739.84	422727.75	3089875.48	477949.79
1547.91	1230916.40	137652.46	952286.36	119463.05
2329.06	1459892.98	165799.30	1196471.08	310241.23
2344.04	374809.68	23338.51	338588.20	26810.84
114.04	21119.00	5630.00	6399.00	20.00
1275.38	1015441.27	25008.73	855360.25	25649.79
1545.65	1020343.89	65071.20	681888.37	173128.84
809.60	730580.97	99673.87	507876.92	88134.47
2.90	1056.00	0.90	156.00	–1.74
5904.38	1396994.74	173388.47	846812.96	182366.20
32.03	28511.74	3393.36	25002.45	8979.60
103.21	279877.51	2349.00	124354.07	70.59
0.55	155.00		155.00	–242.00
12085.34	5321783.39	852693.12	4471292.27	1097645.23
636.41	427942.74	179846.59	381855.92	97524.45

2013 年全国非油气矿产资源

续表 16-1

矿 种	矿山企业数（个）					从业人员（人）
		大型	中型	小型	小矿	
铌钽矿	14		2	5	7	1131
钽矿	5			5		562
铍矿	2			1	1	110
锂矿	18	3	2	6	7	2217
锆矿	27	22	4	1		1175
锶矿	17	1	1	5	10	701
重稀土矿	22	1	1	19	1	327
轻稀土矿	89	1	6	41	41	1591
锗矿	3		1	1	1	609
碲矿	3			1	2	7
蓝晶石	7		1	6		152
矽线石	5	1		2	2	363
红柱石	12	5	3	3	1	489
菱镁矿	123	7	12	80	24	6806
普通萤石	1255	11	34	688	522	23490
熔剂用灰岩	351	23	22	164	142	17558
冶金用白云岩	315	9	16	191	99	7875
冶金用石英岩	618	5	9	362	242	6569
冶金用砂岩	34		3	26	5	353
铸型用砂岩	22			13	9	330
铸型用砂	65	1	6	40	18	1491
冶金用脉石英	294	1	1	193	99	2205
耐火黏土	244	1	2	139	102	5223
铁矾土	13			10	3	99
铸型用黏土	1			1		5
耐火用橄榄岩	5			2	3	201
熔剂用蛇纹岩	8	2	3	3		586
自然硫	1				1	5
硫铁矿	267	9	4	163	91	18329

开发利用情况——按矿种分列

年产矿量（原矿，万吨）	工业总产值（万元）	综合利用产值（万元）	矿产品销售收入（万元）	利润总额（万元）
137.45	26991.98	87.20	22813.28	5554.21
15.03	5316.00	3396.00	896.46	–136.50
0.03	1100.00	380.00	1100.00	
591.20	130742.85	300.00	63135.33	–14390.13
1610.34	15803.68	5800.65	14802.07	–1613.71
13.89	5104.33	874.00	4659.47	1287.46
177.44	53016.60		52399.84	370.21
732	104747	2855	58268	8854
389.29	46422.70		46422.70	1443.09
1.89	1126.00	95.00	1116.50	101.50
0.50	50.00		50.00	1.00
50.14	7963.36	1200.00	7963.36	6.00
1058.80	174432.42	7892.47	76173.52	6314.51
435.91	213012.56	6460.31	181078.41	17764.40
5659.56	232084.84	44225.40	178580.94	4281.66
2342.61	108760.95	9773.74	96350.04	5923.17
529.43	48794.04	5100.10	43936.51	2272.69
35.16	1486.34	97.10	1177.51	255.72
127.61	1535.58		1535.58	330.13
155.23	11712.45	385.00	11654.65	799.51
45.42	4190.76	177.60	2600.08	251.84
183.98	34323.07	360.00	21525.32	1009.88
3.25	828.00		417.30	40.00
1.10	58.00		52.50	5.00
13.25	1852.00	80.00	1797.50	–173.55
61.88	858.50	15.00	858.50	49.28
785.88	302393.92	58771.55	230125.07	21522.42

2013年全国非油气矿产资源

续表 16-2

矿种	矿山企业数（个）					从业人员（人）
		大型	中型	小型	小矿	
钠硝石	3			1	2	65
明矾石	3	2		1		1204
芒硝	82	22	19	35	6	10959
重晶石	486	10	12	280	184	6076
毒重石	34		2	25	7	676
天然碱	12	1	2	6	3	3122
电石用灰岩	81	4	2	46	29	1451
制碱用灰岩	41	2	2	27	10	679
化肥用灰岩	11			8	3	89
化工用白云岩	25			19	6	288
化肥用石英岩	14		3	9	2	444
化肥用砂岩	11			8	3	116
含钾砂页岩	3			2	1	32
含钾岩石	25	2	2	15	6	299
化肥用橄榄岩	1			1		10
化肥用蛇纹岩	21	1	3	11	6	209
泥炭	55	1	1	17	36	710
盐矿	205	92	38	65	10	53416
镁盐	6	1	3	2		155
钾盐	19	5	8	5	1	10053
溴矿	50			50		2529
砷矿	6			4	2	76
硼矿	68	3	5	57	3	1677
磷矿	368	33	89	214	32	45793
金刚石	6	2	2	2		711
石墨	175	34	33	66	42	6734
压电水晶	1			1		5
熔炼水晶	4			2	2	14
工艺水晶	4			2	2	34

开发利用情况——按矿种分列

年产矿量（原矿，万吨）	工业总产值（万元）	综合利用产值（万元）	矿产品销售收入（万元）	利润总额（万元）
0.02	1255.12		1255.12	
12.39	6094.80	124.50	6038.53	22.00
1858.15	246557.47	19753.12	226833.62	9680.07
275.85	63144.69	14098.12	49743.67	11094.53
14.11	9635.25	3740.00	3242.25	–565.60
251.21	208885.00	31193.50	195414.00	31078.20
880.48	17764.82	551.39	17081.58	2352.09
370.02	25661.00	18126.34	6295.12	1390.42
16.00	198.00		160.00	–82.50
57.67	1791.10	8.10	1677.60	280.80
19.94	1768.54	5.00	1708.38	82.29
4.87	206.99		206.25	29.00
0.71	118.50		118.50	10.70
11.21	1008.00	26.00	940.76	91.14
2.97	100.00		100.00	8.91
38.85	164.61	10.00	164.61	13.35
24.70	2124.02	312.60	2093.97	354.66
7128.33	1714724.08	181775.94	1061095.45	71964.56
52.45	7834.60	1600.00	4587.31	1651.60
6957.31	1304719.03	22541.31	1135971.66	424159.53
7.92	63092.82	14668.57	51142.00	5185.99
				–101.97
66.25	11812.88	1152.00	11895.71	1298.45
6679.01	1607453.93	281808.05	1394693.07	223332.22
				–474.00
509.10	49736.28	2600.00	45535.18	1084.50
0.03	64.00		64.00	–13.00

2013年全国非油气矿产资源

续表 16-3

矿种	矿山企业数（个）					从业人员（人）
		大型	中型	小型	小矿	
硅灰石	230	2	2	114	112	2657
滑石	145	6	9	74	56	5539
石棉	37	9	4	22	2	3717
云母	31			21	10	325
长石	395	2	10	225	158	3665
电气石	4			2	2	27
石榴子石	23	2		12	9	286
叶蜡石	79	5	20	36	18	1380
透辉石	39		3	26	10	589
蛭石	21			18	3	299
沸石	64		2	32	30	747
透闪石	11	1		4	6	125
石膏	610	31	76	369	134	22748
方解石	746	8	32	327	379	6450
光学萤石	4			3	1	59
宝石	9		2	1	6	87
玉石	139			55	84	2237
玛瑙	4				4	133
玻璃用灰岩	5			2	3	15
水泥用灰岩	3188	369	329	1678	812	101774
建筑石料用灰岩	15178	147	349	7555	7127	188618
饰面用灰岩	169	1	5	88	75	2775
制灰用石灰岩	1057	12	25	630	390	14319
泥灰岩	31			15	16	399
白垩	2			1	1	10
玻璃用白云岩	59	1		36	22	886
建筑用白云岩	1244	17	31	752	444	18980
玻璃用石英岩	514	20	19	326	149	5843
玻璃用砂岩	119	5	30	60	24	1993

开发利用情况——按矿种分列

年产矿量（原矿，万吨）	工业总产值（万元）	综合利用产值（万元）	矿产品销售收入（万元）	利润总额（万元）
104.42	20213.80	2117.00	15440.92	1203.90
182.86	34518.30	611.68	30125.36	2195.87
641.50	29562.43	1167.27	21467.40	1100.00
7	1456		1420	18
308.76	32558.13	651.00	20849.32	2478.76
38.55	569.32	54.00	327.04	61.50
96.18	25161.58	956.64	22238.59	1012.04
56.43	5001.40	699.30	4452.08	778.62
9.55	2538.40	30.00	2141.40	273.50
45.54	2192.44	140.00	2100.94	199.63
0.25	7.50		7.50	3.00
2092.75	128117.63	3895.89	116300.93	7186.00
873.10	54269.69	4260.26	46996.65	4375.84
4.08	486.10		486.10	33.70
0.83	187.12		100.30	1.31
24.03	54907.86	30240.21	24810.95	2411.34
0.01	800.00		454.00	610.00
7.20	150.00		144.00	7.50
115787.13	10078661.55	755690.80	6864531.94	966780.92
83895.37	1656500.44	146590.50	1477816.18	215291.95
264.87	17095.46	2776.00	15542.70	3481.04
5553.14	135665.07	8313.73	124914.83	9741.07
36.60	1148.50	18.00	982.18	118.69
161.53	4764.01	162.58	2690.24	365.10
11308.98	140311.20	25055.79	123952.76	18797.71
1099.70	51660.69	10789.65	40489.74	3705.28
430.45	76003.02	417.00	26928.77	3909.72

2013年全国非油气矿产资源

续表 16-4

矿种	矿山企业数（个）					从业人员（人）
		大型	中型	小型	小矿	
水泥配料用砂岩	305	11	44	168	82	6026
砖瓦用砂岩	280		10	154	116	4583
陶瓷用砂岩	83		7	58	18	760
建筑用砂岩	1911	59	89	992	771	18601
玻璃用砂	64	11	11	24	18	2394
建筑用砂	4728	36	252	1943	2497	44904
水泥配料用砂	30	2	2	17	9	707
水泥标准砂	5			3	2	120
砖瓦用砂	128		1	23	104	1213
玻璃用脉石英	220	4	1	116	99	1611
水泥配料用脉石英	18			9	9	185
粉石英	51		2	31	18	531
天然油石	1				1	20
硅藻土	38		10	25	3	938
陶粒页岩	29	4	3	20	2	679
砖瓦用页岩	7445	8	456	4608	2373	158734
水泥配料用页岩	186	7	19	84	76	1898
建筑用页岩	640	1	28	369	242	10559
高岭土	520	18	30	311	161	9679
陶瓷土	593	9	38	433	113	5706
凹凸棒石黏土	36	2	5	23	6	373
海泡石黏土	6			4	2	40
伊利石黏土	41	2	3	31	5	900
累托石黏土	4			1	3	115
膨润土	255	7	12	179	57	4890
砖瓦用黏土	15436	2	418	6445	8571	498450
陶粒用黏土	202	3	4	122	73	4414
水泥配料用黏土	142	5	5	75	57	2763
水泥配料用红土	18			8	10	144

开发利用情况——按矿种分列

年产矿量（原矿，万吨）	工业总产值（万元）	综合利用产值（万元）	矿产品销售收入（万元）	利润总额（万元）
1619.38	108135.51	1074.70	64750.11	11492.12
518.55	33705.68	2482.80	30680.98	4112.19
91.49	2871.84	640.00	2818.13	554.67
7557.19	176427.16	12495.37	165951.17	23130.51
520.11	33018.37	3005.00	30296.66	315.47
18396.01	388871.58	34125.38	356294.76	61022.49
458.66	19184.72	1018.80	16705.33	515.57
8.43	1232.02	227.00	1202.02	264.97
60.02	12443.31	634.50	10591.31	1033.08
71.83	15472.37	430.26	5323.36	549.20
18.20	551.00	5.00	551.00	14.50
32.52	1482.80	49.00	1316.55	253.16
18.23	25962.43	50.00	11438.31	−974.18
39.65	4208.91	27.80	1971.76	194.07
13710.47	1082671.44	102798.92	973732.79	104084.71
976.72	17691.96	791.00	16972.79	2481.48
1362.47	74296.46	10946.04	60527.10	12816.69
796.49	363580.60	5508.72	92305.20	3717.54
741.71	44578.29	3254.84	39782.37	4866.61
28.19	9190.45	13.20	8443.02	797.80
7.10	347.41	15.50	256.80	39.83
0.48	55.50		55.50	3.13
205.89	97022.21	3900.83	72062.78	10542.28
26180.13	1705360.20	105907.52	1534570.81	172898.78
199.55	13683.97	750.00	11187.67	1943.76
783.00	20106.31	40.00	17852.20	2078.65
18.60	479.00	280.00	479.00	43.70

2013 年全国非油气矿产资源

续表 16-5

矿种	矿山企业数（个）					从业人员（人）
		大型	中型	小型	小矿	
水泥配料用黄土	10	1	2	6	1	177
水泥配料用泥岩	30	1	2	12	15	472
保温材料用黏土	9			3	6	105
白云母黏土矿	1			1		15
建筑用橄榄岩	8	1	1	4	2	208
饰面用蛇纹岩	57			46	11	432
饰面用辉石岩	3	1		2		165
建筑用辉石岩	6			3	3	56
铸石用玄武岩	18			15	3	222
岩棉用玄武岩	1				1	1
饰面用玄武岩	71	1	2	44	24	1025
水泥混合材玄武岩	8	1		3	4	32
建筑用玄武岩	660	58	54	346	202	8907
饰面用角闪岩	4			2	2	30
建筑用角闪岩	28		1	14	13	448
水泥用辉绿岩	2			2		4
铸石用辉绿岩	5			2	3	29
饰面用辉绿岩	211	2	5	128	76	1878
建筑用辉绿岩	240	7	9	139	85	2212
饰面用辉长岩	2			2		5
建筑用辉长岩	10		1	6	3	129
饰面用安山岩	5			3	2	144
建筑用安山岩	579	123	20	319	117	7973
水泥混合材用安山玢岩	1			1		8
建筑用闪长岩	311	23	26	150	112	4518
饰面用闪长岩	39		4	24	11	438
建筑用二长岩	2	1			1	31
饰面用正长岩	2			2		9
建筑用正长岩	6	1		5		62

开发利用情况——按矿种分列

年产矿量（原矿，万吨）	工业总产值（万元）	综合利用产值（万元）	矿产品销售收入（万元）	利润总额（万元）
66.80	505.54	50.50	505.54	52.00
320.65	55489.10	161.86	55489.10	8386.17
0.03	10.00		10.00	2.00
10.62	574.35		564.35	28.50
5.81	1484.80	40.00	1138.60	204.60
14.60	391.10		391.10	3.70
23.90	705.00		635.00	51.00
30.15	654.05	6.00	615.85	53.54
29.92	2689.52	40.00	2686.52	316.37
1.93	43.59		43.59	2.00
4830.86	99298.67	8698.39	91854.64	8551.81
11.15	385.00		354.50	20.00
144.29	3228.19	129.60	2693.17	–99.71
160.23	9056.18	716.00	8598.18	1709.28
466.05	13865.79	482.00	12351.22	704.06
38.56	399.51		391.31	36.50
1.16	415.00	8.00	404.00	111.00
4549.00	90184.37	9943.72	85530.58	13873.42
1430.74	27536.02	515.80	24835.51	1760.98
23.32	3316.73	270.70	2869.83	538.33
2.00	30.00		30.00	5.00
0.12	6.64	6.64	6.64	4.00
13.21	253.70	2.00	253.70	13.00

续表 16-6

矿种	矿山企业数（个）					从业人员（人）
		大型	中型	小型	小矿	
建筑用花岗岩	3731	412	326	2181	812	49664
饰面用花岗岩	1569	69	55	1003	442	26661
麦饭石	9			5	4	118
珍珠岩	68	2	4	39	23	1424
建筑用流纹岩	2			2		15
黑曜岩	2			1	1	13
浮石	21		1	13	7	225
水泥用粗面岩	3			2	1	30
铸石用粗面岩	13			9	4	146
霞石正长岩	12	1	2	6	3	226
玻璃用凝灰岩	3		1	2		7
水泥用凝灰岩	32	2	2	13	15	322
建筑用凝灰岩	1588	622	29	554	383	27970
火山灰	9		1	7	1	107
火山渣	12			10	2	148
饰面用大理岩	542	20	20	224	278	6963
建筑用大理岩	518	19	15	360	124	4884
水泥用大理岩	186	13	10	131	32	4356
玻璃用大理岩	35	1	1	29	4	174
饰面用板岩	224	8	13	127	76	2187
水泥配料用板岩	29			16	13	285
片石	103		1	43	59	842
片麻岩	376	8	29	221	118	4196
千枚岩	6			5	1	75
砚石	4			3	1	51
矿泉水	836	43	66	581	146	28915
地下水	6			4	2	415
其他矿产 *	89	2		48	39	1163

注： * 其他矿产包括铀矿及未命名矿产。

开发利用情况——按矿种分列

年产矿量（原矿，万吨）	工业总产值（万元）	综合利用产值（万元）	矿产品销售收入（万元）	利润总额（万元）
28084.02	560255.29	38491.62	486158.12	54026.95
4517.27	305781.02	12824.90	260202.11	36555.81
4.81	249.90		239.90	79.50
102.09	22505.84	11411.00	15976.84	7122.46
2.90	60.00		60.00	8.00
6.66	373.49	30.00	356.85	–21.24
13.94	127.54		52.04	44.50
6.92	240.20	5.50	153.12	11.00
16.72	768.00	76.40	768.00	67.00
0.14	2.80		2.80	0.30
93.14	4545.50	242.00	4545.50	1662.10
38304.91	790458.79	20264.21	573453.87	61621.61
47.95	1160.60		1159.60	106.85
3.89	100.20		83.21	42.23
577.65	77992.52	5196.55	67303.25	13414.99
1870.14	31072.45	2169.94	27183.16	3002.70
2075.93	106698.62	243.00	76941.96	14781.43
40.76	4395.00	4160.00	4395.00	847.50
213.72	9650.41	124.00	8354.01	1082.35
77.37	1859.15	17.40	1825.15	245.80
206.94	4782.10	629.00	4453.24	709.70
1916.53	33656.07	3094.17	30101.14	4900.46
12.98	625.00		541.10	72.50
	50.00		50.00	8.00
5445.97	587617.82	10.00	500393.80	11534.56
59.13	553.00		474.50	82.20
668	9972	140	9774	–1297

2013 年我国主要

表 17

矿产品名称	进口				
	国别 / 地区	数量（吨）	占总量（%）	金额（千美元）	占总值（%）
煤 炭	**合 计**	**327141265**	**100.0**	**29012823**	**100.0**
	印度尼西亚	125698953	38.4	8250623	28.4
	澳大利亚	88191136	27.0	10074676	34.7
	俄罗斯	27279179	8.3	2780882	9.6
	蒙古	17494669	5.3	1190009	4.1
	朝鲜	16539446	5.1	1390873	4.8
	越南	13112066	4.0	843976	2.9
	南非	12742677	3.9	1097253	3.8
	加拿大	11968492	3.7	1737630	6.0
	其他国家或地区	14114647	4.3	1646902	5.7
石油原油	**合 计**	**281952206**	**100.0**	**219653607**	**100.0**
	沙特阿拉伯	53901165	19.1	42355522	19.3
	安哥拉	40009036	14.2	31805751	14.5
	阿曼	25471347	9.0	19911000	9.1
	俄罗斯	24347583	8.6	19739532	9.0
	伊拉克	23512941	8.3	17888491	8.1
	伊朗	21442047	7.6	16890751	7.7
	委内瑞拉	15746579	5.6	10208798	4.6
	哈萨克斯坦	11980620	4.2	9375484	4.3
	阿联酋	10275846	3.6	8367272	3.8
	科威特	9343967	3.3	7271336	3.3
	刚果（布）	7077474	2.5	5454444	2.5
	巴西	5252048	1.9	3803172	1.7
	哥伦比亚	3939992	1.4	2809815	1.3
	南苏丹共和国	3490457	1.2	2464247	1.1
	澳大利亚	3025157	1.1	2542784	1.2
	也门	2452487	0.9	2003567	0.9
	其他国家或地区	20683461	7.5	16761642	7.6
铁矿砂及其精矿	**合 计**	**819281795**	**100.0**	**105716799**	**100.0**
	澳大利亚	416916145	50.9	54935982	52.0
	巴西	155094904	18.9	21423503	20.3
	南非	43026442	5.3	6024246.5	5.7
	伊朗	22430289	2.7	2377306.7	2.2
	印度尼西亚	17568042	2.1	1166999.2	1.1
	乌克兰	15631267	1.9	2329072.6	2.2

注：一些矿产品的进口量或出口量由于数量较小，只列出了合计数，而未按国家分列。

矿产品进出口情况

出　口				
国别 / 地区	数量(吨)	占总量(%)	金额(千美元)	占总值(%)
合 计	**7509515**	**100.0**	**1061960**	**100.0**
韩国	3355395	44.7	470114	44.3
日本	3121327	41.6	465128	43.8
中国台湾	835189	11.1	95267	9.0
朝鲜	158920	2.1	24838	2.3
缅甸	25896	0.3	4236	0.4
以色列	4042	0.1	819	0.1
俄罗斯	3450		434	
印度尼西亚	1387		219	
其他国家或地区	3909	0.1	905	0.1
合 计	**1617328**	**100.0**	**1456209**	**100.0**
日本	646406	40.0	561358	38.5
朝鲜	578002	35.7	598134	41.1
美国	199261	12.3	149176	10.2
马来西亚	193659	12.0	147540	10.2
合 计	**59475**	**100.0**	**9193**	**100.0**
韩国	53481	89.9	7773	84.6
印度	5486	9.2	1285	14.0
蒙古	289	0.5	62	0.7
斯里兰卡	80	0.1	10	0.1
澳大利亚	45	0.1	5	
马来西亚	30	0.1	6	0.1

2013 年我国主要

续表 17-1

矿产品名称	进口				
	国别 / 地区	数量 (吨)	占总量 (%)	金额 (千美元)	占总值 (%)
	加拿大	14333547	1.7	2103812	2.0
	塞拉利昂	11987951	1.5	1387080	1.3
	印度	11654434	1.4	1468718	1.4
	马来西亚	11576518	1.4	982038	0.9
	秘鲁	10734995	1.3	1312937	1.2
	俄罗斯	10692632	1.3	1413452	1.3
	智利	9612969	1.2	1352099	1.3
	毛里塔尼亚	9148386	1.1	1161293	1.1
	墨西哥	8805480	1.1	1004985	1.0
	其他国家或地区	50067792	6.2	5273278	5.0
锰矿砂及其精矿	**合 计**	**16608720**	**100.0**	**3191716**	**100.0**
	南非	5181234	31.2	915812	28.7
	澳大利亚	4857375	29.2	1173066	36.8
	加蓬	1730065	10.4	385827	12.1
	加纳	1428381	8.6	225790	7.1
	马来西亚	1085158	6.5	114525	3.6
	巴西	986559	5.9	187144	5.9
	缅甸	369626	2.2	29984	0.9
	土耳其	193412	1.2	35502	1.1
	科特迪瓦	177492	1.1	35232	1.1
	其他国家或地区	599417	3.7	88835	2.7
铜矿砂及其精矿	**合 计**	**10074357**	**100.0**	**19672666**	**100.0**
	智利	2788694	27.7	5884208	29.9
	秘鲁	1920396	19.1	3881370	19.7
	澳大利亚	891721	8.9	1668490	8.5
	蒙古	566346	5.6	952940	4.8
	墨西哥	561586	5.6	1202681	6.1
	美国	557762	5.5	1064958	5.4
	加拿大	478377	4.7	1136826	5.8
	土耳其	346594	3.4	437193	2.2
	毛里塔尼亚	226062	2.2	437447	2.2
	菲律宾	223832	2.2	355070	1.8
	其他国家或地区	1512987	15.1	2651481	13.6

矿产品进出口情况

出　口

国别 / 地区	数量 (吨)	占总量 (%)	金额 (千美元)	占总值 (%)
中国台湾	20	0.1	21	0.3
委内瑞拉	17		14	0.1
菲律宾	12		4	
德国	8		1	
埃塞俄比亚	3		11	0.1
日本	2		1	
南非	2		1	
美国				
厄立特里亚				
合 计	**50569**	**100.0**	**9503**	**100.0**
印度	45064	89.1	8834	93.0
越南	3257	6.4	114	1.2
意大利	1053	2.1	204	2.2
泰国	301	0.6	56	0.6
韩国	240	0.5	40	0.4
朝鲜	186	0.4	72	0.8
日本	158	0.3	74	0.8
马达加斯加	120	0.2	36	0.4
孟加拉国	38	0.1	11	0.1
其他国家或地区	152	0.3	61	0.5
合 计	**641**	**100.0**	**403**	**100.0**
马达加斯加	250	39.0	26	6.3
中国台湾	95	14.8	191	47.4
泰国	86	13.4	37	9.1
意大利	78	12.1	78	19.3
中国香港	61	9.5	54	13.4
斯里兰卡	26	4	2	0.5
土耳其	25	3.8	4	1.1
巴布亚新几内亚	20	3.1	1	0.3
新加坡	1	0.3	6	1.4
蒙古			5	1.2

2013 年我国主要

续表 17-2

矿产品名称	进口				
	国别 / 地区	数量（吨）	占总量 (%)	金额（千美元）	占总值 (%)
镍矿砂及其精矿	**合 计**	**71291605**	**100.0**	**5135039**	**100.0**
	印度尼西亚	41090945	57.6	2987296	58.2
	菲律宾	29708003	41.7	1541824	30.0
	澳大利亚	311280	0.4	435042	8.5
	西班牙	87567	0.1	99573	1.9
	俄罗斯	28144		10526	0.2
	芬兰	26021		23454	0.5
	其他国家或地区	39645	0.2	37324	0.7
钴矿砂及其精矿	**合 计**	**179303**	**100.0**	**342279**	**100.0**
	刚果（金）	175496	97.9	328726	96.0
	古巴	3538	2.0	13101	3.8
	赞比亚	215	0.1	244	0.1
	比利时	36		130	0.1
	美国	11		65	
	澳大利亚	5		4	
	伊朗	2		8	
氧化铝	**合 计**	**3830988**	**100.0**	**1404482**	**100.0**
	澳大利亚	3574726	93.3	1250605	89.0
	越南	114806	3.0	35649	2.5
	印度	63836	1.7	22665	1.6
	巴西	32143	0.8	11267	0.8
	苏里南	17207	0.4	6031	0.4
	法国	10914	0.3	14631	1.0
	日本	9573	0.3	25287	1.8
	其他国家或地区	7783	0.2	38347	2.9
铅矿砂及其精矿	**合 计**	**1492571**	**100.0**	**2104324**	**100.0**
	美国	215737	14.5	267824	12.7
	俄罗斯	215301	14.4	312809	14.9
	澳大利亚	144763	9.7	189046	9.0
	朝鲜	117550	7.9	59388	2.8
	秘鲁	104811	7.0	297232	14.1
	土耳其	94189	6.3	183538	8.7
	墨西哥	62210	4.2	136180	6.5
	南非	54009	3.6	94119	4.5
	波兰	53945	3.6	44174	2.1
	德国	44331	3.0	43514	2.1
	哈萨克斯坦	38944	2.6	25056	1.2
	其他国家或地区	346781	23.2	451444	21.4

矿产品进出口情况

国别 / 地区	出　　口			
	数量 (吨)	占总量 (%)	金额 (千美元)	占总值 (%)
合 计	**16**	**100.0**	**6**	**100.0**
越南	16	100.0	6	100.0
合 计	**0.4**	**100.0**	**8.3**	**100.0**
乌兹别克斯坦	0.4	100.0	8.3	100.0
合 计	**186301**	**100.0**	**95076**	**100.0**
阿联酋	82834	44.5	32155	33.8
伊朗	57014	30.6	23840	25.1
朝鲜	21193	11.4	8334	8.8
韩国	7939	4.3	5815	6.1
越南	3479	1.9	4822	5.1
美国	2909	1.6	7891	8.3
日本	2398	1.3	2444	2.6
其他国家或地区	8534	4.4	9776	10.2
合 计	**6490**	**100.0**	**26194**	**100.0**
韩国	6490	100.0	26194	100.0

2013 年我国主要

续表 17-3

矿产品名称	进口				
	国别 / 地区	数量 (吨)	占总量 (%)	金额 (千美元)	占总值 (%)
锌矿砂及其精矿	**合 计**	**1994053**	**100.0**	**1354782**	**100.0**
	澳大利亚	810615	40.7	574371	42.4
	秘鲁	368866	18.5	258927	19.1
	蒙古	116178	5.8	81912	6.0
	土耳其	110514	5.5	64501	4.8
	印度	88202	4.4	63012	4.7
	加拿大	62166	3.1	51784	3.8
	哈萨克斯坦	60101	3.0	30542	2.3
	爱尔兰	58116	2.9	45073	3.3
	伊朗	44224	2.2	26930	2.0
	其他国家或地区	275071	13.9	157730	11.6
锡矿砂及其精矿	**合 计**	**96570**	**100.0**	**290903**	**100.0**
	缅甸	89102	92.3	232020	79.8
	玻利维亚	2655	2.7	23304	8.0
	坦桑尼亚	1629	1.7	16392	5.6
	老挝	1029	1.1	4591	1.6
	刚果 (金)	798	0.8	8578	2.9
	其他国家或地区	1357	1.4	6018	2.1
铬矿砂及其精矿	**合 计**	**12092452**	**100.0**	**2390668**	**100.0**
	南非	6737499	55.7	1153468	48.2
	土耳其	1986433	16.4	510269	21.3
	阿曼	686179	5.7	84808	3.5
	阿尔巴尼亚	676721	5.6	172316	7.2
	巴基斯坦	482031	4.0	108818	4.6
	伊朗	427369	3.5	101762	4.3
	澳大利亚	407623	3.4	88438	3.7
	其他国家或地区	688597	5.7	170788	7.2
钨矿砂及其精矿	**合 计**	**10026**	**100.0**	**133526**	**100.0**
	俄罗斯	2906	29.0	40203	30.1
	加拿大	1510	15.1	23622	17.7
	卢旺达	1320	13.2	19789	14.8
	美国	1023	10.2	9161	6.9
	蒙古	633	6.3	3462	2.6
	越南	490	4.9	7620	5.7
	其他国家或地区	2144	21.3	29669	22.2

矿产品进出口情况

国别 / 地区	数量(吨)	占总量(%)	金额(千美元)	占总值(%)
	出	口		
合 计	**13264**	**100.0**	**14276**	**100.0**
韩国	13264	100.0	14276	100.0
合 计	**24**	**100.0**	**511**	**100.0**
马来西亚	24	100.0	511	100.0
合 计	**5188**	**100.0**	**2214**	**100.0**
荷兰	2000	38.6	708	32.0
秘鲁	1800	34.7	855	38.6
中国台湾	546	10.5	224	10.1
智利	364	7.0	174	7.9
新加坡	240	4.6	150	6.8
朝鲜	119	2.3	36	1.6
韩国	46	0.9	23	1.0
其他国家或地区	73	1.4	45	2.0
合 计	**374**	**100.0**	**3151**	**100.0**
荷兰	240	64.1	2393	76.0
越南	134	35.9	758	24.0

2013 年我国主要

续表 17-4

矿产品名称	进口				
	国别 / 地区	数量(吨)	占总量(%)	金额(千美元)	占总值(%)
钼矿砂及其精矿	**合 计**	**14950**	**100.0**	**177966**	**100.0**
	智利	4232	28.3	53056	29.8
	美国	2964	19.8	41575	23.4
	墨西哥	2739	18.3	37537	21.1
	蒙古	2158	14.4	18605	10.5
	土耳其	710	4.7	6117	3.4
	朝鲜	593	4.0	5340	3.0
	缅甸	354	2.4	2896	1.6
	其他国家或地区	1201	8.1	12839	7.2
钛矿砂及其精矿	**合 计**	**2264910**	**100.0**	**642336**	**100.0**
	越南	587067	25.9	142530	22.2
	澳大利亚	583959	25.8	198228	30.9
	印度	435622	19.2	109522	17.1
	韩国	152802	6.7	14113	2.2
	莫桑比克	134668	5.9	35946	5.6
	俄罗斯	133671	5.9	32222	5.0
	其他国家或地区	237121	10.6	109776	17.0
铌钽钒矿砂及其精矿	**合 计**	**7192**	**100.0**	**223760**	**100.0**
	马来西亚	1951	27.1	12360	5.5
	卢旺达	1415	19.7	88432	39.5
	巴西	1317	18.3	30752	13.7
	尼日利亚	1154	16.0	28247	12.6
	泰国	215	3.0	2456	1.1
	美国	187	2.6	8405	3.8
	坦桑尼亚	181	2.5	10977	4.9
	刚果(金)	149	2.1	9862	4.4
	其他国家或地区	624	8.7	32269	14.5
锑精矿	**合 计**	**68138**	**100.0**	**187545**	**100.0**
	俄罗斯	20729	30.4	55951	29.8
	澳大利亚	11731	17.2	69535	37.1
	塔吉克斯坦	9727	14.3	21010	11.2
	缅甸	9591	14.1	13829	7.4
	泰国	5338	7.8	6381	3.4
	其他国家或地区	11022	16.2	20838	11.1
稀土金属矿	**合 计**	**1394**	**100.0**	**2900**	**100.0**
	越南	740	53.1	479	16.5
	泰国	420	30.1	1218	42.0
	马来西亚	206	14.8	1139	39.3
	朝鲜	25	1.8	25	0.9
	中国台湾	2	0.1	29	1.0
	其他国家或地区	1	0.1	10	0.3

矿产品进出口情况

出　口

国别 / 地区	数量 (吨)	占总量 (%)	金额 (千美元)	占总值 (%)
合 计	**6550**	**100.0**	**88327**	**100.0**
韩国	3834	58.5	53694	60.8
日本	910	13.9	13335	15.1
泰国	854	13.0	7363	8.3
印度	506	7.7	7443	8.4
中国台湾	205	3.1	3076	3.5
荷兰	120	1.8	1750	2.0
澳大利亚	80	1.2	1153	1.3
中国香港	40	0.8	513	0.6
合 计	**16230**	**100.0**	**22319**	**100.0**
泰国	3686	22.7	5364	24.0
印度尼西亚	1586	9.8	2383	10.7
韩国	1412	8.7	1820	8.2
阿根廷	1346	8.3	1860	8.3
巴西	1248	7.7	1600	7.2
印度	1040	6.4	1122	5.0
其他国家或地区	5911	36.4	8169	36.6
合 计	**219**	**100.0**	**782**	**100.0**
越南	200	91.3	339	43.3
中国香港	19	8.7	443	56.7

2013 年我国主要

续表 17-5

矿产品名称	进口				
	国别 / 地区	数量（吨）	占总量 (%)	金额（千美元）	占总值 (%)
稀土金属及其混合物	**合 计**	**12**	**100.0**	**1374**	**100.0**
	日本	9	76.5	693	50.4
	中国	2	15.3	29	2.1
	越南		0.8	5	0.3
	美国			489	35.6
	中国台湾			18	1.3
	德国				
	英国			14	1.1
	其他国家或地区	1	7.4	126	9.2
稀土化合物及混合物	**合 计**	**3656**	**100.0**	**156945**	**100.0**
	美国	1193	32.6	7035	4.5
	法国	1043	28.5	5323	3.4
	日本	534	14.6	11344	7.2
	中国	341	9.3	123359	78.6
	奥地利	160	4.4	381	0.2
	缅甸	129	3.5	1792	1.1
	老挝	90	2.5	495	0.3
	马来西亚	43	1.2	1515	1.0
	其他国家或地区	123	3.4	5702	3.7
磷 矿	**合 计**	**43**	**100.0**	**101**	**100.0**
	埃及	26	61.4	2	2.0
	尼日利亚	7	16.3	4	4.0
	哈萨克斯坦	5	11.6	27	26.7
	德国	2	5.8	14	13.9
	其他国家或地区	2	4.9	54	53.5
磷 肥	**合 计**	**727678**	**100.0**	**390867**	**100.0**
	俄罗斯	173304	23.8	78489	20.1
	挪威	115800	15.9	71912	18.4
	美国	101618	14.0	48550	12.4
	摩洛哥	93838	12.9	48335	12.4
	比利时	86851	11.9	51317	13.1
	沙特阿拉伯	54152	7.4	26070	6.7
	突尼斯	27100	3.7	16214	4.1
	罗马尼亚	25066	3.5	14545	3.7
	其他国家或地区	49949	6.9	35436	9.1

矿产品进出口情况

出口				
国别 / 地区	数量(吨)	占总量(%)	金额(千美元)	占总值(%)
合计	**3107**	**100.0**	**111546**	**100.0**
日本	2851	91.8	101007	90.6
美国	71	2.3	1635	1.5
英国	57	1.8	3179	2.9
荷兰	49	1.6	869	0.8
斯洛文尼亚	22	0.7	648	0.6
德国	21	0.7	2277	2.0
意大利	20	0.7	357	0.3
加拿大	3	0.1	382	0.3
其他国家或地区	12	0.3	1193	1.0
合计	**19386**	**100.0**	**463889**	**100.0**
美国	7986	41.2	113361	24.4
日本	4714	24.3	89666	19.3
意大利	1579	8.1	19240	4.1
越南	1215	6.3	16274	3.5
法国	854	4.4	19107	4.1
荷兰	831	4.3	21835	4.7
德国	484	2.5	19863	4.3
中国香港	447	2.3	125711	27.1
其他国家或地区	1276	6.6	38832	8.5
合计	**357750**	**100.0**	**60408**	**100.0**
韩国	167464	46.8	25900	42.9
日本	161361	45.1	29176	48.3
新西兰	27781	7.8	5126	8.5
菲律宾	836	0.2	147	0.2
其他国家或地区	308	0.1	59	0.1
合计	**6271904**	**100.0**	**2523171**	**100.0**
印度	2121106	33.8	924741	36.6
巴西	803512	12.8	255500	10.1
越南	513708	8.2	223435	8.9
巴基斯坦	492317	7.8	207200	8.2
印度尼西亚	455552	7.3	153078	6.1
伊朗	357273	5.7	159199	6.3
日本	256845	4.1	115444	4.6
泰国	169330	2.7	74973	3.0
其他国家或地区	1102261	17.6	409602	16.2

2013年我国主要

续表 17-6

矿产品名称	进口				
	国别 / 地区	数量（吨）	占总量（%）	金额（千美元）	占总值（%）
钾肥	**合 计**	**6664600**	**100.0**	**2713927**	**100.0**
	俄罗斯	2730291	41.0	1048468	38.6
	加拿大	1331900	20.0	538026	19.8
	白俄罗斯	811613	12.2	328420	12.1
	以色列	769222	11.5	317336	11.7
	德国	338411	5.1	146656	5.4
	约旦	249197	3.7	100277	3.7
	智利	144895	2.2	61966	2.3
	挪威	115800	1.7	71912	2.6
	比利时	87446	1.3	51704	2.0
	其他国家或地区	85825	1.3	49161	1.8
盐矿	**合 计**	**7645408**	**100.0**	**356291**	**100.0**
	澳大利亚	3689930	48.3	181256	50.9
	印度	2504359	32.8	99202	27.8
	墨西哥	843696	11.0	42487	11.9
	智利	423909	5.5	17212	4.8
	日本	18285	0.2	1226	0.3
	丹麦	3472		1243	0.3
	其他国家或地区	10006	0.2	6055	1.9
硫磺	**合 计**	**10552295**	**100.0**	**1419935**	**100.0**
	哈萨克斯坦	1749850	16.6	181802	12.8
	沙特阿拉伯	1666202	15.8	229619	16.2
	日本	1052731	10.0	138105	9.7
	阿联酋	1046331	9.9	153422	10.8
	韩国	951022	9.0	121752	8.6
	伊朗	895734	8.5	122549	8.6
	加拿大	709492	6.7	106308	7.5
	卡塔尔	629092	6.0	94244	6.6
	俄罗斯	505739	4.8	78369	5.5
	印度	369970	3.5	47540	3.3
	科威特	291631	2.8	41442	2.9
	其他国家或地区	684501	6.4	104783	7.5
天然石墨	**合 计**	**70651**	**100.0**	**27443**	**100.0**
	朝鲜	68485	96.9	8155	29.7
	日本	1070	1.5	14238	51.9
	德国	369	0.5	1261	4.6
	美国	248	0.4	1392	5.1
	中国	153	0.2	807	2.9
	英国	125	0.2	545	2.0
	瑞士	77	0.1	340	1.2
	其他国家或地区	123	0.2	705	2.6

矿产品进出口情况

国别/地区	出口 数量(吨)	占总量(%)	金额(千美元)	占总值(%)
合 计	**329580**	**100.0**	**147581**	**100.0**
菲律宾	71782	21.8	30883	20.9
日本	69847	21.2	33111	22.4
韩国	56703	17.2	23804	16.1
越南	47417	14.4	20194	13.7
泰国	29090	8.8	10804	7.3
马来西亚	16482	5.0	6682	4.5
缅甸	15655	4.7	8308	5.6
中国台湾	10755	3.3	4074	2.8
老挝	4740	1.4	3778	2.6
其他国家或地区	7111	2.2	5942	4.1
合 计	**1578939**	**100.0**	**112001**	**100.0**
韩国	573319	36.3	35402	31.6
日本	527568	33.4	37661	33.6
越南	82824	5.2	4866	4.3
马来西亚	62455	4.0	4374	3.9
孟加拉国	55678	3.5	3845	3.4
菲律宾	52750	3.3	3469	3.1
朝鲜	48358	3.1	2433	2.2
其他国家或地区	175986	11.2	19951	17.9
合 计	**2466**	**100.0**	**957**	**100.0**
朝鲜	624	25.3	152	15.9
印度尼西亚	320	13.0	131	13.7
缅甸	307	12.5	93	9.7
吉布提	242	9.8	75	7.8
加拿大	210	8.5	103	10.7
孟加拉国	198	8.0	110	11.5
泰国	120	4.9	88	9.2
韩国	96	3.9	30	3.1
塞拉利昂	75	3.0	35	3.6
越南	74	3.0	24	2.5
安哥拉	70	2.8	26	2.7
其他国家或地区	130	5.3	91	9.6
合 计	**253116**	**100.0**	**276619**	**100.0**
日本	81403	32.2	86118	31.1
韩国	26183	10.3	88797	32.1
美国	20811	8.2	19707	7.1
荷兰	19972	7.9	9327	3.4
印度	17649	7.0	11426	4.1
印度尼西亚	11780	4.7	1839	0.7
德国	11459	4.5	11874	4.3
其他国家或地区	63858	25.2	47532	17.2

2013 年我国主要

续表 17-7

矿产品名称	进口				
	国别 / 地区	数量（吨）	占总量（%）	金额（千美元）	占总值（%）
高岭土	**合 计**	**390697**	**100.0**	**117576**	**100.0**
	美国	279951	71.7	71277	60.6
	巴西	64643	16.5	17042	14.5
	英国	19336	4.9	4406	3.7
	德国	5099	1.3	1491	1.3
	日本	4155	1.1	18240	15.5
	澳大利亚	3592	0.9	1733	1.5
	朝鲜	3297	0.8	172	0.1
	葡萄牙	2568	0.7	395	0.3
	法国	2233	0.6	832	0.7
	中国台湾	1295	0.3	596	0.5
	其他国家或地区	4528	1.2	1392	1.3
重晶石	**合 计**	**4310**	**100.0**	**636**	**100.0**
	缅甸	3076	71.4	40	6.3
	朝鲜	537	12.5	32	5.1
	韩国	237	5.5	215	33.7
	西班牙	125	2.9	75	11.8
	中国	77	1.8	24	3.7
	泰国	72	1.7	49	7.7
	德国	65	1.5	57	9.0
	其他国家或地区	121	2.7	143	22.7
大理石	**合 计**	**9500606**	**100.0**	**1846719**	**100.0**
	土耳其	4258160	44.8	894798	48.5
	埃及	1849881	19.5	231557	12.5
	西班牙	564782	5.9	130397	7.1
	意大利	556378	5.9	154018	8.3
	伊朗	535206	5.6	98359	5.3
	巴基斯坦	492332	5.2	91301	4.9
	其他国家或地区	1243868	13.1	246288	13.4
花岗石	**合 计**	**5101057**	**100.0**	**1052787**	**100.0**
	印度	2879948	56.5	479023	45.5
	巴西	999112	19.6	255287	24.2
	芬兰	315646	6.2	61306	5.8
	葡萄牙	225735	4.4	37126	3.5
	挪威	166783	3.3	49600	4.7
	南非	63578	1.2	13061	1.2
	安哥拉	61874	1.2	12203	1.2
	西班牙	55627	1.1	12135	1.2
	澳大利亚	50618	1.0	10020	1.0
	其他国家或地区	282137	5.5	123025	11.7

矿产品进出口情况

出口				
国别 / 地区	数量（吨）	占总量（%）	金额（千美元）	占总值（%）
合 计	**1118022**	**100.0**	**108370**	**100.0**
中国香港	310776	27.8	9515	8.8
中国台湾	253498	22.7	9582	8.8
越南	94106	8.4	7751	7.2
日本	93231	8.3	16471	15.2
韩国	74631	6.7	8053	7.4
泰国	54151	4.8	8265	7.6
马来西亚	44188	4.0	8135	7.5
菲律宾	33769	3.0	3444	3.2
印度	31070	2.8	4682	4.3
印度尼西亚	28460	2.5	9154	8.4
其他国家或地区	100143	9.0	23318	21.6
合 计	**2058846**	**100.0**	**279516**	**100.0**
美国	1316762	64.0	158246	56.6
荷兰	185320	9.0	33258	11.9
沙特阿拉伯	134549	6.5	15244	5.5
印度尼西亚	106555	5.2	12329	4.4
意大利	55103	2.7	9004	3.2
韩国	44146	2.1	8409	3.0
马来西亚	40359	2.0	7089	2.5
其他国家或地区	176053	8.5	35937	12.9
合 计	**88064**	**100.0**	**18830**	**100.0**
中国台湾	61622	70.0	4325	23.0
印度	5100	5.8	2083	11.1
中国香港	4881	5.5	1054	5.6
意大利	4316	4.9	1343	7.1
泰国	3842	4.4	1279	6.8
新加坡	2386	2.7	2351	12.4
其他国家或地区	5918	6.7	6395	34.0
合 计	**865406**	**100.0**	**97670**	**100.0**
中国台湾	597539	69.0	15694	16.1
德国	53564	6.2	2777	2.8
荷兰	46688	5.4	1844	1.9
韩国	38642	4.5	13444	13.8
新加坡	25433	2.9	42046	43.0
泰国	13243	1.5	2584	2.6
挪威	12555	1.5	705	0.7
日本	12169	1.4	1010	1.0
土耳其	10721	1.2	872	0.9
其他国家或地区	54851	6.4	16695	17.2

2013年我国主要

续表 17-8

矿产品名称	进口				
	国别/地区	数量(吨)	占总量(%)	金额(千美元)	占总值(%)
菱镁矿	**合计**	**144808**	**100.0**	**58751**	**100.0**
	朝鲜	130806	90.3	23566	40.1
	日本	7127	4.9	20774	35.4
	以色列	2249	1.6	8318	14.2
	韩国	1437	1.0	481	0.8
	美国	1049	0.7	1854	3.2
	墨西哥	406	0.3	491	0.8
	澳大利亚	369	0.3	235	0.4
	荷兰	233	0.2	293	0.5
	其他国家或地区	1133	0.7	2739	4.6
石膏	**合计**	**86452**	**100.0**	**16206**	**100.0**
	泰国	66786	77.3	5175	31.9
	西班牙	12786	14.8	4085	25.2
	美国	2293	2.7	2408	14.9
	日本	1134	1.3	2230	13.8
	意大利	837	1.0	283	1.7
	德国	750	0.9	728	4.5
	巴西	518	0.6	144	0.9
	英国	462	0.4	559	3.4
	其他国家或地区	885	1.0	594	3.7
石棉	**合计**	**202866**	**100.0**	**71791**	**100.0**
	俄罗斯	178243	87.9	63860	89.0
	哈萨克斯坦	24622	12.1	7902	11.0
	比利时	1		2	
	德国			9	
	美国			18	
	法国				
水泥	**合计**	**659118**	**100.0**	**38197**	**100.0**
	日本	390799	59.3	15833	41.5
	越南	230476	35.0	10261	26.9
	中国台湾	14844	2.3	666	1.7
	泰国	6442	1.0	975	2.6
	法国	4685	0.7	2236	5.9
	荷兰	3262	0.5	2557	6.7
	美国	2331	0.4	2632	6.9
	中国澳门	1768	0.2	127	0.3
	其他国家或地区	4511	0.6	2911	7.5

矿产品进出口情况

出口				
国别 / 地区	数量(吨)	占总量(%)	金额(千美元)	占总值(%)
合计	**1934655**	**100.0**	**529580**	**100.0**
日本	428598	22.2	106740	20.2
美国	262538	13.6	81408	15.4
荷兰	241215	12.5	68527	12.9
韩国	212151	11.0	46662	8.8
中国台湾	186560	9.6	31041	5.9
马来西亚	62523	3.2	9504	1.8
泰国	56418	2.9	12227	2.3
巴西	46090	2.4	29208	5.5
其他国家或地区	438562	22.6	144262	27.2
合计	**276043**	**100.0**	**22698**	**100.0**
越南	97480	35.3	2413	10.6
韩国	74284	26.9	3388	14.9
日本	22563	8.2	3110	13.7
中国台湾	22144	8.0	1588	7.0
蒙古	16582	6.0	742	3.3
俄罗斯	10368	3.8	451	2.0
刚果(布)	8068	2.9	419	1.8
中国香港	4444	1.6	1409	6.2
其他国家或地区	20109	7.3	9177	40.5
合计	**52860**	**100.0**	**22502**	**100.0**
印度尼西亚	32355	61.2	13184	58.6
印度	7557	14.3	3757	16.7
泰国	4679	8.9	1714	7.6
越南	2178	4.1	842	3.7
菲律宾	1102	2.1	495	2.2
中国台湾	854	1.6	363	1.6
其他国家或地区	4134	7.8	2147	9.6
合计	**14542033**	**100.0**	**795983**	**100.0**
安哥拉	2239604	15.4	121853	15.3
蒙古	1542894	10.6	79558	10.0
澳大利亚	1315069	9.0	59778	7.5
刚果(布)	981636	6.8	51293	6.4
喀麦隆	945543	6.5	56827	7.1
中国香港	826316	5.7	45311	5.7
肯尼亚	698192	4.8	26450	3.3
新加坡	666032	4.6	32210	4.1
其他国家或地区	5326749	36.6	322702	40.6

2013 年我国主要

续表 17-9

矿产品名称	进口				
	国别 / 地区	数量（吨）	占总量（%）	金额（千美元）	占总值（%）
滑石	**合 计**	**35852**	**100.0**	**18288**	**100.0**
	朝鲜	15366	42.9	1809	9.9
	韩国	3039	8.5	2004	11.0
	巴基斯坦	2992	8.3	560	3.1
	美国	2480	6.9	2225	12.2
	奥地利	2456	6.9	1851	10.1
	荷兰	2224	6.2	1877	10.3
	日本	2088	5.8	3451	18.8
	其他国家或地区	5207	14.5	4513	24.6
萤石	**合 计**	**137620**	**100.0**	**21383**	**100.0**
	蒙古	128275	93.2	19450	91.0
	朝鲜	4623	3.4	210	1.0
	中国香港	3875	2.8	1422	6.7
	俄罗斯	371	0.3	65	0.3
	缅甸	308	0.2	30	0.1
	马来西亚	75	0.1	26	0.1
	印度	30	很少	9	很少
	韩国	14	很少	14	0.1
	其他国家或地区	48	很少	156	0.7
天然硼酸盐及硼酸	**合 计**	**298060**	**100.0**	**119141**	**100.0**
	土耳其	276033	92.6	113328	95.1
	玻利维亚	17585	5.9	4622	3.9
	阿根廷	2690	0.9	542	0.5
	智利	795	0.3	235	0.2
	伊朗	440	0.1	172	0.1
	美国	420	0.1	174	0.1
	其他国家或地区	98	很少	68	0.1

矿产品进出口情况

出　　口				
国别 / 地区	数量（吨）	占总量（%）	金额（千美元）	占总值（%）
合 计	**661853**	**100.0**	**166784**	**100.0**
日本	123211	18.6	36563	21.9
泰国	104832	15.8	33854	20.3
韩国	87296	13.2	15641	9.4
印度尼西亚	81059	12.2	16170	9.7
美国	73470	11.1	19827	11.9
中国台湾	41328	6.2	5396	3.2
马来西亚	20970	3.2	5484	3.3
其他国家或地区	129688	19.7	33850	20.3
合 计	**453580**	**100.0**	**137637**	**100.0**
荷兰	71593	15.8	21757	15.8
韩国	71321	15.7	18366	13.3
日本	69244	15.3	20632	15.0
美国	60935	13.4	21556	15.7
印度	60123	13.3	18071	13.1
加拿大	44805	9.9	13961	10.1
中国台湾	27123	6.0	7149	5.2
比利时	15710	3.5	5440	4.0
其他国家或地区	32727	7.1	10705	7.8
合 计	**470**	**100.0**	**238**	**100.0**
日本	200	42.6	96	40.4
印度尼西亚	110	23.4	58	24.3
韩国	88	18.7	46	19.4
新西兰	66	14.0	20	8.2
马来西亚	4	0.9	15	6.1
爱沙尼亚	2	0.3	4	1.6

2013 年我国主要

续表 17-10

矿产品名称	进口				
	国别 / 地区	数量（吨）	占总量（%）	金额（千美元）	占总值（%）
天然硼砂及精矿	**合 计**	**31250**	**100.0**	**10038**	**100.0**
	玻利维亚	15578	49.8	5220	52.0
	土耳其	14640	46.8	4449	44.3
	智利	960	3.1	323	3.2
	中国	50	0.2	28	0.3
	美国	20	0.1	16	0.2
	中国台湾	1		1	
	其他国家或地区	1		2	

注：一些矿产品的进口量或出口量由于数量较小，只列出了合计数而未按国别分列。
资料来源：中国海关统计数据。

矿产品进出口情况

出　　口				
国别 / 地区	数量(吨)	占总量(%)	金额(千美元)	占总值(%)
合 计	**1198**	**100.0**	**768**	**100.0**
日本	344	28.7	219	28.5
韩国	300	25.0	189	24.6
马来西亚	190	15.9	120	15.6
印度尼西亚	150	12.5	84	11.0
朝鲜	119	9.9	64	8.4
以色列	34	2.9	30	3.9
其他国家或地区	61	5.1	62	8.0

2013年矿泉水

表18

地区	矿泉			
	注册登记的矿泉水水源数（个）		矿泉水源年检情况	
		国家级	参加年检数量（家）	年检合格数量（家）
全国	**1226**	**143**	**722**	**704**
北京	44		21	21
天津	14		14	14
河北	41	9	36	36
山西	62	14	4	4
内蒙古	66	19	38	37
辽宁	353	32		
吉林	1		12	12
黑龙江	56		56	56
上海	13		13	13
江苏	21	1	23	23
浙江	42		40	32
安徽	9	6	9	9
福建	31		29	28
江西	39	22		
山东	93	2	82	82
河南			13	13
湖北	9	2	7	7
湖南	12	12	12	12
广东	95	6	67	67
广西	32	4	26	23
海南	7		6	6
重庆	11		10	10
四川	44	1	98	98
贵州	13		13	13
云南	33	4	32	32
西藏	14	2	14	14
陕西	52		28	26
甘肃	5	1	5	2
青海	4	4	4	4
宁夏	8	2	8	8
新疆	2		2	2

及地热情况

水		地　热			
可开采矿泉水资源量（万立方米）		可开采地热资源量（万立方米）		地热总开采量（万立方米）	
	本年矿泉水可开采总量		本年新增地热资源量		本年新增地热开采量
897821.41	**27730.4**	**24734713.76**	**2395.46**	**146188.96**	**1766.38**
1137.56	10.27	8085.00		1121.86	64.45
11300.00	2328.70	7606.60		3706.00	456.00
13034.62	160.28	18437555.60		5438.40	564.39
14.85		19500.00		1554.00	
3285.00	43.00	188.00		86.00	
715033.01	4226.70	5581648.77		111735.31	
69161.76	2129.27	70.00		18.00	
1097.10	980.46	259.66		127.75	
		14.00			
1106.62	61.40	2061.16	773.90	226.50	61.24
185.19	17.92	658.85	234.25	120.03	20.03
3487.06	31.36	543.66	73.00	163.15	37.62
160.60	35.52	1797.53		594.21	154.20
533.48	82.19	1474.34	31.00	579.67	11.00
8382.49	270.36	80593.32	197.88	705.99	75.60
		55100.63			
152.91	31.64	1019.94	146.29	474.22	
142.01	6.99	12711.58		2554.12	
2085.80	452.19	7693.58	305.46	4087.19	51.26
514.04	167.85	215.33		20.46	
271.52	22.20	2067.90			
6400.00	50.00	29976.00	306.00	4630.00	160.00
11171.28	932.29	11124.73	0.13	546.43	25.13
40250.59	14527.70	813.47	24.50	24.50	24.50
1562.08	25.87	15658.28	1.00	812.17	47.96
610.64	600.00	20814.00		160.00	
5740.00	285.00	430000.00		5890.00	
42.10	2.03	681.00		610.00	13.00
693.00	228.00	941.00		182.00	
260.00	21.00	3104.52	302.05		
6.10	0.21	735.31		21.00	

2013 年矿产资源勘查、开采违法案件查处结果

表 19 （计量单位：件 、万元）

地 区	吊销勘查许可证	吊销采矿许可证	罚没款
全 国		**13**	**45968.13**
北 京			139.73
天 津			22.75
河 北			681.23
山 西		2	726.08
内蒙古			2518.11
辽 宁			5478.56
吉 林			298.29
黑龙江			1603.60
上 海			
江 苏			70.80
浙 江			9739.83
安 徽			5683.71
福 建			925.76
江 西			319.33
山 东			248.81
河 南			391.71
湖 北			95.11
湖 南		6	966.12
广 东			760.18
广 西			1653.61
海 南			166.65
重 庆			361.30
四 川			488.59
贵 州			817.76
云 南			785.59
西 藏			106.00
陕 西		5	5219.10
甘 肃			269.97
青 海			170.20
宁 夏			141.14
新 疆			5118.52

附 录

2013年世界矿产资源勘查开发和矿产品供需形势

一、世界矿业发展状况

据国际货币基金组织2014年1月发布的《世界经济展望》,按照购买力平价法汇总GDP,2013年全球经济增长3.0%,比2012年低0.1个百分点,全球经济进入深入调整期。2013年,世界经济体经济发展趋势分化明显。发达经济体经济增长1.3%。其中,美国经济增长1.9%,欧元区经济下降0.4%,日本、英国和加拿大的经济增长均为1.7%。新兴市场和发展中国家的经济发展增速放缓,全年经济增长4.7%,其中,中国GDP增长7.7%,印度4.4%,俄罗斯1.5%,巴西2.3%,南非1.8%;中东、北非、南亚由于政治因素对经济活动造成不利影响,经济增长2.4%;非洲撒哈拉以南地区是经济增长最快的地区之一,需求旺盛,经济增长达5.1%。欧美日等发达国家推出一系列经济政策和措施调整经济结构,如美国实施货币量化宽松政策和再工业化战略;德国致力于发展实体经济,促进全面就业,激发微观经济活力,实行劳动力市场改革,进行能源结构调整和促进高新技术产业发展政策等。经济发达国家着力发展循环经济和新兴产业,对矿产品需求稳中有降,如德国和日本精炼铜消费分别比2012年减少12.6%和1.6%。新兴经济体国家积极推进本国经济可持续发展,如印度促进投资和出口增长,俄罗斯降低国民经济对能源产业依赖度。我国经济高速增长遗留了诸多后遗症,如“三高”产能过剩和环境污染等问题,近年来政府出台一系列政策措施,努力促进经济转型和产业升级,调整经济结构,保持经济中高速平稳增长。

尽管全球经济不景气,但矿业依然表现出经济发展的重要作用,成为世界各国非常重视的产业,特别是资源比较丰富的国家,围绕资源税费进行的利益博弈和争夺日趋激烈。非洲和中东政局动荡,诸多海上油气生产安全事故等不确定性因素、不可控性因素给全球矿业发展带来较大的影响。纽约投资机构达尔曼罗斯公司的最新调查显示,尽管全球经济增长乏力以及对欧洲和美国主权债务充满担忧,但全球能源公司在油气勘探及开采领域的投资仍将维持强劲增长态势。受油气公司增加非常规页岩资源以及深水项目投资的刺激,2013年全球能源公司在油气勘探及开采领域的投资为6820亿美元,比2012年增长14.6%;预计2014年将在2013年的基础上增长6.1%,达到7230亿美元。但金属矿产勘查形势不容乐观。加拿大金属经济集团(Metals Economics Group)公布了该公司第24个年度世界矿业公司勘查预算调查结果。经过对2129家矿业公司(勘查预算高于10万美元)的调查统计,总计预算为144.3亿美元。考虑到被调查公司勘查预算占全球勘查预算的95%,因此MEG估计2013年世界非燃料固体矿产勘查费用为151.9亿美元,较2012年的215亿美元下降29.3%,主要是由于矿产品价格持续回落引起投资者对矿业前景的不乐观引起的。其中,小型勘查公司勘查投资跌幅为39%,大型公司跌幅为24%。与此对应,2013年全球地质勘查活动指数持续下行,10月已接近2008年金融危机时最低值。全球钻探工作项目数创下近三年以来的新低。金属勘查活动延续26个月走低,铜、金、银、铅锌等矿种的勘查项目数量均有大幅下降。勘查活动热度的降低,加之找矿难度的增加,导致全球新增资源量减少。

矿业资金流动性减弱,融资形势严峻,矿业公司市值缩水。从国际来看,2013年延续了2012年的金融弱势,矿业公司市值出现大幅缩水。据加拿大和美国证交所数据,2013年12月23日矿业板块110家企业市值比年初下跌24.1%,与2011年初峰值相比下跌44%。受矿产品价格持续走低和公司市值缩水的影响,矿业融资形势严峻。2013年三季度,全球矿业上市公司融资额15.54亿美元,分别比第二、第一季度下降31.7%、69.9%。

主要金属产品供应过剩,价格持续走低。国际主要铁矿石生产商继续扩大新增铁矿石产能,未来两年新增产能3亿吨以上。2013年，全球铜市场供应过剩39万吨，较2012年增加14万吨；铝市场供应过剩110万吨，远超过2012年水平。除原油及铁矿石价格保持稳定高位外，国际金属产品和能源产品价格延续了2012年下行态势。IMF数据显示，2013年10月与2011年金属产品和能源产品价格峰值相比，分别下降了30%和10%。黄金价格大幅下跌，2013年12月20日伦敦商品交易所黄金为1195美元/盎司，相比1月2日下跌28.9%。目前，主要金属产品和能源产品价格基本相当于2005年前后的水平，仍处于相对高位。2014年一季度，铁铜铝矿产品价格延续下跌态势。铁矿石到岸均价下降8%。伦敦金属市场铜现货价下降11.3%，铝现货平均价下降14.5%。贵金属价格大幅下跌，黄金期货价格最大日跌幅9.3%，创下自1980年以来的最高单日跌幅纪录。

从长期看，随着全球经济企稳和复苏，新一轮的矿产品供需矛盾将更加突出，将促使矿业勘查开发投资进一步增长。虽然追求低碳经济可能降低对化石燃料的需求，但随着印度、越南、印度尼西亚等国家以及非洲部分国家工业化时代的到来，将使得世界能源原材料需求量大幅增长，各国对资源的争夺更加激烈。国际局势动荡、地缘政治危机、恐怖袭击，自然灾害、环境污染，原材料和人力成本上升、矿工罢工等种种因素，对矿业本身的发展造成了一定的影响。矿业是经济发展的基础产业，而不是夕阳产业。在新的世纪里，经济全球化和技术进步继续对全球矿业产生着重大影响。

全球矿业成本上升，企业经营业绩下滑。全球矿业进入薄利时代。在矿产品价格震荡下行的同时，矿山生产中的劳动力成本、设备成本、环境保护费用却在不断上升，矿业生产经营成本出现大幅攀升。矿业企业利润遭受价格下跌和成本上升"两头挤压"，全球矿业正步入微利、薄利时代。例如，智利矿业生产成本继续呈现上涨趋势，预计2014年将增长20%。澳大利亚等国税费政策调整，也将带动矿业市场成本上升，增大了企业投资的潜在风险。国际公司经营业绩普遍下滑。受市场总体价格低迷，原材料及人力、经营成本上升等影响，矿业企业赢利能力显著下降。2013年前三季度，埃克森美孚、BP、壳牌、道达尔、雪佛龙五大公司营业收入和净利润同比下降超过5%。

全球矿业政策调整，矿业投资环境出现新变化。资源民族主义呈现加剧趋势。许多国家对外商投资本国矿业提出更高要求。主要包括限制或禁止原材料出口、要求矿业产业链在当地延伸、加强社区基础设施建设、加强环境影响评价等。例如，菲律宾提高镍矿出口关税至7%；赞比亚对未加工的有色金属征收10%出口关税；民主刚果将从2014年开始禁止未精炼的铜和钴原料出口；印尼从2014年开始对原矿实行出口禁令，矿业企业必须对矿石进行冶炼加工后才能出口。多国出台矿业刺激措施。许多国家开始重新审视新修（制）订矿业政策，目的在于吸引外资、提振本国经济。例如蒙古废除2012年颁布的《外国投资战略领域协调法》，实行新的《外国投资法》，放宽投资领域和投资审核门槛等；墨西哥决定修改宪法，允许私人和外商投资进入油气领域等；阿根廷颁布油气开采和投资促进法，给予符合条件的企业出口税收减免和外汇管制豁免的优惠政策。

（一）全球矿业公司并购持续下降，矿业巨头剥离非核心矿山资产，维持经营利润

依托跨国公司，发达国家以资本和技术为手段，通过市场控制和政治联盟，在全球范围内进行资源争夺，以获取最佳的资源和最高的回报。主要表现为：矿业资金跨国流动，矿产资源跨国勘查、开发、生产和销售，矿业公司跨国并购和跨国上市，大型矿产勘查和开发项目多国、多家公司联合投资，以及矿业信息、知识、技术和管理经验的国际传播等。其结果是：矿产资源被全球矿业巨头瓜分，跨国公司进一步在全球范围内寻找勘查和开发目标；发达国家和跨国矿业公司对世界矿业和矿产资源控制程度仍占绝对优势；矿业公司间竞争更加激烈。

普华永道发布的数据显示，2013年全球矿业并购交易量为1437宗，与2012年的1803宗相比减少20%，创下了自2005年以来的新低；全球矿业并购的交易额约为360亿美元，与2012年的560亿美元相比下滑35%，创下了自2004年以来的新低。这已是全球矿业并购市场连续第二年出现交易量和交易额均大幅下跌的情况，与2011年矿业并购热潮时相比，反差巨大。全球矿业行业正在遭遇信心危机，再加上大宗商品价格下跌，致使矿业公司利润下滑，这是造成去年全球矿业并购市场持续萎缩的重要原因。此外，融资困难、缺乏投资者支持和目标资产估值困难亦不利于矿业公司实施并购。值得注意的是，2013年的矿业并购交易也呈现一些新的趋势和特点。与黄金消费领域正在发生的西金东移一样，在全球矿业并购领域，东方国家也有取代西方国家之势。普华永道的分析显示，在矿业并购领域，俄罗斯、哈萨克斯坦、中国等国家明显比加拿大、澳大利亚和美国等国更加活跃。仅俄罗斯、哈萨克斯坦和中国3国的交易额，就占全球矿业并购交易额的43%。俄罗斯和哈萨克斯坦金融寡头异军突起，成为矿业并购市场上最活跃的买家，而必和必拓、力拓和巴里克等大型矿业公司，则纷纷剥离非核心资产，从买家转身变成了卖家。

20世纪80年代以来，以全球化、私有化、自由化和市场化为标志，以获取有竞争力矿权地（矿床和矿山）、企业兼并、引入低成本先进生产技术和加强效益成本控制管理为手段，以增强国际竞争能力为核心，以提高经济效益为目的的国际矿业（包括矿产勘查开发）自身调整不断向纵深发展，矿业格局在悄然发生一些积极的变化。不但在矿业巨头与中小公司之间发生兼并，越来越多的大型矿业公司之间的兼并事件也时有发生。但是，由于矿产品价格大幅下跌，使得矿业公司利润下降，再加上融资困难，部分大型跨国公司为维持高利润开始剥离非核心资产，而买家多为俄罗斯、哈萨克斯坦、中国等发展中国家。

2004～2013年，交易额在2500万美元以上的全球有色金属并购案合计达333件，交易额共计2590.86亿美元；黄金的并购案397个，交易额共计1523.12亿美元（表1）。

表1　　有色金属和黄金矿业并购金额　　单位：亿美元

年　份	有色金属并购		金并购		金和有色金属并购合计	
	案件（个）	金额	案件（个）	金额	案件（个）	金额
2004	16	22.44	13	43.48	29	65.92
2005	27	263.35	29	164.68	56	428.03
2006	26	711.09	40	233.76	66	944.85
2007	42	431.78	43	119.76	85	551.54
2008	39	215.5	37	89.1	76	304.6
2009	31	72.2	43	72.64	74	144.84
2010	61	177.7	58	295.5	119	473.2
2011	50	316.9	54	270	104	586.9
2012	24	334.9	55	138.5	79	473.4
2013	17	45.0	25	95.7	42	140.7
合计	333	2590.86	397	1523.12	730	4113.98

注：统计的个案交易值在2500万美元以上，2013年数据根据前9个月估计，2012年数据经修正。

资料来源：Corporate Exploration Strategies 2013。

2013年，黄金和有色金属并购案件42起，并购金额140.7亿美元，下降70.3%。其中有色金属购并案17起，并购金额45.0亿美元，下降86.6%。黄金并购案25起，并购金额95.7亿美元，下降30.9%。

2013年，全球最大黄金矿业并购案为两位俄罗斯投资者以36.2亿美元的价格收购奥纳西姆集团（Onexim）所持极地黄金国际公司（Polyus Gold International）37.78%的股份。最大的有色金属并购案为中国钼业以8.2亿美元的价格收购力拓旗下的澳洲Northparkes铜矿80%的权益。

为了集中精力经营铁矿石、石油、铜和煤等业务，全球矿业巨头必和必拓公司将铝、煤、锰、镍和银等矿山资产转入一家新成立公司，拆分为二有助于必和必拓减轻负担，维持股东回报所必须的利润水平。这与几年前公司大规模扩张形成了鲜明对比。其主要原因是矿产品价格下跌，导致矿山经营利润下降，公司不堪重负。

（二）全球油气资产交易市场走势低迷，北美和非洲为全球交易活动热点地区，LNG相关资源和非常规油气资源交易活跃

据安永统计，2013年全球石油行业的交易额为3370亿美元，比2012年的4230亿美元的历史最高值下降了21%；交易量也从2012年的1800多宗降到1400宗以下，降幅超过23%。在2013年的交易中，超过10亿美元的交易为70宗，比2012年减少28宗；其中交易规模超过百亿美元的为3宗，2012年为4宗。2013年，超过10亿美元的油气交易总额为2410亿美元，而2012年则为3090亿美元。

虽然2013年全球油气公司交易规模回落，但受投资组合和资本最优化因素影响，上游并购仍然保持活跃，并购数据和并购额均占全球总交易的70%。2013年，全球油气上游交易金额超过2370亿美元，较2012年下降17.1%。从交易数量看，全年上游交易1009起，下降12.4%（表2）。北美仍是油气公司上游交易最活跃的地区，全球交易额的30%和交易数量的53%集中在北美地区；但交易数量比2012年减少，加拿大减少了30%，美国减少了15%。美国、加拿大和澳大利亚的交易额也在下降，三国合计比2012年减少了930亿美元。非洲地区由于其对资金的吸引力而使交易额增长了85%，其中包括8宗超过10亿美元的并购。非常规能源的交易也很重要，共有204宗交易，交易额合计400亿美元。国家石油公司（NOCS）是油气交易的重要力量。国家石油公司以8%的交易数量完成22%的交易额，前十大交易中有一半是由国家石油公司完成，超过10亿美元的交易共19笔。

表2　　全球石油天然气行业上游并购交易

项目	2012年	2013年	变化(%)
交易数量/起	1152	1009	-12.4
交易金额/亿美元	2860	2370	-17.1

资料来源：EY, Global oil and gas transactions review 2013。

（三）跨国矿业公司加强对重要矿山资产的争夺，谋求长期控制全球资源市场，其生产经营垄断局面短时间内难以打破

全球经济不景气，矿产品价格动荡，公司经营喜忧参半，但矿业巨头仍加紧对全球重要矿山资产的争夺。近些年，力拓控制了蒙古奥尤陶勒盖铜金矿、几内亚西芒杜铁矿等世界级矿床。淡水河谷不甘落后，不但获得了利比里亚的铁矿资源，而且控制了几内亚铁矿的重要出口通道——利比里亚铁路的运营权，同时也获得了西芒杜铁矿区的部分矿权。不但如此，两个矿业巨头还对南部非洲的炼焦煤资源展开了争夺，莫桑比克的优质煤炭资源基本上被这两个公司控制，其他矿业公司苦于实力和经验不足，只能眼看着这些资产被抢走。必和必拓、淡水河谷近些年加强了对全球钾盐项目的投资。

全球矿业企业的大规模联合和兼并，使得全球矿业的集中度进一步提高，跨国矿业公司对市场的控制力和影响力进一步扩大。经过多年并购扩张后，必和必拓、力拓和淡水河谷三大矿业巨头基本上控制了全球铁矿市场，牢固掌握了铁矿价格话语权。发展中国家的矿业公司，也走向国际资本市场和资源配置，为国内不断发展的经济提供资源保障。在全球前10大原油生产公司和矿业公司中，不断出现俄罗斯、中国等发展中国家的身影。例如，原油产量前10位的公司中，9个公司属于发展中国家。

据统计，2013年参与世界矿业经营活动的公司有8000家左右，但大部分矿山产量仅由少数几家公司控制。全球前50家矿业公司的产值几乎占全球矿业的一半，且基本上被英、美、加、澳和南非的矿业公司垄断，其产值占50家公司总产值的49.9%；另外几家公司是巴西的淡水河谷公司，智利国家铜业公司（Codelco），俄罗斯的诺里尔斯克，墨西哥的Grupo Mexico等。据瑞典原材料集团（RMG）估计，随着矿山产量逐渐向南半球转移，发展中国家矿业公司所占的比例有望增长。

从矿业公司对矿产品控制的集中程度看，根据瑞典原材料集团统计，2012年最大的矿业生产公司控制了世界17.2%的铁矿石产量、10.8%的铜矿产量、7.5%的金产量和15.4%的钾盐产量。产量居前10位的公司控制了世界52.5%的铁矿石，50.2%的铜矿产量，33.5%的金产量和64.4%的钾盐产量。前10大公司占世界矿业产值的比重为27.33%（表3）。

随着跨国矿业公司的联合和规模的扩大，目前全球铁矿石生产和出口市场主要由淡水河谷、必和必拓和力拓三大公司操纵着，三大铁矿石公司产量占全球铁矿石生产的比例由1984年的14.6%上升到2012年的37.7%。

表3　　全球10大矿业公司和原油生产公司

2013年10大矿业公司①		2013年10大原油生产公司②			
公司名称	产值占全球比重(%)	公司名称	国有比例(%)	原油产量(万吨)	占全球比重(%)
淡水河谷(CVRD，巴西)	6.72	沙特阿拉伯国家石油公司	100	49940	12.1
必和必拓(BHPB，澳大利亚)	5.01	伊朗国家石油公司	100	18400	4.5
力拓(Rio Tinto，英国)	4.61	科威特国家石油公司	100	15725	3.8
英美集团(Anglo American，英国)	2.40	中国石油天然气集团公司	100	15250	3.7
巴里克(Barrick Gold，加拿大)	1.82	伊拉克国家石油公司	100	14710	3.6
智利国家铜公司(Codelco，智利)	1.60	委内瑞拉国家石油公司	100	14525	3.5
自由港-迈克默伦(Freeport-Mc. C&G，美国)	1.51	墨西哥国家石油公司	100	14385	3.5
斯特拉塔(Xstrata，瑞士)	1.26	俄罗斯石油公司	75.16	12195	3.0
诺里尔斯克镍业公司(Norilsk Nickel，俄罗斯)	1.22	埃克森美孚公司		10925	2.6
纽蒙特矿业公司(Newmont Mining，美国)	1.20	巴西国家石油公司	28.7	10630	2.6
合　计	27.33	合　计		176685	42.8

资料来源：①RMG；②《国际石油经济》2014.1~2。

2013年，全球原油产量排名前10位的石油公司分别为沙特阿拉伯国家石油公司、伊朗国家石油公司、科威特国家石油公司、中国石油天然气集团公司、伊拉克国家石油公司、委内瑞拉国家石油公司、墨西哥国家石油公司、俄罗斯石油公司、埃克森美孚公司和巴西国家石油公司，产量占全球的42.8%。其中前七位均为国家完全控股，产量合计 14.29 亿吨，占全球的 34.6%。

（四）跨国矿业公司主导全球矿业融投资

必和必拓、力拓、淡水河谷等前 10 位跨国矿业公司市值占全球前 100 位矿业公司市值的比例近五成，矿业巨头已经成为全球资本市场的主要融资者，其一举一动都会给资本市场带来巨大的影响。矿业巨头也是世界级矿业项目的主要投资者，据普华永道统计，全球前 40 位公开上市矿业公司在 2012 年投资 1400 亿美元，较 2011 年的 980 亿美元大幅上升 43%。

经济全球化的迅速发展使得矿业公司勘查开发活动的地域范围更加广阔，得以站在全球的视点上角逐世界矿业市场。在油气勘查开发方面，拥有雄厚资金的大型跨国石油公司一直立足于全球油气资源，如壳牌石油公司在全球 90 多个国家和地区从事石油勘探和生产活动，拥有最先进的技术，每天的油气产量超过 320 万桶，在 35 个国家拥有 55 个石油精炼厂的股权；埃克森美孚实行全球化经营策略，在 21 个国家有 37 个精炼厂，其上游的勘探和开采业务遍及 40 多个国家，在陆地和海洋石油开采业务方面具有世界主导地位；雪佛龙德士古公司涉足 20 多个国家的油气勘探开发。20 世纪 90 年代以来，美国、加拿大和欧洲的一些中小石油公司积极向海外拓展，其中美国已经有 1000 多家中小型油气公司专门从事油气的勘探、开发以及信息和技术服务。

非燃料固体矿产勘查方面，美国公司大部分的勘查活动是在国外，目前仅在内华达、爱达荷和阿拉斯加等州有少量勘查活动，根据加拿大 Infomine 数据库统计，美国处于勘查活动的矿权地不到北美地区的 20%。1991 年，加拿大矿业公司在 59 个国家活动，1996 年增加到 95 个国家，1999 年则在 100 多个国家的 3000 多个矿权地进行活动，目前则可能有 5000 个矿权地。澳大利亚、南非以及欧洲的老牌矿业国英国、法国等国的矿业公司向国外矿产勘查投资的数量和比重迅速增长。新兴工业化国家如韩国、马来西亚等和发展中国家如印度、巴西等，在国外的矿产勘查和开发项目也在增多。在矿产开发方面，近年每年全球的大型矿业开发项目中，矿业公司跨国开发的项目占三分之二左右。

总之，矿业全球化和科技进步使 21 世纪的世界矿业进入一个新的时代，那就是土地和资本作为竞争优势的地位逐渐弱化，矿业企业今后的成功将更多地依赖于理念、管理、技术创新及其应用，即人才和技术。

（五）世界各国调整政策，促进矿业可持续发展

《采掘业透明行动计划》（英文简称 EITI）于 2002 年由英国推出，目的是鼓励以石油、天然气和采矿业为收入的国家政府更大限度地提高透明度和加强责任追究制，减轻因理财不善而引起的潜在负面影响，使采掘业收入成为经济长期发展的重要动力。采掘业的投资属资本密集型投资，收回资本需依靠长期稳定的局面，减少不稳定因素有益于发展。透明行动计划通过公开公司向政府的付款，可以证明他们的投资对社会的贡献。经过多年的试验，形成了 EITI 原则与标准和 EITI 资源手册。截至 2014 年 7 月，刚果、伊拉克、蒙古、尼日利亚和挪威等 29 个国家已实施 EITI，美国和缅甸等 16 个国家计划实施 EITI。

美日欧等先期工业化国家积极推进构筑全球化的能源资源保障体系，各国政府相关机构协助企业集团构建全球化的资源供应链，例如：日本的国家油气金属集团等多个特大型企业集团，与哈萨克斯坦、南非、越南、蒙古、澳大利亚和智利等国家的政府或企业采取多种方式合作，勘探并开发稀土、锂、锰、萤石和石墨等。欧盟委员会确定的风险原材料中，增加硼、铬、磷酸盐岩、菱镁矿和金属硅。非洲和拉丁美洲国家政府为了发展经济，吸引外资投资本国矿产资源勘查开发，同时，建立了严格的环境保护标准，附带条件是开发方建设基础设施等。北极地区成为国际矿产资源勘查开发和竞争的新热点，俄罗斯、日本、法国、德国和印度等国，已经提出要在太平洋和印度洋等国际海域进行勘查，重点是块状硫化物矿床、富钴锰结壳、含镍结核、喷流沉积矿床等。

世界各国政府推动清洁能源开发，美国、欧盟、中国和日本加强对页岩气、页岩油和可燃冰等非常规能源的勘查开发。美国实施能源独立战略，加强勘查开发页岩气和页岩油，能源自给率显著提高，水力压裂法开采页岩气，导致美国压裂砂需求量暴增。美国页岩气产业方面取得的突破性进展，推动欧洲、亚太以及世界其他地区纷纷展开页岩气地质调查、勘探、评估与开发试验，全球范围内的“页岩气革命”即将发生。欧盟更重视可再生能源开发，欧盟委员会将向 18 个创新型可再生能源项目和一个碳捕捉与储存项目投资 10 亿欧元，这些项目覆盖了生物能源、太阳能、地热、风能、海洋能源、智能电网以及碳捕捉与储存等技术。

二、世界矿产资源勘查和开发形势

（一）全球油气勘探开发投资继续平稳增长

全球油气勘探开发投资连续五年增加。巴克莱投资银行研究发布，2014 年全球油气勘探开发投资总预算 7230 亿美元（图 1），比 2013 年的 6820 亿美元增长 6.01%，油气工业投资达到历史顶峰。高油价依然是勘探开发投资增长的主导因素。

北美国家油气勘探开发投资连续多年高增长，

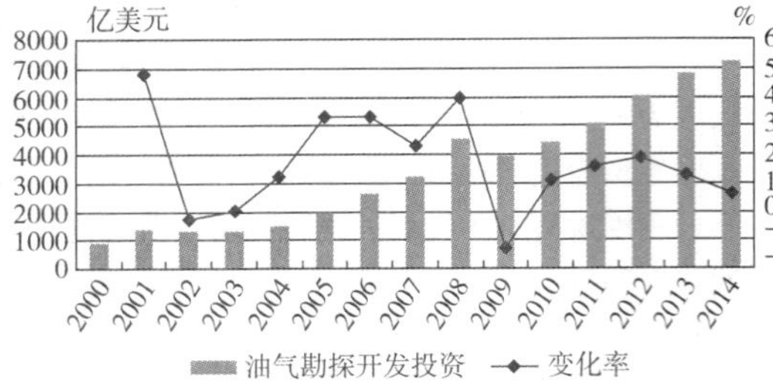

注:2014 年为投资预算

图 1　2000 ~ 2014 年世界油气勘探开发投资

2014 年投资预算 2024 亿美元,增长达 7%,其中美国投资预算为 1591 亿美元,占全球油气总投资预算的 22%,加拿大投资预算为 434 亿美元,占 6%。

持续高油价推动美国油气公司勘探开发投资连续四年增长。2014 年,美国陆上油气勘探开发将继续驱动投资预算加速增长。2009 年至 2012 年美国上游产业资本性支出复合增长 20%,2013 年投资增速比 2012 年高 4.3%,预计 2014 上游产业投资增长 8.5%。

加拿大油气勘探开发投资平稳增长,由于天然气价格偏弱和油价波动,2012 年和 2013 年加拿大油气勘探开发投资减少,预期 2014 年投资重返上升趋势,预算投资达 430 亿美元,比 2013 年的实际投资 417 亿美元增长 3.2%,主要投资于中游基础设施建设和迅速增长液化天然气产业。

不包括美国和加拿大的世界油气勘探开发投资 5205 亿美元,比 2013 年投资 4960 亿美元增长 5%,占 72%。

中东地区油气勘探开发投资增长。沙特国家石油公司投资增长 20%,正在进行一系列改革,寻求提高天然气产量,并努力增加石油出口,为此增加非传统油气资源的勘探活动,如增加在红海区域浅水钻井数量。伊拉克是油气勘探开发投资增长最快的国家之一,由于国内动荡局势,许多西方油气公司被迫转向冒险投资伊拉克北部到库尔德斯坦,而不是政府希望的中部地区。

拉丁美洲油气勘探开发投资继续增长。墨西哥计划推动能源领域改革,油气产业向私营企业开发,通过开放深水和页岩中的油气资源,实现到 2018 年原油产量 300 万桶/天的目标。巴西石油公司已经成为拉丁美洲油气投资增长和世界海上石油勘探投资的主要力量。秘鲁的海上石油勘探将上升。

预计原苏联地区油气公司投资增长,主要是俄罗斯油气勘探开发项目增加,随着新发现的油田被开发,水平钻井等技术在西伯利亚油田被采用,俄罗斯的采油成本将继续上升。俄罗斯石油公司(Rosneft)与埃克森美孚在巴伦支海西部进行勘查活动。

欧洲油气公司投资将增长,其中奥地利石油天然气公司(OMV)投资增长 49%,埃尼集团(Eni)投资增长 10%,许多地区的小油气公司也增加投资,例如凯恩能源公司。挪威石油公司预计资本性支出增长 6%,投资超过 160 亿美元,挪威继续支持海上油气勘探,特别是巴伦支海。

预计亚太地区油气勘探开发投资增长。中国非常规天然气开发将改变油气投资格局,2014 年非常规天然气开发将驱动投资增长。

预计 2014 年非洲油气勘探开发投资下降,北非和东非或许有一定幅度增长。安哥拉国家石油公司投资增长 10%,阿尔及利亚国家石油公司资本性支出将减少 10%,尼日利亚国家石油公司投资保持不变。摩洛哥海上勘探活动增加。坦桑尼亚的深水天然气发现将继续驱动对东非地区投资增加(表 4)。

表 4　世界油气勘探开发投资预算(按地区分)

单位:亿美元

国家和地区	2013 年	2014 年	变化率%	比例%
美国	1396.34	1590.6	13.91	22
加拿大	446.96	433.8	-2.94	6
超级集团	1022.1	1156.8	13.18	16
北美独立者	200.83	216.9	8.00	3
拉丁美洲	728.19	867.6	19.14	12
印度、亚洲和澳洲	1036.2	1229.1	18.62	17
中东	298.26	361.5	21.20	5
俄罗斯/原苏联	503.46	578.4	12.21	8
欧洲	476.7	506.1	6.17	7
非洲	246.39	216.9	-11.97	3
其他及修正	452.56	72.3	0.24	1
世界合计	6820	7230	6.01	

资料来源:JAMES WEST Barclays, World Oil, 2013.2。

据《World oil》,预计 2014 年,全球油气勘探钻井数量达 106273 口,其中海上钻井数量 3189 口。

(二)全球非油气矿产勘查投资

1.2013 年,全球有色金属矿产勘查投资预算下降 30%

近三年,金属矿产品价格先涨后跌,矿产勘查投资亦大幅度变化(表 5)。2011 年金属价格攀升,2012 年勘查投资预算总额创出历史新高,加拿大金属经济集团(MEG)调查统计全球 2556 个公司,勘查投资预算总额达 205 亿美元,但是,2012 年下半年基本金属价格下跌,当年初级勘查公司融资困难,实际投资小于投资预算。SNL MEG 调查统计,2013 年全球投资矿产勘查公司 2129 个,勘查投资预算总额为 144.3 亿美元,与 2012 年相比,进行勘查活动的公司数量减少 17%,勘查投资预算减少 29.6%;考虑到调查统计覆盖率为 95%,估算 2013 年世界不包括铁矿的固体矿产勘查投资预算为

151.9 亿美元。从 2011 年起，MEG 开始统计铁矿勘查投资情况，2013 年 SNL MEG 统计 246 个公司，铁矿勘查投资预算 17.4 亿美元，比 2012 年 288 个勘查公司，减少 42 个公司，投资预算比 2012 年的 28.9 亿美元减少 11.5 亿元。在 SNL MEG 调查的 2375 个公司范围内，2013 年勘查投资预算合计 161.7 亿美元。

金属价格指数与矿产勘查投资正相关，但是，勘查投资趋势转向比价格指数转向滞后大约 1 年。2003～2008 年上半年，金属价格指数呈上涨趋势，勘查投资预算持续增加，2008 年投资预算达周期顶峰。当金属价格高于投资预算时的价格，实际勘查投资高于预算，如 2009 年，实际投资比预算多 2.4%，2010 年实际投资比预算多 2.6%；当金属价格低于投资预算时的价格，实际勘查投资少于投资预算，2012 年金属价格持续走低，实际投资比预算少 5.9%。2013 年，世界金属矿产品价格先跌后升，勘查实际投资与预算基本持平。

表 5　　全球部分固体矿产勘查投资①与变化

年　份	矿产勘查投资（亿美元）	比 2012 年变化（亿美元）	比 2012 年变化率%
2004	27.5		
2005	38.1	10.6	38.55
2006	57.75	19.65	51.57
2007	85.2	27.45	47.53
2008	111.27	26.07	30.60
2009	73.73	-37.54	-33.74
2010	110.42	36.69	49.76
2011	172.16	61.74	55.91
2012	205.31	33.15	19.26
2013	144.3	-61	-29.6

注：①表中勘查投资预算不包括铁矿、铝土矿、煤、石油和天然气。
资料来源：据 SNL MEG，Corporate Exploration Strategies 2013。

2. 拉丁美洲和非洲是全球矿产勘查的重点地区

2013 年，预计在拉丁美洲的矿产勘查投资达 38.472 亿美元，占 2129 个公司投资预算的 26.7%；在中亚、南亚和欧洲的矿产勘查投资为 23.81 亿美元，占 16.5%；在非洲的矿产勘查投资达 23.769 亿美元；占 16.5%，在加拿大的投资预算为 19.176 亿美元；在澳大利亚的矿产勘查投资达 18.922 亿美元；在美国的矿产勘查投资预算达 10.449 亿美元；预计投入到东南亚和太平洋地区的矿产勘查投资为 9.667 亿美元（图 2）。全球矿产勘查行业的投资来源以加拿大、澳大利亚和美国的矿业公司为主，在过去 10 年中，加拿大、澳大利亚和美国的矿业公司矿产勘查投资合计占 $\frac{2}{3}$，由于本国矿业相对成熟，这些国家的许多公司到矿产勘查薄弱的国家去勘查发现矿床。加拿大公司勘查投资预算的 76% 是在本国国内勘查；美国矿业公司勘查投资的 29% 用于国内勘查，71% 用于走出去到国外进行矿产资源勘查。拉丁美洲矿业公司的勘查投资预算占全球比例上升到 10.4%，其勘查活动主要在本国。

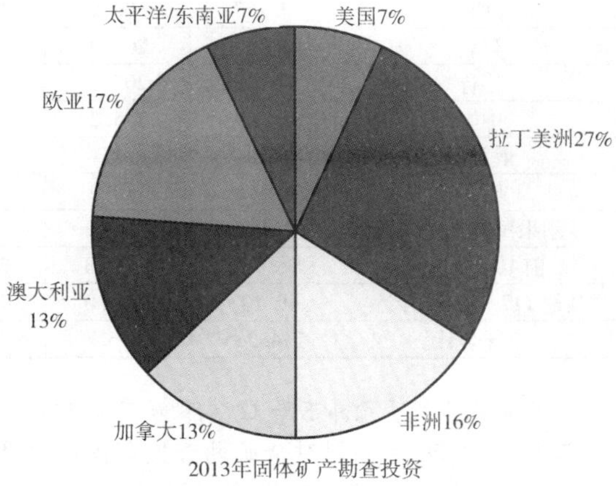

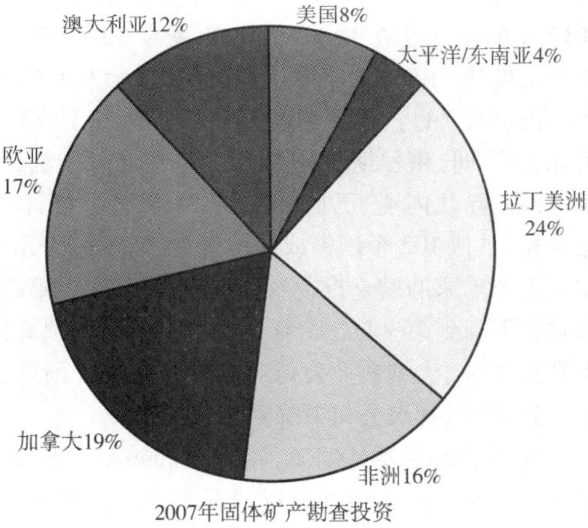

图 2　2013 年与 2007 年年固体矿产勘查投资对比

2013 年，全球各地区的矿产勘查投资预算均有所下降。

自 1994 年起，拉丁美洲国家一直是勘查公司首选的矿产勘查目标，2013 年对该地区的投资预算依然居首位。对非洲国家的勘查投资预算从第二位降至第三位，对刚果民主共和国的投资预算为该地区首位。对加拿大的投资预算下降 41%，下降到第四位。对澳大利亚的投资预算下降 25%，列世界第五位。

前 10 位国家的投资合计 95.2 亿美元，占总预算投资的 66%（表 6）。投资金额前 30 位的公司投资预算合计 56.898 亿美元，其中直接投资 52 亿美元，间接投资 4.898 亿美元，前 30 位公司主要是大型矿业公司，包括一个初级公司，即加拿大艾芬豪矿业投资公司，一个日本住友金属矿业公司。

表 6　　2013 年矿产勘查投资预算前 10 位国家

国　家	投资预算（亿美元）	各种矿产投资预算（百万美元）					
		金矿	基本金属	金刚石	铀矿	铂族	其他矿产
加拿大	19.176	1003.3	353.6	53.9	155.7	17.4	333.7
澳大利亚	18.922	849.7	619.4	9.5	156	4.1	253.5
美国	10.449	520.2	372.4		36.6	2.6	113.1
墨西哥	9.167	500.6	158.7				257.4
智利	9.089	202.9	667.4				38.6
秘鲁	6.829	205.5	366.3		7.6		103.5
中国	6.449	275.2	233.1	4	13.7		118.9
俄罗斯	7.204	285	142.3	260.1	12	9.5	11.5
巴西	4.361	180.9	133.5				119.9
刚果民主共和国	3.516	80	266.7	0.1		1.8	4.8
前 10 位合计	95.162	4103.3	3313.4	327.6	381.6	35.4	1354.9
其他 117 个国家合计	49.103	2543.0	1392.0	161.4	234.8	83.5	495.3
全球合计	144.265	6646.3	4705.4	489	616.4	118.9	1850.2

3. 金矿勘查投资预算下降 31%，铁矿下降 40%

2013 年，1320 个公司对金矿勘查投资预算合计 66.463 亿美元，占固体矿产勘查投资的 46.1%，比 2012 年的预算投资 96.82 亿美元，减少 30.42 亿美元，下降幅度达 31.4%。加拿大（15%）、澳大利亚（13%）和美国（8%）的金矿勘查投资居前三位，合计 23.7 亿美元，墨西哥、俄罗斯、哥伦比亚、中国、布基纳法索、秘鲁、智利、新几内亚、巴西和加纳 10 个国家合计 25.1 亿美元，其他 102 个国家或地区合计 17.6 亿美元。对拉丁美洲国家的勘查投资名列世界首位，非洲第二位，加拿大下降到第三位。金矿矿山勘查的投资预算比例上升到 31%，大型矿业公司对金矿勘查投资预算比例上升到 44%，初级公司下降到 37%。

基本金属主要是铜矿、铅锌矿和镍矿（图）。796 个公司对基本金属勘查投资预算 47.05 亿美元，占总投资预算 32.6%。651 个公司的铜矿勘查投资预算 34.65 亿美元，占总投资预算的 24%，为基本金属勘查投资的 $\frac{3}{4}$，对拉丁美洲的投资比例上升到 37%，其中智利 6.6 亿美元，秘鲁 3.04 亿美元；对非洲投资占 15%，其中，刚果民主共和国 2.35 亿美元，赞比亚 1.71 亿美元；在加拿大的投资预算 1.81 亿美元，比例下降到 5%；找矿阶段的投资预算比例上升到 39%，勘探阶段的投资比例下降到 32%。167 个公司的镍矿勘查投资预算 5.97 亿美元，占总投资预算的 4.1%，对澳大利亚投资 1.666 亿美元，占 28%，对加拿大投资 0.827 亿美元，占 14%；镍矿找矿阶段投资 2.263 亿美元，占 38%，勘探阶段投资占 33%，矿区勘探投资占 29%。216 个公司的锌矿勘查投资预算 6.43 亿美元，占总投资预算 4.5%，大型矿业公司的锌矿勘查投资占 46%，初级公司占 24%，中型公司占 14%，国有公司和其他类型公司占 16%；中国、瑞典和印度等亚洲和欧洲的锌矿勘查投资预算 2.01 亿美元，比例上升到 31%，在拉丁美洲的锌矿勘查投资预算 1.747 亿美元，占 27%；勘探阶段的投资占 40%，矿区勘探阶段的投资占 33%，找矿阶段的勘查投资占 27%。

从事金刚石勘查的公司减少到 47 个，投资预算 4.89 亿美元，占总投资预算的 3.4%。阿罗莎、力拓和戴比尔斯 3 个大集团公司对金刚石勘查投资预算占 76%。金刚石勘查投资目标地主要为俄罗斯（53%）、安哥拉（13%）、加拿大（11%）、博茨瓦纳（6%）和南非（5%）。

149 个公司对铀矿勘查投资预算合计 6.164 亿美元，比 2012 年预算 8.73 亿美元，减少 2.57 亿美元，下降 29%。未来 10 年内，全球核电站铀需求量年均增长 3%，铀供应的 20% 依靠新发现铀资源。铀矿勘查目标地主要是加拿大（投资占 25%）、澳大利亚（25%）和哈萨克斯坦（8%）；勘探阶段投资预算 2.5 亿美元，占 41%，找矿投资预算 2.24 亿美元，占 36%，矿区勘探投资 1.42 亿美元，占 23%。

42 个公司的铂族金属勘查投资预算 1.189 亿美元，与 2012 年的 73 个公司的 3.16 亿美元的投资预算相比，减少 1.97 亿美元。投资预算分布：对南非投资预算 7259 万美元，占 61%；加拿大 1785 万美元，占 15%；俄罗斯 952 万美元，占 8%。

其他矿产主要是银、钾、磷、锂和稀土。605 个公司对其他矿产勘查投资预算减少到 18.5 亿美元，比 2012 年的 27.5 亿美元减少 9 亿美元。236 个公司计划投资银矿勘查 5.93 亿美元，其中泛美银业公司和科达伦矿业公司（Coeus）均投资 3000 万美元。73 个公司计划钾盐勘查投资 4.18 亿美元，比 2012 年增长 45%，必和必拓投资 8900 万美元，勘探萨克斯彻温省詹森湖钾盐项目,淡水河谷公司预算8000万美元,主要投资萨克斯彻温省里贾纳钾盐项目和巴西的钾盐和磷矿勘探项目。至少107个公司投资锂和稀土勘查,投资预算2.34亿美元。智利SQM公司投资1800万美元勘查本国的锂资源。48个公司的钼矿勘查投资预算8450万美元,其中中国钼业公司计划投资最多,达1200万美元。34个公司预算投资1.05亿美元,勘查锆石、金红石和钛铁矿等重砂矿床。46个公司计划勘查钨矿,预算投资5400万美元。18个公司计划钴勘查投资1500万美元。36个公司在勘查锡矿。11个公司勘查钒矿。40个公司勘查锰矿,14个公司勘查钽铌矿。7个公司勘查铬铁矿。

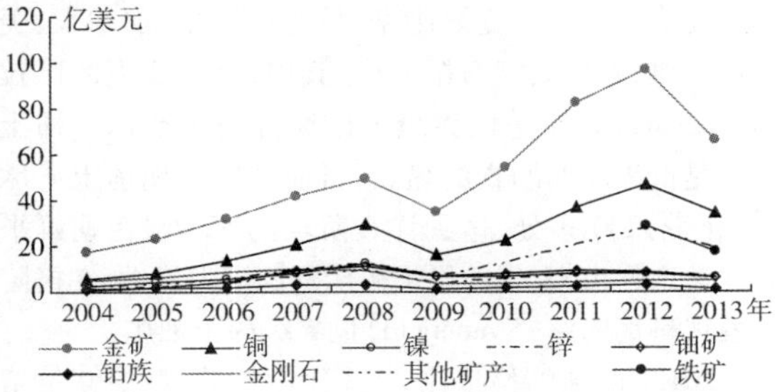

图3 近10年主要矿产勘查投资预算变化

SNL MEG调查246个铁矿公司,2013年世界铁矿勘查投资预算17.4亿美元,比2012年的28.9亿美元减少11.5亿美元,下降幅度达39.7%。在49个国家的铁矿勘查投资预算中,对澳大利亚的铁矿勘查投资预算达7.7亿美元,占铁矿投资预算的44%,对利比里亚的投资预算为1.25亿美元,几内亚1.14亿美元,加拿大1.08亿美元。必和必拓和力拓对铁矿投资预算3.785亿美元,占铁矿投资预算22%。勘探阶段投资预算占55%,生产矿山占27%,找矿占18%。矿业公司的投资预算占铁矿勘查投资预算的53%,初级公司占32%,中型公司和国有公司各占7%。

4. 大型矿业公司和初级勘查公司的勘查投资合计占80%以上

SNL MEG将从事矿产勘查的公司划分成五类,即大型矿业公司(Major)、初级公司(Junior)、中型公司(Intermediate)、国有公司(Government)和其他公司。2013年,大型矿业公司勘查投资预算69亿美元,减少24%,占总预算比例上升到47.8%;初级公司勘查投资预算49亿美元,减少39%,所占比例下降到34%;中型公司投资预算17亿美元,32个国有公司投资预算4.3亿美元,51个其他类型公司勘查投资预算4.9亿美元;后3类公司投资预算减少24%,所占比例上升至18%。98个大型矿业公司中,加拿大有20个,中国有11个,南非和美国各有9个,澳大利亚8个,俄罗斯7个,英国6个,其他15个国家有28个大型矿业公司。大型矿业公司对矿产勘查的趋势:随着金价不断攀升,勘查投资的重点转向金矿。2012年对金矿勘查投资预算比例达43%,2013年金价从顶峰回落,对金矿勘查投资预算比例下降到42%;对基本金属投资占39%;拉丁美洲是大型公司优先目标地,投资预算占33%。初级勘查公司1781个,加拿大有923个,澳大利亚609个,美国80个,英国72个,这些公司大部分是上市公司。一直以来,初级公司优先选择勘查金矿,但是金矿勘查投资比例从2004年的58%跌落到2008年的40%,从2009年起这种态势发生逆转,2011年金矿勘查投资比例上升到54%,2013年回调至51%;对基本金属勘查投资预算比例上升到24%;对铀矿勘查投资预算2.239亿美元;非洲是初级公司普遍选择的目标地,对非洲的投资预算占21%,对拉丁美洲投资列第二位,对加拿大的投资下降到第三位,所占比例降至19%;初级公司找矿投资预算占43%,勘探占51%,矿区勘探占6%;初级公司勘查投资主要依靠矿产资产进行融资,金价暴涨,基本金属价格强势上涨,市场融资条件好,初级公司融资额高于投资预算,2012年下半年,金价和基本金属价格下跌,市场融资困难,融资额减少,这种趋势延续到2013年。2013年前3个季度完成融资项目数量和融资金额比2012年同期减少约一半,128个项目融资10.3亿美元,估计年度融资额达13.8亿美元,其中金矿融资9.24亿美元,基本金属和其他矿产融资4.53亿美元。2004~2013年10年期间,初级公司勘查投资预算累计达496亿美元,占总预算44%;大型矿业公司勘查投资预算累计439亿美元,占总预算39%。

5. 找矿的投资预算比例上升到33%

自90年代起,找矿(grassroots)的投资预算比例下降,很多公司放弃长期项目,更倾向于近期获利勘查项目,以至于近期矿床规模大的资源资产数量没有增长,这对未来矿产开发是潜在的风险。2013年,找矿(early-stage)投资预算47.671亿美元,所占比例升至33%,比2012年上升2个百分点。勘探(Late-stage)阶段投资预算54.952亿美元,比例下降到38%,为自2004年来的最低比例。矿山(minesite)勘探投资预算41.699亿美元,比例上升到29%,为自1989年来的最高比例,很多矿业公司和中型矿业公司注重矿山周边勘查,倾向于投资矿区勘探和在已建矿山周边和深部的矿场勘探。自2009年,找矿第一目标地区是拉丁美洲,由于初级公司遭遇融资困难,对加拿大的找矿勘查投资减少,澳大利亚和西非国家也是找矿勘查有远景的目标地区。勘探阶段投资预算前10位国家中,有6个国家在美洲,对澳大利亚的勘探投资居前位;九年来,初级公司每年勘查投资的一半多用于勘探。在矿山周边勘探投资预算中,对加拿大和非洲的投资锐减，对拉丁美洲的投资增加，其比例达28%，对中亚南亚和欧洲地区的投资增加，所占比例达一半，增幅大的是在俄罗斯和中国；大型矿业公司对矿山周边勘探的投资占66%。

（三）世界主要矿产储量有不同幅度增长

1. 世界油气储量持续增长

2013年底，世界石油储量为16495亿桶，较2012年的16379亿桶增长0.7%，较2003年的12129亿桶增长36%；天然气储量为198.92万亿立方米，较2012年的192.37万亿立方米增长3.4%，较2003年的155.78亿立方米增长27.7%（表7）。

2013年，美国石油和天然气储量增加量全球第一，石油剩余探明储量增加15.2亿吨，增长53.6%；天然气剩余探明储量增加2.8万亿立方米，增长36.6%。伊朗石油储量增加3.73亿吨，增长1.76%；利比亚石油储量增加6302万吨，增长1.84%。莫桑比克天然气储量增加2.7万亿立方米，增长21倍。中国天然气储量增加8821亿立方米，增长25.1%。

表7　世界石油和天然气储量

年份	世界石油（亿桶）	世界天然气（万亿立方米）
2013	16495	198.92
2012	16379	192.37
2011	15232	191.05
2010	14696	188.23
2005	12777	173.08
2003	12129	155.78

资料来源：《Oil and Gas Journal》。

2. 矿产勘查取得丰硕成果

依托地质矿产勘查投资增加和矿产勘查开发技术进步，固体矿产找矿勘查取得进展（表8）。如澳大利亚发现了卡拉帕蒂纳（Carrapateena）、希尔赛（Hillside）等铜金矿床，其中卡拉帕蒂纳已成为目前澳大利亚最大的未开发铜矿。西澳洲与南澳洲交接的弗雷泽岭地区，在诺瓦—伯林格尔（Nova - Bollinger）镍矿，勘探取得进展，揭示该地区的镍矿和铜矿的潜力。在塞尔维亚蒂摩克（Timok），钻探发现166米厚、铜品位6.65%、金品位7.75克/吨的矿化带。美国地质调查局为阿富汗开发了地理信息系统数据框架，支持正在进行的自然资源评估项目，并发布24块铜、镍、金等金属重要成矿区。在莫桑比克、马达加斯加、加拿大、美国和瑞典，发现大型石墨矿床，其中，莫桑比克的巴拉马（Balama）矿床是世界最大的鳞片石墨矿床。稀土矿产是世界矿产勘查的热点，目前全球发现稀土矿床（矿化带）200多处，达到详查阶段的52处，在朝鲜平安北道定州市，发现的稀土矿床资源潜力最大，在格陵兰发现科瓦内湾（Kvanefjeld）世界级稀土铀矿。

2013年，矿产储量比2012年增加的有：煤储量增加306亿吨，金储量增加2000吨，钨储量增加30万吨，稀土储量增加3000万吨，硒储量增加2.2万吨，金刚石1.5亿克拉，石墨储量增加5700万吨，重晶石1.1亿吨；储量减少的有：银储量减少2万吨，钴储量减少30万吨，镍减少100万吨，锡减少20万吨，钾盐储量减少35亿吨，其他矿产储量基本上没有增减。

表8　主要矿产储量

矿产	单位	储量		矿产	单位	储量	
		2013年	2012年			2013年	2012年
煤	亿吨	8915	8609	铷	万吨	>11	16.3
石油	亿吨	2259.8	2243.8	稀土	万吨（REO）	14000	11000
天然气	万亿立方米	198.9	192.4	镉	万吨	50	50
铀[①1]	万吨	264.3	201.5	钽	万吨	>10	>15
铁矿石	亿吨	1700	1700	铌	万吨	>430	>400
锰矿石	万吨	57000	63000	铼	吨	2500	2500
铬矿石	亿吨	>4.8	>4.6	锂	万吨	1300	1300
镍	万吨	7400	7500	锶	万吨	680	680
钴	万吨	720	750	铊 全球锌矿中资源量约1.7万吨			
钨	万吨	350	320	钍	万吨（ThO_2）	140	140
钼	万吨	1100	1100	锆	万吨（ZrO_2）	6700	4800
钒	吨	14000	14000	钇	万吨（Y_2O_3）	54	54
铜	万吨	69000	68000	碲	万吨	2.4	2.4
铅	万吨	8900	8900	碘	万吨	760	760
锌	万吨	25000	25000	硒	万吨	12	9.8

续表 8

矿　产	单　位	储　量		矿　产	单　位	储　量	
		2013 年	2012 年			2013 年	2012 年
铝土矿	亿吨	280	280	磷酸盐岩	亿吨	670	670
菱镁矿	亿吨	24	24	钾盐	亿吨(K_2O)	60	95
钛矿	亿吨(TiO_2)	7.48	7	硼矿	万吨(B_2O_3)	21000	21000
锡	万吨	470	490	石墨	万吨	13000	7700
锑	万吨	180	180	萤石	万吨	24000	24000
汞	万吨(Hg)	9.4	9.4	重晶石	万吨	35000	24000
铋	万吨	32	32	硅藻土	亿吨		大
金	吨	54000	52000	珍珠岩	亿吨		大
银	万吨	52	54	天然碱	亿吨	240	240
铂族金属	吨	66000	66000	金刚石	亿克拉	7.5	6.0

注:①表示每千克成本≤80 美元。

资料来源:1. Mineral Commodity Summaries 2014,2013。

(四)金属矿产开发受到多方面制约,投资增长放缓

据原材料集团统计,2013 年非能源矿产开发投资 7910 亿美元(表 9),比 2012 年增长 7.62%,但是矿业项目总成本持续增长,实际新立项目减少。2008 年全球金融危机爆发,实际上全球矿业投资热潮终结,新立矿业项目呈减少趋势,2012 年矿业处于艰难状态,2013 年新立矿业项目创出历史新低,预计 2014 年全球金属矿采选冶依然处于低迷状态。对不同矿种开发投资强度不同,银和铜矿开发投资以两位数增长,铁矿石、金和铅锌矿开发投资实际上没有增加,金刚石和铀矿开发投资减少(表 10)。据原材料集团统计,2013 年铜矿项目资本成本比 2012 年提高 45%,金矿项目资本成本增长 60%。在 2013 年矿产开发项目中,预可行性研究阶段的绿地矿业项目投资 2880 亿美元,占 36%,可行性研究阶段的绿地项目投资 2410 亿美元,占 30%,在建设阶段的绿地矿业项目投资 680 亿美元,占 9%;棕地矿业项目投资 1940 亿美元,占 25%。全球矿产开发投资的重点依然是铜、铁、镍和金,合计占总投资的 87%。

在拉丁美洲,金属矿产开发项目投资 2290 亿美元,位居世界第一,所占比例 29%。在北美洲,金属矿产开发投资连续四年增加,投资额从 2010 年的 860 亿美元,增加到 2013 年的 1610 亿美元,比 2012 年 1460 亿美元增长 10.3%,所占比例为 20%。在非洲,金属矿产开发投资 1100 亿美元,与 2012 年持平,所占比例为 14%。在亚洲,金属矿产开发投资 720 亿美元,比 2012 年减少 4%,所占比例连续 4 年下降。欧洲金属矿产开发投资增加到 1030 亿美元,比 2012 年 770 亿美元,增长 33.7%,所占比例上升到 13%。在大洋洲,金属矿产开发投资 1160 亿美元,与 2012 年基本持平,所占比例下降到 15%。

表 9　　全球主要矿种的新矿业项目开发投资

矿种	投资增减变化率%	2013 年		2012 年	
		投资(亿美元)	所占比例(%)	投资(亿美元)	所占比例(%)
铜	14.00	2280	32	2000	27
铁矿石	6.53	2610	26	2450	34
金	4.80	1310	17	1250	17
镍	3.33	620	9	600	8
铂族金属	0.00	160	2	160	2
铀	-4.00	240	4	250	4
铅/锌	0.00	170	3	170	2
金刚石	-11.11	80	1	90	1
银	12.50	90	1	80	1
其他	16.67	350	6	300	6
总计	7.62	7910	100	7350	100

资料来源:E & MJ,Jan/Feb. 2014。

表 10　　2013 年矿业项目投资前 10 位国家

	投资(亿美元)	占比例%	2012 年名次
加拿大	1170	14.79	2
澳大利亚	1000	12.64	1
俄罗斯	740	9.36	5
智利	690	8.72	3
巴西	570	7.21	4
秘鲁	490	6.19	6
美国	450	5.69	7
南非	250	3.16	8
墨西哥	180	2.28	11
菲律宾	170	2.15	10
合计	5710	72.00	

2013 年矿业投资居前 10 位国家投资合计 5710 亿美元,占总投资的 72%。

俄罗斯矿业项目投资从第五位跃居第三位,Oroyek 多金属矿床项目预计投资 50 亿美元,Elanskoye 镍矿床投资 33 亿美元,Kingashsky 镍铜铂族金属项目 23 亿美元,俄罗斯矿业项目大部分是基本金

属矿床，特别是镍矿，融资主要来源当地，国外融资比例很少。

全球矿业“资源民族化”趋势上升，只有少数国家能吸引大比例的矿业投资。墨西哥矿业投资增长26%，从11位跃至第9位。澳大利亚矿业项目仍主要是铁矿，全球30个铁矿项目，澳大利亚有9个，总投资330亿美元。加拿大矿业项目比较广，位列全球前20名的项目有：5个铁矿，12个金矿，2个铜矿，5个镍矿，4个金刚石，4个铀矿。

预计2014年矿产开发投资平稳增长，结束连续两年放缓态势。伴随着世界经济结构的深度调整，推进清洁能源开发利用，加强环境保护，预计稀有金属和工业矿物开发将增速，大宗矿产开发保持平衡态势。

三、世界矿产品供需形势

2013年，世界经济呈现低速增长态势，全球矿产品需求未见明显好转，国际矿产品贸易量增幅下降，大部分金属矿产品供过于求，能源和金属矿产品的价格普遍下跌或在低位波动。其中，世界能源产消增速回升，除了核电外主要能源的产量和消费量均达到了历史最高水平，且消费的增长速度大于产量的增速；世界钢铁市场需求增强，铁合金金属矿产品产量和消费量增加；有色金属市场普遍供应过剩，大多数有色金属价格先涨后跌；贵金属市场金、银、铂价格波动下跌，钯价因市场需求旺盛上涨幅度较大。

1. 世界能源产消增速回升，且消费增速大于产量增速

2013年，虽然世界经济增长疲软，但世界能源产消增速回升，除了核电外主要能源的产量和消费量均达到了历史最高水平，且消费的增长速度大于产量的增速。世界一次能源消费量127.30亿吨油当量（表11），比2012年增长2.3%，增速提高0.2个百分点，略低于过去十年平均水平。除石油、核能和可再生能源发电外，世界所有燃料的消费增速均低于平均水平。2013年，世界能源消费净增量主要来自中国和美国，两国的能源消费增长占到世界增长的72.5%。由于能源消费增速加快，造成CO_2排放量继续增长，但排放量的增长速度低于平均水平。

表11　　2013年世界一次能源消费量居前10位的国家　　单位：亿吨石油当量

国　家	一次能源消费量	占一次能源消费量的比重（%）					
		石油	天然气	煤	核电	水电	可再生能源
世界总计	127.30	32.9	23.7	30.1	4.4	6.7	2.2
中国	28.52	17.8	5.1	67.5	0.9	7.2	1.5
美国	22.66	36.7	29.6	20.1	8.3	2.7	2.6
俄罗斯	6.99	21.9	53.2	13.4	5.6	5.9	0.0
印度	5.95	29.5	7.8	54.5	1.3	5.0	2.0
日本	4.74	44.1	22.2	27.1	0.7	3.9	2.0
加拿大	3.33	31.1	28.0	6.1	6.9	26.6	1.3
德国	3.25	34.5	23.2	25.0	6.8	1.4	9.1
巴西	2.84	46.7	11.9	4.8	1.2	30.7	4.7
韩国	2.71	40.0	17.4	30.2	11.6	0.5	0.4
法国	2.48	32.3	15.5	4.9	38.6	6.2	2.4
伊朗	2.44	38.1	59.8	0.3	0.4	1.4	0.0
沙特阿拉伯	2.28	59.3	40.7	0.0	0.0	0.0	0.0
英国	2.00	34.9	32.9	18.3	8.0	0.5	5.4

资料来源：BP Statistical Review of World Energy June 2014。

2013年，除北美洲外，世界所有地区一次能源消费增速均低于过去十年平均水平。发达国家一次能源消费净增长主要来自美国的强劲增长，增长率为2.9%，继2012年下滑2.8%后出现反弹；而欧盟和日本分别减少0.3%和0.6%。发展中国家一次能源消费净增长主要来自中国，增长率4.7%，但增速减少2.3个百分点，远低于过去十年平均水平。

从世界一次能源消费结构来看，石油仍然是世界主要能源，占全球能源消费量的32.9%，但是石油所占能源市场份额连续第14年减少，而且为1965年以来所占份额最低值；其次是煤炭，占30.1%，其次为天然气，占23.7%；水电、核电、可再生能源分别占6.7%、4.4%和2.2%。但从主要能源消费国来看，美国、日本、德国和英国的消费结构基本相似，均以石油为主，煤和天然气为辅，另外少部分核电补充；法国核电和石油同为主要消费支柱，天然气为辅助能源；俄罗斯则以天然气为主要消费能源，石油和煤炭为辅助能源。中国和印度的消费结构类似，煤炭为主要消费能

源，其次为石油、水电。

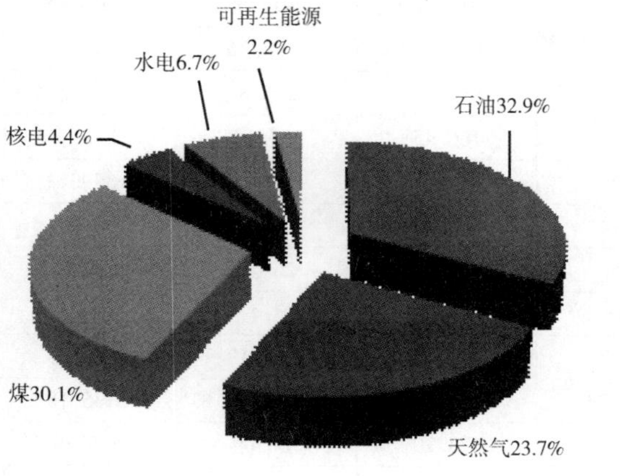

世界

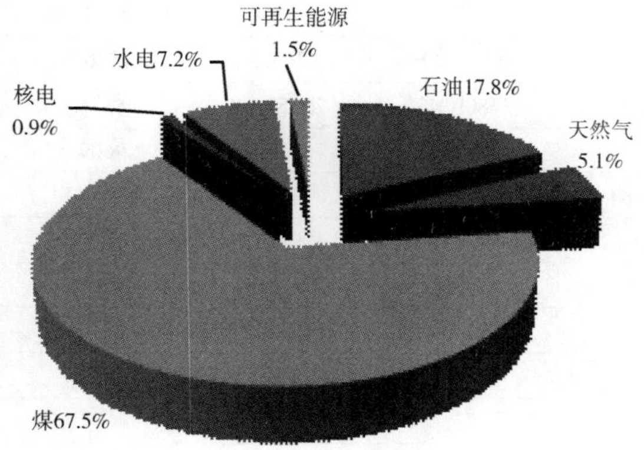

中国

图4　2013 年世界和中国能源消费结构

从世界来看，中国、美国和俄罗斯分别是当今世界上第一、第二和第三大的能源消费国和生产国，俄罗斯是世界最大的化石燃料出口国，而美国和中国则分别是第二和第三大进口国（日本是第一大进口国）。美国石油和天然气消费量的净增量居世界首位，石油产量的净增量为世界最多；中国的煤炭消费量和产量净增量居世界首位，天然气产量的净增量仅次于俄罗斯；俄罗斯天然气产量的净增量居世界首位。

中国是世界最大煤炭生产国和消费国，同时也是世界最大水电生产国。2013 年，在中国能源消费结构中，煤炭仍占主导地位，但比例下降为 67.5%；石油为第二大消费能源，占 17.8%，低于过去十年平均占比；天然气占 5.1%，过去十年占一次能源比重翻倍；水电、核电、风电等非化石能源占 9.6%，增速约 50%。据 BP 数据，虽然非化石能源增速放缓，但用于发电的可再生能源和水电消费量的净增量居世界首位，分别为 940 万吨油当量和 890 万吨油当量，核能的净增量仅次于美国排世界第二，为 300 万吨油当量。

2013 年，世界石油产量的增速低于消费量的增长速度。世界石油产量为 41.33 亿吨，比 2012 年增产 1314 万吨，增长 0.6%（表 12），增速比 2012 年放缓 1.8 个百分点。世界石油生产的特点主要表现为非洲和中东地区的供应减产以及美国的创纪录增长。石油输出国组织国家产量为 17.40 亿吨，比 2012 年减少 60 万桶/日，下降 1.8%。非石油输出国组织国家的石油产量为 17.12 亿吨，增加 120 万桶/日，增长 2.7%，实现 2002 年以来的最大增产。在石油输出国组织国家中，利比亚再度出现动乱使产量减少 52 万桶/日，伊朗在持续的国际制裁下产量减少 19 万桶/日，叙利亚、南北苏丹和也门均出现严重减产，这些国家自“阿拉伯之春”爆发以来累计减产 300 万桶/日。此外，沙特减产 11 万桶/日，阿联酋产量则实现新高，增长 25 万桶/日。石油输出国组织的平均原油产量接近该组织自 2011 年 12 月设定的 3000 万桶/日生产上限。在非石油输出国组织国家中，产量增长主要来自美国，但加拿大和俄罗斯的供应也有所增加。在致密油开发推动下，美国产量突破 1000 万桶/日，增加 110 多万桶/日，达到 1986 年以来的最高水平。俄罗斯实现了后苏联时代的产量新高，增加 15 万桶/日。加拿大产量在油砂持续增产的推动下达到历史最高水平，增加 21 万桶/日。这些增量超过了英国和挪威（各减产 8 万桶/日）等成熟产油区的减产量。

表 12　　世界主要矿产品产量

矿　产	单　位	2009 年	2010 年	2011 年	2012 年	2013 年
石　油	亿吨	38.91	39.79	40.11	41.20	41.33
天然气	万亿立方米	3.00	3.21	3.31	3.36	3.39
煤	亿吨	69.06	72.62	77.08	78.93	78.96
铀（矿山产量）	万吨	5.08	5.37	5.35	5.84	5.96
钢	亿吨	12.2	14.1	15.3	15.5	16.1
铁矿石	亿吨	23	25.7	29.17	29.55	31.08
锰矿石和精矿	万吨，锰	3296.17	5138.59	4637.35	4601.43	4850.3

续表 12－1

矿　产	单　位	2009 年	2010 年	2011 年	2012 年	2013 年
铬矿石和精矿	万吨	2023.76	2714.93	2712.96	2594.36	2942.14
镍(矿山产量)	万吨	135.03	154.47	182.4	226.8	251.29
镍(精炼)	万吨	135.54	145.05	166.45	185.62	200.17
钴	吨	62077	79270	82247	77189	85904
钨(矿山产量)	吨	76301	82874	88900	90785	97136
钼(矿山产量)	万吨	22.37	24.53	26.7	26.49	26.63
钒(矿山产量)	万吨	5.35	5.76	6.24	7.4	7.6
铜(矿山产量)	万吨	1588.83	1614.75	1626.24	1701.19	1829.39
铜(精炼)	万吨	1857.77	1925.29	1981.78	2035.83	2135.18
铅(矿山产量)	万吨	386.99	436.1	473.29	506.09	559.89
铅(精炼)	万吨	908.12	967.19	1033.6	1037.8	1022.78
铅(再生)	万吨	495.99	537.13	556.85	552.25	539.75
锌(矿山产量)	万吨	1155.35	1236.7	1242.3	1318.65	1372.04
锌　锭	万吨	1127.63	1286.68	1311.99	1263.52	1326.59
铝土矿	万吨	19612.4	22213.57	24809.43	25553.78	28334.79
氧化铝	万吨	4994.6	5161.7	5312.4	5356.2	9609.1
原　铝	万吨	3739.15	4161.83	4478.98	4633	4750.61
再生铝	万吨	787.05	825.67	881.22	905.43	913.2
镁	万吨	594.2	751.4	961.5	801.1	869.7
钛(矿山产量)	万吨 TiO_2	447.65	492.76	531.67	514.24	487.65
海绵钛	万吨	14.18	15.24	20.91	22.59	23.57
金红石精矿	万吨	55	67	73	73	77
钛铁矿精矿	万吨	530	580	610	650	679
锡(矿山产量)	万吨	31.6	31.89	30.32	29.25	32.73
锡(精炼)	万吨	33.57	35.58	36.8	36.44	35.34
锑(矿山产量)	吨	127473	148410	150354	159339	153231
镉	吨	2072.91	2320.43	21262.8	22563.2	22589.2
汞(矿山产量)	吨	1476.8	1787.5	1873.8	1966	2017.7
铋(矿山产量)	吨	4023.7	3698.1	3522.3	4339	4886.9
金(矿山产量)	吨	2478.57	2563.46	2610.27	2676.53	2784.59
银(矿山产量)	万吨	2.23	2.34	2.34	2.53	2.59
铂(矿山产量)	吨	185.1	186.1	200	180.3	186.1
稀土氧化物	吨	13.3	13.3	11.1	11	11
硒	吨	217.48	212.03	221.02	232.45	228.41
碲	吨	232.9	208	217.3	206.6	193.3
硫	万吨	6790	6810	7050	6810	6900
磷酸盐岩	万吨	16600	18100	19800	21700	22400
钾(K_2O)	万吨	2080	3370	3640	3270	3460
硼	万吨，B_2O_3	351	408	455	442	490
纯碱(天然＋合成)	万吨	4400	4750	5130	5290	5320
萤　石	万吨	546	601	752	707	670

续表 12－2

矿　产	单　位	2009 年	2010 年	2011 年	2012 年	2013 年
重晶石	万吨	613	785	837	920	850
石　墨	万吨	110	92.5	115	117	119
石　膏	万吨	14800	14700	14900	15200	16000
石　棉	万吨	207	201	203	197	194
膨润土	万吨	966	1060	1030	995	1030
滑石和叶腊石	万吨	743	721	769	743	740
高岭土	万吨	3300	3310	3390	3620	3700
硅藻土	万吨	184	182	210	212	215

资料来源：Mineral Commodity Summaries 和 World Metal Statistics，Yearbook 等。

石油精炼能力增加了 140 万桶/日，是 2009 年以来净增量最大的一年。炼能增长主要来自中国，增加 66 万桶/日，其次为中东。与此形成鲜明对比的是全球原油加工量仅增加 40 万桶/日，导致全球精炼生产能力利用率降至 80.4%，为 1987 年以来的最低水平。原油加工量增长主要来自美国，这是因为美国原油出口受法律限制，美国炼油厂对国内价格较低的原油进行加工并转而出口成品油。

2013 年，世界石油消费量为 41.85 亿吨，比 2012 年增加 4613 万吨（表 13），增长 1.4%，增速虽比 2012 年放缓 0.2 个百分点，但高于过去十年的平均水平，增长的驱动因素仍是新兴经济体。2013 年，美国既是世界最大石油消费国，也是石油消费量增加最多的国家，石油消费量 8.31 亿吨，增加 1402 万吨，增长 2.0%，自 1999 年以来增量首度超过中国，在世界石油消费中所占比重为 19.9%，几乎与整个欧洲的消费量相当。中国为世界第二大石油消费国，消费量 5.07 亿吨，比 2012 年增加 1728 万吨，增长 3.8%，为 2009 年发生经济衰退以来的最低水平，占世界石油消费量总量的 12.1%。日本为世界第三大石油消费国，消费量 2.09 亿吨，由于可再生能源和煤炭挤占了石油的市场份额，石油消费量减少 893 万吨。印度为世界第四大石油消费国，消费量 1.75 亿吨，在削减补贴后增加 167 万吨，增长 1.2%，增速为 2001 年以来的最低水平。从主要消费地区来看，亚太地区、北美地区和欧洲地区仍是石油的主要消费区，在世界消费总量中所占比例分别为 33.8%、24.5% 和 21.0%。但由于世界经济的不利影响，欧洲石油消费量呈现小幅度下降，其中西班牙、意大利和希腊受衰退影响跌幅最大，分别下降 7.3%、3.6% 和 7.1%。

表 13　　世界部分矿产品消费量

矿　产	单　位	2009 年	2010 年	2011 年	2012 年	2013 年
铜（精炼）	万吨	1814.97	1933.68	1956.56	2011.8	2098.07
原铝	万吨	3492.06	4058.44	4309.98	4598.94	4652.48
铅（精炼）	万吨	907.93	962.81	1032.24	1040.04	1039.08
锌锭	万吨	1109.41	1248.24	1255.26	1222.72	1315.08
锡（精炼）	万吨	32.55	36.83	38.16	36.27	36.13
镍（精炼）	万吨	131.45	144.06	166.11	172.84	179.89
镉	吨	1584.94	1638.78	1638.55	1638.05	1654.92
金（需求）	吨	3023	3809	4512	4315	4957
银（需求）	万吨	2.67	3.21	3.32	2.97	3.36
石油	亿吨	39.25	40.40	40.85	41.39	41.85
天然气	万亿立方米	2.96	3.18	3.23	3.31	3.35
煤	亿吨油当量	32.29	34.69	36.30	37.24	38.27

资料来源：Mineral Commodity Summaries 和 World Metal Statistics，Yearbook 等。

由于世界石油生产和消费存在极为严重的区域不平衡性，因此世界石油贸易量很大。2013 年，世界石油贸易量为 27.76 亿吨，平均日贸易量约 5650 万桶，比 2012 年增加 120 万桶/日，增长了 2.1%。其中原油贸易量 18.78 亿吨，成品油贸易量 8.97 亿吨（表 14）。石油贸易量占世界石油消费量的 61.9%，而 10

年前这一比例为58.3%；原油贸易量占世界石油产量的65.1%。世界石油贸易一般分为原油贸易和成品油贸易，2013年原油贸易量占全球石油贸易量的66.8%。欧洲和新兴经济体的石油进口的增加量远高于美国和日本石油进口的减少量。北美既是石油的主要生产区，又是石油的主要消费区，但由于石油消费增长迅速，本地供给远远满足不了不断增长的需求水平，因此北美地区也是世界石油主要进口地区。2013年，美国的原油进口总量为3.84亿吨，较2012年下降9.3%，占世界石油进口总量的20.5%；美国石油净进口650万桶/日，减少140万桶/日，净进口量仅为2005年高峰值的一半，是自1988年以来的最低值。亚洲目前与美洲皆为世界主要石油消费区，2013年原油进口量9.22亿吨，占世界总量的49.1%。中国和日本分别是世界第二和第三大石油消费国。中国近年来石油进口依赖程度不断上升，2013年中国进口原油2.82亿吨，占世界总量的15.0%，居世界第二位。中国石油净进口700万桶/日，超过美国成为世界上最大的石油净进口国。日本国内石油资源极少，几乎完全依赖于进口，2013年原油进口总量1.91亿吨，较2012年下降4.5%，占世界总进口量的9.5%。欧洲是发达国家集中的地区，石油消费量很高，但只有俄罗斯、挪威和英国三个重要石油生产国，石油产量无法满足本地区的石油需求，因此每年都要从其他地区进口大量石油，石油进口主要来自中东地区。中东地区石油出口总量占世界出口总量的45.5%，原苏联地区石油出口量占世界出口总量的16.0%。

表14　世界部分矿产品进出口量

矿产	单位	进口			出口		
		2011年	2012年	2013年	2011年	2012年	2013年
镍	万吨	70.19	64.13	65.18	70.24	68.57	84.84
铝土矿	万吨	7509.25	7262.3	10359.51	7065.45	6024.68	9673.87
氧化铝	万吨	2469.49	2778.76	2479.38	3769.21	3660.27	3883.58
铝	万吨	2093.76	2083.69	2070.38	2152.93	2114.42	2042.89
铜(精矿)	万吨	504.49	552.83	662.17	531.13	594.52	676.01
铜(精炼)	万吨	790.24	832.99	825.47	852.73	869.53	845.5
铁矿石	亿吨	11.06	11.54	12.37	11.31	11.76	13.35
铅(精炼)	万吨	174.16	174.05	190.34	175.38	176.01	173.66
锌锭	万吨	394.66	401.88	379.05	430.89	461.85	421.98
锡(精炼)	万吨	28.76	27.76	26.01	26.08	26.99	26.57
石油(原油)	亿吨	18.95	19.27	18.76	18.95	19.27	18.76
天然气	万亿立方米	1.03	1.02	1.04	1.03	1.02	1.04

资料来源：1. World Metal Statistics, Yearbook 2014；
2. BP Statistical Review of World Energy, June 2014。

2013年，世界能源价格有升有降，其中北美地区能源价格普遍上涨（除煤炭外），其他地区皆为下跌。2013年，油价略微下跌，布伦特原油年均价格2009年以来首跌，为108.66美元/桶，比2011年和2012年的均价低3美元。石油价格连续第三年超过100美元/桶，这三年是1970年以来油价波动幅度最小的时期。2013年初，受美国石油产量强劲增长的影响，油价有所回落；但随后由于一些区域供应中断以及寒冷天气使需求增长等原因，油价开始回升。北美（为2010以来的首次）和英国的天然气价格上涨，但其他地区皆下跌。世界各地区煤炭价格连续两年下降。

2013年，国际油价高位震荡，布伦特原油均价下降，WTI原油均价上涨。受伊朗、叙利亚、埃及、利比亚、尼日利亚、南北苏丹等国家和地区局势动荡，发达国家货币政策持续宽松，投机资本炒作等因素影响，国际油价仍然维持高位。布伦特、迪拜原油现货均价分别为108.66美元/桶和105.52美元/桶，比2012年下跌2.92美元/桶和3.55美元/桶。WTI与国际主要基准油价下跌走势不同，受美国经济复苏好于预期、石油需求增长、库欣地区原油运输瓶颈略有缓解等因素影响，原油现货均价97.89美元/桶，上涨3.73美元/桶（表15）。

表 15　　世界主要市场原油价格　　单位：美元/桶

年　份	WTI	布伦特	迪　拜	米纳斯	塔皮斯	辛　塔	大　庆	欧佩克
2009	61.92	61.67	61.91	64.95	65.07	60.63	59.96	61.06
2010	79.45	79.50	78.08	82.27	82.72	78.10	78.45	77.39
2011	95.04	111.26	106.18	114.74	117.10	110.58	110.34	107.36
2012	94.16	111.58	109.07	116.58	116.99	113.70	113.44	109.49
2013	97.89	108.66	105.52	107.55	114.74	105.32	104.14	106.00

资料来源：国际石油经济，2014 年，第 4 期。

2013 年，世界天然气产量为 3.39 万亿立方米，比 2012 年增长 1.1%，远低于过去十年的平均水平。美国继续为世界主要的天然气生产国，但俄罗斯和中国的增幅更大。美国为世界第一大天然气生产国，产量 6876 亿立方米，增长 1.3%，增速放缓 3.4 个百分点，这主要是受页岩气产量增长（2011 年的 7.3%，2012 年的 5%，2013 年 1.3%）放缓的影响所致。由于石油 – 天然气的价差持续居高不下，导致生产页岩气的钻探设备继续被用于生产致密油。2013 年，美国天然气产量的净增量几乎全部来自伴生气和湿气，干气产量下降。俄罗斯天然气产量居世界第二位，为 6048 亿立方米，增加 124 亿立方米，增长 2.4%。由于开工率的提高和独立天然气生产商产量的增加，俄罗斯天然气产量净增量居世界首位。中国的天然气产量净增量 99 亿立方米，为世界第二大，增长 9.5%。受国内政治局势影响的尼日利亚和受天然气价格限制影响了投资的印度为本年天然气产量下降最大的国家，分别比 2012 年减产 72 亿立方米和 67 亿立方米。

2013 年，世界天然气消费量 3.35 万亿立方米，比 2012 年增加 369 亿立方米，增长了 1.4%，低于过去十年 2.6% 的平均水平。中国和美国为世界天然气消费量净增量最多的国家，两国共占世界净增量的 81%，其中，中国天然气消费量净增量为世界最多，比 2012 年增加 153 亿立方米，增长 10.8%；美国天然气消费量净增量居世界第二位，比 2012 年增加 142 亿立方米，增长 2.4%。由于进口天然气与煤炭相比具有巨大价格劣势，煤炭大规模地取代天然气，特别是在电力行业天然气的市场份额被煤炭和非化石燃料所挤占的影响，印度的天然气消费创下了世界最大的降幅，减少 73 亿立方米，下降 12.2%；欧盟的天然气消费量 4381 亿立方米，减少 60 亿立方米，下降 1.1%，跌至 1999 年以来的最低水平。从能源消费结构来看，天然气在一次能源消费量中所占份额为 23.7%。

受天然气消费量增长速度普遍放缓的影响，2013 年全球天然气贸易量 1.04 万亿立方米，增长 1.8%，远低于历史平均水平，占世界消费量的 30.9%。其中，液化天然气贸易量 3253 亿立方米，占世界天然气贸易中的份额略有下降，为 31.4%；管道天然气贸易量 7106 亿立方米，占世界天然气贸易的 68.6%。亚洲是世界天然气贸易的主要地区，天然气进口量的 81% 是液化天然气，液化天然气贸易量占世界 75%。日本是世界最大的天然气进口国，福岛事故后对液化天然气的需求持续增高，2013 年天然气进口量 1190 亿立方米，皆为液化天然气。目前，由于日本天然气发电厂满负荷运行，所以天然气进口已停止增长，与 2012 年基本持平。韩国受国内核电停产的影响，成为世界液化天然气进口增量最大的国家，增加 51 亿立方米。

2013 年，煤消费量 38.27 亿吨油当量，比 2012 年增长 3.0%，低于近 10 年 3.9% 的平均年增长率，但仍为本年度消费增长最快的化石燃料。中国煤消费量 19.25 亿吨油当量，居世界第 1 位，占世界的 50.3%。由于环保意识增强，中国煤炭消费增速放缓，增长 4%，不足过去十年均值的 1/2。由于印度天然气产量下降及进口煤炭价格低于天然气价格，印度煤炭消费增长 7.6%，为有史以来的第二大增量。美国的煤炭消费出现反弹，增长 4.6%。欧盟能源市场日益萎缩，煤炭消费下降 2.5%。世界煤炭产量约为 78.96 亿吨（38.81 亿吨油当量），比 2012 年略有增加，为 2002 年以来最低增幅。在煤炭价格下跌和运输成本上涨的双重作用下，生产商迅速调整，容易进入太平洋市场的国家产量增长最大，如印尼和澳大利亚，而美国和哥伦比亚的产量由于欧洲需求下滑及全球价差而出现下降。从能源消费结构来看，煤在一次能源消费量中所占份额为 30.1%，为 1970 年以来最高份额。

2013 年，世界核电发电量为 2489 万亿瓦时，增长 0.9%，为 2010 年以来的首次增长。日本核能发电量继续下滑，较少 3.4 万亿瓦时，下降 18.6%。同时，韩国、乌克兰、西班牙和俄罗斯的核电也出现下滑，但降幅被美国和中国增幅所抵消。核能发电量占世界能源消费总量的 4.4%，为 1984 年以来的最低值。2013 年，世界水电发电量 3782 万亿瓦时，增长了 2.9%，占世界能源消费的 6.7%。可再生能源的消费量继续增长，为1234.3万亿瓦时，占世界能源消费的2.2%，占全球发电量的5.3%。风能发电628.2万亿瓦时，增长20.7%，占到可再生能源发电量增量的一半以上。太阳能发电124.8万亿瓦时，增长33%。

总的来看，随着世界经济恢复增长，世界能源产消增长速度普遍加快。以页岩气为代表的非常规油气资源的开发，在许多方面对传统的油气资源形成有效替代，缓解对常规油气资源的需求和压力，成为未来能源开发利用的热点和亮点。世界油气供需正从“供给支配”向“消费驱动”转变，新兴国家的经济增长和能源需求对世界油气格局产生重要影响。全球消费重心明显东移，亚太和中东地区占比快速上升，亚太地区目前为全球能源最大的消费区和贸易区。传统发达经济体油气消费增速明显放缓，但仍是世界主要的油气消费体。由于煤炭价格低廉、供应充足、使用安全等特点，其需求将快速增长，在一次能源市场的比重将不断上升，未来煤炭价格与油价的联动性将进一步增强。

2. 世界钢铁市场需求增强，铁合金金属矿产品产量和消费量增加

据世界钢铁协会（world steel Association）统计，2013年全球粗钢产量增长3.5%，至16.07亿吨，再创历史新高，比2012年的增幅增加了2.3个百分点。尽管中国和印度等新兴市场国家经济增速进一步放缓，欧元区经济复苏力度仍显微弱，但美国经济复苏态势趋于稳定导致经济全面好转以及日本短期经济刺激政策取得了明显效果。受这些因素影响，全球钢铁需求有所增强，钢铁产能过剩压力减小，由此导致世界钢铁产量增速提高。中国作为全球最大的钢铁生产国，2013年粗钢产量为7.79亿吨，增长7.5%，占全球粗钢总产量的50.2%，2012年占比为46.3%。日本为第二大产钢国，产量为1.11亿吨，增长3.1 %，扭转了连续两年下降的颓势。第三大产钢国为美国，产量为8700万吨，下降2.0%。印度为第四大产钢国，产量为8120万吨，增长5.1%。

分地区来看，2013年全球粗钢产量增长主要受亚洲、非洲和中东带动，而其他地区产量均低于2012年。亚洲粗钢产量达到10.81亿吨，增长6%，占全球产量比重从2012年的65.7%升至67.3%。欧盟粗钢产量下降1.8%至1.656亿吨。其中德国产量为4260万吨，与2012年基本持平。意大利粗钢产量下降11.7%至2410万吨。法国产量略微增长0.5%至1570万吨。西班牙产量增长0.7%至1370万吨。独联体产量下降1.8%至1.089亿吨。俄罗斯产量下降1.5%至6940万吨，乌克兰产量下降0.5%至3280万吨。北美产量下降1.9%至1.193亿吨，其中美国下降2%至8700万吨。虽然美国经济保持稳定增长态势，但钢铁需求增长微弱，产量甚至出现了萎缩。南美产量为4600万吨，下降3%。

从2000年开始，“金砖国家”（中国、巴西、印度、俄罗斯和南非）的钢产量占世界钢产量的比重迅速提高，从2001年的31%提高到2013年的60.4%，在此期间中国粗钢产量的增量占世界粗钢产量增量的绝大部分，世界新增粗钢产量基本上来自中国。

据世界金属统计资料，2013年世界铁矿石产量31.08亿吨，比2012年增长5.2%。全球最大的铁矿石生产国澳大利亚产量增长17.2%，达到6.09亿吨，第二大生产国巴西铁矿石产量则继续下降4.1%至3.85亿吨。随着全球铁矿石产量出现大幅增长，国际铁矿石贸易量再创新的历史水平，出口量连续第12年保持增长，达到13.35亿吨。推动全球铁矿石出口贸易增长的主要因素是需求增加，这主要来自中国。2013年，中国进口铁矿石8.20亿吨，比2012年增长10.0%，占世界铁矿石进口量的66.3%。日本进口铁矿石1.36亿吨，比2012年增长3.6%，占当年世界铁矿石进口量的11.0%。2013年，世界铁矿石进口量也达到了创纪录的12.37亿吨，比2012年增长了7.2%。澳大利亚是世界最大铁矿石出口国，2013年出口铁矿石5.83亿吨，比2012年增长18.0%，占当年世界铁矿石出口量的43.7%。巴西为世界第二大铁矿石出口国，2013年出口铁矿石3.30亿吨，占当年世界铁矿石出口量的24.7%。

2013年，铁矿石现货价格平均为126美元/吨（澳大利亚离岸价），上涨3.4%。不过，2014年一季度铁矿石现货价格持续下滑，特别是3月份铁矿石现货价格受各种因素影响而出现较大幅度下跌。这些因素包括：中国港存铁矿石处于非常高的水平，中国建筑业和制造业生产活动下滑带来的市场心态低迷，对将铁矿石作为贷款抵押品的关注增加，山西海鑫钢铁公司出现贷款违约，对中国铁矿石进口产生影响的假期因素（2月份是中国农历新年，铁矿石进口量通常会下滑）。这些因素的积累作用导致3月10日中国铁矿石基准现货价格大幅下跌8.3%。2014年一季度铁矿石平均现货价格（澳大利亚离岸价）估计为111美元/吨，同时预计下半年铁矿石现货价格将会有所回升，主要是届时将受到北半球夏季建筑业生产活动回升的支撑，推动钢材需求增长，特别是在最近中国政府宣布加大对城镇化建设项目的支出。然而，由于来自新矿山投产后的铁矿石供应增加（一些澳大利亚新矿山在2014年将开始生产铁矿石），因而预计铁矿石价格不会大幅度回升，2014年全年现货铁矿石澳大利亚离岸价预计平均为110美元/吨。

2013年世界不锈钢粗钢产量达到3817万t，增长6.8%，再创历史新高。中国不锈钢产量1898万吨，比2012年增长18.0%。中国不锈钢产量的增量超过了世界产量增量，是全球不锈钢产量创历史新高的主要推动因素。世界其他主要不锈钢生产地区不锈钢产量主要由于去库存而均出现不同程度的下滑。2013年，亚洲地区（不包括中国）不锈钢产量下降2.2%至879万吨，包括中国在内的亚洲地区不锈钢产量占全球产量的高达72.8%，中国不锈钢产量占全球产量的49.7%。

2013年，世界铬铁矿产量2942.14万吨，比2012年增长13.4%。南非为世界最大铬铁矿生产国，2013年产量为1365.29万吨，增长20.7%。中国目前为世界重要的不锈钢生产国，铬铁矿需求很大。2013年，中国铬铁矿消费量为1104万吨，比2012年增长了24.8%，约占当年世界铬铁矿消费量的40%。冶金行业是我国铬铁矿的主要消费领域，在总消费中占96%。中国拥有巨大的铬铁生产能力，但由于国内铬矿资源缺乏，矿石产量很少，加上矿石质量差，大部分资源地处边远地区，运输困难，运费高等原因，因此不得不进口大量的铬铁矿，从而使近年铬矿进口量保持持续增长态势。2013年，中国进口铬铁矿1200万吨左右，比2012年增长约30%。南非和土耳其是中国最大铬铁矿进口国，分别占中国铬铁矿进口量的56%和16%。

随着世界经济全面好转，钢铁工业发展良好，2013年钒需求增长强劲。2013年，世界钒总产量估计为15.1万吨，增长11%。世界产量的增量几乎全部来自中国，南非、俄罗斯和美国的产量变化不大。中国2013年钒产量估计为8.65万吨，增长19%。世界钒消费微幅增加。从全球来看，由于钒市场行情低迷，原计划2013年投产的诸多项目延迟到2014年以后，只有中国的2个石煤提钒项目如期运营。2012年年初投产的西澳大利亚Windimurra钒项目（原生矿直接提钒，年产能1.12万吨）的生产一直未达到设计生产能力。从全球范围来看，85%以上的钒消费于钢铁行业中，中国在钢铁行业中的消费比例更高一些，达到近90%。钒在钢铁工业的消费量主要取决于钢铁的生产规模和含钒钢的应用情况。目前，中国国钒在钢铁工业的消费强度仅约35克钒/吨钢，世界平均水平约45克钒/吨钢，欧美等发达国家消费强度接近80克钒/吨钢。2013年，国内钒消费总量估计约6.1万吨，增长22%。从全球来看，2013年全球钒总消费量估计约13.75万吨，增长约9.6%。中国钢铁行业对钒的消费增长仍有较大空间。2013年，国际市场钒产品价格先涨后跌。1~2个月曾走出一波上涨行情；3~7月份，由于需求疲软加之供应过剩，国际市场钒价开始一路下滑；随后的几个月中钒市场总体呈现出窄幅振荡的态势。与国际市场不同，进入2013年，国内钒市场开始一路走低，这波跌势一直持续至4月份中旬，之后呈现出窄幅波动的态势。供过于求的市场基本面仍是影响钒价的根本原因。

2013年，世界钼矿山产量26.63万吨，比2012年增长0.5%，而同期中国的钼矿山产量下降7.9%，从2012年的12.60万吨降至11.1万吨。中国钼产量位列全球第一，占当年全球产量的41.7%。全球钼消费主要集中在欧洲、美国、日本、中国等钢铁生产国家和地区，钼消费的变化与这些地区钢铁产量有很大关系，中国钼消费在全球占比提高，对全球钼消费的影响加大。2013年，世界钼消费量估计为22.7万吨，同期中国钼消费量增长2.8%至7.4万吨钼，全球占比达32.6%。在主要的钼精矿生产国中，美国、秘鲁和加拿大是全球主要的钼精矿出口国，其次是智利和蒙古，而我国国内消费量较大，钼精矿出口量较少。欧盟、智利是主要的钼精矿进口国家和地区。欧盟地区的钼精矿进口量最大。2013年，由于国外钼精矿价格低于国内，国内没有矿山资源的冶炼厂开始大批量使用进口钼精矿，使中国钼进口量大幅增加至2650吨。2013年，全球钼市场供应过剩，由此导致钼价持续下跌，市场需求低迷。欧洲桶装氧化钼价格从2012年的12.68美元/磅钼下跌至2013年的10.28美元/磅钼，累计下跌2.4美元/磅钼，下跌18.9%。同期，中国氧化钼价格从2012年的1721元/吨度下跌至2013年的1630元/吨度，累计下跌91元/吨度，下跌5.3%。总之，受全球经济环境复杂多变，经济增速低于预期，同时中国面临经济增长速度回落，并伴随投资贡献大幅降低、消费疲软以及出口表现不佳等诸多因素影响，钼价一跌再跌，市场需求低迷。

总的来看，2013年铁合金金属生产在世界钢铁生产增速变缓的影响下，市场需求普遍下降，部分矿产出现了不同程度的供应过剩，由此导致大部分铁合金金属矿产品价格下跌。

世界经济持续低迷，钢铁需求增速不高。尽管新兴国家一直保持着领先于发达国家的需求增速，但预计今后几年主要消费国需求增速可能进一步放缓。在各国回归制造业、促进基础工业投资的政策刺激下，全球钢铁产能不断攀升。全球铁矿石、焦炭、能源等原燃料价格持续处于高位的局面不会出现根本性改变，钢铁生产成本增加。预计今后几年全球铁矿石市场将会趋于供大于求。但由于供应高度垄断，矿企对生产供应有较强调节能力，加之澳大利亚、印度等主要矿石出口国的产业和贸易政策增加交易成本，因此铁矿石价格不会出现较大幅度下跌，相关铁合金矿产品的价格也将保持缓慢下跌趋势。

3. 有色金属市场普遍供应过剩，大多数矿产品价格先涨后跌

2013年，世界6种主要有色金属（铜、铝、铅、锌、锡、镍）总产量为9471万吨，比2012年增长2.9%，其中镍产量增长幅度最大，为5.8%，锌和铜产量次之，分别为3.5%和4.4%，铝增长2.6%，铅和锡均出现下降，分别下降了2.7%和2.0%。上述6种有色金属消费量合计9320万吨，比2012年增长2.4%，其中锌消费量增长幅度最大，为6.7%，铜和镍次之，分别增长了2.7%和2.3%，铝消费量增长了1.7%，锡增长0.1%，铅消费量则下降了0.4%。铝和铜供应较充足，镍和锌供应有盈余，锡供应略感不足，铅供应则存在较大缺口（表16）。

2013年，尽管中国、俄罗斯、巴西、印度和南非等金砖国家的经济持续增长，但增速已经明显减慢，对有色金属的需求强度也相应减弱，但仍对世界有色金属工业发展起到重要拉动作用。

表16 **2013年世界主要有色金属供求状况** 单位：万吨

项　目	铜	铝	铅	锌	锡	镍
世界产量	2135	4751	1023	1327	35.34	200
世界消费量	2098	4652	1039	1315	36.13	180
供求平衡	37	99	-16	12	-0.79	20
库存量	90.54	717.10	58.57	147.24	2.86	28.46
年底库存消费比（周）	2.3	8.2	2.9	6.2	4.1	8.4
正常库存消费比（周）	5.5	5.5	4	5	5	5
产量与2012年相比增长%	4.4	2.6	-2.7	5.5	-2.0	5.8
消费量与2012年相比增长%	2.7	1.7	-0.4	6.7	0.1	2.3

资料来源：根据《World Metal Statistics》Yearbook 2014资料计算。

2013年，随着世界经济的增长减缓，世界有色金属市场大多数有色金属矿产需求疲软，年平均价格普遍下跌（表17）。

表17 **LME主要金属现货价格（年平均价）** 单位：美元/吨

品　种	2010年	2011年	2012年	2013年	2013年比2012年增长（%）
铜	7535	8821	7950	7322	-7.9
铝	2173	2398	2044	1845	-9.7
镍	21809	22894	17536	15004	-14.4
锡	20406	26113	21114	19275	-8.7
铅	2149	2402	2062	2141	3.8
锌	2161	2193	1948	1909	-2.0
金（美元/盎司）	1225.46	1569.58	1668.50	1410.8	-15.4
银（美元/盎司）	20.16	35.11	31.15	23.83	-23.5

资料来源：《World Metal Statistics》Yearbook 2014。

全年LME有色金属年均价格的总体水平低于2012年，价格下跌幅度较为明显。在6种主要有色金属中，镍和铝为价格下跌幅度最大的矿产品，年平均价分别比2012年下跌了14.4%和9.7%；锡和铜的年平均价分别比2012年下跌了8.7%和7.9%；锌下跌了2.0%；银和金的年平均价格分别下跌了23.5%和15.4%。只有铅价上涨3.8%。

2013年，世界精炼铜产量2135万吨，比2012年增长4.4%，消费量2098万吨，增长2.7%。虽然消费量有了较快增长，但同期产量增速更快，由此导致市场供应过剩量进一步扩大。在世界主要消费地区中，亚洲地区的铜消费量占世界铜消费量的67.7%。中国仍是拉动世界铜消费增长的主要动力，2013年中国消费量增长了10.5%，净增消费量93.5万吨，而同期世界消费量增加了86.3万吨；美国由于建筑业和汽车制造业市场消费明显增强，全年消费量增加。尽管美国经济继续恢复向好和欧元区经济开始缓慢复苏，但新兴经济国家经济增长继续减速以及日本经济未见起色，受此影响，市场需求依然疲弱，市场供应过剩导致市场铜价呈现波动缓慢下跌的态势。2月LME三个月期铜平均价为8103美元/吨，现货平均价为8070美元/吨，均为年内高点。此后，随着全球经济形势的发展，

铜价开始了波动下跌的历程。7月达到了年内低点6907美元/吨(三个月期货价)和6893美元/吨(现货平均价);年底LME三个月期铜平均价跌至7197美元/吨,现货平均价跌至7203美元/吨,分别比年初下跌了11.0%和10.5%。供应过剩、库存增加和需求放缓是全年价格波动下滑的主导因素。

2013年,世界原铝产量为4751万吨,比2012年增长2.6%。世界原铝消费量为4652万吨,比2012年增长1.7%,净增消费量53万吨;而中国原铝消费量增加了170万吨,房地产业的稳定发展、电子电力行业的需求旺盛以及交通运输行业持续增长是中国铝消费量增长的主要原因。此外,铸造合金生产领域加大原铝对废铝的替代、新产能集中建成导致的铝厂自耗增加,以及铝材出口恢复增长等因素也是中国铝消费持续增加的重要原因。从世界范围来看,原铝的主要消费市场还是在亚洲,特别是中国。2013年,亚洲原铝消费量3065万吨,占当年世界消费量的65.9%,而中国所占比例高达47.2%。由于西方主要工业国的实体经济从世界性经济危机中恢复缓慢,从而导致西方原铝需求进一步减少,原铝消费量2249万吨,比2012年下降4.3%,所占世界消费量的份额为48.3%。尽管国际市场需求增加,但供应量大大高于需求,由此导致国际市场供应过剩程度更加严重,过剩量已近百万吨;而中国市场过剩量也已达到了32万吨。受供应过剩的影响,2013年国际市场铝价呈现波动性下滑的势头。伦敦金属交易所三个月铝期货平均价在1月为2075美元/吨,在2月初达到全年的峰值2095美元/吨。之后,随着全球需求的疲弱,铝价开始波动性下跌,并在12月达到1785美元/吨的全年最低价位。2013年,LME现货平均价和三月期货平均价分别为1845美元/吨和1887美元/吨,分别比2012年下降9.7%和8.0%。

2013年,世界铅矿山产量561.91万吨,比2012年增长6.2%。中国是世界第一大铅矿生产国,2013年矿山铅产量为304.80万吨,比2012年增长7.4%,占当年世界铅矿山产量的54.2%,依然是世界铅矿山产量增长的主要动力。2013年,全球冶炼产能的增长明显大于矿山产量的增长,随着关闭和减产矿山数量的增多,中国之外地区的矿山产量下降,全球铅精矿市场缺口进一步扩大。2013年,世界精炼铅产量为1023万吨,较2012年下降2.7%,消费量1039万吨,下降0.4%,市场供应明显短缺。中国是世界精炼铅生产和消费大国,2013年,精炼铅产量447.51万吨,比2012年下降2.5%。自2003年中国超过美国成为全球第一大精炼铅生产国后,产量逐年增长,而且占世界产量的比例也在不断增加,2013年,已经达到43.8%。同年中国精铅消费量446.68万吨,占世界消费量的比例为43.0%。2013年中国精炼铅进口量1.37万吨,仅占当年世界精炼铅进口量的0.7%,进口量比2012年少了1.55万多吨。2013年,国际市场铅价呈现先高后低走势,整体价位在2000~2200美元/吨之间震荡,明显高于2012年伦敦金属交易所(LME)现货年平均价2141美元/吨,上涨3.8%;三个月期货年平均价为2157美元/吨,比2012年上涨4.0%。年初铅价震荡走高主要是受国外需求恢复性增长的影响,下半年铅价小幅波动下跌主要受国际市场黄金价格大幅下跌的影响。

2013年,世界锌产量为1327万吨,比2012年增长5.0%,原料市场供应充足、加工费提高和冶炼厂开工率大幅提高是世界精炼锌产量增长的主要原因。中国仍为世界最大精炼锌生产国,在世界产量中所占份额达到了40.0%。世界锌消费量为1232.82万吨,下降1.6%。亚洲仍为世界精炼锌主要消费区域,精炼锌消费量902万吨,占世界消费量的64.7%。中国为世界最大锌消费国,锌消费量599万吨,比2012年增长11.1%,在世界锌消费量中所占份额为45.6%。2013年,国际锌市场供大于求,全年供应过剩25万吨左右。中国在产能恢复、原料供应条件改善和锌价稳定的情况下,锌产量恢复增长,而锌消费增速减慢,由此导致国内锌市场供应过剩。2013年,LME锌现货平均价为1909美元/吨,比2012年下跌了2%;三个月期货锌年平均价为1940美元/吨,下跌1.3%。LME现货平均价最高为2月的2230美元/吨,最低为6月的1784美元/吨。2013年年底,LME锌金属库存为93.12万吨,比2012年减少29万吨。

2013年,世界锡产量为35.34万吨,比2012年下降2.0%;世界锡消费量为36.13万吨,增长0.1%。国际锡市场供不应求状况仍未见好转,供应缺口扩大到7000吨左右。印度尼西亚和马来西亚锡减产减少了市场供应,造成了市场供应轻微短缺。2013年,LME库存2.87万吨,比2012年减少4000吨。造成库存下降的原因有二:一是印尼自8月30日起实施锡交易新规减少了市场供应量;二是受疲弱经济影响,全球锡市场出现了供需两端均显疲弱的态势。2013年,伦敦金属交易所锡现货和三月期货年均价分别为22304美元/吨和22317美元/吨,各增长5.6%。2013年是国际锡价整体较好的一年。LME现货锡价在年初经历了一个月的迅猛上涨后,进入下行通道,到7月底出现年度低点18850美元/吨。8月开始缓慢上涨,最终以22350美元/吨结束2013年走势。

2013年,世界精炼镍产量200.17万吨,比2012年增长7.8%,消费量为179.89万吨,增长4.1%,全年镍市场供应仍然过剩20万吨左右。中国镍产量为71.07万吨，消费量为90.92万吨，供应缺口为19.85万吨。世界镍产量大幅增加的原因有二，一是随着世界不锈钢产量的增长，镍的需求大幅增加，许多前几年因各种因素减产或停产的企业陆续恢复生产，导致全球镍产量增加明显；二是中国镍铁产量的快速增加。根据中国海关统计数据显示，2013年中国进口镍矿7129吨，比2012年增长9.7%。同时，中国仍保持较大的精炼镍的进口量，全年进口精炼镍16.8万吨，占当年世界精炼镍进口贸易量的33.1%。2013年，镍价在LME六种基本金属中的表现最差，全年呈波动下跌趋势。2013年，LME三个月期货平均价15078美元/吨，比2012年下跌14.3%；LME现货平均价15004美元/吨，比2012年下跌14.4%。现货最高价为2月的18600美元/吨，最低价为7月的13160美元/吨，最高价与最低价相比下跌幅度29.2%。年底LME镍库存为26.10万吨，比2012年底增加11.9万吨。大幅增加的库存量显示镍行业供应过剩格局严重。2013年，我国镍产量和消费量分别占世界总量的35.5%和50.5%，成为影响全球镍市场的重要砝码。同时，我国大量从东南亚进口镍精矿，2012年达到创纪录的6500吨。由于担心2014年印尼禁止原矿出口，2013年我国镍矿进口量仍将保持在高位。随着国内一批采用RKEF技术生产镍铁和镍铁不锈钢一体化的项目的投产，加之国外一批镍项目逐渐达产，尽管2013年国内外镍产量和消费量继续保持增长的势头，但是产量增量高于消费增量，LME和中国市场镍库存居高不下，全球镍市场仍保持供大于求的格局。欧美经济形势、印尼矿业政策、中国原生镍产量和成本仍是影响镍价的几个关键因素。

2013年，世界钨矿山产量97136吨（钨金属量），比2012年增长7%，主要增量仍然来自中国。钨矿山产量85000吨，比2012年增长2.3%，占世界钨矿总产量的87.5%。2013年，世界钨消费量6.3万吨，比2012年下降2.7%。最近几年，国外有一些新钨矿山的投产以及废钨回收率提高，也是导致国外原钨消费减少的重要原因。中国钨消费量3.3万吨，下降3%，占世界钨消费量的52%，是世界第一钨消费大国。最近几年，中国经济变慢，硬质合金产量增幅也相应减少，由此导致钨消费量下降。中国是世界钨产品的贸易大国，出口量稳居世界第一，但全球贸易占比呈现逐年下降趋势。近几年，由于非洲国家以及澳大利亚提高了钨出口量，中国钨出口量持续下滑，同时中国钨出口量占全球的比重也呈现下降趋势。但是中国在国际钨市场上仍具有举足轻重的影响。2013年，全球贸易总量3.8万吨，中国出口占比46%，美国18%，欧洲16%，日本13%。2013年，市场需求仍然低迷，但收储推高了钨价格。2013年，国内钨价格经历了收储快速上涨，后又因需求低迷大幅下跌，年底止跌小幅回升。2013年4月，市场传言中国国家储备局将收购钨精矿，推动钨价快速上涨。同时，五矿公司收购量远超收储数量，刺激市场钨价快速上涨。直至7月底，钨精矿价格涨至15.6～15.9万元/吨，APT价格涨至22.4～22.6万元/吨，达到2013年最高价格。从8月初开始一路下跌，至年末，钨精矿报价为11.7～11.8万元/吨，APT报价为17.7～18.2万元/吨。2013年，国内钨精矿平均价格13.03万元/吨；APT平均价格报19.11万元/吨，上涨4.79%。2013年，国际钨市场总体继续呈下滑走势。

总之，2013年是全球经济继续疲弱的一年。尽管主要欧洲国家逐渐摆脱欧债危机影响，但经济复苏力度微弱；美国经济仍显示出缓慢复苏步调，以中国为代表的新兴国家经济增速进一步放缓。在其影响下，有色金属市场需求乏力，主要有色金属的产量和消费量增速放缓或下降。在需求减弱、供应普遍过剩等多种因素作用下，以铜为代表的有色金属价格纷纷出现下跌，全年大部分有色金属价格走势呈现“前高后低”走势。

4. 金银市场走弱，铂钯市场看好

2013年，对于贵金属来说是转型的一年。比较黄金、白银与铂钯金属价格的走势，全年银价走势最弱，其次是黄金，而钯是唯一价格上涨的贵金属。金价创32年来最大跌幅，结束12年连涨势头；白银表现则为1981年以来最差。金、银全年呈现下跌趋势，三季度虽有回调，但四季度受美联储缩减QE预期影响，市场情绪再度转阴，价格重回下行轨道，抹去全部涨幅。全球主要经济体通胀低迷，黄金避险功能消退、商品属性凸显，全球铸币局金、银币需求依然高涨。2013年，铂金价格除利比亚冲突时出现有力涨势外，其余大部分时间处于疲软下行状态。而钯价表现非常强劲，主要受中美等汽车行业需求增长影响。

据世界黄金协会统计，2013年世界黄金总供应量为4254吨，比2012年下降4.5%。其中矿山金产量创下历史新高，为3022吨，增长5.6%。增加的黄金产量主要来自中国、俄罗斯、加拿大、美国、多米尼加等国家。中国2013年矿山金产量再创新高，为428吨，比2012年增长11.7%，为连续第14年增长，仍为世界第一大黄金生产国，占世界矿山金的份额为14.2%。2013年，全球再生金供应量1280吨，比2012年下降21.7%，占当年世界总供应量的30.1%，金价大幅回落影响黄金的再生回收热情。

从需求方面来看，2013年是黄金货币属性减弱、商品属性回归的一年，世界黄金需求总量为4957吨，比2012年增长15%，消费的增长主要来自珠宝首饰和金条金币投资领域。其中，珠宝首饰黄金消费需求为2361吨，增长18.2%；金条金币投资需求1778吨，增长31.0%；电子工业需求409吨，减少1.4%；官方买入黄金409吨，下降24.8%。虽然全球黄金消费中心向亚洲转移，但对于金饰、金条及金币需求的增长是全球性现象。2013年，中国超过印度成为全球最大黄金消费国，黄金消费量达到1176.4吨，比2012年增长40%以上，主要来自对黄金饰品需求的增长和对金币和金条需求的增长，特别是“中国大妈”大手笔的购金行动引发世界瞩目。虽然2013年印度提高黄金进口关税，但黄金需求依然强劲，全年黄金需求达到975公吨，比2012年增长13%。西方市场消费需求仍旧保持旺盛，其中美国市场对金饰、金条及金币的需求尤为强劲。

2013年，国际金银价格不断震荡下行，跌幅为32年来最大，从2001年起持续长达12年的黄金市场牛市宣告结束。全年平均价格为1411美元/盎司，比2012年的1669美元/盎司下跌15.46%。全年黄金价格大幅波动，最高为1月22日的1694美元/盎司，最低为6月28日的1180美元/盎司，最高价与最低价之间的波幅为30.3%。美国退出量化宽松（QE）步伐及预期变化、美国国债上限与财政预算危机、欧洲塞浦路斯银行业危机和中东地缘政治风险等主导了2013年国际黄金市场行情，而中国大妈4月份掀起的抢购黄金热潮对金价一度形成短暂支撑。

根据世界白银协会公布数据显示，2013年全球白银供应在3.1万吨左右，减少2.0%，其中，矿山银2.5万吨，比2012年增长3.4%，已连续10年增长；再生银产量5966吨，下降24.1%，是自2001年以来降幅最大的一年，主要是由于银价的全面下跌所致。2013年，全球白银制造业总需求达到近3.4万吨，比2012年增长13.3%，主要来自珠宝银器制作和投资零售领域对白银需求的增加。制造业需求相对供应略有过剩，2013年过剩量约2200吨，过剩量主要靠投资需求吸收。世界最大的白银消费国是中国，2013年中国白银工业需求达到6775吨，增长6.5%，高于2012年增幅。其中，电子工业用银量达到4060吨，增长5.4%；银首饰及银币等投资品用银量达到2285吨，增长8.8%；摄影业由于数码技术的替代，用银量继续保持下降。

2013年，由于国际形势动荡，特别是美联储提出QE退出计划，市场从避险资产中转移，银价一路下跌。国际白银年均价23.66美元/盎司，比2012年下降23.9%，远高于2012年11%的跌幅。全年白银价格最高为1月23日的32.23美元/盎司，最低为6月27日的18.61美元/盎司，最高价与最低价之间的波幅为42.3%。银价从年初32美元高位一路下跌，4月和6月两次暴跌，使价格跌至18美元/盎司，跌幅将近一半。8月，在埃及及叙利亚的紧张军事形势推动下，银价反弹至4个月高点，接近25美元/盎司。9月以后，银价受众多影响巨大的经济政治事件影响震荡下行，12月银价在19美元附近低位震荡。

从近几年的国际银市场来看，白银价格的走势与市场供求状况不存在必然联系。当国际市场白银价格超过6.0美元/盎司时，直接左右市场的就不是供需关系，而是投机、汇率等因素。近几年的国际白银市场多次证明了这一点，目前的白银供需现状对市场产生的直接影响力很小。短期内经济形势、美元汇率变化、黄金市场价格的波动、投资活动的剧烈变化、国际石油价格等仍然是决定银价的主要因素。同时，由于白银主要为铜、铅、锌和黄金等矿产的伴生矿产，因此白银相关金属行情的好坏，也影响着白银的市场。2008年金融危机以来，金银价格比率从80左右高位下滑，随着白银投资热情不断高涨，一度下调至2011年4月底的31左右，投资更偏向于买白银卖黄金。银价自高位暴跌后，金银比率波动回调，2013年底金银价格比率在60左右。

根据铂钯年鉴数据显示，2013年全球铂供应量为228.0吨，比2012年增长2.8%。其中矿山铂产量184.8吨，比2012年增长2.3%；从报废汽车、首饰中回收的铂金属量43.2吨，增长4.5%。矿山铂主要供应地区有南非、俄罗斯、北美及津巴布韦，其中南非为世界最大铂生产国，2013年矿山铂产量132.9吨，比2012年增长2%，生产受罢工影响很小，矿山铂产量占世界的71.9%；俄罗斯为世界第二大铂生产国，受矿石品位下降及基本金属产量限制的影响，2013年铂产量23.8吨，减少4.9%。2013年，世界铂需求量为212.8吨，下降4.7%，市场供应过剩约15.2吨。

钯是世界上最稀有的贵金属之一，根据铂钯年鉴数据显示，2013年全球钯供应量为259.2吨，比2012年增长1.8%。其中矿山钯产量200.4吨，比2012年减少0.9%；再生钯金属量58.8吨，增长12.2%。世界上只有俄罗斯和南非等少数国家出产，每年总产量不到黄金的5%。世界钯的主要出口国是俄罗斯和南非，而俄罗斯为最大生产国，2013年矿山钯产量80.2吨，减少1.8%。南非受矿山安全检查及频繁罢工的影响，2013年钯产量73.2吨，减少1.6%。受首饰、电子需求量下降及投资资金撤离影响，2013年世界钯需求量为291.2吨，增长0.2%，市场供应过剩约32.0吨。

2013年，国际铂价震荡下行，据伦敦铂钯市场数据，全年铂均价为1486.91美元/盎司，比2012年下降4.2%。2013年关于美国QE政策退出的消息不断，黄金价格大幅下跌，铂价在除利比亚冲突时出现有力涨势外，其他大部分的时间都处于疲软下行状态。全年铂价最高达1736美元/盎司，最低至1290美元/盎司。由于中美等汽车行业的良好表现对钯价形成支撑，钯的表现非常强劲。2013年，钯均价725.13美元/盎司，比2012年增长12.7%。全年钯价最高为774美元/盎司，最低为643美元/盎司。

参考文献

1. British Petroleum Company. BP Statistical Review of World Energy, London, June 2014.

2. British Petroleum Company. BP Statistical Review of World Energy, London, June 2013.

3. Society for Mining, Metallurgy, and Exploration-Inc, Mining engineering May 2014, Vol. 66 No. 5.

4. JAMES WEST, Barclays Capital, World Oil, 2014. 2.

5. Magnus Ericesson and Viktoriya Larsson. E & MJ, Jan. 2014.

6. SNL MEG, Corprate Exploration Strategies 2013.

7. Industrial Minerals Information Ltd. Industrial Minerals, 2012, 2013.

8. U. S. Geological Survey. Mineral Commodity Summaries, January 2013, 2014.

9. World Bureau of Metal Statistics. World Metal Statistics, Yearbook 2014.

10. World Bureau of Metal Statistics. World Metal Statistics, Yearbook 2013.

11. Thomson Reuters GFMS. Gold Survey, 2014.

12. The Silver Institute. World Silver Survey, 2014.

13. Thomson Reuters GFMS. Platinum & Palladium Survey 2014.

14. 中国有色金属工业协会金银分会中国有色金属工业信息中心. 贵金属，2012年第1期~2013年第4期。

15. 中国有色金属工业信息中心. 中国铅锌锡锑，2012年第1期~2013年第4期。

16. 中国有色金属工业协会. 中国金属通报，2012年第1期~2013年第4期。

17. 中国石油学会石油经济专业委员会，国际石油经济，2014年，第4期。

18. 中国有色金属工业协会. 2013年中国有色金属工业发展报告，2014年，北京。

（奚　甡　尹丽文　崔荣国　郭　娟）

中国矿业年鉴

2015

大 事 记

2014 年中国矿业大事记

1 月

1 日 中国铁矿石价格指数开始按日发布。

6 日 国土资源部公告了铜、铅、锌、铁、稀土、萤石、钾盐 7 个矿种不同条件下的开采回采率、选矿回收率和综合利用率指标要求。和"三率"指标要求是矿山设计和开发利用方案编制以及矿山企业合理开发利用矿产资源监管的重要依据，对于引导、激励和约束矿山企业节约集约利用矿产资源、提高利用水平将发挥积极的促进作用。

9 日 为强化铁、铜、铅、锌、稀土、钾盐和萤石等矿产资源合理开发利用的监督管理，促进矿山企业节约与综合利用矿产资源，依据《中华人民共和国矿产资源法》等法律法规，国土资源部制定并下发铁、铜、铅、锌、稀土、钾盐和萤石等矿产资源合理开发利用"三率"最低指标要求。

10 日 中共中央、国务院在北京人民大会堂隆重举行 2013 年度国家科学技术奖励大会。本年度国家科技奖获奖名单中通用类项目共有 246 项，化学化工类项目 53 项，约占获奖总数的 22%。其中，罗布泊盐湖 120 万吨/年硫酸钾成套技术开发项目获得科技进步一等奖。获得科技进步一等奖的罗布泊盐湖 120 万吨/年硫酸钾成套技术开发项目，开创性地采用分散兑卤和低镁饱和卤水代替淡水分解光卤石，攻克了生产硫酸钾必需的氯化钾和软钾镁矾两种原料难题，形成了具有完全自主知识产权的成套技术，共授权国家专利 18 项。2014 年该项目已建成 120 万吨/年硫酸钾厂，单厂生产规模全球最大，产能占世界总量 26% 以上，国内市场占有率 78% 以上，不仅缓解了我国钾肥供需矛盾，同时也提高了我国在国际钾肥市场的话语权。

同日 中煤能源发布公告称，经国家发展和改革委员会同意，该公司拟以全资子公司中煤陕西公司作为主体，在陕西榆横矿区投资建设大海则煤矿及选煤厂项目。该项目投资总额为 170. 32 亿元。大海则矿资源储量为 50. 5844 亿吨，矿井可采储量为 32. 7506 亿吨。

13 日 全国能源工作会议在北京召开。会议提出 2014 年能源工作目标：能源消费总量控制目标是 38. 9 亿吨标煤，万元 GDP 能耗的目标是同比下降 3. 9%。非化石能源消费比重提至 10. 7%，非化石能源发电装机比重达到 32. 7%，天然气消费比重提高到 6. 1%，煤炭消费比重降至 65% 以下。新增风电装机 1800 万千瓦，新增光伏发电装机 1400 万千瓦，分布式占 60%，并逐渐降低新能源入网电价。

16 日 中国黄金协会第三次全国会员代表大会暨三届理事会一次会议在北京隆重召开。大会选举产生了中国黄金协会第三届理事会，中国黄金集团公司总经理、党委书记宋鑫当选为中国黄金协会第三届理事会会长。宋鑫表示，在当前的形势下，黄金行业要增强信心，迎接挑战，在困难中发现机遇、抓住机遇；黄金企业要抱团取暖，竞合发展，凝聚合力，增强黄金行业国际竞争力，推动黄金行业健康和谐发展。

20 日 国家能源局发布的《2014 年能源工作指导意见》提出，以大型煤炭企业为主体，推进煤炭安全绿色开采，推广煤矿充填开采技术；加快煤矿瓦斯规模化抽采利用矿区和瓦斯治理示范矿井建设，提高瓦斯利用水平；稳步推进煤炭深加工产业升级示范，促进煤炭资源高效清洁转化和综合利用。鼓励低热值煤发电。

28 日 由中国有色金属工业协会与国家统计局中国经济景气监测中心、经济日报中经产业景气指数研究中心三方联合发布中经有色金属产业景气季度指数。从 4 月开始，每月发布有色金属产业景气月度指数。指数的发布，对国内有色金属的投资、贸易、期货、股市等产生了积极影响，对于提升我国有色金属在国际上的话语权、定价权起到了重要作用。

2 月

19 日 胜利石油工程西南分公司完成国内最深

页岩气井——南页1HF井的钻井施工任务，该井位于重庆市南川区铁村乡，是中国石化华东分公司在四川盆地川东南构造带南川断鼻部署的重点水平预探井，钻井深5820米。同日中国有色集团控股的中国有色金属建设股份有限公司与哈萨克铜业公司签署了“哈萨克斯坦巴夏库铜选厂建安工程承包合同和合作备忘录”，合同总金额为4.86亿美元。该铜选厂处理矿石能力为3000万吨/年，服务年限不少于40年。

3月

18日 中国首个《铁矿行业中长期发展规划》编制工作在北京正式启动。规划工作由工业和信息化部、中国冶金矿山企业协会组织，鞍钢矿业公司牵头，众多矿山企业和科研设计单位共同承担。规划以建设铁矿资源安全保障体系为目标，以提高铁矿企业竞争力为重点，开展专题研究和重点区域规划，最终形成专项规划和总体发展规划，绘制铁矿行业2016年至2025年的10年发展蓝图。这标志我国从战略高度，对铁矿业发展进行系统思考、科学谋划，对于破解中国铁矿石供给高度依赖进口的困局，将起到极为重要的作用。

19日 铁矿石期货顺利进行首次交割，I1403合约在最后交割日完成铁矿石期货交割100手，折合现货1万吨。据了解，此次参与交割的客户分别为一家铁矿石贸易企业和一家钢铁冶炼企业，交割货物位于连云港，交割铁矿石来源为澳大利亚，交割品质为铁品位61.9%，符合铁矿石期货交割质量要求。这意味着全球首个实物交割模式的铁矿石期货品种完整地接受了市场的检验，也表明全球首个进行实物交割的“中国版”铁矿石期货适合中国“市情”，同时也体现了铁矿石期货价格对现货价格的合理回归。

同日 吉恩镍业公告称，历时近5年，先后投资超过70亿元人民币的吉恩镍业加拿大皇家矿业Nunavik铜镍矿项目经过半年多的试生产，该项目正式投产，虽然码头、2号尾矿库和部分道路尚未建成，但不影响完工部分的正式生产。项目位于加拿大魁北克省，勘探面积几千平方千米，最北端进入北极圈，是我国企业海外收购最大的镍矿项目。按照设计产能，该项目达产后年产镍1.04万吨，是吉恩镍业国内产能的2倍多。

20日 中国石油宣布发现迄今为止我国单体规模最大的特大型海相碳酸盐岩整装气藏——安岳气田龙王庙组气藏。经国土资源部审定，安岳气田磨溪区块寒武系龙王庙组新增天然气探明地质储量4403.85亿立方米，技术可采储量3082亿立方米。

24日 中国石油化工集团公司宣布，在重庆发现的我国首个大型页岩气田——涪陵页岩气田，将提前进入规模化商业开发，2014年底实现产能18亿立方米/年，2015年底将建成产能50亿立方米/年，为原计划的10倍。中国石化在资源评价体系、工艺技术体系和压裂装备研发制造等方面的一系列重要突破，缩短了原计划实现规模开发的时间。

4月

1日 中国铝业股份有限公司与民营企业杭州锦江集团就贵阳清镇氧化铝项目签订战略合作协议，进一步加大了央企与民企的广泛合作。

15日 在北京举行的工业和信息化部媒体通气会上，工信部原材料司副司长骆铁军表示，将对电解铝行业实行“红名单”管理，并公布了第一批符合行业规范条件的36家企业名单。铝行业规范管理以节能、环保、质量等为标准，不以企业规模和所有制为前提，所有企业一视同仁。

17日 环境保护部和国土资源部发布了全国土壤污染状况调查公报。调查结果显示，全国土壤环境状况总体不容乐观，部分地区土壤污染较重，耕地土壤环境质量堪忧，工矿业废弃地土壤环境问题突出。土壤环境质量受多重因素叠加影响，我国土壤污染是在经济社会发展过程中长期累积形成的。工矿业、农业生产等人类活动和自然背景高是造成土壤污染或超标的主要原因。

28日 工信部发布《铜冶炼行业规范条件》，新建和改造利用铜精矿和含铜二次资源的铜冶炼企业，冶炼能力须在10万吨/年及以上。鼓励大中型骨干铜冶炼企业同时处理铜精矿及含铜二次资源。现有利用含铜二次资源为原料的铜冶炼企业生产规模不得低于5万吨/年。铜冶炼项目的最低资本金比例必须达到20%。

29日 中国大洋矿产资源研究开发协会与国际海底管理局在北京正式签订国际海底富钴结壳矿区勘探合同，标志着中国在西太平洋海底获得的面积3000平方千米的富钴结壳矿区已经完成所有法律程序。这也是继2001年在东北太平洋获得7.5万平方千米多金属结核矿区，2011年在西南印度洋获得1万平方千米多金属硫化物矿区之后，中国获得的第三块具有专属勘探权和优先开采权的海底矿区。

5月

6日 国家发改委、国家安监总局、国家能源局、国家煤矿安监局联合下发关于加强煤矿井下生产布局管理控制超强度生产的意见，决定从2014年起，利用3年左右时间，经过改造调整，使现有生产、建设矿井达到规定，实现开拓布局合理，超强度生产问题得到有效控制，安全保障能力进一步提高的目的。

8日 我国在非洲最大的实业投资项目中国广核

湖山铀矿项目,正式开工采矿生产。该矿可供20台百万千瓦级核电机组用40年。中广核2006年组建了中广核铀业发展有限公司,拓展国内和海外铀资源市场。2012年,中广核铀业发展有限公司与国内有关企业和机构合作完成了对湖山铀矿项目100%股权的收购,并与纳米比亚国矿公司等机构共同组建了中广核斯科公司,全面负责纳米比亚湖山铀矿项目的建设和运营。

9日 由国家安全监管总局起草的《煤矿工作场所职业病危害防治规定(送审稿)》(以下简称《规定》)正式向社会公开征求意见。《规定》从总则、煤矿企业职业病危害防治管理、煤矿建设项目职业卫生"三同时"管理、煤矿职业病危害项目申报等十二个方面向社会征求意见。《规定》明确煤矿企业法定代表人(实际控制人)是本单位职业病危害防治工作的第一责任人。煤矿企业应建立健全职业病危害防治领导机构,负责制定职业病危害防治规划、机构设置、职责分工和经费落实等工作,加强对职业病危害防治工作的领导。同时,设置职业病危害防治管理机构,配备专职职业卫生管理人员,负责职业病危害防治日常管理工作。

15日 国家发展改革委印发《关于深入推进煤炭交易市场体系建设的指导意见》,明确要更多运用市场手段推进全国煤炭交易市场体系建设。

同日 由中国地质调查局郑州矿产综合利用所依靠地调项目成果建立的中国重要矿产矿山数据库在郑州揭牌。该数据库以地调项目"全国重要矿山'三率'综合调查与评价"成果为基础,建设了煤炭、石油、天然气、铁、锰、铜、铅、锌、铝土矿、镍、钨、锡、锑、钼、稀土、金、磷、硫铁矿、钾 盐、石墨、高铝矾土和萤石等矿产的16061个重要矿产矿山的数据库。

同日 由工业和信息化部原材料工业司主办,中国黄金协会和甘肃省工信委协办的全国黄金行业管理座谈会在甘肃省兰州市举行。会议回顾并总结交流了"十二五"以来,黄金行业管理和企业发展的经验,研究了新形势下加强和改善黄金行业管理的新思路、新措施,部署了今后黄金行业发展需要重点关注的十个方面工作。来自全国省(区、市)黄金行业主管部门、全国重点黄金企业的100余位代表参加了座谈会。

16日 白银有色集团旗下的南非第一黄金公司(该集团联合中非发展基金和长信基金组成的中方联合体的全资子公司)所持有的西兰特资产与南非斯班一黄金公司合并,以发行新股的方式完成最终交割。该交易完成后,斯班一黄金公司成为年产能达到50吨,控制资源2700吨的世界黄金巨头之一。该交易使南非第一黄金公司持有斯班一黄金公司20%的股份,成为南非第一大黄金公司斯班一黄金公司的第一大股东。

19日 国土资源部下发《关于开展地质灾害防治知识宣传教育培训活动的通知》,决定从2014年到2016年,每年6月1日至9月30日在全国集中开展地质灾害防治知识宣传教育培训活动。培训内容主要包括:地质灾害发生发展规律以及防治知识、相关法律法规和要求;地质灾害防灾避灾、自救技能;在住房选址、工农业建设、矿产开采等活动中如何避开地质灾害危险区;群测群防体系建设,重大地质灾害隐患点应急演练;地质灾害防治高标准"十有县"建设等,也可根据实际确定其他培训内容。

20日 国家发展改革委发布了《关于深入推进煤炭交易市场体系建设的指导意见》(以下简称《意见》)。《意见》要求全面落实国务院关于深化电煤市场化改革的决策部署,发挥市场在资源配置中的决定性作用;确定煤炭市场建设标准,成立全国煤炭交易市场体系建设协调机制。

22日 《节约集约利用土地规定》以国土资源部令的形式发布,自2014年9月1日起施行。该规定称,县级以上地方国土资源主管部门在本级人民政府的领导下,会同有关部门建立城镇低效用地再开发、废弃地再利用的激励机制,对布局散乱、利用粗放、用途不合理、闲置浪费等低效用地进行再开发,对因采矿损毁、交通改线、居民点搬迁、产业调整形成的废弃地实行复垦再利用,促进土地优化利用。鼓励社会资金参与城镇低效用地、废弃地再开发和利用。鼓励土地使用者自行开发或者合作开发。

29日 山西省新一轮采煤沉陷区治理正式启动,8个乡镇被列为试点。治理工作将采取新模式、新机制,一年试点,六年推进。

6月

2日 新纪元矿业有限公司在加拿大多伦多证券交易所创业板正式上市,成为自2011年以来多交所主板及创业板首家批准上市的中国矿业公司。新纪元矿业有限公司下辖3家子公司:海锦国际控股有限公司、海锦国际集团有限公司和新疆永坤矿业有限责任公司。

4日 2014重点黄金企业集团和谐发展座谈会”在山东黄金矿业股份有限公司三山岛金矿召开。来自全国10家重点黄金企业集团的主要负责人,围绕当时行业发展形势,对黄金行业未来和谐健康发展的若干重大问题,以及"十三五"规划编制方向进行了深入探讨和交流,达成了抱团取暖、合作共赢的发展共识。

7日 国务院办公厅印发《能源发展战略行动计划(2014~2020年)》,到2020年,一次能源消费总量控制在48亿吨标准煤左右,煤炭消费总量控制在42亿吨左右;国内一次能源生产总量达到42亿吨标准煤,能源自给能力保持在85%左右,石油储采比提高到14%～15%,能源储备应急体系基本建成;非化石能源占一次能源消费比重达到15%,天然气比重达到10%以上,煤炭消费比重控制在62%以内。

17日 山西省政府召开的第49次常务会议,原则通过了由山西省财政厅拟就的《涉煤收费清理规范工作方案》,决定按照积极稳妥、分步实施的原则,全面清理规范涉煤收费项目,取消专门面向煤炭的行政事业性收费和服务性收费,取缔一切涉煤不合理收费,降低部分涉煤收费和基金的征收标准,严格按政策执行保留的涉煤收费项目。

23日 山西省政府召开电视电话会议,安排部署该省涉煤收费清理规范工作。清理涉煤收费改革到位后,山西省吨煤可减负约14.3元,全年约可减轻企业负担130亿元以上。

24日 兖州煤业鄂尔多斯能化有限公司180万吨/年煤制甲醇及转化烯烃项目一期工程的日处理3000吨煤多喷嘴对置式水煤浆加压气化炉A炉一次投料成功,在煤浆浓度为59%的情况下,有效气体成分达到80%,装置运行平稳。这项具有自主知识产权、目前世界上单炉规模最大、单炉日处理煤3000吨级的超大型水煤浆气化技术正式投入生产,标志着我国自主超大型煤气化技术示范取得重要突破。

26日 由中国有色金属工业协会主办的"促进全国有色金属矿山绿色发展大会暨2014年(十二届)中国有色金属矿业高层论坛"在湖南郴州召开。本次会议邀请了国土资源部、环保部、国家安监总局等部委领导。全面解读了新修订的《中华人民共和国环境保护法》,总结了矿山领域在加强管理、技术进步、节能环保和推动生态文明建设等方面的先进技术和经验。会议形成:加强源头管理,维护良好秩序,坚决杜绝采富弃贫;优化资源配置,推动绿色"区域矿山"建设,提高集中度;加快税费改革,适当减少企业税费负担,提高资源综合利用率和竞争力等建议。以专报信息的形式包给了国家有关部门。

7月

17日 中国黄金集团公司通过中国黄金国际资源有限公司发行的美元债券顺利完成交割,标志着此次债券发行取得圆满成功。此次发行规模为5亿美元,期限为3年,债券的最终定价为T+275基点(收益率3.63%),票息3.5%,融资成本显著低于国内水平。

18日 国土资源部评审认定,中国石化涪陵页岩气田新增探明地质储量1067.5亿立方米。

22日 国家能源局官网正式发布了《关于规范煤制油、煤制天然气产业科学有序发展的通知》,要求禁止建设年产20亿立方米及以下规模的煤制天然气项目和年产100万吨及以下规模的煤制油项目。没有列入国家示范的项目,严禁地方擅自违规立项建设。政策还明确了煤制油气"不能停止发展、不宜过热发展、禁止违背规律无序建设"的方针和"坚持量水而行、坚持清洁高效转化、坚持示范先行、坚持科学合理布局、坚持自主创新"的原则。

23日 日照钢铁集团与永安资本、中信寰球商贸(上海)有限公司在山东省日照市签订了国内首单铁矿石基差贸易合同,标志着我国铁矿石期货在现货贸易定价作用的发挥方面迈出实质性一步。

28日 国土资源部发布公告,确定北京首钢鲁家山石灰石矿有限公司鲁家山矿等单位为第四批国家级绿色矿山试点单位。

29日 第三轮全国矿产资源规划编制工作领导小组第一次会议在北京召开,审议了第三轮全国矿产资源规划编制工作方案,部署启动第三轮全国矿产资源规划编制工作。

会议指出,党的十八大以来,我国进入新的发展阶段,保障国家资源安全和生态文明建设的任务十分艰巨。与此同时,我国缓解资源约束尚有空间,提高保障能力还有潜力。总体来看,未来5～10年是我国现代化建设的关键时期,资源配置是否合理、利用是否高效、保护是否充分是影响我国资源安全的根本性问题。要统筹好矿产资源勘查、开发、利用和保护各项工作,矿产资源规划在其中具有重要地位。编制好新一轮规划是当前一项重要而紧迫的任务,意义重大。

31日 由中国五矿集团公司所属五矿资源有限公司牵头组成的联合体正式接手秘鲁邦巴斯特大铜矿。该项目的最终交割支付金额为70.05亿美元(包括股权收购对价和2014年截至目前已发生的资本投入),由联合体股本出资及银行债务融资组成,从而实现了中国金属矿业史上的最大海外并购交易。该项目建成后前5年,可生产铜精矿含铜量约45万吨,五矿将有望成为中国最大的铜矿山生产企业和全球前10大铜矿山生产商之一。

同日 全球首套煤油气综合转化项目——陕西延长石油集团靖边园区煤油气资源综合转化项目一次试车成功,生产出合格的聚乙烯、聚丙烯终端产品。该项目为目前全球首套以煤、油、气为综合原料制烯烃的最大联合装置,主要包括年产180万吨甲醇、150万吨渣油催化热裂解、120万吨聚烯烃等8套主装置,其中年产180万吨甲醇装置合成气压缩机组为全球最大的设备。项目集成创新了14项国内外先进专利技术,其中用甲醇制烯烃、重质油催化热裂解、多原料水煤浆气化等均为中国自主创新技术,项目概算总投资270亿元,是陕西省一次性投资规模最大的能源化工项目，达产后可实现年销售收入170多亿元。

8月

1日 由中国五矿集团公司所属五矿资源有限公司牵头、国新国际投资有限公司和中信金属有限公司共同参与的联合体（"五矿联合体"）完成拉斯邦巴斯铜矿项目股权交割，该项目是中国金属矿业史上迄今实施的最大的境外并购。项目最终交割支付金额为70.05亿美元（包括股权收购对价和2014年已发生资本投入），五矿联合体从此正式接手位于秘鲁的邦巴斯铜矿项目。

4日 人民币动力煤掉期清算业务在上海清算所上线。

同日 包钢稀土公司发布公告，其控股股东包钢（集团）公司提出的《中国北方稀土（集团）高科技股份有限公司组建实施方案》已经内蒙古自治区人民政府批准，并正式获得国家工业和信息化部备案同意。按照国家工业和信息化部的回函，要求包钢（集团）公司整合内蒙古自治区全部稀土开采、冶炼分离、综合利用企业以及甘肃稀土集团有限责任公司，并以包钢（集团）公司控股的包钢稀土为主体，组建中国北方稀土（集团）高科技股份有限公司，简称"北方稀土"，2014年底前完成全部整合工作。

同日 厦门钨业公告，公司收到工信部办公厅《关于厦门钨业稀土集团实施方案备案的复函》，原则同意《厦门钨业股份有限公司稀土集团组建方案》，厦门钨业应按照组建方案整合福建省现有（中国五矿除外）的稀土开采、冶炼分离及综合利用企业，2014年底前完成稀土集团组建工作。

同日 中国铝业发布公告，工信部正式下文确认中国铝业公司大型稀土企业集团组建方案，这标志着中铝公司正式成为国家确定的大型稀土企业集团，形成国内稀土行业整合战略布局。根据工信部的复函意见，中国铝业公司以其控股的中国稀有稀土有限公司为整合主体，重点整合广西、江苏、山东、四川等省（区）的稀土开采、冶炼分离、综合利用企业。这意味着中铝公司将成为横跨南北稀土和国内东西部地区的大型稀土集团。

同日 江西省国资委发布消息称，江铜集团获批为江西省首批第一家深化改革试点企业，试点的内容是"三自"（自主拓展、自主决策、自主经营）。

7日 世界贸易组织公布了美国、欧盟、日本诉中国稀土、钨、钼相关产品出口管理措施案上诉机构报告。上诉机构维持专家组关于中方涉案产品的出口关税、出口配额措施不符合有关世贸规则和中方加入世贸组织承诺的裁决，中国最终败诉。这意味着，中国稀土出口限制措施可能将退出历史舞台。

13日 地处三峡库区腹地、距离长江仅13千米的重庆巫山县千丈岩水库280万立方米水体受到严重污染，原因是湖北建始县磺厂坪矿业有限公司硫精矿洗矿场直排废水。被污染水体具有有机物毒性，导致周边4乡镇5万余名群众饮水困难。经过治理，千丈岩水库水体已经恢复正常，但此次事件给当地造成巨大经济损失。湖北省环保厅对违法企业处以罚款100万元。

14日 我国最大的海下采煤工作面—山东龙矿集团北皂煤矿H2303工作面结束回采，创出多项海下采煤新纪录。H2303工作面累计采出煤炭167万吨，比设计可采储量122万吨超出45万吨。该矿通过增加放顶煤量、实施正规循环作业、加强综合平衡管控等举措，使煤炭的回采率超过96%。

15日 国家发改委、能源局、煤矿安监局联合下发《关于遏制煤矿超能力生产规范企业生产行为的通知》，遏制煤矿超能力生产，制止未核准先生产、未取证生产行为。所有未经核准但已建成并组织生产的煤矿，一律停产；所有未取得采矿许可证和安全生产许可证的煤矿，不得投入生产。

25日 以市场化、国际化为改革方向的国企改革试点工作在江西铜业集团公司正式启动，以真正实现国有企业在现代企业制度框架内的自主拓展、自主决策、自主经营，以此为标志，有色金属国企改革逐步推进。

27日 广汇能源接到新疆维吾尔自治区商务厅通知，已收到《商务部关于赋予新疆广汇石油有限公司原油非国营贸易进口资质的批复》，赋予新疆广汇石油有限公司原油非国营贸易进口资质；安排新疆广汇石油有限公司2014年原油非国营贸易进口允许量20万吨；新疆广汇石油有限公司可根据市场情况将原油销售给符合产业政策的炼油企业。

30日 中国海油"海洋石油981"钻井平台在南海北部深水作业区陵水17－2气田首次测获56.5百万立方英尺高产油气流。

31日 第十二届全国人大常委会第十次会议表决通过了全国人大常委会《关于修改＜中华人民共和国安全生产法＞的决定》（以下简称《决定》）。国家主席习近平签署第13号主席令予以公布。该《决定》自2014年12月1日起施行。同时，《中华人民共和国安全生产法》（简称《安全生产法》）根据该《决定》作相应修改，重新公布。这是《安全生产法》自2002年通过公布12年以来最大的一次修改。

9月

3日 国家发改委、环保部、商务部、海关总署、国家工商管理总局、国家质检总局6部门制定的《商品煤质量管理暂行办法》正式出台，自2015年1月1日起施行。该办法对作为商品煤出售的煤炭的灰分、硫分等指标提出了明确的要求，对远距离运输（运距超过600千米）的商品煤要求更加严格，并对汞、砷、磷、氯、氟5种有毒有害元素指标做了相应规定。这是我国首部有关商品煤质量管理的部门规章，自此，煤质有了统一的标准和依据。

10日 由中国黄金协会和世界黄金协会共同主办的2014年中国国际黄金大会在北京隆重召开。大会围绕“开放、融合、发展”主题，探讨世界经济格局变化与黄金行业发展趋势，发出全球黄金行业的中国声音，1800多位来自全球的行业精英汇聚一堂，共襄盛举。会上，中国黄金协会与世界黄金协会签署了《全面战略合作协议》，这是中国黄金行业进一步与国际接轨的重要举措。

同日 河北钢铁集团与南非工业发展公司、中非发展基金正式签署了《河北钢铁集团南非钢铁项目合作谅解备忘录》，这标志着河北钢铁集团500万吨南非钢铁项目建设正式启动。2013年8月，河北钢铁集团从力拓手中成功收购了南非PMC矿业公司，也因此掌控了约2.7亿吨的高品位铁资源、2亿吨铜资源和世界第三大蛭石矿。

13日 中国—中亚天然气管道D线塔吉克斯坦段开工仪式在塔国首都杜尚别隆重举行。中国国家主席习近平和塔吉克斯坦总统拉赫蒙共同出席开工仪式，致辞并为工程揭幕。中亚天然气管道D线全长1000千米，西起土库曼斯坦和乌兹别克斯坦边境的乌国首站，经乌兹别克斯坦、塔吉克斯坦、吉尔吉斯斯坦，最后进入中国境内的新疆乌恰末站，并与国内西气东输五线贯通。

14日 中国石油化工股份有限公司发布公告，其全资子公司中国石化销售有限公司已与25家境内外投资者签署了增资协议，25家投资者以现金共计人民币1070.94亿元认购增资后销售公司29.99%的股权。

15日 中国海洋石油总公司宣布，“海洋石油“981”钻井平台在我国海南北部深水区测试获得高产油气流。这是我国海域自营深水勘探首个重大油气发现，它不仅证明中国南海深海丰富的油气资源潜力，也意味着中国已经基本具备深水油气开发能力。

同日 由中国矿业联合会主办的2014年中国矿业循环经济暨绿色矿山建设大会在河南洛阳召开，大会正式确定了首批35家国家级绿色矿山单位名单。四批共661家国家级绿色矿山试点单位，有35家矿山企业已通过验收，被正式授予“国家级绿色矿山”称号。

17日 国土资源部在北京召开页岩气勘查开发成果新闻发布会，会议介绍，我国页岩气勘查开发稳步推进，共获得页岩气三级储量近5000亿立方米，形成了年产15亿立方米产能，勘查开发技术和装备基本实现国产化，在四川盆地探明首个千亿立方米整装页岩气田，标志着我国进入页岩气规模化开发初期阶段。

18日 上海黄金交易国际版在上海自贸区正式启动交易，黄金价格将由区域性价格逐步向国际型价格转变，形成具有国际影响力的人民币黄金定价基准。3个月，已成交190.55吨。对于进一步提升黄金市场人民币定价权，完善中国金融市场体系，提升金融市场效率等具有重要意义。

24日 全国最大的煤基活性炭生产项目—同煤集团年产10万吨煤基活性炭子项目1万吨原煤破碎炭生产线正式投产运行，这是同煤集团加快产业转型升级，推动煤炭清洁高效利用取得的又一重要成果。10万吨煤基活性炭生产项目总投资11.7亿元，以大同优质侏罗纪煤为生产原料，包括年产5万吨水处理压块破碎活性炭、4万吨气体脱硫脱硝活性炭、1万吨净化破碎活性炭。

30日 陕西未来能源化工有限公司对外宣布，由其承担的国家级煤间接制油示范项目——兖矿榆林100万吨/年煤间接制油示范项目9月23日通过国家发改委审核，成为中国首个获得核准的百万吨级煤间接制油项目。

10月

8日 国务院关税税则委员会发布《关于调整煤炭进口关税的通知》，自2014年10月15日起，取消无烟煤、炼焦煤、炼焦煤以外的其他烟煤、煤球等燃料的零进口暂定税率，分别恢复实施3%、3%、6%、5%的最惠国税率。

9日 国家发展改革委网站公布了《中国资源综合利用年度报告(2014)》，全面反映了我国2013年以来各领域、各部门、各行业资源综合利用工作开展情况和取得成绩。矿产资源综合利用方面，部分重点大中型露天煤矿、部分露天铁矿开采回采率达到95%以上，部分矿山有色金属选矿回收率达80%。产业废物综合利用方面，工业固体废物综合利用量20.59亿吨，同比增长2%，利用率达到62.3%。尾矿、粉煤灰、煤矸石、工业副产石膏、建筑垃圾、冶炼废渣等大宗固废利用量超过21亿吨。

同日 国家发改委办公厅下发《关于组织开展第二批资源综合利用“双百工程”建设》（发改办环资〔2014〕437号）的通知，确定43个地区和单位作为第二批资源综合利用“双百工程”示范基地和骨干企业。

建设领域:包括尾矿、磷石膏等产生量大、利用难度大的产业废物综合利用,废旧纺织品、废弃木材等新兴典型和具有区域集聚特点的再生资源回收利用。通过第二批示范基地和骨干企业建设,到 2018 年,形成资源综合利用能力 4.2 亿吨/年,其中新增利用能力 1.7 亿吨/年,实现资源综合利用年产值 2800 亿元。

11 日 财政部、国税总局发布《关于调整原油、天然气资源税有关政策的通知》,在全国范围统一将煤炭、原油、天然气矿产资源补偿费费率降为零,原油、天然气矿产资源税适用税率由 5% 提高至 6%。

同日 鞍钢矿业集团在鞍山市正式揭牌成立。新的矿业集团整合了鞍钢集团的鞍山、攀枝花以及海外多家矿业公司的铁矿资产,采掘能力和选矿处理能力分别达到 4 亿吨和 1.2 亿吨,是中国第一家铁矿石采选能力亿吨级铁矿山企业,居世界前列。这标志着鞍钢集团在贯彻落实国家铁矿资源保障战略和做大资源优势,打造世界级铁矿山企业,加快推进矿业资源整合道路上迈出重要一步。

12 日 国家能源局发布了《关于调控煤炭总量优化产业布局的指导意见》,对于煤炭行业总量调控、优化布局、项目审批、产能管理、深化改革等工作提出一系列具体意见。

14 日 铜陵有色发布了公司非公开发行股票发行情况的报告。该公司此次定增发行股票 49052.20 万股,发行价为 9.16 元/股,募集资金总额为 44.93 亿元,扣除发行费用 7106.82 万元后,募资净额为 44.22 亿元。对于本次募集的资金,铜陵有色将投资 10.01 亿元用于收购庐江矿业 100% 的股权、13.92 亿元用于收购铜冠冶化经营性资产、8 亿元用于铜陵有色铜冶炼工艺技术升级改造项目、余下的 13 亿元则用于补充流动资金。

20 日 中核集团地矿事业部副主任陈跃辉向媒体透露,2000 年以来,国内天然铀资源累计探明的新增资源量是此前 45 年探明总量的总和,这为我国加快建设与国际接轨的千吨级铀矿山奠定了良好基础。2014 年中核集团在北方地区的五大地浸矿山工程,在齐头并进建设之中。其中,蒙其古尔工程一期已经完成,为 500 吨级,已经进入生产阶段;二期工程也已经开始建设,是一个 1000 吨级的矿山。

21 日 以"创新驱动 持续发展"为主题的 2014 年中国国际矿业大会在天津梅江会展中心隆重举行。国土资源部部长、2014 年中国国际矿业大会组委会主席姜大明在开幕式致辞时倡议,坚定发展信心,积极谋划部署,克服前进道路上的坡和坎,推动矿业长期持续发展。

23 日 国务院决定取消个人携带黄金及其制品进出境的审批。这意味着这一执行了长达 65 年的行政审批项目将退出历史舞台。2014 年,中国人民银行正在着手制定管理细则,通过出台规范的管理细则,央行将协调海关、税务等部门继续管理个人携带黄金及其制品出入境的问题。

11 月

18 日 国务院公布的《政府核准的投资项目目录(2014 年本)》(国发〈2014〉53 号)做出规定,黄金采选矿项目由省级政府核准,具体为黄金采选矿石 500 吨及以上项目的核准由国务院投资主管部门下放至省级政府。这一改变将加快黄金采选矿项目审批速度,简化相关手续,方便了黄金矿山企业的项目建设,有利于推动黄金产业发展。

同日 中石化宣布正式启动智能管线建设项目试点工作,并将从 2015 年 1 月起在中石化范围内全面推广 5 月正式投用。

21 日 中铝公司与力拓在北京宣布共同成立一家创新合资企业——中铝力拓技术合作中心。合资企业注册地于香港,力拓和中铝各拥有 50% 的权益。

12 月

1 日 财政部、国家税务总局联合发文,我国煤炭资源税将由从量计征改为从价计征,同时清理相关收费基金。我国资源税开征于 1984 年,当时资源产品按照"从量定额"的办法征税。此次煤炭资源税的改革,是我国矿业界税制改革的重要举措,对于促进资源节约集约利用和环境保护、推动经济发展方式有重要意义。

同日 中国石油新疆油田公司宣布在新疆准噶尔盆地西北缘发现了新的大油田,预计总资源量超过 10 亿吨。

3 日 中国五矿集团公司收到的《工业和信息化部办公厅关于中国五矿集团公司组建大型稀土企业集团实施方案备案的复函》,原则同意《中国五矿集团公司以五矿稀土集团有限公司为平台组建大型稀土企业集团的实施方案》,并将五矿稀土集团有限公司正式备案为国家大型稀土企业集团。

5 日 国土资源部在贵州毕节召开乌蒙山片区区域发展与扶贫攻坚部际联席会议并发布《关于支持乌蒙山片区区域发展与扶贫攻坚的若干意见》,出台 15 项政策支持乌蒙山片区区域发展与扶贫攻坚工作。涉及土地管理、地质调查和矿产资源开发、地质灾害防治和地质环境保护等方面,具有较强的针对性,将使四川、云南、贵州三省毗邻地区的 38 个县(市、区)受益。

6 日 赣州稀土集团有限公司(以下简称"赣稀集团")发布公告,江西省工业和信息化委员会上报的

《江西省工信委关于〈赣州稀土集团牵头组建中国南方稀土集团实施方案备案〉的请示》已经工业和信息化部办公厅予以复函，原则同意赣稀集团提出的《赣州稀土集团牵头组建中国南方稀土集团实施方案》，由赣稀集团牵头组建中国南方稀土集团有限公司。

8日 广晟有色金属股份有限公司公告表示，公司控股股东全资子公司广东省稀土产业集团有限公司（以下简称“广东稀土”）收到工业和信息化部办公厅《广东省经济和信息化委关于广东省稀土产业集团有限公司组建实施方案备案的请示》的复函，复函原则同意“广东稀土”提出的《广东省稀土产业集团有限公司组建实施方案》（以下简称《组建方案》）。根据《组建方案》，广东稀土将秉承充分保护与合理利用稀土资源，推动稀土产业升级发展的理念，落实国家对于稀土行业的各项管理措施，切实保护稀土资源，维护行业整体利益，落实国家稀土发展战略。

9日 海南矿业股份有限公司正式登陆上海证券交易所A股市场。这是海南省时隔3年多后又一家在主板上市的公司。海南矿业股份有限公司主营业务为铁矿石采、选和销售，主要产品为铁矿石产品。此次上市募集的资金主要用于新建选矿厂项目，新建选矿厂二期扩建项目，石碌矿区铁多金属矿整装勘查项目，以及铁、钴、铜工程技术研究中心等。

11日 太原矿山机器集团有限公司为危地马拉科马干姆公司生产的型钢生产线顺利过钢。该套生产线总长294米，设备总重量1600多吨，主轧线上的主要设备都是由太矿集团自主研发制造的。合同总额为539万美元。该生产线年产60万吨型钢，投产后，将成为危地马拉最大的型钢生产线。

16日 财政部发布了《2015年关税实施方案》，称2015年我国将适当降低煤炭产品出口关税税率。我国煤炭（包括无烟煤、烟煤、焦煤、褐煤、泥煤、煤制固体燃料及其他煤等）出口关税税率将由10%下调至3%。

同日 西南能矿集团旗下控股子公司贵州省地质矿产资源开发股份有限公司（“地矿股份”）在“新三板”正式挂牌，标志着全国首家矿产资源投融资平台正式进驻全国股份转让系统。挂牌后的地矿股份总股本为1.2亿股。

18日 紫金环球金属交易中心在深圳前海正式揭牌开业。紫金环球金属交易中心立足金属现货，提供国内首创的金属及矿产现货电子化交易+网上商城相结合的新型混合制交易模式，致力于打通产业链上下游企业交易壁垒，缩减交易的中间环节，开展矿产、贵金属、有色金属等大宗商品品种交易，逐步实现线上交易、支付、清算，线下物流、仓储、供应链金融服务。首批上市品种计划为白银、铂金、铜、锌、镍等产品，并将逐步推出铜精矿、铅精矿、铁矿石等矿产品。

24日 JF-4-600超导磁选机在非金属矿选矿提纯中的应用成果鉴定会在江苏省江阴市召开。江苏旌凯中科超导高技术有限公司联合中国科学院生态环境研究中心、哈尔滨工业大学等单位自主研发的大口径动态液氦零挥发超导磁选机JF-4-600主要用于非金属矿除杂提纯，如高岭土、伊利石、长石、膨润土、蒙脱土等非金属矿去除铁系、钛系、黑云母等细粒弱磁杂质，对于微细粒弱磁性矿物的分离有明显优势。

经由中国科学院院士严陆光、周远，中国工程院院士孙传尧等11位专家组成的鉴定委员会一致通过了中国非金属矿工业协会组织的科技成果鉴定、江苏省经济和信息化委员会的新产品鉴定。JF-4-600超导磁选机是我国工业应用最大的超导磁选机；提纯技术先进，生产过程自动化；运行成本低，经济效益显著；能够满足每年3万至10万吨的高岭土原矿处理能力。

26日 铁矿石期货夜盘交易上线，受到国际市场广泛关注。中国铁矿石价格指数、大商所铁矿石期货、铁矿石现货平台等铁矿石定价参考指标得到了广泛认可，公开、透明的铁矿石市场秩序正在形成。

28日 《煤炭购销合同示范文本》和由陕西煤炭交易中心编制的陕西煤炭价格指数在2015年煤炭交易会上正式发布。

31日 中国铁矿石价格指数（CIOPI）为253.04点，较2013年初大幅下跌200个点，下跌幅度44.2%。其中：国产铁矿石价格指数为236.31点，较2013年初的356.31点下降34%；进口铁矿石价格指数为260.61点，较2013年初的492.82点下降47%。世界前四大铁矿供应商淡水河谷、力拓、必和必拓和FMG均进入扩产高峰期，市场竞争日趋激烈。我国全2014年进口铁矿石达9.33亿吨，同比增加13.8%，创历史新高，对外依存度近80%。

（《中国矿业年鉴编辑部》 宋菲）

概　况

矿产资源概况

【概述】 2014年以来，全球矿业伴随世界经济调整而持续低迷，全球矿产品需求疲软。与此同时，中国矿业发展进入调整期。为了促进矿业发展，中国政府通过加强矿产资源勘查、提升矿产资源节约与综合利用水平、加大简政放权力度、提高社会服务水平等措施激发矿业市场活力，促进矿业转型升级。

1. 进一步摸清家底。2014年，地质勘查投入1145亿元，新发现大中型矿产地249处。油气勘查取得重大突破，页岩气首次探明地质储量1068亿立方米，石油勘查新增探明地质储量10.6亿吨，天然气9438亿立方米。45种主要矿产中有36种矿产的查明资源储量增长，其中石油剩余技术可采储量增长2.0%，天然气增长6.5%；煤炭查明资源储量增长3.2%，铁矿增长5.6%，铜矿增长6.3%，铝土矿增长3.2%，金矿增长9.4%。新的油气资源动态评价显示，中国石油地质资源量1085亿吨，常规天然气68万亿立方米，页岩气134万亿立方米，煤层气36.8万亿立方米。25种重要矿产资源潜力评价表明，矿产资源平均查明率为30.3%，找矿潜力巨大。2000米以浅，煤炭预测资源量3.88万亿吨，资源查明率为29.6%；铁矿预测资源量1960亿吨，资源查明率为33.1%；铜矿预测资源量3.04亿吨，资源查明率为29.5%；铝土矿预测资源量179.7亿吨，资源查明率为20.3%。

2. 加强资源节约与综合利用。2014年，中国一次能源、粗钢、十种有色金属、黄金产量和消费量均位居全球首位。其中，一次能源生产总量为36.0亿吨标准煤，其中原煤产量38.7亿吨，原油产量2.11亿吨，天然气产量1301.6亿立方米；消费总量为42.6亿吨标准煤，能源自给率为84.5%。生产粗钢8.2亿吨，十种有色金属4380万吨，黄金458.1吨。2014年，中国矿产品贸易总额为1.09万亿美元，同比增长5.7%。其中，进口煤炭2.91亿吨，下降10.9%；石油3.38亿吨，增长5.1%；铁矿石9.33亿吨，增长13.8%。制订和发布了矿产资源综合利用评价指标标准，连续三年共发布20个矿种的开采回采率、选矿回收率、综合利用率指标要求，主要矿种的矿产资源节约与综合利用评价指标体系初步形成。连续三年共优选出159项先进适用技术予以推广，推动矿产资源综合利用示范基地建设、资源枯竭型城市矿山地质环境治理工程和矿山地质环境治理示范工程，分四批优选661家矿山企业作为国家级绿色矿山试点单位。

3. 完善矿产资源管理政策。中国政府对矿产资源勘查区块登记、开采登记和探矿权采矿权转让管理等行政法规进行了修改，发布了地质环境监测管理办法和国土资源行政处罚办法，取消了23项与矿产资源相关的行政及非行政审批事项。将煤炭、原油、天然气矿产资源补偿费降为零费率，煤炭资源税实行从价定率计征。

4. 提高地质工作服务水平。截至2014年底，1∶5万区域地质调查和1∶25万区域地质修测面积分别占陆域国土面积的31.7%和61.7%。首次实现中国管辖海域1∶100万区域地质调查全覆盖。2014年，施工探采结合水文井170多眼，解决了30万缺水群众饮水困难。全国地质资料共享服务平台全年访问量62万次；国家和省级地质资料机构提供资料服务13万份次。国土资源实物地质资料中心共接待服务5646人次。

中国经济发展进入“新常态”，GDP进入中高速增长阶段，对大宗矿产保持较高的需求，对高新技术产业相关矿产资源需求快速增长。同时，生态文明建设对矿产资源勘查开发提出了新要求。因此，地质工作需要转型升级，矿产资源管理需要主动适应形势变化，不断深化矿产资源管理制度改革，着重发挥科技支撑作用，切实提高成果资料的服务水平。

2014年，煤炭、石油、天然气、页岩气、锰矿、铝土矿、金矿、钨矿、钼矿和磷矿等重要矿产勘查新增查明资源储量增长明显，其中页岩气首次探获地质储量。25种矿产资源潜力评价工作全面完成，结果表明中国找矿潜力巨大。

【查明资源储量】 1. 查明资源储量变化。2014年,45种主要矿产的查明资源储量有36种增长,5种减少,4种基本没有变化,其中页岩气首次探获地质储量。能源和黑色金属矿产查明资源储量普遍增长,石油剩余技术可采储量同比增长2.0%,天然气增长6.5%,煤炭查明资源储量增长3.2%,铁矿增长5.6%,锰矿增长18.5%;除锡矿外,有色金属矿产查明资源储量均有不同程度增长,其中铜矿增长6.3%,镍矿增长12.9%,铅矿增长9.6%;贵金属矿产中,金矿增长9.4%,银矿增长6.3%;多数非金属矿产查明资源储量有所增长,石膏和钾盐增长明显,而重晶石和硅藻土有所下降(表1)。

表1　　45种主要矿产查明资源储量

矿产名称	单位	2013年	2014年	增减变化(%)
煤炭	亿吨	14842.9	15317.0	3.2
石油	亿吨	33.7	34.3	2.0
天然气	亿立方米	46428.8	49451.8	6.5
页岩气	亿立方米	–	254.6	–
铁矿	矿石 亿吨	798.5	843.4	5.6
锰矿	矿石 亿吨	10.3	12.2	18.5
铬铁矿	矿石 万吨	1142.0	1162.0	1.8
钒矿	V_2O_5 万吨	5713.4	6074.5	6.3
钛矿	TiO_2 亿吨	7.6	7.62	0.9
铜矿	金属 万吨	9111.9	9689.6	6.3
铅矿	金属 万吨	6737.2	7384.9	9.6
锌矿	金属 万吨	13737.7	14486.1	5.5
铝土矿	矿石 亿吨	40.2	41.5	3.2
镍矿	金属 万吨	901.1	1016.9	12.9
钴矿	金属 万吨	63.7	67.0	5.3
钨矿	WO_3 万吨	701.4	720.5	2.7
锡矿	金属 万吨	425.5	418.9	–1.6
钼矿	金属 万吨	2620.2	2826.0	7.9
锑矿	金属 万吨	262.9	284.0	8.0
金矿	金属 吨	8974.7	9816.0	9.4
银矿	金属 万吨	22.3	23.7	6.3
铂族金属	金属 吨	372.4	372.3	–0.04
锶矿	天青石 万吨	4566.5	4566.5	0.0
菱镁矿	矿石 亿吨	28.9	29.1	0.7
萤石	矿物 亿吨	2.11	2.23	5.7
耐火黏土	矿石 亿吨	25.1	25.2	0.5
硫铁矿	矿石 亿吨	56.9	58.3	2.4
磷矿	矿石 亿吨	205.7	214.5	4.3
钾盐	KCl 亿吨	10.1	11.2	11.3
硼矿	B_2O_3 万吨	7613.6	7622.5	0.1
芒硝	Na_2SO_4 亿吨	1113.0	1170.9	5.2
重晶石	矿石 亿吨	3.12	3.05	–2.2
水泥用灰岩	矿石 亿吨	1198.8	1235.1	3.0
玻璃硅质原料	矿石 亿吨	73.4	75.8	3.3
石膏	矿石 亿吨	850.4	1007.2	18.4

续表1

矿产名称	单位	2013年	2014年	增减变化(%)
高岭土	矿石 亿吨	25.0	26.7	6.5
膨润土	矿石 亿吨	28.0	28.7	2.7
硅藻土	矿石 亿吨	4.7	4.5	–3.9
饰面花岗岩	亿立方米	25.9	26.7	3.2
饰面大理岩	亿立方米	15.1	15.6	3.4
金刚石	矿物 千克	3396.5	3396.5	0.0
晶质石墨	矿物 亿吨	2.2	2.2	0.0
石棉	矿物 万吨	9072.4	9164.6	1.0
滑石	矿石 亿吨	2.77	2.76	–0.4
硅灰石	矿石 亿吨	1.60	1.60	0.0

注:石油、天然气、页岩气为剩余技术可采储量。
–表示无统计数据。

2. 勘查新增查明资源储量。2014年,重要矿产均有勘查新增查明资源储量。石油勘查新增探明技术可采储量1.9亿吨,天然气4749.6亿立方米,页岩气266.9亿立方米。煤炭勘查新增查明资源储量561亿吨,铁矿43.0亿吨,铜矿495万吨,铅矿597万吨,锌矿608万吨,铝土矿1.8亿吨,钨矿34.5万吨,金矿836吨,银矿1.5万吨,硫铁矿1.8亿吨,磷矿10.3亿吨(表2)。

表2　　重要矿产勘查新增查明资源储量

矿产名称	单位	2013年	2014年
煤炭	亿吨	673	561
石油	亿吨	2.0	1.9
天然气	亿立方米	3816.0	4749.6
页岩气	亿立方米	–	266.9
铁矿	矿石 亿吨	26.5	43
锰矿	矿石 亿吨	1.1	1.9
铜矿	金属 万吨	261	495
铅矿	金属 万吨	446	597
锌矿	金属 万吨	1389	608
铝土矿	矿石 亿吨	2.4	1.8
金矿	金属 吨	758	836
银矿	金属 万吨	1.3	1.5
钨矿	$W0_3$ 万吨	20.3	34.5
锡矿	金属 万吨	13	0.87
钼矿	金属 万吨	461	198
锑矿	金属 万吨	13.7	24.6
硫铁矿	矿石 万吨	7981	17646
磷矿	矿石 亿吨	4.4	10.3
钾盐	KCl 万吨	0	7042

注:石油、天然气、页岩气为探明技术可采储量。
–表示无统计数据。

【矿产资源潜力】 1. 油气矿产资源潜力。中国的油气资源主要集中在大型含油气盆地。渤海湾、松辽、塔里木、鄂尔多斯、准噶尔、珠江口等主要含油气盆地的石油资源量、储量和产量贡献超过80%。全国常规油气资源潜力评价结果表明：截至2014年底，全国石油地质资源量1085亿吨，可采资源量268亿吨；常规天然气地质资源量68万亿立方米，可采资源量40万亿立方米；页岩气地质资源量134万亿立方米，可采资源量25万亿立方米；煤层气地质资源量36.8万亿立方米，可采资源量10.9万亿立方米。总体上看，中国天然气资源潜力大于石油，将进入天然气储量、产量快速增长的发展阶段。

2. *固体矿产资源潜力*。2014年，煤炭、铀、铁、锰、铬、铜、铅、锌、铝、镍、钨、锡、钼、锑、金、银、锂、稀土、菱镁矿、萤石、硫、磷、钾、重晶石、硼等25种矿产的资源潜力评价工作全面完成。资源潜力评价结果表明：我国重要矿产资源查明程度平均为30.3%，找矿潜力巨大。其中，2000米以浅，煤炭预测资源量3.88万亿吨，资源查明率为29.6%；铁矿预测资源量1960亿吨，资源查明率为33.1%；铜矿预测资源量3.04亿吨，资源查明率为29.5%；铝土矿预测资源量179.7亿吨，资源查明率为20.3%（表3）。

表3　　重要矿产资源潜力

序号	矿种	单位	预测资源量	资源查明率(%)
1	煤炭	万亿吨	3.88	29.6
2	铁矿	矿石亿吨	1960	33.1
3	锰矿	矿石亿吨	35.2	31.7
4	铬铁矿	矿石万吨	5556	23.6
5	铜矿	金属亿吨	3.04	29.5
6	铅矿	金属亿吨	2.35	30.5
7	锌矿	金属亿吨	5.11	28.9
8	铝土矿	矿石亿吨	179.7	20.3
9	镍矿	金属万吨	2451.4	34.6
10	钨矿	WO_3万吨	2973.1	24.6
11	锡矿	金属万吨	1861.2	30.7
12	钼矿	金属万吨	8960.3	24.9
13	锑矿	金属万吨	1518.1	29.1
14	金矿	金属万吨	3.27	32.2
15	银矿	金属万吨	72.6	36.1
16	硬岩锂	金属万吨	593.7	36.6
	卤水锂	金属万吨	9248.1	18.8
17	菱镁矿	矿石亿吨	131.4	19.1
18	萤石	矿物亿吨	9.53	25.7
19	硫铁矿	矿石亿吨	184	25.9
	自然硫	硫亿吨	2.3	60.8
20	磷矿	矿石亿吨	560	29.3
21	钾盐	KCl亿吨	20.0	40.0
22	重晶石	矿石亿吨	14.4	25.0
23	硼矿	B_2O_3亿吨	1.89	33.5

【矿业权登记】　1. *油气矿产矿业权*。截至2014年底，全国共有油气矿产探矿权1030个，同比下降3.6%；登记面积393.07万平方千米，同比下降4.9%。油气矿产采矿权705个，同比增长4.4%；登记面积14.31万平方千米，同比增长5.7%。2014年，国土资源部会审批准颁发油气矿产勘查许可证484个，开采许可证36个。

2. *非油气矿产矿业权*。2014年，全国新立非油气矿产探矿权1269个，同比下降4.6%；新增登记勘查面积3.26万平方千米，下降29.2%。新立采矿权2306个，增长17.6%；新增登记开采面积1165平方千米，下降38.7%；新增设计生产规模5.8亿吨/年，增长9.7%。2015年上半年，全国新立非油气探矿权457个，下降23.4%；新增登记勘查面积1.12万平方千米，下降9.2%。新立采矿权1002个，增长19.0%；新增登记开采面积984.89平方千米，增长48.4%；新增设计生产规模2.55亿吨/年，增长14.4%。

截至2014年底，全国共有非油气探矿权3.0万个，同比下降5.2%；登记勘查面积61.15万平方千米，下降9.1%。采矿权8.2万个，下降9.6%；登记开采面积10.44万平方千米，下降1.5%（表4）；设计生产规模147亿吨/年，与2013年持平。

表4　　截至2014年底中国非油气矿业权情况

项目	数量（个）	同比变化（%）	登记面积（万平方千米）	同比变化（%）
探矿权	30480	-5.2	61.15	-9.1
其中：新立	1269	-4.6	3.26	-29.2
采矿权	82450	-9.6	10.44	-1.5
其中：新立	2306	17.6	0.1165	-38.7

矿产资源勘查

【概况】　2014年，中国围绕经济发展新常态下的资源需求，加强基础性工作，调动各类地质勘查主体的积极性，统筹部署各类资金，合理分工，形成合力，继续推进“找矿突破战略行动”。地质勘查投入保持1145亿元的较高水平，煤炭、石油、天然气、页岩气、锰、铝土矿、铜、铅、锌、金等重要矿产新增一批资源量。

【地质勘查投入】　2014年，中国地质勘查投入1145亿元，同比下降5.4%（图1）。其中，财政投入195亿元，占全国地质勘查投入的17.0%；社会投资950亿元，占83.0%。油气矿产地质勘查投入743亿元，下降1.2%，占全国地质勘查投入的64.9%；非油气矿产地质勘查投入402亿元，下降12.5%，占35.1%，连续第二年下降（图2）。非油气矿产地质勘查投入中，财政投资 179 亿元，占 44.5%；社会投资 223 亿元，占 55.5%。2014 年，地质勘查完成钻探工作量 2741 万米，下降 5.4%。

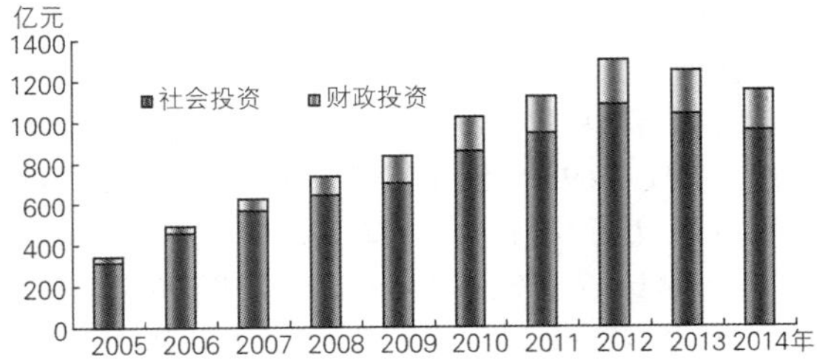

图 1　地质勘查投入

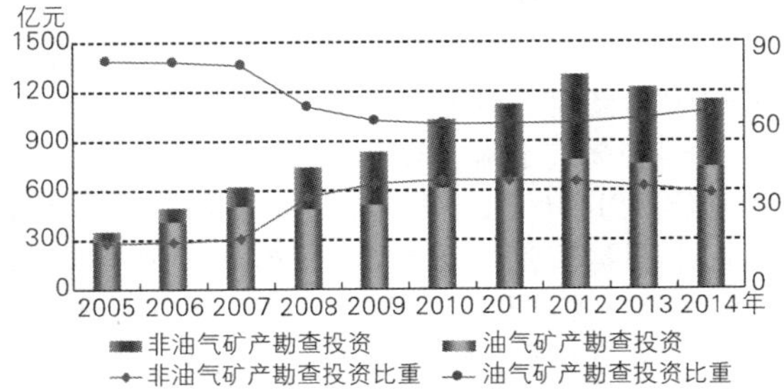

图 2　油气矿产及非油气矿产地质勘查投入变化

【能源矿产勘查】　1. 煤炭。2014 年新增煤炭大中型矿产地 17 处，勘查新增查明资源储量超过 50 亿吨的煤炭矿产地包括：新疆准东煤田奇台县西黑山矿区红沙泉二号露天煤矿和内蒙古陈旗煤田巴彦哈达勘查区。

2. 常规油气。截至 2014 年底，石油累计探明地质储量 361 亿吨，天然气 12 万亿立方米。2014 年，石油新增探明地质储量 10.6 亿吨，连续第 8 年超过 10 亿吨，新增探明地质储量大于 1 亿吨的油田 1 个，为中国石油长庆新安边油田。天然气新增探明地质储量 9438 亿吨，连续第 12 年超过 5000 亿立方米，新增探明地质储量超过千亿立方米的气田 5 个，分别为中国石油长庆神木气田、中国石油塔里木克拉苏气田、陕西延长延安气田、中国海油湛江陵水 17－2 气田和中国海油上海宁波 22－1 气田。

3. 非常规油气。①煤层气：截至 2014 年底，全国煤层气累计钻井超过 1.3 万口（其中 2014 年新增超过 1000 口，进尺 122.2 万米）。2014 年全国新增探明地质储量 602 亿立方米，累计探明地质储量 6266 亿立方米。

②页岩气：截至 2014 年底，页岩气累计勘查投入超过 230 亿元，钻井 780 口，形成生产能力 13 亿立方米。2014 年全国新增探明地质储量 1068 亿立方米，为 2011 年设定新矿种后首次提交探明地质储量。新探明气田为中国石化勘探涪陵页岩气田。

【金属与非金属矿产勘查】　2014 年，铁矿、铜矿、铅矿、锌矿、铝土矿、钨矿、锡矿、钼矿、锑矿、金矿、银矿、硫铁矿、磷矿和钾盐等 14 种矿产新增查明资源储量主要分布在新疆、云南、山西、内蒙古、河南、山东、贵州、吉林、四川、青海和西藏等省区。其中，勘查新增查明资源储量超过 5 亿吨的铁矿为辽宁本溪市大台沟铁矿区和山东苍山县兰陵矿区（古林－兰陵矿段）铁矿，超过 1 亿吨的锰矿为贵州松桃县道坨锰矿，超过 100 万吨的铜矿为西藏自治区尼木县白容岗讲铜矿，超过 200 万吨的锌矿为湖南花垣县大脑坡铅锌矿区，超过 3000 万吨的铝土矿为广西凤山县福家坡矿区铝土矿，超过 100 万吨的镍矿为青海格尔木市夏日哈木 HS26 号异常区铜镍矿，超过 100 吨的金矿为新疆乌恰县萨瓦亚尔顿金矿，超过 100 万吨的萤石矿为浙江省遂昌县柘岱口乡坑西萤石矿矿区，超过 2 亿吨的磷矿为湖北保康县白水河磷矿区。

老矿山深部和外围找矿经济社会效益明显。江苏栖霞山铅锌矿、四川拉拉铜矿、河南老湾金矿等 14 个矿区取得重大找矿突破，估算新增资源储量达到大型矿床规模。39 个矿区取得重要进展。平均延长矿山服务年限 10 年，稳定职工 12 万人就业。

【地下水资源勘查】　国土资源部门积极开展乌蒙山区、太行山区、沂蒙山区、柴达木盆地等严重缺水地区水文地质调查工作，通过实施探采结合的方式，施工探采结合水文井 170 多眼，为当地 30 万缺水群众解决了饮水困难。为支援河南、湖北等省抗旱救灾，依托已有水文地质调查项目，应急部署抗旱打井工作，及时公开了 1200 多项水文地质调查成果目录，供旱区专业地勘队伍抗旱找水打井查询使用，满足抗旱打井技术需求。发布实施《1：5 万水文地质调查规范》。2014 年全年共完成 1：5 万水文地质调查图幅 100 余幅。

【中央地质勘查基金项目实施】　2014 年，中央地质勘查基金项目部署围绕国家能源、资源战略，继续发挥地勘基金在找矿突破战略行动中的衔接拉动作用，发挥中央和省级地勘基金的协调联动机制，形成合力，全力助推“找矿突破战略行动”，开展国家级整装勘查区重要矿种的勘查，重点支持煤、铀、铁、铜、钾盐等国家能源和急需紧缺矿产勘查，新发现一批大、中型矿床，煤、铀、铁、钛、钒等矿种资源量有大幅度提高。2014 年新发现大中型矿产地 14 处，其中大型及以上矿产地 5 处，中型 5 处。

（国土资源部信息中心）

矿产资源开发利用

【概况】 2014年,中国采矿业固定资产投资保持增长,但增势趋缓,增速为12年以来最低值,占全国固定资产投资的比重下降。其中,煤炭开采和洗选业固定资产投资连续两年负增长。矿产品生产保持增长,但增速明显回落,与基础设施建设相关的原材料如粗钢、十种有色金属、水泥产量增速皆放缓。发布了中国首个矿产资源综合利用评价指标标准,矿产资源综合利用示范基地建设成效显著。

【采矿业固定资产投资】 2014年,中国采矿业固定资产投资额为1.47万亿元,同比增长0.7%,增速回落10.2个百分点,为12年以来最低值。采矿业固定资产投资占全国固定资产投资的2.9%,较2013年的3.4%下降0.5个百分点。其中,煤炭开采和洗选业4682亿元,下降9.5%,连续两年负增长;石油与天然气开采业4023亿元,增长6.1%;黑色金属矿采选业1690亿元,增长2.6%;有色金属矿采选业1636亿元,增长2.9%;非金属矿采选业2046亿元,增长14.4%(图1)。

2015年上半年,中国采矿业固定资产投资额为5260.50亿元,同比下降7.7%。其中煤炭开采和洗选业1686.05亿元,下降12.8%;石油和天然气开采业1168.95亿元,下降6.5%;黑色金属矿采选业655.81%,下降12.8%;有色金属矿采选业628.92亿元,下降5.7%;非金属矿采选业926.22亿元,增长5.4%。

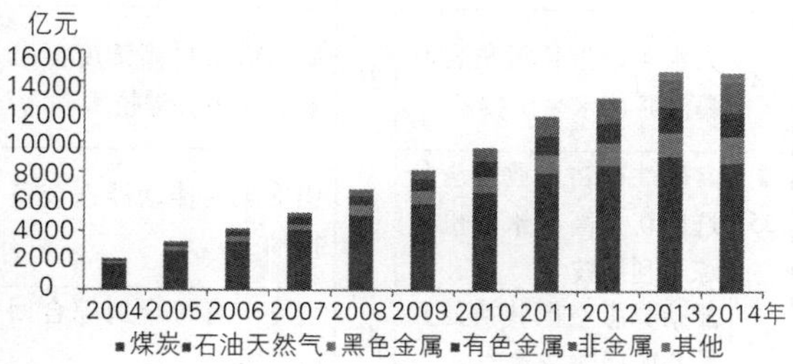

图1 采矿业固定资产投资变化

【矿产品生产与消费】 1. 能源生产与消费。中国为世界上第一大能源生产和消费国,2014年一次能源生产总量为36.0亿吨标准煤,同比增长0.5%(图2);消费总量为42.6亿吨标准煤,增长2.2%;能源自给率为84.5%。能源结构不断改善,煤炭比重不断下降,天然气等清洁能源比重不断上升。2014年能源消费结构为:煤炭占66.0%,水电、风电、核电、天然气等占16.9%。

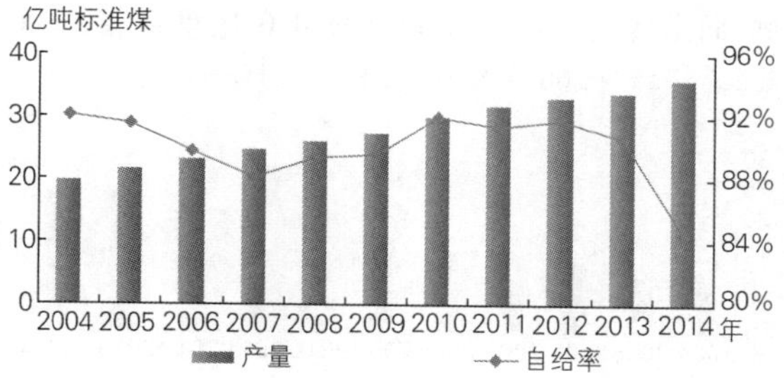

图2 一次能源生产情况

2014年,原煤产量38.7亿吨,下降2.5%,连续多年居世界第一位。原油产量2.11亿吨,增长0.7%(图3),居第四位。天然气产量1301.6亿立方米,增长7.7%,居第六位。2015年上半年,原油产量1.06亿吨,同比增长2.1%;天然气630亿立方米,增长2.5%。

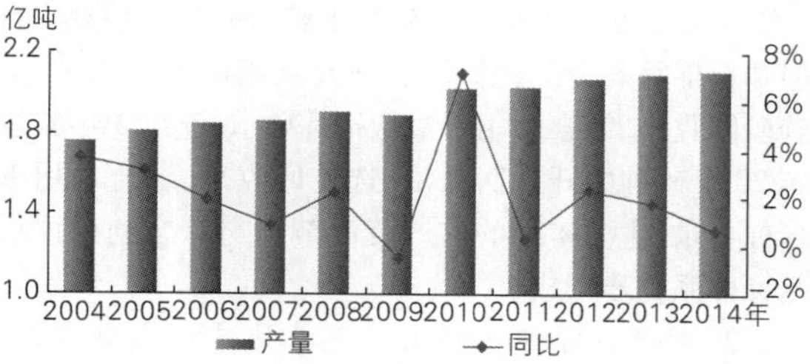

图3 原油产量及变化

2. 金属矿产品生产与消费。2014年,生产铁矿石15.1亿吨,同比增长3.9%;粗钢8.2亿吨,增长1.2%(图4);钢材11.3亿吨,增长4.0%。十种有色金属4380万吨,增长7.4%;其中精炼铜764.4万吨,增长17.8%;电解铝产量2751.7万吨,增长8.2%。生产黄金458.1吨,增长5.5%;消费886.09吨,下降24.7%。粗钢、十种有色金属、黄金产消量均位居全球首位。2015年上半年,生产铁矿石6.3亿吨,同比下降10.7%;十种有色金属2625万吨,增长9.3%;黄金228.7吨,增长8.4%。

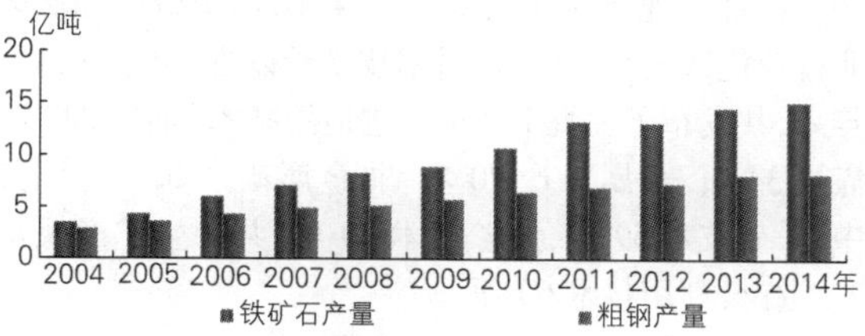

图4 铁矿石与粗钢产量变化

3. 非金属矿产品生产。2014年,生产水泥24.8亿吨,同比增长2.3%(图5);平板玻璃产量7.9亿重量箱，增长1.1%；钾肥610.5万吨（折含K_2O 100%），增长13.5%；磷矿石1.2亿吨（折含P_2O_5 30%，下同），增长7.0%。2015年上半年，生产水泥11.4亿吨，同比增长3.6%；平板玻璃4.0亿重量箱，下降4.2%；磷矿石6629.8万吨，增长9.1%。

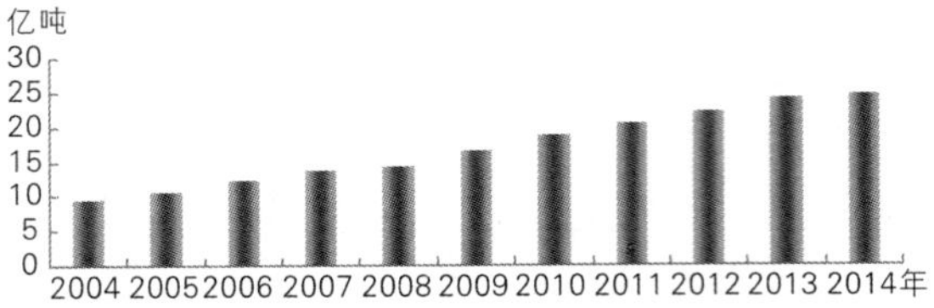

图5 水泥产量变化

【矿产资源节约与综合利用】 1. *重要矿产资源综合利用标准体系基本形成。*发布首个矿产资源综合利用评价指标标准——《矿产资源综合利用技术指标及其计算方法》（DZ/T 0272—2015），规定了矿产资源综合利用主要技术指标，建立了考核矿产资源利用水平统一要求。发布第三批锰、铬、铝土矿、钨、钼、硫铁矿、石墨和石棉等8个矿产资源合理开发利用开采回采率、选矿回收率、综合利用率最低指标要求，连续3年共发布20个矿种的开采回采率、选矿回收率、综合利用率指标要求，主要矿种的矿产资源节约与综合利用评价指标体系初步形成。

2. *矿产资源综合利用示范基地建设成效显著。*矿产资源综合利用示范基地建设4年多以来，中央财政资金累计投入148.8亿元，拉动企业投入资金949.87亿元。通过示范基地建设，加速了低渗透超低渗透油气、页岩气、油页岩、钒钛磁铁矿、固体钾盐、低品位胶磷矿等8大资源综合利用技术、工艺和装备的革新和产业化应用，使低品位、共伴生和难利用资源变成了经济可采资源，提升了资源保障能力。

3. *加强技术政策引导约束。*印发《矿产资源节约与综合利用鼓励、限制和淘汰技术目录（修订稿）》（国土资发〔2014〕176号），加强矿产资源节约与综合利用的准入管理，督促企业加大改造力度，逐步淘汰落后产能。

4. *推广先进适用技术。*2014年，国土资源部从矿业行业优选出60项先进适用技术予以推广（表1）。3年来，共发布了三批159项先进适用技术（油气22项、煤炭34项、金属矿产70项、非金属矿产33项）。其中，采矿技术59项、选矿技术40项、共伴生矿产及尾矿等综合利用技术60项。

表1 推介的矿产资源综合利用技术

煤炭高效采选和综合利用技术（10项）			
1	煤泥管道输送系统新技术	6	高硫煤矸石高密度重介分选技术

续表1-1

2	水体下厚煤层有效开采技术	7	煤系共伴生油页岩资源综合利用技术
3	极薄煤层高效综采关键技术	8	露天煤矿端帮陡帮开采技术
4	低透气性煤层增透抽采瓦斯技术	9	矿井废弃热源综合利用技术
5	煤泥复合循环流化床洁净焚烧利用技术	10	露天煤矿超薄煤层开采提质技术
油气资源高效开采和综合利用技术（7项）			
11	海相页岩气压裂成套新技术	15	海上平台及陆地终端火炬新型点火系统
12	复杂断块油藏立体开发技术	16	海上薄层油藏自流注水技术
13	浅层超稠油藏双水平井SAGD开发技术	17	空气泡沫驱提高采收率技术
14	水驱废弃油藏CO2/水交替驱大幅提高采收率技术		
金属高效采选和综合利用技术（29项）			
18	弱磁性矿石高效强磁选关键技术及装备	33	含铜钴尾矿低温焙烧利用技术
19	磁铁矿高压辊终粉磨阶段干选抛尾成套技术及装备	34	高次生铜大型斑岩铜钼矿铜钼分离关键技术
20	镜铁山式难选氧化铁矿提质降杂选矿技术	35	复杂难选低品位镍矿选矿技术
21	无底柱分段崩落法爆破单元实体建模技术	36	露天开采可视化调度管理系统
22	利用低贫锰矿和含硫烟气生产高纯硫酸锰及二氧化锰工艺技术	37	黑白钨矿物强磁分离选别技术
23	破碎难采矿体诱导冒落高效开采技术	38	利用黄金尾矿制备陶瓷釉料和加气混凝土材料
24	大水矿床近顶板灰岩帷幕注浆堵水采矿技术	39	矿山粗骨料高浓度流态管输充填关键技术
25	含磁性矿物工业废渣分选用新型高磁永磁机及综合利用技术	40	铝土矿无传动浮选装备技术
26	复杂隐患空区转换处置及残矿回收技术	41	金尾矿有价金属综合回收技术
27	铁矿尾矿生产新型墙材技术	42	尾矿资源细粒级金属矿物清洁高效回收新技术
28	微细粒难选贫铁矿选矿新工艺	43	尾矿中微细粒钨综合回收技术
29	悬振锥面选矿机用于金属矿提质降尾技术	44	高碳镍钼矿高效选矿新技术及应用
30	尾矿中铁矿物回收利用技术	45	矽卡岩型铜尾矿活化浮选硫精矿技术

续表 1－2

31	尾矿全量资源化综合利用技术	46	液态二氧化硫调控铜与铅锌浮选分离技术
32	铁尾矿磁重分选技术		
非金属高效采选和综合利用技术(14 项)			
47	方解石粉体高效加工技术	54	天然脉石英提纯加工技术
48	冷结晶—正浮选生产氯化钾技术	55	磷石膏转化制硫酸铵技术
49	露天废弃矿坑地质环境综合治理与景观建设技术	56	天然碱矿地下溶采与加工技术
50	吸附法从老卤中提锂技术	57	蒙脱石产品深度开发技术
51	低品位石灰石梯级利用技术	58	磷矿高承压含水层下安全高效全尾砂充填采矿技术
52	粉石英生产高纯超细准球形硅微粉和特种二氧化硅新材料技术	59	冶镁白云岩尾矿综合利用新技术
53	低品位含泥固体钾矿脱泥技术	60	机制砂石细粉高效回收与废水循环利用工艺技术

(国土资源部信息中心)

矿山生态环境建设

【概况】 矿山地质环境治理恢复投资力度不断加大,矿山开发损毁土地治理恢复成效明显。国家矿山公园数量稳步增长,管理逐步规范化。绿色矿山建设工作全面推进,生态国土建设水平进一步提高。

截至 2014 年底,全国矿山地质环境治理恢复保证金已缴存 867.7 亿元,占应缴存 1598.7 亿元的 54.3%;全国已缴存矿山 8.59 万个,占应缴存矿山 9.9 万个的 86.8%。采矿权人完成治理义务返还保证金 307.4 亿元。闭坑矿山未履行治理义务,留存保证金 25.2 亿元。

2014 年,在安徽潜山、广东佛山、河北泥河湾、宁夏灵武、新疆鄯善等地开展化石发掘。发掘单位按照批准的恢复方案,对涉及的 930 平方米地域进行了严格的环境治理恢复工作。

【矿山地质环境治理】 截至 2014 年底,全国用于矿山地质环境治理资金累计 901.8 亿元,其中中央财政出资 287.3 亿元,安排项目 1954 个,地方财政和企业自筹资金 614.5 亿元。全国矿产开发累计损毁土地 303 万公顷,已完成治理恢复土地 81 万公顷,治理率为 26.7%。其中,利用中央财政资金完成 21.4 万公顷,利用地方财政和企业资金完成 59.7 万公顷。

中央财政资金继续支持资源枯竭型城市矿山地质环境治理工程和矿山地质环境治理示范工程的实施。其中,2014 年下达矿山地质环境治理项目补助资金 17.28 亿元。

【国家矿山公园建设】 国家矿山公园建设成为矿山地质环境治理恢复的亮点。2005 年以来,共批准了 72 个国家矿山公园建设,已建成开园 30 个。各省(区、市)累计投入矿山公园建设资金 22.9 亿元,建立省级矿山公园 41 个。

【绿色矿业发展】 1. 绿色矿山试点建设。截至 2014 年底,661 家矿山企业成为国家级绿色矿山试点单位,实现到"十二五"末国家级试点矿山达 600 家以上的工作目标,在循环经济发展、资源高效利用、绿色科技引领、矿山生态保护、矿地和谐共赢等方面发挥了示范引导作用。制定了《国家级绿色矿山试点单位验收办法(试行)》,完成山西同煤大唐塔山煤矿等 37 家首批试点单位的建设进展情况评估,总结了试点成效与问题,研究提出了后续激励政策措施建议。开展了建设标准研究,分行业指导新建和在建绿色矿山建设。

2. 绿色矿山创建工作。各地结合实际情况,有序推进省、市绿色矿山建设。浙江、河北、江西研究制定了绿色矿山管理办法和相关鼓励政策。内蒙古、贵州制定了建设绿色矿山的实施方案。广西、江西和北京编制了绿色矿山建设规划。

(国土资源部信息中心)

国土资源部部长、2016 中国国际矿业大会组委会主席姜大明与天津市委书记李鸿忠共同启动 2016 中国国际矿业大会

2016(第十八届)中国国际矿业大会由高峰论坛、矿业博览会和专题活动组成。高峰论坛主要包括主题论坛、国际矿业部长论坛、中国－非洲矿业投资合伙伴论坛、国际地质调查局长论坛、矿业发展高层论坛,众多的分论坛以及国家(地区)矿业合作项目推介会等,来自国内外矿业界的政府官员、行业领袖、专家学者将就矿业未来发展趋势、矿业政策与金融资本市场、国内外投资机会、地质普查勘探与开发、矿业新技术与设备、矿业的可持续发展、矿山安全与环境保护、矿产品专题以及矿业项目展示推介等诸多议题展开深度研讨。矿业博览会将有来自世界主要矿业国家和地区的政府展团以及各国和地区的矿业公司、矿山设备公司、技术服务公司、投融资机构及评估咨询公司等参展,预计参展单位逾 600 个,展览面积逾 3.8 万平方米。同期举办的专题活动包括开幕式、部市领导参观矿业博览会、中银之夜、欢迎大会、双边会谈、“最佳贡献奖”颁奖会议等。

矿业大会是在中国举办的矿业行业最高层的会议,涵盖了地质勘查、勘探开发、矿权交易、矿业投融资、冶炼与加工、技术与设备、矿业服务等整个矿业产业链。中国国际矿业大会不仅是一个矿产勘探、开发的交易平台,更是国内外矿业企业和相关机构交流沟通的桥梁。

矿产资源全球分布的不均衡性决定了世界上没有一个国家可以完全依靠本国的资源满足发展的需要,加强国际合作是必然选择。当前世界经济格局正在发生深刻变化,中国将坚持立足国内,加快找矿步伐和节约集约利用资源并重,提高国内矿产综合保障能力,同时继续积极参与国际合作,与有关国家和地区一起,做国际矿业市场的建设性推动者,实现共赢发展。我们用更加包容和开放的心态,与世界各国和地区在矿业领域勘查、开采、加工、技术、贸易等方面进行交流与合作,在优势互补,互利共赢、共同发展的基础上,切实促进国际矿业繁荣和可持续发展。

秉持“创新、协调、绿色、开放、共享”五大发展理念,中国国际矿业大会将积极探索中国矿业可持续发展之路,努力把握全球矿业发展动向,不懈提升自身服务质量,以期为业内同仁打造一个集会议、展览和专题活动于一身的矿业界对话、交流、合作的重要年度盛会。

(中国矿业联合会)

矿 业 管 理

地质矿产调查评价与地质资料服务

【概况】 2014年，地质矿产调查评价与地质资料服务在经济社会发展中的先行性和基础性作用更加凸显，为经济社会发展和生态文明建设提供了重要支撑和保障。地质调查成果丰硕，为国家矿产资源安全提供了重要保障。加快地质大数据信息资源汇聚和地质信息共享服务平台建设，地质资料信息服务能力和水平进一步提升。

【基础地质调查】 1. 区域地质调查。2014年，完成1:5万区域地质调查21.6万平方千米，累计完成304.6万平方千米，占陆域国土面积的31.7%。完成1:25万区域地质修测2.2万平方千米，累计完成593.5万平方千米，占陆域国土面积的61.7%。

2. 区域地球物理调查。2014年，完成1:5万航空磁测23万平方千米，重点成矿区带工作程度提高到49%。完成1:5万磁法测量、区域重力测量、电法测量分别为5.1万、2.4万和0.4万平方千米。完成1:25万区域重力19万平方千米，陆域工作程度提高到59%。

3. 区域地球化学调查。2014年，完成1:5万区域化探24万平方千米，完成重点成矿区带工作程度提高到35%。完成1:25万区域化探5.1万平方千米，陆域工作程度提高到66%。

4. 遥感地质调查。在祁连山成矿带西段获取2000余平方千米航空高光谱数据，制作了正射校正产品，并提取了矿物信息。在东昆仑、阿尔金、班公湖－怒江成矿带部分地区开展5020平方千米矿产资源高精度遥感调查。

5. 海洋地质调查。继续开展我国管辖海域1:100万海洋区域地质调查、重点海域1:25万海洋区域地质调查和1:5万海洋区域地质调查试点、重点海岸带综合地质调查与监测、海域油气资源调查、天然气水合物资源勘查以及大洋科学考察等工作。其中，1:100万海洋区域地质调查16个图幅的外业调查工作全部完成，首次实现我国管辖海域区域地质调查全覆盖。

【常规油气资源调查评价】 以新区、新层系、新类型、新认识为重点，兼顾主要含油气盆地综合研究、整体评价和盆地多种能源综合调查评价，取得了一系列重要成果。

1. 新区调查开辟了新阵地。西藏伦坡拉盆地实施地震勘探发现3个岩性圈闭，为羌塘盆地油气勘探提供战略储备；南祁连盆地东北部木里地区发现褐色原油，展现出多种能源综合勘查广阔前景。

2. 新层系调查锁定一批新目标。松辽外围突泉盆地“突参1井”钻获轻质原油，在东北地区中下侏罗统获得重要新发现，准噶尔南缘博格达地区二叠系发现含油气岩层，开辟油气勘探新领域。

3. 基础地质调查取得重要新认识。羌塘盆地优选出9个重点区块，西部大型盆地碳酸盐岩油气调查圈定了6个重点有利区块，经后续勘探验证，四川盆地中西部三叠系、鄂尔多斯盆地奥陶系、塔中下寒武系取得重大进展，优选油气招标区块，有力支撑新疆油气体制改革。

【非常规油气资源调查评价】 煤层气调查优选出28个盆地群和56个有利区带。松辽外围发现优质油页岩，鄂尔多斯南部渭北隆起钻获厚层油砂。

南方海相页岩气调查取得实质性进展，湘西北牛蹄塘组、黔南打屋坝组解析出含量较高的页岩气。北方页岩气调查拓宽陆相和海陆过渡相新领域：鄂尔多斯盆地南部延长组发现高含气量页岩层段；河南“尉参1井”发现多层气测异常。通过综合调查评价，优选出42个有利区块，为页岩气区块招标提供了依据。

【铀矿资源调查评价】 截至2014年底，已系统评价北方伊犁、鄂尔多斯等13个盆地的砂岩铀矿成矿远景及南方桃山－诸广、赣杭带、雪峰山－摩天岭等重要铀成矿区带主要铀矿田外围的资源潜力，完成铀矿地质调查60多万平方千米。筛查煤田勘查区500余个，排查煤田和石油钻孔3万余个，筛选出潜在铀矿孔约

1500个,潜在矿化孔1400个,找矿靶区200余个,新发现20余处矿产地及矿点。

【地热资源调查评价】 2014年,全面完成256个地级市浅层地温能调查评价和31个省(区、市)地热资源调查与区划。西藏措美县古堆230米深度钻获215℃高温地热,显示了良好的资源前景。青海贵德3050米深度钻获150℃干热岩,实现我国干热岩勘查零的突破。

【非能源矿产资源调查评价】 2014年,完成1:5万矿产地质调查5万平方千米。圈定物化探异常6300处,发现矿(化)点1000余处,圈定找矿靶区300余处,新发现矿产地35处。西藏改则舍拉玛地区新发现超大型铜金铁多金属矿化带。新疆东天山麓北发现大型远景规模铜镍矿。青海东昆仑牙扎曲发现大型规模金矿化带。湖南大万金矿外围钻探证实具有超大型金矿找矿前景。广东始兴发现20万吨资源远景钨锡矿。西藏罗布沙南部提交200万吨铬铁矿资源量,西藏香卡山矿区新发现铬铁矿体,估算新增资源量25万吨,有望实现千万吨级资源基地。青海柴达木盆地新增1亿吨氯化钾远景资源。四川甲基卡外围新增64万吨氧化锂资源量,达到超大型规模。湖南城步发现18条高纯石英矿脉,含量大于99%。湖北宜昌新发现2处晶质石墨中型矿产地,湖北竹溪发现近百万吨远景铌矿化带。

【地质资料汇交监管】 1. *成果地质资料汇交量持续增加*。2014年,全国共汇交地质资料14827份。其中,矿产地质和水工环类资料分别占汇交总量的42.8%和47.4%;油气地质资料汇交604份,较2013年增长17.7%。截至2014年底,部、省两级地质资料馆藏机构地质资料总量共45.95万份,增长3.7%。

2. *原始地质资料汇交量稳步增长*。2014年,各省(区、市)地质资料馆藏机构共接收原始地质资料2062份,较2013年增加78%。油气等委托保管单位共接收19.19万份原始地质资料。截至2014年底,委托保管的原始地质资料达到近60万份,增长17%。

3. *实物地质资料馆藏品不断丰富*。采集矿产地质、区域地质调查等实物地质资料35类,国土资源实物地质资料中心共保管557个钻孔的29.82万米岩芯、40814件薄片等实物地质资料。2014年,受委托保管油气等地质资料单位共接收8.99万米岩芯、25.07万袋岩屑等实物地质资料,委托保管的实物地质资料为19.4万米岩芯、300.48万袋岩屑。

4. *资料汇交全面实现网上监管*。截至2014年底,全国地质资料汇交监管平台已入库20多万条矿业权及地质工作项目数据,以及7万多种已汇交的成果、原始以及实物资料相关信息。

【地质资料社会化服务】 1. *共享服务平台取得显著进展*。2014年各省(区、市)国土资源主管部门的地质资料馆藏机构(以下简称馆藏机构)及国土资源部信息中心、全国地质资料馆、国土资源实物地质资料中心共34个节点已全面建成,"分散式保管,网络化服务"的体系基本形成,并向全社会提供非涉密地质资料信息服务。

截至2014年底,地质资料共享服务平台全年累计访问量近62万次,共有35.8万档资料在线提供目录服务,比上年新增了1.9万档。

2. *社会化服务水平进一步提升*。2014年,全国地质资料馆和31个省(区、市)地质资料馆藏机构共接待到馆服务2.55万人次,提供资料服务10.1万份次,国土资源实物地质资料中心共接待服务5646人次。受委托保管油气等地质资料单位共接待到馆服务8321人次,提供原始地质资料服务2.66万份次。

3. *服务产品不断丰富*。2014年,向社会提供2565幅1:5万矿产资源调查成果服务工作。通过全国重要地质钻孔服务平台公开发布了全国90万个地质钻孔的基础信息及5万个钻孔柱状图信息,公开发布了1:50万水工环调查成果系列图数据,全国109片整装勘查区地学文献专题数据,《京津冀国土资源与环境地质图集》、《中国自然资源图集》等。

4. *数字化服务产品显著增加*。部、省两级地质资料馆藏机构继续大力推进地质资料数字化工作,馆藏资料中电子文档数量达到40.49万份,占馆藏资料总量的88.1%。天津、河北等15个省(区、市)已将馆藏资料全部数字化。馆藏地质资料数字化工作有力支撑了共享服务平台和电子阅览室建设,促进了电子数据的借阅利用。2014年部、省两级地质资料馆藏机构电子数据复制量为3.87万份次。

(国土资源部地质勘查司 国土资源部矿产资源储量司)

矿产资源管理与政策

【概况】 依法推进行政审批制度改革,加快政府职能转变,不断提高矿产资源管理科学化、规范化、法治化水平。2014年以来,加大简政放权力度,进一步释放市场活力,共修改了3项行政法规,发布了2项新规章,取消了23项行政审批事项,对矿产资源补偿费和资源税进行了部分调整。

【矿产资源管理制度建设】 1. *修改3项行政法规*。

2014年7月29日，国务院发布了《国务院关于修改部分行政法规的决定》（国务院令第653号），与矿产资源管理有关的有：

①对《矿产资源勘查区块登记管理办法》的修改：一是删去第十三条第一款中的“经评估确认的”，修改为“申请国家出资勘查并已经探明矿产地的区块的探矿权的，探矿权申请人除依照本办法第十二条的规定缴纳探矿权使用费外，还应当缴纳国家出资勘查形成的探矿权价款”；二是第十三条第二款修改为“国家出资勘查形成的探矿权价款，由具有矿业权评估资质的评估机构进行评估，评估报告报登记管理机关备案”；三是第三十八条修改为“中外合作勘查矿产资源的，中方合作者应当在签订合同后，将合同向原发证机关备案”；四是删去第四十条“从事区域地质调查、区域矿产调查、区域地球物理调查、区域地球化学调查、航空遥感地质调查和区域水文地质调查、区域工程地质调查、区域环境地质调查、海洋地质调查等地质调查工作的，应当向登记管理机关备案。”

②对《矿产资源开采登记管理办法》的修改：一是删去《矿产资源开采登记管理办法》第十条第一款中的“经评估确认的”，修改为“申请国家出资勘查并已经探明矿产地的采矿权的，采矿权申请人除依照本办法第九条的规定缴纳采矿权使用费外，还应当缴纳国家出资勘查形成的采矿权价款”；二是第十条第二款修改为“国家出资勘查形成的采矿权价款，由具有矿业权评估资质的评估机构进行评估，评估报告报登记管理机关备案”；三是第二十九条修改为“中外合作开采矿产资源的，中方合作者应当在签订合同后，将合同向原发证机关备案。”

③对《探矿权采矿权转让管理办法》的修改：将第九条第二款修改为“国家出资勘查形成的探矿权、采矿权价款，由具有矿业权评估资质的评估机构进行评估；评估报告报探矿权、采矿权登记管理机关备案。”

2. *发布实施2项新规章*。①发布了《地质环境监测管理办法》：2014年4月29日，根据《中华人民共和国矿产资源法》《地质灾害防治条例》等法律法规，发布了《地质环境监测管理办法》（国土资源部第59号令）。规定了地质环境监测的目的、依据、定义、原则、主体、适用范围、法律责任等。

②发布了《国土资源行政处罚办法》：2014年5月7日，发布了《国土资源行政处罚办法》（中华人民共和国国土资源部令第60号）。其核心原则是规范行政权力，保护群众权益。

3. *审批事项变化*。①取消23项审批事项：2014年以来取消与矿产资源相关的行政审批及非行政审批项目23项，包括矿业权投放计划审批、矿业权设置方案审批或备案核准、地质资料延期汇交审批、整装勘查区设置审批、调整矿产勘查风险分类审批、矿业权价款评估备案核准等（表1）。

表1　　2014年以来取消矿产资源相关审批事项

序号	项目名称	类别	取消调整依据
1	中外合作勘查、开采矿产资源前置性审查	行政许可	《国务院关于取消和下放一批行政审批项目的决定》（国发〔2014〕5号）
2	地质调查备案核准	行政许可	
3	在国家地质公园的地质遗迹保护区外的园区进行矿产资源勘查、开发和工程建设活动审批①	非行政许可审批	
4	矿业权投放计划审批	非行政许可审批	
5	中国温泉之乡（城、都）命名审批	非行政许可审批	
6	煤炭矿业权审批管理改革试点省煤炭矿业权审批项目备案核准	非行政许可审批	
7	跨省、自治区、直辖市销售的矿泉水的注册登记	非行政许可审批	《国务院关于取消和下放一批行政审批项目的决定》（国发〔2014〕27号）
8	地质资料延期汇交审批	行政许可	《国务院关于取消和调整一批行政审批项目等事项的决定》（国发〔2015〕11号）
9	矿产地储备区域矿产资源开发利用审批	行政许可	
10	县级以上人民政府有关部门查阅保护期内的地质资料审查	行政许可	
11	省、自治区、直辖市矿山地质环境保护规划审核	行政许可	
12	重点保护古生物化石产地名录审批	行政许可	
13	国土资源部科技平台建设审批	行政许可	
14	整装勘查区设置审批	行政许可	
15	调整矿产勘查风险分类审批	行政许可	
16	水文、水资源调查评价机构资质认定	行政许可	

续表1

序号	项目名称	类别	取消调整依据
17	矿产资源综合利用示范基地确定和矿产资源综合利用示范基地建设总体规划审查批准	非行政许可审批	国务院关于取消非行政许可审批事项的决定(国发〔2015〕27号)
18	探矿权、采矿权协议出让申请审批	非行政许可审批	
19	矿业权设置方案审批或备案核准	非行政许可审批	
20	设立、变更或者撤销国家规划矿区、对国民经济具有重要价值的矿区审批	非行政许可审批	
21	矿业权价款评估备案核准	非行政许可审批	
22	直辖市人民政府申报的中国温泉之乡(城、都)的发展建设总体规划审查	非行政许可审批	
23	国家地质公园规划审批	非行政许可审批	

注:①取消国土资源部审批,保留地方政府审批。

②保留和调整的审批事项:根据2015年5月6日国务院第91次常务会议审议通过的非行政许可审批事项清理工作意见,将“矿产资源规划审批”、“保护性开采的特定矿种审核”非行政许可审批事项调整为政府内部审批。国土资源部保留9项行政审批事项,包括19个子项(表2)。

表2　国土资源部目前实施的行政许可审批事项目录

项目编码	项目名称	子项	审批对象
12004	勘查矿产资源审批	1. 新设探矿权登记	事业单位、企业
		2. 探矿权延续登记	事业单位、企业
		3. 探矿权保留登记	事业单位、企业
		4. 探矿权注销登记	事业单位、企业
		5. 探矿权变更登记	事业单位、企业
		6. 勘查石油、天然气等流体矿产试采审批	企业
		7. 探矿权转让审批	事业单位、企业
12005	开采矿产资源审批	1. 新设采矿权登记	企业
		2. 采矿权转让审批	企业
		3. 采矿权延续登记	企业
		4. 矿区范围划定	企业
		5. 采矿权变更登记	企业
		6. 采矿权注销登记	企业
		7. 矿山地质环境保护与治理恢复方案审批	企业
12006	地质勘查资质审批	无	事业单位、企业
12008	地质资料保护登记	无	事业单位、企业
12009	地质灾害防治单位甲级资质审批	1. 地质灾害危险性评估单位甲级资质审批	事业单位、企业
		2. 地质灾害治理工程勘查单位甲级资质审批	事业单位、企业
		3. 地质灾害治理工程设计单位甲级资质审批	事业单位、企业
		4. 地质灾害治理工程施工单位甲级资质审批	事业单位、企业
		5. 地质灾害治理工程监理单位甲级资质审批	事业单位、企业
12010	重点保护古生物化石发掘审批	无	事业单位、企业、社会组织
12011	收藏单位之间转让、交换、赠与其收藏的重点保护古生物化石审批	无	事业单位、企业、社会组织
12012	重点保护古生物化石进出境审批	无	事业单位、企业、社会组织
12044	国土资源部质量监督检测中心认定	无	事业单位

【矿产资源税费】　1. 税费政策调整。根据财政部《关于实施煤炭资源税改革的通知》(财税〔2014〕72号)、《关于调整原油、天然气资源税有关政策的通知》(财税〔2014〕73号)和《关于全面清理涉及煤炭原油天然气收费

基金有关问题的通知》(财税〔2014〕74 号)(2014 年 10 月)要求,自 2014 年 12 月 1 日起,将全国煤炭、原油、天然气矿产资源补偿费费率降为零,在全国范围内实施煤炭资源税从价计征改革,清理相关收费基金,计征方法实行从价定率计征。原油、天然气资源税适用税率由 5% 提高至 6%。2015 年 4 月,财政部、国家发展改革委联合发布《关于清理涉及稀土、钨、钼收费基金有关问题的通知》(财税〔2015〕53 号),决定自 2015 年 5 月 1 日起,在全国范围统一将稀土、钨、钼矿产资源补偿费费率降为零,停止征收稀土、钨、钼价格调节基金(表 3、表 4)。

表 3　　2015 年矿产资源补偿费费率

矿　种	费率(%)
石油、天然气、煤炭、稀土、钨、钼	0
湖盐、岩盐、天然卤水	0.5
煤层气、石煤、油砂	1
天然沥青、油页岩;铁、锰、铬、钒、钛;铜、铅、锌、铝土矿、镍、钴、锡、铋、汞、锑、镁;溴、砷	2
铀、钍、地热;铌、钽、铍、锂、锆、锶、铷、铯;锗、镓、铟、铊、铪、铼、镉、硒、碲;二氧化碳气、硫化氢气、氦气、氡气	3
金、银、铂、钯、钌、锇、铱、铑;离子型稀土;宝石、玉石、宝石级金刚石;矿泉水	4
其他矿产	2

表 4　　2014 年资源税税目税率表

税　目		调整后税率
一、原油		销售额的 6%
二、天然气		销售额的 6%
三、煤炭	焦煤	销售额的 2% ~10%(由地方政府制定)
	其他煤炭	
四、其他非金属矿原矿	普通非金属矿原矿	每吨或者每立方米 0.5 ~20 元
	贵重非金属矿原矿	每千克或者每克拉 0.5 ~20 元
五、黑色金属矿原矿		每吨 2 ~30 元
六、有色金属矿原矿	稀土矿	每吨 0.4 ~60 元
	其他有色金属矿原矿	每吨 0.4 ~30 元
七、盐	固体盐	每吨 10 ~60 元
	液体盐	每吨 2 ~10 元

2. 税费征收。2014 年,全国矿产资源补偿费征收入库金额为 197.37 亿元,同比下降 8.4%;资源税收入 1083.6 亿元,增长 7.8%。

【矿产资源规划】 1. 全面启动第三轮矿产资源规划编制工作。由国土资源部会同国家发改委、财政部、工业和信息化部、环境保护部、商务部等有关部门共同开展第三轮矿产资源规划编制,并对省市县各级规划编制工作做出全面部署。

2. 完成第三轮矿产资源规划顶层设计。根据全面深化改革和国土资源管理工作新要求,加强顶层设计,提出第三轮矿产资源规划总体思路,明确各级规划功能定位和主要任务,强化矿产资源规划分区管理制度、矿种差别化管理政策,对矿产资源勘查开发、矿山地质环境治理等规划目标、重点项目及重大工程进行了论证。

3. 指导推动地方各级规划编制。制定《省级矿产资源总体规划编制技术规程》和《市县级矿产资源总体规划编制指导意见》,明确地方各级规划编制要求。目前,31 个省(区、市)已相继开展了规划专题研究、重要指标和重大工程的论证工作,并在此基础上提出了各省级规划大纲。

【矿业权管理】 1. 加大简政放权力度。继 2013 年取消整装勘查区矿业权设置方案审查、申请国家出资从事区域性矿产地质调查的地区暂停受理新的探矿权备案核准等 2 项审批事项的基础上,又新取消了 10 项与矿业权管理相关审批事项。

2. 强化市场调节。一是取消"暂停受理新设煤探矿权申请",煤炭新立探矿权有序投放。自 2014 年 9 月 12 日实施该政策至 2015 年 6 月 30 日,新立探矿权 35 个。二是停止下达锑矿开采总量控制指标。三是将钨矿综合利用指标由约束性改为指导性。四是调整"暂停受理新设稀土矿业权管理政策",对国家确定符合"开采总量控制、采储平衡"要求的大型稀土企业集团,允许新设稀土探矿权和采矿权。

3. 强化矿业权审批公示公开。严格执行矿业权出让转让公开制度,实行矿业权出让转让基本信息公示公开。2014 年以来在国土资源门户网站公示公开基本信息 1.46 万项,累计 6.02 万项;公告矿业权登记结果信息 5.4 万项,累计 24.1 万项。

通过国土资源部门户网站向社会提供矿业权登记信息查验服务,2014 年以来共查验 13.4 万次,累计 38.6 万次。

【地质勘查资质管理】 1. 地质勘查资质概况。截至 2014 年底,全国 2574 个地勘单位共持有各类各级地质勘查资质 7336 个,其中:甲级资质 2658 个,乙级资质 2800 个,丙级资质 1878 个。1106 个单位有甲级资质,744 个单位有乙级资质,724 个单位有丙级资质;有甲级资质的国有地勘单位 885 个。

全国地勘单位资质类别构成:区域地质调查396个,海洋地质调查16个,石油天然气矿产勘查4个,液体矿产勘查660个,气体矿产勘查276个,固体矿产勘查1925个,水文地质、工程地质、环境地质调查1028个,地球物理勘查773个,地球化学勘查364个,航空地质调查5个,遥感地质调查84个,地质钻(坑)探1344个,地质实验测试461个(图1)。

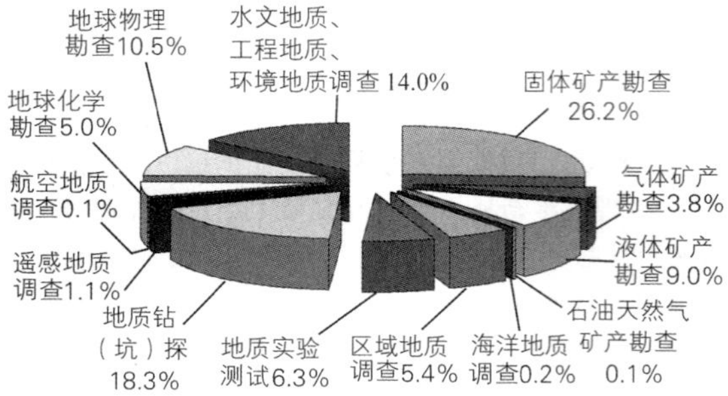

图1　全国地质勘查单位资质类别构成

地勘单位按经济类型划分为:国有1268个,集体21个,股份合作12个,有限责任1129个,股份有限63个,私营55个,其他21个,合资经营(港或澳、台资)1个,港、澳、台商独资经营1个,外资2个,外商投资股份有限公司1个(图2)。

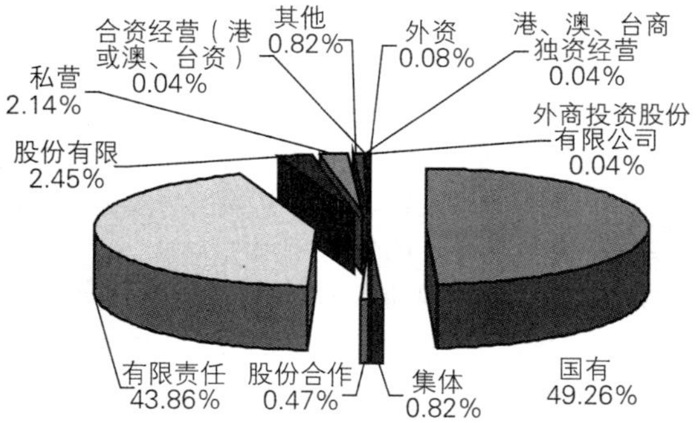

图2　全国地质勘查单位经济类型构成

2. *地质勘查资质审批*。国土资源部完成了2014年地质勘查资质新设、延续申请集中受理、报批及公告,勘查资质变更、补证、注销申请日常受理审批及公告,共颁发地质勘查资质证书389个(其中:新设196个,延续29个,变更164个)、注销地质勘查资质证书3个。

(国土资源部地质勘查司　国土资源部矿产资源储量司)

科技创新与国际合作

【概况】　2014年以来,矿产资源科技创新与国际合作取得积极进展。新一代中国地层表正式发布实施,研发出一批地质勘查新装备。发布了12项国家标准和75项推荐性地质矿产行业标准,进一步提升地质矿产技术标准对矿产资源勘查、开发、管理的支撑能力。成功召开亚太经合组织第五届矿业部长会议等国际矿业会议,深化地质与矿产资源领域的双边、多边国际合作与交流。

【基础地质与矿产理论研究】　1. *新一代中国地层表正式发布实施*。《中国地层表(2014)》及《中国地层指南及中国地层指南说明书》(2014年版)的修订是在2001年版的基础上,充分反映了十几年来中国地层学研究成果,同时参考了国际地层学研究的最新进展。经国土资源部批准(国土资〔2014〕374号),已公开出版发行。

2. *华夏地块龙泉地区发现亚洲最古老锆石*。在华夏地块龙泉岩群云母石英片岩首次发现两颗冥古宙碎屑锆石,其中一颗为亚洲最古老的锆石,年龄为41.27亿年。

3. *揭示华北古老大陆地壳结构及演化过程*。在冀东地区发现大量38亿~35亿年形成的碎屑锆石,在鞍山地区发现38亿~31亿年多期岩浆活动,证明鄂尔多斯地块强烈卷入古元古代晚期构造热事件,首次在华北克拉通划分出3个年龄大于26亿年的古陆块,深化了华北克拉通早期地壳演化、壳幔相互作用及沉积变质铁矿的认识。

4. *汶川地震断裂作用研究取得重要成果*。首次记录到大地震后断裂快速愈合过程信息,完善了地震断裂理论,对深化认识汶川地震机理具有重要意义。

【矿产资源勘查开发技术】　1. *研发出一批地质勘查新装备*。研制了一套国产化率为90%的深海无人遥控作业系统(简称海马号),并在我国南海某海域通过了4502米海试。研制出ZSM－6型电子重力仪原理样机,全面实现智能化。同位素地质学专用TOF－SIMS科学仪研制成功,设计出一套多次反射质量分析器,实现了一次离子初步在样品表面聚焦及离子束脉冲化轰击样品,并检测到二次离子信号。研制成功达到国际先进水平的Φ2000全回转套管钻机,创下国内卵砾石层全回转套管钻进深度纪录。

2. *地质勘查方法技术体系进一步完善*。开发出功能齐全的拥有自主知识产权的航空物探数据处理系统(GeoProbe Mager)。完善了海洋地球化学调查配套技术方法,建立了近海沉积物地球化学组分分析配套分析方案,建立了一系列配套技术方法。攻克了无人机可靠性、大数据实时传输、山区通讯链路中继、数据快速处理等关键技术,初步建立了无人机遥感应急监测技术体系。

3. *应用示范有效促进技术装备实用化*。无人机航空物探系统进一步完善,达到实用化水平。大深度三维电磁勘探系统立体探测示范取得成功。

4. 矿产资源综合利用技术得到深度应用。稀土矿“浮团聚磁选”新工艺研发及产业化获得重大进展。滇渝地区低品位铝土矿选矿技术取得重大进展，研究和开发了新型的浮硫起泡剂和活化剂，大大提高了浮硫的选择性，实现了铝土矿中硫的高效利用。

表1　　2014 年以来发布的地质矿产相关国家标准

国家标准代码	国家标准名称
GB/T 16950 – 2014	地质岩芯钻探钻具
GB/T 30712 – 2014	抛光钻石质量测量允差的规定
GB/T 30713 – 2014	砚石 显微鉴定方法
GB/T 30714 – 2014	电感偶合等离子体质谱法测定砚石中的稀土元素
GB/T 14353. 13 – 2014	铜矿石、铅矿石和锌矿石化学分析方法 第 13 部分：镓量、铟量、钨量和钼量测定
GB/T 14353. 14 – 2014	铜矿石、铅矿石和锌矿石化学分析方法 第 14 部分：锗测定
GB/T 14353. 15 – 2014	铜矿石、铅矿石和锌矿石化学分析方法 第 15 部分：硒测定
GB/T 14353. 17 – 2014	铜矿石、铅矿石和锌矿石化学分析方法 第 17 部分：铊测定
GB/T 14353. 18 – 2014	铜矿石、铅矿石和锌矿石化学分析方法 第 18 部分：铜量、铅量、锌量、钴量、镍量测定
GB/T 958 – 2015	区域地质图图例
GB/T3 1390　– 2015	观赏石鉴评
GB/T3 1432 – 2015	独山玉 命名与分类

【地质矿产技术标准】　2014 年以来，发布实施了《铜矿石、铅矿石和锌矿石化学分析方法》等 12 项国家标准（表 1）和《页岩气资源/储量计算与评价技术规范》等 75 项推荐性地质矿产行业标准，进一步提升地质矿产技术标准对矿产资源勘查、开发、管理的支撑能力。

【国际合作】　1. 拓展矿业领域国际合作。一是成功召开亚太经合组织第五届矿业部长会议、2014 年中国国际矿业大会和 2014 年中国 – 东盟矿业合作论坛，举办了中国（长沙）国际矿物宝石博览会。二是与美国、阿根廷、智利、墨西哥地质矿产合作纳入双边合作总体框架。加强与美国在页岩气勘查开发领域的合作，共同召开中美非常规油气资源可持续发展论坛。召开了中墨矿业合作工作组第四次会议。三是巩固了与加拿大、澳大利亚、俄罗斯、南非等传统矿业大国的合作，在完善部际对话合作机制、推动矿业投资经贸合作、加强科技与信息交流等方面形成了系列合作成果。四是拓展了与中亚、东南亚、拉美、非洲等地区新型经济体的合作，与乌兹别克斯坦、哈萨克斯坦、印度尼西亚、波兰等国在页岩气开发利用、地球化学调查、地质资料共享等方面达成了合作意向。

2. 加强科技领域国际合作。一是推动联合国教科文组织在中国地质科学院地球物理地球化学勘探研究所设立全球尺度地球化学国际研究中心，推动“为后代提供资源”倡议计划；二是主办第三届世界滑坡论坛、第八届国际盐湖学会等重要国际学术会议，提升中国地学的国际影响力；三是成立了中国—上海合作组织地学合作研究中心，为上合组织成员国加强地学领域合作搭建了重要平台。

（国土资源部地质勘查司 国土资源部矿产资源储量司）

多地推进绿色矿山升级转型

2016年9月,国土资源部公布了第一批、第二批国家级绿色矿山试点单位建设进展情况评估结果,北京水泥厂有限责任公司凤山矿等187家单位完成绿色矿山建设规划确定的目标任务,达到国家级绿色矿山基本条件。

近几年,地方政府普遍推行绿色发展理念,针对资源濒临枯竭的矿山、矿区实施矿山复绿、土地复垦等循环改造工程。记者了解到,宁夏近几年陆续实施矿山复绿系列工程,治理矿山总面积约1.2万公顷,使全区14个市县约80万人受益,促进了欠发达地区矿山环境改善和经济发展。

2016年,宁夏回族自治区国土资源厅计划以历史遗留老矿山、闭坑矿山和无责任主体的矿山为主要对象,对矿山地质环境恢复与综合治理进行统筹规划。同时,该厅还开展了全区非煤矿山开采破坏程度和现状调查,确定了37个治理项目,其中重点治理工程20个,总投资约4.72亿元。当地的矿山整治方案要求,新建和生产矿山应做到边开采边治理,历史遗留废弃矿山地质环境问题由国家和自治区财政出资进行治理,到2020年治理率要达到85%。

湖北黄石市铁山区是黄石市最小的城区。铁山因铁建矿(大冶铁矿)、因矿建区,是典型的工矿城区。在前期的大规模机械化开采阶段,铁山区遭破坏的地质环境和生态环境面积达12.83平方千米,接近铁山区总面积的50%。

在铁山转型上,国家先后给予了大力扶持,铁山区做出了"复垦还田、生态立区"的决定。把能整治还耕的修复成田,不能修复还耕的植树造林,全面复绿复垦工矿废弃地。

如今,铁山通过陆续引进一批技术含量高、劳动密集型产业落户铁山,重塑当地经济。其中,太阳能光伏发电项目,一期工程2016年6月底已经投产;工矿地开发利用项目,主要是将铁山石灰石矿区进行生态修复,建成占地1840亩的绿色产业园、现代物流园。与此同时,铁山区还引进了智能装备产业园、电子零配件、智能机器人等重点项目30多个。

同样是在矿山整治方面,陕西省表示,2016年西安市将继续对现有41个矿权加大整治力度,再减少17个矿权。通过整合,妥善解决资源利用与生态环境保护之间的矛盾。未来,计划选择一些生产条件和设备比较好的绿色大型矿山,作为原料基地,以满足市场需求。当地政府希望通过这些措施,不仅可以更好地保护耕地,节约土地,同时也可以带来良好的经济和环境效益。

近年来,资源的财富效应让矿山的开采变得无序,矿区的绿水青山普遍面临生态重塑的局面。业内估算,恢复这些区域的生态往往需要几十年的时间及成倍的资金投入。

国土资源部2015年底的统计数据,我国绿色矿山建设已经在过去五年当中取得了明显成效,先后开展了四批共661家国家级绿色矿山试点工作。其中,近2/3的矿山达到了优秀标准。

国土资源部相关负责人表示,从全国整体推进效果来看,"与构建绿色矿山建设基本格局的目标要求还有不小的差距。未来要节约和高效开发利用矿产资源,实现'十三五'规划建议中首次提出的'提高节能、节水、节地、节材、节矿标准'的'五节'要求;同时坚持矿区和谐发展,形成良性的共享机制。"

(来源:中国网)

矿 业 行 业

煤 炭

【概况】 在煤炭市场需求不旺、产能建设超前、进口规模依然较大等多重因素影响下，2014 年，煤炭市场供大于求矛盾突出，库存增加，价格下滑，效益下降，企业经营压力加大。随着国家煤炭行业脱困政策措施实施，四季度以来市场出现了一些积极变化，但整个行业运行形势依然严峻。

1. 煤炭产量。根据国家统计局公报，2014 年全国煤炭产量完成 38.7 亿吨，同比下降 2.5%，是自 2000 年以来的首次下降（图 1）。

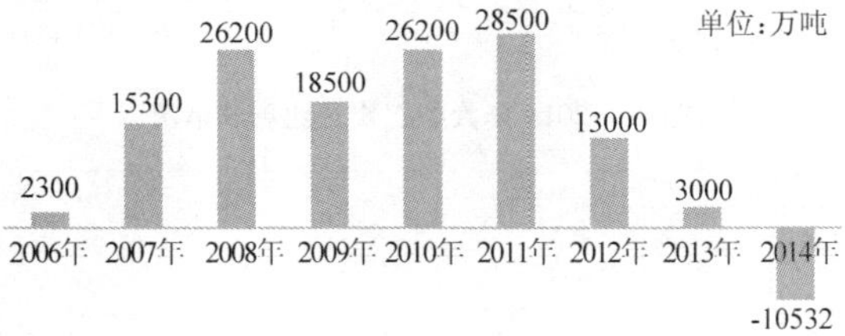

图 1　2006～2014 年煤炭产量增量变化情况

2. 铁路运量。全年铁路发运煤炭 22.9 亿吨，同比减少 3044 万吨，下降 1.3%（图 2）。

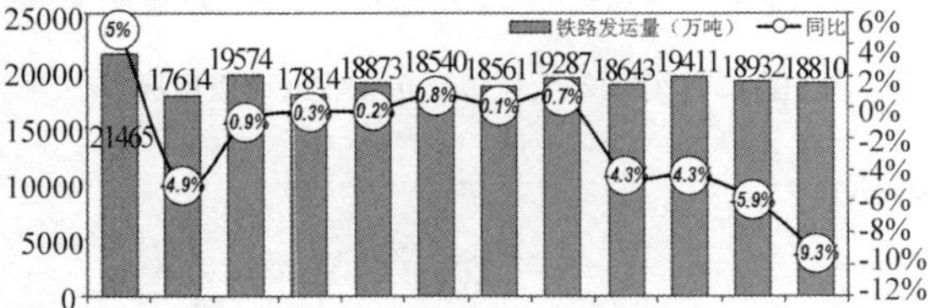

图 2　2014 年全国铁路煤炭发运量

3. 煤炭库存。年末，煤炭企业存煤约 8700 万吨，比年初增长 2.56%；重点发电企业存煤 9455 万吨，比年初增加 1409 万吨，增长 17.1%，可用 24 天（图 3）。

【煤炭进出口】 全年全国进口 29122 万吨，同比减少 3580 万吨，下降 10.9%；出口 574 万吨，减少 177 万吨，下降 23.5%；净进口 2.85 亿吨，减少 3400 万吨，下降 10.7%（表 1～3，图 4、图 5）。

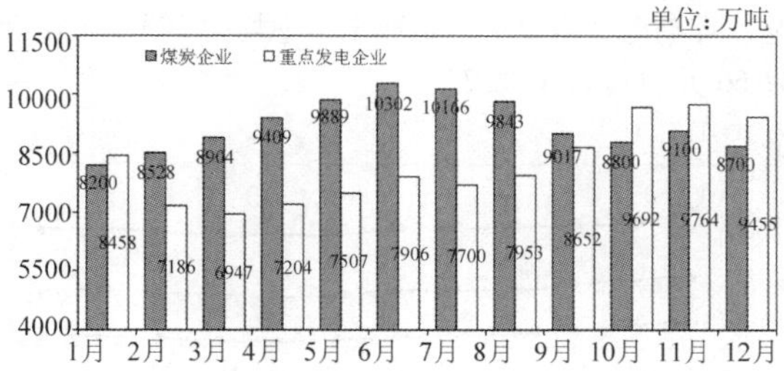

图 3　2014 年煤矿及电厂煤炭库存量

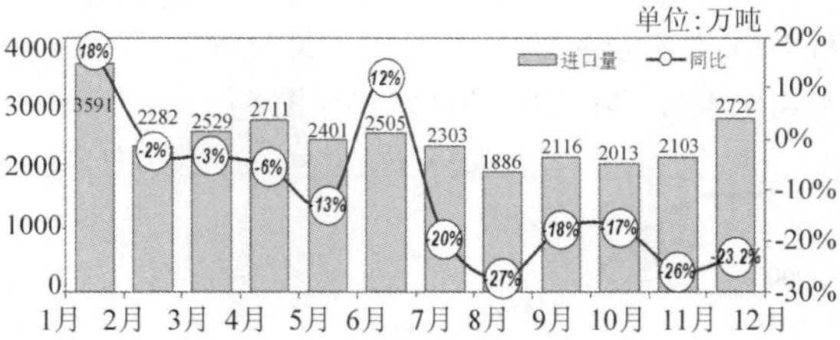

图 4　2014 年各月煤炭进口量

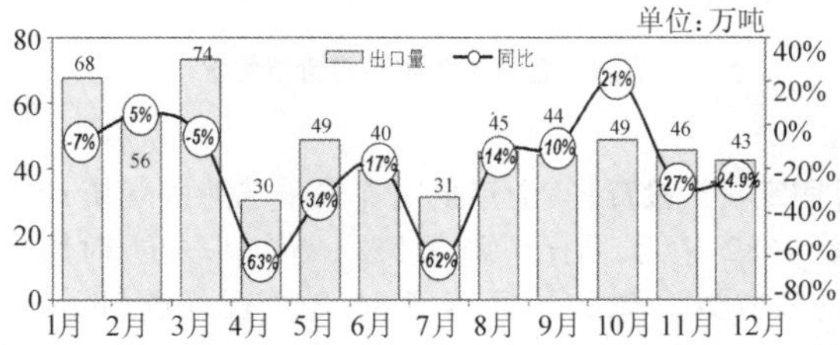

图 5　2014 年各月煤炭出口量

【煤炭市场价格】 煤炭市场价格经历了年初的大幅下滑，10 月以后小幅回升的过程。从中国煤炭价格指数变化看，由年初的 161.8 点下降到 10 月 10 日的 136.2 点（年内最低点），之后小幅回升至年末的 137.8 点，比年内低点回升 1.6 点，但比年初下降 24 点（图 6）。

1. 动力煤价格。5500 大卡市场动力煤年末山西北部大同地区上站价 375～385 元/吨，同比下降 65～70 元/吨；秦皇岛港平仓价 510～520 元/吨，下降 120

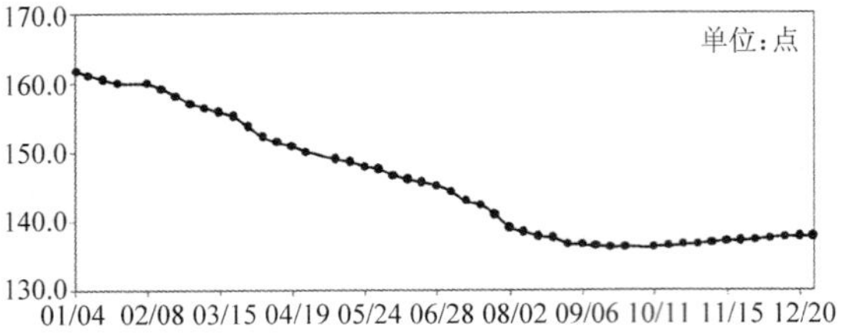

图6　2014年中国煤炭价格指数走势

元/吨；广州港提货价为575～585元/吨，下降140元/吨。环渤海动力煤价格指数全年平均为523元/吨，下降66元/吨（表4，图7）。

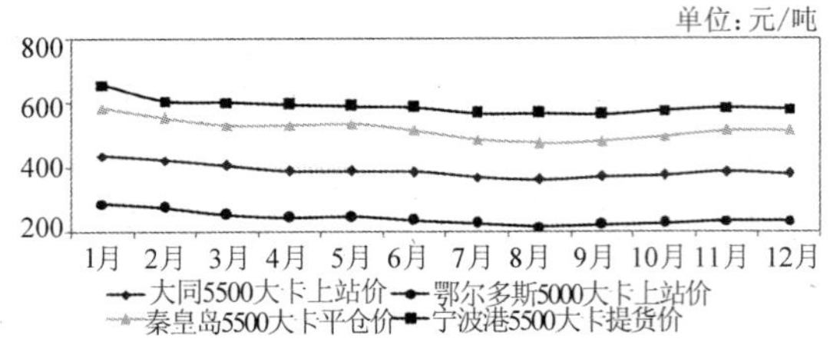

图7　各月末动力煤价格情况

2. 炼焦煤价格。8月之前明显下降，之后基本维持平稳，部分品种略微上涨10～20元/吨。年末价格平均比年初下降250～300元/吨（图8）。

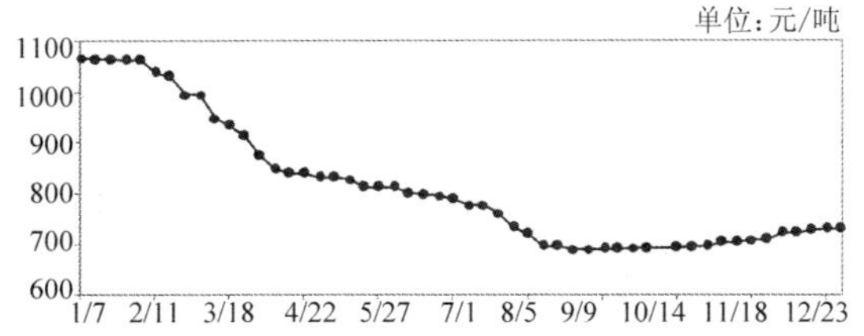

图8　各月末焦肥精煤价格情况

【固定资产投资】　全年全国煤炭采选业固定资产投资4682亿元，同比下降9.5%，与“十一五”时期年均增速26.7%相比回落了36.2个百分点（图9）。其中民间固定资产投资2598亿元，同比下降10.9%。

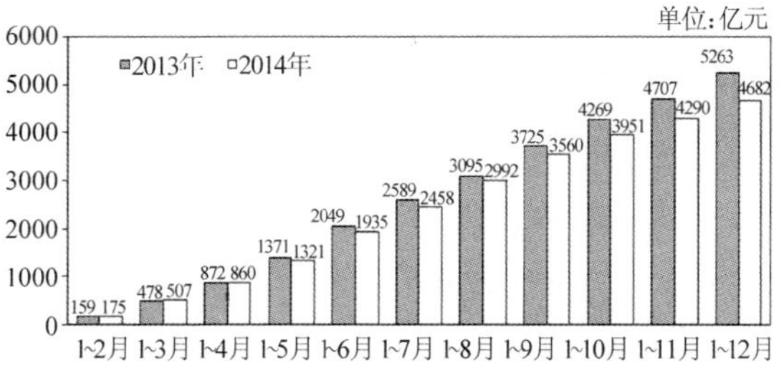

图9　煤炭固定资产投资完成情况

【煤炭行业效益】　1至12月，全国规模以上煤炭企业主营业务收入3万亿元，同比下降6.7%；企业利润1268.5亿元，同比减少1089.3亿元，下降46.2%，与2012年同期相比下降58.9%；亏损企业亏损额781.7亿元，同比增长72.6%；企业亏损面70%以上。12月底，企业应收账款净额3594.2亿元，同比增长10.7%。大部分煤炭企业经营困难，一些企业减发、欠发工资问题突出（表5～9，图10～18）。

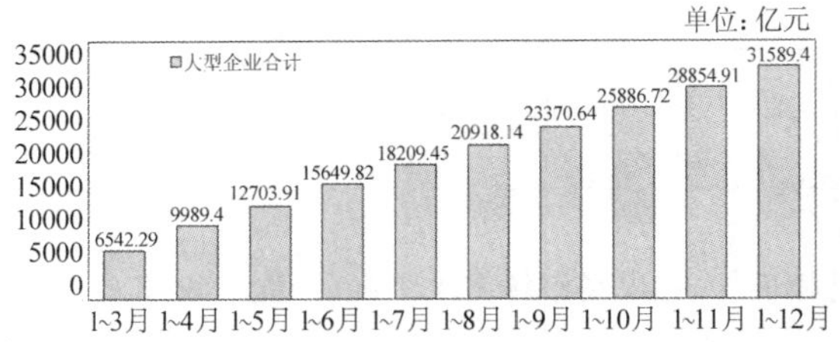

图10　2014年大型煤炭企业主营业务收入情况

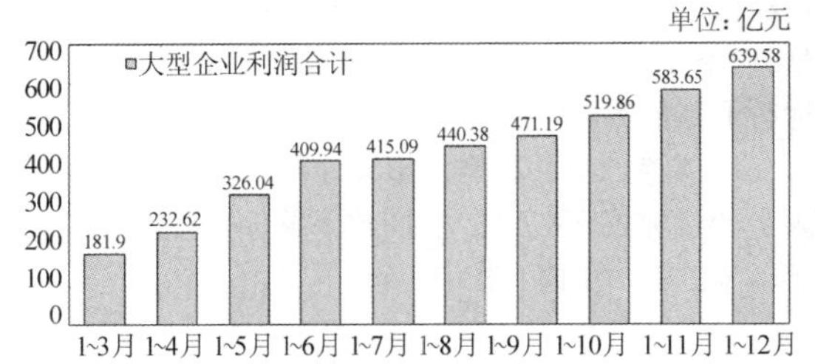

图11　2014年大型煤炭企业利润情况

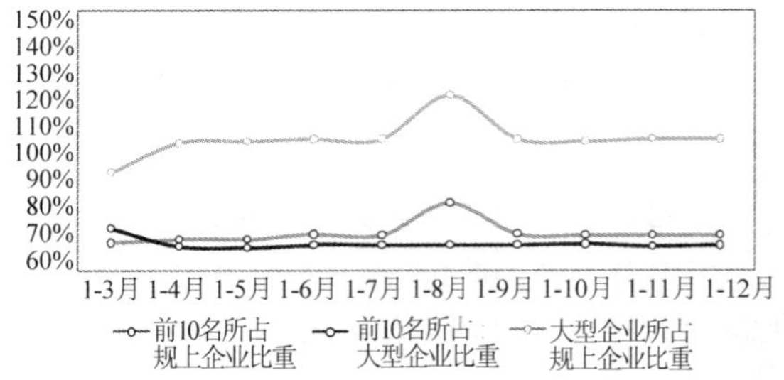

图12　2014年大型煤炭企业收入比重情况

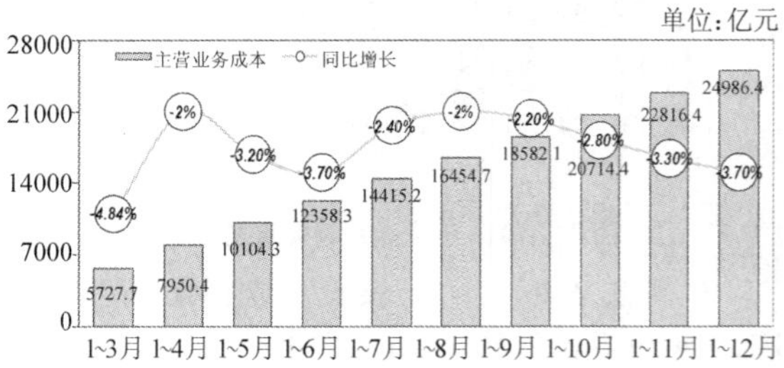

图13　2014年规模以上煤炭企业主营业务成本情况

【行业经济运行存在问题】　1. 煤炭需求减少。一是主要耗煤行业消费下降。经济增速放缓，主要耗煤行

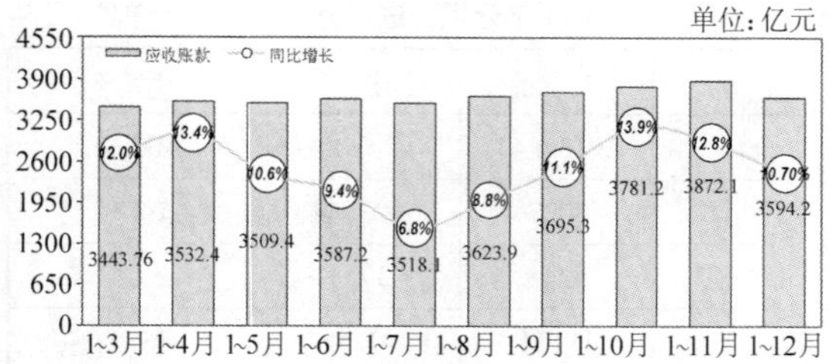

图 14　2014 年规模以上煤炭企业应收账款情况

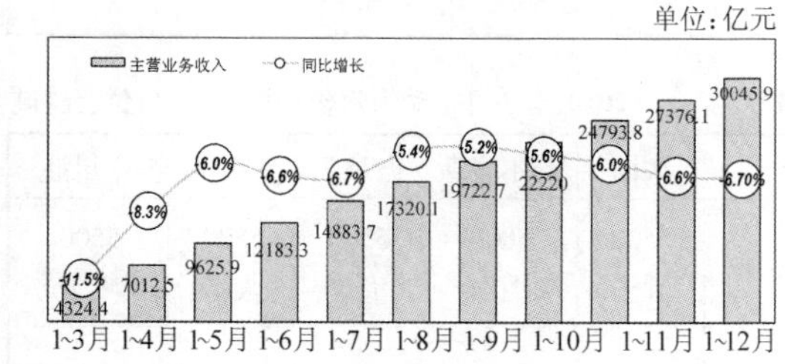

图 15　2014 年规模以上煤炭企业主营业务收入情况

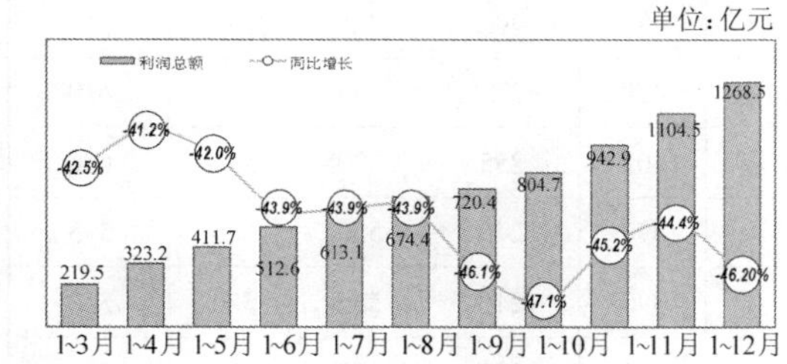

图 16　2014 规模以上煤炭企业利润情况

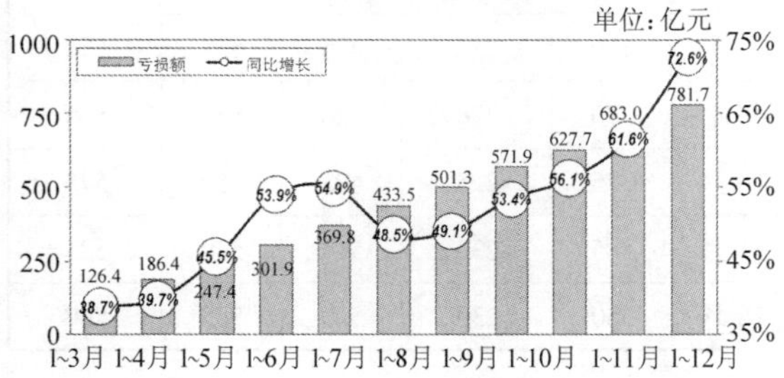

图 17　2014 年规模以上煤炭企业亏损企业亏损额情况

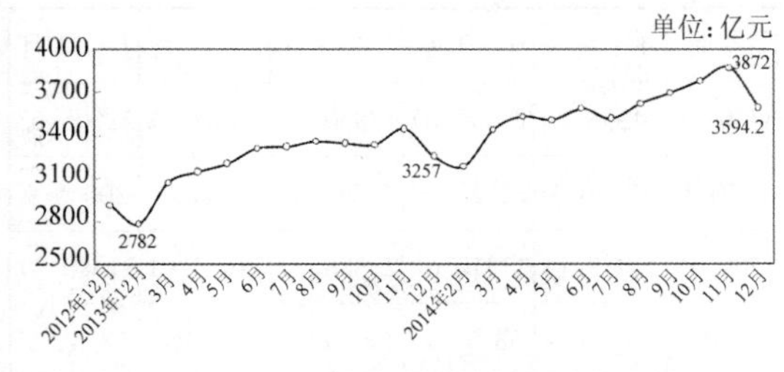

图 18　2014 年规模以上煤炭企业应收账款净额

业产品产量增幅下降。根据主要耗煤产品产量测算，电力、钢铁、建材三个行业耗煤同比下降 3.4%、1.4%、1.1%。

二是能源结构不断优化。根据国家统计局公报，2014 年水电、风电、核电、天然气等能源消费量占能源消费的比重从 2013 年的 15.6% 提升到 16.9%，减少了煤炭消耗。

三是能源消耗强度降低。随着科技进步，国家大气环境治理力度加大，全国单位 GDP 能耗在 2013 年下降 3.7% 的基础上，2014 年又下降 4.8%。

2. *煤炭产能超前问题突出*。2006 年以来，煤炭采选业固定资产累计投资 3.27 万亿元。截至 2014 年底，累计新增产能 26 亿吨，在建产能超过 11 亿吨，产能释放的压力进一步加大。

3. *煤炭进口规模依然保持高位*。2014 年，受世界煤炭市场产能过剩，国际煤价大幅下降的影响，我国煤炭进口继续保持了较大规模，自 2011 年以来已连续 4 年净进口量超过 2 亿吨，占国内煤炭消费的 8% 左右。

4. *深层次矛盾逐步显现*。前几年的高速发展掩盖了煤炭行业在长期发展中积累的深层次矛盾和问题。当前经济下行，这些矛盾逐步显现，而且随着时间的推移和行业发展困难的加深，矛盾将更加突出，必须引起高度重视。

一是经济结构不合理。2014 年底全国煤矿数量 1.1 万处，平均单井生产能力 30 万吨左右。小煤矿数量多、产量低，安全事故占 70% 以上，一些小煤矿仍是非机械化开采，改造起来难度大，有的根本无法改造。近几年组建了一些大集团，但前 4 家企业的产量比重 24.9%，生产集中度低没有实质改变。多数企业相关产业发展滞后，煤炭深加工转化面临诸多问题。

二是人多效率低的问题依然突出。据第三次经济普查数据，2013 年底煤炭产业从业人员 611.3 万人，按照 36.8 亿吨产量计算，人均产量只有 602 吨/年，与美国和澳大利亚人均产量 1 万吨相比，其差距依然较大。

三是行业发展不平衡加剧。产量增量、利润向资源条件和运输条件好地区和大企业集中，资源禀赋不好、负担重的老企业更加困难。2014 年，前 10 家煤炭企业利润 722.3 亿元，其中神华集团利润 640 亿元。

四是体制机制约束依然存在。行业管理弱化，企业考核机制不健全，国家支持煤炭行业发展的政策执行不到位，煤炭市场化改革依然存在障碍；企业负担重，分离办社会难，衰老报废、扭亏无望的煤矿退出机制不完善。

当前煤炭经济运行中遇到的困难是多因素的耦合，是发展中的问题，是结构调整的阵痛，必须抓住机遇，加快转型，克服困难，重新获得更大的发展。

表1　　2014年我国煤炭进出口情况　　单位:万吨

月份	出口量	同比(%)	进口量	同比(%)
1月	68	-7.4	3591	17.5
2月	56	5.1	2282	-2.1
3月	74	-3.6	2529	-3.4
4月	30	-0.4	2711	-0.1
5月	49	-33.9	2401	-12.9
6月	40	-17.2	2505	12.0
7月	31	-61.7	2303	-19.2
8月	45	-13.9	1886	-27.3
9月	44	-10.0	2116	-17.7
10月	49	21.2	2013	-17.4
11月	46	-26.6	2103	-26.1
12月	43	-24.9	2722	-23.2
全年	574	-23.5	29122	-10.9

表2　　2014年我国主要煤炭进口国来源及数量变化

单位:万吨

序号	国　别	进口量	同比(%)	占比(%)
	合　计	29162.44	-10.84	100.0
1	印度尼西亚	10635.65	-15.39	36.5
2	澳大利亚	9450.57	7.16	32.4
3	俄罗斯联邦	2539.2	-6.92	8.7
4	蒙古	1926.89	10.14	6.6
5	朝鲜	1547.49	-6.44	5.3
6	加拿大	836.07	-30.13	2.9
7	越南	683.08	-47.9	2.3
8	菲律宾	486.4	73.57	1.7
9	美国	362.22	-57.19	1.2
10	新西兰	50.18	-10.77	0.2

表3　　2014年分煤种进口量变化　　单位:万吨

煤　种	进口量	同 比(%)	占 比(%)
合计	29162.44	-10.84	100.0
无烟煤	3037	-23.44	10.4
炼焦煤	6244	-17.17	21.4
其他烟煤	11174	-1.18	38.3
其他煤	2345	-39.83	8.0
褐煤	6359	6.1	21.8

表4　　2014年各月末动力煤价格情况　　单位:元/吨

	大同	鄂尔多斯	秦皇岛	宁波港	广州港
热值	5500大卡	5000大卡	5500大卡	5500大卡	5500大卡
价格类型	上站价	上站价	平仓价	提货价	提货价
1月	435	290	585	650	660
2月	420	275	555	600	610
3月	405	255	530	590	600
4月	390	245	530	585	595
5月	390	245	535	580	590
6月	385	235	525	575	585
7月	370	225	485	555	570
8月	360	215	475	555	570
9月	370	220	480	555	565
10月	375	225	495	560	575
11月	385	230	515	570	585
12月	380	230	520	565	580

表5　　全国规模以上煤炭企业主营业务收入及比重情况　　单位:亿元

	1~3月	1~4月	1~5月	1~6月	1~7月	1~8月	1~9月	1~10月	1~11月	1~12月
前10名企业	4863.47	6794.41	8594.83	10750.12	18320.16	14356.86	16062.87	17830.51	19687.78	21606.63
规模以上企业	7012.48	9625.9	12183.3	14883.7	17320.1	17320.1	22220.00	24793.8	27376.1	30045.9
大型企业	6542.29	9989.40	12703.91	15649.82	18209.45	20918.14	23370.64	25886.72	28854.91	31589.41
前10名占大型企业比重	74.34%	68.02%	67.65%	68.69%	68.44%	68.63%	68.73%	68.88%	68.23%	68.40%
前10名占规上企业比重	69.35%	70.58%	70.55%	72.23%	71.96%	82.89%	72.29%	71.92%	71.92%	71.92%

表 6 全国规模以上煤炭企业利润及分布情况 单位:亿元

	1~3月	1~4月	1~5月	1~6月	1~7月	1~8月	1~9月	1~10月	1~11月	1~12月
前4名企业利润	195.17	260.90	355.27	444.37	467.61	513.61	574.77	620.79	680.04	727.53
前10名企业利润	213.73	544.34	392.91	488.06	980.33	561.30	621.43	683.93	751.12	806.43
规上企业利润	323.17	411.7	512.6	613.1	674.4	720.4	804.7	942.9	1104.5	1268.5

表 7 全国规模以上煤炭企业利润分布情况 单位:亿元

	1~3月	1~4月	1~5月	1~6月	1~7月	1~8月	1~9月	1~10月	1~11月	1~12月
大型企业利润	181.90	232.62	326.04	409.94	415.09	446.38	471.19	519.86	583.65	639.58
前4名所占大型企业比重	107.29%	112.16%	108.96%	108.40%	112.65%	115.06%	121.98%	119.41%	116.52%	113.76%
前4名所占规上企业比重	60.39%	63.37%	69.31%	72.48%	69.34%	71.30%	71.43%	65.84%	61.57%	57.36%
前10名所占大型企业比重	117.50%	121.84%	120.51%	119.06%	236.17%	125.74%	131.88%	131.56%	128.69%	126.09%
前10名所占规上企业比重	66.14%	68.84%	76.65%	79.61%	145.36%	77.91%	77.22%	72.53%	68.01%	63.58%
大型企业所占规上企业比重	56.29%	56.50%	63.61%	66.86%	61.55%	61.96%	58.55%	55.13%	52.84%	50.42%

表 8 全国大型煤炭企业经济指标完成情况

月份	主营业务收入同比增长(%)	月份	主营业务成本同比增长(%)	月份	利润总额同比增长(%)	月份	应收账款同比增长(%)
1~3月	3.28	1~3月	7.12	1~3月	-35.70	1~3月	23.53
1~4月	4.16	1~4月	6.76	1~4月	-39.00	1~4月	18.27
1~5月	3.38	1~5月	6.21	1~5月	-43.92	1~5月	10.6
1~6月	4.71	1~6月	7.23	1~6月	-43.85	1~6月	9.4
1~7月	2.68	1~7月	5.50	1~7月	-43.91	1~7月	6.8
1~8月	3.74	1~8月	5.98	1~8月	-46.11	1~8月	8.8
1~9月	1.04	1~9月	0.87	1~9月	-47.10	1~9月	11.1
1~10月	-0.34	1~10月	2.45	1~10月	-45.2	1~10月	13.9
1~11月	-0.33	1~11月	1.57	1~11月	-44.4	1~11月	12.8
1~12月	-2.31	1~12月	-1.45	1~12月	-41.49	1~12月	20.00

表 9 全国规模以上煤炭企业经济指标情况 单位:亿元

月份	主营业务收入	同比增长(%)	月份	主营业务成本	同比增长(%)	月份	利润总额	同比增长(%)	月份	应收账款	同比增长(%)
1~2月	4324.39	-11.49	1~2月	3491.01	-9.35	1~2月	219.45	-42.45	1~2月	3186.96	13.95
1~3月	7012.48	-8.27	1~3月	5727.70	-4.84	1~3月	323.17	-41.18	1~3月	3443.76	12.00
1~4月	9625.9	-6.0	1~4月	7950.4	-2.0	1~4月	411.7	-42.00	1~4月	3532.4	13.4
1~5月	12183.3	-6.6	1~5月	10104.3	-3.2	1~5月	512.6	-43.9	1~5月	3509.4	10.6
1~6月	14883.7	-6.7	1~6月	12358.3	-3.7	1~6月	613.1	-43.9	1~6月	3587.2	9.4
1~7月	17320.1	-5.4	1~7月	14415.2	-2.4	1~7月	674.4	-43.9	1~7月	3518.1	6.8
1~8月	17320.1	-5.2	1~8月	16454.7	-2.0	1~8月	720.4	-46.1	1~8月	3623.9	8.8
1~9月	22220.0	-5.6	1~9月	18582.1	-2.2	1~9月	804.7	-47.1	1~9月	3695.3	11.1
1~10月	24793.8	-6.0	1~10月	20714.4	-2.8	1~10月	942.9	-45.2	1~10月	3781.2	13.9
1~11月	27376.1	-6.6	1~11月	22816.4	-3.3	1~11月	1104.5	-44.4	1~11月	3872.1	12.8
1~12月	30045.9	-6.7	1~12月	24986.4	-3.7	1~12月	1268.5	-46.2	1~12月	3594.2	17.3

（中国煤炭工业协会）

油　气

·综　述·

我国油气资源勘查开采投资和实物工作量均有所下降。新增油气探明储量继续保持稳定增长势头，石油新增10.61亿吨，天然气新增9437.72亿立方米。原油产量继续保持两亿吨水平，天然气产量连续4年超千亿方。

1. *勘查开采投入有所下降，新增探明储量保持增长。*全年完成油气勘查投资742.66亿元，同比下降5.5%；采集二维地震8.79万千米、三维地震4.35万平方千米，探井3503口，同比分别下降22.2%、11.0%和9.3%。全年完成油气开采投资2691.35亿元，开发井27005口，降幅分别为6.4%和5.9%。

全国石油新增探明地质储量10.61亿吨，连续8年超过10亿吨。其中，大于1亿吨的盆地有2个，分别是鄂尔多斯盆地和渤海湾盆地海域，合计新增探明地质储量6.04亿吨；大于1亿吨的油田1个，为鄂尔多斯盆地新安边油田。截至2014年底，全国石油累计探明地质储量360.52亿吨，剩余经济可采储量25.89亿吨，储采比12.3。

全国天然气新增探明地质储量9437.72亿立方米，连续12年超过5000亿立方米。其中，大于1000亿立方米的盆地有4个，分别为鄂尔多斯、塔里木、东海和琼东南盆地，合计新增探明地质储量8822.91亿立方米；大于千亿立方米的气田5个，分别为鄂尔多斯神木气田、延安气田、琼东南盆地陵水17－2气田、东海宁波22－1气田、塔里木盆地克拉苏气田。截至2014年底，全国累计探明天然气地质储量12.34万亿立方米，剩余经济可采储量3.63万亿立方米，储采比29.1。

2. *石油产量连续5年稳产2亿吨，天然气产量连续4年超千亿立方米。*全年生产石油2.11亿吨，继续保持增长。其中，产量大于1000万吨的盆地有渤海湾、松辽、鄂尔多斯、塔里木、准噶尔和珠江口盆地，合计1.95亿吨。截至2014年底，全国石油累计产出62.01亿吨。

全年生产天然气1248.04亿立方米，第四次超过千亿方。其中，产量大于30亿立方米的盆地有鄂尔多斯、四川、塔里木、柴达木、松辽、莺歌海和准噶尔盆地，合计1152.46亿立方米。截至2014年底，全国天然气累计产出1.57万亿立方米。

3. *理论方法取得重要进展，科技支撑能力不断加强。*勘查技术理论指导了大气田的战略发现。古老海相碳酸盐岩天然气成藏地质理论技术创新有效指导了我国海相特大型安岳气田磨溪区块龙王庙组气藏的战略突破；非常规油气地质理论技术创新有效指导和支撑了鄂尔多斯、准噶尔、松辽、柴达木等盆地陆相致密油以及四川盆地海相页岩气获得重大突破；低孔渗气层快速识别与综合评价技术研究取得重要进展，为宁波22－1等气田的发现和评价发挥了重要的作用；近海隐蔽油气藏理论技术在渤海成功发现和评价了多个隐蔽油气藏。

开采技术理论保障了油气储量产量稳步增长。三元复合驱大幅提高采收率技术效果，比水驱提高采收率20%以上，奠定了我国在此领域的国际领先地位；致密储层试气工程工艺技术取得新突破；形成了3500米以浅页岩气长水平段水平井优快钻井技术系列和水平井压裂试气配套工艺技术系列；渤海稠油油田首次成功实施350℃蒸汽吞吐试验效果显著；高含水期精细油藏描述及稳产技术研究在渤海油田取得重大突破。

中国海油“超深水半潜式钻井平台研发与应用”获国家科技进步特等奖。中国石油成功研制了适用于超深钻进的四单根立柱9000米超深井钻机、多频核磁共振测井仪等新仪器；中海油服兴旺号深水半潜式钻井平台和海洋石油286深水工程船投入使用。

4. *海外油气勘查开采成果丰硕，油气合作获重大突破。*我国海外油气勘查开采取得丰硕成果，全年海外投资1723亿元，比2013年减少了101亿元；共获得权益油11759万吨，比2013年增加了24万吨，共获得权益气350亿立方米。

中国石油完成油气勘探投资72.2亿元，开发投资462.2亿元。油气权益产量油当量6520万吨，其中原油权益产量5050万吨、天然气权益产量184.5亿立方米。中俄天然气管道实现历史性突破，中亚天然气管线C线建成投产，D线开工建设。中国石油实现连续6年新增油气储量规模超亿吨。西非、中亚等重点地区油气勘探均有重大发现。俄罗斯亚马尔液化天然气（LNG）项目顺利完成交割。

中国石化海外上游勘探开发完成投资661亿元人民币，其中勘探项目4.2亿元、开发项目656.6亿元，获得权益油4092万吨油当量，权益天然气产量80.3亿立方米。

中国海油海外上游完成勘探投资91.4亿元，完成开发投资314.9亿元，获得权益油产量2139万吨权益天然气产量79.3亿立方米。

5. *油气基础地质调查取得新进展，资源动态评价成果丰硕。*中国地质调查局在松辽外围、银额盆地等多个地区进行了基础地质调查，取得了重要成果和认识。松辽盆地外围突泉盆地取得油气重要发现，西藏伦坡拉盆地钻探发现厚层稀油，慈页1井首次在湘西北复杂构造区下寒武统泥页岩发现页岩气，宁夏六盘山盆地白垩系钻获陆相页岩油气等。继续在黄海、南海北部陆坡深水区和台湾海峡西岸等重点海域，开展新区域、新层位油气资源调查。

全国油气资源动态评价项目主要完成了华北、中原、河南、江苏、江汉、青海、玉门、东海、冀东、大港、渤海海域、南海中南部等探区的动态评价，评价结果表明，全国常规石油地质资源量1085亿吨、可采资源量268亿吨，与2007年评价结果相比，分别增长了42%和26%；常规天然气地质资源量68万亿立方米，可采资源量40万亿立方米，与2007年评价结果相比，分别增长了94%和82%。并对2030年前全国油气储量产量增长趋势进行了预测。

6. *页岩气勘查开采进展迅速，其他非常规油气勘查稳步推进*。全国页岩气勘探开发投入150.38亿元，完钻探井34口，正钻探井8口，完钻开发井345口，总进尺112.15万米。2014年全国勘查新增页岩气探明地质储量1067.50亿立方米，页岩气产量12.58亿立方米。

全国煤层气勘探开发投入45.66亿元，钻井1013口，进尺122.16万米；油页岩油产量近90万吨；海域和陆域冻土带天然气水合物资源调查取得新进展。

7. *油气管道建设增长较快，中俄天然气管道实现历史性突破*。我国2014年新增油气管道6800千米，其中原油管道800千米，天然气管道4500千米，成品油管道1500千米。截至2014年底，中国油气管道总里程为11.7万千米，其中，原油管道总里程为2.7万千米，成品油管道总里程为2.1万千米，天然气管道总里程为6.9万千米。

中俄先后签署了《中俄东线供气购销合同》和《关于沿西线管道从俄罗斯向中国供应天然气的框架协议》，中俄东线天然气管道境外段开工建设。中亚天然气管道C线、西气东输三线西段建成投产。中亚天然气管道D线、陕京四线开工建设。

·油气资源勘查开采·

【概况】 全国油气资源勘查开采投资和实物工作量均有所下降。全国新增石油探明地质储量10.61亿吨，新增探明地质储量大于1亿吨的油田1个，为鄂尔多斯盆地新安边油田。新增天然气探明地质储量9437.72亿立方米，新增探明地质储量大于千亿立方米的气田5个，分别为鄂尔多斯神木气田、延安气田，琼东南盆地陵水17.2气田，东海宁波22－1气田，塔里木盆地克拉苏气田。首次探明新增页岩气探明地质储量1067.5亿立方米，新增探明地质储量大于千亿立方米的页岩气田1个，为四川盆地涪陵气田。新增煤层气探明地质储量601.93亿立方米。全国石油、天然气产量再创历史新高。石油产量2.11亿吨，连续5年保持2亿吨以上水平。天然气产量1248.04亿立方米，连续4年保持千亿立方米以上水平。页岩气产量12.58亿立方米。煤层气产量36.91亿立方米。

【油气资源勘查】 1. *勘查投资*。①全国勘查投资。全国石油天然气勘查投资742.66亿元①，较2013年的785.56亿元减少了42.90亿元，同比下降5.5%（图1）。

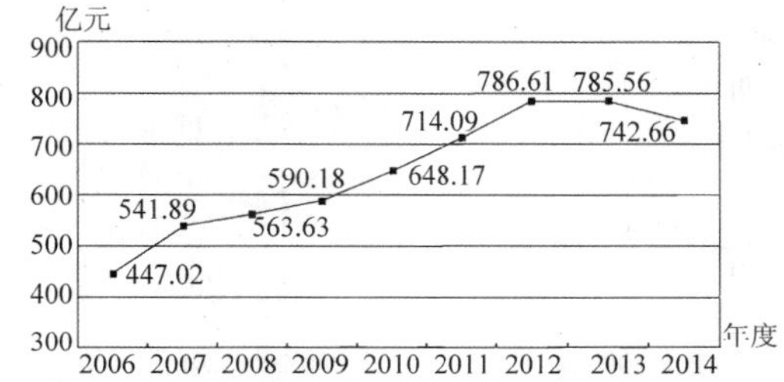

图1　2006～2014年全国油气勘查投入统计图

从勘查投资的比例看，中国地质调查局占2.1%，中国石油天然气集团公司（以下简称中国石油）占43.8%，中国石油化工集团公司（以下简称中国石化）占22.4%，中国海洋石油总公司（以下简称中国海油）占23.0%，陕西延长石油（集团）有限责任公司（以下简称延长石油）占7.3%，中联煤层气有限责任公司（以下简称中联公司）占1.4%（图2）。

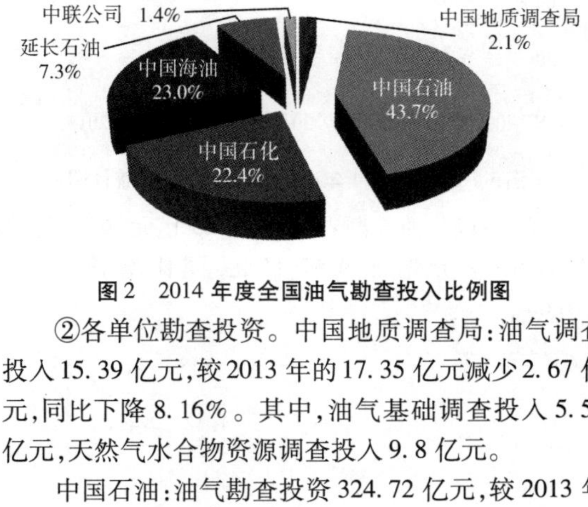

图2　2014年度全国油气勘查投入比例图

②各单位勘查投资。中国地质调查局：油气调查投入15.39亿元，较2013年的17.35亿元减少2.67亿元，同比下降8.16%。其中，油气基础调查投入5.59亿元，天然气水合物资源调查投入9.8亿元。

中国石油：油气勘查投资324.72亿元，较2013年的351.66亿元减少26.94亿元，同比下降7.7%（图3）。

① 包括各石油公司自营勘查投资、对内和对外合作勘查投资、油气勘查研究费用。

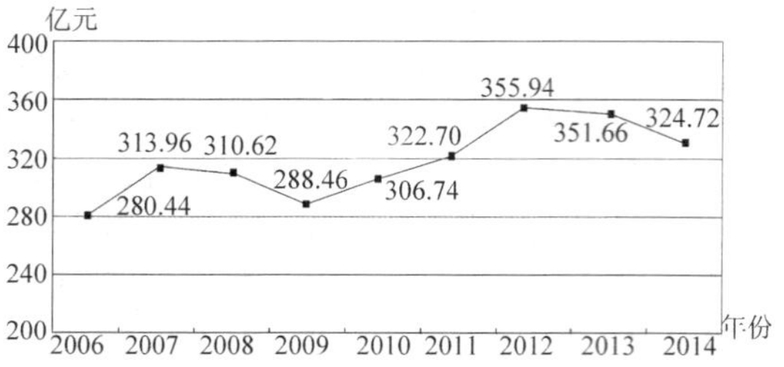

图3　2006～2014年中国石油勘查投入统计图

中国石化：油气勘查投资166.47亿元，较2013年的190.64亿元减少33.96亿元，同比下降12.7%（图4）。

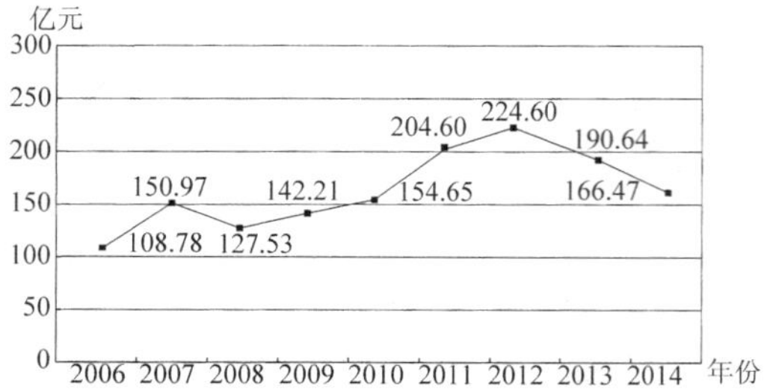

图4　2006～2014年中国石化勘查投入统计图

中国海油：油气勘查投资171.16亿元，较2013年的173.78亿元减少2.62亿元，同比下降1.5%（图5）。

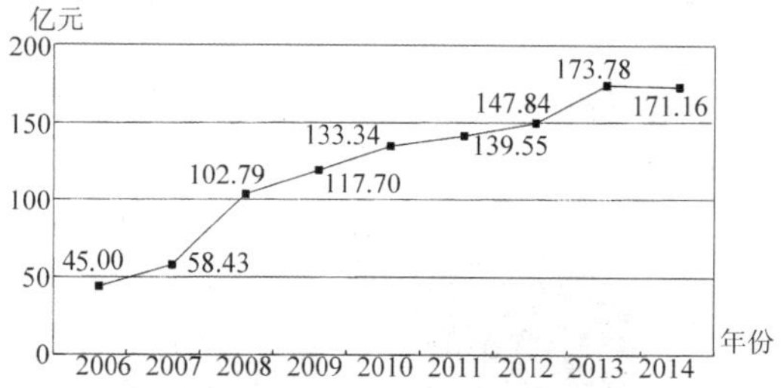

图5　2006～2014年中国海油勘查投入统计图

延长石油：油气勘查投资54.23亿元，较2013年的44.66亿元增加9.57亿元，同比增长21.4%（图6）。

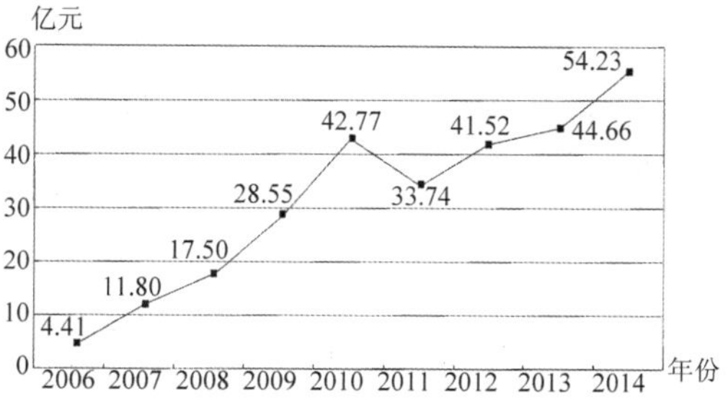

图6　2006～2014年延长石油勘查投入统计图

中联公司：煤层气勘查投资10.15亿元，较2013年的7.47亿元增加2.67亿元，同比增长35.8%（图7）。

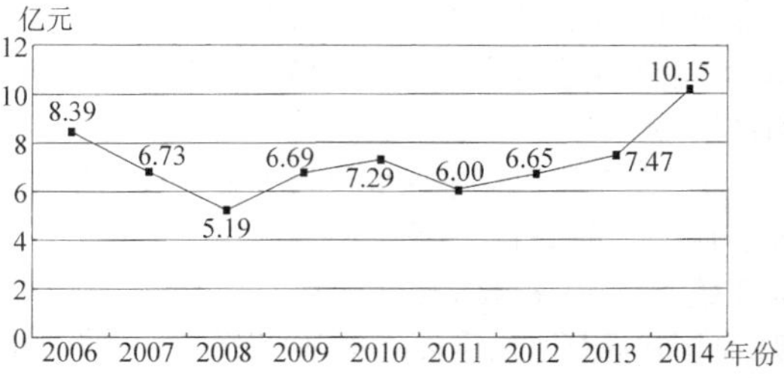

图7　2006～2014年中联公司勘查投入统计图

2. 主要实物工作量。①探井。全国完钻探井3503口，比2013年的3863口减少360口，同比下降9.3%（图8）。其中，中国地质调查局62口，占1.8%；中国石油1584口，占45.2%；中国石化574口，占16.4%；中国海油117口，占3.3%；延长石油1072口，占30.6%；中联公司94口，占2.7%（图9）。

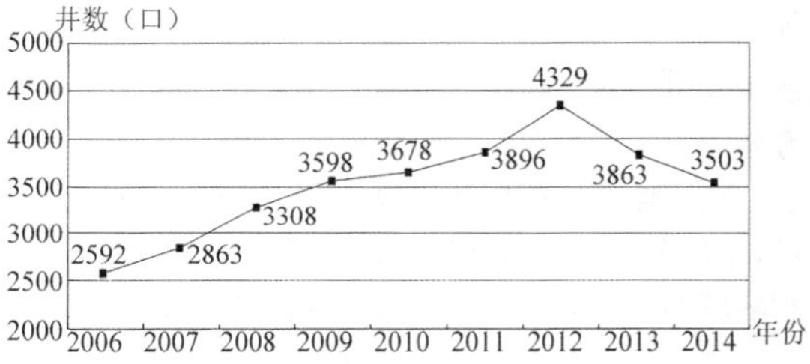

图8　2006～2014年全国油气探井口数统计图

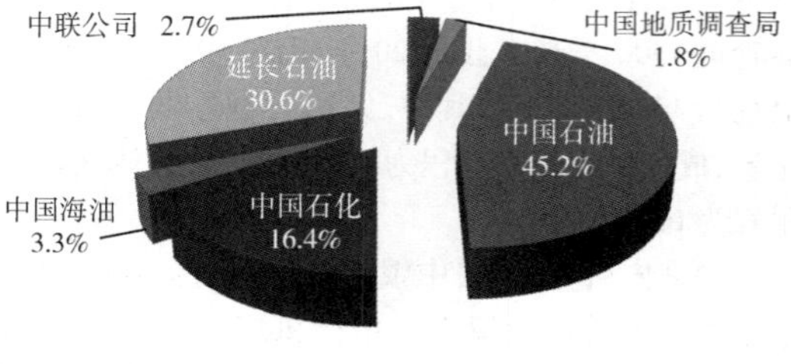

图9　2014年度全国油气探井口数比例图

全国完钻探井总进尺886.80万米，比2013年的951.64万米减少了64.84万米，同比下降6.8%（图10）。

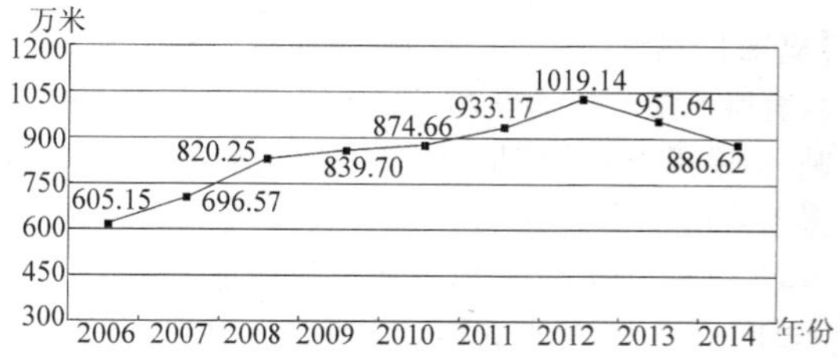

图10　2006～2014年全国油气探井进尺统计图

其中，中国地质调查局5.54万米，占0.6%；中国石油441.80万米，占49.8%；中国石化148.98万米，占16.8%；中国海油34.27万米，占3.9%；延长石油240.61万米，占27.1%；中联公司15.59万米，占1.8%（图11）。

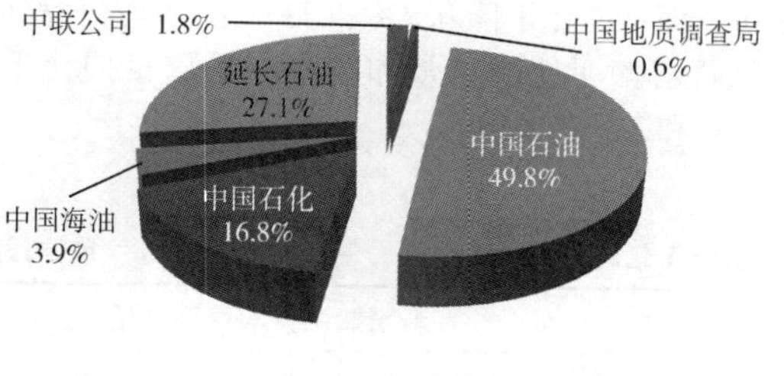

图11　2014年度全国油气探井进尺比例图

②二维地震。全国完成二维地震勘探87853千米（图12），比2013年的112854千米减少了25001千米，同比下降22.2%。其中，中国地质调查局40929千米，占46.6%；中国石油18368千米，占20.9%；中国石化5635千米，占6.4%；中国海油20477千米，占23.3%；延长石油2045千米，占23%；中联公司399千米，占0.5%（图13）。

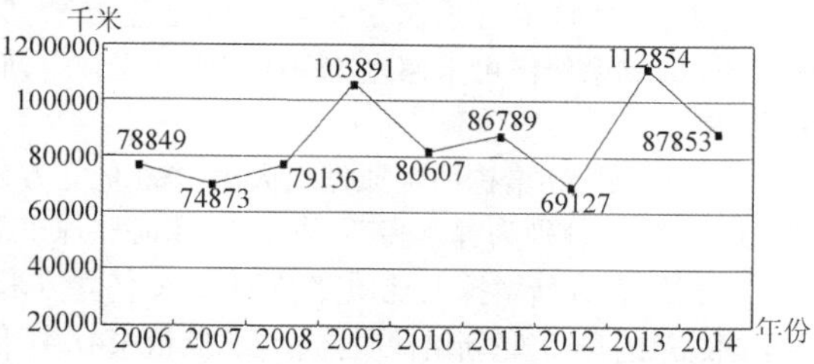

图12　2006～2014年全国油气二维地震统计图

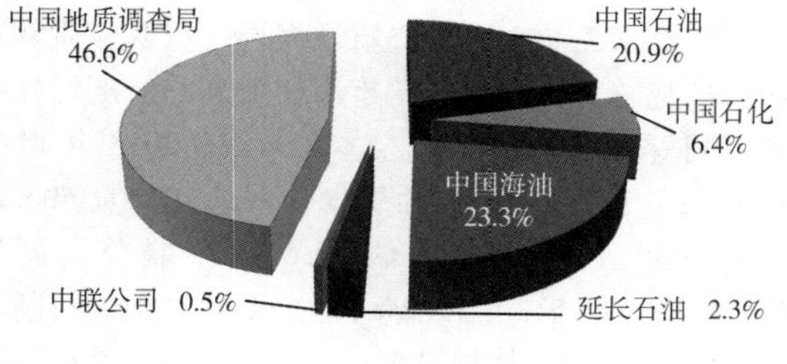

图13　2014年度全国油气二维地震比例图

③三维地震。全国完成三维地震43535平方千米（图14），比2013年的48926平方千米减少了5391平方千米，同比下降11.0%。其中，中国石油10939平方千米，占25.1%；中国石化8981平方千米，占20.6%；中国海油22826平方千米，占52.4%；延长石油191平方千米，占0.4%；中联公司598平方千米，占1.4%（图15）。

3．储量增长。①石油。全国石油新增探明地质储量10.61亿吨[①]（包括原油、凝析油），较2013年减少

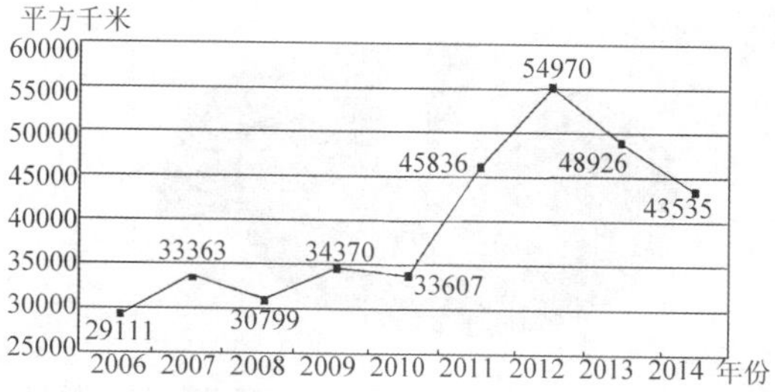

图14　2006～2014年全国油气三维地震统计图

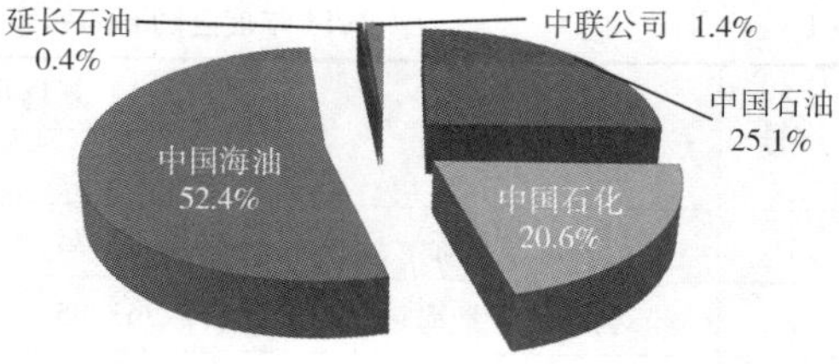

图15　2014年度全国油气三维地震比例图

了0.22亿吨，同比下降2.0%，是第十二次也是连续第八次超过10.62亿吨的年份（图16）。其中，中国石油新增探明地质储量7.02亿吨，占66.1%；中国石化新增0.47亿吨，占4.4%，但2014年新增石油探明地质储量较2013年下降了47.3%，幅度较大；中国海油新增2.76亿吨，占26.0%；延长石油新增0.37亿吨，占3.5%（图17）。

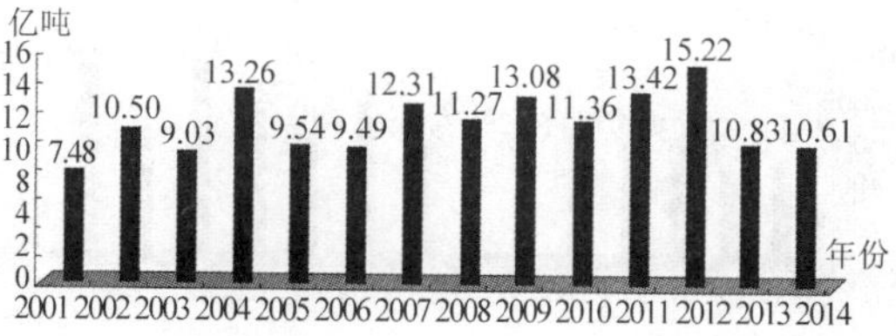

图16　2001～2014年全国新增探明石油地质储量柱状图

全国石油新增探明技术可采储量1.88亿吨[②]，较2013年减少了0.14亿吨，同比下降6.5%。其中，中国石油新增探明技术可采储量1.25亿吨，占66.1%；中国石化新增0.08亿吨，占4.1%；中国海油新增0.52亿吨，占27.5%；延长石油新增0.04亿吨，占2.3%。

截至2014年底，全国石油累计探明地质储量360.52亿吨，累计探明技术可采储量96.34亿吨，累计探明经济可采储量87.89亿吨；剩余技术可采储量34.33亿吨，储采比16.3；剩余经济可采储量25.89亿吨，储采比12.3。

---

① 不含老油田复算（核算）减少0.77亿吨。

② 不含老油田复算（核算）减少0.15亿吨。

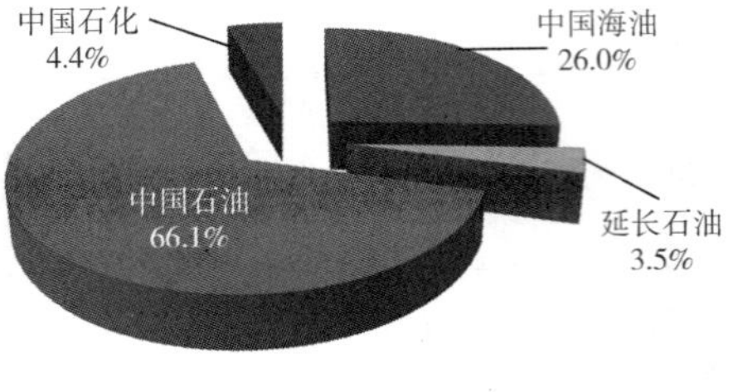

图 17　2014 年度各石油公司新增探明石油地质储量比例图

全国石油新增探明地质储量大于 1 亿吨的盆地有 2 个，分别是鄂尔多斯盆地和渤海湾盆地海域，合计新增探明地质储量 6.04 亿吨，占全国总量的 56.9%；新增探明技术可采储量 9962.63 万吨，占全国总量的 52.9%。其中，鄂尔多斯盆地新增探明地质储量和技术可采储量同比下降 0.9% 和 11.7%，渤海湾盆地的海域新增探明地质储量和技术可采储量同比下降 13.7% 和 3.3%（表 1）。

表 1　　2014 年度全国石油新增探明地质储量大于 1 亿吨的盆地统计表　　单位：万吨

序号	盆地	新增探明地质储量		新增探明技术可采储量	
		2014 年	2013 年	2014 年	2013 年
1	鄂尔多斯	38647.75	38986.12	6113.4	6924.16
2	渤海湾盆地海域	21762.85	25213.16	3849.23	3980.26
合计		60410.60	64199.28	9962.63	10904.42

2. 天然气。全国天然气新增探明地质储量 9437.72 亿立方米，较 2013 年增加了 3451.12 亿立方米[①]，同比增长 53.2%（图 18）。其中，中国石油新增探明地质储量 5493.62 亿立方米，占 58.2%；中国石化新增 1244.03 亿立方米，占 13.2%；中国海油新增 1126.90 亿立方米[②]，占 11.9%；延长石油新增 1573.17 亿立方米[③]，占 16.7%（图 19）。

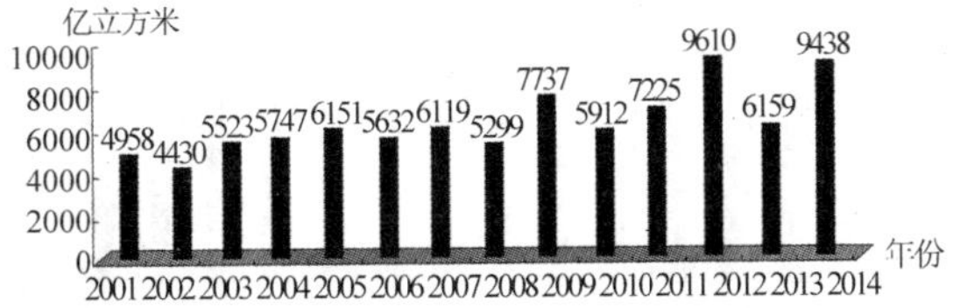

图 18　2001～2014 年全国探明天然气地质储量柱状图

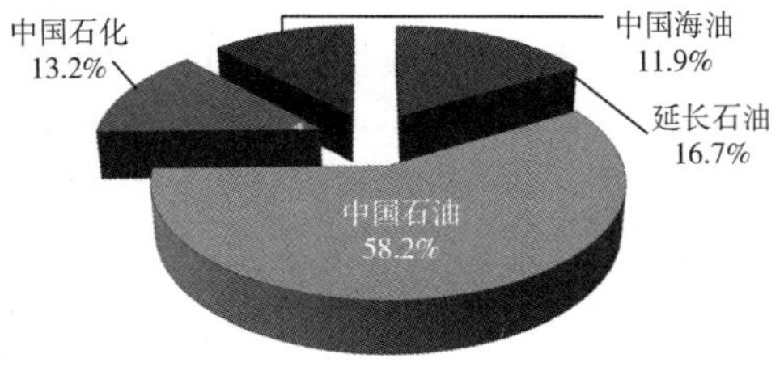

图 19　2014 年度各石油公司探明天然气地质储量比例图

全国天然气新增探明技术可采储量 4749.56 亿立方米[④]较 2013 年增加了 933.61 亿立方米，同比增长 24.5%（表 2）。其中，中国石油新增探明技术可采储量 2717.70 亿立方米，占 57.2%；中国石化新增 618.26 亿立方米，占 13.0%；中国海油新增 629.16 亿立方米[⑤]，占 13.3%；延长石油新增 784.44 亿立方米[⑥]，占 16.5%。

截至 2014 年底，全国天然气累计探明地质储量 123367.30 亿立方米，累计探明技术可采储量 65141.73 亿立方米，累计探明经济可采储量 51953.05 亿立方米；剩余技术可采储量 49451.78 亿立方米，储采比 39.6；剩余经济可采储量 36263.104 亿立方米，储采比 29.1。

全国气层气新增探明地质储量大于 1000 亿立方米的盆地有 4 个，分别为鄂尔多斯、塔里木、东海和琼东南盆地（表 2），合计新增探明地质储量 8822.91 亿立方米，占全国总量的 93.5%；新增探明技术可采储量 4547.41 亿立方米，占全国总量的 95.7%。与 2013 年相比，4 个盆地的新增天然气探明地质储量均有大幅增加。

3. 煤层气。全国勘查新增煤层气探明地质储量 601.93 亿立方米，较 2013 年增长 155.3%；新增探明技术可采储量 305.31 亿立方米，较 2013 年增长 159.0%。其中，中国石油新增探明地质储量 406.22 亿立方米，占全国总量的 67.5%；中联公司新增 115.56 亿立方米，占 19.2%；地方企业大地高科新增 80.15 亿立方米，占 13.3%。2014 年全国新增的煤层气探明地质储量均来自沁水盆地。

① 含老油田复算（核算）减少 399.54 亿立方米。

② 中国海油上海与中国石化上海填报的新增探明地质储量重复 1049.41 亿立方米，从中国海油储量中扣除。

③ 延长石油数据：1565.77 亿立方米。

④ 中国海油上海与中国石化上海填报的新增探明技术可采储量重复 534.06 亿立方米，从中国海油储量中扣除。

⑤ 不含老油田复算（核算）减少 177.14 亿立方米。

⑥ 延长石油数据：783.64 亿立方米。

表 2　　**2014 年度全国气层气新增探明地质储量大于 1 千亿立方米的盆地统计表**　　单位:亿立方米

序号	盆地	新增探明地质储量		新增探明技术可采储量	
		2014 年	2013 年	2014 年	2013 年
1	鄂尔多斯	5012. 55	211. 06	2434. 94	36. 94
2	塔里木	1756. 42	157. 26	991. 08	32. 43
3	东海	1033. 58	0. 00	528. 52	0. 00
4	琼东南	1020. 36	5. 06	592. 87	2. 40
合计		8822. 91	373. 38	4547. 41	71. 77

截至 2014 年底,全国累计探明地质储量 6266. 35 亿立方米,累计探明技术可采储量 3154. 24 亿立方米,累计探明经济可采储量 2598. 36 亿立方米。剩余技术可采储量 3079. 30 亿立方米,剩余经济可采储量 2523. 42 亿立方米。

4. *页岩气*。全国勘查新增页岩气探明地质储量 1067. 50 亿立方米,新增探明技术可采储量 266. 88 亿立方米,新增探明经济可采储量 134. 74 亿立方米。新探明页岩气田为中国石化勘探涪陵页岩气田。

截至 2014 年底,全国累计探明地质储量 1067. 50 亿立方米。累计探明技术可采储量 266. 88 亿立方米,累计探明经济可采储量 134. 74 亿立方米,剩余技术可采储量 254. 63 亿立方米,剩余经济可采储量 122. 49 亿立方米。

【油气资源开采】 1. *开采投资*。全年油气开采投资累计为 2691. 35 亿元,较 2013 年的 2875. 52 亿元降低了 184. 17 亿元,降幅为 6. 4%(图 20)。

从各石油公司开采投资投入来看,中国石油 1323. 8 亿元,占 49. 19%,同比减少 15%;中国石化 585. 13 亿元,占 21. 74%,同比减少 12. 5%;中国海油 587. 79 亿元,占 21. 84%,同比增长 14. 52%;延长石油 185. 17 亿元,占 6. 88%,同比增长 48. 62%;中联公司 9. 46 亿元,占 0. 35%,同比减少 9%(图 20、图 21)。

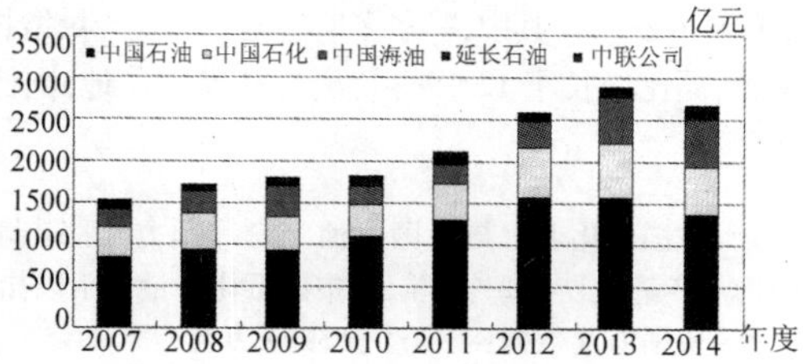

图 20　2007 ~2014 年全国及各石油公司开采投入柱状图

2. *开发钻井*。全国完成开发井 27003 口,同比减少 9. 28%;总进尺 5332. 71 万米,同比减少 5. 9%。其中油井 24827 口,进尺 4665 万米;气井 2176 口,进尺 667. 72 万米(图 22、图 23、图 24)。

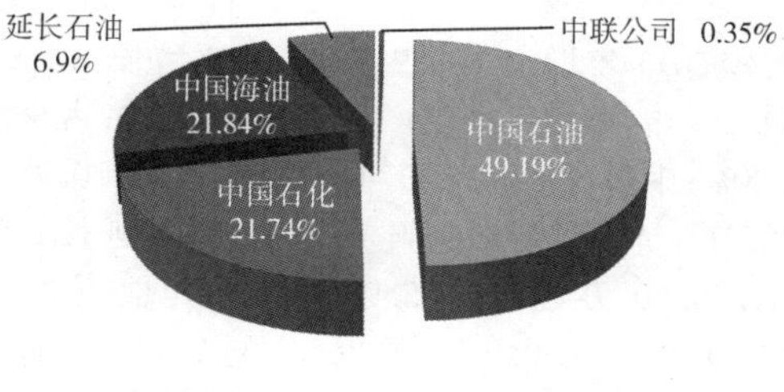

图 21　2014 年各石油公司开采投入比例图

中国石油:完成开发井 16404 口,进尺 3108. 78 万米。其中油井 15063 口,进尺 2721. 02 万米;气井 1341 口,进尺 387. 76 万米。

中国石化:完成开发井 4035 口,进尺 1045. 07 万米。其中油井 3797 口,进尺 953. 6 万米;气井 238 口,进尺 91. 47 万米。

中国海油:完成开发井 286 口,进尺 79. 85 万米。其中油井 262 口,进尺 69. 89 万米;气井 24 口,进尺

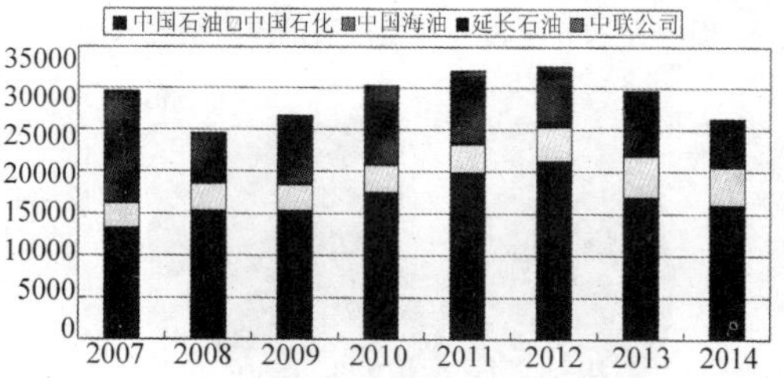

图 22　2007 ~2014 年全国及各石油公司完成开发井柱状图

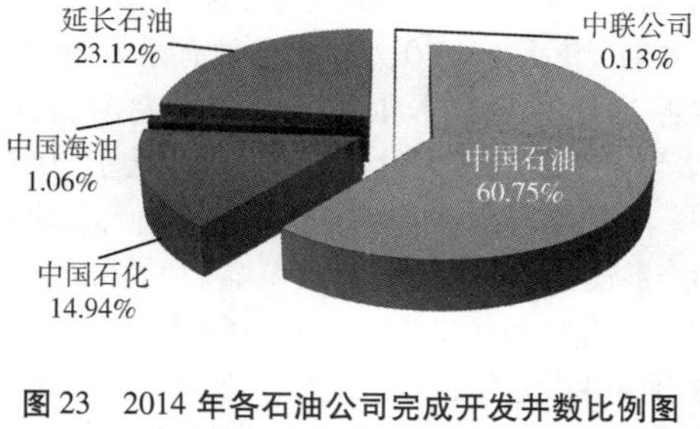

图 23　2014 年各石油公司完成开发井数比例图

延长石油:完成开发井 6244 口,进尺 1095. 97 万米,其中油井 5705 口(其中注水井 997 口),进尺 920. 47 万米,气井 539 口,进尺 175. 5 万米。

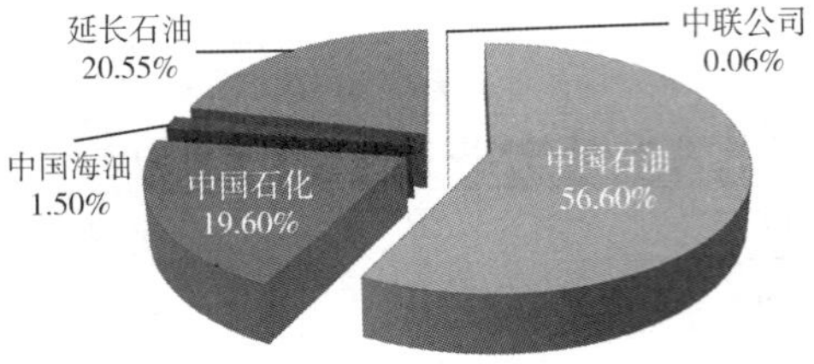

图 24　2014 年各石油公司完成开发井进尺比例图

中联公司：完成开发井 34 口（包括水平井 16 口），总进尺 3.05 万米。

3. 油气产量。①石油。全国石油产量 2.11 亿吨，较 2013 年增加了 239 万吨，同比增长 1.1%（图 25）。其中，中国石油生产 11366.86 万吨，占全国的 53.8%；中国石化生产 4374.80 万吨①，占 20.7%；中国海油生产 3954.43 万吨②，占 18.7%；延长石油生产 1255.50 万吨③，占 5.9%；地方其他石油企业 190.51 万吨，占 0.9%（图 26）。与 2013 年相比，中国石油的产量同比增长 0.95%，中国石化同比减少 0.03%，中国海油同比增长 1.04%，延长石油同比减少 0.57%。至 2014 年底，全国石油累计产出 62.01 亿吨。

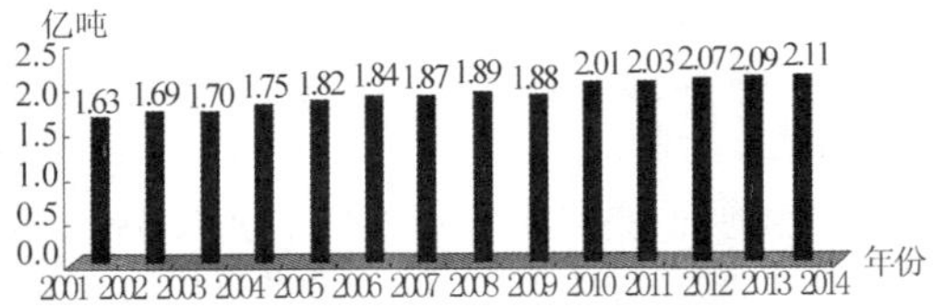

图 25　2001～2014 年全国石油年产量柱状图

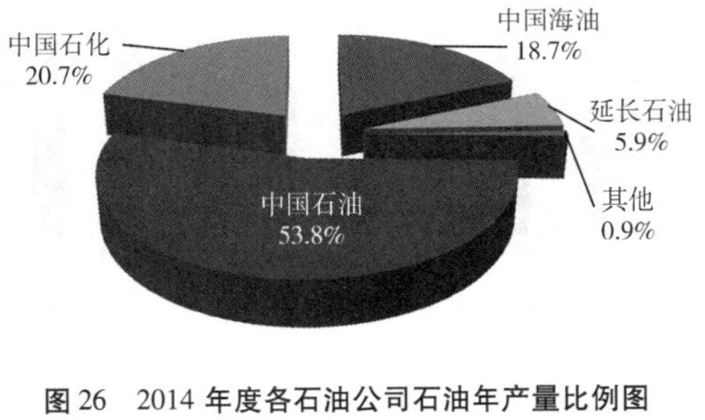

图 26　2014 年度各石油公司石油年产量比例图

原油产量大于 1000 万吨的盆地有渤海湾、松辽、鄂尔多斯、准噶尔、塔里木和珠江口盆地（表 3），合计产量 19532.54 万吨，占全国总量的 92.4%，低于 2013 年的 92.7%。渤海湾盆地的海域、鄂尔多斯盆地和准噶尔盆地石油产量较上年有所增长，渤海湾盆地的陆上、松辽盆地、塔里木盆地和珠江口盆地石油产量较上年有所降低。其中，准噶尔盆地增长幅度最大，同比增长了 4.0%，鄂尔多斯盆地增长了 3.8%，渤海湾盆地的海域增长了 1.4%。珠江口盆地石油产量同比下降了 2.1%，松辽盆地下降了 0.9%，塔里木盆地下降了 0.1%。

表 3　2014 年度全国主要盆地原油产量统计表

单位：万吨

序号	盆地		2014 年产量	2013 年产量	同比增长（%）
1	渤海湾	陆上	4898.57	4901.85	-0.1
2		海域	2610.14	2574.16	1.4
3	松辽		4447.42	4487.29	-0.9
4	鄂尔多斯		3818.76	3680.43	3.8
5	准噶尔		1345.36	1293.61	4.0
6	塔里木		1325.74	1327.45	-0.1
7	珠江口		1086.55	1109.76	-2.1
合计			19532.54	19374.55	0.8

2. 天然气。全国天然气产量 1248.04 亿立方米，较 2013 年增加了 81.83 亿立方米，同比增长 7.0%（图 27）。其中，中国石油生产天然气 940.58 亿立方米，占全国的 75.3%；中国石化生产 187.28 亿立方米④，占 15.0%；中国海油生产 103.38 亿立方米⑤，占 8.3%；延长石油生产 6.07 亿立方米⑥，占 0.5%；其他地方企业生产 10.73 亿立方米，占 0.9%（图 28）。与 2013 年相比，中国石油的产量同比增长 6.9%，中国石化同比增长 1.9%，中国海油同比增长 8.4%。至 2014 年底，全国天然气累计产出 15689.95 亿立方米。

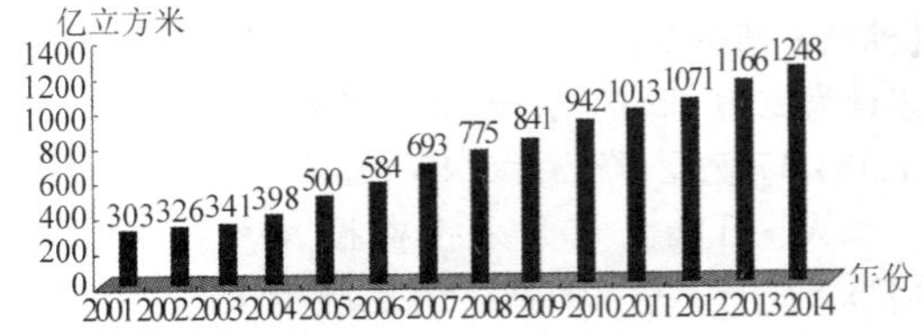

图 27　2001～2014 年度全国天然气年产量柱状图

天然气产量大于 30 亿立方米的盆地有鄂尔多斯、四川、塔里木、柴达木、松辽、莺歌海和准噶尔盆地，合计产量达 1152.46 亿立方米，占全国总量的 92.3%，高于 2013 年的 90.3%（表 4）。其中，鄂尔多斯盆地天然气产量增长幅度最大，同比增长了 12.1%；其次为准噶尔盆地，同比增

---

① 中国百化上海与中国海油上海和地方上海市填报的凝析油产量重复 5.21 万吨，从中国石化总量中予以扣除；

② 中国海油数据：石油产量 3964 万吨；

③ 延长百油数据：原油产量 1277.09 万吨。

④ 中国石化上海与中国海油上海和地方上海市填报的气层气产量重复 3.26 亿立方米，从中国百化总量中予以扣除；

⑤ 中国海油数据：天然气产量 117.7 亿立方米；

⑥ 延长石油数据：6.1 亿立方米。

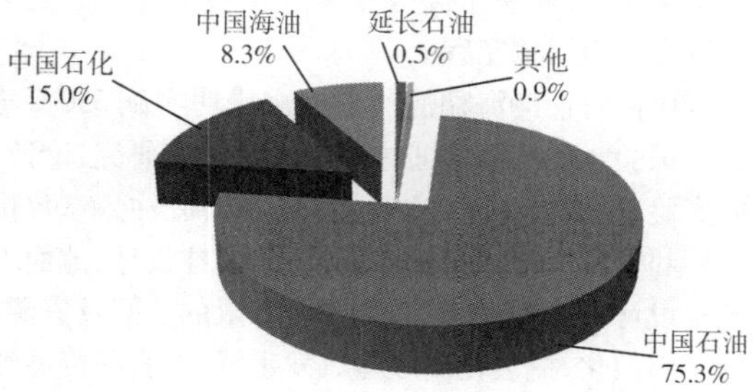

图28　2014年度各石油公司天然气年产量比例图

长了6.5%；然后是塔里木盆地，同比增长了5.3%；四川盆地增长了3.5%；柴达木盆地增长了1.2%；而莺歌海和松辽盆地的天然气产量同比下降了4.2%和1.7%。

表4　　2014年度全国主要盆地天然气产量统计表

单位：亿立方米

序号	盆地	2014年产量	2013年产量	同比增长(%)
1	鄂尔多斯	428.92	382.67	12.1
2	塔里木	251.85	239.20	5.3
3	四川	249.38	240.85	3.5
4	柴达木	68.89	68.10	1.2
5	松辽	57.49	58.46	-1.7
6	准噶尔	32.44	30.47	6.5
7	莺歌海	32.00	33.42	-4.2
合计		1152.46	1053.17	9.4

3. *煤层气*。① 全国煤层气(含煤矿瓦斯)抽采量155.34亿立方米，利用量70.07亿立方米，同比分别增加9.2%和17%。其中，井下瓦斯抽采量118.41亿立方米，利用量38.43亿立方米，同比增加8.8%和5.4%；地面煤层气产量36.91亿立方米，利用量31.64亿立方米，同比增加26.1%和36.0%。

4. *页岩气*。全国页岩气产量12.58亿立方米，其中，中石化涪陵页岩气田产量10.81亿立方米，占全国的86.0%；中石化彭水区块页岩气产量760.14万立方米；中石油长宁区块页岩气产量1.01亿立方米，富顺—永川区块产量5724.19万立方米，威远区块产量767.08万立方米。

【油气理论技术方法】 1. *勘查理论技术方法*。①中国石油古老海相碳酸盐岩天然气成藏地质理论技术创新指导安岳特大气田战略发现。中国石油不断深化深层古老海相碳酸盐岩天然气成藏地质理论技术，解决了制约震旦系—寒武系油气勘探的关键地质问题及技术瓶颈，特别是在地震储层预测和测井油气层评价方面取得重大技术创新，有效指导了我国单体规模最大的整装海相特大型安岳气田磨溪区块龙王庙组气藏的战略突破和快速探明。

②中国石油非常规油气地质理论技术创新有效指导致密油勘探效果显著。中国石油创新发展了连续型油气聚集理论，提出敞流湖盆大型浅水三角洲、砂质碎屑流、湖相碳酸盐岩三类沉积新模式，开辟出湖盆中心致密油气勘探新领域。创新形成了“非常规油气资源评价方法、微纳米孔油气定量评价、致密油气、页岩气甜点预测”等关键技术，创新集成了“非常规油气开发方式与井网优化、油层测井识别与评价、水平井钻完井、体积压裂”等配套技术。创新成果有效指导和支撑了鄂尔多斯、准噶尔、松辽、柴达木等盆地陆相致密油以及四川盆地海相页岩气获得重大突破与工业化示范区建设。

③中国海油在东海低孔渗气层快速识别与综合评价技术研究取得重要进展。中国东海西湖凹陷低渗储层岩性致密，孔隙结构复杂，在勘探作业过程中进行准确、快速的含气性及物性评价具有很大的难度和挑战。通过近2年的理论研究与实践，成功建立了低渗气层气测录井校正技术和MDT测压取样优化技术，提出了低渗储层新的侵入模型，解决了气层上部经典侵入理论无法解释的“超压”现象，并根据新侵入模型，通过数值模拟研究，优化测压取样位置，提高效率和数据质量。同时针对随钻测井技术在低渗储层中的适应性，做了系统分析，明确了其影响因素和校正方法，以上这些技术成功在多口探井中进行应用，为宁波22—1等气田的发现和评价发挥了重要的作用。

④中国海油创新近海隐蔽油气藏理论技术，在渤海成功发现和评价了多个隐蔽油气藏。在渤海地区，通过深入研究，建立沉积和油气成藏模式，形成了配套的油气成藏定量分析和多属性烃类检测技术；不断丰富完善湖盆断陷期“源-汇”时空耦合控砂原理理论技术体系；提出隐性局部物源识别模式，并建立砂岩汇聚模式和富砂模式，归纳总结了优质储层发育模式；基本形成盆内局部物源体系优质储层综合预测技术组合。研究成果先后支持了包括秦皇岛33—1s和秦皇岛29—2E两个规模型隐蔽油气藏在内的7个隐蔽油气藏发现或评价，累计支持发现隐蔽油气藏石油地质储量2.31亿吨、天然气149.79亿方米，其中探明油1.33亿吨、天然气103.81亿立方米。

2. *开采理论技术方法*。①中国石油三元复合驱大幅提高采收率技术效果。中国石油在大庆油田成功

---

① 井下瓦斯抽采量采用煤监局数据，地面开发煤层气产量采用中联司统计办上报国家能源局数据。

开展了三元复合驱油技术配套攻关和大规模矿场试验,取得了很好的应用效果,形成了三元复合驱大幅度提高采收率技术系列和标准规范体系。三元复合驱形成了涵盖油田开发全过程的表活剂研制及生产等6大技术体系,突破了"双高"阶段常规技术的禁区,比水驱提高采收率20%以上,奠定了我国在此领域的国际领先地位。

②中国石化致密储层试气工程工艺技术取得新突破。针对川西地区致密储层特征,侏罗系形成了多级多缝酸压技术,须家河组形成了混合水压裂和复合改造技术。

为解决川西中浅层投入产出比低的难题,形成以二开套管分段完井工艺、智能滑套和全通径封隔器应用、完井工艺标准化为核心的川西中浅层水平井分段完井工艺技术,现场水平井分段数提高到11段,分段能力提升到20段。

针对须家河组天然裂缝发育的储层特点,形成了酸预处理+大规模混合水压裂技术,相比常规压裂,储层伤害更低,相比清水压裂,有效缝长更长及导流能力更高。

③中国石化形成了3500米以浅页岩气长水平段水平井优快钻井技术系列。一是钻井工程优化设计技术不断完善,钻井提速提效显著。二是优选长寿命耐油螺杆+研发全井眼高效PDC钻头组合,三开机械钻速稳步提高。三是"井工厂"钻井现场试验提速提效显著。立足国产化、自主化、本土化的思路,研制了快移快装钻机集成技术核心部件和装备,使国际同类设备价格降低了50%以上,形成了高山复杂地表条件下的"井工厂"高效钻井作业模式,提高生产时效。四是推广学习曲线,创造涪陵速度。推广应用"学习曲线",有意识的学习,缩短学习周期,推行方案设计、技术工艺、监督管理、工程质量考评标准化建设,实现"技术管理双提速"。

④中国石化形成了3500米以浅水平井压裂试气配套工艺技术系列。一是改进理念和思路,形成标准化压裂设计方法和流程。二是不断优化调整,形成了不同层位水平井压裂施工工艺参数。三是优化配方,形成低成本高效压裂材料体系,通过自主研发和优选评价,形成两套减阻水压裂液体系,成本降低40%,基本形成了"一酸两液三砂"的低成本高效压裂压裂材料体系。四是形成长水平段连续油管钻塞工艺。通过优化钻具组合,钻磨周期由8~10天缩短至5~6天。五是成功开展页岩气"井工厂"同步、交替模式压裂。六是研制了国产化配套压裂设备,形成了适应于复杂山地条件下地面配套装备。成功研制世界首台3000型压裂车、易钻复合桥塞等井下压裂工具成功实现工业化批量生产、研制了高效压裂分流管汇等。七是形成了安全合理采输工程。

⑤中国海油渤海稠油油田首次成功实施350℃蒸汽吞吐试验。中国海油通过前期大量方案研究、论证、室内实验、现场准备工作,完成了蒸汽吞吐注入参数优化,高温防膨剂、缓蚀剂的筛选,注采管柱设计、地面工艺流程设计等工作;针对海上平台有限的空间及资源,研发了小型化、撬装化高效蒸汽发生器,配套完成高纯度氮气系统、多源水处理系统、化学药剂注入等装备;针对高温(350℃)条件,优化隔热与防腐工艺,满足海上腐蚀速率要求;研制出适合旅大27—2油田蒸汽吞吐的高温举升工艺技术。2014年顺利完成了注汽、焖井、放喷和生产的全部工作,第一轮次热采产油是冷采的两倍,效果显著。

⑥中国海油高温海水基压裂液技术攻关取得突破。我国海上低渗储量丰富,但受作业载体空间狭小、淡水运输和存储成本高等因素影响,压裂成本高、规模受限大,严重制约了低渗油气藏的开发效果。为此,中国海油研究出了耐温160℃的高温海水基压裂液,并在冀东油田南堡3—27井顺利完成现场试验。高温海水基压裂液克服了海上压裂施工对淡水的依赖性,满足了海上高温低渗储层压裂施工要求,显著降低了海上压裂施工成本。采用海水基压裂液体系,配合增产作业支持船和连续混配装置,实现压裂液实时配注,减少液体存储所需的空间,并且可以大大提高作业时效。该压裂液技术为海上大规模水平井分级压裂提供了保障,填补了国内外高温海水基压裂液技术领域的空白。

⑦中国海油渤海油田中高含水期精细油藏描述及稳产技术研究取得重大突破。渤海主力油田近年逐渐进入中高含水阶段,表现出自然递减率大、含水上升率高的问题,更为精细的油藏描述与更为有效的增产挖潜研究势在必行。针对渤海油田地质油藏特征,通过近三年的攻关与实践,中国海油成功在中深层储层预测、储层精细解剖、剩余油定量描述、注采结构优化、采油工艺等五方面实现技术突破和现场应用,形成了一套综合地球物理—地质油藏—采油工艺的高效开发技术体系,实现渤海油田连续五年稳产3000万立方米以上。

⑧延长石油采油工艺优化系列配套技术已趋成熟。2014年油田开发应用了缝网压裂技术、延长油井免修期技术、综合提高机采效率技术等系列配套技术取得明显效果。在磨平3井引用陆相页岩气井压裂工艺,自主研发滑溜水压裂液体系,成功实施了延长石油第一口缝网压裂水平技术。2013~2014年共实施20口井的缝网压裂先导试验,效果明显好于常规压裂,统计显示试验井初周单井平均日产2.1吨/天,是常规井的2.3倍,稳产期单井平均日产油1.1吨/天,是常规

井的1.8倍。

⑨中联煤层气增产改造技术。研制了深穿透径向射流钻孔成套设备。深穿透射流新技术利用井下射流深穿透装置和工艺，通过套管局部开窗，利用井下深穿透超短半径转向器，实现高压挠性管或者高压软管带动特殊高压射流喷嘴钻头边喷射钻孔边向煤层延伸钻进，水平钻进深度达到50~100米。

研发出新型清洁压裂液体系。压裂液优选，以低伤害活性水、N_2/CO_2泡沫、清洁压裂液等压裂液为研究对象，提高压裂液造缝、携砂、压裂液返排能力，尽可能降低对煤储层的伤害。

研发出潜在酸压裂液体系。针对现有压裂技术目的在于形成单一粗高缝的特点，研发了潜在酸压裂液体系。

3. 重大工程技术和装备。①中石油在物探、测井和钻井方面取得重大突破。物探方面：GeoEast V3.0软件功能性能显著提升，预测精度和应用率大幅度提高，达到了国际先进水平。低频地震技术拓展了激发信号倍频层数，有效改善了岩性与流体识别能力；测井方面：15米“一串测”测井仪器一次下井取全取准常规测井曲线，提高时效30%以上。研制成功多频核磁共振测井仪等新仪器，国产成像测井系列进一步配套，在复杂及非常规油气识别与评价方面发挥了重要作用；钻井方面：创新提出了一套超长立柱施工工艺，研制成功适用于超深钻进的四单根立柱9000米超深井钻机，大大减少了复杂深井超深井钻井起下钻时间长、次数频繁等问题，起下钻综合提速15%。

②中海油服兴旺号深水半潜式钻井平台完工交付。COSLProspector（中海油服兴旺号）为深水半潜式钻井平台，于2014年12月19日完工交付。该平台型长104.5米，型宽70.5米，型高37.55米，设计吃水9.75~17.5米，作业水深70~1500米，最大钻井深度7600米，可变甲板载荷为5000吨，设计工作环境温度-20~+35℃，定员130人。

该平台采用全球最新海工设计理念以及最先进的能源管理和绿色设计理念，具备在挪威北海海域以及在格陵兰、挪威北部等极寒地区作业的能力。

③海洋石油286深水工程船交付使用。海洋石油286深水工程船是中国首艘作业水深达到3000米、作业能力在国际同类船舶中处于一流水平的多功能海洋工程船舶。船总长140.75米，型宽29米，型深12.8米，吃水8.5米，三级动力定位，入CCS和DNV双船级。于2014年11月12日交付使用。该船的建造对中国海洋工程走向深水、走向国际市场，实现长期稳定发展具有重要意义。

4. 勘探开发重大科技成果（表5）。

表5 2014年油气资源勘探开发重大科技奖励统计表

获项目名称	授奖等级	第一完成单位
超深水半潜式钻井平台研发与应用	国家科技进步特等奖	中国海油
我国油气战略通道建设与运行关键技术	国家科技进步一等奖	中国石油
元坝超深层生物礁大气田高效勘探及关键技术	国家科技进步一等奖	中国石化
超深井超稠油高效化学降粘技术研发与工业应用	国家科技进步一等奖	中国石化
大型复杂储层高精度测井处理解释系统CIFLog及其工业化应用	国家科技进步二等奖	中国石油
阿姆河右岸盐下碳酸盐岩大型气田勘探开发关键技术与应用	国家科技进步二等奖	中国石油

【油气国际合作】 1. 对外合作。全国油气（含煤层气、页岩气）对外合作区块共71个，面积7.4万平方千米。其中，合作勘查区块33个，面积6.93万平方千米；合作开采区块38个，面积4705平方千米。油气对外合作区块主要分布在渤海湾盆地、东海盆地、珠江口盆地、松辽盆地、沁水盆地、鄂尔多斯盆地、准噶尔盆地、清江盆地、南华北盆地以及贵州青山地区、云南罗平—恩洪地区。

① 石油天然气。一是对外合作勘查区块。全国石油天然气合作勘查区块10个，面积5.02万平方千米，主要分布在我国海域。中方矿权人是中国石油和中国海油，外方合作公司有洛克石油公司、意大利埃尼中国公司、丰收自然资源有限公司、超准能源中国有限公司、雪佛龙中国能源公司等。

二是对外合作开采区块。全国石油天然气合作开采区块36个，面积4512平方千米，主要分布在松辽、鄂尔多斯、渤海湾、东海、南海海域。中方矿权人是中国石油和中国海油，其中，中国石油10个区块，合作开采面积2144平方千米，外方合作公司有壳牌勘探（中国）有限公司、美国阿帕契（中国）有限公司、加拿大泛华有限公司、加拿大泛华能源有限公司、中亚石油有限公司、皇朝能源有限公司、香港亿阳实业有限公司、美国MI能源公司、天时集团能源有限公司；中国海油有26个区块，合作开采面积2368平方千米，外方合作公司有阿科（中国）有限公司、哈斯基石油中国有限公司、菲利普斯石油国际亚洲公司、科麦奇中国石油有限公司(美)、丹文能源中国有限公司、德士古(中国)公司、CACT作业者集团、JHN石油作业公司、菲利普斯中国有限公司、雪佛龙德士古中国能源公司、洛克石油(中国)公司、超准能源中国有限公司、美国新田石油中国有限公司等。

中国石油长北天然气项目。与壳牌合作开发的鄂尔多斯盆地长北天然气项目,合作区块面积1691平方千米。长北天然气项目继续保持高产稳定,当年生产天然气36.76亿立方米。

中国石油苏里格南天然气项目。与道达尔合作开发的鄂尔多斯盆地苏里格南天然气项目,合作区块面积2392平方千米。苏里格南天然气项目当年生产天然气15.8亿立方米,油气当量突破百万吨,以工厂化批量钻完井和压裂试气流水线作业为代表的致密气配套开发技术日趋成熟,广泛应用于公司在国内的自营业务。该项目被道达尔公司评为"全球优质项目"。

中国石油川东北天然气项目。与雪佛龙公司合作开发的四川川东北天然气项目,合作区块总面积876平方千米。2014年3月,第一口新井罗家20井顺利完井。截至2014年底,A井场、净化厂和硫磺厂实现了机械完工,预计2015年10月实现产气目标。

② 煤层气。全国煤层气合作勘查区块23个,面积19089平方千米,主要分布在沁水盆地和鄂尔多斯东缘。中方矿权人是中国石油和中联公司。其中,中国石油10个区块,合作勘查面积8232平方千米,外方合作公司有亚美大陆煤层气有限公司、奥瑞安能源国际有限公司、龙门汇成投资有限公司、远东能源(百慕大)有限公司、特拉维斯特能源公司、亚太石油有限公司、雪佛龙德士古中国能源公司、中澳煤层气能源有限公司、瑞弗莱克油气有限责任公司、亚加能源有限公司等;中联公司有13个区块,合作勘查面积10857平方千米,外方合作公司有富地柳林燃气有限公司、英发能源有限公司、远东能源(百慕大)有限公司、中澳煤层气能源有限公司、格瑞克能源(国际)公司等。

全国煤层气合作开采区块2个,面积193平方千米,中方矿权人是中联公司,外方合作公司有格瑞克能源(国际)公司和美中能源有限公司(萨摩亚)等。

山西柳林煤层气资源勘查对外合作项目。山西柳林区块面积183.824平方千米,目前该区块共获得煤层气探明储量217.84亿立方米。柳林区块外方合同者和作业者是富地柳林燃气有限公司。截至2014年底,已完成直井31口,多分支水平井8口,累计投入约81287万元。

山西寿阳煤层气资源勘查对外合作项目。山西寿阳区块对外合作面积为1693.6平方千米。寿阳区块外方合同者和作业者是远东能源(百慕大)有限公司。截至2014年底,寿阳对外合作项目共钻直井168口,其中水平井6口,压裂排采135口,已建设集输站2座,压缩站1座,累计产气量0.66亿方,试售气0.35亿方,累计投入119833万元。

山西临兴煤层气资源勘查对外合作项目。临兴区块产品分成合同区面积1785.09平方千米。临兴区块现外方合同者和作业者是中澳煤层气能源有限公司。截至2014年底,共完成877.4千米二维地震,累计钻井72口,压裂测试21口17层,提交探明储量283.58亿立方米,累计投入90271万元。

安徽宿州煤层气资源勘查对外合作项目。宿州区块对外合作面积567.843平方千米。宿州区块现外方合同者和作业者是英发能源有限公司。截至2014年底,该区块共完成钻井20口,排采9口,提交探明储量31.58亿立方米,累计投入7879万元。

山西柿庄北煤层气资源勘查对外合作项目。柿庄北区块对外合作面积325平方千米。柿庄北区块现外方合同者和作业者是格瑞克能源(国际)公司。截至2014年底,共实施直井11口,水平井2口,排采6口,累计投入8886万元。

山西沁源煤层气资源勘查对外合作项目。沁源区块面积3388.227平方千米。沁源区块现外方合同者和作业者是格瑞克能源(国际)公司。截至2014年底,共实施直井34口,水平井13口,排采15口,累计投入62186万元。

江西丰城煤层气资源勘查对外合作项目。丰城区块面积1228平方千米。丰城区块现外方合同者和作业者是格瑞克能源(国际)公司。截至2014年底,共实施直井26口,水平井2口,排采15口,累计投入31406万元。

安徽潘谢东煤层气资源勘查对外合作项目。潘谢东区块面积590平方千米。潘谢东区块现外方合同者和作业者是格瑞克能源(国际)公司。截至2014年底,共实施直井11口,水平井1口,排采5口,累计投入11043万元。

③ 页岩气。中国石化江汉与壳牌合作湘鄂西区块。主要根据第一阶段合作成果开展3次技术培训,完成了联合研究总结报告编写。

中国石化华东与道达尔合作宣城区块。完成5条211个点数共206千米MT、640千米二维地震资料采集、处理工作及皖页1井的钻井任务。皖页1井于2015年2月21日完钻,完钻层位震旦系皮园村组上部,完钻井深3059.23米。该井在奥陶系宁国组、印渚埠组和寒武系的杨柳岗组、大陈岭组、荷塘组见到气测异常显示,其中2299.8~2301.2米气测异常值最大。

2014年该井正在进行固井，开展资料研究及岩芯测试工作，下步将根据综合钻井所获地质资料对研究区域进行评价，确定是否选层进行压裂测试。项目签署的工程、课题研究、分析化验等合同总价12304万元人民币。

2. *海外勘查开采*。我国海外油气勘查开采取得丰硕成果，全年海外投资1723亿元（勘探投资172亿元、开发投资1551亿元），比2013年减少了101亿元；共获得权益油11759万吨，比2013年增加了24万吨；共获得权益气350亿立方米。

①中国石油。中国石油坚持“互利共赢、合作发展”的理念，与国际石油公司、服务公司和东道国开展国际能源合作。截至2014年底，在全球35个国家运营91个油气合作项目。2014年，完成油气勘探投资72.2亿元，开发投资462.2亿元；油气权益产量当量6520万吨，其中原油权益产量5050万吨、天然气权益产量184.5亿立方米。

在中亚－俄罗斯地区的油气合作得到进一步深化。与俄罗斯签署了一系列油气合作协议，与哈萨克斯坦、乌兹别克斯坦、塔吉克斯坦、吉尔吉斯斯坦、土库曼斯坦等中亚国家签署一批一体化合作协议，中亚油气合作示范区建设稳步推进。此外，公司还与蒙古、秘鲁、古巴、巴基斯坦、委内瑞拉等国签署了多项合作协议。

中国石油和俄罗斯天然气工业股份公司先后签署了《中俄东线供气购销合同》、《关于沿西线管道从俄罗斯向中国供应天然气的框架协议》，为满足中国快速增长的天然气需求提供了有力保障。继5月底中亚天然气管线C线通气后，9月13日中亚天然气管线D线塔吉克斯坦段破土动工，又一条能源大动脉即将横贯中亚，保障国家能源安全作用凸显。

2014年初，俄罗斯亚马尔液化天然气（LNG）项目顺利完成交割，实现了中国石油进入俄罗斯上游成熟油气项目的重要突破；11月6日，巴西国家石油公司全资子公司巴西能源秘鲁公司股权收购项目完成交割；12月17日，中国石油与哈萨克斯坦国家石油天然气公司签署了扩大油气领域科技合作协议，进一步深化中哈油气全产业链业务合作。

尽管受国际油价持续走低、资源国政策收紧和安保形势严峻等不利因素影响，2014年中国石油实现连续6年新增油气储量规模超亿吨。西非、中亚等重点地区油气勘探均有重大发现，油气开发作业产量当量、权益产量当量再创历史新高。其中，阿姆河公司、哈法亚项目、阿曼项目等均实现不同程度超产。

中国石油海外重点管道炼化项目建设也取得重大突破。乍得二期一阶段产能建设项目、阿克纠宾三厂油气处理工程、哈法亚二期产能建设项目等纷纷投产。

在积极开展海外油气合作的同时，中国石油通过上缴税费、带动相关产业发展、参与社会公益事业等方式，与合作国实现互利共赢、共同发展。

②中国石化。截至2014年底，中国石化在全球27个国家拥有51个油气勘探开发项目。2014年，中国石化海外上游勘探开发完成投资661亿元人民币，其中勘探项目4.2亿元、开发项目656.6亿元，获权益油4092万吨，同比增长5.7%；权益气80.3亿立方米。全年勘探新增权益石油可采储量（2P＋2C）2650万吨、新增权益天然气储量72亿立方米。完成对加拿大PNW LNG 10%权益项目的收购，获得权益天然气资源量176亿立方英尺、储量（2P＋2C）22亿立方英尺。

在南美、非洲、中亚等地取得不俗的勘探成绩，打开了浅层天然气、周边油藏等勘探新局面。

2014年10月，在阿根廷通过老井作业测试，证实了圣荷赫（San Jorge）盆地古近系Rio Chico和Salamanca组浅层亮点气研究成果。目前正在EH区块地面设施配套的亮点气区，通过老井挖潜快速提高天然气产量。

2014年10月14日，厄瓜多尔安第斯项目对T区探井Alice west 1A井M1层进行测试作业，获1042桶/日的初始产量，且原油产量保持稳定。该井测试成功揭示了T区西部广阔的油气资源前景，也为该地油气生产寻找到新的接替区。

2014年5月初，在哈萨克斯坦S区块ZhanN油田一探井测试获得高产油流，自喷日产油226桶，为S区块其他油田滚动勘探提供技术与方法借鉴。

2014年年初，和加蓬石油局共同宣布G4—188区块SIMANY和OZIMA油藏获得商业发现，两个油藏预计年产能5万吨。

③中国海油。截至2014年12月底，中国海油在海外（包括尼克森公司）共有勘探区块面积约21.87万平方千米（净面积约12.44万平方千米）。截至2014年12月底，海外（含尼克森公司）勘探完成投资91.4亿元（14.88亿美元，其中尼克森公司8.08亿美元），共完成二维地震采集500千米，三维地震采集3475平方千米，完成探井21口。

中国海油在海外勘探获得1个商业发现（乌干达的Rii—B），2个潜在商业发现（加蓬1个，为Leopard—1；赤道几内亚1个，为S—3），成功评价3个含油气构造（阿尔及利亚的MAS、乌干达的Waraga、印尼的Roabiba气田）。

另外，尼克森获得4个商业发现（英国北海的Blackjack和Ravel、尼日利亚的Ukot SW、美国墨西哥湾的Rydberg），并对尼日利亚的Ukot SW含油气构造进行了成功评价。

中国海油在全球4大洲(亚洲、非洲、大洋洲和南美洲)的7个国家和地区(印度尼西亚、澳大利亚、伊拉克、乌干达、尼日利亚、特立尼达和多巴哥、阿根廷)有开发和生产作业。2014年海外开采完成投资91.02亿元(14.8亿美元),完成石油液体权益产量966万吨、天然气权益产量49.2亿方,合计权益产量1458万吨油气当量。

此外,NEXEN公司有17个在生产区块分布在英国、尼日利亚、哥伦比亚、也门、加拿大、美国等6个国家。2014年开采完成投资223.86亿元(36.4亿美元),完成石油液体权益产量1173万吨、天然气权益产量30.1亿方,合计权益产量1474万吨油气当量。

④延长石油。延长石油在海外勘探投资1.13亿元,在吉尔吉斯斯坦、泰国、马来西亚、中非等国家和地区取得了一些进展。延长国家2013年收购的加拿大Novus公司权益油产量为21.57万吨。

⑤中化石油。截至2014年底,公司在美国、巴西、哥伦比亚、秘鲁、叙利亚、也门、阿联酋、突尼斯、厄瓜多尔、印度尼西亚和我国渤海湾、四川盆地等11个国家和地区拥有39个区块,其中在产区块16个,5个开发区块,18个勘探和待开发区块,公司拥有权益内油气剩余可采储量7.26亿桶。2014年,中化上游资产遍布南美、中东、北美、亚洲、非洲等国家。2014年权益油342.79万吨,权益气6.29亿立方米。

中化海外勘探投资3.13亿元(5100万美元),完成二维地震62千米,探井2口,进尺3597米;开发投资106.7亿元(17.37亿美元),完成开发井172口,进尺83.58万米。

哥伦比亚作业者项目逐步走向正规,地质油藏研究、作业实施、生产管理、原油运销、公共关系和HSE等各项能力大幅提升。美国Pioneer项目2P储量2014年由2.3亿桶增加到3.7亿桶,随着开发的深入,未来三年储量将稳步增长,其PDP储量复合增长率将达57.6%。巴西项目生产稳定,权益内年平均日产达到29780桶,创历史新高。

⑥中信股份。中信股份在海外的合作项目为哈萨克KBM项目和印尼SERAM项目,2014年海外油气开发投资11.05亿元,权益油113.4万吨。

哈萨克KBM项目:中信持有KBM油田50%开采权益,与哈国家石油天然气公司(KMG)通过合资企业方式管理及经营油田开发,石油开采合同截至2020年。2014年KBM项目开发投资10.14亿元(1.65亿美元),油气开发钻井进尺70084米,无新发现,权益油106.6万吨。

印尼SERAM项目:2014年SERAM项目中信权益部分(51%)的资本性开支为0.91亿元(1489万美元),完成了2口生产井,进尺2997米,开钻1口探井,进尺3219米。2014年权益油6.8万吨。

【油气基础性地质工作】 1.全国油气地质调查。①陆域油气资源调查。中国地质调查局统筹“调查评价”与“战略选区”两个专项,实施地质调查评价计划项目13项、战略选区实施项目8项。完成的主要实物工作量见表6。

表6 全国陆域油气资源调查2014年主要实物工作量统计表

工作量	单位	数量
1:5万油气地质填图	平方千米	2763
地质剖面测量(1:1000~1:10000)	千米	838
重磁法测量	千米	2485
电法剖面测量	千米	1295
二维地震测量	千米	707
地震资料处理	千米	12849
调查井口数	口	52
调查井进尺	米	49075
油气地球化学勘探	点	2360

工作部署以新区、新层系、新领域、新类型为重点,突出南方页岩气基础地质调查,兼顾主要含油气盆地综合研究、整体评价和大型盆地多能源综合调查评价。新区主要部署在青藏地区、松辽外围盆地、塔里木盆地柯坪冲断带、楚雄盆地、南华北盆地等;新层系主要部署在天山—兴蒙—吉黑构造带上古生界、华北地台中新元古界、柴达木盆地古生界等;新领域主要部署在四川盆地碳酸盐岩油气藏、松辽盆地深层火山岩气藏等综合研究;新类型主要部署在页岩油气和致密油气等。

在松辽外围、银额盆地等多个地区进行了基础地质调查,取得了重要成果和认识。与中石化等多家油气企业合作,共同部署和实施了油气勘查工作,推动伦坡拉盆地等勘查风险较大地区进行油气勘查。主要发现和进展包括:

一是松辽盆地外围突泉盆地取得油气重要发现,开辟了侏罗系地层油气勘探新领域。在内蒙古东部突泉盆地实施的突参1井首次钻获油层,在1684~1704米深处发现石油显示,并成功获取含油岩芯103米,测录井综合解释出3层共5.6米含油层段。完井后,中石化东北油气分公司及时跟进,开展压裂试油,成功获得密度0.81克/立方厘米的轻质原油。突参1井钻获轻质原油,是东北地区中下侏罗统重要油气新发现,开辟了油气勘探新领域,实现了公益性地质调查与商业性油气勘探的无缝对接,探索实践了"基础地质先行－战略调查衔接－商业勘探跟进"的油气地质工作新模式。

二是西藏伦坡拉盆地钻探发现厚层稀油,开启油气勘探新序幕。2014年9月,中国地质调查局与中石化共同投资完钻的旺1井钻遇不同类型的丰富油气显示,全井录井综合解释284.53米/38层;而且还在井深1803～1806.4米钻遇厚层油斑粗砂岩,岩芯出筒见大量原油和较多细小的气泡,浸水试验有较多的油斑和油花。测井解释1802.3～1807.8米为油层、1807.8～1812米为差油层。该发现是首次在伦坡拉盆地中南部发现的最高级别油气显示,也是迄今为止发现最厚的优质储层。该成果掀开了伦坡拉油气勘探的新局面,将促进北部羌塘、南部措勤等盆地的油气调查工作。

三是慈页1井首次在湘西北复杂构造区下寒武统泥页岩发现页岩气,拓宽了我国海相页岩气勘探领域。慈页1井处于四川盆地以外的复杂构造区,目的层段为尚未获得页岩气突破的下寒武统牛蹄塘组。该井于2014年6月3日完钻,完钻井深3008米。钻进过程中,下寒武统牛蹄塘组中部气测异常活跃,共发现气测异常13个,全烃高值达3.1957%;气测组分以 CH_4 为主,占全烃组分最高值达97.73%。在井深26002749米揭示黑色页岩连续厚度达149米,含气量为0.33～0.95立方米/吨,现场岩芯解析气点火成功。该井页岩含气性较好,展示了该区页岩气勘探前景。

四是宁夏六盘山盆地白垩系钻获陆相页岩油气。在宁夏省六盘山实施的固页1井设计深度1340米,完钻井深1340.06米,完钻层位下白垩统李家峡组。于下白垩统马东山组钻遇巨厚的烃源岩,暗色泥岩发育层段为550～1050米,厚达500米,889～1059米达到好烃源岩标准,对应层段发现良好的页岩油(气)显示,泥岩层里面及粉砂质泥岩见原油外渗。在502米开始有气测显示,700米之后全烃值逐渐增大,925～1059米全烃值明显增高,最高达到2.651%,平均值为1.15%。889.59米开始有荧光显示,荧光显示含油气岩芯长度达到30.4米,尤其是890～1069米处,荧光显示较为连续,个别层段含油气级别达到油斑。

五是鄂尔多斯盆地南部延长组发现良好油气、页岩气显示。在鄂尔多斯南部施工黄探1井,井深1717米,完钻层位为三叠系延长组长10段。自上而下钻遇地层依次为第四系、白垩系、侏罗系、三叠系延长组。全井段在延长组共见气测异常显示134米/30层,见含油气岩芯共30.3米,其中油迹11.73米,荧光18.57米,含油页岩27.89米。对长8、长7段实施压裂试油,长8段1518～1524米试油,折平均日产油1.42吨,长7段1315.5～1317米、1334.5～1336米两层合试,折日产油0.2吨,试油结论为含油水层。针对黄探1井延长组长7段、长9段泥页岩层段进行了含气量解析,其中长9段为鄂尔多斯盆地南部首次实施页岩气含气量系统解析测试,实测含气量在1.68～4.25立方米/吨之间,平均含气量为2.9立方米/吨。该发现对于落实鄂尔多斯盆地南部延长组深层含油气性研究具有重要意义。

六是准噶尔盆地博格达山前带钻遇良好油气显示。部署实施了博参1井,设计井深1000米,钻探目的为查明博格达山前二叠系芦草沟组重油的发育特征及油源情况,兼探油页岩的分布特点。钻探过程中累计发现油气显示224米,其中含气3.84米/4层,油迹55.13米/23层,油斑65.95米/19层,富含油18.91米/11层。其中264～282米井段,岩性为灰黑色页岩,岩芯裂缝及断面裂缝见少量原油,岩芯断面具油味;湿、干照无荧光、喷照暗黄色,油气显示级别油迹(厚3.45米)—油斑(厚0.50米)—富含油(厚6.11米),三角图版和皮克斯勒图版现场解释为油层。209～215米井段岩性为灰黑色页岩,岩芯断面有油味,湿、干照无荧光、喷照暗黄,油气显示级别为油迹(厚1.56米)—油斑(厚2.92米),图版综合解释为油层。从博参1井油气显示的情况可知,含油层段主要集中在150～400米之间,一些层段岩芯含气。含油页岩的单层厚度2～18米,一般为3～6米。

七是西部主要大型盆地碳酸盐岩油气综合研究取得新进展。建立了西部三大盆地(四川盆地、鄂尔多斯盆地、塔里木盆地)碳酸盐岩沉积相模式,划分了5类碳酸盐岩台地边缘相模式和12种亚类型。系统研究了三大盆地的露头层序、地震层序和钻井层序,总结出了9种层序界面物质表现形式。在三大盆地中,识别、划分出礁滩型、白云岩型及古岩溶型3种优质储层类型和主要发育层位:四川盆地Z、∈、O、C、P,塔里木盆地∈、O,鄂尔多斯盆地为O,并细分出12种亚类。据此提出了17个有利勘探区带,6个重点有利区。

②海域油气资源调查。继续在黄海、南海北部陆坡深水区和台湾海峡西岸等重点海域,开展新区域、新层位油气资源调查,完成地震资料攻关处理1000千米、地震资料解释4500千米、重磁资料处理和解释1000千米,以及相关图件编制和综合研究工作。在南黄海中部隆起,南海北部陆坡圈定5个有利远景区。

一是黄海油气资源调查。重点开展南黄海盆地中部隆起1000千米的地震资料攻关处理,主要进行了多维空间域的噪音、多次波识别与压制工作,地震叠前时间偏移处理,并对重点部位进行了地震折射－反射波联合速度反演,发现T8反射面之下存在古隆起局部构造；另外，通过重点有利区带2000千米的地震资料解释和油气地球化学异常综合研究，共圈定出有利局部构造5个，其中南黄海盆地北部坳陷3个、中部隆起南缘和南部坳陷北部斜坡带各1个。

二是南海北部陆坡深水区油气资源调查。进行了综合解释和研究。其中，西沙海槽盆地主要开展了区内重力、磁力异常解释，推断深大断裂9条、火成岩体12个，推算磁性基岩顶面埋藏深度介于6～12千米；通过地震资料解释，识别出地震反射界面8个，进一步厘定了相应的地质属性和地震层序，确定了盆地边界和二级、三级构造单元，落实了构造、地层圈闭；发现区内始新统湖相、渐新统和中新统海相烃源岩发育，具有四套储盖组合，圈闭条件良好；油气地球化学异常表明，区内油气渗漏较强；圈定出油气有利富集带2个，优选出重点构造7个，指出了油气勘探的有利区带。

三是台湾海峡西岸油气资源普查。主要开展了地震、重力、磁力等资料处理解释，发现区内古新统、始新统和中新统－第四系，厚度变化在400～8400米之间，最大沉积中心位于九龙江凹陷；重力、磁力异常带主要呈NE方向展布，具东西分带、南北分块特征。推断火成岩体59个，共识别出地震反射界面7个，划分出地震层序4个，进行了全区闭合追踪解释，编制了基础地质平面图件；识别出规模较大的正断层18条，走向以NE(NEE)向为主，古新世至中新世为断层及岩浆活动的主要时期。发现区内主要发育古新统、始新统湖相泥岩两套烃源岩，储层以碎屑岩为主；始新世泥岩、中新世以来的海相泥岩构成了良好的区域性盖层；共识别出局部构造95个，优选出重点局部构造7个，指出了油气有利远景区。

2. 全国油气资源动态评价。2013年，国土资源部为及时反映全国油气资源潜力变化，为国家规划编制和中央决策部署提供新的油气资源基础数据，开展了全国油气资源动态评价(2013)工作，对新一轮全国油气资源评价以来尚未开展过动态评价的华北、中原、河南、江苏、江汉、青海、玉门、东海等8个油田探区，以及动态评价后资源量有较大变化的冀东、大港油田探区和渤海海域、南海中南部主要含油气盆地进行新的动态评价。

2015年5月6日，国土资源部召开了全国油气资源动态评价(2013)新闻发布会，社会各界反响积极。

①评价结果。评价结果表明，我国常规油气资源总量丰富。全国常规石油地质资源量1085亿吨、可采资源量268亿吨，与2007年评价结果相比，分别增加了320亿吨、56亿吨，增长42%和26%；已累计探明360亿吨，探明程度33%，处于勘探中期。常规天然气地质资源量68万亿立方米，可采资源量40万亿立方米，与2007年评价结果相比，分别增加了33万亿立方米、18万亿立方米，增长了94%和82%；已累计探明12万亿立方米，探明程度18%，处于勘探早期。

地质资源量出现大幅增长的主要因素有三个：第一，勘查投入大幅增长带来工作量的增加，推动了勘探开发的突破，使评价工作和地质认识有了更加可靠的依据；第二，岩性油气藏、前陆盆地、古生界碳酸盐岩油气理论的突破，使勘探领域不断扩展、认识不断深化，带来了东海的深层致密气和中生界天然气勘探等重大突破；第三，工程技术进步大大降低了资源的经济门槛，过去很多难以利用的致密油气等资源变的可以开发利用。

我国天然气资源潜力大于石油。截至2014年底，全国石油和天然气分别累计采出62亿吨、1.5万亿立方米，剩余可采资源量分别为206亿吨、38.5万亿立方米。按照1111立方米天然气折算1吨石油，天然气剩余可采资源量约为石油的1.7倍，新增地质储量90%以上为整装、未开发储量，进一步增储上产的潜力很大，未来我国将进入天然气储量产量快速增长的发展阶段。

我国的油气资源主要集中在大型含油气盆地。渤海湾、松辽、塔里木、鄂尔多斯、准噶尔、珠江口等主要含油气盆地的石油资源量、储量和产量贡献超过80%。鄂尔多斯、四川、塔里木盆地和海域等四大气区的天然气资源量、储量和产量贡献超过80%。

②储量产量趋势预测。综合分析，按目前发展态势，预测2015～2030年，我国石油储量产量稳定增长，累计探明地质储量200亿吨，2020年、2030年产量分别达到2.3亿吨、2.5亿吨；天然气储量产量快速增长，累计探明地质储量12万亿立方米，2020年、2030年产量分别达到2000亿立方米、3000亿立方米。综合煤层气、页岩气等非常规油气资源储量产量增长趋势，2020年全国油气当量接近5亿吨，2030年达到7亿吨。

东部以松辽、渤海湾盆地为重点，主要是挖潜稳产，通过积极发展先进采油技术，努力提高原油采收率，产量保持基本稳定，2030年，东部老油田的油气当量保持在1.5亿～1.8亿吨，占全国近30%。中西部以鄂尔多斯、四川、塔里木、准噶尔等盆地为重点，逐步成为油气增储上产接替区，2020年鄂尔多斯盆地建成亿吨级油气生产基地，2030年新疆地区建成亿吨级油气生产区，西部油气当量可达3.5亿～4亿吨，占全国的50%以上。海域以渤海、东海和南海北部等为重点，通过开拓深水和南海中南部海域油气资源勘查，2030年，油气当量1.2亿～1.5亿吨，占全国自的20%。

【非常规油气资源】 1. 煤层气。全国煤层气勘探开发投入45.66亿元，钻井1013口，进尺122.16万米。

①主要实物工作量。中国石油:勘探投资19348万元;完钻探井27口,进尺3.79万米;开发投资84161万元,完钻开发井271口,进尺25.23万米。

中联公司:2014年中联公司煤层气勘探开发继续稳步推进,完成总投资20.55亿元,其中勘探开发投资19.61亿元,共完成二维地震399.02千米,勘探开发钻井125口(包括水平井17口),总进尺18.64万米。

中国石化:勘探开发投资13.76亿元,完成二维地震448.76千米,三维地震367.76平方千米。钻井520口,进尺68.44万米;其中,延川南开发钻井508口,织金试验井组12口,完成率120%。全年完成延川南煤层气开发井压裂540口,投入排采561口,完成率分别为95.23%、92.73%。

其他企业:其他企业煤层气探矿权37个,采矿权6个,据国土资源部2014年度油气矿业权年检数据统计[①],其他企业共采集二维地震602.43千米,钻预探井41口,评价井29口,进尺60646米,勘探开发投入19398.8万元。

②勘探开发进展。中国石油:立足沁水、鄂东,完钻探井开发井298口,新建产能2亿立方米,累计建成产能22亿立方米。在建产能23亿立方米,全年完成商品气量15.2亿立方米,占全国的42%,同比增加5亿立方米,增幅19%。其中煤层气公司生产商品气量6.2亿立方米,同比上升195%,沁水实现商品气量9亿立方米,浙江筠连2亿立方米先导试验正在积极推进。

中联公司:2014年新增煤层气探明地质储量115.56亿立方米,来自沁水盆地的潘庄、寿阳区块。新增煤层气产能0.67亿立方米,全年煤层气产量8.13亿立方米,销量6.34亿立方米。

中国石化:2014年是延川南煤层气田5亿立方米产能建设开发方案实施第二年,随着煤层气排采规律与技术逐步掌握,气田产量实现了稳步增长。截至12月底,延川南煤层气田累计共投产煤层气井883口,产气井253口,日产气达到14.09万立方米,千方井达到46口。

2. *页岩气*。全国页岩气勘探开发投入150.38亿元,完钻探井34口,正钻探井8口,完钻开发井345口,总进尺112.15万米。

①主要实物工作量。中国石油:全年完钻探井3口,进尺0.81万米,投资9111万元;开钻探井2口,完成投资2414万元。完钻开发井233口,进尺46.43万米,投资41.13亿元,新建生产能力3.82亿立方米。其中长宁区块宁201井区完钻开发井89口,进尺13.67万米,新建生产能力2.84亿立方米,投资119304万元;威远区块完钻开发井55口,进尺19.09万米,投资146194万元;云南昭通区块完钻开发井89口,进尺13.67万米,新建生产能力0.98亿立方米,投资145845万元。

中国石化:勘探开发投资94.46亿元,完钻探井4口,正钻井6口,完成进尺25546米;完成压裂试气4口。完钻开发井112口,进尺52.68万米;完成压裂井81口,投产井76口。建成页岩气产能20亿方,实现页岩气产量10.81亿方,为年计划的108.10%,销售10.38亿方,为年计划的108.13%。

中国海油:在安徽芜湖页岩气区块完钻徽页1井,井深3001米,勘探投入3000万元。

延长石油:勘探投资3.17亿元,完成页岩气探井16口,进尺3.2万米[①]。

其他企业:第一轮、第二轮页岩气招标共有17家企业获得20个探矿权区块,面积2.2万平方千米。据国土资源部2014年度油气矿业权年检数据统计[②],其他企业共采集二维地震1107千米,钻预探井23口,进尺39171米,勘探投入73648.7万元。

中国地质调查局:勘查投入2.8亿元,调查井15口,3口参数井,进尺22605米。

②勘探开发进展。中国石油:加快推进威远、长宁和昭通页岩气规模建产。2014年建成产能7亿立方米,全年生产商品气1.7亿立方米。

中国石化:一是提交了涪陵页岩气田探明地质储量1067.5亿立方米,证实焦石坝产建区页岩气资源丰度高、资源落实。二是涪陵国家级页岩气示范区一期50亿方产能建设全面展开,区块页岩气产量稳步上升。三是海相页岩气勘探取得积极进展,包括金页1HF井在井研–犍为区块寒武系筇竹寺组实现了页岩气商业发现,丁页2HF井在下志留统龙马溪组深层页岩气勘探取得重要突破;以"四川盆地页岩气整体评价及目标优选"重大导向项目为抓手,积极推进川东南、川南地区页岩气勘探评价,准备后备开发阵地。积极推进川东南、川南地区页岩气勘探评价,准备新阵地。

中国海油:在安徽芜湖页岩气区块完钻徽页1井,井深3001米。该井钻遇了二叠系大隆组及孤峰组2套优质页岩层,具有良好的气测显示。2014年8月7日压裂测试上二叠系下统孤峰组(层段2874~2950米),压裂返排后井口见气。

延长石油:一是在下寺湾延页1井区新增探明地质储量387.50亿立方米,储量规模进一步扩大。二是志丹—吴起区域永页1等4口井中生界均钻遇良好的

① 共统计35个煤层气探矿权区块,6个采矿权区块,另2个探矿权区块资料尚未统计。

② 共统计18个页岩气探矿权区块,另2个区块资料尚未统计。

页岩油、气层，并获页岩油、气流。三是甘泉区域延页506等井上古生界获高产气流，进一步证实了上古生界具有良好的勘探潜力。

3. *油页岩*。我国油页岩油的产量在2014年基本与2013年持平，年产量约90万吨，位居世界第一。但油页岩油的生产受油价影响较大，受国际油价持续下跌影响，近期部分油页岩炼油项目处于停产状态。

2014年7月，吉林省众诚油页岩投资开发有限公司在扶余开展的“原位压裂化学干馏提取油页岩油试验项目”初试取得了突破性进展，从地下近300米油页岩层成功原位提取出油页岩油。累计产油5.2吨左右，正常生产时平均日产60千克左右，最高日产355千克，所产原油品质较轻，过滤后可直接用于农用车。“原位压裂化学干馏提取油页岩油技术”具有燃烧效果好、加热效果好、资源利用率高、生产成本低的特点，对油页岩的品位和厚度要求低，较适合于吉林省埋藏深、岩层薄、含油率低的油页岩开发利用。

4. *天然气水合物*。继续开展我国天然气水合物资源调查，本年度完成海域二维地震测量39971千米，浅层剖面测量16518千米，多波束测量82961千米，海底地质取样1411个站位，海底热流测量198个站位；完成陆域冻土区二维地震调查251千米，音频大地电磁测深1127千米，地球化学调查23480平方千米，地质钻探8口5354米，试采井2口1001米。

①海域天然气水合物调查。在新的调查海区，发现了一批指示天然气水合物存在地质、地球物理证据，圈定有利远景区3个，确定了2015年钻探目标区。继续研制天然气水合物保压钻探取心、基于井下式工艺钻探流体取样与原位测试设备、海底可控电源、海底环境原位监测数据采集等关键设备样机，推进海域试采技术研发。

②陆域冻土带天然气水合物调查。在陆域冻土带羌塘盆地QK6井、QK7井，青海南部TK1井均发现了多处气体异常，显示了良好的天然气水合物找矿前景；通过地球化学调查，在祁连山哈拉湖地区初步圈定水合物异常区1个和油气异常区1个；实施了祁连山冻土区天然气水合物水平对接井试采工程。

【油气管道建设】 截至2014年底，中国油气管道总里程约为11.7万千米。其中，原油管道总里程为2.7万千米，成品油管道总里程为2.1万千米，天然气管道总里程为6.9万千米。2014年，中国新建成油气管道总里程6800千米，其中原油管道800千米，天然气管道4500千米，成品油管道1500千米。①

表7　　2014年各石油公司新增油气管线数据表

公司名称	截至2014年底，管道总里程（千米）				2014年新增管道里程（千米）			
	原油	天然气	成品油	总里程	原油	天然气	成品油	总里程
中国石油	79054	19132	50836	10086	4925	429	3905	592
中国石化	24561	7017	7202	10342				
中国海油							354	
延长石油	1840	1134	96	610			96	
中联公司							140	

1. *原油管道*。新增原油管道800千米，总里程为2.7万千米。新建成的原油管道主要有：大庆－铁岭四线、仪征－扬子石化、铁大复线改造（铁岭－鞍山段）等原油管道。

在建原油管道主要包括：中缅原油管道国内段、天津港－华北石化原油管道工程、漠大线（漠河－大庆）扩建工程、烟台西港区－淄博、东辛线、廉江－茂名、仪征－扬子原油管道、仪长复线仪九段、日照－仪征增输改造等。

2. *成品油管道*。成品油管道新增1500千米，成品油管道总里程为2.1万千米。

新建成的成品油管道主要有：吉林石化－长春、呼炼－包头－鄂尔多斯、湖南成品油管道二期工程（长沙－郴州、湘潭－娄底）、苏北成品油管道（东线）等。

在建成品油管道主要有：锦州－郑州、天津－唐山（含武清支线）、贵阳．桐梓、重庆－綦江、甬台温、甬绍金衢二期工程、苏北成品油管道（北线）、玉溪－富宁、百色－阳圩、江西成品油管道二期工程、安徽成品油管道二期工程等。

3. *天然气管道*。新增天然气管道里程4500千米，天然气管道总里程6.9万千米。

---

① 参考中国石油规划总院数据。

新建成的天然气管道主要有:中亚天然气管道C线、西气东输三线西段、江苏LNG外输管道泰兴－芙蓉段、晋西南煤层气管道、长宁页岩气试采干线工程、威远页岩气外输干线、广东省天然气管网一期管道工程项目(广州－惠州,广州－肇庆)干线项目等。

在建天然气管道主要有:中亚天然气管道D线、中俄东线天然气管道境外段、陕京四线、济南－青岛输气管道二线等。

4. LNG工程。山东LNG工程配套管道:LNG接收站－泊里－胶州于2014年9月建成投产。广西LNG工程在建,预计2015年投产。

表8　　**2014年新增油气主要管线数据表**

输送介质	管线名称	起点	终点	长度(千米)	年输油气能力	完成情况
原油(万吨)	大庆－铁岭四线	大庆林源	辽宁铁岭	547		建成
	仪征－扬子石化	仪征输油站	扬子末站	35	1500	建成
	铁大复线改造(铁岭－鞍山段)	铁岭	鞍山			建成
	中缅原油管道国内段	云南瑞丽	重庆	1631	2200	
	仪长复线仪九段	仪征	九江	560	2800	2016年
	日照－仪征增输改造	日照	仪征	390	4000	2015年
天然气(亿立方米)	中亚天然气管道c线	格达依姆	霍尔果斯	1830	250	2014年
	西气东输三线西段	霍尔果斯	中卫	2445	300	2014年
	中亚天然气管道D线	复兴气田	新疆乌恰	1000	300	2016年
	中俄东线天然气管道境外段	伊尔库茨克州	符拉迪沃斯托克	4000	380	2018年开始供气
	陕京四线	榆林市靖边县	北京高丽营	1272.5	300	2016年
	济南－青岛输气管道二线主干线	山东德州齐河输气站	山东青岛平度输气站	372		在建
	广东省天然气管网一期管道工程项目广州－惠州干线项目	广州市花都区广州分输站	惠州市惠阳区惠州分输站	150	160	建成
	广东省天然气管网一期管道工程项目广州－肇庆干线项目	广州市从化市鳌头首站	肇庆市高要市肇庆站	164.7		建成
LNG工程(万吨)	山东LNG工程配套管道,LNG接收站－泊里－胶州	青岛胶南市董家口港区接收站	山东青岛胶州分输站	120		建成
	广西LNG工程配套管道			1334		在建
	山东LNG配套工程,胶州－莱西	山东青岛胶州市分输站	山东青岛莱西分输站	98.5		在建
	山东LNG配套工程,日照－临沂	山东日照分输站	山东临沂分输站	137.2		在建
成品油(万吨)	长沙－郴州、湘潭－娄底	533	520	建成		
	苏北成品油管道(东线)	145	545	建成		
	吉林石化－长春	吉林市龙潭区	长春市宽城区	168	245	建成
	呼炼－包头－鄂尔多斯	呼和浩特市	鄂尔多斯市东胜区	307	300	建成

·油气资源勘查成果·

【概况】 2014年,全国油气勘探取得一批油气战略突破、增储主要进展及重要发现和苗头。其中,中国石油在主要探区油气勘探取得了26项重要成果,包括7项战略突破和19个整装规模储量区块;中国石化取得18项油气新发现、11项商业发现和4个好苗头的油气成果;中国海油国内自营勘探共预探50个构造,获得15个商业发现,13个潜在商业发现,成功评价17个含油气构造,合作勘探获得1个商业发现,2个潜在商业发现;延长石油油气勘探获得新进展;石油公司在非常规油气资源勘查也获得突破和进展(表1、表2、表3)。

表1　　2014年全国油气资源勘查主要成果

盆地	类型	成果名称	公司
松辽	战略突破	盆地北部徐家围子徐探1风险井与宋深12H井勘探取得新发现,初步展现深层致密砂砾岩天然气资源前景	中国石油
	储量增长	盆地北部新站、古龙南中浅层石油勘探取得新进展,新增探明地质储量3211×10⁴吨、控制2342×10⁴吨	
		盆地南部两井区致密油勘探取得新进展,新增探明地层储量467×10⁴吨、控制3676×10⁴吨、预测3720×10⁴吨	
	新发现	北201井获高产工业油气流,长岭凹陷龙凤山构造油气勘探取得新发现	中国石化
	规模商业发现	伏龙泉断陷油气勘探取得商业发现,新增控制储量石油360×10⁴吨	
渤海湾	储量增长	辽河坳陷西部凹陷雷家地区石油勘探取得新进展,新增控制地质储量4199×10⁴吨	中国石油
		黄骅坳陷沧东凹陷孔南地区石油勘探取得新进展,新增探明石油地质储量1127×10⁴吨、控制3067×10⁴吨、预测2368×10⁴吨	
		冀中坳陷霸县凹陷文安斜坡石油勘探取得新进展,新增预测地质储量4009×10⁴吨	
	新发现	济阳坳陷垦东沙河街组、明化镇组获工业油流,开辟了滩海岩性油藏勘探新局面	中国石化
		济阳坳陷博斜21井沙四下获工业油流,博兴南坡滩坝砂勘探取得新发现	
		东濮凹陷西南洼新区勘探取得新发现,方2井沙三段获工业油流	
	规模商业发现	济阳探区加强区带评价,新增控制储量5243×10⁴吨	
	突破和发现	海域辽东湾锦州23－2馆陶组获突破	中国海油
		海域渤中凹陷东营组勘探获突破,发现曹妃甸6—4油田	
		海域辽东湾坳陷南部发现旅大2121—2油田	
	商业发现	海域渤中22—1潜山、旅大16—3S、垦利16—1	
	成功评价	海域渤中8—4、渤中34—9、垦利10—4、垦利10—2、旅大21—2、锦州23—2、蓬莱13—2、蓬莱15—2	
	潜在商业发现	海域垦利10—5、秦皇岛28—3、曹妃甸15—6、蓬莱7—2	

续表 1-1

盆地	类型	成果名称	公司
鄂尔多斯	储量增长	新安边地区长7段致密油勘探取得新进展，新增探明地质储量 1.0×10^8 吨、预测 2.58×10^8 吨	中国石油
		陇东地区长8段石油勘探取得新进展，新增探明地质储量 7230×10^4 吨、控制 2.65×10^8 吨	
		姬塬地区长8段石油勘探取得新进展，新增探明地质储量 5327×10^4 吨	
		苏里格天然气勘探取得新进展，新增基本探明地质储量 3196×10^8 立方米、预测地质储量 2200×10^8 立方米	
		东部神木、榆林地区天然气勘探取得新进展，新增探明地质储量 2486×10^8 立方米、控制 1516×10^8 立方米	
	新发现	杭锦旗锦98井盒1段获工业气流，十里加汗形成 5000×10^8 立方米储量阵地	中国石化
		镇泾区块石油勘探取得规模发现，新增控制储量 7626×10^4 吨	
	规模商业发现	鄂北地区天然气勘探取得规模发现，新增控制储量 974×10^8 立方米	
	储量增长	子北、子长、下寺湾等探区石油勘探取得新进展，新增探明地质储量 3650.49×10^4 吨	延长石油
		志丹－甘泉区域天然气勘探取得重大进展，新增天然气探明地质储量 1210×10^8 立方米．控制地质储量 1100×10^8 立方米	
		延长南部探区石油勘探北物源含油连片态势基本明朗	
		延长精细识别复杂油层、老井复查成效显著	
		延长探区致密油勘探呈现良好势头	
		延长吴起区域下古奥陶系中组合勘探获得重大突破	
	商业发现	临兴致密气勘探取得重大进展，进一步证实勘探潜力	中联公司
四川	战略突破	川西北双鱼石构造双探1井风险勘探获重要突破，有望打开川西北海相多目的层勘探新局面	中国石油
		川中南充构造南充1井二叠系茅口组勘探取得新发现，川中地区茅口组有望成为重要接替新领域	
	储量增长	川中磨溪－高石梯地区天然气勘探取得新进展，新增控制地质储量 2032×10^8 立方米、预测 1868×10^8 立方米	
	新发现	彭州1井雷口坡组获高产气流，龙门山前带海相天然气勘探取得新发现	中国石化
		金页1井震旦系获工业气流，实现了四川盆地海相下组合勘探取得新发现	
		星1井须三段获工业气流，川东北阆中须家河组勘探取得新发现	
	规模商业发现	川西坳陷东坡侏罗系获规模商业发现，新增控制储量 650×10^8 立方米	
		元坝中浅层获规模商业发现，新增控制储量 654×10^8 立方米	
	好苗头	金溪2井飞仙关组见油气显示，镇巴山前带勘探发现好苗头	

续表 1－2

盆地	类型	成果名称	公司
塔里木	战略突破	库车坳陷克深 6 井白垩系巴什基奇克组勘探取得新发现，发现新的含气构造	中国石油
		塔东地区古城 9 井奥陶系鹰山组勘探获重要突破，进一步证实古城地区良好的勘探前景	
	储量增长	塔北哈拉哈塘碳酸盐岩石油勘探取得新进展，新增探明地质储量 3338×10^{4} 吨、控制 3159×10^{4} 吨	
		塔中地区碳酸盐岩石油勘探取得新进展，新增探明地质储量 2019×10^{4} 吨、预测 4105×10^{4} 吨	
		库车坳陷克拉苏构造带天然气勘探取得新进展，克深、大北与孜段新增三级储量 4659×10^{8} 立方米	
	新发现	塔深 3、于奇西 1 井鹰山组获高产油流，塔河新区新层系石油勘探取得新发现	中国石化
		顺南 7 进鹰山组上段获工业气流，塔中北坡新层辛天然气勘探获得新发现	
	规模商业发现	塔河地区石油勘探获规模商业发现，新增控制储量 3908×10^{4} 吨	
准噶尔	战略突破	沙湾凹陷中拐凸起中佳 2H 水平井佳木河组勘探获重要突破，打开了西北缘佳木河组勘探新局面	中国石油
	新发现	准西缘春 57、59 井白垩系获工业油流，春光探区发现 5000×10^{4} 吨规模增储区	中国石化
	储量增长	玛湖地区百口泉组石油勘探取得新进展，新增探明地质储量 5866×10^{4} 吨、控制 8477×10^{4} 吨、预测 5314×10^{4} 吨	中国石油
		西北缘中拐凸起石炭系石油勘探取得新进展，新增控制石油地质储量 4117×10^{4} 吨	
	规模商业发现	春风、春光勘探稳步推进，准噶尔西缘新增控制储量 4451×10^{4} 吨	中国石化
柴达木	战略突破	狮子沟构造狮 42 井下干柴沟组石油勘探获重要突破，打破了“有点无面，有井无田”的困境	中国石油
	储量增长	狮子沟－英雄岭地区英东构造石油勘探取得新进展，新增探明地质储量 6685×10^{4} 吨	
		柴西南乌南地区石油取得新进展，新增控制地质储量 3312×10^{4} 吨、预测 2131×10^{4} 吨	
吐哈	储量增长	鲁克沁稠油勘探取得新进展，新增探明地质储量 2824×10^{4} 吨、控制 833×10^{4} 吨	
江汉	新发现	耀 1 井新下段获工业油流，江陵凹陷南斜坡形成千万吨级增储新阵地	中国石化
苏北	新发现	肖 X14、曹 64 井戴南组获工业油流，高邮凹陷隐蔽油气藏获新发现	
		花 X33 井阜一段获工业油流，高邮凹陷北部斜坡新区带勘探取得新发现	
		陈 2 井戴一段获工业油流，溱潼西斜坡戴南组岩性油气藏取得新发现	
		向阳 1、胡集 1 获工业油流，海安曲塘东南斜坡多层系取得新发现	
	规模商业发现	溱潼凹陷岩性勘探取得商业发现，新增控制储量 847×10^{4} 吨	
		高邮凹陷岩性勘探取得商业发现，新增控制储量 558×10^{4} 吨	
银－额	规模商业发现	查干凹陷勘探取得新进展，新增控制储量 1259×10^{4} 吨	中国石化

续表 1－3

盆地	类型	成果名称	公司
珠江口	商业发现	流花 27－1	中国海油
	成功评价	流花 28－2、陆丰 14－4、文昌 19－6	
	潜在商业发现	陆丰 8－1、流花 28－1、流花 32－2、白云 18－1(合作)	
北部湾	成功评价	勘探开发一体化,成功评价乌石 17－2 油田;涠 12－11,涠洲 12－10(合作)	中国海油
	商业发现	涠洲 6－13	
	潜在商业发现	涠 6－3 南、乌石 16－9、乌石 22－9	
琼东南	重要发现	中央峡谷水道成藏认识指导首个自营深水大发现－陵水 17－2	中国海油
	商业发现	陵水 13－2、陵水 25－1	
	潜在商业发现	陵水 13－2 西、崖城 24－1	
	成功评价	陵水 13－2	
东海	商业发现	宁波 22－1 成为东海首个探明地质储量超千亿立方米气田	中国海油 中国石化
		宁波 17－1 是东海又一个千亿方级大发现	
	潜在商业发现	宁波 27－5 气田是东海又一个中型以上的天然气发现	
中建南	好苗头	981 钻井平台高效完成西沙海域 2 口探井作业,发现油气显示	中国石油
伦坡拉	好苗头	阡 1 井牛堡组见油气显示,伦坡拉盆地勘探发现好苗头	中国石化
敦煌	好苗头	西参 1 井侏罗系试获低产油流,敦煌盆地勘探发现好苗头	中国地质调查局
突泉	好苗头	突参 1 井侏罗系获低产油流,突泉盆地勘探发现好苗头	

表 2　　**2014 年全国煤层气资源勘查主要成果**

盆地	成果名称	公司
沁水	寿阳煤层气田七里河区获探明地质储量 53.83×10^8 立方米	中联公司
	潘庄区块东、西区新增探明地质储量 61.73×10^8 立方米	
	樊庄区块新增煤层气探明地质储量 93.41×10^8 立方米	国石油华北
	马必区块新增煤层气探明地质储量 312.81×10^8 立方米	
	下黄岩新增煤层气探明地质储量 80.15×10^8 立方米	地方大地高科

表 3　　**2014 年全国页岩气资源勘查主要成果**

盆地	成果名称	公司
四川	涪陵页岩气田提交了中国首个页岩气探明储量,证实焦石坝产建区资源丰度高、资源落实	中国石化
	金页 1HF 井在井研－犍为区块寒武系筇竹寺组实现了页岩气商业发现	
	丁页 2HF 井于下志留统龙马溪组深层页岩气测试获日产 10.5×10^4 立方米工业气流	
	丁页 1HF 井龙马溪组钻遇优质页岩,测试获页岩气流	
	积极推进川东南、川南地区页岩气勘探评价,准备新阵地	
鄂尔多斯	延长页岩气勘探取得多项新进展	延长石油

【石油天然气】 1. *松辽盆地*。松辽盆地新增石油探明地质储量 7919.5×10^4 吨；新增天然气探明地质储量 38.88×10^8 立方米。

①盆地北部徐家围子徐探 1 风险井与宋深 12H 井勘探取得新发现，初步展现深屡致密砂砾岩天然乏资源前景松辽盆地徐家围子断陷沙河子组面积 3731 平方千米，埋深小于 4000 米资源量 2644×10^8 立方米。白垩系沙河子组物性差、直井产量低，揭示沙河子组探井 91 口，试气 17 口均未获工业气流。近两年探索水平井多段压裂技术，寻找富集区，部署第一口水平井宋深 9H 井获成功。

为探索东部斜坡致密气含气性和提高单井产量，部署探井 2 口，均获工业气流。其中，在三角洲平原相部署的风险探井徐探 1 井在白垩系沙河子组 3940 ~ 4048 米试气，自喷求产，套压 14.56 兆帕，获日产 9.1×10^4 立方米工业气流，展现了徐东地区致密砂岩气良好勘探前景；在三角洲前缘相部署的宋深 12H 井在白垩系沙河子组 2920.5 ~ 3434.6 米试气，自喷求产，油压 19.4 兆帕，静压 38.81 兆帕，获日产 15.1×10^4 立方米工业气流，无阻流量 23.97×10^4 立方米，初步形成了适用于沙河子组致密砂砾岩储层的水平井裸眼分级压裂工艺技术。

②盆地北部新站、古龙南中浅层石油勘探取得新进展，新增探明地质储量 3211×10^4 吨、控制 2342×10^4 吨古龙凹陷勘探面积 4000 立方千米，石油资源量 7.2×10^8 吨。截至 2013 年底探明石油地质储量 22878.57×10^4 吨，剩余控制石油地质储量 11647.96×10^4 吨，剩余预测石油地质储量 5639×10^4 吨。

深化重力流的形成条件、成藏规律和资源潜力评价研究，开展砂体精细刻画，部署探井 4 口，新获工业油流井 4 口，新站油田茂 23、英 852 区块葡萄花油层新增探明含油面积 253 平方千米，新增石油探明储量 3211×10^4 吨，古龙南英台地区英 36、英 32 区块新增控制含油面积 153.2 平方千米，新增石油控制储量 2342×10^4 吨。

③盆地南部两井区致密油劫取取得新进展，新增探明、控制、预测地质储量 7863×10^4 吨。松辽盆地南部大遐字井—鳞字井地区面积 315 平方千米，目的层扶余油层埋深适中、储层物性差、直井产量低。近几年勘探开发一体化，持续推进扶余油层水平井工程，2013 年新增控制 + 预测地质储量 4454×10^4 吨。

继续推进致密油勘探开发一体化，积极落实资源，加强技术攻关提高单井产量，部署直井 4 口、水平井 2 口，新获工业油流井 7 口，新增探明含油面积 8.7 平方千米，探明石油地质储量 467×10^4 吨，新增控制含油面积 123.8 平方千米，控制石油地质储 3676×10^4 吨，新增预测含油面积 83.6 平方千米，预测石油地质储量 3720×10^4 吨，合计石油三级地质储量 7863×10^4 吨。

2. *渤海湾盆地*。渤海湾盆地新增石油探明地质储量 26075.12×10^4 吨，其中陆域新增 4312.27×10^4 吨，海域新增 21762.85×10^4 吨，新增石油探明地质储 5000×10^4 吨级油田是中国海油天津的旅大 21—2 油田(6092.61×10^4 吨)，锦州 23—2 油田(5363.72×10^4 吨)；新增天然气探明地质储量 64.43×10^4 立方米，其中陆域新增 14.97×10^8 立方米，海域新增 49.46×10^8 立方米。

①辽河坳陷面部凹陷雷家地区店油勘探取得新进展，新增控制地质储量 4199×10^4 吨雷家地区位于辽河西部凹陷北部陈家洼陷，有利勘探面积 190 平方千米，主要含油气层位为杜家台油层和高升油层。2013 年，雷家地区云质岩致密油新增预测地质储量 5118×10^4 吨。

开展致密油储层“七性”评价、“两宽一高”三维地震采集攻关与地震甜点预测等工作，向南北两翼扩展部署探井 4 口，其中水平井 1 口，雷 93 井压裂后 3 毫米油嘴获日产 10.36 立方米工业油流，新增控制含油面积 22.6 平方千米，控制石油地质储量 4199×10^4 吨。

②黄骅坳陷沧东凹陷孔南地区石油勘探取得新进展，新增探明、控制、预测石油地质储量 6562×10^4 吨位于黄骅坳陷南部的沧东凹陷孔南地区面积 1500 平方千米。以往在沧东凹陷构造高部位发现枣园、王官屯等油田，探明石油地质储量 7228×10^4 吨。2012 ~ 2013 年按致密油勘探思路，6 口井获工业油流。

按照探索内环带细粒沉积区致密油勘探思路，整体部署探井 10 口，获工业油气流 11 口，枣园、王官屯与舍女寺地区新增探明含油面积 16 平方千米，探明石油地质储量 1127×10^4 吨，小集地区孔一下段新增控制含油面积 48.2 平方千米，控制石油地质储量 3067×10^4 吨，南皮斜坡孔二段新增预测含油面积 52.5 平方千米，预测石油地质储量 2368×10^4 吨，合计石油三级地质储量 6562×10^4 吨。

③冀中坳陷霸县凹陷文安斜坡石油勘擦取得新进展，新增预测地质储量 4009×10^4 吨文安斜坡面积 1200 平方千米，2013 年底累计探明石油地质储量 1820×10^4 吨、天然气 147×10^8 立方米。斜坡三角洲砂体广泛发育，与北东向断裂体系配置，利于形成构造一岩性油藏，油气层埋藏较浅，产量较高。

进一步落实规模储量区带，针对中浅层构造一岩性圈闭，部署探井 11 口，获工业油流 5 口，文安斜坡南段东三段、沙一段、沙二段、沙三段新增预测含油面积 46.1 平方千米，预测石油地质储量 4009×10^4 吨。

④济阳坳陷垦东沙河街组、明化镇组获工业油流，开辟了滩海岩性油藏勘探新局面垦东北坡沙河街组获高产油流，展示了滩海勘探潜力。垦东893井在沙三段完井试油，10毫米油嘴放喷，日产油144立方米，日产气2472立方米，不含水。垦东894井在沙河街组完井试油日产油80立方米，发现储量规模500×10^4吨的高产富集区块。垦东91井新近系多层系见油层，明化镇组测试获油3.79吨/天，表明垦东东部斜坡带具有多层系富集油气的成藏特点，开辟了该区新近系岩性油藏勘探的新局面，2014年新增预测石油地质储量1007.36×10^4吨。

⑤东濮凹陷面南洼新区勘探取得新发现。开展东濮老区勘探潜力研究，重新评价低勘探程度区里的低幅度断块群以及高勘探程度区里的低勘探程度带，在西南洼实施钻探，取得了老区新带的新发现。方2井沙三上7砂组测试，采用6毫米油嘴，油压23.5兆帕，套压29.4兆帕，日产油56.8立方米，气69468立方米。方2井获高产油流，证实了西南洼沙三段复杂断块群具有较大的增储潜力，可带动该区2538×10^4吨预测储量升级。

⑥辽东湾锦州23—2馆陶组获突破。锦州23.2构造位于辽东凸起北段，是受多条断层控制形成的复杂断鼻构造。2013年钻探JZ23—2—1井，获油层32层77.7米；2014年7月钻探JZ23—2—2井，测井解释馆陶组油层1层1.9米，东二段油层1层0.9米。锦州23—2是辽东湾转变勘探层系获得的突破，油层主要集中在馆陶组，预测石油地质储量超过8000×10^4吨，是辽东凸起上一个领域性大突破，有望建立辽东凸起北段第一个开发体系。

⑦渤中凹陷东营组勘探获突破，发现曹妃匈6—4油田。曹妃旬6—4构造位于渤中凹陷石臼坨凸起西段下降盘陡坡带，是受凹陷边界断层控制的断鼻构造群。2014年钻探的CFD6—4—1井，测井解释明下段有油层2层1.8米；馆陶组有油层1层2.8米，油水同层1层7.3米；东营组有油层18层178.9米、油水同层2层7.4米。测试2层：DST1测试东三段2961～2989.5米，有效厚度21米，用9.53毫米油嘴求产，日产油240.5立方米，日产气19737立方米；DST2测试东二段2554.5～2566米，有效厚度8.5米，用15.88毫米油嘴求产，日产油368.9立方米，日产气9602立方米。

曹妃旬6—4在东营组发现油层超过百米，测试获得高产，有望成为渤海又一个中型以上发现。

⑧辽泵湾坳陷雨部发现；旅大21—2油田。旅大21—2构造位于辽东湾坳陷南部的辽东凸起和渤东低凸起间的鞍部。2014年钻探评价井LD21—2—2Sa井（侧钻井），完钻井深3353米（垂深2152.38米），测井解释馆陶组2206.9.2970.9米有油层12层73.9米，油水同层4层4.6米，含油水层1层14.3米；测试1层，DST1，馆陶组2904～2908米、2910～2926米、2930～2934米，日产油8.5立方米。

该油田在明下段、馆陶组、东营组、沙河街组均获得发现，石油地质储量规模超过亿吨。

⑨渤中凹陷面斜坡，完成复杂断块渤中8—4油田的评价。位于渤中凹陷西斜坡的渤中8—4构造，是一个受断层控制的复杂断块构造。2014年，钻探评价井进行精细评价。其中，BZ8—4—7井，测井解释共有油层39层137.9米，油水同层2层9.7米。其中明上段油层2层5.4米，气层1层1.1米；明下段油层22层58.0米、含油水层3层5.9米、油水同层4层7.2米；馆陶组油层15层74.5米。油水同层3层10.8米。测试2层，DST1：馆陶组2435.2442米，平均日产油：103.30立方米，平均日产气196立方米；DST2：馆陶组2131～2142米，平均日产油343.60立方米，平均日产气1958立方米。

该油田油层集中在明化镇组和馆陶组，储量规模超过5000×10^4立方米，开拓了渤中探区洼中浅层新战场，对渤中勘探具有里程碑意义。

3. 鄂尔多斯盆地。鄂尔多斯盆地新增石油探明地质储量38647.75×10^4吨，新增石油探明储量10^8吨级油田是中国石油长庆新安边油田（10060.31×10^4吨）；新增天然气探明地质储量5012.55×10^8立方米，新增天然气探明储量1000×10^8立方米。级气田是中石油长庆神木气田（2398.90×10^8立方米）和延长石油延安气田（1565.77×10^8立方米）。

①新安边地区长7段致密油勘探取得新进展，新增石油探明地质储量1.0×10^8吨、预测地质储量2.58×10^8吨。

新安边地区位于鄂尔多斯盆地伊陕斜坡中部偏西，致密油含油层系为延长组长7段长72，主要发育三角洲前缘亚相沉积，水下分流河道砂体是有利储集体，具有平面上紧邻生烃中心、纵向上与优质烃源岩紧密接触等优势，具备大面积成藏的有利条件。截至2013年底，已建成30×10^4吨致密油规模开发区。

采用多种井网开展致密油规模效益开发试验，直井控制面积，完试探井22口，获工业油流井18口，其中8口井日产量大于20吨。安83井区新增探明含油面积150平方千米，探明石油地质储量6421×10^4吨；胡233井区新增探明含油面积13平方千米，探明石油地质储量935×10^4吨；吴417井区新增探明含油面积59平方千米，探明石油地质储量2704×10^4吨；安143－元251井区新增预测含油面积903平方千米，预测石油地质储量2.58×10^8吨。该区已完钻开发井745

口，投产 484 口，已建产能 67.17×10^4 吨，累计产油 53.2×10^4 吨。

②陇东地区延长组长 8 段石油勘探取得新进展，新增石油探明地质储量 7230×10^4 吨、控制储量 2.65×10^8 吨。

陇东地区位于鄂尔多斯盆地西南部，有利勘探面积 1.46×10^4 平方千米，石油资源量 38×10^8 吨，主要目的层为延长组长 3 段、长 4+5 段、长 6 段、长 8 段。截至 2013 年底，累计石油探明地质储量 4.5×10^8 吨，剩余控制石油地质储量 6.3×10^8 吨、预测储量 2.9×10^8 吨。

重点围绕长 81 段主力层系，加强地震砂体预测，深化沉积特征和油藏富集规律研究，部署探井、评价井 155 口，镇 53 井区新增探明含油面积 149 平方千米，探明石油地质储量 7230×10^4 吨；镇 339—1 镇 246 井区新增控制含油面积 624 平方千米，控制石油地质储量 24330×10^4 吨；镇 356 井区新增控制含油面积 57 平方千米，控制石油地质储量 2188×10^4 吨。镇 53 井区已建产能 68.9×10^4 吨，累计产油 147.02×10^4 吨。

③姬塬地区长 8 段石油勘探取得新进展，新增探明地质储量 5327×10^4 吨。

姬塬地区位于鄂尔多斯盆地西北部，有利勘探面积 1.46×10^4 平方千米，石油资源量 32.5×10^4 吨。截至 2013 年底，累计探明石油地质储量 11.49×10^4 吨，剩余控制地质储量 0.73×10^8 吨，预测地质储量 6.06×10^8 吨。

继续坚持勘探开发一体化，落实规模储量，部署探井、评价井 230 口，长 8 段累计获工业油流井 94 口，池 18 井区新增探明含油面积 21.4 平方千米，探明石油地质储量 1084×10^4 吨；池 46 井区新增探明含油面积 33.2 平方千米，探明石油地质储量 2548×10^4 吨；池 97 井区新增探明含油面积 12.6 平方千米，探明石油地质储量 875×10^4 吨；池 107 井区新增探明含油面积 14.4 平方千米，探明石油地质储量 820×10^4 吨。合计新增石油探明地质储量 5327×10^4 吨。

④苏里格天然乏勘探取得新进展，新增基本探明地质储量 3196×10^8 立方米、预测地质储量 2200×10^8 立方米。

苏里格地区位于鄂尔多斯盆地中西部，天然气勘探面积 6×10^4 平方千米，晚古生代天然气总资源量 6×10^{12} 立方米。自 2007 年以来，已连续 6 年新增探明 + 基本探明储量 5000×10^8 立方米。截至 2012 年底，苏里格地区已有探明、基本探明天然气地质储量 3.9×10^{12} 立方米，年产气 212×10^8 立方米。

主攻东三区、南二区，同时积极甩开部署，寻找新发现，部署探井 70 口，新获工业气流井 25 口，苏里格东三区新增探明含气面积 3555 平方千米，基本探明天然气地质储量 3196×10^8 立方米；苏里格南二区新增预测含气面积 2176 平方千米，预测天然气地质储量 2200×10^8 立方米，含气面积向东、向南进一步扩大。

⑤东部神木、榆林地区天然气勘探取得新进展，新增探明地质储量 2486×10^8 立方米、控制 1516×10^8 立方米。

鄂尔多斯盆地东部勘探面积 2×10^4 平方千米，古生界天然气资源量 3.2×10^{12} 立方米，截至 2013 年底，累计探明天然气地质储量 2454×10^8 立方米，剩余控制地质储量 3433×10^8 立方米，预测地质储量 3905×10^8 立方米。

以寻找勘探新领域、提交规模储量及有效掌控资源为目的，加大勘探力度，部署探井 39 口，新获工业气流井 31 口，神木地区新增探明含气面积 3467 平方千米，探明天然气地质储量 2486×10^8 立方米；榆林地区新增控制含气面积 2127 平方千米，控制天然气地质储量 1516×10^8 立方米，形成新的万亿立方米大气区。

⑥ 鄂北杭锦旗区块锦 98 井盒 1 段获工业气流，十里加汗形成 5000×10^8 立方米。储量阵地。

鄂尔多斯盆地北部杭锦旗区块发育多层叠合大型岩性气藏。其中十里加汗区带西部独贵加汗圈闭盒 1 层圈闭前期勘探已展示了良好的勘探前景，已有多口井钻遇气层并获工业气流。

继续加强盒 1 层岩性圈闭预探，在独贵加汗圈闭部署完钻的 4 口井均在盒 1 段钻遇气层。其中锦 98 井完井试气获日产天然气 2.5×10^4 立方米，取得盒 1 层岩性圈闭新发现，向北扩大了气藏有利含气面积。2014 年落实盒 1 气藏面积 766 平方千米，新增预测地质储量 1303×10^8 立方米。十里加汗盒 3、盒 1 圈闭已形成了一个 5000 亿立方米的储量规模阵地，2014 年，该区保有地质储量达 5039.78×10^8 立方米（控制储量 3335.74×10^8 立方米，预测储量 1704.04×10^8 立方米）。

⑦盆地面部探区延长组下组合勘探取得新进展。延长组下组合累计提交探明石油地质储量 1.84×10^8 吨，已成为延长石油在鄂尔多斯盆地重要增储领域。2014 年，加大了西部探区下组合勘探力度，在双河油田部署 9 口探井，试油 3 口，均获工业油流；在曾岔油田完井 33 口，5 口井下组合试油获得高产油流，其中曾 35 井长 7 层日产油 5.61 吨，胜 3 井长 8 层日产油 5.89 吨，双河、曾岔油田共增加优质资源面积 481 平方千米。

西部和南部探区下组合预测剩余石油地质储量达 6.9×10^8 吨，单层累加面积近 5000 平方千米，勘探潜力巨大，是今后形成规模储量的有利区。

⑧ 盆地南部探区石油勘探北物源含油连片态势基本明朗。南部探区部署探井 127 口，已完钻 106 口，试油 43 口，19 口获得工业油流，在黄家岭、柴窑等区块扩展含油面积 500 平方千米，形成石油探明地质储量

1500×10^4 吨，控制储量 3600×10^4 吨，预测储量 3800×10^4 吨的亿吨级新规模，南部探区北物源含油连片态势基本明朗，展显了良好的勘探前景。

⑨ 精细识别复杂油层、老井复查成效显著。低阻、低对比度、差、薄等复杂油层是鄂尔多斯盆地现在和今后勘探挖潜增效、增储上产的新领域之一。东部七里村采油厂对长 6 薄油层优选复查 24 口井 26 层，其中 16 口井获工业油流，单井最高日产达 2.6 吨，1 米薄油层勘探效果十分突出。为七里村采油厂控制薄油层发育区约 20 平方千米，预测储量达 150×10^4 吨。西部郝滩、油房庄、吴仓堡等七地区延安组低阻油层通过常规测井流体置换法，取得良好勘探效益，有 8 口获高产油流，预计新增储量 700×10^4 吨。

复杂油层识别水平的提高对油田拓展含油层系、扩大含油面积和提升勘探效益提供了有效手段。

⑩ 延长探区致塞油勘探呈现最好势头。延长探区致密油资源大面积分布，纵向上多层系赋存，蕴藏量大，勘探领域广阔。估算延长致密油地质储量约为 6×10^8 吨，是延长油田实现可持续发展的重要资源保障。

致密油探井—磨平 3 井在富县钻成投产，开抽后初月平均日产油 22 吨，年底累计产油 2278.8 吨。继页岩气之后，致密油勘探取得突破，对推动延长油田向着非常规石油领域迈进具有重大意义。

⑪志丹—甘泉区域天然乏勘探取得重大进展，新增天然气探明地质储量 1210×10^8 立方米，控制地质储量 1100×10^8 立方米

志丹—甘泉区域位于鄂尔多斯盆地伊陕斜坡东南部，发育多套含气层段，上古生界自上而下包括下石盒子组盒 8 段、山西组山 1 和山 2 段、本溪组本 1 和本 2 段，下古生界马家沟组马 5 段。该区 2014 年完钻 69 口，累计完钻 163 口。多口井试气情况良好，延 867 井在山 1 盒 8 段钻遇较厚的砂体，共计 5 层 22.6 米，合试获得井口日产气 2.33×10^4 立方米，延 864 井在本溪组试气获得井口日产气 8.16×10^4 立方米的高产气流，延 865 在马家沟组马五段试气获得井口日产气 18.05×10^4 立方米，无阻流量 39.91×10^4 立方米/天。初步估算，上古生界叠合含气面积 1557 平方千米，天然气探明地质储量 1210×10^8 立方米；下古生界马家沟组上组合（马五 1－4）控制含气面积 2525 平方千米，控制天然气地质储量 1100×10^8 立方米。

⑫吴起区域下古窦陶系中组合勘探获得重大突破。2013 年首次在吴起探区中组合白云岩晶问孔储层勘探取得发现，延 795 井在马五 7—9 钻揭 120 米厚白云岩储层，测井解释 28.1 米/8 层可疑气层，未试气。

2014 年在吴起探区针对中组合重点部署探井 10 口，多口井钻遇较厚白云岩储层，测井解释气层发育。延 834 井马五 5 解释可疑气层 1 层 4.4 米，试气井口日产气 8.7×10^4 立方米，无阻流量 18.4×10^4 立方米/天，标志着下古中组合勘探获得突破。中组合天然气成藏有利区主要分布在中央古隆起东侧，吴起东南部—志丹西南部，是中组合勘探有利目标区，预计可探明天然气地质储量约 200×10^8 立方米。

⑬临兴致密气勘探取得重大进展，进一步征实勘探潜力。临兴、神府区块位于鄂尔多斯盆地东缘，是煤层气勘查区块，该地区分布致密岩性气藏。烃源岩为石炭—二叠系的煤层和暗色泥岩，烃源生烃强度较大，具备就近运移聚集，形成大中型气田的条件；泥岩盖层或致密砂岩物性封闭形成岩性圈闭；“近源＋穿越”运聚成藏。地震和钻井勘探揭示了砂岩的分布规律和物性特征，总体认为具有含气层系多，纵向叠置，横向不连续，气层分散的气藏特征。

2014 年，临兴、神府 4 口井测试产量再创新高，进一步证实勘探潜力。LX－4 井，太原组、下石盒子组未压裂无阻流量合计 19.57×10^4 立方米/天；LX－8 井，下石盒子组试气无阻流量 13.69×10^4 立方米/天；LX－5 井，获日产气 3.04×10^4 立方米（上、下石盒子组合试无阻流量 13×10^4 立方米/天）；LX－6 井试采于 5 月开始产气，日产气量 3.6×10^4 立方米。

依据三维地震勘探成果部署钻探的 LX－11 井，在三叠系和尚沟组测井解释有气层 8 层 18.7 米，差气层 5 层 8.4 米，可疑层－层 6.9 米。对 LX－11 井三叠系气层进行射孔试气，获得无阻流量 2.65×10^4 立方米/天。该井获得工业气流，预测有利含气面积 13～25 平方千米，实现了该地区勘探层系的新认识，扩展了勘探层位。

临兴西区 TB－1H 水平井，完钻井深 3495 米，（垂深 2025.18 米，水平段长度 1185.0 米），目的层段为山西组砂层。采用裸眼管外封＋滑套分级压裂技术，压裂效果好，在油压 13 兆帕的状态下，日产气量在 12×10^4 立方米以上，用长庆上古无阻流量经验公式计算，其无阻流量为 41.9×10^4 立方米/天。

兔坂气区和康宁气区经初步测算探明地质储量为 905×10^8 立方米，控制储量 699×10^8 立方米，合计储量 1605×10^8 立方米。

4. 四川盆地。2014 年，四川盆地新增天然气探明地质储量 157.61×10^8 立方米。

①川西北双鱼石构造双探 1 井风险勘探获重要突破，有望打开川西北海相多目的层勘探新局面。

川西矿权面积 3.79×10^4 平方千米，2010～2011 年通过二维地震攻关，落实双鱼石构造圈闭面积 20.21 平方千米，2012 年为探索川西地区二、三叠储层发育及其含油气性，部署风险探井双探 1 井。

2014 年双探 1 井获高产工业气流。在栖霞组 7212 ~ 7308 米试气，用 20 毫米、30 毫米孔板求产，油压 58.9 兆帕，日产气 87.6×10^4 立方米；在茅口组 6853 ~ 6881 米试气，用 35 毫米、34 毫米孔板求产，油压 80.33 兆帕，日产气 126.77×10^4 立方米。其中栖霞组裂缝 - 孔隙型云岩储层首次获高产。川西北地区下二叠统有效烃源岩发育，栖霞组发育大面积分布的生屑云岩裂缝 - 孔隙型优质储层，茅口组发育白云质灰岩夹薄层白云岩裂缝型储层，构造成排成带，圈闭目标多，具有多目的层整体勘探的潜力。

②川中南充构造南充 1 井二叠系茅口组勘探取得新发现，川中地区茅口组有望成为重要接替新领域。

南充构造面积约 800 平方千米，2013 年为了扩大川中古隆起震旦 - 寒武系的含气范围，兼探二叠系，在磨溪 - 龙女寺构造东北部南充构造甩开钻探南充 1 井。

2014 年南充 1 井在下二叠统茅口组 5045 ~ 5061 米试气，用 30 毫米孔板求产，油压 59.65 兆帕，套压 25.78 兆帕，获日产量 44.74×10^4 立方米高产工业气流。受基底断裂控制，南充地区茅口组茅二 a 亚段发育层状分布的热次盆微相白云岩储层，横向分布稳定（厚 10 ~ 30 米左右），分布范围广（约 1.8×10^4 平方千米），储集性能好（孔隙度平均 5.5%），具有良好的勘探潜力。

③川中磨溪 - 高石锑地区天然乏勘探取得新进展，新增控制地质储量 2032×10^8 立方米、预测 1868×10^8 立方米。

磨溪 - 高石梯构造位于四川盆地中部川中古隆起区，勘探面积 7500 平方千米。2013 年寒武系龙王庙组新增探明地质储量 4404×10^8 立方米，探明了我国最大的单体整装海相碳酸盐岩气田。

2014 年整体探明龙女寺龙王庙组和磨溪陡—高石梯坎富集带，甩开预探外围，完钻探井 20 口，获工业气流井 12 口，高石梯区块震旦系灯 4 段气藏新增控制含气面积 436.8 平方千米，控制天然气地质储量 2032.47×10^7 立方米，灯 2 段气藏新增预测含气面积 860.1 平方千米，预测天然气地质储量 1867.54×10^8 立方米，高石梯 - 磨溪地区下古生界 - 震旦系超万亿立方米大气区进一步落实。

④川西龙门山前带彭州 1 井获高产气流，海相天然气勘探取得新发现。龙门山山前带海相雷口坡组是有利的勘探区带，川科 1 井、新深 1 井在雷口坡组获得工业气流。为继续评价雷顶风化壳的分布，在川西龙门山前带金马构造上部署实施了预探井 - 彭州 1 井。该井雷口坡组录井共发现气显示层 6 层 30 米，测井解释气层 23 层 53.6 米。完井后对雷四段进行大型酸压测试，采用 $\Phi16\times43.8$ 毫米工作制度，稳定时间 1.5 小时，稳定油压 26.2MPa，日产天然气 114.91×10^4 立方米/日，无阻流量 330.4×10^4 立方米/日，实现了龙门山前隐伏构造带海相勘探的新发现。

该井的发现，证实川西雷口坡组发育台缘滩和台内滩相裂缝 - 孔隙型储层及雷口坡组顶风化壳岩溶孔隙型储层，落实金马地区雷口坡组圈闭面积 732.65 平方千米，天然气圈闭资源量 3798×10^8 立方米。2014 年度彭州 1 井区雷口坡组落实气藏面积 267 平方千米，新增预测地质储量 1357.4×10^8 立方米。彭州 1 井的成功首次在四川盆地西部龙门山前金马构造获得高产工业气流，实现了新区、新层系海相油气勘探的重要新发现，具有重要的商业开发价值，为加快西南油气田双百亿气田建设提供了重要阵地。

⑤川西南金页 1 井震星系获工业气流，实现了四川盆地海相下组合勘探新发现。金页 1 井是威远构造南斜坡以震旦系灯影组碳酸盐岩和寒武系筇竹寺组页岩为主要目的层的预探井。该井在灯影组钻遇溶蚀孔洞型储层，油气显示良好，测井解释气层 29 层，累计厚度 224 米，漏失泥浆近 1400 立方米。完钻后对灯影组井段射孔，经大型酸化后，测试获得日产 4.74×10^4 立方米的工业气流，取得了川西南震旦系油气预探的新发现，实现了中石化海相下组合突破。金页 1 井与威远气田属同一有利沉积相带，台内浅滩相储层发育，初步落实灯影组圈闭面积 518.48 平方千米，圈闭资源量 1617.72×10^8 立方米，展示了该区具有良好的勘探前景。

⑥星 1 井须三段获工业气流，川东北阆中须家河组勘探取得新发现。星 1 井位于四川盆地阆中 - 南部探区金星场构造，是以须家河组三段为主要目的层的预探井。完钻后对须三段进行大型酸压测试，采用 Φ6 毫米油嘴 + Φ12 毫米孔板工作制度求产，稳定油压 7.74MPa，套压 10.53MPa，获日产 4.6437×10^4 立方米的工业气流，取得了该区须家河组油气勘探的新发现。

星 1 井钻探成果揭示阆中地区须家河组孔隙性砂岩储层发育，具有良好的孔渗条件，天然气圈闭资源量 1172.53×10^4 立方米，其中须三段圈闭资源 628.4×10^4 立方米。阆中地区须三段埋深较浅，已有较为完善的天然气管网，利于商业开发。

5. 塔里木盆地。2014 年，塔里木盆地新增石油探明地质储量 6549.99×10^4 吨，新增探明储量 3000×10^4 吨级油田是中国石油塔里木的哈拉哈塘油田（3340.19×10^4 吨）；新增天然气探明地质储量 1756.42×10^8 立方米，新增探明储量 1000×10^8 立方米级气田是中国石油塔里木的克拉苏气田（1584.55×10^8 立方米）。

①库车坳陷克深 6 井白垩系巴什基奇克组勘探取得新发现，发现新的含气构造。

克深地区位于塔里木盆地北部库车坳陷克拉苏冲断带克深区带，面积 2.8×10^4 平方千米，天然气资源量 3.15×10^{12} 立方米。克深 6 号构造是受两条逆冲断层夹持的断背斜，面积 62.5 千米，2013 年为了解克深 6 号构造的含油气性，进一步扩大克拉苏构造带油气勘探成果，部署克深 6 井。

2014 年克深 6 井在白垩系巴什基奇克组 5603～5653 米，用 10 毫米油嘴求产，油压 72.489MPa，获日产量 91×10^4 立方米高产气流，新增预测含气面积 100.6 平方千米，预测天然气地质储量 1711×10^8 立方米，新发现一个超千亿立方米气田，证实了克拉苏构造带克深段整体含气，进一步坚定了建设库车大气区的信心。

②塔东地区古城 9 井寞陶系鹰山组勘探获重要突破，进一步证实古坡地区良好的勘探前景。塔里木盆地塔东地区古城低凸起面积 6100 平方千米，为东北倾的大型宽缓鼻状构造，累计完成二维地震 3238 千米、三维地震 1073.89 平方千米，截至 2013 年底，累计获工业气流井 2 口（古城 6、古城 8）。

2014 年部署探井古城 9 井，钻探主要目的层为奥陶系鹰山组，兼探蓬莱坝组和寒武系白云岩储层含油气性。该井于 2014 年 1 月 3 日开钻，2014 年 7 月 13 日完井，井深 6810 米，完钻层位上寒武统，在奥陶系鹰山组 5990.8～6116.4 米试气，抽汲求产，油压 49.5 兆帕，套压 12.1 兆帕，静压 66.14 兆帕，获日产量 107.8×10^4 立方米高产工业气流，进一步证实了古城地区白云岩储层天然气藏良好勘探前景。

③哈拉哈塘碳酸盐岩石油勘探取得新进展，新增探明地质储量 3338×10^4 吨、控制 3159×10^4 吨。塔里木盆地哈拉哈塘地区有利勘探面积 5000 平方千米，石油资源量 18.16×10^8 吨，天然气资源量 8203×10^8 立方米。近年来在哈 6、金跃、新垦、哈得逊持续获得新发现，哈拉哈塘油田范围向南、向东、向西不断扩大，截至 2013 年底，累计探明石油地质储量 1.65×10^8 吨，剩余控制地质储量 0.99×10^8 吨，预测地质储量 0.84×10^8 吨，其中 2013 年产油量 90.5×10^4 吨。

2014 年主攻金跃、哈得逊，甩开跃满，准备玉科，部署探井 18 口，评价井 10 口，新获工业油气流 18 口。其中，在金跃 1－热普 8 井区新增探明含油面积 489 平方千米，探明石油地质储量 3338×10^4 吨；在跃满区块新增控制含油面积 273 平方千米，控制石油地质储量 3159×10^4 吨，证实了层间岩溶储层向哈拉哈塘南部继续发育，向南勘探开发仍具潜力。

④塔中地区碳酸盐岩石油勘探取得新进展，新增探明地质储量 2019×10^4 吨、预测储量 4105×10^4 吨。

塔里木盆地塔中地区勘探面积 9321 平方千米，石油资源量 17.1×10^8 吨，天然气资源量 1.34×10^{12} 立方米。

2014 年探索奥陶系鹰三—四段新层系、新领域，持续预探寒武系白云岩，查明气藏类型和资源规模，部署探井、开发井 49 口，新获工业油气流井 36 口，在中古 15 井区新增探明含油面积 125.5 平方千米，探明石油地质储量 2019×10^4 吨，在中古 434 井区新增预测含油面积 407 平方千米，预测石油地质储量 4105×10^4 吨。

⑤库车坳陷克拉苏构造带天然气勘探取得新进展，克深、大北与博孜段新增三级储量 4659×10^8 立方米。

塔里木盆地库车坳陷克拉苏构造带面积 3750 平方千米，总资源量 2.4×10^{12} 立方米。截至 2013 年底，探明天然气地质储量 8950×10^8 立方米，控制天然气地质储量 1487×10^8 立方米，预测天然气地质储量 3281×10^8 立方米。

2014 年加快库车克拉苏构造带克深区块预探与评价，落实天然气规模储量，部署探井 9 口，新获工业气流井 12 口。克深 5 井区新增探明含气面积 55.8 平方千米，探明天然气地质储量 832×10^8 立方米，克深 3 井区新增探明含气面积 10.4 平方千米，探明天然气地质储量 202×10^8 立方米，大北 3 井区新增探明含气面积 53.4 平方千米，探明天然气地质储量 856×10^8 立方米，博孜 1 井区新增控制含气面积 100.6 平方千米，控制天然气地质储量 1058×10^8 平方米，克深 6 井区新增预测含气面积 100.6 平方千米，预测天然气地质储量 1711×10^8 立方米，为建设库车大气区奠定了坚实的资源基础。

⑥塔深 3 井、于西面 1 井鹰山组获高产油流，塔河油田新区、新层系石油勘探取得新发现。

为探索塔河地区鹰山组上段中下部内幕缝洞体的储层发育程度和含油气性，2014 年在塔河地区中西部部署了预探井－塔深 3 井。塔深 3 井完钻层位奥陶系鹰山组下段，钻井过程中进入奥陶系中下统 277 米钻遇鹰山组内幕缝洞体，发生严重泥浆漏失。对奥陶系裸眼段进行常规完井测试见稠油，经掺稀求产，获日产油 115 立方米，不含水。塔深 3 井获高产，开拓了塔河地区增储上产新层系，2014 年新增石油预测地质储量 2249.76×10^4 吨。该类型共识别圈闭 5 个，圈闭面积 136.5 平方千米，圈闭资源量 4889×10^4 吨，是塔河增储上产的现实地区。同时，证实深层领域存在致密灰岩盖层，存在多套储盖组合，能够在深层领域形成多套含油气层系。

于奇西地区处于阿克库勒凸起西北斜坡带，北邻轮台断裂，前期勘探成果证实该区为大规模连片的超重质油藏。在对该区断裂重新解释和区带评价的基础上，在奥陶系古构造、断裂格架、油气成藏等难点问题均取得了较大进展，部署了于奇西 1 井。2014 年 8 月

19日，对于奇西1井奥陶系鹰山组5773.52～5850米井段进行酸压测试获工业油流，用4毫米油嘴，油压12.7MPa，日产油68.2吨（密度0.87），含水7%。于奇西1井奥陶系获得高产中质油，打破该区超重质油藏的格局，改善了塔河西北部奥陶系油品结构，有效实现了塔河油田北扩。该区共落实18个三级圈闭，轻－中质油区资源量为2400×10^4吨。2014年新增预测地质储量1993.6×10^4吨，溶解气地质储量29.6×10^8立方米。并有望进一步扩大北部轻中质油藏的范围。

⑦顺南7井鹰山组上段获工业气流，塔中北坡新层系天然气勘探获得新发现。顺南7井是在顺南5井突破后，为进一步评价顺南地区奥陶系储层及含油气性，向北部署在顺南蓬7号圈闭的一口预探井。该井在一间房组取芯见溶蚀孔洞储层发育，分析认为溶孔发育与大气淡水淋滤有关。9月8日对奥陶系一间房组—鹰山组中途测试，用8毫米油嘴，油压17.2～14.1MPa，初期折算日产气13.3785×10^4立方米；用6毫米油嘴，折算日产气7.9×10^4～8.6×10^4立方米。折算地层压力系数1.37，初步认是为高压气藏。顺南7井在一间房组—鹰山组上段实现新层位油气发现，展现了500×10^8立方米资源规模阵地。该地区目前已发现落实21个圈闭，圈闭资源量4322×10^8立方米，坚定了建设海相碳酸盐岩大型气田的信心。

6. *准噶尔盆地*。2014年，准噶尔盆地新增石油探明地质储量9418.62×10^4吨，新增探明储量5000×10^4吨级油田是中国石油新疆的金龙油田（5164.97×10^4吨）；新增天然气探明地质储量189.32×10^8立方米。

①沙湾凹陷中拐凸起中佳2H水平井佳木河组勘探获重要突破，打开了西北缘佳木河组勘探新局面。准噶尔盆地沙湾凹陷佳木河组有利勘探面积300平方千米，资源量3000×10^8立方米。近10年钻遇佳木河组的探井、评价井共20口，均见较好油气显示，但压裂改造效果较差，仅2口获工业气流。

2014年为进一步解放低渗透资源，落实储量，通过水平井体积压裂提高单井产量，部署的中佳2H井在二叠系佳木河组4840.69～5760.33米试气，用5.5毫米油嘴求产，油压32.93兆帕，套压26.86兆帕。获日产油169立方米、日产气11×10^4立方米的高产工业油气流，开辟了准噶尔盆地天然气勘探的新领域，新增预测含油面积53.4平方千米，预测石油地质储量4624×10^4吨，预测凝析油地质储量230×10^4吨，新增预测含气面积41.4平方千米，预测天然气地质储量244×10^8立方米，证实斜坡区302平方千米有利勘探领域和巨大的勘探潜力。

②玛湖地区百口泉组石油勘探取得新进展，新增探明地质储量5866×10^4吨、控制8477×10^4吨、预测5314×10^4吨。

准噶尔盆地玛湖地区勘探面积8650平方千米。1993年发现玛北油田，探明地质储量2087×10^4吨，但储层物性差，产量低，未能有效开发。近年来随着技术进步，2010年重上玛北，玛131获突破，2013年玛北新增石油控制地质储量9655×10^4吨。

2014年按照"有利前缘相、异常高压、近油源"控藏认识和致密油勘探思路，扩展夏子街扇西翼，甩开黄羊泉和盐北，部署探井23口，新获工业油流井12口。其中，玛北油田玛131井区新增探明含油面积118.6平方千米，探明石油地质储量5577×10^4吨；百口泉油田百21井区新增探明含油面积4.82平方千米，探明石油地质储量289×10^4吨；艾湖油田艾湖1井区新增控制含油面积119.9平方千米，控制石油地质储量8477×10^4吨；风南4井区新增预测含油面积33.6平方千米，预测石油地质储量1553×10^4吨；玛19井区新增预测含油面积63.6平方千米，预测石油地质储量3761×10^4吨，展现亿吨级储量规模区。

③西北缘中拐凸起石炭系石油勘探取得新进展，新增控制石油地质储量4117×10^4吨。

准噶尔盆地西北缘的中拐凸起面积约1500平方千米。2011年金龙6井石炭系获工业油流后，2012～2013年针对中拐凸起石炭系进行了整体部署，进一步扩大和落实了中拐凸起石炭系的勘探成果。2013年新增探明石油地质储量6981.35×10^4吨，预测石油地质储量8106×10^4吨，亿吨级金龙油田基本落实。

2014年以储量升级为目标，部署评价井4口，新获工业油流井3口，金龙10井区新增控制含油面积20.1平方千米，控制石油地质储量4117×10^4吨，整体形成亿吨级油田。

④ 西缘春光探区发现白垩系5000×10^4吨规模增储区。春光探区白垩系为有利的含油层系。2014年围绕白垩系地层超覆带，向南甩开部署了两口预探井，发现春57、春59白垩系地层油藏，形成了新的规模储量接替阵地。

春57井在春光探区东南部发现白垩系稠油油藏，增储规模1000×10^4吨。春59井发现白垩系油藏面积继续向南扩大，与春20白垩系油藏叠合连片，增储规模1500×10^4吨。结合北部春17井区利用老资料开展白垩系储量研究，春光探区累计发现白垩系5000×10^4吨规模增储区。

7. *柴达木盆地*。2014年，柴达木盆地新增石油探明地质储量6685.28×10^4吨，新增储量5000×10^4吨级油田是中石油青海的英东油田（6685.28×10^4吨）；新增天然气探明地质储量61.45×10^8立方米。

①狮子沟构造狮42井下干柴沟组勘探获重要突

破，打破了“有点无面，有井无田”的困境。

柴达木盆地狮子沟构造勘探面积164平方千米。发育上、中、下三套成藏组合，浅层已发现油田。深层单井产量高，开发效果好，但地表及地下地质条件复杂，勘探成果难以扩展。

2014年根据英西三维地震成果，明确了主力产层段为E32下组合（古近系下干柴沟组），成藏主控因素为断裂与脆性地层复合控制。为进一步探索下组合油气分布规律并扩展高产富集区，部署探井3口。其中，狮42井在古近系下干柴沟组3647.93～4079米试油，中途测试折日产油203立方米，日产气 1.6×10^4 立方米，裸眼完井投产，日产油32吨；狮40、狮41井也见到了好的油气显示，进一步证实狮子沟地区盐下构造蕴藏着丰富的油气资源。

②狮子沟－英雄岭地区英东构造石油勘探取得新进展，新增探明地质储量 6685×10^4 吨。

英东构造位于英雄岭构造带东段，面积500平方千米。2010年砂37井获高产，发现英东油田。2011年开展山地地震采集攻关，构造格局进一步落实。近年来，勘探开发一体化，整体勘探、整体部署，累计完钻探井、开发井272口，获工业油气流井211口。

2014年英东一号上盘新增探明含油面积8.06立方千米，探明石油地质储量 6685×10^4 吨，新增探明含气面积1.05平方千米，探明天然气地质储量 61×10^8 立方米，建成产能 40×10^4 吨。

③柴西南乌南地区石油勘探取得新进展，新增控制地质储量 3312×10^4 吨、预测储量 2131×10^4 吨。

扎哈泉－乌南地区勘探面积1000平方千米，资源量 5×10^4 吨。2012年扎2井获得成功，实现了扎哈泉斜坡致密油勘探的突破。2013年新获工业油流井5口，新增控制石油地质储量 4201×10^4 吨、预测石油地质储量 7246×10^4 吨。

2014年按照致密油勘探思路，“直井控面、水平井提产”，部署探井3口、评价井5口，新获工业油流井4口，新增控制＋预测石油地质储量 5443×10^4 吨。其中，乌107井区N21油藏新增控制含油面积17.5平方千米，控制石油地质储量 1161×10^4 吨；乌26井区N21油藏新增控制含洫面积33.3平方千米，控制石油地质储量 1051×10^4 吨；扎7井区N1油藏新增控制含油面积7.8平方千米，控制石油地质储量 403×10^4 吨；扎9井区N21油藏新增控制含油面积11.7平方千米，控制石油地质储量 400×10^4 吨；扎探2井区N21油藏新增控制含油面积5.9平方千米，控制石油地质储量 297×10^4 吨；扎探1井区E31油藏新增预测含油面积26.9平方千米，预测石油地质储量 2131×10^4 吨。展示了扎哈泉－乌南地区勘探开发规模潜力。

8. 吐哈盆地。2014年，吐哈盆地新增石油探明地质储量 3051.87×10^4 吨；新增天然气探明地质储量 4.43×10^8 立方米。

鲁克沁稠油勘探取得新进展，新增探明地质储量 2824×10^4 吨、控制储量 833×10^4 吨鲁克沁稠油富集带勘探面积900平方千米，总资源量 5.2×10^8 吨，截至2013年底，探明稠油 1.1×10^8 吨，三级储量 2.6×10^8 吨。

2014年主攻北一区，扩展北二区，落实发现区块建产资源，同时甩开预探周边有利区块，进一步扩大油藏规模，部署探井6口，新获工业油流井2口。北一区玉北1块P2w油藏新增探明含油面积13.7平方千米，探明石油地质储量 1552×10^4 吨；西区玉116块P2w油藏新增探明含油面积3.6平方千米，探明石油地质储量 839×10^4 吨；北二区英15块P2w油藏新增探明含油面积4.4平方千米，探明石油地质储量 433×10^4 吨；北一区玉北6块二叠系梧桐沟组油藏新增控制含油面积9.8平方千米，控制石油地质储量 833×10^4 吨。

9. 江汉盆地。2014年，江汉盆地没有新增石油探明地质储量和新增天然气探明地质储量。

耀1井新下段获工业油流，江陵凹陷南斜坡形成千万吨级增储新阵地2014年利用金家场三维地震资料，在江陵凹陷南斜坡发现落实新下段岩性圈闭6个，面积71平方千米，资源量 1300×10^4 吨。为探索江陵凹陷南斜坡滩坝砂领域的含油气性，部署了预探井耀1井。该井部署在魏家场Ⅰ号断块上，完井后，对新下段Ⅰ油组进行完井试油，压裂后获日产油3.44立方米的工业油流，实现了南斜坡滩坝砂体储层勘探突破。随后部署的油藏评价井耀1－1C井在新下段Ⅲ油组试油获日产油3.0立方米的工业油流，首次在Ⅲ油组获得突破；耀2井钻遇多个油层。表明南斜坡多层系含油，滩坝砂体发育，叠合连片，已成为江陵凹陷千万吨级规模的增储新区带，新增石油预测地质储量 757.6×10^4 吨。

10. 苏北盆地。2014年，苏北盆地新增石油探明地质储量 564.87×10^4 吨；新增天然气探明地质储量 0.67×10^8 立方米。

曹64、肖×14井戴南组获工业油流，高邮凹陷隐蔽油气藏获新发现。

苏北盆地通过应用多种地球物理方法，在高邮凹陷樊川次凹发现落实戴南组湖底扇岩性圈闭9个，圈闭面积16.3平方千米，圈闭资源量 1063×10^4 吨。优选具有鼻状构造背景、可多层系兼探的2号块部署钻探曹64井，完井试油获日产油10.29立方米。表明高邮凹陷深凹带湖底扇成藏条件优越，丰富了苏北盆地隐蔽油藏类型。2014年新增石油控制储量275.51×

10^4 吨。

樊川次凹肖刘庄地区 E_2d_1、E_2d_1 主要发育近岸水下扇沉积。2014 年通过高精度三维地震反演和有效砂体解释技术，发现落实了一批隐蔽圈闭。优选 2 号块部署钻探了肖 ×14 井，在 E_2d_1 发现厚油层，电测解释油层 10 层 68.2 米。试油日产油 13.6 立方米。落实含油面积 4.98 平方米，新增石油预测地质储量 909.71 × 10^4 吨，进一步开拓了高邮深凹区勘探空间。

11. 北部湾盆地。2014 年，北部湾盆地新增石油探明地质储量 3204.34 × 10^4 吨；新增天然气探明地质储量 57.87 × 10^8 立方米。

勘探开发一体化，成功评价乌石 17－2 油田。

乌石 17－2 油田位于北部湾盆地乌石凹陷东区反转构造带内，是流三段、流二段大型鼻状构造。乌石 17－2 油田于 2010 年发现，但储层物性差、产能低，不能经济有效地投入开发。通过部署海底电缆三维地震，开展再评价，在技术进步和认识突破的基础上，勘探和开发紧密结合，整体部署，自 2013 年底至 2014 年，钻探了 5 口井（8、9、10、11、14 井），获得了高产油流，解决了产能问题，增加了原油优质储量，乌石 17－2/16－1 油田石油地质储量超过 5000 万立方米，具备了立架建产条件，成为乌石首个大型油田。有望建成北部湾盆地继涠西南之后的第二个石油生产基地。

12. 琼东南盆地。2014 年，琼东南盆地新增石油探明地质储量 680.26 × 10^4 吨；新增天然气探明地质储 1020.36 × 10^8 立方米，新增探明储量 1000 × 10^8 立方米级气田是中海油湛江陵水 17－2（1020.36 × 10^8 立方米）。

中央峡谷水道成藏认识指导首个自营深水大发现。

通过总结琼东南盆地中央峡谷独特成藏模式，指导深水勘探，在盆地内的陵水凹陷中部发现陵水 17－2 气田。该气田实际上是中央峡谷水道陵水段黄流组的岩性气藏群，水深约 1500 米。2014 年钻探 LS17－2－1 井，测井解释有气层 42 层 47.9 米，气水同层 1 层 3.4 米。测试 1 层，黄流 3321～3351 米，日产气 160 × 10^4 立方米，日产油 78 立方米，井口压力 2432psi，天然气相对密度 0.622，油密度 0.82 克/立方厘米。该气田储层优良，已完钻 6 口井，单层测试产量高，2014 年新增天然气探明地质储量 1020.36 × 10^8 立方米，是中国海域深水区首个自营超千亿立方米大气田。

13. 珠江口盆地。2014 年，珠江口盆地新增石油探明地质储量 2067.94 × 10^4 吨；新增天然气探明地质储量 34.50 × 10^8 立方米。

陆丰凹陷古近系勘探见曙光陆丰 14－4 构造位于珠江口盆地珠－坳陷陆丰凹陷南部。2014 年钻探 LF14－4－1d 井，测井解释在珠江组有油层 1 层 11.9 米（垂厚），文昌组有油层 31 层 89.9 米（垂厚），油水同层 3 层 11.4 米（垂厚）。测试 2 层：DST1：文昌组 3945～4023 米，二开井，日产油 200.6 立方米，日产气 7072 立方米，原油密度 0.8146 克/立方厘米，天然气相对密度 0.736；DST2：文昌组 3833～3860 米，因螺杆泵脱扣落井没有结果。陆丰 14－4 预测石油地质储量超过 30002 × 10^4 立方米。

陆丰 8－1 构造也位于珠江口盆地珠－坳陷陆丰凹陷南部，在陆丰 14－4 北侧。2014 年钻探 LF8－1－1 井，测井解释恩平组有油层 8 层 47.6 米，文昌组有油层 1 层 1.5 米。

陆丰 14－4 和陆丰 8－1 均是以古近系为目的层的油田。两个油田石油地质储量规模超过 3000 万立方米，是珠江口盆地近年来在古近系勘探领域获得的最大突破。陆丰 14－4 与陆丰 8－1 构造的成功发现，使该区“一大带多小、联合开发”的新局面雏形初现。

14. 东海盆地。2014 年，东海盆地新增石油探明地质储量 27.05 × 10^4 吨；新增天然气探明地质储量 1041.49 × 10^8 立方米。新增储量 1000 × 10^8 立方米级气田是中海油上海宁波 22－1 气田（1004.26 × 10^8 立方米）。

①宁波 22－1 成为东海首个探明地质储量超千亿立方米气田。

宁波 22－1 构造位于西湖凹陷中央反转构造带北段。2013 年在宁波 22－1 构造（又称玉泉构造深层）钻探 NB22－1－1 井（又称古珍珠 1 井），于龙井组钻遇气层 1 层 9.3 米，花港组钻遇气层、致密气层 300～500 米，获历史性突破。2014 年钻探评价井 NB22－1－3 井，测井解释于花港组有气层 36 层 391.7 米，其中 H2、H3 常规气层 16 层 149.6 米，近致密气层 16.9 米/2 层，H4 砂体近致密气层 9 层 109.1 米，H5 砂体气层 2 层 8.3 米，近致密气层 7 层 107.8 米。测试 2 层：DST1 测试 H4 砂体 4040～4074.3 米；4075.8～4103 米，经压裂，氮气气举，井口压力为 2psi，没有产能。DST2 测试 H3a，3672.1～3705.4 米，经酸化，气举，用 6.35 毫米固定油嘴，井口压力在 110～180psi 之间波动，日产气 5500～7800 立方米。2014 年，经国土资源部油气储量评审办公室评审，宁波 22－1 天然气探明地质储量 1004.26 × 10^8 立方米，技术可采储量 518.27 × 10^8 立方米，是东海首个储量规模超千亿立方米的气田，具有储量规模大、气层巨厚、产量高的特点。

②宁波 17－1 是东海又一个千亿立方米级大发现。

宁波 17－1 构造也位于中央反转构造带的北段，在宁波 22－1 气田的北侧。2014 年 1 月完井的预探井 NB17－1－1井，测井解释花港组 H2－H3 砂体 3209.6～

3660米有气层14层201.8米，近致密气层2层15.5米；解释H4－H6砂体气层18层265.3米，其中近致密气层11层134.6米。测试2层：DST1，H4砂体3873～3903米，二开井井口压力在2300psi，日产天然气58.5×10^4立方米，日产水16.8立方米，氯根8390mg/L；DST2，H3砂体3462～3491米、3493～3507米，井口压力1000psi左右，日产天然气12.2×10^4立方米。宁波17－1气田是东海继宁波22－1气田之后又一个千亿方级大发现。

③宁波27－5气田是东海又一个中型以上的天然气发现。

宁波27－5构造位于西湖凹陷的西次凹中部，在宁波22－1气田西侧，2014年，钻探NB27－5－1井，测井解释花港组H4砂体4254.1～4419米有气层＋近致密气层8层144.2米，其中气层1层46.8米，近致密气7层97.4米；花港组H11砂体有近致密气层3层79.8米；DST1测试H4砂体4322～4360米，采用四开四关制度，日产气18×10^4～25×10^4立方米。

15. *中建南盆地*。981钻井平台高效完成西沙海域作业，发现油气显示。

2004年以来，中国石油在大量地质综合研究基础上，先后在中建南海域进行了以地震为主的地球物理勘探工作，落实了勘探目标，确定了钻探井位并于2013年实施了井场调查。2014年，中国石油启动了西沙海域的中建南项目两口探井的钻探作业，这是我国首次在南海中部我国领海内深水区实施的油气钻井勘探，越南对“海洋石油981”的围攻也未能阻止中国人开创南海油气勘探新里程的脚步。

钻探作业由金金中国海油“海洋石油981”钻井平台执行。5月2日至5月27日实施中建南1号井钻探；5月28日至7月15日实施中建南2号井钻探。钻探作业按计划顺利完成任务，并发现油气显示。按照深海油气勘探开发程序，下步将对这次钻探作业所取得的地质资料和分析数据，开展油气层的综合评价，并在此基础上研究制定下阶段工作方案。

【煤层气】 2014年，沁水盆地新增煤层气探明地质储量601.93×10^8立方米。

1. *寿阳爆层气田七里河区获探明地质储量53.88×10^8立方米。*

寿阳煤层气田七里河区位于山西省晋中市东北寿阳县以东介于太原东山和太行山脉北段之间的过渡地带。沁水盆地走向北北东，寿阳七里河区紧靠沁水盆地的北端轴部，含煤岩系呈现走向近东西倾向南的单斜构造，倾角5°～12°；东南部发育了次一级的波状起伏和4条小型断裂，断距0～40米，断层倾角小于60°；区内陷落柱不发育，未见岩浆岩侵入；区内褶曲多发育在东、北部，为宽缓的背斜和向斜，呈南北向展布，南北向展布的褶曲主要有白草峪背斜、侯家垴倾伏向斜、齐家梁窑垴向斜、南叉背斜和小庄南背斜。根据挥发分、镜喷体反射率等多方面统计，煤类为无烟煤阶段。9号煤层净厚度0.85～4.20米，平均1.60米，含气量为8.86～18.28立方米/吨，平均为13.26立方米/吨；15号煤层净厚度1.45～4.92米，平均3.18米，含气量为8.61～17.13立方米/吨，平均为13.33立方米/吨。9号、15号煤层含煤层气分布主要依据申报区内探矿权边界、有效厚度下限及达产井外推边界条件圈定。

探明储量区有以往完成煤田钻孔77口，煤层气钻井15口；测井15口；参数井9号、15号煤层取芯，按规范要求取样进行现场解吸及测试煤质、储层物性等项目，含气量测试90样次；试井6口，共计9层；煤层气井压裂15口，23层煤层（9号煤层压裂8口，15号煤层压裂15口）；排采15口井。

9号、15号煤叠合含气面积58.91立方千米，煤层气探明地质储量58.83×10^8立方米，技术可采储量26.92×10^8立方米，经济可采储量20.82×10^8立方米。

2. *潘庄区块东、西区新增探明地质储量61.73×10^8立方米。*

潘庄区块（包括潘庄区块东区和潘庄区块西区）位于山西省晋城市沁水县境内，地面条件属于山区，地面海拔多在900～1200米之间，区块内主要河流有沁河。潘庄区块地表出露地层主要有上二叠统上石盒子组、石千峰组，第四系遍布山梁和沟谷。钻探资料显示，地层自下（老）而上（新）主要有下古生界中奥陶统峰峰组（O_2f）、上古生界中石炭统（C_2b）、上石炭统太原组（C_3吨）、下二叠统山西组（P_1s）和下石盒子组（P_1x）、中二叠统上石盒子组（P_2s）和新生界第四系（Q）。区域上与沁水盆地对比，潘庄区块地层缺失中生界三叠系（T）、新生界第三系（N）。

区内完成煤田钻孔184口、煤层气钻井12口、煤层气井压裂11口井、11层煤、测井12口；参数井目的层15号煤层全部取芯，按规范要求取样进行现场解吸及测试煤质、储层物性等项目，采样测试251（解吸）样次；试井12口；排采11口井。

潘庄区块东、西区15号煤层叠合含气面积为61.99平方千米，新增煤层气探明地质储量61.73×10^8立方米，技术可采储量30.87×10^8立方米，经济可采储量29.94×10^8立方米。

3. *樊庄区块新增煤层气探明地质储量93.41×10^8立方米。*

樊庄区块樊64井区完钻煤层气井194口，井距达到0.2～3千米，钻井总进尺146556米。还有15个煤田钻孔。15 号煤层投入排采井 61 口,产气井 54 口。

樊 64 井区 15 号煤叠合含气面积 100.9 平方千米,煤层气探明地质储量 93.41×10^8 立方米,技术可采储量 46.71×10^8 立方米,经济可采储量 40.34×10^8 立方米。

4. 马必区块新增煤层气探明地质储量 312.81×10^8 立方米。马必区块 MB102 井区完钻煤层气评价井 34 口,井距达到 1~3 千米,钻井总进尺 43468 米。投入排采井 21 口。

马必区块 MB102 井区 3 号、15 号煤叠合含气面积 209.2 平方千米,煤层气探明地质储量 312.81×10^8 立方米,技术可采储量 156.41×10^8 立方米,经济可采储量 132.62×10^8 立方米。

5. 下黄岩新增爆层气探明地质储量 80.15×10^8 立方米。大地高科下黄岩新增煤层气探明地质储量 80.15×10^8 立方米。

【页岩气】 1. 四川盆地。①涪陵页岩气田提交了中国首个页岩气探明储量,证实焦石坝产建区资源丰度高、资源落实。2014 年 7 月 18 日,在国土资源部组织的油气储量评审会上,专家组对中石化提交的焦石坝区块焦页 1 - 焦页 3 井区五峰组 - 龙马溪组一段的探明地质储量进行了评审,认定涪陵页岩气田是典型的优质海相页岩气,新增页岩气探明含气面积 106.45 平方千米,新增探明地质储量 1067.5×10^8 立方米,技术可采储量 266.88×10^8 立方米,经济可采储量 134.74×10^8 立方米。标志着我国第一个大型页岩气田的诞生。

②金页 1HF 井在井研 - 犍为区块寒武系筇竹寺组实现了页岩气商业发现。

金页 1 井位于川西南坳陷寿保场 - 金石构造带金石构造高点南翼,2014 年 3 月 17 日完钻,完钻井深 3940 米,完钻层位灯影组(Z_2dn)。在寒武系筇竹寺组共钻遇油气显示 7 层,累积页岩气显示厚度 346 米。其中,优质页岩厚 43 米,平均 TOC 为 1.87%,最高 3.55%,实测平均含气量 2.03 立方米/吨。

为进一步认识本区筇竹寺组上部页岩发育情况及横向展布特征,评价落实含气页岩平面展布范围,探索页岩气水平井钻、完井及压裂等工程工艺技术参数的适应睉,金页 1 井在完成震旦系灯影组测试后,于 7 月 30 日开窗侧钻金页 1HF 井,9 月 9 日完钻,完钻井深 4623 米。11 月 10~27 日完成 15 段压裂施工,累计注入液量 27010.8 立方米,砂量 1114 立方米。12 月19~29 日分别采用 7 毫米、6 毫米和 5 毫米油嘴 ×15.1 毫米孔板制度试求产,获日产 5.9×10^4、5.6×10^4 和 4.9×10^4 立方米工业气流。实现了继焦石坝后又一页岩气商业发现。

③丁页 2HF 井于下志留统龙马溪组深层页岩气测试获日产 10.5×10^4 立方米工业气流。

川东南丁山地区的丁页 2HF 井,于 2013 年 9 月 2 日完钻,完钻井深 5700 米。导眼井钻遇五峰 - 龙马溪组泥页岩厚 152.5 米,在泥浆密度 1.73~1.75 克/立方厘米的情况下,最大全烃 5.31%;水平段长 1034.23 米,在泥浆液密度 1.78~1.82 克/立方厘米的情况下,全烃显示 3.38%~89.56%,一般在 30% 左右。据岩芯、岩屑分析表明,该井优喷页岩厚 35.5 米,平均 TOC 为 3.94%,龙马溪组底部总含气量平均 3.87 立方米/吨。与焦石坝对比分析表明,在优质页岩厚度、TOC、孔隙度、含气性、脆性矿物含量等方面丁页 2HF 井与焦页 1 井相当,但丁页 2 井碳酸盐岩含量增高、硅质含量略低。

2013 年 12 月 10 日完成 12 段压裂,压入总液量 29520.5 立方米,总砂量 319.13 立方米。12 毫米油嘴测试获最高日产 10.5×10^4 立方米,取得了深层页岩气勘探突破。2014 年初开始试采,初期 5 毫米油嘴生产,油压 9.8MPa,套压 10MPa,日产气 2.6×10^4 立方米。截至 12 月底,累计产气 455×10^4 立方米,累计排液 11265 立方米,返排率 37.3%。

该井是下志留统龙马溪组深层页岩气勘探取得重要突破。

④丁页 1HF 井龙马溪组结遇优质页岩,测试获页岩气流。

川东南丁山地区的丁页 1HF 井,2014 年 3 月完钻,完钻井深 3336 米。导眼井钻遇五峰 - 龙马溪组页岩厚 82.5 米,在钻井液密度 1.73~1.78 克/立方厘米情况下,见油气显示 6 层 10.07 米,全烃最高 1.01%;水平段长 996.32 米,钻井液密度 1.54~1.59 克/立方厘米情况下,全烃显示基本在 1% 以上,最高值 9.4%,一般 2%~6%。5 月完成了 12 段压裂施工,破裂压力(泵压)46.5~81.3MPa 左右,入井总液量 19189.7 立方米,总砂量 813.35 立方米,测试瞬时产量达 3.5 万~10 万立方米/天。2014 年 7 月 23 日交西南油气分公司进行试采,目前套压 0.4~2.3MPa,油压 0MPa,日产气 0.7×10^4~0.8×10^4 立方米,产水 7~8 立方米,累计产气 132×10^4 立方米,累计产水 3328.9 立方米,返排率 16.45%。

⑤ 积极推进川东南、川南地区页岩气勘探评价,准备新阵地。

通过进一步深化四川盆地尤其是川东南、川南地区页岩气地质特征与成藏条件研究,以及经专家论证与中石化页岩气勘探目标统一评价系统评价排队相结合,部署了焦页 5、6、7、8、9、威页 1 井和永页 1 井。截至 12 月底,焦页 5 井:设计井深 2918 米;目前二开井深 2797 米,层位龙马溪组。焦页 6 井:设计井深 2861

米;目前二开井深 2974 米,层位龙马溪组。焦页 7 井:设计井深 3149 米;目前二开井深 3450 米,层位龙马溪组。焦页 8 井:设计井深 2660 米;目前二开井深 2722 米,层位龙马溪组。威页 1 井:设计井深 4036 米;目前二开井深 2929 米,层位茅口组。永页 1 井:设计井深 4231 米,目前一开井深 1163 米,层位须家河组。

2. *鄂尔多斯盆地*。延长页岩气勘探取得多项新进展。

一是在下寺湾延页 1 井区落实探明地质储量 387.50×10^8 立方米,储量规模进一步扩大。

二是志丹 - 吴起区域永页 1 等 4 口井中生界均钻遇良好的页岩油、气层,并获页岩油、气流,页岩油、气综合勘探初见成效;甘泉区域延页 506 等井上古生界获高产气流,进一步证实了上古生界具有良好的勘探潜力。

三是在甘泉区域完成 23 口页岩气井并结合石油探井,探明石油地质储量 860×10^4 吨,综合勘探成效显著。

·油气资源开采成果·

【概况】 截至 2014 年底,全国已探明油气田 955 个(油田 697 个,气田 258 个)。其中,2014 年新增探明油田 14 个,气田 7 个;煤层气田 24 个;页岩气田 1 个。

2014 年,全国新投产油田 13 个,新建原油产能 1733.78×10^4 吨;新投产气田 3 个,新建天然气产能 227.02×10^8 立方米。其中,中国石油新投产油田 5 个,新建原油产能 1401.78×10^4 吨/年,新投产气田 2 个,新建天然气产能 201.29×10^8 立方米/年;中国石化新投产气田 1 个,新建天然气产能 24.4×10^8 立方米/年;中国海油新投产油田 8 个,新建原油产能 152×10^4 吨/年;延长石油新建原油产能 180×10^4 吨/年;中联公司新建煤层气产能 1.33×10^8 立方米/年(表 1)。

表 1　2013 年全国新投产油气田和新建产能表

公司	新投产油田(分公司)	新增原油产能(10^4 吨/年)	新投产气田(分公司)	天然气产能(10^8 立方米/年)
中国石油	大庆的哈尔温油田,大港的刘官庄油 Et,塔里木的英买力油田,青海的英东油田	1337	塔里木的克拉苏气田,西南的安岳气田	191.33
中国石化		436	元坝气田、涪陵页岩气田	63.76
中国海油	垦利 3—2、渤中 34—6/7、渤中 9—4S、渤中 35—2、渤中 28/34 综合调整、锦州 9—3 调整、旅大 10—1 调整(天津),番禺 10—2、恩平 24—2、西江 24—3 调整、惠州 125—8、陆丰 7—2(深圳),文昌 13—6、涠洲 11—4 北油田二期联合开发项目(湛江)	530	荔湾 3—1、番禺 34—1、、流花 34—2(深圳),丽水 36—1、残雪、残雪北(上海)	61.38
延长石油		145	延长气田延气 2 延 128 区	14
中联公司				1.33

【石油开采】 2014 年,面对宏观经济形势带来的内外部环境变化的影响,各石油公司科学组织生产运行,确保了原油生产安全、平稳、受控运行。油田开发突出开发效益和质量,加大新区产能建设和滚动勘探开发新建产能工程;推进水平井钻井及体积压裂等新技术规模应用,扩大低渗透油藏整体开发示范区建设;老油田开发狠抓以精细注水为核心的基础工作,油田保持低水平递减、稳产。各项生产经营指标完成良好,实现全国石油产量持续稳定增长。

1. *松辽盆地*。2014 年,松辽盆地产原油 4447.42×10^4 吨。

盆地北部的大庆油田,2014 年产油 4000.04×10^4 吨。连续第 12 年实现 4000×10^4 吨以上稳产。大庆油田原油产量主要由长垣老区、外围油田、海一塔盆地三部分组成。长垣老区继续勇挑重担,水驱挖潜使长垣原油产量达 1880×10^4 吨,综合递减率减缓 2.09 个百分点;油田外围开发水平显著提升,产油突破 540×10^4 吨,比 2013 年增加 30 多万吨;海 - 塔盆地原油产量再创新高,超过 130 万吨。油田在采出程度、含水“双特高”困难局面下,开发方式上依靠水驱继续挑大梁和三次采油快速发展。三次采油扩大化学驱规模,三元复合驱在萨北、萨中和杏北等 5 个区块推广,年产油量达到 229 万吨;外围 CO_2 驱试验以及减氧空气泡沫驱和天然气驱试验进展顺利。

盆地南部的吉林油田,2014 年生产原油 493×10^4 吨,超年度计划 3×10^4 吨。吉林油田强化老区挖潜,油田开发效果明显提高。以物探方法指导油田开发，支持了乾安、英台、红岗北、木头南、前郭南等多个区块产能建设或滚动扩边挖潜。针对外围探井、评价井的挖潜，通过复活一点实现突破，采用大规模体积压裂实现区域规模有效开发。针对生产区内长停井挖潜，通过完善注采关系，增加可采储量，提高采收率。油田长停井数量多，主要原因是产量过低、负效生产，还有水淹、环保制约、井况等因素造成长期停产，恢复长停井，增加了产油能力。

2. *渤海湾盆地*。2014 年，渤海湾盆地产原油 7508.71×10^4 吨。其中，陆上产原油 4898.57×10^4 吨，海上产原油 2610.14×10^4 吨。

①辽河油田。加强老区规模化推广重大开发试验和二次开发(超稠油 SAGD 精细动态调控培养出 6 口日产百吨井，杜 66 火驱项目进入现场实施等)，共生产原油 1022×10^4 吨，同比增产 22×10^4 吨。当年部分重点建产油田如下：

辽河兴隆台潜山油田。兴隆台潜山位于辽宁省盘锦市兴隆台区，由兴古、马古、陈古三个潜山构成。整体被多期断裂切割，形成中间高、南北低、高差起伏大的地貌，紧贴生油凹陷，由两条断层夹持，是典型的“洼中之隆”，成藏条件良好。兴隆台潜山是以太古界变质岩、中生界砂砾岩及角砾岩为主的块状裂缝性潜山，为具有统一压力系统的新生古储潜山油藏，具有埋藏深，构造复杂，岩性多样，含油井段长(2000 米)，储层非均质性强的特点。油层以兴古潜山最发育，油藏埋深 2335.4680 米，含油幅度高达 2345 米。2014 年底，累计动用地质储量 14834×10^4 吨，动用可采储量 4629×10^4 吨，年产油 94×10^4 吨。2014 年完钻开发井 17 口，完成进尺 5.15×10^4 米，建成原油产能 7.44×10^4 吨。

②冀东南堡油田。南堡油田区域构造隶属渤海湾盆地黄骅坳陷北部的南堡凹陷，位于南堡凹陷的西、南部海域部分。主要发育南堡 1 号、南堡 2 号、南堡 3 号、南堡 4 号、南堡 5 号等 5 个有利构造，勘探面积 1000 平方千米主要是中、古生界潜山基础上发育起来的背斜构造和断鼻构造带。主要发育明馆浅层、东一段、奥陶系 3 套主力含油层系。目前南堡油田探明储量全部位于南堡 1、2 号构造。南堡油田 1、2 号构造已上报三级油气地质储量当量 11.8×10^8 吨，探明石油地质储量 44510.17×10^4 吨。其中南堡 1 号构造探明石油地质储量 28645.44×10^4 吨，南堡 2 号构造探明石油地质储量 15864.73×10^4 吨。纵向上探明储量全部为 NmⅢ ~ Edl 油藏。

截至 2014 年底，累计动用地质储量 11824.86×10^4 吨，可采储量 2332×10^4 吨。2014 年南堡油田新钻开发井 34 口，进尺 $13.81\times10^4$1TI，新建产能 17.4×10^4 吨，年产油 108×10^4 吨。

③胜利油田。2014 年，胜利油田积极应对安全环保压力增大、投资规模压减、产量任务增加等一系列困难挑战，在开发上立足增加经济可采储量，突出做好：强化海上、加大低渗、深化水驱、提升三采、优化稠油等方面工作，稀油自然递减率控制在 11% 以内，连续 7 年呈下降态势。全年生产原油 2787.1×10^4 吨，超产 6000 吨，同比增加 10.9×10^4 吨。连续 19 年原油产量稳定在 2700×10^4 吨以上。

加强滚动勘探与油藏评价落实了产建新阵地，胜利东部落实垦西三合村、海上垦东 893 商业开发增储潜力区，商业开发储量近 4000×10^4 吨，较好地支撑了企业的可持续发展。

围绕“提高注入质量、夯实稳产基础，减缓自然递减”的工作核心，不断增强水驱油藏稳产基础，注采对应率、分注率、层段合格率同比分别提高 1.1%、5.4%、2.0%，稀油自然递减 10.8%，连续七年下降。

稠油推动热采提质提效，以提高油汽比为核心，抓全过程保干、分层注汽技术，稠油年产量 528×10^4 吨，与计划比油汽比提高 0.05。

攻关接替技术，开展先导试验，形成 4 类 6 项提高采收率主导接替技术，孤岛中一区 Ng3 聚驱后井网调整非均相复合驱，采收率可达到 63.6%；中二北 Ng5 化学蒸汽驱，采收率可达到 53.4%。

④渤海油田。渤海油田连续 5 年完成 3000 万吨油当量。油田生产上，16 个油田实现负递减，油井生产时率达到 97.1%，全年调整井工作量和增油量过双百。海上稠油热采技术获得突破，由试验逐步转化为常规作业，渤海稠油热采“试验田”南堡 35—2 油田日产量突破 1000 立方米。

加强地质油藏精细研究，确保生产措施“有理”可依。在渤中 28.2s、渤中 29.4 等油田增加调整井，其中，渤中 25—1 油田沙河街的一批低产低效井，研究经济可行的解堵措施，利用有机解堵和复合解堵技术，累积实现 10 口井，当年累增油 9 万吨；绥中与秦皇岛提出 30 口调整井，与综合调整项目同步实施，降低单井成本；在锦州 25—1S 优化注水递减率减缓；在曹妃甸油田群调整产液结构；2014 年产量贡献几十万吨。

3. *鄂尔多斯盆地*。2014 年，鄂尔多斯盆地产原油 3814.02×10^4 吨。其中，中石油长庆产原油 2505.02×10^4 吨，延长石油产原油 1241.5×10^4 吨，中石化华北分公司产油 53.5×10^4 吨。

长庆油田：立足低渗透生产原油 2505×10^4 吨，同比增产 73×10^4 吨，上市 15 年来产量连续快速攀升，油气当量达到 5545×10^4 吨新高峰。当年部分重点建产油田如下：

①长庆姬塬油田。姬塬油田位于陕西定边县、吴

旗县，甘肃省环县、华池县与宁夏自治区盐池县境内，鄂尔多斯盆地陕北斜坡中西部，区域构造为一西倾单斜，主要含油层三叠系长8、长6、长4+5、长2、长1和侏罗系延10、延9等油层组。属三角洲平原分流河道沉积，油藏埋深1950~2426米，有效厚度6.5~12.4米，孔隙度10.4%~16.5%，渗透率0.27~1.42 mD，原始地层压力1 5.4~16.6兆帕，油藏类型为构造-岩性油藏。截至2014年底，累计动用地质储量95217 $\times10^4$ 吨，动用可采储量18178 $\times10^4$ 吨，年产油766 $\times10^4$ 吨。2014年姬塬油田完钻开发井2445口，完成进尺595.76 $\times10^4$ 米，建成原油产能165.7 $\times10^4$ 吨。

②长庆华庆(超低渗)油田。华庆油田位于陕西省吴起县和甘肃省华池县境内，鄂尔多斯盆地陕北斜坡西南部，区域构造为一西倾单斜。主力油层为延长组长4+5-长8油层组，油藏埋深1950~2180米，孔隙度9.3%~12.5%，渗透率0.57~1.22mD。超低渗透油藏资源主要分布在白239、元284、白255、山139四条砂带上。截至2014年底，累计动用地质储量29084 $\times10^4$ 吨，年产油115 $\times10^4$ 吨。2014年超低渗产建区完钻井384口，完成进尺86.9 $\times10^4$ 米，建成原油产能32.87 $\times10^4$ 吨。

4. 塔里木盆地。2014年，塔里木盆地产原油1325.74 $\times10^4$ 吨。

①塔里木哈拉哈塘油田：哈拉哈塘主力区块哈6井区位于塔里木盆地塔北隆起轮南低凸起中西部，是一个大型复合型潜山油藏。主要产层为奥陶系-间房组-鹰山组一段，在全区分布稳定。奥陶系油藏是受岩溶缝洞储层控制的大型碳酸盐岩准层状未饱和油藏。储集空间类型主要为裂缝-孔洞型占53%、孔洞型占24%、洞穴型占15%、裂缝型占7%，由于缝洞发育、储层非均质性强，造成钻井成功率低、高效井比例低、产量递减大等问题，勘探开发难度大。2009~2013年期间先后勘探、评价、开发哈6、新垦、热瓦普、金跃区块，累计上交3级地质储量3.05 $\times10^8$ 吨，其中探明1.65 $\times10^8$ 吨，控制0.99 $\times10^8$ 吨，预测0.41 $\times10^8$ 吨。截至2014年底，哈拉哈塘地区累积动用地质储量3905 $\times10^4$ 吨，2014年产油115 $\times10^4$ 吨，2014年产能建设完钻井81口，完成进尺49.3 $\times10^4$ 米，新建原油产能70 $\times10^4$ 吨。

东河塘注天然气混相重力驱试验完成试注和资料录取。

②西北分公司塔河油田：中石化西北分公司把风险大的新区产建工作量优化调整到老区，抓存量精细挖潜，扩大注气规模，全年实现超产5000吨。深化小型缝洞体精细刻画，塔河落实商业开发储量1500 $\times10^4$ 吨。持续推进塔河控递减工程见到好效果，自然递减率持续下降，控制在1 7%左右。探索注采关联关系，差异化注水替油、注水驱油应用模型，原油增产约60 $\times10^4$ 吨；注氮气恢复老井生产能力，增油效果显著，年增油25 $\times10^4$ 吨；针对低效区块开展专项综合治理8个单元，综合递减率同比减缓3.5个百分点。

5. 准噶尔盆地。2014年，准噶尔盆地产原油1345.36 $\times10^4$ 吨。

①新疆油田：加强稠油控递减和抢投新井，生产原油1180 $\times10^4$ 吨，同比增产20 $\times10^4$ 吨。新疆砾岩油藏年产油30 $\times10^4$ 吨聚合物驱工业化推广区块正式投注。新疆红浅1火驱项目进入现场实施。

风城油田：风城油田主要含油层系为侏罗系八道湾组、齐古组。油藏埋深150~600米，油层厚度5~35米，孔隙度27%~30%，渗透率792~1700mD，50℃原油黏度0.2万~718万厘泊。落实地质储量3.51 $\times10^8$ 吨。风城侏罗系超稠油发现于20世纪50年代，勘探始于80年代初，到2006年，累积探明石油地质储量3942 $\times10^4$ 吨。2007~2010年开展注蒸汽热采工业化试验和SAGD攻关试验，获得了较好的初步效果。2010年在整体油藏评价和前期试验的基础上，编制完成开发规划方案。规划方案部署开发井6995口，建产能1251.8 $\times10^4$ 吨，2015年年产油400 $\times10^4$ 吨，稳产17年，全生命周期累积产油9986 $\times10^4$ 吨，最终采收率36%。截至2014年底，累积动用地质储量7977 $\times10^4$ 吨，可采储量1848 $\times10^4$ 吨。受燃烧锅炉及效益等问题，2014年大幅放缓了产能建设节奏，2014年产能建设完钻井236口，完成进尺16.38 $\times10^4$ 米，建产能30 $\times10^4$ 吨，生产原油224 $\times10^4$ 吨，未完成规划目标。

②准噶尔面区商业开发储量及产能建设规模持续增长。胜利西部的春风油田，2014年部署了苏101井、苏102井和苏1-2井。苏101井已连续生产100天，阶段产油105吨，油性属于优质稀油；苏102井侧钻后成功钻遇油层5.6米，正组织试油；苏1-2井也钻遇油层。钻井成果认识到该区沙湾组是主要建产层系，为春风油田新开辟了优质稀油增储上产阵地。

河南油田西部春光油田，2014年钻探春67—2井，获得日产油43.6吨并顺利投产；春45井区的春45—5井在S1 I 1层获较高产油流，投产后日均产油18吨，综合含水18.9%，生产效果较好，为春光油田增储上产夯实了基础。

6. 柴达木盆地。2014年，柴达木盆地产原油220.00 $\times10^4$ 吨。青海油田原油同比增产5 $\times10^4$ 吨，产量重回2008年水平，并有望继续稳步增长。

青海昆北油田：昆北断阶带位于柴达木盆地西部祁漫塔格山北缘，2014年昆北断阶带发现切6、切16-切4和切12区3个整装油藏，切6、切12区2011年上报探明石油地质储量6209.36 $\times10^4$ 吨，切16和切4区上报控制石油地质储量5343 $\times10^4$ 吨，探明+控制石油地质储量达 11552.36 × 10^4 吨，形成亿吨级储量场面。2012 年产能建设完钻井 95 口，完成进尺 19.5 × 1 0^4 米，建成原油产能 13.68 × 10^4 吨。截至 2014 年，昆北油田动用石油地质储量 4548 × 10^4 吨，动用可采储量 1019 × 10^4 吨，年产油 21 × 10^4 吨。2014 年完钻井 94 口，完成进尺 18.05 × 10^4 米，建成原油产能 4.6 × 10^4 吨。

7. 吐哈盆地。2014 年，吐哈盆地产原油 176.67 × 10^4 吨。

吐哈油田同比增产 29 × 10^4 吨，增幅 17%。全油田原油产量自 2008 年以来重上 200 × 10^4 吨。

鲁克沁油田：鲁克沁稠油油田位于吐哈盆地南部，行政隶属鄯善县鲁克沁乡。鲁克沁稠油聚集带包括鲁克沁构造带和玉北连木沁构造带，横向上分为东、中、西、北四个区，主力油层 T2k2 Ⅱ，油层厚度 30 ~ 80 米，埋深 2200 ~ 3700 米。已探明含油面积 18.74 平方千米，地质储量 8487 × 10^4 吨。鲁克沁油田于 1997 年投入试采，2000 年 8 月优选储层物性好、单井产能高的鲁 2 块投入开发，衰竭开发两年半后于 2003 年 6 月在鲁 3—7 井开展了常规注冷水试验，在矿场试验成功的基础上，于 2005 年 10 月该块全面投入注水开发。在鲁 2 块注水开发试验成功基础上，玉东区块 2008 年整体投入注水开发。截至 2014 年，鲁克沁油田动用石油地质储量 11184 × 10^4 吨，动用可采储量 1690 × 10^4 吨，年产油 77 × 10^4 吨。2014 年完钻井 53 口，完成进尺 20.9 × 10^4 米，建成原油产能 12.7 × 10^4 吨。

8. 苏北盆地。

2014 年，苏北盆地产原油 211.08 × 10^4 吨。中石化华东分公司积极落实“数块块”的要求，溱潼凹陷西斜坡“数块块”数出新成效。

9. 珠江口盆地。2014 年，珠江口盆地产原油 1086.55 × 10^4 吨。

南海东部油田：2014 年油气产量超过 1000 × 10^4 立方米。油当量，连续 19 年稳产超千万立方米。

2014 年共有 8 个新项目投产，创造性地实施油气田整体开发方案，恩平 24 - 2、惠州 25 - 8/西江 24 - 3 油田西江 24 - 1 区等项目提前投产；坚持勘探开发一体化模式，成功开发了番禺 10 - 2/5/8 等一批边际油田。

针对老油田进入高含水开发期、剩余油分布散、产能潜力小等困难，积极实施增产措施，充分挖掘生产潜能，确保在生产油气田的稳产、多产。多项增产措施累计增产 20.2 × 10^4 吨。积极推动和发展新工艺、新技术：首次试验爆燃压裂技术，成功恢复一口长关井；MRC 水平井改造使低渗油藏储量得到充分动用，整体采出程度提高 10% 至 15%；“合转分”二次完井工艺解决了老油田合采井层间干扰问题，逐层释放产能，实现一井多采；井下油水分离工艺技术攻关为平台处理能力置换出空间，推动油田挖潜提液，同时降低了节能减排压力。

10. 北部湾盆地。2014 年，北部湾盆地产原油 271.58 × 10^4 吨。

在涠西南凹陷原油成熟区自营实施滚动勘探，新发现涠洲 6 - 13 涠洲组轻质油田；合作勘探成功探得涠洲 12 - 10 油田。

加强地质油藏精细研究，优化注水在涠洲 12 - 1、涠洲 11 - 1 等油气田，递减率减缓 2%；涠洲 11 - 1 油田增加调整井和涠洲 13 - 2 产液结构调整，使产量增加。

【天然气开采】 2014 年，各石油公司天然气开采积极应对海外进口气量及国内市场下游销售不畅带来的气田关井限产等不利因素，科学组织气田生产，加大重点气区产建规模；加强滚动勘探与气藏评价，落实了新的建产阵地；持续推进工程技术创新，继续规模应用水平井，为复杂气藏有效开发、为天然气的快速上产和规模上产提供了重要技术保障。全国天然气开采继续保持快速发展。

1. 鄂尔多斯盆地。2014 年，鄂尔多斯盆地产天然气 428.92 × 10^8 立方米。

①长庆苏里格气田。主要目的层为 P_1s、P_2h、O_1 米。勘探面积约 33000 平方千米，气层埋深平均 3500 米，地温梯度 3.06℃/100 米，平均孔隙度 8.9%，渗透率平均 0.7mD。截至 2014 年底，累计探明、基本探明储量 3.49 × 10^{12} 立方米，其中探明储量 13337.88 × 10^8 立方米。2014 年完钻开发井 754 口，建成产能 54.2 × 10^8 立方米。（其中自营区 23.8 × 10^8 立方米、风险作业区 22.65 × 10^8 立方米、苏南国际合作区 7.7 × 10^8 立方米），年末总井口能力 249.6 × 10^8 立方米，配套生产能力 235 × 10^8 立方米；2014 年 12 月累计投产气井 8132 口，开井 7589 口，日产水平 7092 × 10^4 立方米，平均单井日产量 0.93 × 10^4 立方米，年产气 237.6 × 10^8 立方米，累计采气 1017.8 × 10^8 立方米。

②大牛地气田。2014 年，大牛地气田在产能建设工程顺利完成中，进一步发展完善了低渗致密气藏开发技术系列，确保了致密气藏阵地建成 10 × 10^8 立方米产能。在储层预测方面，形成了致密气藏储层预测和含气性预测技术系列，砂岩钻遇率高达 90.15%；在气藏工程设计优化方面，用多样化的产能评价技术、定量化的水平井压裂地质设计、综合性的井网井距优化气藏工程技术，确定了水平井交错排状井网方式，“井工厂”模式布井，合理井距 800 ~ 1200 米，合理配产比例为无阻流量的 1/5 ~ 1/3，采气速度 1.5% ~ 2.5%，气藏最终采收率为 40%；在水平井优快钻完井及分段

压裂技术方面，形成了以“PDC＋螺杆＋MWD、多靶点轨迹设计”为核心的水平井优快钻完井技术系列，提高了机械钻速，缩短了钻井周期，降低了钻井成本，使难动用储量得到有效开发；在排液采气措施应用方面，形成了以“泡排”为主、“速度管”为配套的排液采气技术，措施增产 8237×10^4 立方米；在增压开采方面，形成了以整体增压为主、单点增压为辅的地面集输技术，气田整体增压可降低气藏废弃压力（2.71MPa），提高采收率4.58%。

加强滚动勘探与气藏评价，落实了新的建产阵地。坚持差中选优的开发评价思路，在优选已探明未开发储量规模大、地面条件相对较好的区域，应用成熟的储层预测技术和水平井工程工艺技术系列，落实了上古大98－75井区和大65－66井区可动用储量；下古奥陶系风化壳储层采用水平井缝网加砂酸压技术进行产能评价取得成功。共落实商业开发储量 389×10^8 立方米，可新建 7×10^8 立方米产能。

③延长石油各气田。

延气2－延128井区 20×10^8 立方米天然气产能建设任务圆满完成。延气2－延128井区开发方案动用储量 923.26×10^8 立方米。部署开发井509口，累计完钻474口，产能估算 20.79×10^8 立方米。2012年该区设立了延气2和延128两个开发先导试验区，利用天然气井106口，建成天然气产能规模 6×10^8 立方米，2014年完钻100口，累计完钻474口，建成集气站17座，净化厂2座输气管线130千米，11月经过预验收，全面投产，月底顺利实现外输供气，年底日供气量已达 300×10^4 立方米以上。

延145井区产能建设工程顺利推进。延145井区开发方案动用储量 127.17×10^8 立方米，部署开发井110口，预计建成天然气产能 3×10^8 立方米，2014年建井工程已全面完成，地面集输工程和系统配套工程全面展开。该区地质储量落实，产能基础扎实，气井钻遇气层厚度最大20米，厚度大于10米的井占50%以上，已投产试气作业30口井，获得试气资料17口，平均无阻流量 5.25×10^4 立方米/天，最大无阻 30×10^4 立方米/天。

2. 四川盆地。2014年，四川盆地产天然气 251.04×10^8 立方米。

①西南磨溪龙王庙组气藏。已探明天然气地质储量 4403.83×10^8 立方米，可采储量 3082.68×10^8 立方米。开发方案动用地质储量 3218.36×10^8 立方米，总井数74口，其中利用探井12口，开发井45口（其中4口备用井），污水回注井11口，观察井3口，新部署评价井3口。建成天然气产能规模 110×10^8 立方米，产量规模 90×10^8 立方米。2014年实际开钻开发井19口，进尺 6.99×10^4 米，其中完钻11口，进尺 4.36×10^4 米，正钻8口，进尺 2.64×10^4 米，新建产能 35.24×10^8 立方米，年末累计配套能力 55×10^8 立方米；地面净化厂建设进展顺利，建成 10×10^8 立方米/年试采工程和 40×10^8 立方米/年开发地面工程。2014年12月，累计投产井21口，当年产气 30.3×10^8 立方米。

②川西中浅层低渗致密气藏。川西中浅层致密气藏 44×10^8 立方米产能建设工程顺利完成，进一步发展完善了中石化特色的低渗致密气藏开发技术系列。在储层预测方面，川西形成了以多域相带刻画、叠前地质统计学反演等技术为核心的河道砂岩储层精细描述技术系列，砂岩钻遇率高达92.3%；在气藏工程设计优化方面，川西形成了“非对称立体压裂”优化设计技术，大大提升了老区调整井压裂效果，水平井平均单井测试产量较常规提高69.8%；在排液采气措施应用方面，川西通过优选排药剂、优化加注参数和加注方式等，增产 3600×10^4 立方米，气井自然递减率降低3%。在增压开采方面，川西通过管网优化和整体增压以及单点撬装增压，降低了气井废弃压力，保证了低压气井的稳定生产，提高采收率3.9%。

川西地区，按照“深源浅聚、断砂输导、多期河道、差异成藏、构造活化、调整富集、甜点富气、物性控产”的基本认识，进一步深化基础研究，在川西东坡中江沙溪庙组发现两个新砂层组，明确两个局部构造有利区，评价落实商业开发储量 102×10^8 立方米，2014年已动用 72×10^8 立方米，建成产能 2.5×10^8 立方米。

3. 塔里木盆地。2014年，塔里木盆地产天然气 251.85×10^8 立方米。

①塔里木克深气田。克深2区块含气面积64.02立方千米，累计上交探明天然气地质储量 1542.93×10^8 立方米，可采储量 925.76×10^8 立方米。开发方案动用地质储量 3002×10^8 立方米，总井数73口，其中生产井63口（建设期58口，稳产期5口），产能备用井6口，污水回注井1口，观察井3口，建成天然气产能规模 60×10^8 立方米。2014年实际开钻井24口，进尺 16.793×10^4 米，其中完钻16口，进尺 11.21×10^4 米，正钻8口，进尺 5.58×10^4 米，新建产能 24.3×10^8 立方米，累计配套产能 43×10^8 立方米。2014年12月，投产39口，开井33口，日产气水平 1530×10^4 立方米，平均单井日产气 46.4×10^4 立方米，当年产气 40.3×10^8 立方米，累计产气 57.3×10^8 立方米。

②塔里木大北气田。累计上交探明天然气地质储量 1093.19×10^8 立方米，可采储量 692.49×10^8 立方米。开发方案设计动用地质储量 1144.5×10^8 立方米，总井数35口，其中需新钻井26口，老井利用9口，建成天然气产能规模 30×10^8 立方米。2014年实际开

钻8口，进尺 5.07×10^4 米，实际完钻井8口，进尺 5.07×10^4 米，新增配套产能 8.4×10^8 立方米，年末累计配套能力 13.3×10^8 立方米；2014年7月12日大北天然气处理厂投入试运行，目前生产工况基本达到设计指标；2014年12月，大北气田实际投产气井21口，开井19口，日产气水平 585×10^4 立方米，平均单井日产气 30.8×10^4 立方米，当年产气 12.17×10^8 立方米，累计产气 26.65×10^8 立方米。

③塔里木迪那2气田。含气面积125.31平方千米，探明天然气地质储量 1752.18×10^8 立方米，可采储量 1138.92×10^8 立方米，气藏埋深4200~6000米，地温梯度2.259℃，压力系数为2.06~2.29，为常温超高压凝析气田。方案设计总井数33口（其中新钻井29口），天然气产能规模 40×10^8 立方米。截至2013年底，累计完钻24口，建成产能 40×10^8 立方米。2014年补充完钻方案井1口，进尺 0.48×10^4 米。2014年12月，投产26口，开井25口，日产气水平 1367×10^4 立方米，平均单井日产气 54.7×10^4 立方米，当年产气 46.71×10^8 立方米，累计产气 246.4×10^8 立方米。年产凝析油 38.4×10^4 吨，累产 203.8×10^4 吨。

④塔里木塔中Ⅰ号气田。含气面积741.91平方千米，探明天然气地质储量 3534.79×10^8 立方米、可采储量 2163.97×10^8 立方米。主要开发层系为奥陶系良里塔格组及鹰山组，主力区块原始地层压力58.31~64.98兆帕。2014年实际开钻井44口，进尺 25.99×10^4 米，其中完钻37口，进尺 24.43×10^4 米，正钻7口，进尺 1.56×10^4 米，新建产能 5.0×10^8 立方米，年末累计配套能力 11×10^8 立方米。2014年12月，气田总投产井数188口，开井107口，日产油水平2580吨/天，日产气水平 375×10^4 立方米/天，平均单井日产油24.1吨/天，日产气 3.5×10^4 立方米/天。当年产气 8.7×10^8 立方米，累计产气 43.9×10^8 立方米。当年产凝析油 52.7×10^4 吨，累产 239.0×10^4 吨。

4. 柴达木盆地。2014年，柴达木盆地产天然气 68.89×10^8 立方米。

青海油田东坪气田生产天然气超过 10×10^8 立方米。

东坪是2012年勘探发现的一个基岩天然气含气区，位于柴达木盆地西北区阿尔金山前东段，日产天然气达到 350×10^4 立方米，属于国内当时最大的基岩气藏。构造气藏压裂高，单井产量高，开发效益好。于2012年起投入试采。2013年3月正式采用边勘探、边开发、边建产、边生产的勘探开发一体化的方式进行气田产能建设。其中1H2-2井到2014年12月投产382天，累计生产天然气 1.7×10^8 立方米，成为青海油田气井生产史上唯一一口单井产量突破亿方的生产气井。截至2014年12月，东坪气田已经建成年产 13×10^8 立方米的天然气产能。

5. 东海陆架盆地。2014年，东海陆架盆地产天然气 8.98×10^8 立方米。

黄岩气田群基本建成，平黄一期按计划推进落实中石化和中海油高层领导交流会精神，加快推进东海天然气正建项目的各项工作。黄岩气田群项目历经两年建设已基本完成，日产气 159×10^4 立方米，日产油398吨，成为东海海域产量最高的气田。平黄一期项目全面启动，截至2014年底，项目累计完成进度71%。

【煤层气开采】 2014年，我国煤层气开发继续稳步推进。

1. 沁水盆地。2014年，沁水盆地产煤层气 15.3×10^8 立方米。

①沁南直井示范工程项目（柿庄南）。沁南煤层气直井开发示范工程属于柿庄南区块，位于沁水盆地南部。太原组和山西组是工区内的含煤地层。太原组平均厚115.82米，含煤11~13层，煤层总厚7.78米，含煤系数6.7%，其中15号煤层平均厚4.35米，全区稳定；山西组平均厚47.20米，一般含煤4层，煤层总厚6.89米，含煤系数14.6%，其中3号煤层平均厚6.35米，全区稳定。柿庄南区块东区3号煤层新增煤层气探明地质储量为 228.29×10^8 立方米，技术可采储量 124.53×10^8 立方米；15号煤层新增煤层气探明地质储量为 167.85×10^8 立方米，技术可采储量 85.50×10^8 立方米。

2014年，该项目累计完成直井1573口，其中水平井101组，直井1472口；投产788口井，其中投产直井719口，水平井69组。2014年煤层气产量达 1.42×10^8 立方米，销量 0.66×10^8 立方米，目前处于单井稳定上产阶段，是我国目前投入商业开发的又一重点区块。

②沁南潘庄煤层气开发项目。晋城潘庄区块是我国煤层气开发试验最早的地区之一，位于山西省沁水县，是我国几个储积层较厚而且幅员辽阔的无烟煤田之一。潘庄区块构造为简单的单斜，煤层发育、区域稳定、厚度大（3#煤和15#煤总厚7~12米），煤体主要为原生结构煤，煤层埋藏浅（300~1000米），煤层气含量10~30立方米/吨，含气饱和度高于80%，煤层渗透性一般高于1mD，是一个得天独厚的煤层气开发有利区。潘庄区块煤层气探明储量 299.23×10^8 立方米，待申报储量约 50×10^8 立方米。

2014年完井14口，投产数6口（3口多分支水平井、2口参数+生产试验井、1口参数井、6口丛式井、2口单分支水平井）。项目累计井数299口（48口3煤多分支水平井，1口15煤多分支水平井，12口丛式井，10口参数+生产试验井，4口参数井，生产直井224口），累计投产数282口（49口多分支水平井，10口参数+生产试验井，1口丛式井，222口生产直井），2014年煤层气产量达6.15×10^8立方米，销量5.48×10^8立方米，直井单井平均产量达3500立方米/天，是我国目前投入商业开发中单井产量最高的区块之一。

③中国石油华北沁水实现煤层气商品气量9×10^8立方米。

中国石油华北油田在山西沁水盆地主要开发为樊庄、郑庄、成庄、郑村和夏店五个自营区块，沁南和马必两个对外合作区块。煤层气开发主要煤层为山西组3号和太原组15号煤层，煤层厚度为2~7米，埋深为300~1000米，含气量为6~28立方米/吨，含气饱和度70~90，以高阶煤为主，渗透率为0.01~0.3mD。截至2014年底煤层气探明储量为2908.43×10^8立方米。

截至2014年底，当年直井完井255，水平3口，新投入排采直井305口，水平2口，开发井共有排采井2735口（水平井117口），产气井1929口，井口日产气230万立方米；实现商品气量8.9亿立方米（其中外购1.4亿立方米）。

2. 鄂尔多斯盆地。2014年，鄂尔多斯盆地产煤层气5.43×10^8立方米。

①延川南煤层气田5×10^8立方米产能建设稳步推进。

2014年是延川南煤层气田5×10^8立方米产能建设开发方案实施第二年，在吸收去年产能建设经验的基础上，进一步强化组织运行，加强实施动态跟踪，优化产能续建方案，稳步有序地推进产建工作。截至12月底，累计完成钻井808口，压裂井772口，投产井754口，分别占产建方案工作量的100%、95.5%和93.3%。

随着煤层气排采规律与技术逐步掌握，气田产量实现了稳步增长。截至12月底，延川南煤层气田累计共投产煤层气井883口，产气井253口，日产气达到14.09×10^4立方米，千方井达到46口。

②中石油煤层气公司生产商品气量6.2×10^8立方米。中石油目前主要勘探开发区块为韩城、保德、大宁－吉县以及对外合作区块韩城南和三交。

截至2014年底，煤层气探明储量为959.08×10^8立方米。截至2014年底煤层气公司当年直井完井18口，新投入排采直井88口，开发井共有排采井2238口，产气井1556口，井口日产气235×10^4立方米；实现商品气量6.2×10^8立方米。

【页岩气开采】 2014年，我国首次实现页岩气开发。中国石化、中国石油等公司围绕国家“十二五”规划页岩气产量目标，制定了页岩气开发风险作业管理办法，加快推进已见页岩气区块的规模建产。

2014年，四川盆地产页岩气12.51×10^8立方米。

①涪陵国家级页岩气采范区一期50×10^8立方米产能建设全面展开，各项工作有序推进。

一是钻井工程按运行计划有序推进。根据焦石坝页岩气产能建设方案部署及运行安排，截至12月底，共动用钻机41台，开钻145口，完钻112口，完成进尺52.68×10^4米。

二是试气工作进展顺利，投产井测试产量高于开发方案设计的6×10^4立方米/天，证实一期产建区产能可靠。围绕焦石坝页岩气的勘探开发，开展了水平井优化钻井技术、水平井分段压裂技术等工程工艺技术的攻关、试验及现场实践，使技术逐渐成熟，在水平井长度1500米的条件下，分段压裂段数最高达26段，每段可压裂3簇，单井压裂用液、加砂量也不同程度增加，保证了较长、有效的压裂裂缝，为页岩气井提高产能提供了基础保证。

三是地面工程建设有条不紊展开。截至12月底，共完成40×10^8立方米/y的集输工程、15×10^8立方米/y的脱水装置、27000立方米/天的供水系统、13座地面集气站、1座集输气末站、1座15×10^8立方米/y的天然气脱水站、50×10^8立方米/y（1500×10^4立方米/天）集输气管线70.15千米、3.5×10^4立方米/天供水管线48千米的建设。

四是试采井效果好，区块页岩气产量稳步上升。经过积极探索定产、定压两种生产方式的适应性，初步认为定产生产优于大压差生产，可实现较长时间稳产。焦页1HF井采用定产6×10^4立方米/天生产，已持续稳定生产760余天，累计产气4911×10^4立方米，目前井口套压15.18MPa，油压13.34MPa；焦页6－2HF井大压差生产降压至6MPa后定压生产，已生产450余天，累计产气13×10^8立方米。从试采井生产动态表现看，单井压力递减具有阶段变缓的趋势，单位压降的产气量随着开采周期变长逐步增大；从已投产井试采动态分析看，一期产建方案单井6×10^4立方米/天稳产两年目标能够实现。截至12月底，完成压裂井81口，投产井76口，新建产能20×10^8立方米，生产页岩气10.81×10^8立方米，外销页岩气10.38×10^8立方米。

②威运、长宁和昭通区块页岩气建产。页岩气开发围绕国家“十二五”规划产量目标，加快推进威远、长宁和昭通区块的页岩气规模建产。全年30个产建平台已完成钻前28个，10个备用平台全部启动，动用钻机45台，开钻平台27个，开钻井96口，完钻41口。完成压裂10口，获气10口，投产10口。年输量15×10^8立方米的长宁外输管线建成投运。建成产能7×10^8立方米，全年生产商品气1.7×10^8立方米。

（选自国土资源部2014年度《全国石油天然气资源勘查开采通报》）

冶 金

【概况】 2014年是冶金矿山经受严峻考验、艰难前行的一年。受经济下行、钢铁产能严重过剩、国际铁矿石产能高速释放的影响,铁矿石价格急剧下跌,企业效益快速下滑,矿山生产明显放缓、建设投资持续萎缩,企业生产经营十分困难。冶金矿山广大干部职工,坚定信心,迎难而上,锐意改革,扎实工作,各项工作取得了新的成绩。

安全生产形势持续好转,全年未发生重特大事故,一般事故数量、死亡人数同比下降20%以上,27家矿山(尾矿库)达到安全生产标准化一级企业。

据统计,2014年全国规模以上铁矿企业生产铁矿石15.14亿吨,同比增长3.9%;实现主营业务收入9402.9亿元,同比下降4.3%;实现利润总额801.2亿元,同比下降23.9%,其中主营活动利润753.2亿元,同比下降29.6;全年固定资产投资累计完成1690.2亿元,同比增长2.6%。

2014年,全国生铁、粗钢、钢材产量分别为71160万吨、82270万吨和112557万吨,同比增长0.5%、0.9%和4.5%;我国铁矿石原矿产量累计达到151424万吨。

2014年,全国规模以上铁矿企业生产铁矿石151424万吨,与2013年同期相比增加5686万吨,累计同比增长3.9%,增速比2013年下降6个百分点,产能利用率达到81.1%。10月份,全国铁矿石产量开始出现负增长,并呈扩大趋势。

从全国铁矿石产量区域分布情况看:河北、四川、辽宁、山西、内蒙古五省区合计产量达11.37亿吨,占全国总量的75%以上。

西南、中南、华东和东北地区的产量同比增幅均超过7%,其中西南地区增幅达9.2%;中南地区次之达8.4%。

华北地区2014年原矿产量为75300万吨,与2013年同期相比,增加310万吨,增幅仅0.4%。该地区产量占全国铁矿石产量的比重为49.7%,比2013年同期下降1.7个百分点。

东北地区2014年原矿产量为21864.8万吨,与2013年同期相比,增加1430.7万吨,增幅7.0%,占全国铁矿石产量的比重为14.4%。

华东地区2014年原矿产量为12211.8万吨,较2013年同期增加828.0万吨,增幅7.3%,占全国铁矿石产量的比重为8.1%。

西南地区2014年铁矿石原矿产量为24481.7万吨,较2013年同期增加2059.5万吨,同比增长9.2%,该地区产量占全国铁矿石产量的比重为16.2%。

中南地区2014年铁矿石原矿产量为10001.9万吨,较2013年同期增加777.2万吨,同比增幅为8.4%,该地区产量占全国铁矿石产量的比重为6.6%。

西北地区为产量最少的地区,2014年铁矿石原矿产量为7563.3万吨,较2013年同期增加281.0万吨,同比增幅为3.9%,该地区产量占全国铁矿石产量的比重为5.0%(表1)。

表1　　2014年全国铁矿石产量　　单位:万吨

地区	2014年	2013年	各区占全国总量比重%		与2013年同期比	
			2014年	2013年	增量	%
合　计	151424.00	145737.50	100.00	100.00	5686.50	3.90
华北地区	**75300.50**	**74990.40**	**49.73**	**51.46**	**310.10**	**0.41**
北　京	2117.80	2116.00	1.40	1.45	1.80	0.09
河　北	56611.10	57881.60	37.39	39.72	-1270.50	-2.19
山　西	7208.00	6352.90	4.76	4.36	855.10	13.46
内蒙古	9363.60	8639.90	6.18	5.93	723.70	8.38
东北地区	**21864.80**	**20434.10**	**14.44**	**14.02**	**1430.70**	**7.00**
辽　宁	19309.20	18066.20	12.75	12.40	1243.00	6.88
吉　林	2015.70	1816.20	1.33	1.25	199.50	10.98
黑龙江	539.90	551.70	0.36	0.38	-11.80	-2.14
华东地区	**12211.80**	**11383.80**	**8.06**	**7.81**	**828.00**	**7.27**
江　苏	199.60	213.60	0.13	0.15	-14.00	-6.55
浙　江	156.00	156.70	0.10	0.11	-0.70	-0.45

续表 1 单位:万吨

地区	2014 年	2013 年	各区占全国总量比重%		与 2013 年同期比	
			2014 年	2013 年	增量	%
安　徽	5671.30	5127.20	3.75	3.52	544.10	10.61
福　建	1476.70	1271.20	0.98	0.87	205.50	16.17
江　西	2508.20	2509.90	1.66	1.72	-1.70	-0.07
山　东	2200.00	2105.20	1.45	1.44	94.80	4.50
中南地区	**10001.90**	**9224.70**	**6.61**	**6.33**	**777.20**	**8.43**
河　南	1806.80	1819.20	1.19	1.25	-12.40	-0.68
湖　北	3500.90	2889.90	2.31	1.98	611.00	21.14
湖　南	1227.70	1297.90	0.81	0.89	-70.20	-5.41
广　东	2151.40	1943.30	1.42	1.33	208.10	10.71
广　西	742.40	670.90	0.49	0.46	71.50	10.66
海　南	572.70	603.50	0.38	0.41	-30.80	-5.10
西南地区	**24481.70**	**22422.20**	**16.17**	**15.39**	**2059.50**	**9.19**
四　川	21175.80	19064.40	13.98	13.08	2111.40	11.08
贵　州	411.10	291.40	0.27	0.20	119.70	41.08
云　南	2869.70	3027.90	1.90	2.08	-158.20	-5.22
西　藏	25.10	38.50	0.02	0.03	-13.40	-34.81
西北地区	**7563.30**	**7282.30**	**4.99**	**5.00**	**281.00**	**3.86**
陕　西	1497.10	1503.90	0.99	1.03	-6.80	-0.45
甘　肃	1962.60	1742.30	1.30	1.20	220.30	12.64
青　海	151.70	365.80	0.10	0.25	-214.10	-58.53
新　疆	3951.90	3670.30	2.61	2.52	281.60	7.67

【铁矿石市场】 2014 年,全球高炉生铁产量 11.8 亿吨,同比增长 1.3%,增幅回落 2.8 个百分点,其中国内生铁产量 7.12 亿吨,同比增长 0.5%,增幅回落 5.7 个百分点。世界四大主要铁矿石供应商 2014 年累计生产铁矿石 9.98 亿吨,比 2013 年增加 1.24 亿吨,同比增长 14.2%。由于四大供应商低成本铁矿石产能快速释放,造成全球铁矿石市场在短期内出现过剩,铁矿石价格大幅下跌。

中国铁矿石价格指数从 1 月底的年内高点 421.72 点下探到 12 月底的低点 253.04 点,跌幅达 40% 以上。其中国产铁矿石价格指数下跌 33.7%,进口铁矿石价格指数下跌 47.1%。

从全年看,国产铁精矿平均价格为 764.58 元/吨,比 2013 年下降 157.69 元/吨,降幅为 17.10%(表 2)。

表 2　2014 年 CIOPI 中国铁矿石价格指数变化情况

项　目	2014 年 1 月末	2013 年 12 月末	环比升降	升降幅(%)
CIOPI 中国铁矿石价格指数	421.72	448.28	-26.56	-5.92
1. 国产铁矿石价格指数	347.81	356.31	-8.5	-2.39
2. 进口铁矿石价格指数	451.76	485.67	-33.91	-6.98
	2 月末	1 月末	环比升降	升降幅(%)
CIOPI 中国铁矿石价格指数	405.13	423.43	-18.3	-4.32
1. 国产铁矿石价格指数	344.42	347.81	-3.39	-0.97
2. 进口铁矿石价格指数	429.8	454.17	-24.37	-5.37
	3 月末	2 月末	环比升降	升降幅(%)
CIOPI 中国铁矿石价格指数	388.79	405.13	-16.34	-4.03

续表 2

项　目	2014 年 5 月末	2014 年 4 月末	环比升降	升降幅(%)
1. 国产铁矿石价格指数	323. 79	344. 42	-20. 63	-5. 99
2. 进口铁矿石价格指数	415. 22	429. 8	-14. 58	-3. 39
	4 月末	3 月末	环比升降	升降幅(%)
CIOPI 中国铁矿石价格指数	375. 27	388. 79	-13. 52	-3. 48
1. 国产铁矿石价格指数	324. 46	323. 79	0. 67	0. 21
2. 进口铁矿石价格指数	395. 93	415. 22	-19. 29	-4. 65
	5 月末	4 月末	环比升降	升降幅(%)
CIOPI 中国铁矿石价格指数	334. 17	375. 27	-41. 1	-10. 95
1. 国产铁矿石价格指数	306. 26	324. 46	-18. 2	-5. 61
2. 进口铁矿石价格指数	346. 8	395. 93	-49. 13	-12. 41
	6 月末	5 月末	环比升降	升降幅(%)
CIOPI 中国铁矿石价格指数	326. 85	334. 17	-7. 32	-2. 19
1. 国产铁矿石价格指数	286. 14	306. 26	-20. 12	-6. 57
2. 进口铁矿石价格指数	345. 28	346. 8	-1. 52	-0. 44
	7 月末	6 月末	环比升降	升降幅(%)
CIOPI 中国铁矿石价格指数	327. 62	326. 85	0. 77	0. 24
1. 国产铁矿石价格指数	282. 62	286. 14	-3. 52	-1. 23
2. 进口铁矿石价格指数	347. 98	345. 28	2. 7	0. 78
	8 月末	7 月末	环比升降	升降幅(%)
CIOPI 中国铁矿石价格指数	309. 52	327. 62	-18. 1	-5. 52
1. 国产铁矿石价格指数	279. 42	282. 62	-3. 2	-1. 13
2. 进口铁矿石价格指数	323. 14	347. 98	-24. 84	-7. 14
	9 月末	8 月末	环比升降	升降幅(%)
CIOPI 中国铁矿石价格指数	282. 24	309. 52	-27. 28	-8. 81
1. 国产铁矿石价格指数	269. 82	279. 42	-9. 6	-3. 44
2. 进口铁矿石价格指数	287. 86	323. 14	-35. 28	-10. 92
	10 月末	9 月末	环比升降	升降幅(%)
CIOPI 中国铁矿石价格指数	283. 54	282. 24	1. 3	0. 46
1. 国产铁矿石价格指数	265. 32	269. 82	-4. 5	-1. 67
2. 进口铁矿石价格指数	291. 78	287. 86	3. 92	1. 36
	11 月末	10 月末	环比升降	升降幅(%)
CIOPI 中国铁矿石价格指数	255. 64	283. 54	-27. 9	-9. 84
1. 国产铁矿石价格指数	252. 36	265. 32	-12. 96	-4. 88
2. 进口铁矿石价格指数	257. 13	291. 78	-34. 65	-11. 88
	12 月末	11 月末	环比升降	升降幅(%)
CIOPI 中国铁矿石价格指数	253. 04	255. 64	-2. 6	-1. 02
1. 国产铁矿石价格指数	236. 31	252. 36	-16. 05	-6. 36
2. 进口铁矿石价格指数	260. 61	257. 13	3. 48	1. 35

【铁矿石进口量】 2014 年，我国累计进口铁矿石 93251. 46 万吨，比 2013 年增加 11310. 10 万吨，同比增长 13. 84%；累计进口额为 936. 42 亿美元，比 2013 年减少 120. 86 亿美元，同比下降 11. 76%。进口矿平均到岸价格

100.42 美元/吨,比2013年同期下降28.61美元/吨。

1. 从进口矿来源看。澳大利亚、巴西和南非三个国家的铁矿石占中国全部铁矿石进口量81.8%。

2. 从平均到岸价格来看。2014年我国进口矿平均到岸价格100.42美元/吨,比2013年同期下降28.61美元/吨,降幅22.17%。

2014年1月进口矿平均到岸价格130.73美元/吨,随后逐月走低到12月降到75.61美元/吨,降幅为55.12美元/吨。

3. 从港口库存方面来看,截至12月底,我国主要港口铁矿石库存量为10059万吨,同比增加1197万吨,增幅为13.51%(表3、表4、表5)。

表3 **2014年铁矿石进口情况(国别)** **单位:万吨**

国别	2014年进口量	2013年进口量	各国占进口量比重%		与2013年同期比	
			2014年	2013年	增量	%
合计	**93251.46**	**81941.36**	**100.00**	**100.00**	**11310.10**	**13.84**
澳大利亚	54830.42	41691.61	58.80	50.88	13138.81	31.51
巴西	17090.33	15509.49	18.33	18.93	1580.84	10.19
南非	4359.93	4302.64	4.68	5.25	57.29	1.33
伊朗	2173.46	2243.03	2.33	2.74	-69.57	-3.10
塞拉利昂	1903.31	1198.80	2.04	1.46	704.51	58.77
乌克兰	1853.83	1563.13	1.99	1.91	290.70	18.60
智利	1106.69	961.30	1.19	1.17	145.39	15.12
加拿大	1100.47	1433.35	1.18	1.75	-332.89	-23.22
秘鲁	1031.88	1073.50	1.11	1.31	-41.62	-3.88
毛里塔尼亚	1004.74	914.84	1.08	1.12	89.90	9.83
马来西亚	946.58	1157.65	1.02	1.41	-211.07	-18.23
印度	783.98	1165.44	0.84	1.42	-381.46	-32.73
蒙古	691.13	738.72	0.74	0.90	-47.60	-6.44
俄罗斯联邦	619.13	1069.26	0.66	1.30	-450.14	-42.10
印度尼西亚	450.53	1756.80	0.48	2.14	-1306.28	-74.36
哈萨克斯坦	415.42	721.23	0.45	0.88	-305.82	-42.40
墨西哥	339.55	880.55	0.36	1.07	-540.99	-61.44
缅甸	297.12	252.50	0.32	0.31	44.62	17.67
朝鲜	282.50	305.71	0.30	0.37	-23.21	-7.59
利比里亚	270.29	107.49	0.29	0.13	162.81	151.46
美国	262.81	405.25	0.28	0.49	-142.44	-35.15
新西兰	201.97	165.52	0.22	0.20	36.45	22.02
委内瑞拉	199.20	378.89	0.21	0.46	-179.69	-47.43
越南	151.80	450.20	0.16	0.55	-298.39	-66.28
洪都拉斯	132.28	171.48	0.14	0.21	-39.20	-22.86
芬兰	126.21	113.79	0.14	0.14	12.42	10.91
土耳其	87.32	74.04	0.09	0.0904	13.28	17.94
老挝	71.70	44.14	0.08	0.05	27.57	62.46
阿联酋	58.51	98.23	0.06	0.12	-39.72	-40.43
斯威士兰	55.67	107.74	0.06	0.13	-52.07	-48.33
菲律宾	44.17	147.98	0.05	0.18	-103.82	-70.15
罗马尼亚	32.30	48.79	0.03	0.06	-16.49	-33.80
瑞典	28.32	153.64	0.03	0.19	-125.32	-81.57
埃及	26.31	12.39	0.03	0.02	13.92	112.35
其他	221.61	522.23	0.24	0.64	-300.63	-57.57

表 4　　2014 年铁矿石进口情况(国别)　　单位:万美元

国　别	2014 年进口金额	2013 年进口金额	各国占进口量比重%		与 2013 年同期比	
			2014 年	2013 年	增量	%
合　计	**9364229. 31**	**10572807. 14**	**100. 00**	**100. 00**	**-1208577. 83**	**-11. 76**
澳大利亚	5437024. 42	5493598. 20	58. 06	51. 96	-56573. 79	-1. 03
巴西	1799098. 45	2142350. 25	19. 21	20. 26	-343251. 80	-16. 02
南非	487365. 74	602424. 65	5. 20	5. 70	-115058. 91	-19. 10
伊朗	185931. 08	237730. 67	1. 99	2. 25	-51799. 58	-21. 79
塞拉利昂	165518. 35	138707. 98	1. 77	1. 31	26810. 37	19. 33
乌克兰	227310. 89	232907. 26	2. 43	2. 20	-5596. 37	-2. 40
智利	127465. 63	135209. 88	1. 36	1. 28	-7744. 25	-5. 73
加拿大	139050. 89	210381. 18	1. 48	1. 99	-71330. 29	-33. 91
秘鲁	99607. 80	131293. 74	1. 06	1. 24	-31685. 94	-24. 13
毛里塔尼亚	94330. 57	116129. 25	1. 01	1. 10	-21798. 68	-18. 77
马来西亚	68329. 25	98203. 79	0. 73	0. 93	-29874. 54	-30. 42
印度	83427. 96	146871. 77	0. 89	1. 39	-63443. 81	-43. 20
蒙古	46458. 84	62132. 32	0. 50	0. 59	-15673. 47	-25. 23
俄罗斯联邦	67705. 38	141345. 17	0. 72	1. 34	-73639. 79	-52. 10
印度尼西亚	27578. 26	116699. 92	0. 29	1. 10	-89121. 65	-76. 37
哈萨克斯坦	35447. 09	81128. 31	0. 38	0. 77	-45681. 23	-56. 31
墨西哥	36841. 24	100498. 46	0. 39	0. 95	-63657. 23	-63. 34
缅甸	10683. 47	9582. 64	0. 11	0. 09	1100. 83	11. 49
朝鲜	22149. 54	29843. 07	0. 24	0. 28	-7693. 53	-25. 78
利比里亚	25951. 56	12705. 99	0. 28	0. 12	13245. 57	104. 25
美国	37186. 01	58554. 89	0. 40	0. 55	-21368. 88	-36. 49
新西兰	16143. 21	15716. 54	0. 17	0. 15	426. 68	2. 71
委内瑞拉	24659. 96	51513. 46	0. 26	0. 49	-26853. 50	-52. 13
越南	11969. 93	38155. 42	0. 13	0. 36	-26185. 50	-68. 63
洪都拉斯	12352. 86	18805. 84	0. 13	0. 18	-6452. 98	-34. 31
芬兰	13261. 94	14676. 75	0. 14	0. 14	-1414. 81	-9. 64
土耳其	8841. 18	9171. 29	0. 09	0. 09	-330. 11	-3. 60
老挝	7851. 98	5501. 95	0. 08	0. 05	2350. 02	42. 71
阿联酋	6115. 03	10467. 45	0. 07	0. 10	-4352. 42	-41. 58
斯威士兰	4579. 62	11492. 21	0. 05	0. 11	-6912. 59	-60. 15
菲律宾	3911. 36	14131. 21	0. 04	0. 13	-10219. 84	-72. 32
罗马尼亚	2785. 51	4362. 01	0. 03	0. 04	-1576. 51	-36. 14
瑞典	3241. 87	22720. 50	0. 03	0. 21	-19478. 63	-85. 73
埃及	2508. 53	1471. 70	0. 03	0. 01	1036. 83	70. 45
其他	21543. 91	56321. 41	0. 23	0. 53	-34777. 50	-61. 75

表5　　2014年进口铁矿分品种情况　　单位:万吨,万美元

产品	2014年进口量	占总进口量比重%	2014年进口额	占总进口额比重%
铁矿进口总量	**93251.46**	**100.00**	**9364229.31**	**100.00**
1. 未烧结矿	91351.21	97.96	9095112.33	97.13
①烧结用铁粉矿	66768.93	71.60	6466013.39	69.05
②铁块矿	16808.25	18.02	1782945.95	19.04
③铁精粉	7774.03	8.34	846152.98	9.04
2. 已烧结矿	1900.26	2.04	269116.99	2.87
铁矿合计	**93251.46**	**100.00**	**9364229.31**	**100.00**
1. 澳、巴、南、伊	78454.15	84.13	7909419.69	84.46
①澳大利亚	54830.42	58.80	5437024.42	58.06
②巴西	17090.33	18.33	1799098.45	19.21
③南非	4359.93	4.68	487365.74	5.20
④伊朗	2173.46	2.33	185931.08	1.99
2. 其他国家合计	14797.31	15.87	1454809.63	15.54
烧结用铁粉矿	**66768.93**	**100.00**	**6466013.39**	**100.00**
1. 澳、巴、南、伊	61587.47	92.24	6008242.73	92.92
①澳大利亚	43681.30	65.42	4170140.45	64.49
②巴西	15027.77	22.51	1551520.77	24.00
③南非	1654.03	2.48	183925.49	2.84
④伊朗	1224.37	1.83	102656.02	1.59
2. 其他国家合计	5181.46	7.76	457770.66	7.08
铁块矿	**16808.25**	**100.00**	**1782945.95**	**100.00**
1. 澳、南、巴、塞	13881.34	82.59	1554671.77	87.20
①澳大利亚	10200.73	60.69	1159731.44	65.05
②南非	1744.63	10.38	209871.17	11.77
③巴西	1004.06	5.97	110206.72	6.18
④塞拉利昂	931.92	5.54	74862.43	4.20
2. 其他国家合计	2926.90	17.41	228274.19	12.80
铁精粉	**7774.03**	**100.00**	**846152.98**	**100.00**
1. 乌、加、南、澳	3817.31	49.10	425908.16	50.33
①乌克兰	1085.92	13.97	124312.42	14.69
②加拿大	975.62	12.55	122747.57	14.51
③南非	961.27	12.37	93568.61	11.06
④澳大利亚	794.49	10.22	85279.56	10.08
2. 其他国家合计	3956.73	50.90	420244.82	49.67
已烧结铁矿	**1900.26**	**100.00**	**269116.99**	**100.00**
1. 乌、巴、澳、美	1454.52	76.54	210438.99	78.20

续表 5　　单位:万吨，万美元

产品	2014 年进口量	占总进口量比重 %	2014 年进口额	占总进口额比重 %
① 乌克兰	767.91	40.41	102998.48	38.27
② 巴西	416.34	21.91	65139.28	24.20
③ 澳大利亚	153.90	8.10	21872.97	8.13
④ 美国	116.37	6.12	20428.27	7.59
2. 其他国家合计	445.74	23.46	58678.00	21.80

【冶金矿山行业固定资产投资】 1. 地质勘查取得新成果。2014 年,全国累计出让铁矿探矿权 114 个,占 34 种重要固体矿产的 11.9%,注销铁矿勘查许可证 131 个,占固体矿产的 16.5%,在内蒙古、山东、安徽、新疆、山西、湖南、广西等勘查区新发现一批铁矿和锰矿产地,累计新增查明铁矿资源储量 30 亿吨,锰矿资源储量 0.6 亿吨,铁矿、锰矿资源评价工作也取得新进展。

2. 重点项目建设继续推进,投资意愿明显下降。2014 年,全国累计出让铁矿采矿权 55 个,占 34 种重要固体矿产的 22.7%,注销铁矿采矿许可证 43 个,占固体矿产的 0.6%。全年采选业累计完成固定资产投资 1690.2 亿元,同比增长 2.6%,增幅比 2013 年回落 7.8 个百分点,其中民间投资完成 1504 亿元,同比增长 8.6%,占全行业投资的 88.98%。全年新增铁矿产能 1 亿吨,合计产能达 18.6 亿吨。但随着行业效益的持续下滑,冶金矿山投资意愿开始下降,新开工采选项目减少 249 个,投资增幅逐月回落,并呈扩大趋势。

从全年投资情况看走势一路下滑,一季度 17.1%、上半年 10.8%、前三季度 6.6%、全年 2.6%(表 6)。

表 6　　2014 年黑色冶金矿山固定资产投资

	1~2 月	3 月	4 月	5 月	6 月	7 月
投资额(亿元)	65.00	118.00	120.00	193.00	256.00	181.00
增长率(%)	14.20	18.64	4.52	18.65	4.28	3.52
	8 月	9 月	10 月	11 月	12 月	合计
投资额(亿元)	182.00	229.00	143.00	107.00	96.00	1690.00
增长率(%)	-6.29	6.51	-16.37	-8.55	-16.52	2.60

【科技创新】 2014 年,全行业投入科技创新活动经费 17.6 亿元,比 2013 年同期增长 12.1%,实施科技项目 2570 多项,参与科技活动人员 2.8 万人,实现科技创效 65 亿元以上。大型铁矿山露天井下协同开采及风险防控关键技术与应用、弱磁性矿石高效强磁选关键技术及装备两个项目获国家科学技术进步奖二等奖;行业承担的 6 项国家科技计划项目取得较大进展;54 项科技成果获得 2014 年度冶金矿山科学技术奖。数字矿山建设不断推进,应用信息技术改造提升产业效果明显,首钢矿业等一批企业成为"国家级信息化和工业化深度融合示范企业",行业信息化管理水平进一步提升。

【资源综合利用与矿山环保护】 落实资源节约与综合利用规划,推广先进实用技术和典型经验,执行"三率"指标标准要求,推进示范基地建设,共伴生资源综合利用水平不断提高,固体废物利用总量大幅增长,三率指标全面改善,全年废石、尾矿等固体废弃物利用总量达到 3.16 亿吨,减少废弃物堆存占地 2.13 万亩。矿山土地复垦、生态环境治理工作加强,全年完成矿山整治绿化面积 5337 公顷,25 家冶金矿山获第四批国家级绿色矿山试点单位。

【企业结构调整】 原矿产量 500 万吨以上企业产量占总产量的比例由 2013 年的 42.5% 提高到 2014 年的 47.4%,中小矿山比例连续 5 年下降。鞍钢集团整合内部铁矿资源,组建鞍钢矿业集团,成为中国第一家铁矿石能力超亿吨级的铁矿山企业;武钢集团将原海外事业部和原矿业公司整合重组,成立武钢资源集团,向国际化、市场化、专业化迈出了坚实步伐;海南矿业在上交所成功上市,对行业的改革发展具有一定的示范引领作用。

【行业面临形势及发展趋势】 2015年,国际经济形势总体向好,但内生动力不足,不稳定不确定性因素仍然较多。一是美国经济将继续保持回升态势,其复苏基础不断稳固,经济增长内在动力增强;二是欧洲内部复苏不均衡,内在增长动力严重不足,日本经济再度陷入低迷;三是新兴经济体总体仍处于增长调整期,普遍面临不断增大的下行压力。部分国家政策调整、地缘政治冲突等也带来了一些风险和不确定性,对经济复苏产生较大压力。

我国经济发展进入新常态,进入新的发展阶段,经济增长速度正从高速增长转向中高速增长,经济发展方式正从规模速度型粗放增长转向质量效率型集约增长,经济结构正从增量扩能转向调整存量、做优增量并存的深度调整,经济发展动力正从传统增长点转向新的增长点。国内基本面和改革因素仍可支撑经济中高速增长,但一些短期、结构性与长期性因素将会对经济增长造成冲击和制约,保持经济持续平稳增长仍面临很多挑战,经济下行压力仍然较大。

国内矿山的发展在复杂的国内外环境中,面临竞争加剧、深度调整、动力不足、环境约束等多重困难,迫切需要依靠深化改革、理念创新、科技创新、管理创新,加快结构调整,促进转型发展,努力提高发展的质量和效率,提高集约化、规模化、智能化发展水平,不断拓展行业发展空间和路径,千方百计维持行业的稳定运行。

从中长期看,虽然当前全球矿业出现一定程度的调整与收缩,但向好发展的基本面没有改变,新兴国家工业化、城镇化持续推进,在相当长一段时间内都将维持对资源的强劲需求。我国发展仍处于可以大有作为的重要战略机遇期。对冶金矿山来说,机遇和挑战同在,有利因素和不利因素并存。

1. *不利因素*。当前乃至今后数年,行业面临的形势将会很艰难。三期叠加的压力没有缓解,经济下行压力加大,行业竞争力还很弱,新的环保法、生态文明建设、五位一体、五化同步、"两山"发展观等都对行业提出了新的更高要求,环境和要素约束进一步加大,市场秩序有待规范,急需更新发展理念,明确战略定位,清晰发展规划和目标。

在宏观经济"三期叠加"的背景下,行业进入需求增速放缓期、市场产能消化期、价格低位震荡期,今后的铁矿价格既不是"V"字形,也不是"U" 字形,而是带有长长尾巴的"L"形。需求偏弱、供大于求、成本高企、行业全面亏损,这是冶金矿山企业生产经营和发展的新常态,冶金矿山企业的发展环境日益复杂,今后所要付出的艰辛和努力比其它行业要更多、时间也会更长,对此我们要有清醒的认识。

2. *有利因素*。一是宏观经济向好,主要是工业化、信息化、城镇化、农业现代化和绿色化"五化"同步推进,一带一路、长三角经济区、京津冀协同发展战略实施,"中国制造2025"加快推进,自由贸易实验区建设扩容,交通、水利、电力、城市管网等基础设施建设投入加大,房地产政策调整,对行业发展带来新的机遇;二是全面深化改革,主要是国企改革、财税改革、简政放权、投融资改革、依法治国等,对行业发展带来新的机遇;三是全面创新创业,主要是创新体制、创新平台、创新投入带来的新模式、新技术、新设备、新材料、新业态等,对行业发展的影响和带来的新机遇;四是行业内部有基础、有空间、有潜力,通过改革创新、加强管理、调整转型,可以重塑竞争新优势。关键是要坚定信心,把经济下行和市场变化的压力,转化为强身固本、转型提升的动力。

3. *以改革创新精神,做好企业的"加、减、乘、除"*。积极做加法,就是要寻求企业发展的增长点。综合考虑产业基础、区位优势、市场条件、资源禀赋等各方面因素,以资源环境承载力为基准,优先发展比较优势突出的矿山项目,做大做强、做优做精,将比较优势转化为产业优势、产品优势、竞争优势,构建与资源环境承载力相匹配的国内铁矿石生产供给新格局;培育具有国际竞争力的大型企业集团,发挥大集团在资源掌控、资本运作、市场调控、标准制定、科技创新、人才聚集等方面优势,提高产业的竞争力;加快新技术、新成果的推广应用,特别是要鼓励前瞻性关键技术的研究攻关,促进铁矿资源的高效开发利用;主动适应经济"新常态"和行业发展的阶段性特征,以效益为中心,利用市场倒逼机制,推动转型升级,提高市场竞争力和可持续发展能力。

主动做减法,就是要积极调结构、转方式,控小矿、降成本、减排放,坚决淘汰不符合准入条件的产能,实现产业规模化和产业升级;认清铁矿供求形势,主动淘汰关停没有比较优势、资源环境承载能力差、不具备竞争能力的产能;树立"资源、资产、资本"的理念,通过资本运营,降低融资成本、财务费用和经营成本,盘活资金存量,去除低效率的附加成本;争取政策,支持降低企业综合税赋;认真执行新《环保法》,合法依规生产,污染物达标排放。

全力做乘法,就是要加大改革力度,大力实施创新驱动发展战略,向改革创新要发展、要质量、要效益、要竞争力。

努力做除法,就是要通过内部三项制度改革,进一步提高企业的劳动生产率;切实提高企业资本回报率;大力提高资源开发利用效率。

(中国冶金矿山企业协会 揭香萍)

黄 金

【黄金生产概况】 2014 年 12 月，全国生产黄金 21.886 吨。1～12 月累计完成 451.799 吨（图 1）。与 2013 年同期相比，黄金产量增加 23.636 吨，同比增长 5.52%。其中，黄金矿产金完成 368.364 吨，比 2013 年同期增长 4.96%；有色副产金完成 83.435 吨，比 2013 年同期增长 8.07%。

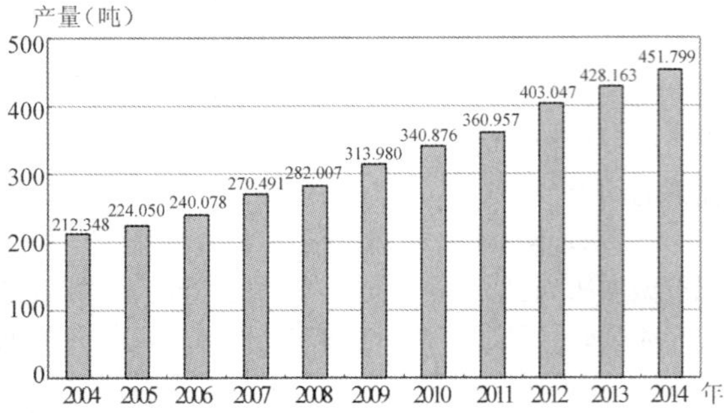

图 1　2004～2014 年黄金产量一览

1～12 月，国内原料和进口原料共生产黄金 512.775 吨。其中，国内原料产金 451.799 吨，进口原料产金 60.976 吨。进口黄金原料产金 10.799 吨，同比增长 62.28%；进口有色原料产金 50.177 吨，同比增长 89.92%。

1～12 月，在黄金矿产金 368.364 吨中，黄金矿山企业完成 166.009 吨，同比下降 5.48%。黄金冶炼厂黄金原料完成 186.127 吨，同比增长 18.67%。有色冶炼厂黄金原料完成 16.228 吨，同比下降 12.21%。

1～12月，黄金矿山企业共销售给冶炼厂（含黄金冶炼厂和有色金属冶炼厂）黄金含量金 202.355 吨。其中，部分小矿山生产的含量金直接销售给冶炼厂，未计入分省（区、市）产量为 76.565 吨。

1～12 月，黄金冶炼厂完成黄金 207.467 吨，比 2013 年同期增长 32.28%。其中，黄金原料完成 186.127 吨，有色原料完成 21.340 吨。

1～12 月，有色冶炼厂完成黄金 78.323 吨，比 2013 年同期下降 18.15%。其中，黄金原料完成 16.228 吨，有色原料完成 62.095 吨。

1～12 月，十大黄金集团累计完成矿产金 156.619 吨，同比增长 1.85%，占全国矿产金产量 42.52%。其中，中国黄金集团公司占 10.90%，紫金矿业集团股份有限公司（国内）占 6.63%，山东黄金集团有限公司占 9.61%，山东招金集团有限公司占 5.65%，灵宝黄金股份有限公司占 0.93%，埃尔拉多黄金公司（中国）占 3.05%，云南黄金矿业集团股份有限公司占 2.31%，湖南黄金集团有限责任公司占 1.35%，山东中矿集团股份有限公司占 1.36%，灵宝金源矿业股份有限公司占 0.73%。

【黄金企业经营】 1～12 月，全国黄金生产冶炼企业主营业务收入 4723.4 亿元，同比增长 4.41%。黄金行业重点企业累计实现工业总产值 3539.332 亿元，同比下降 4.55%。

【上海黄金交易所交易】 12 月，上海黄金交易所全部黄金品种成交量共 3910.527 吨，全部黄金品种成交额共 9366.784 亿元。1～12 月上海黄金交易所全部黄金品种累计成交量共 18486.681 吨，同比增长 59.17%；全部黄金品种累计成交额共 45891.589 亿元，同比增长 42.81%（表 1～4）。

表 1　　成交量、成交额　　单位：千克，万元

交易品种		上月累计	本月累计	增减（%）	2013 年累计	2014 年累计	增减（%）
Au99.95	成交量	94986.00	116890.00	23.06	818474.00	916254.00	11.95
	成交额	2195994.87	2797241.81	27.38	22892074.90	22826038.75	-0.29
Au99.99	成交量	490607.14	522172.12	6.43	3188483.20	4204648.52	31.87
	成交额	11387312.46	12510066.02	9.86	88722007.29	105079307.24	18.44
Au100g	成交量	1015.20	1227.00	20.86	22600.20	12728.40	-43.68
	成交额	23482.50	29392.65	25.17	636580.95	320125.16	-49.71
Au50g	成交量	0.00	0.00	——	23.40	0.80	-96.58
	成交额	0.00	0.00	——	716.57	20.40	-97.15
Au995	成交量	0.00	100.00	——	6112.00	100.00	-98.36
	成交额	0.00	2441.50	——	161498.90	2441.50	-98.49

续表1

交易品种		上月累计	本月累计	增减(%)	2013年累计	2014年累计	增减(%)
iAu100g	成交量	8.00	5.80	-27.50	——	36.60	——
	成交额	184.80	136.98	-25.88	——	873.04	——
iAu995	成交量	0.00	100.00	——	——	225.00	——
	成交额	0.00	2378.00	——	——	5624.95	——
iAu9999	成交量	27042.04	102944.46	280.68	——	156027.64	——
	成交额	634340.23	2451751.99	286.50	——	3718158.87	——
Au(T+D)	成交量	1206930.00	1377346.00	14.12	6694682.00	8665016.00	29.43
	成交额	27927478.13	32903775.77	17.82	184400134.61	215326262.79	16.77
mAu(T+D)	成交量	88367.20	85934.20	-2.75	——	543321.00	——
	成交额	2041915.64	2050145.01	0.40	——	13446394.03	——
Au(T+N1)	成交量	85041.00	286346.60	236.72	18.00	371387.60	2063164.44
	成交额	2007472.86	6867407.19	242.09	491.36	8874880.05	1806086.92
Au(T+N2)	成交量	46788.00	253678.40	442.19	——	300466.40	——
	成交额	1106011.76	6060598.38	447.97	——	7166610.14	——
询价Au99.95	成交量	2150.00	11444.00	432.28	29560.00	49460.00	67.32
	成交额	55276.41	274740.50	397.03	878742.00	1254884.20	42.80
询价Au99.99	成交量	456157.20	1152338.60	152.62	854499.40	3267009.00	282.33
	成交额	10731384.06	27717764.48	158.29	23646189.57	80894273.34	242.10
黄金合计	成交量	2499091.78	3910527.18	56.48	11614452.20	18486680.96	59.17
	成交额	58110853.71	93667840.27	61.19	321338436.16	458915894.47	42.81
Pt99.95	成交量	4232.00	4912.00	16.07	90236.00	64886.00	-28.09
	成交额	106539.39	125327.75	17.64	2737325.20	1877230.10	-31.42
Ag99.9	成交量	0.00	0.00	——	11880.00	0.00	-100.00
	成交额	0.00	0.00	——	4803.68	0.00	-100.00
Ag99.99	成交量	102420.00	65370.00	-36.17	503580.00	870570.00	72.88
	成交额	35534.85	23031.29	-35.19	255594.43	347448.14	35.94
Ag(T+D)	成交量	90626948.00	135438828.00	49.45	429985298.00	499120200.00	16.08
	成交额	30887016.45	47048791.06	52.33	198086051.52	190258550.65	-3.95
合计	成交量	93232691.78	139419637.10	49.54	442205446.20	518542336.96	17.26
	成交额	89139944.40	140864990.30	58.03	522422210.99	651399123.35	24.69

表2 自营、代理情况 单位:千克

品种	买卖总量	自营量	占总成交量比重(%)	代理量	占总成交量比重(%)	自营代理比
黄金	3910527.18	2536019.62	64.85	1374507.56	35.15	1.85:1
铂金(买方)	2456.00	1037.00	42.22	1419.00	57.78	1:1.37
白银	135504198.00	19313527.00	14.25	116190671.00	85.75	1:6.02
合计	139417181.18	21850583.62	15.67	117566597.56	84.33	1:5.38

表3　　黄金交割情况　　单位：千克

品种	上月交割量	本月交割量	增减	本月交割比	2014 年累计交割量	2014 年累计交割比
黄金	212490.40	235659.50	10.90%	12.05%	2102361.20	22.74%

表4　　12 月各交易品种行情　　单位：元/克

品种	开盘价	收盘价	最高价	最低价	加权平均价	成交量（千克）	成交额（万元）
Au99.95	233.50	240.05	246.20	227.55	238.86	116890.00	2797241.81
Au99.99	235.00	240.59	246.25	226.61	239.36	522172.12	12510066.02
Au100g	234.90	240.28	246.00	227.00	239.54	1227.00	29392.65
Au50g	——	——	——	——	——	0.00	0.00
Au995	244.15	244.15	244.15	244.15	244.15	100.00	2441.50
iAu9999	233.00	238.00	248.04	227.45	238.16	102944.46	2451751.99
iAu100g	232.50	239.00	243.00	227.10	236.17	5.80	136.98
iAu995	237.80	237.80	237.80	237.80	237.80	100.00	2378.00
Au(T+D)	234.50	240.00	248.60	226.40	238.89	1377346.00	32903775.77
mAu(T+D)	234.60	240.17	246.75	226.40	238.57	85934.20	2050145.01
Au(T+N1)	234.90	241.70	247.30	223.00	239.80	286346.60	6867407.19
Au(T+N2)	234.00	243.30	247.50	227.55	238.90	253678.40	6060598.38
Pt99.95	252.00	257.00	262.50	247.50	255.14	4912.00	125327.75
Ag99.9	——	——	——	——	——	0.00	0.00
Ag99.99	3244.00	3483.00	3684.00	3244.00	3523.00	65370.00	23031.29
Ag(T+D)	3425.00	3447.00	3716.00	3161.00	3473.00	135438828.00	47048791.06

【上海期货交易所黄金期货交易】 12 月，上海期货交易所黄金期货合约成交量共 628.145 万手，成交额共 15143.238 亿元。1～12 月，黄金期货合约累计成交量共 4773.081 万手，同比增长 18.81%；累计成交额共 119826.276 亿元，同比增长 11.89%（表 5、表 6）。

表5　　成交量、成交额　　单位：手，万元

黄金期货	上月累计	本月累计	增减（%）	2013 年累计	2014 年累计	增减（%）
成交量	6549440	6281448	-4.09	40175648	47730812	18.81
成交额	152244679.49	151432383.26	-0.53	1070906204.94	1198262761.19	11.89

表6　　12 月黄金期货行情　　单位：元/克

品种	月开盘价	最高价	最低价	月收盘价	月末结算价	成交量（手）	成交额（万元）
Au1412	235.10	245.75	227.10	240.05	240.05	15976	377602.42
Au1501	235.25	247.40	227.10	242.20	241.40	4366	104329.03
Au1502	234.50	246.05	227.55	240.60	241.35	1608	38549.36
Au1503	237.40	243.50	236.45	240.65	240.65	50	1198.29
Au1504	234.90	248.90	227.75	241.90	241.75	354	8480.63
Au1506	235.70	249.80	227.35	241.65	242.65	6258160	150879677.97
Au1508	238.15	247.70	228.00	242.60	243.15	554	13383.46
Au1510	230.30	249.80	229.10	243.25	243.85	380	9162.10
Au 小计		249.80	227.10			6281448	151432383.26

2014 年 1～12 月大型黄金企业（集团）黄金生产情况表见表 7～11。

2015年黄金产量连续9年居世界第一

2016年7月26日，在中国国际黄金大会举办期间，中国黄金协会举行了《中国黄金年鉴2016》发布式。《中国黄金年鉴》多年以来以其权威、全面、客观得到了世界黄金业界的广泛认可，也是我国黄金行业发布行业信息及交流的重要平台。

《中国黄金年鉴2016》以翔实的数据深入分析了年度黄金产业链现状及未来发展趋势，是唯一全面反映中国黄金产业发展情况和黄金市场以及黄金产业链现状及未来发展趋势的出版物，是黄金行业从业人员和关注黄金行业发展的社会人士的必备读物和工具书。《中国黄金年鉴》是中国黄金协会编撰的最具权威的关于中国黄金产业、黄金市场、黄金消费等年度发展分析报告，从2002年至今已连续出版14年，现在已基本形成了产业、企业、科技、加工、市场五大版块，内容涵盖勘探、开采、冶炼、精炼、交易、加工、销售、应用、投资等上下游全产业链。

中国黄金协会建立了全国性黄金信息收集工作网络，定期或不定期对黄金产业的运行状况进行跟踪调查，每年可获得几百个黄金企业，数十万个信息数据，是国家统计局的授权的黄金行业信息收集、分析、发布的权威机构。

《中国黄金年鉴2016》全面反映了2015年我国黄金产业的发展现状、成绩及问题。截止2015年，已查明资源储量为11563.46吨，连续12年居全球第二位。2015年黄金产量与2014年基本持平，连续9年居世界第一，2015年黄金产量450.05吨，是2015年全球唯一黄金产量超400吨的国家，占全球黄金产量的14.02%。

2015年，我国黄金综合生产成本192.78元/克，比2014年的197.54元/克，减少4.76元/克，下降了2.41%。这充分反映了企业对生产成本的管控所取得的成效。但在金价持续下挫的情况下，生产成本的压力仍然很大，控制成本已成为企业存亡的关键所在。继2013、2014年黄金行业重点企业利润总额连续两年下滑后，2015年实现利润总额又出现了进一步的下降，由2014年的113.639亿元下降到了85.936亿元，下降了27.703亿元，下降幅度高达24.38%，这是黄金行业盈利持续3年的大幅下降。整个黄金行业盈利水平已下跌到2007年的水平，近三成企业发生了亏损。金价的低位运行仍是2015年黄金行业盈利下降的主要原因；第二个原因是黄金行业企业运用金融工具驾驭市场的能力还不够成熟，企业不能应对黄金价格波动的带来的风险，黄金行业很多企业都尚未建立完善的价格风险应对机制；第三个原因是多种经营导致的亏损，在金价疲弱的情况下，有些黄金矿山企业仍有盈利，但加入多种经营及非金产业的亏损后，亏损的幅度抵消了盈利。

黄金行业规模经营继续稳步推进，十大集团产量已稳居半壁江山。中国黄金集团公司、紫金矿业集团股份有限公司和山东黄金集团有限公司已进入全球黄金产量前20名，分别列第12名、16名和17名。2015年，上海黄金交易所全部黄金品种累计成交量共3.41万吨，同比增长89.58%，是全球最大的场内实金交易市场；上海期货交易所黄金期货合约累计成交量共5.06万吨，同比增长6.08%，交易量位居全球第二位。商业银行场外黄金交易（OTC）0.659万吨。黄金市场蓬勃发展，实物交易量、消费量、进口量继续居全球第一，我国已成为一个新兴的国际黄金物流中心。

表 7　　　　2014 年 1~12 月各省

排名	单位	本月止累计完成						
		矿山产金累计完成				冶炼厂产金累计完成		
		合计	比 2013 年同期 (+%)	其中		合计	其中	
				成品金	含量金		有色冶炼厂	黄金冶炼厂
—	——	1=3+4	2	3	4	5=6+7	6	7
—	全国合计	368363.977	4.96	166008.747	202355.230	285790.408	78323.054	207467.355
1	山东省	65254.529	−1.51	16911.811	48342.718	154533.986	29733.094	124800.892
2	河南省	39920.620	5.06	14024.790	25895.830	56906.060	6817.000	50089.060
3	江西省	2494.210	−21.22	294.290	2199.920	35906.750	32411.220	3495.530
4	福建省	11105.250	0.72	9293.110	1812.140	20302.610	7909.920	12392.690
5	湖南省	8430.710	10.33	6236.820	2193.890	17587.590	6316.370	11271.220
6	内蒙古区	23366.600	−0.54	23366.600	0.000	0.000	——	——
7	云南省	19649.913	−7.18	16519.213	3130.700	6748.719	6748.719	——
8	甘肃省	15285.517	30.18	9671.000	5614.517	11222.770	11222.770	——
9	新疆区	18701.206	3.55	15895.876	2805.330	2604.113	——	2604.113
10	安徽省	8296.640	8.32	2737.070	5559.570	13202.000	13202.000	——
11	陕西省	21192.898	15.63	7037.158	14155.740	7414.750	——	7414.750
12	贵州省	9977.192	−15.76	9556.572	420.620	0.000	——	——
13	辽宁省	6128.545	−37.69	4412.325	1716.220	4558.210	100.000	4458.210
14	湖北省	4247.838	−20.17	2346.000	1901.838	6357.000	6357.000	——
15	浙江省	260.332	−63.47	260.332	0.000	7208.000	7208.000	——
16	吉林省	9002.610	6.95	6938.520	2064.090	0.000	——	——
17	青海省	6711.360	22.72	4073.900	2637.460	1740.000	——	1740.000
18	河北省	8586.264	−0.95	5575.404	3010.860	0.000	——	——
19	四川省	3901.000	9.89	3901.000	0.000	0.000	——	——
20	黑龙江省	3075.000	0.82	3075.000	0.000	0.000	——	——
21	广西区	1489.672	−13.30	1448.330	41.342	0.000	——	——
22	海南省	1044.960	7.60	1044.960	0.000	0.000	——	——
23	广东省	699.951	3.69	698.666	1.285	0.000	——	——
24	山西省	2440.000	5.63	690.000	1750.000	0.000	——	——
25	上海市	——	——	——	——	383.726	383.726	——
26	宁夏区	0.000	——	0.000	0.000	90.000	90.000	——
27	西藏区	535.950	0.22	0.000	535.950	0.000	——	——
28	北京市	0.000	——	0.000	0.000	0.000	——	——
29	天津市	0.000	——	0.000	0.000	0.000	——	——
30	江苏省	0.000	——	0.000	0.000	0.000	——	——
—	其他	76565.210	24.82	0.000	76565.210	−60975.876	−50176.766	−10799.110

成品金产量情况表

单位：千克

成品金合计	比2013年同期(+%)	2013年同期累计完成						
		矿山产金累计完成			冶炼厂产金累计完成			成品金合计
		合计	其中		合计	其中		
			成品金	含量金		有色冶炼厂	黄金冶炼厂	
8=3+5	9	10=11+12	11	12	13=14+15	14	15	16=11+13
451799.155	5.52	350959.020	175633.299	175325.721	252529.754	95690.093	156839.660	428163.053
171445.797	24.36	66256.000	17316.980	48939.020	120550.677	21814.010	98736.667	137867.657
70930.850	27.15	37997.280	14548.700	23448.580	41236.360	4350.000	36886.360	55785.060
36201.040	2.43	3165.900	750.940	2414.960	34592.130	31804.140	2787.990	35343.070
29595.720	59.82	11025.820	9617.360	1408.460	8901.080	5166.210	3734.870	18518.440
23824.410	9.25	7641.390	5547.890	2093.500	16258.380	8039.830	8218.550	21806.270
23366.600	−0.54	23493.500	23493.500	0.000	0.000	—	—	23493.500
23267.932	−0.19	21170.924	17939.040	3231.884	5374.213	5374.213	—	23313.253
20893.770	8.36	11741.792	9224.000	2517.792	10057.148	10057.148	—	19281.148
18499.989	8.01	18059.759	15224.524	2835.235	1903.266	—	1903.266	17127.790
15939.070	−2.71	7659.140	2932.480	4726.660	13450.000	13450.000	—	16382.480
14451.908	−1.53	18327.566	8233.686	10093.880	6443.420	—	6443.420	14677.106
9556.572	−19.31	11843.775	11843.775	0.000	0.000	—	—	11843.775
8970.535	−27.42	9836.260	7876.240	1960.020	4484.080	537.000	3947.080	12360.320
8703.000	−50.47	5321.248	3277.500	2043.748	14295.000	14295.000	—	17572.500
7468.332	−1.85	712.715	712.715	0.000	6896.000	6896.000	—	7608.715
6938.520	1.40	8417.472	6842.506	1574.966	0.000	—	—	6842.506
5813.900	26.98	5468.750	3742.750	1726.000	835.900	—	835.900	4578.650
5575.404	−6.12	8668.849	5939.012	2729.837	0.000	—	—	5939.012
3901.000	9.89	3550.000	3550.000	0.000	0.000	—	—	3550.000
3075.000	0.82	3050.000	3050.000	0.000	0.000	—	—	3050.000
1448.330	−13.12	1718.150	1667.060	51.090	0.000	—	—	1667.060
1044.960	7.60	971.125	971.125	0.000	0.000	—	—	971.125
698.666	4.04	675.069	671.516	3.553	0.000	—	—	671.516
690.000	4.55	2310.000	660.000	1650.000	0.000	—	—	660.000
383.726	191.71	—	—	—	131.543	131.543	—	131.543
90.000	−53.85	0.000	0.000	0.000	195.000	195.000	—	195.000
0.000	—	534.750	0.000	534.750	0.000	—	—	0.000
0.000	—	0.000	0.000	0.000	0.000	—	—	0.000
0.000	—	0.000	0.000	0.000	0.000	—	—	0.000
0.000	—	0.000	0.000	0.000	0.000	—	—	0.000
−60975.876	84.36	61341.786	0.000	61341.786	−33074.443	−26420.000	−6654.443	−33074.443

表 8　　　　2014 年 1~12 月

序号	单 位	本 月 实 际 完 成				
		合 计	其 中		合 计	比 2013 年同期 (+%)
			成品金	含量金		
—	——	1=2+3	2	3	4=6+8	5
—	全国合计	13387.259	7478.837	5908.422	368363.977	4.96
1	北京市	0.000	0.000	0.000	0.000	——
2	天津市	0.000	0.000	0.000	0.000	——
3	河北省	714.699	726.836	−12.137	8586.264	−0.95
4	山西省	80.000	40.000	40.000	2440.000	5.63
5	内蒙古区	2938.400	2938.400	0.000	23366.600	−0.54
6	辽宁省	1244.485	843.395	401.090	6128.545	−37.69
7	吉林省	801.670	546.740	254.930	9002.610	6.95
8	黑龙江省	70.000	70.000	0.000	3075.000	0.82
9	江苏省	0.000	0.000	0.000	0.000	——
10	浙江省	93.665	93.665	0.000	260.332	−63.47
11	安徽省	1189.630	561.860	627.770	8296.640	8.32
12	福建省	831.330	631.820	199.510	11105.250	0.72
13	江西省	181.970	21.110	160.860	2494.210	−21.22
14	山东省	5421.293	1447.346	3973.947	65254.529	−1.51
15	河南省	3831.400	1267.490	2563.910	39920.620	5.06
16	湖北省	422.254	237.000	185.254	4247.838	−20.17
17	湖南省	−7235.060	−6448.220	−786.840	8430.710	10.33
18	广东省	94.878	94.458	0.420	699.951	3.69
19	广西区	125.332	121.530	3.802	1489.672	−13.30
20	海南省	97.870	97.870	0.000	1044.960	7.60
21	四川省	295.000	295.000	0.000	3901.000	9.89
22	贵州省	−2202.758	−2288.118	85.360	9977.192	−15.76
23	云南省	3580.350	2987.946	592.404	19649.913	−7.18
24	西藏区	66.850	0.000	66.850	535.950	——
25	陕西省	3476.908	612.808	2864.100	21192.898	15.63
26	甘肃省	2126.517	1739.096	387.421	15285.517	30.18
27	青海省	507.680	302.220	205.460	6711.360	22.72
28	宁夏区	0.000	0.000	0.000	0.000	——
29	新疆区	1651.507	538.585	1112.922	18701.206	3.55
—	其他	−7018.611	0.000	−7018.611	76565.210	24.82

注： 1. 1~12 月湖南省报送矿产金产量含“湖南辰州矿业股份有限公司”冶炼金 8256.950 千克，从本表移至“黄金冶炼企业产金完成情况表”单独列示。

2. 1~12 月湖南省报送矿产金产量含“永兴县众小有色冶炼厂”冶炼金 4570.000 千克，从本表移至“有色冶炼企业产金完成情况表”单独列示。

3. 部分小矿山生产的含量金直接销售给冶炼厂，未计入分省（区、市）产量为 76565.210 千克。

4. 山东黄金集团“三山岛金矿”“焦家金矿”“玲珑金矿”“新城金矿”所产含量金全部由“焦家冶炼厂”冶炼成成品金，这部分成品金从“矿山产成品全”产量中单独列出算作“焦家冶炼厂”冶炼金产量。

各省矿山产金完成情况表

单位：千克

本月止累计完成				2013年同期累计完成		
其中				合计	其中	
成品金	比2013年同期(+%)	含量金	比2013年同期(+%)		成品金	含量金
6	7	8	9	10=11+12	11	12
166008.747	−5.48	202355.230	15.42	350959.020	175633.299	175325.721
0.000	——	0.000	——	0.000	0.000	0.000
0.000	——	0.000	——	0.000	0.000	0.000
5575.404	−6.12	3010.860	10.29	8668.849	5939.012	2729.837
690.000	4.55	1750.000	6.06	2310.000	660.000	1650.000
23366.600	−0.54	0.000	——	23493.500	23493.500	0.000
4412.325	−43.98	1716.220	−12.44	9836.260	7876.240	1960.020
6938.520	1.40	2064.090	31.06	8417.472	6842.506	1574.966
3075.000	0.82	0.000	——	3050.000	3050.000	0.000
0.000	——	0.000	——	0.000	0.000	0.000
260.332	−63.47	0.000	——	712.715	712.715	0.000
2737.070	−6.66	5559.570	17.62	7659.140	2932.480	4726.660
9293.110	−3.37	1812.140	28.66	11025.820	9617.360	1408.460
294.290	−60.81	2199.920	−8.90	3165.900	750.940	2414.960
16911.811	−2.34	48342.718	−1.22	66256.000	17316.980	48939.020
14024.790	−3.60	25895.830	10.44	37997.280	14548.700	23448.580
2346.000	−28.42	1901.838	−6.94	5321.248	3277.500	2043.748
6236.820	12.42	2193.890	4.80	7641.390	5547.890	2093.500
698.666	4.04	1.285	−63.83	675.069	671.516	3.553
1448.330	−13.12	41.342	−19.08	1718.150	1667.060	51.090
1044.960	7.60	0.000	——	971.125	971.125	0.000
3901.000	9.89	0.000	——	3550.000	3550.000	0.000
9556.572	−19.31	420.620	——	11843.775	11843.775	0.000
16519.213	−7.91	3130.700	−3.13	21170.924	17939.040	3231.884
0.000	——	535.950	0.22	534.750	0.000	534.750
7037.158	−14.53	14155.740	40.24	18327.566	8233.686	10093.880
9671.000	4.85	5614.517	122.99	11741.792	9224.000	2517.792
4073.900	8.85	2637.460	52.81	5468.750	3742.750	1726.000
0.000	——	0.000	——	0.000	0.000	0.000
15895.876	4.41	2805.330	−1.05	18059.759	15224.524	2835.235
0.000	——	76565.210	24.82	61341.786	0.000	61341.786

表 9

2014 年 1~12 月

序号	单位	省份	本月实际完成			
			合计	其中		合计
				黄金原料	有色原料	
—	———	——	1=2+3	2	3	4=6+8
—	黄金冶炼企业合计	——	21912.607	572.127	21340.480	207467.355
1	中国黄金集团公司	北京	2415.566	2415.566	0.000	31198.300
	其中：辽宁新都黄金有限责任公司	辽宁	217.120	217.120	0.000	2908.440
	辽宁天利金业有限公司	辽宁	161.196	161.196	0.000	1549.770
	江西三和金业有限公司	江西	360.590	360.590	0.000	3495.530
	河南中原黄金冶炼厂有限责任公司	河南	474.030	474.030	0.000	10525.510
	中金嵩县嵩原黄金冶炼有限责任公司	河南	543.930	543.930	0.000	5304.300
	潼关中金冶炼有限责任公司	陕西	658.700	658.700	0.000	7414.750
2	山东招金集团公司	山东	6733.691	6733.691	0.000	43251.385
	其中：山东招金集团冶炼厂	山东	5810.187	5810.187	0.000	40647.272
	新疆星塔矿业有限公司	新疆	923.504	923.504	0.000	2604.113
3	山东黄金集团	山东	3350.430	3350.430	0.000	27820.550
	其中：山东黄金集团（焦家冶炼厂）	山东	1933.180	1933.180	0.000	22941.030
	山东黄金西部冶炼厂	青海	948.600	948.600	0.000	1740.000
	金创金银冶炼公司（山东黄金）	山东	468.650	468.650	0.000	3139.520
4	紫金矿业集团	福建	411.090	411.090	0.000	16904.940
	其中：福建金山黄金冶炼公司	福建	0.000	0.000	0.000	12392.690
	洛宁紫金冶炼公司	河南	411.090	411.090	0.000	4512.250
5	湖南黄金集团	湖南	8516.270	8516.270	0.000	11271.220
	其中：湖南辰州矿业股份有限公司冶炼厂	湖南	8256.950	8256.950	0.000	8256.950
	湖南中南黄金冶炼公司	湖南	259.320	259.320	0.000	3014.270
6	山东中矿集团有限公司	山东	1088.690	1088.690	0.000	13003.770
7	招远市河西金矿	山东	119.120	119.120	0.000	1523.400
8	烟台黄金冶炼厂	山东	247.920	247.920	0.000	3881.450
9	恒邦冶炼股份公司	河南	5485.000	−14403.000	19888.000	38011.000
10	龙口金鑫矿业公司	河南	22.460	22.460	0.000	200.970
11	山东方泰循环金业股份有限公司	山东	1452.480	0.000	1452.480	1452.480
12	灵宝黄金股份有限公司	河南	1893.000	1893.000	0.000	19558.000
13	灵宝金源晨光有色矿冶有限公司	河南	698.000	698.000	0.000	6592.000
14	河南豫光金铅集团有限责任公司	河南	278.000	278.000	0.000	3597.000
—	扣除进口原料产金	—	−10799.110	−10799.110	0.000	−10799.110

注：1. 山东招金集团冶炼厂产金量为“招金矿业股份公司”和“山东国大黄金股份公司”冶炼厂产金量之和。
2. 山东黄金集团“三山岛金矿”、“焦家金矿”、“玲珑金矿”、“新城金矿”所产含量金全部由“焦家冶炼厂”冶炼成成品金，这部分成品金产量从“矿山产成品金”产量中单独列出算作“焦家冶炼厂”冶炼金产量。

黄金冶炼企业产金完成情况表

单位：千克

本月止累计完成					2013年同期累计完成		
比2013年同期(+%)	其中				合计	其中	
	黄金原料	比2013年同期(+%)	有色原料	比2013年同期(+%)		黄金原料	有色原料
5	6	7	8	9	10=11+12	11	12
32.28	186126.875	18.67	21340.480	——	156839.660	156839.660	0.000
29.03	31198.300	29.03	0.000	——	24178.350	24178.350	0.000
4.54	2908.440	4.54	0.000	——	2782.010	2782.010	0.000
33.02	1549.770	33.02	0.000	——	1165.070	1165.070	0.000
25.38	3495.530	25.38	0.000	——	2787.990	2787.990	0.000
5.67	10525.510	5.67	0.000	——	9961.040	9961.040	0.000
410.61	5304.300	410.61	0.000	——	1038.820	1038.820	0.000
15.07	7414.750	15.07	0.000	——	6443.420	6443.420	0.000
12.57	43251.385	12.57	0.000	——	38420.283	38420.283	0.000
11.31	40647.272	11.31	0.000	——	36517.017	36517.017	0.000
36.82	2604.113	36.82	0.000	——	1903.266	1903.266	0.000
16.85	27820.550	16.85	0.000	——	23809.550	23809.550	0.000
8.53	22941.030	8.53	0.000	——	21137.840	21137.840	0.000
108.16	1740.000	108.16	0.000	——	835.900	835.900	0.000
71.02	3139.520	71.02	0.000	——	1835.810	1835.810	0.000
102.07	16904.940	102.07	0.000	——	8366.040	8366.040	0.000
231.81	12392.690	231.81	0.000	——	3734.870	3734.870	0.000
–2.57	4512.250	–2.57	0.000	——	4631.170	4631.170	0.000
37.14	11271.220	37.14	0.000	——	8218.550	8218.550	0.000
50.45	8256.950	50.45	0.000	——	5488.280	5488.280	0.000
10.40	3014.270	10.40	0.000	——	2730.270	2730.270	0.000
28.21	13003.770	28.21	0.000	——	10142.760	10142.760	0.000
37.95	1523.400	37.95	0.000	——	1104.280	1104.280	0.000
7.78	3881.450	7.78	0.000	——	3601.390	3601.390	0.000
56.86	18123.000	–25.21	19888.000	——	24233.000	24233.000	0.000
22.12	200.970	22.12	0.000	——	164.570	164.570	0.000
——	0.000	——	1452.480	——	0.000	0.000	0.000
10.78	19558.00	10.78	0.000	——	17655.000	17655.000	0.000
——	6592.000	——	0.000	——	0.000	0.000	0.000
–0.09	3597.000	–0.09	0.000	——	3600.330	3600.330	0.000
62.28	–10799.110	62.28	0.000	——	–6654.443	–6654.443	0.000

表 10

2014 年 1~12 月

序号	单位	省份	本月实际完成			
			合计	其中		合计
				黄金原料	有色原料	
—	———	——	1=2+3	2	3	4=6+8
—	有色冶炼企业合计	——	−7505.828	5336.296	−12842.124	78323.054
1	上海鑫冶铜业有限公司	上海	90.136	0.000	90.136	383.726
2	铜陵有色金属集团控股有限公司稀贵金属分公司	安徽	1136.000	0.000	1136.000	13202.000
3	紫金铜业有限公司	福建	1582.670	0.000	1582.670	7909.920
4	江西铜业公司	江西	2783.070	712.260	2070.810	26609.000
5	江西和丰铜业公司	江西	161.710	0.000	161.710	5025.460
6	江西新金叶实业有限公司	江西	28.190	0.000	28.190	776.760
7	烟台鹏晖铜业有限公司	山东	0.000	0.000	0.000	531.260
8	阳谷铜冶炼厂	山东	3051.834	0.000	3051.834	9601.834
9	东营方圆有色金属有限公司	山东	19600.000	0.000	19600.000	19600.000
10	大冶有色金属公司	湖北	597.000	0.000	597.000	6357.000
11	株洲冶炼集团	湖南	40.000	24.000	16.000	493.000
12	水口山公司	湖南	145.180	0.000	145.180	1253.370
13	云南铜业集团公司	云南	600.727	30.036	570.691	6748.719
14	白银有色金属公司	甘肃	100.000	0.000	100.000	1020.000
15	金川有色金属公司	甘肃	428.420	0.000	428.420	10202.770
16	宁夏天马冶化（集团）股份有限公司	宁夏	90.000	0.000	90.000	90.000
17	浙江有色冶炼厂合计	浙江	749.000	0.000	749.000	7208.000
18	河南其他冶炼厂合计	河南	6817.000	0.000	6817.000	6817.000
19	湖南其他冶炼厂合计	湖南	4570.000	4570.000	0.000	4570.000
20	辽宁其他冶炼厂合计	辽宁	100.000	0.000	100.000	100.000
—	扣除进口原料产金	——	−50176.766	0.000	−50176.766	−50176.766

有色冶炼企业产金完成情况表

单位：千克

本月止累计完成					2013 年同期累计完成		
比 2013 年同期 (+%)	其中				合计	其中	
	黄金原料	比 2013 年同期 (+%)	有色原料	比 2013 年同期 (+%)		黄金原料	有色原料
5	6	7	8	9	10=11+12	11	12
−18.15	16228.356	−12.21	62094.698	−19.57	95690.093	18486.061	77204.033
191.71	0.000	——	383.726	191.71	131.543	0.000	131.543
−1.84	0.000	——	13202.000	−1.84	13450.000	0.000	13450.000
53.11	0.000	——	7909.920	53.11	5166.210	0.000	5166.210
1.84	11024.920	−6.68	15584.080	8.86	26129.400	11814.320	14315.080
−11.44	0.000	——	5025.460	−11.44	5674.740	0.000	5674.740
——	0.000	——	776.760	——	0.000	0.000	0.000
−20.35	0.000	——	531.260	−20.35	667.010	0.000	667.010
120.88	0.000	——	9601.834	120.88	4347.000	0.000	4347.000
16.67	0.000	——	19600.000	16.67	16800.000	0.000	16800.000
−55.53	0.000	——	6357.000	−55.53	14295.000	0.000	14295.000
54.55	296.000	54.97	197.000	53.91	319.000	191.000	128.000
−16.93	0.000	——	1253.370	−16.93	1508.800	0.000	1508.800
25.58	337.436	25.58	6411.283	25.58	5374.213	268.711	5105.502
−49.00	0.000	——	1020.000	−49.00	2000.000	0.000	2000.000
26.63	0.000	——	10202.770	26.63	8057.148	0.000	8057.148
−53.85	0.000	——	90.000	−53.85	195.000	0.000	195.000
4.52	0.000	——	7208.000	4.52	6896.000	0.000	6896.000
56.71	0.000	——	6817.000	56.71	4350.000	0.000	4350.000
−26.43	4570.000	−26.43	0.000	——	6212.030	6212.030	0.000
——	0.000	——	100.000	−81.38	537.000	0.000	537.000
89.92	0.000	——	−50176.766	89.92	−26420.000	0.000	−26420.000

表 11

2014 年 1~12 月大型

序号	单位	本月止累计完成					
		矿山产金				黄金冶炼厂产成品金	有色冶炼厂产成品金
		合计	比 2013 年同期 (+%)	其中 成品金	含量金		
—	———	1=3+4	2	3	4	5	6
—	全国黄金产量合计	368363.977	4.96	166008.747	202355.230	207467.355	78323.054
—	十家大型企业黄金产量合计	156619.441	1.85	74911.375	81708.066	161861.139	210.180
—	十家合计占全国产量比重 (%)	42.52	——	45.12	40.38	78.02	0.27
1	中国黄金集团公司	40161.340	1.86	22895.620	17265.720	31198.300	———
2	紫金矿业集团股份有限公司(国内)	24415.370	4.90	11313.430	13101.940	16904.940	7909.920
3	山东黄金集团有限公司	35389.960	0.23	9988.830	25401.130	27820.550	———
4	山东招金集团有限公司	20797.449	0.16	1985.188	18812.261	43251.385	———
5	山东中矿集团股份有限公司	5002.970	−5.84	5002.970	0.000	13003.770	———
6	灵宝黄金股份有限公司	3421.000	10.39	1230.000	2191.000	19558.000	———
7	灵宝金源矿业股份有限公司	2706.562	3.74	1223.857	1482.705	6592.000	———
8	湖南黄金集团有限责任公司	4990.600	9.63	2796.710	2193.890	11271.220	———
9	云南黄金矿业集团股份有限公司	8495.200	−6.02	7235.780	1259.420	0.000	———
10	埃尔拉多黄金公司（中国）	11238.990	8.24	11238.990	0.000	0.000	———
—	扣除进口原料产金	0.000	——	0.000	0.000	−7739.026	−7699.740

注：1~12 月紫金矿业集团股份有限公司另有境外矿产金产量 7886.52 千克，其中成品金 2109.95 千克，含量金 5558.57 千克。

黄金企业（集团）黄金生产情况表

单位：千克

矿山产成品金+冶炼厂产成品金合计	比2013年同期(+%)	2013年同期累计完成					
		矿山产金			黄金冶炼厂产成品金	有色冶炼厂产成品金	矿山产成品金+冶炼厂产成品金合计
		合计	其中				
			成品金	含量金			
7=3+5+6	8	9=10+11	10	11	12	13	14=10+12+13
451799.155	5.52	350959.020	175633.299	175325.721	156839.660	95690.093	428163.053
236982.694	11.61	153772.964	80367.586	73405.378	131131.370	826.594	212325.550
52.45	——	43.82	45.76	41.87	83.61	0.86	49.59
54093.920	-3.66	39429.620	26481.270	12948.350	29666.630	——	56147.900
36128.290	29.60	23274.890	14343.620	8931.270	8366.040	5166.210	27875.870
37809.380	11.25	35308.790	10175.380	25133.410	23809.550	——	33984.930
45236.573	14.02	20764.364	1255.356	19509.008	38420.283	——	39675.639
18006.740	16.51	5313.000	5313.000	0.000	10142.760	——	15455.760
20788.000	11.85	3099.000	930.000	2169.000	17655.000	——	18585.000
7815.857	708.55	2608.950	966.650	1642.300	0.000	——	966.650
14067.930	29.18	4552.040	2671.540	1880.500	8218.550	——	10890.090
7235.780	-7.80	9039.190	7847.650	1191.540	0.000	——	7847.650
11238.990	8.24	10383.120	10383.120	0.000	0.000	——	10383.120
-15438.766	62.73	0.000	0.000	0.000	-5147.443	-4339.616	-9487.059

（中国黄金协会）

有色金属

【有色金属工业生产经营概况】 2014年,面对复杂多变的国际经济环境及在国内"三期叠加"大背景下,中国有色金属工业企业主动适应新常态,积极应对经营中出现的问题和困难,有色金属工业经济运行总体保持平稳。2014年,中国有色金属工业运行的主要特点是:生产稳中趋缓,投资缓中向好,价格走势分化,企业经营困难。2014年,规模以上有色金属企业工业增加值比上年增长11.2%;10种有色金属产量为4811.2万吨,比2013年增长7.1%;有色金属工业完成固定资产投资额6947.0亿元,比2013年增长4.4%;国内市场年均铜价比上年下降7.8%,铝价比2013年下降6.9%;铅价比2013年下降2.7%;锌价比2013年上涨6.2%。主要有色金属进出口贸易总额1294.7亿美元,比2013年下降0.7%。其中,进口额994.2亿美元,下降3.5%;出口额为300.5亿美元,增长10.0%。规模以上有色金属工业企业实现主营业务收入52949.8亿元,比2013年增长8.3%;实现利润总额1903.9亿元,比2013年下降8.9%。

2014年中国有色金属工业概况见表1;2014年中国各省、市、自治区常用有色金属精矿含量见表2;2014年中国有色金属矿山作业量见表3;2014年中国有色金属采矿业主要技术经济指标见表4。

2014年,规模以上有色金属企业工业增加值增长11.2%,比2013年增幅回落2.1个百分点,但比全国的增幅高2.9个百分点。十种有色金属产量为4811.2万吨,同比增长7.1%,增幅比2013年下降了4.5个百分点。其中,精炼铜产量764.9万吨,增长14.7%;原铝产量2831.7万吨,增长6.7%;铅产量470.4万吨,下降4.7%;锌产量580.7万吨,增长10%。氧化铝产量4712.4万吨,增长6.2%。六种精矿金属含量981.2万吨,下降1.0%。其中,铜精矿金属含量174.1万吨,增长3.6%;铅精矿金属含量260.9万吨,下降3.3%;锌精矿金属含量511.8万吨,下降1.3%。铜材产量为1497.0万吨,增长9.7%,增幅比2013年下降了4.2个百分点;铝材产量为4013.8万吨,增长19.9%,增幅比2013年下降了9.2个百分点。

【固定资产投资】 2014年,中国有色金属工业(不包括独立黄金企业)完成固定资产投资额6947.0亿元,增长4.4%,增幅比2013年回落了16.1个百分点。其中,有色金属矿采选完成固定资产投资1187.2亿元,下降2.4%,占16.9%;有色金属冶炼完成固定资产1860.0亿元,下降15.1%,占26.8%;有色金属压延加工完成固定资产投资3909.0亿元,增长20.0%,占56.3%。2014年,铝冶炼完成固定资产投资573.0亿元,下降34.8%,电解铝投资热有所缓解,但投资规模依然较大;铜冶炼项目投资222.6亿元,比2013年下降10.5%;铅锌冶炼项目投资为169.3亿元,比2013年下降16.5%;铝压延加工项目投资2118.6亿元,比2013年增长31.9%;铜压延加工项目投资504.3亿元,比2013年下降5.1%。新世纪以来,中国有色金属固定资产投资增幅首次低于全国增幅,也首次低于5%。

【有色金属进出口贸易】 2014年,中国主要有色金属进出口贸易总额(不包括黄金首饰及零件贸易额)1294.7亿美元,同比下降0.7%。其中:进口额994.2亿美元,下降3.5%;出口额为300.5亿美元,增长10.0%贸易。贸易逆差为693.7亿美元下井8.4%。2014年,中国有色金属进出口贸易总额(包括黄金首饰及零件贸易额)1771.6亿美元,同比增长12.1%。其中:进口额1000.2亿美元,下降3.2%;出口额771.6亿美元,增长40.9%。其中黄金首饰及零件出口额为470.9亿美元,增长71.7%。

1. 进口未锻轧铜、铜精矿增加。2014年,中国铜产品进口额为683.3亿美元,同比下降0.7%,占有色金属产品进口额的比重为68.3%;出口额为61.3亿美元,同比下降5.0%;铜产品贸易逆差622.0亿美元,同比下降0.3%。进口未锻轧铜363.6万吨,同比增长13.5%,其中进口精炼铜359.0万吨,同比增长12.0%;进口铜精矿实物量1182.0万吨,同比增长17.3%;进口粗铜(阳极铜)58.5万吨,同比下降7.0%;进口铜材60.4万吨,同比下降7.1%;进口铜废碎料实物量387.5万吨,同比下降11.4%。出口未锻轧铜26.6万吨,同比下降9.4%;出口铜材50.8万吨,同比增长3.9%。中国净进口未锻轧铜337.0万吨,同比增长13.5%。

2. 进口铝土矿减少、氧化铝增加,出口铝材增加。2014年,中国铝产品进口额为112.6亿美元,同比下降14.7%;出口额为136.1亿美元,同比增长14.4%。进口未锻轧铝35.4万吨,同比下降26.5%;进口铝材50.0万吨,同比增长3.8%;进口铝土矿3628.1万吨,同比下降48.7%;进口铝废料实物量230.6万吨,同比下降7.9%;进口氧化铝527.6万吨,同比增长37.7%。出口未锻轧铝66.7万吨,同比增长16.6%;出口铝材366.9万吨,同比增长19.7%。中国净出口铝材316.9万吨,同比增长22.7%。

3. 进口铅精矿增加。2014年,中国铅产品进口额为22.4亿美元，同比增长2.4%；出口额为1.5亿美元，同比下降14.8%。进口未锻轧铝2.8万吨，同比下降12.4%；进口铝精矿实物量181.2万吨，同比增长21.4%。出口未锻轧铅3.6万吨，同比增长53.6%。

4. *进口锌精矿增加，出口未锻轧锌增加*。2014年，中国锌产品进口额为31.4亿美元，同比增长3.8%；出口额为4.2亿元，同比增长341.3%。进口未锻轧锌68.1万吨，同比下降9.4%；进口锌精矿实物量219.9万吨，同比增长10.3%；出口未锻轧锌13.3万吨，同比增长23.6倍；出口立德粉2.4万吨，同比下降7.9%；出口氧化锌1.2万吨，同比增长29.4%。净出口未锻轧锌54.8万吨，同比下降26.6%。

5. *稀土产品进出口额下降*。2014年，中国稀土产品进口额为3.5亿美元，同比下降23.1%；出口额为16.8亿美元，同比下降10.3%；进出口贸易顺差为13.3亿美元，同比下降6.3%。出口稀土金属358吨，同比下降34.9%；出口稀土合金1156吨，同比增长9.8%；出口稀土氧化物2.21万吨，同比增长26.2%；出口碳酸稀土1365吨，同比下降4.3%；出口稀土永磁体2.16万吨，同比增长14.5%。

【有色金属国内外市场价格走势】 2014年国内外市场有色金属价格走势分化，LME的六种基本金属价格三降三升，铜、铝、铅、锌为四种基本金属价格三降一升，铜、铝、铅价格下降，锌价格上升。可见各金属品种之间，国内外市场之间价格走势均出现分化，特别是铝价国际市场上升，国内市场下降。

1. *国际市场六种基本金属价格三降三升*。2014年末，LME三月期铜收盘价格6300美元/吨，比2013年末收盘价7360美元/吨下降了14.4%；三月期铝收盘价格1853美元/吨，比2013年末收盘价1800美元/吨上涨2.9%；三月期铅收盘价格1858美元/吨，比上年末收盘价2219美元/吨下降16.3%；三月期锌收盘价格2178美元/吨，比2013年末收盘价2055美元/吨上涨6.0%；三月镍收盘价格15150美元/吨，比2013年末收盘价格19400美元/吨，比2013年末收盘价格22350美元/吨下降13.2%。

2014年，LME三月期铜年平均价为6825美元/吨，下降7.2%；三月期铝年平均价为1893美元/吨，上升0.3%；三月期铅年平均价为2112美元/吨，下降2.1%；三月期锌年平均价为2164美元/吨，上涨11.6%；三月期镍年平均价为17013美元/吨，上涨12.6%；三月期锡年平均价为21898美元/吨，下降1.6%。

2. *国内市场四种基本金属价格三降一升*。2014年末，上海有色金属交易所三月期铜收盘价格45800元/吨，比2013年末收盘价52280元/吨下降了12.4%；三月期铝收盘价格13060元/吨，比2013年末收盘价14305元/吨下降8.7%；三月期铅收盘价格12420元/吨，比2013年末收盘价14315元/吨下降13.2%；三月期锌收盘价格16780元/吨，比2013年末收盘价15195元/吨上涨9.3%。

2014年，国内市场铜现货年平均价为49207元/吨，下降7.8%；铝现货年平均价为13546元/吨，下降6.9%；铅现货年平均价为13860元/吨，下降2.7%；锌现货年平均价为1 685 5元/吨，上涨6.2%。

【企业经济效益状况】 1. *利润总额下降，亏损企业亏损额增加*。2014年，8744家规模以上有色金属工业企业（不包括独立黄金企业，下同）实现主营业务收入52949.8亿元，同比增长8.3%；主营业务成本48288.7亿元，同比增长8.4%，比主营业务收入增幅高0.1个百分点；实现利润总额1903.9亿元，同比下降8.9%。亏损企业亏损额405.7亿元，同比增长21.1%。

2. *财务费用增加*。2014年，规模以上有色金属工业企业财务费用为720.5亿元，同比增长19.6%，比主营业务收入增幅高11.3个百分点；其中利息支出687.8亿元，同比增长11.8%。规模以上有色金属工业企业管理费用为1048.6亿元，同比增长0.5%；企业营业费用为470.1亿元，同比增长8.0%。

3. *应收账款偏多*。2014年末，规模以上有色金属工业企业应收账款2895.3亿元，同比增长13.9%，比主营业务收入增速高5.6个百分点。企业产成品库存货款1715.1亿元，同比增长2.3%。应收账款增速高于主营业务收入增速，表明有色金属企业回款能力不强，企业间账款拖欠现象较为明显。

4. *年末资产总额增长11%以上*。2014年末，规模以上有色金属工业企业资产总额达到38171.7亿元，比2013年增长11.6%；负债合计23997.7亿元，比2013年增长11.0%；资产负债率为64.5%，比2013年增长1.3个百分点。

【科技成果】 有色金属工业受到资源保障不足、能源环境压力大、高端产品开发能力薄弱等发展瓶颈制约，加大了新技术、新产品研发力度，2014年科技进步成果显著，节能降耗成效明显。

1. *地质找矿技术创新取得新进展*。中南大学研发的“广域电磁法及其应用"技术，根据深部金属矿产和石油天然气勘探的需要，经过多年技术攻关，创立了广域电磁法，研制了具有自主知识产权的大深度地下探测技术与装备，解决了勘探地球物理频率域有源电磁法的关键性理论和技术难题，为电磁勘探开辟了崭新的领域。广域电磁法及观测系统具有勘探深度大、观测范围广、工作效率高、测量精度高、适应性强等优点。

2. 铝电解高效节能关键技术取得新突破。新星轻合金公司与河南中孚实业、焦作万方铝业等联合开发出铝电解添加 $KAlF_4$ 高效节能新技术。首次在铝电解质中发现钾是以稳定的 $KAlF^4$ 形式存在，研究证明 $KAlF^4$ 在现有的电解质熔盐体系中是稳定的、应用是安全的。创新研发了高纯无水 $KAlF_4$ 的绿色环保合成技术，使铝钛硼生产产生的副产物 $mKF \cdot nAlF_3$ 聚合大分子解聚成高纯无水 $KAlF_4$。项目解决了在降低铝电解温度的同时提高氧化铝溶解性能的重大技术难题。应用表明，添加 $KAlF^4$ 后含有炉底结壳的病槽得到了有效治理，电解温度下降 5℃～10℃，炉底压降降低 50～70 毫伏、电流效率提高 1%～2%、阳极效应系数降低 30%～50%，吨铝直流电耗可下降 400～600 千瓦·时，取得了显著的节能减排效果，达到了世界领先技术水平。

3. 铜底吹连续吹炼技术工业化试验取得成功。继铜氧气底吹熔炼技术之后，中国恩菲工程技术有限公司又联合有关企业和高校开发了铜锍底吹连续吹炼技术。该技术不仅在环保上有效解决了 PS 转炉吹炼带来的 SO_2 烟气低空污染问题，而且在自动化程度上更先进，节能减排效果更显著。采用氧气底吹熔炼、底吹连续吹炼技术的河南豫光金铅有限公司玉川冶炼厂已于 2014 年 2 月建成并顺利投产。

4. 富氧双侧吹炼铋新技术居国际领先。湖南金旺铋业股份有限公司与中南大学联合研发成功“含铋物料富氧双侧吹熔池熔炼新技术”。项目在深入研究铅、铜等有色金属熔池熔炼技术的基础上，为世界首次采用富氧双侧吹熔池熔炼处理含铋复杂物料新工艺，有效解决了传统含铋物料火法冶炼工艺存在的回收率低、能耗高、环保差等问题，新技术具有工艺清洁高效、能耗低、原料适应性强、金属回收率高的特点，项目已在湖南金旺铋业实现了产业化，为中国大量存在的复杂含铋物料大规模清洁综合回收提供了新的途径。

5. 节能降耗成效明显。2014 年，中国原铝综合交流电耗为 13625 千瓦时/吨，减少了 95 千瓦时/吨，节电 26.9 亿千瓦时；铜冶炼综合能耗下降到 290.6 千克标准煤/吨，减少了 73.9 千克标准煤/吨；铅冶炼综合能耗下降到 432.8 千克标准煤/吨，减少了 33.3 千克标准煤/吨；电解锌冶炼综合能耗下降到 909.7 千克标准煤/吨，增加了 12.3 千克标准煤/吨。

【境外资源开发】 2014 年中国境外有色金属资源开发取得新进展，获得了一批新的权益资源，建成投产一批重大项目，显著提升我国铜、镍等重要矿产资源的保障能力。

1. 境外铜矿山项目开发成效显著。2014 年，中国境外资源开发最大的亮点就是中国五矿牵头的五矿联合体，利用嘉能可与斯特拉塔战略重组的机会，以 70 亿美元收购了嘉能可旗下的秘鲁邦巴斯铜矿。该铜矿是目前全球规模最大的在建铜项目，探明铜储量超过 1000 万吨，设计生产能力 45 万吨铜金属/年。中国铝业投资建设的秘鲁特罗莫克铜矿基本建成投产，该项目一期工程投资超过 40 亿美元，形成 22 万吨铜金属/年生产能力。2014 年，在境外铜资源项目购并方面，还有江西铜业以 6700 万美元，收购了土耳其金属公司拥有的阿尔巴尼亚铜矿 50% 权益，该项目设计年采选矿石量 50 万吨，年产铜金属约 3000 吨。截至 2014 年底，中国企业拥有权益的境外铜生产矿山 15 个，铜金属生产能力 72 万吨/年；在建铜矿山项目 8 个，设计铜金属生产能力 81 万吨/年。

2. 镍矿项目建设取得新突破。2014 年，中国企业投资建设的苏拉威西青山工业园一期项目 40 万吨/年镍铁项目基本建成；二期 60 万吨/年镍铁项目取得重要进展；三期 100 万吨不锈钢项目开工建设，投资总额预计超过 30 亿美元。罕王实业投资 2.45 亿美元建设的镍铁项目也将在 2015 年建成投产。中色矿业投资 9 亿美元建设的缅甸达贡山项目，中冶建投资 18 亿美元建设的巴布亚新几内亚瑞木项目，吉林昊融投资 17 亿美元建设的加拿大铜镍矿项目均投入正常生产。截至 2014 年底，中国企业拥有权益的境外镍生产矿山有 5 个，镍金属生产能力 9 万吨/年；在建镍铁项目 4 个，设计镍金属生产能力 12 万吨/年。

3. 铝土矿项目开发取得实质性进展。2014 年，山东宏桥投资 10 亿美元建设的印尼 100 万吨/年氧化铝项目进展较为顺利，山东宏桥还将建设二期工程和三期工程，合计氧化铝产能将达到 300 万吨/年。南山集团计划总投资达到 50 亿美元，建设的印尼氧化铝、电解铝、发电一体化项目启动。信发集团在斐济、博赛集团在圭亚那和加纳的铝土矿开发投资活动也有所加强。截至 2014 年底，中国企业拥有权益的境外铝土矿项目投产 3 个，合计产能 280 万吨；在建氧化铝项目 2 个，设计生产能力 200 万吨/年。

4. 铅锌项目稳步推进。2014 年，中国企业在境外的铅锌及其他有色金属资源开发项目稳步推进。中铁资源蒙古铅锌矿建成投产，中国五矿、中金岭南在澳大利亚的大型铅锌矿山项目建设全面展开。截至 2014 年底，中国企业拥有权益的境外铅锌生产矿山 7 个，铅锌金属生产能力 103 万吨/年；在建项目有 3 个，设计铅锌金属生产能力 54 万吨/年。

【有色金属矿产勘查】 1. 从业人员概况。2014年末，全国有色地勘单位从业人数4.93万人，其中正式职工4.29万人，工程技术人员2.33万人，地质技术人员1.66万人。2014年末有色地勘单位退休人员5.72万人，离休人员559人。

2. 产业经济。据不完全统计，2014年全国有色地勘单位完成经济总收入264.70亿元，同比下降14.49%；实现利润11.94亿元，同比下降34.07%。2014年全国有色地勘单位预算内收入55.96亿元，同比下降1.41%，其中地勘单位事业费拨款42.49亿元，同比提高21.92%；中央财政渠道获得的地质项目费用4.58亿元，同比下降5.76%；地方财政渠道获得的地质项目费用8.89亿元，同比下降33.44%。2014年全国有色地勘单位多种经营（包括社会地质工作）收入为208.74亿元，同比下降17.43%，其中社会地质工作收入为39.91亿元，同比下降6.77%；采掘业收入为23.76亿元，同比提高1.28%；建筑施工业完成收入84.42亿元，同比下降6.50%；其他产业收入60.65亿元，同比下降28.00%。

3. 产业结构。2014年，受世界经济下行和国家经济结构调整的双重影响，国家投资的项目缩减，社会资本进入到找矿领域已经明显下降的背景下，有色金属地矿工作以党的十八届三中全会精神为指导，积极推进地勘单位分类改革，正确认识并适应地勘经济新常态，因地制宜探索适应自己的路子。在大力发展地质矿产业的基础上，走勘查开发一体化的道路，不断拓展新领域，实现了生产经营平稳发展。

①地质勘查业：地质勘查是有色地勘单位的主业，也是优势产业。2014年全国有色地勘单位预算内收入和社会地质勘查工作收入总计为95.87亿元，占全国有色地勘单位经济总收入的36.22%。

②矿业开发：主要是指采掘业等。2014年采掘业实现收入为23.76亿元，占全国有色地勘单位经济总收入的8.98%。

③工程施工：主要是指工程勘察、测绘、道路桥梁建设、工民建、市政建设、水利疏浚、岩土施工等建设施工业。2014年工程施工业完成收入84.42亿元，占全国有色地勘单位经济总收入的31.89%。

④其他产业：主要是指机械制造、高新材料、金刚石工具、玻璃机械等制造加工业和矿业权转让等其他产业收入。2014年全国有色地勘单位其他产业完成收入60.65亿元，占全国有色地勘单位经济总收入的22.91%。

【地质项目与储量】 1. 地质项目基本情况。据不完全统计，2014年共安排地质项目2712项，其中，新上项目1335项，续作项目1377项。项目中包括基础地质项目240项，普查项目711项，详查项目335项，勘探项目82项，其他项目1344项。

2014年共提交地质报告2116份，其中普查报告206份，详查报告62份，勘探报告19份，其他报告1829份。2014年完成钻探工作量206.37万米，坑探工作量5.95万米，槽探工作量153.23万立方米，井探工作量4.45万米。

2. 新增固体矿产资源/储量。据不完全统计，2014年全国有色地勘单位新增矿产资源/储量（金属量）：铜198.70万吨，铅锌325.76万吨，钨192.15万吨，锡12.55万吨，钼71.83万吨，镍5.28万吨，锑6.75万吨，铝土矿（矿石量）13384万吨，金812.10吨，银3276.38吨。

【科技教育与人才培养】 1. 科技创新。2014年有色地勘单位的科技创新工作主要围绕“为地质找矿提供技术理论支撑，促进实现重大突破”的思路，充分发挥创新引领作用，在地矿科技、技术创新、开发应用等方面进行了大量工作，科技创新工作取得了优异的成果。

一是获得中国有色金属工业科学技术奖一等奖2项、二等奖9项、三等奖5项。其中，云南昭通毛坪铅锌矿床深部和外围隐伏矿找矿预测以及增储研究2个项目获中国有色金属工业科学技术奖一等奖；云南羊拉矿区深部和外围铜矿成矿规律以及增储研究等9个项目获中国有色金属工业科学技术奖二等奖；湖南水口山铅锌金银矿田成矿作用与找矿方向等5个项目获中国有色金属工业科学技术奖三等奖。

二是获得中国有色金属地质找矿成果奖一等奖11项、二等奖22项、三等奖13项。其中，内蒙古自治区新巴尔虎右旗甲乌拉铅锌银矿区深部地质找探矿等11个项目获得一等奖；云南省香格里拉县普朗铜矿整装勘查等22个项目获得二等奖；新疆若羌县维宝铅锌矿15—12线间详查等13个项目获得三等奖。

三是获得中国地质学会“第一届野外青年地质贡献奖——金罗盘奖”12人：陈明辉（湖南省有色地质勘查局）、樊忠平（西北有色地质勘查局）、方春家（甘肃省有色金属地质勘查局）、方同辉（有色金属矿产地质调查中心）、李春平、彭志永（广西地质矿产勘查开发局）、李建领（河南省有色金属地质矿产局）、刘东宏（广东省有色地质勘查院）、罗太旭（云南省有色地质局）、马忠贤（青海省有色地质矿产勘查局）、三金柱（新疆有色地质勘查局）、周先军（江西有色地质勘查局）。

2. 人才培训和培养。①有色金属矿产地质调查中心：中心博士后工作站现有11名博士后在站从事研究,已有4名博士后通过中期考核,3名博士后完成研究工作出站。研究生基地在读研究生28人。中心研究生会组织研究生/博士后学术交流两次,促进了研究生与导师间的交流沟通,在研究生的自我管理与学术交流等方面发挥了重要作用。由硕士一博士研究生培养基地和博士后工作站组成的人才培养体系进一步完善。

②辽宁省有色地质局:与中国矿业大学联建“深部岩石力学与地下工程国家重点实验室东北中心”已经启动,与吉林大学共建“国家级工程实践教育中心”已获国家教育部批准,正式挂牌。辽宁地质工程职业学院按照“稳中求进、提质增效、改革创新”的工作要求,以加强内涵建设为着力点,强化危机感,提升责任感,凝心聚力,开拓创新,有力地推动学院思想政治、教学科研、新校区建设等各项工作协调有序、全面快速发展。

③西北有色地质勘查局:围绕全局重点工作任务,有针对性地开展各类培训。邀请了澳大利亚拉筹伯大学彼得·J·道林教授、澳大利亚莫纳什大学朱久华教授及张明琼高级讲师一行3人,为该局高级管理人员和国际化业务人员进行国际化管理知识培训,拓宽了高级管理人员视野,提高国际化管理人员跨国、跨文化管理水平。设立的陕西省博士后科研创新基地获省人力资源和社会保障厅正式授牌并启动了博士后招聘工作,先后与长安大学、西北大学、西安建筑科技大学签署联合招收与培养博士后等合作协议,开启了校企合作新局面,进一步促进产、学、研相结合。

④天津华北地质勘查局:科技创新能力得到进一步提高,质量化、信息化管理得到进一步加强。全年共实施了6项国土资源与房屋管理局、河东区科委、局管科研项目。2014年新接收以地质专业为主的应届大学毕业生105名,其中硕士及以上学历20人,新评选教授级高级职称3名,高级职称20名,中级职称94名。贵州省有色金属和核工业地质勘查局:为适应地质勘查和转型发展的需要,加大了人才培训力度,举办了地质技术培训班、综合研究培训班,积极参加省内外组织的培训,全局共培训专业技术人员上千人次。积极加强专家库建设,加强对重大地质找矿项目的指导和研究,有2人分别获省管专家和政府特殊津贴待遇。

⑤河南省有色金属地质矿产局:认真制定和调整干部教育培训计划,集中时间专题做好各项学习培训工作。一是积极配合局党的群众路线教育实践活动办公室举办有关学习活动,请有关群众教育实践活动讲师进行讲课;二是完成全局2014年度培训班次计划的制定工作,全年共申报各级各类培训班22期;三是进一步加强职工学历教育工作,积极同中国地质大学联系,完成了工程硕士10级至12级在职工程硕士集中授课工作,为打造一批高素质、高学历的专业技术人员队伍打下了基础。

【国际合作】 2014年全国有色地勘单位在受到世界经济下行和国家经济结构调整的双重影响,国家投资的项目在缩减,社会资本进入到找矿领域也已经明显下降的背景下,地勘单位在“走出去”行动中克服种种困难,到国外去勘查矿产资源。

1. *有色金属矿产地质调查中心*:面对低迷的海外风险勘查市场,依托自有资金投入和海外风险勘查资本市场融资,境外找矿取得新突破,控制的资源量显著增长,多个项目基本具备开发条件。奥卡黄金公司苏丹北部B—14区GSS矿区,探获符合43—101标准的I&I级别资源量金180万盎司。坦桑尼亚MGZ金矿获得了扩界后的新采矿许可证。智利月亮山铁铜矿勘查,新增(333)铁矿石量4085万吨,累计探获铁矿石资源量1.2亿吨,达大型规模。东非金属公司在埃塞俄比亚北部Adyabo、MatoBula项目发现富厚金(铜)矿体,新增金资源量(333)达大型规模,在Da Tambuk金矿、Habassa金铜靶区取得多个重要勘查进展,对特拉喀密提矿区VMS型矿床地表铁帽型金矿床加密工程控制,开展可行性研究和环境评价,申办采矿权,为铁帽型金矿床的堆浸开发做准备。

2. *北方镍矿公司加拿大魁北克HR铜-镍-铂族项目新增(333)资源量*:铜11万吨,镍4.1万吨。金股矿业公司Berens river项目、ENT金属公司Fraser Range、Doolgunna项目,均显示良好的找矿前景。

3. *天津华北地质勘查局*:2014年,继续贯彻实施“走出去”战略,重点项目加大自有资金投入,巩固原有优质地质找矿成果,鼓励各单位通过已经建立起来的国外平台,寻求合作。一是老挝爬奔矿山建设项目稳步推进,经充分论证确定500吨/日处理量生产规模,完成了采矿合同谈判及签订,矿山建设各项工作稳步顺利推进;二是努力进行苏丹哈马迪矿山资产盘活,2014年完成苏丹尼罗河州Block20金矿详查项目的验收工作,加强地质综合研究,提高矿山品质,正在努力吸引有力资金进入,争取盘活哈马迪矿山生产;三是在美洲、非洲、东南亚等地区,承担多项市场地质勘查项目、地质工程施工、水井施工、商务部援外项目以及拓展出口贸易等业务,但与2013年相比,合同额有大幅下降。

4. *西北有色地质勘查局*:境外项目主要在澳大利亚开展,澳大利亚资源勘查项目通过国际软件数据管理平台,实现对勘查项目的信息化管理,提高了找矿效率;开展了以地质物化探和遥感为主的矿化信息提取和整理工作，提供可供下步勘查的物探异常及成矿靶区6处，为勘查工作打好了基础。

5. *云南省有色地质局*：2014年，云南省有色地质局新组织实施了“缅甸掸邦孟洋铁矿1:1万高精度磁测”、“印度尼西亚加里曼丹省新当县铝土矿勘查”2个境外矿产资源风险勘查合作项目；继续与印度尼西亚富域公司合作，共同开发马布里、苏巴印和北科纳威3个红土型镍矿；“缅甸掸邦孟洋铁矿勘查开发”项目已编制提交勘查报告及可行性研究报告，准备申请采矿证；全年实施了缅甸达贡山镍矿、缅甸蒙育瓦铜矿、缅甸扬子铜业K矿、老挝色贡省阿文金矿4个劳务施工项目，经济效益良好；与加拿大亚洲现代资源有限公司合作的“鹤庆北衙外围铅多金属矿勘查”项目，完成都分矿段的勘探工作，编制了勘查报告。河南省有色金属地质矿产局：2014年，实施境外风险勘查项目共计30余项，境外地质找矿取得重要进展。继续坚持“稳中求进，又好又快，成果优先，效益优先”的原则，扎实推进境外地矿工作，智利、利比里亚、蒙古等地区新发现铁、铜、金等矿产储量，同时积极开展境外地质技术服务工作，获得项目合同额220.30万美元，锻炼和培养了境外工作队伍，为后续长远发展提供了人才储备。

6. *湖南省有色金属地质勘查局*：2014年，湖南省有色地质勘查局海外商业性项目完成产值约1500万元。中澳江山公司及中色巴西公司均维持了正常运转。中澳江山公司就澳大利亚自有矿权进行了评估，其中6个矿权中的5个注销，1个保留。中色巴西公司所有矿权均进行保留。

7. *吉林省有色金属地质勘查局*：2010～2014年，在赞比亚独立申请登记了6个探矿权，面积2668平方千米；获得中央国外矿产资源风险勘查专项资金2656万元、吉林省国外矿产资源风险勘查专项资金4000万元；自筹资金1549万元。经过5个勘查年度的工作，取得了较好的勘查成果。在赞比亚西北省13777矿权区深部勘查中，见到3条铜矿化体；13723矿权区见到3条铜矿体和4条铜矿化体；13819矿权区见到5条铜矿体和2条金矿体，尚有若干铜金矿化体；东部省12967矿权区槽探见到2条铌钽矿体。

8. *江西省有色地质勘查局*：该局地质三队在津巴布韦舒鲁奎贝斯特开展金矿普查工作。基本查明矿区金矿化类型，其中石英大脉型和蚀变绿片岩型可以达到工业矿体，KZK502中石英脉Au品位$0.08 \sim 60.0 \times 10^{-6}$，真厚度0.91m，但往深部品位降低$1.24 \times 10^{-6}$。钻探工程在I区大致查明有规模的工业矿体1个，为小型规模矿床。内蒙古自治区有色地质勘查局：2014年正式注册内蒙古有色地质勘查局蒙古国公司，并与蒙古国查干雄呼尔控股公司旗下的FMI公司开展了风险勘查合作。内蒙古有色地质勘查局投入资金近100万元人民币，对蒙古国哈布其乐金多金属矿、布哈特乌拉金矿、乌波尔塔拉金多金属矿3个探矿权，开展了化探采样、地质测量、填图等工作，取得一定的找矿线索。境外勘查工作正式起步。

9. *海南省地质局*：2014年，该局所属地勘单位、公司在国外开展矿产资源风险勘查专项共计有14项；共取得国外探矿权81个、采矿权5个（莫桑比克锆钛砂矿2个、马达加斯加砂金矿3个）；承担国外商业性矿产勘查项目1个（马达加斯加锆钛砂矿勘查）。该局控段企业在马拉维新增锆英石资源储量35.8万吨、钛铁矿资源储量948万吨。

表1　2014年中国有色金属工业概况

项目	单位	1995年	2000年	2005年	2010年	2011年	2012年	2013年	2014年
一、主要产品产量									
1. 十种有色金属合计	万吨	496.62	783.81	1639.02	3136.02	3438.86	3697.04	4154.17	4811.19
(1)精炼铜	万吨	107.97	137.11	260.04	454.03	516.31	587.91	666.71	764.91
(2)原铝(电解铝)	万吨	167.61	279.41	780.60	1624.41	1813.47	2025.10	2315.54	2831.67
(3)铅	万吨	60.79	109.99	239.15	415.75	460.36	459.09	493.51	470.43
(4)锌	万吨	107.67	195.70	277.61	520.89	521.22	488.12	527.96	580.70
(5)镍	万吨	3.89	5.09	9.51	15.86	17.47	19.68	22.7	24.67
(6)锡	万吨	6.77	11.24	12.18	14.90	5.55	14.79	15.96	18.71
(7)锑	万吨	12.95	11.33	13.83	19.26	20.04	24.20	26.31	25.71
(8)汞	吨	779	203	1094	1585	1493	1347	1822	2259
(9)镁	万吨	9.36	14.21	45.08	65.08	67.49	69.82	77.04	87.36

续表 1－1

项目	单位	1995年	2000年	2005年	2010年	2011年	2012年	2013年	2014年
(10)钛	吨	1723	1905	9161	56848	68026	82120	82619	68167
2. 有色金属矿产品									
(1)铜精矿含铜量	万吨	44.52	59.26	76.16	115.58	127.19	155.15	168.13	174.13
(2)铅精矿含铅量	万吨	51.98	65.95	114.20	198.13	240.57	261.32	269.65	260.86
(3)锌精矿含锌量	万吨	101.07	178.03	254.78	384.22	405.00	485.91	518.77	511.84
(4)镍精矿含镍量	万吨	4.18	5.03	7.27	7.98	8.98	9.33	9.32	10.11
(5)锡精矿含锡量	万吨	6.19	9.94	12.56	9.14	9.41	9.10	10.12	10.21
(6)锑精矿含锑量	万吨	12.50	9.93	15.15	12.27	12.39	13.56	15.21	14.04
(7)钨精矿(折三氧化钨65%)	万吨	5.33	4.55	9.94	9.95	11.99	12.03	12.59	12.68
(8)钼精矿(折纯钼45%)	万吨	7.33	6.39	8.84	21.47	22.96	26.86	27.17	28.56
(9)钴精矿含钴量	吨	981	91	2104	6382	6843	7498	8580	9619
(10)铋精矿含铋量	吨	739	1122	1886	1589	1544	2494	1393	1490
3. 中间产品									
(1)粗铜(矿产)	万吨	53.80	101.39	175.15	282.56	303.67	360.14	422.89	516.79
(2)粗铅(矿产)	万吨	35.99	82.96	178.58	279.57	311.70	312.14	326.93	305.54
(3)氧化铝	万吨	219.94	432.81	853.57	2906.49	3407.76	3769.63	4337.87	4712.44
(4)高冰镍(含量)	万吨	4.26	5.70	8.36	13.89	16.60	15.29	15.68	15.92
4. 有色金属加工材									
(1)铜材	万吨	157.19	159.66	502.48	985.13	1037.30	1101.37	1365.00	1497.04
(2)铝材	万吨	174.23	217.15	647.86	1990.59	2351.90	2594.11	3348.64	4013.79
(3)铅材	万吨	3.70	0.31	2.24	0.97	1.01	0.97	9.61	9.60
(4)锌材	万吨	12.54	0.59	5.00	1.68	1.47	1.40	3.23	3.20
(5)镍材	吨	1008	403	4885	6314	4542	4853	6571	8037
(6)锡材	吨	5502	458	15908	38578	39719	39241	45691	47492
(7)镁材	吨	11773	9		59	87	112	192	15169
(8)铜盘条	万吨	29.26	36.47	104.76	181.17	211.57	230.53	305.52	355.05
(9)铝盘条	万吨	4.10	9.36	15.45	90.68	127.79	119.18	139.86	277.59
5. 其他常用有色金属									
(1)镉	吨	1471	2368	4077	7363	6672	7265	7496	8201
(2)铋	吨	803	768	10605	13898	14967	15078	15447	15871
(3)钴	吨	238	411	7148	4123	5425	6420	5621	4780
(4)硅	万吨	6.74	4.17	41.32	114.27	135.53	113.68	145.21	170.50
6. 辅助材料及其他									
(1)碳素制品(有色企业)	万吨	65.46	83.80	224.36	585.55	683.49	724.64	762.18	859.46
(2)氟化盐	万吨	9.38	9.93	25.85	48.88	45.57	47.46	54.74	53.24
(3)选矿药剂	万吨	2.84	2.92	3.01	4.73	4.69	4.63	20.44	20.16

续表 1－2

项目	单位	1995 年	2000 年	2005 年	2010 年	2011 年	2012 年	2013 年	2014 年
（4）琉精矿	万吨	406.73	290.81	499.50	672.10	694.97	724.08	765.35	767.00
（5）硫酸（有色企业）	万吨	240.35	557.79	831.86	2167.03	2502.26	2636.46	2660.48	3118.42
（6）商品硫酸铜	万吨	1.07	1.31	4.55	4.79	5.03	6.82	6.66	623
（7）商品硫酸锌	万吨	2.77	2.54	3.55	2.32	1.65	1.17	0.88	1.13
（8）商品硫酸镍	万吨	0.49	0.16	2.40	4.07	7.01	7.55	7.76	6.82
（9）发电量（有色企业）	亿千瓦时	17.72	26.27	168.80	518.64	571.66	667.23	670.95	799.68
（10）水泥（有色企业）	万吨	199.91	265.19	174.63	540.15	556.45	611.14	931.87	997.97
二、能源消耗									
电	亿千瓦时	426.62	595.57	1419.02	3263.04	3658.19	3909.11	4415.48	4619.43
煤	万吨	1032.85	1210.12	2190.74	7313.23	7736.72	7520.18	9084.83	11179.00
焦炭	万吨	147.49	155.18	171.11	553.95	475.47	428.94	394.06	430.44
燃料油	万吨	58.26	48.90	51.34	96.83	78.77	63.82	54.79	52.06
三、固定资产投资	亿元	142.10	175	880.17	3639.16	4606.34	5506.22	6657.20	6947.03
四、实现利税	亿元	95.53	169.66	897.50	2817.73	3533.88	3272.62	2932.45	3301.51
其中利润	亿元	43.14	66.3	559.98	1843.95	2380.88	1999.99	1713.65	1903.85

表 2　　**2014 年中国各省、市、自治区常用有色金属精矿含量**　　单位：吨

省份	六种精矿产量							钨精矿含量（折三氧化钨 65%）	钼精矿含量（折纯钼 45%）	钴精矿含量	铋精矿含量
	合计	镁	铅	锌	镍	锡	锑				
全国合计	9 811 797	1 741 276	2 608 619	5 118 394	101 067	102 052	140 389	126 820	285 639	9 619	1 490
北京											
天津											
河北	69 726	1 642	3 148	64 936					19 347		
山西	41 357	41 357							102		
内蒙古	2 384 790	289 352	787 845	1 296 632	3 685	7 276		765	36136		
辽宁	162 009	9791	97 105	55 113					22 395		
吉林	61 405	15 571	17 944	23 855	4 035				8 469		
黑龙江	48 131	26 467	6 451	15 214				2 534	6 409		
上海											
江苏	13 020	387	5 021	7 612							
浙江	77 497	6 299	25 537	45 661					12 352		
安徽	244 756	210 965	15 350	18 441							
福建	278 841	42 992	79196	155 842		812		3 388	5141		
江西	355 173	252 696	40 839	56 226		5 412		47 102	7 486		424
山东	5 850	5 850							57		
河南	156111	22 700	88 225	43 920			1 266	18 917	113 218		
湖北	82 663	64 927	4601	12 572			564 430	1 427			
湖南	1 035 708	22 896	372 510	502 825		28 814	108 664	40 545	2 097		1 062
广东	219 237	10 387	69 094	139 495		262		2 944	238		4

续表 2－1

单位:吨

省份	六种精矿产量							钨精矿含量(折三氧化钨65%)	钼精矿含量(折纯钼45%)	钴精矿含量	铋精矿含量
	合计	镁	铅	锌	镍	锡	锑				
广西	794 319	13 052	255 137	492 959		21 833	11 338	3 679			
海南											
重庆											
四川	671 634	92 918	254 710	324 005					1 228	128	
贵州	66 554		6 696	59 858							
云南	1 211 498	240 557	208 643	711 672	2 135	37 606	10 884	4 485	329		
西藏	115 612	19 690	61 536	30 090			4 295				
陕西	678 867	26 059	83 310	566 166	2 150		1 183		49 088	81	
甘肃	636 917	172 807	62144	320 978	78 793		2195	1 750	119	9 410	
青海	177 102	56 922	47 729	72 413		37					
宁夏											
新疆	223 020	94 991	15 850	101 910	10 269			281			
各省区未包括的规模以下产量											

表 3　　2014 年中国有色金属矿山作业量

系统	采掘剥离总量(吨)	采矿量				剥离量		掘进量		其他(吨)	出矿量(原矿量)(吨)
		合计(吨)	坑下	露天	露采中砂矿	合计(吨)	其中砂矿	掘进(吨)	掘进(米)		
全国合计	1083069552	432441824	182859826	249581998	16176106	582200532	17118884	66182317	4056061	2244878	426351102
铜系统	464297839	196724788	73919403	122805385		239245989	17118884	27540768	1673565	786294	194396409
铝系统	214567600	59933668	2279713	57653955	15487334	144255132		10360800	32794	18000	59212401
铅锌系统	146615004	59615671	52068032	7547639		76781909		10192437	948140	24987	53971183
镍系统	14611739	10916485	10095267	821218	169976		2908588	100693	616690	11942517	
锡系统	24372021	13845608	12269690	1575918	483772	4305614		5937102	366755	283697	14636843
锑系统	8355126	6632599	6632599					1616488	180438	106039	6569320
钨系统	23385410	12350347	9668095	2682252		3797556		3903231	401931	334276	12225525
钼系统	149132464	56653039	8806000	47847039		91354525		1124000	126700	900	56303039
金银系统	10054891	7258605	5158605	2100000		938265		1842465	174617	15556	5438979
稀有稀土系统	16109625	2381251	422456	1958795	13528374		20000	20000		2544046	
其他系统	11567833	6129763	1539966	4589797	205000	4823193		556438	30429	58439	6110840

表 4　　2014 年中国有色金属采矿业主要技术经济指标

主要技术经济指标	计算单位	指标
一、铜系统		
1. 铜坑采		
铜坑采出矿品位	%	0. 77
铜采矿损失率	%	13. 54
铜矿石贫化率	%	13. 07

续表 4－1

主要技术经济指标	计算单位	指标
铜掘采比	米/万吨	170. 56
铜采矿掌子面工班效率	吨/工班	33. 68
铜掘进掌子面工班效率	米/工班	0. 50
铜原矿综合能源消耗	千克标煤/吨	2. 87
铜工人实物劳动生产率	吨/人·年	1 235. 83

续表 4－2

主要技术经济指标	计算单位	指标
2. 铜露采		
铜露采出矿品位	%	0.44
铜采矿损失率	%	2.35
铜矿石贫化率	%	18.94
铜剥采比	吨/吨	2.54
铜采出矿综合能源消耗	千克标煤/吨	0.48
铜工人实物劳动生产率	吨/人·年	43 488.89
3. 铜选矿		
铜原矿品位	%	0.54
铜精矿品位	%	21.55
铜尾矿品位	%	0.08
铜选矿实际回收率	%	85.23
铜磨矿机作业率	%	79.44
铜选矿工人实物劳动生产率	吨/人·年	7251.50
铜选矿综合能源消耗	千克标煤/吨	3.42
铜选矿用新水单耗	立方米/吨	0.87
二、铝系统		
铝露采		
铝露采出矿品位	%	55.27
铝矿石损失率	%	6.69
铝矿石贫化率	%	4.30
铝剥采比	吨/吨	6.22
铝露采采出矿综合能源消耗	千克/吨	4.84
铝工人实物劳动生产率	吨/人·年	8692.76
三、铅锌系统		
1. 铅锌坑采		
铅出矿品位	%	2.89
锌坑矿品位	%	5.28
铅锌坑采采矿损失率	%	8.57
铅锌坑采矿石贫化率	%	11.31
铅锌坑采掘采比	米/万吨	332.72
铅锌坑采采矿掌子面工班效率	吨/工班	16.57
铅锌坑采掘进掌子面工班效率	米/工班	0.78
铅锌坑采原矿综合能源消耗	千克标煤/吨	4.19
铅锌坑采工人实物劳动生产率	吨/人·年	896.98
2. 铅锌露采		

续表 4－3

主要技术经济指标	计算单位	指标
锌出矿品位	%	4.46
铅锌采矿损失率	%	4.96
铅锌矿石贫化率	%	4.94
铅锌剥采比	吨/吨	9.05
铅锌采出矿综合能源消耗	千克标煤/吨	0.61
铅锌露采工人实物劳动生产率	吨/人·年	57913.56
3. 铅锌选矿		
铅原矿品位	%	2.62
锌原矿品位	%	4.88
铅精矿品位	%	61.30
锌精矿品位	%	49.58
铅尾矿品位	%	0.25
锌尾矿品位	%	0.49
铅选矿实际回收率	%	85.28
锌选矿实际回收率	%	89.17
铅锌磨矿机作业率	%	80.79
铅锌选矿工人实物劳动生产率	吨/人·年	2337.07
铅锌选矿综合能源消耗	千克标煤/吨	6.18
铅锌选矿用新水单耗	立方米/吨	2.37
四、镍系统		
1. 镍坑采		
镍出矿品位	%	1.00
镍采矿损失率	%	6.78
镍矿石贫化率	%	5.10
镍掘采比	米/万吨	81.77
镍采矿掌子面工班效率	吨/工班	18.30
镍掘进掌子面工班效率	米/工班	0.51
镍原矿综合能源消耗	千克标煤/吨	5.22
镍坑采工人实物劳动生产率	吨/人·年	2481.51
2. 镍露采		
镍出矿品位	%	0.98
镍剥采比	吨/吨	0.54
镍露采采出矿综合能源消耗	千克/吨	1.39
镍露采工人实物劳动生产率	吨/人·年	6703.58
3. 镍选矿		
镍矿处理原矿品位	%	1.00

续表 4－4

主要技术经济指标	计算单位	指标
镍精矿品位	%	6.78
镍尾矿品位	%	0.18
镍选矿实际回收率	%	83.16
镍磨矿机作业率	%	739.26
镍选矿工人实物劳动生产率	吨/人·年	5617.24
镍选矿综合能源消耗	千克标煤/吨	8.11
镍选矿用新水单耗	立方米/吨	0.83
五、锡系统		
1. 锡坑采		
锡出矿品位	%	0.61
锡采矿损失率	%	10.13
锡矿石贫化率	%	12.77
锡掘采比	米/万吨	168.68
锡采矿掌子面工班效率	吨/工班	16.50
锡掘进掌子面工班效率	米/工班	0.34
锡原矿综合能源消耗	千克标煤/吨	2.65
锡工人实物劳动生产率	吨/人·年	1320.94
2. 锡露采		
锡露采出矿品位	%	0.28
锡采矿损失率	%	6.00
锡矿石贫化率	%	8.00
锡露采剥采比	吨/吨	3.09
锡露采采出矿综合能源消耗	千克标煤/吨	0.50
锡露采工人实物劳动生产率	吨/人·年	3248.32
3. 锡选矿		
锡矿处理原矿品位	%	0.52
锡选矿精矿品位	%	42.58
锡选矿尾矿品位	%	0.20
锡选矿实际回收率	%	67.80
锡磨矿机作业率	%	79.68
锡选矿工人实物劳动生产率	吨/人·年	1 634.62
锡选矿综合能源消耗	千克标煤/吨	6.16
锡选矿用新水单耗	立方米/吨	1.25
六、锑系统		
1. 锑坑采		
锑坑采出矿品位	%	2.60

续表 4－5

主要技术经济指标	计算单位	指标
锑坑采采矿损失率	%	6.89
锑坑采矿石贫化率	%	14.31
锑坑采掘采比	米/万吨	561.04
锑坑采采矿掌子面工班效率	吨/工班	10.11
锑坑采原矿综合能源消耗	千克标煤/吨	80.32
锑坑采工人实物劳动生产率	吨/人·年	517.56
2. 锑选矿		
锑矿处理原矿品位	%	1.90
锑选矿精矿品位	%	25.71
锑选矿尾矿品位	%	0.13
锑选矿实际回收率	%	85.24
锑磨矿机作业率	%	67.61
锑选矿工人实物劳动生产率	吨/人·年	527.08
锑选矿综合能源消耗	千克标煤/吨	24.90
锑选矿用新水单耗	立方米/吨	3.03
七．钨系统		
1. 钨坑采		
钨出矿品位	%	0.29
钨采矿损失率	%	6.98
钨矿石贫化率	%	44.99
钨掘采比	米/10 万吨	325.76
钨采矿掌子面工班效率	吨/工班	14.56
钨掘进掌子面工班效率	米/工班	0.41
钨原矿综合能源消耗	千克标煤/吨	2.75
钨工人实物劳动生产率	吨/人·年	804.43
2. 钨露采		
钨露采出矿品位	%	0.19
钨露采采矿损失率	%	4.10
钨露采矿石贫化率	%	21.43
钨剥采比	吨/吨	1.98
钨露采采出矿综合能源消耗	千克标煤/吨	2.34
钨露采工人实物劳动生产率	吨/人·年	2592.23
3. 钨选矿		
钨原矿品位	%	0.29
钨精矿品位	%	58.00
钨尾矿品位	%	0.05

续表 4-6

主要技术经济指标	计算单位	指标
钨选矿实际回收率	%	76.28
钨磨矿机作业率	%	58.56
钨工人实物劳动生产率	吨/人·年	1256.04
钨综合能源消耗	千克标煤/吨	3.03
钨选矿用新水单耗	立方米/吨	2.19
八．钼系统		
1. 钼露采		
钼出矿品位	%	0.11
钼采矿损失率	%	2.88
钼矿石贫化率	%	2.65
钼剥采比	吨/吨	0.62

续表 4-7

主要技术经济指标	计算单位	指标
钼采出矿综合能源消耗	千克/吨	0.26
钼工人实物劳动生产率	吨/人·年	177911.67
2. 钼选矿		
钼原矿品位	%	0.12
钼精矿品位	%	52.08
钼尾矿品位	%	0.02
钼实际回收率	%	86.04
钼磨矿机作业率	%	95.68
钼工人实物劳动生产率	吨/人·年	3848.55
钼选矿综合能源消耗	千克标煤/吨	2.95
钼选矿用新水单耗	立方米/吨	0.68

（选自2015年《中国有色金属工业年鉴》）

十二五期间十种有色金属产量2.1亿吨

国土资源部在中国国际矿业大会期间发布了《中国矿产资源报告(2016)》。“十二五”期间,铜矿、铅锌矿、钨矿、钼矿、金矿等重要矿产形成一批新的资源基地,为“十三五”重塑矿产资源勘查开发格局奠定了基础。

进一步摸清资源家底。“十二五”期间,地质勘查投入为5681.8亿元。与“十一五”末相比,“十二五”末主要矿产查明资源储量,铜矿9910.2万吨,增长23.3%;铅矿7766.9万吨,增长41%;锌矿14985.2万吨,增长29.2%;铝土矿47.1亿吨,增长25.6%;镍矿1116.6万吨,增长19%;钨矿958.8万吨,增长62.2%;钼矿2917.6万吨,增长108.1%;锑矿292.6万吨,增长14.7%;金矿1.16万吨,增长68.4%;钛矿7.64亿吨,增长6.1%。

“十二五”期间,铜矿新发现矿产地52处,其中重大型11处,新增查明资源储量2341万吨,在西藏、江西、云南等地新探获一批世界级铜矿区。

铅锌矿新发现矿产地81处,其中大中型41处,铅矿、锌矿新增查明资源储量分别为2330.2万吨、3783.2万吨,主要分布在新疆、湖南、福建等地。

镍矿新发现矿产地6处,新增查明资源储量279.2万吨,主要集中在新疆、内蒙古和青海等地,其中,新疆若羌县罗布泊坡北和青海夏日哈木发现超大型镍矿床。钨矿新发现矿产地25处,其中大中型23处,新增查明资源储量459.9万吨,主要分布在江西、湖南、甘肃、河南、新疆等地,江西南部地区发现超过200万吨的世界级矿床。

钼矿新发现矿产地29处,新增查明资源储量1559.5万吨,主要集中在安徽、新疆、内蒙古、河南、黑龙江等地,发现超过100万吨的矿产地3处,其中安徽金寨县沙坪沟钼矿为世界级。

金矿新发现矿产地131处,其中大中型51处,新增查明资源储量4949.4吨,主要分布在山东、内蒙古等地。

“十二五”期间,中国采矿业固定资产投资6.72万亿元,较“十一五”增长74.7%。2015年,采矿业固定资产投资为1.3万亿元,较上年下降8.8%,有色金属矿采选业1588亿元,下降2.3%。

进一步提高矿产资源供应能力。“十二五”期间,十种有色金属产量2.1亿吨,较“十一五”增长69.5%;黄金产量2100吨,增长45.1%。2015年,十种有色金属和黄金产消量居全球首位,十种有色金属5090万吨,其中精炼铜796.4万吨,电解铝3141.3万吨,黄金生产450.1吨,消费985.9吨。

进一步加强资源节约与综合利用。“十二五”期间,制定和发布了矿产资源综合利用评价指标,发布27个矿种的开采回采率、选矿回收率、综合利用率指标要求,主要矿种的矿产资源节约与综合利用评价指标体系初步形成,优选210项先进适用技术予以推广,推动矿产资源综合利用示范基地建设。

进一步改善矿山地质环境。“十二五”期间,中央财政投入矿山地质环境治理资金180.7亿元,较“十一五”增长39.9%。实施“矿山复绿行动”以来,各地共投入资金146亿元,完成治理矿山3310座,总面积10.3万公顷。截至2015年底,矿山地质环境治理恢复面积约81万公顷,治理率为26.7%。积极推进绿色矿业发展和绿色矿山建设,优选661家矿山企业作为国家级绿色矿山试点单位,其中191家试点单位通过评估,有色行业44家,黄金行业23家。

地 方 矿 业

内蒙古自治区

·综述·

【概况】 2014年,内蒙古自治区地质矿产勘查开发及资源管理工作认真贯彻落实自治区党委、政府和国土资源部决策部署,紧紧围绕“8337”发展思路,全面落实“稳增长、调结构、促改革、惠民生”各项政策措施,创新管理,主动作为,攻坚克难,认真履行“保发展、保资源、保权益”职责,不仅为自治区能源、化工和冶金等特色产业提供了资源保障,也为国家建设战略资源接续基地奠定了基础。全区地质找矿突破“358”战略行动已提前超额完成第一和第二阶段新增资源储量预期目标。矿业勘查开发管理推行“3+2”模式,紧紧围绕矿业开发的集约、集聚、产业链发展,有效引导和促进了全区矿产资源整合工作,使矿业开发水平不断提升,充分发挥了国土资源对内蒙古经济社会发展的支撑保障作用。

截至2014年底,全区已发现的矿种为144种(亚矿种164种),具有查明资源储量的矿种为91种(亚矿种108种),其中包括由国家统一管理的石油、天然气、铀矿和地热。列入《内蒙古自治区矿产资源储量表》的矿种为87种(亚矿种104种)。上表矿产地共有1825处,其中大中型矿产地645处,占上表矿产地的35.34%;年度新增上表矿产地43处,比2013年增长2.41%。

全区共有85种矿产的查明资源储量居全国前十位,其中居前三位的有40种,占全区已查明资源储量矿产的38.46%。煤、铅、锌、银、稀土、铌、锆、钌、锗、普通萤石、冶金用砂岩、砷矿、电气石、玛瑙、砖瓦用黏土、建筑用橄榄岩、水泥配料用板岩等17种矿产的保有资源储量居全国第一位。因地质矿产资源勘查取得显著成果,全区煤炭、铁矿、铬矿、铜矿、铅矿、锌矿、镍矿、钴矿、钨矿、铋矿、钼矿、金矿、铷矿、镓矿、铟矿、镉矿、蓝晶石、普通萤石、熔剂用灰岩、芒硝、磷矿、石墨、长石、水泥用灰岩、玻璃用石英岩、膨润土、饰面用花岗岩、水泥用大理岩等28种矿产的保有资源储量均比2013年有所增加。全区在铀矿勘查中取得重大突破,而且储量前景可观。

全区实施非油气各类地质勘查项目共3465项。其中,矿产勘查3223项,基础地质调查196项,水工环地质调查评价46项。资金总投入计48.6亿元,比2013年减少2.89%。其中,中央财政投入8.49亿元,自治区地方财政投入7.89亿元,社会资金投入27.97亿元,企业开展煤炭勘查垫资4.25亿元。

全区共有非油气类在期矿产地质勘查项目4053个,勘查面积11.86万平方千米,占全区总面积的10.3%。2014年全区矿产勘查资金总投入36.8亿元,比2013年减少8.34%。其中,社会商业性投入占全区矿产勘查投入资金的76.01%,比2013年减少11.57%;中央财政投入大幅增加,增幅达11倍多;自治区财政投入减少,减幅为43.28%。全年基础地质调查投入资金6.45亿元(均为中央财政和自治区财政资金投入),比上年减少21.75%。总体上,自治区以国家投入为引导,社会商业性投入为主体的勘查机制已形成并趋于成熟。

全区开展并形成一定工作量的矿产勘查项目3223个,完成机械岩芯钻探工作量215万米,坑探5.41万米。主要勘查矿种为煤炭、铁、铜、铅锌、钼和金银等,其中铜、铅锌、钼等有色金属勘查投入资金占总投入的48.59%,金、银矿勘查投入占20.51%,煤炭等能源勘查投入占19.72%,铁等黑色金属矿勘查投入占6.95%,其他矿种勘查投入仅占4.23%。年度新增查明矿产地59处,其中大型16处、中型13处。

全区共有非油气矿山企业4832家,比2013年减少0.78%;从业人员27.12万人,比2013年减少6.22%;开发利用矿产122种(其中上表矿产、83种),实际采矿能力为10.11亿吨/年,年产矿量9.63亿吨,分别比上年减少0.68%、0.78%。全区矿业总产值1744.87亿元,比上年减少8.67%;综合利用产值为193.78亿元,比2013年增加20.15%;矿产品销售收入1553.85亿元、利润总额216.89亿元，分别比2013年减少13.99%、12.76%。

2014年，全区矿政管理工作取得新进展。全年采矿权转让35个，转让金额9.20亿元，比2013年大幅减少；办理采矿权抵押备案136个，抵押金额457.65亿元，比2013年33.0%。由内蒙古国土资源储备交易登记中心挂牌出让探矿权140个，成交金额43305万元；出让采矿权1个，成交金额18.8万元；矿业权出让金额比上年减少50.8%。全区矿业权收益91亿元，占全区非税收入的11%。央企在自治区所属11个煤矿转增的37.38亿元国家资本金全部一次性缴纳，开创了全国资本金补缴先河。另外，全年完成全区矿产资源储量评审备案成果187项，主要为详查报告131个、勘探报告43个，占全区完成备案成果总数的93.05%；受理矿产资源压覆审批415件，其中未压覆矿产资源的项目373件、压覆矿产资源42件，及时为全区建设用地审批提供了依据；完成了《内蒙古自治区重要矿产资源“三率”调查与评价报告》与数据库建设，通过全国项目办专家审查验收，并被评为优秀。

全区矿山地质环境治理坚持“保护中开发、开发中保护”和“点上开发、面上保护”的原则，2014年全区共投入矿山地质环境治理资金12.36亿元，治理面积136平方公里。全区地质资料社会化服务良好，全年接收汇交各类纸质地质资料1045档，馆藏资料总数达15292档，接待借阅资料利用者1098人次，提供各类地质资料7263份次（927669件次），地质资料网站点击数20036人次，为自治区矿产资源勘查开发及利用提供了科学依据和优质的服务。

【矿产资源概况】 1. *矿产种类*。截至2014年底，自治区已发现的矿种有144种（亚矿种164种），占全国发现矿种（172种）的83.72%。包括石油、天然气、铀矿在内，全区只有查明资源储量的矿产为91种（亚矿种108种），占全国具查明资源储量矿种（159种）的57.23%。除石油、天然气、铀矿由国家相关部门统一管理统计外，全区列入《内蒙古自治区矿产资源储量表》的矿种为87种（亚矿种104种、其中10种稀土元素按1种统计）。与2013年度相比，上表矿产净增2种，为铌钽矿和镁盐矿（其中为新查明武川赵井沟大型铌钽矿、阿拉善吉兰太盐湖矿储量核实新增卤水镁盐矿）。

2014年全区已发现和具有查明资源储备各类矿产及与往年的对比情况，详见表1和图1、图2、图3。

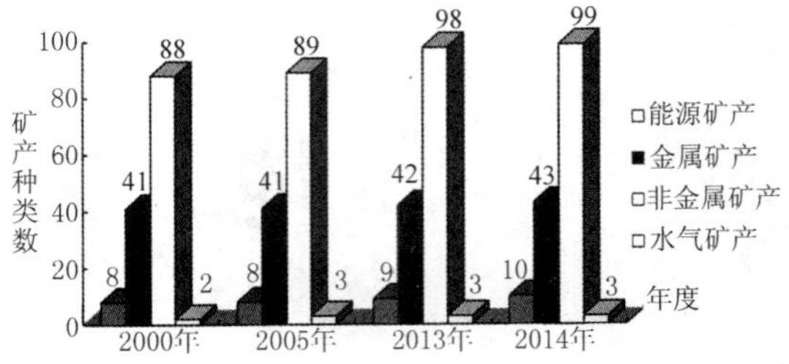

图1　2000～2014年全区已发现各类矿产对比

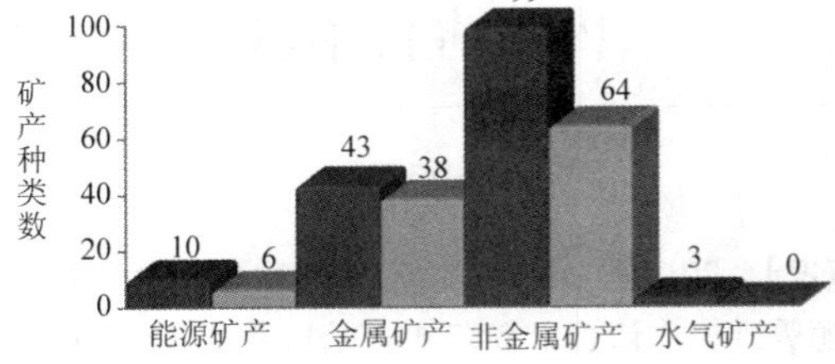

图2　2014年全区发现和具查明资源储量矿产对比

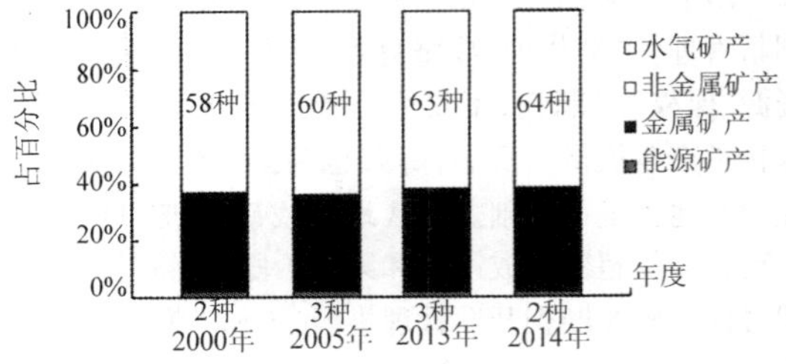

图3　2000～2014年全区上表矿产数量对比

2. *查明矿产地*。2014年，列入《内蒙古自治区矿产资源储量表》的上表矿产地1825处，分为2974个上表单元，包括单一或主要矿产1825个、共生矿产566个、伴生矿产583个。比2013年净增矿产地43处，增长2.41%。其中，能源矿产地439处，比上年减少2处；金属矿产地1030处，比上年增加35处；非金属矿产地356处，比2013年增加10处。参见图4。

2014年全区新增43处上表矿产地的变化原因：

①依据全区矿产资源储量评审备案证明，对原上表单元进行合并，减少上表单元16处。

②2014年全区新增查明上表矿产地59处，其中大型矿产地16处、中型13处、小型30处，包括能源矿产地12处、金属矿产地38处、非金属矿产地9处。

2005～2009年底，全区已查明并上表的新增矿产地621处，年均增幅10%左右；2009～2011年由于开展矿产资源现状调查，对原有上表矿区进行了重新划分，使全区上表矿产地数量有所减少。2011年到2014年受全球矿业市场影响，自治区地勘投入减少，新增矿区速度放缓，年均增幅5%左右。我区历年来新增矿区总体呈平稳上升趋势，有关变化情况，参见图5。

表 1　　**2014 年内蒙古自治区已发现矿产一览表**

矿产 矿类	具有查明资源储量矿产		已发现尚无查明资源储量矿产	
	种数	矿种(亚矿种)名称	种数	矿种(亚矿种)名称
能源矿产	6	煤、石油、天然气、油页岩、铀、地热	4	页岩气、煤层气、天然沥青、钍
金属矿产	37 (38)	铁、锰、铬、钛、钒;铜、铅、锌、镍、钴、钨、锡、铋、钼、锑;金、银、铂族金属(铂、钯、铱、铑、锇、钌);铌(铌、铌钽)、钽、锂、铍、锆、铷、铯、稀土(钇等 10 种元素)、锗、镓、铟、镉、硒、碲	5	镁、汞、铝土矿、锶、铼
非金属矿产	48 (64)	石墨、硫铁矿、蓝晶石、红柱石、长石、云母、石榴子石、电气石、蛭石、沸石、芒硝、石膏、天然碱、方解石、冰洲石、玛瑙、萤石(普通萤石)、玉石(巴林石)、石灰岩(熔剂用灰岩、电石用灰岩、制碱用灰岩、水泥用灰岩、制灰用灰岩)、白云岩(冶金用白云岩、化工用白云岩)、石英岩(冶金用石英岩、玻璃用石英岩)、砂岩(铸型用砂岩、玻璃用砂岩、冶金用砂岩、水泥配料用砂岩)、天然石英砂(铸型用砂、玻璃用砂、建筑用砂)、脉石英(玻璃用脉石英、冶金用脉石英)、硅藻土、页岩(水泥配料用页岩)、高岭土、陶瓷土、耐火黏土、膨润土、铁矾土、其他黏土(砖瓦用黏土、水泥配料用黏土)、橄榄岩(建筑用橄榄岩)、蛇纹岩(化肥用蛇纹岩)、辉石岩(饰面用辉石岩)、玄武岩(饰面用玄武岩)、辉绿岩(饰面用辉绿岩)、闪长岩(饰面用闪长岩)、花岗岩(建筑用花岗岩、饰面用花岗岩)、珍珠岩、大理岩(饰面用大理岩、水泥用大理岩)、板岩(水泥配料用板岩)、泥炭、盐矿(钠盐、镁盐)、溴矿、砷矿、硼矿、磷矿	32 (35)	自然硫、水晶(压电水晶、熔炼水晶、工艺水晶)、硅灰石刚玉、滑石、石棉、蓝石棉、叶蜡石、透辉石、透闪石、重晶石、明矾石、菱镁矿、宝石、泥灰岩、粉石英、含钾岩石、凹凸棒石黏土、伊利石黏土、累托石黏土、黑耀岩、松脂岩、浮石、凝灰岩(水泥用凝灰岩、建筑用凝灰岩)、辉长岩、粗面岩、火山灰、火山渣、片麻岩、钾盐、麦饭石、磨刀石
水气矿产			3	地下水、矿泉水、二氧化碳气
合计	91(108)		44(47)	
	全区发现矿种为 135 种(其中 10 种稀土元素按 1 种统计),统计到亚矿种为 155 种;将 10 种稀土元素分别统计,则全区发现矿种为 144 种,统计到亚矿种为 164 种。			

注:1. 石油、天然气、铀矿、地热由国家统一管理和统计,煤层气、铝土矿、钾盐、菱镁矿、明矾石、重晶石、矿泉水、地下水、二氧化碳气等矿产虽然查明有一定的潜在资源,但均未列入《内蒙古自治区矿产资源储量表》中;

2. 本表"非金属矿产"及"合计"栏目括号"()"内为亚矿种或统计到亚矿种的数量。

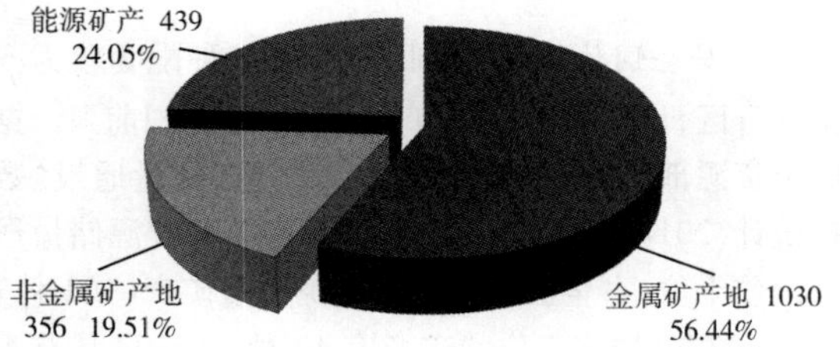

图 4　2014 年全区各类矿产上表矿产地数量统计

2014 年全区 1825 处上表矿产地中,查明资源储量规模达大、中型的矿产地有 645 处,占全区上表矿产地的 35.34%,参见图 6 和图 7。

【矿产资源储量】　1. 分布特征。自治区能源矿产资源遍布全区 12 个盟市,但主要集中分布在三大聚集盆地(群),即鄂尔多斯盆地、二连盆地(群)、海拉尔盆地(群)。金属矿产资源主要分布在 6 个聚集区,即:北山——阿拉善北部铜、铁、钼、金、镍、锑、铂族金属元素

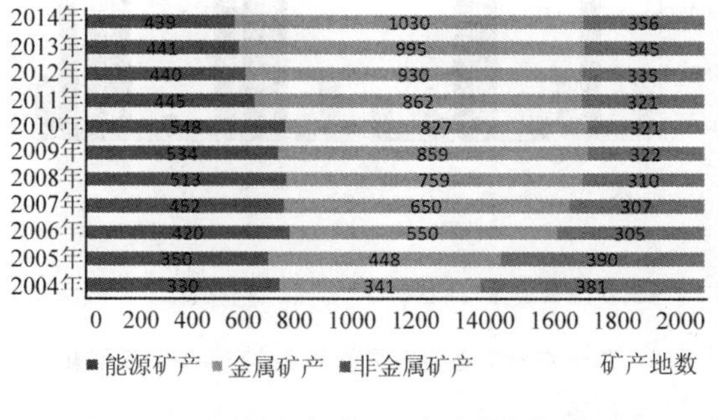

图 5　2004 ~ 2014 年全区上表矿产地数量对比

聚集区,狼山——白云鄂博裂谷带贵金属、铜、铅、锌、硫多金属、稀土、稀有金属矿产聚集区,华北地台北缘内蒙地轴金矿资源聚集区,大兴安岭中南段银、富铅锌、铜、锡、多金属矿聚集区,锡盟东乌旗——呼盟梨子山银、铜、锌、铁、稀有、稀散元素聚集区,得尔布干贵金属、多金属矿产资源聚集区。总体上体现为中西部富集铜、铅锌、铁、稀土,中南部富集金,东部富集银、铅

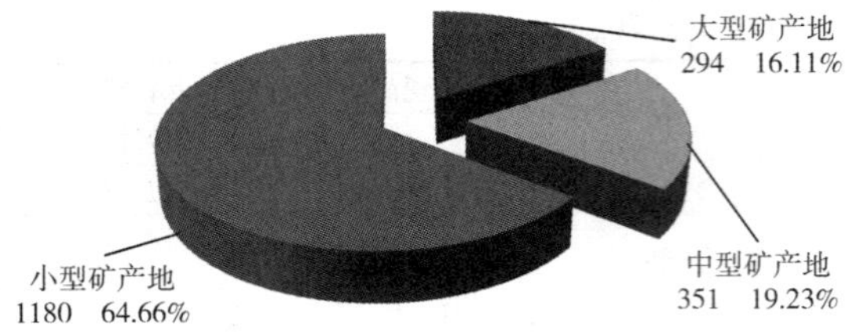

图 6 2014 年全区上表矿产地分规模数量统计

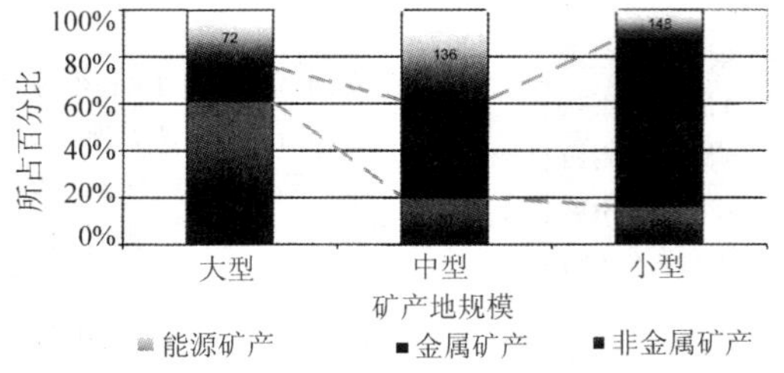

图 7 2014 年全区各类上表矿产地按规模数量统计

锌、铜、锡、稀有、稀散金属元素等特点。主要各类矿产资源在各盟市的保有资源储量分布情况，参见图 8、图 9、图 10。

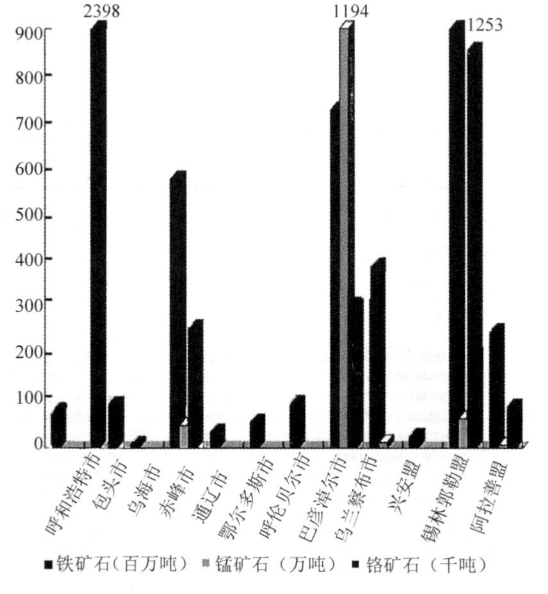

图 8 2014 年全区各盟市黑色金属矿产保有资源储量对比

2. *资源储量及变化*。2014 自治区上表的 104 种矿产中，有 46 种因矿产勘查新增矿产地和矿山开采消耗及矿山重新进行储量核实，使保有资源储量发生变化，占全区上表矿产的 46.94%。其中煤炭、铁矿、铬矿、铜矿、铅矿、锌矿、镍矿、钴矿、钨矿、铋矿、钼矿、金矿、铷矿、镓矿、铟矿、镉矿、蓝晶石、普通萤石、熔剂用灰岩、芒硝、磷矿、石墨、长石、水泥用灰岩、玻璃用石英岩、膨润土、饰面用花岗岩、水泥用大理岩等共

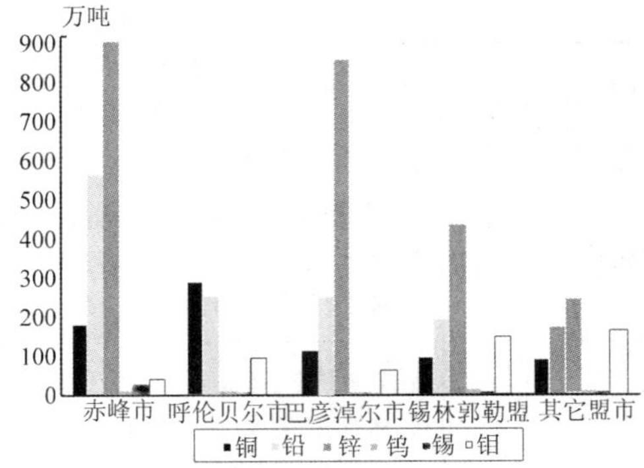

图 9 2014 年全区各盟市主要有色金属矿产保有资源储量对比

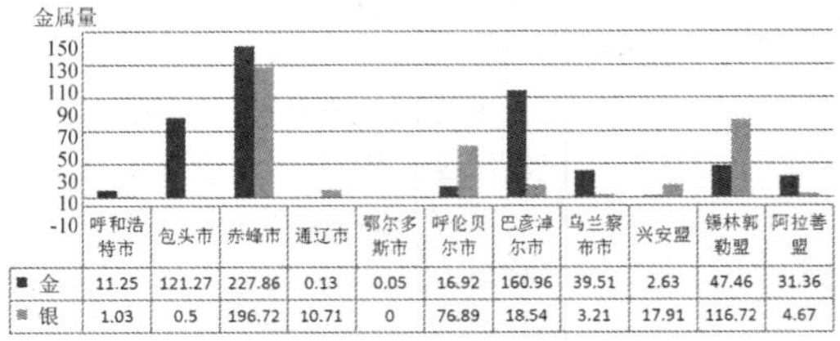

	呼和浩特市	包头市	赤峰市	通辽市	鄂尔多斯市	呼伦贝尔市	巴彦淖尔市	乌兰察布市	兴安盟	锡林郭勒盟	阿拉善盟
金	11.25	121.27	227.86	0.13	0.05	16.92	160.96	39.51	2.63	47.46	31.36
银	1.03	0.5	196.72	10.71	0	76.89	18.54	3.21	17.91	116.72	4.67

图 10 2014 年全区各盟市主要贵金属矿产保有资源储量对比

28 种矿产，因新增查明矿产地使全区保有资源储量有所增加；锰矿、锡矿、银矿、铌矿、稀土矿、冶金用白云岩、铸型用砂、硫铁矿、天然碱、电石用灰岩、盐矿、砷矿、玉石、玻璃用砂、高岭土、砖瓦用黏土、珍珠岩、水泥配料用板岩等共 18 种矿产的保有资源储量有所减少。全区各类矿产保有资源储量及变化情况详见表 2。

3. *居全国位次*。自治区是全国矿种配套较为齐全的省区，许多矿产的保有资源储量居全国前列。据国土资源部《二〇一四年全国矿产资源储量通报》数据统计，2014 年我区有 85 种矿产的保有资源储量居全国前十位，占全区具有查明资源储量矿产（104 种）的 81.73%；居前三位的矿产有 40 种，占全区具有查明资源储量矿产的 38.46%。煤、铅、锌、银、稀土、铌、锆、钌、锗、普通萤石、冶金用砂岩、砷矿、电气石、玛瑙、砖瓦用黏土、建筑用橄榄岩、水泥配料用板岩等 17 种矿产保有资源储量屑全国第一位。其中，稀土、玛瑙、建筑用橄榄岩矿产的保有资源储量均占到全国 98% 以上；普通萤石、电气石、水泥配料用板岩矿产占到全国 80% 以上，详见表 4 及图 11。截至 2014 年底，自治区 21 种主要矿产大、中型产地共有 783 处，其保有资源储量占全区比例均超过 66.0%，具体详见表 3。

表 2　　**2014 年全区各类矿产保有资源储量及变化统计表**

矿类	序号	矿产名称	单位	资源储量	增减量	增减百分率（%）
能源矿产	1	煤炭	千吨	406237382	20557850	5.33
	2	油页岩	千吨	2119986	—	—
黑色金属矿产	3	铁矿	千吨	5891890	784904	15.37
	4	锰矿	千吨	13254	-2	-0.01
	5	铬矿	千吨	1596	3	0.18
	6	钛矿	TiO_2 吨	1042965	—	—
	7	钒矿	V_2O_5 吨	1287413	—	—
有色金属矿产	8	铜矿	铜吨	7637795	252770	3.42
	9	铅矿	铅吨	13974938	286109	2.09
	10	锌矿	锌吨	27529975	525900	1.95
	11	镍矿	镍吨	175965	80150	83.65
	12	钴矿	钴吨	27300	3512	14.76
	13	钨矿	WO_3 吨	277670	47665	20.72
	14	锡矿	锡吨	385208	-9480	-2.40
	15	铋矿	铋吨	66714	1670	2.57
	16	钼矿	钼吨	5061 018	651310	14.77
	17	锑矿	锑吨	95035	—	—
贵重金属矿产	18	铂族金属	Pt 千克	2053	—	—
	19	金矿	金千克	659408	102510	18.41
	20	银矿	银吨	44694	-318	-0.71
稀有稀土及分散元素矿产	21	铌钽矿	铌钽铁矿物吨	9331	9331	—
	22	铌矿	Nb_2O_5 吨	1946759	-13299	-0.68
	23	钽矿	Ta_2O_5 吨	21439	—	—
	24	铍矿	BeO 吨	66750	—	—
	25	锂矿	Li_2O 吨	41415	—	—
	26	锆矿	ZrO_2 吨	3718792	—	—
	27	铷矿	Rb_2O 吨	58079	37300.21	179.51
	28	铯矿	Cs_2O 吨	2882	—	—
	29	稀土矿	REE 吨	150847445	-857816	-0.57
	30	锗矿	锗吨	2834.59	—	—
	31	镓矿	镓吨	3358.00	2050	156.80
	32	铟矿	铟吨	2057.37	400	24.14
	33	镉矿	镉吨	30128.62	2890	10.61
	34	硒矿	硒吨	78	—	—
	35	碲矿	碲吨	2	—	—

续表 2－1

矿类	序号	矿产名称	单位	资源储量	增减量	增减百分率（%）
冶金辅助原料非金属矿产	36	蓝晶石	蓝晶石吨	2809100	2808944	1801298
	37	红柱石	红柱石吨	490	—	—
	38	普通萤石	矿石千吨	32842	827	33.65
	39	熔剂用灰岩	矿石千吨	474546	40122	9.24
	40	冶金用白云岩	矿石千吨	563494	-48304	-7.90
	41	冶金用石英岩	矿石千吨	39797	—	—
	42	冶金用砂岩	矿石千吨	88667	—	—
	43	铸型用砂岩	矿石千吨	8833	—	—
	44	铸型用砂	矿石千吨	70482	-171	-0.24
	45	冶金用脉石英	矿石千吨	4661	—	—
	46	耐火黏土	矿石千吨	231290	—	—
	47	铁矾土	矿石千吨	10626	—	—
化工原料非金属矿产	48	硫铁矿	矿石千吨	1618838	19839	1.24
	49	芒硝	矿石千吨	4310007	418477	10.75
	50	天然碱	$Na_2CO_3+NaHCO_3$ 千吨	12985	-803	-5.82
	51	电石用灰岩	矿石千吨	765916	-3513	-0.46
	52	制碱用灰岩	矿石千吨	78374	—	—
	53	化工用白云岩	矿石千吨	6127	—	—
	54	化肥用蛇纹岩	矿石千吨	149700	—	—
	55	泥炭	矿石千吨	34103	—	—
	56	盐矿	NaCl 千吨	110184	-44555	-28.79
	57	镁盐[2]	$MgSO_4$ 千吨	119	119	—
	58	溴矿	溴吨	2491	—	—
	59	砷矿	砷吨	590195	-2446	-0.41
	60	硼矿	B_2O_3 千吨	7.56	—	—
	61	磷矿	矿石千吨	588463	19756	3.47
建材和其他非金属矿产	62	石墨	石墨千吨	32446	2574	8.62
	63	云母	云母吨	10034	—	—
	64	长石	矿石千吨	48	11	30.26
	65	电气石	电气石吨	426000	426000	—
	66	石榴子石	矿石千吨	6047	—	—
	67	蛭石	矿石千吨	4371	—	—
	68	沸石	矿石千吨	211798	—	—
	69	石膏	矿石千吨	3640821	-3.52	—
	70	方解石	矿石千吨	2070	—	—
	71	玉石	矿石吨	11094	-160	-1.42
	72	玛瑙	矿石吨	166286	—	—
	73	水泥用灰岩	矿石千吨	7127500	1045733	17.19

续表 2－2

矿类	序号	矿产名称	单位	资源储量	增减量	增减百分率(%)
建材和其他非金属矿产	74	制灰用石灰岩	矿石千吨	1183	—	—
	75	玻璃用石英岩	矿石千吨	6161	30	0.49
	76	玻璃用砂岩	矿石千吨	1610	—	—
	77	水泥配料用砂岩	矿石千吨	21143	—	—
	78	玻璃用砂	矿石千吨	76660	－243	－0.32
	79	建筑用砂	矿石千立方米	10180	—	—
	80	玻璃用脉石英	矿石千吨	205	—	—
	81	硅藻土	矿石千吨	13074	—	—
	82	水泥配料用页岩	矿石千吨	1687	—	—
	83	高岭土	矿石千吨	86326	－15	－0.02
	84	陶瓷土	矿石千吨	16904	—	—
	85	膨润土	矿石千吨	235889	137	0.06
	86	砖瓦用黏土	矿石千立方米	49927	－15	－0.03
	87	水泥配料用黏土	矿石千吨	153831	—	—
	88	建筑用橄榄岩	矿石千立方米	2856	—	—
	89	饰面用辉石岩	矿石千立方米	500	—	—
	90	饰面用玄武岩	矿石千立方米	2771	—	—
	91	饰面用辉绿岩	矿石千立方米	990	—	—
	92	饰面用闪长岩	矿石千立方米	554	—	—
	93	建筑用花岗岩	矿石千立方米	26390	—	—
	94	饰面用花岗岩	矿石千立方米	454613	7142	1.60
	95	珍珠岩	矿石千吨	31162	－11	－0.03
	96	饰面用大理岩	矿石千立方米	7810	—	—
	97	水泥用大理岩	矿石千吨	646167	230032	55.28
	98	水泥配料用板岩	矿石千吨	91496	－38	－0.04

表 3　　2014 年度全区主要矿产大中型矿区资源储量统计表

序号	矿产名称	单位	矿区数(个)	保有资源储量	占全区比例(%)
1	煤炭	千吨	234	392438140	96.60
2	铁矿	矿石千吨	55	4431169	75.21
3	铜矿	非伴生矿/铜吨	58	5971629	78.19
4	铅矿	铅吨	65	9709899	69.48
5	锌矿	锌吨	73	21446149	77.90
6	钨矿	原生矿/WO_3 吨	13	249583	89.88
7	锡矿	原生矿/锡吨	9	356502	92.55
8	钼矿	钼吨	38	4894661	96.71
9	金矿	金千克	46	438600	66.51
10	银矿	银吨	77	33169	74.21
11	稀土矿	稀土氧化物吨	4	150847445	100
12	普通萤石	萤石或 CaF_2 千吨	11	23018	95.95
13	硫铁矿	矿石千吨	7	372304	98.08
14	芒硝	矿石/矿石千吨	8	3898662	99.09

续表 3

序号	矿产名称	单位	矿区数(个)	保有资源储量	占全区比例(%)
15	天然碱	$Na_2CO_3 + NaHCO_3$ 千吨	3	10146	78.14
16	盐矿	NaCl 千吨	4	77237	70.10
17	石墨	晶质石墨千吨	10	18208	99.57
18	石膏	矿石千吨	6	3631373	99.74
19	水泥用灰岩	矿石千吨	43	7000008	98.21
20	高岭土	矿石千吨	7	84900	98.35
21	水泥用人理岩	矿石千吨	12	644790	99.79

表 4　2014 年全区各矿产保有资源储量居全国位次及所占比例一览表

序号	矿产名称	占全国比例(%)	位次	序号	矿产名称	占全国比例(%)	位次	序号	矿产名称	占全国比例(%)	位次
1	煤炭	26.52		36	铟矿	13.92		71	铯矿	0.73	
2	铅矿	18.92		37	镉矿	8.92		72	溴矿	0.067	7
3	锌矿	19.00		38	沸石	8.74	3	73	建筑用砂	2.40	
4	钉矿	53.55		39	石膏	3.61		74	饰面用闪长岩	1.93	
5	银矿	22.85		40	膨润土	8.21		75	锑矿	3.35	
6	铌矿	55.82		41	铁矿	6.99		76	镓矿	1.03	
7	锆矿	79.92		42	铂矿	4.99		77	冶金用白云岩	4.53	8
8	稀土矿	98.68		43	钯矿	13.85		78	化肥用蛇纹岩	1.24	
9	锗矿	39.82	1	44	金矿	7.51		79	高岭土	3.24	
10	普通萤石	83.49		45	耐火黏土	9.17		80	钴矿	4.07	9
11	冶金用砂岩	28.92		46	铁矾土	5.09	4	81	冶金用石英岩	2.53	
12	砷矿	20.61		47	泥炭	9.58		82	钛矿	0.15	
13	电气石	86.45		48	石墨	8.19		83	钒矿	2.12	10
14	玛瑙	99.95		49	云母	2.17		84	钨矿	3.36	
15	砖瓦用黏土	25.45		50	蛭石	12.62		85	方解石	0.22	
16	建筑用橄榄岩	100		51	饰面用玄武岩	11.11		86	磷矿(矿石)	1.35	11
17	水泥用板岩	80.20		52	油页岩	1.66		87	玉石	0.17	
18	铋矿	13.05		53	铜矿	7.70		88	镍矿	1.73	
19	钼矿	17.91		54	锡矿	11.27		89	红柱石	<0.01	12
20	铑矿	29.37		55	铷矿	3.21		90	玻璃用脉石英	0.27	
21	铌钽矿	24.05		56	铸型用砂岩	10.75		91	锰矿	1.08	
22	蓝晶石	23.22		57	化工用白云岩	3.43	5	92	硒矿	0.48	
23	铸型用砂	7.51		58	石榴子石	1.73		93	碲矿	0.03	13
24	芒硝	14.78	2	59	水泥用灰岩	5.77		94	熔剂用灰岩	3.68	
25	天然碱	5.29		60	玻璃用砂	2.56		95	陶瓷土	0.93	
26	电石用灰岩	11.74		61	水泥配料黏土	6.63		96	玻璃用石英岩	0.17	14
27	天然气	1.50		62	珍珠岩	8.43		97	制灰用石灰	0.07	15
28	铍矿	35.45		63	冶金用脉石	7.01		98	盐矿	0.01	16
29	沸石	17.03		64	硫铁矿	6.51		99	水泥配料用砂岩	0.89	20
30	石膏	14.90		65	制碱用灰岩	3.88		100	水泥配料用页岩	0.14	
31	铬矿	13.74		66	硼矿	0.03	6	101	玻璃用砂岩	0.17	21
32	铱矿	9.40		67	硅藻土	2.92		102	饰面用大理岩	0.50	22
33	锇矿	6.05	3	68	饰面用辉绿岩	2.82		103	长石	<0.01	23
34	钽矿	15.22		69	建筑用花岗岩	2.47		104	冰洲石	—	
35	铍矿	11.75		70	锂矿	1.41	7	105			

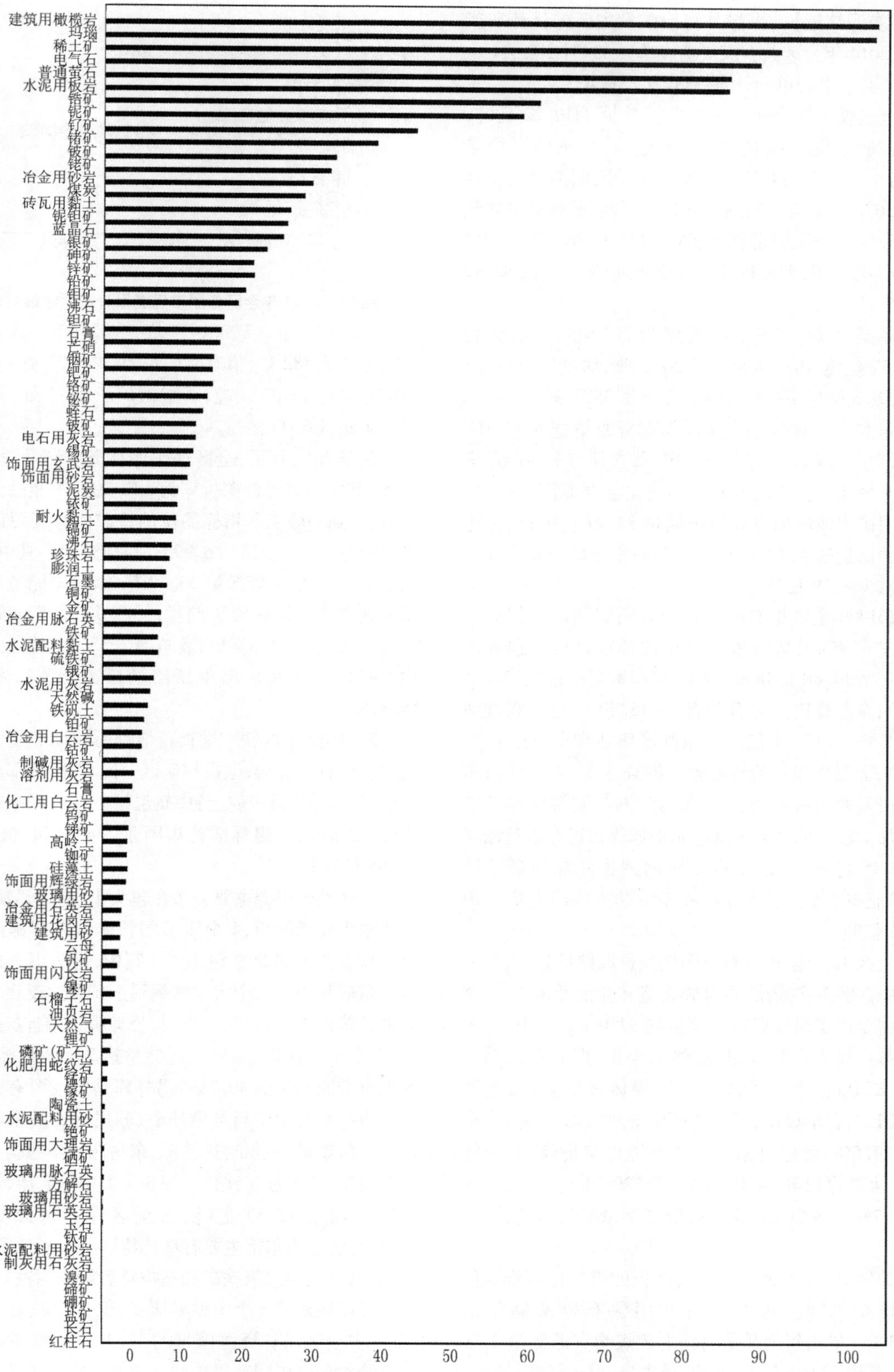

图 11　2014 年全区各矿产保有资源储量占全国比例对比

【煤炭资源储量】 煤炭是自治区最主要的优势矿产资源，2014 年全区共有煤炭上表单元 434 个，除了 1 个储矿的共生上表单元外，实有煤矿产地 433 处。

全区煤炭累计勘查估算资源总量 8419. 22 亿吨，其中查明的资源储量 4165. 38 亿吨，预测的资源量(334)？为 4253. 84 亿吨。在查明的资源储量中，基础储量 567. 87 亿吨、资源量 3597. 51 亿吨，基础储量和资源量分别占查明资源储量的 13. 6% 和 86. 4%。2014 年新增煤炭矿产地 11 处，新增查明资源储量 83. 99 亿吨。

截至 2014 年底，全区煤炭保有资源储量为 4062. 37 亿吨，占全国总量的 26. 52%，居全国第一位；其中，基础储量 490. 01 亿吨、资源量 3572. 36 亿吨，基础储量和资源量分别占全区保有资源储量的 12. 1% 和 87. 9%。与 2013 年相比，全区煤炭保有资源储量净增 205. 58 亿吨，增长 5. 33%。变化主要原因：一是新增查明矿产地增加煤炭资源储量 83. 99 亿吨；二是矿山资源储量核实增加 129. 79 亿吨；三是矿山年度开采消耗减少 8. 19 亿吨。

2014 年全区煤炭勘查新增查明资源储量位居前列的矿区有：东乌珠穆沁旗布拉特布敦煤炭预查区((334)？14. 80 亿吨)；东胜煤田车家渠勘查区(24. 85 亿吨)；东胜煤田公尼召勘查区(13. 59 亿吨)；霍林河煤田 2 号井(12. 74 亿吨)；东胜煤田新街勘查区 8. 39 亿吨)；鄂温克族自治旗霍思汗勘查区 8. 24 亿吨)；东胜煤田阿彦布鲁勘查区(7. 13 亿吨)。资源储量核实后增加量较大的矿区为陈巴尔虎旗煤田巴彦哈达勘查区 68. 45 亿吨、新巴尔虎左旗胡列也吐煤田磋北区 35. 03 亿吨、乌审旗呼吉尔特煤炭勘查区门克庆井田 23. 83 亿吨。

全区 12 个盟市均有查明煤炭资源储量分布，但主要集中在鄂尔多斯市、锡林郭勒盟和呼伦贝尔市，三个盟市占全区煤炭保有资源储量的 94. 0%。其中，鄂尔多斯市主要为东胜煤田、准格尔煤田，保有资源储量 2102. 25 亿吨，占全区的 51. 8%；锡林郭勒盟主要为胜利煤田、白音华煤田，保有资源储量 996. 41 亿吨，占全区的 24. 5%；呼伦贝尔市主要有陈巴尔虎煤田、伊敏煤田、大雁煤田等，保有资源储量 720. 01 亿吨，占全区的 17. 7%。各盟市煤炭保有资源储量对比情况，参见图 12。

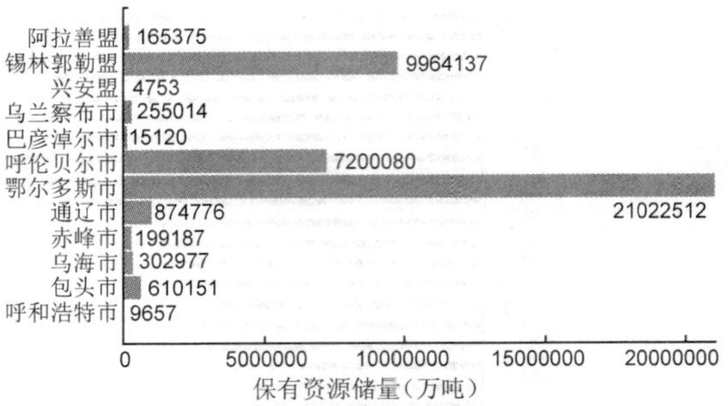

图 12 2014 年全区各盟市煤炭保有资源储量对比

2014 年，全区矿山已占用登记的煤炭保有资源储量 839. 63 亿吨，占全区可利用保有资源储量的 21. 33%。矿山年度开采消耗上表煤炭资源储量 8. 19 亿吨，其中开采量 7. 15 亿吨、损失量 1. 04 亿吨。

【铁矿资源储量】 自治区铁矿资源具有潜力，全区 12 个盟市均有分布。至 2014 年底，全区有单一或以铁为主的矿产地 482 处，另有共(伴)生铁矿 23 处，累计查明资源储量 56. 07 亿吨，新增铁矿产地 13 处，新增查明资源储量 6. 06 亿吨。

截至 2014 年底，全区铁矿保有资源储量为 58. 92 亿吨(其中超贫磁铁矿折算为 mFe 20% 工业品位的标矿后，达到一般工业指标品位的铁矿保有资源储量为 44. 03 亿吨)，占全国的 6. 99%，位居第四。其中，基础储量 25. 32 亿吨、资源量 33. 60 亿吨，基础储量和资源量分别占全区保有资源储量的 43. 0% 和 57. 0%。与 2013 年相比，保有资源储量净增 7. 85 亿吨(主要是新增查明矿产地和矿山重新储量核实所致)，增长了 15. 37%。

2014 年，全区铁矿勘查新增查明资源储量位居前列的矿区有：固阳县电报村矿区一区、二区深部超贫磁铁矿(2. 40 亿吨)；乌拉特中旗温根矿区 C 区超贫磁铁矿(2. 03 亿吨)；锡林浩特市阿尔善矿区超贫磁铁矿(0. 65 亿吨)。

全区铁矿资源主要分布在包头市、锡林郭勒盟、巴彦淖尔市和赤峰市，4 个盟市的铁矿保有资源储量占全区保有资源储量的 84. 0%。其中，包头市有白云鄂博主东矿和西矿二个大型铁铌稀土矿和达茂旗翁公山大型超贫磁铁矿，以及三合明、公义明、黑脑包、高腰海等 10 个中型铁矿，保有资源储量达 23. 98 亿吨，占全区保有资源储量的 40. 7%；锡林郭勒盟主要有西乌珠穆沁旗扎布其铜矿超贫磁铁矿、苏尼特右旗温都尔庙白云敖包铁矿、哈尔哈达铁矿、东乌珠穆沁旗朝不楞铁多金属矿、查干敖包铁锌矿等 5 个大中型矿床，铁矿保有资源储量 12. 53 亿吨，占全区保有资源储量的 21. 3%；巴彦淖尔市主要有乌拉特前旗东五分子铁矿、书记沟铁矿、赛忽洞铁矿和乌拉特后旗双利铁矿、霍各乞三号矿铁矿等 5 个中型矿床矿，保有资源储量 7. 22 亿吨，占全区保有资源储量的 12. 3%；赤峰主要有克什克腾旗黄岗中型铁锡矿和宁城县五官营子等 4 个中型超贫磁铁矿，保有资源储量 5. 75 亿吨，占全区保有资源储量的 9. 8%。各盟市铁矿保有资源量对比情况,参见图13。

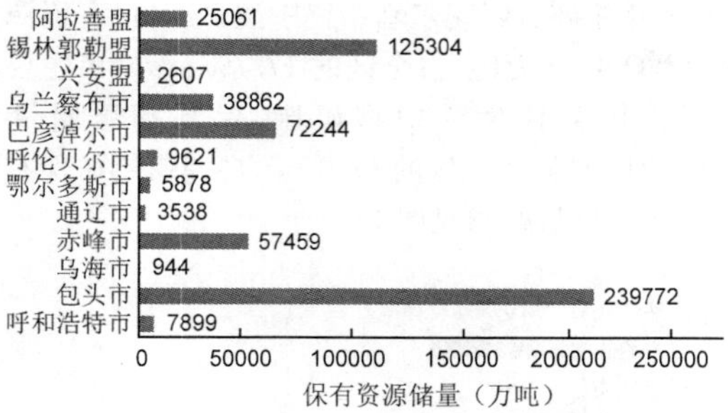

图13　2014年全区各盟市铁矿保有资源储量对比

2014年,全区矿山已进行占用登记的铁矿保有资源储量29.87亿吨,占全区铁矿保有资源储量的50.81%。矿山年度开采消耗上表的铁矿资源储量5753万吨,其中开采量5443万吨、损失量310万吨。

【铜矿资源储量】　自治区铜矿是潜在优势矿产资源,至2014年,全区铜矿上表单元为225个,除73个共生上表单元和83个伴生上表单元外,以铜为主矿产的69处,累计查明铜金属资源储量842.49万吨。与2013年相比,新增铜矿上表单元20处,其中单一或以铜为主的矿产地5处,共生铜矿1处、伴生铜14处。2014年新增铜矿产地9处,新增查明铜金属资源储量3.16万吨。

截至2014年底,全区铜金属保有资源储量763.78万吨,占全国的7.7%,位居全国第五。其中,基础储量415.67万吨、资源量348.11万吨,基础储量和资源量分别占全区铜金属保有资源储量的54.4%和45.6%。与上年相比,全区铜金属保有资源储量净增25.28万吨(主要是新增查明矿产地和矿山重新储量核实所致),增长3.42%。

全区铜矿资源主要分布在呼伦贝尔市、赤峰市、巴彦淖尔市、锡林郭勒盟和乌兰察布市,5个盟市铜金属资源储量合计占全区铜金属保有资源储量的93.5%。其中,呼伦贝尔市(主要有乌努格吐山大型铜钼矿等)铜金属保有资源储量284.72万吨,占全区的37.3%;赤峰市铜金属保有资源储量179.41万吨,占全区的23.5%;巴彦淖尔市(主要有霍各乞铜多金属一号大型矿等)铜金属保有资源储量111.49万吨,占全区的14.6%;锡林郭勒盟(主要有道伦达坝中型铜多金属矿等)铜金属保有资源储量95.97万吨,占全区的12.6%;乌兰察布市(主要有白乃庙中型铜矿等)铜金属保有资源储量42.43万吨,占全区的5.6%。其他盟市铜矿保有资源储量对比情况,参见图14。

2014年,全区矿山已进行占用登记的铜矿保有资源储量609.04万吨,占全区总量的79.74%。矿山年度开采消耗上表铜资源储量10.13万吨,其中开采量9.47万吨、损失量0.66万吨。

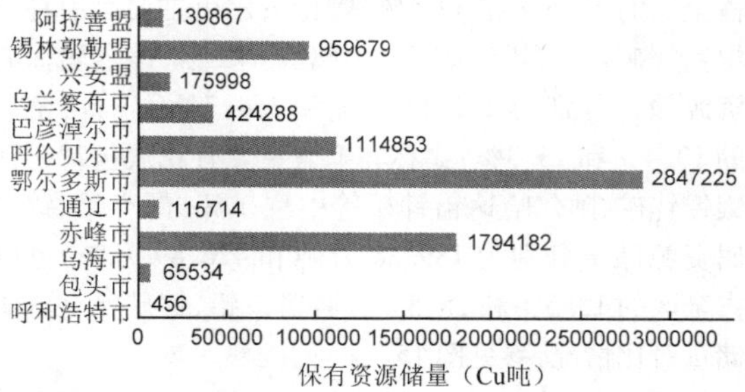

图14　2014年全区各盟市铜矿保有资源储量对比

【铅锌矿资源储量】　铅、锌矿产是自治区的优势矿产资源,至2014年,全区上表单元铅218处、锌230处;其中,有铅矿产地(铅为主矿产)65处、锌矿产地(锌为主矿产)96处,共生上表单元铅131个、锌113个,伴生上表单元铅22个、锌21个。累计查明资源储量Pb 1529.70万吨、Zn 3082.74万吨。与2013年相比,2014年新增铅矿产地10处,新增查明铅金属资源储量28.14万吨;新增锌矿产地11处,新增查明锌金属资源储量48.85万吨。

截至2014年底,全区保有铅金属资源储量1397.49万吨、锌金属资源储量2753.0万吨,分别占全国的18.92%和19.0%,均居全国第一位。其中,基础储量Pb 584.78万吨、Zn 1178.88万吨,均占全区保有资源储量的41.8%和42.8%,资源量Pb 812.72万吨、Zn 1574.12万吨,均占全区保有资源储量的58.2%和57.2%。与上年度相比,净增保有资源储量:Pb 28.61万吨、Zn 52.59万吨(主要是新增查明矿产地所致),分别增长2.09%和1.95%。

2014年全区铅矿勘查新增查明资源储量位居前列的矿区有:赤峰市松山区元宝山铅锌银矿(7.57万吨);巴林右旗代黄沟铅锌银矿(8.1万吨)。锌矿勘查新增查明资源储量位居前列的矿区有:巴林右旗代黄沟铅锌银矿(23.3万吨);赤峰市松山区元宝山铅锌银矿(6.40万吨);扎鲁特旗毛西嘎达坂银铅锌铜矿(6.3万吨)。

自治区铅锌矿产资源主要分布在赤峰市、巴彦淖尔市、呼伦贝尔市、锡林郭勒盟,4个盟市合计铅、锌资源储量分别占全区铅、锌保有资源储量的87.8%和91.5%。其中,赤峰市主要有白音诺尔铅锌矿、浩布高多金属矿、拜仁达坝锌多金属矿、维拉斯托锌多金属矿等大型矿床,铅、锌金属保有资源储量分别为550.18万吨和888.05万吨,占全区的39.4%和32.3%;巴彦淖尔市主要有东升庙多金属矿、霍各气铜多金属矿、炭窑口多金属矿、甲生盘铅锌硫矿等大型矿床，保有铅、锌金属资源储量分别为244.68万吨和838.79万吨，占全区的17.5%和30.5%；呼伦贝尔市主要有甲乌拉银铅锌矿、三河铅锌矿等大中型矿床，铅、锌金属保有资源储量分别为242.44万吨和364.74万吨，占全区的17.4%和13.3%；锡林郭勒盟主要有花敖包特矿区银铅锌矿、阿尔哈达铅锌矿等中型矿床，保有铅、锌金属资源储量分别为189.28万吨和426.89万吨，分别占全区的13.5%和15.5%。各盟市铅、锌矿保有资源储量对比情况，参见图15。

2014年，全区矿山已进行占用登记的保有资源储量分别为Pb1074.66万吨、Zn2144.55万吨，分别占全区保有资源储量的76.90%和77.90%。矿山年度开采消耗的上表铅矿资源储量Pb19.16万吨，其中开采量17.12万吨、损失量2.04万吨；开采消耗的上表锌矿资源储量Zn62.82万吨，其中开采量56.25万吨、损失量6.57万吨。

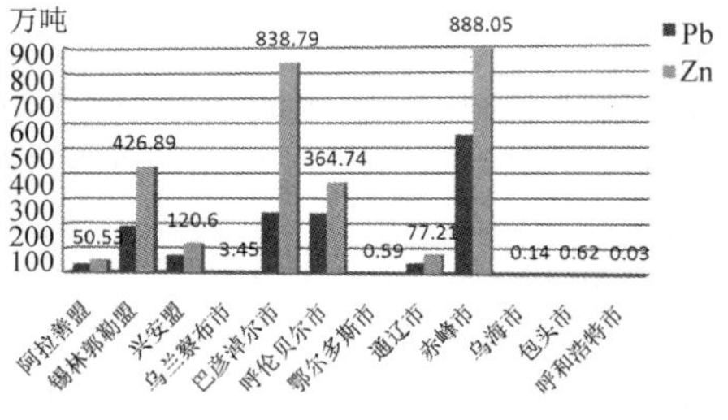

图15 2014年全区各盟市铅锌矿保有资源储量对比

【钨矿资源储量】 2014年，全区钨矿有单一或以钨为主矿产的矿产地13处、共生钨矿10处和伴生钨10处，累计查明钨矿资源储量WO_3 29.31万吨。2014年新增钨矿产地2处，新增查明资源储量WO_3 5.04万吨。

截至2014年底，全区钨矿保有资源储量WO_3 27.77万吨，占全国的3.36%，居全国第十位。其中，保有基础储量10.21万吨、资源量17.56万吨，基础储量和资源量分别占全区保有资源储量的36.8%和63.2%。与上年相比，全区钨矿保有资源储量净增$WO_3$4.77万吨（主要是新增查明矿产地所致），增加了20.72%。

2014，全区钨矿勘查新增查明资源储量位居前列的矿区为鄂温克族自治旗红花尔基钼钨矿（4.93万吨）。

全区钨矿资源主要分布在锡林郭勒盟、呼伦贝尔市和赤峰市，3个盟市保有资源储量占全区的88.8%。其中，锡林郭勒盟主要有乌日尼图铅锌铜钼钨矿、沙麦钨矿、白石头洼钨矿、道伦达坝多金属矿等大中矿床，保有资源储量为$WO_3$15.0万吨，占全区的54.0%；呼伦贝尔市主要有红花尔基钼钨中型矿床，保有资源储量为$WO_3$4.93万吨，占全区的17.7%；赤峰市主要有黄岗铁锡共伴生钨中型矿床，保有资源储量为$WO_3$4.71万吨，占全区的17.0%。各盟市钨矿保有资源储量对比情况，参见图16。

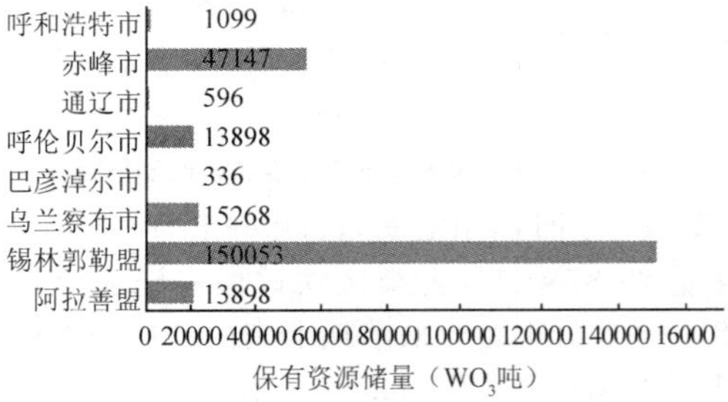

图16 2014年全区各盟市钨矿保有资源储量对比

2014年，全区矿山已进行占用登记的钨矿保有资源储量WO_3 9.07万吨，占全区总量的32.65%。矿山年度开采消耗上表钨矿资源储量WO_3 2706吨，其中开采量2451吨、损失量255吨。

【锡矿资源储量】 锡矿是自治区比较优势的矿产资源，全区有单一或以锡为主的矿产地3处、共生锡矿17处、伴生锡7处，累计查明锡矿资源储量44.92万吨。

截至2014年底，全区锡矿保有资源储量38.52万吨，占全国的11.27%，居全国第五位。其中，基础储量29.52万吨、资源量9.0万吨，基础储量和资源量分别占全区保有资源储量的76.6%和23.4%。与上年相比，保有资源储量年度净减0.95万吨（主要是矿山开采消耗所致），减少2.40%。

全区已查明的锡矿资源仅分布在赤峰市和锡林郭勒盟，但主要集中在赤峰市（主要有大型黄岗铁锡矿等），保有资源储量33.85万吨，占全区的87.9%；锡林郭勒盟（主要有毛登锡矿等）保有资源储量4.67万吨，占全区的12.1%。各盟市锡矿保有资源储量对比情况，参见图17。

2014年，全区矿山已进行占用登记的锡矿保有资源储量33.60万吨，占全区总量的87.23%。矿山年度开采消耗上表锡矿资源储量1.45万吨，其中开采量1.32万吨、损失量0.13万吨。

【钼矿资源储量】 近年来，自治区钼矿找矿有新的突破，属潜在优势矿产资源。至2014年，全区共有钼矿上表单元82个，其中单一和以钼为主矿产的钼矿产地有40处，共生钼上表单元23个，伴生钼上表单元

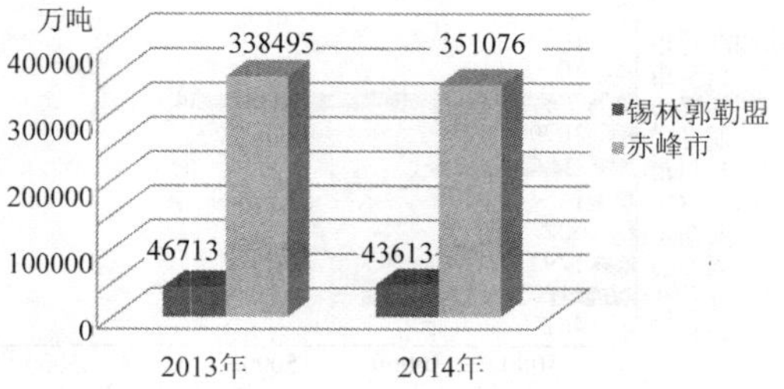

图 17　2013 年与 2014 年全区各盟市锡矿保有资源储量对比

19 个,累计查明资源储量 Mo511.75 万吨。2014 年新增钼矿产地 4 处,新增查明资源储量 Mo 46.65 万吨。

截至 2014 年底,全区保有资源储量 Mo 506.10 万吨,占全国的 17.91%,居全国第二位。其中,基础储量 306.43 万吨、资源量 199.67 万吨,基础储量和资源量分别占全区保有资源储量的 60.5% 和 39.5%。与 2013 年相比,保有资源储量净增 Mo65.13 万吨(主要是新增查明矿产地和矿山重新储量核实所致),增长 14.77%。

2014 年,全区钼矿勘查新增查明资源储量位居前列的矿区有:巴林右旗召胡都格矿区铜钼铅锌银矿(2.54 万吨);太仆寺旗沙子沟铅锌钼矿(9.86 万吨);乌拉特后旗查干德尔斯钼矿(33.98 万吨)。

全区钼矿资源主要分布在乌兰察布市、锡林郭勒盟、呼伦贝尔市和巴彦淖尔市,四个盟市保有钼金属资源储量占全区的 89.8%。其中,乌兰察布市主要有曹四夭钼矿、大苏计矿区钼矿 I 号矿体等大型钼矿床,保有资源储量 Mo150.94 万吨,占全区的 29.8%;锡林郭勒盟主要有必鲁甘干铜钼矿、准苏吉花矿区铜钼矿、乌日尼图铅锌铜钨钼矿、迪彦钦阿木铅锌银钼矿、东不拉格乌兰铅锌钼矿、沙子沟铅锌钼矿等大中型矿床,保有资源储量 Mo147.31 万吨,占全区的 29.1%;呼伦贝尔市主要有乌奴格吐山铜钼矿、太平沟铜钼矿、宜里农场铜钼矿、兴阿铜钼矿、重石山铍钼矿、呼扎盖图钼矿、八大关铜钼矿、柴河源林场花岗山铜钼矿等大中型矿床,保有资源储量 Mo95.07 万吨,占全区的 18.8%;巴彦淖尔市主要有西沙德盖矿区钼矿、查干花铜钼矿、查干德尔斯钼矿等大中型矿床,保有资源储量 Mo60.94 万吨,占全区的 12.0%。有关各盟市钼矿保有资源储量对比情况,可参见图 18。

2014 年,全区矿山已进行占用登记的保有资源储量 Mo165.88 万吨,占全区总量的 32.78%。矿山年度开采消耗上表钼矿资源储量 Mo1.06 万吨,其中开采量 1.02 万吨、损失量 0.04 万吨。

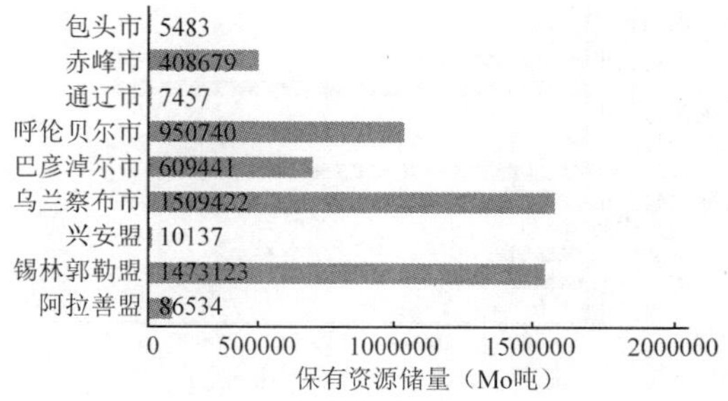

图 18　2014 年全区各盟市钼矿保有资源储量对比

【金矿资源储量】　自治区金矿分布广泛并具有潜力。至 2014 年,全区金矿上表单元共 246 个,其中单一和以金为主矿产的金矿产地 189 处,共生金上表单元 17 个,伴生金上表单元 40 个;全区累计查明金矿资源储量 Au876.16 吨。2014 年新增金矿产地 9 处,新增查明金矿资源储量 Au36.01 吨。

截至 2014 年底,全区金矿保有资源储量 Au659.41 吨,占全国的 7.51%,居全国第四位。其中,基础储量 259.10 吨、资源量 400.31 吨,基础储量和资源量分别占全区金矿保有资源储量的 39.3%、60.7%。与 2013 年相比,金矿保有资源储量净增 Au102.51 吨(主要是新增查明矿产地和矿山重新储量核查所致),增长 18.41%。

2014 年,全区金矿勘查新增查明资源储量位居前列的矿区为乌拉特中旗石哈河矿区砂金矿 1 号矿体(16.72 吨)。

全区查明的岩金矿产地 163 处、共生岩金上表单元 17 个,保有资源储量 Au584.07 吨,占全区金矿保有资源总量的 88.6%;有砂金矿产地 26 处,保有资源储量 Au24.61 吨,占全区保有资源总量的 3.7%;另有伴生金 40 处,保有资源储量 Au50.74 吨,占全区保有资源总量的 7.7%。

全区除乌海市尚无查明的金矿产地外,其他 11 个盟市均有查明的金矿资源储量分布。岩金主要分布在赤峰市、巴彦淖尔市和包头市,3 个盟市保有资源储量占全区岩金保有资源储量的 82.2%;伴生金主要分布在乌兰察布市、呼伦贝尔市、赤峰市和锡林郭勒盟,4 个盟市占全区伴生金保有资源储量的 88.8%;砂金主要分布在呼伦贝尔市和巴彦淖尔市,占全区砂金保有资源储量的 99.8%。各盟市金矿保有资源储量对比情况,参见图 19。

2014 年,全区矿山已进行占用登记的金矿保有资源储量 Au412.53 吨,占全区总量的 62.56%。矿山年度开采消耗上表的金矿资源储量 Au23.04 吨,其中开采量 22.36 吨、损失量 0.68 吨。

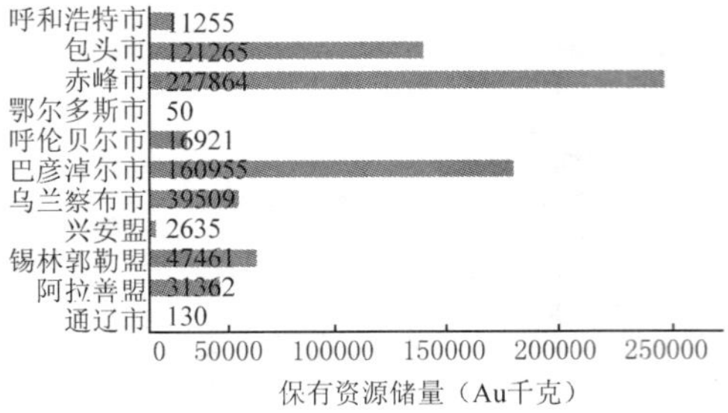

图19 2014年全区各盟市金矿保有资源储量对比

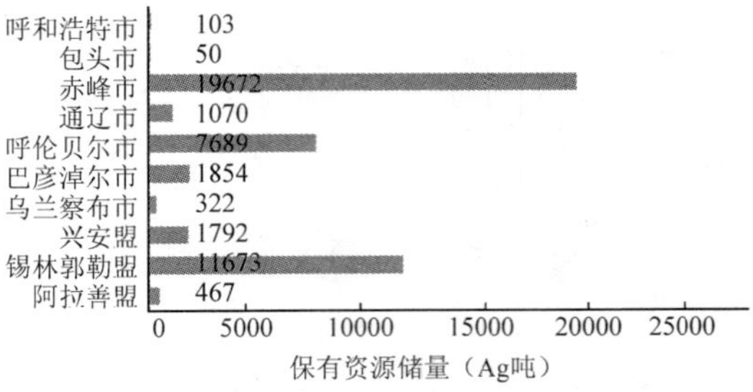

图20 2014年全区各盟市银矿保有资源储量对比

【银矿资源储量】 银矿是自治区的优势矿产资源，至2014年，全区共有银矿上表单元350个，其中单一和以银为主矿产的银矿产地38处、共生银上表单元95个、伴生银上表单元217个；累计查明银矿资源储量Ag 50652吨。

2014年新增银矿产地12处，新增查明资源储量Ag2399吨。

截至2014年底，全区银矿保有资源储量Ag44694吨，占全国的22.85%，居全国第一位。其中，保有基础储量11907吨、资源量32786吨，基础储量和资源量分别占全区保有资源总量的26.6%和73.4%。与2013年比，全区银矿保有资源储量净减317.80吨（主要是矿山重新储量核查和开采消耗所致），减少0.71%。

2014年，全区银矿勘查新增查明资源储量位居前列的矿区有：赤峰市松山区元宝山铅锌银矿（Ag 511吨）；巴林右旗代黄沟铅锌银矿（Ag991吨）；西乌珠穆沁旗花敖包特矿区1118高地铜银多金属矿（Ag 241吨）。

全区除乌海、鄂尔多斯市之外，其他10个盟市均有查明的银矿资源储量分布。其中，赤峰市、锡林郭勒盟和呼伦贝尔市3个盟市的银矿保有资源储量占全区的87.3%。赤峰市主要有拜仁达坝大型银多金属矿、白音诺尔铅锌共生银矿等，保有资源储量Ag 1.97万吨，占全区的44.0%；锡林郭勒盟主要有吉宝力格银矿、花敖包特银铅锌矿和吉林宝力格银矿等，保有资源储量Ag 1.17万吨，占全区的26.1%；呼伦贝尔市主要有额仁陶勒盖银矿、查干布拉根银铅锌矿等，保有资源储量Ag 0.77万吨，占全区的17.2%。各盟市银矿保有资源储量对比情况，参见图20。

2014年，全区矿山已进行占用登记的银矿保有资源储量Ag33254吨，占全区总量的74.40%。矿山年度开采消耗上表的银矿资源储量Ag737吨，其中开采量672吨、损失量65吨。

【稀土矿资源储量】 稀土矿是自治区极优势矿产资源，至2014年，全区共有以稀土为主的矿产地1处、共生稀土矿3处、伴生稀土2处，累计查明稀土氧化物资源储量17543.64万吨。保有资源储量占全区的87.3%。各盟市银矿保有资源储量对比情况，参见图21。

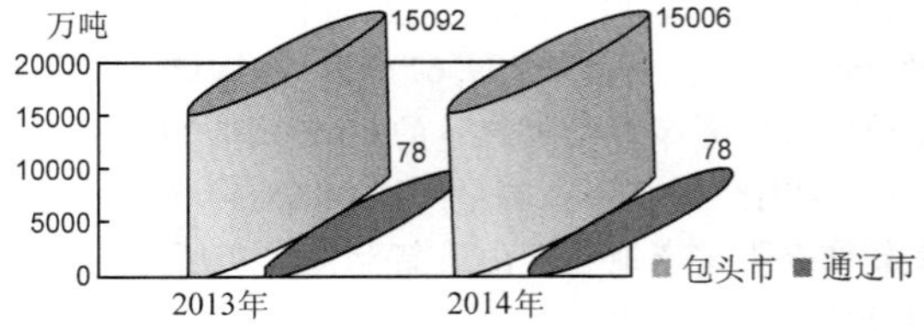

图21 2013～2014年全区各盟市稀土矿保有资源储量对比

【萤石矿资源储量】 自治区萤石矿属优势矿产资源，至2014年，全区共有萤石矿产地29处，累计查明萤石矿源质量3573.6万吨。2014年新增萤石矿产地1处，新增查明资质储量360.14万吨。

截至2014年底，全区萤石矿石保有资源储量3284.24万吨，占全国的83.49%，居全国第一位。其中，基础储量808.70万吨、资源量2480.54万吨，基础储量和资源量分别占全区保有资源总量的24.5%和75.5%。与2013年相比，全区萤石矿保有资源储量净增826.94万吨（主要是新增查明矿产地和矿山重新储量核实所致），增加33.65%。

2014年，全区普通萤石矿勘查新增查明资源储量位居前列的矿区为苏尼特右旗巴彦敖包萤石矿（360.1万吨）。

自治区萤石矿产除呼和浩特市、乌海市和鄂尔多斯市目前尚无查明资源外，其他9个盟市均有萤石矿资源分布，且主要分布在乌兰察布市和锡林郭勒盟，2个盟市的萤石矿保有资源储量占全区的91.8%。乌兰察布市主要有四子王旗苏莫查干敖包萤石矿、北敖包吐萤石矿等大型矿床，保有资源储量占全区的53.7%；锡林郭勒盟主要有巴彦敖包萤石矿、斯不格音敖包矿区萤石矿等大型矿床，保有资源储量占全区的38.1%。各盟市萤石矿保有资源量对比情况，参见

图22。

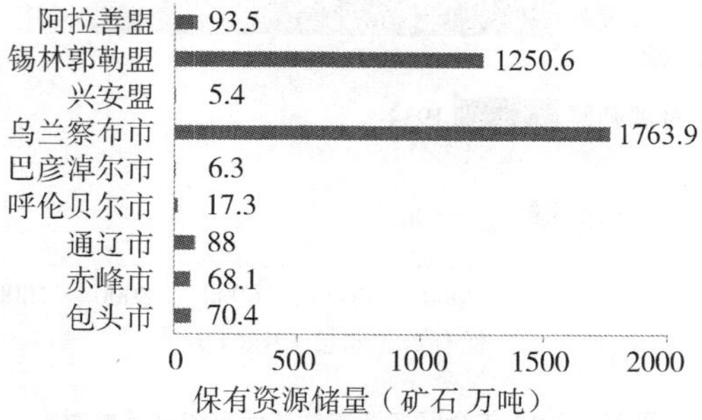

图22　2014年全区各盟市萤石矿保有资源储量对比

2014年，全区矿山已进行占用登记的萤石矿石保有资源储量1578.43万吨，占全区总量的65.25%。年度矿山开采消耗上表萤石矿石资源储量21.3万吨，其中开采量18.9万吨、损失量2.4万吨。

【硫铁矿资源储量】　2014年，全区有单一或以硫铁矿为主的矿产地8处、共生硫铁矿7处，累计查明硫铁矿石资源储量41751.2万吨；伴生硫47处，累计查明的伴生硫矿石资源储量124124.5万吨。2014年新增硫铁矿产地4处，新增查明硫铁矿资源储量(硫)82.7万吨。

截至2014年底，全区有单一或硫铁矿为主的矿石保有资源储量37959.5万吨，伴生硫矿石123924.3万吨，合计161883.8万吨，占全国的6.51%，居全国第六位。其中，基础储量15260.4万吨、资源量146623.4万吨，基础储量和资源量分别占保有资源储量的9.4%和90.6%。与上年相比，硫铁矿矿石保有资源储量净减2256.7万吨(主要是矿山重新储量核实和开采消耗所致)，减少5.61%；伴生硫矿石保有资源储量净增4240.6万吨(主要是新增查明矿产地和矿山重新储量核实所致)，增长3.54%。

自治区查明的硫铁矿资源主要分布在巴彦淖尔市、锡林郭勒盟，特别是巴彦淖尔市主要有东升庙、炭窑口、甲生盘、山片沟、对门山等大中型硫铁矿多金属矿区，二盟市硫铁矿矿石保有资源储量占全区的82.4%。各盟市硫铁矿保有资源储量对比情况，参见图23。

2014年，全区矿山已进行占用登记的硫铁矿石(含伴生硫)保有资源储量64486.24万吨，占全区总量的39.83%。矿山年度开采消耗的上表硫铁矿(含伴生硫)矿石资源储量1979.3万吨，其中开采量1964.4万吨、损失量14.9万吨。

【芒硝矿资源储量】　自治区芒硝矿分布较为集中，至2014年，全区有芒硝主矿产地17处、共生芒硝矿5处，累计查明芒硝矿石资源储量434486.8万吨。

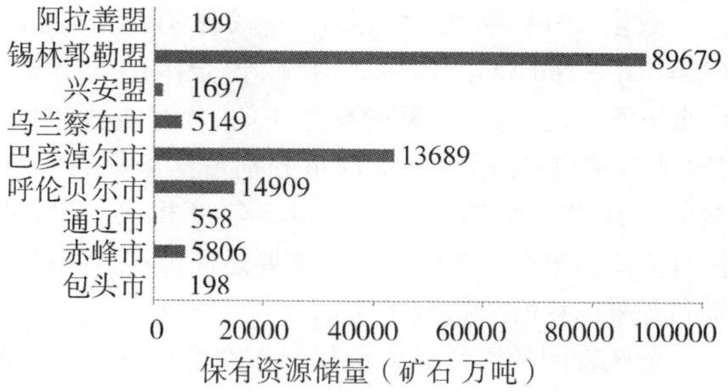

图23　2014年全区各盟市硫铁矿保有资源储量对比

截至2014年底，全区芒硝矿石保有资源储量431000.7万吨(按芒硝矿石统计的保有资源储量393457.9万吨，按Na_2SO_4统计的矿石保有资源储量37542.8万吨)，占全国的14.78%，居全国第二位。其中，保有基础储量129543.9万吨、资源量301456.8万吨，基础储量和资源量分别占全区保有资源总量的30.1%和69.9%。与2013年相比，芒硝矿石保有资源储量净增43259.8万吨，增加12.35%；芒稍矿Na_2SO_4保有资源储量减少454.5万吨(主要是矿山重新储量核实和开采消耗所致)，减少3.54%。

全区芒硝矿资源分布在包头市、鄂尔多斯市、呼伦贝尔市、锡林郭勒盟和阿拉善盟，但集中分布在鄂尔多斯市，主要有达拉特旗芒硝矿、德胜太芒硝矿、盐海子芒硝矿等大中型矿床，其保有资源储量占全区总量的96.3%。按Na_2SO_4统计的芒硝矿主要集中在包头市，尚处于未利用状态。各盟市芒硝矿保有资源储量对比情况，参见图24。

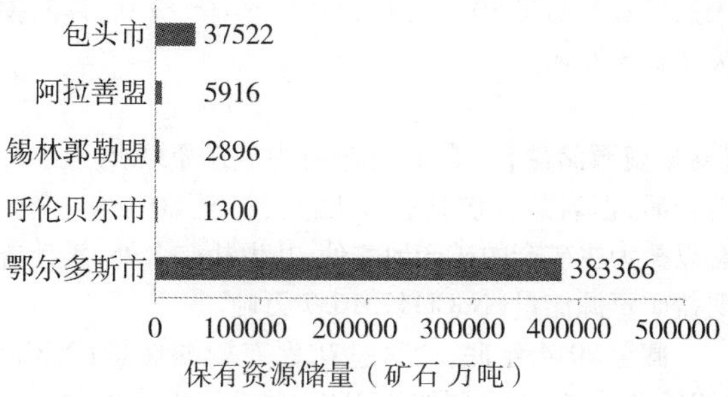

图24　2014年全区各盟市芒硝矿保有资源储量对比

2014年，全区矿山已进行占用登记的芒硝矿石保有资源储量9304.32万吨，仅占全区总量的3.39%。矿山年度开采消耗上表的芒硝矿石资源储量6.1万吨，其中开采量5.9万吨、损失量0.3万吨。

【天然碱矿资源储量】　自治区天然碱矿属比较优势矿产资源，至2014年，全区有单一或以天然碱为主矿产的矿产地8处、共生天然碱矿1处，累计查明的天然碱资源储量($Na_2CO_3+NaHCO_3$) 3126.2万吨。

截至2014年底，全区天然碱保有资源储量（Na_2CO_3 + $NaHCO_3$）1298.5万吨，占全国的5.29%，居全国第二位。其中，基础储量1039.1万吨、资源量259.4万吨，基础储量和资源量分别占全区保有资源储量的80.0%和20.0%。与2013年度相比，天然碱保有资源储量净减80.3万吨（主要是矿山重新储量核实和开采消耗所致），减少5.82%。

全区查明的天然碱资源仅分布在鄂尔多斯市、锡林郭勒盟和呼伦贝尔市，且鄂尔多斯市集中分布了全区82.7%的天然碱资源储量。在全区9处天然碱矿产地中，查明资源储量规模达大中型的共3处，其保有资源储量1014.6万吨，占全区保有总量的78.1%。各盟市天然碱保有资源储量对比情况，参见图25。

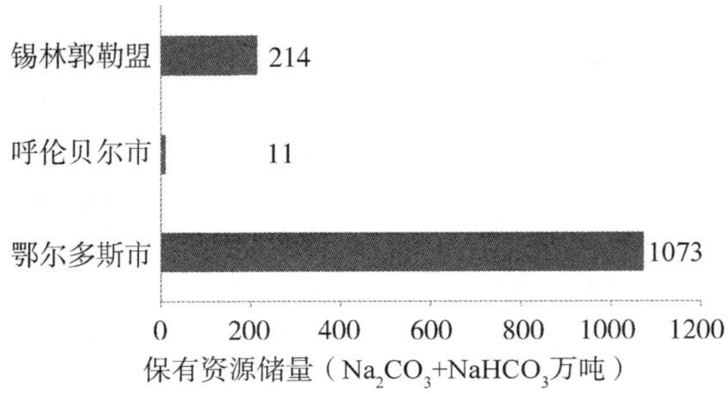

图25 2014年全区各盟市天然碱矿保有资源储量对比

2014年，全区矿山已进行占用登记的天然碱矿保有资源储量（Na_2Co_3 + $NaHCO_3$）1236.03万吨，占全区总量的95.19%。2014年，矿山年度开采消耗的上表天然碱资源储量80.3万吨，其中开采量73.0万吨、损失量7.3万吨。

【盐矿资源储量】 自治区查明的盐矿资源均为小型池盐矿，但岩盐找矿具有较大潜力。至2014年，全区有以盐为主矿产的矿产地5处、共生盐矿3处，累计查明盐矿资源储量（NaCl）17516.7万吨。

截至2014年底，全区盐矿保有资源储量（NaCl）11018.4万吨，占全国的0.01%，居全国第十六位。其中，保有基础储量9922.4万吨、资源量1096.0万吨，基础储量和资源量分别占全区保有资源储量的90.0%和10.0%。与2013年度相比，盐矿保有资源储量净减4455.5万吨（主要是矿山重新储量核实和开采消耗所致），减少28.79%。

全区查明的盐矿产地主要分布于阿拉善盟、鄂尔多斯市和锡林郭勒盟，其中阿拉善盟查明有吉兰太盐矿、雅布赖盐矿等，其保有资源储量占全区总量的77.5%。各盟市盐矿保有资源储量对比情况，参见图26。

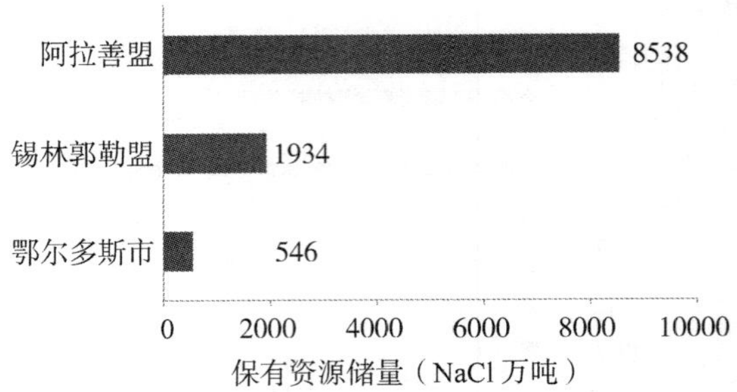

图26 2014年全区各盟市盐矿保有资源储量对比

2014年，全区各盐矿已全部开发利用，保有资源储量（NaCl）全部进行了矿山占用登记。矿山年度开采消耗上表的盐矿资源储量（NaCl）206.7万吨，其中开采量202.3万吨、损失量4.4万吨。

【石墨矿资源储量】 自治区石墨矿属于优势矿产资源，至2014年底，全区有石墨矿产地14处，其中晶质石墨矿产地11处，隐晶质石墨矿产地3处。累计查明资源储量为：晶质石墨1921.0万吨、隐晶质石墨1449.8万吨。

截至2014年底，全区晶质石墨保有资源储量1828.6万吨，占全国的8.19%，居全国第四位。其中，基础储量1038.3万吨、资源量790.3万吨，基础储量和资源量分别占全区晶质石墨保有资源储量的56.8%和43.2%。隐晶质石墨保有资源储量为1416.0万吨，其中基础储量114.7万吨、资源量1301.3万吨，基础储量和资源量分别占全区隐晶质石墨保有资源储量的8.1%和91.9%。与2013年相比，晶质石墨保有资源储量净增257.48万吨（主要是新增查明矿产地所致），增加16.39%。

2014年，全区石墨矿勘查新增查明资源储量位居前列的矿区为阿拉善左旗库井沟石墨矿（259.7万吨）。

自治区晶质石墨资源分布在呼和浩特市、包头市、乌兰察布市、巴彦淖尔市和阿拉善盟5个盟市，而隐晶质石墨仅分布于通辽市。其中，晶质石墨主要集中分布在阿拉善盟，有闫地拉图石墨高岭土铁矿、库井沟石墨矿、档巴井石墨矿等大中型石墨矿床，保有晶质石墨资源储量为1059.24万吨，占全区的57.9%。隐晶质石墨仅分布在通辽市扎鲁特旗。各盟市石墨保有资源储量对比情况，参见图27。

2014年，全区矿山已进行占用登记的晶质石墨保有资源储量365.06万吨，占全区的19.96%。矿山年度开采消耗上表的晶质石墨矿资源储量2.2万吨，其中开采量2.0万吨、损失量0.2万吨。

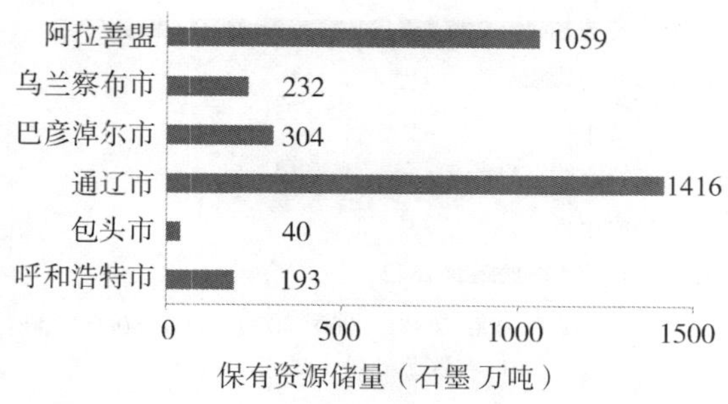

图 27　2014 年全区各盟市石墨矿保有资源储量对比

【石膏矿资源储量】　自治区石膏矿分布较集中，属比较优势矿产资源。至 2014 年，全区有石膏矿产地 9 处，累计查明资源储量 364913.8 万吨。

截至 2014 年底，全区石膏矿石保有资源储量 364082.1 万吨，占全国的 3.61%，居全国第三位。其中，保有基础储量 21660.9 万吨、资源量 342421.2 万吨，基础储量和资源量分别占全区保有资源总量的 5.9% 和 94.1%。与 2013 年相比，石膏矿保有资源储量净减 23.0 万吨（主要是矿山重新储量核实和开采消耗所致），减少 0.01%。

全区已查明的石膏矿产地分布于鄂尔多斯市、乌兰察布市和阿拉善盟，并集中分布在鄂尔多斯市，主要有苏级石膏矿、代庆召石膏矿、台格庙石盐石膏矿等大型矿床，保有资源储量占全区的 97.6%。各盟市石膏保有资源储量对比情况，参见图 28。

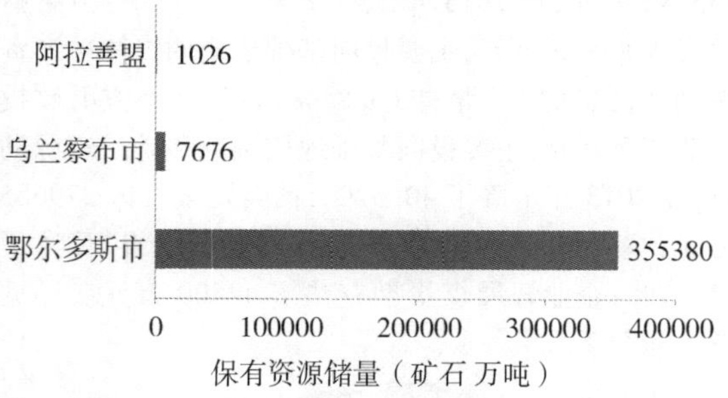

图 28　2014 年全区各盟市石膏矿保有资源储量对比

2014 年，全区矿山已进行占用登记的石膏矿石保有资源储量 10411.44 万吨，占全区总量的 2.86%。矿山年度开采消耗上表的石膏矿石资源储量 0.4 万吨，其中开采量 0.3 万吨、损失量 0.1 万吨。

【水泥用灰岩资源储量】　自治区水泥用灰岩分布较广并具有潜力，至 2014 年底，全区有水泥用灰岩单一主矿产地 62 处、共生水泥用灰岩 8 处。累计查明（333）以上资源储量 725730.9 万吨，（334）？预测的资源量 117865.5 万吨。2014 年新增水泥用灰岩矿产地 5 处，新增查明矿石资源储量 98651.3 万吨。

截至 2014 年底，全区水泥用灰岩矿石保有资源储量 712750.0 万吨，占全国的 5.77%，居全国第五位。其中，保有基础储量 312306.9 万吨、资源量 400443.1 万吨，基础储量和资源量分别占全区保有资源储量的 43.8% 和 56.2%。与 2013 年相比，保有资源储量净增 104573.3 万吨（主要是新增查明矿产地和矿山重新储量核实所致），增长 17.19%。

2014 年全区水泥用灰岩勘查新增查明资源储量位居前列的矿区有：乌海市阿塔嘎福喜矿区水泥用石灰岩矿铁矿（6.31 亿吨）；清水河县青龙山矿区水泥用石灰岩矿（2.73 亿吨）；牙克石市腰房子矿区水泥用石灰岩矿（0.62 亿吨）。

全区 12 个盟市均有查明的水泥用灰岩矿产地分布，但主要分布在鄂尔多斯市，其保有资源储量占全区总量的 54.81%。各盟市水泥用灰岩保有资源储量对比情况，参见图 29。

2014 年，全区矿山已进行占用登记的水泥用灰岩矿石保有资源储量 180732.63 万吨，占全区总量的 25.36%。矿山年度开采消耗上表的水泥用灰岩矿石资源储量 1018.2 万吨，其中开采量 959.5 万吨、损失量 58.7 万吨。

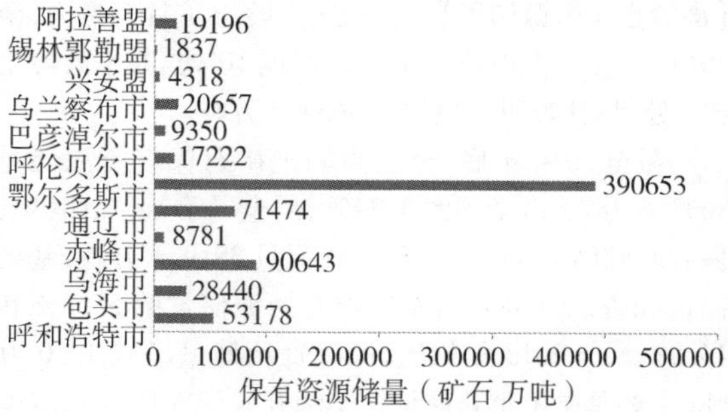

图 29　2014 年全区各盟市水泥用灰岩保有资源储量对比

【水泥用大理岩资源储量】　自治区水泥用大理岩分布较为集中，至 2014 年，全区有水泥用大理岩主矿产地 12 处、共生水泥用大理岩 1 处，累计查明的资源储量 73992.9 万吨。

截至 2014 年底，全区水泥用大理岩矿石保有资源储量 64616.7 万吨，占全国的 14.9%，居全国第二位。其中，基础储量 18669.2 万吨、资源量 45947.4 万吨，基础储量和资源量分别占全区保有资源储量的 28.9% 和 71.1%。与 2013 年相比，保有资源储量净增 23003.2 万吨（主要是矿山重新储量核实所致），增加 55.28%。

全区已查明的水泥用大理岩资源分布在呼和浩特市、呼伦贝尔市、赤峰市和乌兰察布市，其中又以呼和浩特市和呼伦贝尔市分布较为集中，两市保有资源储量为56741.2万吨，占全区总量的88.2%。各盟市水泥用大理岩保有资源储量对比情况，参见图30。

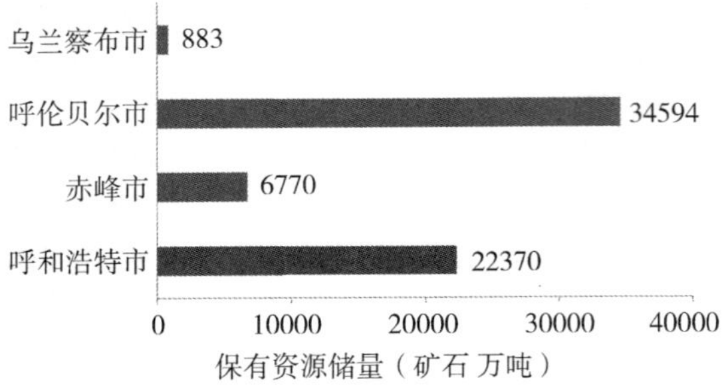

图30　2014年全区各盟市水泥用大理岩保有资源储量对比

2014年，全区矿山已进行占用登记的水泥用大理岩矿石保有资源储量为18219.66万吨，占全区总量的28.29%。矿山年度开采消耗上表的水泥用大理岩矿石资源储量332.3万吨，其中开采量310.2万吨、损失量22.1万吨。

【高岭土矿资源储量】　自治区高岭土矿具有潜力，至2014年，全区共有高岭土主矿产地10处、共生高岭土矿1处，累计查明资源储量8654.7万吨。

截至2014年底，全区高岭土矿石保有资源储量8632.6万吨，占全国的3.24%，居全国第八位。其中，保有基础储量4813.2万吨、资源量3819.4万吨，基础储量和资源量分别占全区保有资源储量的55.8%和44.2%。与2013年相比，保有资源储量净减1.50万吨（主要是矿山重新储量核实和开采消耗所致），减少0.02%。

全区已查明的高岭土矿分布在呼和浩特市、鄂尔多斯市、乌海市、赤峰市、通辽市和阿拉善盟，其中以阿拉善盟分布资源最多，保有资源储量为5942.3万吨，占全区总量的68.83%。各盟市高岭土矿保有资源储量对比情况，参见图31。

2014年，全区矿山已进行占用登记的高岭土矿石保有资源储量411.13万吨，占全区总量的4.76%。矿山年度开采消耗上表的高岭土矿石资源储量1.5万吨，其中开采量1.4万吨、损失量0.1万吨。

【锗矿资源储量】　锗矿是自治区优势矿产资源，至2014年，全区共有锗矿矿产地2处，累计查明锗金属资源储量2952.0吨。

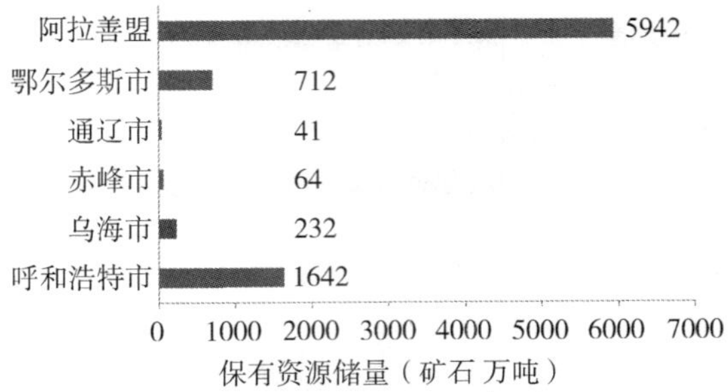

图31　2014年全区各盟市高岭土矿保有资源储量对比

截至2014年底，全区锗矿保有锗金属资源储量2835.0吨，占全国的39.82%，居全国第一位。其中，保有基础储量711.0吨、资源量2124.0吨，基础储量和资源量分别占全区保有资源储量的25.1%和74.9%。与2013年相比，保有资源储量与去年持平（主要是矿山重新储量核实和开采消耗所致）。

全区已查明的锗矿主要集中分布在锡林郭勒盟，即胜利煤田乌兰图嘎大型锗矿，并已经全部占用。2014年，矿山年度开采消耗上表的锗矿资源储量为50吨，其中开采量48吨、损失量2吨。

·地质矿产勘查·

【概况】　2014年，全区实施非油气各类地质勘查项目3465项。其中，矿产勘查3223项，基础地质调查196项，水工环地质调查评价46项。资金总投入计485986万元，比2013年减少2.89%。其中：中央财政投入84896万元，主要投向基础地质调查和矿产资源勘查，比2013年增加65.84%；自治区地方财政投入78905万元，主要投向基础地质调查和矿产资源勘查，比2013年下降了40.67%；社会资金投入279685万元，主要投向矿产资源勘查，比2013年下降了11.57%；企业开展煤炭勘查垫资42500万元。详见图1和图2。

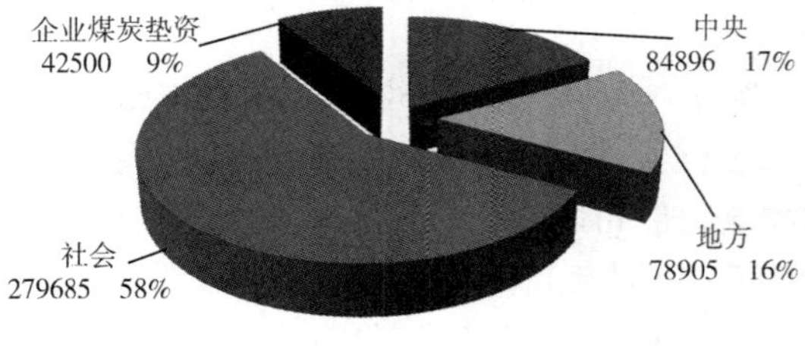

图1　全区2014年地质勘查投入构成饼图

【基础地质调查】　1. 项目分类及资金投入结构。2014年全区实施基础地质调查项目196个，资金投入64451万元，比2013年减少21.75%。其中：中央财政

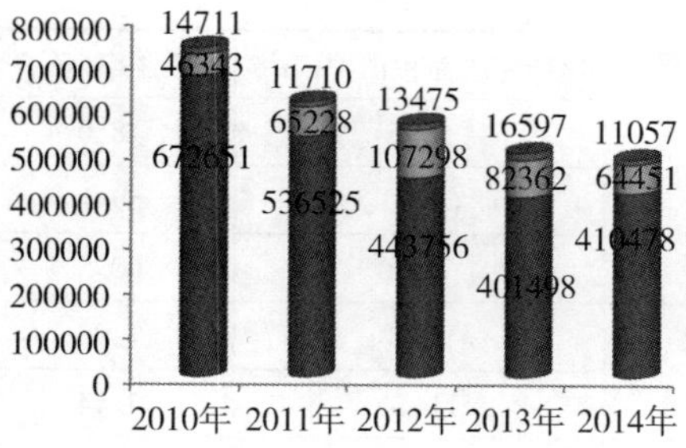

图2 2010~2014 年全区各类地质勘查投入对比

投入40436万元,同比减少12.50%;地方财政投入24015万元,同比减少33.57%,详见图3。

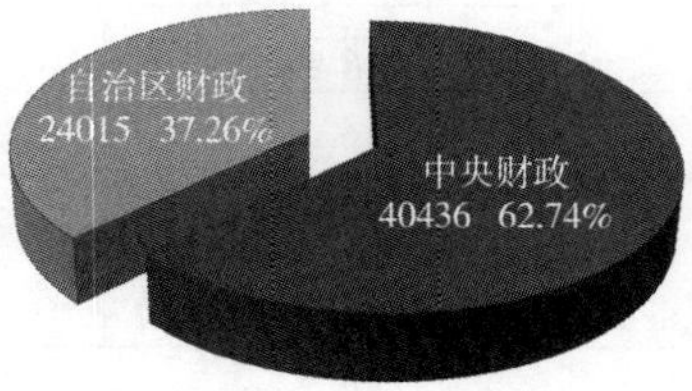

图3 2014 年全区已实施基础地质调查项目资金投入对比

2014年,全区已实施的基础地质调查项目涉及5个专业类别。其中:区域地质调查投入资金11436万元(均为中央财政投入),比2013年增加61.30%;区域地球物理调查投入资金345万元(均为中央财政投入),比2013年减少96.12%;区域地球化学调查投入755万元(均为中央财政),比2013年减少59.63%;1/5万区域地质矿产调查投入资金47328万元(中央财政24966万元,自治区财政22362万元),比2013年减少16.31%;地质科学研究投入资金7397万元(中央财政2934万元,自治区财政1653万元),比上年减少37.99%。相关其他情况,详见图4。

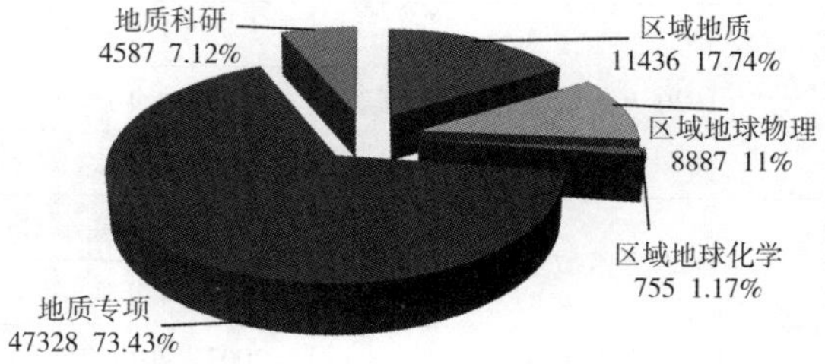

图4 2014 年全区已实施地质调查项目资金投入对比

2. 基础性地质调查完成情况。截至2014年底,全区累计完成基础性地质调查工作量详见表1。

当年全区实施并已完成的地质调查实物工作量如下:

①完成1:5万区域地质调查面积为2.9万平方千米,与2013年相比,全区覆盖率增加2.24%。

②完成1:25万区域重力调查面积1.76万平方千米,与2013年相比,全区覆盖率增加1.49%。

③固完成1:25万区域地球化学调查面积为1.61万平方千米,与2013年相比,全区覆盖率增加0.01%。

④完成1:5万矿产地质专项调查面积2.85万平方千米,与2013年相比,全区覆盖率增加4.43%。

⑤1:5万矿产远景调查的地球化学测量完成0.64万平方千米。

多年来,国家、自治区对基础性、公益性地质工作的投入,提高了基础地质资料的可靠程度,降低了矿业投资的风险。由于受地质工作条件等因素的影响,一些地区(盟市)的基础性地质调查成果覆盖面还是较小,在一定程度上制约了自治区后续矿产勘查工作的安排。

表1　　2014 年全区基础性地质调查完成情况统计表

项目名称	截至时间	累计完成图幅(幅)	累计完成面积($10^4 km^2$)	覆盖率(%)
1:5万区域地质调查	2007年底	276	10.27	8.68
	2013年底	746	25.49	21.60
	2014年底	766	28.13	23.84
1:20万区域地质调查	2007~2014年底	226	104.50	88.60
1:25万区域地质调查	2007年底	21	25	21.13
	2012年底	33	50.64	42.70
	2014年底	73	65.34	55.30

续表 1

项目名称	截至时间	累计完成图幅(幅)	累计完成面积($10^4 km^2$)	覆盖率(%)
1:20 万区域重力调查	2007 年底	140	56.6	48.0
	2010 年底	160	69.73	59.1
	2014 年底	162	71.6	60.5
1:25 万区域重力调查	2013 年底	13	9.38	7.95
	2014 年底	15	11.14	9.44
1:100 万区域重力调查	2007～2014 年底	14	118	100
1:100 万区域航磁调查	2007～2014 年底	1	43.7	39
1:50 万区域航磁调查	2007～2014 年底	1	1	1
1:20 万区域航磁调查	2007～2014 年底	51	30.8	28
1:10 万区域航磁调查	2007～2014 年底	122	18.3	17
1:5 万航空物探综合站测量	2008 年底	—	16.5	13.95
	2011 年底	—	54.83	46.5
	2014 年底	—	63.7	54.0
1:2.5 万区域航磁调查	2007～2014 年底	—	10.2	8.6
1:5 万区域航磁调查	2014 年底	—	73.08	61.93
1:10 万区域航磁调查	2007～2014 年底	122	18.30	17
1:20 万区域航磁调查	2007～2014 年底	51	30.80	28
1:50 域航磁调查	2007～2014 年底	1	1	1
1:100 航磁调查	2007～2014 年底	1	43.70	39
1:25 万区域地球化学调查	2007～2012 年底	18	10.67	9.04
	2013 年底	21	13.23	11.20
	2014 年底	23	13.41	11.21
1:20 万区域地球化学调查	2007 年底	168	66.3	56.0
	2010 年底	177	71.81	60.0
	2014 年底	181	77.56	65.6
1:5 万区域地球化学调查	2007 年底	30	1.05	0.89
	2011 年底	241	4.2	3.55
	2014 年底	275	5.4	4.58
1:5 万农业化探调查	2007～2014 年底	105	3.2	24.0
1:5 万遥感地质调查	2014 年底	38	1.34	1.13
1:5 万矿产远景调查	2010 年底	72	2.9	2.45
	2012 年底	84	3.18	2.70
	2014 年底	1195	41.98	35.60
1:5 万矿产地质专项调查	2009 年底	760	28.09	23.75
	2013 年底	1035	34.35	29.10
	2014 年底	1240	41.92	33.53

【矿产地质勘查】 1. *矿产勘查项目登记*。据《内蒙古自治区探矿权管理信息系统》数据统计，截至2014年底，除石油、天然气、煤层气及放射性等矿产（全区石油、天然气探矿权148个，煤层气探矿权11个，中央直管。），全区有效期内地质勘查项目4053个，勘查面积11.86万平方千米，占自治区总面积的10.03%。其中，国土资源部登记勘查项目245个，勘查项目总面积3.13万平方千米，占全区勘查项目总面积的26.39%，占自治区总面积的2.65%；国土资源厅登记勘查项目3808个，勘查项目总面积8.73万平方千米，占全区勘查项目总面积的73.61%，占自治区总面积的7.38%。

2014年由自治区国土资源厅办理勘查登记的项目2282个，以变更项目为主，共1332个，占登记项目总数的58.37%；延续勘查项目396个，占发证总数的17.35%；新立勘查项目309个，占发证总数的13.54%；保留勘查项目129个，注销勘查项目116个。其中，变更登记项目以有色金属、贵金属矿产勘查居多，分别为767个、292个，占总勘查项目的33.61%、12.80%；具体各类勘查登记项目的有关情况（详见表2）。

全区各类矿产勘查项目以有色金属勘查为主，占全区矿产勘查项目总数的49.64%；其次为贵金属矿产勘查项目，占矿产勘查项目总数的19.79%。勘查登记项目工作程度以详查项目为主，占整个在期项目的42.56%；其次为普查项目，占在期项目的27.17%。勘查登记面积主要以有色金属矿产和能源矿产为主，分别占在期项目总勘查面积的40.76%和30.80%。各类矿产勘查项目的有关情况详见表3和图5、图6。

表2　　2014年度国土资源厅办理登记勘查许可证情况一览表　　（单位：个）

矿产类型	新立	变更	延续	保留	注销	合计	占总勘查项目比例（%）
能源矿产	27	16	6	33	3	85	3.73
黑色金属	39	187	34	37	26	323	14.15
有色金属	104	767	227	23	43	1164	51.01
贵金属	64	292	113	19	27	515	22.57
稀有稀土	2	1	1	2	2	8	0.35
非金属矿产	71	64	13	15	15	178	7.80
水气矿产	2	5	2	—	—	9	0.39
合计	309	1332	396	129	116	2282	100
占总勘查项目比例（%）	13.54	58.37	17.35	5.65	5.09	100	

表3　　2014年度全区在期有效各矿类勘查项目一览表

矿产类型	项目总数（个）	占总矿产勘查项目比例（%）	工作程度				勘查面积（平方千米）
			预查	普查	详查	勘探	
能源矿产	349	8.61	34	63	72	180	36524
黑色金属	584	14.41	48	142	354	40	9359
有色金属	2012	49.64	237	553	824	398	48341
贵金属	802	19.79	84	194	374	150	19226
稀有稀土	11	0.27	1	3	3	4	225
非金属矿产	285	7.03	14	144	94	33	4664
水气矿产	10	0.25	0	2	4	4	258
合计	4053	100	418	1101	1725	809	118598

由于受经济放缓的大环境影响，近几年自治区矿产勘查项目逐年减少，虽然2014年项目数量比2013年增加3个，但是勘查面积比2013年减少14.68%。总体上详查和勘探项目的比例在逐年增加，勘探项目数量比2013年增加38.29%，可见全区矿产勘查工作重心已由面到点，深入细化。有关近8年来矿产勘查项目及各勘查阶段的对比情况，参见图7。

2. *矿产勘查项目分布*。近年来，自治区矿产勘查

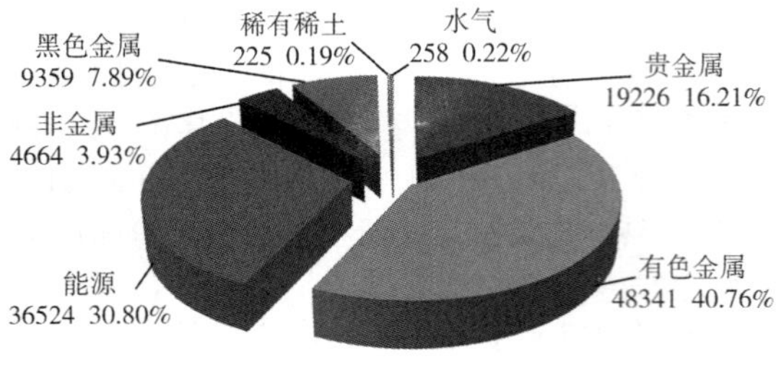

图 5　2014 年全区在期各类矿产勘查项目面积(平方千米)对比

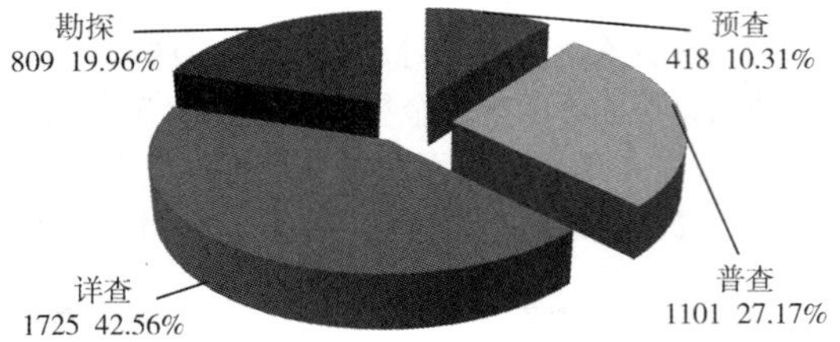

图 6　2014 年全区在期有效地质勘查项目按勘查程度数量(个)对比

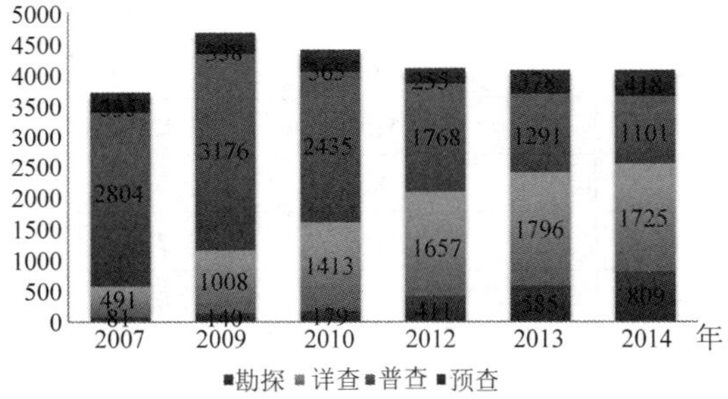

图 7　2007～2014 年全区矿产勘查项目按勘查阶段数量对比

项目在各盟市的分布很不均衡，与其成矿地质条件关系密切，同时也受矿山的内外部建设条件以及地方经济发展情况等因素制约。

2014 年，赤峰市有效勘查登记项目数量居全区各盟市之首，其次为呼伦贝尔市和锡林郭勒盟，3 盟市登记有效勘查项目 2209 个，占全区登记有效勘查项目总数的 54.50%；其中以有色金属、贵金属矿产勘查项目为主，占全区有色金属、贵金属矿产勘查项目总数的 65.74%，占三盟市勘查项目总数的 83.75%。能源矿产登记有效勘查项目主要分布在锡林郭勒盟和鄂尔多斯市，共有 168 个，占全区能源矿产勘查项目总数的 48.14%，占两盟市勘查项目总数的 22.05%。黑色金属矿产有效勘查项目主要分布在巴彦淖尔市、包头市、乌兰察布市及阿拉善盟，共有 376 个，占全区黑色金属矿产勘查项目总数的 64.38%，占 4 盟市勘查项目总数的 28.31%。自治区矿产勘查项目详细情况参见表 4 和图 8。

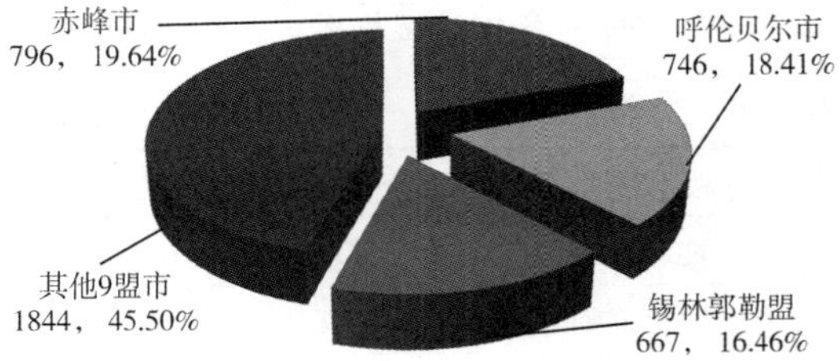

图 8　2014 年全区矿产勘查项目数量前三位盟市比重对比

2014 年全区登记有效勘查项目涉及的主要矿产有煤、铁、铜、铅、锌及多金属、金、银等，按主要矿种统计全区各盟市分布情况详见表 5。煤炭勘查项目主要集中在鄂尔多斯市和锡林郭勒盟；铁矿勘查项目主要集中在包头市、巴彦淖尔市、乌兰察布市和阿拉善盟；铜、铅、锌及多金属矿勘查项目主要集中在赤峰市、呼伦贝尔市和锡林郭勒盟；金矿勘查项目分布比较均匀，除乌海市和鄂尔多斯市以外，其他盟市均有金矿勘查登记项目；银矿勘查项目主要集中在赤峰市、锡林郭勒盟和呼伦贝尔市。2007～2014 年全区在期地质勘查项目在各盟市分布情况对比，详见图 9。

表 4　　2014 年全区各盟市分矿类在期有效勘查项目一览表　　(单位：个)

盟市	能源矿产	黑色金属	有色金属	贵金属	稀有稀土	非金属	水气矿产	合计
呼和浩特市	3	40	14	37	1	41	—	136
包头市	7	97	31	52	—	27	—	214
呼伦贝尔市	56	27	496	158	1	6	2	746
兴安盟	4	10	104	19	—	4	1	142
通辽市	2	4	95	9	2	17	—	129
赤峰市	18	61	535	157	1	23	1	796
锡林郭勒盟	90	61	362	142	1	7	4	667
乌兰察布市	22	93	83	77	4	67	1	347
鄂尔多斯市	78	5	1	—	—	10	1	95

续表 4

盟市	能源矿产	黑色金属	有色金属	贵金属	稀有稀土	非金属	水气矿产	合计
巴彦淖尔市	10	94	125	60	—	26	315	
乌海市	11	—	1	—	—	2	—	14
阿拉善盟	48	92	165	91	1	55	—	452
总计	349	584	2012	802	11	285	10	4053

表 5　2014 年全区各盟市主要矿种在期有效勘查项目一览表　(单位:个)

盟市	煤	铁	铜	铅锌	多金属	金	银	其他	合计
呼和浩特市	3	40	11	—	3	35	2	42	136
包头市	5	94	14	—	15	49	—	37	214
呼伦贝尔市	48	23	124	192	143	98	59	59	746
兴安盟	4	9	37	32	32	5	14	9	142
通辽市	1	4	47	25	20	3	6	23	129
赤峰市	15	59	154	262	97	84	73	52	796
锡林郭勒盟	88	54	134	79	133	65	77	37	667
乌兰察布市	16	87	34	15	29	69	8	89	347
鄂尔多斯市	76	4	—	—	1	—	—	14	95
巴彦淖尔市	4	90	54	9	49	54	6	49	315
乌海市	11	—	—	1	—	—	—	2	14
阿拉善盟	35	81	69	5	70	82	5	105	452
总计	306	545	678	620	592	544	250	518	4053

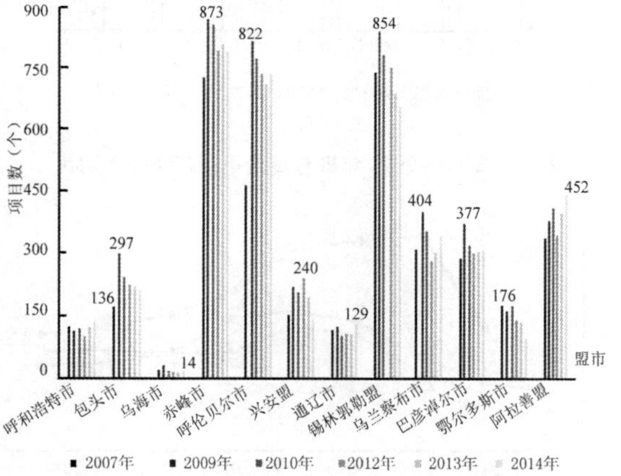

图 9　2007～2014 年全区在期地质勘查项目各盟市分布对比

3. *矿产勘查项目的种类*。据全区矿产勘查项目年检报告统计，2014 年全区开展矿产地质勘查并形成一定工作量的项目 3223 个，按矿产种类划分，涉及 7 类 59 种矿产。其中，能源矿产 3 种 165 个项目，黑色金属矿产 5 种 481 个项目，有色金属矿产 9 种 1744 个项目，贵金属矿产 4 种 682 个项目，稀有矿产 3 种 7 个项目，化工建材及其他非金属矿产 33 种 137 个项目，水气矿产 2 种 7 个项目。矿产勘查项目所占比重以有色金属、贵金属和黑色金属矿产最高，分别占全区矿产勘查项目的 54.11%、21.16% 和 14.92%。2006～2014 年已实施的全区各类矿产勘查项目对比相关情况，参见图 10。

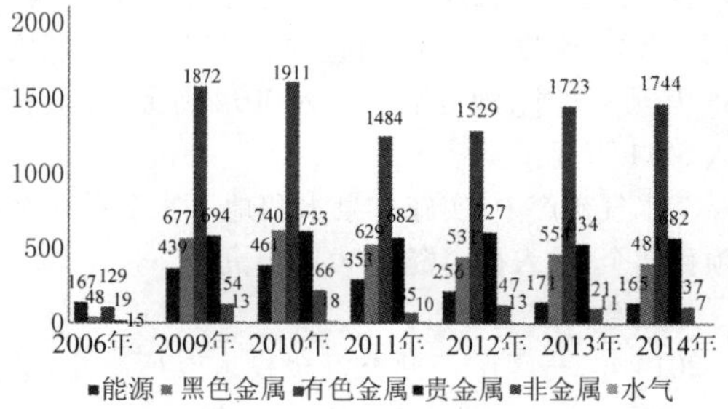

图 10　2006～2014 年全区已实施各类矿产勘查项目数量对比

4. *矿产勘查资金投入*。2014 年，全区开展矿产勘查并形成一定工作量 3223 个项目，矿产勘查资金总投入 367978 万元。其中，中央财政投入 41890 万元，地方财政投入46430万元，社会资金投入279685万元。2014年矿产勘查资金投入以社会资金为主，占总投入的76.01%，相关资金投入结构比例参见图11；勘查资金总投入与2013年相比，减少33520万元，减少8.34%，2006~2014年全区各类矿产勘查资金、钻探实物工作量及相应投入对比情况，参见图11、图12、图13及图14。

①能源矿产中，实施煤炭、油页岩、地热等矿产勘查项目165个，投入资金73771万元。其中，中央财政投入40000万元，地方财政投入10048万元，社会资金投入23723万元，另外企业自主煤炭勘查垫资42500万元。

②黑色金属矿产中，实施铁、锰、铬、钛等矿产勘查项目481个，投入资金25589万元。其中，中央财政投入525万元，地方财政投入4898万元，社会资金投入20166万元。

③有色金属矿产中，实施铜、铅锌、铝土矿、镍、钴、钨、锡、钼、锑等9种矿产勘查项目1744个，投入资金178790万元。其中，中央财政投入1365万元，地方财政投入15152万元，社会资金投入162273万元。

④贵金属矿产中，实施铂金属、岩金、砂金、银等4种矿产勘查项目682个，投入资金75486万元。其中，地方财政投入13193万元，社会资金投入62293万元。

⑤稀有金属矿产中，实施铌钽矿、铍、锆等3种矿产勘查项目7个，投入资金717万元。其中，地方财政投入38万元，社会资金投入679万元。

⑥化工建材及其他非金属矿产中，实施蓝晶石、红柱石、菱镁矿、普通萤石、溶剂用灰岩、冶金用白云岩、冶金用石英岩、硫铁矿、明矾石、化肥用蛇纹岩、泥炭、玉石、玛瑙、硅灰石、长石、叶蜡石、高岭土、玻璃用石英岩、水泥用灰岩、水泥配料用脉石英、水泥用大理岩、膨润土、硅藻土、建筑用角闪岩、建筑用大理岩、饰面用花岗岩、陶粒用黏土、石墨、石棉、蓝石棉、沸石、石膏、铸石用玄武岩等33种矿产勘查项目137个，投入资金9585万元。其中，地方财政投入3074万元，社会资金投入6511万元。

⑦水气矿产中，实施矿泉水和地下水2种矿产勘查项目7个，投入社会资金4040万元。

从资金构成上分析：

2014年，全区矿产勘查资金投入有所减少，总投入367978万元，比2013年（401498万元）减少8.35%。其中，中央财政投入比2013年有较大幅度的增加，为41890万元，增加11.4倍，占全区勘查资金总投入的11.38%；自治区财政投入46403万元，比2013年减少43.30%，占全区总投入12.61%；社会商业性投入279685万元，比2013年减少11.57%，占全区总投入的76.01%。

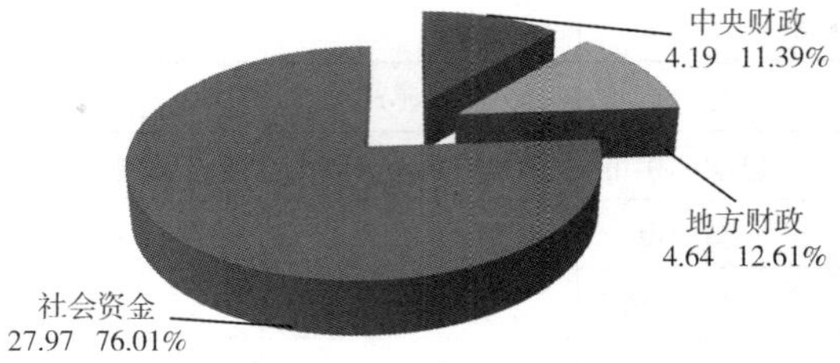

图11 2014年全区已实施勘查项目资金（亿元）投入比重

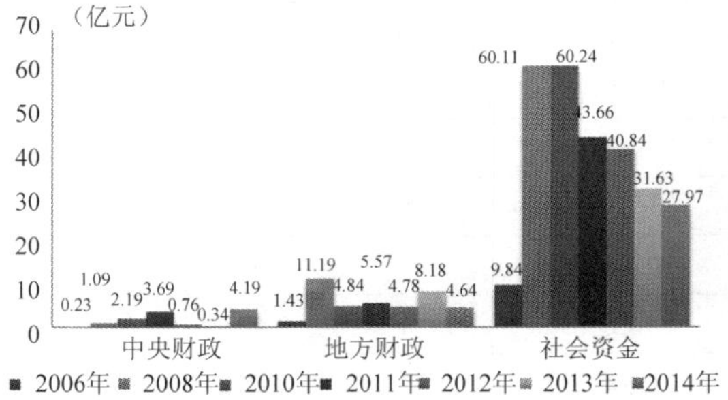

图12 全区2006~2014年地勘资金分类投入对比

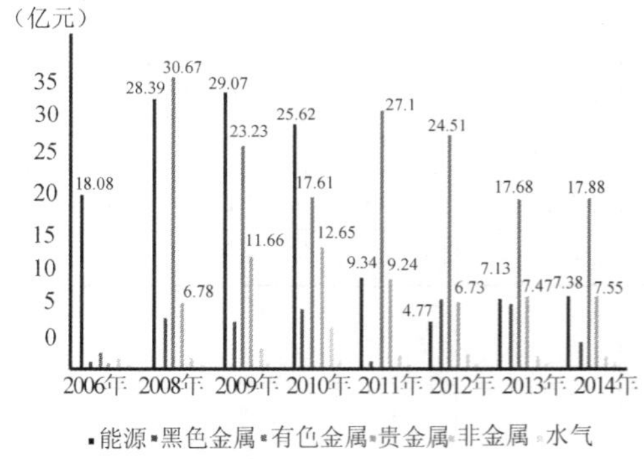

图13 2006~2014年勘查资金不同矿类投入对比

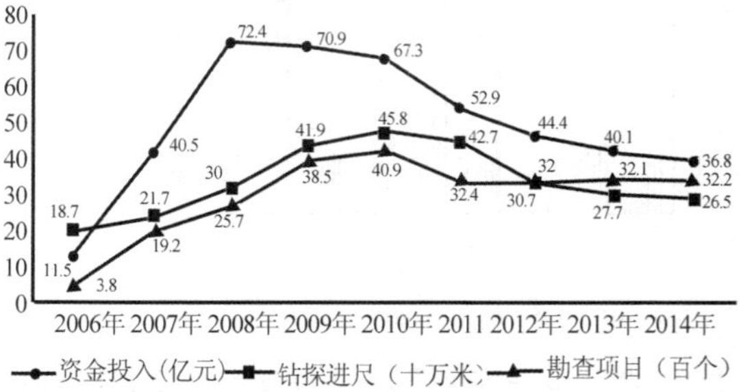

图14 2006~2014年全区勘查项目、资金及钻探数量对比

中央财政投入主要经费来源是中央地质勘查基金，比2013年有较大上升，上升幅度达1079.94%，占总投入的10.21%；自治区财政的投入比2013年有较大的下降,下降幅度达 43.30%,占总投入 11.30%;社会商业性投入也有所下降,下降幅度为 11.57%,占全区勘查总投入的 68.14%。本年度新增了企业煤炭勘查垫资 42500 万元,占全区投入总资金的 10.35%,是自治区政府为了激励社会企业勘查积极性提出的勘查政策及方法。主要为前期由企业垫资进行煤炭项目勘查,待勘查结束后就勘查成果进行评估,对出资企业进行财政补偿或者进行资源配置。中央财政和自治区财政投入开展的主要是地质矿产基础性工作,发挥其找矿勘查的引导作用,加强能源矿产的勘查,形成更具规模的能源矿产地储备。社会商业性资金投入虽然逐年在减少,但依然是矿产勘查投入的主体,各方面资金投入均有所波动,反映了受宏观经济增速减缓的影响及全球性经济疲软和国家相关政策的变化。

2014 年中央财政在能源勘查项目上投入较多,国家因地制宜地开展矿产勘查,在提出形成绿色低碳循环发展的新方式下,加强煤层气等清洁能源的勘查力度。由于世界经济复苏缓慢,世界主要矿产品价格持续走低,导致全国矿产品原材料需求降低,加上大宗矿产品高库存原因,以及在我国高速发展的近些年,环境的承载能力已经达到或接近上限。国家加强对矿产资源整合和矿业权市场规范化管理,推动绿色低碳循环发展的新方式,对地质工作提出了更高的要求,使得某些不规范的社会企业被迫退出矿业权市场,社会性投入逐年有所减少。由于煤炭、铜矿等矿产品市场价格波动较大,以及在此类矿产品的高库存影响下,社会资金在相应矿种的勘查积极性不足,导致勘查投入明显下降。

从资金投向上分析:

中央财政资金的主要投向是地质矿产调查评价、清洁能源矿产和重要矿产资源前期勘查。自治区财政资金的主要投向是 1∶5 万矿产远景调查和煤炭、有色金属、贵金属等重要矿产资源预查普查工作,社会商业性资金主要投入市场需求较大的铁、铜、铅锌、金等重要矿种勘查。资金在各矿种上的勘查投入呈个别矿种有所增加整体下降的现象。

与 2013 年相比,投于各种矿产的勘查资金额度均有不同程度的变化。其中,煤炭勘查投入资金 72575 万元,比 2013 年增加 4.59%,占全年勘查总投入的 19.72%;铁等黑色金属矿产勘查投入资金 25589 万元,比 2013 年减少 61.02%,占全年勘查总投入的 6.95%;铜铅锌钼等有色金属矿产勘查投入资金 178790 万元,比 2013 年增加 1.13%,占全年勘查总投入的 48.59%;金银贵金属矿产勘查投入资金 75486 万元,比 2013 年增加 1.04%,占全年勘查总投入的 20.51%。

煤炭资金投入较 2013 年有所增加,主要是中央财政投入大幅增加,并且自治区政府出台了鼓励企业垫资煤炭勘查,而社会资金投入则大幅减少。世界经济短期难以出现根本性好转,煤炭需求没有显著增加,煤炭等高污染矿产在当前矿产品深化升级开发程度上不符合国家对绿色低碳循环发展新方式的要求,则社会资金投入疲软,而中央财政加大投入以及自治区政府的相关政策在煤炭勘查方面起到了引导性作用,加强了重要能源矿产地储备以及煤层气等清洁能源的勘查。

铁矿资金投入较 2013 年有所下降,近期钢材产量过剩,国内企业对铁矿石需求降低,各类资金在铁矿勘查方面的投入减少。

铜、铅锌矿资金总体投入较 2013 年有一定增加,有色金属市场 2014 年面临去库存问题,而下游需要方面整体示弱,需求市场弱势的格局暂时难以改变,导致在各类有色金属矿种上勘查投入偏弱。

金矿、银矿资金投入较 2013 年总体还是有所增加,主要由于自治区在贵金属找矿方面投入一直保持在较稳定环境中,各类资金在我区贵金属找矿方面投入也相对增长。

5. 矿产勘查完成工作量。2014 年,全区开展矿产勘查并形成一定工作量 3223 个项目,完成钻探 2150232 米,坑探 54105 米,槽探 155.48 万立方米,浅井 2700 米。

其中,能源矿产完成钻探 275470 米、槽探 0.83 万立方米;黑色金属矿产完成钻探 119053 米、坑探 3708 米、槽探 12.44 万立方米、浅井 186 米;有色金属矿产完成钻探 1357196 米、坑探 23892 米、槽探 93.91 万立方米、浅井 1475 米;贵金属矿产完成钻探 347137 米、坑探 22533 米、槽探 42.43 万立方米、浅井 1039 米;稀有金属矿产完成钻探 3965 米、槽探 1 万立方米;化工建材及其它非金属矿产完成钻探 46446 米、坑探 4602 米、槽探 4.87 万立方米;水气矿产完成钻探 965 米。2006 年至 2014 年全区各类矿产勘查钻探工作量投入参见图 15。

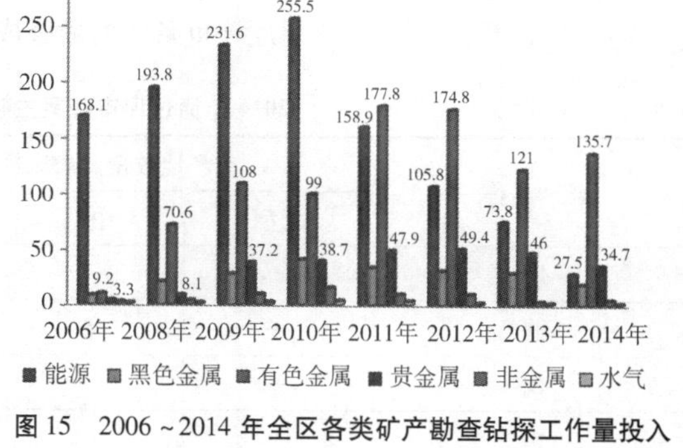

图 15　2006～2014 年全区各类矿产勘查钻探工作量投入对比

【地质矿产勘查成果】 1. 矿产勘查成果评审备案情况。据《自治区国土资源厅2014年度矿产资源储量评审备案情况通报》统计,全年完成矿产资源储量评审备案的勘查成果187项。其中:国土资源部评审备案12项,国土资源厅评审备案175项,详见表6。

表6　2014年度全区矿产资源储量评审备案完成情况统计表

备案报告评审机构	预查	普查	详查	勘探	生产勘查	核实	闭坑	合计
国土资源部备案报告	—	—	—	12	—	—	—	12
国土资源厅备案的报告	1	12	131	31	—	—	—	175
评审备案合计	1	12	131	43	—	—	—	187
比例(%)	0.53	6.42	70.05	23.0	—	—	—	100100

截至2014年底,自治区境内评审备案的187项矿产资源勘查成果,按工作程度(预查、普查、详查、勘探、)统计,国土资源厅完成评审备案的以详查报告为主,占其相应完成总量的74.86%。国土资源部评审备案的仅为勘探报告一项。

表7　2014年全区矿产资源储量厅评审备案统计表(盟市)

盟市	预查	普查	详查	勘探	生产勘探	核实	闭坑	合计
呼和浩特市	—	1	8	—	—	—	—	9
包头市	—	1	14	2	—	—	—	17
乌海市	—	—	5	2	—	—	—	7
赤峰市	—	1	25	4	—	—	—	30
通辽市	—	—	2	1	—	—	—	3
鄂尔多斯市	—	2	11	8	—	—	—	21
呼伦贝尔市	—	2	7	3	—	—	—	12
兴安盟	—	1	4	—	—	—	—	5
锡林郭勒盟	1	1	10	2	—	—	—	14
乌兰察布市	—	3	12	2	—	—	—	17
巴彦淖尔市	—	—	12	3	—	—	—	15
阿拉善盟	—	—	21	4	—	—	—	25
评审备案合计	1	12	131	31	—	—	—	175

2014年,通过的国土资源厅备案的175项勘查成果分布于全区12个盟市,占前三位的为赤峰市、阿拉善盟和鄂尔多斯市,分别占全区的17.14%、14.29%、12.0%,并且均以详查报告为主,详见表7。

2014年,全区经过国土资源厅评审备案的勘查成果报告为61项。其中,单一矿产(或主矿产)地涉及新增资源储量的矿产有煤、铁、镍、铜、铅、锌、钼、钨、金、银、铌钽、石墨、水泥用灰岩、饰面石材用花岗岩、水泥电石用大理岩、黑色冶金熔剂用石灰岩等16个矿种。详见表8。

表8　2014年通过评审备案主矿产地新增资源储量情况一览表

矿产名称	矿产地数量及矿床规模(个)			单位	资源储量增加量
	大型	中型	小型		
煤	3	—	—	万吨	340843
铁	—	5	10	矿石万吨	49623
铜	—	—	2	金属吨	34919
铅	—	1	1	金属吨	84986

续表 8

矿产名称	矿产地数量及矿床规模(个)			单位	资源储量增加量
	大型	中型	小型		
锌	—	2	3	金属吨	475110
金	1	—	7	金属千克	32770
银	—	2	6	金属千克	1701249
镍	—	1	—	金属吨	80150
钼	—	1	1	金属吨	438343
钨	—	1	—	金属吨	49271
铌钽	1	—	—	金属吨	9331
石墨	1	—	—	矿物万吨	260
饰面石材用花岗岩	—	1	1	矿石万立方米	715
水泥电石用大理岩	1	—	—	矿石万吨	19271
水泥用石灰岩	2	4	2	矿石万吨	105149
黑色冶金熔剂用石灰岩	—	1	—	矿石万吨	4290
合计	10	19	32	—	—

2. *矿产勘查新增矿产地*。2014 年,全区新增查明上表矿产地 59 处(共分为 102 个上表单元),其中,大型矿产地 16 处、中型 13 处、小型 30 处,有能源矿产地 12 处、金属矿产地 38 处、非金属矿产地 9 处。全区新增矿产资源量情况详见表 9。

表 9　　2014 年新增矿产地矿产资源储量情况一览表

序号	矿产名称	矿产地数量及矿床规模(个)			查明资源	
		大型	中型	小型	单位	资源储量
1	煤炭	6	2	3	千吨	8398590
2	铁矿	3	2	8	矿石千吨	606466
3	铜矿	0	2	7	铜吨	31631
4	铅矿	0	4	6	铅吨	281377
5	锌矿	0	4	7	锌吨	488523
6	钨矿	1	1	0	WO_3 吨	50370
7	镍矿	0	1	0	镍吨	80150
8	钳矿	1	3	0	钼吨	466482
9	金矿	1	0	8	金千克	36005
10	银矿	0	3	9	银吨	2399
11	铌钽矿	1	0	0	铌钽铁矿物吨	9331
12	镉矿	0	1	1	镉吨	965
13	钴矿	0	1	0	钴吨	4005
14	铷矿	1	0	0	Rb_2O 吨	37300
15	铟矿	0	0	1	铟吨	1.56
16	硫铁矿	0	2	2	硫千吨	827

续表9

序号	矿产名称	矿产地数量及矿床规模(个)			查明资源	
		大型	中型	小型	单位	资源储量
17	石墨	1	0	0	晶质石墨千吨	2597
18	普通萤石	1	0	0	矿石干吨	3601
19	熔剂用灰岩	0	1	0	矿石千吨	42902
20	饰面用花岗岩	0	1	1	矿石千立方米	7147
21	水泥用灰岩	2	1	2	矿石下吨	986513
	矿产地合计	18	29	55	总计	102

3. *地质矿产勘查重大成果*。经过多年的基础性地质调查和矿产勘查的投入，2014年全区完成阶段性勘查矿产地169个，新发现矿产地44个。矿产资源勘查取得重要成果19项，其中煤炭3项、金属矿产14项、非金属矿产2项；按规模划分为大型8个，中型9个，小型2个；详见表10。另外，自治区在铀矿勘查中取得重大突破，而且储量前景可观。

表10　　2014年全区矿产勘查重大成果统计表

项目名称	规模	矿种	单位	新增资源储量	
				333及以上	334
东胜煤田大牛地煤炭普查	大	煤	亿吨	21.92	32.39
陈巴尔虎旗煤田东明西区煤炭详查	大	煤	亿吨	3.52	4.5
额尔古纳市得尔布煤炭详查	中	煤	亿吨	1.25	2.9
乌拉特后旗查干德尔斯矿区钼矿勘探	大	钼	钼万吨	20.13	13.85
乌拉特中旗石哈河矿区砂金矿1号矿体详查	大	砂金	金吨	16.72	—
武川县赵井沟矿区铌钽矿详查	中	铌钽	万吨	0.75	0.18
阿拉善左旗库井沟矿区石墨矿详查	大	石墨	矿物万吨	259.66	—
清水河县青龙山矿区水泥用石灰岩矿普查	大	水泥灰岩	矿石万吨	—	27251
固阳县电报村矿区一区、二区深部超贫磁铁矿详查	大	铁	矿石亿吨	0.34	0.84
锡林浩特市阿尔善矿区超贫磁铁矿详查	中	铁	矿石亿吨	0.46	0.19
乌拉特中旗温根矿区C区超贫磁铁矿勘探	大	铁	矿石亿吨	1.52	0.51
赤峰市松山区元宝山矿区铅锌银矿勘探	小	铅	铅万吨	4.02	3.55
科尔沁右翼前旗巴根黑格其尔矿区(一区)947~500m标高铁铅锌矿详查	中	锌	锌万吨	15.78	1.25
东乌珠穆沁旗朝不楞矿区西矿带铁锌矿勘探	中	锌	锌万吨	4.02	3.55
太仆寺旗沙了沟矿区铅锌钼矿勘探	中	钼	钼万吨	1.65	8.2
乌拉特后旗达布逊矿区镍矿勘探	中	镍	镍万吨	3.72	4.29
鄂温克族自治旗红花尔基矿区铝钨矿详查	中	钨	钨万吨	1.32	3.61
巴林右旗代黄沟矿区铅锌银矿勘探	中	银	银吨	483.88	507,25
扎鲁特旗毛西嘎达坂矿区银铅锌铜矿详查	中	银	银吨	25.99	42.95

【水文地质、环境地质及地质灾害调查评价】 2014年，全区开展的水文地质、环境地质和地质灾害调查评价项目46个，与2013年相比增加7个。投入资金11057万元，比2013年减少33.38%；其中，中央财政

投入 2570 万元，地方财政投入 8487 万元。相关情况参见图 16。

2014 年，全区 1∶25 万水文地质勘查 1 个项目，投入资金 600 万元（中央财政资金），本年完成面积 0.60 万平方千米。开展 1∶5 供水水文地质调查共计 20 个项目，投入资金 5126 万元，（自治区财政资金）。严重缺水地区找水项目 4 个，投入资金 460 万元（自治区财政资金）。1∶50 万地热资源调查评价地热普查项目 8 个，投入资金 1541 万元（自治区财政资金），2014 年完成面积 118 万平方千米。具体有关情况详见表 11。

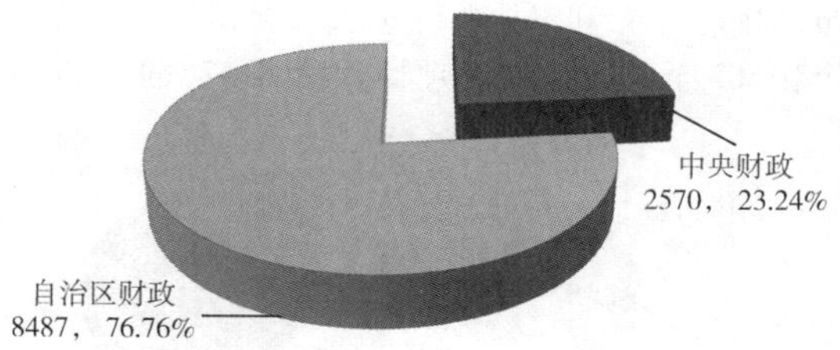

图 16　2014 年全区已实施水工环地质调查项目资金投入比重

表 11　2014 年全区水工环地质调查评价完成情况统计

项目名称	当年完成面积（平方千米）	项目名称	当年完成面积（万平方千米）
1∶5 万水文地质调查	420	1∶5 万矿山环境地调与评价	330
1∶25 水文地质调查	6000	1∶5 万突发性地质灾害调查	330
1∶25 地下水污染调查评价	16800	1∶50 万地热资源调查评价	118

·矿产资源开发利用·

【概况】 2014 年，全区矿业管理积极推进“3 + 2”模式，紧紧围绕矿业开发的集约、集聚、产业链发展，矿山企业技术水平和生产能力平稳提高。管理上通过市场优化配置矿产资源，规范矿业开发秩序，完善行政监管制度，为我区经济稳增长、促改革、调结构、扩内需、惠民生提供了有力的保障。

【矿产资源开发登记】 1. 采矿权登记。自治区采矿权设置采用三级登记制，即由国土资源部、国土资源厅和盟市国土资源局按矿产资源类别及矿床规模划分范围进行登记。

截至 2014 年底，除由国土资源部登记和管理的石油、天然气、煤层气和放射性矿产外（石油、天然气采矿权登记 35 个，中央直管。），全区非油气类矿产采矿登记在期项目 4591 个。其中，部和厅登记在期项目 1444，盟市级登记项目 3147 个。与 2013 年相比，全区非油气类矿产在期登记项目减少 2.19%，主要为能源矿产、贵金属、非金属类矿产开采项目减少，而黑色金属矿产开采项目有所增加，有色金属、稀有稀土和水气矿产开采项目基本保持不变。其中，厅登记的在期项目减少 1.53%，盟、市级登记的在期项目减少 2.54%。

2. 分类登记情况。按矿产大类统计，2014 年全区非油气类 4951 个登记在期采矿权项目以非金属矿产为主，共有 3191 个，占全区采矿登记项目总数的 69.51%。在部和厅两级办理的非油气类 1444 个采矿登记在期项目中，以能源矿产和黑色金属矿产采矿登记项目居多，分别为 568 个和 404 个，占部和厅两级登记在期项目总数的 39.34% 和 27.98%。全区 2014 年有关采矿登记在期项目按矿类及矿产统计情况，参图 1～4。

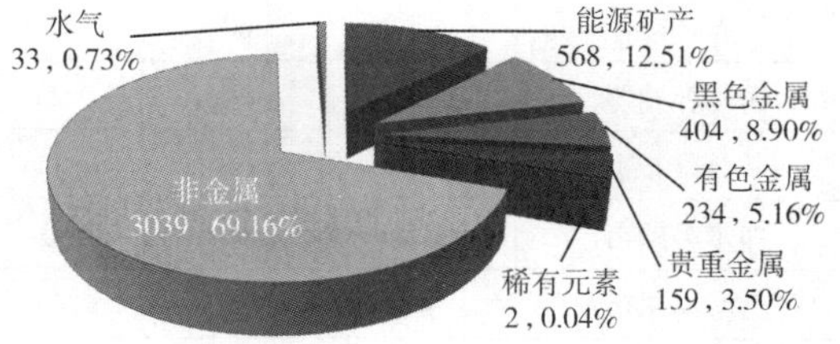

图 1　2014 年全区非油气类在期采矿登记项目（个）分矿类比重

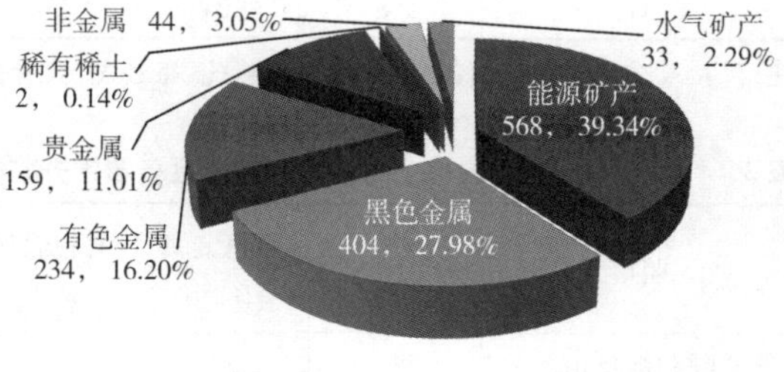

图 2　2014 年全区非油气类部、厅在期采矿登记项目（个）分矿类比重

3. 分地区登记情况。按盟市统计，2014 年全区采矿登记在期项目以鄂尔多斯市和赤峰市最多，分别为 893 和 875 个，占全区采矿登记项目总数（4591）的 19.45% 和 19.06%。部和厅两级办理的采矿登记在期项目，也是以鄂尔多斯市和赤峰市居多，分别为 354 个和 323 个，占部和厅登记项目总数（1444）的 24.52% 和 22.37%。盟市登记的在期项目中，以赤峰市、鄂尔多斯市和锡林郭勒盟居多，分别为552个、539个和502个，占盟市登记项目总数（3147）的17.54%、17.13%和15.95%。有关各盟市在期采矿登记项目具体情况，详见表1~4和图5~8。

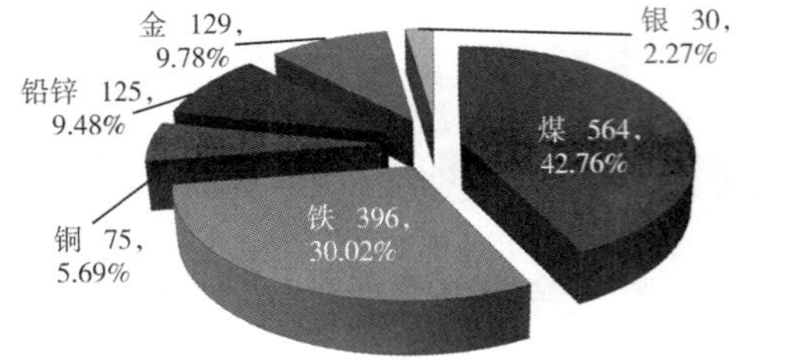

图3　2014年全区部、厅采矿登记主要矿种在期项目（个）比重

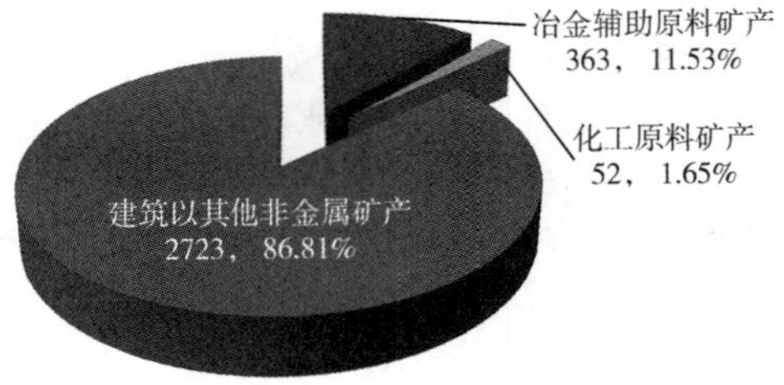

图4　2014年全区盟市采矿登记分矿类在期项目（个）比重

表1　　2014年全区各盟市分矿类采矿登记在期项目统计表　　（单位：个）

盟市	能源矿产	黑色金属矿产	有色金属矿产	贵金属矿产	稀有金属矿产	非金属矿产	水气矿产	合计
呼和浩特市	3	24	—	19	—	147	3	196
包头市	16	66	4	10	—	159	4	259
呼伦贝尔市	36	6	24	4	—	204	7	281
兴安盟	5	9	10	—	—	149	4	177
通辽市	19	7	9	1	—	313	1	350
赤峰市	45	60	126	88	552	4	875	
锡林郭勒盟	27	26	25	5	2	503	3	591
乌兰察布市	—	66	11	11	—	195	—	283
鄂尔多斯市	328	15	0	0	—	547	3	893
巴彦淖尔市	4	86	14	17	—	209	2	332
乌海市	47	7	1	—	—	59	—	114
阿拉善盟	38	32	10	4	—	154	2	240
总计	568	404	234	159	2	3191	33	4591

注：所指采矿登记项目均不包括石油、天然气、煤层气、放射性矿产开采项目。

表2　　2014年全区各盟市分矿类部、厅采矿登记在期项目统计表　　（单位：个）

盟市	能源矿产	黑色金属矿产	有色金属矿产	贵金属矿产	稀有金属矿产	非金属矿产	水气矿产	合计
呼和浩特市	3	24	—	19	—	2	3	51
包头市	16	66	4	10	—	2	4	102
呼伦贝尔市	36	6	24	4	—	3	7	80
兴安盟	5	9	10	—	—	—	4	28
通辽市	19	7	9	1	—	6	1	43
赤峰市	45	60	126	88	—	—	4	323
锡林郭勒盟	27	26	25	5	2	1	3	89
乌兰察布市	—	66	11	11	—	9	—	97

续表 2

盟市	能源矿产	黑色金属矿产	有色金属矿产	贵金属矿产	稀有金属矿产	非金属矿产	水气矿产	合计
鄂尔多斯市	328	15	—	—	—	8	3	354
巴彦淖尔市	4	86	14	17	—	7	2	130
乌海市	47	7	1	—	—	2	—	57
阿拉善盟	38	32	10	4	—	4	2	90
总计	568	404	234	159	2	44	33	1444

注:所指采矿登记项目均不包括石油、天然气、煤层气、放射性矿产开采项目。

表 3　　2014 年全区各盟市主要矿种部、厅采矿登记在期项目统计表　　(单位:个)

盟市	煤	铁	铜	铅锌	金	银	合计
呼和浩特市	3	24	—	—	17	2	46
包头市	16	66	4	—	10	—	96
呼伦贝尔市	36	6	7	13	—	4	66
兴安盟	4	9	4	6	—	—	23
通辽市	18	7	1	8	—	1	35
赤峰市	43	59	37	78	70	18	305
锡林郭勒盟	27	24	10	6	2	3	72
乌兰察布市	—	64	7	2	9	2	84
鄂尔多斯市	328	15	—	—	—	—	343
巴彦淖尔市	4	85	3	8	17	—	117
乌海市	47	7	—	1	—	—	55
阿拉善盟	38	30	2	3	4	—	77
总计	564	396	75	125	129 30	1319	

表 4

2014 年全区各盟市采矿登记在期项目分矿类统计表

(单位:个)

盟市	冶金辅助原料矿产	化工原料矿产	建筑及其他非金属矿产	合计
呼和浩特市	—	2	143	145
包头市	10	—	147	157
呼伦贝尔市	12	1	188	201
兴安盟	3	1	145	149
通辽市	26	—	281	307
赤峰市	118	4	430	552
锡林郭勒盟	113	12	377	502

续表 4

盟市	冶金辅助原料矿产	化工原料矿产	建筑及其他非金属矿产	合计
乌兰察布市	24	1	161	186
鄂尔多斯市	14	10	515	539
巴彦淖尔市	19	—	183	202
乌海市	3	4	50	57
阿拉善盟	21	17	112	150
总计	363	52	2732	3147

【矿产资源开发利用情况】 1. 矿山企业数量。2014 年,全区共有非油气矿山企业 4832 家,比 2013 年减少 38 家,减少 0.78%。按企业规模统计,大型矿山企业增加 49 家,中型增加 12 家,小型增加 155 家,小矿减少 254 家。按经济类型统计,全区共有

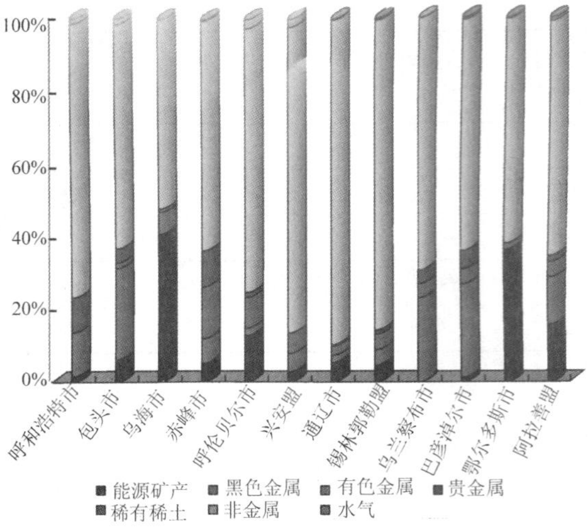

图5　2014年全区各盟市非油气采矿登记在期项目按矿类分布比重

内资矿山企业4807家，占全区矿山企业的99.48%，其中中型及以上规模矿山企业563家，占内资矿山企业总数的11.71%；有港、澳、台商投资矿山企业13家，为中小型矿山企业，占全区矿山企业的0.27%；有外商投资矿山企业12家，占全区矿山企业的0.25%，其中中型及以上规模矿山8家，占外商投资企业总数的66.67%。有关情况详见表5和图9～13。

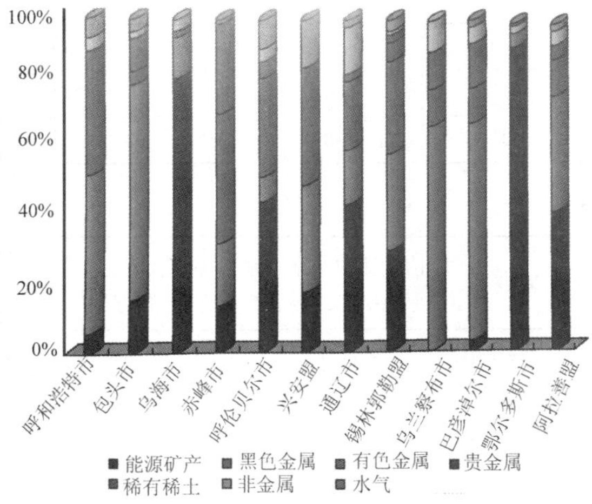

图6　2014年全区各盟市非油气采矿部、厅登记在期项目按矿类分布比重

按盟市统计，2014年全区采矿登记在期的矿山企业以鄂尔多斯市最多，为902家，占全区非油气类矿山企业总数的18.67%；大中型矿山企业有235家，占到全区大中型矿山企业总数的40.94%。第二为赤峰市，共有矿山企业844家，占全区矿山企业总数的17.47%，矿山规模以小型、小矿为主，

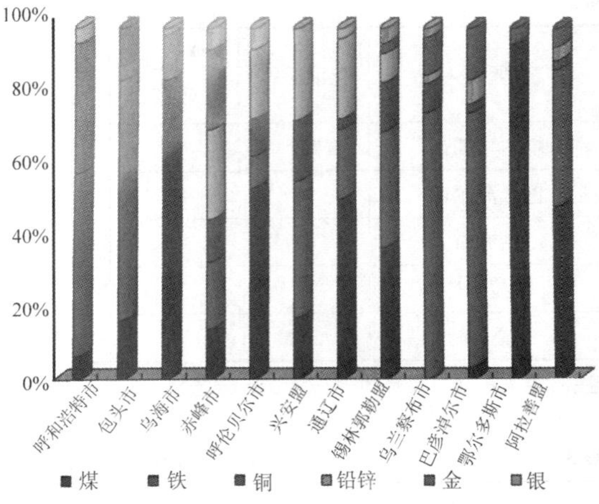

图7　2014年全区各盟市部、厅采矿登记在期项目按矿种分布比重

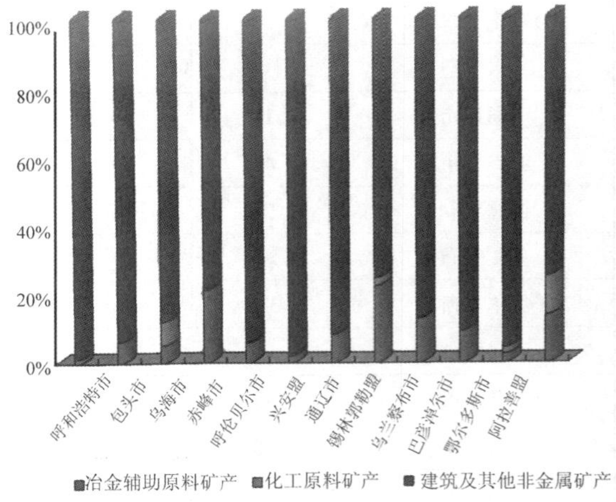

图8　2014年全区各盟市采矿登记在期项目按矿类分布比重

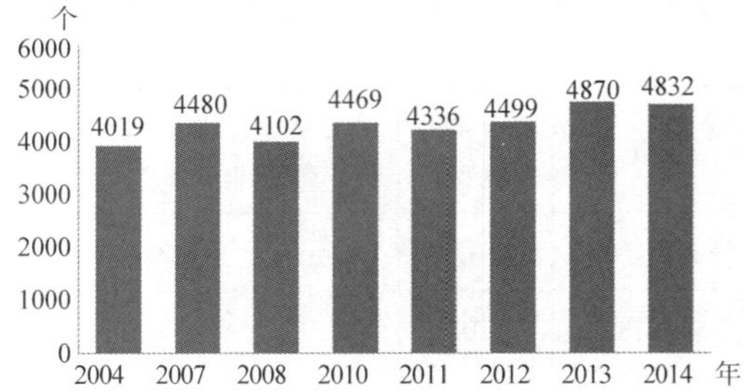

图9　2004年～2014年全区矿山企业数量变化情况

为779家，占全市矿山企业数的92.30%。锡林郭勒盟的矿山企业数量为全区第三，共有635家，占全区矿山企业总数的13.14%，矿山规模以小型、小矿为主，为599家，占全盟矿山企业数的94.33%。有关各盟市矿山企业的分布情况，详见表6和图14、图15。

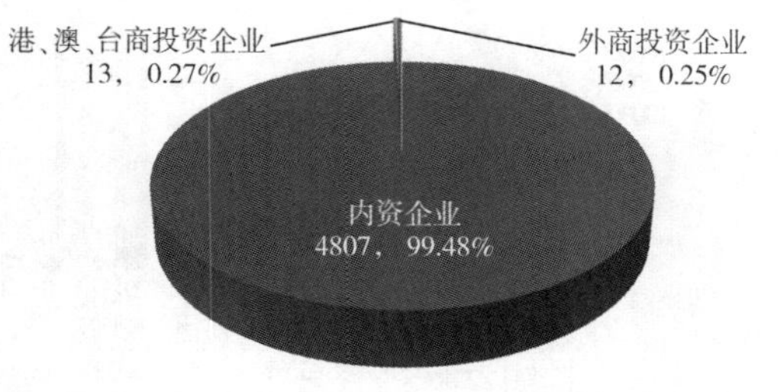

图 10　2014 年全区矿山企业数量按投资来源统计情况(个)

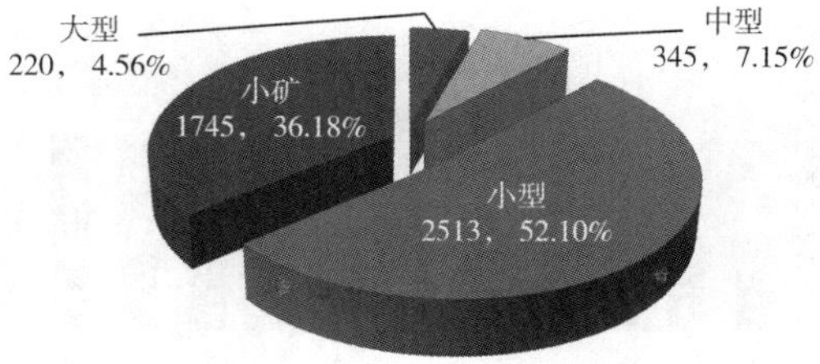

图 11　2014 年全区矿山企业数量按规模统计情况(个)

表 5　　2014 年全区矿山企业情况统计表

企业经济类型	矿山企业数量(个)				
	合计	大型	中型	小型	小矿
合计	4832	220	354	2513	1745
一、内资企业	4807	214	349	2500	1744
国有企业	107	35	24	37	11
集体企业	182	0	2	86	94
股份合作企业	32	3	3	14	12
联营企业	12	0	2	8	2
有限责任公司	1975	117	216	1101	541
股份有限公司	190	33	23	94	40
私营企业	2254	26	78	1132	1018
其他企业	55	0	1	28	26
二、港、澳、台商投资企业	13	0	3	10	0
三、外商投资企业	12	6	2	3	1

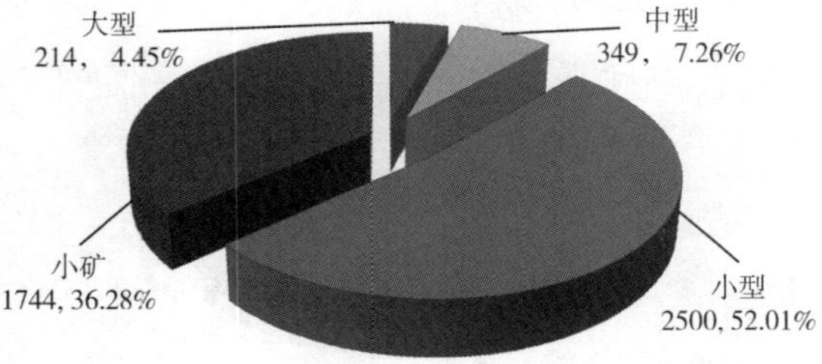

图 12　2014 年全区内资矿山企业数量按规模统计情况(个)

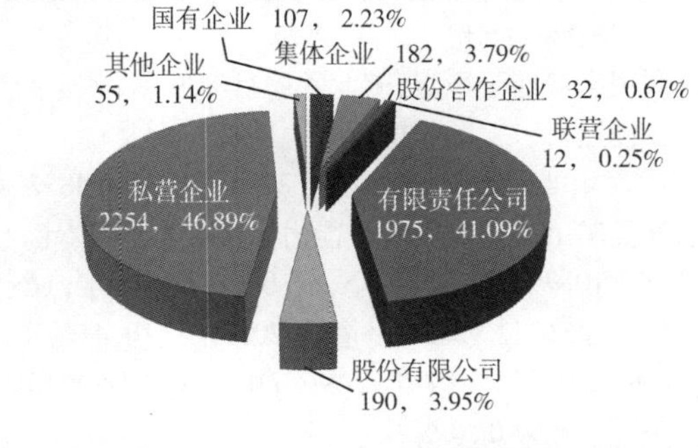

图 13　2014 年全区内资矿山企业数量按经济类型统计情况(个)

表 6　　2014 年各盟市矿山企业情况统计表

名称	矿山企业数(个)				
	合计	大型	中型	小型	小矿
合计	4832	220	354	2513	1745
呼和浩特市	198	2	5	119	72
包头市	308	17	7	167	117
呼伦贝尔市	272	18	20	132	102
兴安盟	251	1	10	68	172
通辽市	387	6	15	278	88
赤峰市	844	20	45	446	333
锡林郭勒盟	635	15	21	345	254
乌兰察布市	314	8	21	155	130
鄂尔多斯市	902	90	145	392	275
巴彦淖尔市	349	9	29	212	99
乌海市	128	23	11	51	43
阿拉善盟	244	11	25	148	60

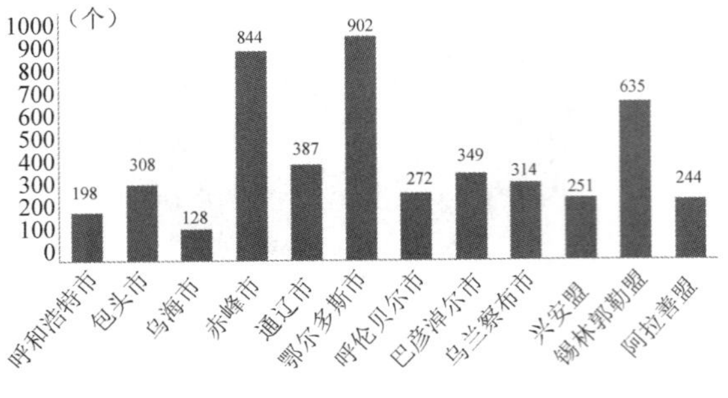

图 14　2014 年各盟市矿山企业数量对比情况

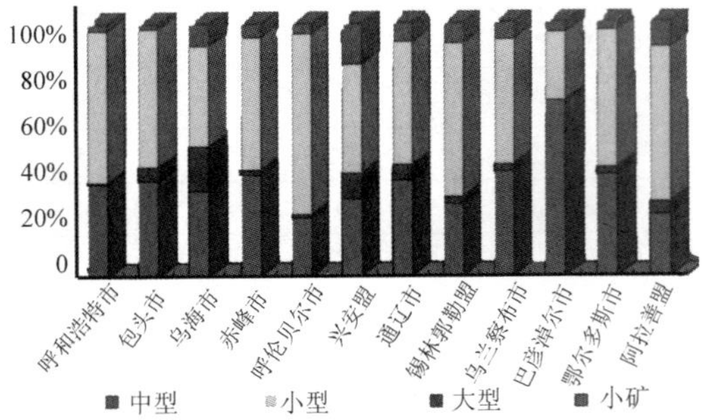

图 15　2014 年各盟市矿山企业按规模对比情况

2. 矿山企业从业人员。2014 年，全区 4832 家非油汽类矿山企业从业人员为 27.12 万人，比 2013 年减少 6.22%。其中，以能源矿产从业人员最多，为 13.94 万人，占全区矿业从业总人数的 51.40%。有关情况参见图 16～19。

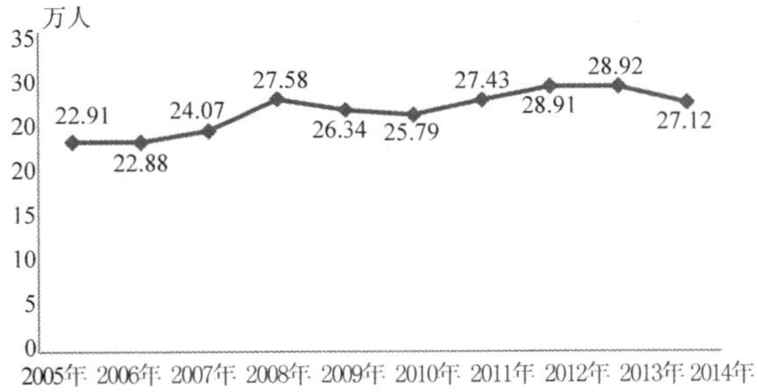

图 16　2005～2014 年全区非油气矿山企业从业人员变化情况

按盟市统计，全区矿山企业从业人员以鄂尔多斯市最多，为 6.11 万人，占全区矿业从业总人数的 22.53%。2014 年全区各盟市非油气类矿山企业从业人员情况，参见图 20。

3. 开发利用矿产及产地。2014 年，全区 4832 家非油气类矿山企业开发利用矿产（含亚矿种）共有 122 种，与 2013 年持平，主要矿种、优势矿种无变化。其中开发利用上表矿产共 83 种，占已利用矿产的 68.03%，占上表矿产总数的 78.30%。开发利用未上表矿产有 39 种，占已利用矿产的 31.97%。全区矿业

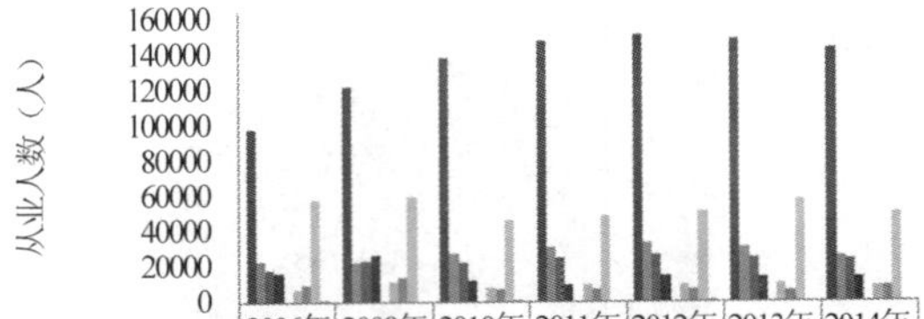

	2006年	2008年	2010年	2011年	2012年	2013年	2014年
能源矿产	95934	118714	134101	143391	146719	144527	139363
黑色金属	22744	22466	27488	30678	32590	30331	25756
有色金属	18427	23256	22364	24635	26718	25124	24184
贵金属	16566	26580	11990	10264	14510	14387	13796
稀有元素	32		248	248	140	496	273
冶金辅料非金属	7459	11514	8547	9578	9520	10377	8663
化工原料非金属	10020	13868	7044	7437	7105	6464	8820
建材及其他非金属	56611	58831	45607	47676	50457	56711	49600
水气矿产	1020	571	1214	617	1341	812	781

图 17　2006 年、2008 年以及 2010～2014 年全区非油气矿山企业按矿类统计从业人员情况

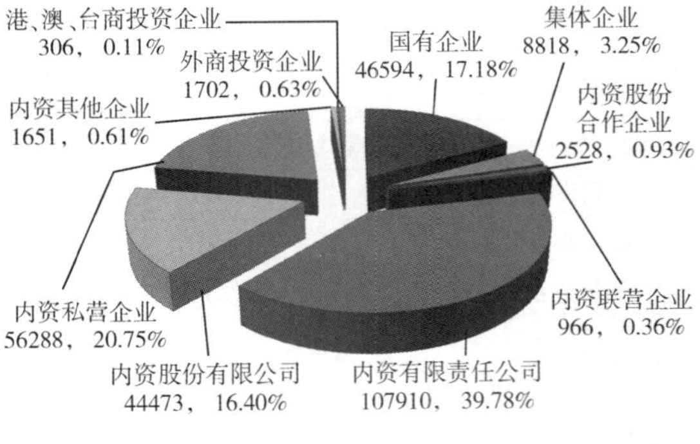

图 18　2014 年全区非油气各经济类型矿山企业的从业人员及所占比例

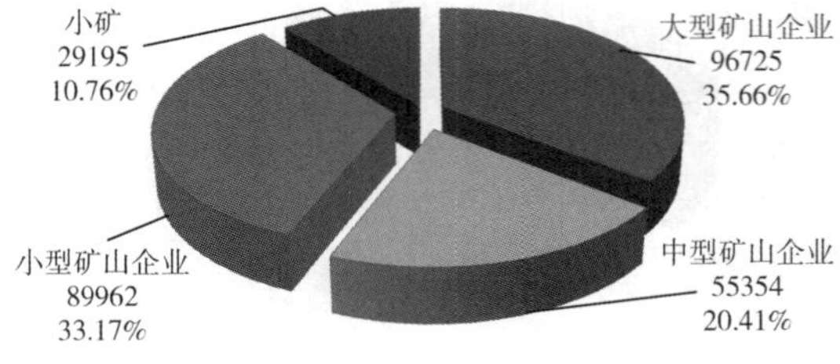

图 19　2014 年全区非油气矿山企业按规模统计从业人员及所占比例

开发利用态势趋于稳定，矿业秩序日渐成熟，矿业生产处于良性运行。

4. 矿山生产能力及产量。2014 年，全区 4832 家非油气类矿山企业实际采矿能力为 10.11 亿吨/年，比 2013 年（10.79 亿吨/年）减少 0.68 亿吨/年，减少 6.30%；年产矿量 9.63 亿吨，比 2013 年（10.41 亿吨/年）减少 0.78 亿吨，减少 7.49%；矿山企业比 2013 年减少 38 个，减幅 0.78%。

2005～2012 年，全区矿产资源开发利用总体呈现增长态势，全区实际采矿能力和年产矿量平均每年以

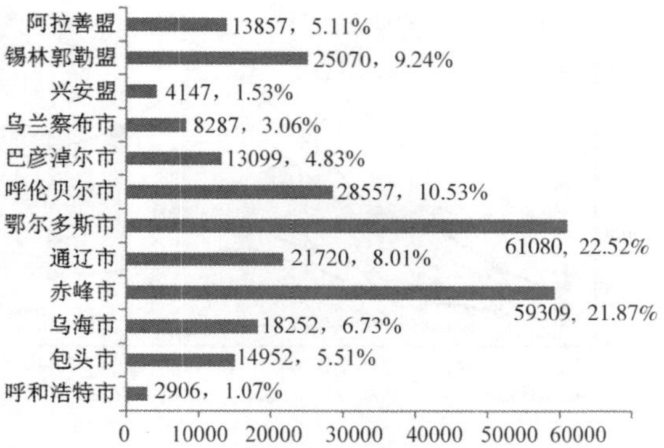

图 20　2014 年各盟市非油气矿山企业从业人员及所占比例

20%的速度增长，其中 2010 年、2007 年实际采矿能力增幅较高达到 35.41%、32.21%，2012 年增幅较小，仅为 5.06%；2013 年、2014 年全区矿产资源开发利用总体呈下降态势，降幅均小于 8%。全区矿山企业总数在 4400 家左右变化，2013 年达到新高；其中小型、小矿企业数量呈递减趋势，而大中型矿山企业数量基本上逐年增加，2014 年达到新高为 574 家。具体相关情况参见图 21。

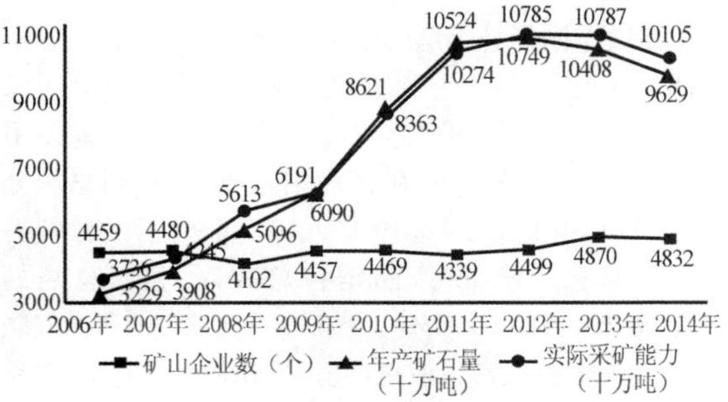

图 21　2006～2014 年全区非油气类矿山企业相关情况及其变化趋势

结果表明，近年来随着自治区矿产资源开发利用整合成效显著，资源开发的集约化、规模化水平明显提高的同时，全区矿业开发利用态势趋于稳定，矿业秩序日渐成熟，矿业生产处于良性运行。

2014 年，全区除大规模开发利用煤炭外，其他实际采矿能力和产量较大的开采矿产主要有铁、铜、铅、锌、钼、金、银、锗、普通萤石、冶金用白云岩、硫铁矿、天然碱、电石用灰岩、制碱用灰岩、盐矿、水泥灰岩、建筑石料灰岩、建筑用砂、砖瓦黏土、建筑用玄武岩、建筑用安山岩、建筑用闪长岩、建筑花岗岩、建筑凝灰岩、水泥大理岩、制灰用石灰岩、片麻岩等 26 种。其中，煤炭实际采矿能力 78291 万吨/年、年产矿量 75929 万吨，分别占全区非油气类矿产总实际采矿能力和年产矿量的 77.48%和 78.85%；其次铁、铜、铅、锌、钼、金和银矿开采的合计实际采矿能力 14343 万吨/年、年产矿石量 13148 万吨/年，分别占全区总实际采矿能力和年产矿量的的 14.19%、13.65%；煤炭和铁、铜、钼等 7 种金属矿产合计实际采矿能力占全区的 91.67%，年产矿量合计占全区的 92.51%。

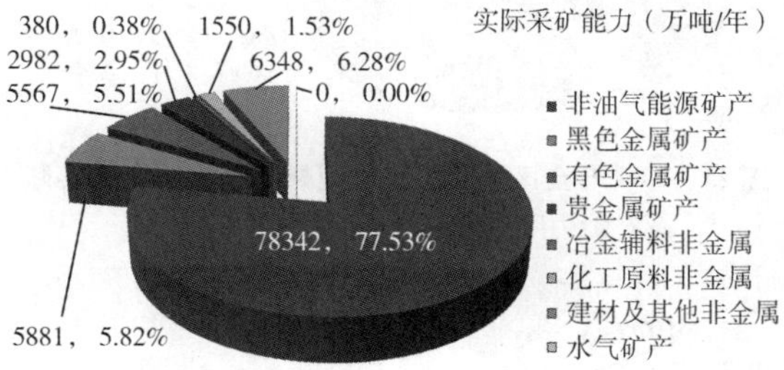

图 22　2014 年全区各类矿产矿山企业实际采矿能力及所占比例

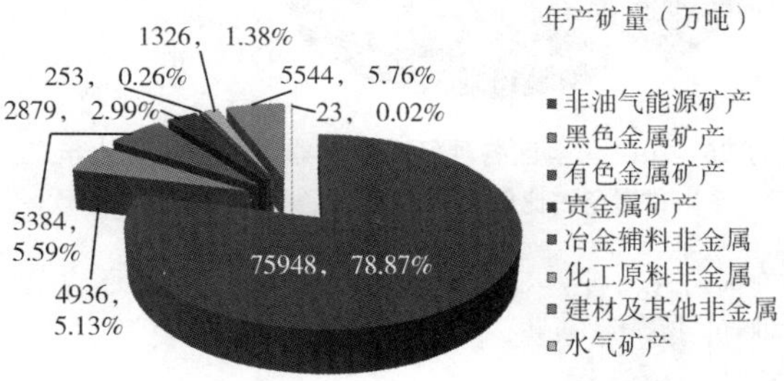

图 23　2014 年全区各类矿产矿山企业年产矿量及所占比例

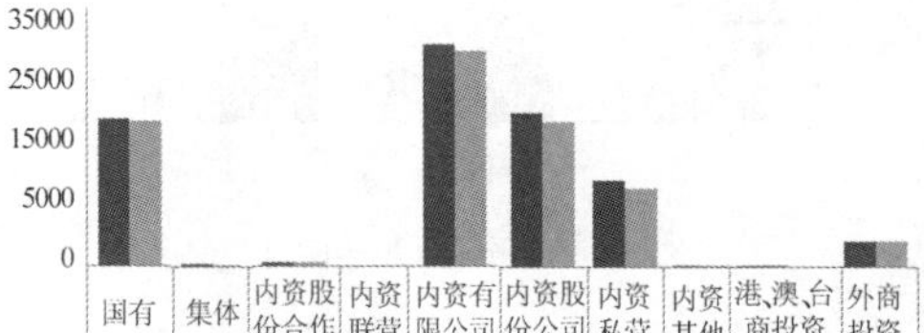

	国有	集体	内资股份合作	内资联营	内资有限公司	内资股份公司	内资私营	内资其他	港、澳、台商投资	外商投资
■实际采矿能力（万吨/年）	22979	578	694	27	34477	23988	13396	404	411	4096
■年产矿量（万吨/年）	22607	412	680	23	33381	22469	12275	287	67	4092

图 24　2014 年全区各种经济类型非油气矿山企业实际采矿能力和年产矿量情况

2014 年全区各矿类、各种经济类型、各种企业规模以及各盟市实际采矿能力和年产矿量等情况，参见图 22～28。

【矿业产值及经济效益】　2014 年，全区矿山企业有效地促进了经济发展方式的转变和经济结构的调整，主要经济指标已连续三年呈下降趋势，非油气类矿山企业工业总产值 1744.87 亿元，比 2013 年减少 8.67%；综合利用产值 193.78 亿元，比 2013 年增加 20.15%；

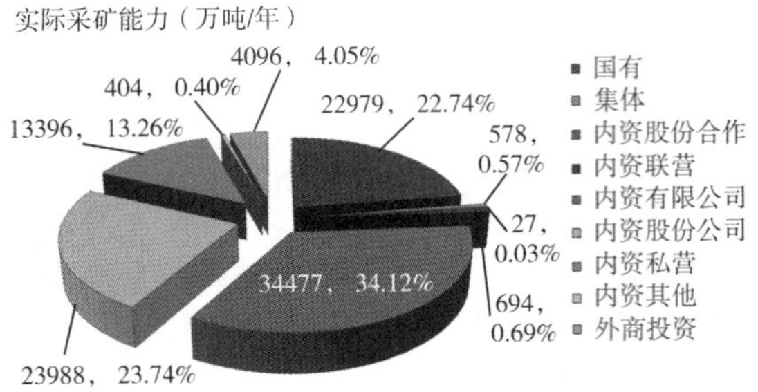

图 25　2014 年全区各种经济类型非油气矿山企业实际采矿能力所占比例

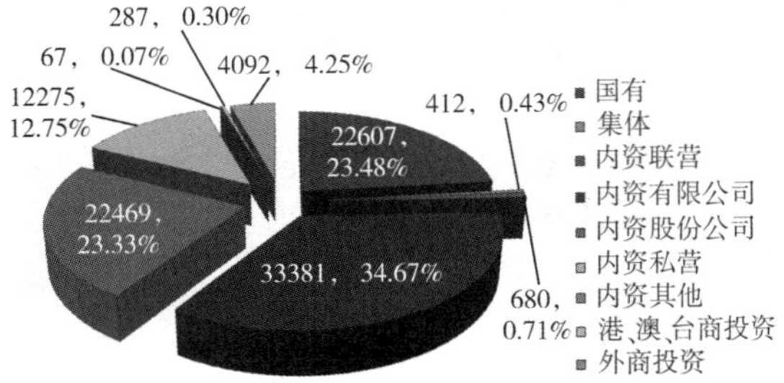

图 26　2014 年全区各种经济类型非油气矿山企业年产矿量所占比例

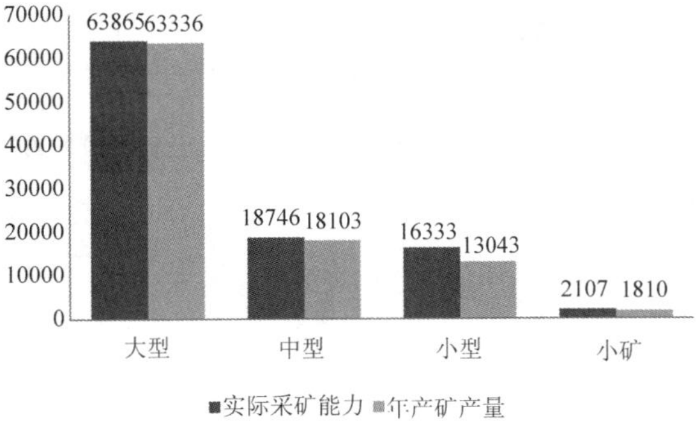

图 27　2014 年全区非油气各类规模矿山企业实际采矿能力和年产矿量及所占比例

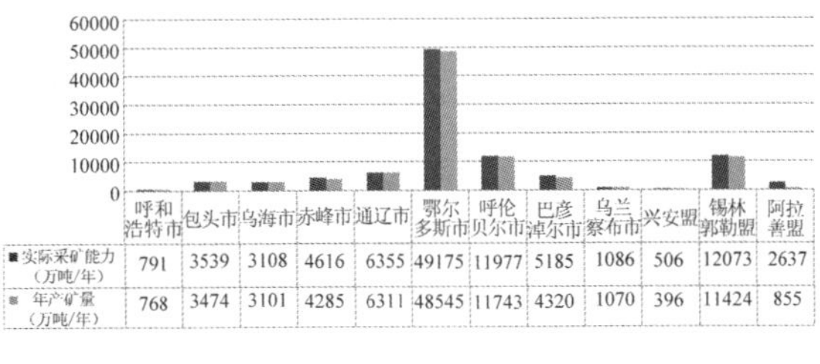

	呼和浩特市	包头市	乌海市	赤峰市	通辽市	鄂尔多斯市	呼伦贝尔市	巴彦淖尔市	乌兰察布市	兴安盟	锡林郭勒盟	阿拉善盟
实际采矿能力（万吨/年）	791	3539	3108	4616	6355	49175	11977	5185	1086	506	12073	2637
年产矿量（万吨/年）	768	3474	3101	4285	6311	48545	11743	4320	1070	396	11424	855

图 28　2014 年各盟市非油气矿山企业实际采矿能力和年产矿量情况

矿产品销售收入 1553.85 亿元，比 2013 年减少 13.99%；利润总额 216.89 亿元，比 2013 年减少 12.76%。2006～2014 年全区有关矿业产值、利润等变化情况，参见图 29。

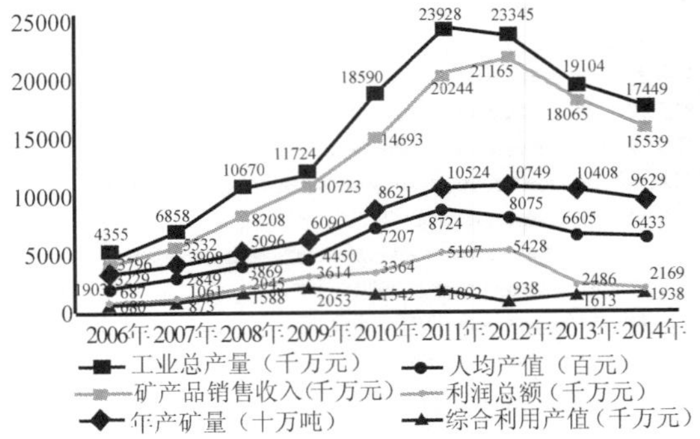

图 29　2006～2014 年全区非油气矿业产值和利润等变化情况

通过对全区非油气矿山企业的相关产值、利润的统计分析结果显示，鄂尔多斯市的各项经济指标居全区 12 盟市之首，工业总产值 1027.04 亿元，占全区的 58.86%；综合利用产值 133.18 亿元，占全区的 68.73%；矿产品销售收入 901.81% 亿元，占全区的 58.04%；利润总额 157.11 亿元，占全区的 72.44%。

全区不同经济类型的矿山企业所反映的各项经济指标差异很大，相比之下，内资企业的有限责任公司和股份有限公司位居 10 类企业前二位，而且指标差距不大，合计其工业总产值、矿产品销售收入、利润总额分别为 1138.70 亿元、986.19 亿元、157.09 亿元，分别占全区工业总产值、矿产品销售总收入、利润总额的 65.26%、63.47%、72.43%。按矿产类型划分，非油气能源矿产位居第一，其工业总产值、综合利用产值、矿产品销售收入、利润额分别占全区总值的 80.09%、79.41%、80.97%、83.49%。另外，论企业规模的大小而言，不足全区 5% 的大型矿山企业占绝对优势，其工业总产值、综合利用产值、矿产品销售收入、利润总额分别占全区总值的 65.94%、63.75%、65.14%、74.37%。有关其他的各盟市、不同类型矿产及企业的经济指标的统计情况，详见表 7～10 和图 30～36。

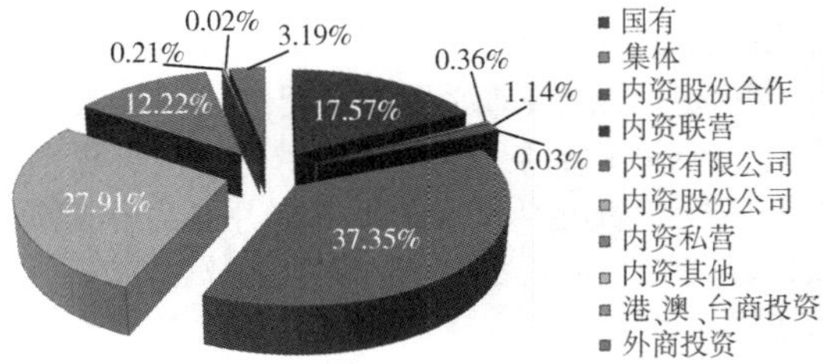

图 30　2014 年全区非油气类各种经济类型矿山企业工业总产值所占比例

表7　　2014年全区各经济类型非油气矿山企业工业产值等情况统计表

矿山企业经济类型	工业总产值（万元）	综合利用产值（万元）	矿产品销售收入（万元）	利润总额（万元）	人均产值（万元）
国有	3066079	159315	2917100	198683	65.80
集体	62770	16645	60687	-527	7.12
内资股份合作	199039	2147	172538	33015	78.73
内资联营	5236	17	4379	954	5.61
内资有限公司	6516855	515836	5357781	600520	60.39
内资股份公司	4870062	962540	4504127	970384	109.51
内资私营	2131384	277026	1955408	272623	37.87
内资其他企业	36583	2309	33594	8306	22.16
港、澳、台商投资	3481	200	3481	374	11.38
外商投资	557222	1791	529424	84572	327.39

表8　　2014年全区各种规模非油气矿山企业工业产值等情况统计表

企业规模	工业总产值（万元）	综合利用产值（万元）	矿产品销售收入(万元)	利润总额（万元）	人均产值（万元）
总计	17448711	1937827	15538518	2168905	64.33
大型	11504887	1235299	10121554	1612923	118.94
中型	3742490	522953	3400177	429320	67.61
小型	2076764	172041	1903118	116905	23.08
小矿	124571	7534	113668	9758	4.27

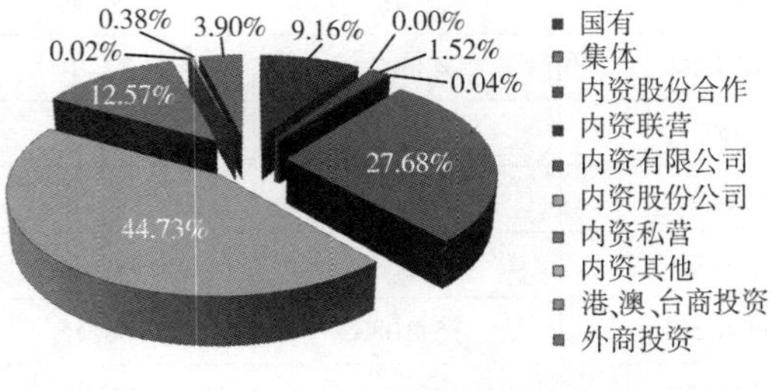

图31　2014年全区非油气类各种经济类型矿山企业利润总额所占比例

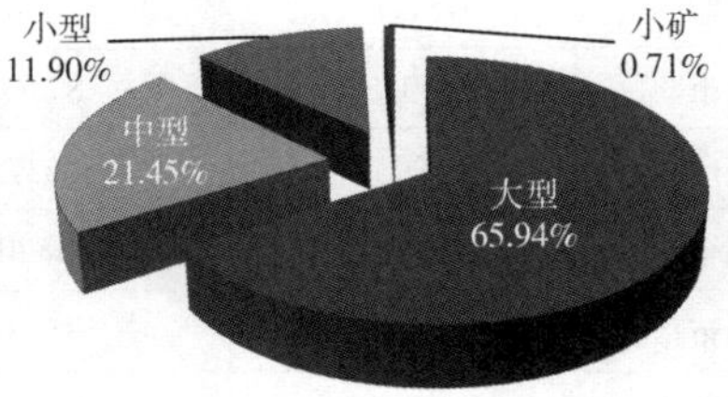

图32　2014年全区非油气类各种规模矿山企业工业总产值所占比例

表9　　2014年全区各类矿产非油气矿山企业工业产值等情况统计表

矿产大类	工业总产值（万元）	综合利用产值（万元）	矿产品销售收入(万元)	利润总额（万元）	人均产值（万元）
非油气能源矿产	13974246	1538790	12581543	1810874	100.27
黑色金属矿产	1088024	78611	961497	43477	43.95
有色金属矿产	1215179	133976	990618	163368	50.25
贵金属矿产	534147	78050	521997	76605	37.97

续表 9

矿产大类	工业总产值（万元）	综合利用产值（万元）	矿产品销售收入（万元）	利润总额（万元）	人均产值（万元）
冶金辅料非金属	54977	483	44529	3056	6.35
化工原料非金属	311459	91378	216156	45243	35.31
建材和其他非金属	263728	16539	215982	27924	5.32
水气矿产	6951	0	6196	-1641	8.90

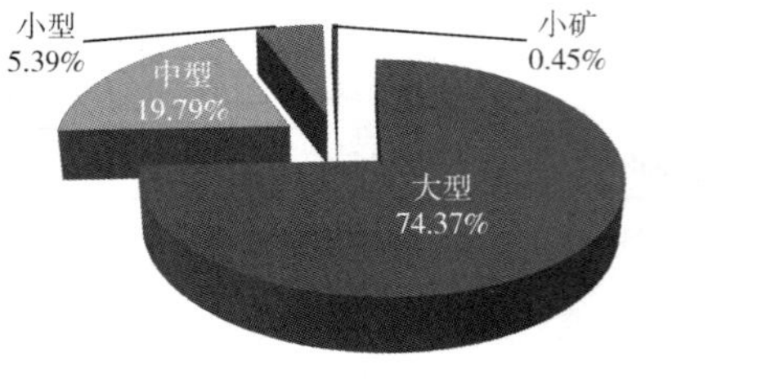

图 33　2014 年全区非油气类各种规模矿山企业利润总额所占比例

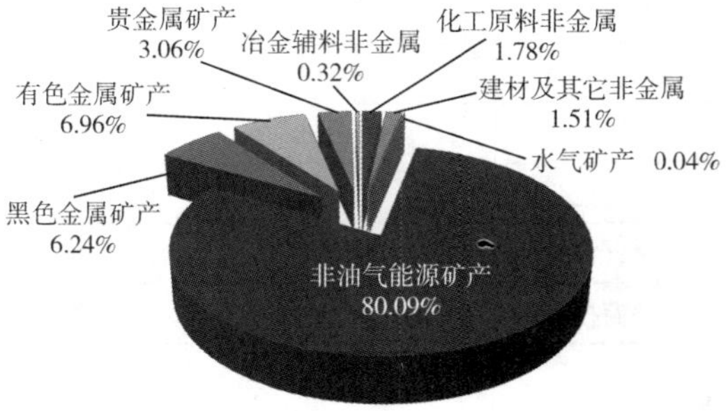

图 34　2014 年全区各类矿产工业总产值所占比例

表 10　2014 年各盟市非油气矿山企业工业产值等情况统计表

行政区名称	矿业总产值（万元）	综合利用产值（万元）	矿产品销售收入（万元）	利润总额（万元）	人均产值（万元）
呼和浩特市	168034	614	166953	40014	57.82
包头市	712166	65	660895	-3289	47.63
呼伦贝尔市	1403394	36266	1181096	131062	49.14
兴安盟	62851	2800	58980	2548	15.16
通辽市	695063	8110	673984	48607	32.0
赤峰市	1033933	336375	1006222	153302	17.43
锡林郭勒盟	1586437	64520	1524974	119456	63.28
乌兰察布市	139098	3543	110088	13653	16.79
鄂尔多斯市	10270417	1331883	9018111	1571083	168.15
巴彦淖尔市	643311	86673	532138	100564	49.11
乌海市	441629	477	388276	-21479	24.20
阿拉善盟	292378	66500	216802	13385	21.10

【资源性产品及矿产品进出口贸易】　1. *资源性产品产量*。据自治区统计局统计年鉴资料，2014 年全区工业企业主要资源性产品产量详见表 11。全年原煤、磷肥、合成氨、生铁、钢材原盐、水泥、硫铁矿石等 9 种主要资源性产品产量呈减少趋势，原油、天然气、硫酸、纯碱、精炼铜、铁矿石原矿等 14 种主要资源性产品产量呈增加趋势。

2. *矿产品进出口贸易*。据自治区统计局统计年鉴资料，2014 年全区矿产品进出口贸易总额 45.01 亿美元，比 2013 年增加 14.68%。其中，矿产品出口贸易总额 4.99 亿美元，比 2013 年增加 106.20%，近年来矿产品出口贸易总额变化情况参见图 37。全区矿产品进口贸易总额 40.02 亿美元，比 2013 年增加 8.66%，近年来矿产品进口贸易总额变化情况参见图 38。自治区矿产品进出口贸易为逆差，贸易额之比约为 8:1。

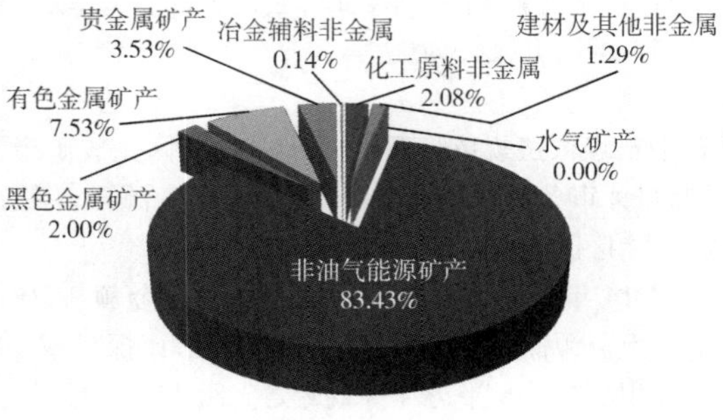

图 35　2014 年全区各类矿产利润总额所占比例

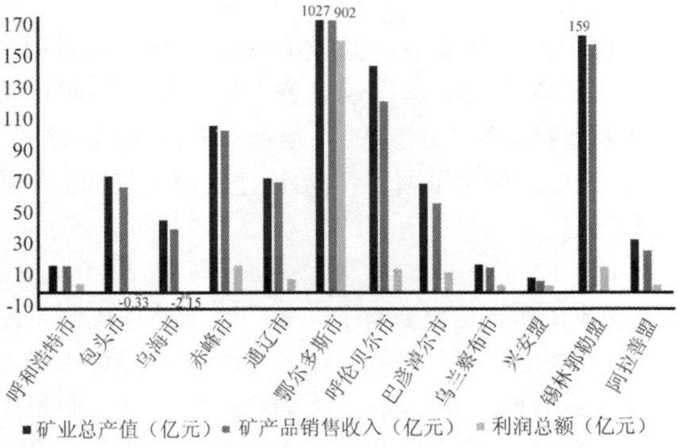

图 36　2014 年各盟市非油气类矿山企业工业总产值、销售收入、利润总额对比

表 11　　2014 年全区主要资源性产品产量一览表

序号	产品名称	单位	产量	较 2013 年增减比例(%)
1	原煤	亿吨	9.94	-3.50
2	天然气	亿立方米	281.087	3.87
3	原油	万吨	193.21	0.28
4	焦炭	万吨	3445.94	10.63
5	硫酸	万吨	293.85	6.52
6	烧碱(氢氧化钠)	万吨	256.38	29.95
7	纯碱(碳酸钠)	万吨	60.03	1.51
8	化肥	万吨	126.08	12.50
9	氮肥	万吨	116.91	21.88
10	磷肥	万吨	9.17	-45.45
11	合成氨	万吨	125.43	-3.10
12	铝	万吨	235.88	12.92
13	生铁	万吨	1330.72	-2.63
14	钢	万吨	1661.48	-16.07
15	成品钢材	万吨	1763.16	-1.95
16	铁合金	万吨	539.35	25.35
17	电石(碳化钙)	万吨	840.40	16.67
18	精炼铜	万吨	27.68	12.80
19	原盐	万吨	193.67	-20.17
20	铁矿石原矿量	万吨	9363.59	7.21
21	硫铁矿石	万吨	59.94	-4.76
22	水泥	万吨	6310.12	-1.35
23	平板玻璃	万吨	629.31	20.50

2014 年，全区大宗主要资源性产品进口贸易总额 40.02 亿美元，详见表 12；全区大宗主要资源性产品出口贸易总额 4.99 亿美元，详见表 13。由于矿产品受国际价格波动的影响，直接波及并影响到了自治区工业经济的发展和效益。

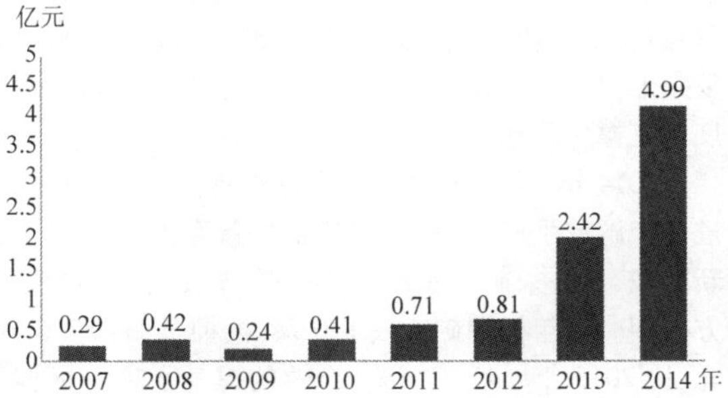

图 37　2007 ~ 2014 年全区矿产品出口贸易总额比较

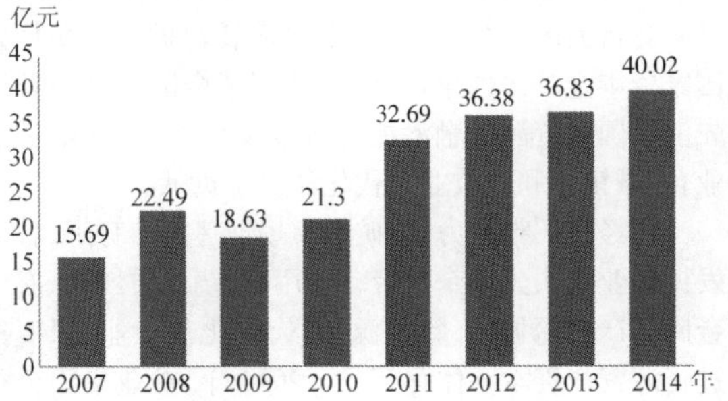

图 38　2007 ~ 2014 年全区矿产品进口贸易总额比较

表 12　　2014 年全区主要资源性产品进口贸易一览表

产品名称	单位	贸易额	较 2013 年增减比例(%)
铜矿砂	万美元	235463	224.29
煤炭	万美元	80596	-38.42
铁矿砂	万美元	59857	-29.69
石油制品	万美元	24322	59.99
合计	万美元	400228	31.73

表13　2014年全区主要资源性产品出口贸易一览表

产品名称	单位	出口贸易额	较2013年增减比例(%)
铁合金	万美元	20398	27.50
钢铁制品	万美元	26729	181.40
稀土	万美元	2814	-43.80
贵金属及制品	万美元	2	133.3
合计	万美元	49943	63.75

·矿产资源行政管理·

【概况】 2014年，全区矿产资源管理工作认真贯彻落实自治区党委、政府和国土资源部决策部署，在自治区人大和政协的监督指导下，紧紧围绕"8337"发展思路和"十个全覆盖"工程，全面落实"稳增长、调结构、促改革、惠民生"各项政策措施，创新管理，主动作为，攻坚克难，认真履行"保发展、保资源、保权益"职责，在复杂形势下充分发挥了国土资源对内蒙古经济社会发展的支撑保障作用。

2014年，全区矿业管理重点推行"3+2"模式，为进一步解放生产力，在采矿权抵押备案方面进行了创新突破，允许采矿权实行份额抵押、银团抵押和为第三方抵押。全年抵押矿业权136宗，抵押金额457.65亿元，比2013年增长33.5%，有效的提升了项目抵押融资能力。

2014年矿业权收益91亿元，占全区非税收入的11%。自治区央企所属11个煤矿转增的37.38亿元国家资本金一次性全部催缴，开创了全国资本金补缴先河。国土资源金融潜能的有效发挥，为全区推进工业化、城镇化和农牧业现代化作出了贡献。

在经济下行压力大、矿业市场低迷的形势下，我区发挥矿业集团公司牵引带动作用，围绕地质勘查、有色金属生产及深加工、新能源、现代煤化工产业，深度推进资源资产资本一体化运作。2014年，矿业集团公司参与投资的项目当年实现经营性收入73.29亿元，累计完成投资80亿元。内蒙古金控公司通过合伙制模式推动融资租赁业务快速启动，设立不足一年，融资租赁规模达50多亿元。通过资源资本化运作，地勘企业转型升级、化解潜在社会矛盾正趟出一条新路。

全区大力推进矿产资源节约集约利用。开展重要矿产资源"三率"调查评价，加强矿山企业"三率"指标考核；对煤炭资源配置进行集中清理整顿，仅鄂尔多斯市就清理煤炭资源88.2亿吨。推进神华、包钢等企业矿产资源综合利用试点，提高矿产资源利用效率。2014年完成了《内蒙古自治区重要矿产资源"三率"调查与评价报告》与数据库建设，通过了部、厅二级专家的审查验收，并被评为优秀。

【矿业市场依法规范管理】 2014年，全区完成矿产资源储量评审备案成果187项，其中国土资源部备案12项，自治区国土资源厅备案175项。

2014年全区采矿权转让35个，转让金额9.20亿元；国土资源储备交易登记中心挂牌出让探矿权140个，面积9003.48平方千米，成交金额43305万元；挂牌出让采矿权1个，面积0.09平方千米，成交金额18.8万元。

保护矿产资源，保障建设项目，核实建设项目用地压覆矿产资源的工作成效显著。2014年受理矿产资源压覆审批415件。其中，未压覆373件，压覆42件，及时、有效地配合了国家、自治区建设用地审批工作的顺利进行。

【地质找矿和产业链延伸】 全区地质勘查机制不断创新，积极搭建多元化地质勘查投资平台，鼓励引导商业资本进入地质勘查领域，大力推进整装勘查和集中勘查，探索与大型企业开展合作勘查。2014年在已经规划11个整装勘查区和19片集中勘查区的基础上，又在巴彦淖尔市和锡林郭勒盟筛选一批成矿有利地段作为自治区集中勘查区，引进有实力的企业开展整装勘查。中铝力拓在锡林郭勒盟东乌珠穆沁旗开展浅覆盖区找矿工作进展良好，阿拉善盟、乌兰察布市、通辽市等盟市利用本级财政资金开展勘查工作效果显著。

全区地质找矿和产业链延伸成效明显，资源保障能力进一步增强。2014年全区地质勘查(包括油气)投入90.6亿元，实施找矿战略行动4年来，新增煤炭、铁、金、银、铜、铅、锌等重点矿种资源储量矿区80处，新发现矿产地47处，新增资源储量提前超额完成"358"找矿突破战略5年预期目标。2011年至今，全区新增煤炭资源储量484亿吨，新增铁矿石资源储量10.42亿吨，新增铜金属资源储量233.94万吨，新增铅锌金属资源储量960.25万吨，新增钼金属资源储量408.12万吨，完成基础水文地质调查面积约8803平方千米。

全区大力推进探采选冶加一体化产业链，支撑和引导煤电铝、煤电化、有色金属冶炼、石墨探采深加工等产业链15条，助推形成矿产资源一体化特色产业园区30多个。

【信息化建设】 2014年，在自治区国土资源厅一盟市国土资源局一旗县区国土资源局及部分国土所的全区国土资源业务主干网络联通的基础上，金土工程二期建设重点项目取得明显成效，同时国土资源厅制定了三步走的信息化发展思路，组建了厅信息化办公室，组织实施“一张图”核心数据库二期建设和多级一体化电子政务平台、执法监察平台、厅（局）长桌面系统等建设。另外，召开了全区国土资源所标准化建设现场会，基层国土所建设和信息化建设进一步加强，直接服务群众的能力和水平有效增强。

【地质环境治理】 地质环境治理作为生态文明建设的首要任务，坚持“保护中开发、开发中保护”和“点上开发、面上保护”的原则。全区加强矿山地质环境治理，严守生态红线。严格制度落实，强化标准执行，统筹推进和谐矿区和绿色矿山建设，全区有38个矿山企业被国土资源部确定为绿色矿山建设试点。围绕重点区域、敏感地区，投入专项资金集中治理，配合地方政府对呼和浩特市大青山前坡、呼伦贝尔“天坑”、包头北梁等进行了重点治理。2014年，全区共投入矿山地质环境治理资金12.36亿元，治理面积136平方千米。创新地质环境治理监管机制，在全区4个盟市新设专员办、派驻8名专员，关口前移，协调地方，督办企业，推动治理，有力提升了地质环境治理一线执法能力与体系建设。

【地质资料服务】 2014年，自治区地质资料馆验收汇交各类纸质地质资料1045档，馆藏资料总数15292档，并全部实现数字化。主要通过电子阅览室查阅，全年接待借阅资料利用者1098人次，提供各类地质资料7263份次（927669件次），地质资料网站点击数20036人次。

2014年，利用馆藏地质资料完成了587宗国家出资勘查矿业权核实工作，并开展了415宗建设项目用地压覆矿产资源核查评估，为全区矿产资源开发和经济建设提供了科学依据和优质服务。

（内蒙古自治区国土资源厅）

河南省

【矿产资源概况】 截至2014年底，全省已发现的矿种为142种（其中能源矿产9种，金属矿产43种，非金属矿产88种，水气矿产2种），查明资源储量的矿种为106种；已开发利用的为93种（其中能源矿产6种，金属矿产23种，非金属矿产62种，水气矿产2种）。

2014年全省新发现矿产地10处，其中大型2处、中型7处、小型1处；新增煤炭资源量超过10亿吨，铝土矿资源量超过1亿吨，金金属量超过40吨，萤石资源量超过100万吨，确保了煤炭、铝土矿等重要矿产新增储量大于消耗量。

【矿产资源勘查】 2014年，持续推进找矿突破战略行动，全面组织实施“6139”行动计划，大力开展整装勘查、深部找矿。全年共开展各类矿产勘查项目309项，投入勘查经费9.63亿元，同比减少11.1%。其中中央财政投入0.34亿元，同比减少24.4%；地方财政投入5.20亿元，同比减少1.3%；社会资金投入3.03亿元，同比减少22.5%。

截至2014年底，全省共有资质单位108家，其中中央管理的地勘单位3家，省属国有地勘单位33家。全省找矿共投入工作量：钻探56.77千米，坑探2.25千米，槽探16.65万立方米，浅井1.37万米。

【矿业权管理】 截至2014年底，全省共有勘查许可证1089个，同比减少3.5%，其中新立5个，同比减少28.6%，注销41个，同比减少93.1%；共有采矿许可证3036个，同比减少7.6%，其中新立57个，同比增长35.70%，注销291个，同比减少37.6%。

【矿产资源开发利用】 2014年，全省共有2798个各类经济性质的独立核算采矿单位从事矿业生产活动，其中大中型矿山企业421个，小型矿山企业1518个，从事矿业生产人数达43.8万余人。全省固体矿石产量32095.36万吨，同比增加5.3%。工业生产总值779.90亿元，同比减少14.68%。矿产品销售收入660.20亿元，同比减少8.96%。利润总额76.58亿元，同比增长29.68%。

【煤田地质】 2014年，河南省煤田地质局承担省内跨年度续作及新立省级地勘基金项目32个，累计投入项目资金约1.12亿元。完成煤田地质钻探、水井成孔、大口径井、工程地质、石油钻井等各类钻探工程量约52.5万米，物探物理点约20.25万个，提交各类报告476件，新增和升级煤炭、铁矿、铝土矿等矿产资源总量超过30亿吨，超额完成省政府确定的工作目标。

2014年，地勘基金项目硕果累累：《河南省睢县西煤普查》项目，煤炭资源量146亿吨的，获2014年度“全国十大地质找矿成果奖”；省外地勘基金项目《青海省格尔木市乌腊德煤炭预查》成功获得续作；境外风险找矿项目《塔吉克斯坦矿权》项目成功立项；《新乡获嘉县马厂煤详查》、《巩义涉村铝土矿中深部预查》、《坦桑尼亚矿权》等基金项目成果显著。

【地质环境】 1. 地质灾害。2014年，全省共发生地质灾害30起，其中地面塌陷23起，滑坡1起，崩塌6起，灾害规模均为小型，直接经济损失129.96万元。2014年全年没有因地质灾害造成人员伤亡。与2013年相比，地质灾害发生数量增加1起，直接经济损失减少4.84万元。

2014年，6月中下旬，省国土资源厅出动4个督导检查组，对地质灾害易发区13个省辖市和5个省直管县的地质灾害防治工作进行了全面的检查督导。6月至9月底，省厅和省气象局联合开展了全省汛期地质灾害气象预警预报工作，在省电视台发布预警信息51次。全省各级国土资源部门实行汛期24小时值班，及时组织地质灾害险情巡查、排查，成功预报20起，避免直接经济损失87.14万元。

2. 区域地下水环境监测。2014年，全省设有区域地下水环境监测点165个（均为国家级，其中54个监测点安装自动传输监测仪），以监测平原、岗区浅层地下水为主，监测控制面积10.86万平方千米，占全省国土面积的65.0%。

3. 矿山地质环境治理。2014年2至3月，省厅对焦作、灵宝资源枯竭型城市矿山和济源、永城矿山地等矿山地质环境治理项目进行了全面清理。

【地质遗迹保护和地质公园】 截至2014年底，全省建立地质遗迹自然保护区1处，即“南阳恐龙蛋化石群国家级自然保护区”，面积78015公顷。批准建立的省级以上地质公园共计32个，其中国家地质公园15个（含世界地质公园4个）、省级地质公园17个。

2014年河南地质公园一览表

所属辖区	名称	备注	所属辖区	名称	备注
郑州市	嵩山世界地质公园		三门峡市	小秦岭国家地质公园	
	黄河国家地质公园			玉皇山省级地质公园	
洛阳市	神灵寨国家地质公园			韶山省级地质公园	
	黛眉山国家地质公园		南阳市	宝天曼国家地质公园	
	汝阳恐龙化石群国家地质公园			伏牛山世界地质公园	
	栾川省级地质公园			桐柏山省级地质公园	
	白云山省级地质公园			凤山省级地质公园	*
	花果山省级地质公园	*	信阳市	金刚台国家地质公园	
平顶山市	尧山国家地质公园			大别山省级地质公园	*
安阳市	红旗渠·林虑山		周口市	龙湖省级地质公园	*
	万宝山省级地质公园	*	驻马店市	嵖岈山国家地质公园	
新乡市	关山国家地质公园		济源市	王屋山世界地质公园	
	跑马岭省级地质公园	*	汝州市	大红寨省级地质公园	
焦作市	云台山世界地质公园		邓州市	杏山省级地质公园	
	神农山省级地质公园		永城市	芒砀山省级地质公园	
许昌市	华夏植物群省级地质公园	*	固始县	西九华山省级地质公园	*

注：带*的为取得建设资格但尚未揭碑开园的地质公园。

2014年，全省共批准建设矿山公园6个，其中国家级矿山公园3个、省级矿山公园3个。

【矿产资源执法监察】 2014年，全省各级国土资源部门共立案查处各类矿产违法案件99件，同比减少23.3%，罚没款295.04万元，同比减少24.7%。

【国土资源科技与信息化】 1. 国土资源科技。2014年，申报国土资源部科技奖6项，获二等奖2项；申报河南省科技进步奖5项，获二等奖3项，三等奖1项；申报河南省科技情报成果奖14项，获一等奖2项，二等奖7项，三等奖5项。共评出2013年度河南省国土资源科技奖励112项，其中一等奖35项，二等奖45项，三等奖32项。

2014年，省国土资源厅对国土资源行业7个省级工程技术研究中心和22个厅级工程技术研究中心进行全面调查，摸清了河南省国土资源工程技术研究中心运行情况。

2. 国土资源信息化。2014年，按照省厅全面深化国土资源管理机制改革总体方案和新的行政服务规则的有关要求，完成了厅政务管理系统中建设用地、压覆矿产等26个审批流程、时限的设计及修改工作，完善了电子通知书、效能监察等功能，固化了审批流程等管理功能。同时上线运行了厅督查台账管理系统、省国土资源信访管理系统、省矿山储量监管平台（一期）等，提高了对国土资源管理信息的把握程度和快速反应能力。

《河南省国土资源遥感监测"一张图"总体建设方案》于2014年8月通过省信息化和信息安全领导小组办公室组织的专家评审，并已列入河南省2015～2017年财政规划预算。

按照国土资源部加快构建"国土云"的要求，启动河南"国土云"建设。结合国土资源厅实际应用需求和前期虚拟化平台应用经验，初步形成可落地实施的、可持续发展的虚拟化平台发展思路，建成了省厅第二机房。可实现省级数据中心的高效运行，为相关市、县局提供全功能托管服务，为社会公众提供更好的国土资源信息服务。

（河南省国土资源厅）

湖北省

【矿产资源概况】 湖北省位于中国的中部，地处长江中游。东邻安徽省，南界江西、湖南两省，西连重庆市，西北与陕西省接壤，北与河南省毗邻。地理座标：东经108°21′～116°08′；北纬29°02′～33°17′。国土面积185897平方千米，占全国总面积的1.94%。

湖北省跨扬子陆块区和秦岭—大别造山系两大地质构造单元，具备较为优越的成矿地质条件。境内出露太古代—新生代20个地质时代的岩石地层单位187个，各类岩浆岩侵入体千余个，变质岩分布广泛，它们赋存着较丰富的矿产资源。根据湖北省矿产资源分布特点，按地域划分为"四带一区"，四带均为全国重要成矿带的湖北省域部分，一区为鄂中江汉坳陷区。

武当山—大别山成矿带：为秦岭—大别成矿带东段，包括鄂西北（十堰、襄阳）、鄂北（随州）和鄂东北（孝感北部、黄冈）地区。分布有铁、钒、金红石、铜、铅、锌、银、金、稀土、萤石、磷、绿松石、重晶石及各类建筑石材、饰面石材等矿产。

鄂西成矿带：为湘西—鄂西成矿带北段，包括鄂西（神农架—宜昌）、鄂西南（恩施）地区。分布有金、银、铁、锰、铅锌、锡、钒、磷、煤、石墨、硫铁矿、菊花石、硒、耐火黏土等矿产。

长江中下游成矿带：为该成矿带的西段，包括武汉和鄂东南（黄石、鄂州、咸宁北部）地区。分布有铜、铁、金、银、钨、锡、钼、锶、铅、锌、煤和建材非金属等矿产。

钦杭成矿带：为该成矿带的中段，位于鄂南咸宁市南部地区。分布有金、银、钨、钼、锑、钒、铅、锌、铌、钽、铍、煤和建材非金属等矿产。

鄂中江汉坳陷区：包括鄂中地区的荆门—荆州、天门—潜江、孝感南部，主要分布有陆相沉积的石油、岩盐、卤水（含钾、锂、硼、铷、铯、碘、溴等）、芒硝、石膏等矿产。

【矿产资源基本特点】 1. 种类多，储量丰富，资源禀赋居全国中游。截至2014年底，全省已发现149个矿种（按亚矿种计190个），其中有查明资源储量矿种92个（按亚矿种计109个），分别占全国已发现172个矿种和已查明162个矿种的86.6%和56.8%。还有57种矿产（按亚矿种计81个）虽已发现，并且有的已开采利用，但均属未开展正规的矿产地质勘查工作，尚未查明资源储量的矿产（表1）。

表1　湖北省矿产种类一览表

	有查明资源储量矿种（括号内为亚矿种）		已发现或已开发利用但尚无查明资源储量矿种	
	数量（个）	名称	数量（个）	名称
能源矿产	7	煤、石煤、石油、天然气、地热、铀、钍	2	油页岩、油砂
金属矿产	41	铁、锰、铬、钛、钒、铜、铅、锌、铝土矿、镁、镍、钴、钨、锡、钼、汞、锑、金、银、铌、钽、锂、锆、锶、铷、铯、镧、铵、镨、钐、铈、钇、铕、锗、镓、铊、铟、铼、镉、硒、碲	8	铂、钯、钌、锇、铱、铑、铍、铪

续表1

	有查明资源储量矿种（括号内为亚矿种）		已发现或已开发利用但尚无查明资源储量矿种	
	数量（个）	名称	数量（个）	名称
非金属矿产	42	普通萤石、石灰岩（熔剂用灰岩、制灰用灰岩、电石用灰岩、水泥用灰岩、建筑石料用灰岩、饰面用灰岩）、白云岩（冶金用白云岩、化工用白云岩、建筑用白云岩）、石英岩（冶金用石英岩、玻璃用石英岩）、砂岩（冶金用砂岩、建筑用砂岩、玻璃用砂岩、水泥配料用砂岩）、脉石英（冶金用脉石英、玻璃用脉石英）、耐火黏土、硫铁矿、芒硝、重晶石、含钾砂页岩、化肥用橄榄岩、化肥用蛇纹岩、泥炭、盐矿、碘矿、溴矿、硼矿、磷矿、石墨、硅灰石、滑石、云母、长石、石榴子石、透辉石、透闪石、石膏、方解石、玉石、泥灰岩、砂（建筑用砂、水泥配料用砂）、水泥配料用页岩、高岭土、陶瓷土、累托石黏土、膨润土、其他黏土（水泥配料用黏土、水泥配料用黄土、水泥配料用泥岩）、建筑用辉绿岩、花岗岩（建筑用花岗岩、饰面用花岗岩）、大理岩（饰面用大理岩、水泥用大理岩）、饰面用板岩	47	钾盐、宝石、金刚石、自然硫、刚玉、叶蜡石、蓝晶石、硅线石、红柱石、石棉、蓝石棉、蛭石、沸石、毒重石、冰洲石、菱镁矿、玛瑙、粉石英、天然油石、硅藻土、凹凸棒石黏土、海泡石黏土、铁钒土、玄武岩、珍珠岩、黑曜岩、松脂岩、凝灰岩、安山岩、浮石、霞石正长岩、火山灰、片麻岩、角闪岩、闪长岩、镁盐、砷、粗面岩、湖盐、天然卤水、含钾岩石、水晶、电气石、明矾石、颜料矿物、白垩、伊利石黏土
水气矿产	2	地下水、矿泉水		
合计	92		57	

2014年，湖北省有59种（亚矿种）矿产保有资源储量居全国同类矿产资源储量前10位，其中有20种（亚矿种）矿产的资源储量居全国同类矿产资源储量前3位，有8种矿产的资源储量居全国同类矿产资源储量之首。钛矿（金红石 TiO_2）、累托石黏土、碘、溴、石榴子石（矿石）等矿产在全国同类矿产查明资源储量中占有50%以上的绝对优势（表2）。

*2. 化工、建材及部分冶金辅助原料矿产丰富，能源及金属资源矿产短缺。*磷、盐、石膏、水泥用石灰岩等为湖北省优势矿产，高磷赤铁矿、芒硝、钛、钒、稀土、溴、碘、累托石黏土等为湖北省潜在优势矿产；水泥配料、玻璃硅质原料、冶金辅助原料、建筑用花岗岩、饰面石材资源前景较好；镁、铌、钽、铷、铯、锂、铊、稀土、硒、锶、银、铅、锌、溴、碘、硼、石墨、化工用白云岩、膨润土、耐火黏土、石墨、石榴子石、化肥用橄榄岩、建筑用辉绿岩等矿产和地热、矿泉水资源潜力较大；菊花石、百鹤玉、绿松石等矿产具地方特色。但我省缺煤、少油、乏气，铝、钨、锡、钼、锑、钾盐、铬铁矿、铂族金属等资源严重短缺，铁、铜、硫等资源虽较为丰富，但可进一步查明的资源及开发能力均有限，矿产自给程度不断下降，供需缺口逐渐上升，对全省经济和社会发展需求保证程度总体较低。

*3. 矿产资源分布广，主要矿产资源集中度高，区域特色明显。*全省13个市（州）和4个省直管行政区均有矿产资源分布。其中富铁、富铜和金、钨、钼、钴、锶等矿产集中分布于鄂东南地区；磷、硫、铁、煤等矿产主要分布于鄂西、鄂西南地区；重稀土、钛、萤石、重晶石、云母、长石等矿产主要分布于鄂东北地区；石油、岩盐、石膏、芒硝、溴、碘、硼、铷、铯、锂等矿产主要分布于鄂中南地区；银、金、钒、轻稀土等矿产在鄂西北地区占据重要地位。铁、铜、岩金、银、石墨、磷、硫、芒硝、石膏、水泥用灰岩、岩盐等主要矿产的80%以上资源储量为大中型矿区（矿床），有利于建立较完备、规模化矿山及矿产品加工业于一体的集约化矿业经济体系。

*4. 矿床规模总体偏小，共伴生矿、中贫矿、难采选矿多，开发利用难度大。*全省共有已查明储量的固体矿产地1916处，其中，特大型2处，大型164处，中型333处，小型及小矿1417处。全省70%以上的金属矿床为共生矿床，80%以上的金属矿床伴生多种有用组份，综合利用前景好，但利用技术难度大，如：有色金属和稀有金属矿产的80%、金矿的84%、银矿的80%的资源储量均来自共（伴）生矿床中。

全省中贫矿多，富矿少，矿石质量差。其中煤炭资源层薄、面广、质差；磷矿、铁矿以中低品位居多，富矿少；高磷赤铁矿、铝土矿、钛（金红石）矿、稀土矿、硫铁矿等矿产有害杂质含量高、矿物嵌布粒度细、矿石质量差，开发利用难度大、成本高。

表 2 **湖北省矿产资源储量统计表(截至 2014 年底)**

矿类	序号	矿产名称		矿区数(个)	资源储量单位	保有资源储量	查明资源储量
能源矿产	1	煤炭		291	千吨	826559.07	1237723.87
	2	石煤		31	千吨	425830.40	438390.8
黑色金属矿产	3	铁矿		243	矿石千吨	3329526.40	3771483.6
	4	锰矿		11	矿石千吨	13091.84	17277.13
	5	铬矿		3	矿石千吨	241.70	241.7
	6	钛矿	钛铁矿	5	钛铁矿 TiO_2 吨	14841365.00	14936244
			金红石	2	金红石 TiO_2 吨	5762996.00	5771555
			钛铁矿砂矿	2	钛铁矿矿物吨	40694.33	40694.33
			金红石砂矿	3	金红石矿物吨	1535.75	117685.75
	7	钒矿		47	V_2O_5 吨	4152764.32	4200192.42
有色金属矿产	8	铜矿	非伴生矿	128	铜吨	2258774.61	4545904.66
			伴生铜	27	铜吨	114536.48	691799.97
	9	铅矿		41	铅吨	414583.42	472239.06
	10	锌矿		42	锌吨	1546196.46	1678258.67
	11	铝土矿		9	矿石千吨	13847.00	14791.9
	12	镁矿炼镁白云岩		5	矿石千吨	18317.00	18457
	13	镍矿		2	镍吨	206092.00	206254
	14	钴矿		20	钴吨	22101.10	56224.79
	15	钨矿	原生矿	12	WO_3 吨	45831.59	86143.85
			伴生矿	1	WO_3 吨	62.73	254
	16	锡矿	原生矿	1	锡吨	1363.00	1363
			伴生矿	2	锡吨	2777.64	2783
	17	钼矿		43	钼吨	74890.11	87580.52
	18	汞矿		2	汞吨	1308.00	1314
	19	锑矿		7	锑吨	15387.38	40587.25
贵金属矿产	20	金矿	岩金	71	金千克	104043.35	188652.39
			砂金	7	金千克	3253.64	5065.12
			伴生金	52	金千克	79008.95	170045
	21	银矿	非伴生矿	17	银吨	3372.99	4162.93
			伴生银	71	银吨	2274.28	5673.22
稀有稀土金属矿产	22	铌矿		25	Nb2O5 吨	931754.00	931853
	23	钽矿		24	Ta_2O_5 吨	1037.00	1079
	24	锂矿	Li_2O	1	Li_2O 吨	16440.00	18090
			LiCl	1	LiCl 吨	3090851.00	3090851
	25	锆矿	锆英石砂矿	2	锆英石吨	737.75	737.75
	26	锶矿	天青石	3	天青石吨	7381376.00	7489391
	27	铷矿	液体 Rb_2O	1	Rb_2O 吨	22716.00	22716
	28	铯矿		1	Cs_2O 吨	12232.00	12232
	29	重稀土矿	重稀土氧化物	1	重稀土氧化物吨	30541.00	30541
	30	轻稀土矿	独居石砂矿	6	独居石吨	21877.75	21877.75
			轻稀土氧化物	1	轻稀土氧化物吨	1215084.00	1215084
	31	锗矿		1	锗吨	20.06	35.06
	32	镓矿		11	镓吨	2366.00	2571.99
	33	铟矿		1	铟吨	10.00	12
	34	铊矿		1	铊吨	12.95	62.81
	35	铼矿		2	铼吨	0.09	0.97
	36	镉矿		7	镉吨	2590.69	3105.53
	37	硒矿		7	硒吨	1795.55	2180.01
	38	碲矿		3	碲吨	38.50	116

续表 2-1

矿类	序号	矿产名称		矿区数(个)	资源储量单位	保有资源储量	查明资源储量
冶金辅助原料非金属矿产	39	普通萤石	萤石	1	萤石或 CaF_2 千吨	0.00	
			CaF_2	10	萤石或 CaF_2 千吨	1069.42	3617.58
	40	熔剂用灰岩		20	矿石千吨	691937.20	774459.3
	41	冶金用白云岩		24	矿石千吨	737015.40	759707.2
	42	冶金用石英岩		5	矿石千吨	28034.00	30014
	43	冶金用砂岩		3	矿石千吨	28241.00	28576
	44	冶金用脉石英		1	矿石千吨	354.00	380
	45	耐火黏土		19	矿石千吨	116998.16	118822
化工原料非金属矿产	46	硫铁矿	矿石	59	矿石千吨	187044.85	208780.97
			伴生硫	46	硫千吨	11683.04	21145.05
	47	芒硝		21	Na_2SO_4 千吨	2113363.79	2127220.2
	48	重晶石		15	矿石千吨	5539.71	17959.68
	49	电石用灰岩		9	矿石千吨	112584.00	117692
	50	化工用白云岩		1	矿石千吨	1336.00	1406
	51	含钾砂页岩		8	矿石千吨	362780.13	364422.13
	52	化肥用橄榄岩		1	矿石千吨	39737.78	39856
	53	化肥用蛇纹岩		5	矿石千吨	170138.70	170816
	54	泥炭		11	矿石千吨	3327.95	3821.5
	55	盐矿	固体 NaCl	21	NaCl 千吨	24745111.12	24966137.2
			液体 NaCl	2	NaCl 千吨	3082836.00	3083435
	56	碘矿(液体)		1	碘吨	110975.00	110975
	57	溴矿(液体)		1	溴吨	3907569.00	3907569
	58	硼矿(液体)		1	B_2O_3 千吨	5249.00	5249
	59	磷矿		123	矿石千吨	5386288.25	6024449.63
建材和其他非金属矿产	60	石墨	晶质石墨	7	晶质石墨千吨	3038.68	3472.48
	61	硅灰石		6	矿石千吨	3201.17	8639.77
	62	滑石		1	矿石千吨	433.33	443.49
	63	云母		3	工业原料云母吨	85.00	85
	64	长石		3	矿石千吨	32262.00	33394
	65	石榴子石	矿石	4	矿石千吨	258020.07	262925.77
			砂矿	1	石榴子石吨	492343.00	492343
	66	透辉石		1	矿石千吨	2416.00	2416
	67	透闪石		1	矿石千吨	604.00	604
	68	石膏		28	矿石千吨	2221700.54	2378597.98
	69	方解石		2	矿石千吨	359.77	372.63
	70	玉石		2	矿石吨	109.00	685
	71	水泥用灰岩		88	矿石千吨	3822008.83	4286441.54
	72	建筑石料用灰岩		5	矿石千立方米	78433.85	91586.4
	73	饰面用灰岩		1	矿石千立方米	4165.00	4193
	74	制灰用石灰岩		1	矿石千吨	8008.58	8544.07
	75	泥灰岩		1	矿石千吨	28790.00	28790
	76	建筑用白云岩		1	矿石千立方米	102636.88	105035.86

续表 2-2

矿类	序号	矿产名称	矿区数(个)	资源储量单位	保有资源储量	查明资源储量
建材和其他非金属矿产	77	玻璃用石英岩	1	矿石千吨	212.00	212
	78	玻璃用砂岩	8	矿石千吨	32226.97	35943
	79	水泥配料用砂岩	15	矿石千吨	193709.73	205012
	80	建筑用砂岩	4	矿石千立方米	24134.00	24169
	81	建筑用砂	3	矿石千立方米	0.00	
	82	水泥配料用砂	2	矿石千吨	14650.00	14650
	83	玻璃用脉石英	2	矿石千吨	179.89	4115.14
	84	水泥配料用页岩	6	矿石千吨	29292.00	31104
	85	高岭土	8	矿石千吨	56082.33	57979.7
	86	陶瓷土	3	矿石千吨	1740.00	1833
	87	累托石黏土	2	矿石千吨	13071.25	14527.25
	88	膨润土	9	矿石千吨	69343.00	70039.9
	89	水泥配料用黏土	21	矿石千吨	82390.61	85063
	90	水泥配料用黄土	1	矿石千吨	690.00	690
	91	水泥配料用泥岩	1	矿石千吨	10530.00	10530
	92	建筑用辉绿岩	1	矿石千立方米	23412.70	24060
	93	建筑用花岗岩	1	矿石千立方米	15453.11	16732.3
	94	饰面用花岗岩	8	矿石千立方米	13490.00	13540
	95	饰面用大理岩	9	矿石千立方米	17666.46	18810.87
	96	水泥用大理岩	1	矿石千吨	740.00	740
	97	饰面用板岩	2	矿石千立方米	1550.00	1600

【磷矿保有资源储量】 湖北省磷矿资源丰富，主要分布于宜昌、神农架、荆门、保康和鄂东北孝感地区黄麦岭一带，矿床类型为沉积型和沉积－变质型，共发现矿区（段）123 处，累计查明磷矿资源储量 60.24 亿吨，保有资源储量 53.86 亿吨，占全国同类矿产的 25.11%，居全国之首。

【铁矿保有资源储量】 主要分布在鄂东南、鄂西南及鄂西北地区，矿床类型为矽卡岩型（大冶式）、沉积型（宁乡式、神农架式）、岩浆型（银洞山式）、火山沉积变质型（陈家垭式）和沉积改造型（黄梅式）。共发现矿区（段）240 处，累计查明铁矿资源储量 37.71 亿吨，保有资源储量 33.30 亿吨，全国排名第九。

【铜矿保有资源储量】 主要分布于鄂东南和鄂东北地区，矿床类型为矽卡岩型（铜绿山式）、斑岩型（白云山式），次有少量热液型（芳畈式）。共发现矿区（段）148 处，累计查明铜资源储量 522.45 万吨（含伴生铜），保有资源储量 237.21 万吨，全国排名第十三。

【钛矿保有资源储量】 主要分布于襄阳市、枣阳县和谷城县，主要矿种类型有钛铁矿、钛铁矿砂矿、金红石矿、金红石砂矿，共发现矿区（段）12 处。其中金红石矿物（TiO_2）累计保有资源储量 576.3 万吨，占全国同类矿产资源总量的 39.76%，居全国之首；原生钛铁矿保有资源储量 1484.14 万吨，全国排名第四。

【钒矿保有资源储量】 主要分布于鄂南和鄂西北地区，矿床类型为黑色岩系沉积型钒矿，共发现矿区（段）47 处，累计查明 V_2O_5 资源储量 420.02 万吨，保有资源储量 385.90 万吨，位列全国第三。

【盐矿保有资源储量】 湖北省盐矿资源极为丰富，岩盐矿床主要产于江汉盆地的下第三系，少量产于南襄断坳随枣阳凹陷的白垩系，均属陆相盐湖沉积矿床，形成了云梦—应城、潜江、天门、沙市—公安、枣阳、利川 6 个盐矿聚集区。全省已查明矿产地 23 处（含卤水），查明资源储量 280.50 亿吨（其中液态盐 30.83 亿吨），居全国第三。

湖北盐矿找矿潜力巨大，据预测远景资源储量可达2895.7亿吨。

【石膏矿保有资源储量】 湖北省石膏资源储量丰富，种类齐全，矿床成因类型较多，主要有沉积型、热液交代型、后生改造型三大类，矿床工业类型主要有层状石膏硬石膏矿床、纤维石膏矿床、纤维石膏及层状石膏硬石膏矿床。全省共查明21处石膏矿产地，主要分布于荆门市，孝感市的应城市、云梦县，宜昌市当阳市和武汉市的江夏区。累计查明资源储量21.27亿吨，保有资源储量21.13亿吨，全国排名第八，其中纤维石膏比重较大，居全国之首。

【水泥用灰岩保有资源储量】 8. 水泥用灰岩：是湖北省重要的优势矿产之一，矿床类型均为沉积矿床，含矿层位多，矿层稳定，资源总量丰富，集中成片分布于荆门市、宜昌市、黄石市、荆州市、咸宁市、恩施州等地，全省已查明水泥用灰岩矿产地88处，查明资源储量42.88亿吨，保有资源储量38.24亿吨。

累托石黏土：是一种具有特殊结构、较为罕见的层状硅酸盐黏土矿物。目前，全省已查明资源储量的矿产地2处，均为沉积矿床，分别位于钟祥市和南漳县境内，累计查明资源储量1452.7万吨，保有资源储量1307.12万吨，占全国总量的91.98%，其中仅钟祥市杨榨矿区查明资源储量就达1377.7万吨，是国内发现的唯一达到大型规模矿床。

（湖北省国土资源厅）

广东省

【矿产资源概况】 广东省地处欧亚板块与太平洋板块交接处，矿产资源种类比较齐全，但小矿贫矿共伴生矿多，选冶难。

1. 已查明资源储量的矿种。全省已发现矿产148种（亚种），其中已查明资源储量的矿种有101（亚）种，包括能源矿产7种，黑色金属矿产4种，有色金属矿产11种，贵金属矿产2种，稀有稀土及分散元素矿产15种，冶金辅助原料矿产8种，化工原料矿产9种，建材及其他非金属矿产41种，水气矿产2种，具体如下。

①能源矿产7种，包括：煤、石油、天然气、铀、油页岩、泥炭、地热。

②金属矿产：黑色金属4种，包括：铁、锰、钒、钛；有色金属11种，包括铜、铅、锌、铝土矿、钴、钨、锡、钼、铋、汞、锑；贵金属2种，金、银；稀有稀土及分散元素金属15种，包括：铌钽矿、铌、钽、铍、锆、铷；轻稀土矿、稀土矿、重稀土矿；锗、镓、铟、镉、钪、硒。

③非金属矿产44种（亚矿种58种），包括：矽线石、红柱石、萤石（普通萤石）、石灰岩（水泥用灰岩、熔剂用灰岩、建筑用灰岩）、白云岩（冶金用白云岩）、石英岩（冶金用石英岩、玻璃用石英岩）、砂岩（水泥配料用砂岩）、天然石英砂（玻璃用砂、建筑用砂、水泥配料用砂、铸型用砂）、脉石英（冶金用脉石英）、耐火黏土、硫铁矿、芒硝、重晶石、天然碱、蛇纹岩（化肥用蛇纹岩）、泥炭、盐矿、砷、硼、磷、石墨、水晶（压电水晶、熔炼水晶）、硅灰石、滑石、石棉、云母、长石、黄玉、叶蜡石、沸石、石膏、冰洲石、玉石、页岩（水泥配料用页岩、砖瓦用页岩）、高岭土、陶瓷土、膨润土、硅藻土、其他黏土（砖瓦用黏土、水泥配料用黏土、水泥配料用黄土、水泥配料用泥岩）、辉绿岩（饰面用辉绿岩）、花岗岩（建筑用花岗岩、饰面用花岗岩）、大理岩（饰面用大理岩、建筑用大理岩、水泥用大理岩）、珍珠岩、粗面岩（水泥用粗面岩）。

④水气矿产2种，包括：地下水、矿泉水。

2. 排名全国前列的矿种。截至2014年底，广东省有56种（亚矿种）矿产保有资源储量居全国同类矿产资源储量前10位，其中有18种（亚矿种）矿产的资源储量居全国同类矿产资源储量前3位，见表1。

表1　广东省排名全国前列的矿产

位次	矿产名称	数量
1	铌钽矿、泥炭、水泥用粗面岩、建筑用大理岩、黄玉	5
2	油页岩、高岭土、冰洲石、建筑用花岗岩、饰面用大理岩	5
3	铅矿、锆矿、钪矿、轻稀土、矽线石、玻璃用砂、水泥配料用砂、饰面用辉绿岩	8
4	锡矿、汞、银矿、铷矿、锗矿、冶金用脉石英、硅藻土、压电水晶	8
5	钛矿、铋矿、重稀土、天然碱、水泥配料用页岩	5
6	镉矿、硫铁矿、玉石、陶瓷土	4

续表 1

位次	矿产名称	数量
7	铸型用砂、叶蜡石、熔炼水晶、硼矿、水泥配料用黄土	5
8	锌矿、钨矿、铍矿、铟矿	4
9	砷矿、玻璃用石英岩、水泥用灰岩、建筑用砂、云母	5
10	铜矿、钼矿、锑矿、普通萤石、熔剂用灰岩、冶金用白云岩、水泥配料用泥岩	7

【保有矿产资源储量年度增减情况】 根据广东省矿产资源储量管理数据库统计,广东省主要矿产年度保有储量都有变化(表2)。其中,油页岩、铁、锌、钨、锡、铋、汞、锑、锗、镉、普通萤石、熔剂用灰岩、硫铁矿、芒硝、盐矿、砷、长石、水泥配料用砂岩、水泥配料用页岩、水泥配料用黏土、高岭土、陶瓷土、饰面用大理岩等有所减少,锰、铜、铅、锌、钼、金、银、稀土、镓、水泥用灰岩等矿种保有储量有所增加。

表 2　广东省保有矿产资源储量及年度变化

序号	矿产		单位	保有资源储量		
				2013 年末	2014 年末	变化率(%)
1	煤炭		千吨	598589.92	598589.92	
2	油页岩		千吨	4462606.96	4462332.21	-0.01
3	铁矿		矿石 千吨	659568.78	651757.72	-1.18
4	锰矿		矿石 千吨	11790.09	12065.34	2.33
5	钛矿	高钛矿	高钛矿矿物 吨	79851.00	79851.00	
		金红石砂矿	金红石矿物 吨	2778.10	2778.10	
		钛铁矿	钛铁矿 TiO_2 吨	9352169.77	9352169.77	
		钛铁矿砂矿	钛铁矿矿物 吨	6379732.75	6379732.75	
6	钒矿		V_2O_5 吨	487640.00	487640.00	
7	铜矿	非伴生矿	铜 吨	2455943.32	2464492.71	0.35
8	铅矿		铅 吨	4183896.18	4260164.21	1.82
9	锌矿		锌 吨	5437376.20	5515787.64	1.44
10	铝土矿		矿石 千吨	140.60	140.60	
11	钴矿		钴 吨	2284.50	2284.50	
12	钨矿	原生矿	WO_3 吨	266595.30	262643.09	-1.48
		砂矿	WO_3 吨	736.00	736.00	
		伴生矿	WO_3 吨	17194.69	17194.69	
13	锡矿	原生矿	锡 吨	440685.45	438912.95	-0.40
		砂矿	锡 吨	41238.62	41238.62	
		伴生矿	锡 吨	119747.35	117114.04	-2.20
14	铋矿		铋 吨	21755.13	21325.68	-1.97
15	钼矿		钼 吨	768530.93	775788.59	0.94
16	汞矿		汞 吨	2124.30	1767.66	-16.79
17	锑矿		锑 吨	57748.35	57631.05	-0.20

续表 2－1

序号	矿产		单位	保有资源储量		
				2013 年末	2014 年末	变化率(%)
18	金矿	岩金	金 千克	68215.57	74385.40	9.04
		砂金	金 千克	14201.91	14201.91	
		伴生金	金 千克	15941.73	16832.73	5.59
19	银矿	非伴生矿	银 吨	19412.50	34019.10	75.24
20	铌钽矿	氧化铌钽	$(Nb+Ta)_2O_5$ 吨	1011.51	1011.51	
		铌钽铁砂矿	铌钽铁矿 吨	8837.61	8837.61	
		铌钽铁矿	铌钽铁矿物吨	29464.70	29464.70	
21	铌矿	氧化铌	Nb_2O_5 吨	33285.15	33285.15	
		褐钇铌铁砂矿	褐钇铌矿物 吨	2276.30	2276.30	
		铌钶铁砂矿	铌(钶)铁矿 吨	11541.00	11541.00	
22	钽矿	氧化钽	Ta_2O_5 吨	7943.69	7943.69	
		细晶石	细晶石 吨	72.00	72.00	
23	铍矿	氧化铍	BeO 吨	2930.47	2930.47	
		绿柱石	绿柱石 吨	451.91	451.91	
24	锆矿	锆英石砂矿	锆英石 吨	586378.39	586378.39	
		锆英石	锆英石 吨	422.00	422.00	
		铪锆石	铪锆石 吨	1294.50	1294.50	
25	铷矿		Rb_2O 吨	121418.00	121418.00	
26	重稀土矿	磷钇矿砂矿	磷钇矿 吨			
		磷钇矿	磷钇矿 吨			
		重稀土氧化物	重稀土氧化物 吨			
27	稀土矿	稀土氧化物砂矿	稀土氧化物 吨			
		稀土氧化物	稀土氧化物 吨			
28	轻稀土矿	独居石砂矿	独居石 吨			
		轻稀土氧化物	轻稀土氧化物 吨			
29	锗矿		锗 吨	668.80	639.76	－4.34
30	镓矿		镓 吨	609.08	610.18	0.18
31	铟矿		铟 吨	396.56	396.56	
32	镉矿		镉 吨	14155.30	13952.33	－1.43
33	钪矿		钪 千克	123.10	123.10	
34	硒矿		硒 吨	16.20	16.20	
35	矽线石		矽线石 吨	2410000.00	2410000.00	
36	红柱石		红柱石 吨	176.54	176.54	
37	普通萤石		萤石或 CaF_2 千吨	2561.42	2550.26	－0.44
38	熔剂用灰岩		矿石 千吨	596467.57	595846.87	－0.10

续表 2 - 2

序号	矿产		单位	保有资源储量		
				2013 年末	2014 年末	变化率(%)
39	冶金用白云岩		矿石 千吨	466347.00	466334.00	
40	冶金用石英岩		矿石 千吨	16615.00	16615.00	
41	铸型用砂		矿石 千吨	6205.00	6205.00	
42	冶金用脉石英		矿石 千吨	5495.00	5495.00	
43	耐火黏土		矿石 千吨	30187.04	30187.04	
44	硫铁矿	矿石	矿石 千吨	394691.32	393882.57	-0.20
		伴生硫	硫 千吨	25184.89	24876.26	-1.23
45	芒硝		Na_2SO_4千吨	28765.12	28735.82	-0.10
46	重晶石		矿石 千吨	911.12	911.12	
47	天然碱		$Na_2CO_3+NaHCO_3$千吨	297.00	297.00	
48	化肥用蛇纹岩		矿石 千吨	150.00	150.00	
49	泥炭		矿石 千吨	92746.00	92746.00	
50	盐矿		NaCl 千吨	151558.79	150771.38	-0.52
51	砷矿		砷 吨	89501.30	89397.21	-0.12
52	硼矿		B_2O_3千吨	468.77	468.77	
53	磷矿	伴生磷	P_2O_5千吨	0.16	0.16	
		矿石	矿石 千吨	19476.95	19476.95	
54	石墨	晶质石墨	晶质石墨 千吨	355.00	355.00	
		隐晶质石墨	隐晶质石墨 千吨	3838.50	3838.50	
55	压电水晶		单晶 千克	9048.00	9048.00	
56	熔炼水晶		矿物 吨	323.00	323.00	
57	硅灰石		矿石 千吨	1310.00	1310.00	
58	滑石		矿石 千吨	974.00	974.00	
59	石棉		石棉 千吨	29.00	29.00	
60	云母		工业原料云母 吨	1186.00	1186.00	
61	长石		矿石 千吨	2591.56	2569.76	-0.84
62	黄玉		黄玉 吨	6701.20	6701.20	
63	叶蜡石		矿石 千吨	405.00	405.00	
64	沸石		矿石 千吨	879.00	879.00	
65	石膏		矿石 千吨	175217.00	175217.00	
66	冰洲石		矿物 千克	109.00	109.00	
67	玉石		矿石 吨	100320.00	100320.00	
68	水泥用灰岩		矿石 千吨	5640951.02	5852441.19	3.75
69	玻璃用石英岩		矿石 千吨	21435.42	21435.42	
70	水泥配料用砂岩		矿石 千吨	37585.17	37438.86	-0.39

续表 2－3

序号	矿产	单位	保有资源储量		
			2013 年末	2014 年末	变化率(％)
71	玻璃用砂	矿石 千吨	235677.50	235677.50	
72	建筑用砂	矿石 千立方米	5100.00	5100.00	
73	水泥配料用砂	矿石 千吨	18673.00	18673.00	
74	硅藻土	矿石 千吨	19179.00	19179.00	
75	水泥配料用页岩	矿石 千吨	74523.97	74412.99	－0.15
76	高岭土	矿石 千吨	573706.47	572956.91	－0.13
77	陶瓷土	矿石 千吨	40979.50	40844.50	－0.33
78	膨润土	矿石 千吨	20535.00	20535.00	
79	砖瓦用黏土	矿石 千立方米	150.00	150.00	
80	水泥配料用黏土	矿石 千吨	69222.20	69052.20	－0.25
81	水泥配料用黄土	矿石 千吨	10110.00	10110.00	
82	水泥配料用泥岩	矿石 千吨	4320.00	4320.00	
83	饰面用辉绿岩	矿石 千立方米	3010.00	3010.00	
84	建筑用花岗岩	矿石 千立方米	199092.40	199092.40	
85	饰面用花岗岩	矿石 千立方米	18720.10	18720.10	
86	珍珠岩	矿石 千吨	310.00	310.00	
87	水泥用粗面岩	矿石 千吨	10430.00	10430.00	
88	饰面用大理岩	矿石 千立方米	157768.27	157693.27	－0.05
89	建筑用大理岩	矿石 千立方米	19566.00	19566.00	
90	水泥用大理岩	矿石 千吨	97631.70	97631.70	

注:1. 资料来源于广东省矿产资源储量管理数据库;2. 稀土相关数据未公布。

2014 新增上表矿区共 2 处,其中金属矿产 1 处,非金属矿产 1 处。

①连南县磨刀坑矿区铜银多金属矿,矿区编号 441826013,查明铜矿(铜金属量)资源储量 14516 吨,铅矿(铅金属量)资源储量 22492 吨,锌矿(锌金属量)资源储量 10493 吨,金矿(金金属量)资源储量 891 千克,银矿(银金属量)资源储量 14516 吨,硫铁矿资源储量 115.54 千吨。

②新丰县旗石岗矿区水泥用石灰岩矿,矿区编号 440233007,查明水泥用石灰岩矿矿石量 248511.57 千吨。

【矿产资源储量管理工作】 1. *矿产资源储量评审备案*。2014 年度受理评审各类矿产资源储量报告 413 份(含大中型报告 79 份),其中,砂石土报告 253 份,非采报告 95 份,压覆报告 36 份,金属报告 19 份,地热、矿泉水报告 10 份。评审办结 405 份(含 2013 年受理 32 份)。

2. *矿产资源储量登记统计* 。2014 年,省国土资源厅共办理查明登记 5 份,占用登记 6 份,压覆登记 11 份。组织培训了省内各地市相关工作人员。储量评审中心年初对数据进行初步审查并汇总上报,顺利通过了国土资源部验收。

3. *建设项目压覆矿产资源查询与登记*。2014 年全年受理压矿查询 329 宗,其中 28 宗涉及压覆采矿权、上表矿区或探矿权,共涉及压覆 12 个采矿权、29 个上表矿区、18 个探矿权(部分建设项目压覆多个矿权或矿区)。

4. *矿产资源储量动态监督管理*。省国土资源厅每年委托省矿产资源储量评审中心开展该部分矿山储量年报核查工作,以实现对大中型矿山的核查覆盖。2014 年度矿山储量年报共核查矿山 10 个,分别为:韶关大宝山多金属矿、韶关凡口铅锌矿、河源连平县大顶铁矿、河源天高矿业股份有限公司宝山铁矿、河源古云稀土矿、梅州八乡银河铁矿、惠州龙门上仓铅锌矿、肇庆河台金矿、清远英德金门铁矿、云浮硫铁矿。

（选自广东省国土资源厅《2014年广东省矿产资源年报》）

重庆市

【地质勘查】 深入推进重庆市地质找矿突破战略行动，找矿成效初显。秀山、城口两个国家级锰矿整装勘查区进展顺利。抓好市级地质矿产勘查项目工作，2014年实施的市级财政项目153个，投入资金24607万元，完成钻探工作量10773米，提交矿产地16处，其中大型2处、中型8处、小型6处。全市主要矿种新增查明储量主要有：煤炭8571万吨、铁78.92万吨、地热水4000立方米/日、粉石英447万吨、锰745.6万吨、熔剂用灰岩9881万吨。根据重庆地质成矿规律、空间布局优选重点成矿区带和主攻矿种，突出就矿找矿、探边摸底；尊重经济规律，服务区县经济社会发展，为配合忠县、合川等地发展盐化工产业，安排岩盐勘查项目。为老矿山接续发展需要，安排了部分煤炭勘查项目。2014年实施老矿山项目4个，获333以上煤炭资源量超过5800万吨。中低品位铝土矿综合利用及伴生元素综合回收研究取得重大进展。

【矿业权审批】 截至2014年底，市级审批的有效探矿权和采矿权共884个。2014年审批探矿权115个，其中新立8个、延续31个、探矿权保留19个、注销1个。2014年市级审批的有效采矿权769个，其中审批新立4个、变更179个、延续313个。

【矿业权市场】 2014年，全市出让采矿权318宗，其中市级出让采矿权89宗，区县出让采矿权229宗；市级审批采矿权转让10宗。

【矿产资源专项收入征收】 2014年，市级出让采矿权价款合同金额3.79亿元，实际征收入库3.85亿元；全市征收矿产资源补偿费1.72亿元，其中市级征收矿产资源补偿费9746万元，区县征收矿产资源补偿费7521万元。

【矿产资源执法检查】 2014年立案114件，按违法主体划分，企事业单位违法90件，集体违法1件，个人违法23件。

本年共结案114件，结案率94.7%；其中处理上年未结案6件，无证开采22件，越界开采85件，其他1件；罚没款610.29万元。

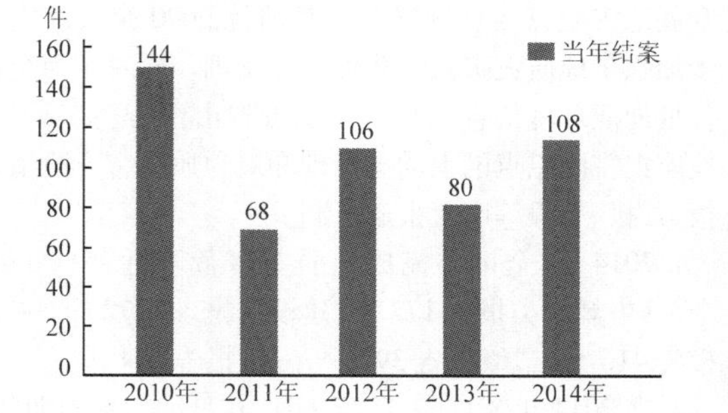

图1　2010～2014年重庆市矿产资源违法案件查处情况

【页岩气勘探开发管理】 2014年，市国土房管局推进中石油、国开投、中化与重庆地研院合资组建重庆页岩气勘探开发有限责任公司，构建了央地、央企联手合作推进页岩气勘探开发的新模式。合资公司注册资本60亿元，将对中石油位于重庆市辖区内5个页岩气区块、1.56万平方千米范围内的页岩气资源进行整体勘探开发，加快形成规模化开发。

推进国土资源部、重庆市政府、中石化在渝设立涪陵百亿级国家页岩气勘查开发示范基地，起到页岩气勘查开发推广应用示范作用，引领并助推全国页岩气商业化进程。推进华能国际电力开发公司与和市能投集团合资合作，加快黔江区块页岩气勘探开发。加快完善全市页岩气资源调查评价和专项规划，落实市级财政预算投资2.4亿元，累计到位年度资金2亿元。探索油气、页岩气勘探开发过程监管机制方面，全面完成全市油气、页岩气矿权核查工作，开发油气资源管理基础平台数据库，为全市建立油气资源监管长效机制夯实工作基础并提供技术支撑。通过承担或参与国土资源部对重点地区和企业组织开展的专项督察，进一步完善日常监管方式方法和流程，有效提升监管效能。

截至2014年底，全市不包括参数井在内的完钻气井达到162口，共投产试运行94口井，年产能建设突破25亿立方米。全年产气量近11亿立方米，累计产气量突破12亿立方米，最高日气量超过440万立方米。涪陵、彭水、綦江、永川取得海相页岩气勘探突破。

【地质环境与地质灾害防治】 1. 地质灾害防治。2014年，受极端暴雨影响，全市共发生地质灾害灾（险）情2980起，其中灾情1342起、险情1638起。地质灾害造成59人死亡、17人受伤，9人失踪，直接经济损失约19.4亿元、同比增长约29倍。由于监测到位、处置及时、措施有效，全市共成功预报和处置地质灾害2260起，紧急转移群众9.32万人。

2014年，全市组建了地质灾害应急救援队综合应急分队，开展应急设备（装备）培训演练。全年各区县开展地灾隐患点群测群防简易演练9600余次。进一步加强了地质灾害减灾防灾宣传培训。同时作为全国首批地质环境信息化建设的试点省市，率先实现了对地质灾害隐患点网上动态管理和对地质灾害灾险情日报、月报、专报等网上报送机制。

2014年，全市共完成地质灾害危险性评估1449个，其中规划类报告177个，建设类报告1272个（一级报告416个，二级报告392个，三级报告464个）。

在2014年8月31日至9月10日特大暴雨期间，云阳、奉节、巫山、巫溪、开县5个县受集中强降雨影响引发地质灾害灾（险）情2340起，其中灾情1014起、险情1326起。全市1000多名国土干部、7支专业地勘队伍约300多名地质专业人员、近2000名片区地灾防治专员、近7000名群测群防员，冒雨坚守灾害第一线，成功发现和预警了多起地质灾害，紧急撤离群众5.03万人，避免人员伤亡5670人。2014年，市国土房管局研究出台了用地、复垦等灾后重建支持政策，会同市财政局向国土资源部和财政部申请到中央财政地质灾害防治专项资金1.9亿元（三峡库区除外）。全市将重灾县搬迁群众纳入地质灾害搬迁避让"金土工程"，安排市级地质灾害防治专项补助资金6000万元，支持重灾县搬迁避让群众1.5万人。

【三峡库区地质灾害防治】 进一步筑牢巡查排查、监测预警、专家驻守、应急处置、督查督办"五道防线"。加强技术指导和信息报送，加强群测群防管理，提升专业监测自动化水平，加强督查督办，保证各项措施落到实处。

2014年，市国土房管局邀请院士和国内知名专家指导库区地质灾害防治工作。全力推进重大地质灾害应急处置工作，安排专人积极指导、协助奉节县和武隆县政府推进安坪场镇、羊角场镇整体搬迁各项工作。抓紧开展地质灾害防治市级初步竣工验收工作。积极推进"8.31"强降雨引发地质灾害防治工作。有序推进三峡后续地灾防治工作。国土资源部经会商财政部、国务院三峡办，按照三峡后续地质灾害防治规划测算资金总额，切块下达全市资金共3.28亿元（不含避险搬迁补助资金和高切坡防护资金），累计下达13.38亿元。

【地质环境监测和地质遗迹保护】 1. *"红层找水"民心工程和岩溶找水示范工程*。2014年，全市在19个区县（自治县）实施浅机井40129口，解决约13万余人的饮水困难。全市已累计投入市级专项资金2.73亿元，累计打井23.5万口，解决约120万农村分散农户饮水困难。

2014年，全市在涪陵、黔江等11个区县的岩溶缺水地区安排实施12个岩溶找水项目，投入经费2885万元，全年共成井44口，出水量约7726立方米/日，可解决约8万人饮水困难，超额完成了成井30口的年度目标任务。

2. *地下水动态监测*。全市共设地下水动态监测点37个，其中国家级监测点14个，市级监测点23个。分布于南岸、沙坪坝、北碚、铜梁、巴南、九龙坡、渝北、合川、长寿、万州10个区县。

3. *地热资源*。全市已查明的温泉地热水131处，其中天然温泉26处、坑道温泉16处、钻井温泉89处，为重庆市打造"世界温泉之都"提供了可靠的资源保障。

4. *矿泉水资源*。2014年，全市申请年检的矿泉水开采企业共9家，注销1家，各矿泉水均符合中华人民共和国国家标准《饮用天然矿泉水》（GB8537—2008）要求，水源水质均达到国家标准要求，年检合格。详见表1。

表1　2014年度年检合格饮用天然矿泉水名单

矿泉水名称	达到矿泉水命名浓度的项目	开发单位
小三峡矿泉水	锂0.21毫克/升、锶0.39毫克/升、溶解性总固体1051.92毫克/升	重庆古泉食品饮料有限公司
巴岳山矿泉水	偏硅酸74.37毫克/升、锶1.15毫克/升	重庆市巴岳山天然矿泉水饮料厂
汇森矿泉水	偏硅酸46.90毫克/升	重庆万州汇森天然矿泉水厂
龙派矿泉水	偏硅酸40.20毫克/升、锶0.93毫克/升	重庆安吉尔科技有限公司
缙云山矿泉水	锶0.44毫克/升	重庆蓝剑缙云山饮品有限公司
金刀峡矿泉水	偏硅酸30.71毫克/升、锶0.59毫克/升	重庆合川区华蓥山矿泉水厂
中梁山矿泉水	偏硅酸43.72毫克/升	重庆中梁山饮品有限公司
雅佳康矿泉水	偏硅酸32.63毫克/升	重庆雅斛饮品有限公司
人头山矿泉水	偏硅酸34.37毫克/升	重庆新天泉实业有限公司

5. 地质遗迹保护。全市获得国土资源部批准的国家级地质公园共7个，其中重庆武隆岩溶国家地质公园、长江三峡（重庆）国家地质公园、重庆黔江小南海国家地质公园、重庆云阳龙缸国家地质公园、重庆万盛国家地质公园、重庆綦江国家地质公园已建成并揭碑开园；重庆酉阳国家地质公园正在建设中。

2014年，全市审查通过了《重庆黔江小南海国家地质公园规划》及《重庆武隆岩溶国家地质公园规划》。正在开展彭水国家地质公园的申报前期工作，计划2015年开展重庆城口国家地质公园、重庆巴南地热地质国家地质公园、重庆市石柱七曜山国家地质公园的申报前期工作。详见表2。

表2　　重庆市地质公园一览表

地质公园名称	级别	所在行政区划	面积（平方千米）	批准时间（年）	揭碑开园时间（年）
重庆武隆岩溶国家地质公园	国家级	武隆县	454.7	2004	2005
长江三峡（重庆）国家地质公园	国家级	奉节县、巫山县	12500	2004	2010
重庆黔江小南海国家地质公园	国家级	黔江区	197	2004	2005
重庆云阳龙缸国家地质公园	国家级	云阳县	296	2005	2007
重庆綦江国家地质公园	国家级	綦江区	173.02	2009	2014
重庆万盛国家地质公园	国家级	万盛经济开发区	101.36	2009	2014
重庆酉阳国家地质公园	国家级	酉阳县	113.5	2011	

【矿山地质环境恢复治理】　2014年，城口县修齐锰矿区、沙坪坝区重钢歌乐山采石场和渝北区玉峰山片区采石场等矿山地质环境恢复治理工程进展顺利。城口县修齐锰矿区矿山环境治理恢复项目已基本完工；歌乐山重钢采石场矿山环境治理恢复项目已完成施工单位招标工作，进入工程施工阶段；渝北玉峰山矿山环境治理项目通过比较优化拟结合勘查实物资料库建设统筹实施，已完成初步设计工作。

（重庆市国土资源和房屋管理局）

四川省

【矿产资源概况】　2014年，全省具有查明资源储量的矿种有82种（亚矿种101种），有29种矿产排位进入全国同类矿产查明资源储量的前三位。作为四川优势矿产的天然气、钒、钛、锂、轻稀土、硫铁矿、芒硝、岩盐等16种矿产在全国查明资源储量中排第一位，铁、晶质石墨、石棉等6种矿产在全国查明资源储量中排第二位（表1）。

表1　　2014年底四川省主要矿产查明资源储量

矿种	单位	查明资源储量	矿种	单位	查明资源储量
钛矿	TiO_2 万吨	60668.48	煤炭	亿吨	1222.83
钒矿	V_2O_5	1732.06	铁矿	矿石 万吨	953144.19
锂矿	LiO_2 万吨	164.93	铜矿	铜 吨	2532059.71
芒硝	矿石 亿吨	187.49	铅矿	铅 吨	3721005.71
盐矿	矿石 亿吨	176.11	锌矿	锌 吨	6421213.64
天然气	亿立方米	8810.89	金矿	金千克	364338.40
硫铁矿	矿石 万吨	95268.31	银矿	银 吨	5202.85
磷矿	矿石 万吨	261606.45	铂族金属	金属 千克	50714.66

【地质矿产勘查】　争取国土资源部大力支持四川省川南页岩气勘查开发试验区建设，基本建立起国土资源部牵头，省政府、中石油、中石化等四方共同推进的新机制。盆地深部杂卤石型钾盐矿、战略性矿产勘探走在全国前列。攀西钒钛磁铁矿整装勘查取得新的突破，在攀枝花市仁和区发现规模为大型以上的钒钛磁铁矿矿体。老矿山会理拉拉铜矿延伸勘查找矿效果明显，初步估算铜资源量50万吨以上，“再造一个拉拉铜矿”的目标有望实现。

2014年全省共实施各类基础地质、矿产勘查、水工环地质调查评价、科研等项目共计1705项,各种地勘经费投入172997.14万元,同比减少11.10%(图1~4)。

此外,2014年境外实施项目32项(较2013年同期增加2项);投资额度9812.27万元(较2013年同期减少27.71%)。

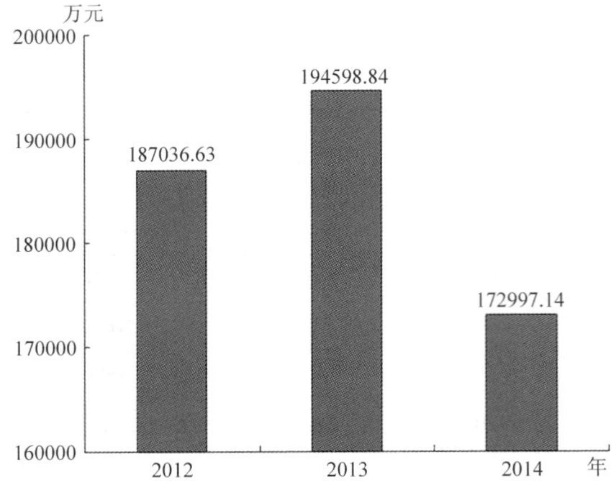

图1 2012~2014年四川省地质矿产勘查投资变化情况

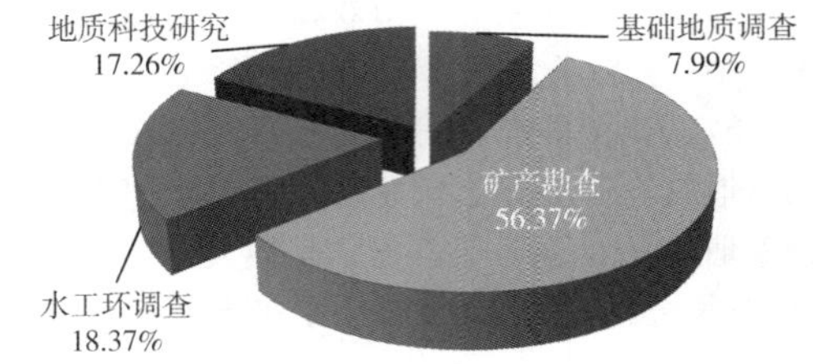

图2 四川省2014年地质勘查投入资金结构

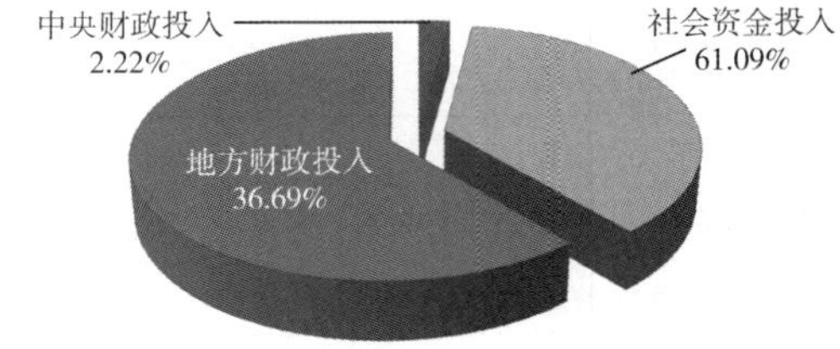

图3 四川省2014年矿产资源勘查资金来源结构图

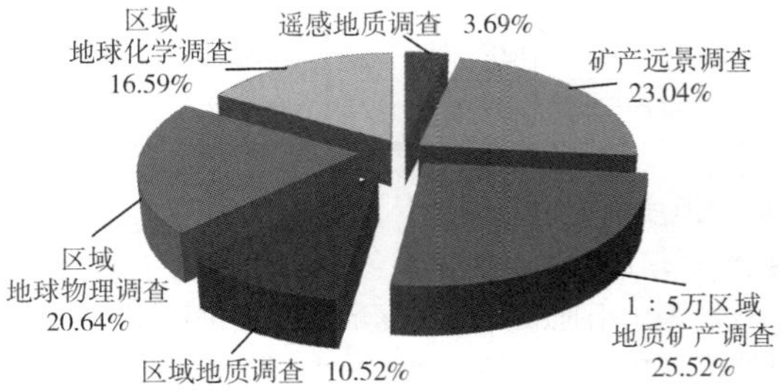

图4 四川省2014年基础地质调查经费按项目结构图

【新增查明矿产资源储量情况】 2014年完成阶段性勘查的矿产地72处,新发现矿产地3处(含1处大型煤矿),提高规模级别的矿产地4处(含2处大型锂矿、1处大型磷矿,1处中型岩金矿),矿产勘查重要成果6项。

表2 **2014年四川省新增查明矿产资源储量表**

矿种	单位	新增查明矿产资源储	矿种	单位	新增查明矿产资源储
煤炭	亿吨	3.05	岩金	金属吨	17.19
铁	矿石亿吨	12.18	银	金属吨	1173.00
钛	T_iO_2 万吨	625.05	铌	Na_2O_5 吨	3250.09
钒	V_2O_5 万吨	22.00	钽	Ta_2O_5 吨	2075
锰	矿石万吨	224.90	铍	BeO 吨	18660.00
铜	金属吨	238319.60	锂	Li_2O 万吨	89.01
锌	金属吨	115993.00	磷矿	矿石 万吨	25172.00
铅	金属吨	181396.85			

【矿产资源开发利用】 2014年全省矿山总数为6486个,同比减少11%。其中大型和中型矿山个数同比增加22%和21%,小型矿山和小矿同比减少1%和32%。2014年采矿业矿山生产工业总产值为4477343万元,较2013年的3481846万元上升了28.60%。其中,铁矿采矿产业工业总产值1835307万元,煤矿采矿产业工业总产值879754万元,分别占全省采矿业工业总产值的40.99%和19.65%,两者合计占全省采矿业工业总产值的60.64%(表2~4)。

表3

2014年四川省主要矿产产量表(按矿种分列)

矿种	年产矿量(万吨)	同比增减变化%	矿种	年产矿量(万吨)	同比增减变化%
煤炭	2684.27	19.51%	金矿	133.56	131.88%
铁矿	7964.35	3.72%	锂矿	5.57	-46.44%
铜矿	324.78	-22.43%	盐矿	403.05	-58.23%
铅矿	52.42	-22.91%	磷矿	591.68	-7.51%
锌矿	70.69	-21.09%			

表4

2014年四川省矿产资源开发利用情况(按行政区划分)

名称	矿山企业数					从业人员(个)	年产矿量(万吨)	实际采矿能力(万吨、年)	工业总产值(万元)	综合利用产值(万元)
	合计	大型	中型	小型	小矿					
合计	6486	115	386	4201	1784	284446	26210.86	33326.82	4477342.91	284169.98
成都市	116	11	80	20	5	3329	1741.38	2199.97	324119.9	5057.64
自贡市	172	3	14	98	57	6491	349.94	433.01	36131.53	7914.5
攀枝花市	206	12	10	131	53	27073	7410.02	7129.11	1644984.65	121672.92
泸州市	418	3	32	179	204	14360	606.04	859.15	91495.53	2758.15
德阳市	226	6	21	187	12	11306	677.16	797.3	194371.15	4763
绵阳市	519	11	64	422	22	8944	1445.26	1617.21	45494.4	4333.3
广元市	502	3	5	349	145	13682	835.54	951.48	53414.69	1110.8
遂宁市	141	1	4	136	0	2864	213.09	285.97	28927.36	911
内江市	288	0	1	55	232	14983	408.34	603.97	3018.7	287.94
乐山市	485	14	40	342	89	32707	2527.29	3383.68	178761.57	8314.28
南充市	355	0	7	292	56	5668	529.34	773.11	64535.7	180
眉山市	239	8	17	138	76	11349	844.45	855.52	92886.23	100
宜宾市	756	12	16	480	248	26168	2148.86	3658.88	212206.14	8531
广安市	294	5	14	182	93	16873	1361.36	1391.52	151348.66	6720.5
达州市	581	3	6	367	205	32650	1491.86	3129.75	100557.35	695
雅安市	281	6	10	199	66	13129	578.18	907.19	82220.37	5285.73
巴中市	171	1	1	96	73	5529	191.35	1148.88	26898.84	3076.2
资阳市	210	0	0	172	38	5626	292.6	314.84	27889.5	6083
阿坝州	24	0	5	15	4	2236	93.53	108.68	22296.37	4195.2
甘孜州	75	6	11	50	8	4507	164.67	213.51	279828.28	45
凉山州	427	10	28	291	98	24972	2300.6	2564.09	745955.99	92104.81

【矿业权设置】 2014年,四川省矿业权设置方案编制和审查工作得到有效加强,全省共审查批复矿业权设置方案134个,为2013年同期的2.35倍。古叙、筠连煤炭国家规划矿区煤炭矿业权设置方案获国土资源部批复,全省非国家规划矿区煤炭矿业权设置方案修编工作全面启动,为四川省矿业权市场健康发展奠定了坚实的基础。

【矿业权市场】 完成省级矿业权进入省政府政务服务和公共资源交易服务中心集中交易。

2014年共委托19宗探矿权交易,其中成功出让7宗,出让价款3.7亿元。全省招拍挂出让采矿权146

宗，出让金额1.4亿元，出让宗数同比增长121%，出让金额同比增长274%。

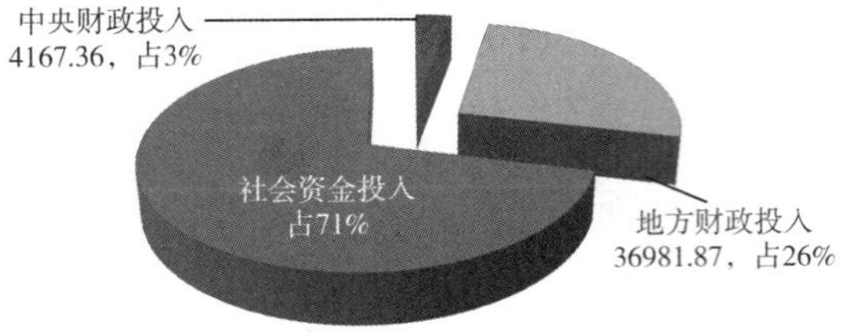

图5　四川省2014年地质灾害灾情图

【地质灾害】　全年全省共发生地质灾害2307起，因地质灾害死亡（失踪）7人，分别为全国同期总数的21.15%和1.75%。2014年全省查明地质灾害隐患点43265处，威胁225.6万人和1132.5亿元财产安全。各地累计上报的2307处地质灾害中，包括滑坡1635处、崩塌309处、泥石流240处、地裂缝6处、地面塌陷20处、不稳定斜坡97处，发生数量为震前平均值的2.53倍。

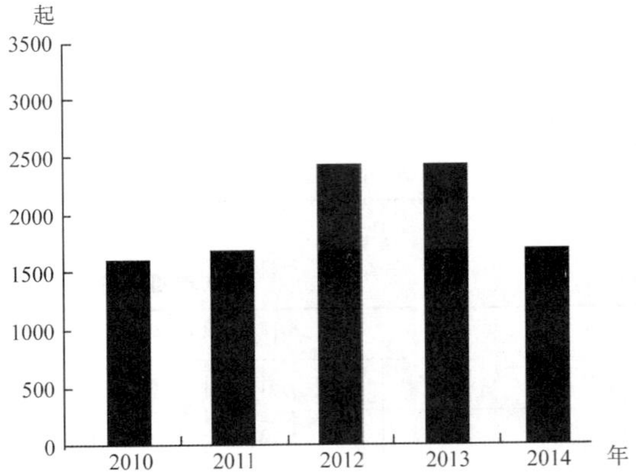

图6　2010～2014年四川省地质灾害灾情对比图

表5　**2014年四川省地质灾害灾情及成功避险统计表**

市（州）	灾害损失			灾害类型（灾情、险情）							主动避让及成功避险		
	死亡或失踪（人）	受伤（人）	直接经济损失（万元）	滑坡（处）	崩塌（处）	泥石流（处）	不稳定斜坡（处）	地裂缝（处）	地面崩陷（处）	小计	（起）	避免伤亡（人）	避免经济损失（万元）
阿坝市	0	3	13500.65	42	19	97	3	0	0	161	22	2839	7566
巴中市	0	0	1447	349	40	1	0	0	4	394	9	222	3030
成都市	0	0	405	30	16	2	14	0	0	62	2	25	5
达州市	1	0	3063.5	143	10	2	1	0	2	158	1	5	0
德阳市	0	0	0	1	1	7	0	0	0	9	1	25	0
甘孜州	2	2	30781.47	33	18	71	2	0	0	124	9	2542	5043
广安市	2	5	17264.2	570	91	20	42	1	5	729	4	79	89
广元市	0	0	547	110	24	3	21	2	0	160	4	37	421
乐山市	1	10	247.3	15	23	0	0	1	0	39	0	0	0
凉山州	0	0	3646	84	7	31	2	0	0	124	12	319	2578
泸州市	1	0	870	18	9	0	2	0	0	29	7	95	276
眉山市	0	0	44	29	6	0	7	0	0	42	2	15	78
绵阳市	0	0	1399	71	10	2	3	0	3	89	0	0	0
内江市	0	2	353.4	9	13	0	1	0	1	24	0	0	0
南充市	0	0	2337.3	93	10	0	0	2	5	110	2	35	70
攀枝花市	0	0	150	6	0	1	0	0	0	7	1	105	0
遂宁市	0	0	7	0	2	0	0	0	0	2	0	0	0
雅安市	0	0	690	3	3	0	0	0	0	6	1	3	23
宜宾市	0	0	95	7	2	1	0	0	0	10	2	16	0
资阳市	0	0	29	15	1	0	0	0	0	16	3	26	90
自贡市	0	0	175	9	3	0	0	0	0	12	0	0	0
总计	7	22	77051.82	1637	308	238	98	6	20	2307	82	6388	19269

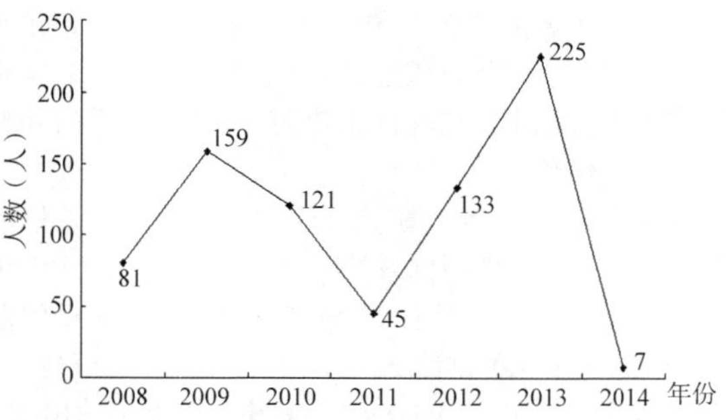

图7 2008～2014年四川省年因灾死亡失踪人数统计图

【地质灾害治理】 2014年，全面启动"4.20"芦山地震灾区灾后恢复重建地质灾害防治专项规划治理工程项目，完成364处，占比94%；实施完成汶川"7·9"暴雨洪灾区20处重大地质灾害应急治理工程。在全省组织实施160处地质灾害治理工程，是民生工程目标的160%。地灾治理工程及时完工，在防范地灾中发挥了作用。

【地质遗产保护】 启动实施兴文世界地质公园等5处地质遗迹保护项目以及巴中南江县水洞片区等3处矿山地质环境恢复治理示范项目。

【地下水监测】 截至2014年底，全省共有各类地下水监测井点66个，分别担负成都平原（含成都市区和德阳市市区）水位、水温、水质等监测任务。经2014年监测年度地下水采样及实验数据分析，成都平原地下水为无色、无味、无嗅、透明淡水，地下水化学类型为$HCO_3-Ca\cdot Mg$及$HCO_3\cdot SO_4-Ca$型水，成分相对稳定，平均水位454.27～661.99米。本年度成都平原地下水监测中未发现区域性地下水降落漏斗。

【矿产资源节约集约利用】 在全省开展了19种重要矿产资源。"三率"调查工作，工作成果在国土资源部组织的终验中被评为"优秀"。

会同财政厅编制了《四川省攀枝花钒钛磁铁矿综合利用示范基地建设总体规划（中期调整版）》，已正式上报国土、财政部审核。

按省政府部署，全力参与推进煤矿企业兼并重组。稳步推进全省非金属矿山关闭整顿工作。

【科技成果】 2014年，《辽东湾地区油气成藏规律与勘探方向研究》等6个科研项目获国土资源部科技成果奖二等奖；《四川省若尔盖铀矿田成矿规律和深部勘查模型研究》列入2015年度国家科学技术进步奖推荐名单；《4·20地震灾区集镇土地集约利用时空变异研究》等14个项目申报2015年国土资源部公益性科研计划项目；《四川省镉污染土地监测与修复》等3个省级科研项目通过检查验收。

【专业档案、地质档案社会化服务】 2014年，资料馆提供地质资料查阅323人次、1910份次、87342件次，提供综合档案查阅283人次，提供文书、土地、矿业权等综合档案627件（宗、档），提供电子数据资料拷贝2244份、电子文件111097个。全年利用四川省国土资源资料馆网站目录检索查询7605人次、网站点击110925人次，累计点击286307人次。稳步推进全省实物地质资料管理工作。积极开展攀西钒钛磁铁矿整装勘查区岩矿心的筛选整理、入库保管及相关资料整理等工作。全年实物地质资料攀西分库整理入库岩芯总进尺13629.2米，岩芯总长度12918.8米。

【信息化建设】 在以国土资源"一张图"数据中心为基础，电子政务平台和综合监管平台为应用的"一个中心、两大平台"信息化框架体系的基础上，"一张图"核心数据库数据得以扩充，完成了全省21个地市州184个县（区）2012年和2013年土地利用现状数据的整合和入库。"一张图"核心数据库与各业务系统对接，实现了带图审批。截至2014年底全省21个市（州）中有10个已经基本建成市级"一张图"数据库和管理系统，均已投入使用，有5个市（州）的"一张图"数据库和管理系统正在建设之中，其余6个市（州）处于建设方案编制或准备阶段。实现对土地资源、矿产资源、地质环境三大主要业务的监管，对接国土资源部开发的土地市场动态监测系统，实现部、省数据的在线交换，国土资源厅能及时获取全省土地市场动态数据。

【矿产资源市场化配置推进】 按照省委《关于建立健全作风建设长效机制的意见》和《关于认真贯彻"三严三实要求进一步加强党员干部教育管理监督的意见》精神和省政府"依法行政、廉洁从政"的要求，国土资源厅坚持问题导向，研究制定并报请省政府出台了《关于进一步加强土地出让管理的规定》、《关于进一步加强矿产资源开发管理的规定》。国土资源厅及时制定下发"两个规定"的实施意见，明确规定土地出让方案审批必须集体会审、主要领导末位表态、以无记名投票方式确定，确保集体决策真正落实到位。严把矿业权设置关，改革探矿权出让方式，今后除经有权机关批；准可以协议出让的外，所有矿种的探矿权一律以招标拍卖挂牌方式公开出让并实行出让年限管理。实行矿业权集中进场交易，严格控制矿业权协议出让。明确要求已申请在先取得的探矿权，不得申请变更或增加低风险矿种勘查,从源头上防范了违规操作、权力寻租。

四川省矿业权设置、矿业极协议出让已全部按新规定履行方案编制、资格审查、批复实施等手续,省级招标拍卖挂牌出让的矿业权交易全部进入省公共资源交易中心办理。新规定针对性强,设计严密,堵住了漏洞,约束了权力,有力促进了四川省土地、矿产资源的市场化配置。

(选自 2014 年《四川省国土资源公报》)

贵州省

【矿产资源概况】 贵州矿产资源丰富,是全国有名的矿产资源大省,素以“江南煤海”著称,且有 53 种矿产资源储量排名全国前 10 位。省内优势矿种分布相对集中,且规模大、质量较好,多分布在交通方便的铁路沿线和水资源丰富的乌江干流附近,开发利用的外部条件相对优越。

全省已发现各类矿产 137 种,占全国 172 种的 79.65%;查明有资源储量的矿产 87 种,占全国 161 种的 54.04%;列入储量表 79 种,其中 54 种位居全国总量的前十位,24 种排前三位,10 种排第四至第五位。

全省查明矿产地 3189 处,其中能源矿产 810 处、占产地总数的 25.40%,金属矿产 1146 处、占 35.94%,非金属矿产 1233 处、占 38.66%。

按储量规模分,大型 251 处,占 7.87%;中型 468 处,占 14.68%;小型 2470 处,占 77.45%。按矿床勘查程度分,勘探 362 处,占 11.35%;详查 694 处,占 21.76%;普查及预查 2133 处,占 66.89%(表 1)。

表 1　　2014 年贵州省矿产资源储量情况表

序号	矿种名称	单位	2013 年保有资源储量		2014 年保有资源储量					增减情况	全国排位
			产地数	资源储量	产地数	储量	基础储量	资源量	资源储量		
1	煤炭	亿吨	800	542.28	810	63.93	93.98	479.56	573.54	↑	5
2	铁矿	亿吨	187	11.83	190	0.09	0.13	11.73	11.87	↑	13
3	锰矿	万吨	55	20003.40	56	3289.07	4417.10	32136.04	36553.14	↑	1
4	钛矿 TiO_2	万吨	1	102.48	1	31.24	44.63	57.08	101.71	↓	2
5	钒矿	万吨	49	415.89	49			475.05	475.05	↑	3
6	铜矿	万吨	34	15.28	37	0.19	0.28	14.79	15.07	↓	25
7	铅矿	万吨	135	90.98	140	6.83	9.53	94.22	103.75	↑	18
8	锌矿	万吨	183	393.45	191	60.83	85.24	396.32	481.56	↑	11
9	铝土矿	亿吨	104	7.40	107	0.94	1.33	6.27	7.60	↑	3
10	镁(炼镁白云岩)	万吨	14	117129.33	14	1357.77	1554.98	10174.35	11729.33		5
11	镍矿	吨	30	575175.15	31	61338.82	86397.18	517669.97	604067.15	↑	5
12	钴矿	吨	1	118.00	2			207.00	207.00	↑	24
13	钨矿	吨	4	7965.64	4			7965.64	7965.64		18
14	锡矿	吨	2	7760.60	2			7760.60	7760.60		12
15	钼矿	吨	37	848772.02	40	106516.61	149022.80	727247.39	876270.19	↑	8
16	汞矿	万吨	54	3.03	53	0.63	1.01	2.02	3.03		1
17	锑矿	万吨	33	30.58	38	4.12	6.30	27.96	34.26	↑	4
18	金矿(岩金)	吨	83	281.36	89	40.37	85.17	201.48	286.66	↑	8
	砂金	千克	1	99.00	1			99.00	99.00		23
19	银矿	吨	16	253.49	22	37.12	61.79	252.18	313.97	↑	27
20	铌钽矿	吨	1	146.00	1			146.00	146.00		7
21	锂矿	Li_2O 吨	3	162576.97	3			162576.97	162576.97		4

续表 1－1

序号	矿种名称	单位	2013 年保有资源储量		2014 年保有资源储量					增减情况	全国排位
			产地数	资源储量	产地数	储量	基础储量	资源量	资源储量		
22	稀土矿	万吨	2	86.01	2			86.01	86.01		6
23	锗矿	吨	3	1129.31	4	1137.09	1137.09	↑	2		
24	镓矿	吨	45	47730.46	49	4153.92	5891.88	43610.73	49502.61	↑	3
25	铟矿	吨		2 处已采空	3			8.01	8.01	↑	14
26	镉矿	吨	4	4621.84	7	255.52	373.95	6245.03	6618.98	↑	11
27	钪矿	吨			1			1734.60	1734.60	↑	1
28	硒矿	吨	8	367.53	10			773.60	773.60	↑	7
29	普通萤石(萤石)	万吨	34	311.58	35		7.70	320.49	328.19	↑	9
30	熔剂用灰岩	万吨	15	23152.01	15	10933.65	13652.01	9500.00	23152.01		19
31	冶金用白云岩	万吨	7	9441.18	7	3006.33	3766.68	5674.50	9441.18		24
32	冶金用砂岩	万吨	13	8631.59	13	4072.50	5597.50	3034.09	8631.59		2
33	铸型用砂岩	万吨	2	1734.00	2	514.80	572.00	1162.00	1734.00		3
34	冶金用脐石英	万吨	6	191.33	6			191.33	191.33		10
35	耐火黏土	万吨	19	6425.01	19	836.84	1026.35	5396.63	6422.98	↓	10
36	硫铁矿	亿吨	119	8.37	123	0.40	0.57	7.98	8.55	↑	2
	伴生硫铁矿	万吨	3	53.55	4	10.32	14.75	39.70	54.45	↑	26
37	重晶石	万吨	75	9210.94	75	159.97	218.77	8898.52	9117.29	↓	1
38	电石用灰岩	万吨	9	8328.35	9	4335.10	4817.50	3510.85	8328.35		14
39	化工用白云岩	万吨	4	2417.00	4	418.50	760.00	1657.00	2417.00		4
40	化肥用砂岩	万吨	3	10596.70	3	145.80	183.30	10413.40	10596.70		1
41	含钾砂页岩	万吨	7	4829.50	7			4927.46	4927.46	↑	8
42	含钾岩石	万吨	1	63.79	1			63.79	63.79		7
43	泥炭	万吨	4	203.45	4	133.82	69.53	203.35	↓	16	
44	碘矿	吨	15	72516.11	16	1847.73	2394.68	73766.60	76161.28	↑	2
45	砷矿[雄(雌)物]	吨	5	47979.31	5			47979.31	47979.31		1
	伴生砷矿	砷吨	2	15873.22	2	4747.16	6781.65	9091.57	15873.22		16
46	磷矿	亿吨	64	34.12	63	4.57	6.64	26.94	33.58	↓	3
47	金刚石	克	1	755.00	1			755.00	755.00		5
48	压电水晶	千克	13	6201.00	13	155.00	291.00	5910.00	6201.00		8
49	熔炼水晶	吨	11	1110.00	11	89.00	160.00	950.00	1110.00		3
50	光学水晶	千克	3	175.00	3	3.00		172.00	175.00		1
51	石棉	万吨	2	0.90	2	0.90			0.90		16
52	石膏	万吨	9	9805.27	9	6.20	7.79	9797.48	9805.27	2	0
53	方解石	万吨	9	571.64	9			571.64	571.64		9

续表 1－2

序号	矿种名称	单位	2013 年保有资源储量		2014 年保有资源储量					增减情况	全国排位
			产地数	资源储量	产地数	储量	基础储量	资源量	资源储量		
54	玉石	吨	1	8086.82	1			22134.61	22134.61	↑	10
55	玻璃用灰岩	万吨	1	38.70	1	27.00	30.00	8.70	38.70		2
56	水泥用灰岩	亿吨	106	19.02	108	9.62	11.53	8.93	20.45	↑	22
57	建筑石料用灰岩	万立方米	274	9622.51	273	785.94	933.97	9472.51	10406.47	↑	4
58	饰面用灰岩	万立方米	23	3794.90	23	945.30	1049.30	2745.60	3794.90		2
59	制灰用石灰岩	万吨	6	4798.93	6	169.00	188.00	4602.57	4790.57	↑	8
60	玻璃用白云岩	万吨	2	280.00	2	215.00	238.00	42.00	280.00		10
61	建筑用白云岩	万立方米	34	490.60	33	60.05	64.94	438.97	503.91	↑	9
62	玻璃用砂岩	万吨	7	5122.83	7	1954.47	2172.47	2950.36	5122.83		7
63	水泥配料用砂岩	万吨	21	9419.40	22	3901.10	4485.00	5333.40	9818.40	↑	10
64	砖瓦用砂岩	万立方米	6	1768.83	6	1223.00	1359.00	415.69	1774.69	↓	1
65	陶瓷用砂岩	万吨	2	1042.50	2	30.50	33.90	1008.60	1042.50		2
66	建筑用砂	万立方米	80	3833.69	80	77.18	479.97	3351.75	3831.73	↓	4
67	玻璃用脉石英	万吨	1	1.40	1		0.90	1.40	1.40		18
68	砖瓦用页岩	万立方米	79	3765.42	79	366.61	395.31	3411.69	3807.00	↑	6
69	水泥配料用页岩	万吨	10	2676.62	10	900.80	1000.80	1675.82	2676.62		12
70	高岭土	万吨	24	664.33	24	10.40	15.00	648.65	663.65	↓	17
71	陶瓷土	万吨	16	1408.76	16	72.20	85.20	1323.56	1408.76		15
72	凹凸棒石黏土	万吨	1	9.92	1			30.40	30.40	↑	5
73	砖瓦用黏土	万立方米	12	1639.67	12	870.50	970.40	669.27	1639.67		5
74	水泥配料用黏土	万吨	50	10782.51	51	5755.30	6417.20	4888.31	11305.51	↑	6
75	饰面用辉绿岩	万立方米	3	455.96	3	264.00	293.00	162.96	455.96		2
76	饰面用花岗岩	万立方米	2	352.00	2	14.00	16.00	336.00	352.00		23
77	饰面用大理岩	万立方米	6	92.02	6	9.90	41.80	50.22	92.02		27
合计			3115		3189						

注:铼矿、碲矿等 2 种矿产已随主矿种采空。

【优势矿产开发利用情况】 1. *煤炭*。保有资源储量 573.54 亿吨,占全国保有量的 3.86%,居全国第 5 位(以保有资源储量排位,下同)。其中,炼焦用煤 149.37 亿吨,占全国的 5.03%。资源总量比江南 12 省(区、市)之和还多,丰富的煤炭资源使我省成为我国重要的能源基地。

2. *磷矿*。保有资源储量 33.58 亿吨,占全国保有量的 16.32%,居全国第 3 位。是我国重要的磷肥及磷化工生产的原材料基地,开阳、瓮福磷矿是全国大型的开采基地。开阳、息烽等地,磷矿石质佳,其中 P_2O_5 > 30% 的富矿有 11.92 亿吨,是不经选矿即可用于高浓度磷肥生产的少数地区。

3. *铝土矿*。保有资源储量 7.60 亿吨。保有资源储量占全国保有量的 18.89%,次于山西、广西,居全国第 3 位。是我国重要的铝工业及磨料、磨具生产的原材料基地之一。铝土矿中伴生有可供回收利用的镓矿资源储量 4.77 万吨,居全国第 3 位。伴生的锂资源量 16.26 万吨,居全国第 4 位。

4. *金矿(岩金)*。保有资源储量(金属量)286.66 吨,占全国保有量的 4.10%,居全国第 8 位。是我国黄金生产基地之一。

5. *锰矿*。保有资源储量 36553.14 万吨,占全国保有量的35.37%，居全国第1位。是中国三大锰矿集中产区之一，具有资源丰富、分布集中、规模大、外部开发条件好的特点。

6. *锑矿*。保有资源储量34.26万吨，占全国保有量的13.03%，居全国第4位。是全国锑资源相对丰富的省区之一。

7. *重晶石*。保有资源储量9117.29万吨，占全国保有量的29.24%，居全国第1位。是我国重晶石生产的重要基地之一，也是最重要的钡盐生产的原材料基地。

8. *水泥用灰岩*。保有资源储量20.45亿吨，占全国保有量的1.71%，居全国第22位。水泥用灰岩分布广泛，找矿潜力大。

【矿产资源开发利用】 全面推行矿业权招、拍、挂出让制度，发挥市场在资源配置中的决定性作用。

加强矿产资源开发利用管理，将“三率”指标纳入开发利用方案。

矿产资源节约与综合利用示范基地建设稳步推进，贵州省磷石膏转化制硫酸铵等2项技术列入全国第三批先进适用技术推广目录，应用范围不断拓展。

砂石土资源开发管理进一步规范，全年关闭砂石土矿537个，推动了全省砂石土资源集约开发利用。

2014年全省有效采矿许可证7749个（其中部级发证22个），按矿种分：能源矿产1773个、黑色金属110个、有色金属253个、贵金属60个、非金属5544个、水气矿产9个，批准矿区登记面积7416.26平方千米；省级发证2287个，按矿种分：能源矿产1762个、黑色金属108个、有色金属244个、贵金属57个、非金属107个、水气矿产9个，批准矿区登记面积5949.96平方千米。

全年矿业权公开交易，办理省级矿业权转让170宗，交易合同金额46.4亿元，其中采矿权7宗、交易合同金额0.83亿元（详见表2～5）。

表2　2014年贵州省矿产资源有效采矿许可证情况

发证机关	批准登记发证数（个）																批准登记面积（平方千米）
	合计	能源矿产					黑色金属矿产		有色金属矿产	贵金属矿产		稀有、稀土矿产	非金属矿产			水气矿产	
		小计	煤	煤层气	石油天然气	地热	小计	铁矿		小计	金矿		小计	水泥灰岩	化工矿石		
采矿许可证	7749	1773	1766			7	110	52	253	60	60		5544	62	172	9	7416.26
其中：部级发证	22	11	11				1		4	3	3		3		3		472.57
省级发证	2287	1762	1755			7	108	52	244	57	57		107	1	101	9	5949.96
市、县级发证	5440						1		5				5434	61	68		993.73
贵阳市	283												283	10	32		115.70
六盘水市	506												506	8			28.37
遵义市	817												817	17	13		92.06
安顺市	480												480				37.70
毕节市	1043												1043				156.65
铜仁市	752												752				230.00
黔南州	760						1		5				754	12	23		166.83
黔东南州	427												427				108.60
黔西南州	372												372	14			57.82

表3　2014年贵州省矿产资源开发利用情况（按经济类型分列）　计算单位：个、人、万吨/年、万元

企业类型	矿山企业数					从业人员	年产矿量	实际采矿能力	矿业总产值	综合利用产值	矿产品销售收入	利润总额
	合计	大型	中型	小型	小矿							
贵州省	6608	99	288	4167	2054	239316	34416.51	40529.97	6044903.33	1022413.84	4984978.69	950058.95
一、内资企业	6593	93	287	4162	2051	237303	33990.82	40047.21	5864308.26	1009072.04	4819046.87	920403.04
国有企业	140	20	21	82	17	27819	3226.77	3342.96	459946.09	83707.66	395910.71	60339.71
集体企业	62		1	46	15	1280	277.21	383.23	11537.03	4386.08	9219.91	1697.84

续表 3

企业类型	矿山企业数					从业人员	年产矿量	实际采矿能力	矿业总产值	综合利用产值	矿产品销售收入	利润总额
	合计	大型	中型	小型	小矿							
股份合作企业	48	2	4	36	6	1880	292.14	297.82	28817.31	11185.56	25980.52	4408.50
联营企业	14		1	11	2	470	79.00	77.09	27266.80	4231.00	23246.50	2500.00
有限责任公司	989	29	95	743	122	74192	8464.23	10629.21	2046091.71	441122.21	1486881.71	348302.36
股份有限公司	221	18	24	141	38	23824	2583.38	2790.17	848822.69	63107.45	806100.16	97545.17
私营企业	4859	24	140	2926	1769	105765	18113.40	21546.28	2404477.70	382470.83	2036158.88	399945.37
其他企业	260		1	177	82	2073	954.69	980.45	37348.93	18861.25	35548.48	5664.09
二、港、澳、台商投资企业	10	5		4	1	973	309.44	366.50	46460.57	12323.00	31812.32	5632.91
三、外商投资企业	5	1	1	1	2	1040	116.25	116.26	134134.50	1018.80	134119.50	24023.00

表 4　　**2014 年贵州省矿产资源开发利用情况(按行政区分列)**

计算单位:个、人、万吨/年、万元

名称	矿山企业数					从业人员	年产矿量	实际采矿能力	工业总产值	综合利用产值	矿产品销售收入	利润总额
	合计	大型	中型	小型	小矿							
合计	6608	99	288	4167	2054	239316	34416.51	40529.97	6044903.33	1022413.84	4984978.69	950058.95
贵阳市	281	8	22	193	58	10950	3040.37	3468.06	725407.14	7395.30	315381.62	45841.25
六盘水市	658	11	30	322	295	59011	5374.51	5388.62	1521858.67	88638.97	1362594.79	208129.92
遵义市	891	8	44	701	138	20886	3911.61	6331.13	267526.97	28750.32	242191.42	19281.64
安顺市	529	7	8	305	209	12314	2670.99	2801.93	390307.27	33317.80	321034.60	102116.23
毕节市	1586	17	57	921	591	81562	8715.80	9687.77	1762030.57	573367.94	1566748.94	383089.51
铜仁市	595	14	24	364	193	6046	1620.37	1742.00	123539.96	25144.54	62469.11	20882.42
黔南州	1019	14	41	759	205	15638	4672.62	6170.21	261097.33	32545.00	245341.16	56779.75
黔东南州	493	12	39	240	202	4993	967.42	1331.57	44165.00	4594.20	41831.81	9369.57
黔西南州	556	8	23	362	163	27916	3442.82	3608.68	948970.42	228659.77	827385.24	104568.66

表 5　　**2014 年贵州省矿产资源开发利用情况(按矿种分列)**

计算单位:个、人、万吨/年、万元

序号	矿种	矿山企业数					从业人员	年产矿量	实际采矿能力	工业总产值	综合利用产值	矿产品销售收入	利润总额
		合计	大型	中型	小型	小矿							
1	合计	6608	99	288	4167	2054	239316	34416.51	40529.97	6044903.33	1022413.814	4984978.69	950058.95
2	煤炭	1458	18	82	1298	60	170265	11758.10	13509.32	4053778.88	810827.08	3642313.02	642254.57
3	地下热水	4	1	2	1		328	65.78		3305.70		3300.00	-100.00
4	铁矿	48			33	15	1032	75.13	106.23	58196136	8244.80	45666.00	4627.60
5	锰矿	40	8	8	18	6	2551	121.38	127.52	33718.02	20023.80	29859.02	7232.50
6	钒矿	7	2	2	3		96						
7	铜矿	5			5		148	10.06	10.06	742.00		742.00	43.40
8	铅矿	20	1	16	3	407	4.56	7.86	7457.00	1880.00	7457.00	1242.00	
9	锌矿	79	2		38	39	691	15.57	78.90	14131.50	1480.00	13309.50	8430.50
10	铝土矿	731	3	5	517	8	2968	193.49	351.90	50497.55	937.90	36755.12	6086.97
11	锡矿	1				1							
12	钼矿	4			3	1	263	0.50	0.50	20.00		15.00	

续表 5－1

序号	矿种	矿山企业数					从业人员	年产矿量	实际采矿能力	工业总产值	综合利用产值	矿产品销售收入	利润总额
		合计	大型	中型	小型	小矿							
13	汞矿	22			6	16	527	10.52	19.32	9714.04	360.00	6176.35	1815.50
14	锑矿	10		1	7	2	489	1.49	18.39	298.60		298.60	21.47
15	金矿	43	5	2	29	7	3723	169.08	212.00	187269.14	10097.00	187186.22	33398.31
16	普通萤石	38		3	32	3	559	11.79	11.71	4528.00	120.00	4326.00	883.30
17	熔剂用灰岩	2		1	1		146	118.70	118.70	8720.00	4015.00	1247.04	371.00
18	冶金用白云岩	1		1			201	30.00	30.00	4027.11		2514.05	
19	冶金用石英岩	14			14		62	0.96	18.00	100.80	6.00	100.80	12.00
20	冶金用砂岩	17			5	2	68	7.40	7.40	818.90	20.00	803.90	20.00
21	冶金用脉石英	4			3	1	16		2.00				
22	硫铁矿	47			40	7	414	5.25	24.16	1044.91	92.30	754.74	70.10
23	重晶石	138	9	8	93	28	1524	134.47	143.48	31317.25	7043.00	28374.25	5882.55
24	电石用灰岩	1			1		20	6.00	7.00	180.00	15.00	180.00	90.00
25	制碱用灰岩	1			1		2						
26	化肥用石英岩	1			1		2						
27	泥炭	13			4	9	215	5.41	10.11	580.00	12.00	528.78	46.75
28	砷矿	2			2		12		1.50				
29	磷矿	39	5	12	16	6	5563	1708.45	1718.89	698534.75	12860.00	301985.92	56096.15
30	硅灰石	9			6	3	126	2.07	2.07	298.60	255.00	298.60	196.00
31	石膏	7			6	1	206	20.10	20.10	2970.00	1840.00	2970.00	1230.00
32	方解石	27			17	10	171	6.74	8.74	561.70	88.00	501.70	209.80
33	玉石	1					1	1					
34	水泥用灰岩	98	25	24	38	11	3933	4844.40	5208.97	383341.79	73041.22	233960.68	80381.22
35	建筑石料用灰岩	2386	8	40	1315	1023	23113	9433.76	11797.65	285712.43	31495.35	253186.36	52383.51
36	饰面用灰岩	85	1	1	40	43	1113	43.15	95.11	8850.41	4504.35	8197.80	1751.03
37	制灰用石灰岩	14	9	5	162	66.15	87.55	3624.36	1434.79	2521.36	141.40		
38	建筑用白云岩	165		2	84	79	1698	662.33	1223.93	25278.28	3401.20	23387.10	4585.98
39	玻璃用石英岩	3		1	1	1	51	23.00	27.00	620.00	500.00	620.00	210.00
41	砖瓦用砂岩	12		2	7	3	174	16.70	21.90	806.00	19.00	806.00	138.00
42	建筑用砂岩	107	2	6	60	39	1098	393.58	465.33	10286.29	2624.38	8825.15	3013.60
43	建筑用砂	952	2	32	471	447	7792	3186.67	3441.93	77936.24	13402.73	67859.99	24962.14
44	水泥配料用砂	10			7	3	54	43.00	34.69	768.90	48.10	141.00	79.00
45	砖瓦用砂	68			3	65	395	6.70	43.70	7352.00	208.00	6090.05	343.00
46	粉石英	6		1	5		29	0.50	10.50	15.00		15.00	
47	陶粒页岩	1			1		6	5.00	5.00	100.00			20.00
48	砖瓦用页岩	306	1	38	219	48	4208	743.96	976.72	43111.69	7383.00	40827.05	6993.70
49	水泥配料用页岩	4	1	2	1		43	21.95	33.32	414.53	66.40	408.53	175.00
50	建筑用页岩	62		7	39	16	641	167.64	204.11	6672.25	1434.43	5604.12	963.88
51	高岭土	24		1	20	3	213	1.03	6.03	414.40	351.00	414.40	205.30
52	陶瓷土	8			3	5	52	10.00	10.00	1700.00	1500.00		120.00
53	伊利石黏土	1			1		21		0.15				
54	砖瓦用黏土	2			2		37	6.00	6.00	360.00		360.00	26.00

续表 5－2

序号	矿种	矿山企业数					从业人员	年产矿量	实际采矿能力	工业总产值	综合利用产值	矿产品销售收入	利润总额
		合计	大型	中型	小型	小矿							
55	陶粒用黏土	4	1	1	2		68	28.87	33.33	551.03		549.03	114.75
56	水泥配料用黄土	2			2		15		8.00	120.00	120.00	120.00	50.00
57	饰面用蛇纹岩	1				1	2						
58	饰面用辉石岩	1				1	24	6.00	6.00	360.00		360.00	85.00
59	铸石用玄武岩	1			1		2						
60	饰面用玄武岩	2	1		1		20	16.77	16.77	1180.00		1180.00	406.00
61	水泥混合材玄武岩	1		1			10						
62	建筑用玄武岩	27			26	1	543	77.67	64.31	4091.40	1037.00	3453.08	91830
63	饰面用辉绿岩	1				1	24	10.00	10.00	1200.00	2.00	1200.00	180.00
64	建筑用凝灰岩	20			18	2	154	58.79	50.95	1616.94	119.00	1312.33	416.00
65	饰面用大理岩	39			15	24	431	8.88	22.21	3183.00	500.00	2054.50	781.00
66	建筑用大理岩	2	2				20						
67	饰面用板岩	10		1	7	2	95		4.15				
68	矿泉水	7	2		5		145	5.87		800.60	760.60	98.00	

【地质勘查】 创新地质找矿新机制，实施矿产整装勘查，找矿取得新突破，地质勘查工作继续保持良好发展势头（详见图1和表6）。

全年共实施省内、外各类基础地质、矿产勘查、地质环境与地质灾害、地质科学研究等项目共计257项，争取各种地勘经费投入15.61亿元。

找矿突破战略行动“246”计划取得重大进展，全省首批整装勘查12个项目顺利完成，共新增铝土矿7亿吨、锰矿3.4亿吨、磷矿30亿吨、金矿164吨、煤炭31亿吨、地热水4000万亿立方米；煤炭、磷矿、锰矿、铝土矿、铀矿等实现找矿突破（图2）。

全国最大的超大型锰矿床在松桃县道坨被发现，矿石总资源量约达1.42亿吨，成为40年来全国锰矿找矿标志性重大突破。

第二批整装勘查30个项目成果显著，约新增煤炭150亿吨、磷矿48.5亿吨、铁矿5亿吨、铝土矿1.3亿吨、重晶石1.2亿吨、稀土440万吨、铅锌矿280万吨、玉石93万吨、锑矿6万吨、铀矿1100吨。

普定五指山、都匀牛角塘铅锌矿整装勘查取得重大突破，结束了贵州省无大型铅锌矿的历史。

页岩气勘查持续推进，国土资源部批准设立黔北页岩气综合勘查试验区，习水县岩丁页2HF井取得日产3万立方米以上的稳定商业气流，岑巩天星1井成为2014年全国在牛蹄塘层系中唯一实现持续点火的页岩气井。

页岩气调查评价全面完成，预测资源量已达13.54万亿立方米，跃居全国第三。

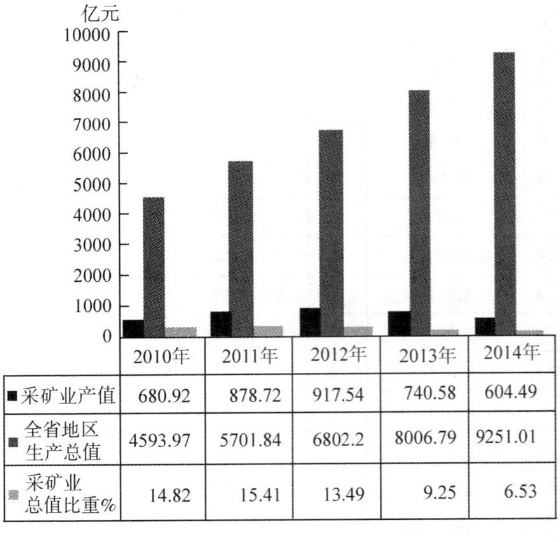

图1　2010～2014年采矿业产值占地区生产总值比重

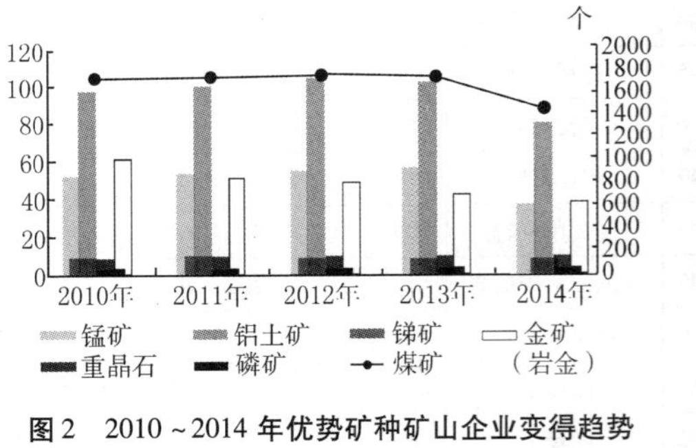

图2　2010～2014年优势矿种矿山企业变得趋势

习水县页岩气勘查取得重大突破，首次在我省境内成功实施深井水平压裂，获得高产工业气流页岩气钻井并实现试采,产气量日产 2 万立方米销售到遵义市。

探索煤层气勘查开发新模式,盘县松河、织金珠藏煤层气勘查工作取得突破。

地质基础工作稳步开展,完成 1∶5 万区调 6500 平方千米,全省覆盖率达到 47%。

表 6　　2014 年贵州省矿产资源有效勘查许可证情况

发证机关	批准登记发证数(个)																	批准登记面积(平方千米)
	合计	能源矿产					黑色金属矿产		有色金属矿产	贵金属矿产		稀有、稀土矿产	非金属矿产			水气矿产		
		小计	煤	煤层气	石油天然气	地热	小计	铁矿		小计	金矿		小计	水泥灰岩	化工矿石			
勘查许可证总计	923	280	180	9	32	44	131	53	352	115	115	—	45	—	45	—		160777.26
其中:部级发证	85	58	2	9	32	—	1	—	14	10	10	—	2	—	2	—		145579.66
省级发证	838	222	178	—	—	44	130	53	338	105	105	—	43	—	43	—		15197.60

【**地质环境与地质灾害防治**】　贵州省属于典型的内陆岩溶山区,地形地貌、地质构造复杂脆弱,地质灾害点多面广,地质灾害高、中易发区面积约 13.6 万平方千米,占全省面积的 77%。

全省已查明地质灾害隐患点 12261 处(其中,威胁 50 人以上的 5767 处),威胁 142 万人和 238 所学校 12.6 万名师生。

争取到中央财政资金 4.2 亿元,治理 26 处特大型地质灾害隐患点,可消除 4.1 万人受地质灾害威胁。

加强地质环境整治和矿山生态恢复治理,累计缴存保证金 97.2 亿元,1200 处矿山生态环境得到恢复治理,矿区 2 万余户 7.6 万多群众及时搬迁。

"矿山复绿"行动深入开展,复绿矿山 55 个,面积 2775 亩,矿山环境治理初见成效。贵阳龙洞堡机场周边环境全面整治,地貌景观明显改善。

地质灾害监测预报与决策支持平台建成使用,地质灾害综合防治能力进一步提升。

全年成功预报地质灾害 106 起,避免 9056 人伤亡,成功监测预警思南兴隆镇"6·05"、平坝十字乡"7·16"、印江木黄镇"7·17"等特大型滑坡,避免了重大人员伤亡和财产损失;积极支持福泉市"8·27"山体滑坡灾后重建。

238 所受地质灾害威胁学校治理行动正式启动,共投入 10.17 亿元,在两年内完成学校治理行动,有效保障 12.6 万名师生的生命安全(表 7)。

表 7　　2014 年贵州省地质公园建设及地质灾害防治情况

单位:个、平方公里、人、起、万元

地区	地质公园建设							地质灾害防治														
	地质公园		地质公园面积		地质公园类别			成功预报	避免损失		地质灾害数					造成直接损失	造成人员伤亡		项目数	投入资金		
		国家级		国家级	地质构造、剖面和形迹	古生物化石	地质地貌景观		人口伤亡	直接经济损失	滑坡	崩塌	泥石流	地面			死亡	失踪			中央财政	省级财政
														塌陷	地裂缝							
贵州省	13	10	2221.91	1825.38	3	7	9	106	9056	122694	653	31	13	13	—	65096	54	2	258	92236.14	45249	46987.14
贵阳市	2	—	210.53	—	1	1	1	1	1002	500	1	—	—	1	—	15	—	—	8	2344	—	2344
六盘水市	1	1	341.19	341.19	—	1	1	6	268	1469	14	2	—	3	—	1157	1	—	28	11129	7189	3940
遵义市	2	2	453.17	1453.17	—	1	2	4	103	555	85	11	2	—	—	11902.3	9	2	45	18125	10220	7905
安顺市	1	1	26.00	26.00	—	1	—	1	225	400	1	2	—	1	—	472.1	—	—	17	3885	1200	2685

续表7

地区	地质公园建设							地质灾害防治														
	地质公园		地质公园面积		地质公园类别			成功预报	避免损失		地质灾害数					造成直接损失	造成人员伤亡		项目数	投入资金		
		国家级		国家级	地质构造、剖面和形迹	古生物化石	地质地貌景观		人口伤亡	直接经济损失	滑坡	崩塌	泥石流	地面			死亡	失踪			中央财政	省级财政
														塌陷	地裂缝							
毕节市	1	1	170.00	170.00	—	1	1	—	—	—	15	3	—	5	—	1366	11	—	31	15872	7640	8232
铜仁市	2	2	202.39	202.39	1	—	1	86	7166	118684	491	1	7	3	—	45665	3	—	36	18679.14	12420	6259.14
黔南州	2	1	345.63	159.63	1	—	1	—	—	—	9	5	—	—	—	1233	23	—	41	10423.5	1550	8873.50
黔东南州	1	1	203.00	203.00	—	1	1	6	273	1045	8	1	—	—	—	365.8	2	—	42	7754.5	3230	4524.5
黔西南州	1	1	270.00	270.00	—	1	1	2	19	41	29	6	4	—		2919.8	5	—	10	4024	1800	2224

（选自2014年《贵州省国土资源公报》）

统 计 资 料

2014年全国省、市、县级国土资源管理机构数

表1

单位：个

	合 计	省 级	市(地)级	县(区)级
2011	**3304**	**32**	**449**	**2823**
2012	**3293**	**32**	**442**	**2819**
2013	**3139**	**32**	**440**	**2667**
2014	**3234**	**32**	**362**	**2840**
北 京	17	1		16
天 津	12	1		11
河 北	176	1	11	164
山 西	144	1	11	132
内蒙古	129	1	14	114
辽 宁	79	1	14	64
吉 林	54	1	10	43
黑龙江	114	1	16	97
上 海	18	1		17
江 苏	109	1	13	95
浙 江	104	1	12	91
安 徽	116	1	16	99
福 建	80	1	9	70
江 西	115	1	11	103
山 东	179	1	19	159
河 南	163	1	17	145
湖 北	111	1	17	93
湖 南	131	1	14	116
广 东	153	1	21	131
广 西	102	1	14	87
海 南	20	1	2	17
重 庆	40	1		39
四 川	206	1	21	184
贵 州	110	1	9	100
云 南	158	1	16	141
西 藏	81	1	7	73
陕 西	126	1	11	114
甘 肃	99	1	15	83
青 海	56	1	8	47
宁 夏	23	1	5	17
新 疆	209	2	29	178

注：不包含部机关及直属事业单位。

2014 年地质勘查投入和

表 2

地 区	地质勘查				
	合 计	中央财政拨款	地方财政拨款	企事业	
				小计	国内企事业
全 国	**11269366.67**	**891491.91**	**962230.46**	**9415644.30**	**8881495.89**
北 京	106023.32	5522.00	9300.16	91201.16	88118.21
天 津	78754.53	2420.00	8612.53	67722.00	67302.00
河 北	391450.64	18635.00	60637.41	312178.23	304103.87
山 西	229604.98	10130.00	54709.36	164765.62	113525.06
内蒙古	548333.51	67522.00	78905.00	401906.51	347847.51
辽 宁	198212.26	12968.00	10210.56	175033.70	173762.27
吉 林	270662.12	8251.00	17864.55	244546.57	229669.71
黑龙江	281894.34	25716.00	44268.53	211909.81	210432.85
上 海	129843.11	2120.00	1331.11	126392.00	126392.00
江 苏	199539.30	17657.54	6751.08	175130.68	174461.69
浙 江	44628.69	9110.00	15712.08	19806.61	19575.88
安 徽	134358.54	9394.00	35231.70	89732.84	81685.14
福 建	41655.14	10885.00	9961.74	20808.40	17195.95
江 西	106796.18	20141.00	19154.79	67500.39	65458.02
山 东	507395.78	13355.00	56955.67	437085.11	424114.47
河 南	376259.30	14720.00	50458.44	311080.86	308684.04
湖 北	178639.63	20611.00	13324.46	144704.17	143113.54
湖 南	90713.90	22903.00	38430.00	29380.90	28487.31
广 东	56974.02	17690.59	6254.27	33029.16	31601.67
广 西	74734.10	16834.09	23643.70	34256.31	32546.35
海 南	199563.34	3945.00	4686.08	190932.26	190932.26
重 庆	95307.67	11870.00	49968.66	33469.01	33092.09
四 川	764770.21	40512.00	53068.50	671189.71	669538.93
贵 州	175703.54	17050.00	53958.74	104694.80	94437.15
云 南	211819.63	26295.00	17809.09	167715.54	129035.23
西 藏	99717.75	62479.00	8376.77	28861.98	26770.87
陕 西	905751.13	24547.69	33955.44	847248.00	835693.59
甘 肃	523717.49	26859.00	39627.17	457231.32	450828.59
青 海	355759.67	101955.00	57243.91	196560.76	186860.02
宁 夏	97218.87	4267.00	8206.96	84744.91	82016.96
新 疆	2054779.58	73447.00	73612.00	1907720.58	1891555.58
其 他	1738784.40	171680.00		1567104.40	1302657.08

注：①为 2013 年新增指标。

新发现矿产地情况——按地区分列

经费（万元）			机械岩芯钻探工作量（万米）	坑探工作量（万米）	新发现矿产地（个）
资金					
港、澳、台商[①]	外商	其他投入			
882.79	**325947.43**	**207318.19**	**25878476**	**843807**	**287**
		3082.95	15800		
		420.00	80875		
	2090.00	5984.36	1000688	7405	5
	46489.67	4750.89	814169	3409	5
	77.00	53982.00	3209742	64911	40
		1271.43	532900	12343	3
	362.19	14514.67	727397	26699	1
		1476.96	523617		1
			116		
		668.99	138991	20	
		230.73	160000	5089	3
	1916.70	6131.00	907534	18405	4
66.20		3546.25	258100	8146	4
241.80	1755.57	45.00	888900	60907	58
		12970.64	1213228	5684	10
		2396.82	567406	22393	9
		1590.63	225719	13347	
	805.00	88.59	472056	10340	14
495.59	452.93	478.97	255900	16954	4
	375.44	1334.52	351685	13262	5
			174000	3968	39
		376.92	177534	9769	
79.20		1571.58	583046	190000	3
		10257.65	1143013	9099	7
		38680.31	989500	107774	4
		2091.11	176910	3229	
	1550.00	10004.41	3621180	89272	7
	4628.47	1774.26	1567043	46407	7
	587.14	9113.60	625658	7937	7
		2727.95	482571		
	410.00	15755.00	3650492	87040	37
	264447.32		342707		10

2014年地质勘查投入和

表3

矿种	地质勘查				
	合计	中央财政拨款	地方财政拨款	企事业	
				小计	国内企事业
总计	**11269366.67**	**891491.91**	**962230.46**	**9415644.30**	**8881495.89**
煤炭	592853.25	4745.00	200128.00	387980.25	365779.94
石油天然气	6946738.05	25930.00		6920808.05	6656360.73
煤层气	110404.08	1290.00		109114.08	57402.14
页岩气	152991.00	28020.00		124971.00	124971.00
天然沥青	65.00			65.00	65.00
油页岩	9245.10	500.00	3578.40	5166.70	4533.95
石煤	6587.17		5408.16	1179.01	974.87
地热	30215.45		2520.77	27694.68	20216.77
铁矿	255415.08	16397.34	78317.18	160700.56	147367.88
锰矿	35184.49	1819.30	6704.80	26660.39	21747.79
铬矿	6984.66	1820.00	770.00	4394.66	4394.66
钛矿	3065.49		447.56	2617.93	2128.78
钒矿	6142.07		1129.00	5013.07	4223.25
铜矿	561900.36	31128.01	66941.70	463830.65	428233.22
铝土矿	60965.73	390.00	15834.85	44740.88	44340.43
镁矿	630.00			630.00	630.00
镍矿	30195.29	840.00	2692.71	26662.58	26036.51
钴矿	1486.16		341.00	1145.16	1145.16
钨矿	35120.09	2175.00	8878.83	24066.26	23536.26
锡矿	18706.45	895.00	3548.06	14263.39	12502.39
铋矿	6.53			6.53	6.53
钼矿	40770.69		10754.95	30015.74	26540.56
锑矿	8012.30	1415.00	2123.34	4473.96	4443.96
汞矿	296.29		10.00	286.29	286.29
铅锌矿	299631.91	10898.78	46437.92	242295.21	205777.83
铂族金属	1156.31		37.81	1118.50	419.48
金矿	566033.21	25370.48	101833.43	438829.30	367426.13

新发现矿产地情况——按矿种分列

经费（万元）			机械岩芯钻探工作量（万米）	坑探工作量（万米）	新发现矿产地（个）
资金					
港、澳、台商	外商	其他投入			
882.79	**325947.43**	**207318.19**	**25878476**	**843807**	**287**
	410.00	21790.31	4114800	40941	26
	264447.32		7123460		19
	51711.94		153426		
			55368	24000	
		632.75	70175		3
		204.14	43241		
		7477.91	290392		5
		13332.68	1649949	157365	25
	420.44	4492.16	212786	7230	3
			29686		
		489.15	27047	160	
		789.82	48581	4819	3
		35597.43	2706200	150628	18
		400.45	514021	560	5
			1102		
		626.07	166372	473	2
			2995		
		530.00	294999	18982	5
		1761.00	113679	10105	3
			844		
		3475.18	323500	16098	3
		30.00	65021	7221	
			846	243	
	2356.35	34161.03	1885677	117638	20
		699.02	5893	667	
	6525.80	64877.37	3682352	204209	27

2014年地质勘查投入和

续表 3-1

矿种	地质勘查				
	合计	中央财政拨款	地方财政拨款	企事业	
				小计	国内企事业
银矿	64027.73	520.00	18812.93	44694.80	41073.80
铌钽矿	10405.48		2138.19	8267.29	8207.96
铍矿	4561.00		361.00	4200.00	4168.00
锂矿	4558.48		1620.14	2938.34	2938.34
锶矿	973.37		780.00	193.37	193.37
铷矿	2918.57		2458.30	460.27	460.27
铯矿	51.00			51.00	51.00
锆矿	281.00			281.00	2.00
稀土矿	13384.01	6840.00	4389.57	2154.44	2154.44
锗矿	50.90			50.90	50.90
钪矿	963.16		350.00	613.16	613.16
硒矿	107.11			107.11	107.11
蓝晶石	226.00		126.00	100.00	100.00
红柱石	660.81		462.12	198.69	198.69
菱镁矿	741.40			741.40	741.40
普通萤石	15708.77	270.00	2967.21	12471.56	12257.04
熔剂用灰岩	2621.36		131.98	2489.38	2489.38
冶金用白云岩	1304.03		397.55	906.48	723.18
冶金用石英岩	904.72		609.72	295.00	295.00
冶金用脉石英	260.91			260.91	195.32
耐火黏土	299.77		294.72	5.05	5.05
熔剂用蛇纹岩	179.06			179.06	179.06
硫矿	4694.15		508.00	4186.15	3371.35
钠硝石	2310.00			2310.00	1664.00
明矾石	104.86		17.00	87.86	87.86
芒硝	1926.50			1926.50	1926.50
重晶石	2988.99		1041.91	1947.08	1298.87
毒重石	326.06		326.06		
天然碱	2633.15		1333.15	1300.00	1300.00
电石用灰岩	980.50		80.00	900.50	302.00
化工用白云岩	263.58		263.58		

新发现矿产地情况——按矿种分列

经费（万元）			机械岩芯钻探工作量（万米）	坑探工作量（万米）	新发现矿产地（个）
资金					
港、澳、台商	外商	其他投入			
	75.58	3545.42	414413	20056	4
		59.33	50504	397	
		32.00	29454		
			9992	62	
			8863		
			14372		
			250		
		279.00	1161		
			35291	757	2
				649	
			1166	500	
			170		
			1379		
			10245		
		214.52	123079	13414	6
			12656		
		183.30	4165		1
		65.59	2373		
			1088	404	
			1716		
		814.80	28508	1377	
		646.00	2311	5468	
			599		
			17350		
		648.21	35360	955	1
			1437		
			9887		
		598.50	6161		
					1

2014年地质勘查投入和

续表 3-2

矿　种	地质勘查				
	合　计	中央财政拨款	地方财政拨款	企事业	
				小计	国内企事业
含钾岩石	1019.75		6.00	1013.75	43.13
化肥用蛇纹岩	679.00			679.00	679.00
泥炭	180.00			180.00	180.00
盐矿(包括地下卤水)	13033.95		8664.27	4369.68	4369.68
钾盐	10348.22	6183.00	2123.70	2041.52	1341.52
镁盐	175.00			175.00	175.00
磷矿	49306.16		8856.30	40449.86	38798.66
硼矿	367.54		367.54		
金刚石	4076.46	1630.00	2226.46	220.00	220.00
电气石	45.00			45.00	45.00
光学萤石	202.25			202.25	202.25
石墨	12718.88	620.00	2999.62	9099.26	8639.01
刚玉					
硅灰石	473.30		174.00	299.30	295.00
滑石	671.77		58.07	613.70	591.20
长石	1559.90		102.81	1457.09	1436.09
石榴子石	11.00			11.00	11.00
叶蜡石	602.77		20.00	582.77	81.00
沸石	251.00			251.00	58.00
石膏	2425.89		778.80	1647.09	1264.05
方解石	546.26			546.26	543.76
宝石	129.50		1.36	128.14	128.14
玉石	558.06		353.38	204.68	204.68
玛瑙	47.24		35.24	12.00	12.00
霞石正长岩	51.00			51.00	51.00
玻璃用白云岩	243.21			243.21	243.21
玻璃用石英岩	1878.77		768.99	1109.78	840.78
玻璃用砂岩	393.85		352.35	41.50	41.50
玻璃用砂	8.00			8.00	8.00
玻璃用脉石英	269.04		29.08	239.96	239.96
粉石英	30.00		10.00	20.00	20.00
玻璃用凝灰岩	13.98			13.98	13.98
玻璃用大理岩	63.00			63.00	63.00
水泥用灰岩	17453.53		6212.25	11241.28	10323.89
泥灰岩	108.91			108.91	102.91

新发现矿产地情况——按矿种分列

经费（万元）			机械岩芯钻探工作量（万米）	坑探工作量（万米）	新发现矿产地（个）
资金					
港、澳、台商	外商	其他投入			
		970.62	6821		
			3611		
			354		
			44168		
		700.00	24434	265	1
			800		
		1651.20	416664	23973	2
			1001		
			13196		
			704		
			3558		
		460.25	95700		5
		4.30	2929		1
		22.50	7555	250	3
		21.00	5239	690	2
		501.77	4311	150	
		193.00	1979	87	
		383.04	27238	356	5
		2.50	4480		
			986		
			2040		
					1
			6450		
		269.00	9783		2
			1932		
			165		
			1939		
			120		
			430		
880.39		37.00	126495	2802	11
		6.00	210		

2014年地质勘查投入和

续表 3-3

矿 种	合 计	中央财政拨款	地方财政拨款	地质勘查	
				企事业	
				小计	国内企事业
水泥配料用砂岩	354.10		34.99	319.11	319.11
水泥配料用脉石英	38.00			38.00	
硅藻土	1221.75			1221.75	1101.75
高岭土	2227.47		640.04	1587.43	1493.85
陶瓷土	1183.85		166.19	1017.66	881.47
膨润土					
水泥配料用页岩	62.40		250.00	477.49	477.49
水泥配料用黏土	71.30			62.40	60.00
水泥用凝灰岩	137.50			137.50	137.50
水泥用大理岩	458.70			458.70	439.95
水泥配料用板岩	110.54		63.68	46.86	46.86
砖瓦用页岩	94.40			94.40	93.40
砖瓦用砂岩					
凹凸棒石黏土	5.45			5.45	5.45
建筑用砂	184.93			184.93	141.93
建筑石料用灰岩	514.68		165.36	349.32	276.32
建筑用角闪岩	77.00			77.00	77.00
建筑用辉绿岩	3.00			3.00	3.00
建筑用凝灰岩					
建筑用玄武岩	165.00		50.00	115.00	115.00
建筑用闪长岩	19.86			19.86	19.86
建筑用花岗岩	844.45		180.00	664.45	664.45
建筑用大理岩	874.91		140.00	734.91	619.00
建筑用白云岩	97.70			97.70	65.50
建筑用砂岩	296.85		148.21	148.64	108.64
建筑用页岩	12.00		2.00	10.00	5.00
饰面用辉长岩	49.00			49.00	49.00
饰面用辉绿岩	211.02		76.02	135.00	120.00
饰面用花岗岩	3705.81		709.50	2996.31	2946.75
饰面用灰岩	369.37		339.37	30.00	30.00
饰面用大理岩	3175.03		2400.51	774.52	736.02
饰面用板岩	152.91			152.91	152.91
珍珠岩	179.00		90.00	89.00	89.00
陶粒用页岩	220.00		220.00		
陶粒用黏土	111.00			111.00	111.00
石棉	4.00			4.00	4.00
蓝石棉	24.00			24.00	24.00
蛭石	17.95			17.95	17.95
铸石用玄武岩	32.00			32.00	32.00
矿泉水	5020.11			5020.11	4711.11
地下水	3907.27			3907.27	1393.09
二氧化碳气	30.00			30.00	30.00
水工环科技及其他	1200214.03	721795.00	324506.77	153912.26	153912.26

新发现矿产地情况——按矿种分列

经费（万元）			机械岩芯钻探工作量（万米）	坑探工作量（万米）	新发现矿产地（个）
资金					
港、澳、台商	外商	其他投入			
			666		
		38.00	128		
		120.00	13890		
		93.58	30792		8
		136.19	9005		6
			8033	1220	
2.40			1927		7
			341		
			828		
		18.75	2054	1157	
			470		1
		1.00	2437		16
			1362		5
			255		
		43.00	1080		
		73.00	1786		1
			789		4
			12		1
			13626	650	3
		115.91	3907	690	
		32.20	190		
		40.00	959		2
		5.00			
			110		
		15.00	920		
		49.56	17577	1650	9
			485		
		38.50	7920		1
			1590		
			1145		1
			200		
			216		
		309.00	3800		3
		2514.18	17890		3
			510442	4490	

2014 年勘查许可证发证及探矿权

表 4

经济类型	勘查许可证发证						
	许可证数			登记面积			探矿权使用费
	有效	新立	注销	有效	新立	注销	
合计	**32381**	**1511**	**1091**	**4560382.29**	**40675.91**	**18531.30**	**24594.92**
国有企业	9899	555	438	373424.91	17594.50	10933.77	8380.55
集体企业	133	5	1	1371.71	101.36	3.83	56.52
股份合作企业	229	2	15	3738.56	30.59	130.56	162.81
联营企业	120	5	5	2151.94	262.80	31.11	80.04
有限责任公司	19245	858	515	4138481.26	21072.66	6295.36	14111.69
股份有限公司	1074	30	37	21581.78	708.55	627.19	968.95
私营企业	1432	50	70	15143.30	729.06	462.35	635.56
其他企业	134	4	8	1893.60	170.92	39.73	73.69
合资经营企业（港、澳、台资）	8			154.97			7.75
合作经营企业（港、澳、台资）	5			195.50			9.77
港、澳、台商独资经营企业	14	1		761.41	5.21		36.74
港、澳、台商投资股份有限公司	4			137.69			6.88
中外合资经营企业	22	1	2	297.42	0.26	7.40	14.10
中外合作经营企业	44			584.62			29.06
外资企业	16			402.14			19.76
外商投资股份有限公司	2			61.48			1.05

出让、转让情况——按经济类型分列

（单位：宗、平方千米、万元）

探矿权出让							探矿权转让	
合计		申请在先	协议出让		招、拍、挂出让		宗数	转让金额
宗数	价款金额	宗数	宗数	价款金额	宗数	价款金额		
1511	**634759.30**	**809**	**56**	**372045.62**	**646**	**262713.68**	**443**	**156802.76**
555	382871.00	501	7	362574.45	47	20296.55	9	315.35
5	53.90	3	1		1	53.90	1	
2	36.00	1			1	36.00	3	1430.00
5		5					1	
858	238233.40	264	48	9471.17	546	228762.23	405	137497.96
30	3402.42	16			14	3402.42	7	16374.03
50	10132.58	14			36	10132.58	16	1185.42
4		4					1	
1	30.00				1	30.00		
1		1						

2014 年勘查许可证发证及探矿权

表 5

地区	勘查许可证发证						
	许可证数			登记面积			探矿权使用费
	有效	新立	注销	有效	新立	注销	
全　国	**32381**	**1511**	**1091**	**4560382.29**	**40675.91**	**18531.30**	**24594.92**
国土资源部	2293	21		3998875.32	1348.59		2936.55
北　京	15	5		29.64	4.21		1.21
天　津	59	28	10	86.39	55.80	65.91	0.93
河　北	560	74	67	3526.95	963.75	284.46	127.85
山　西	102		9	936.47		134.05	40.99
内蒙古	3686	323	108	85539.38	12718.00	3043.54	3094.04
辽　宁	760	17	15	7210.66	278.59	137.02	284.47
吉　林	848	104		13030.48	1472.20		462.13
黑龙江	812	164	36	35731.80	5700.98	2612.64	1481.34
上　海							
江　苏	198	18	11	1037.84	70.28	25.00	27.81
浙　江	478	44	39	5675.20	633.69	167.33	167.91
安　徽	1104	9	18	13744.87	306.29	112.28	531.10
福　建	394	12	40	2968.97	41.48	456.19	119.14
江　西	1844	80	48	13268.18	628.91	413.48	569.69
山　东	1059	49	68	10797.43	764.96	1006.42	403.55
河　南	664	4	45	5512.24	24.40	878.23	239.29
湖　北	370	31	110	2524.14	377.32	1029.75	67.42
湖　南	681	51	19	7039.55	652.43	233.66	205.59
广　东	439	37	22	5675.12	918.03	268.74	152.40
广　西	1144	27	36	24353.16	362.07	699.33	1094.86
海　南	241		184	4230.65		3075.49	207.11
重　庆	137	8	1	3087.19	140.51	3.13	75.53
四　川	1891	25	26	34459.75	555.35	279.98	1307.25
贵　州	744	29	5	12269.37	623.79	84.94	495.48
云　南	2795	42	31	52377.05	685.30	428.46	2219.00
西　藏	664		53	25763.31		1367.24	1172.53
陕　西	814	17	10	20277.08	930.98	131.08	837.42
甘　肃	875	32	42	12071.24	918.04	603.56	506.37
青　海	969	128	12	32450.36	4942.05	242.50	742.61
宁　夏	63	2	3	1275.70	186.52	121.28	49.60
新　疆	5678	130	23	124556.80	4371.39	625.61	4973.75

出让、转让情况——按地区分列

（单位：宗、平方千米、万元）

探矿权出让							探矿权转让	
合　计		申请在先	协议出让		“招、拍、挂”出让		宗数	转让金额
宗数	价款金额	宗数	宗数	价款金额	宗数	价款金额		
1511	**634759.30**	**809**	**56**	**372045.62**	**646**	**262713.68**	**443**	**156802.76**
21		21					4	153.00
5	32.50				5	32.50		
28	2804.87		9	802.87	19	2002.00		
74		74					12	2721.68
							1	1010.16
323	111402.11	136	19	374.11	168	111028.00	77	4772.51
17	8371.50	6	2		9	8371.50	29	22862.00
104	7034.03	22	11	983.43	71	6050.60	25	6804.15
164	26294.34	135			29	26294.34	9	52401.30
18	5520.00	13			5	5520.00	2	1930.00
44	11047.21	38			6	11047.21	8	
9	30.00	8			1	30.00	11	82.00
12	824.10	2	4	40.00	6	784.10	2	
80	18046.00				80	18046.00	38	9550.00
49	477.63	47			2	477.63	30	15247.00
4	966.00	1			3	966.00	7	678.49
31	8025.00	25			6	8025.00	2	723.42
51	7710.00	44			7	7710.00		
37	1476.00	34	1	225.00	2	1251.00	9	789.00
27	2085.00	5			22	2085.00	21	
8	1524.11	4			4	1524.11		
25	18686.00	18			7	18686.00	35	15490.50
29	253.43	25			4	253.43	4	5040.14
42	4730.00	4			38	4730.00	68	4061.00
							20	11893.04
17	3175.08	8			9	3175.08	1	
32	11404.87				32	11404.87	8	105.00
128	11069.61	100	7	9620.21	21	1449.40	13	320.37
2		2					2	168.00
130	371769.91	37	3	360000.00	90	11769.91	5	

2014 年勘查许可证发证及探矿权

表 6

矿　种	勘查许可证发证						
	许可证数			登记面积			探矿权使用费
	有效	新立	注销	有效	新立	注销	
合计	**32381**	**1511**	**1091**	**4560382.29**	**40675.91**	**18531.30**	**24594.92**
煤	2067	25	64	112939.09	2947.32	1425.30	4733.19
石油天然气	929			3930700.00			
煤层气	101	1					
油页岩	79	29	4	7833.25	4655.76	87.06	190.53
石煤	7			111.07			5.30
油砂	11	1		367.70	46.97		6.74
天然沥青	5			27.50			0.98
地热	617	98	43	8704.05	1061.41	661.01	241.11
铁矿	3379	133	163	44129.54	3238.54	1879.81	1565.45
锰矿	595	25	28	7975.71	553.95	586.48	301.19
铬铁矿	61	1	7	1096.97	42.04	108.56	45.84
钛矿	79	4	1	1653.61	156.33	30.38	59.76
钒矿	183	3	10	2585.38	64.42	125.95	96.50
金红石	10	2	2	163.02	65.62	22.55	4.69
铜矿	6339	200	114	124032.25	6167.10	1953.77	4891.11
铅矿	3533	113	149	62774.46	2356.39	2871.11	2549.60
锌矿	428	9	6	5619.51	177.24	128.42	245.18
铝土矿	297	5	11	8761.09	242.26	281.65	363.86
镁矿	8			36.96			1.41
镍矿	176	7	5	3715.75	263.69	74.86	139.21
钴矿	16		8	229.01		63.73	9.55
钨矿	109	1	1	900.49	93.21	11.53	37.72
锡矿	170	4	5	1770.09	68.66	37.74	78.79
铋矿	7		1	58.29		9.33	2.87
钼矿	613	18	65	8756.14	719.93	948.41	359.30
汞矿	6	1		107.53	9.13		5.01
锑矿	134	1	2	1111.91	4.40	20.29	53.27
多金属	1691	78	44	41512.78	2357.37	974.21	1549.97
铂矿	26	1		542.13	67.37		24.34
砂金	24		1	293.50		7.96	13.49
金矿	6991	382	202	119082.39	10347.01	3679.70	4566.83
银矿	695	50	20	13059.10	1357.26	261.98	495.16

出让、转让情况——按矿种分列

（单位：宗、平方千米、万元、个）

探矿权出让							探矿权转让	
合　计		申请在先	协议出让		"招、拍、挂"出让		宗数	转让金额
宗数	价款金额	宗数	宗数	价款金额	宗数	价款金额		
1511	**634759.30**	**809**	**56**	**372045.62**	**646**	**262713.68**	**443**	**156802.76**
25	360000.00	22	3	360000.00			15	66296.17
1		1						
29	9811.08	3			26	9811.08	1	2000.00
1	190.00				1	190.00		
98	5827.68	33	9	802.87	56	5024.81	8	3100.52
133	20188.68	56	17	569.59	60	19619.09	65	45238.90
25	6515.64	13			12	6515.64	11	205.34
1		1					1	300.00
4	381.00	2			2	381.00		
3	251.97				3	251.97	3	
2		2						
200	16186.46	114	3	235.00	83	15951.46	66	5612.98
113	7508.30	67	3		43	7508.30	65	8110.08
9	515.00	5	1		3	515.00	5	1046.00
5	7.00	4			1	7.00		
7	700.00	5			2	700.00	6	5.38
1		1					2	
4		3	1				1	260.00
18	1503.03	9			9	1503.03	6	334.35
1		1						
1		1					2	100.00
78	5663.00	64	1		13	5663.00	19	1278.80
1		1						
382	59952.97	266	6	371.32	110	59581.65	110	6575.15
50	62517.00	36	1		13	62517.00	18	603.02

2014 年勘查许可证发证及探矿权

续表 6-1

矿　种	勘查许可证发证						
	许可证数			登记面积			探矿权使用费
	有效	新立	注销	有效	新立	注销	
铌钽矿	91		2	1485.72		53.14	55.67
铌矿	12	2		74.22	6.72		3.44
钽矿	12			113.78			5.34
铍矿	30			327.63			13.90
锂矿	35	2	1	1355.70	99.92	12.15	49.80
锆矿	6		1	86.29		2.83	4.01
锶矿（天青石）	10	1		76.94	20.26		2.93
铷矿	8			168.83			4.23
铯矿	1			7.06			0.28
重稀土矿	2			48.89			0.70
钇矿	1			5.12			0.26
轻稀土矿	16	3	1	378.31	42.80	7.65	7.24
锗矿	3			33.73			1.05
铊矿	1			6.56			0.33
铼矿			2			26.28	20.40
蓝晶石	7	2		65.52	21.02		2.44
矽线石	2			10.75			0.54
红柱石	8			87.77			4.06
菱镁矿	7		1	74.94		0.98	3.09
萤石（普通）	352	24	19	2462.01	226.84	111.11	92.10
熔剂用石灰岩	15	3	1	73.79	18.56	14.55	2.40
冶金用白云岩	20	1	3	94.09	25.22	8.39	3.09
冶金用石英岩	10	1	1	53.39	5.00	1.59	1.63
冶金用脉石英	7			80.80			1.82
耐火黏土	6			43.82			2.19
其他黏土	3			87.06			4.35
耐火用橄榄岩	1			1.86			0.09
熔剂用蛇纹岩	1			1.02			0.05
自然硫	4			29.64			1.46
硫铁矿	167	2	6	2117.49	13.99	89.11	84.68
钠硝石	213			10463.15			522.09
明矾石	3	1		5.75	4.24		0.12
芒硝（含钙芒硝）	68	1	1	3397.55	28.56	3.72	165.49

出让、转让情况——按矿种分列

（单位：宗、平方千米、万元、个）

探矿权出让							探矿权转让	
合　计		申请在先	协议出让		“招、拍、挂”出让		宗数	转让金额
宗数	价款金额	宗数	宗数	价款金额	宗数	价款金额		
							4	8953.00
2	1223.00	1			1	1223.00		
2		2						
1		1						
3		3						
2		2						
24	3408.00	15	1	10.00	8	3398.00	12	47.00
3	5933.00	1			2	5933.00		
1		1					1	8.00
1	21.00				1	21.00	1	3.00
2	227.00				2	227.00	1	
1	270.00				1	270.00		
1	39.00				1	39.00		

2014年勘查许可证发证及探矿权

续表 6-2

矿种	勘查许可证发证						探矿权使用费
	许可证数			登记面积			
	有效	新立	注销	有效	新立	注销	
重晶石	50	7	3	648.12	80.47	39.10	23.44
天然碱	2			138.28			6.91
电石用灰岩	8			19.11			0.94
制碱用灰岩	2			18.56			0.93
含钾岩石	14			77.92			3.53
化肥用橄榄岩	1			2.72			0.14
化肥用蛇纹岩	2			65.03			2.71
泥炭	10	1		174.54	17.35		7.14
盐矿	3			54.97			2.66
岩盐	55	3	8	1347.24	14.95	672.35	39.84
湖盐	4			115.87			4.59
镁盐	1			0.72			0.04
天然卤水	4		1	187.26		96.45	3.23
钾盐	78	3	1	6161.93	378.98	65.79	223.07
磷矿	218	9	10	2894.44	153.71	181.62	107.73
金刚石	24			725.21			22.00
石墨	77	11	2	999.99	165.78	95.29	36.27
石棉	1	1		5.34	5.34		0.05
刚玉	2			38.53			1.93
硅灰石	28	2	1	336.49	24.70	11.13	10.66
滑石	21	1		137.31	7.23		6.49
云母	15	1	1	81.69	0.27	0.34	3.28
长石	63	7	2	306.93	59.78	10.79	9.24
电气石	2		1	36.11		4.13	1.78
石榴子石	14	3	1	102.26	26.69	11.02	3.11
叶蜡石	12	1		60.52	8.02		1.35
透辉石	1			10.10			0.50
蛭石							
沸石	10	1		141.59	2.33		3.74
石膏	79	11	2	791.97	231.15	32.60	25.29
方解石	40	6	1	222.70	57.60	5.70	6.97
光学萤石	6			109.72			4.84
宝石	6			57.14			2.71

出让、转让情况——按矿种分列

（单位：宗、平方千米、万元、个）

探矿权出让							探矿权转让	
合　计		申请在先	协议出让		“招、拍、挂”出让			
宗数	价款金额	宗数	宗数	价款金额	宗数	价款金额	宗数	转让金额
7	1100.80	4	1	10.00	2	1090.80		
1	374.09		1	374.09				
3	5500.00				3	5500.00	1	
3	7326.73	1	1	7270.73	1	56.00		
9	921.43	3			6	921.43	1	1100.00
							1	
11	6051.55	3	1	52.55	7	5999.00	3	2503.65
1	12.00				1	12.00		
2	1.00	1			1	1.00	1	723.42
1	1002.00				1	1002.00		
1			1					
7	827.50	1			6	827.50		
3		3					2	1930.00
1	200.00				1	200.00	1	
1	5.20				1	5.20		
11	3015.00	4			7	3015.00		
6		6					2	

2014年勘查许可证发证及探矿权

续表 6-3

矿种	勘查许可证发证						探矿权使用费
	许可证数			登记面积			
	有效	新立	注销	有效	新立	注销	
玉石	23	3		272.06	52.02		9.22
玛瑙	6	4	1	51.61	18.30	0.48	1.01
石灰岩	103	24	7	732.84	150.89	30.29	19.93
玻璃用石灰岩							
水泥用石灰岩	144	13	16	748.76	89.17	83.24	23.25
建筑石料用灰岩	1			3.68			0.04
含钾灰岩	10			143.36			3.57
泥灰岩	2			19.17			0.71
白云岩	40	3	1	329.10	30.54	2.83	8.62
玻璃用白云岩							
石英岩	48	14		457.70	71.19		9.96
冶金用石英岩	5			12.67			0.63
玻璃用石英岩	14	4	2	74.43	9.15	28.91	3.18
砂岩	7	1		26.46	0.75		1.29
玻璃用砂岩	4			8.40			0.36
水泥配料用砂岩	10	1	2	17.24	0.19	4.00	0.49
陶瓷砂岩	4			8.89			0.37
天然石英砂	4	1	1	15.50	2.51	3.64	0.67
玻璃用砂	5	1		35.58	5.61		1.55
脉石英	37	14		320.16	105.32		4.92
玻璃用脉石英	6			10.94			0.46
粉石英	2			10.69			0.40
硅藻土	18	5		70.95	27.50		2.11
页岩	1	2	1	5.29	6.03	0.09	0.05
陶粒页岩	5			15.25			0.63
砖瓦用页岩			1			3.19	
高岭土	83	12	7	801.16	207.68	50.33	20.78
陶瓷土	25	3		90.23	20.16		2.64
凹凸棒石黏土	7			29.81			1.49
海泡石黏土	3			42.22			0.76
伊利石黏土	3	1		19.20	7.51		0.66
累托石黏土	1			1.36			0.07
膨润土	24	2		149.06	13.41		5.24

出让、转让情况——按矿种分列

（单位：宗、平方千米、万元、个）

探矿权出让							探矿权转让	
合计		申请在先	协议出让		“招、拍、挂”出让		宗数	转让金额
宗数	价款金额	宗数	宗数	价款金额	宗数	价款金额		
3		3					2	
4	71.00	3			1	71.00		
24	4548.47	4	5	2349.47	15	2199.00		
13	5309.21	6			7	5309.21		
							1	
3	60.60	1			2	60.60		
14	330.50	4			10	330.50		
4	89.00	2			2	89.00		
1		1						
1		1						
1	10.00				1	10.00		
1		1						
14	1575.20				14	1575.20		
5	465.40				5	465.40		
2	505.00				2	505.00		
12	13461.00	3			9	13461.00	1	360.00
3	1395.00				3	1395.00		
1	75.00				1	75.00		
2	48.00	1			1	48.00		

2014 年勘查许可证发证及探矿权

续表 6-4

矿　种	勘查许可证发证						
	许可证数			登记面积			探矿权使用费
	有效	新立	注销	有效	新立	注销	
陶粒用黏土	5	4	1	52.27	40.19	28.72	0.81
水泥配料用泥岩	1			0.86			0.04
橄榄岩	1			0.95			0.05
建筑用橄榄岩	1			5.09			0.25
饰面用蛇纹岩	1			6.89			0.34
蛇纹岩	10		1	97.29		0.95	2.89
玄武岩	1			2.03			0.10
铸石用玄武岩	1			5.05			0.15
辉绿岩	3			1.43			0.07
饰面用辉绿岩	4	1	1	9.15	0.75	0.75	0.43
建筑用闪长岩	1			24.87			0.50
花岗岩	45	25	2	488.44	387.04	10.17	6.50
建筑用花岗岩	2			6.23			0.12
饰面用花岗岩	96	29	5	880.25	232.57	9.11	14.86
麦饭石	2	1		6.23	5.52		0.09
珍珠岩	9	3		317.18	26.06		12.44
黑曜岩	1			25.74			0.51
松脂岩	1			2.84			0.14
霞石正长岩	2			11.09			0.55
凝灰岩	1		1	1.99		0.76	0.10
火山渣	2			6.86			0.34
大理岩	24	3		129.41	2.81		3.67
饰面用石料（大理石）	15	3		43.68	10.61		1.32
建筑用大理岩	2			8.72			0.44
水泥用大理石	15	1	2	54.40	2.78	4.66	1.95
饰面用板岩	4	2		11.71	3.08		0.12
角闪岩	2			30.79			1.25
硼矿	31			402.16			18.07
矿泉水	61	22	5	229.86	55.26	17.79	4.02
地下水	29	6	4	2911.24	280.45	440.34	129.24
二氧化碳气	2		1	44.06		1.45	2.17

出让、转让情况——按矿种分列

（单位：宗、平方千米、万元、个）

探矿权出让							探矿权转让	
合计		申请在先	协议出让		“招、拍、挂”出让		宗数	转让金额
宗数	价款金额	宗数	宗数	价款金额	宗数	价款金额		
4	28.00	3			1	28.00		
1	40.00				1	40.00		
25	4605.26	1			24	4605.26		
29	2941.75	8			21	2941.75	1	8.00
1	10.00				1	10.00		
3	2171.00				3	2171.00		
							1	100.00
3	208.00				3	208.00		
3	275.00				3	275.00		
1	338.00				1	338.00		
2	23.00				2	23.00		
							2	
22	928.80				22	928.80		
6	70.00	5			1	70.00		

2014年采矿许可证发证及采矿权

表7

经济类型	采矿许可证发证						
	许可证数			登记面积			采矿权使用费
	有效	新立	注销	有效	新立	注销	
合计	**84735**	**2665**	**7347**	**248538.81**	**1925.47**	**1120.14**	**13676.15**
国有企业	2366	21	155	9391.93	16.22	59.30	998.60
集体企业	4983	23	822	1812.22	1.63	128.76	350.80
股份合作企业	701	27	71	143851.10	2.34	18.81	101.50
联营企业	1542	2	157	225.58	0.59	9.57	88.70
有限责任公司	34090	1710	1139	71194.50	1765.15	462.01	8200.60
股份有限公司	1856	33	103	13554.25	14.81	37.51	1412.85
私营企业	37190	801	4523	7414.05	111.24	387.40	2331.10
其他企业	1616	42	366	121.22	2.02	14.64	84.00
合资经营企业（港、澳、台资）	65	1	2	266.68	0.06	1.61	28.35
合作经营企业（港、澳、台资）	7			5.30			0.75
港、澳、台商独资经营企业	83	3	2	194.45	2.86	0.03	21.60
港、澳、台商投资股份有限公司	19		1	16.61		0.37	2.10
中外合资经营企业	103	2	6	184.64	8.55	0.13	21.20
中外合作经营企业	36			178.27			18.85
外资企业	57			66.04			8.30
外商投资股份有限公司	21			61.97			6.85

出让、转让情况——按经济类型分列

（单位：宗、平方千米、万元、个）

采矿权出让							采矿权转让	
合 计		探矿权转采矿权	协议出让		“招、拍、挂”出让		宗数	转让金额
宗数	价款金额	宗数	宗数	价款金额	宗数	价款金额		
2665	**714420.35**	**280**	**83**	**109892.83**	**2302**	**604527.52**	**1181**	**981178.97**
21	5036.43	2	2	1390.00	17	3646.43	6	58.33
23	278.96		3	110.21	20	168.75	3	56.60
27	2777.07	20			7	2777.07	1	
2	746.34				2	746.34	5	132.00
1710	606919.73	247	71	106060.67	1392	500859.06	805	502173.11
33	5943.11	5			28	5943.11	11	846.75
801	68387.51	5	4	43.31	792	68344.20	329	477307.58
42	1080.16	1			41	1080.16	18	209.60
1	19.40				1	19.40		
							1	10.00
3	22586.11		1	1643.11	2	20943.00		
2	645.53		2	645.53			2	385.00

2014 年采矿许可证发证及采矿权

表 8

地区	采矿许可证发证						
	许可证数			登记面积			采矿权使用费
	有效	新立	注销	有效	新立	注销	
全　国	**84735**	**2665**	**7347**	**248538.81**	**1925.47**	**1120.14**	**13676.15**
国土资源部	1446	28		170284.78	174.29		2737.30
北　京	158	2	1	187.50	0.82	0.66	23.15
天　津	401	14	5	14.59		0.59	20.35
河　北	2998	59	297	2649.01	63.43	73.17	361.20
山　西	4153	82	122	8974.69	27.86	3.97	1051.25
内蒙古	4431	171	117	5477.10	160.50	44.28	696.90
辽　宁	2781	24	143	1652.96	46.78	12.32	260.90
吉　林	1542	103	132	744.48	60.05	2.67	136.50
黑龙江	1949	32	1056	2241.29	24.90	63.73	297.85
上　海	28			12.26			2.20
江　苏	1088	17	90	328.79	4.56	4.05	80.65
浙　江	1046	97	199	201.52	14.04	20.45	60.10
安　徽	1781	22	492	911.11	12.29	44.29	159.70
福　建	1409	31	191	1242.19	6.70	68.46	172.15
江　西	5222	107	130	2264.07	28.94	42.12	428.80
山　东	2865	68	823	3107.14	20.68	47.53	420.95
河　南	2638	59	247	5358.35	101.06	48.61	619.20
湖　北	2763	72	190	1642.33	14.81	45.79	265.25
湖　南	5032	180	648	2092.45	24.69	59.63	410.75
广　东	1555	58	99	405.12	12.51	6.39	99.05
广　西	3362	154	220	1461.21	30.41	28.33	283.10
海　南	214	35	58	254.32	10.94	9.64	32.55
重　庆	2325	32	299	2378.35	10.71	56.05	323.15
四　川	6079	107	740	3855.12	32.97	329.45	628.45
贵　州	7227	132	128	6853.59	94.94	14.28	960.25
云　南	7477	198	345	4500.49	89.21	17.69	732.55
西　藏	177	4	1	904.44	3.90	0.24	95.65
陕　西	4422	165	155	7080.78	560.36	30.93	868.65
甘　肃	2892	191	129	1788.06	58.90	14.55	294.75
青　海	727	20	142	5841.98	29.98	18.28	611.55
宁　夏	477	158	77	312.26	5.17	2.15	52.10
新　疆	4070	243	71	3516.48	199.07	9.84	489.20

出让、转让情况——按地区分列

（单位：宗、平方千米、万元、个）

采矿权出让							采矿权转让	
合　计		探矿权转采矿权	协议出让		“招、拍、挂”出让		宗数	转让金额
宗数	价款金额	宗数	宗数	价款金额	宗数	价款金额		
2665	**714420.35**	**280**	**83**	**109892.83**	**2302**	**604527.52**	**1181**	**981178.97**
28		28					4	
2	50.00				2	50.00	1	
14	191.9	9	5	191.90			2	
59	3511.77	14	12	1707.58	33	1804.19	88	6961.79
82	3903.98	6			76	3903.98	41	171095.55
171	22596.09	55	4	1682.82	112	20913.27	77	28978.61
24	2933.04	13	7	2068.04	4	865.00	65	16849.33
103	2743.71	11			92	2743.71	17	1263.18
32	13852.61	4	3	12926.50	25	926.11	42	26817.55
17	21289.66	3			14	21289.66		
97	210148.14	11	17	7964.98	69	202183.16	11	
22	121620.00	9			13	121620.00	34	9809.94
31	8318.97	3	1	327.55	27	7991.42		
107	17933.54	10	1	14.56	96	17918.98	95	38919.14
68	31802.54	7			61	31802.54	57	36933.37
59	15025.19	12			47	15025.19	30	1694.98
72	8944.77	1			71	8944.77	28	17910.41
180	15759.9	3			177	15759.90	71	8959.03
58	27857.84	2	1	135.33	55	27722.51	18	1078.00
154	16229.39	8	1	1643.11	145	14586.28	32	6920.15
35	12600.14				35	12600.14		
32	5953.76	2			30	5953.76	11	9823.22
107	12001.11	12			95	12001.11	140	19242.77
132	28680.97	6	1	19438.15	125	9242.82	69	8770.57
198	6365.93	7			191	6365.93	141	506227.21
4	1482.23		3	7.00	1	1475.23		
165	58926.34	14	11	49755.56	140	9170.78	34	5392.11
191	12176.2	2	1	234.24	188	11941.96	35	40516.68
20	1343.74	3			17	1343.74	10	1947.74
158	7383.87				158	7383.87	2	100.00
243	22793.02	25	15	11795.51	203	10997.51	26	14967.64

2014 年采矿许可证发证及采矿权

表 9

矿种	采矿许可证发证							
	许可证数			登记面积			生产规模	
	有效	新立	注销	有效	新立	注销	登记	新立
合计	**84735**	**2665**	**7347**	**248538.81**	**1925.47**	**1120.14**	**1494029.58**	**67964.28**
煤炭	10924	26	400	58565.14	729.14	439.66	424572.75	6390.00
石油天然气	694	20		143100.00				
煤层气	11							
油页岩	24	4		122.54	30.56		3302.00	1150.00
石煤	190	1	7	263.64	5.29	1.33	1328.50	3.00
油砂	1			1.94			0.14	
天然沥青	5			12.73			6.40	
地热	898	49	12	740.48	96.76	7.77	23119.41	1674.32
铁矿	3798	66	57	5627.14	138.45	33.65	112812.68	5967.90
锰矿	414	5	15	610.28	11.32	10.09	2037.00	20.00
铬铁矿	19		1	25.00		0.24	43.35	
钛矿	90	1	2	135.85	2.56	2.26	4981.79	16.00
钒矿	110	1		364.33	6.20		2607.27	70.00
金红石	5	1		7.65	0.58		145.00	60.00
铜矿	871	22	4	1236.50	49.31	1.94	21691.78	845.40
铅矿	950	19	20	1692.92	63.25	4.74	6325.75	183.00
锌矿	404	15	5	724.04	28.27	0.96	4086.66	204.00
铝土矿	258	2	3	980.40	5.94	0.37	4755.30	40.00
镁矿	2			1.53			167.20	
镍矿	52	1		100.78	2.61		1250.08	330.00
钴矿	4			5.26			177.00	
钨矿	143			411.29			2380.73	
锡矿	110			291.90			1169.23	
铋矿	5			2.38			17.50	
钼矿	184	4		465.47	8.62		15121.92	1239.00
汞矿	32			52.73			81.78	
锑矿	72			145.69			310.52	
多金属	1			2.40			135.00	

出让、转让情况——按矿种分列

（单位：宗、平方千米、万元、个）

采矿权使用费	采矿权出让							采矿权转让	
	合计		探矿权转采矿权	协议出让		“招、拍、挂”出让		宗数	转让金额
	宗数	价款金额	宗数	宗数	价款金额	宗数	价款金额		
13676.15	**2665**	**714420.35**	**280**	**83**	**109892.83**	**2302**	**604527.52**	**1181**	**981178.97**
6128.05	26	75361.70	14	11	74234.00	1	1121.00	87	143728.00
	20		20						
12.85	4		4						
31.50	1	48.00		1	48.00			3	430.00
0.20									
1.45									
106.60	49	4929.00	18	17	982.83	14	3946.52	8	1439.00
665.85	66	4185.00	55	3	2245.00	8	1940.00	53	29444.00
71.90	5	159.00	4	1	159.00			4	1080.00
3.05									
16.20	1	670.00				1	670.00	4	691.00
38.80	1		1					2	5409.00
0.90	1		1						
146.00	22	476.00	20	1	1.00	1	475.00	11	13943.00
194.55	19	807.00	16	2	247.00	1	560.00	20	4332.00
82.55	15	4242.00	14	1	4242.00			7	1496.00
104.80	2	1250.00	1			1	1250.00		
0.20									
11.55	1		1						
0.65									
44.25									
31.95								4	4136.00
0.35									
51.30	4		4					1	230.00
6.20									
16.65									
0.25									

2014 年采矿许可证发证及采矿权

续表 9-1

矿种	采矿许可证发证							
	许可证数			登记面积			生产规模	
	有效	新立	注销	有效	新立	注销	登记	新立
铂矿	6			9.21			121.00	
砂金	57	12		298.74	71.76		1570.52	240.20
金矿	1407	29	13	3244.61	65.11	3.87	16543.04	274.65
银矿	116	5	2	219.60	18.37	2.46	1188.80	66.00
铌钽矿	10			21.10			159.30	
铌矿	4			2.84			41.80	
钽矿	5	1		17.83	2.34		140.00	60.00
铍矿	3			3.94			12.50	
锂矿	16			314.04			423.76	
锆矿	20		2	76.49		3.18	8461.57	
锶矿（天青石）	15		1	33.59		0.30	69.40	
重稀土矿	9		12	42.82		9.09	360.70	
轻稀土矿	68		21	142.10		12.04	1746.81	
锗矿	2			1.32			9.00	
碲矿	1			0.06			0.20	
蓝晶石	6			3.89			31.00	
矽线石	6		1	19.07		0.20	29.00	
红柱石	14	2		13.24	1.37		336.20	48.20
菱镁矿	105	3		38.58	1.25		1973.05	68.00
萤石（普通）	1152	15	29	911.82	10.42	13.24	2100.31	73.30
熔剂用石灰岩	180	4	6	81.39	0.62	0.92	7382.01	251.50
冶金用白云岩	149	2	3	36.96	0.16	0.25	2436.80	90.00
冶金用石英岩	177	3	22	75.24	1.24	2.70	777.55	11.00
冶金用砂岩	22		1	17.05		0.02	56.20	
铸型用砂岩	10			0.40			25.45	
铸型用砂	39		13	12.56		5.77	310.35	
冶金用脉石英	133	9	2	168.57	9.41	0.08	382.12	25.00
耐火黏土	180		7	130.17		0.33	725.75	
铁钒土	13		1	5.75		0.01	33.88	
其他黏土	33		11	15.12		2.43	80.20	

出让、转让情况——按矿种分列

（单位：宗、平方千米、万元、个）

采矿权使用费	采矿权出让							采矿权转让	
	合计		探矿权转采矿权	协议出让		“招、拍、挂”出让		宗数	转让金额
	宗数	价款金额		宗数	价款金额	宗数	价款金额		
1.10									
31.20	12	1806.00				12	1806.00	3	300.00
360.40	29	2304.00	25	4	2304.00			35	50014.00
25.15	5		5					1	300.00
2.45									
0.45								1	694.00
1.90	1		1						
0.45									
31.75									
8.10									
3.85									
4.40									
15.95									
0.20									
0.05									
0.55									
2.05									
1.60	2	1600.00	1			1	1600.00		
7.30	3	106.00	2	1	106.00			6	1416.00
122.90	15	402.00	11	1	234.00	3	168.00	36	11668.00
14.00	4	5350.00	1			3	5350.00	4	587.00
8.95	2	714.00				2	714.00	1	86.00
13.70	3	90.00				3	90.00	1	286.00
2.40									
0.50									
2.75								2	40.00
20.95	9	810.00		1	6.00	8	805.00		
18.45								3	650.00
1.10									
2.80									

2014 年采矿许可证发证及采矿权

续表 9-2

矿种	采矿许可证发证							
	许可证数			登记面积			生产规模	
	有效	新立	注销	有效	新立	注销	登记	新立
铸型用黏土	1			2.26			3.00	
耐火用橄榄岩	2			1.17			30.00	
熔剂用蛇纹岩	3			0.54			75.00	
自然硫								
硫铁矿	243	2	1	362.19	5.21	2.34	3258.75	30.00
钠硝石	3			37.02			26.39	
明矾石	1			1.20			21.00	
芒硝（含钙芒硝）	77	2		620.79	28.76		4345.83	304.03
重晶石	444	17	16	557.20	16.31	8.57	1349.68	39.60
毒重石	33		7	27.12		1.64	95.20	
天然碱	12		6	57.79		8.74	345.40	
颜料黄土	1			0.35			0.50	
电石用灰岩	51	2		21.23	1.22		2310.73	105.00
制碱用灰岩	25			8.09			919.10	
化肥用石灰岩	5		1	0.98		1.00	42.00	
化工用白云岩	3			0.41			16.70	
化肥用石英岩	10			3.86			59.50	
化肥用砂岩	17	1		9.23	1.41		137.00	20.00
含钾岩石	5			4.92			64.60	
含钾砂页岩								
化肥用蛇纹岩	5			2.75			26.00	
泥炭	51	1	6	53.21	0.09	8.73	257.51	15.00
盐矿	15		1	139.28		0.02	464.63	
岩盐	104	1	1	238.48	0.99	12.00	6780.31	180.00
湖盐	38			572.55			1448.19	
镁盐	6			80.81			282.00	
天然卤水	40		23	532.80		19.85	3646.76	
钾盐	21			11701.84			1066.70	
溴矿	55		1	67.37		0.19	14.54	
砷矿	5			5.81			3.36	

出让、转让情况——按矿种分列

（单位：宗、平方千米、万元、个）

采矿权使用费	采矿权出让							采矿权转让	
	合计		探矿权转采矿权	协议出让		“招、拍、挂”出让		宗数	转让金额
	宗数	价款金额		宗数	价款金额	宗数	价款金额		
0.25									
0.20									
0.15									
43.00	2		2					1	1380.00
3.75									
0.15									
64.10	2		2					1	553.00
67.95	17	1251.00		1	26.00	16	1225.00	11	495.00
3.55									
6.10									
0.05									
3.90	2	18.00	1			1	18.00	1	
1.80									
0.30									
0.15								1	12.00
0.70									
1.35	1	60.00				1	60.00		
0.65									
0.40									
6.70	1		1					2	79.00
14.30									
26.30	1	7209.00				1	7209.00	3	119.00
58.10									
8.25									
54.25									
1170.70									
8.75								4	124.00
0.70									

2014 年采矿许可证发证及采矿权

续表 9-3

主要矿种	采矿许可证发证							
	许可证数			登记面积			生产规模	
	有效	新立	注销	有效	新立	注销	登记	新立
磷矿	346	2		850.77	2.32		13730.14	56.00
金刚石	3			1.14				
石墨	164	5	1	182.62	9.56	0.01	1607.23	259.00
水晶	5	1		1.77	1.19		2.05	2.00
工艺水晶	2		1	0.35		0.01		
硅灰石	147	1	3	64.05	0.49	1.75	455.80	9.90
滑石	120	1	6	63.32	0.48	3.51	472.31	5.00
石棉（温石棉）	34		3	13.50		0.27	222.75	
云母	27	1	1	15.19	0.34	0.12	65.39	5.00
长石	353	11	16	178.88	4.29	2.15	1306.87	72.03
电气石	5	1		10.73	1.73		14.40	10.00
石榴子石	22			6.98			79.57	
叶蜡石	70		7	31.22		0.26	1285.84	
透辉石	36		1	6.02		0.10	220.80	
蛭石	15			11.15			60.80	
沸石	48	1	6	9.29	0.01	0.42	250.05	6.00
透闪石	8			1.38			62.10	
石膏	527	17	28	510.77	6.73	7.14	6408.76	661.00
方解石	647	12	56	203.78	3.21	9.35	3042.28	56.00
光学萤石	2			1.53			3.45	
宝石	6		1	7.20		0.21	10.38	
玉石	147	16	1	139.67	17.00	1.86	546.36	50.65
玛瑙	5	1		12.01	0.46		3.40	2.60
石灰岩	4722	43	396	530.71	11.75	23.08	59121.46	954.50
玻璃用石灰岩	3			0.72			4.50	
水泥用石灰岩	2028	45	114	996.54	28.15	12.09	157820.89	8734.00
建筑石料用灰岩	10130	373	1118	893.92	57.23	39.37	139653.68	7766.60
饰面用灰岩	164	21	8	64.04	4.90	0.54	779.78	94.94
制灰用石灰岩	354	5	25	64.12	2.90	1.24	5390.92	64.30
含钾灰岩	3		2	0.60		0.02	14.00	

出让、转让情况——按矿种分列

（单位：宗、平方千米、万元、个）

	采矿权出让							采矿权转让	
采矿权使用费	合计		探矿权转采矿权	协议出让		“招、拍、挂”出让		宗数	转让金额
	宗数	价款金额		宗数	价款金额	宗数	价款金额		
93.75	2	62.00	1			1	62.00	2	
0.20									
22.70	5	9535.00	1	1	9347.00	3	188.00	3	370.00
0.35	1	38.00				1	38.00	1	70.00
0.10									
11.45	1		1						
9.95	1	116.00				1	116.00	3	30.00
2.55									
2.10	1		1					1	100.00
29.05	11	2128.00	1			10	2128.00	7	1841.00
1.20	1		1						
1.40								1	5.00
5.30									
2.00									
1.60									
2.65	1	40.00				1	40.00	2	309.00
0.40									
66.20	17	3114.00	1	1	25.00	15	3090.00	7	287.00
44.35	12	687.00	2			10	687.00	26	3311.00
0.20									
0.90									
17.60	16	1261.00	8	5	59.00	3	1203.00	2	1122.00
1.30	1		1					1	10.00
256.05	43	10156.00				43	10156.00	47	5145.00
0.20									
165.75	45	149439.00	10	1	1643.00	34	147796.00	38	35179.00
534.00	373	88423.00	1			372	88423.00	164	11834.00
11.85	21	2354.00				21	2354.00	8	1545.00
21.10	5	212.00				5	212.00	4	421.00
0.15									

2014 年采矿许可证发证及采矿权

续表 9-4

矿 种	采矿许可证发证							
	许可证数			登记面积			生产规模	
	有效	新立	注销	有效	新立	注销	登记	新立
泥灰岩	42	2	3	5.82	9.38	0.16	190.55	6.00
白垩	6		1	1.74		0.99	44.00	
白云岩	467	7	35	156.98	1.92	0.76	5040.47	230.00
玻璃用白云岩	13			8.40			162.00	
建筑用白云岩	810	38	71	83.18	1.86	5.48	13360.30	562.00
石英岩	661	29	35	332.65	24.37	3.37	3701.35	170.40
冶金用石英岩	62			18.10			306.40	
玻璃用石英岩	176	2	8	59.53	0.40	1.23	1758.18	98.00
砂岩	1025	26	205	84.85	4.66	9.55	7776.45	201.48
玻璃用砂岩	78	3	4	16.56	2.19	0.24	1071.22	88.00
水泥配料用砂岩	192	6	14	75.25	0.90	5.68	3123.36	313.00
砖瓦用砂岩	289	29	40	19.53	3.14	1.10	1522.85	246.12
陶瓷用砂岩	60	1	7	17.67	0.31	0.32	323.76	10.00
建筑用砂岩	524	97	19	74.66	20.30	1.48	9385.31	1995.38
天然石英砂	129	6	9	121.84	1.09	0.26	1512.74	52.90
玻璃用砂	20		2	12.98		0.14	807.71	
海砂	4			1.60			40.85	
建筑用砂	4096	441	657	833.59	61.22	152.82	40344.72	4734.74
水泥配料用砂	22		1	3.88		0.02	280.72	
水泥标准砂	3			1.51			6.80	
砖瓦用砂	32	2	3	5.46	2.15	0.23	107.44	18.24
脉石英	214	7	2	97.34	4.29	0.22	535.77	23.50
玻璃用脉石英	75	1	1	37.43	0.14	0.01	322.50	3.00
粉石英	17		1	8.26		0.19	57.95	
硅藻土	40	5	1	33.71	4.80	0.11	308.60	78.00
页岩	1272	44	106	66.84	3.51	7.59	9678.54	323.63
陶粒页岩	32	2		6.20	0.06		567.50	8.00
砖瓦用页岩	5542	232	519	259.40	22.37	17.95	26871.23	2105.52
水泥配料用页岩	114	7	7	75.22	0.97	5.31	1379.68	107.50

出让、转让情况——按矿种分列

（单位：宗、平方千米、万元、个）

采矿权使用费	采矿权出让							采矿权转让	
	合计		探矿权转采矿权	协议出让		“招、拍、挂”出让		宗数	转让金额
	宗数	价款金额		宗数	价款金额	宗数	价款金额		
2.45	2	1.00				2	1.00		
0.35									
34.10	7	2435.00	1			6	2435.00	14	81825.97
1.35									
42.90	38	2340.00				38	2340.00	17	2731.00
55.45	29	1311.00				29	1311.00	24	1662.00
4.15									
12.25	2		2					4	2589.00
54.70	26	746.00				26	746.00	29	617.00
4.55	3	2295.00	1			2	2295.00	1	75.00
14.45	6	160.00	3			3	160.00	1	46.00
15.05	29	1403.00				29	1403.00	1	50.00
4.00	1	29.00				1	29.00	2	90.00
29.80	97	37998.00				97	37998.00	12	753.00
16.50	6	476.00				6	476.00	2	81.00
2.10									
0.35									
252.45	441	16830.00		3	58.00	438	16772.00	37	461207.00
1.25									
0.25									
1.80	2	18.00				2	18.00	1	1.00
16.45	7	194.00	1			6	194.00	5	501.00
5.90	1	42.00				1	42.00	3	321.00
1.35									
4.50	5	609.00	2			3	609.00		
65.30	44	1460.00				44	1460.00	20	2236.00
1.85	2	148.00				2	148.00		
283.50	232	11417.00				232	11417.00	84	3757.00
11.75	7	1268.00				7	1268.00	2	350.00

2014 年采矿许可证发证及采矿权

续表 9-5

矿种	采矿许可证发证							
	许可证数			登记面积			生产规模	
	有效	新立	注销	有效	新立	注销	登记	新立
高岭土	418	19	29	370.91	12.44	10.25	3151.18	352.00
陶瓷土	507	16	9	198.54	8.50	0.45	3279.84	217.86
凹凸棒石黏土	28	1		27.77	1.96		220.87	5.00
海泡石黏土	4			2.74			2.92	
伊利石黏土	46			38.64			356.81	
累托石黏土	1			0.63			5.00	
膨润土	214	4	23	144.65	2.22	2.73	1180.33	47.00
砖瓦用黏土	11093	212	1807	649.43	13.79	79.87	61069.53	1237.10
陶粒用黏土	51		6	204.97		0.17	181.92	
水泥用黏土	119	2	17	42.63	2.71	0.94	1794.88	18.00
水泥配料用红土	13		2	1.56		0.24	83.27	
水泥配料用黄土	6			0.59			222.98	
水泥配料用泥岩	28	1		7.06	0.10		625.01	46.80
保温材料用黏土	7			3.46			29.72	
橄榄岩	9			30.48			95.08	
建筑用橄榄岩	7			41.91			26.13	
蛇纹岩	40	4	2	23.06	3.55	0.14	352.38	59.00
饰面用蛇纹岩	15			5.43			29.12	
玄武岩	382	7	99	68.67	2.61	5.57	5040.16	56.75
铸石用玄武岩	9			0.66			83.45	
岩棉用玄武岩			1			0.02		
建筑用玄武岩	234	30	6	22.91	2.28	0.07	6057.09	917.54
辉绿岩	113	6	3	34.24	1.26	0.06	708.59	69.31
水泥用辉绿岩	3			0.59			35.80	
铸石用辉绿岩	1			0.04			5.00	
建筑用辉绿岩	161	8	17	37.16	2.00	0.78	2153.41	151.00
饰面用辉绿岩	54		5	13.74		0.70	236.12	
安山岩	94	1	21	5.89	0.05	0.77	1557.66	5.20
饰面用安山岩	4			3.24			9.36	

出让、转让情况——按矿种分列

（单位：宗、平方千米、万元、个）

采矿权使用费	采矿权出让							采矿权转让	
	合计		探矿权转采矿权	协议出让		“招、拍、挂”出让		宗数	转让金额
	宗数	价款金额		宗数	价款金额	宗数	价款金额		
49.65	19	3810.00	2	1	1470.00	16	2340.00	6	1257.00
37.30	16	2394.00	1			15	2394.00	14	34663.00
3.55	1	238.00				1	238.00		
0.35									
5.15								2	330.00
0.10									
21.45	4	177.00				4	177.00	6	451.00
564.30	212	2408.00				212	2408.00	40	1961.00
22.15									
8.25	2	35.00				2	35.00	3	115.00
0.65									
0.30									
1.60	1	1350.00				1	1350.00		
0.60									
3.30									
4.40									
3.65	4	1162.00				4	1162.00	2	121.00
1.00									
22.65	7	116.00		2	36.00	5	80.00	11	474.00
0.45								1	31.00
12.15	30	6403.00	1			29	6403.00	7	748.00
7.55	6	331.00				6	331.00	2	75.00
0.15									
0.05									
9.55	8	286.00				8	286.00	1	26.00
3.20								1	1000.00
4.75	1	10.00				1	10.00	2	17.00
0.50									

2014年采矿许可证发证及采矿权

续表 9-6

矿种	采矿许可证发证							
	许可证数			登记面积			生产规模	
	有效	新立	注销	有效	新立	注销	登记	新立
建筑用安山岩	336	9	59	17.92	0.33	1.34	6599.97	264.68
闪长岩	1			0.04			1892.29	7.05
建筑用闪长岩	56	2	10	10.76	0.05	0.25	3262.18	262.60
水泥混合材料用闪长玢岩	239	8	17	17.00	0.41	0.31	5.20	
花岗岩	678	12	66	168.39	2.68	4.97	7142.92	253.60
建筑用花岗岩	2458	131	377	205.36	13.91	12.46	63038.08	4942.46
饰面用花岗岩	1247	66	56	286.21	50.03	5.44	9803.08	760.00
麦饭石	10			10.86			21.63	
珍珠岩	66	2	1	17.86	0.12		334.05	4.00
黑曜岩	3			0.37			11.00	
浮石	17			2.36			38.82	
粗面岩	17		1	2.43		0.08	156.38	
铸石用粗面岩	1			0.11			19.00	
霞石正长岩	13			6.56			395.00	
凝灰岩	77	8	6	12.02	1.02	0.32	1102.81	293.71
水泥用凝灰岩	17	4	5	3.24	1.73	3.02	231.56	53.51
建筑用石料（凝灰岩）	1495	114	232	161.99	13.76	16.38	51098.10	5164.19
火山灰	3		1	0.84		0.23	13.00	
水泥用火山灰	2			0.09			8.00	
火山渣	13	1		4.53	1.06		101.98	13.28
大理岩	296	18	18	124.16	12.01	1.61	3515.43	136.81
饰面用石料（大理石）	431	20	13	209.66	14.19	0.73	2098.85	154.58
建筑用大理岩	378	17	41	95.52	9.02	1.05	4876.46	399.87
水泥用大理石	103	5	15	26.65	3.99	6.91	5136.08	850.50
玻璃用大理石	3			0.72			17.28	
板岩	190	14	12	75.29	0.52	1.16	1497.32	125.54
饰面用板岩	65	3	5	29.19	0.25	0.85	253.85	10.50
水泥配料用板岩	9		1	4.49			61.33	
片麻岩	318	14	21	29.41	1.43	0.88	5834.15	514.35
角闪岩	34	1	1	9.00	0.04	0.01	486.15	21.00
硼矿	59			390.54			578.20	
矿泉水	763	13	60	422.60	7.78	17.38	4214.82	270.46
地下水	9		1	28.39		0.31	1112.70	
二氧化碳气	1			28.74			8.00	
其他	1			0.40				

出让、转让情况——按矿种分列

（单位：宗、平方千米、万元、个）

采矿权使用费	采矿权出让							采矿权转让	
	合计		探矿权转采矿权	协议出让		“招、拍、挂”出让		宗数	转让金额
	宗数	价款金额		宗数	价款金额	宗数	价款金额		
17.00	9	4479.00				9	4479.00	14	538.00
0.05									
3.25	2	140.00				2	140.00		
12.55	8	936.00				8	936.00	6	1912.00
43.25	12	5254.00				12	5254.00	13	1009.00
127.45	131	35371.00		3	164.00	128	35207.00	52	4211.00
77.25	66	37356.00	4	2	376.00	60	36980.00	29	10078.00
1.45									
4.40	2	23.00				2	23.00	3	145.00
0.15									
0.85									
1.00									
0.05								1	150.00
1.15									
4.30	8	1610.00				8	1610.00	1	4.00
0.95	4	254.00				4	254.00		
80.30	114	123954.00		16	8092.00	98	115862.00	14	1836.00
0.20									
0.10									
0.90	1	129.00				1	129.00		
22.90	18	2312.00				18	2312.00	8	16581.00
35.95	20	4947.00				20	4947.00	15	6079.00
24.20	17	5086.00				17	5086.00	15	1000.00
6.50	5	3843.00	1	2	3751.00	2	92.00	5	177.00
0.15									
15.35	14	537.00				14	537.00	1	238.00
5.25	3	178.00				3	178.00	1	11.00
0.75									
16.75	14	2230.00				14	2230.00	4	178.00
2.10	1	94.00				1	94.00		
40.80									
64.25	13	4378.00	7	1	37.00	5	4341.00	4	130.00
3.10									
2.90									
0.05									

2014年矿产资源勘查、

表 10

案件类型	合计	国家机关		
		省级机关	市级机关	县级机关
2013年未结案件	**363**			
2014年立案	**6020**			
勘查	238			
无证勘查	63			
越界勘查	11			
非法转让探矿权	4			
其他	160			
开采	5779			
无证开采	3573			
越界开采	1811			
非法转让采矿权	16			
破坏性开采	10			
其他	369			
不按规定缴纳矿产资源补偿费	3			
非法批准				
违法发证				
勘查许可证				
采矿许可证				
其他				
2014年结案	**5720**			
处理2013年未结案	179			
勘查	223			
无证勘查	51			
越界勘查	9			
非法转让探矿权	4			
其他	159			
开采	5315			
无证开采	3220			
越界开采	1722			
非法转让采矿权	12			
破坏性开采	10			
其他	351			
不按规定缴纳矿产资源补偿费	3			
非法批准				
违法发证				
勘查许可证				
采矿许可证				
其他				
2014年未结案件	**663**			

开采违法案件查处情况

（单位：件）

企事业单位		集　体		个人
	外商		乡村	
103		**2**		**258**
2397	**1**	**105**	**28**	**3518**
186		1		51
19				44
7				4
4				
156		1		3
2210	1	104	28	3465
766	1	51	20	2756
1230		39	6	542
13		1	1	2
4				6
197		13	1	159
1				2
2299		**105**	**28**	**3316**
33				146
184		1		38
18				33
7				2
4				
155		1		3
2081		104	28	3130
719		51	20	2450
1157		39	6	526
10		1	1	1
4				6
191		13	1	147
1				2
201	**1**	**2**		**460**

2014 年矿产资源勘查、

表 11

案件类型	合计	北京	天津	河北
2013 年未结案件	**363**	**1**		**1**
2014 年立案	**6020**	**28**	**53**	**258**
勘查	238			1
无证勘查	63			
越界勘查	11			
非法转让探矿权	4			
其他	160			1
开采	5779	28	53	257
无证开采	3573	28	51	227
越界开采	1811		2	27
非法转让采矿权	16			1
破坏性开采	10			
其他	369			2
不按规定缴纳矿产资源补偿费	3			
非法批准				
违法发证				
勘查许可证				
采矿许可证				
其他				
2014 年结案	**5720**	**28**	**53**	**232**
处理 2013 年未结案	179			1
勘查	223			1
无证勘查	51			
越界勘查	9			
非法转让探矿权	4			
其他	159			1
开采	5315	28	53	230
无证开采	3220	28	51	201
越界开采	1722		2	27
非法转让采矿权	12			1
破坏性开采	10			
其他	351			1
不按规定缴纳矿产资源补偿费	3			
非法批准				
违法发证				
勘查许可证				
采矿许可证				
其他				
2014 年未结案件	**663**	**1**		**27**

开采违法案件查处情况——按地区分列

（单位：件）

山西	内蒙古	辽宁	吉林
2	**6**	**28**	**1**
202	**398**	**161**	**110**
30	61	3	9
22	1	1	1
		1	
8	60	1	8
172	337	158	101
83	243	129	85
81	71	27	14
1	1		
	3		
7	19	2	2
201	**389**	**166**	**108**
		9	
29	60	3	9
21		1	1
		1	
8	60	1	8
172	329	154	99
83	240	126	83
81	67	26	14
1			
	3		
7	19	2	2
3	**15**	**23**	**3**

2014 年矿产资源勘查、

续表 11-1

案件类型	黑龙江	上海	江苏	浙江
2013 年未结案件				
2014 年立案	**257**		**32**	**236**
勘查	2			
无证勘查	1			
越界勘查				
非法转让探矿权				
其他	1			
开采	255		32	236
无证开采	90		16	175
越界开采	137		12	59
非法转让采矿权				
破坏性开采				
其他	28		4	2
不按规定缴纳矿产资源补偿费				
非法批准				
违法发证				
勘查许可证				
采矿许可证				
其他				
2014 年结案	**248**		**32**	**230**
处理 2013 年未结案				
勘查	2			
无证勘查	1			
越界勘查				
非法转让探矿权				
其他	1			
开采	246		32	230
无证开采	87		16	173
越界开采	131		12	55
非法转让采矿权				
破坏性开采				
其他	28		4	2
不按规定缴纳矿产资源补偿费				
非法批准				
违法发证				
勘查许可证				
采矿许可证				
其他				
2014 年未结案件	**9**			**6**

开采违法案件查处情况——按地区分列

（单位：件）

安徽	福建	江西	山东
30	**12**	**53**	**1**
143	**312**	**104**	**107**
2	1	2	
		2	
	1		
1			
1			
141	311	102	107
64	248	56	85
73	47	40	22
2			
2	16	6	
137	**200**	**151**	**107**
13	6	48	1
2	1	2	
		2	
	1		
1			
1			
122	193	101	106
49	130	55	84
69	47	40	22
2			
2	16	6	
36	**124**	**6**	**1**

2014年矿产资源勘查、

续表 11-2

案件类型	河南	湖北	湖南	广东
2013年未结案件	**1**	**1**	**5**	**19**
2014年立案	**99**	**70**	**367**	**220**
勘查	1	3	5	2
无证勘查		1		2
越界勘查		2	4	
非法转让探矿权				
其他	1		1	
开采	98	67	362	218
无证开采	75	38	125	175
越界开采	21	26	220	38
非法转让采矿权				
破坏性开采				1
其他	2	3	17	4
不按规定缴纳矿产资源补偿费				
非法批准				
违法发证				
勘查许可证				
采矿许可证				
其他				
2014年结案	**100**	**68**	**345**	**201**
处理2013年未结案	1	1	3	16
勘查	1	3	3	
无证勘查		1		
越界勘查		2	2	
非法转让探矿权				
其他	1		1	
开采	98	64	339	185
无证开采	75	35	122	150
越界开采	21	26	202	31
非法转让采矿权				
破坏性开采				1
其他	2	3	15	3
不按规定缴纳矿产资源补偿费				
非法批准				
违法发证				
勘查许可证				
采矿许可证				
其他				
2014年未结案件		**3**	**27**	**38**

开采违法案件查处情况——按地区分列

（单位：件）

广西	海南	重庆	四川
60	**30**	**7**	**14**
358	**132**	**114**	**122**
2			9
1			8
1			1
356	132	114	113
279	114	26	46
61	13	87	54
			4
16	5	1	9
337	**83**	**114**	**100**
20	2	6	3
2			
1			
1			
315	81	108	97
250	74	22	35
49	7	85	51
			2
16		1	9
81	**79**	**7**	**36**

2014 年矿产资源勘查、

续表 11-3

案件类型	贵州	云南	西藏	陕西
2013 年未结案件	**49**	**3**		2
2014 年立案	**306**	**611**	**9**	**168**
勘查	2	55		6
无证勘查		5		3
越界勘查		2		
非法转让探矿权	2	1		
其他		47		3
开采	303	556	9	162
无证开采	102	197	9	112
越界开采	116	342		39
非法转让采矿权	2	1		1
破坏性开采		1		2
其他	83	15		8
不按规定缴纳矿产资源补偿费	1			
非法批准				
违法发证				
勘查许可证				
采矿许可证				
其他				
2014 年结案	**297**	**588**	**7**	**167**
处理 2013 年未结案	23	3		1
勘查	2	55		6
无证勘查		5		3
越界勘查		2		
非法转让探矿权	2	1		
其他		47		3
开采	271	530	7	160
无证开采	78	185	7	110
越界开采	112	328		39
非法转让采矿权	1	1		1
破坏性开采		1		2
其他	80	15		8
不按规定缴纳矿产资源补偿费	1			
非法批准				
违法发证				
勘查许可证				
采矿许可证				
其他				
2014 年未结案件	**58**	**26**	**2**	**3**

开采违法案件查处情况——按地区分列

（计量单位：件）

甘肃	青海	宁夏	新疆
4		**15**	**18**
39	**91**	**77**	**836**
4			38
			15
			1
4			22
35	91	77	796
25	45	74	551
10	34	2	136
	3		
			3
	9	1	106
			2
43	**79**	**91**	**818**
4		15	3
4			38
			15
			1
4			22
35	79	76	775
25	36	73	537
10	31	2	135
	3		
			3
	9	1	100
			2
	12	**1**	**36**

2014 年全国石油天然气

表 12

地区	油气田总数（个）				从业人数（人）	油产量（万吨）
		大型	中型	小型		
总计	**955**	**111**	**230**	**614**	**710718**	**21140.57**
天津	23	3	7	13	28589	464.69
河北	62	1	17	44	48906	592.33
山西	1		1			
辽宁	40	4	9	27	45083	1021.89
吉林	46	5	11	30	28115	663.93
黑龙江	53	9	12	32	92127	4000.89
江苏	58	0	4	54	7626	206.01
山东	74	12	39	23	78110	2787.14
河南	54	3	15	36	47321	526.01
湖北	31	1	3	27	17944	97.53
浙江	3			3	488	5.07
广西	1			1	88	2.44
广东	5			5	196	28.59
四川	145	7	15	123	41003	19.20
陕西	64	15	21	28	186333	3789.94
甘肃	7	0	2	5	10052	49.14
青海	27	5	5	17	21333	220.00
新疆	91	22	20	49	47421	2705.79
渤海	64	13	19	32	5685	2610.14
南海	91	11	28	52	2878	1334.19
东海	15		2	13	1420	15.65

注： 1. 中国石油长庆、华北、大港和西南油田经济数据未按省分列，本汇总表将中国石油长庆全部计入陕西，中国石油华北全部计入河北，中国石油大港全部计入天津，中国石油西南全部计入四川。

2. 本表不包括煤层气。

开发利用情况——按地区分列

气产量（亿立方米）	工业总产值（万元）	销售收入（万元）	年利税总额（万元）	实缴补偿费（万元）
1248.04	**113621825.31**	**117826774.20**	**62202344.05**	**805839.73**
5.39	1909128.00	1979554.00	853656.00	14128.00
9.87	2835694.00	2945596.00	941618.00	23283.00
1.31				
7.01	3612183.00	3425396.00	895070.00	31642.00
22.82	2130953.00	2160154.83	221547.02	18828.00
35.11	17918616.00	18024001.00	12811743.00	130193.00
0.52	950543.00	1081634.46	179688.00	7204.13
5.00	11661942.00	10512576.36	7192304.50	78110.63
123.55	4946833.00	4593932.46	1486803.48	42226.32
1.50	976271.00	909475.00	257463.91	3106.92
0.11	21821.00	21832.00	−39617.00	200.46
	10730.00	190325.00	4277.00	19.10
1.58	152188.00	151063.00	73670.00	1076.00
175.00	2646936.00	3989118.00	340225.92	22843.00
387.61	28564103.00	35169763.00	15447662.00	177606.00
0.15	1392604.00	493467.00	330886.00	2521.00
68.89	2566846.00	2054903.00	1276235.75	5637.70
296.69	13633207.00	14056871.33	7593978.88	114592.47
25.02	10253026.00	9884095.00	8208637.00	132622.00
71.93	7240891.60	6000461.39	4168116.63	
8.98	197309.71	182555.37	−41622.03	

2014年全国石油天然气

表13

	油气田总数（个）				从业人数（人）	油产量（万吨）
		大型	中型	小型		
总　计	**955**	**111**	**230**	**614**	**710718**	**21140.57**
国有企业	24	1	10	13	115485	1256.35
国有联营企业	1	0	0	1	88	2.44
股份有限公司	930	110	220	600	595145	19881.78

开发利用情况——按经济类型分列

气产量（亿立方米）	工业总产值（万元）	销售收入（万元）	年利税总额（万元）	实缴补偿费（万元）
1248.04	**113621825.31**	**117826774.20**	**62202344.05**	**805839.73**
6.07	9008494.00	20822302.00	5250300.00	33365.00
0.00	10730.00	190325.00	4277.00	19.10
1241.97	104602601.31	96814147.20	56947767.05	772455.63

2014年全国非油气矿产资源

表 14

地　区	矿山企业数（个）					从业人数（人）
		大型	中型	小型	小矿	
全　国	**92061**	**4080**	**6650**	**53709**	**27622**	**5842497**
北　京	202	25	47	124	6	30963
天　津	421	114	114	124	69	13348
河　北	3817	122	245	2549	901	270918
山　西	4257	339	735	1971	1212	888133
内蒙古	4832	220	354	2513	1745	271236
辽　宁	3365	102	140	2207	916	219772
吉　林	1670	208	277	935	250	107742
黑龙江	2891	185	182	1702	822	262103
上　海	25	2	1	22		1648
江　苏	1134	143	114	877		113796
浙　江	1246	505	201	486	54	38499
安　徽	2272	188	222	923	939	303696
福　建	1770	264	237	1037	232	62265
江　西	5653	54	321	3248	2030	203110
山　东	2968	281	445	1999	243	486009
河　南	2797	152	269	1517	859	438449
湖　北	3315	63	150	1717	1385	117989
湖　南	6195	93	316	4523	1263	237281
广　东	1692	143	171	1252	126	47370
广　西	3376	73	267	2373	663	90196
海　南	220	70	27	113	10	12158
重　庆	2553	62	139	1987	365	150786
四　川	6463	118	388	4209	1748	284317
贵　州	6594	99	288	4162	2045	239301
云　南	7860	66	243	4731	2820	291681
西　藏	52	7	12	27	6	4941
陕　西	5188	204	317	2404	2263	256545
甘　肃	3535	65	83	1207	2180	158232
青　海	843	35	48	354	406	40748
宁　夏	487	20	26	206	235	54528
新　疆	4368	58	271	2210	1829	144737

开发利用情况——按地区分列

年产矿量（原矿，万吨）	工业总产值（万元）	综合利用产值（万元）	矿产品销售收入（万元）	利润总额（万元）
843578.80	**155518276.48**	**12850582.92**	**124628923.10**	**11948428.75**
2080.33	517798.96	50058.35	458700.60	24919.36
4296.59	141190.37	2591.00	135553.53	10901.79
37653.78	6698477.98	513967.46	5360211.36	357831.51
88732.85	35970839.84	3322376.66	25445967.51	1067833.72
96293.03	17448711.27	1937826.75	15538517.83	2168905.47
38128.71	5235771.97	633087.90	3883464.47	310516.08
12499.06	1754190.52	68850.69	1463833.60	−20170.12
14747.06	2504765.02	101907.35	2264923.95	−129185.27
120.76	118654.58	200.00	101703.99	4284.15
23138.50	2282721.77	139130.61	1793128.60	139792.88
52373.01	1428339.93	111636.56	1068186.27	126531.11
47215.20	9417025.51	857535.98	8418266.02	206626.03
15086.90	1495308.51	185548.42	1321993.61	218021.25
27927.48	3456352.59	268165.24	2946088.16	243828.43
46030.12	10885573.74	643232.84	9005977.88	767104.84
32048.36	7798759.99	473367.44	6601864.55	765804.12
21119.34	2689656.54	141751.71	2188725.62	255879.36
22645.80	3009577.79	90185.24	2274023.20	262431.04
28590.71	1618259.97	248487.45	1289814.11	162759.62
25901.10	1521750.37	209837.23	1239486.41	192012.91
4991.12	362104.22	34577.16	273314.05	54712.43
16229.74	2113306.44	408660.69	1818689.33	125786.87
26229.48	4331173.85	282989.06	2815979.93	322285.56
34389.06	6045234.33	1022457.84	5046212.59	949106.55
24915.03	5817065.47	229279.05	3865711.06	428123.71
468.55	307988.42	6354.00	223287.34	26996.77
39689.22	8639622.49	37309.11	7796963.42	1394772.23
12888.93	3156778.10	113817.05	2874110.34	269528.76
9169.57	2626534.67	304659.58	1919463.27	385078.39
8901.91	2288808.40	108361.68	1599517.35	207060.42
29077.49	3835932.87	302372.86	3595243.14	648348.78

2014年全国非油气矿产资源

表 15

	矿山企业数（个）					从业人数（人）
		大型	中型	小型	小矿	
总 计	**92061**	**4080**	**6650**	**53709**	**27622**	**5842497**
一、内资企业	**91501**	**3914**	**6547**	**53464**	**27576**	**5773365**
国有企业	3089	613	615	1548	313	1520526
集体企业	6243	66	241	3387	2549	237064
股份合作企业	987	50	80	589	268	63506
联营企业	350	13	34	195	108	25856
有限责任公司	17091	1506	2132	10224	3229	1572933
股份有限公司	4077	460	563	2392	662	958469
私营企业	56486	1117	2717	33397	19255	1339078
其他企业	3178	89	165	1732	1192	55933
二、港、澳、台商投资企业	**233**	**67**	**38**	**114**	**14**	**20119**
三、外商投资企业	**327**	**99**	**65**	**131**	**32**	**49013**

开发利用情况——按经济类型分列

年产矿量（原矿，万吨）	工业总产值（万元）	综合利用产值（万元）	矿产品销售收入（万元）	利润总额（万元）
843578.80	**155518276.48**	**12850582.92**	**124628923.10**	**11948428.75**
812624.84	**149666470.87**	**12366322.17**	**120577088.84**	**11334367.55**
179255.66	53126660.37	3836249.02	40455978.64	2855515.50
17901.75	1713753.21	211050.00	1582379.92	135173.79
8753.53	1600889.62	95550.53	1475560.91	169440.79
3532.02	690678.30	52350.50	634307.44	67338.49
251224.59	41733963.50	3560528.35	34045584.14	2259484.74
124067.47	32379203.82	2671251.57	26845264.49	4086735.56
216041.93	17830352.17	1899514.45	15067859.73	1715137.53
11847.89	590969.89	39827.76	470153.58	45541.14
11150.00	**1413514.39**	**85960.04**	**1196700.80**	**192828.89**
19803.96	**4438291.22**	**398300.71**	**2855133.46**	**421232.31**

2014年全国非油气矿产资源

表16

矿　种	矿山企业数（个）	大型	中型	小型	小矿	从业人数（人）
总　计	**92061**	**4080**	**6650**	**53709**	**27622**	**5842497**
煤炭	11190	790	1431	7067	1902	3436302
油页岩	23	4	9	7	3	4343
油砂	1			1		3
石煤	220	1	1	35	183	1769
天然沥青	5				5	55
地热	1026	247	226	484	69	50196
铁矿	4133	161	363	2690	919	360782
锰矿	448	26	55	302	65	22088
铬矿	14			11	3	190
钛矿	108	22	15	59	12	2500
钒矿	114	51	19	37	7	4350
铜矿	898	32	68	618	180	120915
铅矿	907	6	34	583	284	50232
锌矿	666	8	44	458	156	56711
铝土矿	240	13	25	180	22	13078
镁矿	8	1		1	6	155
镍矿	66	7	12	37	10	11872
钴矿	4	1		3		30
钨矿	154	4	22	103	25	33796
锡矿	124	2	14	87	21	28371
铋矿	5			3	2	171
钼矿	210	25	37	112	36	31359
汞矿	34			15	19	1151
锑矿	80	1	3	57	19	11010
铂矿	7	2	3	2		245
金矿	1610	78	184	1054	294	168158
银矿	115	7	11	74	23	11885

开发利用情况——按矿种分列

年产矿量（原矿，万吨）	工业总产值（万元）	综合利用产值（万元）	矿产品销售收入（万元）	利润总额（万元）
843578.80	**155518276.48**	**12850582.92**	**124628923.10**	**11948428.75**
284329.51	94161165.29	7496580.46	77997716.70	5906971.30
363.68	34491.55	2179.33	20057.15	1767.00
160.19	6122.01	55.00	5788.35	759.86
0.11	325.00		177.00	
10028.14	758008.77		363116.92	−5807.48
68588.12	14914011.42	993341.30	12053829.84	1161765.39
710.66	559999.59	49914.90	282936.04	−5771.62
2.35	1957.92	1154.60	1603.71	556.81
101.11	10188.71	381.00	5956.06	483.75
40.29	49655.50		19870.52	20.00
15306.21	3826251.24	402278.69	3116473.67	331416.80
1363.43	1185683.79	142995.27	1064437.24	164455.81
2443.60	1547987.15	147860.50	1201577.17	253286.74
2496.87	446821.93	22884.44	284656.01	12835.69
223.43	33557.20	172.32	10061.20	12.00
1361.85	1025037.41	16760.70	980654.18	26463.08
1256.32	632180.38	51815.32	619709.96	62825.22
867.86	549214.65	78018.73	506775.38	112274.48
1.77	1152.37	10.00	1052.37	
7049.60	1327202.54	83557.03	753813.97	187820.83
25.17	24944.83	2417.76	16004.93	3298.52
110.86	230171.68	2018.00	91633.48	4375.82
8.50	3214.29		3214.29	8.11
12832.82	4769984.19	461510.39	4241867.10	730492.92
574.22	378167.05	96414.10	333887.06	52818.73

2014年全国非油气矿产资源

续表 16-1

矿　种	矿山企业数（个）					从业人数（人）
		大型	中型	小型	小矿	
铌钽矿	12		1	9	2	1371
铌矿	1				1	50
钽矿	7			5	2	206
铍矿	1				1	14
锂矿	20	4	3	11	2	2187
锆矿	26	23	2	1		690
锶矿	16	1		9	6	481
重稀土矿	12	3		9		327
轻稀土矿	66	5	12	40	9	2011
锗矿	2			2		361
碲矿	3			2	1	14
蓝晶石	6	2	1	3		234
矽线石	6	1	1	4		177
红柱石	13	7	3	3		445
菱镁矿	111	8	11	88	4	5290
普通萤石	1229	18	45	791	375	21927
熔剂用灰岩	230	23	26	156	25	13941
冶金用白云岩	283	11	18	210	44	6173
冶金用石英岩	589	9	22	421	137	5614
冶金用砂岩	20	1		15	4	258
铸型用砂岩	12			10	2	150
铸型用砂	53		6	42	5	1181
冶金用脉石英	301	1	3	214	83	2382
耐火黏土	206	4	6	135	61	4486
铁矾土	14			9	5	89
铸型用黏土	2			2		22
耐火用橄榄岩	7		2	3	2	257
熔剂用蛇纹岩	9	3	2	4		348
自然硫	1				1	5

开发利用情况——按矿种分列

年产矿量（原矿，万吨）	工业总产值（万元）	综合利用产值（万元）	矿产品销售收入（万元）	利润总额（万元）
172.98	27926.98	208.00	22323.44	48.80
10.00	540.00		200.00	126.00
2.21	304.00		116.00	-1476.00
514.08	84998.36	69372.34	37841.05	45.30
1185.80	7832.93	2363.35	7337.26	10.00
5.06	2195.92		2141.92	-464.50
487.73	58741.89	236.88	53245.22	3915.54
667.86	150847.66	36021.12	56115.58	12089.70
51.70	14832.94		14832.94	641.25
1.70	1500.00		1222.00	260.00
28.52	6621.83	1555.00	4844.33	66.80
1168.01	143521.96	2037.52	97915.57	6382.51
431.02	208194.00	8026.22	170958.82	19959.49
5758.36	278609.23	73479.85	169826.02	-4030.18
2020.24	111739.90	20447.88	64684.83	-1552.33
385.91	30530.07	1979.03	25203.58	2272.31
38.22	2907.27	55.10	1772.92	743.86
135.03	1264.20	2.00	1263.86	345.18
80.01	16785.77		16418.58	888.92
32.02	3243.04	178.00	2443.44	197.65
133.65	45058.11	2404.00	33707.41	3601.43
1.85	260.85		134.89	15.17
1.50	28.58		28.40	5.00
20.07	2230.37	180.00	817.37	52.00
86.61	773.38	159.00	773.38	35.50

2014年全国非油气矿产资源

续表 16-2

矿　种	矿山企业数（个）					从业人数（人）
		大型	中型	小型	小矿	
硫铁矿	243	9	15	160	59	19123
钠硝石	3			2	1	38
明矾石	3	1	1	1		1903
芒硝	84	22	21	37	4	8499
重晶石	473	15	27	310	121	5838
毒重石	35	1	1	13	20	640
天然碱	11	2	1	6	2	2924
电石用灰岩	120	10	5	75	30	2069
制碱用灰岩	34	1	2	27	4	520
化肥用灰岩	7	1		4	2	38
化工用白云岩	26	1		20	5	281
化肥用石英岩	13		1	12		119
化肥用砂岩	17			15	2	287
含钾砂页岩	4			4		47
含钾岩石	13		2	9	2	76
化肥用橄榄岩	2			2		46
化肥用蛇纹岩	19	1	2	8	8	313
泥炭	51			25	26	762
盐矿	202	102	34	60	6	51322
镁盐	6	1	4	1		626
钾盐	21	7	8	5	1	11106
溴矿	48			48		2395
砷矿	6			5	1	105
硼矿	58	3	4	50	1	1655
磷矿	356	34	99	199	24	49020
金刚石	5	2	3			705
石墨	175	53	19	75	28	6308
熔炼水晶	1				1	2
光学水晶	1				1	10

开发利用情况——按矿种分列

年产矿量（原矿，万吨）	工业总产值（万元）	综合利用产值（万元）	矿产品销售收入（万元）	利润总额（万元）
965.13	430099.97	93259.92	333025.79	69900.42
11.35	5708.50	145.80	4204.79	307.79
1411.03	240327.29	18982.14	197865.15	13053.16
310.83	71237.76	10708.00	61293.78	13014.92
12.96	9522.02		5402.56	114.00
248.12	201556.93	9533.10	192186.78	58323.00
1832.01	105481.08	4405.59	102341.51	10668.98
296.27	97029.65	85.00	68690.89	97.94
3.00	40.00		30.00	1.00
76.80	2493.37	601.75	1630.37	303.30
14.26	320.29	2.00	318.29	7.80
9.66	269.75	38.00	269.75	27.19
0.84	53.85		53.80	
0.24	30.00	0.30	28.20	5.30
4.03	135.00		128.00	4.00
3.02	97.75		97.75	1.20
20.23	1628.00	509.50	1567.78	55.32
6608.96	1638811.79	298761.97	1179928.82	55864.56
51.22	8815.00	2700.00	6205.69	4052.49
7311.50	1933464.18	148825.27	1540076.56	388309.59
7.55	65517.54	10676.93	51591.91	6098.92
0.61	233.00	0.50	193.50	–239.60
63.59	9029.65	2077.30	8250.67	–61.61
6948.36	1912236.35	108079.48	1309653.69	169048.69
517.63	63238.48	4479.05	46225.10	1910.99

2014年全国非油气矿产资源

续表 16-3

矿种	矿山企业数（个）					从业人数（人）
		大型	中型	小型	小矿	
工艺水晶	6			4	2	35
硅灰石	235	3	8	160	64	2556
滑石	134	6	12	80	36	4567
石棉	35	12	3	19	1	2703
云母	27			18	9	217
长石	385	6	16	276	87	3879
电气石	5			2	3	58
石榴子石	22	2		11	9	319
叶蜡石	82	3	28	41	10	1042
透辉石	38		8	24	6	641
蛭石	18	1	2	14	1	153
沸石	62		3	41	18	489
透闪石	10	1	1	6	2	88
石膏	574	46	126	327	75	21346
方解石	685	14	32	480	159	5793
光学萤石	4			1	3	26
宝石	7		1	1	5	43
玉石	152		1	30	121	2150
玛瑙	5			1	4	197
玻璃用灰岩	2	1			1	5
水泥用灰岩	2910	432	338	1602	538	94696
建筑石料用灰岩	14537	155	288	9232	4862	180182
饰面用灰岩	220	1	5	99	115	2894
制灰用石灰岩	739	10	18	511	200	9785
泥灰岩	26			15	11	314
白垩	2			2		10
玻璃用白云岩	53	1	3	37	12	744
建筑用白云岩	1050	11	29	715	295	11836
玻璃用石英岩	501	18	41	346	96	5554

开发利用情况——按矿种分列

年产矿量（原矿，万吨）	工业总产值（万元）	综合利用产值（万元）	矿产品销售收入（万元）	利润总额（万元）
110.49	21454.56	4478.80	15305.29	1156.91
187.20	64377.36	544.28	45404.28	4628.11
580.82	26002.91	6496.16	19864.85	364.56
2.56	722.46		550.46	41.80
366.39	22563.49	8085.25	20238.26	1525.15
10.93	3001.00	2243.10	1215.43	51.87
114.05	13608.46	1925.20	12439.09	1225.88
55.95	4685.20	160.00	4102.33	266.74
7.74	1366.04		1126.04	115.00
30.64	1435.93	352.94	1284.43	149.29
0.22	57.70		7.70	3.00
1997.02	162391.05	15250.60	122742.48	5932.04
760.26	80613.69	14345.67	39403.78	6111.42
0.20	20.00		20.00	10.00
13.82	1198.00	350.00	703.72	52.00
13.67	83963.01	1105.00	27769.64	4987.41
	699.84		681.00	251.00
3.30	89.00		89.00	6.60
122488.48	11245536.73	840793.80	6612847.05	1138189.68
92615.83	2096391.32	341408.88	1747872.98	242049.22
289.94	21599.75	5440.65	19129.43	6740.38
3931.27	143535.29	26587.88	128550.40	9804.37
61.03	11567.50	20.00	1947.69	701.30
208.67	5079.67	129.41	3176.23	401.48
5694.68	121202.96	22518.44	109095.33	16776.51
1112.47	54310.70	11434.96	47599.68	1671.69

2014年全国非油气矿产资源

续表 16-4

矿 种	矿山企业数（个）					从业人数（人）
	—	大型	中型	小型	小矿	
玻璃用砂岩	106	8	44	44	10	1742
水泥配料用砂岩	296	15	47	180	54	6319
砖瓦用砂岩	283	1	19	206	57	4630
陶瓷用砂岩	78		13	49	16	743
建筑用砂岩	1700	52	112	1107	429	18184
玻璃用砂	63	14	10	23	16	2065
建筑用砂	4556	32	190	2079	2255	41545
水泥配料用砂	20	1	2	11	6	492
水泥标准砂	3			2	1	68
砖瓦用砂	101		1	16	84	1020
玻璃用脉石英	204	3	6	138	57	1522
水泥配料用脉石英	11			7	4	46
粉石英	47		2	42	3	506
天然油石	1				1	20
硅藻土	41	1	13	25	2	1047
陶粒页岩	34	2	6	25	1	622
砖瓦用页岩	6942	11	861	4902	1168	132250
水泥配料用页岩	175	9	26	88	52	1678
建筑用页岩	441		62	306	73	7180
高岭土	502	36	69	330	67	15007
陶瓷土	563	31	75	394	63	5124
凹凸棒石黏土	36	4	7	24	1	595
海泡石黏土	5			5		62
伊利石黏土	48	1	6	37	4	819
累托石黏土	2			1	1	24
膨润土	236	8	23	162	43	4785
砖瓦用黏土	13443	2	264	4563	8614	391686
陶粒用黏土	176	7	6	111	52	3484
水泥配料用黏土	131	9	9	57	56	1710

开发利用情况——按矿种分列

年产矿量（原矿，万吨）	工业总产值（万元）	综合利用产值（万元）	矿产品销售收入（万元）	利润总额（万元）
462.13	34864.95	681.00	26108.42	2505.59
2295.25	212656.13	7589.80	137391.48	19189.04
608.05	39731.53	6593.00	37828.93	4273.97
93.23	2899.68	128.00	2858.46	273.31
6384.66	194190.09	20782.23	168663.80	22983.14
602.77	39945.69	357.06	26174.33	2151.82
15124.61	341051.23	28230.66	310343.32	67482.33
359.30	18452.93	892.30	15333.03	265.77
2.16	1046.60		1046.60	164.00
53.64	9440.76	393.00	8011.52	619.35
96.67	7100.92	465.20	5624.92	800.08
4.13	117.00	95.00	117.00	−27.00
17.04	1686.20	200.00	1099.80	166.00
37.85	26281.38	78.66	12633.38	−937.44
30.30	1594.00	2.50	1427.60	119.70
12725.41	883503.21	91247.94	778556.35	107455.92
776.69	13742.18	804.09	13071.50	2268.02
715.84	47541.90	4553.03	36778.65	6766.53
646.09	99640.40	7650.91	86076.73	6754.54
1228.87	50730.88	4199.77	39664.55	5554.60
95.05	10903.40	1656.30	10230.14	733.10
7.67	318.55	123.88	291.55	25.46
238.24	123657.45	2534.67	115528.01	10686.25
18200.04	1338841.07	114731.08	1199665.34	127297.39
160.43	10107.75	391.00	8502.35	742.34
595.20	43627.06	337.72	12520.52	590.12

续表 16-5

矿 种	矿山企业数（个）					从业人数（人）
		大型	中型	小型	小矿	
水泥配料用红土	16		1	6	9	197
水泥配料用黄土	10		1	7	2	248
水泥配料用泥岩	28	2	1	10	15	504
保温材料用黏土	6			4	2	39
白云母黏土矿	2			1	1	25
建筑用橄榄岩	7			6	1	122
饰面用蛇纹岩	61		1	47	13	508
饰面用辉石岩	2				2	55
建筑用辉石岩	9			7	2	85
铸石用玄武岩	18		1	13	4	206
岩棉用玄武岩	2			2		99
饰面用玄武岩	62	2		38	22	1084
水泥混合材玄武岩	8	1	2	3	2	98
建筑用玄武岩	614	64	68	350	132	8742
饰面用角闪岩	5			5		27
建筑用角闪岩	27		1	18	8	387
水泥用辉绿岩	4	1		2	1	52
铸石用辉绿岩	3		1	1	1	19
饰面用辉绿岩	195	2	5	133	55	1658
建筑用辉绿岩	213	11	15	135	52	2279
饰面用辉长岩	3			3		24
建筑用辉长岩	6		1	4	1	82
饰面用安山岩	6			3	3	62
建筑用安山岩	512	114	20	271	107	7447
水泥混合材用安山玢岩	1		1			8
建筑用闪长岩	302	39	24	186	53	3691
水泥混合材用闪长玢岩	1				1	10
饰面用闪长岩	36		1	23	12	391
饰面用二长岩	1				1	2

开发利用情况——按矿种分列

年产矿量（原矿，万吨）	工业总产值（万元）	综合利用产值（万元）	矿产品销售收入（万元）	利润总额（万元）
24.60	1570.00	600.00	1557.50	68.00
64.27	969.26	120.00	969.26	166.00
321.69	69805.23	669.48	55135.99	10721.01
0.05	5.10		5.00	-1.00
9.62	233.00		210.00	20.00
36.07	943.00	54.00	477.00	-131.80
6.34	503.00		479.66	85.00
4.18	211.75	10.00	162.75	19.94
62.99	2946.65	73.00	2857.75	347.59
16.18	1400.00		1400.00	
39.35	6507.86	837.16	6496.86	1251.85
10.20	461.28	35.00	426.28	48.00
5676.10	122491.65	12184.05	107390.92	10556.37
141.01	3543.23	92.50	3169.23	74.20
1.00	20.00	4.00	20.00	5.00
147.40	8529.54	266.42	7788.97	1498.61
476.80	16880.78	2191.00	19072.59	1452.46
0.11	94.75		94.75	-116.00
11.55	413.51		393.29	11.36
31.30	500.00		500.00	200.00
4848.44	94731.71	9912.10	91050.84	17284.17
1526.01	32439.19	2168.71	26100.85	1916.36
3.00	168.00		168.00	18.00
34.96	3321.95	354.00	3144.95	656.81

2014年全国非油气矿产资源

续表 16-6

矿种	矿山企业数（个）					从业人数（人）
	—	大型	中型	小型	小矿	
建筑用二长岩	2	1			1	14
建筑用正长岩	4			4		5
建筑用花岗岩	3305	379	308	2126	492	47616
饰面用花岗岩	1594	49	46	1167	332	29779
麦饭石	10		1	4	5	85
珍珠岩	69	1	4	46	18	2023
建筑用流纹岩	2		1	1		17
黑曜岩	3			3		23
浮石	20		1	16	3	180
水泥用粗面岩	1			1		4
铸石用粗面岩	15	1		11	3	167
霞石正长岩	12	1	4	7		240
水泥用凝灰岩	30	1	6	17	6	244
建筑用凝灰岩	1474	444	129	635	266	26300
火山灰	6		2	4		88
火山渣	13		1	12		152
饰面用大理岩	570	9	9	305	247	6784
建筑用大理岩	461	22	16	314	109	4641
水泥用大理岩	176	16	17	117	26	4281
玻璃用大理岩	37			33	4	232
饰面用板岩	200	3	11	140	46	1890
水泥配料用板岩	42	1	1	30	10	370
片石	82		2	55	25	776
片麻岩	351	20	46	231	54	3796
千枚岩	6			6		81
砚石	5			2	3	41
矿泉水	813	45	68	565	135	26130
地下水	4			3	1	354
其他矿产 *	119	2	8	96	13	1551

注：* 其他矿产为未命名矿产。

开发利用情况——按矿种分列

年产矿量（原矿，万吨）	工业总产值（万元）	综合利用产值（万元）	矿产品销售收入（万元）	利润总额（万元）
5.20	78.00		78.00	20.00
32058.73	685630.95	69571.48	616465.97	62716.88
5400.77	321272.76	23573.26	264458.37	35373.03
5.21	255.00		255.00	38.00
203.65	31599.94	6666.00	25359.95	3826.15
6.25	100.00		100.00	70.00
0.12	8.30		5.30	3.00
14.03	669.05	166.96	452.25	135.36
24.86	599.02	300.50	501.02	336.00
30.46	1454.40	115.80	1406.40	138.00
81.34	3389.01	103.00	3172.01	967.10
39879.86	910585.47	85181.92	593022.02	87986.11
37.25	864.00		864.00	65.00
6.72	157.00		148.00	20.50
1056.03	107403.95	8057.98	96822.85	16281.22
1544.76	32442.73	1981.69	28911.78	3917.56
2555.31	196555.42	3123.70	193839.19	4582.96
69.43	6305.75	6169.00	6303.15	3418.40
138.66	7607.59	338.92	5534.69	1016.72
132.86	2808.55	18.50	2726.44	763.03
251.92	5277.28	1551.05	4999.78	618.48
1924.16	51149.57	25230.75	34715.45	7386.49
10.02	276.62		261.47	–1.00
0.27	250.00		250.00	9.00
1274.82	549286.46		490623.21	298.63
46.56	128.50		100.00	30.00
711.36	15921.27	5574.46	15459.33	1964.34

2014 年我国主要

表 17

矿产品名称	出口				
	国别 / 地区	数量 (吨)	占总量 (%)	金额 (千美元)	占总值 (%)
煤炭	**合计**	**291320988**	**100.0**	**22224555**	**100.0**
	印度尼西亚	106054968	36.4	6315408	28.4
	澳大利亚	94439551	32.4	8947984	40.3
	俄罗斯	25391429	8.7	2193260	9.9
	蒙古	19268930	6.6	946312	4.3
	朝鲜	15467879	5.3	1141926	5.1
	加拿大	8197446	2.8	980876	4.4
	越南	6830755	2.3	440376	2.0
	南非	5757219	2.0	449905	2.0
	其他国家或地区	9912811	3.4	808508	3.6
石油原油	**合计**	**308374105**	**100.0**	**228332187**	**100.0**
	沙特阿拉伯	49665924	16.1	36934411	16.2
	安哥拉	40649034	13.2	30884087	13.5
	俄罗斯	33106943	10.7	25007266	11.0
	阿曼	29743576	9.6	22675701	9.9
	伊拉克	28578213	9.3	20751371	9.1
	伊朗	27462540	8.9	20794220	9.1
	委内瑞拉	13786231	4.5	8342671	3.7
	阿联酋	11652132	3.8	9083223	4.0
	科威特	10618772	3.4	7594571	3.3
	哥伦比亚	10091321	3.3	7061448	3.1
	刚果 (布)	7050981	2.3	5180161	2.3
	巴西	7019138	2.3	4888163	2.1
	南苏丹	6443655	2.1	4330117	1.9
	哈萨克斯坦	5686422	1.8	4222822	1.8
	赤道几内亚	3249057	1.1	2465768	1.1
	澳大利亚	2727150	0.9	2119378	0.9
	其他国家或地区	20843014	6.8	15996809	7.0
铁矿砂及其精矿	**合计**	**932694341**	**100.0**	**93865820**	**100.0**
	澳大利亚	548355715	58.8	54463495	58.0
	巴西	170960635	18.3	18041850	19.2
	南非	43608257	4.7	4884283	5.2
	伊朗	21736826	2.3	1863659	2.0
	塞拉利昂	19039938	2.0	1675417	1.8
	乌克兰	18540455	2.0	2273883	2.4
	智利	11071675	1.2	1283273	1.4
	加拿大	11007410	1.2	1402130	1.5

注：一些矿产品的进口量或出口量由于数量较小，只列出了合计数，而未按国家分列。

矿产品进出口情况

出口				
国别 / 地区	数量（吨）	占总量 (%)	金额（千美元）	占总值 (%)
合 计	**5736564**	**100.0**	**693846**	**100.0**
韩国	2859309	49.8	329904	47.5
日本	2151217	37.5	279817	40.3
中国台湾	469470	8.2	49304	7.1
朝鲜	101587	1.8	13678	2.0
中国香港	58706	1.0	7576	1.1
缅甸	46905	0.8	7122	1.0
伊朗	36850	0.6	4204	0.6
马来西亚	4386	0.1	571	0.1
其他国家或地区	8134	0.1	1670	0.2
合 计	**600193**	**100.0**	**490435**	**100.0**
伊朗	320667	53.4	265423	54.1
日本	185948	31.0	157297	32.1
韩国	93573	15.6	67711	13.8
美国	5	很少	4	很少
合 计	**131848**	**100.0**	**16655**	**100.0**
伊朗	126926	96.3	15866	95.3
缅甸	2064	1.6	217	1.3
印度	1100	0.8	191	1.1
刚果（布）	851	0.6	179	1.1
蒙古	301	0.2	69	0.4
韩国	260	0.2	88	0.5
中国香港	240	0.2	16	0.1
印度尼西亚	48	很少	10	0.1

2014 年我国主要

续表 17-1

矿产品名称	出口				
	国别 / 地区	数量（吨）	占总量 (%)	金额（千美元）	占总值 (%)
铁矿砂及其精矿	秘鲁	10319853	1.1	997583	1.1
	毛里塔尼亚	10047255	1.1	943600	1.0
	马来西亚	9471581	1.0	692221	0.7
	印度	7843176	0.8	835661	0.9
	蒙古	6911274	0.7	464016	0.5
	俄罗斯	6190988	0.7	677486	0.7
	印度尼西亚	4516165	0.5	276335	0.3
	其他国家或地区	33073136	3.5	3090928	3.3
锰矿砂及其精矿	**合 计**	**16216424**	**100.0**	**2720699**	**100.0**
	南非	5761699	35.5	871878	32.0
	澳大利亚	5169824	31.9	1042726	38.3
	加蓬	1479687	9.1	281001	10.3
	加纳	1060150	6.5	154650	5.7
	马来西亚	932493	5.8	89239	3.3
	巴西	797847	4.9	139918	5.1
	科特迪瓦	256050	1.6	44306	1.6
	缅甸	223426	1.4	19471	0.7
	土耳其	119910	0.7	16156	0.6
	其他国家或地区	415338	2.6	61354	2.3
铜矿砂及其精矿	**合 计**	**11820130**	**100.0**	**21696457**	**100.0**
	智利	2948302	24.9	5701527	26.3
	秘鲁	2026152	17.1	3719652	17.1
	蒙古	1352802	11.4	2631575	12.1
	澳大利亚	960980	8.1	1781817	8.2
	墨西哥	773332	6.5	1374183	6.3
	美国	611821	5.2	1011384	4.7
	加拿大	505381	4.3	1059777	4.9
	哈萨克斯坦	401952	3.4	704953	3.2
	土耳其	251718	2.1	256736	1.2
	老挝	223097	1.9	363770	1.7
	其他国家或地区	1764593	14.9	3091083	14.2

矿产品进出口情况

出口				
国别 / 地区	数量 (吨)	占总量 (%)	金额 (千美元)	占总值 (%)
澳大利亚	27	很少	8	很少
巴西	12	很少	1	很少
以色列	8	很少	4	很少
越南	5	很少	4	很少
俄罗斯	4	很少	2	很少
日本	2	很少	1	很少
厄立特里亚	1	很少	很少	很少
合 计	**15483**	**100.0**	**2177**	**100.0**
越南	8555	55.3	277	12.7
印度尼西亚	4942	31.9	1046	48.0
肯尼亚	346	2.2	147	6.8
孟加拉国	269	1.7	63	2.9
韩国	240	1.6	43	2.0
摩洛哥	208	1.3	135	6.2
朝鲜	192	1.2	52	2.4
泰国	150	1.0	28	1.3
赤道几内亚	137	0.9	44	2.0
其他国家或地区	444	2.9	342	15.7
合 计	**824**	**100.0**	**562**	**100.0**
中国香港	400	48.5	260	46.3
尼日利亚	183	22.2	75	13.3
意大利	104	12.6	93	16.5
墨西哥	93	11.3	106	18.9
巴拉圭	24	2.9	2	0.4
中国台湾	19	2.3	24	4.3
澳大利亚	1	0.1	1	0.2
马约特	很少	很少	1	0.2
日本	很少	很少	很少	很少
瑞典	很少	很少	很少	很少

2014 年我国主要

续表 17-2

矿产品名称	出口				
	国别 / 地区	数量(吨)	占总量(%)	金额(千美元)	占总值(%)
镍矿砂及其精矿	**合 计**	**47758289**	**100.0**	**4578463**	**100.0**
	菲律宾	36439225	76.3	2961464	64.7
	印度尼西亚	10638559	22.3	760596	16.6
	澳大利亚	211605	0.4	303407	6.6
	西班牙	135119	0.3	143398	3.1
	津巴布韦	88688	0.2	99379	2.2
	芬兰	72511	0.2	91880	2.0
	其他国家或地区	172582	0.4	218339	4.8
钴矿砂及其精矿	**合 计**	**192261**	**100.0**	**397896**	**100.0**
	刚果(金)	188750	98.2	387415	97.4
	古巴	2433	1.3	8861	2.2
	南非	711	0.4	894	0.2
	赞比亚	122	0.1	180	0.1
	美国	99	0.1	210	0.1
氧化铝	**合 计**	**5276414**	**100.0**	**1924505**	**100.0**
	澳大利亚	3152169	59.7	1101531	57.2
	巴西	653227	12.4	223525	11.6
	印度	529207	10.0	191016	9.9
	越南	461978	8.8	160990	8.4
	委内瑞拉	225812	4.3	74353	3.9
	牙买加	107326	2.0	33209	1.7
	美国	81945	1.6	43639	2.3
	其他国家或地区	64750	1.2	96242	5.0
铅矿砂及其精矿	**合 计**	**1812386**	**100.0**	**2169565**	**100.0**
	澳大利亚	318139	17.6	378768	17.5
	美国	312517	17.2	401453	18.5
	俄罗斯	155672	8.6	200018	9.2
	波兰	115212	6.4	66933	3.1
	朝鲜	106104	5.9	56366	2.6
	秘鲁	99994	5.5	199175	9.2
	墨西哥	78616	4.3	154364	7.1
	土耳其	78122	4.3	120261	5.5
	德国	71266	3.9	72175	3.3
	尼日利亚	63070	3.5	41222	1.9
	伊朗	53342	2.9	53879	2.5
	其他国家或地区	360332	19.9	424951	19.6

矿产品进出口情况

国别 / 地区	出口 数量(吨)	占总量(%)	金额(千美元)	占总值(%)
合计	**1034**	**100.0**	**165**	**100.0**
韩国	1028	99.4	164	99.4
法国	6	0.6	1	0.6
合计	**118028**	**100.0**	**108420**	**100.0**
阿联酋	70236	59.5	27246	25.1
朝鲜	13172	11.2	5420	5.0
韩国	12113	10.3	6899	6.4
美国	5311	4.5	45026	41.5
日本	3349	2.8	3691	3.4
越南	1871	1.6	3321	3.1
中国台湾	1534	1.3	1826	1.7
其他国家或地区	10442	8.8	14991	13.8
合计	**2068**	**100.0**	**1679**	**100.0**
中国香港	1725	83.4	1340	79.8
泰国	343	16.6	339	20.2

2014 年我国主要

续表 17-3

矿产品名称	出口				
	国别 / 地区	数量（吨）	占总量 (%)	金额（千美元）	占总值 (%)
锌矿砂及其精矿	**合 计**	**2199114**	**100.0**	**1525132**	**100.0**
	澳大利亚	852803	38.8	658098	43.2
	秘鲁	594792	27.0	383588	25.2
	蒙古	93649	4.3	77043	5.1
	爱尔兰	84967	3.9	70357	4.6
	哈萨克斯坦	62634	2.8	36474	2.4
	土耳其	45201	2.1	31098	2.0
	玻利维亚	42170	1.9	34009	2.2
	墨西哥	39901	1.8	25438	1.7
	缅甸	38236	1.7	16422	1.1
	其他国家或地区	344761	15.7	192605	12.6
锡矿砂及其精矿	**合 计**	**177949**	**100.0**	**388217**	**100.0**
	缅甸	173237	97.4	364988	94.0
	老挝	1478	0.8	7485	1.9
	马来西亚	1063	0.6	1355	0.3
	刚果（金）	838	0.5	9306	2.4
	泰国	442	0.2	838	0.2
	其他国家或地区	891	0.5	4245	1.1
铬矿砂及其精矿	**合 计**	**9387166**	**100.0**	**1832515**	**100.0**
	南非	5757140	61.3	959267	52.3
	土耳其	1276187	13.6	344608	18.8
	阿尔巴尼亚	554215	5.9	150028	8.2
	伊朗	494310	5.3	124018	6.8
	阿曼	488546	5.2	61284	3.3
	巴基斯坦	338707	3.6	82330	4.5
	马达加斯加	113246	1.2	27612	1.5
	其他国家或地区	364815	3.9	83368	4.5
钨矿砂及其精矿	**合 计**	**6656**	**100.0**	**93781**	**100.0**
	澳大利亚	8	0.1	140	0.1
	巴西	534	8.0	10955	11.7
	布隆迪	41	0.6	503	0.5
	朝鲜	136	2.0	539	0.6
	德国	21	0.3	59	0.1
	玻利维亚	391	5.9	8078	8.6
	其他国家或地区	5525	83.0	73507	78.4

矿产品进出口情况

出口				
国别 / 地区	数量 (吨)	占总量 (%)	金额 (千美元)	占总值 (%)
合计	**17418**	**100.0**	**14386**	**100.0**
朝鲜	14067	80.8	11579	80.5
韩国	3307	19.0	2726	18.9
菲律宾	40	0.2	62	0.4
荷兰	4	很少	19	0.1
哥伦比亚	很少	很少	很少	很少
合计	**24**	**100.0**	**511**	**100.0**
合计	**9676**	**100.0**	**2648**	**100.0**
越南	4984	51.5	837	31.6
荷兰	2500	25.8	750	28.3
秘鲁	598	6.2	316	11.9
中国台湾	494	5.1	187	7.1
新加坡	480	5.0	299	11.3
智利	364	3.8	161	6.1
朝鲜	140	1.4	48	1.8
其他国家或地区	116	1.2	50	1.9
合计	**192**	**100.0**	**3016**	**100.0**
越南	102	53.1	1502	49.8
中国台湾	90	46.9	1514	50.2

2014年我国主要

续表 17-4

矿产品名称	出口				
	国别/地区	数量(吨)	占总量(%)	金额(千美元)	占总值(%)
钼矿砂及其精矿	**合计**	**14838**	**100.0**	**153844**	**100.0**
	阿根廷	5593	37.7	54698	35.6
	澳大利亚	3138	21.1	29507	19.2
	比利时	1645	11.1	23853	15.5
	朝鲜	1259	8.5	13483	8.8
	韩国	696	4.7	5994	3.9
	荷兰	564	3.8	4668	3.0
	加拿大	509	3.4	6012	3.9
	其他国家或地区	1434	9.7	15629	10.2
钛矿砂及其精矿	**合计**	**2024545**	**100.0**	**417272**	**100.0**
	澳大利亚	503629	24.9	149605	35.9
	印度	315610	15.6	59565	14.3
	莫桑比克	279935	13.8	49098	11.8
	越南	195789	9.7	41095	9.8
	肯尼亚	180828	8.9	27711	6.6
	俄罗斯	157560	7.8	25431	6.1
	其他国家或地区	391194	19.3	64767	15.5
铌钽钒矿砂及其精矿	**合计**	**22358**	**100.0**	**173234**	**100.0**
	马来西亚	16418	73.4	3929	2.3
	卢旺达	1713	7.7	79495	45.9
	尼日利亚	1367	6.1	19007	11.0
	巴西	1195	5.3	18480	10.7
	塞拉利昂	318	1.4	4920	2.8
	刚果(金)	311	1.4	18896	10.9
	泰国	249	1.1	1783	1.0
	美国	177	0.8	3145	1.8
	其他国家或地区	610	2.7	23579	13.6
锑精矿	**合计**	**61048**	**100.0**	**165925**	**100.0**
	俄罗斯	15993	26.2	56878	34.3
	塔吉克斯坦	14389	23.6	30123	18.2
	澳大利亚	12350	20.2	53048	32.0
	缅甸	3867	6.3	6520	3.9
	吉尔吉斯斯坦	3311	5.4	2401	1.4
	其他国家或地区	11138	18.2	16955	10.2
稀土金属矿	**合计**	**1281**	**100.0**	**3722**	**100.0**
	越南	1040	81.2	648	17.4
	马来西亚	174	13.6	1152	31.0
	朝鲜	63	4.9	1880	50.5
	澳大利亚	3	0.2	16	0.4
	中国台湾	1	0.1	17	0.5
	巴西	很少	很少	8	0.2
	蒙古	很少	很少	1	很少

矿产品进出口情况

	出　　口			
国别 / 地区	数量（吨）	占总量 (%)	金额（千美元）	占总值（%）
合 计	**11145**	**100.0**	**152451**	**100.0**
韩国	3529	31.7	48176	31.6
荷兰	2220	19.9	35702	23.4
泰国	1639	14.7	16194	10.6
印度	1130	10.1	19335	12.7
日本	837	7.5	12622	8.3
智利	610	5.5	3761	2.5
美国	512	4.6	7273	4.8
其他国家或地区	668	6.0	9388	6.2
合 计	**17234**	**100.0**	**16397**	**100.0**
泰国	5114	29.7	5061	30.9
印度尼西亚	2045	11.9	1909	11.6
俄罗斯	1508	8.8	1397	8.5
印度	1482	8.6	1260	7.7
韩国	985	5.7	933	5.7
巴西	958	5.6	874	5.3
其他国家或地区	5142	29.8	4963	30.3
合 计	**126**	**100.0**	**5620**	**100.0**
德国	97	77.0	4808	85.6
中国香港	29	23.0	812	14.4
合 计	**40**	**100.0**	**120**	**100.0**
马来西亚	40	100.0	120	100.0

2014 年我国主要

续表 17-5

矿产品名称	出口				
	国别 / 地区	数量（吨）	占总量 (%)	金额（千美元）	占总值 (%)
稀土金属及其混合物	**合 计**	**5**	**100.0**	**1002**	**100.0**
	中国	5	100.0	479	47.8
	美国	很少	很少	488	48.7
	中国台湾	很少	很少	18	1.8
	日本	很少	很少	11	1.1
	德国	很少	很少	5	0.5
	英国	很少	很少	1	0.1
稀土化合物及混合物	**合 计**	**3463**	**100.0**	**62349**	**100.0**
	美国	1683	48.6	5091	8.2
	马来西亚	679	19.6	23969	38.4
	缅甸	302	8.7	1505	2.4
	日本	301	8.7	7239	11.6
	法国	217	6.3	2714	4.4
	中国	156	4.5	8688	13.9
	爱沙尼亚	60	1.7	2016	3.2
	老挝	20	0.6	200	0.3
	其他国家或地区	45	1.3	10927	17.5
磷 矿	**合 计**	**50**	**100.0**	**98**	**100.0**
	埃及	28	56.0	20	20.4
	美国	18	36.0	32	32.7
	丹麦	1	2.0	很少	很少
	德国	1	2.0	6	6.1
	哈萨克斯坦	1	2.0	很少	很少
	其他国家或地区	1	2.0	40	40.8
磷 肥	**合 计**	**647941**	**100.0**	**334626**	**100.0**
	美国	224661	34.7	92270	27.6
	挪威	147925	22.8	92359	27.6
	俄罗斯	100790	15.6	40164	12.0
	比利时	60125	9.3	34029	10.2
	摩洛哥	27320	4.2	12913	3.9
	突尼斯	27220	4.2	16640	5.0
	罗马尼亚	22717	3.5	13170	3.9
	芬兰	20288	3.1	10325	3.1
	其他国家或地区	16895	2.6	22756	6.8

矿产品进出口情况

出口				
国别 / 地区	数量（吨）	占总量(%)	金额（千美元）	占总值(%)
合 计	**3738**	**100.0**	**77633**	**100.0**
日本	3493	93.4	68520	88.3
美国	114	3.0	1985	2.6
英国	52	1.4	1885	2.4
意大利	20	0.5	134	0.2
德国	17	0.5	1539	2.0
荷兰	14	0.4	817	1.1
斯洛文尼亚	10	0.3	290	0.4
中国台湾	5	0.1	48	0.1
其他国家或地区	13	0.3	2415	3.1
合 计	**23988**	**100.0**	**296161**	**100.0**
日本	8947	37.3	107860	36.4
美国	8893	37.1	74685	25.2
意大利	1468	6.1	9854	3.3
荷兰	1077	4.5	18589	6.3
越南	818	3.4	12392	4.2
德国	771	3.2	10242	3.5
韩国	442	1.8	15529	5.2
法国	343	1.4	6501	2.2
其他国家或地区	1229	5.1	40509	13.7
合 计	**335072**	**100.0**	**45125**	**100.0**
韩国	250637	74.8	31155	69.0
日本	83057	24.8	13724	30.4
菲律宾	774	0.2	136	0.3
澳大利亚	520	0.2	94	0.2
美国	64	很少	12	很少
其他国家或地区	20	很少	4	很少
合 计	**9296405**	**100.0**	**3701464**	**100.0**
印度	1844133	19.8	788497	21.3
巴西	1364910	14.7	487612	13.2
巴基斯坦	824126	8.9	355960	9.6
印度尼西亚	803840	8.6	240598	6.5
越南	745313	8.0	315533	8.5
澳大利亚	516269	5.6	169215	4.6
美国	423670	4.6	187085	5.1
泰国	355413	3.8	143789	3.9
其他国家或地区	2418731	26.0	1013175	27.4

2014 年我国主要

续表 17-6

矿产品名称	出口				
	国别 / 地区	数量(吨)	占总量(%)	金额(千美元)	占总值(%)
钾 肥	**合 计**	**8510750**	**100.0**	**2786516**	**100.0**
	俄罗斯	2774631	32.6	869426	31.2
	白俄罗斯	1764136	20.7	547172	19.6
	以色列	1312368	15.4	430254	15.4
	加拿大	1298443	15.3	411683	14.8
	约旦	575726	6.8	178069	6.4
	德国	221078	2.6	80375	2.9
	挪威	147925	1.7	92359	3.3
	智利	140586	1.7	50689	1.8
	老挝	89957	1.1	27221	1.0
	其他国家或地区	185900	2.2	99268	3.6
盐	**合 计**	**7426825**	**100.0**	**340660**	**100.0**
	澳大利亚	3735707	50.3	173499	50.9
	印度	2553421	34.4	94756	27.8
	墨西哥	566553	7.6	27007	7.9
	国(地)别不详	505345	6.8	25343	7.4
	伊朗	44630	0.6	2052	0.6
	韩国	5260	0.1	3483	1.0
	丹麦	5151	0.1	1818	0.5
	其他国家或地区	10758	0.1	12702	3.7
硫磺	**合 计**	**10239184**	**100.0**	**1581032**	**100.0**
	沙特阿拉伯	1840740	18.0	301262	19.1
	哈萨克斯坦	1475137	14.4	174547	11.0
	伊朗	1320517	12.9	211309	13.4
	日本	1008201	9.8	152808	9.7
	韩国	989382	9.7	151130	9.6
	俄罗斯	791955	7.7	114592	7.2
	卡塔尔	577415	5.6	102709	6.5
	加拿大	495132	4.8	81257	5.1
	阿联酋	431541	4.2	74269	4.7
	印度	327042	3.2	54227	3.4
	其他国家或地区	982122	9.6	162922	10.3
天然石墨	**合 计**	**62922**	**100.0**	**24510**	**100.0**
	朝鲜	60148	95.6	7765	31.7
	日本	1031	1.6	11868	48.4
	德国	429	0.7	1505	6.1
	坦桑尼亚	265	0.4	13	0.1
	美国	245	0.4	694	2.8
	中国	222	0.4	319	1.3
	莫桑比克	118	0.2	44	0.2
	其他国家或地区	464	0.7	2302	9.4

矿产品进出口情况

出口				
国别 / 地区	数量（吨）	占总量 (%)	金额（千美元）	占总值 (%)
合 计	**412323**	**100.0**	**167600**	**100.0**
韩国	120541	29.2	41667	24.9
日本	80832	19.6	32172	19.2
菲律宾	47814	11.6	14929	8.9
马来西亚	32414	7.9	10196	6.1
中国台湾	21859	5.3	6639	4.0
南非	20474	5.0	14017	8.4
越南	17245	4.2	5571	3.3
缅甸	16294	4.0	6686	4.0
老挝	13148	3.2	8692	5.2
其他国家或地区	41702	10.1	27031	16.1
合 计	**1427625**	**100.0**	**90689**	**100.0**
日本	493279	34.6	29617	32.7
韩国	418510	29.3	22249	24.5
越南	83999	5.9	4648	5.1
孟加拉国	79484	5.6	5112	5.6
菲律宾	62941	4.4	3989	4.4
马来西亚	62768	4.4	4106	4.5
中国香港	36557	2.6	2961	3.3
其他国家或地区	190087	13.3	18007	19.9
合 计	**2675**	**100.0**	**911**	**100.0**
朝鲜	1005	37.6	246	27.0
印度尼西亚	407	15.2	154	16.9
加拿大	208	7.8	91	10.0
吉布提	113	4.2	35	3.8
越南	103	3.9	38	4.2
贝宁	100	3.7	34	3.7
塞拉利昂	100	3.7	32	3.5
巴拿马	80	3.0	27	3.0
韩国	80	3.0	26	2.9
马达加斯加	78	2.9	25	2.7
其他国家或地区	401	15.0	203	22.3
合 计	**288655**	**100.0**	**300144**	**100.0**
日本	111600	38.7	106963	35.6
韩国	29094	10.1	84139	28.0
美国	23590	8.2	21716	7.2
印度	19609	6.8	10004	3.3
荷兰	17241	6.0	7614	2.5
德国	14290	5.0	14549	4.8
印度尼西亚	10361	3.6	1589	0.5
其他国家或地区	62870	21.8	53570	17.8

2014 年我国主要

续表 17-7

矿产品名称	出口				
	国别 / 地区	数量（吨）	占总量 (%)	金额（千美元）	占总值 (%)
高岭土	**合 计**	**451431**	**100.0**	**128481**	**100.0**
	美国	322126	71.4	80311	62.5
	巴西	74770	16.6	19399	15.1
	英国	20339	4.5	5130	4.0
	马来西亚	9459	2.1	546	0.4
	德国	5525	1.2	1477	1.1
	日本	3801	0.8	16627	12.9
	法国	2597	0.6	1104	0.9
	葡萄牙	2448	0.5	400	0.3
	朝鲜	2248	0.5	117	0.1
	澳大利亚	2101	0.5	1055	0.8
	其他国家或地区	6017	1.3	2315	1.8
重晶石	**合 计**	**16467**	**100.0**	**1086**	**100.0**
	缅甸	15415	93.6	201	18.5
	韩国	280	1.7	280	25.8
	西班牙	251	1.5	120	11.0
	英国	157	1.0	176	16.2
	德国	82	0.5	76	7.0
	泰国	69	0.4	48	4.4
	日本	49	0.3	55	5.1
	其他国家或地区	164	1.0	130	12.0
大理石	**合 计**	**8479311**	**100.0**	**1715515**	**100.0**
	土耳其	4027915	47.5	858315	50.0
	埃及	1472661	17.4	195582	11.4
	意大利	509420	6.0	150351	8.8
	西班牙	488367	5.8	115089	6.7
	巴基斯坦	380238	4.5	70099	4.1
	伊朗	356925	4.2	68031	4.0
	其他国家或地区	1243785	14.7	258048	15.0
花岗石	**合 计**	**6629948**	**100.0**	**1245578**	**100.0**
	印度	4716707	71.1	752497	60.4
	巴西	894808	13.5	217890	17.5
	芬兰	245845	3.7	46286	3.7
	葡萄牙	186888	2.8	30321	2.4
	挪威	164292	2.5	51956	4.2
	南非	69161	1.0	13836	1.1
	美国	52957	0.8	16736	1.3
	日本	44867	0.7	13726	1.1
	纳米比亚	41589	0.6	40715	3.3
	其他国家或地区	212834	3.2	61615	4.9

矿产品进出口情况

出口				
国别 / 地区	数量（吨）	占总量 (%)	金额（千美元）	占总值 (%)
合 计	**1278427**	**100.0**	**120600**	**100.0**
中国台湾	527695	41.3	13807	11.4
中国香港	175649	13.7	7208	6.0
日本	95984	7.5	15778	13.1
韩国	78607	6.1	9683	8.0
越南	77457	6.1	8126	6.7
马来西亚	54267	4.2	8098	6.7
泰国	46235	3.6	8430	7.0
菲律宾	45484	3.6	4878	4.0
印度尼西亚	35971	2.8	10461	8.7
印度	28727	2.2	4246	3.5
其他国家或地区	112351	8.8	29885	24.8
合 计	**2673010**	**100.0**	**348350**	**100.0**
美国	1856886	69.5	217126	62.3
荷兰	173538	6.5	32545	9.3
沙特阿拉伯	149108	5.6	17208	4.9
印度尼西亚	109655	4.1	12687	3.6
科威特	55413	2.1	5421	1.6
意大利	44008	1.6	7694	2.2
韩国	40795	1.5	8106	2.3
其他国家或地区	243607	9.1	47563	13.7
合 计	**100917**	**100.0**	**23959**	**100.0**
中国台湾	67580	67.0	6257	26.1
印度	7169	7.1	1900	7.9
中国香港	5571	5.5	1071	4.5
意大利	5512	5.5	1997	8.3
泰国	4864	4.8	4408	18.4
印度尼西亚	3962	3.9	1220	5.1
其他国家或地区	6259	6.2	7106	29.7
合 计	**2210070**	**100.0**	**80635**	**100.0**
中国香港	1033376	46.8	10943	13.6
中国台湾	713103	32.3	14464	17.9
中国澳门	264194	12.0	5634	7.0
德国	51321	2.3	2535	3.1
韩国	35262	1.6	14358	17.8
挪威	18080	0.8	1185	1.5
荷兰	15243	0.7	1921	2.4
日本	14768	0.7	1190	1.5
泰国	10031	0.5	7510	9.3
其他国家或地区	54692	2.5	20895	25.9

2014 年我国主要

续表 17-8

矿产品名 称	出口				
	国别 / 地区	数量（吨）	占总量 (%)	金额（千美元）	占总值 (%)
菱镁矿	**合 计**	**180323**	**100.0**	**70332**	**100.0**
	朝鲜	164682	91.3	27083	38.5
	日本	9628	5.3	30785	43.8
	以色列	1667	0.9	6282	8.9
	韩国	1248	0.7	406	0.6
	美国	1090	0.6	1907	2.7
	墨西哥	458	0.3	532	0.8
	土耳其	323	0.2	216	0.3
	荷兰	315	0.2	210	0.3
	其他国家或地区	912	0.5	2911	4.1
石膏	**合 计**	**134807**	**100.0**	**23965**	**100.0**
	泰国	105290	78.1	7131	29.8
	西班牙	21856	16.2	8832	36.9
	美国	2583	1.9	2433	10.2
	日本	1455	1.1	2874	12.0
	德国	1033	0.8	828	3.5
	意大利	790	0.6	241	1.0
	英国	699	0.5	926	3.9
	韩国	475	0.4	472	2.0
	其他国家或地区	626	0.5	228	1.0
石棉	**合 计**	**147525**	**100.0**	**49991**	**100.0**
	俄罗斯	133684	90.6	45541	91.1
	哈萨克斯坦	13831	9.4	4418	8.8
	荷兰	10	很少	25	0.1
	其他国家或地区	很少	很少	7	很少
					很少
					很少
水泥	**合 计**	**346645**	**100.0**	**26244**	**100.0**
	日本	219280	63.3	8443	32.2
	越南	101036	29.1	4378	16.7
	中国台湾	7422	2.1	359	1.4
	法国	4988	1.4	2861	10.9
	泰国	4414	1.3	776	3.0
	荷兰	3834	1.1	2970	11.3
	美国	2333	0.7	3104	11.8
	韩国	625	0.2	1061	4.0
	其他国家或地区	2713	0.8	2292	8.7

矿产品进出口情况

出口				
国别 / 地区	数量（吨）	占总量 (%)	金额（千美元）	占总值 (%)
合 计	**2284283**	**100.0**	**618395**	**100.0**
日本	491224	21.5	122245	19.8
荷兰	370343	16.2	108849	17.6
美国	345423	15.1	106508	17.2
韩国	288432	12.6	57106	9.2
中国台湾	183898	8.1	29016	4.7
马来西亚	63397	2.8	10677	1.7
泰国	63315	2.8	14631	2.4
印度尼西亚	50280	2.2	11153	1.8
其他国家或地区	427971	18.7	158210	25.6
合 计	**309653**	**100.0**	**26981**	**100.0**
韩国	144447	46.6	6149	22.8
越南	85892	27.7	2985	11.1
蒙古	14734	4.8	678	2.5
刚果（布）	12928	4.2	719	2.7
日本	10407	3.4	2238	8.3
中国台湾	9519	3.1	1628	6.0
中国香港	4672	1.5	1638	6.1
俄罗斯	4114	1.3	788	2.9
其他国家或地区	22940	7.4	10158	37.6
合 计	**40510**	**100.0**	**17802**	**100.0**
印度尼西亚	22911	56.6	9672	54.3
印度	4766	11.8	2397	13.5
越南	3911	9.7	1428	8.0
泰国	3285	8.1	1163	6.5
斯里兰卡	945	2.3	442	2.5
菲律宾	866	2.1	412	2.3
其他国家或地区	3826	9.4	2288	12.9
合 计	**13907769**	**100.0**	**772202**	**100.0**
蒙古	1493596	10.7	65825	8.5
澳大利亚	1405387	10.1	65280	8.5
刚果（布）	1173724	8.4	62778	8.1
中国香港	983969	7.1	54701	7.1
美国	847450	6.1	46008	6.0
安哥拉	841131	6.0	45806	5.9
喀麦隆	770344	5.5	45339	5.9
巴西	647218	4.7	25742	3.3
其他国家或地区	5744950	41.3	360723	46.7

续表 17-9

2014 年我国主要

矿产品名称	出口				
	国别 / 地区	数量（吨）	占总量 (%)	金额（千美元）	占总值 (%)
滑石	**合 计**	**40230**	**100.0**	**21361**	**100.0**
	朝鲜	11337	28.2	1214	5.7
	美国	6268	15.6	3844	18.0
	韩国	5250	13.0	3666	17.2
	奥地利	4396	10.9	3586	16.8
	巴基斯坦	4151	10.3	834	3.9
	荷兰	2367	5.9	1766	8.3
	中国台湾	1366	3.4	920	4.3
	其他国家或地区	5095	12.7	5531	25.9
萤石	**合 计**	**135016**	**100.0**	**18948**	**100.0**
	蒙古	106654	79.0	15349	81.0
	缅甸	11856	8.8	945	5.0
	越南	9558	7.1	1203	6.3
	朝鲜	4784	3.5	233	1.2
	墨西哥	1575	1.2	411	2.2
	泰国	347	0.3	65	0.3
	瑞典	159	0.1	625	3.3
	意大利	33	很少	28	0.1
	其他国家或地区	50	很少	89	0.5
天然硼酸盐及硼酸	**合 计**	**21642**	**100.0**	**7061**	**100.0**
	玻利维亚	13380	61.8	4325	61.3
	土耳其	8160	37.7	2668	37.8
	美国	81	0.4	56	0.8
	智利	18	0.1	6	0.1
	中国台湾	2	很少	2	很少
	德国	1	很少	4	0.1
天然硼砂及精矿	**合 计**	**393214**	**100.0**	**150064**	**100.0**
	土耳其	367513	93.5	143175	95.4
	玻利维亚	24921	6.3	6542	4.4
	智利	529	0.1	186	0.1
	秘鲁	112	很少	79	0.1
	中国台湾	105	很少	43	很少
	马来西亚	24	很少	13	很少
	日本	10	很少	26	很少

注：一些矿产品的进口量或出口量由于数量较小，只列出了合计数而未按国家分列。
资料来源：中国海关统计数据。

矿产品进出口情况

国别 / 地区	出口 数量(吨)	占总量(%)	金额(千美元)	占总值(%)
合 计	**674011**	**100.0**	**167555**	**100.0**
日本	169814	25.2	48699	29.1
韩国	96859	14.4	16010	9.6
泰国	94535	14.0	29391	17.5
美国	62740	9.3	19099	11.4
印度尼西亚	62328	9.2	12251	7.3
中国台湾	30933	4.6	5083	3.0
菲律宾	22927	3.4	3599	2.1
其他国家或地区	133875	19.9	33423	19.9
合 计	**410181**	**100.0**	**120211**	**100.0**
印度	100660	24.5	30848	25.7
日本	89416	21.8	28385	23.6
韩国	48524	11.8	11517	9.6
荷兰	42742	10.4	12902	10.7
中国台湾	33020	8.1	7997	6.7
加拿大	27914	6.8	8412	7.0
美国	21059	5.1	6656	5.5
阿联酋	13097	3.2	3887	3.2
其他国家或地区	33749	8.2	9607	8.0
合 计	**649**	**100.0**	**283**	**100.0**
韩国	482	74.3	135	47.7
以色列	56	8.6	49	17.3
日本	38	5.9	32	11.3
塔吉克斯坦	13	2.0	9	3.2
埃塞俄比亚	12	1.8	10	3.5
乌兹别克斯坦	11	1.7	4	1.4
其他国家或地区	37	5.7	44	15.5
合 计	**820**	**100.0**	**388**	**100.0**
印度尼西亚	506	61.7	207	53.4
日本	300	36.6	148	38.1
马来西亚	7	0.9	25	6.4
菲律宾	6	0.7	4	1.0
叙利亚	1	0.1	2	0.5
阿联酋	很少	很少	很少	很少
其他国家或地区	很少	很少	2	0.5

2014 年矿泉水

表 18

地 区	矿泉			
	注册登记的矿泉水水源数		矿泉水源年检情况	
	（个）	国家级	参加年检数量（家）	年检合格数量（家）
全 国	**880**	**121**	**683**	**669**
北 京			21	21
天 津	14		13	12
河 北	41	9	36	36
山 西	62	14	1	1
内蒙古	72	5	38	35
辽 宁				
吉 林			52	52
黑龙江	56		52	52
上 海	13		13	13
江 苏	19		18	17
浙 江	42	2	41	41
安 徽	10	4	10	10
福 建			25	23
江 西	39	22		
山 东	89	2	76	76
河 南	3		3	3
湖 北	3		2	2
湖 南	92	52	4	4
广 东	92		62	62
广 西	22	2	42	38
海 南	6		6	6
重 庆	9		9	9
四 川	42	3	41	41
贵 州	35		36	36
云 南	45		30	30
西 藏	14	2	14	14
陕 西	52		28	26
甘 肃	2		4	3
青 海	4	4	4	4
宁 夏				
新 疆	2		2	2

及地热情况

水		地热			
可开采矿泉水资源量		可开采地热资源量		地热总开采量	
（万立方米）	本年矿泉水可开采总量	（万立方米）	本年新增地热资源量	（万立方米）	本年新增地热开采量
99367.03	**11172.89**	**24720306.96**	**7628.04**	**155829.49**	**2834.17**
1137.56	2.67	8085.00		1221.48	99.62
11300.00	2328.70	7606.60		3777.00	71.00
12978.10	157.38	18437488.49		5931.29	500.00
14.85		19500.00		1554.00	
3285.00	43.00	4230.60		184.25	
		5581648.77		111735.31	
17133.00	650.00	1260.71	744.16	23.30	
1097.10	888.97	259.66		225.00	97.25
1298.00	40.00				
1109.72	52.89	2082.51	213.38	255.69	37.09
185.11	20.68	505.40	83.54	77.36	3.70
3667.60	471.68	783.82	101.00	189.90	26.75
160.60	35.52	2075.48	277.95	607.78	13.57
559.08	85.49	1510.34	36.00	612.67	33.00
8463.59	223.34	81074.72	481.40	685.38	39.70
76.00	3.00	3273.00	12.00	315.00	5.00
29.40	27.90	705.10		464.60	
1387.00	6.99	12948.23	236.65	2914.12	360.00
3527.94	2306.82	18044.45	1057.87	6070.96	1063.10
678.16	331.02	215.33		20.46	
1709.29	1709.29	2237.68		79.05	79.05
6400.00	48.00	30592.00	616.00	4790.00	160.00
12531.27	429.94	16686.43	85.60	6084.53	82.50
556.19	63.81	553.00	36.00	129.00	26.10
3277.63	131.13	19631.06	3562.90	1453.29	99.95
610.64	600.00	20814.00		160.00	
5455.00	285.00	430000.00		5890.00	
40.10	1.49	2821.76		17.52	
693.00	228.00	941.00		182.00	
		11964.00	36.79	178.52	36.79
6.10	0.18	767.82	46.80		

2014年矿产资源勘查、开采违法案件查处结果

表 19 （计量单位：个 、万元）

地　区	吊销勘查许可证	吊销采矿许可证	罚没款
全　国	**1**	**11**	**41416.72**
北　京			73.1
天　津			40.55
河　北			179.09
山　西			603.15
内蒙古			2977.29
辽　宁			741.34
吉　林			239.21
黑龙江			2831.06
上　海			
江　苏			3303.20
浙　江			3533.49
安　徽			8924.79
福　建			609.71
江　西			294.86
山　东			184.49
河　南			295.04
湖　北			653.42
湖　南			794.68
广　东			800.84
广　西			1181.04
海　南			352.48
重　庆			610.29
四　川			1727.59
贵　州			727.68
云　南			1262.03
西　藏			49.35
陕　西		6	3370.84
甘　肃			130.22
青　海		1	154.66
宁　夏			149.26
新　疆	1	4	4621.98

附　录

2014～2015 年世界矿产资源勘查开发和矿产品供需形势

一、世界矿业发展状况

根据国际货币基金组织 2015 年 10 月发布最新《世界经济展望》，2014 年世界经济增速为 3.4%，预计 2015 年全球经济增长 3.1%，美国 2.6%，欧元区 1.5%，日本 0.6%，印度 7.3%，中国 6.8%。世界经济仍处于金融危机之后的深度调整期，复苏依旧艰难曲折，发达经济体经济运行分化加剧，发展中经济体增长放缓，各国深层次、结构性问题没有解决，如：结构调整远未到位、人口老龄化加剧、新经济增长点尚在孕育、内生增长动力不足等问题。

需求不足和供应过剩是影响全球经济复苏的重要因素。一方面，全球进口需求增长乏力，2012～2013 年全球贸易量增速连续两年低于经济增速，2014 年贸易量增速也仅比 GDP 增速快 0.8 个百分点，与国际金融危机前 5 年贸易量增速快于 GDP 增速 1 倍形成强烈反差；另一方面，在内需不振的情况下，却出现逆势扩产、出口增加的现象，竞争性货币贬值的压力增大，国际竞争更趋激烈。与此同时，全球贸易保护主义抬头，区域贸易自由化有取代全球贸易自由化之势。

各经济体货币政策分化进一步加剧。2008 年国际金融危机之后，国际组织的政策协调成效并不明显，特别在维护金融稳定、恢复金融秩序与保持经济增长方面更是如此。美国于 2014 年 10 月份完全退出量化宽松，俄罗斯和巴西分别升息 6 次和 5 次，累计升息幅度全年达 1150 个和 125 个基点，欧元区和日本年中以后仍在加大宽松政策力度。货币政策的变化也引起了国际金融市场的动荡，2014 年国际金融市场在年初出现一波震荡以后，一直处于相对稳定的状态。到了下半年，特别是四季度出现了大幅波动，涉及股市、汇市等多个领域。

世界经济不景气，全球金融市场动荡，导致全球能源和采矿业投资出现大幅下降，特别是矿产勘探投资，自 2012 年以来连续出现大幅下降。据巴克莱投资银行统计，2014 年全球能源公司在油气勘探及开采领域的投资为 6795.31 亿美元，较 2013 年增长 5.8%；但受到 2014 年下半年以来国际油价大幅下跌的影响，2015 年油气勘探开发投资将出现 8.8% 的萎缩。美国 SNL 公司经过对 1961 家矿业公司（勘查预算高于 10 万美元）的调查统计，2014 年世界固体矿产勘查投资预算为 107.4 亿美元，考虑到被调查公司勘查预算占全球勘查预算的 95%，因此 SNL 估计 2014 年世界非燃料固体矿产勘查费用为 113.6 亿美元，较 2013 年的 151.9 亿美元下降 26%，主要原因是由于矿产品价格持续回落引起投资者对矿业前景的担忧。

矿业资金流动性减弱，融资形势严峻，矿业公司市值缩水。从国际来看，2014 年延续了 2013 年的金融弱势，矿业公司市值出现大幅缩水。普华永道发布的 2015 全球矿业报告显示，2014 年，受大宗商品价格下跌影响，全球矿业公司被迫节约成本并增加现金流。报告显示，2014 年全球矿业公司 40 强企业市值较 2013 年大幅减少 1560 亿美元，减幅 16%。经合组织国家矿业企业的市值下降了 21%（1370 亿美元），而金砖国家仅下降 7%（190 亿美元）。全球矿业企业对大型项目的资本性支出下降了 20%，并预期在 2015 年还将持续缩减。美国、加拿大及澳大利亚等全球各大矿业公司纷纷缩减成本，通过资产剥离实现股东利益的最大化。在亚洲，中国和印度将迎来更多产业整合，以遏制产能过剩。

主要金属产品供应过剩，价格持续走低。国际主要铁矿石生产商继续扩大新增铁矿石产能，未来两年新增产能 3 亿吨以上。国际金属产品和能源产品价格延续了 2013 年的下行态势。2014 年以来，国际油价呈现出先涨后跌的走势，运行区间持续向下。上半年国际油价稳步上扬，进入 7 月份后则出现持续大幅下跌态势。国际油价在 10 月份跌破每桶 90 美元关口，11 月份跌破 80 美元关口，12 月份更是连破 70、60 美元，创 2009 年 5 月份以来的新低，一再超出人们的预期。以布伦特原油价格为例,6月18日上升至115.14美元/桶,12月9日却跌至66.09美元/桶,短短半年间降幅达42.6%。金、银等贵金属价格震荡下行,基本延续前两年的走势。LME黄金现货价格先是从年初的1182美元/盎司上涨至1392美元/盎司,之后就一直处于升跌往复的行情,11月初更是跌至近4年的最低位1142美元/盎司。相对于金价的大幅波动,白银现货价格较为平稳,2014年大部分时间维持在20美元/盎司上下波动,震幅较小。但10月以来,白银现货价格再次下跌,至11月初已跌至15美元/盎司。有色金属矿产品的价格走势分异:铜、铅、锡价震荡下行,铝、锌价震荡上行,镍价则呈现出先扬后抑的走势。从库存来看,铝、铜、锌去库存化明显,镍和铅库存则有较大幅度上升。

全球矿业成本上升,企业经营业绩下滑。全球矿业进入薄利时代。在矿产品价格震荡下行的同时,矿山生产中的工作、设备成本、环境保护费用却在不断上升,矿业生产经营成本出现大幅攀升。矿业企业利润遭受价格下跌和成本上升"两头挤压",全球矿业正步入微利、薄利时代。澳大利亚等国税费政策调整,也将带动矿业市场成本上升,增大了企业投资的潜在风险。国际公司经营业绩普遍下滑。受市场总体价格低迷,原材料及人力、经营成本上升等影响,矿业企业赢利能力显著下降。

从长期看,随着全球经济企稳和复苏,新一轮的矿产品供需矛盾将更加突出,将促使矿业勘查开发投资进一步增长。虽然追求低碳经济可能降低对化石燃料的需求,但随着印度、越南、印度尼西亚等国家以及非洲部分国家工业化时代的到来,将使得世界能源原材料需求量大幅增长,各国对资源的争夺更加激烈。国际局势动荡、地缘政治危机、恐怖袭击,自然灾害、环境污染,原材料和人力成本上升、矿工罢工,以及公司虚报储量丑闻等种种因素,对矿业本身的发展造成了一定的影响。矿业是经济发展的基础产业,而不是夕阳产业。在21世纪里,经济全球化和技术进步继续对全球矿业产生着重大影响。

(一)以剥离非核心资产、实现专业经营和提高效益为目的的并购成为主体,新兴经济体比发达经济体活跃

20世纪80年代以来,以全球化、私有化、自由化和市场化为标志,以获取有竞争力矿权地(矿床和矿山)、企业兼并、引入低成本先进生产技术和加强效益成本控制管理为手段,以增强国际竞争能力为核心,以提高经济效益为目的的国际矿业(包括矿产勘查开发)自身调整不断向纵深发展,矿业格局在悄然发生一些积极的变化。不但在矿业巨头与中小公司之间发生兼并,越来越多的大型矿业公司之间的兼并事件也时有发生。依托跨国公司,发达国家以资本和技术为手段,通过市场控制和政治联盟,在全球范围内进行资源争夺,以获取最佳的资源和最高的回报。主要表现为:矿业资金跨国流动,矿产资源跨国勘查、开发、生产和销售,矿业公司跨国并购和跨国上市,大型矿产勘查和开发项目多国、多家公司联合投资,以及矿业信息、知识、技术和管理经验的国际传播等。其结果是:矿产资源被全球矿业巨头瓜分,跨国公司进一步在全球范围内寻找勘查和开发目标;发达国家和跨国矿业公司对世界矿业和矿产资源控制程度仍占绝对优势;矿业公司间竞争更加激烈。

在贱金属资产并购推动下,2014年全球矿业公司并购上升,铜矿山特别受投资者欢迎。根据SNL金属和矿业公司统计,2014年超过1000万美元的贱金属公司并购共有29起,较2013年的24起有所上升。并购额从31亿美元大幅增长至130亿美元,其中有23起铜交易,占总交易的97%。其他金属中,镍矿交易有4起超过1000万美元,锌矿有两宗。镍矿资产并购增幅只有4%,但是锌矿资产并购下降了73%。黄金并购额为84亿美元,同比下降3%,超过1000万美元的并购案件从2013年的61宗降为44宗。金矿资产并购的平均成本从每宗1.44亿美元增至1.93亿美元;而贱金属并购成本则从2013年的2.1亿美元增至4.5亿美元。加拿大的矿业公司是最大买家,并购额为90亿美元,澳大利亚公司居第二位,为75亿美元,中国公司并购额为13亿美元。尽管有所回升,但2014年并购额仍然是过去10年最低的三个年份之一,其他两个年份分别为2013年和2009年(表1)。

表1 **有色金属和黄金矿业并购金额** **单位:亿美元**

年份	有色金属并购		金并购		金和有色金属并购合计	
	案件(个)	金额	案件(个)	金额	案件(个)	金额
2005	36	264.8	43	166.78	79	431.58
2006	40	713.44	55	236.32	95	949.76
2007	65	435.66	60	122.41	125	558.07
2008	52	324.29	51	91.27	103	415.55

续表 1

年份	有色金属并购		金并购		金和有色金属并购合计	
	案件(个)	金额	案件(个)	金额	案件(个)	金额
2009	46	70.66	75	78.15	121	148.82
2010	71	199.02	89	300.78	160	499.80
2011	64	286.57	74	152.65	138	439.22
2012	31	363.81	92	126.06	123	489.87
2013	24	31.08	61	87.76	85	118.84
2014	29	130.80	44	84.82	73	215.62
合计	458	2820.12	644	1447.00	1102	4267.12

注：统计的个案交易值在 1000 万美元以上，低于此前的 2500 万美元，因此数值较以前增大。

资料来源：Corporate Exploration Strategies 2015。

根据汤姆森路透社的数据，2014 年全球矿业并购额为 790 亿美元，较 2013 年下降 19%。一些矿业人士分析认为预测，已经持续调整四年的全球矿业并购面临转折。大型黄金生产商迫切需要购买储量资产，资金困难的小型矿业公司则急于出手矿业项目，因此 2015 年全球矿业并购将回升。

（二）全球油气资产交易市场走势低迷，北美和非洲为全球交易活动热点地区，LNG 相关资源和非常规油气资源交易活跃

据安永统计，2014 年全球石油行业的交易额为 4430 亿美元，同比增长 69%；交易量也从 2013 年的 2400 多宗降到 2000 宗以下，下降超过 20%。在 2014 年的交易中，超过了 10 亿美元的交易为 82 笔，比 2013 年增加 15 笔；其中交易规模超过百亿美元的为 4 笔，2013 年为 1 笔。

2014 年全球油气公司交易规模大增。虽然上游并购仍是油气并购的主力，交易量占 3/4，但受原油价格低迷因素影响，其并购额下降了超过 20%，占全球油气并购额的不足 50%；中游并购额增长了 115%，下游并购额增长了 88%。2014 年全球油气上游交易金额 1850 亿美元，同比下降 21.9%。从交易数量看，全年上游交易 1376 起，同比增长 36.4%（详见表 2）。北美仍是油气公司上游交易最活跃的地区。全球交易额的约 70% 由美国公司进行的，15% 由加拿大公司进行的。非洲地区由于其对资金的吸引力而使交易额增长了 85%，其中包括 1 宗超过 100 亿美元的并购。国家石油公司（NOCs）是油气交易的重要力量，国家石油公司进行的并购额为 200 亿美元，占全球的 12%，超过 10 亿美元的交易共 51 笔。

表 2　　全球石油天然气行业上游并购交易

项目	2012 年	2013 年	2014 年	2014 年比 2013 年同比变化（%）
交易数量/起	1152	1009	1376	36.4
交易金额/亿美元	2860	2370	1850	−21.9

资料来源：EY，Global oil and gas transacions review 2014。

（三）跨国矿业公司加强对重要矿山资产的争夺，谋求长期控制全球资源市场，其生产经营垄断局面短时间内难以打破

全球经济不景气，矿产品价格动荡，公司经营喜忧参半，但矿业巨头仍加紧对全球重要矿山资产的争夺。近些年，力拓控制了蒙古奥尤陶勒盖铜金矿、几内亚西芒杜铁矿等世界级矿床。淡水河谷不甘落后，不但获得了利比里亚的铁矿资源，而且控制了几内亚铁矿的重要出口通道——利比里亚铁路的运营权，同时也获得了西芒杜铁矿区的部分矿权。不但如此，两个矿业巨头还对南部非洲的炼焦煤资源展开了争夺，莫桑比克的优质煤炭资源基本上被这两个公司控制，其他矿业公司苦于实力和经验不足，只能眼看着这些资产被抢走。必和必拓、淡水河谷近些年加强了对全球钾盐项目的投资。

全球矿业企业的大规模联合和兼并，使得全球矿业的集中度进一步提高，跨国矿业公司对市场的控制力和影响力进一步扩大。经过多年并购扩张后，必和必拓、力拓和淡水河谷等三大矿业巨头基本上控制了全球铁矿市场，牢固掌握了铁矿价格话语权。发展中国家的矿业公司，也走向国际资本市场和资源配置，为国内不断发展的经济提供资源保障。在全球前 10 大原油生产公司和矿业公司中，不断出现俄罗斯、中国等发展中国家的身影。例如，原油产量前 10 位的公司中，9 个公司属于发展中国家。

据统计，目前参与世界矿业经营活动的公司有 8000 家左右，但大部分矿山产量仅由少数几家公司控制。全球前 50 家矿业公司的产值几乎占全球矿业的一半，且基本上被英、美、加、澳和南非的矿业公司垄断，其产值占 50 家公司总产值的 49.9%；另外几家公司是巴西的淡水河谷公司，智利国家铜业公司（Codelco），俄罗斯的诺里尔斯克，墨西哥的 Grupo Mexico 等。据瑞典原材料集团（RMG）估计，随着矿山产量逐渐向南半球转移，发展中国家矿业公司所占的比例有望增长。

根据SNL统计，从矿业公司对矿产品控制的集中程度看，2014年最大的矿业生产公司控制了世界超过17%的铁矿石产量、10%的铜矿产量、7%的金产量和15%的钾盐产量。产量前10位公司控制了世界超过一半的铁矿石和铜矿产量，三成以上的金产量和六成以上的钾盐产量。随着跨国矿业公司的联合和规模的扩大，目前全球铁矿石生产和出口市场主要由淡水河谷、必和必拓和力拓三大公司操纵着，三大铁矿石公司产量占全球铁矿石生产的比例逐年提高（表3）。

表3　全球10大跨国矿业公司和石油公司

10大矿业公司①		10大石油公司②	
公司名称	市值（亿MYM）	公司名称	石油产量（万吨）*
必和必拓（BHPB，澳大利亚/英国）	975	BP公司	11010（2.9%）
力拓（Rio Tinto，英国/澳大利亚）	722	埃克森美孚公司	10065（2.7%）
嘉能可（Glencore Plc，瑞士）	369	雪佛龙公司	8655（2.3%）
南方铜业（Southern Copper Corp.，美国）	221	皇家荷兰/壳牌集团	7705（2.1%）
加拿大钾盐公司（PotashCorp，加拿大）	218	美国康菲公司	6695（1.8%）
英美集团（Anglo American，英国）	169	俄罗斯卢克石油公司	6175（1.6%）
美盛公司（Mosaic Co.，美国）	154	道达尔公司	5835（1.6%）
阿格瑞姆公司（Agrium Inc.，加拿大）	145	俄罗斯苏尔古特油气公司	4355（1.2%）
黄金集团（Goldcorp Inc.，加拿大）	127	俄罗斯TNK－BP公司	4165（1.1%）
美国铝业（Alcoa Inc.，美国）	116	美国西方石油公司	1738（0.5%）
合　计	3216	合　计	66398（17.7%）

注： *括号中百分数为占世界总产量的比例。

资料来源： ①截至到2015年8月中旬；②《国际石油经济》2015.1－2。

（四）跨国矿业公司主导全球矿业融投资

必和必拓、力拓、淡水河谷等前10位跨国矿业公司市值占全球前100位矿业公司市值的比例近五成，矿业巨头已经成为全球资本市场的主要融资者，其一举一动都会给资本市场带来巨大的影响。矿业巨头也是世界级矿业项目的主要投资者，据普华永道统计，全球前40位公开上市矿业公司在2012年投资1400亿美元，较2011年的980亿美元大幅上升43%。

经济全球化的迅速发展使得矿业公司勘查开发活动的地域范围更加广阔，得以站在全球的视点上角逐世界矿业市场。在油气勘查开发方面，拥有雄厚资金的大型跨国石油公司一直立足于全球油气资源，如壳牌石油公司在全球90多个国家和地区从事石油勘探和生产活动，拥有最先进的技术，每天的油气产量超过320万桶，在35个国家拥有55个石油精炼厂的股权；埃克森美孚实行全球化经营策略，在21个国家有37个精炼厂，其上游的勘探和开采业务遍及40多个国家，在陆地和海洋石油开采业务方面具有世界主导地位；雪佛龙德士古公司涉足20多个国家的油气勘探开发。20世纪90年代以来，美国、加拿大和欧洲的一些中小石油公司积极向海外拓展，其中美国已经有1000多家中小型油气公司专门从事油气的勘探、开发以及信息和技术服务。

非燃料固体矿产勘查方面，美国公司大部分的勘查活动是在国外，目前仅在内华达、爱达荷和阿拉斯加等州有少量勘查活动，根据加拿大Infomine数据库统计，美国处于勘查活动的矿权地不到北美地区的20%。1991年加拿大矿业公司在59个国家活动，1996年增加到95个国家，1999年则在100多个国家的3000多个矿权地进行活动，目前则超过5000个矿权地。澳大利亚、南非以及欧洲的老牌矿业国英国、法国等国的矿业公司向国外矿产勘查投资的数量和比重迅速增长。新兴工业化国家如韩国、马来西亚等和发展中国家如印度、巴西等，在国外的矿产勘查和开发项目也在增多。在矿产开发方面，近年每年全球的大型矿业开发项目中，矿业公司跨国开发的项目占2/3左右。

（五）多数重要矿产资源国调整矿业法规

为应对经济困局和矿业低迷，澳大利亚、南非、巴西等世界重要矿产资源国纷纷调整法律、出台政策吸引矿业投资，打破矿业投资禁区，减少贸易壁垒，下调矿业税费，加快矿业项目审批进程，主动调解矿业公司与社区、土著民之间的矛盾，加大基础设施建设。

阿根廷出台吸引国外投资的油气改革法案，该法案已得到参议院批准。新法案规定，根据出让的区块类型不同，给予不同的许可期限，常规陆上区块为25年，海上区块30年，而非常规区块期限则为35年。在开发阶段，国有油气公司必须按照所持区块股权比例投入相应资金，才能保留所持股权。而目前，国有油气公司可以不用投资就能持有合资区块权益。墨西哥出台能源改革方案，将对外进行油气区块招标，大量吸引外国油气公司参与其重油、页岩气、深海油气的勘探开发。

澳大利亚废除30%的矿业暴利税，取消碳税以及碳排放交易。南非国会通过《矿产与石油资源开发法》修正案。玻利维亚实现自1997年以来首次对矿业法的修改，也是首次明令禁止私营企业将矿产品注册为自己财产，未来所有的矿业项目合同都必须得到众议院批准，明确提出采矿业和金属冶炼业是国家优先发展的产业。

刚果民主共和国计划大幅提高权利金费率，将铜钴从2%提高至4%，金矿从2.5%提高至3.5%。津巴布韦政府决定，从2014年10月1日起，将黄金权利金从7%降至5%。肯尼亚内阁通过矿业法提案，计划将采矿许可证的矿地租金上调至2500肯先令(约合29美元)/平方千米·年。喀麦隆通过《矿业法》修订案，修订案规定，今后"喀麦隆手工采矿业扶持与促进机构"有权从每个采金矿点直接征收15%的黄金产量。

印度内阁批准提高矿业权利金，涉及矿种包括铁矿石、铜和铝土矿等，铁矿石权利金将从10%提升至15%，铝土矿将从0.5%提升至0.6%，铜从4.2%提升至4.62%。伊朗计划从下一财年(始于2014年3月21日)开始对铁矿石征收10%的出口关税，并在未来3年内提高至20%。

二、世界矿产资源勘查和开发形势

由于矿产品价格下跌，矿业公司利润下降，过去那种依靠扩张的经营模式已经难以为继。在经营和投资成本上升、矿石品位下降、矿产品市场动荡等因素影响下，大型矿业公司要保持一定的利润水平，不能再延续过去那种大规模扩张的经营方式。所以，2013年以来，大型矿业公司一直在剥离非核心资产，减少项目建设投资。矿产勘查投资减少，新的大型矿床发现减少。矿业开发投资减少，势必影响未来矿产品供应。

(一)全球油气勘探开发投资连续增长势头改变

2010年以来，全球油气勘探开发投资连续五年增加。据巴克莱银行对225年油气公司上游勘探开发投资的调查统计，2014年全球油气勘探开发投资为6795.31亿美元(图1)，比2013年的6421.45亿美元增长5.8%。但是，由于2014年下半年以来国际油价大幅下跌，2015年预算出现8.8%的萎缩，改变了连续5年的增长势头。

北美地区仍然是全球油气勘探开发重点地区，占全球油气勘探开发投资的27%。2014年油气勘探开发投资为1960.88亿美元，较2013年增长9.4%。但是受到2014年下半年以来油价暴跌影响，2015年投资预算大幅下降，为1683.77亿美元，降幅达14.1%(详见表4)。

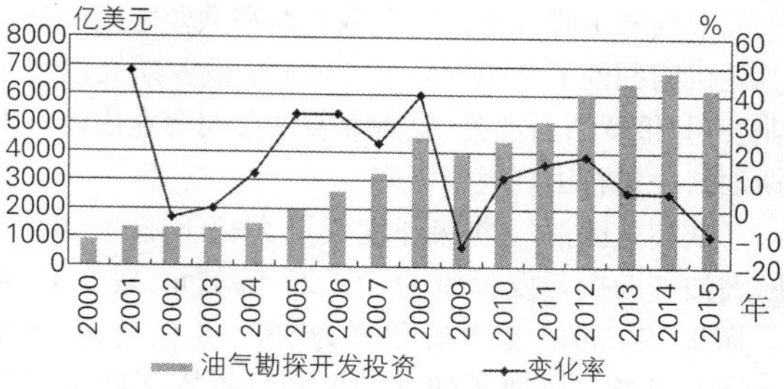

注：2015年为投资预算

图1　2000～2015年世界油气勘探开发投资

亚太地区油气勘探开发投资占全球的17%，位居全球第二位，但出现稳中趋降态势。2014年亚太地区油气勘探开发投资为1124.99亿美元，较2013年增长3.7%；2015年预算为1057.35亿美元，下降6.0%。中国2014年油气勘探开发投资小幅下降，预计2015年将保持下降趋势。亚太地区其他国家也出现不同程度的下降。

与世界其他地区明显不同，中东地区油气勘探开发投资持续增长。2014年中东地区油气勘探开发投入为401.80亿美元，较2013年增长15.5%。2015年勘查开发投资预算为460.00亿美元，增长14.5%。这也是该地区连续第5年增长。2015年沙特国家石油公司、阿联酋国家石油公司和科威特国家石油公司等3家公司勘探开发投资将比2014年增长14.9%。国际原油价格下跌，并没有影响沙特等国家的油气勘探开发投入，其主要目的是巩固其全球最大原油出口国的地位，保持市场份额，稳定国家财政预算和各种补贴，另一方面是为了增加钻井数量以弥补产量递减，增加天然气产量以满足国内不断增加的需求。

拉丁美洲油气勘探开发投资增长势头减弱。2014年拉丁美洲油气勘探开发投入为786.71亿美元，较2013年增长6.1%；2015年预计为749.34亿美元，较2013年下降4.7%。墨西哥实施能源领域改革，对外进行油气区块公开招标，预计油气勘探开发投资稳中有增。委内瑞拉国家石油公司则由于国内经济困难，不得不削减勘探开发投资。近年来一直处于上升势头的巴西盐下油田开发由于国内腐败丑闻以及原油价格暴跌影响，将大幅削减投资。巴克莱银行的调查报告指出，油价大幅下跌对拉丁美洲油气勘探开发影响大于其他地区。

俄罗斯和原苏联地区勘探开发投资将大幅下降。2014年俄罗斯和原苏联地区油气勘探开发投资为513.48亿美元，较2013年增长6.3%；2015年投资预算为446.06亿美元，较2013年下降13.1%。受油价大幅下跌导致收入骤降以及俄罗斯和欧盟之间的乌克兰危机问题的不利因素影响,2015 年俄罗斯天然气工业公司、俄罗斯石油公司、卢克石油公司等在内的俄罗斯油气公司将出现大幅下降。

欧洲地区油气勘探开发投资大幅下降。2014 年欧洲油气勘探开发投资为 459.21 亿美元,较 2013 年下降 0.2%;2015 年投资预算为 382.48 亿美元,大幅下降 16.7%。该地区油气勘探开发投资下降主要受到国际原油价格下跌的影响。

非洲是另外一个出现连续增长的地区。2014 年非洲油气勘探开发投资为 262.86 亿美元,较 2013 年增长 8.5%,超出预计;2015 年投资预算为 277.26 亿美元,增长 5.5%。非洲地区油气勘探开发投资增长主要来自安哥拉以及中非和东非的一些国家。

表 4　　世界油气勘探开发投资预算(按地区分)

单位:亿美元

国家或地区	2014 年	2015 年	变化率(%)	比例(%)
北美	1960.88	1683.77	-14.1	27.2
中东	401.80	460.00	14.5	7.4
拉丁美洲	786.71	749.34	-4.7	12.1
俄罗斯/原苏联	513.48	446.06	-13.1	7.2
欧洲	459.21	382.48	16.7	6.2
亚太地区	1124.99	1057.35	-6.0	17.1
非洲	262.86	277.25	5.5	4.5
大型国际石油公司	1048.13	946.40	-9.7	15.3
独立石油公司(北美以外)	185.65	141.20	-23.9	2.3
其他石油公司	51.61	50.41	-2.3	0.8
世界合计	6795.31	6194.26	-8.8	100.0

资料来源:世界石油工业,2015.3。

据《World oil》,预计 2015 年,全球油气勘探钻井数量为 88922 口,较 2014 年的 104148 口下降 14.6%。其中美国为 38033 口,较 2013 年下降 19.8%,其他国家为 52889 口,较 2013 年下降 6.8%。石油价格下跌是油气钻井下降的主要原因。

(二)全球非油气矿产勘查投资

1.2014 年全球有色金属矿产勘查投资预算下降 26%

矿产勘查投资与金属价格指数正相关,并呈现出周期性特点,但是,勘查投资变化较价格指数滞后大约 1 年。自本世纪初以来,受到有色金属价格周期性上升的影响,全球有色金属勘查投入出现三个波段的上升,分别在 2002~2005 年、2006~2008 年、2009~2012 年,但三个波段的增幅不断减弱。第一个波段中,全球有色金属勘查投资从 2002 年的 17.7 亿美元增至 2005 年的 50.6 亿美元,增幅 185.9%;第二个波段从 2005 年的 50.6 亿美元增至 2008 年的 137.5 亿美元,增幅 171.7%;第三个波段从 2009 年的 79.8 亿美元增至 2012 年的 205.3 亿美元,增幅 157.3%。

但是自从 2012 年以来,受到世界经济增长乏力、矿产品供应过剩等因素的影响,国际矿产品价格步入下跌通道,矿业公司利润下降、融资困难,为维持日常运营和必要的股东回报,不得不减少投资,使得全球有色金属勘查费用减少,2013 年降幅为 29.7%,2014 年则出现连续第二年下降。据 SNL 金属和矿业公司对 1961 个勘查投资在 10 万美元以上公司的统计,2014 年全球有色金属勘查投资为 107.4 亿美元,考虑到所统计数据可能占全部的 95%,故 SNL 金属和矿业公司估计总的勘查投资为 113.6 亿美元,较 2013 年下降 26%。不但总的投资额下降,从事勘探的公司数目也在减少(表 5)。

表 5　　2004~2014 年全球有色金属矿产勘查投资

年　份	调查公司数(个)	矿产勘查投资(亿美元)	比 2013 年变化率%
2004	1138	36.3	62.8
2005	1431	50.6	39.4
2006	1624	75.4	49.0
2007	1980	109.3	45.0
2008	2085	137.5	25.8
2009	1998	79.8	-42.0
2010	2213	115.1	44.2
2011	2444	172.5	49.9
2012	2556	205.3	19.0
2013	2129	144.3	-29.7
2014	1961	107.4	-25.6

资料来源:SNL MEG,Corporate Exploration Strategies 2014。

2. 各个地区的勘查投资普遍下跌,拉丁美洲仍占据首位

据 SNL 公司统计,世界各个地区勘查投资普遍出现下降,特别是勘查风险较大的国家。其中澳大利亚 2014 年勘查投资受到影响最大,尽管该国取消了矿产资源租赁税并采取了勘查鼓励措施,但降幅仍然高达 34%。受到国内政局不稳和地方反对采矿的影响,阿根廷和哥伦比亚的勘查投资分别下降了 46% 和 42%。非洲投资下降 28%,主要是因为西非受到埃博拉病毒的影响,其勘查投资下降了 38%(图 2 和图 3)。

分地区看,拉丁美洲仍然是全球最重要的勘查目的地,2014 年勘查预算为 28.6 亿美元,占全球的 26.7%,其中墨西哥、智利、秘鲁、巴西、哥伦比亚和阿根廷是最重要的 6 个拉丁美洲国家。自从 2009 年以来,贱金属首次成为拉丁美洲地区勘探的主要矿种,占该地区勘查总投入的 42%,而黄金所占比例则从 44%

下降为41%。

以中国、俄罗斯、哈萨克斯坦和土耳其为代表的其他地区位居第二位。在过去的5年中，中国第四次位居首位，占本地区勘查投入的29%。贱金属为本地区勘查投资最大的矿种。

非洲地区连续第二年位居第三位，占16%。民主刚果、南非、布基纳法索、赞比亚和加纳维非洲勘查投资最大的几个非洲国家。西非黄金勘查投入占比上升，而贱金属占比下降，只有15%。

加拿大勘查投资为14.874亿美元，较2013年下降22%，在所有地区中降幅处于第二位。尽管如此，加拿大仍以14%的比例占世界第二位。从省份上看，安大略省处于第一位，占28%，其次是魁北克，占17%。铂族金属、金刚石和铀所占比例上升，但黄金占比例则出现下降。

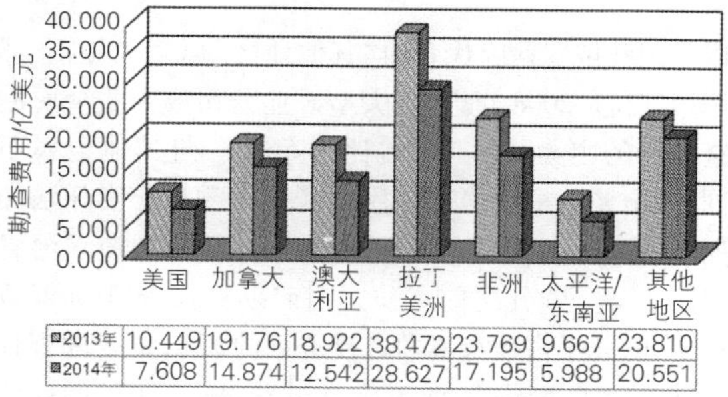

图2　2013～2014年世界固体矿产勘查费用区域分布

澳大利亚勘查投资为12.542亿美元，占世界的12%，位居第五位。其中西澳州仍然是澳利亚勘查投资最多的州，占该国矿产勘查投资的51%。黄金仍然是澳大利亚矿产勘查的主要矿种，但较2013年减少了40%，所占比例从45%下降到41%。贱金属勘查投入下降23%，其所占比例从33%升至38%。

美国勘查投资为7.608亿美元，占世界的7%，位居第六位。其主要勘查矿种为金和铜，其中金所占比例为上升至60%，贱金属则下降至28%。内华达州占美国总勘查投资的41%，若加上阿拉斯加和亚利桑那两个州，则比例上升至71%。

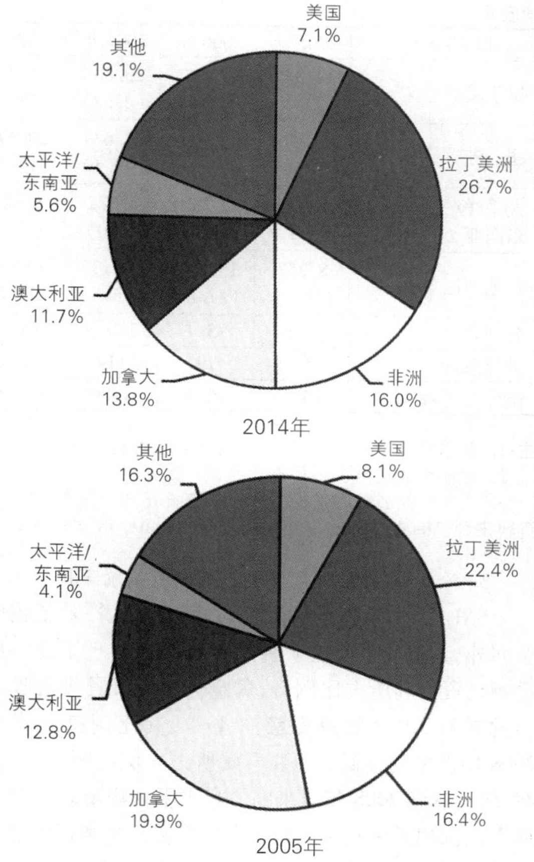

图3　2014年与2005年重要矿产资源国固体矿产勘查投资对比

太平洋/东南亚地区勘查投资为5.988亿美元，占全球的5.6%，位居最后。主要国家包括印度尼西亚、巴布亚新几内亚和菲律宾。黄金占该地区勘查投资的56%，贱金属占41%。与2013年相比，该地区勘查投资下降38%，是降幅最大的地区。

前10位国家的投资合计72.5亿美元，占总预算投资的68%。投资金额前30位的公司投资预算合计38.489亿美元，其中金矿投资为15.383亿美元，铜矿投资为11.917亿美元，合计占这30家公司总投资的71%（表6）。

表6　2005～2014年世界非燃料固体矿产勘查投资预算　单位：亿美元

国家/地区	2005年	2006年	2007年	2008年	2009年	2010年	2011年	2012	2013	2014
美　国	4.087 (8.1)	5.714 (7.6)	8.588 (7.9)	10.090 (7.3)	5.276 (6.6)	8.868 (7.7)	14.472 (8.4)	16.744 (8.1)	10.449 (7.2)	7.608 (7.1)
加拿大	10.069 (19.9)	15.755 (20.9)	23.169 (21.2)	28.384 (20.7)	13.650 (17.1)	22.155 (19.3)	31.092 (18.0)	32.448 (15.8)	19.176 (13.3)	14.874 (13.8)
澳大利亚	6.461 (12.8)	8.151 (10.8)	13.579 (12.4)	19.769 (14.4)	10.888 (13.6)	15.136 (13.1)	22.655 (13.1)	25.182 (12.3)	18.922 (13.1)	12.542 (11.7)

续表 6

国家/地区	2005年	2006年	2007年	2008年	2009年	2010年	2011年	2012	2013	2014
拉丁美洲	11.349 (22.4)	17.187 (22.8)	23.866 (21.8)	31.796 (23.1)	19.576 (24.5)	28.993 (25.2)	42.321 (24.6)	52.240 (25.4)	38.472 (26.7)	28.627 (26.7)
非　洲	8.326 (16.4)	12.348 (16.4)	17.634 (16.1)	20.478 (14.9)	12.188 (15.3)	15.855 (13.8)	26.032 (15.1)	34.059 (16.6)	23.769 (16.5)	17.195 (16.0)
太平洋/东南亚	2.086 (4.1)	2.787 (3.7)	4.322 (4.0)	6.920 (5.0)	4.695 (5.9)	7.162 (6.2)	9.969 (5.8)	13.500 (6.6)	9.667 (6.7)	5.988 (5.6)
其他地区	8.257 (16.3)	13.409 (17.8)	18.137 (16.6)	20.083 (14.6)	13.533 (17.0)	16.885 (14.7)	25.910 (15.0)	31.133 (15.2)	23.810 (16.5)	20.551 (19.1)
公司合计	50.6	75.4	109.3	137.5	79.8	115.1	172.5	205.3	144.3	107.4
世界总计	53	79	114	144	84	121	182	215	152	114
统计公司数(家)	1431	1624	1980	2085	1998	2213	2444	2556	2129	1961

注:1. 西方矿业公司不包括小公司、地方性的私人公司和政府集团;
2. 括号内数字为占公司合计的百分数;
3. 西方矿业公司在世界各地的勘查投资总计数占全球商业性金属勘查费用的95%左右。

资料来源:Metals Economics Group Strategic Report,2005~2014。

3. 除铂族金属外大多数矿产勘查投资下降

SNL公司的统计数据表明,从矿种上看,除了铂族金属外,其他几乎所有矿种勘查投资都出现下降。从勘查投资额和所占比例看,黄金仍然是最具投资吸引力的矿种,占全部投资额的43%,其比例已经降至2008年以来的最低。而贱金属所占比例有所上升,为34.5%,达到2008年以来的最高水平。贱金属和黄金所占比例相对关系正在持续发生逆转。金刚石降幅最小,仅下降4200万美元,相应地占比则升至4%,为2009年以来的最高。自从2011年以来,铀的勘查投入持续减少,但占比一直保持在4%~5%之间。铂族金属勘查投资额为1.79亿美元,比例上升至1.6%。除金、贱金属、金刚石、铀、铂族金属以外的其他矿产投资额从2012年最高时的27.5亿美元下降到13.3亿美元,占比为12%。

2014年全球黄金勘查投资为45.724亿美元。从地区上看,拉丁美洲仍然黄金勘查的主要目的地,墨西哥、哥伦比亚、秘鲁和智利四个国家金矿勘查投资都超过1亿美元;非洲金矿勘查投资为7.1亿美元,连续三年居第二位。从国家看,传统金矿勘查大国——加拿大、澳大利亚和美国合计投资为16.5亿美元。从勘查阶段看,金矿草根勘探投资额再次大幅下降,只有12.1亿美元,不到2012高峰时29亿美元的一半,而后期和矿山勘探比例仍占大部分。大型矿业公司在2013年替代初级勘探公司成为金矿勘探主力后,2014年投资仍占据一半。金矿勘查投资位居前三位的为巴里克黄金公司(2.025亿美元)、盎格鲁阿散蒂黄金公司(1.945亿美元)和加拿大黄金集团(1.78亿美元)。

世界各地区的贱金属勘查投资都出现下降。尽管拉丁美洲勘查投资减少3亿美元,但仍居各地区之首,以中国和俄罗斯为代表的"其他地区"居第二位,非洲居第三位。2008年以来,大型矿业公司成为贱金属勘查投资的主力,2014年占比为56%。与其他金属不同,贱金属草根勘探超过后期和矿山勘探。安托法加斯塔(2.489亿美元)、力拓(1.6亿美元)和淡水河谷(1.5亿美元)分居前三位。铜矿勘查投资额为26.7亿美元,几乎占贱金属勘查投资额的3/4,主要勘查目的地为拉丁美洲,大型矿业公司占58%,初级勘探公司占23%,投资位居前三位的公司为安托法加斯塔(2.489亿美元)、力拓(1.47亿美元)和自由港-麦克莫兰公司(1.169亿美元)。锌矿勘查投资占贱金属勘查投资的15.2%,其中大型矿业公司投资占一半,高于2013年的46%,初级勘探公司占23%;从地区上看,锌矿勘查主要分布在中国(0.731亿美元)、加拿大(0.652亿美元)和墨西哥(0.643亿美元);艾芬豪矿业公司、嘉能可和佩诺莱斯工业集团分居前三位。镍矿勘查投资额为4.701亿美元,占12.7%,无论从投资额还是公司数都降至2005年以来的最低;澳大利亚(1.386亿美元)、加拿大(0.687亿美元)和俄罗斯(0.525亿美元)位居前三位;大型矿业公司镍矿勘查投资占比为53%,初级勘探公司的比例不到22%;诺里尔斯克镍业公司(0.52亿美元)、淡水河谷(0.4亿美元)和必和必拓(0.34亿美元)镍矿勘探投资居前三位。

金刚石勘探投资相对比较稳定。2014年勘查投资额为4.47亿美元,较2013年的4.89亿美元下降8.6%。从地区和国家看,俄罗斯(2.082亿美元)、加拿大(0.896亿美元)和安哥拉(0.573亿美元)分居第三位。从勘探阶段看相对比较平均,其中草根勘探占34%,后期阶段占35%,矿山勘探占31%。大型矿业

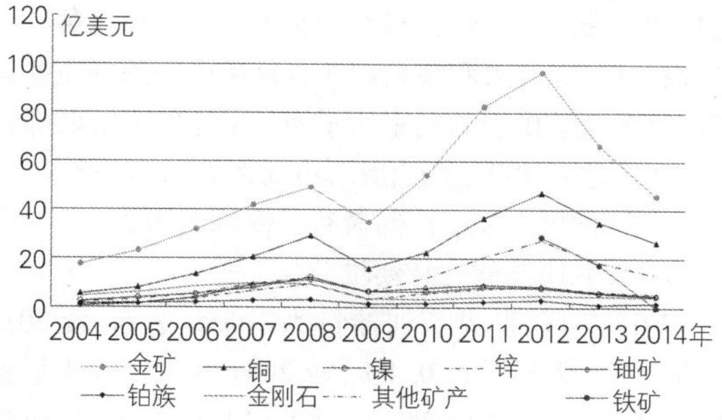

图4 近10年主要矿产勘查投资预算变化

公司投资占3/4，初级勘探公司占16%。俄罗斯的阿尔罗莎投资2.147亿美元，连续五年居第一位，而2010年以前，主要是德比尔斯占居第一位。

2014年全球铀矿勘查投资为5.04亿美元，较2013年的6.164亿美元下降18.2%。从地区和国家看，加拿大（1.661亿美元）和澳大利亚（1.085亿美元）是主要勘查目标国，远远高于位居第三位的哈萨克斯坦（0.297亿美元）和蒙古（0.242亿美元）。草根勘探占比为42%，自2009年以来首次超过后期阶段的39%，矿山勘探比例为19%。大型矿业公司铀矿勘查投资额占比为31%，而初级勘探公司占比则达到了42%。

铂族金属是为数不多的勘查投资增长的矿产。2014年铂族金属勘查投资额为1.79亿美元，较2013年的1.189亿美元增长50.5%。从地区上看，非洲是投资最多的地区，为1亿美元，其中南非投资为0.649亿美元；其次是加拿大0.583亿美元。铂族金属勘探以后期阶段勘查为主，占比为67%，达到历史最高。初级勘探公司替代大型矿业公司成为铂族金属勘探的主力，2014年占比达到55%，为2001年以来的最高水平。

其他矿产主要包括银、钾、磷、锂和稀土等，2014年勘查预算为13.3亿美元，占总勘查预算的12%。其中，银勘查投资为3.9亿美元，其次为钾和磷，合计为3.18亿美元。从地区看，拉丁美洲投资额为4.587亿美元，其次为“其他地区”，2.563亿美元，加拿大为2.136亿美元，居第三位。自从2008年以来，该类矿产勘探一直以后期阶段为主。初级勘探公司投资占该类矿产的48%，大型公司占35%。淡水河谷公司投资额为0.845亿美元，居第一位，主要投资钾和磷，其次是弗雷斯尼约（Fresnillo）公司，0.68亿美元，必和必拓公司位居第三，为0.55亿美元。

4. 初级勘探公司投资所占比例持续下降

SNL金属和矿业公司将从事矿产勘查的公司划分成五类，即：大型矿业公司（Major）、初级公司（Junior）、中型公司（Intermediate）、国有公司（Government）和其他公司。由于初级勘探公司众多，大型矿业公司资金雄厚，因此大型矿业公司和初级勘探公司是矿产勘查的重要力量。但是过去几年，由于初级勘探公司融资困难，而大型矿业公司为了维持利润和必要的股东回报，都大幅减少了勘查投资。

过去10年的大多数年份中，初级勘探公司一直是矿产勘查的主要力量。但是到2012年，情况发生了变化，初级勘探公司勘查投资只增加了5%（3.826亿美元），而大型矿业公司则增长了36%（24.3亿美元），因此，初级勘探公司勘查投资占比从2011年的44%降至2012年的39%，而大型公司则从39%增至44.5%。2013年，初级勘探公司融资更加困难，其勘查投资下降了39%，只有31.2亿美元，其所占比例下降至34%，而大型矿业公司占比进一步上升至48%。

2014年，初级勘探公司经营状况进一步恶化，勘查投资预算只有34.7亿美元，占比下降至32%，为2002年以来的最低水平。金矿仍然为初级勘探公司最青睐的矿种，其勘查投资占初级勘探公司勘查投资的46%。从国家看，加拿大仍然是吸引初级勘探公司最多的国家，占22%。初级勘探公司57%的勘查资金投往后期勘探项目，矿山勘探占比为9%，草根勘探占比为34%（图5）。

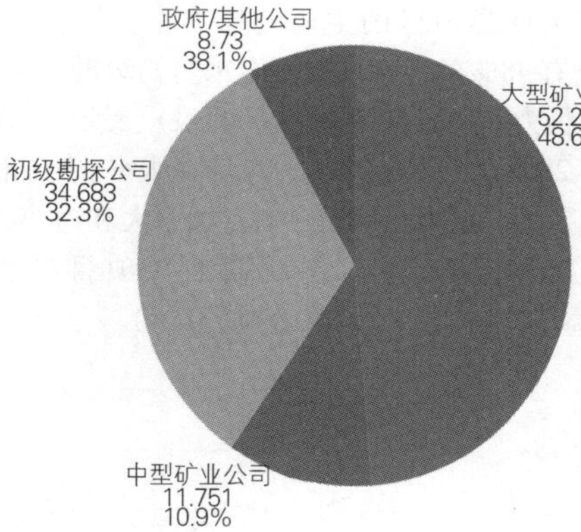

图5 不同规模矿业公司投资额（亿美元）及所占比例

大型矿业公司2014年矿产勘查投资额为52.2亿美元，减少25%，但是由于下降幅度小，因此其在整个矿产勘查投资中的比例上升至49%，为2003年以来的最高水平。与初级勘探公司一样，金矿也是大型矿业公司投资最大的矿种，占其总勘查投资的41%。从地区上看，拉丁美洲占36%，为投资最多的地区。后期勘查和矿山勘查项目投资分别占大型矿业公司矿产勘查投资的41%和30%。

5. 草根勘探所占比例降至历史最低。

自90年代起，草根勘探（grassroots）的投资预算比例持续下降，特别是金融危机以来，矿业公司不断剥离风险高、投资大的项目，而青睐能够短期获利且风险低的项目。2014 年草根勘探投资额找矿额为 32.322 亿美元，占 30.1%，降至 1989 年以来的最低水平，首次低于矿山勘探。相应地，后期阶段勘探所占比例不断上升，2012 年曾达到 44% 的最高水平，2013 年有所下降，至 38%，2014 年则回升至 39%。2006 年以来，矿山勘探（主要为深部和外围）所占比例提升了 13%，2014 年创下 13% 的最高记录。

近年来，由于初级勘探公司融资非常困难，无资金进行勘探，因此草根勘探主要由大型矿业公司进行。2014 年大型矿业公司占草根勘探的比例达到 47%，而初级勘探公司占比只有 37%。从地区上看，拉丁美洲草根勘探投资减少 5.03 亿美元，降幅 37%，为受影响最大的地区；由于政策多变，包括印度尼西亚和巴布亚新几内亚在内的太平洋/东南亚地区占比降幅最大，下降了一半；其他地区变化不大。从矿种上看，金矿草根勘探在短短的两年时间内下降了 58%，但是贱金属仅仅下降了 36%，因此其占比有所上升。

过去 10 多年来，初级勘探公司将重点转向勘探后期阶段的项目。2005 年，初级勘探公司曾将 64% 的预算投往后期阶段项目，直到 2012 年以前都是将一半资金投往此类项目。但在过去的两年中，由于初级勘探公司手中无钱而大型矿业公司因为拥有自有资金，后者渐渐成为此类项目的主要勘探力量。尽管如此，2014 年仍有 48% 的后期勘探资金来自初级勘探公司。拉丁美洲仍为后期勘探项目投资的最重要地区，2014 年占比为 28%，为 2001 年以来的最高水平；中国和俄罗斯为代表的“其他地区”占 17%，加拿大和南非各占 16%。从矿种上看，金矿占后期勘探项目投资的 42%，远高于位居第二位的贱金属（31%）。

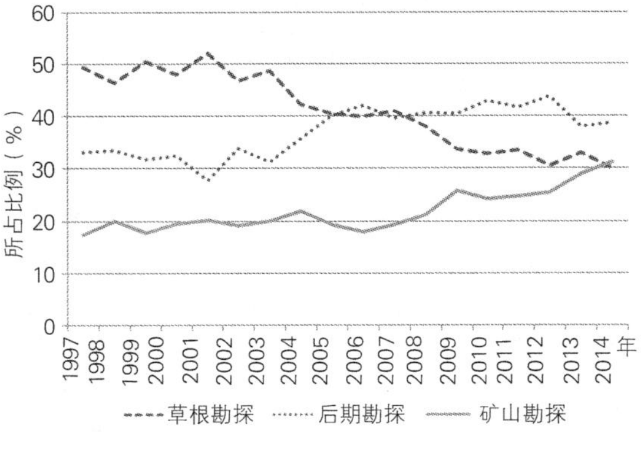

图 6　不同勘查阶段投资所占比例变化情况

正在生产的矿山因为拥有必备的基础设施和资金，对投资者依赖程度低，所以 2006 年以来矿山勘探所占比例持续上升。2014 年占比达到创纪录的 31%，首次超过草根勘探。其中，大型矿业公司投资比例达到 64%，为矿山勘探的绝对主力。拉丁美洲吸引矿山勘探投资最多，主要分布在墨西哥、智利和秘鲁。中国、俄罗斯、加拿大和澳大利亚也是矿山勘探的主要国家。黄金是矿山勘探的最大矿种，占整个矿山勘探投资的比例达到 49%，贱金属所占比例大约为 1/3。

（三）世界主要矿产储量有不同幅度增长

1. 世界油气储量持续增长

2014 年底，世界石油储量为 16559 亿桶，较 2013 年的 16495 亿桶增长 0.4%，较 2004 年的 12658 亿桶增长 31%；石油储量增长超过 1 亿吨的有美国、伊拉克和巴西等 3 个国家，合计增加 16.63 亿吨，储量增加最多的国家为美国，增加 8.41 亿吨；储量减少最多的国家为加拿大、阿根廷、阿曼和挪威，分别减少 0.99 亿吨、0.64 亿吨、0.48 亿吨和 0.45 亿吨。

天然气储量为 197.26 万亿立方米，较 2013 年的 198.92 万亿立方米下降 0.8%，较 2004 年的 171.73 亿立方米增长 14.9%。天然气储量增长最多的国家有中国（2428.75 亿立方米）、伊朗（2399.87 亿立方米）和加拿大（1436.52 亿立方米）。与全球天然气储量增幅趋缓，甚至 2014 年出现下降的现象不同，中国天然气储量继续呈现大幅增长趋势。2014 年中国天然气剩余技术可采储量较 2013 年增长 6.5%，并首次报告页岩气储量（表 7）。

表 7　　世界石油和天然气储量

年 份	世界石油（10^8bbl）	世界天然气（$10^{12}m^3$）
2014	16559	197.26
2013	16495	198.92
2012	16379	192.37
2011	15232	191.05
2010	14696	188.23
2005	12777	173.08
2004	12658	171.73

资料来源：《Oil and Gas Journal》。

2. 新发现矿产地减少，老矿山和新材料矿产勘探有所进展

由于勘查投入减少，自 2013 年中以来，所宣布的重要钻探发现大幅下降。即便如此，全球矿产勘查依然在老矿山外围、深水油气、新能源新材料矿产方面取得一些进展。例如，智利埃斯康迪达铜矿经过 30 多万米的外围钻探，资源量已增长 28%，目前硫化物矿石资源量为 180 亿吨，铜品位 0.55%；氧化物矿石资源量为 2.20 亿吨，品位 0.72%。2014 年巴西取得的 83 个油气发现中，有 42 个来自海上，其中大多数为深水盐下油田。莫桑比克的巴拉马（Balama）石墨矿继续扩大规模，进一步奠定了其世界最大石墨资源国之一的地位。另外，巴拉圭皮里蒂（Pirity）油气田、博茨瓦纳韦尔达（Werda）铁矿、中国多龙铜矿、厄瓜多尔的卡斯卡维尔(Cascabel)铜矿、蒙古的哈马戈泰(Kharmagtai)铜矿、乌干达的基特古姆—帕德尔(Kitgum - Pader)铜镍矿、塞尔维亚的蒂摩克(Timok)铜矿、埃塞俄比亚的阿德亚伯(Adyabo)铜金矿、西澳麦凯湖钾盐矿等勘探也取得重要进展。

2014年矿产储量比2013年增加的有:石油储量增加8.8亿吨,铀矿增加24.34万吨,铁矿石增加200亿吨,镍增加700万吨,钒增加100万吨,铜增加1000万吨,金增加1000吨,银增加1万吨,锂增加50万吨,锆增加1100万吨。储量减少的矿产有:钨储量减少20万吨,铅减少200万吨,锌减少2000万吨,稀土减少1000万吨,钾盐储量减少25亿吨,石墨减少0.2亿吨,金刚石减少0.2亿克拉,其它矿产储量基本上没有大的变化(表8)。

表8 主要矿产储量

矿 产	单 位	储 量		矿 产	单 位	储 量	
		2014年	2013年			2014年	2013年
煤	亿吨	8915	8915	铷	万吨	8	>11
石油	亿吨	2268.6	2259.8	稀土	万吨(REO)	13000	14000
天然气	万亿立方米	197.3	198.9	镉	万吨	50	50
铀①	万吨	369.89	345.55	钽	万吨	>10	>10
铁矿石	亿吨	1900	1700	铌	万吨	>430	>430
锰矿石	亿吨	5.7	5.7	铼	吨	2500	2500
铬矿石	亿吨	>4.8	>4.8	锂	万吨	1350	1300
镍	万吨	8100	7400	锶	万吨	680	680
钴	万吨	720	720	铊 全球锌矿中资源量约1.7万吨			
钨	万吨	330	350	钍	万吨(ThO_2)	140	140
钼	万吨	1100	1100	锆	万吨(ZrO_2)	7800	6700
钒	万吨	1500	1400	钇	万吨(Y_2O_3)	>50	54
铜	万吨	70000	69000	碲	万吨	2.4	2.4
铅	万吨	8700	8900	碘	万吨	750	760
锌	万吨	23000	25000	硒	万吨	12	12
铝土矿	亿吨	280	280	磷酸盐岩	亿吨	670	670
菱镁矿	亿吨	24	24	钾盐	亿吨(K_2O)	35	60
钛矿	亿吨(TiO_2)	7.70	7.48	硼矿	亿吨(B_2O_3)	2.1	2.1
锡	万吨	480	470	石墨	亿吨	1.1	1.3
锑	万吨	180	180	萤石	亿吨	2.4	2.4
汞	万吨(Hg)	9.4	9.4	重晶石	亿吨	3.5	3.5
铋	万吨	32	32	硅藻土	亿吨	大	大
金	吨	55000	54000	珍珠岩	亿吨	大	大
银	万吨	53	52	天然碱	亿吨	240	240
铂族金属	吨	66000	66000	金刚石	亿克拉	7.3	7.5

注:①表示每千克成本≤130美元。

资料来源: Mineral Commodity Summaries 2015,2014。

(四)矿业开发项目投资大幅下降

受到市场供应过剩、新兴经济体需求减缓、矿产品价格大幅下跌的影响,矿业公司普遍大幅削减矿业项目开发投资。据SNL金属和矿业公司瑞典办公室(即原瑞典原材料集团)的统计,2014年矿业项目投资较2013年减少了16.1%,其中绿地开发项目投资下降29.2%(图7)。

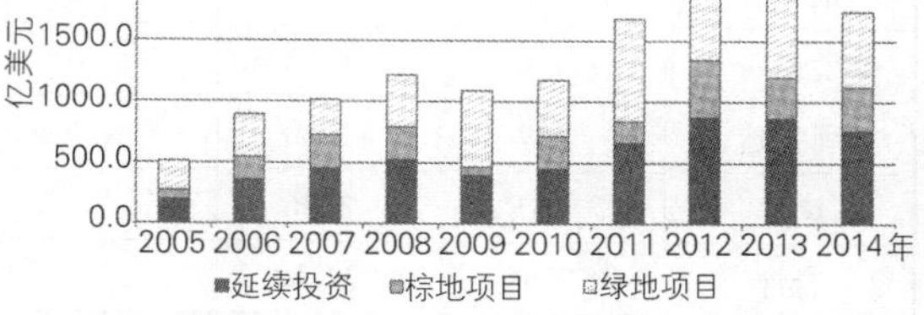

图7 2005年以来矿业项目投资变化趋势

(**资料来源:**SNL金属和矿业公司)

在E & MJ进行的矿业项目调查中,由于剔除了处于概略设计和已经或即将完工的矿业项目,使得其所调查的矿业项目投资较往年大幅减少。根据所调查的142个项目的统计,矿业项目投资额合计为3063亿美元,考虑到这个一般占到世界矿业项目投资的50%左右,因此估计世界矿业项目投资大约为6400亿美元,较2013年的7910亿美元下降19%。

从矿种上看，铜矿项目开发投资额为1098亿美元，占所调查矿业项目投资总额的35.8%，居各矿种第一位；其次为铁矿石，投资额为689亿美元，占22.5%；位于第三位的为金矿，投资额为555亿美元，占18.1%；镍投资额为325亿美元，占10.6%，居第四位；铀矿投资额为112亿美元，占3.7%，居第五位；锌矿投资额为84亿美元，占2.7%，居第六位；金刚石投资额为82亿美元，占2.7%，居第七位；铂族金属和银投资额分别为65亿美元和53亿美元，分别占2.1%和1.7%，居第八和第九位（图8）。

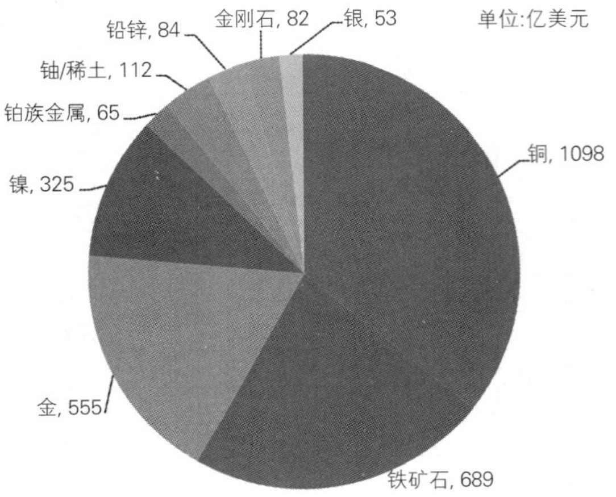

图8　2014年主要矿种项目开发投资
（资料来源：E & MJ, Jan/Feb. 2015年）

表9　2014年矿业项目投资前10位国家

	投资（亿美元）	占比例（%）	2013年名次
加拿大	501	16.36	1
智利	402	13.12	4
澳大利亚	390	12.74	2
美国	193	6.31	7
几内亚	143	4.67	>10
秘鲁	140	4.56	6
俄罗斯	136	4.44	3
印度尼西亚	130	4.23	>10
阿根廷	117	3.80	>10
南非	103	3.36	7
合计	2254	73.60	

资料来源：据E & MJ, Jan/Feb. 2015年整理。

2014年矿业投资居前10位国家投资合计2254亿美元，占所调查项目开发总投资的73.60%。加拿大、智利、澳大利亚矿业项目投资位居前三位，几内亚、印度尼西亚、阿根廷的进入前10位行列，而俄罗斯、南非的排名则有所下降（表9）。

三、世界矿产品供需形势

2014年，世界经济形势错综复杂，发达国家经济复苏艰难，新兴市场国家经济增速放缓。全球矿产品供需矛盾正在缓解，发展中国家对大宗矿产新增需求的拉动力正在减弱。国际矿产品贸易量增幅下降，大部分金属矿产品供过于求，能源和金属矿产品的价格普遍下跌或在低位波动。其中，世界能源消费增速放缓，除了核电外主要能源的消费量均达到了历史最高水平。除煤炭外，其他一次能源产量均有所增长；世界钢铁市场供应过剩，黑色金属矿产品价格普遍下跌；有色金属中市场相对分化，铜价跌幅最大、锌价涨幅最大；贵金属市场金银铂市场持续走弱，钯市场因需求旺盛持续向好。

（一）世界能源消费增速放缓

2014年虽然世界经济增长与2013年持平，但世界一次能源消费增速却明显放缓。世界一次能源消费量129.28亿吨油当量，比2013年增长0.9%，增速下降1.1个百分点，低于过去10年2.1%的平均水平。其中，中国、美国和俄罗斯分别是当今世界上第一、第二和第三大的能源消费国，分别占世界一次能源消费量的23.0%、17.8%和5.3%（表10）。2014年亚太地区、欧洲和中南美洲地区一次能源消费增速均明显低于过去10年平均水平。新兴经济体仍主导着世界能源消费增长，能源消费增速2.4%，低于过去10年4.2%的平均水平；其中，印度增速为7.1%，中国的能源消费增长率为2.6%（1998年以来的最低值）。经合组织国家的消费增长率为-0.9%；其中，欧盟的能源消费量降至1985年以来的最低点，且欧盟和日本降幅最大，抵消了美国高于平均水平的增长。由于能源消费增速显著放缓，使得CO_2排放量增速降至1998年以来的最低点（2009年金融危机期间除外）。所有一次能源消费均出现正增长，除了核电外其他能源的消费量均达到了历史最高水平。除煤炭外，其他一次能源产量均有所增长。从世界一次能源消费结构来看，石油仍然是世界主要能源，占全球能源消费量的32.6%，但是石油所占能源市场份额连续第15年减少，而且为1965年以来所占份额最低值；其次是煤炭，占30.0%；第三为天然气，占23.7%；水电、核电、可再生能源分别占6.8%、4.4%和2.5%（图9）。

但从主要能源消费国来看，美国、日本和德国的消费结构基本相似，均以石油为主，煤和天然气为辅，另外少部分核电补充；法国核电和石油同为主要消费支柱，天然气为辅助能源；俄罗斯则以天然气为主要消费能源，石油和煤炭为辅助能源。中国和印度的消费结构类似，煤炭为主要消费能源，其次为石油、水电(表10)。

表10　　2014年世界一次能源消费量居前12位的国家　　单位：亿吨石油当量

国　家	一次能源消费量	占一次能源消费量的比重(%)					
		石油	天然气	煤	核电	水电	可再生能源
世界总计	129.28	32.6	23.7	30.0	4.4	6.8	2.5
中国	29.72	17.5	5.6	66.0	1.0	8.1	1.8
美国	22.99	36.4	30.2	19.7	8.3	2.6	2.8
俄罗斯	6.82	21.7	54.0	12.5	6.0	5.8	0.0
印度	6.38	28.3	7.1	56.5	1.2	4.6	2.2
日本	4.56	43.2	22.2	27.7	0.0	4.3	2.6
加拿大	3.33	31.0	28.2	6.4	7.2	25.8	1.5
德国	3.11	35.9	20.5	24.9	7.1	1.5	10.2
巴西	2.96	48.2	12.1	5.2	1.2	28.2	5.2
韩国	2.73	39.5	15.7	31.0	13.0	0.3	0.4
伊朗	2.52	37.0	60.8	0.5	0.4	1.4	0.0
沙特阿拉伯	2.40	59.3	40.7	0.0	0.0	0.0	0.0
法国	2.38	32.4	13.6	3.8	41.5	6.0	2.7

资料来源：BP Statistical Review of World Energy June 2015。

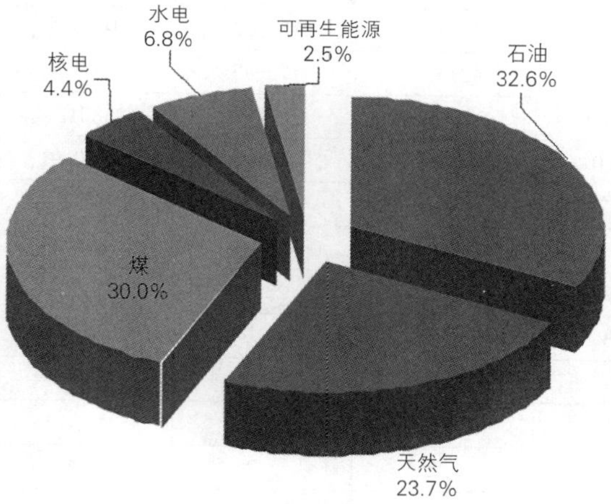

图9　2014年世界能源消费结构

同时，从世界来看，中国、美国和俄罗斯分别是当今世界上第一、第二和第三大的能源生产国，俄罗斯是世界最大的化石燃料出口国，而美国和中国则分别是第二和第三大进口国(日本是第一大进口国)。

2014年世界石油供大于求，延续了2012年以来的宽松态势，产量的增速高于消费量的增长速度。世界石油产量为42.21亿吨，比2013年增产9396万吨，增长2.3%(表11)，增速比2013年加快1.7个百分点。世界石油生产的特点主要表现非洲和中东地区的供应减产以及美国的创纪录增长。石油输出国组织国家产量为17.30亿吨，比2013年下降0.3%，占世界石油产量的41%，是2003年以来的最低水平。在石油输出国组织国家中，利比亚再度出现动乱使产量减少49万桶/日，安哥拉产量减少9万桶/日，而伊拉克产量增加14万桶/日、沙特阿拉伯产量增加11万桶/日、伊朗产量增加9万桶/日。石油输出国组织的平均原油产量高于该组织自2011年12月设定的3000万桶/日产量目标。非石油输出国组织国家的石油产量为18.14亿吨，增加210万桶/日，增长5.7%，实现历史最大增产。在非石油输出国组织国家中，产量增长主要来自美国，但加拿大和巴西的供应也有所增加。美国产量高达1164万桶/日，增加160多万桶/日，达到历史以来的最高水平。美国不仅是第一个连续三年增产100万桶/日以上的国家，而且首次超过沙特阿拉伯，成为世界最大的石油生产国。除此之外，加拿大产量在油砂持续增产的推动下达到历史最高水平，增加31万桶/日；巴西也创产量新高，增加23万桶/日。

表11　　世界主要矿产品产量

矿　产	单　位	2010年	2011年	2012年	2013年	2014年
石　油	亿吨	39.75	40.08	41.16	41.27	42.21
天然气	万亿立方米	3.20	3.32	3.38	3.41	3.46
煤	亿吨	74.73	79.69	81.87	82.31	81.65

续表 11－1

矿 产	单 位	2010 年	2011 年	2012 年	2013 年	2014 年
铀（矿山产量）	万吨	5.37	5.35	5.84	5.96	5.62
粗钢	亿吨	14.3	15.0	15.3	16.2	16.4
铁矿石	亿吨	25.7	29.2	29.6	31.1	32.9
锰矿石和精矿	锰 万吨	4216.7	4637.4	4601.4	5102.7	5320.4
铬矿石和精矿	万吨	2715.0	2651.5	2594.4	2978.7	2867.9
镍（矿山产量）	万吨	153.2	182.4	227.2	250.3	205.9
镍（精炼）	万吨	143.6	166.5	184.2	198.4	191.5
钴（精炼）	万吨	7.9	8.2	7.7	8.6	9.2
钨（矿山产量）	万吨	8.3	8.9	9.1	9.8	9.8
钼（矿山产量）	万吨	24.5	26.7	26.5	26.6	30.3
钒（矿山产量）	万吨	5.76	6.24	7.4	7.9	7.8
铜（矿山产量）	万吨	1611.4	1626.3	1699.5	1829.1	1849.7
铜（精炼）	万吨	1921.5	1981.5	2035.6	2128.4	2301.8
铅（矿山产量）	万吨	437.4	474.1	509.6	565.5	551.7
铅（精炼）	万吨	972.6	1037.7	1042.6	1056.1	1018.3
锌（矿山产量）	万吨	1251.0	1253.5	1338.0	1382.2	1403.1
锌锭	万吨	1127.5	1291.9	1314.5	1256.3	1309.5
铝土矿	万吨	22711.0	24830.0	25654.5	29557.4	25801.4
原铝	万吨	4174.5	4503.0	4647.0	4749.8	4920.9
镁（精炼）	万吨	77.2	100.7	104.1	91.3	101.1
钛（矿山产量）	万吨 TiO_2	515.7	531.7	514.2	470.9	359.1
海绵钛	万吨	15.2	20.9	23.1	23.6	23.1
锡（矿山产量）	万吨	31.8	30.3	29.2	32.7	34.9
锡（精炼）	万吨	35.5	36.7	36.4	35.3	38.6
锑（矿山产量）	万吨	15.5	15.1	16.7	15.4	15.4
镉	万吨	2.3	2.1	2.2	2.2	2.3
汞（矿山产量）	万吨	178.8	187.4	177.0	201.8	148.1
铋（矿山产量）	万吨	369.8	352.2	433.9	489.2	487.5
金（矿山产量）	吨	2740.5	2818.4	2860.9	3061.5	3133.1
银（矿山产量）	万吨	2.34	2.35	2.46	2.60	2.73
铂（矿山产量）	吨	191.7	198.9	180.5	184.8	146.1
稀土氧化物	万吨	13.3	11.1	11	11	11
硒	万吨	217.9	215.0	225.7	218.0	221.7
碲	万吨	23.9	25.8	28.3	23.3	20.8
硫	万吨	6810	7050	6810	7040	7240
磷酸盐岩	万吨	18100	19800	21700	22500	22000
钾（K_2O）	万吨	3370	3640	3270	3450	3500
硼	B_2O_3 万吨	408	455	442	354	372
纯碱（天然＋合成）	万吨	4750	5130	5290	5130	5160
萤 石	万吨	601	752	707	677	685

续表 11－2

矿 产	单 位	2010 年	2011 年	2012 年	2013 年	2014 年
重晶石	万吨	785	837	920	923	926
石 墨	万吨	92.5	115	117	111	117
石 膏	万吨	14700	14900	15200	24500	24600
石 棉	万吨	201	203	197	202	198
膨润土	万吨	1060	1030	995	1200	1220
滑石和叶蜡石	万吨	721	769	743	690	695
高岭土	万吨	3310	3390	3620	4030	4100
硅藻土	万吨	182	210	212	227	236

资料来源：Mineral Commodity Summaries；World Metal Statistics，Yearbook；BP Statistical Review of World Energy June 2015；http://www.wise－uranium.org/umaps.html？set＝anrq。

全球石油精炼能力增加了130万桶/日，炼能增长主要来自中国和中东。中东增加74万桶/日，创增产新纪录。全球精炼生产能力利用率降至79.6%，为1987年以来的最低水平。全球原油加工量增加130万桶/日，是2010年以来净增量最大的一年。原油加工量增长主要来自美国、中国和中东。其中美国由于原油出口受法律限制，美国炼油厂对国内价格较低的原油进行加工并转而出口成品油。

2014年世界石油消费量为42.11亿吨，比2013年增加3197万吨（表12），增长0.8%，增速虽比2013年放缓0.6个百分点，略低于过去十年的平均水平，增长的驱动因素仍是新兴经济体。2014年美国仍是世界最大石油消费国，消费量8.36亿吨，增加397万吨，增长0.5%，在世界石油消费中所占比重为19.9%，几乎与整个欧洲的消费量相当。中国为世界第二大石油消费国，消费量5.20亿吨，比2013年增加1673万吨，增长3.3%，低于过去十年的平均水平，占世界石油消费量总量的12.4%。日本为世界第三大石油消费国，消费量1.97亿吨，由于可再生能源和煤炭挤占了石油的市场份额，石油消费量减少1069万吨，消费量降为1971年以来的最低点。印度为世界第四大石油消费国，消费量1.81亿吨，增加534万吨，增长4.3%。从主要消费地区来看，亚太地区、北美地区和欧洲地区仍是石油的主要消费区，在世界消费总量中所占比例分别为33.9%、24.3%和20.4%。但由于世界经济的不利影响，欧洲石油消费量呈现小幅度下降，其中乌克兰、瑞士和意大利受衰退影响跌幅最大，分别下降14.3%、10.3%和6.9%。

表12 **世界部分矿产品消费量**

矿 产	单 位	2010 年	2011 年	2012 年	2013 年	2014 年
石油	亿吨	40.42	40.85	41.33	41.79	42.11
天然气	万亿 立方米	3.19	3.27	3.35	3.38	3.39
煤	亿吨油当量	36.11	37.77	37.99	38.67	38.82
镍（精炼）	万吨	142.7	166.1	172.8	179.6	169.6
铜（精炼）	万吨	1933.1	1956.6	2013.3	2100.2	2277.6
铅（精炼）	万吨	970.0	1024.3	1031.2	1064.6	1019.8
锌锭	万吨	1252.1	1257.9	1215.9	1300.0	1367.7
原铝	万吨	4065.0	4294.1	4597.9	4659.3	5009.9
锡（精炼）	万吨	36.7	37.7	36.0	35.5	38.2
镉	万吨	1.6	1.6	1.6	1.7	1.6
金（需求）	吨	3809	4512	4315	4957	4158
银（需求）	万吨	3.21	3.34	3.00	3.46	3.32

资料来源：Mineral Commodity Summaries；World Metal Statistics，Yearbook；BP Statistical Review of World Energy June 2015。

由于世界石油生产和消费存在极为严重的区域不平衡性，因此世界石油贸易量很大。2014年世界石油贸易量为27.88亿吨，平均日贸易量约5674万桶，比2013年增长了0.9%。其中原油贸易量18.76亿吨（表13），成品油贸易量9.12亿吨。

表 13

世界部分矿产品进出口量

矿产	单位	进口			出口		
		2012 年	2013 年	2014 年	2012 年	2013 年	2014 年
原油	亿吨	19.27	18.78	18.76	19.27	18.78	18.76
天然气	万亿立方米	1.02	1.04	1.00	1.02	1.04	1.00
铁矿石	亿吨	11.76	12.50	13.86	11.76	12.50	13.86
镍	万吨	64.1	65.2	70.0	68.6	84.8	83.3
铜(精矿)	万吨	552.8	664.1	662.4	594.5	675.0	707.9
铜(精炼)	万吨	869.5	871.7	787.4	833.0	838.8	831.3
铅(精炼)	万吨	174.1	190.3	199.9	176.0	173.7	195.3
锌锭	万吨	401.9	382.7	400.7	461.9	422.0	409.6
铝土矿	万吨	7262.3	10347.5	6917.5	6024.7	9673.9	4436.4
铝	万吨	2083.7	2070.5	2250.7	2120.5	2112.8	2040.7
锡(精炼)	万吨	27.8	26.0	24.0	27.0	26.6	25.4

资料来源：World Metal Statistics，Yearbook 2015；BP Statistical Review of World Energy，June 2015。

石油贸易量占世界石油消费量的66.2%，而10年前这一比例为58.3%；原油贸易量占世界石油产量的66.1%。世界石油贸易一般分为原油贸易和成品油贸易，2014年原油贸易量占全球石油贸易量的67.3%。石油进口增长主要由于新兴经济体的带动。北美既是石油的主要生产区，又是石油的主要消费区，但由于石油消费增长迅速，本地供给远远满足不了不断增长的需求水平，因此北美地区也是世界石油主要进口地区。2014年美国的原油进口总量为3.65亿吨，较2013年下降了4.9%，占世界石油进口总量的19.5%；美国石油净进口512万桶/日，减少138万桶/日，净进口量仅为2005年高峰值的一半，是自1988年以来的最低值。亚洲目前与美洲皆为世界主要石油消费区，2014年原油进口量9.53亿吨，占世界总量的50.8%。中国和日本分别是世界第二和第三大石油消费国。中国近年来石油进口依赖程度不断上升，2014年中国进口原油3.09亿吨，占世界总量的16.5%，居世界第二位。中国石油净进口700万桶/日，超过美国成为世界上最大的石油净进口国。日本国内石油资源极少，几乎完全依赖于进口，2014年原油进口总量1.69亿吨，较2013年下降了5.5%，占世界总进口量的9.0%。欧洲是发达国家集中的地区，石油消费量很高，但只有俄罗斯、挪威和英国三个重要石油生产国，石油产量无法满足本地区的石油需求，因此每年都要从其他地区进口大量石油，石油进口主要来自中东地区。中东地区原油出口总量占世界出口总量的45.3%；原苏联地区原油出口量占世界出口总量的15.7%。

2014年，世界石油价格暴跌，WTI和布伦特原油期货均价分别为92.91美元/桶和99.45美元/桶，比2013年分别下降5.14美元/桶和9.25美元/桶，为2010年以来首次降至100美元以下。上半年国际原油价格面对供应的持续中断运行相对平稳，下半年因为非欧佩克国家产量激增，能源消费增长放缓和欧佩克增产保持市场份额等因素的影响，原油价格大幅下跌，WTI和布伦特油价分别由107.26美元/桶和115.06美元/桶的年内高点跌至12月份的53.27美元/桶和57.33美元/桶的低点，跌幅均高达50%。除此之外，煤炭价格继续暴跌，天然气价格在欧洲下跌，在亚洲相对稳定。

2014年世界天然气产量为3.46万亿立方米，比2013年增长1.6%，低于过去10年的平均年增长率。由于美国页岩气产量大幅增长，美国天然气产量实现全球最大增量，占全球净增长的77%；而俄罗斯和荷兰天然气减产最多。美国为世界第一大天然气生产国，产量7283亿立方米，比2013年增长6.1%。俄罗斯天然气产量居世界第二位，为5787亿立方米，减少4.3%。受可再生能源替代的影响，欧盟的天然气产量1323亿立方米，减少9.8%，跌至1971年以来最低点。

2014年世界天然气消费量3.39万亿立方米，比2013年增加120亿立方米，增长0.4%，低于过去10年的平均水平。中国、美国和伊朗为世界天然气消费量净增量最多的国家，三国净增量合计450亿立方米，为世界净增量的3.7倍。其中，美国天然气消费量净增量为世界最多，比2013年增加195亿立方米，增长2.9%；中国天然气消费量净增量居世界第二位，比2013年增加147亿立方米，增长8.6%；伊朗天然气消费量净增量居世界第三位，比2013年增加109亿立方米，增长6.8%。欧盟的天然气消费量3869亿立方米，减少510亿立方米，下降11.6%，跌至历史最低水平。从能源消费结构来看，天然气在一次能源消费量中所占份额为23.7%。

受天然气消费量增长速度普遍放缓的影响，2014年全球天然气贸易量9972亿立方米，下降3.4%，占世界消费量的29.4%。其中，液化天然气贸易量3333亿立方米，比2013年增长2.4%，占世界天然气贸易中的份额上升为33.4%；管道天然气贸易量6639亿立方米，下降6.2%，为历史最大跌幅，占世界天然气贸易的66.6%。亚洲是世界天然气贸易的主要地区，天然气进口量的81%是液化天然气，液化天然气贸易量占世界73%。日本是世界最大的天然气进口国，福岛事故后对液化天然气的需求持续增高，2014年天然气进口量1206亿立方米，皆为液化天然气。目前由于日本天然气发电厂满负荷运行，所以天然气进口已停止增长，与2013年基本持平。

2014年煤消费量38.82亿吨油当量，比2013年增长0.4%，低于近10年的平均年增长率。中国煤消费量19.62亿吨油当量，居世界第1位，占世界的50.6%。由于环保意识增强，中国煤炭消费增速放缓，增长0.1%。由于印度天然气产量下降及进口煤炭价格低于天然气价格，印度煤炭消费增长11.1%，为有史以来的最大增量，也是全球最大增量。欧盟能源市场日益萎缩，煤炭消费下降6.5%。世界煤炭产量约为81.65亿吨（40.13亿吨油当量），比2013年减少0.7%，为1998年以来首次下降。其中产量减少最多的是中国和乌克兰，产量增加最多的是印度和澳大利亚。从能源消费结构来看，煤在一次能源消费量中所占份额为30.0%，比2013年下降0.2个百分点。

2014年世界核电发电量为2537万亿瓦时，增长1.8%，为2009年以来连续两年增长。日本核电停止生产，比利时和英国的核电也出现下滑，但降幅被韩国、中国和法国增幅所抵消。核能发电量占世界能源消费总量的4.4%。2014年世界水电发电量3885万亿瓦时，增长了2.0%，占世界能源消费的6.8%。世界水电的增长全部来自中国，中国水电增长为15.7%。可再生能源的消费量继续增长，为1401万亿瓦时，占世界能源消费的3.0%（为历史最高值），占全球发电量的6.0%。风能发电706万亿瓦时，增长10.2%，增速放缓。太阳能发电186万亿瓦时，增长38.2%。

总的来看，世界经济增长缓慢，世界能源需求显著下降。受到石油供应增长的推动影响，国际油价大幅下跌。以页岩气为代表的非常规油气资源的开发，在许多方面对传统的油气资源形成有效替代，缓解对常规油气资源的需求和压力，成为未来能源开发利用的热点和亮点。世界油气供需正从“供给支配”向“消费驱动”转变，新兴国家的经济增长和能源需求对世界油气格局产生重要影响。全球消费重心明显东移，亚太和中东地区占比快速上升，亚太地区目前为全球能源最大的消费区和贸易区。传统发达经济体油气消费增速明显放缓，但仍是世界主要的油气消费体。由于煤炭价格低廉、供应充足、使用安全等特点，其在一次能源市场的比重基本保持不变，未来煤炭价格与油价的联动性将进一步增强。

（二）世界钢铁市场供应过剩，铁合金金属矿产品价格普遍下跌

2014年世界粗钢产量再创历史新高，为16.4亿吨，比2013年增长了1.4%，增速明显放缓。中国作为全球最大的钢铁生产国，近年来粗钢产量增长幅度逐渐下降，2014年粗钢产量为8.22亿吨，仅增长0.9%，增幅回落6.6个百分点，占全球粗钢总产量的50.3%。日本为第二大产钢国，产量为1.11亿吨，增长0.1 %。第三大产钢国为美国，产量为8835万吨，增长1.7%。印度为第四大产钢国，产量为8321万吨，增长2.3%。据有关专家判断，世界钢铁工业以及中国钢铁工业均进入了一个相对平稳发展阶段，随着中国钢铁工业进入一个低速发展阶段，这将对当前和未来全球铁矿石市场供求关系产生深远的影响。

据世界金属统计资料，2014年世界铁矿石产量32.9亿吨，比2013年增长4.9%，创历史最高水平。按成品矿计算，全球最大的铁矿石生产国澳大利亚产量达到6.77亿吨，增长11.1%，第二大生产国巴西铁矿石产量则继续下降0.2%至3.85亿吨。目前，世界前五大铁矿石消费国分别依次是中国、日本、印度、俄罗斯和韩国。在世界铁矿石消费的前五位的国家中，亚洲占据了四席。除上述主要铁矿石消费国外，其他重要的铁矿石消费国家或地区还有美国、德国、巴西、乌克兰、中国台湾、法国、英国、加拿大、意大利和南非等。随着全球粗钢产量的增长，国际铁矿石贸易量再创新的历史水平，出口量连续第13年保持增长，达到13.9亿吨，比2013年增长10.8%。推动全球铁矿石出口贸易增长的主要因素是需求增加，这主要来自中国。2014年，中国进口铁矿石9.33亿吨，比2013年增长13.8%，占世界铁矿石进口量的67.3%。日本进口铁矿石1.36亿吨，比2013年增长0.4%，占当年世界铁矿石进口量的5.3%。澳大利亚是世界最大铁矿石出口国，2014年出口铁矿石7.17亿吨，比2013年增长23.0%，占当年世界铁矿石出口量的51.7%。巴西为世界第二大铁矿石出口国，2014年出口铁矿石3.44亿吨，占当年世界铁矿石出口量的24.9%。

2014年，铁矿石现货价格平均为88美元/吨（澳大利亚离岸价），跌幅47%，下跌近一半。铁矿石价格大幅下跌反映市场平衡已转为供应过剩，而不是与中国季节性补充库存变化相关的典型价格周期性波动。在过去的5年，全球海运铁矿石贸易量增长40%，同时铁矿石消费仅保持适度增长，这导致在2014年大部分时间中国港口铁矿石库存都处于纪录高位，高库存和供应不断增加使得供应风险明显降低。但2014年大型铁矿石生产商一直不断下调价格，使生产成本高的厂商停产或关闭，以保持或扩大其市场份额。中国铁矿石品位相对较低，生产成本相对较高。随着铁矿石市场供应增加和中国钢产量增速放缓，短期内铁矿石价格将继续下跌，但未来中期随着高成本铁矿石生产商退出市场以及钢材市场反弹，铁矿石价格将会出现回升。预计2015年铁矿石海运市场将增加1亿多吨供应，中国铁矿石需求会增速放缓或减少，铁矿石平均价格将同比下滑31%，降至60美元/吨。

2014年世界铬铁矿产量2867.9万吨，比2013年下降3.7%。南非为世界最大铬铁矿生产国，2014年产量为1403.1万吨，增长2.8%，占世界铬铁矿产量的近一半。由于世界铬铁矿90%以上的消费用于生产不锈钢，中国的消费比例更高达96%，所以世界各国不锈钢的产量基本上反映其铬铁矿的消费量。2014年世界不锈钢产量为4089.3万吨，比2013年增长7.1%。其中，中国不锈钢产量约为2169万吨，占世界不锈钢产量的53.0%，其次是日本占8.1%，韩国占5.8%，美国占4.7%，印度占3.9%。中国拥有巨大的铬铁生产能力，但由于国内铬矿资源缺乏，矿石产量很少，加上矿石质量差，大部分资源地处边远地区，运输困难，运费高等原因，因此不得不进口大量的铬铁矿，从而使近年铬矿进口量保持持续增长态势。2014年中国进口铬铁矿940万吨左右，比2013年下降约20%。南非和土耳其是中国最大铬铁矿进口国，分别占中国铬铁矿进口量的61%和14%。

2014年世界钒产量估计为17.3万吨，增长14.6%。其中，钒矿山产量估计为7.8万吨，减少1.3%。中国钒矿产量位居世界第一，产量为4.1万吨，约占世界的52.6%；南非钒矿产量过去一直居世界第一，从2009年开始次于中国位居世界第二，近年来矿山钒产量大致保持在约2万吨的水平上，2014年产量为2.1万吨，占世界的26.9%；俄罗斯为世界第三大钒矿生产国，近年来产量一直保持不变，2014年产量1.5万吨，占世界的19.2%。从全球范围来看，85%以上的钒消费于钢铁行业中，中国在钢铁行业中的消费比例更高一些，达到近90%。钒在钢铁工业的消费量主要取决于钢铁的生产规模和含钒钢的应用情况。目前中国钒在钢铁工业的消费强度仅约35克钒/吨钢，世界平均水平约45克钒/吨钢，欧美等发达国家消费强度接近80克钒/吨钢。全球钒行业产能已严重过剩，2014年全球钒市场供过于求的矛盾进一步加剧。全球钒总消费量估计约14.6万吨，增长约6.2%，全球钒市场过剩量达到2.7万吨。全球钒消费增长主要来自中国，中国钒消费总量估计约6.9万吨，增长13.6%，市场过剩量1万吨。

2014年，世界钼矿山产量30.3万吨，比2013年增长14.0%。其中，中国钼矿山产量位列全球第一，钼产量13.2万吨，增长18.8%，占当年全球产量的43.6%；美国和智利分别为世界第二和第三大钼矿生产国，产量分别占世界的21.5%和16.1%。全球钼消费主要集中在西欧、美国、日本、中国等钢铁生产国家和地区，钼消费的变化与这些地区钢铁产量有很大关系，中国钼消费在全球占比提高，对全球钼消费的影响加大。2014年世界钼消费量估计为23.7万吨，比2013年增长4.3%。同期中国钼消费量增长1.4%至7.5万吨钼，全球占比达31.6%，为世界第一大钼消费国。在主要的钼精矿生产国中，美国、秘鲁和加拿大是全球主要的钼精矿出口国，其次是智利和蒙古，而中国国内消费量较大，钼精矿出口量较少。欧盟是最大的钼精矿进口地区。2014年全球钼市场供应过剩，但受区域供需状况影响，钼价有跌有涨。欧洲桶装氧化钼价格从2013年的10.28美元/磅钼涨至2014年的11.32美元/磅钼，上涨1.04美元/磅钼，涨幅10.1%。同期，中国氧化钼价格从2013年的1630元/吨度下跌至2014年的1420元/吨度，下跌210元/吨度，下跌12.9%。未来，受全球经济环境复杂多变，经济增速低于预期，同时中国面临经济增长速度回落，并伴随投资贡献大幅降低、消费疲软以及出口表现不佳等诸多因素影响，钼价一跌再跌，市场需求低迷。

总的来看，2014年铁合金金属生产在世界钢铁生产增速变缓的影响下，市场需求普遍疲软，部分矿产出现了不同程度的供应过剩，由此导致大部分铁合金金属矿产品价格下跌。

世界经济持续低迷，钢铁需求增速不高。尽管新兴国家一直保持着领先于发达国家的需求增速，但预计今后几年主要消费国需求增速可能进一步放缓。在各国回归制造业、促进基础工业投资的政策刺激下，全球钢铁产能不断攀升。预计今后几年全球铁矿石市场将会趋于供大于求。铁矿石价格在短期内会出现大幅下跌，相关铁合金矿产品的价格也将保持缓慢下跌趋势。

（三）有色金属市场市场相对分化，大多数矿产品产消量增加

2014年世界6种主要有色金属（铜、铝、铅、锌、锡、镍）总产量为9824万吨，比2013年增长3.7%，其中锡产量增长幅度最大，为9.5%，铜和铝产量次之，分别为8.1%和3.6%，锌增长3.2%，铅和镍均出现下降，分别下降了3.7%和3.5%。上述6种有色金属消费量合计9883万吨，比2013年增长6.0%，其中铝消费量增长幅度最大，为9.6%，铜和锡次之，分别增长了8.4%和7.4%，锌消费量增长了5.0%，镍和铅消费量则下降了5.6%和4.4%。铜和镍供应较充足，锡供应有盈余，铅供应略感不足，铝供应则存在较大缺口（表14）。

表14　　2014年世界主要有色金属供求状况　　单位：万吨

项　目	铜	铝	铅	锌	锡	镍
世界产量	2301.76	4921	1018.32	1352.46	38.62	191.45
世界消费量	2277.63	5010	1019.83	1367.73	38.17	169.59
供求平衡	24.13	-89	-1.51	-15.27	0.45	21.86
库存量	75.67	642.76	55.77	119.21	3.43	41.33
年底库存消费比（周）	1.7	6.7	2.9	4.5	4.7	12.7
正常库存消费比（周）	5.5	5.5	4	5	5	5
产量与2013年相比增长（%）	8.1	3.6	-3.7	3.2	9.5	-3.5
消费量与2013年相比增长（%）	8.4	9.6	-4.4	5	7.4	-5.6

资料来源：根据《World Metal Statistics》Yearbook 2015资料计算。

全年因基本面差异，LME有色金属年均价格表现分化。在6种主要有色金属中，LME铜、铅、锡现货价格较2013年分别下跌6.3%、2.1%和1.8%；LME锌、镍和铝分别上涨13.4%、12.4%和1.2%。银和金的年平均价格分别下跌了10.3%和19.9%，但跌幅较2013年有明显收窄（表15）。

表15　　LME主要金属现货价格（年平均价）　　单位：美元/吨

品　种	2010年	2011年	2012年	2013年	2014年	2014年比2013年增长（%）
铜	7535	8821	7950	7322	6862	-6.3%
铝	2173	2398	2044	1845	1867	1.2%
镍	21809	22894	17536	15004	16867	12.4%
锡	20406	26113	21114	22304	21893	-1.8%
铅	2148	2402	2062	2141	2096	-2.1%
锌	2161	2193	1948	1909	2164	13.4%
金（美元/盎司）	1225.5	1569.6	1668.5	1410.8	1266.1	-10.3%
银（美元/盎司）	20.16	35.11	31.15	23.83	19.08	-19.9%

资料来源：《World Metal Statistics》Yearbook 2015。

2014年世界精炼铜产量2301.76万吨，比2013年增长8.1%，消费量2277.63万吨，增长8.4%。同期，精炼铜产量和消费量皆较快增长，市场供应过剩量为24万吨左右。在世界主要消费地区中，亚洲地区的铜消费量占世界铜消费量的69.7%。中国仍是拉动世界铜消费增长的主要动力，2014年中国消费量增长了15.5%，净增消费量152.2万吨，占同期世界消费量净增的85.8%。世界铜精矿出口量707.94万吨，同比增长4.9%。铜精矿主要出口国有智利、秘鲁、澳大利亚、加拿大、美国、蒙古等。世界铜精矿进口量662.43万吨，同比下降0.3%。进口铜精矿的主要国家和地区有：中国、日本、印度、西班牙、韩国、德国等。尽管世界铜消费有较大幅度的增长，但由于铜精矿产量、废铜回收量增长也比较快，市场供应过剩导致市场铜价呈现下滑态势。LME现货月均价从1月的7292美元/吨波动降至6月的5864美元/吨，下降19.6%；同期，中国现货价格由5.17万元/吨降至4.31万元/吨，下降16.6%。

2014年世界原铝产量为4921万吨，比2013年增长3.6%。其中，中国、俄罗斯、加拿大、阿联酋是世界上四大原铝生产国，这四个国家产量合计为3307万吨，占世界产量的2/3以上。而世界铝土矿产量为2.6亿吨，比2013年下降8.9%。其中，澳大利亚是世界上最大的铝土矿生产国，产量8030万吨，占世界的31.1%；中国为第二大铝土矿生产国，产量6500万吨，占世界的25.2%；巴西铝土矿产量3169万吨，占世界的12.3%，居世界第三位。世界原铝消费量为5010万吨，比2013年增长9.6%，净增消费量351万吨；而中国原铝消费量增加了211万吨，占世界总增量的60%。从世界范围来看，原铝的主要消费市场还是在亚洲，特别是中国。2014年亚洲原铝消费量3336万吨，占当年世界消费量的2/3，而中国占比高达

48.0%。随着西方经济逐渐恢复,西方原铝需求回升,原铝消费量2431万吨,比2013年增长8.1%,所占世界消费量的份额为48.5%。世界铝土矿的主要出口国为印度尼西亚、澳大利亚、牙买加和巴西等,2014年这四个国家铝土矿的出口量3690万吨,占当年世界铝土矿出口总量的83.1%。而中国是世界第一大铝土矿进口国,2014年进口铝土矿3653万吨,占世界铝土矿进口量的52.8%,其他主要铝土矿进口国家还有北美和西欧的炼铝大国。2014年国际市场铝价呈现波动性上涨的势头而中国市场铝价呈波动下跌。伦敦金属交易所铝全年现货平均价为1867美元/吨,比2013年上涨1.2%;中国国内现货铝年均价为13478元/吨,同比下跌7.1%。

2014年世界铅矿山产量551.65万吨,比2013年下降了2.5%。中国是世界第一大铅矿生产国,2014年矿山铅产量为285.33万吨,比2013年下降6.8%,占当年世界铅矿山产量的51.7%,依然是世界铅矿山产量增长的主要动力。全球冶炼产能明显大于矿山产量,随着关闭和减产矿山数量的增多,全球铅精矿市场缺口进一步扩大。世界精炼铅产量为1018.32万吨,较2013年下降3.7%,消费量1019.83万吨,下降4.4%,市场供应短缺。中国是世界精炼铅生产和消费大国,2014年精炼铅422.13万吨,比2013年下降6.0%,是自2003年中国超过美国成为全球第一大精炼铅生产国后的首次减少,占世界产量的41.5%。中国精铅消费量419.94万吨,占世界消费量的比例为41.2%。2014年,国际市场铅价呈现先高后低走势,整体价位在2050~2300美元/吨之间震荡。伦敦金属交易所(LME)现货年平均价为2096美元/吨,比2013年下跌2.1%;三个月期货年平均价为2113美元/吨,比2013年下跌2.0%。铅价上半年震荡走高主要是受镍价和锌价大涨的影响,下半年受美国经济数据好转、中国需求放缓、原油和铁矿石等大宗商品价格走低等因素影响一路下跌。

2014年,世界锌产量为1352.46万吨,比2013年增长3.2%,锌价上涨、原料市场供应充足和加工费提高导致冶炼厂开工率大幅提高是世界精炼锌产量增长的主要原因。中国仍为世界最大精炼锌生产国,在世界产量中所占份额达到了43.1%。世界锌消费量为1367.73万吨,比2013年增长5.0%。亚洲仍为世界精炼锌主要消费区域,精炼锌消费量938.48万吨,占世界消费量的68.5%。中国为世界最大锌消费国,锌消费量642.04万吨,比2013年增长6.6%,在世界锌消费量中所占份额为46.9%。2014年国际锌市场出现轻微短缺,全年15万吨左右。2014年国际市场锌的需求逐渐增强,由此导致国内锌市场轻微短缺。2014年LME锌现货平均价为2161美元/吨,比2013年上涨了13.2%;三个月期货锌年平均价为2164美元/吨,上涨13.4%。LME现货平均价最低为3月的1945美元/吨,最高为7月的2410美元/吨。2014年年底LME锌金属库存为119.21万吨,比2013年减少28.03万吨。

2014年,世界锡产量为38.62万吨,比2013年增长9.5%;世界锡消费量为38.17万吨,增长7.4%。国际锡市场供不应求状况仍未见好转,供应缺口扩大到4500吨左右。中国、越南、西班牙和印度锡消费量增加使得世界锡消费量增长,造成了市场供应轻微短缺。2014年LME库存3.43万吨,比2013年增加5700吨。2014年,国际市场锡价呈现波动下跌的趋势,伦敦金属交易所锡现货均价为21893美元/吨,比2013年下跌1.8%。年初伦敦金属交易所(LME)现货平均价延续2013年年底的涨势,4月达到全年高点23421美元/吨,之后至年底一路震荡下跌,12月底跌至全年低点19826美元/吨。

2014年世界精炼镍产量191.45万吨,比2013年下降3.5%,消费量为169.59万吨,下降5.6%,全年镍市场供应仍然过剩22万吨左右。中国镍产量为64.39万吨,消费量为76.09万吨,供应缺口为11.7万吨。2014年镍价在LME六种基本金属中的表现最差,全年呈波动下跌趋势。2014年LME现货平均价16867美元/吨,比2013年增长12.4%。现货最高价为5月的21650美元/吨,创历史新高,最低价为11月的15706美元/吨,最高价与最低价相比下跌幅度37.8%。年底LME镍库存为41.33万吨,比2013年底增长56.0%。大幅增加的库存量显示镍行业供应过剩格局严重。

2014年世界钨矿山产量97519吨(钨金属量),比2013年下降0.4%。其中,中国钨矿山产量85000吨,与2013年持平,占世界钨矿总产量的87.2%。2014年世界钨消费量6.4万吨,比2013年增长1.8%。中国钨视消费量3.4万吨,增长1.8%,占世界钨消费量的53%,是世界第一钨消费大国。最近几年,中国经济增速趋缓,硬质合金产量增幅也相应减少,由此导致钨消费量下降。中国是世界钨产品的贸易大国,出口量稳居世界第一,但全球贸易占比呈现逐年下降趋势。近几年,由于非洲国家以及澳大利亚提高了钨出口量,中国钨出口量持续下滑,同时中国钨出口量占全球的比重也呈现下降趋势。但是中国在国际钨市场上仍具有举足轻重的影响。2014年全球贸易总量4.1万吨,中国出口占比50.1%,美国18%,欧洲12%,日本7%。2014年在需求不旺和供应宽松的形势下,国内外钨市场总体继续呈下滑走势。中国钨精矿平均价格

10.6 万元/吨，同比下跌 18.8%，最高价格 11.8 万元/吨，最低价格 7.8 万元/吨；中国 APT 平均价格报 16.5 万元/吨，同比下跌 14.0%，最高价格 18.0 万元/吨，最低价格 13.0 万元/吨；欧洲市场 APT 平均价格 350 美元/吨度，同比下跌 4.96%，最高价格 372 美元/吨度，最低价格 270 美元/吨度。

总之，2014 年有色金属中市场相对分化，主要由于各大经济体经济增长不平衡，特别是新兴经济体经济增速放缓，有色金属市场需求平稳，生产商把握供应量的差异变化造成了有色行情的分化。2014 年除锌、镍和铝价格保持上涨外，其他金属均有不同幅度下降，其中铜价跌幅最大、锌价涨幅最大。

（四）金银铂市场持续走弱，钯市场向好

2014 年，比较黄金、白银与铂钯金属价格的走势，全年金银延续了去年的下跌趋势，仍处于下行通道内，而钯是唯一价格上涨的贵金属。金价比 2013 年下跌 10.3%，银价下跌 19.4%，铂价下跌 6.8%（创 5 年来最低值）。而钯价表现非常强劲，增长 10.7%，创 10 多年以来新高。

2014 年世界黄金总供应量为 4362 吨，比 2013 年增长 1.2%。其中矿山金产量创下历史新高，为 3133 吨，增长 2.4%。中国矿山金产量再创新高，为 452 吨，比 2013 年增长 5.6%，为连续第 15 年增长，仍为世界第一大黄金生产国，占世界矿山金的份额为 14.4%。2014 年全球再生金供应量 1125 吨，比 2013 年下降 12.6%，占当年世界总供应量的 25.8%，金价大幅回落影响黄金的再生回收热情。从需求方面来看，2014 年是黄金货币属性减弱、商品属性回归的一年，世界黄金需求总量为 4158 吨，比 2013 年下降 17.5%，消费的减少主要来自珠宝首饰消费下降。2014 年中国黄金消费量达到 886.09 吨，比 2013 年下降 24.7%。印度超过中国重新居全球最大黄金消费国的位置，主要由于印度放宽了黄金的进口限制，导致需求重新旺盛。其中，印度珠宝制造需求为 690 吨，创纪录的增长 14%。

2014 年国际金银价格不断震荡下行，全年伦敦黄金交易所黄金现货均价为 1266.1 美元/盎司，比 2013 年下跌 10.3%。全年黄金价格大幅波动，最高为 3 月的 1392 美元/盎司，最低为 11 月的 1130.4 美元/盎司，最高价与最低价之间的波幅为 23%。美国经济的全面持续复苏加速着升息预期的升温，美元的强势攀高，欧洲、日本量化宽松政策，中东以及持续的乌克兰乱局等主导了 2014 年国际黄金市场行情。

根据世界白银协会公布数据显示，2014 年全球白银供应依旧过剩。全球白银供应在 3.3 万吨以上，比 2013 年增长 6.5%，其中，矿山银 2.7 万吨，比 2013 年增长 5.0%，已连续 11 年增长；再生银产量 5242 吨，下降 12.5%，是自 1996 年以来最低值，主要是由于银价的全面下跌所致。2014 年全球白银制造业总需求达到近 3.3 万吨，减少 2.9%。全球白银消费结构为：工业用银占总需求量的 55.8%，首饰 20.2%，银币、银章 18.4% 以及银器 5.7%。全球白银总需求的减少主要来自投资零售领域对白银需求的减少，银币和银章用银量同比减少 19%。世界最大的白银消费国是中国，2014 年中国白银工业需求达到 6682 吨，减少 1.4%。其中，电子工业用银量达到 4253 吨，增长 5.0%；银首饰及银币等投资品用银量达到 1963 吨，减少 16.4%；摄影业由于数码技术的替代，用银量继续保持下降。

2014 年由于国际形势动荡，特别是美联储宣布结束长达两年之久的 QE3，美元指数创下 9 年来新高，银价一路下跌。国际白银年均价 19.08 美元/盎司，比 2013 年下降 19.9%，跌速低于 2013 年 23.9% 的跌幅。全年白银价格最高为 2 月 24 日的 22.05 美元/盎司，最低为 11 月 5 日的 15.28 美元/盎司，最高价与最低价之间的波幅为 44%。2014 年国际银价保持震荡下行的态势，上半年受美国严寒天气的负面影响和乌克兰局势的支撑，国际银价经历两拨上涨；下半年受美元走强、美联储宣布结束 QE3 的影响，银价一路走低，年底价格出现止跌，银价底部震荡。

从近几年的国际银市场来看，白银价格的走势与市场供求状况不存在必然联系。当国际市场白银价格超过 6.0 美元/盎司时，直接左右市场的就不是供需关系，而是投机、汇率等因素。近几年的国际白银市场多次证明了这一点，目前的白银供需现状对市场产生的直接影响力很小。短期内经济形势、美元汇率变化、黄金市场价格的波动、投资活动的剧烈变化、国际石油价格等仍然是决定银价的主要因素。同时，由于白银主要为铜、铅、锌和黄金等矿产的伴生矿产，因此白银相关金属行情的好坏，也影响着白银的市场。2008 年金融危机以来，金银价格比率从 80 左右高位下滑，随着白银投资热情不断高涨，一度下调至 2011 年 4 月底的 31 左右，投资更偏向于买白银卖黄金。银价自高位暴跌后，金银比率波动回调，2014 年底金银价格比率在 70 左右。

根据铂钯年鉴数据显示，2014 年全球铂供应量为 195.0 吨，比 2013 年下降 16.8%。其中矿山铂产量 146.1 吨，比 2013 年减少 20.9%；从报废汽车、首饰中回收的铂金属量 48.9 吨，增长 13.2%。矿山铂主要供应地区有南非、俄罗斯、北美及津巴布韦，其中南非为世界最大铂生产国，2014 年矿山铂产量 95.2 吨，比 2013 年减少 28.4%，生产受罢工影响较大，矿山铂产量占世界的 65.2%；俄罗斯为世界第二大铂生产国，受矿石品位下降及基本金属产量限制的影响，2014年铂产量22.3吨，减少6.3%。2014年世界铂需求量为226.6吨，增长1.8%，市场供应缺口约31.6吨。

钯是世界上最稀有的贵金属之一，根据铂钯年鉴数据显示，2014年全球钯供应量为249.0吨，比2013年减少3.3%。其中矿山钯产量187.8吨，比2013年减少6.3%；再生钯金属量61.2吨，增长4.1%。世界上只有俄罗斯和南非等少数国家生产，每年总产量不到黄金的5%。世界钯的主要出口国是俄罗斯和南非，而俄罗斯为最大生产国，2014年矿山钯产量82.7吨，增长3.1%。南非受矿山安全检查及频繁罢工的影响，2014年钯产量58.8吨，减少19.6%。受汽车催化剂应用领域需求上升的影响，2014年世界钯需求量为298.1吨，增长2.3%，市场供应缺口约49.1吨。

2014年国际铂价震荡下行，据伦敦铂钯市场数据，全年铂均价为1385美元/盎司，比2013年下降6.8%，创5年来最低值。2014年上半年，受南非罢工和需求回暖影响，铂价震荡走高。下半年南非罢工结束，同时美元走高、金价走低，铂价连续下跌至5年最低。全年铂价最高达1518.3美元/盎司，最低至1170.1美元/盎司。由于中美等汽车行业的良好表现对钯价形成支撑，钯的表现非常强劲，创14年以来新高。2014年钯均价803美元/盎司，比2013年增长10.7%。全年钯价最高为911美元/盎司，最低为702美元/盎司。

参考文献

1. International monetary fund. World economic Outlook, October 2015.

2. Nick Wright. Base metals and gold acquisitions activity, 2005 – 14. SNL Metals & Mining Strategic Report, March 2015.

3. World oil editorial team. Low oil prices put the brakes on the global E&P train. World oil, February 2015: 71 – 77.

4. James West, Samantha Hoh, Alexander Nuta & Cameron Schnier, Evercore ISI. Harsh cuts await as the oil field slips into recession. World oil, February 2015:37 – 38.

5. Pramod Kulkarni, Kurt Abraham. Prices reduce U. S. oil drilling, but gas activity remains steady. World oil, February 2015:53.

6. Mark Ferguson etc. Corporate exploration strategies 2014, Overview of exploration trends, SNL Metals & Mining, November, 2014.

7. Mark Fellows. SNL Metals & Mining expects capital expenditure to continue falling. http://www. snl. com/interactivex/article. aspx? id = 33902001.

8. Simon Walker. Pulling back across the board. E & MJ, January, 2015.

9. British Petroleum Company. BP Statistical Review of World Energy, London, June 2015.

10. U. S. Geological Survey. Mineral Commodity Summaries, January 2015.

11. World Bureau of Metal Statistics. World Metal Statistics, Yearbook 2015.

12. Uranium Maps and Statistics, http://www. wise – uranium. org/umaps. html? set = anrq

13. Thomson Reuters GFMS. Gold Survey, 2015

14. The Silver Institute. World Silver Survey, 2015

15. Thomson Reuters GFMS. Platinum & Palladium Survey 2015

16. 苏穗燕，王超．巴克莱银行预测2015年全球油气勘探开发投资大幅下降．世界石油工业，2015.3。

17. 中国石油经济技术研究院．2014年国内外油气行业发展报告。

18. 中国有色金属工业信息中心．中国铅锌锡锑，2012年第1期~2015年第4期。

19. 中国有色金属工业协会．中国金属通报，2012年第1期~2015年第4期。

20. 中国有色金属工业协会．2015年中国有色金属工业发展报告，2015年，北京。

21. 中国有色金属工业协会金银分会．中国贵金属，2014年黄金市场分析及2015年市场展望，2015年第1期。

22. 中国有色金属工业协会金银分会．中国贵金属，2014年白银市场分析及2015年市场展望，2015年第1期。

23. 金友期货．贵金属年报，升息助推，美指金银逾跌未休，2014年12月11日。

（闫卫东　崔荣国　郭　娟）